2014 CHINA REAL ESTATE YEARBOOK

2014 中国房地产年鉴

中国房地产研究会
中国房地产业协会
克而瑞信息集团
北京中房研协技术服务有限公司
——编著——

CHINA

企业管理出版社
ENTERPRISE MANAGEMENT PUBLISHING HOUSE

图书在版编目（CIP）数据

2014中国房地产年鉴／中国房地产研究会等编著．—北京：企业管理出版社，2014.6

ISBN 978－7－5164－0833－9

Ⅰ.①2…　Ⅱ.①中…　Ⅲ.①房地产业—中国—2014—年鉴　Ⅳ.①F299.233－54

中国版本图书馆CIP数据核字（2014）第105749号

书　　名：2014中国房地产年鉴

作　　者：中国房地产研究会　中国房地产业协会　克而瑞信息集团

北京中房研协技术服务有限公司

责任编辑：刘一玲　崔立凯

书　　号：ISBN 978－7－5164－0833－9

出版发行：企业管理出版社

地　　址：北京市海淀区紫竹院南路17号　　邮编：100048

网　　址：http：//www.emph.cn

电　　话：总编室68701719　发行部68414644　编辑部68701322

电子信箱：80147@sina.com　zbs@emph.cn

印　　刷：北京市媛明印刷厂

经　　销：新华书店　　　　彩插：4.5印张

规　　格：889毫米×1194毫米　16开本　55.75印张　1600千字

版　　次：2014年6月第1版　　　　2014年6月第1次印刷

定　　价：498.00元

《2014中国房地产年鉴》编辑委员会

编撰说明

中共中央十八大召开以来，随着经济体制、行政管理体制改革推进，国家对房地产的调控政策一方面贯彻了分类调控的思路；另一方面从调控需求、调控房价的中短期政策向平衡总量、发挥市场作用的长效机制方向过渡。

2013 年，在宏观经济需要稳增长、调结构，且调控政策总体平稳的大背景下，房地产市场整体处于上升趋势，销售量、销售金额同比上一年都呈现大幅增长态势，但市场呈现结构性差异。具体表现为：不同层级城市表现差异，一线城市和部分热点二线城市成交火爆；一些三、四线城市则由于前期供应量过大，而实际需求并未跟上，造成供大于求，存量房消化压力大；不同规模的企业经营也存在差异化。另外，一些地方商业性地产阶段性过多的问题不容忽视。

2013 年全国城镇保障性安居工程已开工 666 万套，基本建成 544 万套，已全面完成年度目标任务，完成投资 11200 亿元。超额完成了全年计划任务。为客观如实地反映 2013 年中国房地产的发展史，更好地为政府决策服务，为行业平稳健康发展服务，为会员单位提供市场信息服务，中国房地产研究会、中国房地产业协会、克而瑞信息集团和北京中房研协技术服务有限公司在总结前三年编撰房地产年鉴经验的基础上，编撰了《2014 中国房地产年鉴》(简称年鉴)。

本年鉴包括政策、数据、市场、城市、企业、保障、发展和大事记等八个篇章，篇章内容进行了适度调整，发展篇替换了原来的金融篇，除了继续保持房地产金融的内容外，增加了旅游地产、养老地产、物业管理等分类行业内容。数据篇新增了 2008—2012 年 100 个城市口径的基础设施建设、人民生活、城市建设等领域的详细数据。大量的翔实数据为业内人士及相关机构提供了把握中国房地产业发展脉搏的重要参考。

本年鉴涉及全国性统计数据，暂未包括港澳台地区。全国、省级和 40 个重点城市统计数据截至 2013 年 12 月 31 日；涉及 100 个城市口径的数据截至 2012 年 12 月 31 日。由于统计口径、方法不尽相同，如本年鉴数据与行业、地方、经营实体的统计数据不一致时，以国家统计局的数据为准。

本年鉴内容涉及面广、专业性强，很多问题也处于探索之中，再加之成书时间短和我们的水平有限，年鉴中的有些内容难免还存在一定的局限和不足。我们愿意听取广大读者的意见，恳请大家批评指正。

本年鉴在编写过程中，得到住房和城乡建设部有关领导，部办公厅、住房改革和发展司、住房保障司、房地产市场监管司、住房公积金监管司等有关领导的大力支持，在此一并表示感谢！

《2014 中国房地产年鉴》编委会

2014 年 5 月

目 录

Ⅰ. 政策篇

导 读

一、领导人讲话、重要会议公报 …… 3

习近平总书记在中共中央政治局第十次集体学习时关于住房保障和供应体系建设的讲话 …… 3

中国共产党第十八届中央委员会第三次全体会议关于《全面深化改革若干重大问题的决定》 …… 4

中央经济工作会议公报 …… 19

中央城镇化工作会议公报 …… 22

中央农村工作会议公报 …… 24

李克强在内蒙古自治区包头市北梁棚户区棚改现场会的讲话 …… 27

国务院常务会议：研究部署继续做好房地产市场调控工作 …… 27

国务院常务会议：研究部署加快棚户区改造 促进经济发展和民生改善 …… 28

二、中华人民共和国国务院 …… 29

办公厅关于转发发展改革委住房城乡建设部绿色建筑行动方案的通知 …… 29

办公厅关于继续做好房地产市场调控工作的通知 …… 35

办公厅关于金融支持经济结构调整和转型升级的指导意见 …… 37

办公厅关于印发当前政府信息公开重点工作安排的通知 …… 40

关于加快棚户区改造工作的意见 …… 43

关于加快发展节能环保产业的意见 …… 46

关于印发中国（上海）自由贸易试验区总体方案的通知 …… 52

关于加快发展养老服务业的若干意见 …… 56

三、中华人民共和国国家发展和改革委员会 …… 61
贯彻落实主体功能区战略推进主体功能区建设若干政策的意见 …… 61
办公厅关于企业债券融资支持棚户区改造有关问题的通知 …… 66
四、中华人民共和国住房和城乡建设部 …… 67
办公厅关于贯彻实施《住房保障档案管理办法》的意见 …… 67
关于做好2013年全国村庄规划试点工作的通知 …… 69
关于做好2013年城镇保障性安居工程工作的通知 …… 71
关于集中开展房地产中介市场专项治理的通知 …… 72
关于做好2013年农村危房改造工作的通知 …… 74
关于进一步规范房地产估价机构管理工作的通知 …… 78
关于加强住房保障廉政风险防控工作的指导意见 …… 79
关于公共租赁住房和廉租住房并轨运行的通知 …… 82
全国住房城乡建设工作会议公报 …… 83
五、中华人民共和国国土资源部 …… 84
关于进一步加强国土资源行政复议工作的意见 …… 84
关于印发开展城镇低效用地再开发试点指导意见的通知 …… 88
办公厅关于严格管理防止违法违规征地的紧急通知 …… 91
关于印发《保发展保红线工程2013年行动方案》的通知 …… 93
关于进一步加快农村地籍调查推进集体土地确权登记发证工作的通知 …… 96
办公厅关于下放部分建设项目用地预审权限的通知 …… 98
关于坚决遏制违法建设、销售“小产权房”的紧急通知 …… 98
六、中华人民共和国财政部、国家税务总局 …… 99
关于房改房用地未办理土地使用权过户期间城镇土地使用税政策的通知 …… 99
关于企业参与政府统一组织的棚户区改造有关企业所得税政策问题的通知 …… 100
关于棚户区改造有关税收政策的通知 …… 100
七、中国人民银行 …… 101
办公厅关于商业银行流动性管理事宜的函 …… 101
关于进一步推进利率市场化改革的通知 …… 102
八、地方政策 …… 102
北京市人民政府办公厅关于贯彻落实《国务院办公厅关于继续做好房地产市场调控工作的通知》精神　进一步做好本市房地产市场调控工作的通知 …… 102
北京市关于加快中低价位自住型改善型商品住房建设的意见 …… 105
上海市人民政府办公厅关于贯彻《国务院办公厅关于继续做好房地产市场调控工作的通知》实施意见的通知 …… 107
上海市住房保障和房屋管理局关于严格执行住房限购措施有关问题的通知 …… 109
广州市人民政府办公厅关于贯彻《国务院办公厅关于继续做好房地产市场调控工作通知》的实施意见 …… 110

广州市人民政府办公厅关于进一步做好房地产市场调控工作的意见 …… 111
深圳市人民政府办公厅关于继续做好房地产市场调控工作的通知 …… 112

Ⅱ. 数据篇

导 读

一、全国宏观经济数据 …… 117
二、全国房地产数据 …… 119
三、全国各地区房地产开发投资数据 …… 122
四、全国各地区房地产开发企业到位资金状况 …… 126
五、全国各地区土地购置面积 …… 136
六、全国各地区房地产建设数据 …… 138
七、全国各地区房地产销售数据 …… 162
八、全国四十重点城市土地购置面积 …… 178
九、全国四十重点城市房地产开发投资数据 …… 180
十、全国四十重点城市房地产建设数据 …… 188
十一、全国四十重点城市房地产销售数据 …… 212
十二、2013 年全国七十大中城市住宅销售价格变动情况 …… 228
十三、全国四十重点城市商品房销售均价 …… 240
十四、四十城市经营性土地成交列表 …… 248
十五、四十城市商品房预售许可证列表 …… 293
十六、历年地方财政收入和土地出让金情况 …… 318
十七、房地产上市公司股票价格涨跌幅排名 …… 319
十八、企业销售排行榜 …… 326
十九、100 城市土地数据 …… 328
二十、100 城市基础设施数据 …… 406
二十一、100 城市人口及人民生活数据 …… 430
二十二、国土部监测 100 城市土地价格 …… 484

Ⅲ. 市场篇

导 读

一、全国土地市场 …… 499
二、全国新房市场 …… 510
三、四城市二手住宅市场 …… 520
四、北京市房地产市场综述 …… 527
五、上海市房地产市场综述 …… 532
六、广东省房地产市场综述 …… 538
七、西藏自治区房地产市场综述 …… 545

Ⅳ. 城市篇

导 读

一、北京市房地产市场情况 …… 551
二、天津市房地产市场情况 …… 553
三、石家庄市房地产市场情况 …… 555
四、太原市房地产市场情况 …… 557
五、呼和浩特市房地产市场情况 …… 558
六、沈阳市房地产市场情况 …… 560
七、大连市房地产市场情况 …… 562
八、长春市房地产市场情况 …… 565
九、哈尔滨市房地产市场情况 …… 567
十、上海市房地产市场情况 …… 569
十一、南京市房地产市场情况 …… 572
十二、无锡市房地产市场情况 …… 574
十三、苏州市房地产市场情况 …… 576
十四、杭州市房地产市场情况 …… 578
十五、宁波市房地产市场情况 …… 581
十六、温州市房地产市场情况 …… 583
十七、合肥市房地产市场情况 …… 585
十八、福州市房地产市场情况 …… 587
十九、厦门市房地产市场情况 …… 590
二十、南昌市房地产市场情况 …… 592
二十一、济南市房地产市场情况 …… 595
二十二、青岛市房地产市场情况 …… 597
二十三、郑州市房地产市场情况 …… 599
二十四、武汉市房地产市场情况 …… 602
二十五、长沙市房地产市场情况 …… 604
二十六、广州市房地产市场情况 …… 606
二十七、深圳市房地产市场情况 …… 609
二十八、南宁市房地产市场情况 …… 611
二十九、北海市房地产市场情况 …… 613
三十、海口市房地产市场情况 …… 616
三十一、三亚市房地产市场情况 …… 618
三十二、重庆市房地产市场情况 …… 620
三十三、成都市房地产市场情况 …… 623
三十四、贵阳市房地产市场情况 …… 625

三十五、昆明市房地产市场情况 …… 627
三十六、西安市房地产市场情况 …… 630
三十七、兰州市房地产市场情况 …… 632
三十八、西宁市房地产市场情况 …… 634
三十九、银川市房地产市场情况 …… 636
四十、乌鲁木齐市房地产市场情况 …… 637

V. 企业篇

导 读

一、2013—2014 年度中国房地产开发企业测评榜单 …… 641
二、2013 中国房地产上市公司综合实力测评榜单 …… 647
三、2013 中国房地产开发企业品牌价值测评榜单 …… 648
四、中国部分优秀房地产企业介绍 …… 651
（一）万科企业股份有限公司 …… 651
（二）恒大地产集团有限公司 …… 653
（三）大连万达集团股份有限公司 …… 654
（四）绿地控股集团有限公司 …… 656
（五）保利房地产（集团）股份有限公司 …… 657
（六）中国海外发展有限公司 …… 658
（七）世茂房地产控股有限公司 …… 660
（八）碧桂园控股有限公司 …… 661
（九）绿城中国控股有限公司 …… 663
（十）龙湖地产有限公司 …… 666
（十一）广州富力地产股份有限公司 …… 668
（十二）融创中国控股有限公司 …… 669
（十三）华润置地企业股份有限公司 …… 671
（十四）中信房地产股份有限公司 …… 672
（十五）招商局地产控股股份有限公司 …… 673
（十六）远洋地产控股有限公司 …… 675
（十七）中铁房地产集团有限公司 …… 676
（十八）佳兆业企业股份有限公司 …… 677
（十九）华夏幸福基业股份有限公司 …… 679
（二十）复地（集团）股份有限公司 …… 681
（二十一）雅居乐地产控股有限公司 …… 683
（二十二）保利置业集团有限公司 …… 685
（二十三）新城控股集团有限公司 …… 686
（二十四）和记黄埔企业股份有限公司 …… 688

（二十五）九龙仓集团有限公司 …… 689
（二十六）长江实业（集团）有限公司 …… 690
（二十七）北京首都开发股份有限公司 …… 692
（二十八）金融街控股股份有限公司 …… 693
（二十九）融侨集团股份有限公司 …… 695
（三十）建业地产股份有限公司 …… 695
（三十一）阳光城集团股份有限公司 …… 697
（三十二）四川蓝光和骏实业股份有限公司 …… 699
（三十三）中南控股集团有限公司 …… 700
（三十四）深圳华侨城股份有限公司 …… 704
（三十五）金地（集团）股份有限公司 …… 705
（三十六）旭辉集团股份有限公司 …… 707
（三十七）泰禾集团股份有限公司 …… 708
（三十八）新世界中国地产有限公司 …… 711
（三十九）上海世茂股份有限公司 …… 712
（四十）北京城建投资发展股份有限公司 …… 713
（四十一）仁恒置地集团有限公司 …… 715
（四十二）正荣集团 …… 716
（四十三）宝龙地产控股有限公司 …… 716
（四十四）融信（福建）投资集团有限公司 …… 717
（四十五）建发房地产集团有限公司 …… 719
（四十六）禹洲地产股份有限公司 …… 719
（四十七）上海实业控股有限公司 …… 721
（四十八）上海升龙投资集团有限公司 …… 722
（四十九）景瑞地产（集团）有限公司 …… 723
（五十）浙江佳源房地产集团有限公司 …… 724
（五十一）深圳控股有限公司 …… 726
（五十二）大华（集团）有限公司 …… 727
（五十三）雨润（控股）集团有限公司 …… 729
（五十四）农工商房地产（集团）股份有限公司 …… 731
（五十五）联发集团有限公司 …… 733
（五十六）上海中建东孚投资发展有限公司 …… 734
（五十七）上海证大房地产有限公司 …… 735
（五十八）奥克斯地产 …… 736
（五十九）北京城建投资发展股份有限公司 …… 737
（六十）中骏置业控股有限公司 …… 738
（六十一）俊发地产有限责任公司 …… 740

(六十二) 福建三盛房地产开发有限公司 …… 740
(六十三) 富建集团有限公司 …… 743
(六十四) 首创置业 …… 745
(六十五) 方兴地产（中国）有限公司 …… 746
(六十六) 福晟集团有限公司 …… 747
(六十七) 上海城建置业发展有限公司 …… 749
(六十八) 上置集团有限公司 …… 750
(六十九) 上海建工房产有限公司 …… 752
(七十) 浙江祥生房地产开发有限公司 …… 753
(七十一) 上海城投置地（集团）有限公司 …… 754
(七十二) 方圆地产控股有限公司 …… 755
(七十三) 五洲国际控股有限公司 …… 756
(七十四) 苏州圆融发展集团有限公司 …… 758
(七十五) 国贸地产集团有限公司 …… 759
(七十六) 中锐地产集团 …… 760
(七十七) 重庆泽京房地产开发有限公司 …… 762
(七十八) 上海鹏欣房地产（集团）有限公司 …… 762
(七十九) 润地利房地产投资集团有限公司 …… 764
(八十) 厦门象屿建设集团有限责任公司 …… 766
(八十一) 中粮地产企业股份有限公司 …… 768
(八十二) 上海国际集团投资发展有限公司 …… 769
(八十三) 越秀地产股份有限公司 …… 771
(八十四) 天朗控股 …… 772
(八十五) 合景泰富地产控股有限公司 …… 773
(八十六) 花样年控股集团有限公司 …… 775
(八十七) 苏州伟业集团 …… 776
(八十八) 江苏金洋房地产开发有限公司 …… 778
(八十九) 杭州滨江房产集团股份有限公司 …… 779
(九十) 中邦置业集团有限公司 …… 780
(九十一) 南京朗诗置业股份有限公司 …… 781
(九十二) 上海嘉宝实业（集团）股份有限公司 …… 783
(九十三) 厦门海投房地产有限公司 …… 784
(九十四) 上海实业城市开发集团有限公司 …… 785
(九十五) 上海绿洲投资控股集团有限公司 …… 787
(九十六) 沿海绿色家园有限公司 …… 789
(九十七) 厦门明发集团有限公司 …… 790
(九十八) 江苏德惠集团 …… 791

（九十九）格力地产股份有限公司 …… 793
（一百）金地物业管理集团公司 …… 793

Ⅵ. 保障篇

导　读
一、2013 年全国住房保障建设情况 …… 797
二、2013 年全国保障性住房供地计划与完成情况 …… 801
三、全国各省、市、自治区保障性安居工程建设情况 …… 802
四、2013 年保障性安居工程建设配管经验 …… 809

Ⅶ. 发展篇

导　读
一、房地产金融 …… 817
二、旅游地产 …… 839
三、养老地产 …… 849
四、物业管理 …… 855

Ⅷ. 大事记

2013 年中国房地产大事记 …… 869

企业形象展示

企业形象展示名录 …… 877

Ⅰ.政策篇

导 读

2013年，房地产调控政策保持了相对稳定，不放松、不加码是主要特点。虽然年初出台了国五条、国六条等政策，但随着市场形势的变化，特别是党的十八届三中全会确立了充分发挥市场在资源配置中的主导作用这一原则后，房地产调控悄然发生了变化：弱化行政性短期调控，强调以市场手段为主的调控思路，加快长效机制的建立。继续加大中小套型、普通商品房的供应力度，继续限制投机性购房。加大保障性安居工程，特别是棚户区改造的力度。保障性安居工程建设相关政策逐步细化深入，从土地、融资、建设、监管等各个方面，推进保障性安居工程建设的顺利落地。

本篇选取2013年党和国家领导人关于房地产行业的重要讲话，与房地产相关的重要会议公报，以及国务院及办公厅、发展与改革委员会、住房和城乡建设部、国土资源部、财政部、国家税务总局、中国人民银行等相关部委出台的房地产市场相关调控政策及措施，也包括了部分重要城市出台的有代表性的地方政策，全面展示2013年房地产市场调控的脉络。

一、领导人讲话、重要会议公报

习近平总书记在中共中央政治局第十次集体学习时关于住房保障和供应体系建设的讲话

2013 年 10 月 29 日

住房问题既是民生问题也是发展问题，关系千家万户切身利益，关系人民安居乐业，关系经济社会发展全局，关系社会和谐稳定。党和国家历来高度重视群众住房问题。经过长期努力，我国住房发展取得巨大成就。同时，我们也要看到，解决群众住房问题是一项长期任务，还存在着住房困难家庭的基本需求尚未根本解决、保障性住房总体不足、住房资源配置不合理不平衡等问题。人民群众对实现住有所居充满期待，我们必须下更大决心、花更大气力解决好住房发展中存在的各种问题。

加快推进住房保障和供应体系建设，要处理好政府提供公共服务和市场化的关系、住房发展的经济功能和社会功能的关系、需要和可能的关系、住房保障和防止福利陷阱的关系。只有坚持市场化改革方向，才能充分激发市场活力，满足多层次住房需求。同时，总有一部分群众由于劳动技能不适应、就业不充分、收入水平低等原因而面临住房困难，政府必须"补好位"，为困难群众提供基本住房保障。

从我国国情看，总的方向是构建以政府为主提供基本保障、以市场为主满足多层次需求的住房供应体系。要总结我国住房改革发展经验，借鉴其他国家解决住房问题的有益做法，深入研究住房建设的规律性问题，加强顶层设计，加快建立统一、规范、成熟、稳定的住房供应体系。要千方百计增加住房供应，同时要把调节人民群众住房需求放在重要位置，建立健全经济、适用、环保、节约资源、安全的住房标准体系，倡导符合国情的住房消费模式。

"十二五"规划提出，建设城镇保障性住房和棚户区改造住房 3600 万套（户），到 2015 年全国保障性住房覆盖面达到 20% 左右，这是政府对人民作出的承诺，要全力完成。要重点发展公共租赁住房，加快建设廉租住房，加快实施各类棚户区改造。在推进这项工作的过程中，要注意尽力而为和量力而行相结合，努力满足基本住房需求。住房是群众安身立命之所，质量安全至关重要。要优化保障性住房规划布局、设施配套和户型设计，抓好工程质量。

要完善住房支持政策，注重发挥政策的扶持、导向、带动作用，调动各方面积极性和主动性。要完善土地政策，坚持民生优先，科学编制土地供应计划，增加住房用地供应总量，优先安排保障性住房用地。要完善财政政策，适当加大财政性资金对保障性住房建设投入力度。要综合运用政策措施，吸引企业和其他机构参与公共租赁住房建设和运营。要积极探索建立非营利机构参与保障性住房建设和运营管理的体制机制，形成各方面共同参与的局面。

保障性住房建设是一件利国利民的大好事，但要把这件好事办好、真正使需要帮助的住房困难群众受益，就必须加强管理，在准入、使用、退出等方面建立规范机制，实现公共资源公平善用。要坚持公平分配，使该保障的群众真正受益。要对非法占有保障性住房行为进行有效治理，同时要从制度上堵塞漏洞、加以防范。对非法占有保障性住房的，要依法依规惩处。

中国共产党第十八届中央委员会第三次全体会议关于《全面深化改革若干重大问题的决定》

2013 年 11 月 12 日

为贯彻落实党的十八大关于全面深化改革的战略部署，十八届中央委员会第三次全体会议研究了全面深化改革的若干重大问题，作出如下决定。

一、全面深化改革的重大意义和指导思想

（1）改革开放是党在新的时代条件下带领全国各族人民进行的新的伟大革命，是当代中国最鲜明的特色。党的十一届三中全会召开三十五年来，我们党以巨大的政治勇气，锐意推进经济体制、政治体制、文化体制、社会体制、生态文明体制和党的建设制度改革，不断扩大开放，决心之大、变革之深、影响之广前所未有，成就举世瞩目。

改革开放最主要的成果是开创和发展了中国特色社会主义，为社会主义现代化建设提供了强大动力和有力保障。事实证明，改革开放是决定当代中国命运的关键抉择，是党和人民事业大踏步赶上时代的重要法宝。

实践发展永无止境，解放思想永无止境，改革开放永无止境。面对新形势新任务，全面建成小康社会，进而建成富强民主文明和谐的社会主义现代化国家、实现中华民族伟大复兴的中国梦，必须在新的历史起点上全面深化改革，不断增强中国特色社会主义道路自信、理论自信、制度自信。

（2）全面深化改革，必须高举中国特色社会主义伟大旗帜，以马克思列宁主义、毛泽东思想、邓小平理论、“三个代表”重要思想、科学发展观为指导，坚定信心，凝聚共识，统筹谋划，协同推进，坚持社会主义市场经济改革方向，以促进社会公平正义、增进人民福祉为出发点和落脚点，进一步解放思想、解放和发展社会生产力、解放和增强社会活力，坚决破除各方面体制机制弊端，努力开拓中国特色社会主义事业更加广阔的前景。

全面深化改革的总目标是完善和发展中国特色社会主义制度，推进国家治理体系和治理能力现代化。必须更加注重改革的系统性、整体性、协同性，加快发展社会主义市场经济、民主政治、先进文化、和谐社会、生态文明，让一切劳动、知识、技术、管理、资本的活力竞相迸发，让一切创造社会财富的源泉充分涌流，让发展成果更多更公平惠及全体人民。

紧紧围绕使市场在资源配置中起决定性作用深化经济体制改革，坚持和完善基本经济制度，加快完善现代市场体系、宏观调控体系、开放型经济体系，加快转变经济发展方式，加快建设创新型国家，推动经济更有效率、更加公平、更可持续发展。

紧紧围绕坚持党的领导、人民当家做主、依法治国有机统一深化政治体制改革，加快推进社会主义民主政治制度化、规范化、程序化，建设社会主义法治国家，发展更加广泛、更加充分、更加健全的人民民主。

紧紧围绕建设社会主义核心价值体系、社会主义文化强国深化文化体制改革，加快完善文化管理体制和文化生产经营机制，建立健全现代公共文化服务体系、现代文化市场体系，推动社会主义文化大发展大繁荣。

紧紧围绕更好保障和改善民生、促进社会公平正义深化社会体制改革，改革收入分配制度，促进共同富

裕，推进社会领域制度创新，推进基本公共服务均等化，加快形成科学有效的社会治理体制，确保社会既充满活力又和谐有序。

紧紧围绕建设美丽中国深化生态文明体制改革，加快建立生态文明制度，健全国土空间开发、资源节约利用、生态环境保护的体制机制，推动形成人与自然和谐发展现代化建设新格局。

紧紧围绕提高科学执政、民主执政、依法执政水平，深化党的建设制度改革，加强民主集中制建设，完善党的领导体制和执政方式，保持党的先进性和纯洁性，为改革开放和社会主义现代化建设提供坚强政治保证。

（3）全面深化改革，必须立足于我国长期处于社会主义初级阶段这个最大实际，坚持发展仍是解决我国所有问题的关键这个重大战略判断，以经济建设为中心，发挥经济体制改革牵引作用，推动生产关系同生产力、上层建筑同经济基础相适应，推动经济社会持续健康发展。

经济体制改革是全面深化改革的重点，核心问题是处理好政府和市场的关系，使市场在资源配置中起决定性作用和更好发挥政府作用。市场决定资源配置是市场经济的一般规律，健全社会主义市场经济体制必须遵循这条规律，着力解决市场体系不完善、政府干预过多和监管不到位问题。

必须积极稳妥从广度和深度上推进市场化改革，大幅度减少政府对资源的直接配置，推动资源配置依据市场规则、市场价格、市场竞争实现效益最大化和效率最优化。政府的职责和作用主要是保持宏观经济稳定，加强和优化公共服务，保障公平竞争，加强市场监管，维护市场秩序，推动可持续发展，促进共同富裕，弥补市场失灵。

（4）改革开放的成功实践为全面深化改革提供了重要经验，必须长期坚持。最重要的是，坚持党的领导，贯彻党的基本路线，不走封闭僵化的老路，不走改旗易帜的邪路，坚定走中国特色社会主义道路，始终确保改革正确方向；坚持解放思想、实事求是、与时俱进、求真务实，一切从实际出发，总结国内成功做法，借鉴国外有益经验，勇于推进理论和实践创新；坚持以人为本，尊重人民主体地位，发挥群众首创精神，紧紧依靠人民推动改革，促进人的全面发展；坚持正确处理改革发展稳定关系，胆子要大、步子要稳，加强顶层设计和摸着石头过河相结合，整体推进和重点突破相促进，提高改革决策科学性，广泛凝聚共识，形成改革合力。

当前，我国发展进入新阶段，改革进入攻坚期和深水区。必须以强烈的历史使命感，最大限度集中全党全社会智慧，最大限度调动一切积极因素，敢于啃硬骨头，敢于涉险滩，以更大决心冲破思想观念的束缚、突破利益固化的藩篱，推动中国特色社会主义制度自我完善和发展。

到二〇二〇年，在重要领域和关键环节改革上取得决定性成果，完成本决定提出的改革任务，形成系统完备、科学规范、运行有效的制度体系，使各方面制度更加成熟更加定型。

二、坚持和完善基本经济制度

公有制为主体、多种所有制经济共同发展的基本经济制度，是中国特色社会主义制度的重要支柱，也是社会主义市场经济体制的根基。公有制经济和非公有制经济都是社会主义市场经济的重要组成部分，都是我国经济社会发展的重要基础。必须毫不动摇巩固和发展公有制经济，坚持公有制主体地位，发挥国有经济主导作用，不断增强国有经济活力、控制力、影响力。必须毫不动摇鼓励、支持、引导非公有制经济发展，激发非公有制经济活力和创造力。

（5）完善产权保护制度。产权是所有制的核心。健全归属清晰、权责明确、保护严格、流转顺畅的现代产权制度。公有制经济财产权不可侵犯，非公有制经济财产权同样不可侵犯。

国家保护各种所有制经济产权和合法利益，保证各种所有制经济依法平等使用生产要素、公开公平公正参与市场竞争、同等受到法律保护，依法监管各种所有制经济。

（6）积极发展混合所有制经济。国有资本、集体资本、非公有资本等交叉持股、相互融合的混合所有制经济，是基本经济制度的重要实现形式，有利于国有资本放大功能、保值增值、提高竞争力，有利于各种所有制资本取长补短、相互促进、共同发展。允许更多国有经济和其他所有制经济发展成为混合所有制经济。国有资本投资项目允许非国有资本参股。允许混合所有制经济实行企业员工持股，形成资本所有者和劳动者利益共同体。

完善国有资产管理体制，以管资本为主加强国有资产监管，改革国有资本授权经营体制，组建若干国有资本运营公司，支持有条件的国有企业改组为国有资本投资公司。国有资本投资运营要服务于国家战略目标，更多投向关系国家安全、国民经济命脉的重要行业和关键领域，重点提供公共服务、发展重要前瞻性战略性产业、保护生态环境、支持科技进步、保障国家安全。

划转部分国有资本充实社会保障基金。完善国有资本经营预算制度，提高国有资本收益上缴公共财政比例，二〇二〇年提到百分之三十，更多用于保障和改善民生。

（7）推动国有企业完善现代企业制度。国有企业属于全民所有，是推进国家现代化、保障人民共同利益的重要力量。国有企业总体上已经同市场经济相融合，必须适应市场化、国际化新形势，以规范经营决策、资产保值增值、公平参与竞争、提高企业效率、增强企业活力、承担社会责任为重点，进一步深化国有企业改革。

准确界定不同国有企业功能。国有资本加大对公益性企业的投入，在提供公共服务方面作出更大贡献。国有资本继续控股经营的自然垄断行业，实行以政企分开、政资分开、特许经营、政府监管为主要内容的改革，根据不同行业特点实行网运分开、放开竞争性业务，推进公共资源配置市场化。进一步破除各种形式的行政垄断。

健全协调运转、有效制衡的公司法人治理结构。建立职业经理人制度，更好发挥企业家作用。深化企业内部管理人员能上能下、员工能进能出、收入能增能减的制度改革。建立长效激励约束机制，强化国有企业经营投资责任追究。探索推进国有企业财务预算等重大信息公开。

国有企业要合理增加市场化选聘比例，合理确定并严格规范国有企业管理人员薪酬水平、职务待遇、职务消费、业务消费。

（8）支持非公有制经济健康发展。非公有制经济在支撑增长、促进创新、扩大就业、增加税收等方面具有重要作用。坚持权利平等、机会平等、规则平等，废除对非公有制经济各种形式的不合理规定，消除各种隐性壁垒，制定非公有制企业进入特许经营领域具体办法。

鼓励非公有制企业参与国有企业改革，鼓励发展非公有资本控股的混合所有制企业，鼓励有条件的私营企业建立现代企业制度。

三、加快完善现代市场体系

建设统一开放、竞争有序的市场体系，是使市场在资源配置中起决定性作用的基础。必须加快形成企业自主经营、公平竞争，消费者自由选择、自主消费，商品和要素自由流动、平等交换的现代市场体系，着力清除市场壁垒，提高资源配置效率和公平性。

（9）建立公平开放透明的市场规则。实行统一的市场准入制度，在制定负面清单基础上，各类市场主体可依法平等进入清单之外领域。探索对外商投资实行准入前国民待遇加负面清单的管理模式。推进工商注册制度便利化，削减资质认定项目，由先证后照改为先照后证，把注册资本实缴登记制逐步改为认缴登记制。推进国内贸易流通体制改革，建设法治化营商环境。

改革市场监管体系，实行统一的市场监管，清理和废除妨碍全国统一市场和公平竞争的各种规定和做法，严禁和惩处各类违法实行优惠政策行为，反对地方保护，反对垄断和不正当竞争。建立健全社会征信体系，褒扬诚信，惩戒失信。健全优胜劣汰市场化退出机制，完善企业破产制度。

（10）完善主要由市场决定价格的机制。凡是能由市场形成价格的都交给市场，政府不进行不当干预。推进水、石油、天然气、电力、交通、电信等领域价格改革，放开竞争性环节价格。政府定价范围主要限定在重要公用事业、公益性服务、网络型自然垄断环节，提高透明度，接受社会监督。完善农产品价格形成机制，注重发挥市场形成价格作用。

（11）建立城乡统一的建设用地市场。在符合规划和用途管制前提下，允许农村集体经营性建设用地出让、租赁、入股，实行与国有土地同等入市、同权同价。缩小征地范围，规范征地程序，完善对被征地农民合理、规范、多元保障机制。扩大国有土地有偿使用范围，减少非公益性用地划拨。建立兼顾国家、集体、个人的土地增值收益分配机制，合理提高个人收益。完善土地租赁、转让、抵押二级市场。

（12）完善金融市场体系。扩大金融业对内对外开放，在加强监管前提下，允许具备条件的民间资本依法发起设立中小型银行等金融机构。推进政策性金融机构改革。健全多层次资本市场体系，推进股票发行注册制改革，多渠道推动股权融资，发展并规范债券市场，提高直接融资比重。完善保险经济补偿机制，建立巨灾保险制度。发展普惠金融。鼓励金融创新，丰富金融市场层次和产品。

完善人民币汇率市场化形成机制，加快推进利率市场化，健全反映市场供求关系的国债收益率曲线。推动资本市场双向开放，有序提高跨境资本和金融交易可兑换程度，建立健全宏观审慎管理框架下的外债和资本流动管理体系，加快实现人民币资本项目可兑换。

落实金融监管改革措施和稳健标准，完善监管协调机制，界定中央和地方金融监管职责和风险处置责任。建立存款保险制度，完善金融机构市场化退出机制。加强金融基础设施建设，保障金融市场安全高效运行和整体稳定。

（13）深化科技体制改革。建立健全鼓励原始创新、集成创新、引进消化吸收再创新的体制机制，健全技术创新市场导向机制，发挥市场对技术研发方向、路线选择、要素价格、各类创新要素配置的导向作用。建立产学研协同创新机制，强化企业在技术创新中的主体地位，发挥大型企业创新骨干作用，激发中小企业创新活力，推进应用型技术研发机构市场化、企业化改革，建设国家创新体系。

加强知识产权运用和保护，健全技术创新激励机制，探索建立知识产权法院。打破行政主导和部门分割，建立主要由市场决定技术创新项目和经费分配、评价成果的机制。发展技术市场，健全技术转移机制，改善科技型中小企业融资条件，完善风险投资机制，创新商业模式，促进科技成果资本化、产业化。

整合科技规划和资源，完善政府对基础性、战略性、前沿性科学研究和共性技术研究的支持机制。国家重大科研基础设施依照规定应该开放的一律对社会开放。建立创新调查制度和创新报告制度，构建公开透明的国家科研资源管理和项目评价机制。

改革院士遴选和管理体制，优化学科布局，提高中青年人才比例，实行院士退休和退出制度。

四、加快转变政府职能

科学的宏观调控，有效的政府治理，是发挥社会主义市场经济体制优势的内在要求。必须切实转变政府职能，深化行政体制改革，创新行政管理方式，增强政府公信力和执行力，建设法治政府和服务型政府。

（14）健全宏观调控体系。宏观调控的主要任务是保持经济总量平衡，促进重大经济结构协调和生产力布局优化，减缓经济周期波动影响，防范区域性、系统性风险，稳定市场预期，实现经济持续健康发展。健全以国家发展战略和规划为导向、以财政政策和货币政策为主要手段的宏观调控体系，推进宏观调控目标制定和政策手段运用机制化，加强财政政策、货币政策与产业、价格等政策手段协调配合，提高相机抉择水平，增强宏观调控前瞻性、针对性、协同性。形成参与国际宏观经济政策协调的机制，推动国际经济治理结构完善。

深化投资体制改革，确立企业投资主体地位。企业投资项目，除关系国家安全和生态安全、涉及全国重大生产力布局、战略性资源开发和重大公共利益等项目外，一律由企业依法依规自主决策，政府不再审批。强化节能节地节水、环境、技术、安全等市场准入标准，建立健全防范和化解产能过剩长效机制。

完善发展成果考核评价体系，纠正单纯以经济增长速度评定政绩的偏向，加大资源消耗、环境损害、生态效益、产能过剩、科技创新、安全生产、新增债务等指标的权重，更加重视劳动就业、居民收入、社会保障、人民健康状况。加快建立国家统一的经济核算制度，编制全国和地方资产负债表，建立全社会房产、信用等基础数据统一平台，推进部门信息共享。

（15）全面正确履行政府职能。进一步简政放权，深化行政审批制度改革，最大限度减少中央政府对微观事务的管理，市场机制能有效调节的经济活动，一律取消审批，对保留的行政审批事项要规范管理、提高效率；直接面向基层、量大面广、由地方管理更方便有效的经济社会事项，一律下放地方和基层管理。

政府要加强发展战略、规划、政策、标准等制定和实施，加强市场活动监管，加强各类公共服务提供。加强中央政府宏观调控职责和能力，加强地方政府公共服务、市场监管、社会管理、环境保护等职责。推广政府购买服务，凡属事务性管理服务，原则上都要引入竞争机制，通过合同、委托等方式向社会购买。

加快事业单位分类改革，加大政府购买公共服务力度，推动公办事业单位与主管部门理顺关系和去行政化，创造条件，逐步取消学校、科研院所、医院等单位的行政级别。建立事业单位法人治理结构，推进有条件的事业单位转为企业或社会组织。建立各类事业单位统一登记管理制度。

（16）优化政府组织结构。转变政府职能必须深化机构改革。优化政府机构设置、职能配置、工作流程，完善决策权、执行权、监督权既相互制约又相互协调的行政运行机制。严格绩效管理，突出责任落实，确保权责一致。

统筹党政群机构改革，理顺部门职责关系。积极稳妥实施大部门制。优化行政区划设置，有条件的地方探索推进省直接管理县（市）体制改革。严格控制机构编制，严格按规定职数配备领导干部，减少机构数量和领导职数，严格控制财政供养人员总量。推进机构编制管理科学化、规范化、法制化。

五、深化财税体制改革

财政是国家治理的基础和重要支柱，科学的财税体制是优化资源配置、维护市场统一、促进社会公平、实现国家长治久安的制度保障。必须完善立法、明确事权、改革税制、稳定税负、透明预算、提高效率，建立现代财政制度，发挥中央和地方两个积极性。

（17）改进预算管理制度。实施全面规范、公开透明的预算制度。审核预算的重点由平衡状态、赤字规模向支出预算和政策拓展。清理规范重点支出同财政收支增幅或生产总值挂钩事项，一般不采取挂钩方式。建立跨年度预算平衡机制，建立权责发生制的政府综合财务报告制度，建立规范合理的中央和地方政府债务管理及风险预警机制。

完善一般性转移支付增长机制，重点增加对革命老区、民族地区、边疆地区、贫困地区的转移支付。中央出台增支政策形成的地方财力缺口，原则上通过一般性转移支付调节。清理、整合、规范专项转移支付项目，逐步取消竞争性领域专项和地方资金配套，严格控制引导类、救济类、应急类专项，对保留专项进行甄别，属地方事务的划入一般性转移支付。

（18）完善税收制度。深化税收制度改革，完善地方税体系，逐步提高直接税比重。推进增值税改革，适当简化税率。调整消费税征收范围、环节、税率，把高耗能、高污染产品及部分高档消费品纳入征收范围。逐步建立综合与分类相结合的个人所得税制。加快房地产税立法并适时推进改革，加快资源税改革，推动环境保护费改税。

按照统一税制、公平税负、促进公平竞争的原则，加强对税收优惠特别是区域税收优惠政策的规范管理。税收优惠政策统一由专门税收法律法规规定，清理规范税收优惠政策。完善国税、地税征管体制。

（19）建立事权和支出责任相适应的制度。适度加强中央事权和支出责任，国防、外交、国家安全、关系全国统一市场规则和管理等作为中央事权；部分社会保障、跨区域重大项目建设维护等作为中央和地方共同事权，逐步理顺事权关系；区域性公共服务作为地方事权。中央和地方按照事权划分相应承担和分担支出责任。中央可通过安排转移支付将部分事权支出责任委托地方承担。对于跨区域且对其他地区影响较大的公共服务，中央通过转移支付承担一部分地方事权支出责任。

保持现有中央和地方财力格局总体稳定，结合税制改革，考虑税种属性，进一步理顺中央和地方收入划分。

六、健全城乡发展一体化体制机制

城乡二元结构是制约城乡发展一体化的主要障碍。必须健全体制机制，形成以工促农、以城带乡、工农互惠、城乡一体的新型工农城乡关系，让广大农民平等参与现代化进程、共同分享现代化成果。

（20）加快构建新型农业经营体系。坚持家庭经营在农业中的基础性地位，推进家庭经营、集体经营、合作经营、企业经营等共同发展的农业经营方式创新。坚持农村土地集体所有权，依法维护农民土地承包经营权，发展壮大集体经济。稳定农村土地承包关系并保持长久不变，在坚持和完善最严格的耕地保护制度前提下，赋予农民对承包地占有、使用、收益、流转及承包经营权抵押、担保权能，允许农民以承包经营权入股发展农业产业化经营。鼓励承包经营权在公开市场上向专业大户、家庭农场、农民合作社、农业企业流转，发展多种形式规模经营。

鼓励农村发展合作经济，扶持发展规模化、专业化、现代化经营，允许财政项目资金直接投向符合条件的合作社，允许财政补助形成的资产转交合作社持有和管护，允许合作社开展信用合作。鼓励和引导工商资本到农村发展适合企业化经营的现代种养业，向农业输入现代生产要素和经营模式。

（21）赋予农民更多财产权利。保障农民集体经济组织成员权利，积极发展农民股份合作，赋予农民对集体资产股份占有、收益、有偿退出及抵押、担保、继承权。保障农户宅基地用益物权，改革完善农村宅基地制度，选择若干试点，慎重稳妥推进农民住房财产权抵押、担保、转让，探索农民增加财产性收入渠道。建立农村产权流转交易市场，推动农村产权流转交易公开、公正、规范运行。

（22）推进城乡要素平等交换和公共资源均衡配置。维护农民生产要素权益，保障农民工同工同酬，保障农民公平分享土地增值收益，保障金融机构农村存款主要用于农业农村。健全农业支持保护体系，改革农业补贴制度，完善粮食主产区利益补偿机制。完善农业保险制度。鼓励社会资本投向农村建设，允许企业和社会组织在农村兴办各类事业。统筹城乡基础设施建设和社区建设，推进城乡基本公共服务均等化。

（23）完善城镇化健康发展体制机制。坚持走中国特色新型城镇化道路，推进以人为核心的城镇化，推动大中小城市和小城镇协调发展、产业和城镇融合发展，促进城镇化和新农村建设协调推进。优化城市空间结构和管理格局，增强城市综合承载能力。

推进城市建设管理创新。建立透明规范的城市建设投融资机制，允许地方政府通过发债等多种方式拓宽城市建设融资渠道，允许社会资本通过特许经营等方式参与城市基础设施投资和运营，研究建立城市基础设施、住宅政策性金融机构。完善设市标准，严格审批程序，对具备行政区划调整条件的县可有序改市。对吸纳人口多、经济实力强的镇，可赋予同人口和经济规模相适应的管理权。建立和完善跨区域城市发展协调机制。

推进农业转移人口市民化，逐步把符合条件的农业转移人口转为城镇居民。创新人口管理，加快户籍制度改革，全面放开建制镇和小城市落户限制，有序放开中等城市落户限制，合理确定大城市落户条件，严格控制特大城市人口规模。稳步推进城镇基本公共服务常住人口全覆盖，把进城落户农民完全纳入城镇住房和社会保障体系，在农村参加的养老保险和医疗保险规范接入城镇社保体系。建立财政转移支付同农业转移人口市民化挂钩机制，从严合理供给城市建设用地，提高城市土地利用率。

七、构建开放型经济新体制

适应经济全球化新形势，必须推动对内对外开放相互促进、引进来和走出去更好结合，促进国际国内要素有序自由流动、资源高效配置、市场深度融合，加快培育参与和引领国际经济合作竞争新优势，以开放促改革。

（24）放宽投资准入。统一内外资法律法规，保持外资政策稳定、透明、可预期。推进金融、教育、文化、医疗等服务业领域有序开放，放开育幼养老、建筑设计、会计审计、商贸物流、电子商务等服务业领域外资准入限制，进一步放开一般制造业。加快海关特殊监管区域整合优化。

建立中国上海自由贸易试验区是党中央在新形势下推进改革开放的重大举措，要切实建设好、管理好，为全面深化改革和扩大开放探索新途径、积累新经验。在推进现有试点基础上，选择若干具备条件地方发展自由贸易园（港）区。

扩大企业及个人对外投资，确立企业及个人对外投资主体地位，允许发挥自身优势到境外开展投资合作，允许自担风险到各国各地区自由承揽工程和劳务合作项目，允许创新方式走出去开展绿地投资、并购投资、证券投资、联合投资等。

加快同有关国家和地区商签投资协定，改革涉外投资审批体制，完善领事保护体制，提供权益保障、投资促进、风险预警等更多服务，扩大投资合作空间。

（25）加快自由贸易区建设。坚持世界贸易体制规则，坚持双边、多边、区域次区域开放合作，扩大同各国各地区利益汇合点，以周边为基础加快实施自由贸易区战略。改革市场准入、海关监管、检验检疫等管理体制，加快环境保护、投资保护、政府采购、电子商务等新议题谈判，形成面向全球的高标准自由贸易区网络。

扩大对香港特别行政区、澳门特别行政区和台湾地区开放合作。

（26）扩大内陆沿边开放。抓住全球产业重新布局机遇，推动内陆贸易、投资、技术创新协调发展。创新加工贸易模式，形成有利于推动内陆产业集群发展的体制机制。支持内陆城市增开国际客货运航线，发展多式联运，形成横贯东中西、联结南北方对外经济走廊。推动内陆同沿海沿边通关协作，实现口岸管理相关部门信息互换、监管互认、执法互助。

加快沿边开放步伐，允许沿边重点口岸、边境城市、经济合作区在人员往来、加工物流、旅游等方面实行特殊方式和政策。建立开发性金融机构，加快同周边国家和区域基础设施互联互通建设，推进丝绸之路经济带、海上丝绸之路建设，形成全方位开放新格局。

八、加强社会主义民主政治制度建设

发展社会主义民主政治，必须以保证人民当家做主为根本，坚持和完善人民代表大会制度、中国共产党领导的多党合作和政治协商制度、民族区域自治制度以及基层群众自治制度，更加注重健全民主制度、丰富民主形式，从各层次各领域扩大公民有序政治参与，充分发挥我国社会主义政治制度优越性。

（27）推动人民代表大会制度与时俱进。坚持人民主体地位，推进人民代表大会制度理论和实践创新，发挥人民代表大会制度的根本政治制度作用。完善中国特色社会主义法律体系，健全立法起草、论证、协调、审议机制，提高立法质量，防止地方保护和部门利益法制化。健全"一府两院"由人大产生、对人大负责、受人大监督制度。健全人大讨论、决定重大事项制度，各级政府重大决策出台前向本级人大报告。加强人大预算决算审查监督、国有资产监督职能。落实税收法定原则。加强人大常委会同人大代表的联系，充分发挥代表作用。通过建立健全代表联络机构、网络平台等形式密切代表同人民群众联系。

完善人大工作机制，通过座谈、听证、评估、公布法律草案等扩大公民有序参与立法途径，通过询问、质询、特定问题调查、备案审查等积极回应社会关切。

（28）推进协商民主广泛多层制度化发展。协商民主是我国社会主义民主政治的特有形式和独特优势，是党的群众路线在政治领域的重要体现。在党的领导下，以经济社会发展重大问题和涉及群众切身利益的实际问题为内容，在全社会开展广泛协商，坚持协商于决策之前和决策实施之中。

构建程序合理、环节完整的协商民主体系，拓宽国家政权机关、政协组织、党派团体、基层组织、社会组织的协商渠道。深入开展立法协商、行政协商、民主协商、参政协商、社会协商。加强中国特色新型智库建设，建立健全决策咨询制度。

发挥统一战线在协商民主中的重要作用。完善中国共产党同各民主党派的政治协商，认真听取各民主党派和无党派人士意见。中共中央根据年度工作重点提出规划，采取协商会、谈心会、座谈会等进行协商。完善民主党派中央直接向中共中央提出建议制度。贯彻党的民族政策，保障少数民族合法权益，巩固和发展平等团结互助和谐的社会主义民族关系。

发挥人民政协作为协商民主重要渠道作用。重点推进政治协商、民主监督、参政议政制度化、规范化、程序化。各级党委和政府、政协制定并组织实施协商年度工作计划，就一些重要决策听取政协意见。完善人民政协制度体系，规范协商内容、协商程序。拓展协商民主形式，更加活跃有序地组织专题协商、对口协商、界别协商、提案办理协商，增加协商密度，提高协商成效。在政协健全委员联络机构，完善委员联络制度。

（29）发展基层民主。畅通民主渠道，健全基层选举、议事、公开、述职、问责等机制。开展形式多样的基层民主协商，推进基层协商制度化，建立健全居民、村民监督机制，促进群众在城乡社区治理、基层公共事务和公益事业中依法自我管理、自我服务、自我教育、自我监督。健全以职工代表大会为基本形式的企事业单位民主管理制度，加强社会组织民主机制建设，保障职工参与管理和监督的民主权利。

九、推进法治中国建设

建设法治中国，必须坚持依法治国、依法执政、依法行政共同推进，坚持法治国家、法治政府、法治社会一体建设。深化司法体制改革，加快建设公正高效权威的社会主义司法制度，维护人民权益，让人民群众在每一个司法案件中都感受到公平正义。

（30）维护宪法法律权威。宪法是保证党和国家兴旺发达、长治久安的根本法，具有最高权威。要进一步健全宪法实施监督机制和程序，把全面贯彻实施宪法提高到一个新水平。建立健全全社会忠于、遵守、维护、运用宪法法律的制度。坚持法律面前人人平等，任何组织或者个人都不得有超越宪法法律的特权，一切违反宪法法律的行为都必须予以追究。

普遍建立法律顾问制度。完善规范性文件、重大决策合法性审查机制。建立科学的法治建设指标体系和考核标准。健全法规、规章、规范性文件备案审查制度。健全社会普法教育机制，增强全民法治观念。逐步增加有地方立法权的较大的市数量。

（31）深化行政执法体制改革。整合执法主体，相对集中执法权，推进综合执法，着力解决权责交叉、多头执法问题，建立权责统一、权威高效的行政执法体制。减少行政执法层级，加强食品药品、安全生产、环境保护、劳动保障、海域海岛等重点领域基层执法力量。理顺城管执法体制，提高执法和服务水平。

完善行政执法程序，规范执法自由裁量权，加强对行政执法的监督，全面落实行政执法责任制和执法经费由财政保障制度，做到严格规范公正文明执法。完善行政执法与刑事司法衔接机制。

（32）确保依法独立公正行使审判权检察权。改革司法管理体制，推动省以下地方法院、检察院人财物统一管理，探索建立与行政区划适当分离的司法管辖制度，保证国家法律统一正确实施。

建立符合职业特点的司法人员管理制度，健全法官、检察官、人民警察统一招录、有序交流、逐级遴选机制，完善司法人员分类管理制度，健全法官、检察官、人民警察职业保障制度。

（33）健全司法权力运行机制。优化司法职权配置，健全司法权力分工负责、互相配合、互相制约机制，加强和规范对司法活动的法律监督和社会监督。

改革审判委员会制度，完善主审法官、合议庭办案责任制，让审理者裁判、由裁判者负责。明确各级法院职能定位，规范上下级法院审级监督关系。

推进审判公开、检务公开，录制并保留全程庭审资料。增强法律文书说理性，推动公开法院生效裁判文书。严格规范减刑、假释、保外就医程序，强化监督制度。广泛实行人民陪审员、人民监督员制度，拓宽人民群众有序参与司法渠道。

（34）完善人权司法保障制度。国家尊重和保障人权。进一步规范查封、扣押、冻结、处理涉案财物的司法程序。健全错案防止、纠正、责任追究机制，严禁刑讯逼供、体罚虐待，严格实行非法证据排除规则。逐步减少适用死刑罪名。

废止劳动教养制度，完善对违法犯罪行为的惩治和矫正法律，健全社区矫正制度。

健全国家司法救助制度，完善法律援助制度。完善律师执业权利保障机制和违法违规执业惩戒制度，加强职业道德建设，发挥律师在依法维护公民和法人合法权益方面的重要作用。

十、强化权力运行制约和监督体系

坚持用制度管权管事管人，让人民监督权力，让权力在阳光下运行，是把权力关进制度笼子的根本之策。必须构建决策科学、执行坚决、监督有力的权力运行体系，健全惩治和预防腐败体系，建设廉洁政治，努力实现干部清正、政府清廉、政治清明。

（35）形成科学有效的权力制约和协调机制。完善党和国家领导体制，坚持民主集中制，充分发挥党的领导核心作用。规范各级党政主要领导干部职责权限，科学配置党政部门及内设机构权力和职能，明确职责定位和工作任务。

加强和改进对主要领导干部行使权力的制约和监督，加强行政监察和审计监督。

推行地方各级政府及其工作部门权力清单制度，依法公开权力运行流程。完善党务、政务和各领域办事公开制度，推进决策公开、管理公开、服务公开、结果公开。

（36）加强反腐败体制机制创新和制度保障。加强党对党风廉政建设和反腐败工作统一领导。改革党的纪律检查体制，健全反腐败领导体制和工作机制，改革和完善各级反腐败协调小组职能。

落实党风廉政建设责任制，党委负主体责任，纪委负监督责任，制定实施切实可行的责任追究制度。各级纪委要履行协助党委加强党风建设和组织协调反腐败工作的职责，加强对同级党委特别是常委会成员的监督，更好发挥党内监督专门机关作用。

推动党的纪律检查工作双重领导体制具体化、程序化、制度化，强化上级纪委对下级纪委的领导。查办腐败案件以上级纪委领导为主，线索处置和案件查办在向同级党委报告的同时必须向上级纪委报告。各级纪委书记、副书记的提名和考察以上级纪委会同组织部门为主。

全面落实中央纪委向中央一级党和国家机关派驻纪检机构，实行统一名称、统一管理。派驻机构对派出机关负责，履行监督职责。改进中央和省区市巡视制度，做到对地方、部门、企事业单位全覆盖。

健全反腐倡廉法规制度体系，完善惩治和预防腐败、防控廉政风险、防止利益冲突、领导干部报告个人有关事项、任职回避等方面法律法规，推行新提任领导干部有关事项公开制度试点。健全民主监督、法律监督、舆论监督机制，运用和规范互联网监督。

（37）健全改进作风常态化制度。围绕反对形式主义、官僚主义、享乐主义和奢靡之风，加快体制机制改革和建设。健全领导干部带头改进作风、深入基层调查研究机制，完善直接联系和服务群众制度。改革会议公文制度，从中央做起带头减少会议、文件，着力改进会风文风。健全严格的财务预算、核准和审计制度，着力控制“三公”经费支出和楼堂馆所建设。完善选人用人专项检查和责任追究制度，着力纠正跑官要官等不正之风。改革政绩考核机制，着力解决“形象工程”、“政绩工程”，以及不作为、乱作为等问题。

规范并严格执行领导干部工作生活保障制度，不准多处占用住房和办公用房，不准超标准配备办公用房和生活用房，不准违规配备公车，不准违规配备秘书，不准超规格警卫，不准超标准进行公务接待，严肃查处违反规定超标准享受待遇等问题。探索实行官邸制。

完善并严格执行领导干部亲属经商、担任公职和社会组织职务、出国定居等相关制度规定，防止领导干部利用公共权力或自身影响为亲属和其他特定关系人谋取私利，坚决反对特权思想和作风。

十一、推进文化体制机制创新

建设社会主义文化强国，增强国家文化软实力，必须坚持社会主义先进文化前进方向，坚持中国特色社会主义文化发展道路，培育和践行社会主义核心价值观，巩固马克思主义在意识形态领域的指导地位，巩固全党全国各族人民团结奋斗的共同思想基础。坚持以人民为中心的工作导向，坚持把社会效益放在首位、社会效益和经济效益相统一，以激发全民族文化创造活力为中心环节，进一步深化文化体制改革。

（38）完善文化管理体制。按照政企分开、政事分开原则，推动政府部门由办文化向管文化转变，推动党政部门与其所属的文化企事业单位进一步理顺关系。建立党委和政府监管国有文化资产的管理机构，实行管人管事管资产管导向相统一。

健全坚持正确舆论导向的体制机制。健全基础管理、内容管理、行业管理以及网络违法犯罪防范和打击等工作联动机制，健全网络突发事件处置机制，形成正面引导和依法管理相结合的网络舆论工作格局。整合新闻媒体资源，推动传统媒体和新兴媒体融合发展。推动新闻发布制度化。严格新闻工作者职业资格制度，重视新型媒介运用和管理，规范传播秩序。

(39) 建立健全现代文化市场体系。完善文化市场准入和退出机制，鼓励各类市场主体公平竞争、优胜劣汰，促进文化资源在全国范围内流动。继续推进国有经营性文化单位转企改制，加快公司制、股份制改造。对按规定转制的重要国有传媒企业探索实行特殊管理股制度。推动文化企业跨地区、跨行业、跨所有制兼并重组，提高文化产业规模化、集约化、专业化水平。

鼓励非公有制文化企业发展，降低社会资本进入门槛，允许参与对外出版、网络出版，允许以控股形式参与国有影视制作机构、文艺院团改制经营。支持各种形式小微文化企业发展。

在坚持出版权、播出权特许经营前提下，允许制作和出版、制作和播出分开。建立多层次文化产品和要素市场，鼓励金融资本、社会资本、文化资源相结合。完善文化经济政策，扩大政府文化资助和文化采购，加强版权保护。健全文化产品评价体系，改革评奖制度，推出更多文化精品。

(40) 构建现代公共文化服务体系。建立公共文化服务体系建设协调机制，统筹服务设施网络建设，促进基本公共文化服务标准化、均等化。建立群众评价和反馈机制，推动文化惠民项目与群众文化需求有效对接。整合基层宣传文化、党员教育、科学普及、体育健身等设施，建设综合性文化服务中心。

明确不同文化事业单位功能定位，建立法人治理结构，完善绩效考核机制。推动公共图书馆、博物馆、文化馆、科技馆等组建理事会，吸纳有关方面代表、专业人士、各界群众参与管理。

引入竞争机制，推动公共文化服务社会化发展。鼓励社会力量、社会资本参与公共文化服务体系建设，培育文化非营利组织。

(41) 提高文化开放水平。坚持政府主导、企业主体、市场运作、社会参与，扩大对外文化交流，加强国际传播能力和对外话语体系建设，推动中华文化走向世界。理顺内宣外宣体制，支持重点媒体面向国内国际发展。培育外向型文化企业，支持文化企业到境外开拓市场。鼓励社会组织、中资机构等参与孔子学院和海外文化中心建设，承担人文交流项目。

积极吸收借鉴国外一切优秀文化成果，引进有利于我国文化发展的人才、技术、经营管理经验。切实维护国家文化安全。

十二、推进社会事业改革创新

实现发展成果更多更公平惠及全体人民，必须加快社会事业改革，解决好人民最关心最直接最现实的利益问题，努力为社会提供多样化服务，更好满足人民需求。

(42) 深化教育领域综合改革。全面贯彻党的教育方针，坚持立德树人，加强社会主义核心价值体系教育，完善中华优秀传统文化教育，形成爱学习、爱劳动、爱祖国活动的有效形式和长效机制，增强学生社会责任感、创新精神、实践能力。强化体育课和课外锻炼，促进青少年身心健康、体魄强健。改进美育教学，提高学生审美和人文素养。大力促进教育公平，健全家庭经济困难学生资助体系，构建利用信息化手段扩大优质教育资源覆盖面的有效机制，逐步缩小区域、城乡、校际差距。统筹城乡义务教育资源均衡配置，实行公办学校标准化建设和校长教师交流轮岗，不设重点学校重点班，破解择校难题，标本兼治减轻学生课业负担。加快现代职业教育体系建设，深化产教融合、校企合作，培养高素质劳动者和技能型人才。创新高校人才培养机制，促进高校办出特色争创一流。推进学前教育、特殊教育、继续教育改革发展。

推进考试招生制度改革，探索招生和考试相对分离、学生考试多次选择、学校依法自主招生、专业机构组织实施、政府宏观管理、社会参与监督的运行机制，从根本上解决一考定终身的弊端。义务教育免试就近入学，试行学区制和九年一贯对口招生。推行初高中学业水平考试和综合素质评价。加快推进职业院校分类招考或注册入学。逐步推行普通高校基于统一高考和高中学业水平考试成绩的综合评价多元录取机制。探索全国统考减少科目、不分文理科、外语等科目社会化考试一年多考。试行普通高校、高职院校、成人高校之间学分转换，拓宽终身学习通道。

深入推进管办评分离，扩大省级政府教育统筹权和学校办学自主权，完善学校内部治理结构。强化国家教育督导，委托社会组织开展教育评估监测。健全政府补贴、政府购买服务、助学贷款、基金奖励、捐资激励等制度，鼓励社会力量兴办教育。

（43）健全促进就业创业体制机制。建立经济发展和扩大就业的联动机制，健全政府促进就业责任制度。规范招人用人制度，消除城乡、行业、身份、性别等一切影响平等就业的制度障碍和就业歧视。完善扶持创业的优惠政策，形成政府激励创业、社会支持创业、劳动者勇于创业新机制。完善城乡均等的公共就业创业服务体系，构建劳动者终身职业培训体系。增强失业保险制度预防失业、促进就业功能，完善就业失业监测统计制度。创新劳动关系协调机制，畅通职工表达合理诉求渠道。

促进以高校毕业生为重点的青年就业和农村转移劳动力、城镇困难人员、退役军人就业。结合产业升级开发更多适合高校毕业生的就业岗位。政府购买基层公共管理和社会服务岗位更多用于吸纳高校毕业生就业。健全鼓励高校毕业生到基层工作的服务保障机制，提高公务员定向招录和事业单位优先招聘比例。实行激励高校毕业生自主创业政策，整合发展国家和省级高校毕业生就业创业基金。实施离校未就业高校毕业生就业促进计划，把未就业的纳入就业见习、技能培训等就业准备活动之中，对有特殊困难的实行全程就业服务。

（44）形成合理有序的收入分配格局。着重保护劳动所得，努力实现劳动报酬增长和劳动生产率提高同步，提高劳动报酬在初次分配中的比重。健全工资决定和正常增长机制，完善最低工资和工资支付保障制度，完善企业工资集体协商制度。改革机关事业单位工资和津贴补贴制度，完善艰苦边远地区津贴增长机制。健全资本、知识、技术、管理等由要素市场决定的报酬机制。扩展投资和租赁服务等途径，优化上市公司投资者回报机制，保护投资者尤其是中小投资者合法权益，多渠道增加居民财产性收入。

完善以税收、社会保障、转移支付为主要手段的再分配调节机制，加大税收调节力度。建立公共资源出让收益合理共享机制。完善慈善捐助减免税制度，支持慈善事业发挥扶贫济困积极作用。

规范收入分配秩序，完善收入分配调控体制机制和政策体系，建立个人收入和财产信息系统，保护合法收入，调节过高收入，清理规范隐性收入，取缔非法收入，增加低收入者收入，扩大中等收入者比重，努力缩小城乡、区域、行业收入分配差距，逐步形成橄榄形分配格局。

（45）建立更加公平可持续的社会保障制度。坚持社会统筹和个人账户相结合的基本养老保险制度，完善个人账户制度，健全多缴多得激励机制，确保参保人权益，实现基础养老金全国统筹，坚持精算平衡原则。推进机关事业单位养老保险制度改革。整合城乡居民基本养老保险制度、基本医疗保险制度。推进城乡最低生活保障制度统筹发展。建立健全合理兼顾各类人员的社会保障待遇确定和正常调整机制。完善社会保险关系转移接续政策，扩大参保缴费覆盖面，适时适当降低社会保险费率。研究制定渐进式延迟退休年龄政策。加快健全社会保障管理体制和经办服务体系。健全符合国情的住房保障和供应体系，建立公开规范的住房公积金制度，改进住房公积金提取、使用、监管机制。

健全社会保障财政投入制度，完善社会保障预算制度。加强社会保险基金投资管理和监督，推进基金市场化、多元化投资运营。制定实施免税、延期征税等优惠政策，加快发展企业年金、职业年金、商业保险，构建多层次社会保障体系。

积极应对人口老龄化，加快建立社会养老服务体系和发展老年服务产业。健全农村留守儿童、妇女、老年人关爱服务体系，健全残疾人权益保障、困境儿童分类保障制度。

（46）深化医药卫生体制改革。统筹推进医疗保障、医疗服务、公共卫生、药品供应、监管体制综合改革。深化基层医疗卫生机构综合改革，健全网络化城乡基层医疗卫生服务运行机制。加快公立医院改革，落实政府责任，建立科学的医疗绩效评价机制和适应行业特点的人才培养、人事薪酬制度。完善合理分级诊疗模式，建立社区医生和居民契约服务关系。充分利用信息化手段，促进优质医疗资源纵向流动。加强区域公共卫生服务资源整合。取消以药补医，理顺医药价格，建立科学补偿机制。改革医保支付方式，健全全民医保体系。加快健全重特大疾病医疗保险和救助制度。完善中医药事业发展政策和机制。

鼓励社会办医，优先支持举办非营利性医疗机构。社会资金可直接投向资源稀缺及满足多元需求服务领域，多种形式参与公立医院改制重组。允许医师多点执业，允许民办医疗机构纳入医保定点范围。

坚持计划生育的基本国策，启动实施一方是独生子女的夫妇可生育两个孩子的政策，逐步调整完善生育政策，促进人口长期均衡发展。

十三、创新社会治理体制

创新社会治理，必须着眼于维护最广大人民根本利益，最大限度增加和谐因素，增强社会发展活力，提高社会治理水平，全面推进平安中国建设，维护国家安全，确保人民安居乐业、社会安定有序。

（47）改进社会治理方式。坚持系统治理，加强党委领导，发挥政府主导作用，鼓励和支持社会各方面参与，实现政府治理和社会自我调节、居民自治良性互动。坚持依法治理，加强法治保障，运用法治思维和法治方式化解社会矛盾。坚持综合治理，强化道德约束，规范社会行为，调节利益关系，协调社会关系，解决社会问题。坚持源头治理，标本兼治、重在治本，以网格化管理、社会化服务为方向，健全基层综合服务管理平台，及时反映和协调人民群众各方面各层次利益诉求。

（48）激发社会组织活力。正确处理政府和社会关系，加快实施政社分开，推进社会组织明确权责、依法自治、发挥作用。适合由社会组织提供的公共服务和解决的事项，交由社会组织承担。支持和发展志愿服务组织。限期实现行业协会商会与行政机关真正脱钩，重点培育和优先发展行业协会商会类、科技类、公益慈善类、城乡社区服务类社会组织，成立时直接依法申请登记。加强对社会组织和在华境外非政府组织的管理，引导它们依法开展活动。

（49）创新有效预防和化解社会矛盾体制。健全重大决策社会稳定风险评估机制。建立畅通有序的诉求表达、心理干预、矛盾调处、权益保障机制，使群众问题能反映、矛盾能化解、权益有保障。

改革行政复议体制，健全行政复议案件审理机制，纠正违法或不当行政行为。完善人民调解、行政调解、司法调解联动工作体系，建立调处化解矛盾纠纷综合机制。

改革信访工作制度，实行网上受理信访制度，健全及时就地解决群众合理诉求机制。把涉法涉诉信访纳入法治轨道解决，建立涉法涉诉信访依法终结制度。

（50）健全公共安全体系。完善统一权威的食品药品安全监管机构，建立最严格的覆盖全过程的监管制度，建立食品原产地可追溯制度和质量标志制度，保障食品药品安全。深化安全生产管理体制改革，建立隐患排查治理体系和安全预防控制体系，遏制重特大安全事故。健全防灾减灾救灾体制。加强社会治安综合治理，创新立体化社会治安防控体系，依法严密防范和惩治各类违法犯罪活动。

坚持积极利用、科学发展、依法管理、确保安全的方针，加大依法管理网络力度，加快完善互联网管理领导体制，确保国家网络和信息安全。

设立国家安全委员会，完善国家安全体制和国家安全战略，确保国家安全。

十四、加快生态文明制度建设

建设生态文明，必须建立系统完整的生态文明制度体系，实行最严格的源头保护制度、损害赔偿制度、责任追究制度，完善环境治理和生态修复制度，用制度保护生态环境。

（51）健全自然资源资产产权制度和用途管制制度。对水流、森林、山岭、草原、荒地、滩涂等自然生态空间进行统一确权登记，形成归属清晰、权责明确、监管有效的自然资源资产产权制度。建立空间规划体系，划定生产、生活、生态空间开发管制界限，落实用途管制。健全能源、水、土地节约集约使用制度。

健全国家自然资源资产管理体制，统一行使全民所有自然资源资产所有者职责。完善自然资源监管体制，统一行使所有国土空间用途管制职责。

（52）划定生态保护红线。坚定不移实施主体功能区制度，建立国土空间开发保护制度，严格按照主体功能区定位推动发展，建立国家公园体制。建立资源环境承载能力监测预警机制，对水土资源、环境容量和海洋资源超载区域实行限制性措施。对限制开发区域和生态脆弱的国家扶贫开发工作重点县取消地区生产总值考核。

探索编制自然资源资产负债表，对领导干部实行自然资源资产离任审计。建立生态环境损害责任终身追究制。

（53）实行资源有偿使用制度和生态补偿制度。加快自然资源及其产品价格改革，全面反映市场供求、资源稀缺程度、生态环境损害成本和修复效益。坚持使用资源付费和谁污染环境、谁破坏生态谁付费原则，逐步将资源税扩展到占用各种自然生态空间。稳定和扩大退耕还林、退牧还草范围，调整严重污染和地下水严重超采区耕地用途，有序实现耕地、河湖休养生息。建立有效调节工业用地和居住用地合理比价机制，提高工业用地价格。坚持谁受益、谁补偿原则，完善对重点生态功能区的生态补偿机制，推动地区间建立横向生态补偿制度。发展环保市场，推行节能量、碳排放权、排污权、水权交易制度，建立吸引社会资本投入生态环境保护的市场化机制，推行环境污染第三方治理。

（54）改革生态环境保护管理体制。建立和完善严格监管所有污染物排放的环境保护管理制度，独立进行环境监管和行政执法。建立陆海统筹的生态系统保护修复和污染防治区域联动机制。健全国有林区经营管理体制，完善集体林权制度改革。及时公布环境信息，健全举报制度，加强社会监督。完善污染物排放许可制，实行企事业单位污染物排放总量控制制度。对造成生态环境损害的责任者严格实行赔偿制度，依法追究刑事责任。

十五、深化国防和军队改革

紧紧围绕建设一支听党指挥、能打胜仗、作风优良的人民军队这一党在新形势下的强军目标，着力解决制约国防和军队建设发展的突出矛盾和问题，创新发展军事理论，加强军事战略指导，完善新时期军事战略方针，构建中国特色现代军事力量体系。

（55）深化军队体制编制调整改革。推进领导管理体制改革，优化军委总部领导机关职能配置和机构设置，完善各军兵种领导管理体制。健全军委联合作战指挥机构和战区联合作战指挥体制，推进联合作战训练和保障体制改革。完善新型作战力量领导体制。加强信息化建设集中统管。优化武装警察部队力量结构和指挥管理体制。

优化军队规模结构，调整改善军兵种比例、官兵比例、部队与机关比例，减少非战斗机构和人员。依据不同方向安全需求和作战任务改革部队编成。加快新型作战力量建设。深化军队院校改革，健全军队院校教育、部队训练实践、军事职业教育三位一体的新型军事人才培养体系。

（56）推进军队政策制度调整改革。健全完善与军队职能任务需求和国家政策制度创新相适应的军事人力资源政策制度。以建立军官职业化制度为牵引，逐步形成科学规范的军队干部制度体系。健全完善文职人员制度。完善兵役制度、士官制度、退役军人安置制度改革配套政策。

健全军费管理制度，建立需求牵引规划、规划主导资源配置机制。健全完善经费物资管理标准制度体系。深化预算管理、集中收付、物资采购和军人医疗、保险、住房保障等制度改革。

健全军事法规制度体系，探索改进部队科学管理的方式方法。

（57）推动军民融合深度发展。在国家层面建立推动军民融合发展的统一领导、军地协调、需求对接、资源共享机制。健全国防工业体系，完善国防科技协同创新体制，改革国防科研生产管理和武器装备采购体制机制，引导优势民营企业进入军品科研生产和维修领域。改革完善依托国民教育培养军事人才的政策制度。拓展军队保障社会化领域。深化国防教育改革。健全国防动员体制机制，完善平时征用和战时动员法规制度。深化民兵预备役体制改革。调整理顺边海空防管理体制机制。

十六、加强和改善党对全面深化改革的领导

全面深化改革必须加强和改善党的领导，充分发挥党总揽全局、协调各方的领导核心作用，建设学习型、服务型、创新型的马克思主义执政党，提高党的领导水平和执政能力，确保改革取得成功。

（58）全党同志要把思想和行动统一到中央关于全面深化改革重大决策部署上来，正确处理中央和地方、全局和局部、当前和长远的关系，正确对待利益格局调整，充分发扬党内民主，坚决维护中央权威，保证政令畅通，坚定不移实现中央改革决策部署。

中央成立全面深化改革领导小组，负责改革总体设计、统筹协调、整体推进、督促落实。

各级党委要切实履行对改革的领导责任，完善科学民主决策机制，以重大问题为导向，把各项改革举措落到实处。加强各级领导班子建设，完善干部教育培训和实践锻炼制度，不断提高领导班子和领导干部推动改革能力。创新基层党建工作，健全党的基层组织体系，充分发挥基层党组织的战斗堡垒作用，引导广大党员积极投身改革事业，发扬“钉钉子”精神，抓铁有痕、踏石留印，为全面深化改革作出积极贡献。

（59）全面深化改革，需要有力的组织保证和人才支撑。坚持党管干部原则，深化干部人事制度改革，构建有效管用、简便易行的选人用人机制，使各方面优秀干部充分涌现。发挥党组织领导和把关作用，强化党委（党组）、分管领导和组织部门在干部选拔任用中的权重和干部考察识别的责任，改革和完善干部考核评价制度，改进竞争性选拔干部办法，改进优秀年轻干部培养选拔机制，区分实施选任制和委任制干部选拔方式，坚决纠正唯票取人、唯分取人等现象，用好各年龄段干部，真正把信念坚定、为民服务、勤政务实、敢于担当、清正廉洁的好干部选拔出来。

打破干部部门化，拓宽选人视野和渠道，加强干部跨条块跨领域交流。破除“官本位”观念，推进干部能上能下、能进能出。完善和落实领导干部问责制，完善从严管理干部队伍制度体系。深化公务员分类改革，推行公务员职务与职级并行、职级与待遇挂钩制度，加快建立专业技术类、行政执法类公务员和聘任人员管理制度。完善基层公务员录用制度，在艰苦边远地区适当降低进入门槛。

建立集聚人才体制机制，择天下英才而用之。打破体制壁垒，扫除身份障碍，让人人都有成长成才、脱颖而出的通道，让各类人才都有施展才华的广阔天地。完善党政机关、企事业单位、社会各方面人才顺畅流动的制度体系。健全人才向基层流动、向艰苦地区和岗位流动、在一线创业的激励机制。加快形成具有国际竞争力

的人才制度优势，完善人才评价机制，增强人才政策开放度，广泛吸引境外优秀人才回国或来华创业发展。

（60）人民是改革的主体，要坚持党的群众路线，建立社会参与机制，充分发挥人民群众积极性、主动性、创造性，充分发挥工会、共青团、妇联等人民团体作用，齐心协力推进改革。鼓励地方、基层和群众大胆探索，加强重大改革试点工作，及时总结经验，宽容改革失误，加强宣传和舆论引导，为全面深化改革营造良好社会环境。

全党同志要紧密团结在以习近平同志为总书记的党中央周围，锐意进取，攻坚克难，谱写改革开放伟大事业历史新篇章，为全面建成小康社会、不断夺取中国特色社会主义新胜利、实现中华民族伟大复兴的中国梦而奋斗！

中央经济工作会议公报

2013 年 12 月 10—13 日

中共中央总书记、国家主席、中央军委主席习近平，中共中央政治局常委、国务院总理李克强，中共中央政治局常委、全国人大常委会委员长张德江，中共中央政治局常委、全国政协主席俞正声，中共中央政治局常委刘云山，中共中央政治局常委、中央纪委书记王岐山，中共中央政治局常委、国务院副总理张高丽出席会议。

习近平在会上发表重要讲话，分析当前国内外经济形势，总结 2013 年经济工作，提出 2014 年经济工作的总体要求和主要任务。李克强在讲话中阐述了明年宏观经济政策取向，对明年经济工作作出具体部署，并作了总结讲话。

会议指出，今年以来，在极为错综复杂的形势下，我们贯彻落实党的十八大精神，坚持以邓小平理论、“三个代表”重要思想、科学发展观为指导，加强党对经济工作的领导，围绕全面建成小康社会和实现中华民族伟大复兴的中国梦凝聚人心，围绕科学发展这个主题和加快转变经济发展方式这条主线，围绕提高经济发展质量和效益这个中心，统筹国内国际两个大局，坚持稳中求进工作总基调，把握经济大势，保持调控定力，坚持底线思维，按照宏观政策要稳、微观政策要活、社会政策要托底的思路，扎实做好各方面工作，经济社会发展稳中有进、稳中向好，实现了良好开局。经济运行总体平稳，农业生产再获丰收，结构调整取得新进展，改革开放力度加大，人民生活继续改善，社会大局和谐稳定。特别重要的是，党的十八届三中全会为加快转变经济发展方式、培育经济发展新动力、实现经济持续健康发展确定了行动纲领。

会议指出，这些成绩的取得，是党中央科学决策、正确领导的结果，是全党全国各族人民艰苦奋斗、共同努力的结果，成就来之不易，需要倍加珍惜。

会议强调，在肯定形势稳中有进、稳中向好的同时，我们也要清醒地认识到，经济运行存在下行压力，部分行业产能过剩问题严重，保障粮食安全难度加大，宏观债务水平持续上升，结构性就业矛盾突出，生态环境恶化、食品药品质量堪忧、社会治安状况不佳等突出问题仍没有缓解。

会议认为，明年世界经济仍将延续缓慢复苏态势，但也存在不稳定不确定因素，新的增长动力源尚不明朗，大国货币政策、贸易投资格局、大宗商品价格的变化方向都存在不确定性。要充分考虑明年世界经济形势的不确定性和复杂性，努力抓住机遇，从容应对各类风险和挑战。

会议指出，观察当前和今后世界经济形势，必须联系国际金融危机的大背景。国际金融危机影响具有长期性，国际市场争夺更趋激烈，必须顺势而为、转变思路。要冷静扎实办好自己的事，大力推进改革创新，把发展的强大动力和内需的巨大潜力释放出来，以转变经济发展方式的主动、调整经济结构的主动、改革开放的主动，赢得在经济发展上的主动和国际竞争中的主动，努力创造和维护政治关系友好、经贸规则有利、发展空间广阔的良好环境。

会议强调，2014 年是全面贯彻落实党的十八届三中全会精神、全面深化改革的第一年，改革任务重大而艰巨。明年进入到“十二五”规划第四年，对全面完成“十二五”规划至关重要。做好明年经济工作的总体要求是，全面贯彻落实党的十八大和十八届二中、三中全会精神，坚持稳中求进工作总基调，把改革创新贯穿于经济社会发展各个领域各个环节，保持宏观经济政策连续性和稳定性，着力激发市场活力，加快转方式调结构，加强基本公共服务体系建设，着力改善民生，切实提高经济发展质量和效益，促进经济持续健康发展、社会和谐稳定。

会议指出，做好明年经济工作，最核心的是要坚持稳中求进、改革创新。要稳扎稳打，步步为营，巩固稳中向好的发展态势，促进经济社会大局稳定，为全面深化改革创造条件。同时，要积极推动全面深化改革，坚持问题导向，勇于突破创新，以改革促发展、促转方式调结构、促民生改善。“稳”也好，“改”也好，是辩证统一、互为条件的。一静一动，静要有定力，动要有秩序，关键是把握好这两者之间的度。

会议强调，做好明年经济工作，要全面认识持续健康发展和生产总值增长的关系，不能把发展简单化为增加生产总值，抓住机遇保持国内生产总值合理增长、推进经济结构调整，努力实现经济发展质量和效益得到提高又不会带来后遗症的速度。

会议指出，做好明年经济工作，必须继续实施积极的财政政策和稳健的货币政策。要进一步调整财政支出结构，厉行节约，提高资金使用效率，完善结构性减税政策，扩大营改增试点行业。要保持货币信贷及社会融资规模合理增长，改善和优化融资结构和信贷结构，提高直接融资比重，推进利率市场化和人民币汇率形成机制改革，增强金融运行效率和服务实体经济能力。无论是实施积极财政政策和稳健货币政策，还是其他各项政策，都要同全面深化改革紧密结合，用改革的精神、思路、办法来改善宏观调控，寓改革于调控之中。要努力释放有效需求，充分发挥消费的基础作用、投资的关键作用、出口的支撑作用，把拉动增长的消费、投资、外需这“三驾马车”掌控好。

会议提出了明年经济工作的主要任务。

一、切实保障国家粮食安全。必须实施以我为主、立足国内、确保产能、适度进口、科技支撑的国家粮食安全战略。要依靠自己保口粮，集中国内资源保重点，做到谷物基本自给、口粮绝对安全。坚持数量质量并重，更加注重农产品质量和食品安全，注重生产源头治理和产销全程监管。注重永续发展，转变农业发展方式，发展节水农业、循环农业。抓好粮食安全保障能力建设，加强农业基础设施建设，加快农业科技进步。

二、大力调整产业结构。要着力抓好化解产能过剩和实施创新驱动发展。坚定不移化解产能过剩，不折不扣执行好中央化解产能过剩的决策部署。把使市场在资源配置中起决定性作用和更好发挥政府作用有机结合起来，坚持通过市场竞争实现优胜劣汰。政府要强化环保、安全等标准的硬约束，加大执法力度，对破坏生态环境的要严惩重罚。化解产能过剩的根本出路是创新，包括技术创新、产品创新、组织创新、商业模式创新、市场创新。大力发展战略性新兴产业，加快传统产业优化升级。创造环境，使企业真正成为创新主体。政府要做好加强知识产权保护、完善促进企业创新的税收政策等工作。强化激励，用好人才，使发明者、创新者能够合理分享创新收益，打破阻碍技术成果转化的瓶颈。

三、着力防控债务风险。要把控制和化解地方政府性债务风险作为经济工作的重要任务，把短期应对措施和长期制度建设结合起来，做好化解地方政府性债务风险各项工作。加强源头规范，把地方政府性债务分门别类纳入全口径预算管理，严格政府举债程序。明确责任落实，省区市政府要对本地区地方政府性债务负责任。强化教育和考核，从思想上纠正不正确的政绩导向。

四、积极促进区域协调发展。要继续深入实施区域发展总体战略，完善并创新区域政策，缩小政策单元，重视跨区域、次区域规划，提高区域政策精准性，按照市场经济一般规律制定政策。坚定不移实施主体功能区制度，使自然条件不同区域按照主体功能区定位推动发展。全面建成小康社会，要以各地发展为基础。扎扎实实打好扶贫攻坚战，让贫困地区群众生活不断好起来，贫困地区要把提高扶贫对象生活水平作为衡量政绩的主要考核指标，扶贫工作要科学规划、因地制宜、抓住重点，提高精准性、有效性、持续性。

五、着力做好保障和改善民生工作。要继续按照守住底线、突出重点、完善制度、引导舆论的思路，统筹教育、就业、收入分配、社会保障、医药卫生、住房、食品安全、安全生产等，切实做好改善民生各项工作。把做好就业工作摆到突出位置，重点抓好高校毕业生就业和化解产能过剩中出现的下岗再就业工作。努力解决好住房问题，探索适合国情、符合发展阶段性特征的住房模式，加大廉租住房、公共租赁住房等保障性住房建设和供给，做好棚户区改造。特大城市要注重调整供地结构，提高住宅用地比例，提高土地容积率。加大环境治理和保护生态的工作力度、投资力度、政策力度，加强区域联防联控，加强源头治理，把大气污染防治措施真正落到实处。

六、不断提高对外开放水平。要保持传统出口优势，发挥技术和大型成套装备出口对关联行业出口的带动作用，创造新的比较优势和竞争优势，扩大国内转方式调结构所需设备和技术等进口。注重制度建设和规则保障，加快推进自贸区谈判，稳步推进投资协定谈判。营造稳定、透明、公平的投资环境，切实保护投资者的合法权益。加强对走出去的宏观指导和服务，提供对外投资精准信息，简化对外投资审批程序。推进丝绸之路经济带建设，抓紧制定战略规划，加强基础设施互联互通建设。建设21世纪海上丝绸之路，加强海上通道互联互通建设，拉紧相互利益纽带。

会议指出，做好明年经济工作，要坚持稳中求进，统筹稳增长、调结构、促改革，保持经济增速在合理区间平稳运行；突出民生优先，促进社会公正；保持物价稳定，为推进改革和调整结构创造良好环境；加快转变经济发展方式，促进提质增效升级，推动经济持续健康发展。要把握好经济社会发展预期目标和宏观政策的黄金平衡点，不断完善调控方式和手段。要紧紧围绕使市场在资源配置中起决定性作用深化经济体制改革，着力在重要领域和关键环节取得实质进展。构建扩大内需长效机制，着力增加消费需求。加快发展现代农业，促进农业稳定发展农民持续增收。深入实施创新驱动发展战略，促进产业结构调整升级。推进服务业发展提速、比重提高、水平提升。加快生态文明建设，推动可持续发展。积极稳妥推进新型城镇化，着力提高城镇化质量。加强制度建设，织好保障民生安全网。

会议强调，必须加强党对全面深化改革的领导。党的十八届三中全会作出的决定，是我们党在新的时代条件下全面深化改革的总部署、总动员，完成决定确定的改革任务时间紧迫。要加强学习、吃透精神，全面准确领会全会提出的新思想、新论断、新举措，推动全党全社会把思想和行动统一到全会精神和中央要求上来。要把握大局、扎实推进，坚持胆子要大、步子要稳，战略上要勇于进取，战术上则要稳扎稳打。正确推进改革，改革是社会主义制度自我完善和发展；准确推进改革，按照中央要求来推进；有序推进改革，避免在时机尚不成熟、条件尚不具备的情况下一哄而上；协调推进改革，注重改革的关联性和耦合性，力争最大综合效益。要注重实效、取信于民，做到言必信、行必果，积小胜为大胜，让老百姓得到实实在在的好处，让全社会感受到市场环境、创业条件、干部作风在一天天好转。要区分情况、分类推进，对方向明、见效快的改革，属于地方和部门可以授权操作的改革，明年和近期就可以加快推进；对涉及面广、需要中央决策的改革，要加快研究提出改革方案，制定具体改革策略，全面统筹和审定后，明年适时加以推进；对认识还不深入、但又必须推进的改革，要大胆探索、试点先行，找出规律，凝聚共识，为全面推开积累经验、创造条件；对全会提出的一些需要推进的制度性建设，需要修改完善法律的也要加强研究、尽快启动。党中央已决定成立中央全面深化改革领导小组，在中共中央政治局、中共中央政治局常委会领导下工作。各地区各部门都要指定一个机构负责改革工作，主要领导同志要亲自抓。

会议要求，全党全国各族人民要紧密团结在以习近平同志为总书记的党中央周围，团结一心、扎实工作，认真落实这次会议的各项部署，为推动经济社会持续健康发展而共同奋斗。

中共中央政治局委员、中央书记处书记、国务委员、最高人民法院院长、最高人民检察院检察长等出席会议。

各省、自治区、直辖市和计划单列市、新疆生产建设兵团的党政主要负责人，党中央有关部门、国务院有关部委和有关单位的主要负责人，中央管理的部分企业和金融机构负责人，军队及武警部队有关负责人参加会议。

中央城镇化工作会议公报

2013 年 12 月 12—13 日

中共中央总书记、国家主席、中央军委主席习近平，中共中央政治局常委、国务院总理李克强，中共中央政治局常委、全国人大常委会委员长张德江，中共中央政治局常委、全国政协主席俞正声，中共中央政治局常委刘云山，中共中央政治局常委、中央纪委书记王岐山，中共中央政治局常委、国务院副总理张高丽出席会议。

习近平在会上发表重要讲话，分析城镇化发展形势，明确推进城镇化的指导思想、主要目标、基本原则、重点任务。李克强在讲话中论述了当前城镇化工作的着力点，提出了推进城镇化的具体部署，并作了总结讲话。

会议指出，城镇化是现代化的必由之路。推进城镇化是解决农业、农村、农民问题的重要途径，是推动区域协调发展的有力支撑，是扩大内需和促进产业升级的重要抓手，对全面建成小康社会、加快推进社会主义现代化具有重大现实意义和深远历史意义。改革开放以来，我国城镇化进程明显加快，取得显著进展。2012 年，城镇人口达到 7.1 亿，城镇化率基本达到世界平均水平。

会议认为，在我们这样一个拥有 13 亿人口的发展中大国实现城镇化，在人类发展史上没有先例。城镇化目标正确、方向对头，走出一条新路，将有利于释放内需巨大潜力，有利于提高劳动生产率，有利于破解城乡二元结构，有利于促进社会公平和共同富裕，而且世界经济和生态环境也将从中受益。

会议要求，城镇化是一个自然历史过程，是我国发展必然要遇到的经济社会发展过程。推进城镇化必须从我国社会主义初级阶段基本国情出发，遵循规律，因势利导，使城镇化成为一个顺势而为、水到渠成的发展过程。确定城镇化目标必须实事求是、切实可行，不能靠行政命令层层加码、级级考核，不要急于求成、拔苗助长。推进城镇化既要积极，又要稳妥，更要扎实，方向要明，步子要稳，措施要实。

会议要求，要紧紧围绕提高城镇化发展质量，稳步提高户籍人口城镇化水平；大力提高城镇土地利用效率、城镇建成区人口密度；切实提高能源利用效率，降低能源消耗和二氧化碳排放强度；高度重视生态安全，扩大森林、湖泊、湿地等绿色生态空间比重，增强水源涵养能力和环境容量；不断改善环境质量，减少主要污染物排放总量，控制开发强度，增强抵御和减缓自然灾害能力，提高历史文物保护水平。

会议要求，要以人为本，推进以人为核心的城镇化，提高城镇人口素质和居民生活质量，把促进有能力在城镇稳定就业和生活的常住人口有序实现市民化作为首要任务。要优化布局，根据资源环境承载能力构建科学合理的城镇化宏观布局，把城市群作为主体形态，促进大中小城市和小城镇合理分工、功能互补、协同发展。要坚持生态文明，着力推进绿色发展、循环发展、低碳发展，尽可能减少对自然的干扰和损害，节约集约利用土地、水、能源等资源。要传承文化，发展有历史记忆、地域特色、民族特点的美丽城镇。

会议强调，推进城镇化，要注意处理好市场和政府的关系，既坚持使市场在资源配置中起决定性作用，又更好发挥政府在创造制度环境、编制发展规划、建设基础设施、提供公共服务、加强社会治理等方面的职能；注意处理好中央和地方关系，中央制定大政方针、确定城镇化总体规划和战略布局，地方则从实际出发，贯彻落实总体规划，制定相应规划，创造性开展建设和管理工作。

会议提出了推进城镇化的主要任务。

第一，推进农业转移人口市民化。解决好人的问题是推进新型城镇化的关键。从目前我国城镇化发展要求来看，主要任务是解决已经转移到城镇就业的农业转移人口落户问题，努力提高农民工融入城镇的素质和能力。要根据城市资源禀赋，发展各具特色的城市产业体系，强化城市间专业化分工协作，增强中小城市产业承接能力，特别是要着力提高服务业比重，增强城市创新能力。全面放开建制镇和小城市落户限制，有序放开中等城市落户限制，合理确定大城市落户条件，严格控制特大城市人口规模。推进农业转移人口市民化要坚持自愿、分类、有序，充分尊重农民意愿，因地制宜制订具体办法，优先解决存量，有序引导增量。

第二，提高城镇建设用地利用效率。要按照严守底线、调整结构、深化改革的思路，严控增量，盘活存量，优化结构，提升效率，切实提高城镇建设用地集约化程度。耕地红线一定要守住，红线包括数量，也包括质量。城镇建设用地特别是优化开发的三大城市群地区，要以盘活存量为主，不能再无节制扩大建设用地，不是每个城镇都要长成巨人。按照促进生产空间集约高效、生活空间宜居适度、生态空间山清水秀的总体要求，形成生产、生活、生态空间的合理结构。减少工业用地，适当增加生活用地特别是居住用地，切实保护耕地、园地、菜地等农业空间，划定生态红线。按照守住底线、试点先行的原则稳步推进土地制度改革。

第三，建立多元可持续的资金保障机制。要完善地方税体系，逐步建立地方主体税种，建立财政转移支付同农业转移人口市民化挂钩机制。在完善法律法规和健全地方政府性债务管理制度基础上，建立健全地方债券发行管理制度。推进政策性金融机构改革，当前要发挥好现有政策性金融机构在城镇化中的重要作用，同时研究建立城市基础设施、住宅政策性金融机构。放宽市场准入，制定非公有制企业进入特许经营领域的办法，鼓励社会资本参与城市公用设施投资运营。处理好城市基础设施服务价格问题，既保护消费者利益，又让投资者有长期稳定收益。

第四，优化城镇化布局和形态。推进城镇化，既要优化宏观布局，也要搞好城市微观空间治理。全国主体功能区规划对城镇化总体布局做了安排，提出了“两横三纵”的城市化战略格局，要一张蓝图干到底。我国已经形成京津冀、长三角、珠三角三大城市群，同时要在中西部和东北有条件的地区，依靠市场力量和国家规划引导，逐步发展形成若干城市群，成为带动中西部和东北地区发展的重要增长极，推动国土空间均衡开发。根据区域自然条件，科学设置开发强度，尽快把每个城市特别是特大城市开发边界划定，把城市放在大自然中，把绿水青山保留给城市居民。

第五，提高城镇建设水平。城市建设水平，是城市生命力所在。城镇建设，要实事求是确定城市定位，科学规划和务实行动，避免走弯路；要体现尊重自然、顺应自然、天人合一的理念，依托现有山水脉络等独特风光，让城市融入大自然，让居民望得见山、看得见水、记得住乡愁；要融入现代元素，更要保护和弘扬传统优秀文化，延续城市历史文脉；要融入让群众生活更舒适的理念，体现在每一个细节中。建筑质量事关人民生命财产安全，事关城市未来和传承，要加强建筑质量管理制度建设，对导致建筑质量事故的不法行为，必须坚决依法打击和追究。在促进城乡一体化发展中，要注意保留村庄原始风貌，慎砍树、不填湖、少拆房，尽可能在原有村庄形态上改善居民生活条件。

第六，加强对城镇化的管理。要加强城镇化宏观管理，制定实施好国家新型城镇化规划，有关部门要加强重大政策统筹协调，各地区也要研究提出符合实际的推进城镇化发展意见。培养一批专家型的城市管理干部，用科学态度、先进理念、专业知识建设和管理城市。建立空间规划体系，推进规划体制改革，加快规划立法工作。城市规划要由扩张性规划逐步转向限定城市边界、优化空间结构的规划。城市规划要保持连续性，不能政府一换届、规划就换届。编制空间规划和城市规划要多听取群众意见、尊重专家意见，形成后要通过立法形式确定下来，使之具有法律权威性。

会议指出，城镇化与工业化一道，是现代化的两大引擎。走中国特色、科学发展的新型城镇化道路，核心是以人为本，关键是提升质量，与工业化、信息化、农业现代化同步推进。城镇化是长期的历史进程，要科学有序、积极稳妥地向前推进。新型城镇化要找准着力点，有序推进农村转移人口市民化，深入实施城镇棚户区改造，注重中西部地区城镇化。要实行差别化的落户政策，加强中西部地区重大基础设施建设和引导产业转移。要加强农民工职业培训和保障随迁子女义务教育，努力改善城市生态环境质量。在具体工作中，要科学规划实施，加强相关法规、标准和制度建设。坚持因地制宜，探索各具特色的城镇化发展模式。

会议强调，各级党委和政府要按照中央要求，从实际出发，锐意进取，扎实工作，齐心协力把推进城镇化工作切实抓好抓实。

会议号召，我们要紧密团结在以习近平同志为总书记的党中央周围，推进城镇化健康发展，为城乡居民带来更多福祉，为全面建成小康社会和实现中华民族伟大复兴的中国梦作出更大贡献。

会议还讨论了《国家新型城镇化规划》，有关部门将根据会议讨论情况作出修改。

中共中央政治局委员、中央书记处书记、国务委员、最高人民法院院长、最高人民检察院检察长等出席会议。

各省、自治区、直辖市和计划单列市、新疆生产建设兵团的党政主要负责人和城镇化工作的负责人，党中央有关部门、国务院有关部委和有关单位的主要负责人，中央管理的部分企业和金融机构负责人，军队及武警部队有关负责人参加会议。

中央农村工作会议公报

2013 年 12 月 23—24 日

中共中央总书记、国家主席、中央军委主席习近平，中共中央政治局常委、国务院总理李克强，中共中央政治局常委、全国人大常委会委员长张德江，中共中央政治局常委、全国政协主席俞正声，中共中央政治局常委刘云山，中共中央政治局常委、中央纪委书记王岐山，中共中央政治局常委、国务院副总理张高丽出席会议。

习近平在会上发表重要讲话，从我国经济社会长远发展大局出发，高屋建瓴、深刻精辟阐述了推进农村改革发展若干具有方向性和战略性的重大问题，同时提出明确要求。李克强在讲话中深入分析了农业和农村工作形势，并就依靠改革创新推进农业现代化、更好履行政府“三农”工作职责等重点任务作出具体部署。

会议指出，这次中央农村工作会议，是党的十八届三中全会之后，中央召开的又一次重要会议。进入新世纪以来，中央出台的“三农”政策行之有效、深得民心，有效调动了农民积极性，有力推动了农业农村发展。我国改革是从农村起步的，农村改革发展的伟大实践，为实现人民生活从温饱不足到总体小康的历史性跨越、推进社会主义现代化作出了重大贡献，为战胜各种困难和风险、保持社会大局稳定奠定了坚实基础。

会议强调，小康不小康，关键看老乡。一定要看到，农业还是“四化同步”的短腿，农村还是全面建成小康社会的短板。中国要强，农业必须强；中国要美，农村必须美；中国要富，农民必须富。农业基础稳固，农村和谐稳定，农民安居乐业，整个大局就有保障，各项工作都会比较主动。我们必须坚持把解决好“三农”问题作为全党工作重中之重，坚持工业反哺农业、城市支持农村和多予少取放活方针，不断加大强农惠农富农政策力度，始终把“三农”工作牢牢抓住、紧紧抓好。

关于确保我国粮食安全，会议指出，我国是个人口众多的大国，解决好吃饭问题始终是治国理政的头等大事。要坚持以我为主，立足国内、确保产能、适度进口、科技支撑的国家粮食安全战略。中国人的饭碗任何时候都要牢牢端在自己手上。我们的饭碗应该主要装中国粮，一个国家只有立足粮食基本自给，才能掌握粮食安全主动权，进而才能掌控经济社会发展这个大局。要进一步明确粮食安全的工作重点，合理配置资源，集中力量首先把最基本最重要的保住，确保谷物基本自给、口粮绝对安全。耕地红线要严防死守，18 亿亩耕地红线仍然必须坚守，同时现有耕地面积必须保持基本稳定。调动和保护好“两个积极性”，要让农民种粮有利可图、让主产区抓粮有积极性，要探索形成农业补贴同粮食生产挂钩机制，让多生产粮食者多得补贴，把有限资金真正用在刀刃上。搞好粮食储备调节，调动市场主体收储粮食的积极性，有效利用社会仓储设施进行储粮。中央和地方要共同负责，中央承担首要责任，各级地方政府要树立大局意识，增加粮食生产投入，自觉承担维护国家粮食安全责任。善于用好两个市场、两种资源，适当增加进口和加快农业走出去步伐，把握好进口规模和节奏。高度重视节约粮食，节约粮食要从娃娃抓起，从餐桌抓起，让节约粮食在全社会蔚然成风。

关于坚持和完善农村基本经营制度，会议指出，坚持党的农村政策，首要的就是坚持农村基本经营制度。坚持农村土地农民集体所有，这是坚持农村基本经营制度的“魂”。坚持家庭经营基础性地位，农村集体土地应该由作为集体经济组织成员的农民家庭承包，其他任何主体都不能取代农民家庭的土地承包地位，不论承包经营权如何流转，集体土地承包权都属于农民家庭。坚持稳定土地承包关系，依法保障农民对承包地占有、使用、收益、流转及承包经营权抵押、担保权利。土地承包经营权主体同经营权主体发生分离，这是我国农业生产关系变化的新趋势，对完善农村基本经营制度提出了新的要求，要不断探索农村土地集体所有制的有效实现形式，落实集体所有权、稳定农户承包权、放活土地经营权，加快构建以农户家庭经营为基础、合作与联合为纽带、社会化服务为支撑的立体式复合型现代农业经营体系。土地经营权流转、集中、规模经营，要与城镇化进程和农村劳动力转移规模相适应，与农业科技进步和生产手段改进程度相适应，与农业社会化服务水平提高相适应。要加强土地经营权流转管理和服务，推动土地经营权等农村产权流转交易公开、公正、规范运行。

关于农产品质量和食品安全，会议强调，能不能在食品安全上给老百姓一个满意的交代，是对我们执政能力的重大考验。食品安全源头在农产品，基础在农业，必须正本清源，首先把农产品质量抓好。要把农产品质量安全作为转变农业发展方式、加快现代农业建设的关键环节，用最严谨的标准、最严格的监管、最严厉的处罚、最严肃的问责，确保广大人民群众“舌尖上的安全”。食品安全，首先是“产”出来的，要把住生产环境安全关，治地治水，净化农产品产地环境，切断污染物进入农田的链条，对受污染严重的耕地、水等，要划定食用农产品生产禁止区域，进行集中修复，控肥、控药、控添加剂，严格管制乱用、滥用农业投入品。食品安全，也是“管”出来的，要形成覆盖从田间到餐桌全过程的监管制度，建立更为严格的食品安全监管责任制和责任追究制度，使权力和责任紧密挂钩，抓紧建立健全农产品质量和食品安全追溯体系，尽快建立全国统一的农产品和食品安全信息追溯平台，严厉打击食品安全犯罪，要下猛药、出重拳、绝不姑息，充分发挥群众监督、舆论监督的重要作用。要大力培育食品品牌，用品牌保证人们对产品质量的信心。

关于“谁来种地”，会议指出，解决好这个问题对我国农业农村发展和整个经济社会发展影响深远。核心是要解决好人的问题，通过富裕农民、提高农民、扶持农民，让农业经营有效益，让农业成为有奔头的产业，让农民成为体面的职业，让农村成为安居乐业的美丽家园。要提高种地集约经营、规模经营、社会化服务水平，增加农民务农收入，鼓励发展、大力扶持家庭农场、专业大户、农民合作社、产业化龙头企业等新型主体。要提高农民素质，培养造就新型农民队伍，把培养青年农民纳入国家实用人才培养计划，确保农业后继有人。要强化政府对农业的支持保护，创造良好务农条件和环境，要加大农业投入力度，建立适合农业农村特点的金融体系，制定大中专院校特别是农业院校毕业生到农村经营农业的政策措施。要把加快培育新型农业经营主体作为一项重大战略，以吸引年轻人务农、培育职业农民为重点，建立专门政策机制，构建职业农民队伍，为农业现代化建设和农业持续健康发展提供坚实人力基础和保障。与此同时，也要继续重视普通农户的生产发展。

关于加强农村社会管理，会议指出，要以保障和改善农村民生为优先方向，树立系统治理、依法治理、综合治理、源头治理理念，确保广大农民安居乐业、农村社会安定有序。农村是我国传统文明的发源地，乡土文化的根不能断，农村不能成为荒芜的农村、留守的农村、记忆中的故园。要重视农村“三留守”问题，搞好农村民生保障和改善工作，健全农村留守儿童、留守妇女、留守老年人关爱服务体系，坚持不懈推进扶贫开发，实行精准扶贫。要重视空心村问题，推进农村人居环境整治，继续推进社会主义新农村建设，为农民建设幸福家园和美丽乡村。要重视化解农村社会矛盾，确保农村社会稳定有序，及时反映和协调农民各方面利益诉求，处理好政府和群众利益关系，从源头上预防减少社会矛盾。要重视农村基层党组织建设，加快完善乡村治理机制，扩大农村党组织和党的工作覆盖面，加大培养青年党员力度，提高基层党组织为群众服务意识，夯实党在农村的执政基础。完善农村基层干部选拔任用制度，扩大农村基层民主、保证农民直接行使民主权利。

会议指出，要加快推进农业现代化，以保障国家粮食安全和促进农民增收为核心，立足我国基本国情农情，遵循现代化规律，依靠科技支撑和创新驱动，提高土地产出率、资源利用率、劳动生产率，努力走出一条生产技术先进、经营规模适度、市场竞争力强、生态环境可持续的中国特色新型农业现代化道路。加快转变政府职能，积极推进涉农行政管理方式创新。处理好政府和市场的关系，继续破除一切束缚农民手脚的不合理限制和歧视，增强农业农村发展的内生动力；处理好政府和农民的关系，切实维护农民权益，坚持因地制宜、试点先行，尊重农民和基层首创精神；处理好中央和地方的关系，中央把方向、管大局、抓重点，地方按照中央“三农”决策部署解决好农业农村发展的实际问题。要积极稳妥扎实推进城镇化，到 2020 年，要解决约 1 亿进城常住的农业转移人口落户城镇、约 1 亿人口的城镇棚户区和城中村改造、约 1 亿人口在中西部地区的城镇化，推动新型城镇化要与农业现代化相辅相成，突出特色推进新农村建设，努力让广大农民群众过上更好的日子。

会议强调，党管农村工作是我们的传统。各级党委要加强对“三农”工作的领导，各级领导干部都要重视“三农”工作，多到农村去走一走、多到农民家里去看一看，真正了解农民诉求和期盼，真心实意帮助农民解决生产生活中的实际问题。各级领导干部特别是以农业为主产业的市县乡镇干部，要熟悉农业、了解农业，要懂农作物的种类和品质、节气、农业科技等方面的基本知识。

会议要求，全党全国各族人民要紧密团结在以习近平同志为总书记的党中央周围，团结一心、扎实工作，改革创新、攻坚克难，认真落实这次会议的各项部署，奋力开辟农业和农村工作的崭新局面。

会议讨论了《中共中央、国务院关于全面深化农村改革加快推进农业现代化的若干意见（讨论稿）》。

中共中央政治局委员、国务院副总理汪洋在24日下午的全体会议上作了总结讲话。

部分中共中央政治局委员、中央书记处书记、国务委员等出席会议。

参加这次会议的有中央农村工作领导小组成员，各省、自治区、直辖市及计划单列市党委和政府分管农业和农村工作的负责同志，新疆生产建设兵团负责同志，中央和国家机关及军队有关单位负责同志等。

李克强在内蒙古自治区包头市北梁棚户区棚改现场会的讲话

2013年2月3日

近几年全国已改造各类棚户区1200多万户，几千万群众生活条件发生根本性变化，棚改走出了一条比较有效的路子。但目前城镇仍有1000多万户群众住在集中连片棚户区，加上没有上下水等居住条件的小片棚户区和危旧房，居民超过1亿人。棚改剩下的都是“硬骨头”。各地既要有决心，又要有韧劲，进一步摸清底数，排出时间表，准备启动第二轮棚改攻坚战，有条件的地区要把小片棚户区和危旧房也统筹纳入改造范围。

棚改是城镇化绕不过去的一道坎，是破解城市内部二元结构的关键举措。不能一边是高楼大厦，一边是低矮的棚户区。这种二元结构不消除，城镇化的质量就无从谈起。城镇化的核心是人。对棚户区百姓来讲，棚改是天大的事，政府就要顺民意，办实办好这件事，使群众从“忧居”到“宜居”。棚改既是民生工程又是发展工程，可以带来很大内需，也有利于调节收入分配，起到牵一发而动全身的多重效应。最近我国中东部地区多次雾霾遮天，要引起我们高度重视。实施棚改可以减少生活用煤和环境污染。

要严格控制“三公”经费和楼堂馆所建设，把转变作风、勤俭办事省下来的钱用到棚改等民生工程上。在推进保障房建设的同时，要继续坚持做好房地产调控，保持房地产市场健康发展。

国务院常务会议：研究部署继续做好房地产市场调控工作

2013年2月20日

国务院总理温家宝主持召开国务院常务会议，研究部署继续做好房地产市场调控工作。

会议指出，近年来，各地区、各部门认真落实中央关于加强房地产市场调控的决策部署，取得积极成效，投机投资性购房得到有效抑制，房地产市场形势逐步平稳。住房限购、差别化住房信贷和税收、增加土地供应等综合性政策措施，对合理引导住房需求、缓解供求矛盾、稳定房价特别是遏制一些热点城市房价过快上涨，发挥了关键作用。

会议指出，我国正处于城镇化快速发展时期，短期内热点城市和中心城市住房供求紧张格局难以根本改变，支持自住需求、抑制投机投资性购房是房地产市场调控必须坚持的一项基本政策。要保持政策的连续性和稳定性，严格执行并完善有关措施，促进房地产市场平稳健康发展。

会议确定了以下政策措施：

（一）完善稳定房价工作责任制。各直辖市、计划单列市和除拉萨外的省会城市要按照保持房价基本稳定的原则，制定并公布年度新建商品住房价格控制目标。建立健全稳定房价工作的考核问责制度。

（二）坚决抑制投机投资性购房。严格执行商品住房限购措施，已实施限购措施的直辖市、计划单列市和省会城市要在限购区域、限购住房类型、购房资格审查等方面，按统一要求完善限购措施。其他城市房价上涨过快的，省级政府应要求其及时采取限购等措施。严格实施差别化住房信贷政策。扩大个人住房房产税改革试点范围。

（三）增加普通商品住房及用地供应。2013 年住房用地供应总量原则上不低于过去五年平均实际供应量。加快中小套型普通商品住房项目的供地、建设和上市，尽快形成有效供应。

（四）加快保障性安居工程规划建设。全面落实 2013 年城镇保障性安居工程基本建成 470 万套、新开工 630 万套的任务。配套设施要与保障性安居工程项目同步规划、同期建设、同时交付使用。完善并严格执行准入退出制度，确保公平分配。2013 年底前，地级以上城市要把符合条件的外来务工人员纳入当地住房保障范围。

（五）加强市场监管。加强商品房预售管理，严格执行商品房销售明码标价规定，强化企业信用管理，严肃查处中介机构违法违规行为。推进城镇个人住房信息系统建设，加强市场监测和信息发布管理。

会议要求进一步完善住房供应体系，健全房地产市场运行和监管机制，加快形成引导房地产市场健康发展的长效机制。

国务院常务会议：研究部署加快棚户区改造
促进经济发展和民生改善

2013 年 6 月 26 日

国务院总理李克强主持召开国务院常务会议，研究部署加快棚户区改造，促进经济发展和民生改善。

会议认为，今年以来我国经济形势总体平稳。要保持政策连续性和稳定性，稳定市场预期。要坚持稳中有进、稳中有为，积极采取既稳增长、又调结构，既利当前、又利长远，让群众特别是困难群众得到更多实惠的措施，着力扩大国内有效需求。很多方面如棚户区改造等，不但能实现百姓改善生活的盼头，而且能接续形成新的经济增长点。要调整优化投资安排，压缩一般性投资，集中一部分资金重点加强对这些方面的支持，把钱用在“刀刃”上，引导、带动信贷和其他社会资金投入。持续推进制度创新，不断释放改革红利、激发市场活力，促进实现全年经济社会发展预期目标。

会议强调，棚户区改造既是重大民生工程，也是重大发展工程，可以有效拉动投资、消费需求，带动相关产业发展，推进以人为核心的新型城镇化建设，破解城市二元结构，提高城镇化质量，让更多困难群众住进新居，为企业发展提供机遇，为扩大就业增添岗位，发挥助推经济实现持续健康发展和民生不断改善的积极效应。

会议决定，在过去 5 年大规模改造棚户区取得显著成效的基础上，今后 5 年再改造城市和国有工矿、林区、垦区的各类棚户区1000万户，其中2013年改造304万户。逐步将非集中成片城市棚户区统一纳入改造范围。同步建设配套市政设施、公共服务设施，确保同步使用。

会议强调，要进一步强化政策支持。一是增加财政投入。今后5年要加大中央安排补助资金的支持力度，地方各级政府也要相应增加资金投入。二是引导金融机构加大对棚户区改造的信贷支持。符合规定的企业可发行专项用于棚户区改造项目的企业债券或中期票据。三是对企业用于政府统一组织的棚户区改造支出，准予在所得税前扣除。扩大棚户区改造安置住房的税收优惠政策范围。四是落实相关政策措施，鼓励和引导民间资本通过投资参股、委托代建等形式参与棚户区改造。五是加大供地支持，将棚户区改造安置住房用地纳入当地土地供应计划优先安排。六是完善安置补偿政策，实行实物安置和货币补偿相结合，由居民自愿选择。

会议要求，各地区、各部门要重视并加强对棚户区改造的领导，省级政府是责任主体，并把责任分解落实到市县和有关部门。要优化棚户区改造规划布局，方便居民就业、就医、就学和出行等，确保工程质量安全。尊重群众意愿，禁止强拆强迁，依法维护群众合法权益，把好事办好。要抓住当前施工的有利时机，抓紧安排资金到位，加快推进棚户区改造工程，确保完成今年改造任务。同时，还要抓好其他保障房的建设、分配和管理，做好房地产市场调控，促进房地产市场健康发展。

二、中华人民共和国国务院

办公厅关于转发发展改革委住房城乡建设部绿色建筑行动方案的通知

国办发〔2013〕1号　2013年1月1日

各省、自治区、直辖市人民政府，国务院各部委、各直属机构：

发展改革委、住房城乡建设部《绿色建筑行动方案》已经国务院同意，现转发给你们，请结合本地区、本部门实际，认真贯彻落实。

绿色建筑行动方案

发展改革委　住房城乡建设部

为深入贯彻落实科学发展观，切实转变城乡建设模式和建筑业发展方式，提高资源利用效率，实现节能减排约束性目标，积极应对全球气候变化，建设资源节约型、环境友好型社会，提高生态文明水平，改善人民生活质量，制定本行动方案。

一、充分认识开展绿色建筑行动的重要意义

绿色建筑是在建筑的全寿命期内，最大限度地节约资源、保护环境和减少污染，为人们提供健康、适用和高效的使用空间，与自然和谐共生的建筑。“十一五”以来，我国绿色建筑工作取得明显成效，既有建筑供热计量和节能改造超额完成“十一五”目标任务，新建建筑节能标准执行率大幅度提高，可再生能源建筑应用规

模进一步扩大，国家机关办公建筑和大型公共建筑节能监管体系初步建立。但也面临一些比较突出的问题，主要是：城乡建设模式粗放，能源资源消耗高、利用效率低，重规模轻效率、重外观轻品质、重建设轻管理，建筑使用寿命远低于设计使用年限等。

开展绿色建筑行动，以绿色、循环、低碳理念指导城乡建设，严格执行建筑节能强制性标准，扎实推进既有建筑节能改造，集约节约利用资源，提高建筑的安全性、舒适性和健康性，对转变城乡建设模式，破解能源资源瓶颈约束，改善群众生产生活条件，培育节能环保、新能源等战略性新兴产业，具有十分重要的意义和作用。要把开展绿色建筑行动作为贯彻落实科学发展观、大力推进生态文明建设的重要内容，把握我国城镇化和新农村建设加快发展的历史机遇，切实推动城乡建设走上绿色、循环、低碳的科学发展轨道，促进经济社会全面、协调、可持续发展。

二、指导思想、主要目标和基本原则

（一）指导思想

以邓小平理论、“三个代表”重要思想、科学发展观为指导，把生态文明融入城乡建设的全过程，紧紧抓住城镇化和新农村建设的重要战略机遇期，树立全寿命期理念，切实转变城乡建设模式，提高资源利用效率，合理改善建筑舒适性，从政策法规、体制机制、规划设计、标准规范、技术推广、建设运营和产业支撑等方面全面推进绿色建筑行动，加快推进建设资源节约型和环境友好型社会。

（二）主要目标

1. 新建建筑。城镇新建建筑严格落实强制性节能标准，“十二五”期间，完成新建绿色建筑 10 亿平方米；到 2015 年底，20% 的城镇新建建筑达到绿色建筑标准要求。

2. 既有建筑节能改造。“十二五”期间，完成北方采暖地区既有居住建筑供热计量和节能改造 4 亿平方米以上，夏热冬冷地区既有居住建筑节能改造 5000 万平方米，公共建筑和公共机构办公建筑节能改造 1. 2 亿平方米，实施农村危房改造节能示范 40 万套。到 2020 年底，基本完成北方采暖地区有改造价值的城镇居住建筑节能改造。

（三）基本原则

1. 全面推进，突出重点。全面推进城乡建筑绿色发展，重点推动政府投资建筑、保障性住房以及大型公共建筑率先执行绿色建筑标准，推进北方采暖地区既有居住建筑节能改造。

2. 因地制宜，分类指导。结合各地区经济社会发展水平、资源禀赋、气候条件和建筑特点，建立健全绿色建筑标准体系、发展规划和技术路线，有针对性地制定有关政策措施。

3. 政府引导，市场推动。以政策、规划、标准等手段规范市场主体行为，综合运用价格、财税、金融等经济手段，发挥市场配置资源的基础性作用，营造有利于绿色建筑发展的市场环境，激发市场主体设计、建造、使用绿色建筑的内生动力。

4. 立足当前，着眼长远。树立建筑全寿命期理念，综合考虑投入产出效益，选择合理的规划、建设方案和技术措施，切实避免盲目的高投入和资源消耗。

三、重点任务

（一）切实抓好新建建筑节能工作

1. 科学做好城乡建设规划。在城镇新区建设、旧城更新和棚户区改造中，以绿色、节能、环保为指导思想，建立包括绿色建筑比例、生态环保、公共交通、可再生能源利用、土地集约利用、再生水利用、废弃物回收利用等内容的指标体系，将其纳入总体规划、控制性详细规划、修建性详细规划和专项规划，并落实到具体项目。做好城乡建设规划与区域能源规划的衔接，优化能源的系统集成利用。建设用地要优先利用城乡废弃地，积极开发利用地下空间。积极引导建设绿色生态城区，推进绿色建筑规模化发展。

2. 大力促进城镇绿色建筑发展。政府投资的国家机关、学校、医院、博物馆、科技馆、体育馆等建筑，直辖市、计划单列市及省会城市的保障性住房，以及单体建筑面积超过2万平方米的机场、车站、宾馆、饭店、商场、写字楼等大型公共建筑，自2014年起全面执行绿色建筑标准。积极引导商业房地产开发项目执行绿色建筑标准，鼓励房地产开发企业建设绿色住宅小区。切实推进绿色工业建筑建设。发展改革、财政、住房城乡建设等部门要修订工程预算和建设标准，各省级人民政府要制定绿色建筑工程定额和造价标准。严格落实固定资产投资项目节能评估审查制度，强化对大型公共建筑项目执行绿色建筑标准情况的审查。强化绿色建筑评价标志管理，加强对规划、设计、施工和运行的监管。

3. 积极推进绿色农房建设。各级住房城乡建设、农业等部门要加强农村村庄建设整体规划管理，制定村镇绿色生态发展指导意见，编制农村住宅绿色建设和改造推广图集、村镇绿色建筑技术指南，免费提供技术服务。大力推广太阳能热利用、围护结构保温隔热、省柴节煤灶、节能炕等农房节能技术；切实推进生物质能利用，发展大中型沼气，加强运行管理和维护服务。科学引导农房执行建筑节能标准。

4. 严格落实建筑节能强制性标准。住房城乡建设部门要严把规划设计关口，加强建筑设计方案规划审查和施工图审查，城镇建筑设计阶段要100%达到节能标准要求。加强施工阶段监管和稽查，确保工程质量和安全，切实提高节能标准执行率。严格建筑节能专项验收，对达不到强制性标准要求的建筑，不得出具竣工验收合格报告，不允许投入使用并强制进行整改。鼓励有条件的地区执行更高能效水平的建筑节能标准。

（二）大力推进既有建筑节能改造

1. 加快实施“节能暖房”工程。以围护结构、供热计量、管网热平衡改造为重点，大力推进北方采暖地区既有居住建筑供热计量及节能改造，“十二五”期间完成改造4亿平方米以上，鼓励有条件的地区超额完成任务。

2. 积极推动公共建筑节能改造。开展大型公共建筑和公共机构办公建筑空调、采暖、通风、照明、热水等用能系统的节能改造，提高用能效率和管理水平。鼓励采取合同能源管理模式进行改造，对项目按节能量予以奖励。推进公共建筑节能改造重点城市示范，继续推行“节约型高等学校”建设。“十二五”期间，完成公共建筑改造6000万平方米，公共机构办公建筑改造6000万平方米。

3. 开展夏热冬冷和夏热冬暖地区居住建筑节能改造试点。以建筑门窗、外遮阳、自然通风等为重点，在夏热冬冷和夏热冬暖地区进行居住建筑节能改造试点，探索适宜的改造模式和技术路线。“十二五”期间，完成改造5000万平方米以上。

4. 创新既有建筑节能改造工作机制。做好既有建筑节能改造的调查和统计工作，制定具体改造规划。在旧城区综合改造、城市市容整治、既有建筑抗震加固中，有条件的地区要同步开展节能改造。制定改造方案要充分听取有关各方面的意见，保障社会公众的知情权、参与权和监督权。在条件许可并征得业主同意的前提下，研究采用加层改造、扩容改造等方式进行节能改造。坚持以人为本，切实减少扰民，积极推行工业化和标准化施工。住房城乡建设部门要严格落实工程建设责任制，严把规划、设计、施工、材料等关口，确保工程安全、质量和效益。节能改造工程完工后，应进行建筑能效测评，对达不到要求的不得通过竣工验收。加强宣传，充分调动居民对节能改造的积极性。

（三）开展城镇供热系统改造

实施北方采暖地区城镇供热系统节能改造，提高热源效率和管网保温性能，优化系统调节能力，改善管网热平衡。撤并低能效、高污染的供热燃煤小锅炉，因地制宜地推广热电联产、高效锅炉、工业废热利用等供热技术。推广“吸收式热泵”和“吸收式换热”技术，提高集中供热管网的输送能力。开展城市老旧供热管网系统改造，减少管网热损失，降低循环水泵电耗。

（四）推进可再生能源建筑规模化应用

积极推动太阳能、浅层地能、生物质能等可再生能源在建筑中的应用。太阳能资源适宜地区应在2015年前出台太阳能光热建筑一体化的强制性推广政策及技术标准，普及太阳能热水利用，积极推进被动式太阳能采暖。研究完善建筑光伏发电上网政策，加快微电网技术研发和工程示范，稳步推进太阳能光伏在建筑上的应用。合理开发浅层地热能。财政部、住房城乡建设部研究确定可再生能源建筑规模化应用适宜推广地区名单。开展可再生能源建筑应用地区示范，推动可再生能源建筑应用集中连片推广，到2015年底，新增可再生能源建筑应用面积25亿平方米，示范地区建筑可再生能源消费量占建筑能耗总量的比例达到10%以上。

（五）加强公共建筑节能管理

加强公共建筑能耗统计、能源审计和能耗公示工作，推行能耗分项计量和实时监控，推进公共建筑节能、节水监管平台建设。建立完善的公共机构能源审计、能效公示和能耗定额管理制度，加强能耗监测和节能监管体系建设。加强监管平台建设统筹协调，实现监测数据共享，避免重复建设。对新建、改扩建的国家机关办公建筑和大型公共建筑，要进行能源利用效率测评和标志。研究建立公共建筑能源利用状况报告制度，组织开展商场、宾馆、学校、医院等行业的能效水平对标活动。实施大型公共建筑能耗（电耗）限额管理，对超限额用能（用电）的，实行惩罚性价格。公共建筑业主和所有权人要切实加强用能管理，严格执行公共建筑空调温度控制标准。研究开展公共建筑节能量交易试点。

（六）加快绿色建筑相关技术研发推广

科技部门要研究设立绿色建筑科技发展专项，加快绿色建筑共性和关键技术研发，重点攻克既有建筑节能改造、可再生能源建筑应用、节水与水资源综合利用、绿色建材、废弃物资源化、环境质量控制、提高建筑物耐久性等方面的技术，加强绿色建筑技术标准规范研究，开展绿色建筑技术的集成示范。依托高等院校、科研机构等，加快绿色建筑工程技术中心建设。发展改革、住房城乡建设部门要编制绿色建筑重点技术推广目录，因地制宜推广自然采光、自然通风、遮阳、高效空调、热泵、雨水收集、规模化中水利用、隔音等成熟技术，加快普及高效节能照明产品、风机、水泵、热水器、办公设备、家用电器及节水器具等。

（七）大力发展绿色建材。

因地制宜、就地取材，结合当地气候特点和资源禀赋，大力发展安全耐久、节能环保、施工便利的绿色建材。加快发展防火隔热性能好的建筑保温体系和材料，积极发展烧结空心制品、加气混凝土制品、多功能复合一体化墙体材料、一体化屋面、低辐射镀膜玻璃、断桥隔热门窗、遮阳系统等建材。引导高性能混凝土、高强钢的发展利用，到2015年底，标准抗压强度60兆帕以上混凝土用量达到总用量的10%，屈服强度400兆帕以上热轧带肋钢筋用量达到总用量的45%。大力发展预拌混凝土、预拌砂浆。深入推进墙体材料革新，城市城区限制使用黏土制品，县城禁止使用实心黏土砖。发展改革、住房城乡建设、工业和信息化、质检部门要研究建立绿色建材认证制度，编制绿色建材产品目录，引导规范市场消费。质检、住房城乡建设、工业和信息化部门要加强建材生产、流通和使用环节的质量监管和稽查，杜绝性能不达标的建材进入市场。积极支持绿色建材产业发展，组织开展绿色建材产业化示范。

（八）推动建筑工业化

住房城乡建设等部门要加快建立促进建筑工业化的设计、施工、部品生产等环节的标准体系，推动结构件、部品、部件的标准化，丰富标准件的种类，提高通用性和可置换性。推广适合工业化生产的预制装配式混凝土、钢结构等建筑体系，加快发展建设工程的预制和装配技术，提高建筑工业化技术集成水平。支持集设计、生产、施工于一体的工业化基地建设，开展工业化建筑示范试点。积极推行住宅全装修，鼓励新建住宅一次装修到位或菜单式装修，促进个性化装修和产业化装修相统一。

（九）严格建筑拆除管理程序

加强城市规划管理，维护规划的严肃性和稳定性。城市人民政府以及建筑的所有者和使用者要加强建筑维护管理，对符合城市规划和工程建设标准、在正常使用寿命内的建筑，除基本的公共利益需要外，不得随意拆除。拆除大型公共建筑的，要按有关程序提前向社会公示征求意见，接受社会监督。住房城乡建设部门要研究完善建筑拆除的相关管理制度，探索实行建筑报废拆除审核制度。对违规拆除行为，要依法依规追究有关单位和人员的责任。

（十）推进建筑废弃物资源化利用

落实建筑废弃物处理责任制，按照“谁产生、谁负责”的原则进行建筑废弃物的收集、运输和处理。住房城乡建设、发展改革、财政、工业和信息化部门要制订实施方案，推行建筑废弃物集中处理和分级利用，加快建筑废弃物资源化利用技术、装备研发推广，编制建筑废弃物综合利用技术标准，开展建筑废弃物资源化利用示范，研究建立建筑废弃物再生产品标识制度。地方各级人民政府对本行政区域内的废弃物资源化利用负总责，地级以上城市要因地制宜设立专门的建筑废弃物集中处理基地。

四、保障措施

（一）强化目标责任

要将绿色建筑行动的目标任务科学分解到省级人民政府，将绿色建筑行动目标完成情况和措施落实情况纳入省级人民政府节能目标责任评价考核体系。要把贯彻落实本行动方案情况纳入绩效考核体系，考核结果作为领导干部综合考核评价的重要内容，实行责任制和问责制，对作出突出贡献的单位和人员予以通报表扬。

（二）加大政策激励

研究完善财政支持政策，继续支持绿色建筑及绿色生态城区建设、既有建筑节能改造、供热系统节能改造、可再生能源建筑应用等，研究制定支持绿色建材发展、建筑垃圾资源化利用、建筑工业化、基础能力建设等工作的政策措施。对达到国家绿色建筑评价标准二星级及以上的建筑给予财政资金奖励。财政部、税务总局要研究制定税收方面的优惠政策，鼓励房地产开发商建设绿色建筑，引导消费者购买绿色住宅。改进和完善对绿色建筑的金融服务，金融机构可对购买绿色住宅的消费者在购房贷款利率上给予适当优惠。国土资源部门要研究制定促进绿色建筑发展在土地转让方面的政策，住房城乡建设部门要研究制定容积率奖励方面的政策，在土地招拍挂出让规划条件中，要明确绿色建筑的建设用地比例。

（三）完善标准体系

住房城乡建设等部门要完善建筑节能标准，科学合理地提高标准要求。健全绿色建筑评价标准体系，加快制（修）订适合不同气候区、不同类型建筑的节能建筑和绿色建筑评价标准，2013 年完成《绿色建筑评价标准》的修订工作，完善住宅、办公楼、商场、宾馆的评价标准，出台学校、医院、机场、车站等公共建筑的评价标准。尽快制（修）订绿色建筑相关工程建设、运营管理、能源管理体系等标准，编制绿色建筑区域规划技术导则和标准体系。住房城乡建设、发展改革部门要研究制定基于实际用能状况，覆盖不同气候区、不同类型建筑的建筑能耗限额，要会同工业和信息化、质检等部门完善绿色建材标准体系，研究制定建筑装修材料有害物限量标准，编制建筑废弃物综合利用的相关标准规范。

（四）深化城镇供热体制改革

住房城乡建设、发展改革、财政、质检等部门要大力推行按热量计量收费，督导各地区出台完善供热计量价格和收费办法。严格执行两部制热价。新建建筑、完成供热计量改造的既有建筑全部实行按热量计量收费，推行采暖补贴“暗补”变“明补”。对实行分户计量有难度的，研究采用按小区或楼宇供热量计量收费。实施热价与煤价、气价联动制度，对低收入居民家庭提供供热补贴。加快供热企业改革，推进供热企业市场化经营，培育和规范供热市场，理顺热源、管网、用户的利益关系。

（五）严格建设全过程监督管理

在城镇新区建设、旧城更新、棚户区改造等规划中，地方各级人民政府要建立并严格落实绿色建设指标体系要求，住房城乡建设部门要加强规划审查，国土资源部门要加强土地出让监管。对应执行绿色建筑标准的项目，住房城乡建设部门要在设计方案审查、施工图设计审查中增加绿色建筑相关内容，未通过审查的不得颁发建设工程规划许可证、施工许可证；施工时要加强监管，确保按图施工。对自愿执行绿色建筑标准的项目，在项目立项时要标明绿色星级标准，建设单位应在房屋施工、销售现场明示建筑节能、节水等性能指标。

（六）强化能力建设

住房城乡建设部要会同有关部门建立健全建筑能耗统计体系，提高统计的准确性和及时性。加强绿色建筑评价标志体系建设，推行第三方评价，强化绿色建筑评价监管机构能力建设，严格评价监管。要加强建筑规划、设计、施工、评价、运行等人员的培训，将绿色建筑知识作为相关专业工程师继续教育培训、执业资格考试的重要内容。鼓励高等院校开设绿色建筑相关课程，加强相关学科建设。组织规划设计单位、人员开展绿色建筑规划与设计竞赛活动。广泛开展国际交流与合作，借鉴国际先进经验。

（七）加强监督检查

将绿色建筑行动执行情况纳入国务院节能减排检查和建设领域检查内容，开展绿色建筑行动专项督查，严肃查处违规建设高耗能建筑、违反工程建设标准、建筑材料不达标、不按规定公示性能指标、违反供热计量价格和收费办法等行为。

（八）开展宣传教育

采用多种形式积极宣传绿色建筑法律法规、政策措施、典型案例、先进经验，加强舆论监督，营造开展绿色建筑行动的良好氛围。将绿色建筑行动作为全国节能宣传周、科技活动周、城市节水宣传周、全国低碳日、世界环境日、世界水日等活动的重要宣传内容，提高公众对绿色建筑的认知度，倡导绿色消费理念，普及节约知识，引导公众合理使用用能产品。

各地区、各部门要按照绿色建筑行动方案的部署和要求，抓好各项任务落实。发展改革委、住房城乡建设部要加强综合协调，指导各地区和有关部门开展工作。各地区、各有关部门要尽快制定相应的绿色建筑行动实施方案，加强指导，明确责任，狠抓落实，推动城乡建设模式和建筑业发展方式加快转变，促进资源节约型、环境友好型社会建设。

办公厅关于继续做好房地产市场调控工作的通知

国办发〔2013〕17 号　2013 年 2 月 26 日

2011 年以来，各地区、各部门认真贯彻落实中央关于加强房地产市场调控的决策和部署，取得了积极成效。当前房地产市场调控仍处在关键时期，房价上涨预期增强，不同地区房地产市场出现分化。为继续做好今年房地产市场调控工作，促进房地产市场平稳健康发展，经国务院同意，现就有关问题通知如下：

一、完善稳定房价工作责任制

认真落实省级人民政府负总责、城市人民政府抓落实的稳定房价工作责任制。各直辖市、计划单列市和省会城市（除拉萨外），要按照保持房价基本稳定的原则，制定本地区年度新建商品住房（不含保障性住房，下同）价格控制目标，并于一季度向社会公布。各省级人民政府要更加注重区域差异，加强分类指导。对行政区域内住房供不应求、房价上涨过快的热点城市，应指导其增加住房及住房用地的有效供应，制定并公布年度新建商品住房价格控制目标；对存在住房供过于求等情况的城市，也应指导其采取有效措施保持市场稳定。要建立健全稳定房价工作的考核问责制度，加强对所辖城市的督查、考核和问责工作。国务院有关部门要加强对省级人民政府稳定房价工作的监督和检查。对执行住房限购和差别化住房信贷、税收等政策措施不到位、房价上涨过快的，要进行约谈和问责。

二、坚决抑制投机投资性购房

继续严格执行商品住房限购措施。已实施限购措施的直辖市、计划单列市和省会城市，要在严格执行《国务院办公厅关于进一步做好房地产市场调控工作有关问题的通知》（国办发〔2011〕1 号）基础上，进一步完善现行住房限购措施。限购区域应覆盖城市全部行政区域；限购住房类型应包括所有新建商品住房和二手住房；购房资格审查环节应前移至签订购房合同（认购）前；对拥有 1 套及以上住房的非当地户籍居民家庭、无法连续提供一定年限当地纳税证明或社会保险缴纳证明的非当地户籍居民家庭，要暂停在本行政区域内向其售房。住房供需矛盾突出、房价上涨压力较大的城市，要在上述要求的基础上进一步从严调整限购措施；其他城市出现房价过快上涨情况的，省级人民政府应要求其及时采取限购等措施。各地区住房城乡建设、公安、民政、税务、人力资源社会保障等部门要建立分工明确、协调有序的审核工作机制。要严肃查处限购措施执行中的违法违规行为，对存在规避住房限购措施行为的项目，要责令房地产开发企业整改；购房人不具备购房资格的，企业要与购房人解除合同；对教唆、协助购房人伪造证明材料、骗取购房资格的中介机构，要责令其停业整顿，并严肃处理相关责任人；情节严重的，要追究当事人的法律责任。

继续严格实施差别化住房信贷政策。银行业金融机构要进一步落实好对首套房贷款的首付款比例和贷款利率政策，严格执行第二套（及以上）住房信贷政策。要强化借款人资格审查，严格按规定调查家庭住房登记记录和借款人征信记录，不得向不符合信贷政策的借款人违规发放贷款。银行业监管部门要加强对银行业金融机构执行差别化住房信贷政策的日常管理和专项检查，对违反政策规定的，要及时制止、纠正。对房价上涨过快的城市，人民银行当地分支机构可根据城市人民政府新建商品住房价格控制目标和政策要求，进一步提高第二套住房贷款的首付款比例和贷款利率。

充分发挥税收政策的调节作用。税务、住房城乡建设部门要密切配合，对出售自有住房按规定应征收的个人所得税，通过税收征管、房屋登记等历史信息能核实房屋原值的，应依法严格按转让所得的20%计征。总结个人住房房产税改革试点城市经验，加快推进扩大试点工作，引导住房合理消费。税务部门要继续推进应用房地产价格评估方法加强存量房交易税收征管工作。

三、增加普通商品住房及用地供应

各地区要根据供需情况科学编制年度住房用地供应计划，保持合理、稳定的住房用地供应规模。原则上2013年住房用地供应总量应不低于过去5年平均实际供应量。住房供需矛盾突出、房价上涨压力较大的部分热点城市和区域中心城市，以及前两年住房用地供应计划完成率偏低的城市，要进一步增加年度住房用地供应总量，提高其占年度土地供应计划的比例。加大土地市场信息公开力度，市、县人民政府应于一季度公布年度住房用地供应计划，稳定土地市场预期。各地区要继续采取有效措施，完善土地出让方式，严防高价地扰乱市场预期。各地区住房城乡建设部门要提出商品住房项目的住宅建设套数、套型建筑面积、设施条件、开竣工时间等要求，作为土地出让的依据，并纳入出让合同。

各地区发展改革、国土资源、住房城乡建设部门要建立中小套型普通商品住房建设项目行政审批快速通道，提高办事效率，严格落实开竣工申报制度，督促房地产开发企业严格按照合同约定建设施工，加快中小套型普通商品住房项目的供地、建设和上市，尽快形成有效供应。对中小套型住房套数达到项目开发建设总套数70%以上的普通商品住房建设项目，银行业金融机构要在符合信贷条件的前提下优先支持其开发贷款需求。

四、加快保障性安居工程规划建设

全面落实2013年城镇保障性安居工程基本建成470万套、新开工630万套的任务。各地区要抓紧把建设任务落实到项目和地块，确保资金尽快到位，尽早开工建设。继续抓好城市和国有工矿（含煤矿）、国有林区、垦区棚户区改造，重点抓好资源型城市及独立工矿区棚户区改造；积极推进非成片棚户区和危旧房改造，逐步开展城镇旧住宅区综合整治，稳步实施城中村改造。

强化规划统筹，从城镇化发展和改善居民住房条件等实际需要出发，把保障性安居工程建设和城市发展充分结合起来，在城市总体规划和土地利用、住房建设等规划中统筹安排保障性安居工程项目。要把好规划设计关、施工质量关、建筑材料关和竣工验收关，落实工程质量责任，确保工程质量安全。要合理安排布局，改进户型设计，方便保障对象的工作和生活。要加大配套基础设施投入力度，做到配套设施与保障性安居工程项目同步规划、同期建设、同时交付使用，确保竣工项目及早投入使用。

加强分配管理。要继续探索创新保障性住房建设和管理机制，完善保障性住房申请家庭经济状况审核机制，严格准入退出，确保公平分配。加大保障性安居工程建设、分配和退出的信息公开力度。严肃查处擅自改变保障性安居工程用途、套型面积等违法违规行为。2013年底前，地级以上城市要把符合条件的、有稳定就业的外来务工人员纳入当地住房保障范围。要加强小区运营管理，完善社区公共服务，优化居住环境。

五、加强市场监管和预期管理

2013年起，各地区要提高商品房预售门槛，从工程投资和形象进度、交付时限等方面强化商品房预售许可管理，引导房地产开发企业理性定价，稳步推进商品房预售制度改革。继续严格执行商品房销售明码标价、一房一价规定，严格按照申报价格对外销售。各地区要切实强化预售资金管理，完善监管制度；尚未实行预售资金监管的地区，要加快制定本地区商品房预售资金监管办法。对预售方案报价过高且不接受城市住房城乡建设部门指导，或没有实行预售资金监管的商品房项目，可暂不核发预售许可证书。各地区要大力推进城镇个人住房信息系统建设，完善管理制度，到“十二五”期末，所有地级以上城市原则上要实现联网。

加强房地产企业信用管理，研究建立住房城乡建设、发展改革、国土资源、金融、税务、工商、统计等部门联动共享的信用管理系统，及时记录、公布房地产企业的违法违规行为。对存在闲置土地和炒地、捂盘惜售、哄抬房价等违法违规行为的房地产开发企业，有关部门要建立联动机制，加大查处力度。国土资源部门要禁止其参加土地竞买，银行业金融机构不得发放新开发项目贷款，证券监管部门暂停批准其上市、再融资或重大资产重组，银行业监管部门要禁止其通过信托计划融资。税务部门要强化土地增值税的征收管理工作，严格按照有关规定进行清算审核和稽查。住房城乡建设、工商等部门要联合开展对房屋中介市场的专项治理工作，整顿和规范市场秩序，严肃查处中介机构和经纪人员的违法违规行为。有关部门要加强房地产开发企业资本金管理，加大对资产负债情况的监测力度，有效防范风险。

各地区、各有关部门要加强市场监测和研究分析，及时主动发布商品住房建设、交易及房价、房租等方面的权威信息，正确解读市场走势和有关调控政策措施，引导社会舆论，稳定市场预期。要加强舆情监测，对涉及房地产市场的不实信息，要及时、主动澄清。对诱导购房者违反限购、限贷等政策措施，造谣、传谣以及炒作不实信息误导消费者的企业、机构、媒体和个人，要进行严肃处理。

六、加快建立和完善引导房地产市场健康发展的长效机制

各有关部门要加强基础性工作，加快研究提出完善住房供应体系、健全房地产市场运行和监管机制的工作思路和政策框架，推进房地产税制改革，完善住房金融体系和住房用地供应机制，推进住宅产业化，促进房地产市场持续平稳健康发展。

办公厅关于金融支持经济结构调整和转型升级的指导意见

国办发〔2013〕67 号　2013 年 7 月 1 日

当前，我国经济运行总体平稳，但结构性矛盾依然突出。金融运行总体是稳健的，但资金分布不合理问题仍然存在，与经济结构调整和转型升级的要求不相适应。为深入贯彻党的十八大、中央经济工作会议和国务院常务会议精神，更好地发挥金融对经济结构调整和转型升级的支持作用，更好地发挥市场配置资源的基础性作用，更好地发挥金融政策、财政政策和产业政策的协同作用，优化社会融资结构，持续加强对重点领域和薄弱环节的金融支持，切实防范化解金融风险，经国务院同意，现提出以下指导意见。

一、继续执行稳健的货币政策，合理保持货币信贷总量

统筹兼顾稳增长、调结构、控通胀、防风险，合理保持货币总量。综合运用数量、价格等多种货币政策工具组合，充分发挥再贷款、再贴现和差别存款准备金动态调整机制的引导作用，盘活存量资金，用好增量资

金，加快资金周转速度，提高资金使用效率。对中小金融机构继续实施较低的存款准备金率，增加“三农”、小微企业等薄弱环节的信贷资金来源。稳步推进利率市场化改革，更大程度发挥市场在资金配置中的基础性作用，促进企业根据自身条件选择融资渠道、优化融资结构，提高实体经济特别是小微企业的信贷可获得性，进一步加大金融对实体经济的支持力度。（人民银行牵头，发展改革委、工业和信息化部、财政部、银监会、证监会、保监会、外汇局等参加）

二、引导、推动重点领域与行业转型和调整

坚持有扶有控、有保有压原则，增强资金支持的针对性和有效性。大力支持实施创新驱动发展战略。加大对有市场发展前景的先进制造业、战略性新兴产业、现代信息技术产业和信息消费、劳动密集型产业、服务业、传统产业改造升级以及绿色环保等领域的资金支持力度。保证重点在建续建工程和项目的合理资金需求，积极支持铁路等重大基础设施、城市基础设施、保障性安居工程等民生工程建设，培育新的产业增长点。按照“消化一批、转移一批、整合一批、淘汰一批”的要求，对产能过剩行业区分不同情况实施差别化政策。对产品有竞争力、有市场、有效益的企业，要继续给予资金支持；对合理向境外转移产能的企业，要通过内保外贷、外汇及人民币贷款、债权融资、股权融资等方式，积极支持增强跨境投资经营能力；对实施产能整合的企业，要通过探索发行优先股、定向开展并购贷款、适当延长贷款期限等方式，支持企业兼并重组；对属于淘汰落后产能的企业，要通过保全资产和不良贷款转让、贷款损失核销等方式支持压产退市。严禁对产能严重过剩行业违规建设项目提供任何形式的新增授信和直接融资，防止盲目投资加剧产能过剩。（发展改革委、工业和信息化部、财政部、商务部、人民银行、国资委、银监会、证监会、保监会、外汇局等按职责分工负责）

三、整合金融资源支持小微企业发展

优化小微企业金融服务。支持金融机构向小微企业集中的区域延伸服务网点。根据小微企业不同发展阶段的金融需求特点，支持金融机构向小微企业提供融资、结算、理财、咨询等综合性金融服务。继续支持符合条件的银行发行小微企业专项金融债，所募集资金发放的小微企业贷款不纳入存贷比考核。逐步推进信贷资产证券化常规化发展，盘活资金支持小微企业发展和经济结构调整。适度放开小额外保内贷业务，扩大小微企业境内融资来源。适当提高对小微企业贷款的不良贷款容忍度。加强对科技型、创新型、创业型小微企业的金融支持力度。力争全年小微企业贷款增速不低于当年各项贷款平均增速，贷款增量不低于上年同期水平。鼓励地方人民政府建立小微企业信贷风险补偿基金，支持小微企业信息整合，加快推进中小企业信用体系建设。支持地方人民政府加强对小额贷款公司、融资性担保公司的监管，对非融资性担保公司进行清理规范。鼓励地方人民政府出资设立或参股融资性担保公司，以及通过奖励、风险补偿等多种方式引导融资性担保公司健康发展，帮助小微企业增信融资，降低小微企业融资成本，提高小微企业贷款覆盖面。推动金融机构完善服务定价管理机制，严格规范收费行为，严格执行不得以贷转存、不得存贷挂钩、不得以贷收费、不得浮利分费、不得借贷搭售、不得一浮到顶、不得转嫁成本，公开收费项目、服务质价、效用功能、优惠政策等规定，切实降低企业融资成本。（发展改革委、科技部、工业和信息化部、财政部、人民银行、工商总局、银监会、证监会、保监会、外汇局等按职责分工负责）

四、加大对“三农”领域的信贷支持力度

优化“三农”金融服务，统筹发挥政策性金融、商业性金融和合作性金融的协同作用，发挥直接融资优势，推动加快农业现代化步伐。鼓励涉农金融机构在金融服务空白乡镇设立服务网点，创新服务方式，努力实

现农村基础金融服务全覆盖。支持金融机构开发符合农业农村新型经营主体和农产品批发商特点的金融产品和服务，加大信贷支持力度，力争全年"三农"贷款增速不低于当年各项贷款平均增速，贷款增量不低于上年同期水平。支持符合条件的银行发行"三农"专项金融债。鼓励银行业金融机构扩大林权抵押贷款，探索开展大中型农机具、农村土地承包经营权和宅基地使用权抵押贷款试点。支持农业银行在总结试点经验的基础上，逐步扩大县域"三农金融事业部"试点省份范围。支持经中央批准的农村金融改革试点地区创新农村金融产品和服务。（财政部、国土资源部、农业部、商务部、人民银行、林业局、法制办、银监会等按职责分工负责）

五、进一步发展消费金融促进消费升级

加快完善银行卡消费服务功能，优化刷卡消费环境，扩大城乡居民用卡范围。积极满足居民家庭首套自住购房、大宗耐用消费品、新型消费品以及教育、旅游等服务消费领域的合理信贷需求。逐步扩大消费金融公司的试点城市范围，培育和壮大新的消费增长点。加强个人信用管理。根据城镇化过程中进城务工人员等群体的消费特点，提高金融服务的匹配度和适应性，促进消费升级。（人民银行牵头，发展改革委、工业和信息化部、商务部、银监会等参加）

六、支持企业"走出去"

鼓励政策性银行、商业银行等金融机构大力支持企业"走出去"。以推进贸易投资便利化为重点，进一步推动人民币跨境使用，推进外汇管理简政放权，完善货物贸易和服务贸易外汇管理制度。逐步开展个人境外直接投资试点，进一步推动资本市场对外开放。改进外债管理方式，完善全口径外债管理制度。加强银行间外汇市场净额清算等基础设施建设。创新外汇储备运用，拓展外汇储备委托贷款平台和商业银行转贷款渠道，综合运用多种方式为用汇主体提供融资支持。（人民银行牵头，外交部、发展改革委、财政部、商务部、海关总署、银监会、证监会、保监会、外汇局等参加）

七、加快发展多层次资本市场

进一步优化主板、中小企业板、创业板市场的制度安排，完善发行、定价、并购重组等方面的各项制度。适当放宽创业板对创新型、成长型企业的财务准入标准。将中小企业股份转让系统试点扩大至全国。规范非上市公众公司管理。稳步扩大公司（企业）债、中期票据和中小企业私募债券发行，促进债券市场互联互通。规范发展各类机构投资者，探索发展并购投资基金，鼓励私募股权投资基金、风险投资基金产品创新，促进创新型、创业型中小企业融资发展。加快完善期货市场建设，稳步推进期货市场品种创新，进一步发挥期货市场的定价、分散风险、套期保值和推进经济转型升级的作用。（证监会牵头，发展改革委、科技部、工业和信息化部、财政部、人民银行、工商总局、法制办等参加）

八、进一步发挥保险的保障作用

扩大农业保险覆盖范围，推广菜篮子工程保险、渔业保险、农产品质量保证保险、农房保险等新型险种。建立完善财政支持的农业保险大灾风险分散机制。大力发展出口信用保险，鼓励为企业开展对外贸易和"走出去"提供投资、运营、劳动用工等方面的一揽子保险服务。深入推进科技保险工作。试点推广小额信贷保证保险，推动发展国内贸易信用保险。拓宽保险覆盖面和保险资金运用范围，进一步发挥保险对经济结构调整和转型升级的积极作用。（保监会牵头，发展改革委、科技部、工业和信息化部、财政部、农业部、商务部、人民

银行、林业局、银监会、外汇局等参加)

九、扩大民间资本进入金融业

鼓励民间资本投资入股金融机构和参与金融机构重组改造。允许发展成熟、经营稳健的村镇银行在最低股比要求内，调整主发起行与其他股东持股比例。尝试由民间资本发起设立自担风险的民营银行、金融租赁公司和消费金融公司等金融机构。探索优化银行业分类监管机制，对不同类型银行业金融机构在经营地域和业务范围上实行差异化准入管理，建立相应的考核和评估体系，为实体经济发展提供广覆盖、差异化、高效率的金融服务。(银监会牵头，人民银行、工商总局、法制办等参加)

十、严密防范金融风险

深入排查各类金融风险隐患，适时开展压力测试，动态分析可能存在的风险触点，及时锁定、防控和化解风险，严守不发生系统性区域性金融风险的底线。继续按照总量控制、分类管理、区别对待、逐步化解的原则，防范化解地方政府融资平台贷款等风险。认真执行房地产调控政策，落实差别化住房信贷政策，加强名单制管理，严格防控房地产融资风险。按照理财与信贷业务分离、产品与项目逐一对应、单独建账管理、信息公开透明的原则，规范商业银行理财产品，加强行为监管，严格风险管控。密切关注并积极化解“两高一剩”(高耗能、高污染、产能过剩）行业结构调整时暴露的金融风险。防范跨市场、跨行业经营带来的交叉金融风险，防止民间融资、非法集资、国际资本流动等风险向金融系统传染渗透。支持银行开展不良贷款转让，扩大银行不良贷款自主核销权，及时主动消化吸收风险。稳妥有序处置风险，加强疏导，防止因处置不当等引发新的风险。加快信用立法和社会信用体系建设，培育社会诚信文化，为金融支持经济结构调整和转型升级营造良好环境。(人民银行牵头，发展改革委、工业和信息化部、财政部、住房城乡建设部、法制办、银监会、证监会、保监会、外汇局等参加)

办公厅关于印发当前政府信息公开重点工作安排的通知

国办发〔2013〕73 号　2013 年 7 月 1 日

2012 年以来，各地区、各部门按照国务院关于政府信息公开工作的部署，积极推进重点领域信息公开，带动了政府信息公开工作全面深入开展，在回应公众关切、有效保障人民群众依法获取政府信息方面迈出新的步伐。当前，社会各方面对政府信息公开工作高度关注，本届政府部署的一些重要工作，都对加强相关信息公开提出了明确要求。为深入贯彻落实《中华人民共和国政府信息公开条例》(以下简称《条例》) 和国务院工作部署，现就当前政府信息公开重点工作作如下安排：

一、大力推进重点领域信息公开

(一) 推进行政审批信息公开。加强行政审批项目调整信息公开，重点围绕投资审批、生产经营活动审批、资质资格许可、工商登记审批等方面，及时公开取消、下放以及实施机关变更的行政审批项目信息。推进审批过程和结果公开，重点做好涉及人民群众切身利益、需要社会公众广泛知晓或参与的行政审批项目审批过程、审批结果公开工作。推进行政许可信息公开，包括许可的事项、依据、条件、数量、程序、期限以及申请时需要提交的全部材料目录，重点做好行政许可办理情况的信息公开工作。（中央编办牵头落实）

（二）推进财政预算决算和“三公”经费公开。要在继续做好财政预算决算和部门预算决算公开工作的同时，进一步加大“三公”经费、国有资本经营预算和财政审计信息公开力度。一是着力推进“三公”经费公开。在2012年工作基础上，2013年要进一步细化公开中央部门“三公”经费，“三公”经费预算决算总额和分项数额增长的中央部门，要细化说明增长的原因。细化中央部门2014年预算编制，将公务用车购置和运行费细化公开为购置费和运行费。各省（区、市）政府要全面公开省本级“三公”经费，并指导督促省级以下政府加快“三公”经费公开步伐，争取2015年之前实现全国市、县级政府全面公开“三公”经费。二是推进国有资本经营预算公开。中央国有资本经营支出预算要在2012年按款级科目公开的基础上，进一步细化公开至项级科目。三是推进财政审计信息公开。在继续做好中央预算执行和其他财政收支审计查出问题公开工作的基础上，各部门各单位要全面主动公开整改情况，进一步提升中央预算执行和财政收支审计工作情况公开的透明度和全面性。（财政部、审计署分别牵头落实）

（三）推进保障性住房信息公开。深入推进保障性安居工程建设、分配和退出信息公开。在2012年工作基础上，2013年所有市、县级政府都要按要求公开保障性安居工程建设、分配和退出信息。地级以上城市，要及时公开外来务工人员纳入当地住房保障范围的政策措施和实施情况。（住房城乡建设部牵头落实）

（四）推进食品药品安全信息公开。切实做好食品药品安全热点问题信息公开工作，及时客观准确规范发布有关信息，同步公布已经采取的处理措施和进展情况。加大食品药品行政审批、执法检查、案件处理、查缉走私等政府信息公开力度，建立食品药品违法违规企业“黑名单”公开制度。做好重点整治工作信息公开，围绕婴幼儿配方乳粉、乳制品、保健食品等公众尤其关注的问题，公开重点治理整顿的相关信息。（食品药品监管总局牵头落实）

（五）推进环境保护信息公开。一是推进空气质量和水质环境信息公开。扩大公开细颗粒物（PM2.5）、臭氧等空气质量新标准监测信息的城市数量，在继续做好目前74个城市监测信息发布的基础上，新增116个城市公开空气质量新标准监测信息，公布重点城市空气质量排名。继续做好重点流域断面水质数据、地表水水质自动监测数据等信息公开工作，加大集中式饮用水水源地水质状况等信息的公开力度。二是推进建设项目环境影响评价信息公开。主管部门要明确相关要求，指导全国环保部门实行环评受理、审批和验收全过程公开。三是推进环境污染治理政策措施和治理效果信息公开。加大地方政府环境污染治理政策措施的信息公开力度，及时公开排污单位环境监管信息，督促排污单位公开污染治理效果。强制公开重污染行业企业环境信息。四是推进减排信息公开。继续做好重点减排工程建设和进展情况信息公开工作，加强全国主要污染物排放情况信息公开，及时发布总量减排核查结果。（环境保护部牵头落实）

（六）推进安全生产信息公开。各级政府负责处置的生产安全事故，都要进一步加大信息公开力度。一是加强调查处理信息公开。除依法应当保密的内容外，在继续做好特别重大事故调查报告公开工作的基础上，重点推进重大事故调查报告公开工作，进一步提高较大事故调查处理结果和调查报告的公开比例。2014年，要实现重大事故调查报告全面公开。二是加大生产安全事故应对处置信息公开力度。负责组织事故处置、救援的有关地方人民政府要及时准确发布本级政府处置的生产安全事故抢险救援进展等信息。三是加大安全生产预警和预防信息公开力度。及时发布可能引发事故灾难的自然灾害风险信息和重大隐患预警信息，着力提高信息发布的时效。（安全监管总局牵头落实）

（七）推进价格和收费信息公开。要在继续做好政府管理价格和行政事业性收费调整信息公开的同时，进一步加大价格和收费信息公开力度。一是着力做好政府定价目录和行政事业性收费目录公开工作。加强全国性及中央部门和单位行政事业性收费项目目录公开，督促地方政府全面公开本地区政府定价目录和行政事业性收费目录。二是加大价格和收费监管信息公开力度。重点做好涉及教育、交通运输、农民负担、医疗、房地产市场、旅游市场等民生领域价格和收费监管信息的公开工作，对社会影响大、公众反映强烈的价格违法案件，要及时公布查办情况。（发展改革委、财政部按职责分工牵头落实）

（八）推进征地拆迁信息公开。一是推进征地信息公开。在依法依规做好征地报批前告知、确认、听证，征地批准后征地公告、征地补偿登记和征地补偿安置方案公告的基础上，重点推行征地信息查询制度，方便公众查询征地批复、范围、补偿、安置等相关信息。二是进一步加强房屋征收与补偿信息公开。在继续做好房屋征收补偿方案、补偿标准、补偿结果信息公开的基础上，重点做好房屋征收决定、补助奖励政策和标准在征收范围内公布，征收房屋调查结果、初步评估结果、补偿情况在征收范围内向被征收人公布工作，实行阳光征收。（国土资源部、住房城乡建设部牵头落实）

（九）推动以教育为重点的公共企事业单位信息公开。一是进一步扩大高校招生信息公开范围。重点加强招收保送生、具有自主选拔录取资格考生、高水平运动员、艺术特长生等有关政策和信息的公开工作，加大对考生资格及录取结果的公开公示力度。二是加大高校财务信息公开力度。推动各高校公开预算决算信息，并细化公开至项级科目。三是逐步扩展公共企事业单位信息公开范围。重点做好推进医疗卫生机构、科研机构、文化机构和国有企业信息公开的研究工作。（教育部、卫生计生委、科技部、文化部、国资委分别牵头落实）

各地区、各部门在推进上述重点工作时，要与全面贯彻落实《条例》紧密结合起来，带动政府信息公开工作深入、规范、有序开展。一是进一步规范和深化主动公开工作。凡是《条例》规定应该公开、能够公开的信息，都要及时、主动公开。对于新制作的政府信息，要依法依规及时明确公开属性，能公开的尽量公开。对《条例》施行前形成但没有移交国家档案馆的政府信息，要以目前仍然有效的规范性文件为重点，进行全面清理，分时段、有步骤做好公开工作。二是依法依规做好依申请公开工作。积极稳妥开展依申请公开，着力协调处理好涉及民生，涉及多个地区、多个部门的申请事项，加强对依申请公开工作中复杂疑难问题的研究，推动健全和完善相关制度，更好地满足公民、法人或其他组织对政府信息的特殊需求。三是加强制度建设。各地区、各部门要加强政府信息公开统计制度建设，建立健全工作考核考评机制，加强工作考核，扩大公众参与，逐步实现重点领域信息公开工作的科学化、规范化和常态化。

二、努力提高公开实效

政府信息公开是现代政府的内在必然要求，是推进依法行政、打造阳光政府、提升政府公信力的重要举措。各地区、各部门要更加自觉地把做好政府信息公开工作摆上重要日程，将推进政府信息公开、提升公开效果、增强政府公信力作为工作的着力点，深入细致地抓实抓好。

（一）细化任务，强化落实。各地区、各部门要按照前述重点工作安排，分工专人负责，抓好工作部署，将重点公开工作落实到具体部门和单位，做到责任明确，便于检查。各项重点工作的牵头部门，要对牵头任务进行细化分解，明确具体要求，制定落实措施，加强工作指导；涉及其他部门要密切配合，确保公开工作按要求落实到位。对于落实不到位的，牵头部门要进行通报批评，督促改正。

（二）规范信息发布，做好解读工作。根据《条例》和有关文件规定精神，各级行政机关要按照谁公开、谁负责信息审查，谁公开、谁负责解疑释惑的原则做好信息公开工作。各级政府及其部门在公开信息前，要依法依规按程序对拟公开信息进行保密审查；发布重要的政府信息，要做好深入解读的工作预案。公开后，要密切跟踪舆情，针对出现质疑的情形，及时准确发布权威信息，做好对公众关切的回应工作。

（三）加强平台和渠道建设。要充分发挥政府网站、政府公报、新闻发布会以及报刊、广播、电视、政务微博等传播政府信息的作用，确保公众及时知晓和有效获取公开的政府信息。进一步加强政府网站、新闻发言人制度、政府热线电话建设，充分依托这些平台，展示公开信息，答复公众询问，回应公众关切，提高政府信息公开实效。

（四）加强培训，提高能力。各级政府要根据实际工作需要，有针对性地加强对不同层级工作人员的政府信息公开培训，逐步扩大培训范围。国务院有关主管部门要将政府信息公开工作列为公务员培训的重要内容，逐步普及政府信息公开理念及基本知识。地方各级政府及有关部门要通过举办培训班、以会代训等形式，加强工作培训，不断提高政府工作人员做好政府信息公开工作的能力。

请各项重点工作牵头部门于2013年年底前将相关工作开展情况报国务院办公厅。国务院办公厅将会同有关部门适时对政府信息公开重点工作落实情况进行督查。

关于加快棚户区改造工作的意见

国发〔2013〕25号　2013年7月4日

棚户区改造是重大的民生工程和发展工程。2008年以来，各地区、各有关部门贯彻落实党中央、国务院决策部署，将棚户区改造纳入城镇保障性安居工程，大规模推进实施。2008年至2012年，全国改造各类棚户区1260万户，有效改善了困难群众住房条件，缓解了城市内部二元矛盾，提升了城镇综合承载能力，促进了经济增长与社会和谐。但也要看到，目前仍有部分群众居住在棚户区中。这些棚户区住房简陋，环境较差，安全隐患多，改造难度大。为进一步加大棚户区改造力度，让更多困难群众的住房条件早日得到改善，同时，有效拉动投资、消费需求，带动相关产业发展，推进以人为核心的新型城镇化建设，发挥助推经济实现持续健康发展和民生不断改善的积极效应，现提出以下意见：

一、总体要求和基本原则

（一）总体要求

以邓小平理论、“三个代表”重要思想、科学发展观为指导，适应城镇化发展的需要，以改善群众住房条件作为出发点和落脚点，加快推进各类棚户区改造，重点推进资源枯竭型城市及独立工矿棚户区、三线企业集中地区的棚户区改造，稳步实施城中村改造。2013年至2017年改造各类棚户区1000万户，使居民住房条件明显改善，基础设施和公共服务设施建设水平不断提高。

（二）基本原则

1. 科学规划，分步实施。要根据当地经济社会发展水平和政府财政能力，结合城市规划、土地利用规划和保障性住房建设规划，合理确定各类棚户区改造的目标任务，量力而行、逐步推进，先改造成片棚户区、再改造其他棚户区。

2. 政府主导，市场运作。棚户区改造政策性、公益性强，必须发挥政府的组织引导作用，在政策和资金等方面给予积极支持；注重发挥市场机制的作用，充分调动企业和棚户区居民的积极性，动员社会力量广泛参与。

3. 因地制宜，注重实效。要按照小户型、齐功能、配套好、质量高、安全可靠的要求，科学利用空间，有效满足基本居住功能。坚持整治与改造相结合，合理界定改造范围。对规划保留的建筑，主要进行房屋维修加固、完善配套设施、环境综合整治和建筑节能改造。要重视维护城市传统风貌特色，保护历史文化街区、历史建筑以及不可移动文物。

4. 完善配套，同步建设。坚持同步规划、同步施工、同步交付使用，组织好新建安置小区的供水、供电、供气、供热、通信、污水与垃圾处理等市政基础设施和商业、教育、医疗卫生、无障碍设施等配套公共服务设施的建设，促进以改善民生为重点的社会建设。

二、全面推进各类棚户区改造

（一）城市棚户区改造。2013 年至 2017 年五年改造城市棚户区 800 万户，其中，2013 年改造 232 万户。在加快推进集中成片城市棚户区改造的基础上，各地区要逐步将其他棚户区、城中村改造，统一纳入城市棚户区改造范围，稳步、有序推进。市、县人民政府应结合当地实际，合理界定城市棚户区具体改造范围。禁止将因城市道路拓展、历史街区保护、文物修缮等带来的房屋拆迁改造项目纳入城市棚户区改造范围。城市棚户区改造可采取拆除新建、改建（扩建、翻建）等多种方式。要加快城镇旧住宅区综合整治，加强环境综合整治和房屋维修改造，完善使用功能和配套设施。在改造中可建设一定数量的租赁型保障房，统筹用于符合条件的保障家庭。

（二）国有工矿棚户区改造。五年改造国有工矿（含煤矿）棚户区 90 万户，其中，2013 年改造 17 万户。位于城市规划区内的国有工矿棚户区，要统一纳入城市棚户区改造范围。铁路、钢铁、有色、黄金等行业棚户区，要按照属地原则纳入各地棚户区改造规划组织实施。国有工矿（煤矿）各级行业主管部门，要加强对棚户区改造工作的监督指导。

（三）国有林区棚户区改造。五年改造国有林区棚户区和国有林场危旧房 30 万户，其中，2013 年改造 18 万户。对国有林区（场）之外的其他林业基层单位符合条件的住房困难职工，纳入当地城镇住房保障体系统筹解决。

（四）国有垦区危房改造。五年改造国有垦区危房 80 万户，其中，2013 年改造 37 万户。要优化垦区危房改造布局，方便生产生活，促进产业发展和小城镇建设。将华侨农场非归难侨危房改造，统一纳入国有垦区危房改造中央补助支持范围，加快实施改造。

三、加大政策支持力度

（一）多渠道筹措资金。要采取增加财政补助、加大银行信贷支持、吸引民间资本参与、扩大债券融资、企业和群众自筹等办法筹集资金。

1. 加大各级政府资金支持。中央加大对棚户区改造的补助，对财政困难地区予以倾斜。省级人民政府也要相应加大补助力度。市、县人民政府应切实加大棚户区改造的资金投入，可以从城市维护建设税、城镇公用事业附加、城市基础设施配套费、土地出让收入等渠道中，安排资金用于棚户区改造支出。各地区除上述资金渠道外，还可以从国有资本经营预算中适当安排部分资金用于国有企业棚户区改造。有条件的市、县可对棚户区改造项目给予贷款贴息。

2. 加大信贷支持。各银行业金融机构要按照风险可控、商业可持续原则，创新金融产品，改善金融服务，积极支持棚户区改造，增加棚户区改造信贷资金安排，向符合条件的棚户区改造项目提供贷款。各地区要建立健全棚户区改造贷款还款保障机制，积极吸引信贷资金支持。

3. 鼓励民间资本参与改造。鼓励和引导民间资本根据保障性安居工程任务安排，通过直接投资、间接投资、参股、委托代建等多种方式参与棚户区改造。要积极落实民间资本参与棚户区改造的各项支持政策，消除民间资本参与棚户区改造的政策障碍，加强指导监督。

4. 规范利用企业债券融资。符合规定的地方政府融资平台公司、承担棚户区改造项目的企业可发行企业债券或中期票据，专项用于棚户区改造项目。对发行企业债券用于棚户区改造的，优先办理核准手续，加快审批速度。

5. 加大企业改造资金投入。鼓励企业出资参与棚户区改造，加大改造投入。企业参与政府统一组织的工矿（含中央下放煤矿）棚户区改造、林区棚户区改造、垦区危房改造的，对企业用于符合规定条件的支出，准予在企业所得税前扣除。要充分调动企业职工积极性，积极参与改造，合理承担安置住房建设资金。

（二）确保建设用地供应。棚户区改造安置住房用地纳入当地土地供应计划优先安排，并简化行政审批流程，提高审批效率。安置住房中涉及的经济适用住房、廉租住房和符合条件的公共租赁住房建设项目可以通过划拨方式供地。

（三）落实税费减免政策。对棚户区改造项目，免征城市基础设施配套费等各种行政事业性收费和政府性基金。落实好棚户区改造安置住房税收优惠政策，将优惠范围由城市和国有工矿棚户区扩大到国有林区、垦区棚户区。电力、通信、市政公用事业等企业要对棚户区改造给予支持，适当减免入网、管网增容等经营性收费。

（四）完善安置补偿政策。棚户区改造实行实物安置和货币补偿相结合，由棚户区居民自愿选择。各地区要按国家有关规定制订具体安置补偿办法，禁止强拆强迁，依法维护群众合法权益。对经济困难、无力购买安置住房的棚户区居民，可以通过提供租赁型保障房等方式满足其基本居住需求，或在符合有关政策规定的条件下，纳入当地住房保障体系统筹解决。

四、提高规划建设水平

（一）优化规划布局。棚户区改造安置住房实行原地和异地建设相结合，优先考虑就近安置；异地安置的，要充分考虑居民就业、就医、就学、出行等需要，合理规划选址，尽可能安排在交通便利、配套设施齐全地段。要贯彻节能、节地、环保的原则，严格控制套型面积，落实节约集约用地和节能减排各项措施。

（二）完善配套基础设施建设。棚户区改造项目要按照有关规定规划建设相应的商业和综合服务设施。各级政府要拓宽融资渠道，加大投入力度，加快配套基础设施和公共服务设施的规划、建设和竣工交付进度。要加强安置住房管理，完善社区公共服务，确保居民安居乐业。

（三）确保工程质量安全。要落实工程质量责任，严格执行基本建设程序和标准规范，特别是抗震设防等强制性标准。严格建筑材料验核制度，防止假冒伪劣建筑材料流入建筑工地。健全项目信息公开制度。项目法人对住房质量负终身责任。勘察、设计、施工、监理等单位依法对建设工程质量负相应责任，积极推行单位负责人和项目负责人终身负责制。推广工程质量责任标牌，公示相关参建单位和负责人，接受社会监督。贯彻落实绿色建筑行动方案，积极执行绿色建筑标准。

五、加强组织领导

（一）强化地方各级政府责任。各地区要进一步提高认识，继续加大棚户区改造工作力度。省级人民政府对本地区棚户区改造工作负总责，按要求抓紧编制 2013 年至 2017 年棚户区改造规划，落实年度建设计划，加强目标责任考核。市、县人民政府要明确具体工作责任和措施，扎实做好棚户区改造的组织工作，特别是要依法依规安置补偿，切实做到规划到位、资金到位、供地到位、政策到位、监管到位、分配补偿到位。要加强信息公开，引导社会舆论，主动发布和准确解读政策措施，及时反映工作进展情况。广泛宣传棚户区改造的重要意义，尊重群众意愿，深入细致做好群众工作，积极引导棚户区居民参与改造，为推进棚户区改造营造良好社会氛围。

（二）明确各部门职责。住房城乡建设部会同有关部门督促各地尽快编制棚户区改造规划，将任务分解到年度，落实到市、县，明确到具体项目和建设地块；加强协调指导，抓好建设进度、工程质量等工作。财政部、发展改革委会同有关部门研究加大中央资金补助力度。人民银行、银监会研究政策措施，引导银行业金融机构继续加大信贷支持力度。国土资源部负责完善土地供应政策。

（三）加强监督检查。监察部、住房城乡建设部等有关部门要建立有效的督查制度，定期对地方棚户区改造工作进行全面督促检查；各地区要加强对棚户区改造的监督检查，全面落实工作任务和各项政策措施，严禁企事业单位借棚户区改造政策建设福利性住房。对资金土地不落实、政策措施不到位、建设进度缓慢、质量安全问题突出的地方政府负责人进行约谈，限期进行整改。对在棚户区改造及安置住房建设、分配和管理过程中滥用职权、玩忽职守、徇私舞弊、失职渎职的行政机关及其工作人员，要依法依纪追究责任；涉嫌犯罪的，移送司法机关处理。

关于加快发展节能环保产业的意见

国发〔2013〕30号　2013年8月1日

资源环境制约是当前我国经济社会发展面临的突出矛盾。解决节能环保问题，是扩内需、稳增长、调结构，打造中国经济升级版的一项重要而紧迫的任务。加快发展节能环保产业，对拉动投资和消费，形成新的经济增长点，推动产业升级和发展方式转变，促进节能减排和民生改善，实现经济可持续发展和确保2020年全面建成小康社会，具有十分重要的意义。为加快发展节能环保产业，现提出以下意见：

一、总体要求

（一）指导思想

牢固树立生态文明理念，立足当前、着眼长远，围绕提高产业技术水平和竞争力，以企业为主体、以市场为导向、以工程为依托，强化政府引导，完善政策机制，培育规范市场，着力加强技术创新，大力提高技术装备、产品、服务水平，促进节能环保产业快速发展，释放市场潜在需求，形成新的增长点，为扩内需、稳增长、调结构，增强创新能力，改善环境质量，保障改善民生和加快生态文明建设作出贡献。

（二）基本原则

创新引领，服务提升。加快技术创新步伐，突破关键核心技术和共性技术，缩小与国际先进水平的差距，提升技术装备和产品的供给能力。推行合同能源管理、特许经营、综合环境服务等市场化新型节能环保服务业态。

需求牵引，工程带动。营造绿色消费政策环境，推广节能环保产品，加快实施节能、循环经济和环境保护重点工程，释放节能环保产品、设备、服务的消费和投资需求，形成对节能环保产业发展的有力拉动。

法规驱动，政策激励。健全节能环保法规和标准，强化监督管理，完善政策机制，加强行业自律，规范市场秩序，形成促进节能环保产业快速健康发展的激励和约束机制。

市场主导，政府引导。充分发挥市场配置资源的基础性作用，以市场需求为导向，用改革的办法激发各类市场主体的积极性。针对产业发展的薄弱环节和瓶颈制约，有效发挥政府规划引导、政策激励和调控作用。

（三）主要目标

产业技术水平显著提升。企业技术创新和科技成果集成、转化能力大幅提高，能源高效和分质梯级利用、污染物防治和安全处置、资源回收和循环利用等关键核心技术研发取得重点突破，装备和产品的质量、性能显著改善，形成一大批拥有知识产权和国际竞争力的重大装备和产品，部分关键共性技术达到国际先进水平。

国产设备和产品基本满足市场需求。通过引进消化吸收和再创新，努力提高产品技术水平，促进我国节能环保关键材料以及重要设备和产品在工业、农业、服务业、居民生活各领域的广泛应用，为实现节能环保目标提供有力的技术保障。用能单位广泛采用“节能医生”诊断、合同能源管理、能源管理师制度等节能服务新机制改善能源管理，城镇污水、垃圾处理和脱硫、脱硝设施运营基本实现专业化、市场化、社会化，综合环境服务得到大力发展。建设一批技术先进、配套健全、发展规范的节能环保产业示范基地，形成以大型骨干企业为龙头、广大中小企业配套的产业良性发展格局。

辐射带动作用得到充分发挥。完善激励约束机制，建立统一开放、公平竞争、规范有序的市场秩序。节能环保产业产值年均增速在15%以上，到2015年，总产值达到4.5万亿元，成为国民经济新的支柱产业。通过推广节能环保产品，有效拉动消费需求；通过增强工程技术能力，拉动节能环保社会投资增长，有力支撑传统产业改造升级和经济发展方式加快转变。

二、围绕重点领域，促进节能环保产业发展水平全面提升

当前，要围绕市场应用广、节能减排潜力大、需求拉动效应明显的重点领域，加快相关技术装备的研发、推广和产业化，带动节能环保产业发展水平全面提升。

（一）加快节能技术装备升级换代，推动重点领域节能增效

推广高效锅炉。发展一批高效锅炉制造基地，培育一批高效锅炉大型骨干生产企业。重点提高锅炉自动化控制、主辅机匹配优化、燃料品种适应、低温烟气余热深度回收、小型燃煤锅炉高效燃烧等技术水平，加大高效锅炉应用推广力度。

扩大高效电动机应用。推动高效电动机产业加快发展，建设15～20个高效电机及其控制系统产业化基地。大力发展三相异步电动机、稀土永磁无铁芯电机等高效电机产品，提高高效电机设计、匹配和关键材料、装备，以及高压变频、无功补偿等控制系统的技术水平。

发展蓄热式燃烧技术装备。建设一批以高效燃烧、换热及冷却技术为特色的制造基地，加快重大技术、装备的产业化示范和规模化应用。重点是综合采用优化炉膛结构、利用预热、强化辐射传热等节能技术集成，提高加热炉燃烧效率；在预混合蓄热结合、蓄热体材料研发、蓄热式燃烧器小型化方面力争取得突破。

加快新能源汽车技术攻关和示范推广。加快实施节能与新能源汽车技术创新工程，大力加强动力电池技术创新，重点解决动力电池系统安全性、可靠性和轻量化问题，加强驱动电机及核心材料、电控等关键零部件研发和产业化，加快完善配套产业和充电设施，示范推广纯电动汽车和插电式混合动力汽车、空气动力车辆等。

推动半导体照明产业化。整合现有资源，提高产业集中度，培育10～15家掌握核心技术、拥有知识产权和知名品牌的龙头企业，建设一批产业链完善的产业集聚区，关键生产设备、重要原材料实现本地化配套。加快核心材料、装备和关键技术的研发，着力解决散热、模块化、标准化等重大技术问题。

（二）提升环保技术装备水平，治理突出环境问题

示范推广大气治理技术装备。加快大气治理重点技术装备的产业化发展和推广应用。大力发展脱硝催化剂

制备和再生、资源化脱硫技术装备，推进耐高温、耐腐蚀纤维及滤料的开发应用，加快发展选择性催化还原技术和选择性非催化还原技术及其装备，以及高效率、高容量、低阻力微粒过滤器等汽车尾气净化技术装备，实施产业化示范工程。

开发新型水处理技术装备。推动形成一批水处理技术装备产业化基地。重点发展高通量、持久耐用的膜材料和组件，大型臭氧发生器，地下水高效除氟、砷、硫酸盐技术，高浓度难降解工业废水成套处理装备，污泥减量化、无害化、资源化技术装备。

推动垃圾处理技术装备成套化。采取开展示范应用、发布推荐目录、完善工程标准等多种手段，大力推广垃圾处理先进技术和装备。重点发展大型垃圾焚烧设施炉排及其传动系统、循环流化床预处理工艺技术、焚烧烟气净化技术和垃圾渗滤液处理技术等，重点推广300吨/日以上生活垃圾焚烧炉及烟气净化成套装备。

攻克污染土壤修复技术。重点研发污染土壤原位稳定剂、异位固定剂，受污染土壤生物修复技术、安全处理处置和资源化利用技术，实施产业化示范工程，加快推广应用。

加强环境监测仪器设备的开发应用。提高细颗粒物（PM2.5）等监测仪器设备的稳定性，完善监测数据系统，提升设备生产质量控制水平。开发大气、水、重金属在线监测仪器设备，培育发展一批掌握核心技术、产品质量可靠、市场认可度高的骨干企业。加快大气、水等环境质量在线实时监测站点及网络建设，配备技术先进、可靠性高的环境监测仪器设备。

（三）发展资源循环利用技术装备，提高资源产出率

提升再制造技术装备水平。提升再制造产业创新能力，推广纳米电刷镀、激光熔覆成形等产品再制造技术。研发无损拆解、表面预处理、零部件疲劳剩余寿命评估等再制造技术装备。重点支持建立10～15个国家级再制造产业聚集区和一批重大示范项目，大幅度提高基于表面工程技术的装备应用率。

建设“城市矿产”示范基地。推动再生资源清洁化回收、规模化利用和产业化发展。推广大型废钢破碎剪切、报废汽车和废旧电器破碎分选等技术。提高稀贵金属精细分离提纯、塑料改性和混合废塑料高效分拣、废电池全组分回收利用等装备水平。支持建设50个“城市矿产”示范基地，加快再生资源回收体系建设，形成再生资源加工利用能力8000万吨以上。

深化废弃物综合利用。推动资源综合利用示范基地建设，鼓励产业聚集，培育龙头企业。积极发展尾矿提取有价元素、煤矸石生产超细纤维等高值化利用关键共性技术及成套装备。开发利用产业废物生产新型建材等大型化、精细化、成套化技术装备。加大废旧电池、荧光灯回收利用技术研发。支持大宗固体废物综合利用，提高资源综合利用产品的技术含量和附加值。推动粮棉主产区秸秆综合利用。加快建设餐厨废弃物无害化处理和资源化利用设施。

推动海水淡化技术创新。培育一批集研发、孵化、生产、集成、检验检测和工程技术服务于一体的海水淡化产业基地。示范推广膜法、热法和耦合法海水淡化技术以及电水联产海水淡化模式，完善膜组件、高压泵、能量回收装置等关键部件及系统集成技术。

（四）创新发展模式，壮大节能环保服务业

发展节能服务产业。落实财政奖励、税收优惠和会计制度，支持重点用能单位采用合同能源管理方式实施节能改造，开展能源审计和“节能医生”诊断，打造“一站式”合同能源管理综合服务平台，专业化节能服务公司的数量、规模和效益快速增长。积极探索节能量交易等市场化节能机制。

扩大环保服务产业。在城镇污水处理、生活垃圾处理、烟气脱硫脱硝、工业污染治理等重点领域，鼓励发展包括系统设计、设备成套、工程施工、调试运行、维护管理的环保服务总承包和环境治理特许经营模式，专

业化、社会化服务占全行业的比例大幅提高。加快发展生态环境修复、环境风险与损害评价、排污权交易、绿色认证、环境污染责任保险等新兴环保服务业。

培育再制造服务产业。支持专业化公司利用表面修复、激光等技术为工矿企业设备的高值易损部件提供个性化再制造服务，建立再制造旧件回收、产品营销、溯源等信息化管理系统。推动构建废弃物逆向物流交易平台。

三、发挥政府带动作用，引领社会资金投入节能环保工程建设

（一）加强节能技术改造。发挥财政资金的引导带动作用，采取补助、奖励、贴息等方式，推动企业实施锅炉（窑炉）和换热设备等重点用能装备节能改造，全面推动电机系统节能、能量系统优化、余热余压利用、节约和替代石油、交通运输节能、绿色照明、流通零售领域节能等节能重点工程，提高传统行业的工程技术节能能力，加快节能技术装备的推广应用。开展数据中心节能改造，降低数据中心、超算中心服务器、大型计算机冷却耗能。

（二）实施污染治理重点工程。落实企业污染治理主体责任，加强大气污染治理，开展多污染物协同防治，督促推动重点行业企业加大投入，积极采用先进环保工艺、技术和装备，加快脱硫脱硝除尘改造，炼油行业加快工艺技术改造，提高油品标准，限期淘汰黄标车、老旧汽车。启动实施安全饮水、地表水保护、地下水保护、海洋保护等清洁水行动，加快重点流域、清水廊道、规模化畜禽养殖场等重点水污染防治工程建设，推动重点高耗水行业节水改造。实施土壤环境保护工程，以重金属和有机污染物为重点，选择典型区域开展土壤污染治理与修复试点示范。加大重点行业清洁生产推行力度，支持企业采用源头减量、减毒、减排以及过程控制等先进成熟清洁生产技术，实施汞污染削减、铅污染削减、高毒农药替代工程。

（三）推进园区循环化改造。引导企业和地方政府加大资金投入，推进园区（开发区）循环化改造，推动各类园区建设废物交换利用、能量分质梯级利用、水分类利用和循环使用、公共服务平台等基础设施，实现园区内项目、企业、产业有效组合和循环链接，打造园区的“升级版”。推动一批国家级和省级开发区提高主要资源产出率、土地产出率、资源循环利用率，基本实现“零排放”。

（四）加快城镇环境基础设施建设。以地方政府和企业投入为主，中央财政适当支持，加快污水垃圾处理设施和配套管网地下工程建设，推进建筑中水利用和城镇污水再生利用。探索城市垃圾处理新出路，实施协同资源化处理城市废弃物示范工程。到 2015 年，所有设市城市和县城具备污水集中处理能力和生活垃圾无害化处理能力，城镇污水处理规模达到 2 亿立方米/日以上；城镇生活垃圾无害化处理能力达到 87 万吨/日以上，生活垃圾焚烧处理设施能力达到无害化处理总能力的 35% 以上。加强城镇园林绿化建设，提升城镇绿地功能，降减热岛效应。推动生态园林城市建设。

（五）开展绿色建筑行动。到 2015 年，新增绿色建筑面积 10 亿平方米以上，城镇新建建筑中二星级及以上绿色建筑比例超过 20%；建设绿色生态城（区）。提高新建建筑节能标准，推动政府投资建筑、保障性住房及大型公共建筑率先执行绿色建筑标准，新建建筑全面实行供热按户计量；推进既有居住建筑供热计量和节能改造；实施供热管网改造 2 万公里；在各级机关和教科文卫系统创建节约型公共机构 2000 家，完成公共机构办公建筑节能改造 6000 万平方米，带动绿色建筑建设改造投资和相关产业发展。大力发展绿色建材，推广应用散装水泥、预拌混凝土、预拌砂浆，推动建筑工业化。积极推进太阳能发电等新能源和可再生能源建筑规模化应用，扩大新能源产业国内市场需求。

四、推广节能环保产品，扩大市场消费需求

（一）扩大节能产品市场消费。继续实施并研究调整节能产品惠民政策，实施能效“领跑者”计划，推动

超高效节能产品市场消费。强化能效标志和节能产品认证制度实施力度，引导消费者购买高效节能产品。继续采取补贴方式，推广高效节能照明、高效电机等产品。研究完善峰谷电价、季节性电价政策，通过合理价差引导群众改变生活模式，推动节能产品的应用。在北京、上海、广州等城市扩大公共服务领域新能源汽车示范推广范围，每年新增或更新的公交车中新能源汽车的比例达到60%以上，开展私人购买新能源汽车和新能源出租车、物流车补贴试点。到2015年，终端用能产品能效水平提高15%以上，高效节能产品市场占有率提高到50%以上。

（二）拉动环保产品及再生产品消费。研究扩大环保产品消费的政策措施，完善环保产品和环境标志产品认证制度，推广油烟净化器、汽车尾气净化器、室内空气净化器、家庭厨余垃圾处理器、浓缩洗衣粉等产品，满足消费者需求。放开液化石油气（LPG）市场管控，扩大农村居民使用量。开展再制造“以旧换再”工作，对交回旧件并购买“以旧换再”再制造推广试点产品的消费者，给予一定比例补贴，近期重点推广再制造发动机、电动机等。落实相关支持政策，推动粉煤灰、煤矸石、建筑垃圾、秸秆等资源综合利用产品应用。

（三）推进政府采购节能环保产品。完善政府强制采购和优先采购制度，提高采购节能环保产品的能效水平和环保标准，扩大政府采购节能环保产品范围，不断提高节能环保产品采购比例，发挥示范带动作用。政府普通公务用车要优先采购1.8升（含）以下燃油经济性达到要求的小排量汽车和新能源汽车，择优选用纯电动汽车，研究对硒鼓、墨盒、再生纸等再生产品以及汽车零部件再制造产品的政府采购支持措施。鼓励政府机关、事业单位采取购买服务的方式，提高能源、水等资源利用效率，降低使用成本。抓紧研究制定政府机关及公共机构购买新能源汽车的实施方案。

五、加强技术创新，提高节能环保产业市场竞争力

（一）支持企业技术创新能力建设。强化企业技术创新主体地位，鼓励企业加大研发投入，支持企业牵头承担节能环保国家科技计划项目。国家重点建设的节能环保技术研究中心和实验室优先在骨干企业布局。发展一批由骨干企业主导、产学研用紧密结合的产业技术创新战略联盟等平台。支持区域节能环保科技服务平台建设。

（二）加快掌握重大关键核心技术。充分发挥国家科技重大专项、科技计划专项资金等的作用，加大节能环保关键共性技术攻关力度，加快突破能源高效和分质梯级利用、污染物防治和安全处置、资源回收和循环利用、二氧化碳热泵、低品位余热利用、供热锅炉模块化等关键技术和装备。瞄准未来技术发展制高点，提前部署碳捕集、利用和封存技术装备。

（三）促进科技成果产业化转化。选择节能环保产业发展基础好的地区，建设一批产业集聚、优势突出、产学研用有机结合、引领示范作用显著的节能环保产业示范基地，支持成套装备及配套设备、关键共性技术和先进制造技术的生产制造和推广应用。加强知识产权保护，推进知识产权投融资机制建设，鼓励设立中小企业公共服务平台、出台扶持政策，支持中小型节能环保企业开展技术创新和产业化发展。筛选一批技术先进、经济适用的节能环保装备设备，扩大推广应用。

（四）推动国际合作和人才队伍建设。鼓励企业、科研机构开展国际科技交流与合作，支持企业节能环保创新人才队伍建设。依托“千人计划”和海外高层次创新创业人才基地建设，加快吸引海外高层次人才来华创新创业。依托重大人才工程，大力培养节能环保科技创新、工程技术等高端人才。

六、强化约束激励，营造有利的市场和政策环境

（一）健全法规标准。加快制（修）订节能环保标准，逐步提高终端用能产品能效标准和重点行业单位产品能耗限额标准，按照改善环境质量的需要，完善环境质量标准和污染物排放标准体系，提高污染物排放控制

要求，扩大监控污染物范围，强化总量控制和有毒有害污染物排放控制，充分发挥标准对产业发展的催生促进作用，推动传统产业升级改造。完善节能环保法律法规，推动加快制定固定资产投资项目节能评估和审查法，制定节能技术推广管理办法。严格节能环保执法，严肃查处各类违法违规行为，做好行政执法与刑事司法的衔接，依法加大对环境污染犯罪的惩处力度。认真落实执法责任追究制。加强对节能环保标准、认证标志、政策措施等落实情况的监督检查。加快建立节能减排监测、评估体系和技术服务平台。

（二）强化目标责任。完善节能减排统计、监测、考核体系，健全节能减排预警机制，强化节能减排目标进度考核，建立健全行业节能减排工作评价制度。将考核结果作为领导班子和领导干部综合考核评价的重要内容，纳入政府绩效管理，落实奖惩措施，实行问责制。完善节能评估和审查制度，发挥能评对控制能耗总量和增量的重要作用。落实万家企业节能量目标，加大对重点耗能企业节能的评价考核力度。落实节能减排目标责任制，形成促进节能环保产业发展的倒逼机制。

（三）加大财政投入。加大中央预算内投资和中央财政节能减排专项资金对节能环保产业的投入，继续安排国有资本经营预算支出支持重点企业实施节能环保项目。地方各级人民政府要提高认识，加大对节能环保重大工程和技术装备研发推广的投入力度，解决突出问题。要进一步转变政府职能，完善财政支持方式和资金管理办法，简化审批程序，强化监管，充分调动各方面积极性，推动节能环保产业积极有序发展。

（四）拓展投融资渠道。大力发展绿色信贷，按照风险可控、商业可持续的原则，加大对节能环保项目的支持力度。积极创新金融产品和服务，按照现有政策规定，探索将特许经营权等纳入贷款抵（质）押担保物范围。支持绿色信贷和金融创新，建立绿色银行评级制度。支持融资性担保机构加大对符合产业政策、资质好、管理规范的节能环保企业的担保力度。支持符合条件的节能环保企业发行企业债券、中小企业集合债券、短期融资券、中期票据等债务融资工具。选择资质条件较好的节能环保企业，开展非公开发行企业债券试点。稳步发展碳汇交易。鼓励和引导民间投资和外资进入节能环保领域。

（五）完善价格、收费和土地政策。加快制定实施鼓励余热余压余能发电及背压热电、可再生能源发展的上网和价格政策。完善电力峰谷分时电价政策，扩大应用面并逐步扩大峰谷价差。对超过产品能耗（电耗）限额标准的企业和产品，实行惩罚性电价。严格落实燃煤电厂脱硫、脱硝电价政策和居民用电阶梯价格，推行居民用水用气阶梯价格。

深化市政公用事业市场化改革，完善供热计量价格和收费管理办法，完善污水处理费和垃圾处理费政策，将污泥处理费用纳入污水处理成本，完善对自备水源用户征收污水处理费的制度。改进垃圾处理费征收方式，合理确定收费载体和标准，提高收缴率和资金使用效率。对城镇污水垃圾处理设施、“城市矿产”示范基地、集中资源化处理中心等国家支持的节能环保重点工程用地，在土地利用年度计划安排中给予重点保障。严格落实并不断完善现有节能、节水、环境保护、资源综合利用的税收优惠政策。

（六）推行市场化机制。建立主要终端用能产品能效“领跑者”制度，明确实施时限。推进节能发电调度。强化电力需求侧管理，开展城市综合试点。研究制定强制回收产品和包装物目录，建立生产者责任延伸制度，推动生产者落实废弃产品回收、处理等责任。采取政府建网、企业建厂等方式，鼓励城镇污水垃圾处理设施市场化建设和运营。深化排污权有偿使用和交易试点，建立完善排污权有偿使用和交易政策体系，研究制定排污权交易初始价格和交易价格政策。开展碳排放权交易试点。健全污染者付费制度，完善矿产资源补偿制度，加快建立生态补偿机制。

（七）支持节能环保产业“走出去”和“引进来”。鼓励有条件的企业承揽境外各类环保工程、服务项目。结合受援国需要和我国援助能力，加大环境保护、清洁能源、应对气候变化等领域的对外援助力度，支持开展相关技术、产品和服务合作。培育建设一批国家科技兴贸创新基地。鼓励节能环保企业参加各类双边或国际节能环保论坛、展览及贸易投资促进活动等，充分利用相关平台进行交流推介，开展国际合作，增强“走出去”的能力。引导外资投向节能环保产业，丰富外商投资方式，拓宽外商投资渠道，不断完善外商投资软环境。继续支持引进先进的节能环保核心关键技术和设备。国家支持节能环保产业发展的政策同等适用于符合条件的外商投资企业。

（八）开展生态文明先行先试。在做好生态文明建设顶层设计和总体部署的同时，总结有效做法和成功经验，开展生态文明先行示范区建设。根据不同区域特点，在全国选择有代表性的100个地区开展生态文明先行示范区建设，探索符合我国国情的生态文明建设模式。稳步扩大节能减排财政政策综合示范范围，结合新型城镇化建设，选择部分城市为平台，整合节能减排和新能源发展相关财政政策，围绕产业低碳化、交通清洁化、建筑绿色化、服务集约化、主要污染物减量化、可再生能源利用规模化等挖掘内需潜力，系统推进节能减排，带动经济转型升级，为跨区域、跨流域节能减排探索积累经验。通过先行先试，带动节能环保和循环经济工程投资和绿色消费，全面推动资源节约和环境保护，发挥典型带动和辐射效应，形成节能减排、生态文明的综合能力。

（九）加强节能环保宣传教育。加强生态文明理念和资源环境国情教育，把节能环保、生态文明纳入社会主义核心价值观宣传教育体系以及基础教育、高等教育、职业教育体系。加强舆论监督和引导，宣传先进事例，曝光反面典型，普及节能环保知识和方法，倡导绿色消费新风尚，形成文明、节约、绿色、低碳的生产方式、消费模式和生活习惯。

各地区、各部门要按照本意见的要求，进一步深化对加快发展节能环保产业重要意义的认识，切实加强组织领导和协调配合，明确任务分工，落实工作责任，扎实开展工作，确保各项任务措施落到实处，务求尽快取得实效。

关于印发中国（上海）自由贸易试验区总体方案的通知

国发〔2013〕38号　2013年9月18日

国务院批准《中国（上海）自由贸易试验区总体方案》（以下简称《方案》），现予印发。

一、建立中国（上海）自由贸易试验区，是党中央、国务院作出的重大决策，是深入贯彻党的十八大精神，在新形势下推进改革开放的重大举措，对加快政府职能转变、积极探索管理模式创新、促进贸易和投资便利化，为全面深化改革和扩大开放探索新途径、积累新经验，具有重要意义。

二、上海市人民政府要精心组织好《方案》的实施工作。要探索建立投资准入前国民待遇和负面清单管理模式，深化行政审批制度改革，加快转变政府职能，全面提升事中、事后监管水平。要扩大服务业开放、推进金融领域开放创新，建设具有国际水准的投资贸易便利、监管高效便捷、法制环境规范的自由贸易试验区，使之成为推进改革和提高开放型经济水平的“试验田”，形成可复制、可推广的经验，发挥示范带动、服务全国的积极作用，促进各地区共同发展。有关部门要大力支持，做好协调配合、指导评估等工作。

三、根据《全国人民代表大会常务委员会关于授权国务院在中国（上海）自由贸易试验区暂时调整有关法律规定的行政审批的决定》，相应暂时调整有关行政法规和国务院文件的部分规定。具体由国务院另行印发。

《方案》实施中的重大问题，上海市人民政府要及时向国务院请示报告。

中国（上海）自由贸易试验区总体方案

建立中国（上海）自由贸易试验区（以下简称试验区）是党中央、国务院作出的重大决策，是深入贯彻党的十八大精神，在新形势下推进改革开放的重大举措。为全面有效推进试验区工作，制定本方案。

一、总体要求

试验区肩负着我国在新时期加快政府职能转变、积极探索管理模式创新、促进贸易和投资便利化，为全面深化改革和扩大开放探索新途径、积累新经验的重要使命，是国家战略需要。

（一）指导思想

高举中国特色社会主义伟大旗帜，以邓小平理论、“三个代表”重要思想、科学发展观为指导，紧紧围绕国家战略，进一步解放思想，坚持先行先试，以开放促改革、促发展，率先建立符合国际化和法治化要求的跨境投资和贸易规则体系，使试验区成为我国进一步融入经济全球化的重要载体，打造中国经济升级版，为实现中华民族伟大复兴的中国梦作出贡献。

（二）总体目标

经过两至三年的改革试验，加快转变政府职能，积极推进服务业扩大开放和外商投资管理体制改革，大力发展总部经济和新型贸易业态，加快探索资本项目可兑换和金融服务业全面开放，探索建立货物状态分类监管模式，努力形成促进投资和创新的政策支持体系，着力培育国际化和法治化的营商环境，力争建设成为具有国际水准的投资贸易便利、货币兑换自由、监管高效便捷、法制环境规范的自由贸易试验区，为我国扩大开放和深化改革探索新思路和新途径，更好地为全国服务。

（三）实施范围

试验区的范围涵盖上海外高桥保税区、上海外高桥保税物流园区、洋山保税港区和上海浦东机场综合保税区等 4 个海关特殊监管区域，并根据先行先试推进情况以及产业发展和辐射带动需要，逐步拓展实施范围和试点政策范围，形成与上海国际经济、金融、贸易、航运中心建设的联动机制。

二、主要任务和措施

紧紧围绕面向世界、服务全国的战略要求和上海“四个中心”建设的战略任务，按照先行先试、风险可控、分步推进、逐步完善的方式，把扩大开放与体制改革相结合、把培育功能与政策创新相结合，形成与国际投资、贸易通行规则相衔接的基本制度框架。

（一）加快政府职能转变

1. 深化行政管理体制改革。加快转变政府职能，改革创新政府管理方式，按照国际化、法治化的要求，积极探索建立与国际高标准投资和贸易规则体系相适应的行政管理体系，推进政府管理由注重事先审批转为注重事中、事后监管。建立一口受理、综合审批和高效运作的服务模式，完善信息网络平台，实现不同部门的协同管理机制。建立行业信息跟踪、监管和归集的综合性评估机制，加强对试验区内企业在区外经营活动全过程的跟踪、管理和监督。建立集中统一的市场监管综合执法体系，在质量技术监督、食品药品监管、知识产权、工商、税务等管理领域，实现高效监管，积极鼓励社会力量参与市场监督。提高行政透明度，完善体现投资者参与、符合国际规则的信息公开机制。完善投资者权益有效保障机制，实现各类投资主体的公平竞争，允许符合条件的外国投资者自由转移其投资收益。建立知识产权纠纷调解、援助等解决机制。

（二）扩大投资领域的开放

2. 扩大服务业开放。选择金融服务、航运服务、商贸服务、专业服务、文化服务以及社会服务领域扩大开放（具体开放清单见附件），暂停或取消投资者资质要求、股比限制、经营范围限制等准入限制措施（银行业机构、信息通信服务除外），营造有利于各类投资者平等准入的市场环境。

3. 探索建立负面清单管理模式。借鉴国际通行规则，对外商投资试行准入前国民待遇，研究制订试验区外商投资与国民待遇等不符的负面清单，改革外商投资管理模式。对负面清单之外的领域，按照内外资一致的原则，将外商投资项目由核准制改为备案制（国务院规定对国内投资项目保留核准的除外），由上海市负责办理；将外商投资企业合同章程审批改为由上海市负责备案管理，备案后按国家有关规定办理相关手续；工商登记与商事登记制度改革相衔接，逐步优化登记流程；完善国家安全审查制度，在试验区内试点开展涉及外资的国家安全审查，构建安全高效的开放型经济体系。在总结试点经验的基础上，逐步形成与国际接轨的外商投资管理制度。

4. 构筑对外投资服务促进体系。改革境外投资管理方式，对境外投资开办企业实行以备案制为主的管理方式，对境外投资一般项目实行备案制，由上海市负责备案管理，提高境外投资便利化程度。创新投资服务促进机制，加强境外投资事后管理和服务，形成多部门共享的信息监测平台，做好对外直接投资统计和年检工作。支持试验区内各类投资主体开展多种形式的境外投资。鼓励在试验区设立专业从事境外股权投资的项目公司，支持有条件的投资者设立境外投资股权投资母基金。

（三）推进贸易发展方式转变

5. 推动贸易转型升级。积极培育贸易新型业态和功能，形成以技术、品牌、质量、服务为核心的外贸竞争新优势，加快提升我国在全球贸易价值链中的地位。鼓励跨国公司建立亚太地区总部，建立整合贸易、物流、结算等功能的营运中心。深化国际贸易结算中心试点，拓展专用账户的服务贸易跨境收付和融资功能。支持试验区内企业发展离岸业务。鼓励企业统筹开展国际国内贸易，实现内外贸一体化发展。探索在试验区内设立国际大宗商品交易和资源配置平台，开展能源产品、基本工业原料和大宗农产品的国际贸易。扩大完善期货保税交割试点，拓展仓单质押融资等功能。加快对外文化贸易基地建设。推动生物医药、软件信息、管理咨询、数据服务等外包业务发展。允许和支持各类融资租赁公司在试验区内设立项目子公司并开展境内外租赁服务。鼓励设立第三方检验鉴定机构，按照国际标准采信其检测结果。试点开展境内外高技术、高附加值的维修业务。加快培育跨境电子商务服务功能，试点建立与之相适应的海关监管、检验检疫、退税、跨境支付、物流等支撑系统。

6. 提升国际航运服务能级。积极发挥外高桥港、洋山深水港、浦东空港国际枢纽港的联动作用，探索形成具有国际竞争力的航运发展制度和运作模式。积极发展航运金融、国际船舶运输、国际船舶管理、国际航运经纪等产业。加快发展航运运价指数衍生品交易业务。推动中转集拼业务发展，允许中资公司拥有或控股拥有的非五星旗船，先行先试外贸进出口集装箱在国内沿海港口和上海港之间的沿海捎带业务。支持浦东机场增加国际中转货运航班。充分发挥上海的区域优势，利用中资“方便旗”船税收优惠政策，促进符合条件的船舶在上海落户登记。在试验区实行已在天津试点的国际船舶登记政策。简化国际船舶运输经营许可流程，形成高效率的船籍登记制度。

（四）深化金融领域的开放创新

7. 加快金融制度创新。在风险可控前提下，可在试验区内对人民币资本项目可兑换、金融市场利率市场化、人民币跨境使用等方面创造条件进行先行先试。在试验区内实现金融机构资产方价格实行市场化定价。探索面向国际的外汇管理改革试点，建立与自由贸易试验区相适应的外汇管理体制，全面实现贸易投资便利化。鼓励企业充分利用境内外两种资源、两个市场，实现跨境融资自由化。深化外债管理方式改革，促进跨境融资便利化。深化跨国公司总部外汇资金集中运营管理试点，促进跨国公司设立区域性或全球性资金管理中心。建立试验区金融改革创新与上海国际金融中心建设的联动机制。

8. 增强金融服务功能。推动金融服务业对符合条件的民营资本和外资金融机构全面开放，支持在试验区内设立外资银行和中外合资银行。允许金融市场在试验区内建立面向国际的交易平台。逐步允许境外企业参与商品期货交易。鼓励金融市场产品创新。支持股权托管交易机构在试验区内建立综合金融服务平台。支持开展人民币跨境再保险业务，培育发展再保险市场。

（五）完善法制领域的制度保障

9. 完善法制保障。加快形成符合试验区发展需要的高标准投资和贸易规则体系。针对试点内容，需要停止实施有关行政法规和国务院文件的部分规定的，按规定程序办理。其中，经全国人民代表大会常务委员会授权，暂时调整《中华人民共和国外资企业法》、《中华人民共和国中外合资经营企业法》和《中华人民共和国中外合作经营企业法》规定的有关行政审批，自 2013 年 10 月 1 日起在三年内试行。各部门要支持试验区在服务业扩大开放、实施准入前国民待遇和负面清单管理模式等方面深化改革试点，及时解决试点过程中的制度保障问题。上海市要通过地方立法，建立与试点要求相适应的试验区管理制度。

三、营造相应的监管和税收制度环境

适应建立国际高水平投资和贸易服务体系的需要，创新监管模式，促进试验区内货物、服务等各类要素自由流动，推动服务业扩大开放和货物贸易深入发展，形成公开、透明的管理制度。同时，在维护现行税制公平、统一、规范的前提下，以培育功能为导向，完善相关政策。

（一）创新监管服务模式

1. 推进实施“一线放开”。允许企业凭进口舱单将货物直接入区，再凭进境货物备案清单向主管海关办理申报手续，探索简化进出境备案清单，简化国际中转、集拼和分拨等业务进出境手续；实行“进境检疫，适当放宽进出口检验”模式，创新监管技术和方法。探索构建相对独立的以贸易便利化为主的货物贸易区域和以扩大服务领域开放为主的服务贸易区域。在确保有效监管的前提下，探索建立货物状态分类监管模式。深化功能拓展，在严格执行货物进出口税收政策的前提下，允许在特定区域设立保税展示交易平台。

2. 坚决实施“二线安全高效管住”。优化卡口管理，加强电子信息联网，通过进出境清单比对、账册管理、卡口实货核注、风险分析等加强监管，促进二线监管模式与一线监管模式相衔接，推行“方便进出，严密防范质量安全风险”的检验检疫监管模式。加强电子账册管理，推动试验区内货物在各海关特殊监管区域之间和跨关区便捷流转。试验区内企业原则上不受地域限制，可到区外再投资或开展业务，如有专项规定要求办理相关手续，仍应按照专项规定办理。推进企业运营信息与监管系统对接。通过风险监控、第三方管理、保证金要求等方式实行有效监管，充分发挥上海市诚信体系建设的作用，加快形成企业商务诚信管理和经营活动专属管辖制度。

3. 进一步强化监管协作。以切实维护国家安全和市场公平竞争为原则，加强各有关部门与上海市政府的协同，提高维护经济社会安全的服务保障能力。试验区配合国务院有关部门严格实施经营者集中反垄断审查。加强海关、质检、工商、税务、外汇等管理部门的协作。加快完善一体化监管方式，推进组建统一高效的口岸监管机构。探索试验区统一电子围网管理，建立风险可控的海关监管机制。

（二）探索与试验区相配套的税收政策

4. 实施促进投资的税收政策。注册在试验区内的企业或个人股东，因非货币性资产对外投资等资产重组行为而产生的资产评估增值部分，可在不超过 5 年期限内，分期缴纳所得税。对试验区内企业以股份或出资比例等股权形式给予企业高端人才和紧缺人才的奖励，实行已在中关村等地区试点的股权激励个人所得税分期纳税政策。

5. 实施促进贸易的税收政策。将试验区内注册的融资租赁企业或金融租赁公司在试验区内设立的项目子公司纳入融资租赁出口退税试点范围。对试验区内注册的国内租赁公司或租赁公司设立的项目子公司，经国家有关部门批准从境外购买空载重量在25吨以上并租赁给国内航空公司使用的飞机，享受相关进口环节增值税优惠政策。对设在试验区内的企业生产、加工并经“二线”销往内地的货物照章征收进口环节增值税、消费税。根据企业申请，试行对该内销货物按其对应进口料件或按实际报验状态征收关税的政策。在现行政策框架下，对试验区内生产企业和生产性服务业企业进口所需的机器、设备等货物予以免税，但生活性服务业等企业进口的货物以及法律、行政法规和相关规定明确不予免税的货物除外。完善启运港退税试点政策，适时研究扩大启运地、承运企业和运输工具等试点范围。

此外，在符合税制改革方向和国际惯例，以及不导致利润转移和税基侵蚀的前提下，积极研究完善适应境外股权投资和离岸业务发展的税收政策。

四、扎实做好组织实施

国务院统筹领导和协调试验区推进工作。上海市要精心组织实施，完善工作机制，落实工作责任，根据《方案》明确的目标定位和先行先试任务，按照“成熟的可先做，再逐步完善”的要求，形成可操作的具体计划，抓紧推进实施，并在推进过程中认真研究新情况、解决新问题，重大问题要及时向国务院请示报告。各有关部门要大力支持，积极做好协调配合、指导评估等工作，共同推进相关体制机制和政策创新，把试验区建设好、管理好。

关于加快发展养老服务业的若干意见

国发〔2013〕35号　2013年9月6日

近年来，我国养老服务业快速发展，以居家为基础、社区为依托、机构为支撑的养老服务体系初步建立，老年消费市场初步形成，老龄事业发展取得显著成就。但总体上看，养老服务和产品供给不足、市场发育不健全、城乡区域发展不平衡等问题还十分突出。当前，我国已经进入人口老龄化快速发展阶段，2012年底我国60周岁以上老年人口已达1.94亿，2020年将达到2.43亿，2025年将突破3亿。积极应对人口老龄化，加快发展养老服务业，不断满足老年人持续增长的养老服务需求，是全面建成小康社会的一项紧迫任务，有利于保障老年人权益，共享改革发展成果，有利于拉动消费、扩大就业，有利于保障和改善民生，促进社会和谐，推进经济社会持续健康发展。为加快发展养老服务业，现提出以下意见：

一、总体要求

（一）指导思想

以邓小平理论、“三个代表”重要思想、科学发展观为指导，从国情出发，把不断满足老年人日益增长的养老服务需求作为出发点和落脚点，充分发挥政府作用，通过简政放权，创新体制机制，激发社会活力，充分发挥社会力量的主体作用，健全养老服务体系，满足多样化养老服务需求，努力使养老服务业成为积极应对人口老龄化、保障和改善民生的重要举措，成为扩大内需、增加就业、促进服务业发展、推动经济转型升级的重要力量。

（二）基本原则

深化体制改革。加快转变政府职能，减少行政干预，加大政策支持和引导力度，激发各类服务主体活力，创新服务供给方式，加强监督管理，提高服务质量和效率。

坚持保障基本。以政府为主导，发挥社会力量作用，着力保障特殊困难老年人的养老服务需求，确保人人享有基本养老服务。加大对基层和农村养老服务的投入，充分发挥社区基层组织和服务机构在居家养老服务中的重要作用。支持家庭、个人承担应尽责任。

注重统筹发展。统筹发展居家养老、机构养老和其他多种形式的养老，实行普遍性服务和个性化服务相结合。统筹城市和农村养老资源，促进基本养老服务均衡发展。统筹利用各种资源，促进养老服务与医疗、家政、保险、教育、健身、旅游等相关领域的互动发展。

完善市场机制。充分发挥市场在资源配置中的基础性作用，逐步使社会力量成为发展养老服务业的主体，营造平等参与、公平竞争的市场环境，大力发展养老服务业，提供方便可及、价格合理的各类养老服务和产品，满足养老服务多样化、多层次需求。

（三）发展目标

到2020年，全面建成以居家为基础、社区为依托、机构为支撑的，功能完善、规模适度、覆盖城乡的养老服务体系。养老服务产品更加丰富，市场机制不断完善，养老服务业持续健康发展。

——服务体系更加健全。生活照料、医疗护理、精神慰藉、紧急救援等养老服务覆盖所有居家老年人。符合标准的日间照料中心、老年人活动中心等服务设施覆盖所有城市社区，90%以上的乡镇和60%以上的农村社区建立包括养老服务在内的社区综合服务设施和站点。全国社会养老床位数达到每千名老年人35～40张，服务能力大幅增强。

——产业规模显著扩大。以老年生活照料、老年产品用品、老年健康服务、老年体育健身、老年文化娱乐、老年金融服务、老年旅游等为主的养老服务业全面发展，养老服务业增加值在服务业中的比重显著提升，全国机构养老、居家社区生活照料和护理等服务提供1000万个以上就业岗位。涌现一批带动力强的龙头企业和大批富有创新活力的中小企业，形成一批养老服务产业集群，培育一批知名品牌。

——发展环境更加优化。养老服务业政策法规体系建立健全，行业标准科学规范，监管机制更加完善，服务质量明显提高。全社会积极应对人口老龄化意识显著增强，支持和参与养老服务的氛围更加浓厚，养老志愿服务广泛开展，敬老、养老、助老的优良传统得到进一步弘扬。

二、主要任务

（一）统筹规划发展城市养老服务设施

加强社区服务设施建设。各地在制定城市总体规划、控制性详细规划时，必须按照人均用地不少于0.1平方米的标准，分区分级规划设置养老服务设施。凡新建城区和新建居住（小）区，要按标准要求配套建设养老服务设施，并与住宅同步规划、同步建设、同步验收、同步交付使用；凡老城区和已建成居住（小）区无养老服务设施或现有设施没有达到规划和建设指标要求的，要限期通过购置、置换、租赁等方式开辟养老服务设施，不得挪作他用。

综合发挥多种设施作用。各地要发挥社区公共服务设施的养老服务功能，加强社区养老服务设施与社区服务中心（服务站）及社区卫生、文化、体育等设施的功能衔接，提高使用率，发挥综合效益。要支持和引导各类社会主体参与社区综合服务设施建设、运营和管理，提供养老服务。各类具有为老年人服务功能的设施都要向老年人开放。

实施社区无障碍环境改造。各地区要按照无障碍设施工程建设相关标准和规范，推动和扶持老年人家庭无障碍设施的改造，加快推进坡道、电梯等与老年人日常生活密切相关的公共设施改造。

（二）大力发展居家养老服务网络

发展居家养老便捷服务。地方政府要支持建立以企业和机构为主体、社区为纽带、满足老年人各种服务需求的居家养老服务网络。要通过制定扶持政策措施，积极培育居家养老服务企业和机构，上门为居家老年人提供助餐、助浴、助洁、助急、助医等定制服务；大力发展家政服务，为居家老年人提供规范化、个性化服务。要支持社区建立健全居家养老服务网点，引入社会组织和家政、物业等企业，兴办或运营老年供餐、社区日间照料、老年活动中心等形式多样的养老服务项目。

发展老年人文体娱乐服务。地方政府要支持社区利用社区公共服务设施和社会场所组织开展适合老年人的群众性文化体育娱乐活动，并发挥群众组织和个人积极性。鼓励专业养老机构利用自身资源优势，培训和指导社区养老服务组织和人员。

发展居家网络信息服务。地方政府要支持企业和机构运用互联网、物联网等技术手段创新居家养老服务模式，发展老年电子商务，建设居家服务网络平台，提供紧急呼叫、家政预约、健康咨询、物品代购、服务缴费等适合老年人的服务项目。

（三）大力加强养老机构建设

支持社会力量举办养老机构。各地要根据城乡规划布局要求，统筹考虑建设各类养老机构。在资本金、场地、人员等方面，进一步降低社会力量举办养老机构的门槛，简化手续、规范程序、公开信息，行政许可和登记机关要核定其经营和活动范围，为社会力量举办养老机构提供便捷服务。鼓励境外资本投资养老服务业。鼓励个人举办家庭化、小型化的养老机构，社会力量举办规模化、连锁化的养老机构。鼓励民间资本对企业厂房、商业设施及其他可利用的社会资源进行整合和改造，用于养老服务。

办好公办保障性养老机构。各地公办养老机构要充分发挥托底作用，重点为“三无”（无劳动能力，无生活来源，无赡养人和扶养人，或者其赡养人和扶养人确无赡养和扶养能力）老人、低收入老人、经济困难的失能半失能老人提供无偿或低收费的供养、护理服务。政府举办的养老机构要实用适用，避免铺张豪华。

开展公办养老机构改制试点。有条件的地方可以积极稳妥地把专门面向社会提供经营性服务的公办养老机构转制成为企业，完善法人治理结构。政府投资兴办的养老床位应逐步通过公建民营等方式管理运营，积极鼓励民间资本通过委托管理等方式，运营公有产权的养老服务设施。要开展服务项目和设施安全标准化建设，不断提高服务水平。

（四）切实加强农村养老服务

健全服务网络。要完善农村养老服务托底的措施，将所有农村“三无”老人全部纳入五保供养范围，适时提高五保供养标准，健全农村五保供养机构功能，使农村五保老人老有所养。在满足农村五保对象集中供养需求的前提下，支持乡镇五保供养机构改善设施条件并向社会开放，提高运营效益，增强护理功能，使之成为区域性养老服务中心。依托行政村、较大自然村，充分利用农家大院等，建设日间照料中心、托老所、老年活动站等互助性养老服务设施。农村党建活动室、卫生室、农家书屋、学校等要支持农村养老服务工作，组织与老年人相关的活动。充分发挥村民自治功能和老年协会作用，督促家庭成员承担赡养责任，组织开展邻里互助、志愿服务，解决周围老年人实际生活困难。

拓宽资金渠道。各地要进一步落实《中华人民共和国老年人权益保障法》有关农村可以将未承包的集体所有的部分土地、山林、水面、滩涂等作为养老基地，收益供老年人养老的要求。鼓励城市资金、资产和资源投向农村养老服务。各级政府用于养老服务的财政性资金应重点向农村倾斜。

建立协作机制。城市公办养老机构要与农村五保供养机构等建立长期稳定的对口支援和合作机制，采取人员培训、技术指导、设备支援等方式，帮助其提高服务能力。建立跨地区养老服务协作机制，鼓励发达地区支援欠发达地区。

（五）繁荣养老服务消费市场

拓展养老服务内容。各地要积极发展养老服务业，引导养老服务企业和机构优先满足老年人基本服务需求，鼓励和引导相关行业积极拓展适合老年人特点的文化娱乐、体育健身、休闲旅游、健康服务、精神慰藉、法律服务等服务，加强残障老年人专业化服务。

开发老年产品用品。相关部门要围绕适合老年人的衣、食、住、行、医、文化娱乐等需要，支持企业积极开发安全有效的康复辅具、食品药品、服装服饰等老年用品用具和服务产品，引导商场、超市、批发市场设立老年用品专区专柜；开发老年住宅、老年公寓等老年生活设施，提高老年人生活质量。引导和规范商业银行、保险公司、证券公司等金融机构开发适合老年人的理财、信贷、保险等产品。

培育养老产业集群。各地和相关行业部门要加强规划引导，在制定相关产业发展规划中，要鼓励发展养老服务中小企业，扶持发展龙头企业，实施品牌战略，提高创新能力，形成一批产业链长、覆盖领域广、经济社会效益显著的产业集群。健全市场规范和行业标准，确保养老服务和产品质量，营造安全、便利、诚信的消费环境。

（六）积极推进医疗卫生与养老服务相结合

推动医养融合发展。各地要促进医疗卫生资源进入养老机构、社区和居民家庭。卫生管理部门要支持有条件的养老机构设置医疗机构。医疗机构要积极支持和发展养老服务，有条件的二级以上综合医院应当开设老年病科，增加老年病床数量，做好老年慢病防治和康复护理。要探索医疗机构与养老机构合作新模式，医疗机构、社区卫生服务机构应当为老年人建立健康档案，建立社区医院与老年人家庭医疗契约服务关系，开展上门诊视、健康查体、保健咨询等服务，加快推进面向养老机构的远程医疗服务试点。医疗机构应当为老年人就医提供优先优惠服务。

健全医疗保险机制。对于养老机构内设的医疗机构，符合城镇职工（居民）基本医疗保险和新型农村合作医疗定点条件的，可申请纳入定点范围，入住的参保老年人按规定享受相应待遇。完善医保报销制度，切实解决老年人异地就医结算问题。鼓励老年人投保健康保险、长期护理保险、意外伤害保险等人身保险产品，鼓励和引导商业保险公司开展相关业务。

三、政策措施

（一）完善投融资政策。要通过完善扶持政策，吸引更多民间资本，培育和扶持养老服务机构和企业发展。各级政府要加大投入，安排财政性资金支持养老服务体系建设。金融机构要加快金融产品和服务方式创新，拓宽信贷抵押担保物范围，积极支持养老服务业的信贷需求。积极利用财政贴息、小额贷款等方式，加大对养老服务业的有效信贷投入。加强养老服务机构信用体系建设，增强对信贷资金和民间资本的吸引力。逐步放宽限制，鼓励和支持保险资金投资养老服务领域。开展老年人住房反向抵押养老保险试点。鼓励养老机构投保责任保险，保险公司承保责任保险。地方政府发行债券应统筹考虑养老服务需求，积极支持养老服务设施建设及无障碍改造。

（二）完善土地供应政策。各地要将各类养老服务设施建设用地纳入城镇土地利用总体规划和年度用地计划，合理安排用地需求，可将闲置的公益性用地调整为养老服务用地。民间资本举办的非营利性养老机构与政府举办的养老机构享有相同的土地使用政策，可以依法使用国有划拨土地或者农民集体所有的土地。对营利性养老机构建设用地，按照国家对经营性用地依法办理有偿用地手续的规定，优先保障供应，并制定支持发展养老服务业的土地政策。严禁养老设施建设用地改变用途、容积率等土地使用条件搞房地产开发。

（三）完善税费优惠政策。落实好国家现行支持养老服务业的税收优惠政策，对养老机构提供的养护服务免征营业税，对非营利性养老机构自用房产、土地免征房产税、城镇土地使用税，对符合条件的非营利性养老机构按规定免征企业所得税。对企事业单位、社会团体和个人向非营利性养老机构的捐赠，符合相关规定的，准予在计算其应纳税所得额时按税法规定比例扣除。各地对非营利性养老机构建设要免征有关行政事业性收费，对营利性养老机构建设要减半征收有关行政事业性收费，对养老机构提供养老服务也要适当减免行政事业性收费，养老机构用电、用水、用气、用热按居民生活类价格执行。境内外资本举办养老机构享有同等的税收等优惠政策。制定和完善支持民间资本投资养老服务业的税收优惠政策。

（四）完善补贴支持政策。各地要加快建立养老服务评估机制，建立健全经济困难的高龄、失能等老年人补贴制度。可根据养老服务的实际需要，推进民办公助，选择通过补助投资、贷款贴息、运营补贴、购买服务等方式，支持社会力量举办养老服务机构，开展养老服务。民政部本级彩票公益金和地方各级政府用于社会福利事业的彩票公益金，要将50%以上的资金用于支持发展养老服务业，并随老年人口的增加逐步提高投入比例。国家根据经济社会发展水平和职工平均工资增长、物价上涨等情况，进一步完善落实基本养老、基本医疗、最低生活保障等政策，适时提高养老保障水平。要制定政府向社会力量购买养老服务的政策措施。

（五）完善人才培养和就业政策。教育、人力资源社会保障、民政部门要支持高等院校和中等职业学校增设养老服务相关专业和课程，扩大人才培养规模，加快培养老年医学、康复、护理、营养、心理和社会工作等方面的专门人才，制定优惠政策，鼓励大专院校对口专业毕业生从事养老服务工作。充分发挥开放大学作用，开展继续教育和远程学历教育。依托院校和养老机构建立养老服务实训基地。加强老年护理人员专业培训，对符合条件的参加养老护理职业培训和职业技能鉴定的从业人员按规定给予相关补贴，在养老机构和社区开发公益性岗位，吸纳农村转移劳动力、城镇就业困难人员等从事养老服务。养老机构应当积极改善养老护理员工作条件，加强劳动保护和职业防护，依法缴纳养老保险费等社会保险费，提高职工工资福利待遇。养老机构应当科学设置专业技术岗位，重点培养和引进医生、护士、康复医师、康复治疗师、社会工作者等具有执业或职业资格的专业技术人员。对在养老机构就业的专业技术人员，执行与医疗机构、福利机构相同的执业资格、注册考核政策。

（六）鼓励公益慈善组织支持养老服务。引导公益慈善组织重点参与养老机构建设、养老产品开发、养老服务提供，使公益慈善组织成为发展养老服务业的重要力量。积极培育发展为老服务公益慈善组织。积极扶持发展各类为老服务志愿组织，开展志愿服务活动。倡导机关干部和企事业单位职工、大中小学学生参加养老服务志愿活动。支持老年群众组织开展自我管理、自我服务和服务社会活动。探索建立健康老人参与志愿互助服务的工作机制，建立为老志愿服务登记制度。弘扬敬老、养老、助老的优良传统，支持社会服务窗口行业开展“敬老文明号”创建活动。

四、组织领导

（一）健全工作机制。各地要将发展养老服务业纳入国民经济和社会发展规划，纳入政府重要议事日程，进一步强化工作协调机制，定期分析养老服务业发展情况和存在问题，研究推进养老服务业加快发展的各项政策措施，认真落实养老服务业发展的相关任务要求。民政部门要切实履行监督管理、行业规范、业务指导职责，推动公办养老机构改革发展。发展改革部门要将养老服务业发展纳入经济社会发展规划、专项规划和区域规划，支持养老服务设施建设。财政部门要在现有资金渠道内对养老服务业发展给予财力保障。老龄工作机构要发挥综合协调作用，加强督促指导工作。教育、公安消防、卫生计生、国土、住房城乡建设、人力资源社会保障、商务、税务、金融、质检、工商、食品药品监管等部门要各司其职，及时解决工作中遇到的问题，形成齐抓共管、整体推进的工作格局。

（二）开展综合改革试点。国家选择有特点和代表性的区域进行养老服务业综合改革试点，在财政、金融、用地、税费、人才、技术及服务模式等方面进行探索创新，先行先试，完善体制机制和政策措施，为全国养老服务业发展提供经验。

（三）强化行业监管。民政部门要健全养老服务的准入、退出、监管制度，指导养老机构完善管理规范、改善服务质量，及时查处侵害老年人人身财产权益的违法行为和安全生产责任事故。价格主管部门要探索建立科学合理的养老服务定价机制，依法确定适用政府定价和政府指导价的范围。有关部门要建立完善养老服务业统计制度。其他各有关部门要依照职责分工对养老服务业实施监督管理。要积极培育和发展养老服务行业协会，发挥行业自律作用。

（四）加强督促检查。各地要加强工作绩效考核，确保责任到位、任务落实。省级人民政府要根据本意见要求，结合实际抓紧制定实施意见。国务院相关部门要根据本部门职责，制定具体政策措施。民政部、发展改革委、财政部等部门要抓紧研究提出促进民间资本参与养老服务业的具体措施和意见。发展改革委、民政部和老龄工作机构要加强对本意见执行情况的监督检查，及时向国务院报告。国务院将适时组织专项督查。

三、中华人民共和国国家发展和改革委员会

贯彻落实主体功能区战略推进主体功能区建设若干政策的意见

发改规划〔2013〕1154 号　2013 年 6 月 18 日

实施主体功能区战略，推进主体功能区建设，是党中央国务院作出的重大战略决策。为深入贯彻党的十八大精神，全面落实《国务院关于印发全国主体功能区规划的通知》要求，完善推进主体功能区建设的配套政策，现提出以下政策意见。

一、总体政策方向

制定实施主体功能区配套政策，要按照党的十八大精神和部署，坚持以科学发展观为指导，加快实施主体功能区战略，围绕推进主体功能区建设这一战略任务，分类调控，突出重点，在发挥市场机制作用的基础上，充分发挥政策导向作用，引导资源要素按照主体功能区优化配置，为主体功能区建设创造良好的政策环境，着力构建科学合理的城市化格局、农业发展格局和生态安全格局，促进城乡、区域以及人口、经济、资源环境协调发展。

（一）加大政策力度。要加大改革创新力度，积极完善各项相关政策。在推进经济结构战略性调整、促进城乡区域协调发展、引导产业发展布局、保障和改善民生、促进城乡区域基本公共服务均等化、强化节能减排和应对气候变化等各项工作中，都要按照主体功能区建设的需要，把相关政策区域化和具体化，充分发挥在实施主体功能区战略中的引领和带动作用。

（二）突出政策重点。要从各类主体功能区的功能定位和发展方向出发，把握不同区域的资源禀赋与发展特点，明确不同的政策方向和政策重点。对优化开发区域，要着力引导提升国际竞争力；对重点开发区域，要促进新型工业化城镇化进程；对农产品主产区，要大力提高农产品供给能力；对重点生态功能区，要增强生态服务功能；对禁止开发区域，要加强监管。

（三）优化政策组合。要把投资支持等激励政策与空间管制等限制、禁止性措施相结合，明确支持、限制和禁止性政策措施，引导各类主体功能区把开发和保护更好的结合起来。通过激励性政策和管制性措施，引导各类区域按照主体功能定位谋发展，约束各地不合理的空间开发行为，切实把科学发展和加快转变经济发展方式的要求落到实处。

（四）注重政策合力。推进主体功能区建设是一项系统工程，需要有关部门多方协作、相互配合、统筹推进。要按照《全国主体功能区规划》明确的任务分工和要求，从发展改革部门的职能出发，突出政策方向和重点，注重把握政策边界，与其他部门配套政策相互支撑，形成政策合力，增强政策综合效应。

（五）提高政策效率。要正确处理政府与市场的关系，充分发挥市场配置资源的基础性作用。要针对各类主体功能区的不同功能定位，确定不同的调控方向和调控重点，充分发挥政府投资等政策的导向作用，充分调动中央和地方、政府与社会的积极性，引导社会资金按照主体功能区的功能要求进行配置，逐步完善国土空间科学开发的利益导向机制。

二、引导优化开发区域提升国际竞争力

支持优化开发区域率先转变经济发展方式，推动产业结构向高端、高效、高附加值转变，引导城市集约紧凑、绿色低碳发展，提高资源集约化利用水平，提升参与全球分工与竞争的层次。

（一）在企业技术创新平台和公共创新平台建设布局、项目审批、资金安排等方面予以优先支持，加快培育创新型城市，提升区域自主创新能力。

（二）政府投资加强对具有竞争优势和市场潜力的高技术产业、战略性新兴产业、先进制造业和现代服务业发展的引导，合理引导劳动密集型产业向中西部和东北地区重点开发区域转移，加快产业升级步伐。

（三）严格控制开发强度，控制城市建成区蔓延扩张、工业遍地开花和开发区过度分散布局，按照工业集中、产业集聚、用地集约要求，引导开发区向城市功能区转型，确保城郊农业用地特别是“菜篮子工程”用地不被侵占。

（四）鼓励城市政府有序推进农业转移人口市民化，对吸纳农业转移人口规模较大的城市，政府投资对教育、医疗、保障性住房等公共服务设施建设给予适当补助。

（五）加大节能减排的监管力度，强化单位国内生产总值能耗和二氧化碳排放降低等指标的约束性作用，减少经济增长的资源消耗和环境损害，提高经济增长的质量和效益。加快完善城镇污水、垃圾处理等环境基础设施。适当控制新建火电项目，稳步发展沿海核电项目。积极开展适应气候变化工作，提升城市综合适应能力。

（六）加快建设交通基础设施，尤其是城际铁路、市域铁路等大能力运输方式及综合交通枢纽。强化优化开发区域城市群内城市之间的内在联系与分工协作，适当分散特大城市中心城区的功能。

三、促进重点开发区域加快新型工业化城镇化进程

在优化结构、提高效益、降低消耗、保护环境的基础上，支持重点开发区域优化发展环境，增强产业配套能力，加快形成现代产业体系，促进产业和人口集聚，推进新型工业化和城镇化进程。

（一）政府投资侧重于改善基础设施和对产业结构调整的引导，鼓励发展战略性新兴产业、高技术产业，支持产业振兴和技术改造，引导各类要素向重点行业、重点领域集聚，增强产业配套能力。支持国家优化开发区域和重点开发区域开展产业转移对接，鼓励在中西部和东北地区重点开发区域共同建设承接产业转移示范区，遏制低水平产业扩张。

（二）依托国内能源和矿产资源重大项目，以及主要利用陆路进口资源的重大项目，优先在中西部地区重点开发区域布局。高技术重大专项、重大工程和重大制造业项目原则上在国家优化开发和重点开发区域布局，优先在中西部国家重点开发区域布局。

（三）在保持并增强粮食生产能力的同时，鼓励发展都市农业、城郊农业和休闲农业，保障“菜篮子工程”建设和农产品供给能力。

（四）合理控制开发强度，避免盲目开发、无序开发。鼓励按照产城融合、循环经济和低碳经济的要求改造开发区，限制大规模、单一工业园区的布局模式，支持开展园区循环化改造以及低碳园区、低碳城市和低碳社区建设，防止工业、生活污染向限制开发、禁止开发区域扩散。

（五）引导重点开发区域吸纳限制开发区域和禁止开发区域人口转移，按照基本公共服务常住人口全覆盖的要求，支持加大教育、医疗、保障性住房等基本公共服务设施建设力度，使基本公共服务设施布局、供给规模与吸纳人口规模相适应。

（六）支持发展城际铁路，加快推进综合交通网络建设，引导和支撑城市群优化布局。

（七）支持加强水利基础设施建设，政府对规划内重大水利基础设施项目予以投资支持，因地制宜科学实施一批重大水资源配置工程建设，提高区域水资源调控水平和供水保障能力。

（八）支持煤炭资源丰富的重点开发区域积极推行煤、电、化、热一体化开发，加快建设大型煤电基地及煤电外送通道。

四、提高农产品主产区农产品供给能力

从保障国家粮食安全和重要农产品供给的大局出发，加大强农惠农富农政策力度，鼓励限制开发的农产品主产区加强耕地保护，稳定粮食生产，发展现代农业，构建循环型农业体系，增强农业综合生产能力，加大社会主义新农村建设投入力度。

（一）逐步加大政府投资对农业建设的支持力度，重点向农产品主产区特别是中西部和东北地区农产品主产区倾斜。对农产品主产区国家支持的建设项目，适当提高中央政府补助或贴息比例，降低省级政府投资比例，逐步降低市县级政府投资比例。

（二）支持农产品主产区加快发展现代农业，加强粮食综合生产能力建设，建设田间设施齐备、服务体系健全、集中连片的商品粮基地。支持优势产区加强棉花、油料、糖料生产基地建设，大力推进畜牧、水产的标准化规模养殖。推进农业结构和种植制度调整，加强适应技术研发推广，增强农业适应气候变化能力。

（三）加大扶持力度，引导农产品加工、流通、储运等企业向农产品主产区集聚发展。鼓励依托优势产业和板块基地，发展农产品深加工，推进农业产业化示范区建设。支持发展具有地域特色的绿色生态产品，培育

地理标志品牌。

（四）鼓励发展农业循环经济，支持农产品主产区实施资源综合利用重点工程，加强农业清洁生产和农作物秸秆等废弃物综合利用，控制农业领域温室气体排放。

（五）控制城镇和开发区扩张对耕地的过多占用，控制农产品主产区开发强度。围绕农产品主产区的县城和重点镇，强化基础设施和公共服务设施建设，引导人口和产业集聚。

（六）积极发展普通铁路，为大宗农产品提供大能力运输通道。支持连接重点县城和中心镇的国道公路建设和养护，发展农村公路，提高公路普遍服务水平。推广沼气、风能、太阳能等清洁能源，实施新一轮农村电网升级改造工程，保障农业生产和农村居民生活用能。

五、增强重点生态功能区生态服务功能

要把增强提供生态产品能力作为首要任务，保护和修复生态环境，增强生态服务功能，保障国家生态安全。因地制宜地发展适宜产业、绿色经济，引导超载人口有序转移。

（一）逐步加大政府投资对生态环境保护方面的支持力度，重点用于国家重点生态功能区特别是中西部重点生态功能区的发展。对重点生态功能区内国家支持的建设项目，适当提高中央政府补助比例，逐步降低市县级政府投资比例。实施好天然林资源保护、京津风沙源治理等重大生态修复工程，推进荒漠化、石漠化、水土流失综合治理，扩大森林、湖泊、湿地面积，保护生物多样性。

（二）对各类开发活动进行严格管制，开发矿产资源、发展适宜产业和建设基础设施，须开展主体功能适应性评价，不得损害生态系统的稳定性和完整性。

（三）实行更加严格的产业准入环境标准和碳排放标准，在不损害生态系统功能的前提下，鼓励因地制宜地发展旅游、农林牧产品生产和加工、观光休闲农业等产业。对不符合主体功能定位的现有产业，通过设备折旧补贴、设备贷款担保、迁移补贴、土地置换、关停补偿等手段，进行跨区域转移或实施关闭。

（四）严格控制开发强度，城镇建设和工业开发要集中布局、点状开发，控制各类开发区数量和规模扩张，支持已有工业开发区改造成“零污染”的生态型工业区。鼓励与重点开发区域共建共办开发区，积极发展“飞地经济”。

（五）政府在基本公共服务领域的投资以促进基本公共服务均等化为目标，优先向基本公共服务基础薄弱的国家重点生态功能区倾斜。

（六）选择培育若干县城和重点镇，作为引导人口集中、产业集聚的载体和提供公共服务的重要平台，以及生态移民点集中布局所在地。

（七）以完善公共服务和发展适宜产业为导向，有序推进基础设施建设。支持旅游景区建设必要的通景交通基础设施，根据需要建设用于旅游、森林草原防火、应急救援等通用航空机场，支持点状开发的县城和重点镇完善城镇基础设施及对外交通设施。在严格生态环境影响评价的基础上，在水能资源丰富的地区有序开展水电流域梯级开发。从严控制火电建设，逐步关闭或迁移不符合重点生态功能区主体功能定位的能源基础设施。

六、加强禁止开发区域监管

依据法律法规和相关规划实施强制性保护，严格控制人为因素对自然生态和文化自然遗产原真性、完整性的干扰，加强对有代表性的自然生态系统、珍稀濒危野生动植物物种、有特殊价值的自然遗迹和文化遗址等自

然文化资源的保护。

（一）严禁开展不符合主体功能定位的各类开发活动，引导人口逐步有序转移，实现污染物“零排放”，提高环境质量。

（二）在不损害主体功能的前提下，允许保持适度的旅游和农牧业等活动，支持在旅游、林业等领域推行循环型生产方式。

（三）从保护生态出发，严格控制基础设施建设。除文化自然遗产保护、森林草原防火、应急救援和必要的旅游基础设施外，不得在禁止开发区域建设交通基础设施。新建铁路、公路等交通基础设施，严格执行环境影响评价，严禁穿越自然保护区核心区，避免对重要自然景观和生态系统的分割。

（四）加强国家级自然保护区、国家森林公园等禁止开发区域的自然生态系统保护和修复，不断提高保护和管理能力。

七、建立实施保障机制

（一）优化完善主体功能区的中央预算内投资安排。按照《全国主体功能区规划》的要求，重点支持国家重点生态功能区和农产品主产区特别是中西部国家重点生态功能区和农产品主产区的发展，加强对主体功能区建设的支持和引导。中央投资安排，要符合各区域的主体功能定位和发展方向。各省、自治区、直辖市要相应做好相关工作。

（二）开展主体功能区建设试点示范。按照分类探索、整体规划、重点引导、协同推进的原则，优先在国家重点生态功能区和农产品主产区，选择一批具有典型代表性的市县开展主体功能区建设试点示范，探索限制开发区域转型发展、科学发展的新模式、新路径。

（三）组织编制实施重点地区区域规划和政策文件。要按照《全国主体功能区规划》的要求，编制和实施重点地区区域规划和政策文件，贯彻落实主体功能定位，推进主体功能区建设。加强区域规划和政策文件实施中期评估，根据评估结果适时开展规划修编，进一步加强与《全国主体功能区规划》的衔接。

（四）开展主体功能适应性评价。编制产业发展专项规划和重大项目布局，要与主体功能区规划相衔接，视需要开展主体功能适应性评价，使之符合各区域的主体功能定位。

（五）健全生态补偿机制。着力推进国家重点生态功能区、禁止开发区域开展生态补偿，引导生态受益地区与生态保护地区、下游地区与上游地区开展横向补偿。探索建立主要污染物排放权交易、生态产品标志等市场化生态补偿模式。开展碳排放权交易试点，逐步建立全国碳交易市场。优先将重点生态功能区的林业碳汇、可再生能源开发利用纳入碳排放权交易试点。

（六）加强监督检查工作。要加强对《全国主体功能区规划》贯彻落实情况的监督检查，加强对配套政策落实情况的跟踪分析，强化主体功能区建设进展情况的跟踪评估。通过监督检查和评估，注重研究新情况，不断解决新问题，扎实推进主体功能区建设。

各级发展改革部门，要把实施主体功能区战略、推进主体功能区建设，作为贯彻党的十八大精神，加快转变经济发展方式、实现科学发展的重大战略举措和重要抓手，进一步转变观念，提高认识，强化责任，贯彻落实好相关政策措施，切实推动全国主体功能区规划的贯彻落实，推动各地区严格按照主体功能定位发展。

办公厅关于企业债券融资支持棚户区改造有关问题的通知

发改办财金〔2013〕2050号　2013年8月22日

为贯彻《国务院关于加快棚户区改造工作的意见》(国发〔2013〕25号)有关精神，现就充分发挥企业债券融资对棚户区改造的支持作用，引导更多社会资金参与棚户区改造有关问题通知如下：

一、凡是承担棚户区改造项目建设任务的企业，均可申请发行企业债券用于棚户区改造项目建设。鼓励民营企业根据保障性安居工程任务安排，通过直接投资、参股、委托代建(BT)等多种方式参与棚户区改造项目建设，并申请发行企业债券。

二、棚户区改造项目包括城市棚户区改造、国有工矿(含煤矿)棚户区改造、国有林区棚户区改造、国有垦区危房改造以及配套市政基础设施和公共服务设施建设。企业债券支持范围原则上应是纳入棚户区改造规划和年度计划的项目。

三、为更好地发挥企业债券融资在我国经济"稳增长、调结构、转方式"中的导向作用，我委对企业债券发行申请，按照"加快和简化审核类"、"从严审核类"以及"适当控制规模和节奏类"三种情况进行分类管理，有保有控，支持重点，防范风险。对于专项用于棚户区改造项目的发债申请，在相关手续齐备、偿债措施完善的基础上，按照我委"加快和简化审核类"债券审核程序，优先办理核准手续，加快审批速度。

四、鼓励企业发行"债贷组合"专项债券用于棚户区改造项目建设。"债贷组合"是按照"融资统一规划、债贷统一授信、动态长效监控、全程风险管理"的模式，由银行为企业制定系统性融资规划，根据项目建设融资需求，将企业债券和贷款统一纳入银行综合授信管理体系，对企业债务融资实施全程管理。

五、棚户区改造项目可发行并使用不超过项目总投资70%的企业债券资金。鼓励有条件的市、县政府对棚户区改造项目给予债券贴息。

六、各省级发展改革部门近期应对本区域内涉及棚户区改造的发债企业和项目尽快摸底，组织发行人按规定程序和要求编报申请材料，并及时沟通有关情况。

七、加强企业债券市场信用体系建设。发行专项用于棚户区改造项目的企业债券，发行人、各中介机构等利益相关方应在规划、征地、拆迁、建设、资金管理、偿还等棚户区改造各个环节建立完善综合信用承诺制度，相关方要分别签署信用承诺书，承诺遵守法律法规、规范性要求和发债约定，规范与债权人利益有关的各项行为，承诺如有违规或违约将自愿接受惩戒。

八、加强企业债券存续期监管。各省级发展改革部门应督促发债企业严格履行相关义务，规范运作程序，及时诚信披露信息，按照核准的用途将债券资金用于棚户区改造项目，确保债券资金专款专用。

四、中华人民共和国住房和城乡建设部

办公厅关于贯彻实施《住房保障档案管理办法》的意见

建办保〔2013〕4号　2013年1月24日

住房保障档案管理是住房保障的重要基础工作。为加强和规范住房保障档案管理工作，加快推进住房保障管理制度建设，现就贯彻实施住房城乡建设部《住房保障档案管理办法》，提出以下意见。

一、充分认识加强档案管理工作的重要意义

（一）充分认识住房保障档案管理任务的艰巨性。我国实施住房保障制度特别是2008年以来，住房保障事业快速发展，截至2011年底，全国累计解决了3100万户城镇中低收入家庭的住房困难，同时形成了大批住房保障档案资料。“十二五”时期，全国要建设城镇保障性安居工程3600万套；到“十二五”末，住房保障覆盖面将达到20%左右，住房保障管理任务更加繁重。随着住房保障覆盖面持续扩大，住房保障档案资料急剧增加，加强和规范档案管理任务十分艰巨。

（二）切实增强规范住房保障档案管理的紧迫性。2011年11月，国家档案局已把住房保障相关档案列入民生类、国家基本专业档案目录，这是满足住房保障事业和人民群众基本需求必须建立的档案种类，是国家档案资源的重要组成部分，并作为专业主管部门和各级档案行政管理部门监管的重点项目。当前，在住房保障档案管理工作中，还存在制度建设滞后、管理能力薄弱、设施经费不足等问题，有的地区对住房保障档案管理重视不够，投入不足，工作不扎实，监管不到位，不适应住房保障事业快速发展的需要。这些问题必须引起高度重视，切实提高规范档案管理紧迫性的认识，加快档案管理制度建设。

（三）全面认识加强住房保障档案管理的重要性。建立档案管理制度是住房保障制度建设的重要内容，关系住房保障资源分配使用的公开公平公正，关系政府的公信力和执行力，关系城镇中低收入住房困难群体的切身利益，关系住房保障事业持续健康发展。各级住房保障主管部门要提高对档案管理工作重要性、艰巨性和紧迫性的认识，把贯彻实施《住房保障档案管理办法》摆上重要议事日程，增强使命感、责任感、紧迫感，加快推进住房保障档案管理制度化、规范化、信息化建设，努力提高住房保障档案管理水平。

二、明确档案管理的目标任务和工作步骤

（四）明确目标任务。各级住房保障主管部门要明确加强住房保障档案管理工作的目标任务。总体目标任务是：从2013年开始到2015年，利用3年时间，建立住房保障档案制度健全、管理规范、运行高效、信息安全的管理体制和工作机制，地级以上城市和档案管理基础工作较好的县市，力争用2年时间率先完成。

（五）落实工作步骤。地方各级住房保障主管部门要落实工作步骤，并结合当地实际，研究制定年度工作计划和进度安排，确保顺利实现总体目标任务。具体工作步骤如下：

第一步：对本地区住房保障档案管理工作进行专题部署，研究制定档案管理实施办法，明确管理机构和人

员编制，组织学习培训，配置档案管理设施设备，统筹安排工作经费。

第二步：组织完成历史积累档案资料和即期档案资料的归档，对不符合档案管理制度要求的档案进行规范；实施纸质档案电子化，开发档案信息化管理软件和检索工具；组织经验交流。

第三步：建立档案信息管理系统，实现档案管理信息化；完善档案管理制度措施，实现住房保障档案制度化、规范化、信息化、常态化管理；组织考核验收和评比表彰活动。

三、加强档案管理制度和工作机制建设

（六）建立健全档案管理制度。要贯彻落实《住房保障档案管理办法》，结合当地实际，省级住房保障主管部门要研究制定档案管理实施办法，明确住房保障档案具体移交办法；市县住房保障主管部门要研究制定档案管理具体实施细则，明确档案信息公开、利用、查询和保密规定，突出档案管理制度的规范性和可操作性。

（七）加强档案管理能力建设。地方各级住房保障主管部门要明确内设机构的档案管理职责，加强档案管理队伍建设，充实管理人员编制，适时组织学习培训，增强工作责任心，提高政策业务水平和工作能力。各省、自治区住房保障主管部门要明确专人负责档案管理工作；市县住房保障主管部门要根据本地区档案管理任务，落实档案管理人员，提高管理能力水平。

（八）保障档案管理的物资条件。市县住房保障主管部门要立足当前、着眼长远，创建档案管理的保障条件。坚持高起点、高标准，配备符合设计规范的专用库房，配置必要的办公设备、防护设施和信息化设备，确保档案安全；统筹安排档案管理的工作经费，满足档案管理工作需要。

四、加快推进档案资料建档和信息化工作

（九）突出抓好建档工作。按照住房保障对象“一户一档”、住房保障房源“一套一档”的原则，严格执行档案管理规范，可聘请专业档案管理人员给予技术指导，集中时间、人力和物力，全面完成住房保障制度实施以来形成的档案资料建档工作。对历史积累的档案资料，要集中组织完成建档；对没有建立住房保障房源档案的，要抓紧建立房源档案；对已经建档但不符合档案管理规定和业务规范的，要规范完善；对当年新增的档案资料，要即期完成建档。

（十）加快档案信息化建设。要加快推进档案信息化管理，开发档案信息采集、管理和应用软件，建立档案信息数据库，编制不同种类档案相互关联的检索工具，建设档案信息管理系统。对历史积累档案可分阶段、分批次实施纸质档案电子化；对即期档案，应同步实施纸质档案电子化，实现档案管理信息化，提高管理效能。

五、强化组织领导和监督检查

（十一）落实工作责任制。住房保障是政府公共服务的重要职责，是一项长期任务，要落实省级负总责、市县抓落实的工作责任制。各级住房保障主管部门要加强组织领导，明确档案管理部门责任，落实各层级岗位责任，坚持一级抓一级，层层抓落实。要把贯彻实施《住房保障档案管理办法》作为住房保障主管部门的重点工作，制订实施方案，健全管理制度，落实进度安排，确保工作时效。

（十二）加强督查指导。各省级住房保障主管部门要加强分类指导和监督检查，督促市县落实加强档案管理工作部署要求，及时总结推广典型经验，帮助解决实际问题。我部将把住房保障档案管理纳入目标责任制管理和监督检查的内容，组织督查指导，并通报住房保障档案管理督查情况；适时组织经验交流，推动完善住房

保障档案管理的体制机制，促进住房保障事业持续健康发展。

各地区在贯彻实施《住房保障档案管理办法》工作中的新情况、新经验，请及时报送我部住房保障司。

关于做好2013年全国村庄规划试点工作的通知

建村函〔2013〕35号　2013年2月4日

近年来，各地积极推进村庄规划编制和实施，取得了一定成效，但村庄规划照搬城市规划模式、脱离农村实际、指导性和实施性较差等问题普遍存在。为贯彻落实中央关于科学规划村庄建设的精神，提高村庄规划水平，我部拟开展村庄规划试点工作。现就有关事项通知如下：

一、试点目的

探索符合农村实际的村庄规划理念，创新和改进村庄规划方法，形成一批有示范意义的优秀村庄规划范例，提高村庄规划编制水平，增强村庄规划的实用性。

二、试点村庄的选择

试点村庄主要选择以下类型：一是将开展人居环境整治的村庄。二是产业发展较快，需统筹规划的村庄，包括现代农业、工业、旅游等产业。三是建设活动频繁，需加强管控的村庄，包括城乡结合部和公路沿线的村庄。四是需加强保护的村庄，包括历史文化名村、传统村落等。五是以整治和打造乡村景观为重点的村庄。六是其他有热点、难点问题的村庄。

试点村庄原则上为行政村；已安排村庄环境整治、危房改造、公共设施建设等近期实施项目；当地政府重视；村干部带头作用强，村民参与积极性高；交通相对方便。

迁建、撤并的村庄以及在城镇规划区外建设的大规模农民集中居住区不能作为试点村庄。

各省（区、市）住房城乡建设主管部门根据上述条件推荐2－3个试点村庄候选，住房城乡建设部择优选择，原则上按一省一个确定试点村庄。

三、编制方法的要求

1. 注重调查。深入村庄，采取实地踏勘、入户调查、召开座谈会等多种方式，了解村庄实际情况和村民真实需求，全面收集规划基础资料。调查次数不少于3次，包括初步调查、详细调查和补充调查，调查时间不少于50人日。

2. 整治为主。尊重既有村庄格局，尊重村庄与自然环境及农业生产之间的依存关系，防止盲目规划新村，不搞大拆大建，重点改善村庄人居环境和生产条件，保护和体现农村历史文化、地区和民族以及乡村风貌特色。防止简单套用城市规划手法。

3. 问题导向。通过深入实地调查，找准村庄发展要解决的问题以及村民生活和村庄建设管理中存在的问题，针对问题开展规划编制，建立有针对性的规划目标，增强村庄规划的实用性。

4. 村民参与。充分尊重村民在生产、土地使用和农房建设上的主体地位，农民的关切要体现在规划中，建设项目要与农民利益相结合。在规划调研、编制、审批等各个环节，通过简明易懂的方式向村民征询意见、公示规划成果，动员村民积极参与村庄规划编制全过程。

5. 部门协作。试点村庄所在县（市、旗）要成立协调小组，由县（市、旗）级领导负责，建设、财政、国土、环保、交通、水利、农业等部门共同参与，在村庄规划中统筹安排各类项目并推进实施。

6. 总结提炼。在村庄规划编制过程中，不断总结经验，改进规划理念和方法，做好记录，为推广示范经验、编制村庄规划导则等提供依据。建立村庄规划后评估机制。

四、规划内容的要求

（一）规划基本内容

1. 村域发展与控制规划。提出村庄产业发展方向和具体措施，规划村庄产业布局和生产性基础设施建设；明确需保护的耕地、基本农田以及生态环境资源，控制区域公用设施走廊；加强管控的村庄还须编制控制引导内容，划定建设管控范围，并提出管控要求。

2. 村庄整治规划。制定村庄道路、供水、排水、垃圾、厕所、照明、绿化、活动场地、村务室和医务室等设施的整治与建设规划；提出闲散荒废用地的利用措施；制订村庄防灾减灾措施；提出村庄整治与建设的主要项目表，包括项目名称、项目规模、建设标准、建设时序、经费概算、资金来源等。

3. 田园风光及特色风貌保护规划。明确村庄历史文化和特色风貌、山、水、田、林等各类景观资源的具体保护内容和措施。加强保护的村庄还须编制专项规划，划定保护范围，提出保护要求与控制措施。

4. 村民住宅设计及规划指引。结合村民生产生活需要和当地传统建筑特色，按照安全、经济、实用、美观的原则，提出村民住宅设计要求。预测未来五年以上村内合法新增宅基地需求并规划用地布局，有条件的地方可研究空置宅基地和空置农房的有效利用、调整置换的方法。

（二）规划成果和深度

村庄规划成果应包括“一书一表五图”，其中“一书”即规划说明书；“一表”即主要整治项目表；“五图”为现状分析图、村域规划图、村庄规划图、主要整治项目分布图、农房建造及改造设计图等五大类图纸。村庄规划必须要有地形图，村庄地形图比例尺不低于1:2000，村域地形图比例尺不低于1:10000。主要整治项目应达到修建性详细规划深度，可直接指导实施，并能作为村庄规划管理的依据。

各地应根据实际情况细化规划内容和深度要求。

五、试点组织

1. 制订工作方案。各省（区、市）住房城乡建设主管部门要指导试点村庄所在县（市、旗）制订村庄规划试点工作方案，包括试点村庄、编制单位、工作安排、领导协调机制、经费等。

2. 选择规划编制单位。规划编制单位要有相应资质，编制人员应熟悉农村情况并有村庄规划经验。鼓励组建有村民代表参加的规划编制工作小组。

3. 规划编制经费的补助和筹集。住房城乡建设部按每个试点村庄10万元对规划编制单位予以补助。住房城乡建设部与各省（区、市）住房城乡建设主管部门为村庄规划试点项目共同委托单位，与规划编制单位签署合同并支付补助资金。各省（区、市）住房城乡建设主管部门及试点村所在县（市、旗）要安排资金给予补助。

4. 落实责任分工。试点村庄所在县（市、旗）对村庄规划编制和实施负总责。住房城乡建设部与各省（区、市）住房城乡建设主管部门负责指导、监督、检查。住房城乡建设部负责验收和拨付补助经费，各省

（区、市）住房城乡建设主管部门和试点村庄所在县（市、旗）负责拨付余额部分。县级住房城乡建设主管部门负责村庄规划试点的具体组织、监督和检查等工作。乡镇人民政府依法组织村庄规划编制和报送工作。村民委员会负责协助调查，配合规划编制，动员村民参与村庄规划编制，组织村民会议或村民代表会议讨论。

六、示范奖励

住房城乡建设部组织对试点村庄进行验收、评审，优秀的村庄规划确定为全国示范，对规划编制单位和认真组织协调的相关单位给予少量资金奖励，推荐优秀规划方案参加全国优秀村镇规划评选。鼓励各地按照本通知要求开展本地区村庄规划试点并推荐优秀村庄规划，经住房城乡建设部组织评审后，优秀的村庄规划也可列入全国示范。住房城乡建设部将在全国宣传推广村庄规划示范，并适时召开经验交流会。

七、进度安排

有关省（区、市）住房城乡建设主管部门于2013年3月15日前向住房城乡建设部上报所推荐的试点村庄和编制单位的基本情况（见附件）。4月15日前上报村庄规划试点工作方案。9月底前，完成规划编制。

关于做好2013年城镇保障性安居工程工作的通知

建保〔2013〕52号　2013年4月3日

为贯彻落实党中央、国务院关于加快推进住房保障工作的要求，切实做好2013年城镇保障性安居工程建设和管理工作，现就有关事项通知如下：

一、加快落实年度建设任务。2013年全国城镇保障性安居工程建设任务是基本建成470万套、新开工630万套。各省（区、市）住房城乡建设（住房保障）部门要会同有关部门，督促市、县尽快将确定的年度建设任务落实到具体项目，抓紧开展立项选址、征收补偿、勘察设计、施工手续办理等前期工作。加快完善城镇保障性安居工程项目库，及时录入2013年度新开工、基本建成项目。

二、积极推进棚户区（危旧房）改造。国务院决定，本届政府任期内改造各类棚户区（危旧房）1000万套以上。各地住房城乡建设（住房保障）部门要在当地政府领导下，主动加强与有关部门的沟通协调，明确职责，协力推进棚户区（危旧房）改造。在调查摸底、汇总分析的基础上，统筹规划、突出重点，合理确定改造目标与任务，加快改善棚户区（危旧房）居民的住房条件。加快推进集中成片棚户区改造，着力抓好资源型城市及独立工矿区棚户区改造，积极推进非成片棚户区、零星危旧房改造，逐步开展城镇旧住宅区综合整治，稳步实施城中村改造。到"十二五"期末，力争基本完成集中成片棚户区改造。

三、不断提高规划设计和工程质量水平。要合理规划选址，尽可能将保障性安居工程安排在交通便利、配套设施齐全地段及住房供需矛盾突出、外来务工人员聚集的区块。优化户型设计，科学利用空间，积极引导业主单位、设计单位使用《公共租赁住房优秀设计方案汇编》中的设计方案。落实工程质量责任，严格执行基本建设程序、标准规范和工艺流程，确保工程质量。落实《国务院办公厅关于转发发展改革委住房城乡建设部绿色建筑标准行动方案的通知》（国办发〔2013〕1号）要求，积极执行绿色建筑标准。自2014年起，直辖市、计划单列市及省会城市保障性住房建设，要全面执行绿色建筑标准，提高保障性住房安全性、舒适性和健康性。

四、努力增加保障性住房的有效供应。要把加快建设进度、完善配套设施放在重要位置，切实增加有效供应，让困难群众及早入住。加大配套设施投入力度，做到配套设施与保障性安居工程项目同步规划、同期建设、同时交付使用，确保竣工项目及早投入使用。加快完善市政基础设施和公共服务设施，方便群众入住后工作、生活的需要。未按规划完成基础设施配套，达不到入住条件的项目，不得组织验收；验收不合格的，整改前不得投入使用。

五、完善保障性住房分配与管理机制。要完善保障性住房分配管理政策，使困难群众能够获得住房保障、最困难群众优先获得住房保障。适当上调收入线标准，有序扩大住房保障覆盖范围。2013 年底前，地级以上城市要明确外来务工人员申请住房保障的条件、程序和轮候规则。坚持阳光操作、规范操作，确保保障性住房分配结果群众满意、社会认可。全面实施住房保障档案管理制度，抓紧建立住房保障对象信用管理制度，完善失信惩戒办法。积极创新保障性住房管理机制，不断优化居住环境，完善社区管理和服务，努力把保障房小区建成群众安居乐业的“美丽家园”。

六、切实做好住房保障统计及信息公开工作。严格按照国家统计局及我部明确的统计范围、指标口径和填报要求，开展城镇保障性安居工程统计工作。健全进度和分配环节各项数据的报送机制，确保真实、完整、及时。会同有关部门加强对市县统计工作的监督指导，加大对基层统计人员的培训力度，力戒虚报、瞒报等弄虚作假行为。健全住房保障信息公开制度，做好年度建设计划、开竣工项目、计划完成情况、分配退出等各环节信息的公开，保障群众的知情权、参与权和监督权。发挥好市、县住房城乡建设（住房保障）部门门户网站作为住房保障信息公开第一平台的作用。

七、以改革创新的精神推进住房保障工作。要大胆实践创新，努力破解住房保障工作中面临的矛盾和问题。健全鼓励民间资本参与租赁型保障性住房建设和运营的机制。探索政府监管、市场运作、高效持续的保障性住房管理制度。坚持以人为本的理念，完善公平分配制度，健全实施机制，建立便民快捷的住房保障服务体系。创新住房保障工作绩效考核办法，引导市、县切实加强保障性住房建设和管理，满足困难家庭基本需求。探索建立存量保障性住房资产监管制度。

八、严肃住房保障工作纪律。严格落实住房保障目标责任制、考核问责制、违规责任追究制，严格执行招标投标、资金管理、质量安全等工程项目管理的各项规定，严格执行保障性住房分配、使用管理的各项规定。严禁以任何形式向住房不困难的家庭提供保障性住房。严肃查处擅自改变保障性安居工程用途、套型面积等违法违规行为。对督促检查、专项检查和审计中发现问题的，要督促市县制定措施限时整改。同时，要举一反三，认真排查工作中的薄弱环节和存在问题，切实规范保障性安居工程建设和管理。

关于集中开展房地产中介市场专项治理的通知

建房〔2013〕94 号　2013 年 6 月 13 日

住房和城乡建设部　国家工商行政管理总局

为贯彻落实《国务院办公厅关于继续做好房地产市场调控工作的通知》（国办发〔2013〕17 号）要求，整顿和规范房地产中介市场秩序，严肃查处房地产中介机构和经纪人员的违法违规行为，现就开展房地产中介市场专项治理工作有关事项通知如下：

一、充分认识开展专项治理的重要性

房地产中介是房地产市场的重要组成部分。近些年来，房地产中介市场迅速发展，在活跃房地产市场、提高交易效率、保障交易安全等方面发挥了积极作用。但也要清醒地看到，房地产中介市场仍存在着发布虚假房源信息、协助购房人骗取购房资格、违规“群租”、泄露或不当使用委托人信息等突出问题，亟待清理整顿和规范。各级房地产管理部门、工商行政管理部门要坚决贯彻国务院要求，充分认识专项治理的重要性和紧迫性，严肃查处房地产中介机构和经纪人员的违法违规行为，促进房地产中介市场健康有序发展，切实维护群众合法权益。

二、专项治理工作重点

各级房地产管理部门、工商行政管理部门要按照各自职责，严肃查处房地产中介机构和经纪人员的以下违法违规行为：

（一）发布虚假房源信息，造谣、传谣以及炒作不实信息误导消费者的行为；

（二）诱导、教唆、协助购房人通过伪造证明材料等方式，骗取购房资格、骗提或骗贷住房公积金、规避限贷的行为；

（三）采取内部认购或雇人排队制造销售旺盛的虚假氛围以及通过炒卖房号非法牟利的行为；

（四）协助当事人签订“阴阳合同”规避交易税费的行为；

（五）违反《商品房屋租赁管理办法》规定，擅自改变房屋内部结构分割出租，为不符合安全、防灾标准的房屋提供租赁经纪服务以及低价收进高价租出赚取差价的行为；

（六）侵占、挪用房地产交易资金的行为；

（七）未履行书面告知义务，强制提供代办贷款、担保服务并额外收取费用的行为；

（八）泄露、出售或不当使用委托人的个人信息，谋取不正当利益的行为；

（九）未取得营业执照或未在房地产主管部门备案，擅自从事房地产经纪服务的行为；

（十）借用冒用房地产经纪人员名义签署房地产经纪服务合同，以及租借房地产经纪人员资格或注册证书的行为。

三、专项治理工作安排

（一）动员部署阶段（2013 年 6 月）

住房城乡建设部、工商总局制定印发专项治理通知，提出工作要求，对专项治理工作进行部署，省（自治区）房地产管理部门、工商行政管理部门对市、县专项治理工作进行动员、指导，市、县房地产管理部门、工商行政管理部门结合实际制定具体实施方案。

（二）组织实施阶段（2013 年 7—10 月）

1. 房地产中介机构自查。7 月，市、县房地产管理部门、工商行政管理部门组织辖区内房地产中介机构自查，中介机构对发现的问题进行整改，并向当地主管部门报告自查及整改结果。同时，市、县房地产管理部门、工商行政管理部门对辖区内房地产中介机构和从业人员情况调查摸底，建立台账。

2. 组织开展全面检查。8 月，市、县房地产管理部门、工商行政管理部门通过现场巡查、合同抽查、投诉处理等方式，对房地产经纪行为进行全面检查和治理，依法接受举报，查处违法违规行为，并曝光典型案例。

3. 省级主管部门组织检查。9 月，根据各地检查情况，省级房地产管理部门、工商行政管理部门对所辖市县的治理工作开展情况进行检查。

4. 住房城乡建设部、工商总局督导。10 月，住房城乡建设部、工商总局组成督导组，对各地专项治理工作进行调研和督导。公开曝光一批违法违规企业，并依法严肃处理。

（三）总结巩固阶段（2013 年 11 月）

各级房地产管理部门、工商行政管理部门总结专项治理工作，制定和完善相关政策制度，建立健全管理长效机制。

四、专项治理工作要求

（一）加强组织领导。各级房地产管理部门、工商行政管理部门要加强房地产中介市场专项治理工作的组织领导，健全机构，落实责任，务求专项治理取得实效。

（二）健全工作机制。各级房地产管理部门、工商行政管理部门要加强协作配合，建立信息共享、联动查处的工作机制。指导房地产中介行业组织加强行业自律建设，完善行业规范，强化业务培训，不断提高房地产经纪人员队伍素质。

（三）加大查处力度。各级房地产管理部门、工商行政管理部门对存在违法违规行为的房地产中介机构和经纪人员，要加大查处力度，责令限期改正，记入信用档案；拒不改正或情节严重的，对房地产中介机构可取消网上签约资格、处以罚款，并将有关情况通报税收、物价等部门；对经纪人员要依法处以罚款。

（四）加强社会监督。市、县房地产管理部门、工商行政管理部门要设立举报电话、开通举报信箱，对群众的举报和投诉，以及网络、报纸等媒体曝光的违法违规行为要认真调查、快速处理、及时反馈。

（五）加强长效机制建设。各级房地产管理部门、工商行政管理部门要通过开展专项治理，建立健全房地产交易资金监管、房地产交易合同网上签约等制度。积极推进房地产中介网上管理和服务平台建设，为备案的房地产中介机构提供房源信息查询核验等服务。建立健全房地产中介机构信用档案并向社会公示。

各省（自治区、直辖市）房地产管理部门、工商行政管理部门要在今年 11 月 30 日前将本辖区开展专项治理工作的情况报告、2 个以上的典型案例以及《房地产中介机构及人员基本情况调查汇总表》报住房城乡建设部、工商总局。

关于做好 2013 年农村危房改造工作的通知

建村〔2013〕90 号　2013 年 7 月 11 日

住房和城乡建设部　国家发展和改革委员会　财政部

一、改造任务

2013 年中央支持全国 266 万贫困农户改造危房，其中：国家确定的集中连片特殊困难地区的县和国家扶贫开发工作重点县等贫困地区 105 万户，陆地边境县边境一线 15 万户，东北、西北、华北等“三北”地区和西藏自治区 14 万农户结合危房改造开展建筑节能示范。各省（区、市）危房改造任务由住房城乡建设部会同国家发展改革委、财政部确定。

二、补助对象与补助标准

农村危房改造补助对象重点是居住在危房中的农村分散供养五保户、低保户、贫困残疾人家庭和其他贫困户。各地要按照优先帮助住房最危险、经济最贫困农户解决最基本安全住房的要求，坚持公开、公平、公正原则，严格执行农户自愿申请、村民会议或村民代表会议民主评议、乡（镇）审核、县级审批等补助对象的认定程序，规范补助对象的审核审批。同时，建立健全公示制度，将补助对象基本信息和各审查环节的结果在村务公开栏公示。县级政府要组织做好与经批准的危房改造农户签订合同或协议工作，并征得农户同意公开其有关信息。

2013 年中央补助标准为每户平均 7500 元，在此基础上对贫困地区每户增加 1000 元补助，对陆地边境县边境一线贫困农户、建筑节能示范户每户增加 2500 元补助。各省（区、市）要依据改造方式、建设标准、成本需求和补助对象自筹资金能力等不同情况，合理确定不同地区、不同类型、不同档次的省级分类补助标准，落实对特困地区、特困农户在补助标准上的倾斜照顾。

三、资金筹集和使用管理

2013 年中央安排农村危房改造补助资金 230 亿元（含中央预算内投资 35 亿元），由财政部会同国家发展改革委、住房城乡建设部联合下达。中央补助资金根据农户数、危房数、地区财力差别、上年地方补助资金落实情况、工作绩效等因素进行分配。各地要采取积极措施，整合相关项目和资金，将抗震安居、游牧民定居、自然灾害倒损农房恢复重建、贫困残疾人危房改造、扶贫安居等资金与农村危房改造资金有机衔接，通过政府补助、银行信贷、社会捐助、农民自筹等多渠道筹措农村危房改造资金。地方各级财政要将农村危房改造地方补助资金和项目管理等工作经费纳入财政预算，省级财政要切实加大资金投入力度，帮助自筹资金确有困难的特困户解决危房改造资金问题。

各地要按照《中央农村危房改造补助资金管理暂行办法》（财社〔2011〕88 号）等有关规定，加强农村危房改造补助资金的使用管理。补助资金实行专项管理、专账核算、专款专用，并按有关资金管理制度的规定严格使用，健全内控制度，执行规定标准，直接将资金补助到危房改造户，严禁截留、挤占、挪用或变相使用。各级财政部门要会同发展改革、住房城乡建设部门加强资金使用的监督管理，及时下达资金，加快预算执行进度，并积极配合有关部门做好审计、稽查等工作。

四、科学制订实施方案

各省级住房城乡建设、发展改革、财政等部门要认真组织编制 2013 年农村危房改造实施方案，明确政策措施、任务分配、资金安排和监管要求，并于今年 8 月上旬联合上报住房城乡建设部、国家发展改革委、财政部（以下简称 3 部委）。各省（区、市）分配危房改造任务要综合考虑各县的实际需求、建设与管理能力、地方财力、工作绩效等因素，确保安排到贫困地区的任务不低于中央下达的贫困地区任务量。各县要细化落实措施，合理安排各乡（镇）、村的危房改造任务。

五、合理选择改造建设方式

各地要因地制宜，积极探索符合当地实际的农村危房改造方式，努力提高补助资金使用效益。拟改造农村危房属整体危险（D 级）的，原则上应拆除重建，属局部危险（C 级）的应修缮加固。危房改造以农户自建为主，农户自建确有困难且有统建意愿的，地方政府要发挥组织、协调作用，帮助农户选择有资质的施工队伍统建。坚持以分散分户改造为主，在同等条件下传统村落和危房较集中的村庄优先安排，已有搬迁计划的村庄不予安排，不得借危房改造名义推进村庄整体迁并。积极编制村庄规划，统筹协调道路、供水、沼气、环保等设施建设，整体改善村庄人居环境。陆地边境一线农村危房改造以原址为主，确需异址新建的，应靠紧边境，不得后移。

六、严格执行建设标准

农村危房改造要执行最低建设要求，改造后住房须建筑面积适当、主要部件合格、房屋结构安全和基本功能齐全。原则上，改造后住房建筑面积要达到人均 13 平方米以上；户均建筑面积控制在 60 平方米以内，可根据家庭人数适当调整，但 3 人以上农户（含 3 人）的人均建筑面积不得超过 18 平方米。

各地要加强引导和规范，既要防止改造后住房达不到最低建设要求，又要防止群众盲目攀比、超标准建房。积极组织编制符合建设标准的农房设计方案，注重为将来扩建预留好接口。农房设计要符合农民生产生活习惯，体现民族和地方建筑风格，注重保持田园风光与传统风貌。加强地方建筑材料利用研究，传承和改进传统建造工法，探索符合标准的就地取材建房技术方案，推进农房建设技术进步。要结合建材下乡，组织协调主要建筑材料的生产、采购与运输，并免费为农民提供主要建筑材料质量检测服务。各地要利用好中央预拨资金，支持贫困农户提前备工备料。

七、强化质量安全管理

各地要建立健全农村危房改造质量安全管理制度，严格执行《农村危房改造抗震安全基本要求（试行）》（建村〔2011〕115 号），积极探索抗震安全检查情况与补助资金拨付进度挂钩的具体措施。地方各级尤其是县级住房城乡建设部门要组织技术力量，开展危房改造施工现场质量安全巡查与指导监督。加强乡镇建设管理员和农村建筑工匠培训与管理，提高农房建设抗震设防技术知识水平和业务素质。编印和发放农房抗震设防手册或挂图，向广大农民宣传和普及抗震设防常识。开设危房改造咨询窗口，面向农民提供危房改造技术和工程纠纷调解服务。各地要健全和加强乡镇建设管理机构，提高服务和管理农村危房改造的能力。

农房设计要符合抗震要求，可以选用县级以上住房城乡建设部门推荐使用的通用图、有资格的个人或有资质的单位的设计方案，或由承担任务的农村建筑工匠设计。农村危房改造必须由经培训合格的农村建筑工匠或有资质的施工队伍承担。承揽农村危房改造项目的农村建筑工匠或者单位要对质量安全负责，并按合同约定对所改造房屋承担保修和返修责任。乡镇建设管理员要在农村危房改造的地基基础和主体结构等关键施工阶段，及时到现场逐户进行技术指导和检查，发现不符合抗震安全要求的当即告知建房户，并提出处理建议和做好现场记录。

八、完善农户档案管理

农村危房改造实行一户一档的农户档案管理制度，批准一户、建档一户。每户农户的纸质档案必须包括档案表、农户申请、审核审批、公示、协议等材料，其中档案表按照全国农村危房改造农户档案管理信息系统（以下简称信息系统）公布的最新样表制作。在完善和规范农户纸质档案管理与保存的基础上，严格执行农户纸质档案表信息化录入制度，将农户档案表及时、全面、真实、完整、准确地录入信息系统。各地要按照绩效考评和试行农户档案信息公开的要求，加快农户档案录入进度，提高录入数据质量，加强对已录入农户档案信息的审核与抽验。改造后农户住房产权归农户所有，并根据实际做好产权登记。

九、推进建筑节能示范

建筑节能示范地区各县要安排不少于5个相对集中的示范点（村），有条件的县每个乡镇安排一个示范点（村）。每户建筑节能示范户要采用2项以上的房屋围护结构建筑节能技术措施。省级住房城乡建设部门要及时总结近年建筑节能示范经验与做法，制定和完善技术方案与措施；充实省级技术指导组力量，加强技术指导与巡查；及时组织中期检查和竣工检查，开展典型建筑节能示范房节能技术检测。县级住房城乡建设部门要按照建筑节能示范监督检查要求，实行逐户施工过程检查和竣工验收检查，并做好检查情况记录。建筑节能示范户录入信息系统的"改造中照片"必须反映主要建筑节能措施施工现场。加强农房建筑节能宣传推广，开展农村建筑工匠建筑节能技术培训，不断向农民普及建筑节能常识。

十、健全信息报告制度

省级住房城乡建设部门要严格执行工程进度月报制度，于每月5日前将上月危房改造进度情况报住房城乡建设部。省级发展改革、财政部门要按照有关要求，及时汇总并上报有关农村危房改造计划落实、资金筹集、监督管理等情况。各地要组织编印农村危房改造工作信息，将建设成效、经验做法、存在问题和工作建议等以简报、通报等形式，定期或不定期上报3部委。省级住房城乡建设部门要会同发展改革、财政部门于2014年1月底前将2013年度总结报告和2014年度危房改造任务及补助资金申请报3部委。省级发展改革部门要牵头编报2014年农村危房改造投资计划，并于7月中旬前报国家发展改革委。

十一、完善监督检查制度

各地要认真贯彻落实本通知要求和其他有关规定，主动接受纪检监察、审计和社会监督。要定期对资金的管理和使用情况进行监督检查，发现问题，及时纠正，严肃处理。问题严重的要公开曝光，并追究有关人员责任，涉嫌犯罪的，移交司法机关处理。加强农户补助资金兑现情况检查，坚决查处冒领、克扣、拖欠补助资金和向享受补助农户索要"回扣"、"手续费"等行为。财政部驻各地财政监察专员办事处和发改稽查机构将对各地农村危房改造资金使用管理等情况进行监控和检查。

建立健全农村危房改造年度检查与绩效考评制度，完善激励约束并重、奖惩结合的任务资金分配与管理机制，逐级开展年度检查与绩效考评。住房城乡建设部、国家发展改革委、财政部对各省份农村危房改造工作情况实行年度检查与绩效考评，综合评价各地政策执行、资金落实与使用、组织管理、工程质量与进度、建筑节能示范等情况，公布检查与绩效考评结果及排名，并将结果作为安排下一年度危房改造任务和补助资金的重要依据。各地住房城乡建设部门要会同发展改革、财政部门制定年度检查与绩效考评办法，全面监督检查当地农村危房改造任务落实与政策执行情况。

十二、加强组织领导与部门协作

各地要加强对农村危房改造工作的领导，建立健全协调机制，明确分工，密切配合。各地住房城乡建设、发展改革和财政部门要在当地政府领导下，会同民政、民族事务、国土资源、扶贫、残联、环保、交通运输、水利、农业、卫生等有关部门，共同推进农村危房改造工作。地方各级住房城乡建设部门要通过多种方式，积极宣传农村危房改造政策，认真听取群众意见建议，及时研究和解决群众反映的困难和问题。

关于进一步规范房地产估价机构管理工作的通知

建房〔2013〕151 号　2013 年 10 月 24 日

按照《住房和城乡建设部关于修改〈房地产估价机构管理办法〉的决定》（住房和城乡建设部令第 14 号）有关要求，为深化行政审批制度改革，提高行政效能，经研究，决定转变一级房地产估价机构资质管理方式，进一步规范房地产估价机构管理工作。现就有关问题通知如下：

一、明确一级房地产估价机构资质核准管理职责

住房城乡建设部负责指导和监督房地产估价机构资质核准工作，制定房地产估价机构资质等级条件，指导全国房地产估价行业管理信息平台建设，制定房地产估价机构资质证书式样，不再承担一级房地产估价机构资质核准工作。省、自治区、直辖市住房城乡建设（房地产）管理部门负责本行政区域内的一级房地产估价机构资质核准工作。

二、建立全国统一的房地产估价行业管理信息平台

为规范房地产估价行业管理，有效促进全国房地产估价市场的统一开放、公平诚信、竞争有序，将房地产估价机构资质核准、房地产估价师注册、房地产估价信用档案等信息系统进行整合，建立全国统一的房地产估价行业管理信息平台，实现资质核准、人员注册、信用档案管理等信息关联共享，进一步发挥信息平台在行业准入、从业行为监管、估价报告管理、信用体系建设的作用，全面提升房地产估价行业管理水平。全国房地产估价行业管理信息平台建设的具体工作和房地产估价报告评审标准的制定，由中国房地产估价师与房地产经纪人学会承担。

三、规范房地产估价机构资质核准管理

房地产估价机构资质核准部门应当通过全国房地产估价行业管理信息平台开展资质核准及行业信息发布等工作。各级房地产估价机构资质等级条件按照《房地产估价机构管理办法》（原建设部令第 142 号）规定执行。资质核准中的房地产估价报告评审，应当执行全国统一的房地产估价报告评审标准，房地产估价报告应当从全国房地产估价信用档案的估价报告名录中随机选取；房地产估价机构业绩认定，应当以全国房地产估价信用档案记载的业绩为准。其中：一级房地产估价机构资质核准，应当从全国房地产估价报告评审专家库中抽取专家对估价报告进行评审。

四、加强房地产估价行业监督管理

各级住房城乡建设（房地产）管理部门应当加强对房地产估价行业的监督管理。建立健全房地产估价机构和注册房地产估价师信用档案，及时更新信用档案信息。要严格按照资质等级条件，统一标准，加强房地产估价机构资质核准管理，强化审批事后监管。要努力营造公平竞争、打破分割、优胜劣汰的市场环境，促进形成统一的全国性房地产估价市场，不得利用资质核准管理、设定限制性条件等手段阻碍或排斥外地机构进入本地

市场；也不得以变相降低本地房地产估价机构资质核准条件、选择性执法等方式保护本地机构。强化行业自律管理，充分发挥房地产估价行业组织的作用，尚未建立房地产估价行业组织的地区，要尽快组建。我部将加强对房地产估价行业的监督指导，定期对各地的资质核准情况、行业管理情况进行抽检，纠正资质管理中的违法行为。

省级住房城乡建设（房地产）管理部门要按照本通知要求，做好相关衔接工作。资质核准工作中遇到的问题，可以与我部房地产市场监管司联系。

自2013年10月16日起，我部不再受理一级房地产估价机构资质行政审批事项；此前我部已经受理的一级房地产估价机构资质行政审批事项，继续由我部办理。

关于加强住房保障廉政风险防控工作的指导意见

建保〔2013〕153号　2013年10月28日

为贯彻落实中共中央纪委《关于加强廉政风险防控的指导意见》（中纪发〔2011〕42号），加强住房保障廉政风险防控工作，提出如下意见：

一、总体要求和基本原则

（一）总体要求

深入贯彻落实科学发展观，按照中央关于反腐倡廉的部署要求，坚持“标本兼治、综合治理、惩防并举、注重预防”的方针，加强制度建设，完善管理流程，规范行政行为，监控权力运行，建立职责清晰、制度健全、风险可控、层级监管的住房保障廉政风险防控机制，形成决策权、执行权、监督权既相互协调又相互制约的运行机制，建设廉洁高效的管理队伍，推进住房保障事业持续健康发展。

（二）基本原则

1. 全面防控，突出重点。全面排查廉政风险，完善防控制度措施，突出抓好重要岗位、重要事项等关键廉政风险点的防控工作，对玩忽职守、滥用职权、徇私舞弊、不当配置住房保障资源等违法违纪行为形成有效制约。

2. 惩防并举，注重预防。坚持标本兼治，更加注重治本，实施教育、制度、防控、监督相结合，更加注重预防，惩处住房保障领域违法违纪行为。

3. 完善制度，制约权力。注重从制度建设的源头上防范廉政风险，把廉政风险防控与住房保障制度建设相结合，规范业务管理程序，实行事前、事中、事后监控权力安全运行，用制度制约权力。

4. 科技支撑，监督实施。运用信息技术，建立住房保障管理信息系统，提升防控效能；切实履行住房保障主管部门防控职责，接受上级监管和职能监督、社会监督，健全考核问责机制。

二、排查廉政风险

对照住房保障主管部门工作职责，梳理住房保障业务流程、权力运行程序，采取自查和互查方式，全面排查住房保障主管部门、内设机构、工作岗位的廉政风险点。

（一）房源筹集环节

在房源筹集环节，重点围绕建设、购买、租赁保障性住房项目的确定和实施排查廉政风险点。主要包括：住房保障规划计划编制执行符合实际需求情况；政府投资建设、购买、租赁保障性住房涉及的招标投标、资金使用、价格确定、建筑材料设备选用、工程质量安全管理、竣工验收备案情况；社会投资筹集保障性住房的项目决策、政策落实情况；配套设施建设与交付使用情况等。

（二）准入轮候环节

在准入轮候环节，重点围绕准入条件、审核复核等排查廉政风险点。主要包括：准入条件与审核程序公开征求意见、符合实际情况；对申请人住房和经济状况审核程序的执行情况，审核资料的提交与审查，审核结果的公示公开，审核异议的核查处理情况；轮候顺序的确定与变更情况等。

（三）分配管理环节

在分配管理环节，重点围绕房屋配租配售、货币补贴发放等排查廉政风险点。主要包括：分配方案和分配排序的确定与变更，房屋的选择与交付，货币补贴的确定与发放，分配合同的签订履行，分配信息公开情况等。

（四）运营管理环节

在运营管理环节，重点围绕营运机制、房屋使用和维修维护排查廉政风险点。主要包括：保障性住房营运机制建设和使用管理，物业服务企业的选择，物业费标准的确定，物业服务合同的履行，租金、物业费、物业维修基金等资金的收缴和使用，保障性住房和配套设施维修企业及材料的选择等。

（五）退出管理环节

在退出管理环节，重点围绕退出住房保障排查廉政风险点。主要包括：对不再符合保障条件对象的退出处理，对违规获得住房保障或违规使用保障性住房的清退执行，退出保障性住房的交接管理，保障性住房上市收益调节等。

（六）投诉处理环节

在投诉处理环节，重点围绕对违法违纪行为的核查处理排查廉政风险点。主要包括：案件受理、案件核实、案件查处，案件处理结果反馈和公开情况等。

三、健全防控制度

根据住房保障廉政风险环节和廉政风险点，确定风险等级，明确风险岗位职责，建立健全廉政风险防控制度措施，并贯穿于住房保障业务全过程，有效制约权力运行，预防违法违纪行为发生。

（一）加强房源筹集管理

科学确定住房保障工作任务，结合实际编制、执行住房保障规划计划，既符合群众需求又避免资源浪费；完善房源筹集项目集体决策程序，防止违规插手干预项目实施；规范保障性住房建设、购买、租赁等筹集政策与行为，同步建设配套设施，按期形成有效供应；严格房源筹集资金使用管理，严格工程预决算管理；执行基本建设程序，加强工程质量安全管理，严把材料进场和工程检测关口，严格质量分户验收和竣工验收备案。

（二）严把准入轮候关

完善住房保障准入审核制度，规范审核流程，建立多部门协作、信息共享的住房保障审核机制；明确住房保障范围、准入条件、优先保障条件，并公开发布、定期调整；严格执行审核制度，按规定程序对申请人住房和经济状况进行审核；严格准入审核情况公示公开，规范公示公开内容、范围；建立科学的轮候规则，对轮候对象严格执行动态复核程序。

（三）规范分配管理

完善公平分配制度，建立科学规范的评分排序、摇号选房等分配规则，优先向住房最困难家庭分配；严格执行房源分配和货币补贴管理制度，严禁以任何形式向不符合住房保障条件的对象供应保障性住房或发放货币补贴；坚持公开分配，实行分配方案、分配过程、分配房源、分配结果公开透明，防止关系房、人情房。

（四）强化运营管理

健全运营管理机制，加强公共资产管理；建立房屋管理、合同履行、物业服务等制度；按规定程序选择物业服务企业和维修企业，合理确定收费标准；完善保障性住房小区管理服务方式，规范房屋使用管理和维修养护，查处违规转租、转借、转让等行为；严格租金、物业费、物业维修基金等资金收缴和使用，规范实施租金、物业费减免。

（五）健全退出制度

按照规范化和人性化相结合的原则，综合运用经济、行政、司法等手段，完善退出管理办法；健全住房保障退出衔接机制，建立保障性住房上市收益调节办法，合理确定收益分成比例，实现住房保障有序退出；规范退出保障性住房的交接管理，查处违规占用住房保障资源等违法违纪行为。

（六）严格投诉处理

健全投诉举报核查处理机制，维护公共利益和当事人合法权益；畅通投诉举报渠道，规范案件受理程序，严格案件核查处理；及时反馈或公开案件查处情况，依法保护投诉举报人的合法权益。

四、加强组织实施

（一）落实工作责任制

住房保障是政府公共服务的重要职责，各级住房保障主管部门要落实住房保障廉政风险防控工作责任制，建立主要领导负总责、分管领导具体抓、纪检监察机关协调推进的工作机制。要与相关部门协调配合，按照各自职责分工，落实部门责任和岗位责任，协同防控廉政风险。要将住房保障廉政风险防控工作纳入住房保障绩效考核，建立问责机制，实行廉政风险防控与住房保障业务工作同时布置、同时检查、同时考核，一级抓一级，层层抓落实。

（二）建立长效机制

各地可以根据本意见制定具体实施办法，加强住房保障廉政风险防控制度建设，完善廉政风险防控长效机制，推进廉政风险防控工作制度化、规范化。要加强科技防控，建立住房保障管理信息系统，健全信息系统安全、保密制度，充分利用电子政务设施，依托信息化手段，推进业务流程程序化、标准化、规范化。

（三）加强队伍建设

加强住房保障管理服务体系建设，强化对反腐倡廉政策法规的学习，增强住房保障管理队伍依法行政、执政为民、遵纪守法的自觉性，筑牢反腐倡廉思想防线。加强住房保障政策法规教育，定期开展住房保障业务培训，提升管理队伍的业务素质和管理能力。加强廉政文化教育和示范教育、警示教育，弘扬社会主义核心价值体系，建设为民务实清廉的住房保障管理队伍。

（四）实行政务公开

贯彻执行政务公开的政策法规，遵循公平、公正、便民的原则，健全住房保障政务公开、办事公开制度，推进行政权力运行程序化、公开化。实行住房保障业务信息公开和廉政风险防控信息公开，主动接受社会监督。发挥政府部门网站公开住房保障信息的主渠道作用，设置信息公开专栏，完善信息公开内容，规范信息公开形式，方便社会公众查阅，保障群众的知情权、参与权和监督权。

（五）健全监督机制

各省级住房保障主管部门要在加强本级廉政风险防控工作的同时，加强分类指导和监督检查，督促市县住房保障主管部门落实防控责任、完善制度措施。市县住房保障主管部门要完善住房保障管理规程，强化内部防控制度，健全监管措施，自觉接受纪检监察机关、审计机关的监督，建立纠错机制。

关于公共租赁住房和廉租住房并轨运行的通知

建保〔2013〕178 号　2013 年 12 月 2 日

住房和城乡建设部　财政部　国家发展和改革委员会

根据《国务院批转发展改革委关于 2013 年深化经济体制改革重点工作意见的通知》（国发〔2013〕20 号）和《国务院办公厅关于保障性安居工程建设和管理的指导意见》（国办发〔2011〕45 号）等文件精神，从 2014 年起，各地公共租赁住房和廉租住房并轨运行，并轨后统称为公共租赁住房。现就有关事宜通知如下：

一、调整公共租赁住房年度建设计划

从 2014 年起，各地廉租住房（含购改租等方式筹集，下同）建设计划调整并入公共租赁住房年度建设计划。2014 年以前年度已列入廉租住房年度建设计划的在建项目可继续建设，建成后统一纳入公共租赁住房管理。

二、整合公共租赁住房政府资金渠道

廉租住房并入公共租赁住房后，地方政府原用于廉租住房建设的资金来源渠道，调整用于公共租赁住房（含 2014 年以前在建廉租住房）建设。原用于租赁补贴的资金，继续用于补贴在市场租赁住房的低收入住房保障对象。

从 2014 年起，中央补助公共租赁住房建设资金以及租赁补贴资金继续由财政部安排，国家发展改革委原安排的中央用于新建廉租住房补助投资调整为公共租赁住房配套基础设施建设补助投资，并向西藏及青海、甘肃、四川、云南四省藏区、新疆维吾尔自治区及新疆建设兵团所辖的南疆三地州等财力困难地区倾斜。

三、进一步完善公共租赁住房租金定价机制

各地要结合本地区经济发展水平、财政承受能力、住房市场租金水平、建设与运营成本、保障对象支付能力等因素，进一步完善公共租赁住房的租金定价机制，动态调整租金。

公共租赁住房租金原则上按照适当低于同地段、同类型住房市场租金水平确定。政府投资建设并运营管理的公共租赁住房，各地可根据保障对象的支付能力实行差别化租金，对符合条件的保障对象采取租金减免。社会投资建设并运营管理的公共租赁住房，各地可按规定对符合条件的低收入住房保障对象予以适当补贴。

各地可根据保障对象支付能力的变化，动态调整租金减免或补贴额度，直至按照市场价格收取租金。

四、健全公共租赁住房分配管理制度

各地要进一步完善公共租赁住房的申请受理渠道、审核准入程序，提高效率，方便群众。各地可以在综合考虑保障对象的住房困难程度、收入水平、申请顺序、保障需求以及房源等情况的基础上，合理确定轮候排序规则，统一轮候配租。已建成并分配入住的廉租住房统一纳入公共租赁住房管理，其租金水平仍按原有租金标准执行；已建成未入住的廉租住房以及在建的廉租住房项目建成后，要优先解决原廉租住房保障对象住房困难，剩余房源统一按公共租赁住房分配。

五、加强组织领导，有序推进并轨运行工作

公共租赁住房和廉租住房并轨运行是完善住房保障制度体系，提高保障性住房资源配置效率的有效措施；是改善住房保障公共服务的重要途径；是维护社会公平正义的具体举措。各地要进一步加强领导，精心组织，完善住房保障机构，充实人员，落实经费，理顺体制机制，扎实有序推进并轨运行工作。各地可根据本通知，结合实际情况，制定具体实施办法。

全国住房城乡建设工作会议公报

2013 年 12 月 24 日

全国住房城乡建设工作会议在北京召开。住房城乡建设部党组书记、部长姜伟新在作报告中回顾了 2013 年住房城乡建设工作，部署安排了 2014 年重点工作任务。部党组成员、副部长仇保兴、陈大卫、齐骥、王宁，部党组成员、中央纪委驻部纪检组组长杜鹃出席会议。

会议指出，2013 年，在党中央、国务院正确领导下，在各有关部门和各地方大力支持下，全国住房城乡建设系统较好地完成了中央交给的任务。全国城镇保障性安居工程超额完成了基本建成 470 万套、新开工 630 万套的建设任务。城乡规划体系进一步完善，城乡规划实施管理得到加强。城市基础建设工作取得新进展，加大了对城市和县城供水水质的督察力度，加快推进了老旧管网改造和供热计量收费。中央安排 230 亿元补助资金，支持了全国 266 万贫困农户改造危房。北方采暖地区、夏热冬冷地区、夏热冬暖地区全面执行了更高水平的节能设计标准，城镇新建建筑施工阶段节能标准执行率预计达到 95% 以上，北方采暖地区预计完成既有居住建筑供热计量及节能改造面积超过 2 亿平方米。住房公积金管理工作稳步推进。建筑市场和工程质量安全监管力度加大。住房城乡建设领域法规标准建设工作取得新成效。扎实开展了党的群众路线教育实践活动。

会议强调，2014 年全系统要认真贯彻落实党的十八大、十八届三中全会和中央经济工作会议、中央城镇化工作会议精神，把改革贯穿于住房城乡建设的各个领域和各个环节，抓实工作，务求实效。重点做好十个方面的工作。

一是毫不松懈地推进保障性安居工程建设和管理工作。2014 年城镇保障性安居工程建设的目标任务是基本建成 480 万套以上，新开工 600 万套以上，其中棚户区改造 370 万套以上。要把抓好配套设施建设放在更加突出的位置，多建成、早入住。明年要重点推进各类棚户区改造。继续做好保障房质量管理、入住审核、后续管理和信息公开工作。推动民间资本参与保障房建设运营。认真组织实施公共租赁住房和廉租住房并轨运行工作。

二是继续抓好房地产市场调控和监管工作。保持调控政策的连续性和稳定性，执行好既有调控措施。更加注重分类指导，房价上涨压力大的城市要从严落实各项房地产市场调控政策和措施，增加住房用地和住房有效供应；库存较多的城市要注重消化存量，控制新开发总量。继续强化市场监管。鼓励地方从本地实际出发，积极创新住房供应模式，探索发展共有产权住房。

三是进一步做好城乡规划编制、审查和实施管理工作。转变城乡规划理念，切实提高城乡规划编制的科学性。着力提高城乡规划审查审批的质量和效率。进一步完善城乡规划督察制度，建立城乡规划实施评估和报告制度。严格执行规划修改程序，努力保持规划的连续性，决不能政府一换届，规划就换届。继续加强历史文化和生态保护工作。

四是切实提高城市建设和管理水平。鼓励社会资本参与城市基础设施建设。贯彻落实《城镇排水与污水处理条例》，编制完成全国城市排水防涝设施建设规划。继续加强水质督察工作，推进水质达标。加大城镇污水处理工作考核力度，到“十二五”末要实现每个县城都建有污水处理厂的目标。组织召开全国城市生活垃圾处理工作会议。抓好地下管线管理，强化数字城管建设。推进城市轨道交通和城市绿道、步行及自行车交通系统建设。

五是加强住房公积金工作。加快修订《住房公积金管理条例》，强化资金安全监管，继续抓好住房公积金贷款支持保障房建设试点工作，进一步推进住房公积金规范管理。

六是继续抓好农村危房改造和农村人居环境整治工作。2014 年安排 260 万户左右农村危房改造任务。深入开展村庄整治，扩大村庄规划试点规模。加大保护传统村落和民居力度。推进重点镇建设。

七是加快推进建筑节能工作，促进建筑产业现代化。2014 年，政府投资的办公和公益性建筑及大型公共建筑，要全面执行绿色建筑标准。确保北方采暖地区既有居住建筑供热计量及节能改造 1.7 亿平方米以上。力争完成夏热冬冷地区既有居住建筑节能改造面积 1800 万平方米以上。以住宅建设为重点，抓紧研究制订支持建筑产业现代化发展的政策措施。

八是继续加大建筑市场和工程质量安全监管力度。研究改革建筑劳务用工方式。完善建筑工人专业技能培训制度。继续强化和完善招投标监管。加强建筑质量管理制度建设，建立健全工程质量终身责任制度。进一步强化工程质量安全监督检查，坚决遏制重特大事故。

九是继续深化行政审批制度改革，推进简政放权。推动重点领域的立法工作和工程建设标准编制工作。完善行政复议工作机制，加强稽查执法工作。

十是继续深入推进党风廉政建设、精神文明建设和队伍建设。

五、中华人民共和国国土资源部

关于进一步加强国土资源行政复议工作的意见

国土资发〔2013〕6 号　2013 年 1 月 24 日

为充分发挥行政复议在化解行政争议、解决群众合理诉求、维护群众合法权益方面的重要作用，进一步加强国土资源行政复议工作，提高国土资源行政复议工作水平，根据《行政复议法》、《行政复议法实施条例》、

《国土资源行政复议规定》和《国务院关于加强法治政府建设的意见》（国发〔2010〕33号），提出如下意见。

一、高度重视，充分认识行政复议在解决争议、维护权益、建设法治政府中的作用

（一）加强国土资源行政复议工作，是实现国土资源管理任务的必然要求。行政复议是有效化解行政争议、维护人民群众合法权益、监督权力公开规范运行、建设法治政府的重要法律制度。行政复议工作是国土资源主管部门的重要职责，各级国土资源主管部门要认真履行职责，加强行政复议工作，提高国土资源主管部门的公信力与执行力，促进社会和谐稳定、实现社会公平正义。

（二）加强国土资源行政复议工作，是维护群众合法权益的重要手段。保障行政相对人的合法权益不受损害，及时纠正违法和不当行政行为造成的不良后果，是行政机关的基本职责。国土资源主管部门要将行政复议作为及时有效化解行政争议的主渠道，在依法妥善化解矛盾纠纷的过程中最大限度维护群众合法权益，最大限度制约行政权力滥用，力求实现国家利益、社会公共利益和个人利益的平衡。

（三）加强国土资源行政复议工作，是强化行政监督和纠错职能的重要手段。行政复议可以推进行政机关严格依法办事，严格执行法定程序，及时纠正行政主体不当、超越或滥用职权、违反法定程序和处理失当的行政行为，发现行政机关管理中的问题，健全完善相关的制度规范，改善管理与服务。要进一步发挥行政复议制度的内部层级监督作用，通过纠正违法和不当的行政行为，保证国土资源主管部门依照法定权限和程序行使权力，不断完善各项制度，加强自身建设，提高依法行政的能力和水平。

（四）加强国土资源行政复议工作，是推进国土资源法治政府建设的重要抓手。建立纠纷预防化解机制和有效的行政监督机制是全面推进依法行政、建设法治政府的重要内容。要促进国土资源主管部门领导及其工作人员树立依法行政、合理行政、程序正当、高效便民、诚实守信、权责统一的基本理念，不断提高依法、科学、民主决策的水平，增强依法行使权力的觉悟，推进国土资源主管部门服务型、高效型法治政府建设。

二、规范办案，依法保护申请人的合法权益

（五）依法受理行政复议申请。应当严格依据法律、法规的受理条件对行政复议申请进行审查。对符合受理条件的行政复议申请，必须依法受理；对行政复议申请材料不齐全或者表述不清楚的，应当一次性书面告知申请人补正的内容；对不属于本机关受理的行政复议申请，应当告知申请人向有关行政复议机关提出；对不符合法律规定的行政复议申请，应当不予受理，不予受理决定书应当载明不予受理的理由和依据，并尽量做好申请人的解释工作。

（六）做好行政复议答复工作。被申请人要严格按照法定时限进行答复。行政复议答复书按照“谁行为，谁负责”的原则，由具体行政行为的原承办机构提出书面答复，行政复议机构负责审核。未依法提出书面答复、提交当初作出具体行政行为的证据、依据和其他有关材料的，视为该具体行政行为没有证据、依据，国土资源行政复议机关决定撤销该具体行政行为，直接负责的主管人员和其他直接责任人员要依法承担相应法律责任。被申请人要提高行政复议答复质量，严格按照规定承担举证责任。

（七）规范行政复议调查取证工作。对经书面审查发现案件存在事实不清、证据材料相互矛盾、双方争议较大以及其他需要调查取证情形的，可以通过书面调查、实地调查或者听证等方式核实证据。实地调查时，行政复议人员不得少于2人，重大、复杂或者专业性较强的案件，可以邀请有关专家、技术人员参与调查。国土资源行政复议机构决定举行听证的，应当遵循公开、公平、公正和便民的原则，按照规定的程序进行，充分听取当事人的意见，保证其陈述、质证和申辩的权利。听证笔录作为国土资源行政复议机关作出行政复议决定的

依据之一。

（八）注重运用公开审理方式。国土资源行政复议机构在办理行政复议案件时，对事实清楚、证据确凿的案件，可以采用书面审理方式；对重大、疑难、复杂的案件，应当运用案件审查会等公开审理方式，由当事人质证辩论，国土资源行政复议机构居中裁判；对案情简单、争议不大的案件，可以探索灵活多样的简易程序审理。

（九）规范行政复议案件和解、调解工作。国土资源行政复议机构要积极运用和解、调解方式解决行政争议，探索案前和解、案中协调的程序，努力化解矛盾。和解、调解工作要在查明事实、明确是非、分清责任的基础上，按照依法、自愿的原则开展，不得以和解、调解方式规避对违法和不当行政行为的纠正，损害社会公共利益和他人合法权益。

（十）依法作出行政复议决定。要依法公正作出裁决，该撤销的坚决撤销，该确认违法的坚决确认违法，在作出撤销或确认违法决定的同时，对有必要重新或者继续履行行政行为的，还要责令履行。要增强行政复议决定的说理性，注重以法明理、以理服人。要明确办案各个环节的时限，责任到人，积极采取措施提高行政复议案件的按时审结率，切实提高办案效率。行政复议决定应当依法告知当事人的法律救济权利并及时送达当事人。当事人对处理结果不服的，应当尽量做好解释工作，争取案结事了。

（十一）做好行政应诉工作。行政复议决定维持或具体行政行为直接引起行政诉讼的，由具体行政行为的原承办机构负责应诉，行政复议机构协助办理；行政复议决定改变原具体行政行为引起行政诉讼的，由行政复议机构负责应诉，具体行政行为的原承办机构协助办理。

三、加强监督，切实改进行政管理工作

（十二）确保行政复议决定的履行。要强化对行政复议决定履行情况的监督，认真贯彻落实《国土资源行政复议决定履行与监督规定》，坚决纠正拒绝履行、拖延履行、不完全履行行政复议决定等行为。被申请人应当在行政复议决定履行完毕或者履行期限届满后20个工作日内向国土资源行政复议机关书面报告履行结果。被申请人认为没有条件履行的，应当说明理由并提供相关证据、依据。经国土资源行政复议机关审查，认为不履行理由不成立的，责令其限期履行；对经责令履行仍未履行的，要依法追究被申请人及有关责任人员的责任。

（十三）完善行政复议意见书和建议书制度。国土资源行政复议机关对不符合行政复议法定受理条件，但在审查中发现相关行政行为违法或者需要做好善后工作的，或者在行政复议期间发现相关行政行为违法或者需要做好善后工作的，应当下达行政复议意见书，有关机关应当将纠正相关行政违法行为或者做好善后工作的情况通报国土资源行政复议机构。国土资源行政复议机构发现法律、法规、规章实施中带有普遍性的问题，可以作出行政复议建议书，向有关机关提出完善制度和改进行政执法的建议。要加大经行政复议提出改进工作情况的督促力度，对不按照规定及时反馈落实情况的，要予以通报。

（十四）促进行政行为的规范。要注重研究行政复议工作中反映出来的政策法律完善和适用、行政程序规范等带有普遍性的问题，及时提出对策建议，交有关部门研究处理。通过政策制定、法律解释、法规清理等相关措施促进国土资源行政管理制度的完善。

四、完善制度，提高行政复议工作效率

（十五）推进行政复议案件审理标准规范化建设。要及时总结行政复议办案经验，认真整理、评析典型案例，充分发挥典型案例的示范作用。对国土资源政府信息公开行为、行政许可行为程序不规范、行政不作为等

多发案件统一行政复议办案尺度，努力做到对同类案件审理标准基本一致和对同一法律法规适用标准基本一致。

（十六）规范行政复议统计工作。要严格执行《国土资源部办公厅关于做好行政复议统计工作的通知》（国土资厅函〔2012〕387号）的要求，明确责任，专人负责统计工作，按时上报统计报表和分析报告，保证统计数据的准确性、时效性，确保行政复议统计数据能够准确反映行政复议案件和行政复议工作的现状。

（十七）加强行政复议信息化建设。《国土资源行政复议管理系统》软件已经正式发布，要认真推广使用，加大资金投入，为行政复议工作信息化建设提供物质保障。要推进行政复议案件受理、审理和决定全过程的工作流程信息化，实现国土资源系统行政复议案件办理、统计和监督信息网络互联互通。

五、建强队伍，不断提高行政复议人员的素质

（十八）加强行政复议机构建设。要严格落实行政复议法及其实施条例的规定，建立健全国土资源行政复议机构。要结合案件数量及行政复议工作需要，配备、充实专职行政复议人员。建立行政复议人员持证上岗制度，行政复议人员必须具备相关法律知识和业务知识，经考试合格后持证从事行政复议工作。要注意解决行政复议机构实际困难，行政复议人员可以比照信访工作人员享受相应的岗位津贴。

（十九）加强人员岗位培训。要定期开展形式多样的培训工作，推动培训工作的制度化、常态化，不断提高行政复议人员素质。要定期组织开展行政复议法律知识的培训，把行政复议法律知识的学习、培训作为国土资源系统法制宣传教育的重要内容，培训的主要对象是各级国土资源主管部门领导干部、在国土资源审批发证等岗位上的行政管理人员和从事行政复议工作的人员，增强依法行政的自觉性。

（二十）加强行政复议工作交流联系。要通过案例评析会、经验交流会、专题研讨会等多种方式，加强行政复议人员的交流联系，分享工作经验，交流工作心得，查找工作差距，以点带面，共同促进国土资源行政复议工作的整体提升。

六、加强领导，落实行政复议工作保障

（二十一）加强组织领导。各级国土资源主管部门领导要将行政复议工作列入重要议事日程。国土资源主管部门主要领导是加强行政复议工作的第一责任人，要加强协调、指导和督促；分管领导是直接责任人，负责组织研究和制订工作方案，统筹解决各类实际困难和问题，切实解决行政复议工作中的各项具体问题。

（二十二）做好行政复议保障工作。要建立健全适应行政复议工作特点的经费保障机制，行政复议经费包括案件办理经费、办案设备经费、宣传指导经费和其他业务经费；要保证国土资源行政复议机构办理行政复议案件所需的办公场所和必要的工作条件；要不断完善行政复议接待制度，设立行政复议接待场所，为顺利开展行政复议工作提供保障。

（二十三）加强对行政复议工作的监督检查。要根据本地区的实际情况，制定具体的量化考核指标体系，每年开展一次考核评查，重点检查行政复议机构建设、制度建设、行政复议案件审理、行政复议决定履行等情况。对考核优秀的，依照有关规定给予表彰和奖励；对考核不合格的，予以通报批评并限期整改。要不断完善国土资源行政复议工作情况的主动公开制度，接受社会监督。国土资源部将根据行政复议工作的推进情况，适时组织抽查。

关于印发开展城镇低效用地再开发试点指导意见的通知

国土资发〔2013〕3 号 2013 年 2 月 28 日

为了贯彻落实党的十八大提出的推动工业化和城镇化良性互动、城镇化和农业现代化相互协调的决策部署，推进城镇低效用地再开发利用，提高城镇化质量，促进经济发展方式转变，部在总结提升部与广东省开展节约集约用地试点示范省建设成效与做法的基础上，研究制定了《关于开展城镇低效用地再开发试点的指导意见》（以下简称《指导意见》），并根据各地经济社会状况、城镇化水平、土地管理工作基础等情况，确定内蒙古、辽宁、上海、江苏、浙江、福建、江西、湖北、四川、陕西等 10 个省份开展城镇低效用地再开发试点。

现将《指导意见》印发给你们，请按照《指导意见》的规定，选择 1 ~ 2 个市（区）作为试点城市，编制试点工作方案，同步开展城镇低效用地上图入库工作，报部批准后开展试点工作。

关于开展城镇低效用地再开发试点的指导意见

我国人多地少、耕地资源稀缺，随着工业化、信息化、城镇化和农业现代化同步加快推进，建设用地供需矛盾日益突出，耕地保护难度不断加大。同时，由于多种原因，现有城镇建设用地利用不合理、低效率的问题也十分突出，加大了经济社会发展对土地资源的消耗，制约了土地利用方式和经济发展方式的转变。贯彻落实党的十八大提出的节约集约利用资源、转变资源利用方式的要求，推动城镇低效用地再开发利用，有利于促进节约集约用地和保护耕地，有利于提升城镇化质量和扩大内需，有利于加快转变经济发展方式，保障和促进科学发展，具有全局和深远意义。为了规范推进城镇低效用地再开发试点工作，提出以下指导意见。

一、明确试点工作的总体要求、主要目标和基本原则

（一）总体要求。全面贯彻落实党的十八大有关决策部署，以科学发展观为指导，坚持最严格的耕地保护制度和最严格的节约用地制度，按照“全面探索、局部试点，封闭运行、结果可控”的要求，结合调整产业结构、统筹城乡发展、改善城乡面貌，创新完善土地利用管理机制，有效激励城镇低效用地再开发利用，优化土地利用结构，促进经济发展方式转变，提高土地对经济社会发展的保障能力。

（二）主要目标。通过开展城镇低效用地再开发试点，盘活城镇低效用地，增加城镇建设用地有效供给，促进节约集约用地和保护耕地，提高土地对经济社会发展的持续保障能力；优化土地利用结构，促进产业转型升级，带动投资和消费增长，增强经济发展动力；改善城镇人居环境，推动民生和公共事业发展，充分发挥土地对城镇化健康发展的支撑作用；推进城镇建设用地利用和管理制度创新，增强政策储备和制度供给。

（三）基本原则。试点工作应当遵循以下原则：

——坚持政府主导、规划先行。建立健全政府领导、部门协同、公众参与的工作机制，加强统筹协调，形成工作合力；坚持规划先行，科学制定和实施城镇低效用地再开发专项规划和年度安排，确保试点工作稳步有序开展。

——坚持规范运作、实事求是。严格界定试点范围，严格遵循试点条件和审批程序，严格规范试点运作，

严禁擅自扩大试点政策适用范围和违规操作；充分考虑各地发展历史和土地管理政策的延续性，区分情况、分类处理，保证试点工作规范运作，切合实际。

——坚持市场取向、因势利导。在规范管理的基础上，运用市场机制和手段，鼓励土地权利人和集体经济组织等市场主体参与城镇低效用地再开发，形成形式多样的改造开发模式，充分调动土地权利人和社会各方积极性。

——坚持利益共享、多方共赢。兼顾各方利益，完善利益激励机制，统筹安排公益用地和产业调整用地，让群众共享城镇低效用地再开发成果。

——坚持公众参与、平等协商。充分尊重土地权利人的意愿，保障其知情权和参与权，建立健全平等协商机制，妥善解决群众利益诉求，依法保护土地权利人合法权益，做到公开、公平、公正，实现和谐开发。

二、严格界定城镇低效用地再开发范围

（四）因地制宜确定试点范围。试点的选择，以经济发展水平较高、土地管理秩序良好，旧城区、旧厂矿、旧村镇等分布相对集中的城市作为重点。试点省份经国土资源部批准后，选择具备条件的城市作为试点单位，制定试点工作方案，报国土资源部批准。试点项目报省级国土资源部门批准，涉及征收集体土地、收回国有建设用地使用权的，要依法依规办理。试点城市要结合实际，围绕产业结构调整、城市功能提升、人居环境改善等部署，在有利于提高土地集约利用水平和综合效益的前提下，确定试点范围，坚决防止盲目大拆大建，造成新的浪费。

城镇低效用地是指城镇中布局散乱、利用粗放、用途不合理的存量建设用地可列入试点范围：国家产业政策规定的禁止类、淘汰类产业用地；不符合安全生产和环保要求的用地；“退二进三”产业用地；布局散乱、设施落后，规划确定改造的城镇、厂矿和城中村等。

（五）开展调查摸底和土地确权工作。试点地方要充分利用土地调查成果，开展城镇存量建设用地调查，摸清城镇低效用地的现状和开发潜力；按照明晰产权、维护权益的要求，做好土地确权，土地权属清晰、不存在土地权益争议的，方可列入试点。

（六）做好上图入库与在线备案工作。充分利用地籍调查成果，将拟列入试点范围的城镇低效用地标注在遥感影像图、地籍图和土地利用总体规划图上，建立城镇低效用地数据库，并通过网络在线报部备案。纳入城镇低效用地数据库的地块，方可列入试点。

三、加强城镇低效用地再开发规划统筹

（七）科学编制专项规划。依据土地利用总体规划和城镇建设规划，编制城镇低效用地再开发专项规划，明确改造利用的目标任务、性质用途、规模布局、时序安排和保障措施等，做好与控制性详细规划等的协调衔接，统筹城市功能再造、产业结构调整、生态环境保护、历史人文传承等，增加基础设施、公益设施等用地，促进试点工作统筹协调开展。

（八）制订年度实施方案。根据城镇低效用地再开发专项规划和当地经济社会发展要求，按照突出重点、先易后难、分步推进的原则，制定城镇低效用地再开发年度实施方案，确定改造开发的规模地块、开发强度、利用方向等，明确产业调整安排，进行资金平衡分析，确保试点工作有序推进。

四、采取多种方式推进城镇低效用地再开发

（九）鼓励原国有土地使用权人开展城镇低效用地再开发。在试点范围内，符合相关规划的，原国有土地使用权人可以申请开展改造，并制订改造方案，报市、县人民政府批准实施。涉及改变土地用途的，《划拨决

定书》、《出让合同》、法律法规和行政规定等明确应当收回土地使用权重新出让的，应采取招拍挂方式出让经营性用地。不属于上述情形的，可以协议方式办理出让手续，重新签订土地出让合同，取得新的土地使用权，并按市场价格补缴土地出让金。对现有工业用地改造后不改变用途，提高容积率的，不再增缴土地价款。

（十）引导农村集体经济组织开展低效用地再开发。土地利用总体规划确定的城市建设用地范围内，纳入试点的存量集体建设用地，需要将集体建设用地改变为国有建设用地的，可由原农村集体经济组织提出申请，依法办理土地手续，确定给原农村集体经济组织使用，并由原农村集体经济组织自行或合作开发。

（十一）鼓励市场主体参与城镇低效用地再开发。试点市县要制定鼓励政策措施，引导和规范市场主体参与城镇低效用地再开发，调动市场主体参与改造开发积极性。允许市场主体收购相邻多宗地块，申请集中开发利用；市、县人民政府国土资源部门可根据申请，将分散的土地合并登记。

（十二）规范政府储备存量建设用地开发利用。在试点范围内，市县人民政府为了城市基础设施和公共设施建设，或实施城市规划进行旧城区改建需要使用存量建设用地的，由市、县人民政府依法收回、收购土地使用权，纳入土地储备，并按现行法律规定出让土地。

五、统筹兼顾城镇低效用地再开发各方利益

（十三）规范城镇低效用地补偿。在试点范围内，市县人民政府依法收回国有城镇低效用地土地使用权或征收存量集体建设用地进行建设的，应依照《土地管理法》及《国有土地上房屋征收与补偿条例》、《财政部、国土资源部、中国人民银行关于印发〈国有土地使用权出让收支管理办法〉的通知》（财综〔2006〕68 号）等规定予以补偿。

（十四）加强公共设施和民生项目建设。试点市县人民政府应加强配套基础设施、市政设施、公益事业等相关配套设施建设，优先安排一定比例的用地，用于道路、市政、教育、医疗、绿化等公共设施建设，促进文化遗产和历史文化建筑保护。对涉及经营性房地产开发的城镇低效用地再开发项目，可设置一定比例强制配建保障性住房，项目竣工验收后，配建保障性住房按合同或协议约定移交当地政府统筹安排。

六、完善城镇低效用地再开发各类历史遗留用地手续

（十五）妥善解决历史遗留用地问题。在试点范围内，符合相关规划、没有合法用地手续的城镇低效用地，按照下列情况处理：

用地行为发生在 1986 年 12 月 31 日之前的，由市、县人民政府土地行政主管部门出具符合土地利用总体规划的审核意见书，依照原国家土地管理局发布的《确定土地所有权和使用权的若干规定》进行确权后，由市、县人民政府办理土地确权登记发证手续。

用地行为发生在 1987 年 1 月 1 日之后，符合现行土地利用总体规划，已与农村集体经济组织或农户签订征地协议并进行补偿，且未因征地补偿安置等问题引发纠纷、迄今被征地农民无不同意见的，可按照土地管理法律政策落实处理（处罚）后按土地现状办理用地手续。

（十六）依法依规办理用地手续。纳入城镇低效用地再开发试点范围、需完善用地手续的土地，由当地县级以上国土资源管理部门组织制订改造方案，逐级报省级人民政府批准；供地手续由县级以上人民政府按本指导意见规定办理。

城镇低效用地再开发试点涉及边角地、夹心地、插花地等新增建设用地的，要纳入土地利用年度计划，依法办理用地手续，或按照城乡建设用地增减挂钩政策规定处理。

七、稳妥有序推进城镇低效用地再开发

（十七）加强组织领导。试点地方要充分认识城镇低效用地再开发的重要意义，将城镇低效用地再开发试点工作摆上重要议事日程，在当地政府的统一领导下，统筹谋划，周密部署，建立目标责任制；各有关部门密切配合，通力协作，共同推动城镇低效用地再开发试点工作。

（十八）强化制度建设。试点地方要制定严格的工作程序和配套政策，严格控制试点政策的适用范围，防止试点政策扩大化；要建立城镇低效用地再开发项目信息公开制度，严格执行土地出让相关程序，规范土地市场秩序，严防“权力寻租”等行为的发生，涉及出让的必须集体决策、公示结果，确保改造开发过程公开公平公正。

（十九）健全民主协商。开展城镇低效用地再开发试点，要做好民意调查，充分尊重原土地使用权人的意愿，未征得原土地使用权人同意的，不得强行改造开发，防止损害原土地使用权人权益；改造开发规划、拆迁安置、收益分配等应当依法举行听证论证，平等协商确定，并向社会公告；建立公开畅通渠道，妥善解决群众利益诉求，对困难群众要有救济措施；试点实施完成后，要及时将改造开发基本情况、资金安排使用和收益分配等进行公示，接受社会监督。

（二十）严格监督管理。结合国土资源综合监管平台建设，加强城镇低效用地再开发管理信息化建设，及时做好开发改造审批、项目实施、竣工验收等情况的上图入库，实行开发改造全程动态在线监管。省级国土资源主管部门每年要对试点工作情况进行评估，并报部备案，对试点中出现的偏差及时予以纠正。部要加强检查指导，对存在的问题提出限期整改要求，整改不合格的，取消试点资格。

试点地区各级国土资源主管部门要开展试点政策风险评估，提出防范措施，保障试点规范开展。试点开展过程中遇到的新情况、新问题要及时报部。

本意见自下发之日起执行，有效期为4年。

办公厅关于严格管理防止违法违规征地的紧急通知

国土资电发〔2013〕28号　2013年5月13日

近期，个别地方相继发生暴力征地事件，甚至出现人员伤亡，严重损害被征地农民权益，影响十分恶劣。中央领导同志高度重视，批示要求切实做好相关工作。为进一步加强征地管理，防止违法违规征地，杜绝暴力征地行为，保护被征地农民的合法权益，维护社会和谐稳定，现就有关事项通知如下：

一、强化思想认识，严防因征地引发矛盾和冲突

我国正处于“四化”同步发展的关键时期，社会和谐稳定是实现“两个一百年”奋斗目标的重要基础。当前，各类经济建设仍将依法依规征收一定数量的农村集体土地，积极稳妥地做好征地工作，事关经济社会发展大局、农民群众切身利益和社会和谐稳定。党中央、国务院一直高度重视征地工作，多次强调必须严格执行征地有关规定，坚决查处违法违规征地行为，维护好群众切身利益，防止引发社会稳定问题。各级国土资源主管部门要从维护人民群众切身利益、构建和谐社会的高度，认真领会并坚决贯彻落实好中央精神。要处理好“保发展、保红线、保权益”的关系，在促进经济发展和保护耕地的同时，将被征地农民的合法权益放在首要

位置，切实促进被征地农民生活水平有提高，长远生计有保障，不得强行实施征地，杜绝暴力征地。

二、开展全面排查，坚决纠正违法违规征地行为

各省（区、市）国土资源主管部门要迅速行动，对本省（区、市）内征地工作组织开展一次自查，重点检查征地程序是否严格规范、补偿是否符合规定要求、安置是否落实、是否存在违法违规强制征地行为等。对征地程序不规范、补偿不到位、安置不落实的，必须立即进行整改；对违法违规强行征地行为，要严肃查处。凡整改、查处不到位的，不得继续实施征地。

三、加强调查研究，完善征地政策措施

各地区要进行深入调查研究，分析了解当前征地中存在的突出问题和原因，有针对性完善政策措施。要按照国家有关规定，制定与本地经济社会发展水平相适应的征地补偿标准，保障被征地农民得到合理补偿；要按照被征地农民发展权益不减少的原则，实行留地安置或留物业安置等多种安置方式；要按照发展权益均等的原则，制定相应的政策措施，将有稳定收入、风险小、易于管理的项目配置给被征地农村集体经营，确保被征地农民成为新型工业化、城镇化和农业现代化的积极参与者和真正受益者；要指导农村集体建立公平合理的收益分配制度，防止少数人侵占集体土地收益；要完善征地实施程序，严格落实征地信息公开要求，让群众充分了解征地相关信息，切实保障征地中农民的知情权、参与权，调动被征地农民的积极性，做到依法和谐征地。

四、改进工作方法，建立健全征地矛盾纠纷调处机制

征地实施前，要进行补偿安置收益分析，向被征地农民说明征地补偿标准的合理性、安置方式获得长远收益的可行性；要分析评估可能引发社会稳定风险的环节和因素，制定化解风险的预案。征地实施中，要加强监管，及时发现并化解苗头性、倾向性问题；要建立健全征地矛盾纠纷排查调处机制，认真做好征地中矛盾纠纷化解工作；征地实施中一旦发生矛盾冲突，基层国土资源主管部门要及时主动向同级人民政府和上级国土资源主管部门报告，积极采取措施，配合妥善解决，防止事态扩大，引发群体性或恶性事件。

五、落实工作责任，严格实行监督问责

按照《国务院办公厅关于进一步严格征地拆迁管理工作切实维护群众合法权益的紧急通知》（国办发明电〔2010〕15号）有关精神，省级政府要加强对征地工作的管理和监督，市、县政府对征地管理工作负总责，有关部门要加强协作、密切配合，落实好征地的各项制度规定。省级国土资源主管部门要加强对征地工作的指导监督，督促市、县政府切实履行责任；市、县国土资源主管部门要依法制定征地方案，严格履行征地程序，会同有关部门做好征地批后实施工作。

各地区要认真履行职责，强化依法治理违法违规征地行为，确保依法征地、和谐征地，切实维护农民群众合法权益。对违法违规征地、采取暴力方式征地等侵害农民利益行为，引发群体性或恶性事件的，要按照有关规定对有关责任人员严肃追究责任。同时，要严格文明执法，防止因执法不当引发相关恶性事件。

各省（区、市）国土资源主管部门要认真落实通知要求，抓紧开展工作，排查整改落实情况于2013年6月15日前报部，同时抄送各派驻地方的国家土地督察局。

关于印发《保发展保红线工程2013年行动方案》的通知

国土资发〔2013〕40号　2013年4月18日

为认真贯彻党的十八大精神、中央经济工作会议和中央农村工作会议精神，有效实施最严格的耕地保护制度和最严格的节约用地制度，落实"稳增长、控通胀、防风险"经济调控目标任务，国土资源部决定实施保发展保红线工程（以下简称"双保工程"）2013年行动。

一、主题和目标

行动主题：严守耕地保护红线促进城乡统筹发展

主要目标：（一）保护耕地更加严格。从严控制建设占用耕地，加大土地整治力度，全面落实占补平衡，确保全国耕地保护目标。（二）保障发展更加有力。保障新型城镇化稳步推进，确保保障性安居工程用地，促进经济稳定增长。（三）节约用地更加高效。节约集约用地制度得到有效落实，全国单位GDP消耗的建设用地持续下降。（四）督察执法更加严格。推进依法行政，坚守法治底线，严格督察执法，实现违法用地比例下降。（五）制度改革更加深化。有效推进职能转变，深化土地市场改革和"1+8"组合政策实施，规范推进一批政策试点。（六）维护权益更加有效。推动征地制度改革、不动产统一登记制度建设等取得积极进展，保障群众合法土地权益，促进社会公平公正。（七）生态文明建设更加突出。优化国土开发格局，实施差别化的土地管理政策，有力推进生态文明建设。

二、工作安排

"双保工程"2013年行动紧紧围绕经济调控和国土资源管理工作大局，以深化改革为动力，集中力量实施促进城乡统筹发展、促进土地利用方式转变和促进有效保护耕地三个方面的工作，协同部署重点任务、配套改革和基础支撑工作，强化督察执法和政策执行有效监督，保障年度行动顺利实施。

（一）严格土地规划管控，促进城乡统筹发展

按照集约优先、生态优先的原则，严格土地规划管控制度，提高城镇土地承载力，推进以人为核心的新型城镇化建设。规范集体建设用地流转，促进土地要素合理配置，支持新农村建设和农业现代化。

重点任务：（1）合理安排城镇新增建设用地，优化城乡用地布局。（2）开展土地利用总体规划中期评估，建立土地利用总体规划评估调整机制。（3）深化土地利用差别化管理。（4）开展以土地利用规划和计划实施情况为主要内容的审核督察，督促省级人民政府履行土地管理法定职责。（5）落实633万套保障性安居工程建设用地，严格目标责任考核。（6）支持新农村建设和现代农业发展用地。

配套改革：（1）探索建立农村集体经营性建设用地使用权流转制度，促进城乡统一的土地市场建设。（2）部署开展城镇低效用地再开发试点，促进城市更新改造。（3）规范推进工矿废弃地复垦、低丘缓坡地开发试点。

基础支撑：（1）全面完成乡级土地利用规划上图入库和汇交审查，建立动态更新机制。（2）加快推进全国地籍调查工作，部署开展宗地统一代码示范推广与集成应用试点。完成全国宗地统一代码电子文件管理试点工程建设。（3）推进农村土地确权登记发证，明晰集体土地产权。（4）推进不动产统一登记制度建设，开展

全国土地登记信息动态监管查询系统建设，建立一批国家级土地登记信息动态监管查询系统建设示范基地。（5）继续深入推进地质资料信息服务集群化产业化工作，完善地质资料汇交监管平台、共享服务平台和电子阅览室建设，推进地质资料信息服务产业化试点。

（二）全面实施节地制度，促进经济发展转型

按照转变经济发展方式和全面促进资源节约的总体部署，全面推进土地节约集约利用的规划管控、计划调节、标准控制、市场配置、政策鼓励、监测监管、考核评价、共同责任等制度，制定完善节地政策，提高土地市场配置水平，推动土地利用方式转变，促进经济发展转型。

重点任务：（1）对 14 个重点城市土地集约利用水平进行潜力评价。（2）落实“十二五”规划纲要提出的单位 GDP 建设用地下降 30% 的目标，开展 2012 年度全国和各省份节地目标下降目标的测评。（3）开展节约用地制度和政策实施情况的专项督察，促进各地全面落实节约集约用地制度。（4）继续实施国土资源节约集约模范县创建活动，完善考评和激励机制。

配套改革：（1）深化土地有偿使用制度改革，推进国有经营性基础设施和各类社会事业用地有偿使用。（2）完善工业用地供应制度，推进工业用地“先出租后出让”的弹性供应方式，探索存量工业用地退出激励机制。（3）探索支持新型战略性新兴产业的政策，促进企业创新转型。（4）推进旅游产业用地改革。

基础支撑：（1）启动工业用地最低价标准和城镇土地等别修订工作。（2）推进土地利用动态巡查制度建设。

（三）完善保护激励机制，切实守住耕地红线

落实国土空间规划，严格土地用途管制，坚守 18 亿亩耕地红线，促进生态文明建设。大力开展土地整治，有效增加耕地数量，提高耕地质量，切实保护生态。健全耕地保护责任机制、激励机制，强化对地方政府履行耕地保护责任的督察，强化对违规占用耕地行为的执法监察。

重点任务：（1）推进土地整治重大工程，做好示范省份建设收尾工作。（2）分解下达 2013 年高标准基本农田建设任务，全面开展 500 个示范县建设，确保建成 1 亿亩高标准基本农田。（3）实施对 2012 年省级政府耕地保护责任目标履行情况检查。（4）完成 2012 年度全国土地变更调查与遥感监测工作，完善“一查多用”工作机制。（5）开展对 48 个地区的例行督察，对土地管理中的突出问题开展专项督察，监督地方政府履行土地利用和管理职责。（6）开展 2012 年度土地矿产卫片执法检查，提高执法检查效用。

配套改革：（1）完善占补平衡政策，适时探索国家重点建设项目补充耕地国家统筹做法。（2）推进建设占用耕地耕作层剥离利用工作。（3）在中东部部分经济比较发达的省份宣传推广广东等省份耕地保护补偿机制建设经验，对地方工作进行调研总结。

基础支撑：（1）开展永久性基本农田划定工作，制定建库标准和规范，推进上图入库。（2）加强耕地占补平衡日常监管。（3）完成耕地质量分等成果更新工作，推动 10 个省份开展年度变更评价试点。（4）开展全国耕地后备资源调查评价，建立全国耕地后备资源调查评价数据库。（5）进一步完善国土资源“一张图”综合信息监管平台建设，推进在线土地督察系统的应用。（6）指导推进市、县党政新任领导干部国土资源管理政策法规培训，加强土地管理法律法规的宣讲。

三、组织实施和保障措施

（一）完善协同联动的组织实施机制

部“双保工程”联席会议成员单位要根据《保发展保红线工程 2013 年行动重点任务分工表》（见附件）的安排，各负其责，协调配合，抓好各项工作落实。国家土地总督察办公室要发挥好部“双保工程”联席会议

办公室的作用，协调年度行动综合性检查、评估等工作，完善与省级国土资源管理部门“双保工程”领导机构的联系机制。部有关事业单位要充分发挥自身优势，加强对地方相关单位的业务指导，为“双保工程”提供有力的技术支撑作用；加强对重大问题的深入研究，为完善土地管理政策提供决策支撑。

各派驻地方的国家土地督察局要依托与省级和计划单列市人民政府的联席会议机制，召开督察区域“双保工程”推进会，加强与地方人民政府和国土资源管理部门的信息交流和反馈。统筹部署年度督察工作安排，不断提高土地督察工作效用。深入开展调查研究，及时掌握报告地方“双保工程”实施中遇到新情况、新问题。

各省（区、市）国土资源管理部门要进一步加强“双保工程”的组织领导，健全领导机构，落实日常工作管理协调部门。要把“双保工程”融入本地区经济社会发展的重大战略和规划实施中，以“双保工程”统领年度土地管理工作，结合本地区实际，制订“双保工程”2013 年行动实施方案，分解落实重点工作任务。

（二）加强对重点工作实施的督导检查

部将根据“双保工程”进展情况，适时部署对年度行动重点工作完成情况调研督导和经验交流，研究解决“双保工程”实施中的重大问题。各派驻地方的国家土地督察局要加强对土地管理政策改革试点的跟踪和督察，及时报告发现的问题。

省级国土资源管理部门要将“双保工程”重点任务的实施列入下一级国土资源管理部门年度工作目标考核等，细化考核要求，建立奖惩机制。市、县级国土资源管理部门要积极争取当地党委政府的支持，以“双保工程”为平台统筹耕地保护、用地保障、节约用地、土地执法等各项工作，全面提升土地管理水平。省级国土资源管理部门于 2013 年 6 月 20 日前形成 2013 年行动半年工作总结，12 月 20 日前形成年度总结，报国家土地总督察办公室。

（三）强化典型经验示范和成效宣传

及时总结地方党委政府和国土资源管理部门保障发展和保护耕地红线的有效经验，推动成熟经验在面上展开推广。部将组织编制“双保工程”实施的典型工作案例等，汇编成册，指导各地学习借鉴。

各地国土资源管理部门要切实加强对宣传工作的组织领导，制订宣传工作计划，充实宣传力量，落实宣传经费，大力推进宣传。省级国土资源管理部门要发挥宣传引领作用，依托国家级、省级媒体和互联网站、微博等新兴媒体等，大力宣传“双保工程”的新成效。部在年度“国土资源好新闻优秀组织单位”评选中，将对宣传工作突出的单位予以通报表扬。

（四）健全完善考核和激励机制

2013 年，部将继续组织遴选“双保工程”成效显著单位，对成效显著的市、县级国土资源管理部门予以公开通报表扬。探索建立对年度“双保工程”实施成效的评价机制，统筹考虑依法行政、耕地保护、节约用地、土地督察、执法检查等工作情况，在安排土地利用计划时对相关省份予以奖励。各省级国土资源管理部门要建立“双保工程”的激励机制，将年度任务完成情况作为土地利用计划指标奖励的重要因素，向成效显著的地区予以倾斜。

关于进一步加快农村地籍调查推进集体土地确权登记发证工作的通知

国土资发〔2013〕97 号　2013 年 9 月 3 日

按照党的十八大关于推进新型城镇化建设和城乡发展一体化的要求，全面贯彻落实中共中央、国务院《关于加快发展现代农业　进一步增强农村发展活力的若干意见》（中发〔2013〕1 号）精神，部研究决定，在现有工作的基础上，采取切实有效措施，进一步加快农村地籍调查，全面推进集体土地确权登记发证工作。现将有关事项通知如下。

一、加快农村地籍调查，保障集体土地确权登记发证工作

（一）充分认识农村地籍调查工作重要意义。农村地籍调查是土地管理中打基础、利长远的工作，是实现土地精细化管理，促进城乡地政统一管理的重要保障，是维护广大农民土地合法权益，促进社会和谐稳定的重要支撑。各地要充分认识农村地籍调查工作的重要意义，通过组织开展农村地籍调查，全面掌握农村范围内每一宗土地的利用类型、数量、分布及权属、界址等产权状况，为当前开展的集体土地确权登记发证工作提供基础支撑，确保全国农村集体土地确权登记发证工作有序推进。同时，也为下一步不动产统一登记奠定坚实的基础。

（二）进一步明确农村地籍调查工作内容。农村地籍调查作为今后一段时期地籍管理工作的重点，主要任务是对农村范围内包括农村宅基地、农村集体建设用地等在内的每一宗地的权属、界址、位置、面积、用途等进行调查。主要内容包括土地权属调查和地籍测量，土地权属调查是调查土地的权属状况和界址，地籍测量是测量宗地的界址边界。各地要严格依据《地籍调查规程》（TD/T1001－2012），按照“统筹谋划，科学组织；需求带动，服务推动；立足基础，节约高效；息纷止争，维权维稳”的总体指导原则，坚持政府主导，建立稳定的长效投入机制，调动各方积极性，加快推进本地区农村地籍调查的各项调查工作。

（三）统筹有序安排农村地籍调查各项任务。各地要客观分析现有工作条件，有计划、有步骤、分阶段稳妥推进本地区的农村地籍调查工作。各地在开展农村地籍调查工作时，要与现有工作统筹安排，当前尤其要充分结合农村集体土地确权登记发证工作的总体部署和要求，在已基本完成集体土地所有权登记发证工作的基础上，继续做好调查成果的整理完善工作，尽快组织开展农村集体建设用地调查和宅基地调查，全力保证农村集体土地确权登记发证工作。

二、因地制宜，严格规范，确保农村地籍调查成果质量

（一）因地制宜加快农村地籍调查工作。地方应根据本地区的特点，制订地籍调查方案，采用切实可行的调查方法开展调查。有条件地区要着眼于地籍管理和国土资源事业的长远发展，兼顾需要和可能，尽可能采用高精度的调查标准和调查方法实测界址点坐标并计算宗地面积，制作大比例尺地籍图；条件不具备的地区，界址点的测量可采用图解法，实地丈量界址边长及界址点与邻近地物的相关距离或条件距离，确保相邻关系的准确。

对于已经调查的宗地实地情况发生变化的，开展日常变更地籍调查及变更登记，保持地籍调查成果的现势性；对已经调查的宗地测量精度不满足需要的，要及时进行修补测；对于已经调查的宗地档案资料缺失及不规

范的，应尽快补正完善；对于未开展过地籍调查的地区，按照地籍总调查的模式开展调查。

（二）严格规范开展农村地籍调查工作。各地应以“权属合法、界址清楚、面积准确”为原则，依据《地籍调查规程》，查清农村每一宗土地的权属、界址、面积和用途（地类）等，建立完备的地籍调查数据库。地籍调查工作中，各地要积极探索新技术、新方法的应用，结合已有的宅基地、集体建设用地调查成果，并充分利用第二次全国土地调查成果、年度土地变更调查成果以及最新的遥感影像，开展农村地籍调查工作，并做好与现有调查资料的充分衔接。

同时，各地可结合开展不动产统一登记的新形势、新要求，适时开展涵盖各种权利类型的农村地籍调查工作，探索形成操作性强的工作流程和切实可行的技术方法，为即将开展的不动产统一登记进行积极主动的探索。

（三）加强农村地籍调查成果的信息化。各地应以集体土地确权登记发证工作为契机，采取积极有效措施，加快推进农村地籍调查成果的信息化。要在第二次全国土地调查成果的基础上，以年度土地变更调查数据库为平台，开展农村集体土地所有权调查成果的上图入库工作，补充完善农村集体建设用地调查和宅基地调查成果，建立农村地籍调查数据库，更新土地变更调查数据库中权属、界址、面积等地籍信息。同时，建立农村地籍调查成果动态更新长效机制，以土地登记为切入点，动态更新农村地籍调查成果资料，保持调查成果的现势性。

（四）探索农村地籍调查成果的应用。各地要积极探索农村地籍调查成果的应用，切实为国土资源精细化管理提供支撑和保障。农村宅基地地籍调查成果要充分应用于宅基地审批、城乡建设用地增减挂钩、农村土地整治等工作中，农村集体建设用地调查成果要与年度土地变更调查、土地执法等工作相结合，做到相互印证，相互支撑。

三、采取有效措施，全面推进各项工作

（一）加强组织领导。各地要高度重视，加强对农村地籍调查的组织领导，将加快推进农村地籍调查工作作为夯实农村土地管理基础，特别是农村集体土地确权登记发证的重要内容，统一领导、统一部署、统一组织实施。各地在推进地籍调查工作的过程中，要立足当地工作基础和实际需求，对重点区域和城乡结合部以需求带动为主，体现急需优先的原则，对其他地区，则应加大政府投入力度，以服务推动为主，体现全面开展的要求。各地国土资源主管部门要积极主动地向同级党委、政府汇报调查工作进度，加强与各有关部门的协调联动，建立政府主导的工作推动机制。各省要及时将加快推进农村地籍调查工作的省级实施方案报部备案，部将适时开展督导检查。

（二）保障工作经费。农村地籍调查是一项基础性工作，各地要积极开拓思路，多渠道筹措资金，确保地籍调查所需经费。县级以上地方国土资源主管部门应当配合同级财政部门，根据2013年中央1号文件精神和《土地调查条例实施办法》的有关规定落实经费。必要时，可以与同级财政部门共同制定调查经费从新增建设用地土地有偿使用费、国有土地使用权有偿出让收入中列支的管理办法。已经完成地籍调查的地区，要积极争取地方政府财政支持，将地籍成果更新和系统建设与维护资金足额纳入年度财政预算。

（三）强化队伍建设。各级国土资源主管部门要有计划地开展地籍调查业务培训，逐步建立地籍调查人员学习培训长效机制，不断提高执行政策和规范开展业务的能力，以及沟通协调和解决实际问题的能力。县级以上国土资源主管部门应明确专门的机构和人员，具体负责地籍调查工作，建立调查队伍人员的定期考核制度。各地要积极引导建立社会化地籍调查中介机构，提高农村地籍调查效率和规范化水平，逐步建立市场化的地籍调查工作机制。

（四）加大宣传力度。各地要采取多种形式，在农村集体土地确权发证工作中，大力宣传农村地籍调查的重要意义，创造良好的舆论环境和工作氛围。部将根据农村集体土地确权登记发证工作进展，适时召开加快推进农村地籍调查工作现场会，总结推广典型经验，促进农村地籍调查工作规范有序开展。

此通知自下发之日起实施，有效期为 5 年。

办公厅关于下放部分建设项目用地预审权限的通知

国土资厅发〔2013〕44 号　2013 年 10 月 8 日

为了落实国务院关于职能转变、简政放权的决定，现就建设项目用地预审权限下放有关事项通知如下：

一、坚决落实国务院关于取消和下放部分行政审批项目等事项的决定

今年以来，国务院取消和下放了一批行政审批事项，《国务院关于取消和下放一批行政审批项目等事项的决定》（国发〔2013〕19 号，以下简称《决定》）涉及国家发展改革委下放 12 类企业投资项目的核准权限，取消 13 类企业投资项目的核准事项，调整管理方式为备案。对《决定》下放核准权限的 12 类项目，按照建设项目用地预审“同级审查”的原则，由省级或相应的地方国土资源主管部门办理。

二、下放备案类项目用地预审权限

按照投资管理权限规定原相应需报部用地预审的备案类项目（含《决定》包括的核准类调整为备案类的项目），由省级国土资源主管部门预审。各地要严格依据有关法律法规和《建设项目用地预审管理办法》（国土资源部令第 42 号）等规定，规范程序，严格把关，加强监督监管。

三、进一步做好零星分散建设项目用地预审工作

国土资源部令第 42 号文件规定，应当由国土资源部负责预审的输电线塔基、钻探井位、通讯基站等小面积零星分散建设项目用地，由省级国土资源管理部门预审，并报国土资源部备案。各地要合理界定零星分散建设项目范围，切实负责，进一步做好用地预审服务。

关于坚决遏制违法建设、销售“小产权房”的紧急通知

2013 年 11 月 22 日

国土资源部办公厅　住房城乡建设部办公厅

为全面正确地贯彻落实党的十八届三中全会《决定》，坚决遏制最近一些地方出现的违法建设、销售“小产权房”问题，现就有关事项紧急通知如下：

一、正确认识“小产权房”问题的危害性和严重性

建设、销售“小产权房”，严重违反土地和城乡建设管理法律法规，不符合土地利用总体规划和城乡建设规划，不符合土地用途管制制度，冲击了耕地保护红线，扰乱了土地市场和房地产市场秩序，损害了群众利益，影响了新型城镇化和新农村建设的健康发展，建设、销售和购买“小产权房”均不受法律保护。要全面、正确地领会十八届三中全会关于建立城乡统一的建设用地市场等改革措施，坚持依法依规，严格执行土地利用总体规划和城乡建设规划，严格实行土地用途管制制度，严守耕地红线，坚决遏制在建、在售“小产权房”行为。

二、坚决查处“小产权房”在建、在售行为

近年来，国务院有关部门多次重申农村集体土地不得用于经营性房地产开发，城镇居民不得到农村购买宅基地、农民住房和“小产权房”。2012 年 8 月 8 日，国土资源部办公厅、住房城乡建设部办公厅专门下发《关于坚决遏制违法建设、销售“小产权房”的通知》（国土资电发〔2012〕98 号），各级国土资源和住房城乡建设主管部门要按照通知要求，对在建、在售的“小产权房”坚决叫停，严肃查处，对顶风违法建设、销售，造成恶劣影响的“小产权房”案件，要公开曝光，挂牌督办，严肃查处，坚决拆除一批，教育一片，发挥警示和震慑作用。

三、切实履行好监督管理职责

各级国土资源和住房城乡建设主管部门要在地方人民政府的领导下，认真履行职责，及时采取有力措施，切实加强监管，做到令行禁止。一要对违法建设、销售的“小产权房”开展一次集中排查摸底，结合实际研究提出分类处理的意见，并将结果报两部。二要对违规为“小产权房”项目办理建设规划许可、发放施工许可证、发放销售许可证、办理土地登记和房屋所有权登记手续的，要严肃处理，该追究责任的一定要追究责任。对监管不力、失职渎职的，要严厉问责。三要加强宣传引导。准确理解、全面宣传和贯彻落实好十八届三中全会精神，正确引导舆论，向社会警示购买“小产权房”的风险，切实维护人民群众合法权益。

六、中华人民共和国财政部、国家税务总局

关于房改房用地未办理土地使用权过户期间城镇土地使用税政策的通知

财税〔2013〕44 号　2013 年 8 月 2 日财政部　国家税务总局

经研究，现就房改房用地未办理土地使用权过户期间的城镇土地使用税政策通知如下：

应税单位按照国家住房制度改革有关规定，将住房出售给职工并按规定进行核销账务处理后，住房用地在未办理土地使用权过户期间的城镇土地使用税征免，比照各省、自治区、直辖市对个人所有住房用地的现行政策执行。

关于企业参与政府统一组织的棚户区改造有关企业所得税政策问题的通知

财税〔2013〕65 号　2013 年 9 月 30 日

财政部　国家税务总局

根据《国务院关于加快棚户区改造工作的意见》（国发〔2013〕25 号）精神，为鼓励企业参与政府统一组织的棚户区（危房）改造工作，帮助解决低收入家庭住房困难，现将企业参与政府统一组织的工矿（含中央下放煤矿）棚户区改造、林区棚户区改造、垦区危房改造有关企业所得税政策问题通知如下：

一、企业参与政府统一组织的工矿（含中央下放煤矿）棚户区改造、林区棚户区改造、垦区危房改造并同时符合一定条件的棚户区改造支出，准予在企业所得税前扣除。

二、本通知所称同时符合一定条件的棚户区改造支出，是指同时满足以下条件的棚户区改造支出：

（一）棚户区位于远离城镇、交通不便，市政公用、教育医疗等社会公共服务缺乏城镇依托的独立矿区、林区或垦区；

（二）该独立矿区、林区或垦区不具备商业性房地产开发条件；

（三）棚户区市政排水、给水、供电、供暖、供气、垃圾处理、绿化、消防等市政服务或公共配套设施不齐全；

（四）棚户区房屋集中连片户数不低于 50 户，其中，实际在该棚户区居住且在本地区无其他住房的职工（含离退休职工）户数占总户数的比例不低于 75%；

（五）棚户区房屋按照《房屋完损等级评定标准》和《危险房屋鉴定标准》评定属于危险房屋、严重损坏房屋的套内面积不低于该片棚户区建筑面积的 25%；

（六）棚户区改造已纳入地方政府保障性安居工程建设规划和年度计划，并由地方政府牵头按照保障性住房标准组织实施；异地建设的，原棚户区土地由地方政府统一规划使用或者按规定实行土地复垦、生态恢复。

三、在企业所得税年度纳税申报时，企业应向主管税务机关提供其棚户区改造支出同时符合本通知第二条规定条件的书面说明材料。

四、本通知自 2013 年 1 月 1 日起施行。2012 年 1 月 10 日财政部与国家税务总局颁布的《关于企业参与政府统一组织的棚户区改造支出企业所得税税前扣除政策有关问题的通知》（财税〔2012〕12 号）同时废止。

关于棚户区改造有关税收政策的通知

财税〔2013〕101 号　2013 年 12 月 2 日

财政部　国家税务总局

为贯彻落实《国务院关于加快棚户区改造工作的意见》（国发〔2013〕25 号）有关要求，现将棚户区改造相关税收政策通知如下：

一、对改造安置住房建设用地免征城镇土地使用税。对改造安置住房经营管理单位、开发商与改造安置住房相关的印花税以及购买安置住房的个人涉及的印花税予以免征。

在商品住房等开发项目中配套建造安置住房的，依据政府部门出具的相关材料、房屋征收（拆迁）补偿协议或棚户区改造合同（协议），按改造安置住房建筑面积占总建筑面积的比例免征城镇土地使用税、印花税。

二、企事业单位、社会团体以及其他组织转让旧房作为改造安置住房房源且增值额未超过扣除项目金额20%的，免征土地增值税。

三、对经营管理单位回购已分配的改造安置住房继续作为改造安置房源的，免征契税。

四、个人首次购买90平方米以下改造安置住房，按1%的税率计征契税；购买超过90平方米，但符合普通住房标准的改造安置住房，按法定税率减半计征契税。

五、个人因房屋被征收而取得货币补偿并用于购买改造安置住房，或因房屋被征收而进行房屋产权调换并取得改造安置住房，按有关规定减免契税。个人取得的拆迁补偿款按有关规定免征个人所得税。

六、本通知所称棚户区是指简易结构房屋较多、建筑密度较大、房屋使用年限较长、使用功能不全、基础设施简陋的区域，具体包括城市棚户区、国有工矿（含煤矿）棚户区、国有林区棚户区和国有林场危旧房、国有垦区危房。棚户区改造是指列入省级人民政府批准的棚户区改造规划或年度改造计划的改造项目；改造安置住房是指相关部门和单位与棚户区被征收人签订的房屋征收（拆迁）补偿协议或棚户区改造合同（协议）中明确用于安置被征收人的住房或通过改建、扩建、翻建等方式实施改造的住房。

七、本通知自2013年7月4日起执行。《财政部　国家税务总局关于城市和国有工矿棚户区改造项目有关税收优惠政策的通知》（财税〔2010〕42号）同时废止。2013年7月4日至文到之日的已征税款，按有关规定予以退税。

七、中国人民银行

办公厅关于商业银行流动性管理事宜的函

2013年6月17日

当前，我国银行体系流动性总体处于合理水平，但由于金融市场变化因素较多，且临近半年底重要时点，客观上对商业银行流动性管理提出了更高的要求。根据党中央国务院关于做好当前经济工作的有关要求，各金融机构要继续认真贯彻稳健货币政策，切实提高风险防范意识，不断提高流动性管理的主动性和科学性，继续强化流动性管理，促进货币环境稳定。

商业银行要密切关注市场流动性形势，加强对流动性影响因素的分析和预测，做好半年底关键时点的流动性安排。商业银行应针对税收集中入库和法定准备金缴存等多种因素对流动性的影响，提前安排足够头寸，保持充足的备付率水平，保证正常支付结算；按宏观审慎要求对资产进行合理配置，谨慎控制信贷等资产扩张偏快可能导致的流动性风险，在市场流动性出现波动时及时调整资产结构；充分估计同业存款波动幅度，有效控制期限错配风险；金融机构特别是大型商业银行在加强自身流动性管理的同时，还要积极发挥自身优势，配合央行起到稳定市场的作用。

各金融机构要统筹兼顾流动性与盈利性等经营目标，合理安排资产负债总量和期限结构，合理把握一般贷款、票据融资等的配置结构和投放进度，注重通过激活货币信贷存量支持实体经济发展，避免存款“冲时点”等行为，保持货币信贷平稳适度增长。

关于进一步推进利率市场化改革的通知

2013 年 7 月 20 日

为进一步推进利率市场化改革，经国务院批准，中国人民银行决定，自 2013 年 7 月 20 日起全面放开金融机构贷款利率管制。现就有关事宜通知如下：

一、全面放开金融机构贷款利率管制。取消金融机构贷款利率 0.7 倍的下限，由金融机构根据商业原则自主确定贷款利率水平。个人住房贷款利率浮动区间不作调整，仍保持原区间不变，继续严格执行差别化的住房信贷政策。

取消票据贴现利率管制，改变贴现利率在再贴现利率基础上加点确定的方式，由金融机构自主确定。

取消农村信用社贷款利率 2.3 倍的上限，由农村信用社根据商业原则自主确定对客户的贷款利率。

二、金融机构要积极适应贷款利率的市场化定价方式，以市场供求为基础，结合期限、信用等风险因素合理确定贷款利率。完善定价机制建设，提高差异化服务水平，稳妥处理合同关系，保证贷款正常发放。强化财务硬约束和利率风险管理，确保内部管理措施的有效落实。相关制度办法要及时报人民银行备案。

三、人民银行上海总部、各分行（营业管理部）、省会（首府）城市中心支行、深圳市中心支行要将本通知立即转发至辖区内城市（农村）商业银行、农村合作银行、农村信用社、开办人民币存、贷款业务的外资银行等金融机构，做好相关指导工作。

四、对全面放开贷款利率管制后各方面的反应及出现的新情况、新问题要及时处理并上报人民银行总行。

八、地 方 政 策

北京市人民政府办公厅关于贯彻落实《国务院办公厅关于继续做好房地产市场调控工作的通知》精神　进一步做好本市房地产市场调控工作的通知

京政办发〔2013〕17 号　2013 年 3 月 30 日

近年来，本市坚决贯彻落实中央关于加强房地产市场调控的决策和部署，取得了积极成效。为进一步巩固调控成果，坚决落实《国务院办公厅关于继续做好房地产市场调控工作的通知》（国办发〔2013〕17 号）精神，结合本市实际，经市政府同意，现就有关问题通知如下：

一、切实承担稳定房价工作的责任

（一）高度重视房地产市场调控工作。坚持房地产市场调控、坚决抑制投机投资性购房，既是促进房地产市场健康发展、保障首都人民群众住有所居的需要，也是本市实现人口资源环境相协调、推动城市可持续发展的需要。当前，本市房地产市场调控仍处于关键时期，各区县政府和市有关部门要充分认识房地产市场调控工作的重要性，增强工作的主动性和自觉性，毫不动摇，常抓不懈。

（二）认真落实房价控制目标。继续严格执行各项调控政策和措施，保持房地产市场总体平稳。2013 年本市房价控制目标是：全市新建商品住房价格与 2012 年价格相比保持稳定，进一步降低自住型、改善型商品住房的价格，逐步将其纳入限价房序列管理。

（三）建立稳定房价工作责任制。市发展改革、住房城乡建设、规划、国土、税务、公安、民政、财政、人力社保、工商等部门要密切配合，加强联动，认真落实好本部门承担的房地产调控工作任务。各区县政府要认真落实各项调控措施，切实做好房价稳定工作，确保辖区内新建商品住房价格与全市房价控制目标总体一致。

二、坚决抑制投机投资性购房

（四）继续严格执行住房限购措施。按照《北京市人民政府办公厅关于贯彻落实国务院办公厅文件精神进一步加强本市房地产市场调控工作的通知》（京政办发〔2011〕8 号）等文件要求，继续严格落实住房限购措施。自本通知下发次日起，本市户籍成年单身人士在本市未拥有住房的，限购 1 套住房；对已拥有 1 套及以上住房的，暂停在本市向其出售住房。

（五）严格购房资格审核，加大执法查处力度。本市成立专门的购房资格审核机构，统筹住房城乡建设、公安、税务、民政、人力社保等部门，进一步完善工作机制，加强购房资格联网审核。严肃查处限购措施执行中的违法违规行为，对教唆、协助购房人伪造证明材料、骗取购房资格的房地产开发企业和中介机构，暂停网上签约，责令限期整改，并严肃处理相关责任人；购房人不具备购房资格的，企业要与购房人解除合同。对不如实申报、提供虚假材料骗取购房资格的家庭，不予办理产权登记手续，家庭承担相应的法律责任，且 5 年内不得在本市购买住房。构成犯罪的，将依法追究刑事责任。

（六）继续严格实施差别化住房信贷政策。各商业银行、北京住房公积金管理中心，要继续落实好对首套房贷款的首付款比例和贷款利率政策，继续暂停第三套及以上住房贷款发放；进一步强化购房人贷款资格审核，严格按规定调查家庭住房登记记录和借款人征信记录，严禁向不符合信贷政策的借款人违规发放贷款。中国人民银行营业管理部、北京住房公积金管理中心在国家统一信贷政策基础上，根据本市房价控制目标和政策要求，进一步提高第二套住房贷款的首付款比例。

（七）充分发挥税收政策的调节作用。继续推进存量房交易计税价格动态调整工作。税务、住房城乡建设部门要密切配合，根据市场情况适时提高定价过高、预计增值额过大的房地产开发项目的土地增值税预征率，加强预征和清算管理，加大稽查力度。对个人转让住房按规定应征收的个人所得税，通过税收征管、房屋登记等信息系统能核实房屋原值的，应依法严格按照个人转让住房所得的 20% 计征；不能核实房屋原值的，依法按照核定征收方式计征个人所得税。对个人转让自用 5 年以上，并且是家庭唯一生活用房取得的所得，继续免征个人所得税。

三、增加普通商品住房及用地供应

（八）稳定普通商品住房用地供应。统筹考虑本市人口、资源、环境因素，保持适度土地供应规模，2013年本市住房用地供应计划为1650公顷。继续完善土地出让方式，通过“限房价、竞地价”等方式增加自住型、改善型住房的土地供应。土地出让前，住房城乡建设部门要提出商品住房项目的住房建设套数、套型建筑面积、设施条件、开竣工时间等要求，作为土地出让的依据，并纳入出让合同。

（九）完善土地市场监管。继续实行供应计划地块公布机制，合理安排土地开发供应节奏和时序，稳定市场预期。加快存量土地储备开发力度，尽快形成实际用地供应。对已供应的土地，督促尽快开工建设，加大闲置土地清理、公示、处置力度，密切跟踪土地供应后开发建设进度，强化房地产用地供应和开发利用的全过程监管。

（十）加快普通商品住房供应。发展改革、国土、规划、住房城乡建设等部门要建立中小套型普通商品住房建设项目行政审批快速通道，提高办事效率，严格落实开竣工申报制度，督促房地产开发企业严格按照合同约定建设施工。加快中小套型普通商品住房项目的供地、建设和上市。对中小套型住房套数达到项目开发建设总套数70%以上的普通商品住房建设项目，银行业金融机构在符合信贷条件的前提下优先支持其开发贷款需求。

四、加快保障性安居工程建设

（十一）进一步加大保障性安居工程建设力度。落实2013年建设筹集各类保障性住房16万套，竣工7万套的任务。二季度前完成项目供地、规划等手续，落实财政资金，三季度确保项目开工建设。加快城市和国有工矿棚户区改造，完成“三区三片”棚户区安置房建设，推进新增五片棚户区改造。开展非成片棚户区和危旧房改造，继续实施1000万平方米老旧小区抗震节能综合整治和简易住宅楼改造工程，做好城乡结合部地区重点村回迁安置房建设工作。

（十二）加强建设分配管理。强化城市总体规划和土地利用统筹管理，严把规划设计关、施工质量关、建筑材料关和竣工验收关，落实工程质量责任，确保工程质量安全。加大配套基础设施建设，确保与住宅同步交付使用。统一保障性住房申请，完善保障家庭的经济及住房状况审核机制，严肃查处擅自改变用途等违法违规行为，健全退出机制，确保公平分配。2013年年底前，各区县要将符合条件、有稳定就业的来京外来务工人员纳入公共租赁住房保障范围。加强保障性住房小区运营管理，完善社区公共服务，切实解决入住家庭后顾之忧。

五、加强商品房销售管理

（十三）严格商品房预售管理。从工程投资和形象进度、交付时限等方面提高商品房预售许可门槛，具体办法由市住房城乡建设部门另行制定并发布。继续完善和严格执行商品房预售资金监管制度，确保预售款优先用于工程建设。

（十四）加强商品房销售价格引导。继续总结完善本市价格引导经验，对报价明显高于项目前期成交价格和周边在售项目价格且不接受指导的商品房项目，可暂不核发预售许可证书或暂不办理现房销售备案。商品房项目在销售中，要继续严格执行明码标价、一房一价规定，实际销售价格不得高于申报价格。

六、强化市场监管和预期引导

（十五）加强房地产企业信用管理。搭建本市房地产企业信用管理系统，全面整合住房城乡建设、发展改革、国土、规划、金融、税务、工商、统计等部门掌握的房地产企业信用信息，建立和完善信用信息归集、管理和对外发布制度，实现对房地产企业违法违规行为的联动监管。

（十六）严厉打击开发企业的违法违规行为。对存在闲置土地、炒地、捂盘惜售和哄抬房价等违法违规行为的房地产开发企业，市住房城乡建设等部门要密切配合、加强联动，加大查处力度。国土部门禁止其参加土地竞买，银行业金融机构不得对其发放新开发项目贷款，证券监管部门暂停批准其上市、再融资或重大资产重组，银行业监管部门禁止其通过信托计划融资，税务部门对其强化土地增值税的征收管理工作，严格按照有关规定进行清算审核和稽查。

（十七）加强房地产经纪活动监管。房地产经纪机构及房地产经纪人员应依法从事房地产经纪活动，受委托对外发布真实的房源和价格信息，不得抢占房源信息、哄抬房价和租金等。房地产经纪服务实行明码标价，不得利用虚假或使人误解的标价内容和方式等进行价格欺诈。发展改革、住房城乡建设、工商等部门要联合开展房屋中介市场专项治理工作，加大市场监管力度，依法严肃查处房地产经纪机构违法违规行为。

（十八）合理引导市场预期。各有关部门要密切关注房地产市场变化，加强市场监测和研究分析，全面、客观、及时发布房地产市场相关信息，主动解读市场走势、调控政策措施及广大居民关注的热点问题，合理引导市场预期。加强舆情监测和应对，对误导市场、误报误读的不实信息和言论，要及时予以纠正和澄清；问题严重的，应追究相关单位和人员责任。

七、加快推进长效机制建设

（十九）加强基础性工作。按照全国个人住房信息系统建设的总体部署和要求，继续推进本市城镇个人住房信息系统建设，完善管理制度和基础信息。认真落实国务院关于建立完善房地产市场管理长效机制的要求，立足本市实际，进一步探索完善符合首都特点的基本住房制度，完善差别化、多层次的住房需求调节机制，建立科学稳定的住房供应体系，逐步实现住房保障对象应保尽保、自住型和改善型需求得到有效满足，切实解决人民群众住房问题，促进首都房地产市场保持平稳健康发展。

北京市关于加快中低价位自住型改善型商品住房建设的意见

京建发〔2013〕510 号　2013 年 10 月 22 日

住房和城乡建设委员会　发展和改革委员会　财政局　国土资源局　规划委员会

为进一步完善本市住房供应结构，支持居民自住性、改善性住房需求，稳定市场预期，促进长效机制建设，根据《北京市人民政府办公厅贯彻落实〈国务院办公厅关于继续做好房地产市场调控工作的通知〉精神进一步做好本市房地产市场调控工作的通知》（京政办发〔2013〕17 号）有关规定，经市政府同意，现就本市加快中低价位自住型改善型商品住房（以下简称“自住型商品住房”）建设相关工作提出如下意见：

一、高度重视自住型商品住房建设和管理工作

加快自住型商品住房建设，是本市贯彻落实中央房地产调控精神，按照“低端有保障、中端有政策、高端有控制”的总体思路，完善住房供应结构，下大力气做实中端，支持居民自住性、改善性住房需求的重要举

措，对于当前稳定房价，促进房地产市场平稳健康发展具有十分重要的意义。市有关部门、各区县政府要高度重视，切实做好加快自住型商品住房建设、加强自住型商品住房管理各项工作。

二、加强计划管理，确保土地供应

自住型商品住房用地，可以采取集中建设或者配建等多种形式，由房地产开发企业通过“限房价、竞地价”等出让方式公开竞得。市国土、规划部门在编制下一年度的土地供应计划时，应明确一定规模的自住型商品住房用地，具体分解到各区县，并向社会公布。供地区位应按照“全市统筹、区域均衡”的原则，优先安排在交通便捷、功能完善、公共服务设施完备的区域，2013 年底前全市要完成不低于 2 万套自住型商品住房供地，今后还要根据市场需求情况进一步加大供地规模。

鼓励企事业单位和相关机构在符合相关法律法规规定和规划要求的前提下，将自有用地用于自住型商品住房的开发建设，或者将尚未进入销售环节的房地产开发项目转化为自住型商品住房建设项目。

三、合理确定套型面积和价格标准

自住型商品住房项目在土地出让前，应明确住房套型建筑面积、销售均价等要求，作为土地出让的依据载入招拍挂交易文件，并在土地成交后将其纳入出让合同。

自住型商品住房套型建筑面积，以 90 平方米以下为主，最大套型建筑面积不得超过 140 平方米；销售均价，原则上按照比同地段、同品质的商品住房价格低 30% 左右的水平确定。

四、明确销售对象

按照限购政策规定在本市具有购房资格的家庭，可以购买自住型商品住房。其中，符合下列条件的家庭可以优先购买：

（一）本市户籍无房家庭（含夫妻双方及未成年子女），其中单身人士须年满 25 周岁。

（二）经济适用住房、限价商品住房轮候家庭。

符合条件的家庭只能购买一套自住型商品住房。

五、加强销售和登记管理

（一）房地产开发企业在申请办理自住型商品住房预售许可或者现房销售备案手续前，应在市住房城乡建设委网站和销售现场公示房屋套数、户型、价格等信息。公示期不少于 15 天。购房家庭应当在公示期内向房地产开发企业提出购房申请。对申请购房家庭的资格审核，按照本市住房限购相关规定执行。

（二）自住型商品住房项目在取得商品房预售许可证或办理现房销售备案后，由房地产开发企业组织向符合购房资格的申请人销售。选房顺序，由房地产开发企业组织公开摇号确定。摇号应当进行全程公证，并接受所在区县建设房管部门的监督。

（三）自住型商品住房进行房屋权属登记时，登记部门应将房屋性质登记为“自住型商品住房”。

六、加强自住型商品住房的转让管理

自住型商品住房购房人取得房屋所有权证后，原则上 5 年内不得转让。

购房人取得房屋所有权证 5 年以后转让的，如有增值，应当按照届时同地段商品住房价格和该自住型商品住房购买时价格差价的30%交纳土地收益等价款。购房人将自住型商品住房转让后，不得再次购买自住型商品住房。

七、严肃查处违法违规骗购行为

对通过隐瞒家庭住房状况、伪造相关证明等方式，弄虚作假，骗购自住型商品住房的家庭，一经查实，房地产开发企业应与其解除购房合同，购房家庭承担相应经济和法律责任，且5年内不得在本市购买住房。构成犯罪的，依法追究刑事责任。

上海市人民政府办公厅关于贯彻《国务院办公厅关于继续做好房地产市场调控工作的通知》实施意见的通知

沪府办发〔2013〕20号　2013年3月30日

为贯彻落实《国务院办公厅关于继续做好房地产市场调控工作的通知》（国办发〔2013〕17号），进一步按照"以居住为主、以市民消费为主、以普通商品住房为主"的原则，完善房地产市场体系和住房保障体系，巩固调控成果，促进本市房地产市场平稳健康发展，现提出如下实施意见：

一、明确2013年度本市新建商品住房价格控制目标。根据本市居民人均可支配收入增长等经济社会发展目标、物价水平，2013年度本市新建商品住房价格控制目标为：按照保持房价基本稳定的要求，切实贯彻落实各项房地产市场调控措施。各区县、各有关部门要坚决贯彻落实国家和本市各项房地产市场调控政策措施，切实承担稳定房价、稳定市场的责任。确保政策落实到位，目标任务完成。

二、坚决抑制投资投机性购房。进一步严格执行国家和本市的住房限购措施和相关操作口径。房屋管理、税务、人力资源社会保障、民政等部门要加快研究建立购房人及其家庭成员在本市拥有住房情况、购房人纳税或社会保险缴纳情况、购房人婚姻状况信息交互共享，完善住房限购措施的操作流程。

要继续严格实施差别化住房信贷政策。银行业金融机构要进一步落实好首套房贷款的首付比例和贷款利率政策；严格执行第二套住房信贷政策，重点强化对异地、外籍、离异、低龄人群等借款人的贷款资格审查，不得向不符合信贷政策的借款人违规发放贷款；严禁发放第三套及以上购房贷款。银行业监管部门要加强对银行业金融机构执行差别化住房信贷政策的日常管理和专项检查，对违反规定的及时加以制止、纠正。金融管理部门要加强政策实行效果监测和评估，做好预案，并根据市场变化，适时调整第二套住房贷款的首付比例和贷款利率。税务、房屋管理部门要密切配合，对出售自有住房按照规定应征收的个人所得税，通过税收征管、房屋登记等历史信息能核实房屋原值的，依法严格按照转让所得的20%计征。继续稳步实施个人住房房产税改革试点，引导住房合理消费。税务部门要继续推进应用房地产价格评估方法加强存量房交易税收征管工作。

三、增加普通商品住房用地供应。按照全年供应量不低于前5年年均实际供应量的要求，结合实际，统筹安排编制本市2013年度住房用地供应计划，保证普通商品住房、保障性住房土地供应，一季度公布全市年度供地计划。规划国土资源等部门要按照计划推进，确保全年土地供应稳定、均衡、合理。

规划国土资源部门要会同发展改革、城乡建设、房屋管理等部门提出商品住房项目的建设套数、套型建筑面积、设施条件、开竣工时间、住宅产业化等要求，作为土地出让的依据，并纳入出让合同。同时，建立土地出让前研判制度，完善优化土地出让方案，搞好市场分析监测，稳定土地市场预期。

对中小套型住房套数达到项目开发建设总套数70%以上的普通商品住房建设项目，银行业金融机构在符合信贷条件的前提下，优先支持其开发贷款需求。

四、深化完善“四位一体”住房保障体系，全力推进大型居住社区建设和旧区改造。要进一步推进旧住房综合改造，切实改善市民居住条件。根据确定的目标任务，确保全年新开工建设、筹措各类保障性住房和旧住房综合改造10.5万套、750万平方米，基本建成保障性住房10万套、730万平方米。

要细化完善保障性住房分配供应政策，合理扩大廉租住房实物配租供应范围。优化共有产权保障住房（经济适用住房）、公共租赁住房申请分配工作，完善两代及以上成年人复合家庭住房面积核查口径。

要全面推进旧区改造工作。重点推进中心城区成片二级旧里改造，逐步推开郊区城镇棚户简屋改造。出台“城中村”改造政策和措施，并继续推进国有农场职工危旧房改造。全年拆除二级旧里以下房屋70万平方米。推进完善大型居住社区基地内市政公建配套设施，全年完成40个外围市政配套项目建设，加快引进教育、卫生、商业等优质资源，确保入住居民基本生活需求。鼓励有条件的产业园区、企事业单位、农村集体经济组织等按照相关规定，建设公共（单位）租赁住房，向符合条件的来沪务工人员供应。

要开展保障性安居工程的全过程监督检查，确保保障性住房工程质量。加快推进本市住宅产业化，完善激励政策，健全标准规范，构建技术平台，加大装配整体式住宅项目建设力度。

五、加强市场监管，查处违法违规行为。要严格执行商品房预销售各项制度规定，房屋管理与价格主管部门要加强配合，进一步严格执行“一房一价”、明码标价，商品住房销售方案备案审核等规定。对预销售方案报价过高且不接受房屋管理部门管理指导的，可暂不予受理销售方案备案、暂不核发预售许可证。对擅自超过备案价格销售，违反明码标价，“一房一价”规定的，采取暂停网上签约等措施，并依法严厉查处。

房屋管理、发展改革、规划国土资源、金融、财政、税务、人力资源社会保障、工商、公安等部门要研究建立信息共享、联动配合的工作机制，加大对违法违规行为的查处力度。对发生违反限购政策、捂盘惜售、闲置土地和炒地、挪用信贷资金等违法违规行为的房地产企业，各有关部门要按照各自职责，在网上签约资格、土地竞买、开发项目贷款、批准上市、融资等方面予以处罚和限制。税务部门要进一步加强土地增值税的征收管理，严格按照不同销售价格，确定预征率，并严格按照有关规定，进行清算审核和稽查。

房屋管理、工商等部门要联合开展房屋中介市场的专项治理，重点查处房产中介机构和房产经纪人员教唆、协助购房人伪造证明材料，规避限购措施，骗取购房资格的违法违规行为；对涉案房地产中介机构和房地产经纪人员，可暂停网上销售、责令停业整顿；情节严重的，依法吊销营业执照和经纪执业证书；涉嫌犯罪的，按照规定移送司法机关追究其刑事责任。

六、加强房地产市场监测和走势研判。各有关部门要全面、准确、及时发布房地产市场信息，正确解读政策，稳定市场预期，引导居民理性消费。要加强舆情监测，对涉及房地产市场的不实信息，要及时、主动澄清。

上海市住房保障和房屋管理局关于严格执行住房限购措施有关问题的通知

沪房管规范市〔2013〕11号　2013年11月8日

为加强房地产市场调控，现就从严执行住房限购措施有关问题通知如下：

一、非本市户籍居民家庭在本市购买住房缴纳税收或社保年限从“能提供自购房之日起算的前2年内在本市累计缴纳1年以上”调整为“能提供自购房之日起算的前3年内在本市累计缴纳2年以上”。

二、各房地产交易中心在受理房地产预告登记或转移登记时应加强审核，对提供缴纳税收或社保证明不符合规定的，不予办理房地产登记。

三、本通知自发布之日起施行，购买住房的时间以购房合同网上备案日期为准。

特此通知。

进一步严格执行国家房地产市场调控政策相关措施

近年来，上海坚决贯彻国家各项房地产调控政策措施，采取差别化住房信贷税收、住房限购、增加土地供应等综合措施，抑制投资投机性需求，调控取得积极成效，市场运行总体平稳。2011年、2012年本市新建商品住房价格指数全年涨幅分别为2%和0。今年以来，住房价格波动较为明显，近期随着交易量上升，房价上涨压力加大。对近期房价持续上涨，上海市委、市政府高度重视，近日市政府常务会议进行了专题研究，会议明确本市将进一步按照“以居住为主、以市民消费为主、以普通商品住房为主”的原则，不断完善房地产市场体系和住房保障体系，有效抑制房地产市场价格过快上涨，会议明确了进一步严格执行国家房地产市场调控政策的相关措施。

一、落实各区县房价调控目标责任制。各区县、各有关部门要按照今年初本市明确的房价调控目标积极采取措施，严格商品住房预销售管理，加强市场监管，查处捂盘惜售、哄抬房价及违反限购政策等扰乱市场秩序的违规行为。切实承担稳定房价、稳定市场的责任，确保年度目标任务完成。

二、增加住房用地供应。2013年本市住房用地供应量在不低于过去五年平均供应量的基础上，再增加30%的供应量，确保住房用地供应1000公顷。优化结构，进一步加大中小套型住房用地供应，加强土地市场跟踪分析和交易预警管理，确保土地市场交易平稳。

三、进一步完善“四位一体”、租售并举的住房保障体系。对符合条件的廉租住房申请家庭实行“应保尽保”、“愿配尽配”；加快共有产权保障住房申请供应，扩大受益家庭规模；推动公共租赁住房建设筹措和分配供应，尽力满足保障对象租赁需求；继续做好征收安置住房搭桥供应，确保旧区改造家庭用房需求。参照物价、收入等因素，研究明年放宽廉租住房和共有产权保障住房准入标准，努力扩大住房保障受益面。

四、进一步严格执行差别化的住房信贷政策。对居民家庭向商业银行贷款购买第二套住房的，其首付款比例从不得低于60%提高至不得低于70%及以上。

五、严格执行差别化住房税收政策。做好房地产开发企业土地增值税预征和清算管理以及存量房交易税收管理，强化部门间信息共享机制建设，堵塞税收漏洞。继续稳步推进个人住房房产税试点工作。

六、从严执行住房限购政策。调整非本市户籍居民家庭购房缴纳税收或社保费年限，从能提供自购房之日起算的前2年内在本市累计缴纳1年以上，调整为能提供自购房之日起算的前3年内在本市累计缴纳2年以上。

七、加强房地产市场监管。房管、地税、民政、人保等部门要发挥信息联网、数据交互共享的作用，加强审核。房管、工商、地税、价格主管等部门加强市场监管，严格执行"一房一价"，明码标价、商品房销售备案管理等规定。加大开展房地产经纪市场治理工作力度，严厉查处骗购、骗税等各类违法违规行为，并予以曝光。

广州市人民政府办公厅关于贯彻《国务院办公厅关于继续做好房地产市场调控工作通知》的实施意见

穗府办〔2013〕14号　2013年3月31日

根据国家和省关于房地产市场调控工作的决策和部署，2011年我市制定实施了《关于贯彻国务院办公厅关于进一步做好房地产市场调控工作有关问题的通知的实施意见》（穗府办〔2011〕3号）等调控政策措施，我市房地产市场调控工作取得了积极成效。当前我市房地产市场调控仍处在关键时期，为深入贯彻落实《国务院办公厅关于继续做好房地产市场调控工作的通知》（国办发〔2013〕17号）和《广东省人民政府办公厅转发国务院办公厅关于继续做好房地产市场调控工作的通知》（粤府办〔2013〕11号），促进房地产市场平稳健康发展，经市人民政府同意，现制定如下实施意见：

一、按照保持房价基本稳定的原则，根据我市经济发展目标、人均可支配收入增长速度和居民住房支付能力，确定2013年我市新建商品住房（不含保障性住房，下同）价格涨幅要低于我市年度城市居民人均可支配收入实际增幅。全市各级政府和各有关单位要切实采取有效措施，保持房价基本稳定。对政策措施落实不到位、工作不得力、计划目标未完成的，市政府要进行约谈和问责。

二、市国土房管局、地税局、人力资源和社会保障局要进一步严格执行商品住房限购措施。自本意见发布之日起，非本市户籍居民家庭能提供购房之日前2年内在本市连续缴交1年以上个人所得税缴纳证明或社会保险缴纳证明的，限购1套住房（含新建商品住房和二手住房）；非本市户籍居民家庭不得通过补缴个人所得税缴纳证明或社会保险缴纳证明购买住房。市国土房管局要进一步加强对购房行为的监管，购房资格审查环节前移至签订购房合同（认购）前。

三、人民银行广州分行可结合2013年我市新建商品住房价格控制目标和我市房地产市场调控的相关要求，提高第二套住房贷款的首付款比例和贷款利率。

四、由市地税局牵头，市国土房管局配合，严格执行国办发〔2013〕17号文关于出售自有住房个人所得税的征收规定。加强土地增值税征收管理，加大对房地产开发项目土地增值税清算力度。

五、市国土房管局要在近日公布2013年全市住房用地供应计划，该计划应高于过去5年平均实际供应量。要确保各类保障性住房和中低价位、中小套型普通商品住房用地供应比例不低于住房用地供应总量的70%，禁止容积率小于等于1的低密度住房用地供应。

由市"三旧"改造办牵头，市规划、国土房管、建设等部门配合，各区（县级市）政府为实施主体，加快实施旧村、旧厂、旧城改造，增加普通住房用地供应。市规划部门要严格对照土地出让合同，加强对套型建筑面积90平方米以下普通住房的规划报建审批。在符合信贷条件的前提下，对中小套型住房套数达到项目开发建设总套数70%以上的普通住房建设项目，银行业金融机构要优先支持其开发贷款需求。

六、市住房保障办要继续加快保障性住房建设。2013年我市计划建设筹集保障性住房1.6万套，基本建成保障性住房3.1万套，新增发放租赁补贴1500户，实现我市城镇低收入住房困难家庭“应保尽保”。2013年起，全市每年安排一定数量公共租赁住房，逐步解决符合条件的外来务工人员的住房困难。市规划局、国土房管局要强化保障性住房的规划统筹，合理安排布局，加大配套基础设施投入。市住房保障办要确保保障性住房的工程质量安全，加强分配管理。

七、由市国土房管局牵头，市物价局配合，加强商品房销售价格监管，引导开发企业理性定价。预售方案申报价格过高且不接受国土房管部门指导的商品住宅项目，暂不核发预售许可证。已取得预售许可证的商品房项目，继续严格执行商品房销售明码标价、一房一价规定；超过申报价格销售的，不得网上签订商品房买卖合同，调整后再予销售。

由市国土房管局牵头，市工商、物价、建设等部门配合，加强整顿和规范房地产市场秩序，重点查处违反住房限购政策、违规销售、违规经纪、哄抬房价、发布虚假广告等房地产市场违法、违规行为。

市国土房管、统计等部门要继续完善房地产市场监测分析和信息发布机制，稳定市场预期。要强化舆论引导，形成有利于房地产市场平稳健康发展的舆论氛围。

八、市发展改革、规划、国土房管、建设等部门要规范房地产开发建设的行政许可，简化办事流程，缩短审批时间，建立健全信息共享、衔接合作的审批平台，提高行政服务办事效率。

九、要加快研究建立与广州经济社会发展和居民收入水平相适应的多层次住房供应体系，探索促进我市房地产市场平稳健康可持续发展的长效机制，逐步解决不同收入阶层的住房需求。

十、穗府办〔2011〕3号文与本意见不一致的内容以本意见为准，除此以外的其他内容继续执行。

从化市、增城市应严格落实国办发〔2013〕17号、粤府办〔2013〕11号文，切实采取有效的房地产市场调控措施，确保完成2013年新建商品住房价格控制目标。

广州市人民政府办公厅关于进一步做好房地产市场调控工作的意见

穗府办〔2013〕44号　2013年11月15日

《广州市人民政府办公厅关于贯彻广东省人民政府办公厅转发国务院办公厅关于继续做好房地产市场调控工作通知的实施意见》（穗府办〔2013〕14号）实施以来，我市房地产市场出现了积极变化。为进一步做好房地产市场调控工作，促进我市房地产市场平稳健康发展，经市人民政府同意，现提出如下意见：

一、加快中低价位商品住房供应，控制高端商品住房供应。加快中低价位商品住房供应，加强对中低价位商品住房项目预售款的监控和划拨使用管理，确保房地产项目顺利完成开发建设。已批准建设的低密度商品住房项目须完成房地产初始登记后方可销售。

二、增加住宅用地供应。切实采取有效措施，力争2013年住宅用地实际供应量比前5年年均实际供应量增加20%以上。2013年12月31日前制定并公布2014年全市住宅用地供应计划，确保2014年住宅用地计划供应量不低于2013年计划供应量。

三、抑制不合理住房需求。自本意见发布之日起，暂定对能提供购房之日前5年内在本市连续缴纳3年以上个人所得税缴纳证明或社会保险缴纳证明的非本市户籍居民家庭，限购1套住房（含新建商品住房和二手住房）。

从严查处各类住房骗购行为。对提供虚假购房资料骗购住房的，不予办理房地产登记；对存在规避住房限购措施的商品住房项目，责令房地产开发企业整改；购房人不具备购房资格的，企业要与购房人解除合同；对教唆、协助购房人伪造证明材料、骗取购房资格的中介机构，责令停业整顿，并严肃处理相关责任人；情节严重的，追究当事人的法律责任。

四、人民银行广州分行应在国家统一信贷政策基础上，根据本市房价控制目标和政策要求，进一步提高第二套住房贷款的首付比例。

五、引导开发企业理性定价。根据2013年本市房价控制目标，继续对新建商品住房预售价格实行价格指导，对不接受政府价格指导的项目，暂不核发预售许可证。

六、穗府办〔2013〕14号文件与本意见不一致的内容以本意见为准，除此以外的其他内容继续执行。

深圳市人民政府办公厅关于继续做好房地产市场调控工作的通知

深府办〔2013〕12号　2013年3月31日

根据《国务院办公厅关于继续做好房地产市场调控工作的通知》（国办发〔2013〕17号）以及《广东省人民政府办公厅转发国务院办公厅关于继续做好房地产市场调控工作的通知》（粤府办〔2013〕11号）的要求，为继续做好我市房地产市场调控工作，现就有关问题通知如下：

一、完善房价调控工作机制

加强市场监测与价格分析，引导房地产开发企业理性定价，严格规范新建商品住房供应管理，促进中低价位普通商品住房和保障性住房的有效供应，进一步完善稳定房价工作机制。根据我市年度经济发展目标、人均可支配收入增长速度和居民住房支付能力等情况，确保2013年全市新建商品住房价格涨幅低于本市人均可支配收入的实际增长速度。

二、加强房地产税收征管

严格执行国办发〔2013〕17号文关于出售自有住房个人所得税的征收规定，充分发挥税收政策的调节作用。税务和规划国土部门要加强沟通协调，依法严格开展房地产税收征管工作，充分发挥房地产税收在引导住房合理消费、抑制投资投机购房方面的作用。完善房地产价格评估技术，发挥其在房地产税收征管中的积极作用，继续加强存量房交易税收征管工作，并根据房价变动，适时、适当调整征税评估价格。

三、严格实施差别化住房信贷政策

银行业金融机构、市规划国土等部门要密切配合，加强信息互通共享，强化借款人资格审查，不得向不符合信贷政策的借款人违规发放贷款。银行业金融机构要严格执行第二套（及以上）住房信贷政策。银行业监管部门要加强对各商业银行执行差别化住房信贷政策情况的监督检查，依据相关规定严肃查处违规住房信贷行为。人民银行深圳市中心支行可根据我市年度新建商品住房价格控制目标和政策要求，在必要时候调整第二套住房贷款的首付比例和利率。继续完善住房公积金制度，积极推进住房公积金缴存扩面工作，进一步提高住房公积金贷款政策对于合理住房需求的支持力度。

四、严格执行商品住房限购政策

要继续严格执行国家、省、市商品住房限购措施。市规划国土部门要加强与市税务、民政、公安、社保等部门的合作，实现信息互通，杜绝通过补缴社保、多重户口等方式规避限购政策的行为；发挥个人住房信息系统在限购、限贷政策中的作用。各有关单位要加大对提供虚假信息、以欺骗手段获取房地产预售合同备案、房地产过户登记等违法违规行为的查处力度，坚决遏制房地产市场投机行为。

五、增加住房和用地供应

市规划国土部门要积极增加住房用地有效供应，科学编制年度住房用地供应计划，拓宽城市更新等住房用地供应渠道，2013 年住房用地供应总量应不低于过去 5 年平均实际供应量。进一步加大公共租赁住房、安居型商品房和普通商品住房用地供应力度，确保各类保障性住房和中小套型普通商品住房用地不低于年度住房建设用地供应总量的 70%。加快保障性住房和中小套型普通商品住房项目的建设和销售，促进市场供应。

六、加快落实保障性安居工程规划建设

市住房建设部门要加大保障性安居工程建设力度，通过新安排用地建设、城市更新项目配套建设、产业用地配套住房建设、轨道和交通场站上盖以及企业利用自有存量用地建设等方式筹集和建设保障性住房。2013 年度新安排筹建保障性安居工程项目 4 万套，新开工保障性安居工程项目 1.5 万套，竣工 2 万套，基本建成 3 万套。建立和完善以公共租赁住房和安居型商品房为主，以货币补贴为重要补充的住房保障方式。加快保障性住房工程进度和分配管理，严格落实年度保障性住房建设和分配责任目标，建立健全安居型商品房轮候制度。

七、进一步加强市场监管

强化商品房预售管理，引导房地产开发企业理性定价。继续严格执行商品房销售价格备案、明码标价、一房一价等规定，严格按照申报价格对外销售。健全房地产市场监督管理机制，各部门要加强沟通协作，建立健全信息共享、情况通报及违法违规行为的联合查处机制。进一步规范二手房市场交易秩序，强化房源信息编码运用，加大对发布虚假房源信息行为的查处力度，规范房地产经纪机构和经纪人的准入管理，积极引导房地产经纪行业持续健康发展。进一步完善房地产行业诚信管理制度，将违法违规销售等行为记入房地产开发企业信用档案，并依据相关规定进行处理。

八、加强市场预期管理

进一步加强住房市场运行监测管理和预期引导，提高市场监测频率，细化监测区域，加强热点片区监测力度。及时主动发布商品住房建设、交易及房价、房租等方面的权威信息，方便居民置业参考和引导市场预期。继续加强舆情监测，对涉及房地产市场的不实信息，要及时、主动澄清。对诱导购房者违反限购、限贷等政策措施，造谣、传谣以及炒作不实信息误导消费者的企业、机构、媒体和个人，要进行严肃处理。

Ⅱ.数据篇

导 读

房地产市场基础数据是国家制定房地产调控政策的基本依据，也是房地产企业经营决策的重要参考。

“数据篇”中宏观经济数据，全国各省、直辖市、自治区及四十个重点城市的行业指标数据主要来源于国家统计局以及各地方统计局公报；四十个重点城市的预售项目及地块列表来源于中国房地产决策咨询系统（CRIC）；本年鉴还收录了全国一百个城市2008—2012年人口和就业、城市建设、人民生活等众多统计指标。另有少部分为企业数据和房地产上市企业股价变化的数据。全国性的数据不包括港、澳、台地区相关数据。

鉴于一些部门对于房地产市场的数据系统及采集方法等都在不断完善中，加上我们在收集数据时点的局限性，故请读者在采用此基础数据时做多角度比较。

一、全国宏观经济数据

表 2－1　2013 年全国宏观经济月度数据

	1 月	2 月	3 月	4 月	5 月	6 月	7 月	8 月	9 月	10 月	11 月	12 月
工业增加值同比增幅（%）	—	9.9	8.9	9.3	9.2	8.9	9.7	10.4	10.2	10.3	10.0	9.7
固定资产投资额（亿元）	—	25676	32416	33227	39892	50107	40404	40856	46630	42461	39614	45245
进口总额（亿美元）	1582	1241	1831	1689	1623	1472	1682	1621	1704	1543	1684	1821
进口总额同比增幅（%）	28.8	－15.2	14.1	16.8	－0.3	－0.7	10.9	7.0	7.4	7.6	5.3	8.3
出口总额（亿美元）	1874	1394	1822	1871	1828	1743	1860	1906	1857	1854	2022	2077
出口总额同比增幅（%）	25.0	21.8	10.0	14.7	1.0	－3.1	5.1	7.2	－0.3	5.6	12.7	4.3
社会消费品零售总额（亿元）	—	37810	17641	17600	18886	18827	18513	18886	20653	21491	21012	23060
社会消费品零售总额同比增幅（%）	—	12.3	12.6	12.8	12.9	13.3	13.2	13.4	13.3	13.3	13.7	13.6
新增贷款总额（亿）	10700	6200	10600	7929	6674	8605	6999	7113	7870	5061	6246	4825
新增贷款同比增幅（%）	45.0	－12.8	5.0	16.3	－15.9	－6.5	29.6	1.1	26.3	0.2	19.5	6.2
PPI 同比增幅（%）	－1.6	－1.6	－1.9	－2.6	－2.9	－2.7	－2.3	－1.6	－1.3	－1.5	－1.4	－1.4
CPI 同比增幅（%）	2.0	3.2	2.1	2.4	2.1	2.7	2.7	2.6	3.1	3.2	3.0	2.5
PMI（%）	50.4	50.1	50.9	50.6	50.8	50.1	50.3	51.0	51.1	51.4	51.4	51.0

注：1－2 月份，固定资产投资总额为 25676 亿元；数据来源：国家统计局。

表 2－2　2013 年全国宏观经济月度累计数据

	1－2 月	1－3 月	1－4 月	1－5 月	1－6 月	1－7 月	1－8 月	1－9 月	1－10 月	1－11 月	1－12 月
工业增加值累计增幅（%）	9.9	9.5	9.4	9.4	9.3	9.4	9.5	9.6	9.7	9.7	9.7
固定资产投资额（亿元）	25676	58092	91319	131211	181318	221722	262578	309208	351669	391283	436528
同比增幅（%）	21.2	20.9	20.6	20.4	20.1	20.1	20.3	20.2	20.1	19.9	19.6
进口总额累计（亿美元）	2826	4658	6349	7977	9449	11130	12751	14455	15998	17682	19503
同比增幅（%）	5.0	8.4	10.6	8.2	6.7	7.3	7.3	7.3	7.3	7.1	7.3
出口总额累计（亿美元）	3267	5089	6959	8786	10528	12387	14293	16149	18002	20023	22100
同比增幅（%）	23.6	18.4	17.4	13.5	10.4	9.5	9.2	8.0	7.8	8.3	7.9
消费品零售总额（亿元）	37810	55451	73051	91938	110764	129277	148164	168817	190308	211320	234380
同比增幅（%）	12.3	12.4	12.5	12.6	12.7	12.8	12.8	12.9	13.0	13.0	13.1
新增贷款总额累计（亿）	16900	27500	35429	42103	50708	57707	64820	72690	77751	83997	88822
同比增幅（%）	16.7	11.8	12.8	7.0	4.5	7.0	6.3	8.2	7.6	8.4	8.3

数据来源：国家统计局、中国海关总署。

表 2－3　　2013 年国内生产总值季度累计值及同比增幅

	1 季度	1－2 季度	1－3 季度	1－4 季度
国内生产总值（亿元）	118855	248009	386762	568845
增长幅度（%）	7.7	7.6	7.7	7.7

数据来源：国家统计局。

表 2－4　　2013 年国内生产总值各季度增长数据

	1 季度	2 季度	3 季度	4 季度
增长幅度（%）	7.7	7.5	7.8	7.7

数据来源：国家统计局。

表 2－5　　2009—2013 年全国城镇居民家庭人均可支配收入

单位：亿元

	2009	2010	2011	2012	2013
全　国	**17175**	**19109**	**21810**	**24565**	**26955**
北　京	26738	29073	32903	36469	40321
天　津	21402	24293	26921	29626	32658
河　北	14718	16263	18292	20543	22580
山　西	13997	15648	18124	20412	22456
内蒙古	15849	17698	20408	23150	25497
辽　宁	15761	17713	20467	23223	25578
吉　林	14006	15411	17797	20208	22275
黑龙江	12566	13857	15696	17760	19597
上　海	28838	31838	36230	40188	43851
江　苏	20552	22944	26341	29677	32538
浙　江	24611	27359	30971	34550	37851
安　徽	14086	15788	18606	21024	23114
福　建	19577	21781	24907	28055	30816
江　西	14022	15481	17495	19860	21873
山　东	17811	19946	22792	25755	28264
河　南	14372	15930	18195	20443	22398
湖　北	14367	16058	18374	20840	22906
湖　南	15084	16566	18844	21319	23414
广　东	21575	23898	26897	30227	33090
广　西	15451	17064	18854	21243	23300

续表

	2009	2010	2011	2012	2013
海　南	13751	15581	18369	20918	22929
重　庆	15749	17532	20250	22968	25216
四　川	13839	15461	17899	20307	22368
贵　州	12863	14180	16495	18700	20667
云　南	14424	16065	18576	21075	23236
西　藏	13544	14980	16196	18056	20023
陕　西	14129	15695	18245	20734	22858
甘　肃	11930	13189	14989	17237	18965
青　海	12692	13855	15603	17566	19499
宁　夏	14025	15345	17579	19831	22013
新　疆	12258	13644	15514	17921	19874

数据来源：国家及各地统计局、统计公报、新华社、人民网。

二、全国房地产数据

表 2－6　　2009 年—2013 年全国房地产主要行业指标数据

单位：亿元、万平方米、%

	2009 年		2010 年		2011 年		2012 年		2013 年	
	数值	同比	数值	同比	数值	同比	数值	同比	数值	同比
开发投资	**36232**	**16.1**	**48267**	**33.2**	**61740**	**27.9**	**71804**	**16.2**	**86013**	**19.8**
住宅投资	25619	14.2	34038	32.9	44308	30.2	49374	11.4	58951	19.4
办公楼	1378	18.1	1807	31.2	2544	40.7	3367	31.6	4652	38.2
商业投资	4172	24.4	5599	33.9	7370	30.5	9312	25.4	11945	28.3
土地购置费	6039	0.7	9992	20.7	11413	14.1	12100	5.0	13502	11.6
施工面积	**319650**	**12.8**	**405539**	**26.6**	**507959**	**25.3**	**573418**	**13.2**	**665572**	**16.1**
住宅	250804	12.5	314943	25.3	388439	23.4	428964	10.6	486347	13.4
办公楼	9985	4.2	12140	21.4	15950	31.3	19434	21.5	24577	26.5
商业营业用房	34440	13.0	44616	29.2	56278	26.1	65814	17.6	80627	22.5
新开工面积	**115385**	**12.5**	**163777**	**40.7**	**190083**	**16.2**	**177334**	**－7.3**	**201208**	**13.5**
住宅	92463	10.5	129468	38.8	146035	12.9	130695	－11.2	145845	11.6
办公楼	2814	13.8	3678	28.6	5361	46.2	5986	10.9	6887	15.0
商业营业用房	12352	23.0	17461	40.6	20671	18.3	22077	6.2	25902	17.7
竣工面积	**70219**	**5.5**	**75961**	**4.5**	**89244**	**13.3**	**99425**	**7.3**	**101435**	**2.0**
住宅	57694	6.2	61216	2.7	71692	13.0	79043	6.4	78741	－0.4

续表

	2009 年		2010 年		2011 年		2012 年		2013 年	
	数值	同比	数值	同比	数值	同比	数值	同比	数值	同比
办公楼	1607	-12.0	1748	5.8	2179	20.0	2315	2.1	2789	20.5
商业营业用房	6515	1.6	7931	16.2	9045	9.2	10226	8.0	10852	6.1
商品房销售面积	**93713**	**42.1**	**104349**	**10.1**	**109946**	**4.9**	**111304**	**1.8**	**130551**	**17.3**
住宅	85294	43.9	93052	8.0	97030	3.9	98468	2.0	115723	17.5
办公楼	1513	30.8	1882	21.9	2008	6.2	2254	12.4	2883	27.9
商业营业用房	5222	24.2	6921	29.9	7878	12.6	7759	-1.4	8469	9.1
商品房销售额	**43995**	**75.5**	**52479**	**18.3**	**59119**	**12.1**	**64456**	**10.0**	**81428**	**26.3**
住宅	38157	80.0	43953	14.4	48619	10.2	53467	10.9	67695	26.6
办公楼	1618	66.9	2149	31.2	2502	16.1	2773	12.2	3747	35.1
商业营业用房	3601	45.5	5354	46.3	6702	23.7	7000	4.8	8280	18.3
资金来源	**57128**	**44.2**	**72494**	**25.4**	**83246**	**14.1**	**96538**	**12.7**	**122122**	**26.5**
国内贷款	11293	48.5	12540	10.3	12564	0.0	14778	13.2	19673	33.1
利用外资	470	-35.5	796	66.0	814	2.9	402	-48.8	534	32.8
自筹资金	17906	16.9	26705	48.8	34093	28.0	39083	11.7	47425	21.3
其他资金	27459	71.9	32454	15.9	35775	8.6	42275	14.7	54491	28.9

数据来源：国家统计局。

表 2-7　　2013 年全国房地产主要行业指标月度数据

	1-2 月	3 月	4 月	5 月	6 月	7 月	8 月	9 月	10 月	11 月	12 月
房地产开发投资额（亿元）	6670	6463	6048	7618	10030	7474	7818	9000	7574	8719	8601
商品住宅开发投资额（亿元）	4583	4430	4108	5243	6864	5091	5420	6241	5243	5890	5839
房屋新开工面积（亿平方米）	2.30	0.44	0.41	0.52	0.69	0.51	0.54	0.62	0.52	0.59	0.58
房屋竣工面积（亿平方米）	1.35	1.59	1.66	1.81	2.23	1.67	1.52	1.71	1.14	2.48	2.02
住宅竣工面积（亿平方米）	1.04	0.59	0.43	0.50	0.66	0.63	0.50	0.61	0.67	1.00	3.20
全国商品房销售面积（万平方米）	10471	10427	8863	9358	12315	9700	9709	13541	11548	14876	19744
住宅销售面积（万平方米）	9494	9407	7933	8332	10924	8658	8659	12027	10288	13150	16852
全国商品房销售额（亿元）	7361	6630	5856	6017	7512	6172	6175	8304	7210	8708	11482
住宅销售额（亿元）	6301	5694	4946	5030	6244	5165	5146	6911	6048	7205	9006
国房景气指数（当月）	97.92	97.56	97.35	97.26	97.29	97.39	97.29	97.25	96.88	96.38	97.21

数据来源：根据国家统计局整理。

表 2－8　　2013 年全国房地产主要行业指标月度累计数据

	1－2 月	1－3 月	1－4 月	1－5 月	1－6 月	1－7 月	1－8 月	1－9 月	1－10 月	1－11 月	1－12 月
房地产开发投资额（亿元）	6670	13133	19180	26798	36828	44302	52120	61120	68693	77412	86013
同比增幅（%）	22.8	20.2	21.1	20.6	20.3	20.5	19.3	19.7	19.2	19.5	19.8
住宅开发投资额（亿元）	4583	9013	13121	18363	25227	30318	35738	41979	47222	53112	58951
同比增幅（%）	23.4	21.1	21.3	21.6	20.8	20.2	19.2	19.5	18.9	19.1	19.4
房屋新开工面积（亿平方米）	23001	38873	55506	73613	95901	112638	127840	144900	156275	181055	201208
同比增幅（%）	14.7	−2.7	1.9	1.0	3.8	8.4	4.0	7.3	6.5	11.5	13.5
房屋施工面积（亿平方米）	455422	478950	500618	523431	549408	568681	585553	603982	616465	646096	665572
同比增幅（%）	15.3	17.0	17.2	16.0	15.5	16.2	14.4	15.0	14.6	16.1	16.1
房屋竣工面积（亿平方米）	13524	19473	23759	28745	35346	41643	46650	52706	59390	69420	101435
同比增幅（%）	34.0	8.9	6.6	5.3	6.3	7.9	4.6	4.2	1.8	2.5	2.0
住宅竣工面积（亿平方米）	10360	15001	18273	22204	27428	32384	36301	41170	46395	54265	78741
同比增幅（%）	30.5	4.7	2.6	1.8	2.7	4.6	1.4	1.4	−0.8	−0.1	−0.4
全国商品房销售面积（万平方米）	10471	20898	29761	39118	51433	61133	70842	84383	95931	110807	130551
同比增幅（%）	49.5	37.1	38.0	35.6	28.7	25.8	23.4	23.3	21.8	20.8	17.3
住宅销售面积（万平方米）	9494	18901	26834	35166	46090	54748	63407	75434	85721	98872	115723
同比增幅（%）	55.2	41.2	41.1	37.6	30.4	27.1	24.4	23.9	22.3	21.3	17.5
全国商品房销售额（亿元）	7361	13992	19847	25864	33376	39549	45724	54028	61238	69946	81428
同比增幅（%）	77.6	61.3	59.8	52.8	43.2	37.8	34.4	33.9	32.3	30.7	26.3
住宅销售额（亿元）	6301	11995	16941	21971	28215	33380	38526	45437	51485	58689	67695
同比增幅（%）	87.2	69.0	65.2	56.8	46.0	39.9	35.7	34.5	32.6	31.1	26.6

数据来源：国家统计局。

三、全国各地区房地产开发投资数据

表 2－9　　2009—2013 年全国各地区房地产开发投资数据

单位：亿元

	2009 年	2010 年	2011 年	2012 年	2013 年
总　计	**36231.71**	**48267.07**	**61739.78**	**71803.79**	**86013.38**
一、东部地区	**21101.28**	**28009.07**	**35606.66**	**40541.36**	**47971.53**
北　京	2337.71	2901.07	3036.33	3153.44	3483.40
天　津	735.18	866.64	1080.04	1260.00	1480.82
河　北	1517.20	2264.83	3069.55	3086.52	3445.42
辽　宁	2640.56	3465.76	4487.56	5455.82	6450.75
上　海	1464.18	1980.68	2170.31	2381.36	2819.59
江　苏	3338.58	4301.85	5552.69	6206.10	7241.45
浙　江	2253.57	3030.04	4137.25	5226.27	6216.25
福　建	1136.35	1818.86	2402.61	2824.12	3702.97
山　东	2428.73	3251.78	4108.08	4708.31	5444.53
广　东	2961.32	3659.69	4899.19	5352.79	6489.59
海　南	287.90	467.87	663.05	886.64	1196.76
二、中部地区	**7938.46**	**10516.65**	**13197.33**	**15762.82**	**19044.80**
山　西	477.27	592.24	789.92	1010.45	1308.63
吉　林	756.34	921.01	1165.39	1310.03	1252.43
黑龙江	563.92	843.12	1219.37	1535.84	1604.83
安　徽	1667.54	2251.80	2590.07	3151.61	3946.23
江　西	634.52	706.82	852.69	969.62	1174.58
河　南	1553.76	2114.08	2620.01	3035.29	3843.76
湖　北	1200.44	1618.24	2063.21	2539.46	3286.02
湖　南	1084.66	1469.33	1896.66	2210.52	2628.32
三、西部地区	**7191.97**	**9741.35**	**12935.79**	**15499.61**	**18997.05**
内蒙古	815.46	1120.02	1650.02	1291.44	1479.01
广　西	813.68	1206.22	1500.46	1554.94	1614.63
重　庆	1238.91	1620.26	2015.09	2508.35	3012.78
四　川	1586.76	2194.63	2836.71	3266.40	3853.00
贵　州	369.69	556.69	878.67	1467.60	1942.54
云　南	737.46	900.44	1272.72	1782.14	2488.33
西　藏	15.72	8.96	5.13	6.87	9.68
陕　西	943.73	1160.23	1420.53	1835.93	2240.17
甘　肃	204.14	266.41	362.88	561.02	724.65
青　海	72.85	108.19	144.77	189.68	247.61
宁　夏	162.74	254.37	330.55	429.15	558.97
新　疆	230.84	344.93	518.26	606.09	825.69

数据来源：国家统计局。

表 2 – 10　　2013 年全国各地区月度累计房地产开发投资数据

单位：亿元

	1–2 月	1–3 月	1–4 月	1–5 月	1–6 月	1–7 月	1–8 月	1–9 月	1–10 月	1–11 月	1–12 月
总　计	**6669.70**	**13132.57**	**19180.14**	**26797.97**	**36827.94**	**44301.58**	**52119.77**	**61119.55**	**68693.18**	**77412.16**	**86013.38**
东部地区	**4023.65**	**7766.45**	**11240.89**	**15518.11**	**21140.06**	**25264.38**	**29498.21**	**34412.97**	**38443.02**	**43068.40**	**47971.53**
北　京	227.04	451.97	647.88	932.51	1315.28	1609.02	1929.36	2234.60	2475.76	2864.10	3483.40
天　津	85.88	249.54	398.75	569.00	810.00	910.09	1020.37	1158.73	1221.64	1328.43	1480.82
河　北	145.10	455.53	728.68	1020.87	1478.55	1779.67	2150.03	2517.49	2868.41	3214.58	3445.42
辽　宁	143.82	503.18	913.73	1663.22	2721.15	3433.75	4090.03	5023.41	5630.78	6159.38	6450.75
上　海	380.17	575.20	787.85	1015.58	1268.87	1493.33	1752.98	2010.21	2279.69	2565.24	2819.59
江　苏	857.09	1476.67	2051.45	2701.82	3386.35	4001.92	4592.18	5202.64	5756.10	6460.64	7241.45
浙　江	676.78	1192.19	1645.46	2151.26	2832.86	3342.09	3853.21	4475.38	4974.46	5497.28	6216.25
福　建	368.65	700.39	996.27	1333.12	1790.48	2046.06	2333.63	2693.36	2980.46	3341.39	3702.97
山　东	402.92	858.00	1254.89	1724.11	2327.68	2814.83	3297.70	3838.69	4318.69	4864.37	5444.53
广　东	611.49	1105.15	1533.62	2031.46	2708.36	3231.45	3773.78	4444.02	5017.69	5714.77	6489.59
海　南	124.69	198.62	282.32	375.15	500.47	602.18	704.96	814.45	919.35	1058.23	1196.76
中部地区	**1241.31**	**2521.28**	**3803.74**	**5445.23**	**7644.81**	**9298.46**	**11116.25**	**13126.92**	**14890.31**	**17084.44**	**19044.80**
山　西	21.04	80.43	154.10	261.24	413.93	532.84	667.67	826.43	972.47	1127.96	1308.63
吉　林	13.36	30.52	77.37	175.35	351.80	515.61	664.66	866.27	1019.79	1213.30	1252.43
黑龙江	8.53	34.76	115.25	254.52	454.13	645.90	840.44	1048.49	1253.56	1454.74	1604.83
安　徽	392.76	700.25	1002.86	1372.86	1757.55	2065.68	2488.97	2875.58	3215.67	3618.25	3946.23
江　西	130.36	217.07	298.88	404.48	505.12	596.83	704.57	829.05	929.90	1060.26	1174.58
河　南	219.59	520.38	836.68	1180.10	1597.94	1910.73	2225.16	2610.40	2933.26	3385.05	3843.76
湖　北	220.71	513.23	732.27	990.14	1472.16	1721.75	1994.35	2296.51	2565.39	2882.77	3286.02
湖　南	234.95	424.64	586.33	806.54	1092.18	1309.11	1530.43	1774.18	2000.27	2342.11	2628.32
西部地区	**1404.75**	**2844.84**	**4135.51**	**5834.63**	**8043.07**	**9738.74**	**11505.30**	**13579.65**	**15359.85**	**17259.32**	**18997.05**
内蒙古	5.51	40.50	119.15	261.73	495.24	673.09	880.52	1116.42	1334.09	1438.05	1479.01
广　西	135.26	267.75	379.95	521.69	719.09	824.20	938.31	1070.00	1213.63	1427.08	1614.63
重　庆	298.26	547.25	747.17	988.57	1272.28	1500.35	1774.40	2112.19	2329.90	2645.10	3012.78
四　川	407.26	772.90	1053.69	1407.45	1823.79	2152.46	2455.12	2811.26	3118.30	3449.84	3853.00
贵　州	152.24	383.05	496.13	664.77	859.58	1028.13	1211.81	1420.67	1598.60	1778.41	1942.54
云　南	218.07	410.62	587.03	810.46	1084.43	1272.33	1470.03	1737.51	1989.76	2189.48	2488.33
西　藏	0.02	0.63	1.30	2.35	3.31	4.46	5.51	6.29	7.68	8.48	9.68
陕　西	162.07	302.77	460.11	665.60	976.21	1175.01	1362.86	1561.73	1766.74	2064.63	2240.17
甘　肃	17.33	58.20	116.36	189.24	291.30	368.82	448.33	549.31	627.58	693.45	724.65
青　海	0.97	13.92	36.96	60.99	85.67	129.36	156.62	196.78	226.92	244.80	247.61
宁　夏	1.59	25.92	64.77	116.14	189.82	257.68	324.26	399.66	465.08	530.80	558.97
新　疆	6.18	21.32	72.88	145.65	242.34	352.85	477.54	597.82	681.56	789.19	825.69

数据来源：国家统计局。

表 2 - 11　　2009—2013 年全国各地区住宅开发投资数据

单位：亿元

	2009 年	2010 年	2011 年	2012 年	2013 年
总　计	**25618.74**	**34038.14**	**44308.43**	**49374.21**	**58950.76**
一、东部地区	**14445.66**	**19233.00**	**25214.76**	**27648.93**	**32696.81**
北　京	906.62	1508.95	1778.31	1627.99	1724.56
天　津	494.86	565.39	678.98	843.05	986.28
河　北	1218.32	1785.65	2296.31	2317.13	2539.29
辽　宁	1932.94	2481.10	3413.44	3961.95	4666.03
上　海	918.68	1229.83	1398.75	1451.94	1615.51
江　苏	2424.15	3159.94	4085.85	4354.63	5171.50
浙　江	1580.76	2058.47	2699.82	3436.74	4089.22
福　建	743.30	975.13	1591.56	1751.98	2402.08
山　东	1860.35	2513.40	3202.04	3473.23	3976.63
广　东	2103.92	2538.02	3495.43	3704.98	4530.63
海　南	261.78	417.11	574.27	725.32	995.09
二、中部地区	**5986.26**	**7859.67**	**9831.79**	**11063.50**	**13264.72**
山　西	379.46	457.45	615.03	735.61	958.85
吉　林	604.88	731.82	903.60	987.74	911.45
黑龙江	442.48	656.93	938.82	1122.52	1124.72
安　徽	1173.36	1607.83	1884.16	2059.29	2549.88
江　西	509.17	544.77	656.91	684.21	795.38
河　南	1235.21	1685.21	2022.06	2203.06	2827.09
湖　北	804.16	1040.86	1327.21	1698.38	2251.56
湖　南	837.54	1134.79	1484.01	1572.67	1845.81
三、西部地区	**5186.81**	**6945.47**	**9261.88**	**10661.79**	**12989.23**
内蒙古	573.82	782.14	1112.02	845.63	1003.57
广　西	577.17	878.89	1073.59	1069.64	1166.61
重　庆	789.02	1091.49	1438.45	1706.77	2044.24
四　川	1149.17	1535.28	1998.11	2197.75	2537.89
贵　州	248.01	328.63	579.97	930.31	1224.23
云　南	552.96	654.67	873.90	1152.50	1642.40
西　藏	11.37	6.99	3.74	4.25	5.87
陕　西	782.33	938.53	1180.11	1477.57	1768.95
甘　肃	137.32	187.93	258.06	412.51	539.85
青　海	55.47	75.20	90.20	141.10	159.72
宁　夏	126.08	187.29	235.80	279.49	340.27
新　疆	184.09	278.43	417.93	444.27	555.62

数据来源：国家统计局。

表 2－12　　2013 年全国各地区月度累计住宅开发投资数据

单位：亿元

	1－2 月	1－3 月	1－4 月	1－5 月	1－6 月	1－7 月	1－8 月	1－9 月	1－10 月	1－11 月	1－12 月
总　计	**4583.09**	**9012.62**	**13120.65**	**18363.32**	**25227.14**	**30318.10**	**35738.46**	**41979.18**	**47222.48**	**53112.49**	**58950.76**
东部地区	**2736.26**	**5276.99**	**7622.24**	**10539.72**	**14360.82**	**17127.51**	**20045.68**	**23492.65**	**26284.79**	**29402.59**	**32696.81**
北　京	102.83	191.42	269.41	405.50	612.48	740.51	890.40	1110.49	1222.15	1400.59	1724.56
天　津	57.78	163.23	266.26	375.05	536.47	604.61	678.85	774.13	815.37	888.54	986.28
河　北	106.67	335.99	530.83	752.21	1087.03	1302.60	1569.21	1849.87	2107.78	2365.77	2539.29
辽　宁	97.27	350.68	658.07	1203.22	1961.62	2484.69	2962.19	3641.83	4094.78	4459.58	4666.03
上　海	216.66	321.36	448.50	579.18	725.67	825.03	960.48	1119.52	1281.66	1451.34	1615.51
江　苏	612.17	1063.25	1462.83	1917.19	2372.75	2815.10	3264.42	3704.92	4102.96	4617.56	5171.50
浙　江	450.92	783.72	1076.92	1400.21	1871.93	2191.58	2534.98	2936.70	3274.07	3616.08	4089.22
福　建	258.41	475.84	664.49	874.17	1161.11	1322.01	1511.70	1738.33	1922.09	2157.68	2402.08
山　东	292.22	625.99	911.72	1255.30	1692.89	2047.29	2411.96	2810.09	3165.84	3555.96	3976.63
广　东	434.29	793.81	1090.36	1441.97	1905.93	2273.11	2653.89	3116.31	3526.91	4004.27	4530.63
海　南	107.04	171.70	242.86	324.71	432.94	520.98	607.61	690.47	771.16	885.22	995.09
中部地区	**864.24**	**1754.36**	**2633.00**	**3799.40**	**5338.02**	**6482.04**	**7757.57**	**9158.63**	**10394.35**	**11889.81**	**13264.72**
山　西	14.90	57.13	112.61	196.12	315.99	406.95	507.58	619.07	724.40	834.19	958.85
吉　林	10.09	22.94	54.57	125.19	253.97	366.84	480.71	625.25	742.56	882.96	911.45
黑龙江	5.70	23.27	82.58	188.84	334.54	466.09	611.11	764.73	897.80	1013.19	1124.72
安　徽	261.54	464.68	657.55	902.32	1151.40	1349.76	1618.25	1862.07	2079.96	2332.60	2549.88
江　西	90.23	150.58	207.64	276.83	343.55	403.98	477.59	562.80	632.54	720.50	795.38
河　南	157.04	378.48	608.70	865.27	1170.50	1395.01	1624.27	1909.48	2161.78	2492.72	2827.09
湖　北	156.24	356.41	498.08	679.99	1002.76	1172.85	1359.39	1570.11	1752.17	1973.83	2251.56
湖　南	168.50	300.88	411.28	564.84	765.31	920.56	1078.68	1245.13	1403.15	1639.82	1845.81
西部地区	**982.59**	**1981.27**	**2865.41**	**4024.20**	**5528.30**	**6708.55**	**7935.20**	**9327.90**	**10543.34**	**11820.09**	**12989.23**
内蒙古	3.19	28.19	78.59	173.75	327.91	447.29	593.00	759.35	907.10	979.98	1003.57
广　西	100.33	195.94	278.62	378.63	521.10	599.61	680.37	778.84	881.31	1030.95	1166.61
重　庆	203.21	390.48	531.74	696.55	901.65	1059.30	1250.47	1442.39	1602.84	1802.63	2044.24
四　川	280.71	526.49	709.53	938.90	1204.76	1427.46	1631.12	1861.82	2060.40	2281.57	2537.89
贵　州	98.87	242.87	316.53	425.00	544.33	650.66	765.68	894.96	1002.92	1115.26	1224.23
云　南	146.59	271.54	386.31	528.59	709.20	838.30	972.90	1155.04	1312.41	1440.04	1642.40
西　藏	0.02	0.44	0.88	1.39	1.87	2.65	3.37	3.99	4.54	4.90	5.87
陕　西	132.10	247.92	369.32	534.49	769.23	928.28	1077.92	1235.91	1402.77	1630.36	1768.95
甘　肃	11.70	39.74	82.42	138.77	214.66	274.89	336.59	414.20	472.24	522.08	539.85
青　海	0.44	8.63	22.53	37.07	52.89	80.75	99.51	126.41	145.81	157.38	159.72
宁　夏	1.15	15.98	41.30	72.96	115.08	159.09	201.13	249.26	289.67	326.25	340.27
新　疆	4.28	13.07	47.64	98.09	165.62	240.27	323.16	405.72	461.35	528.69	555.62

数据来源：国家统计局。

四、全国各地区房地产开发企业到位资金状况

表 2－13　　2009—2013 年全国各地区房地产开发企业到位资金数据

单位：亿元

	2009 年	2010 年	2011 年	2012 年	2013 年
总　计	**57127.63**	**72494.34**	**83245.94**	**96537.67**	**122122.47**
一、东部地区	**36910.95**	**45186.36**	**49945.10**	**57763.36**	**73755.00**
北　京	6129.77	5790.61	5358.09	6084.55	7300.18
天　津	1413.07	1665.54	1997.82	2146.28	2761.47
河　北	1842.37	2686.64	3437.76	3712.99	4123.54
辽　宁	3268.80	5071.82	5607.39	6328.76	7448.99
上　海	2927.39	3229.29	3206.93	3968.51	5092.67
江　苏	6236.21	7856.73	7912.88	9856.89	12682.03
浙　江	4473.40	5385.57	6029.57	6530.86	8858.25
福　建	1936.01	2527.86	3326.51	4120.73	5767.04
山　东	3344.77	4431.35	5253.75	5755.09	7371.32
广　东	4909.21	5743.77	6889.45	7918.27	10472.94
海　南	429.96	797.18	924.95	1340.42	1876.56
二、中部地区	**10192.34**	**13360.42**	**15985.91**	**19210.49**	**23930.84**
山　西	531.81	786.46	840.49	1033.69	1377.16
吉　林	786.87	968.45	1190.35	1431.68	1516.78
黑龙江	678.73	1044.61	1536.48	1711.04	1833.64
安　徽	2246.41	2863.70	3149.47	3835.34	5077.16
江　西	876.67	1008.16	1118.26	1477.22	1906.64
河　南	1927.88	2468.79	2845.25	3455.04	4402.70
湖　北	1714.19	2216.43	2801.02	3363.83	4224.48
湖　南	1429.79	2003.80	2504.59	2902.66	3592.27
三、西部地区	**10024.34**	**13947.56**	**17314.93**	**19563.82**	**24436.63**
内蒙古	852.57	1168.55	1794.69	1409.08	1638.04
广　西	1126.66	1538.57	1691.20	2007.36	2155.24
重　庆	1848.30	2859.53	3295.69	3869.54	4614.06
四　川	2303.04	3143.99	4029.00	4222.67	5324.53
贵　州	662.56	926.97	1271.26	1418.17	2145.72
云　南	1000.59	1300.66	1648.09	2134.02	2924.36
西　藏	34.09	14.99	9.66	8.13	12.56
陕　西	1319.10	1692.23	1929.28	2317.40	2592.39
甘　肃	245.49	317.21	390.65	651.24	963.35
青　海	88.74	124.73	148.67	228.45	259.09
宁　夏	196.31	359.14	433.18	499.80	694.15
新　疆	346.89	500.99	673.57	797.95	1113.15

数据来源：国家统计局。

表 2－14　　2013 年全国各地区月度累计房地产开发企业到位资金数据

单位：亿元

	1－2 月	1－3 月	1－4 月	1－5 月	1－6 月	1－7 月	1－8 月	1－9 月	1－10 月	1－11 月	1－12 月
总　计	**18925.75**	**26962.00**	**35601.51**	**45114.78**	**57224.72**	**66830.54**	**76960.31**	**87827.78**	**97193.93**	**109475.49**	**122122.47**
东部地区	**11571.95**	**16460.12**	**21905.53**	**27569.18**	**34670.11**	**40511.77**	**46867.77**	**53216.00**	**58723.68**	**65963.43**	**73755.00**
北　京	871.98	1366.58	1894.47	2466.35	3025.58	3707.76	4790.92	5335.98	5979.01	6395.41	7300.18
天　津	424.56	743.11	1005.12	1159.03	1352.05	1589.76	1776.22	2035.14	2146.68	2314.30	2761.47
河　北	581.24	896.94	1186.21	1445.73	1908.26	2260.36	2615.08	2981.75	3356.78	3753.29	4123.54
辽　宁	601.42	1010.37	1548.09	2240.34	3308.13	4023.46	4788.67	5691.71	6385.58	7048.36	7448.99
上　海	1171.36	1440.10	1814.62	2151.89	2579.47	2843.14	3289.07	3753.88	4195.89	4629.73	5092.67
江　苏	2346.33	3185.88	4152.89	5178.74	6347.82	7216.26	8104.60	9051.88	9776.43	11230.67	12682.03
浙　江	1541.52	2156.27	2833.56	3453.33	4186.48	4844.72	5553.83	6273.18	6895.65	7733.39	8858.25
福　建	1001.03	1445.50	1942.23	2402.15	2944.13	3383.81	3789.11	4282.42	4655.63	5241.68	5767.04
山　东	1071.53	1557.44	2012.31	2643.61	3402.37	3990.16	4574.03	5234.35	5789.57	6652.40	7371.32
广　东	1559.94	2209.29	2938.45	3724.81	4732.98	5649.22	6455.97	7330.84	8166.46	9336.06	10472.94
海　南	401.06	448.64	577.60	703.20	882.84	1003.12	1130.27	1244.86	1376.01	1628.15	1876.56
中部地区	**3325.33**	**4790.66**	**6471.51**	**8402.24**	**10879.97**	**12698.19**	**14556.74**	**16850.35**	**18788.77**	**21373.12**	**23930.84**
山　西	84.32	152.70	236.31	354.15	495.63	607.46	722.27	879.06	1020.17	1175.42	1377.16
吉　林	57.45	108.53	204.46	366.93	556.37	720.93	868.64	1060.22	1218.21	1434.15	1516.78
黑龙江	153.37	173.39	283.14	425.25	614.76	836.49	1047.82	1274.37	1461.62	1661.79	1833.64
安　徽	951.16	1271.00	1652.10	2062.65	2673.26	2968.43	3301.84	3756.40	4083.09	4653.68	5077.16
江　西	326.91	458.08	629.61	752.63	895.21	1018.12	1161.10	1320.66	1458.02	1637.84	1906.64
河　南	503.41	804.85	1138.53	1501.62	1936.54	2303.36	2650.59	3058.96	3433.07	3913.75	4402.70
湖　北	560.86	912.90	1192.68	1562.18	1998.82	2294.85	2593.92	2969.33	3313.57	3699.77	4224.48
湖　南	687.84	909.20	1134.68	1376.82	1709.38	1948.55	2210.56	2531.35	2801.01	3196.72	3592.27
西部地区	**4028.47**	**5711.22**	**7224.47**	**9143.36**	**11674.64**	**13620.58**	**15535.80**	**17761.43**	**19681.48**	**22138.94**	**24436.63**
内蒙古	173.51	263.03	304.79	454.77	662.16	828.25	1025.57	1227.59	1431.87	1568.52	1638.04
广　西	446.22	577.66	717.01	851.05	1075.49	1220.19	1347.72	1520.17	1669.54	1908.97	2155.24
重　庆	832.87	1128.09	1445.33	1803.44	2222.06	2573.12	2919.19	3320.91	3642.33	4242.01	4614.06
四　川	1062.49	1519.63	1806.02	2268.17	2785.52	3164.32	3533.56	3981.57	4330.07	4760.49	5324.53
贵　州	300.17	509.11	637.43	820.51	1026.82	1196.21	1371.04	1573.47	1741.20	1968.40	2145.72
云　南	548.72	696.99	896.12	1101.11	1436.96	1615.43	1814.47	2062.35	2311.71	2490.74	2924.36
西　藏	0.35	1.21	2.05	3.10	4.56	5.61	7.61	8.38	10.13	11.18	12.56
陕　西	394.96	551.54	729.60	913.09	1221.35	1452.18	1658.84	1862.53	2065.59	2391.87	2592.39
甘　肃	118.27	199.35	264.58	342.57	442.73	527.68	608.36	714.54	799.80	893.83	963.35
青　海	23.80	39.09	63.58	86.97	108.22	138.12	163.33	202.99	230.30	250.26	259.09
宁　夏	66.51	109.38	166.40	223.30	302.75	377.37	442.86	511.89	573.27	633.23	694.15
新　疆	60.60	116.14	191.58	275.28	386.02	522.11	643.25	775.04	875.68	1019.45	1113.15

数据来源：国家统计局。

表 2－15　　2009—2013 年全国各地区房地产开发企业国内贷款数据

单位：亿元

	2009 年	2010 年	2011 年	2012 年	2013 年
总　计	**11292.69**	**12540.48**	**12563.79**	**14778.39**	**19672.66**
一、东部地区	**8259.18**	**8837.85**	**8655.23**	**10174.09**	**13257.14**
北　京	2367.77	1439.08	1167.95	1484.74	1836.95
天　津	363.18	539.59	521.53	570.37	765.22
河　北	268.59	285.61	277.64	295.57	336.40
辽　宁	472.96	622.72	762.26	850.76	847.64
上　海	637.14	819.57	741.18	975.78	1292.36
江　苏	1195.88	1544.85	1543.22	1890.71	2373.97
浙　江	865.13	1020.20	1085.61	1125.48	1590.65
福　建	393.05	436.09	399.36	523.63	747.66
山　东	633.07	756.57	794.70	677.51	995.41
广　东	971.15	1237.93	1218.65	1507.53	2143.59
海　南	91.27	135.65	143.12	272.02	327.30
二、中部地区	**1455.88**	**1642.18**	**1711.02**	**2037.00**	**2742.90**
山　西	84.98	87.54	68.76	60.87	65.79
吉　林	55.53	62.11	53.60	109.70	126.57
黑龙江	73.77	48.55	59.53	87.64	130.19
安　徽	296.86	323.73	339.38	406.23	466.87
江　西	123.96	146.40	135.20	164.90	236.63
河　南	199.50	244.50	271.30	321.09	387.13
湖　北	388.45	415.43	453.49	512.05	796.57
湖　南	232.83	313.93	329.76	374.52	533.15
三、西部地区	**1577.62**	**2060.45**	**2197.54**	**2567.30**	**3672.62**
内蒙古	83.75	50.28	65.16	79.60	113.27
广　西	229.14	248.60	241.59	263.84	324.35
重　庆	332.24	584.72	695.08	720.80	1112.29
四　川	317.52	436.83	449.20	459.24	725.45
贵　州	129.07	160.18	175.95	230.61	226.82
云　南	139.52	160.82	129.50	216.12	418.80
西　藏	2.75	0.37	2.40	—	—
陕　西	217.47	219.00	231.17	280.36	326.10
甘　肃	41.32	56.60	67.02	129.08	168.75
青　海	13.13	26.90	17.13	37.39	44.43
宁　夏	28.81	56.07	50.87	59.40	105.74
新　疆	42.90	60.10	72.45	90.87	106.60

数据来源：国家统计局。

表 2 – 16　　2013 年全国各地区月度累计房地产开发企业国内贷款数据

单位：亿元

	1 – 2 月	1 – 3 月	1 – 4 月	1 – 5 月	1 – 6 月	1 – 7 月	1 – 8 月	1 – 9 月	1 – 10 月	1 – 11 月	1 – 12 月
总　计	**3937.60**	**5172.24**	**6618.29**	**8051.14**	**9901.24**	**11433.24**	**12883.21**	**14567.83**	**15968.52**	**17666.81**	**19672.66**
东部地区	**2504.01**	**3315.83**	**4310.96**	**5292.52**	**6526.34**	**7557.10**	**8582.03**	**9677.35**	**10649.25**	**11774.95**	**13257.14**
北　京	254.69	382.44	567.28	705.94	846.48	993.89	1094.93	1243.19	1470.00	1651.40	1836.95
天　津	154.92	273.53	353.27	377.41	393.73	470.36	498.80	579.62	580.51	631.86	765.22
河　北	61.60	90.06	113.19	135.91	173.70	197.11	220.54	241.17	269.52	294.58	336.40
辽　宁	107.31	176.23	251.26	314.25	430.78	515.52	616.53	684.08	743.98	804.20	847.64
上　海	350.77	395.28	480.62	567.48	689.80	758.76	888.35	1004.54	1097.14	1185.34	1292.36
江　苏	486.12	605.98	787.49	1030.13	1249.53	1412.92	1543.15	1720.45	1897.13	2065.98	2373.97
浙　江	293.53	367.02	482.34	583.38	699.97	806.42	980.28	1109.51	1182.31	1336.18	1590.65
福　建	147.49	186.40	244.05	307.31	392.94	447.39	496.24	558.09	599.18	672.13	747.66
山　东	235.60	298.00	325.33	403.25	522.21	596.05	675.01	774.07	849.34	943.48	995.41
广　东	357.13	478.46	635.79	770.55	994.10	1200.12	1371.78	1541.90	1702.16	1888.81	2143.59
海　南	54.88	62.43	70.34	96.93	133.09	158.56	196.42	220.72	257.98	301.00	327.30
中部地区	**640.23**	**822.48**	**1018.81**	**1180.11**	**1416.15**	**1631.10**	**1851.32**	**2101.39**	**2294.55**	**2520.73**	**2742.90**
山　西	9.23	16.42	21.46	25.76	30.66	34.05	36.81	43.52	48.19	52.12	65.79
吉　林	5.83	15.63	22.20	31.46	46.33	69.04	80.72	93.22	96.90	120.33	126.57
黑龙江	5.19	3.91	10.91	12.54	20.71	62.98	80.14	102.40	111.58	122.99	130.19
安　徽	153.57	176.33	209.44	247.31	293.36	324.39	358.98	391.37	412.17	440.78	466.87
江　西	55.17	71.88	89.74	102.95	115.09	130.87	148.98	158.68	178.63	199.87	236.63
河　南	60.00	82.34	113.11	145.79	187.08	224.26	252.12	293.81	330.48	353.77	387.13
湖　北	184.98	268.16	333.79	367.91	432.70	480.13	552.22	625.48	689.00	757.52	796.57
湖　南	166.25	187.83	218.15	246.38	290.21	305.38	341.35	392.92	427.60	473.36	533.15
西部地区	**793.36**	**1033.93**	**1288.53**	**1578.51**	**1958.75**	**2245.04**	**2449.86**	**2789.09**	**3024.73**	**3371.13**	**3672.62**
内蒙古	14.20	32.17	35.69	38.70	45.79	61.58	70.96	83.42	99.23	110.87	113.27
广　西	63.54	86.98	114.07	143.76	181.79	210.09	224.56	251.14	272.79	304.57	324.35
重　庆	283.64	320.71	391.70	488.04	586.51	675.44	745.91	842.84	909.88	1071.91	1112.29
四　川	177.47	224.75	272.86	329.67	403.01	453.44	495.22	572.41	613.38	664.90	725.45
贵　州	53.79	73.22	86.86	104.56	129.96	142.03	155.34	181.46	191.26	204.76	226.82
云　南	58.17	88.96	129.60	166.91	232.05	248.80	261.46	301.74	331.07	338.34	418.80
西　藏	—	—	—	—	—	—	—	—	—	—	—
陕　西	80.85	105.08	125.60	137.85	164.24	201.89	220.41	232.29	248.43	284.20	326.10
甘　肃	23.55	53.01	67.54	81.81	99.25	104.92	108.45	121.60	133.06	145.77	168.75
青　海	11.05	12.32	14.77	18.04	21.47	23.45	26.70	38.09	41.18	44.43	44.43
宁　夏	13.43	20.14	31.34	44.28	59.50	74.48	81.11	88.46	97.53	100.14	105.74
新　疆	13.67	16.60	18.51	24.90	35.17	48.91	59.74	75.64	86.91	101.24	106.60

数据来源：国家统计局。

表 2－17　　2009—2013 年全国各地区房地产开发企业利用外资数据

单位：亿元

	2009 年	2010 年	2011 年	2012 年	2013 年
总　计	**469.73**	**795.56**	**813.63**	**402.09**	**534.17**
一、东部地区	**364.19**	**545.78**	**534.38**	**300.38**	**385.79**
北　京	29.82	13.90	2.60	4.22	11.60
天　津	11.49	8.34	12.48	3.47	16.22
河　北	—	3.00	14.52	10.93	9.98
辽　宁	114.92	177.28	199.02	117.88	61.92
上　海	25.40	96.05	43.55	26.12	38.14
江　苏	53.18	93.68	85.65	61.57	109.41
浙　江	15.19	24.47	43.86	16.00	47.03
福　建	13.86	18.17	17.66	7.84	21.58
山　东	12.87	18.87	27.37	15.91	33.51
广　东	57.26	91.30	81.41	29.06	36.29
海　南	30.20	0.71	6.25	7.37	0.10
二、中部地区	**47.39**	**114.02**	**138.23**	**57.63**	**51.53**
山　西	—	—	—	0.03	—
吉　林	0.91	0.04	5.03	1.89	5.15
黑龙江	2.59	1.50	3.35	0.02	—
安　徽	15.85	6.18	7.34	1.39	1.00
江　西	4.46	2.90	6.08	0.79	0.82
河　南	2.75	1.76	6.69	1.13	5.40
湖　北	15.83	97.29	43.90	1.27	—
湖　南	5.00	4.35	65.84	51.12	39.15
三、西部地区	**58.15**	**135.76**	**141.02**	**44.08**	**96.85**
内蒙古	—	0.16	—	—	—
广　西	2.87	8.59	7.11	0.33	0.62
重　庆	37.02	83.93	59.92	20.13	44.18
四　川	12.52	33.33	66.64	16.93	32.33
贵　州	0.11	0.72	4.47	4.29	—
云　南	0.40	0.85	0.90	—	12.29
西　藏	—	—	—	—	—
陕　西	5.23	5.62	0.24	2.40	7.44
甘　肃	—	—	—	—	—
青　海	—	2.32	1.53	—	—
宁　夏	—	0.25	—	—	—
新　疆	0.01	—	0.22	—	—

数据来源：国家统计局。

表 2－18　　2013 年全国各地区月度累计房地产开发企业利用外资数据

单位：亿元

	1－2 月	1－3 月	1－4 月	1－5 月	1－6 月	1－7 月	1－8 月	1－9 月	1－10 月	1－11 月	1－12 月
总　计	**87.51**	**126.97**	**162.87**	**198.64**	**234.05**	**269.37**	**343.71**	**391.08**	**415.97**	**474.61**	**534.17**
东部地区	**55.98**	**91.05**	**121.09**	**152.91**	**174.43**	**204.78**	**263.66**	**273.32**	**295.27**	**338.41**	**385.79**
北　京	0.52	0.59	0.77	0.84	0.93	1.01	10.56	10.66	10.73	10.75	11.60
天　津	2.39	2.62	5.03	5.03	5.18	11.74	13.23	13.58	16.21	16.21	16.22
河　北	0.47	0.80	3.51	5.13	6.23	6.81	6.84	7.92	9.12	10.22	9.98
辽　宁	1.70	6.05	9.97	21.31	31.65	37.61	47.74	52.44	54.70	59.38	61.92
上　海	10.60	29.59	29.69	31.43	30.29	30.41	30.70	30.70	31.45	36.23	38.14
江　苏	22.77	29.76	45.05	58.57	62.18	62.91	63.41	63.73	65.26	76.93	109.41
浙　江	2.74	2.88	3.02	3.22	6.28	6.85	25.71	26.04	36.52	39.88	47.03
福　建	0.06	1.56	3.57	3.90	4.66	4.87	19.49	19.56	19.84	21.67	21.58
山　东	3.03	7.03	7.08	8.51	9.64	19.63	19.92	20.34	20.64	32.05	33.51
广　东	10.90	9.36	12.59	14.87	17.30	22.84	25.95	28.25	30.71	35.00	36.29
海　南	0.81	0.81	0.81	0.10	0.10	0.10	0.10	0.10	0.10	0.10	0.10
中部地区	**8.15**	**12.64**	**18.50**	**22.46**	**27.64**	**31.62**	**35.56**	**42.73**	**45.67**	**49.40**	**51.53**
山　西	0.03	0.03	—	—	—	—	—	—	—	—	—
吉　林	—	—	1.85	1.85	2.00	2.00	2.00	5.15	5.15	5.15	5.15
黑龙江	—	—									
安　徽	1.19	1.00	1.00	1.00	1.00	1.00	1.00	1.00	1.00	1.00	1.00
江　西	0.47	0.50	0.50	0.52	0.52	0.52	0.59	0.63	0.63	0.82	—
河　南	0.24	0.44	0.44	0.44	0.97	0.97	0.97	0.97	0.97	3.50	5.40
湖　北	—	—	—	—	—	—	—	—	—	—	—
湖　南	6.71	10.71	14.72	18.67	23.15	27.13	31.07	35.02	37.91	39.12	39.15
西部地区	**23.38**	**23.28**	**23.28**	**23.28**	**31.97**	**32.97**	**44.49**	**75.03**	**75.03**	**86.80**	**96.85**
内蒙古	—	—	—	—	—	—	—	—	—	—	—
广　西	—	—	—	—	—	—	—	—	—	0.62	0.62
重　庆	0.20	0.20	0.20	0.20	1.46	1.46	7.97	37.51	37.51	42.14	44.18
四　川	23.08	23.08	23.08	23.08	23.08	24.08	24.08	25.08	25.08	25.08	32.33
贵　州	0.05	—	—	—	—	—	—	—	—	—	—
云　南	—	—	—	—	—	—	5.00	5.00	5.00	11.53	12.29
西　藏	—	—	—	—	—	—	—	—	—	—	—
陕　西	—	—	—	—	7.44	7.44	7.44	7.44	7.44	7.44	7.44
甘　肃	—	—	—	—	—	—	—	—	—	—	—
青　海	—	—	—	—	—	—	—	—	—	—	—
宁　夏	—	—	—	—	—	—	—	—	—	—	—
新　疆	0.05	—	—	—	—	—	—	—	—	—	—

数据来源：国家统计局。

表 2－19　　2009—2013 年全国各地区房地产开发企业自筹资金数据

单位：亿元

	2009 年	2010 年	2011 年	2012 年	2013 年
总　计	**17905.99**	**26704.58**	**34093.40**	**39082.68**	**47424.95**
一、东部地区	**9763.03**	**15556.96**	**18917.03**	**21716.75**	**26485.44**
北　京	1026.80	1762.97	1746.18	1611.91	2138.23
天　津	332.10	457.74	645.44	831.71	892.08
河　北	891.62	1488.79	2001.75	2195.48	2394.67
辽　宁	1583.77	2802.48	2820.67	3310.51	4090.17
上　海	622.21	1070.88	1192.87	1385.96	1569.91
江　苏	1371.27	2165.13	2432.98	3087.53	3932.97
浙　江	770.43	1267.41	1838.29	2178.56	2765.07
福　建	458.09	1016.44	1401.77	1426.79	2016.51
山　东	1272.11	1787.79	2351.55	2675.86	3149.08
广　东	1327.30	1581.64	2162.76	2414.64	2798.34
海　南	107.33	155.70	322.68	597.81	738.42
二、中部地区	**4450.62**	**5952.15**	**7851.56**	**9107.01**	**10815.07**
山　西	238.09	288.43	377.14	550.70	758.31
吉　林	527.70	596.93	709.92	878.38	804.59
黑龙江	360.43	645.77	1045.60	1104.07	1102.62
安　徽	929.30	1211.07	1497.06	1686.80	2143.66
江　西	314.86	391.29	464.12	504.79	582.49
河　南	971.00	1336.57	1654.38	1920.72	2472.67
湖　北	577.18	782.56	1198.02	1425.31	1735.33
湖　南	532.05	699.53	905.32	1036.23	1215.39
三、西部地区	**3692.34**	**5195.47**	**7324.81**	**8258.92**	**10124.44**
内蒙古	643.06	938.19	1502.18	1031.07	1118.00
广　西	365.19	547.43	679.96	788.45	815.69
重　庆	540.31	685.00	853.72	1182.06	1263.70
四　川	792.29	1204.90	1639.08	1728.97	2150.87
贵　州	171.72	268.89	544.92	518.44	877.20
云　南	296.79	461.22	773.24	975.03	1541.76
西　藏	14.20	10.27	2.61	2.13	5.10
陕　西	585.70	648.01	701.50	1120.44	1143.18
甘　肃	96.72	132.70	169.81	304.97	431.08
青　海	47.07	56.78	79.36	113.35	117.97
宁　夏	54.18	103.32	147.39	196.32	247.69
新　疆	85.11	138.76	231.03	297.69	412.18

数据来源：国家统计局。

表 2－20　　**2013 年全国各地区月度累计房地产开发企业自筹资金数据**

单位：亿元

	1－2 月	1－3 月	1－4 月	1－5 月	1－6 月	1－7 月	1－8 月	1－9 月	1－10 月	1－11 月	1－12 月
总　计	**7330.85**	**10119.66**	**12951.70**	**16588.30**	**21629.72**	**25151.42**	**29216.24**	**33673.69**	**37095.90**	**42742.18**	**47424.95**
东部地区	**4209.26**	**5773.67**	**7507.59**	**9457.51**	**12122.91**	**14085.73**	**16485.29**	**18856.13**	**20563.31**	**23728.17**	**26485.44**
北　京	223.65	301.08	374.75	539.72	669.64	901.86	1349.45	1497.45	1639.90	1842.19	2138.23
天　津	150.22	272.69	337.41	406.89	471.02	540.59	593.62	668.64	703.43	732.66	892.08
河　北	336.50	523.78	664.95	816.91	1104.28	1306.34	1508.02	1722.74	1942.56	2174.08	2394.67
辽　宁	251.90	479.92	754.67	1138.93	1737.52	2114.02	2571.93	3101.59	3488.57	3890.94	4090.17
上　海	447.74	494.06	601.40	700.64	813.21	867.16	1019.75	1165.20	1273.52	1437.33	1569.91
江　苏	879.57	1117.64	1396.59	1682.67	2063.53	2308.22	2603.64	2885.26	2969.56	3564.88	3932.97
浙　江	506.25	668.99	844.59	999.64	1236.37	1432.65	1622.20	1856.96	2028.18	2323.24	2765.07
福　建	374.16	484.57	671.24	805.58	1005.82	1136.81	1255.95	1429.07	1551.98	1818.55	2016.51
山　东	456.85	665.49	854.60	1165.70	1496.87	1711.21	1954.74	2217.36	2416.89	2824.45	3149.08
广　东	440.80	586.73	767.46	936.12	1188.72	1383.67	1577.62	1831.16	2031.38	2497.84	2798.34
海　南	141.62	178.73	239.93	264.71	335.93	383.20	428.38	480.70	517.34	622.01	738.42
中部地区	**1357.73**	**1960.30**	**2626.69**	**3494.07**	**4710.44**	**5502.80**	**6339.00**	**7494.13**	**8394.11**	**9747.71**	**10815.07**
山　西	39.06	66.94	105.44	163.14	239.76	295.72	360.29	452.62	540.21	639.91	758.31
吉　林	31.69	51.43	100.90	190.34	302.50	396.72	484.13	594.55	677.39	789.34	804.59
黑龙江	90.36	107.76	161.54	248.90	370.74	491.14	613.40	754.53	873.55	1003.27	1102.62
安　徽	389.74	499.75	659.10	830.32	1092.17	1208.73	1344.01	1570.20	1699.44	2015.57	2143.66
江　西	112.23	148.23	181.75	217.52	262.71	294.49	344.58	396.53	430.82	485.44	582.49
河　南	278.01	437.62	623.33	830.23	1074.20	1256.83	1445.23	1711.46	1906.47	2200.01	2472.67
湖　北	173.39	330.41	429.96	571.17	801.83	906.93	1015.32	1187.81	1361.70	1521.34	1735.33
湖　南	243.26	318.16	364.66	442.46	566.54	652.23	732.05	826.42	904.54	1092.83	1215.39
西部地区	**1763.86**	**2385.69**	**2817.43**	**3636.72**	**4796.37**	**5562.89**	**6391.96**	**7323.44**	**8138.48**	**9266.30**	**10124.44**
内蒙古	131.62	188.04	188.02	303.25	461.60	574.62	722.70	861.20	999.96	1086.51	1118.00
广　西	209.67	233.12	279.43	342.68	429.64	469.63	505.82	570.65	613.35	718.19	815.69
重　庆	230.37	306.17	361.89	450.02	568.34	626.12	723.33	834.17	919.51	1167.09	1263.70
四　川	460.23	669.47	696.21	884.44	1123.72	1284.17	1413.42	1593.19	1722.55	1895.44	2150.87
贵　州	135.62	212.41	258.64	331.20	406.60	479.15	559.12	633.39	696.11	818.06	877.20
云　南	331.71	383.44	473.58	576.63	758.44	843.70	959.76	1082.35	1232.88	1319.29	1541.76
西　藏	—	0.29	0.74	1.05	1.95	2.40	2.82	3.11	4.12	4.38	5.10
陕　西	160.45	226.60	298.39	382.07	546.97	646.43	730.61	829.91	927.74	1094.01	1143.18
甘　肃	62.15	88.12	113.91	153.84	204.35	241.98	280.73	329.88	371.38	417.70	431.08
青　海	2.65	8.15	24.68	36.28	48.05	65.11	77.45	92.40	105.33	114.27	117.97
宁　夏	23.65	36.29	55.19	76.23	107.76	137.90	162.39	189.89	210.63	237.48	247.69
新　疆	15.73	33.58	66.74	99.04	138.96	191.67	253.81	303.31	334.91	393.86	412.18

数据来源：国家统计局。

表 2－21　　2009—2013 年全国各地区房地产开发企业其他资金数据

单位：亿元

	2009 年	2010 年	2011 年	2012 年	2013 年
总　计	**27459.22**	**32453.72**	**35775.12**	**42274.52**	**54490.70**
一、东部地区	**18524.55**	**20245.77**	**21838.46**	**25572.14**	**33626.62**
北　京	2705.39	2574.66	2441.36	2983.68	3313.40
天　津	706.30	659.88	818.37	740.73	1087.95
河　北	682.17	909.25	1143.85	1211.02	1382.50
辽　宁	1097.15	1469.34	1825.44	2049.61	2449.26
上　海	1642.64	1242.78	1229.32	1580.66	2192.26
江　苏	3615.88	4053.08	3851.04	4817.07	6265.69
浙　江	2822.66	3073.48	3061.81	3210.82	4455.49
福　建	1071.02	1057.16	1507.61	2162.47	2981.29
山　东	1426.71	1868.11	2080.14	2385.81	3193.32
广　东	2553.49	2832.90	3426.63	3967.04	5494.72
海　南	201.16	505.12	452.90	463.22	810.73
二、中部地区	**4238.45**	**5652.07**	**6285.10**	**8008.86**	**10321.35**
山　西	208.75	410.49	394.59	422.09	553.06
吉　林	202.72	309.38	421.80	441.71	580.47
黑龙江	241.95	348.79	428.00	519.32	600.83
安　徽	1004.39	1322.72	1305.70	1740.92	2465.62
江　西	433.39	467.57	512.86	806.74	1086.70
河　南	754.63	885.96	912.89	1212.10	1537.51
湖　北	732.72	921.16	1105.61	1425.21	1692.58
湖　南	659.91	986.00	1203.66	1440.78	1804.57
三、西部地区	**4696.22**	**6555.88**	**7651.56**	**8693.51**	**10542.73**
内蒙古	125.75	179.91	227.35	298.41	406.76
广　西	529.46	733.96	762.54	954.75	1014.58
重　庆	938.74	1505.89	1686.98	1946.55	2193.89
四　川	1180.70	1468.94	1874.08	2017.53	2415.89
贵　州	361.66	497.18	545.92	664.82	1041.70
云　南	563.89	677.78	744.45	942.87	951.51
西　藏	17.15	4.35	4.64	6.00	7.45
陕　西	510.70	819.60	996.36	914.21	1115.67
甘　肃	107.45	127.92	153.82	217.19	363.52
青　海	28.54	38.72	50.65	77.70	96.68
宁　夏	113.32	199.50	234.92	244.09	340.72
新　疆	218.88	302.13	369.86	409.38	594.36

数据来源：国家统计局。

表2-22　　2013年全国各地区月度累计房地产开发企业其他资金数据

单位：亿元

	1-2月	1-3月	1-4月	1-5月	1-6月	1-7月	1-8月	1-9月	1-10月	1-11月	1-12月
总　计	**7569.79**	**11543.14**	**15868.64**	**20276.69**	**25459.72**	**29976.51**	**34517.15**	**39195.19**	**43713.55**	**48591.89**	**54490.70**
东部地区	**4802.70**	**7279.58**	**9965.89**	**12666.24**	**15846.43**	**18664.16**	**21536.80**	**24409.20**	**27215.86**	**30121.90**	**33626.62**
北　京	393.12	682.47	951.67	1219.85	1508.53	1810.99	2335.98	2584.68	2858.38	2891.06	3313.40
天　津	117.04	194.27	309.41	369.70	482.12	567.08	670.58	773.31	846.54	933.56	1087.95
河　北	182.67	282.30	404.56	487.78	624.05	750.10	879.67	1009.91	1135.58	1274.41	1382.50
辽　宁	240.52	348.17	532.19	765.86	1108.18	1356.31	1552.47	1853.60	2098.33	2293.84	2449.26
上　海	362.25	521.17	702.90	852.35	1046.17	1186.81	1350.27	1553.44	1793.77	1970.83	2192.26
江　苏	957.88	1432.51	1923.76	2407.37	2972.57	3432.21	3894.41	4382.45	4844.49	5522.89	6265.69
浙　江	739.00	1117.39	1503.61	1867.08	2243.85	2598.79	2925.64	3280.68	3648.65	4034.09	4455.49
福　建	479.33	772.97	1023.36	1285.36	1540.71	1794.74	2017.43	2275.70	2484.63	2729.34	2981.29
山　东	376.05	586.92	825.29	1066.15	1373.65	1663.27	1924.36	2222.58	2502.69	2852.43	3193.32
广　东	751.11	1134.73	1522.61	2003.28	2532.87	3042.60	3480.62	3929.53	4402.21	4914.41	5494.72
海　南	203.75	206.67	266.52	341.46	413.72	461.26	505.37	543.34	600.58	705.04	810.73
中部地区	**1319.21**	**1995.24**	**2807.51**	**3705.60**	**4725.74**	**5532.67**	**6330.86**	**7212.11**	**8054.44**	**9055.28**	**10321.35**
山　西	36.00	69.32	109.42	165.25	225.21	277.69	325.17	382.92	431.77	483.40	553.06
吉　林	19.92	41.47	79.51	143.28	205.55	253.17	301.78	367.30	438.77	519.34	580.47
黑龙江	57.82	61.72	110.69	163.82	223.31	282.36	354.28	417.44	476.50	535.54	600.83
安　徽	406.67	593.92	782.56	984.02	1286.73	1434.32	1597.85	1793.83	1970.47	2196.33	2465.62
江　西	159.52	237.51	357.62	431.66	516.89	592.24	667.02	764.87	847.94	951.90	1086.70
河　南	165.17	284.46	401.65	525.16	674.29	821.31	952.28	1052.72	1195.16	1356.48	1537.51
湖　北	202.49	314.33	428.93	623.10	764.29	907.78	1026.38	1156.04	1262.88	1420.90	1692.58
湖　南	271.62	392.50	537.14	669.31	829.48	963.81	1106.10	1276.99	1430.96	1591.40	1804.57
西部地区	**1447.87**	**2268.33**	**3095.24**	**3904.85**	**4887.55**	**5779.68**	**6649.49**	**7573.88**	**8443.24**	**9414.71**	**10542.73**
内蒙古	27.69	42.81	81.08	112.83	154.77	192.05	231.91	282.97	332.67	371.14	406.76
广　西	173.00	257.56	323.51	364.60	464.07	540.47	617.34	698.39	783.39	885.60	1014.58
重　庆	318.66	501.01	691.54	865.18	1065.76	1270.10	1441.98	1606.38	1775.42	1960.88	2193.89
四　川	401.72	602.34	813.87	1030.98	1235.71	1402.63	1600.84	1790.90	1969.06	2175.07	2415.89
贵　州	110.71	223.47	291.92	384.75	490.26	575.03	656.58	758.61	853.83	945.57	1041.70
云　南	158.84	224.59	292.94	357.57	446.47	522.93	588.24	673.26	742.76	821.58	951.51
西　藏	0.35	0.92	1.31	2.05	2.61	3.21	4.80	5.27	6.00	6.80	7.45
陕　西	153.65	219.86	305.61	393.17	502.71	596.41	700.38	792.90	881.98	1006.21	1115.67
甘　肃	32.57	58.23	83.13	106.93	139.12	180.78	219.18	263.05	295.36	330.36	363.52
青　海	10.10	18.62	24.14	32.65	38.70	49.56	59.18	72.50	83.78	91.55	96.68
宁　夏	29.42	52.96	79.87	102.80	135.49	164.99	199.36	233.54	265.10	295.61	340.72
新　疆	31.15	65.96	106.33	151.34	211.89	281.52	329.70	396.10	453.86	524.35	594.36

数据来源：国家统计局。

五、全国各地区土地购置面积

表 2－23　　2009—2013 年全国各地区土地购置面积

单位：万平方米

	2009 年	2010 年	2011 年	2012 年	2013 年
总　计	**31906. 08**	**40969. 53**	**40972. 95**	**35666. 80**	**38814. 38**
一、东部地区	**14369. 60**	**19596. 61**	**19728. 54**	**15868. 71**	**17900. 66**
北　京	625. 01	858. 75	507. 04	305. 99	906. 17
天　津	444. 78	652. 46	596. 59	299. 75	210. 64
河　北	2026. 55	2844. 26	2737. 89	1760. 99	1127. 34
辽　宁	2103. 68	3652. 01	3307. 12	3199. 52	2502. 27
上　海	185. 30	432. 44	562. 76	300. 62	421. 74
江　苏	1850. 81	2224. 24	2409. 68	3071. 00	4207. 74
浙　江	1307. 97	1833. 69	1987. 59	1256. 11	1760. 73
福　建	1120. 61	1532. 47	1288. 38	925. 64	1591. 13
山　东	2161. 97	3290. 53	3641. 96	2610. 03	2615. 07
广　东	2257. 53	1755. 61	2289. 69	1805. 44	2250. 96
海　南	285. 39	520. 16	399. 83	333. 62	306. 85
二、中部地区	**9488. 64**	**11790. 59**	**11257. 12**	**10691. 35**	**11001. 40**
山　西	618. 24	838. 56	654. 85	718. 36	875. 90
吉　林	718. 55	935. 91	1280. 25	1539. 01	1143. 95
黑龙江	833. 31	1137. 81	1703. 71	929. 91	655. 67
安　徽	1918. 59	2611. 07	2601. 91	2618. 78	2760. 18
江　西	694. 48	777. 15	1002. 29	733. 17	841. 82
河　南	2701. 54	2864. 32	1534. 80	1742. 63	1501. 56
湖　北	1002. 40	1529. 68	1414. 23	1303. 19	1894. 68
湖　南	1001. 51	1096. 09	1065. 08	1106. 29	1327. 64
三、西部地区	**8047. 85**	**9582. 34**	**9987. 29**	**9106. 74**	**9912. 32**
内蒙古	1112. 17	2006. 14	1692. 70	902. 76	837. 63
广　西	1287. 15	1183. 88	907. 43	541. 71	431. 96
重　庆	1227. 79	1369. 22	1676. 12	2183. 07	1896. 65
四　川	1044. 28	963. 31	961. 51	892. 22	1142. 76
贵　州	385. 77	980. 10	911. 07	707. 51	1209. 52
云　南	1269. 82	1031. 39	1425. 38	1602. 39	1974. 01
西　藏	5. 23	4. 55	5. 77	1. 34	—
陕　西	420. 13	579. 49	488. 71	473. 03	503. 45
甘　肃	344. 75	279. 48	287. 52	419. 33	421. 71
青　海	178. 16	112. 43	140. 31	197. 03	80. 13
宁　夏	374. 29	548. 81	520. 54	425. 69	438. 26
新　疆	398. 30	523. 54	970. 24	760. 67	976. 24

数据来源：国家统计局。

表 2-24　　2013 年全国各地区月度累计土地购置面积

单位：万平方米

	1-2月	1-3月	1-4月	1-5月	1-6月	1-7月	1-8月	1-9月	1-10月	1-11月	1-12月
总　计	**3812.71**	**6133.74**	**8824.93**	**11755.93**	**15721.49**	**18716.95**	**21482.29**	**25166.63**	**26657.54**	**34772.79**	**38814.38**
东部地区	**1718.07**	**2794.60**	**3928.83**	**5159.03**	**6919.72**	**8232.51**	**9348.65**	**11060.09**	**11615.49**	**16217.63**	**17900.66**
北　京	64.28	185.03	206.68	231.37	271.85	326.06	355.36	388.70	439.10	748.68	906.17
天　津	19.63	45.79	66.46	108.35	136.72	211.47	163.52	200.36	214.90	216.67	210.64
河　北	186.75	261.75	323.68	407.28	527.77	662.83	749.01	876.93	917.04	1014.41	1127.34
辽　宁	145.85	341.37	428.31	599.03	1042.41	1283.53	1540.14	1834.25	1967.90	2411.91	2502.27
上　海	61.71	65.60	94.81	142.14	152.86	161.63	187.23	230.56	255.50	386.34	421.74
江　苏	536.05	651.04	933.65	1132.28	1409.92	1690.93	1973.51	2286.20	2340.56	3742.08	4207.74
浙　江	180.06	324.85	493.92	595.98	786.99	904.34	1023.65	1212.82	1285.65	1592.68	1760.73
福　建	60.82	101.04	240.40	334.26	530.48	590.31	644.65	767.87	808.60	1410.88	1591.13
山　东	253.66	400.15	570.93	882.44	1027.44	1222.17	1332.55	1615.76	1661.20	2330.11	2615.07
广　东	202.01	385.08	503.08	657.36	940.68	1056.83	1210.00	1469.97	1531.33	2134.17	2250.96
海　南	7.26	32.88	66.91	68.53	92.61	122.41	169.04	176.66	193.71	229.69	306.85
中部地区	**894.30**	**1543.44**	**2437.35**	**3195.36**	**4399.56**	**5348.88**	**6067.64**	**6958.74**	**7472.08**	**9506.85**	**11001.40**
山　西	4.93	65.88	79.95	207.62	323.43	385.71	452.08	518.69	566.69	639.25	875.90
吉　林	13.12	42.45	85.13	142.94	418.72	547.68	672.04	806.51	900.64	1073.67	1143.95
黑龙江	10.86	39.86	76.88	116.27	181.54	351.87	429.41	463.05	497.13	641.82	655.67
安　徽	256.93	382.16	792.52	1029.44	1284.80	1490.67	1595.40	1905.63	1959.17	2657.71	2760.18
江　西	143.68	188.84	226.90	286.09	328.94	397.43	438.64	508.88	539.02	638.16	841.82
河　南	199.43	341.47	539.68	599.02	643.75	768.58	845.88	923.24	993.22	1281.29	1501.56
湖　北	129.86	304.80	398.18	500.77	734.05	851.24	1017.93	1107.98	1222.58	1459.05	1894.68
湖　南	135.49	177.98	238.10	313.20	484.32	555.70	616.27	724.76	793.63	1115.89	1327.64
西部地区	**1200.34**	**1795.71**	**2458.76**	**3401.54**	**4402.21**	**5135.56**	**6066.00**	**7147.79**	**7569.97**	**9048.31**	**9912.32**
内蒙古	38.03	86.88	122.44	306.81	415.64	513.09	621.94	723.09	791.19	832.56	837.63
广　西	69.31	93.69	122.69	137.79	173.05	197.82	214.33	244.80	265.21	371.63	431.96
重　庆	433.72	500.53	578.98	693.20	898.18	962.32	1086.61	1251.44	1299.75	1721.47	1896.65
四　川	119.81	194.03	244.60	327.23	460.92	562.64	633.79	776.20	819.42	968.40	1142.76
贵　州	86.31	147.46	169.70	402.18	428.61	614.55	755.87	814.43	870.65	1090.45	1209.52
云　南	371.04	484.99	729.96	845.49	1007.95	1066.46	1316.56	1611.82	1691.49	1869.08	1974.01
西　藏	—	—	—	—	—	—	—	—	—	—	—
陕　西	23.41	65.17	88.10	117.09	241.07	262.66	301.20	335.27	392.62	455.55	503.45
甘　肃	41.79	80.73	110.88	140.10	191.48	259.93	286.03	360.24	371.07	399.85	421.71
青　海	0.74	8.45	10.48	24.42	27.59	29.75	35.47	38.46	38.50	68.49	80.13
宁　夏	9.73	56.65	85.33	124.68	179.74	224.72	261.20	351.55	363.58	401.47	438.26
新　疆	6.44	77.11	195.60	282.54	377.98	441.61	553.01	640.49	666.49	869.36	976.24

数据来源：国家统计局。

六、全国各地区房地产建设数据

表 2－25

2009—2013 年全国各地区房屋施工面积

单位：万平方米

	2009 年	2010 年	2011 年	2012 年	2013 年
总　计	**319649.54**	**405538.91**	**507959.39**	**573417.52**	**665571.89**
一、东部地区	**167153.48**	**209590.11**	**262005.40**	**289323.21**	**329581.67**
北　京	9719.08	10300.86	12065.38	13122.49	13886.87
天　津	6052.16	7160.74	9075.39	9864.22	10892.17
河　北	12739.30	20790.28	26835.37	27577.83	29949.12
辽　宁	18575.55	26824.50	34511.89	38502.02	41625.60
上　海	9961.60	11295.03	12983.32	13249.97	13516.58
江　苏	29802.55	35063.76	40738.08	45097.54	52574.17
浙　江	19920.95	23824.53	30318.08	33422.97	37647.24
福　建	11681.15	14184.85	19212.77	21121.50	26287.28
山　东	21988.49	28229.00	36293.30	42958.91	50549.17
广　东	24719.87	29217.60	36311.94	39296.27	46480.47
海　南	1992.78	2698.96	3659.88	5109.49	6173.00
二、中部地区	**75615.39**	**95866.41**	**119260.50**	**138172.71**	**165264.80**
山　西	5491.42	7616.35	9325.63	11714.28	14040.05
吉　林	5356.87	7099.96	8963.42	10935.80	12181.28
黑龙江	4520.30	7543.71	12065.32	13484.97	13567.37
安　徽	14142.13	17541.90	20744.07	24836.06	30235.20
江　西	6755.60	7229.94	8210.88	9465.63	11995.67
河　南	16075.85	20394.18	25280.95	29559.36	35979.33
湖　北	9546.53	11620.91	13923.90	16819.71	21865.81
湖　南	13726.69	16819.46	20746.32	21356.89	25400.09
三、西部地区	**76880.67**	**100082.39**	**126693.49**	**145921.60**	**170725.42**
内蒙古	8234.48	11517.78	16378.10	16507.40	18624.32
广　西	8346.07	12050.65	14448.23	15018.46	16040.17
重　庆	13052.60	17138.50	20397.24	22009.03	26251.89
四　川	17609.17	21158.47	27315.44	29865.50	32164.98
贵　州	6062.29	7902.39	10395.27	13245.31	17356.96
云　南	6837.88	8784.97	10597.88	14362.00	18260.72
西　藏	8.26	72.31	48.73	47.33	57.70
陕　西	8260.87	9965.18	12179.97	15410.57	17240.86
甘　肃	2543.10	3130.40	3810.00	5634.95	6848.40
青　海	900.39	1423.97	1659.03	1891.23	2376.64
宁　夏	1952.02	2940.53	4040.83	5033.26	6043.23
新　疆	3073.56	3997.24	5422.77	6896.55	9459.55

数据来源：国家统计局。

表 2 - 26　　2013 年全国各地区月度累计房屋施工面积

单位：万平方米

	1-2 月	1-3 月	1-4 月	1-5 月	1-6 月	1-7 月	1-8 月	1-9 月	1-10 月	1-11 月	1-12 月
总　计	**455422.43**	**478949.58**	**500617.69**	**523430.98**	**549408.42**	**568680.95**	**585552.79**	**603981.64**	**616465.06**	**646096.11**	**665571.89**
东部地区	**233852.08**	**245456.30**	**255925.89**	**266011.43**	**277224.01**	**285905.81**	**293866.00**	**302377.48**	**307420.40**	**321308.97**	**329581.67**
北　京	8861.95	9838.32	10468.34	11041.54	11368.26	11798.32	12141.88	12454.71	12828.48	13406.36	13886.87
天　津	7155.88	8332.41	8914.95	9254.12	9498.99	9577.68	9739.25	9999.31	10097.67	10383.74	10892.17
河　北	22289.78	22990.13	23854.26	24759.93	25672.12	26336.11	26985.61	27839.46	28582.92	29413.45	29949.12
辽　宁	27727.26	29784.41	31374.59	33384.24	35718.87	36843.59	38103.82	39457.25	39994.57	41334.59	41625.60
上　海	10628.09	10969.25	11482.77	11824.05	12086.23	12251.26	12622.85	12832.09	13010.97	13441.43	13516.58
江　苏	36429.98	37958.10	39816.29	41342.76	42953.20	44850.01	46034.14	47792.28	48468.71	50676.52	52574.17
浙　江	29163.14	29846.24	30872.48	31477.47	32511.14	33193.79	33937.12	34748.74	35186.29	36198.29	37647.24
福　建	19319.00	19968.76	20738.63	21415.05	22327.39	23006.70	23556.10	24130.40	24389.70	25589.14	26287.28
山　东	35495.42	37335.73	38508.08	40006.41	41734.51	43140.32	44117.74	45516.71	46390.12	49791.22	50549.17
广　东	32575.36	34114.14	35305.64	36739.62	38299.62	39615.58	41198.56	41915.00	42725.90	45036.07	46480.47
海　南	4206.22	4318.82	4589.88	4766.24	5053.67	5292.45	5428.91	5691.54	5745.08	6038.16	6173.00
中部地区	**107005.90**	**111825.85**	**117257.80**	**123517.00**	**131009.21**	**136234.09**	**141370.00**	**146157.18**	**150156.39**	**158807.33**	**165264.80**
山　西	9901.96	10230.02	10530.67	11077.99	11597.42	12027.59	12378.13	12906.04	13190.06	13658.02	14040.05
吉　林	7967.78	8174.45	8697.11	9384.87	10003.06	10459.57	10836.69	11353.05	11509.37	12061.24	12181.28
黑龙江	9409.03	9558.51	9901.84	10519.43	10898.69	11485.96	12031.69	12358.76	12922.27	13408.68	13567.37
安　徽	20262.47	21034.44	22301.66	23202.87	24717.58	25651.93	26534.60	27259.53	27870.89	29494.80	30235.20
江　西	7738.19	8098.38	8430.13	8936.27	9191.38	9478.27	9779.41	10204.40	10448.78	11233.15	11995.67
河　南	23081.02	24138.96	25211.47	26378.12	27858.60	28953.83	30082.83	31023.87	31842.96	33970.10	35979.33
湖　北	12256.82	13202.61	14135.54	15026.42	16683.28	17303.02	17993.70	18759.65	19568.69	20596.06	21865.81
湖　南	16388.65	17388.46	18049.38	18991.04	20059.20	20873.91	21732.95	22291.87	22803.36	24385.28	25400.09
西部地区	**114564.45**	**121667.43**	**127433.99**	**133902.55**	**141175.19**	**146541.05**	**150316.79**	**155446.98**	**158888.28**	**165979.82**	**170725.42**
内蒙古	12169.40	12518.55	13724.10	14759.84	15834.28	16444.01	17131.80	17719.72	18196.49	18710.34	18624.32
广　西	12248.58	12733.15	13112.98	13443.16	13921.15	14053.50	14336.25	14548.59	14965.68	15721.04	16040.17
重　庆	17417.18	19154.95	19994.24	21177.68	22107.93	22940.35	22948.63	23779.14	24264.75	25567.35	26251.89
四　川	22368.78	23710.77	24330.89	25267.36	26611.22	27493.68	28127.33	28992.54	29689.55	30892.81	32164.98
贵　州	11445.02	12047.04	12442.81	13103.44	13819.56	14639.20	15280.26	16017.42	16326.24	16637.88	17356.96
云　南	11979.29	12874.40	13501.53	14314.60	15033.72	15508.30	15803.28	16396.92	16725.15	17516.83	18260.72
西　藏	38.11	36.05	48.11	48.11	49.31	53.37	54.80	54.80	54.80	54.80	57.70
陕　西	12686.92	13206.59	13687.07	13972.56	14750.84	15191.12	15597.18	15870.14	16050.05	17060.98	17240.86
甘　肃	4048.68	4627.25	4926.81	5311.23	5631.22	5756.72	5941.34	6198.86	6330.74	6650.14	6848.40
青　海	1426.47	1522.63	1747.25	1824.16	1889.86	2060.82	2130.18	2205.43	2236.35	2327.21	2376.64
宁　夏	3788.07	4085.21	4256.00	4534.95	4921.20	5178.19	5253.80	5561.56	5696.23	5920.62	6043.23
新　疆	4947.94	5150.84	5662.21	6145.46	6604.90	7221.79	7711.95	8101.85	8352.24	8919.84	9459.55

数据来源：国家统计局。

表 2－27　　2009—2013 年全国各地区房屋新开工面积

单位：万平方米

	2009 年	2010 年	2011 年	2012 年	2013 年
总　计	**115385. 34**	**163776. 67**	**190082. 70**	**177333. 62**	**201207. 84**
一、东部地区	**54942. 93**	**80866. 52**	**94717. 56**	**83232. 11**	**93591. 45**
北　京	2246. 60	2974. 24	4246. 05	3224. 21	3577. 52
天　津	2555. 50	2911. 67	3484. 21	2565. 19	2672. 93
河　北	6804. 13	9636. 28	11298. 70	7641. 80	6932. 65
辽　宁	8299. 72	12627. 39	12425. 86	13828. 92	13444. 45
上　海	2490. 63	3030. 59	3644. 06	2724. 05	2705. 95
江　苏	9080. 93	13729. 61	14721. 11	13908. 44	16358. 18
浙　江	5623. 53	7890. 63	10216. 94	7816. 80	9315. 10
福　建	2416. 06	4679. 56	7033. 35	5342. 97	7193. 01
山　东	8358. 37	12357. 46	14029. 44	13902. 72	15390. 76
广　东	6262. 46	9892. 98	11968. 66	10615. 73	14265. 48
海　南	804. 99	1136. 12	1649. 19	1661. 29	1735. 42
二、中部地区	**32636. 06**	**41830. 85**	**49007. 73**	**48325. 48**	**55227. 62**
山　西	2396. 39	2759. 02	2838. 30	4166. 34	3673. 34
吉　林	3224. 21	3553. 85	4749. 81	4826. 76	3746. 24
黑龙江	2986. 00	5018. 42	7195. 27	5074. 35	4030. 44
安　徽	5319. 72	7317. 60	8308. 17	7874. 22	10077. 71
江　西	2300. 96	2344. 98	3308. 49	3261. 03	4138. 96
河　南	7120. 09	8610. 57	9823. 23	10515. 11	12465. 09
湖　北	3975. 87	5765. 52	5605. 60	5976. 06	8226. 71
湖　南	5312. 82	6460. 90	7178. 86	6631. 62	8869. 13
三、西部地区	**27806. 34**	**41079. 29**	**46357. 41**	**45776. 03**	**52388. 77**
内蒙古	4207. 37	6289. 60	8537. 91	5423. 42	5042. 81
广　西	3020. 02	4750. 57	3760. 22	3741. 88	3715. 67
重　庆	3813. 68	6312. 64	6824. 36	5813. 48	7641. 63
四　川	4953. 82	7731. 66	8473. 27	8367. 21	10163. 57
贵　州	1725. 82	2871. 15	2912. 81	3787. 67	5628. 24
云　南	2820. 84	3702. 76	4984. 70	6037. 53	6481. 80
西　藏	8. 26	13. 98	4. 53	22. 68	27. 76
陕　西	2821. 58	3329. 19	3843. 17	4738. 32	4483. 35
甘　肃	1075. 50	1395. 98	1546. 59	2404. 51	2451. 19
青　海	505. 13	700. 67	532. 33	772. 90	859. 76
宁　夏	1160. 26	1808. 73	1954. 46	1842. 78	2163. 12
新　疆	1694. 04	2172. 38	2983. 06	2823. 65	3729. 87

数据来源：国家统计局。

表 2－28　**2013 年全国各地区月度累计房屋新开工面积**

单位：万平方米

	1－2 月	1－3 月	1－4 月	1－5 月	1－6 月	1－7 月	1－8 月	1－9 月	1－10 月	1－11 月	1－12 月
总　计	**23001.02**	**38872.95**	**55505.88**	**73613.29**	**95901.09**	**112637.72**	**127840.31**	**144899.56**	**156275.00**	**181054.68**	**201207.84**
东部地区	**11513.32**	**19251.88**	**26746.47**	**35125.40**	**45119.62**	**52398.58**	**59619.58**	**67767.62**	**72214.28**	**83735.98**	**93591.45**
北　京	286.06	498.70	722.68	1058.89	1390.29	1708.84	1969.47	2265.90	2572.26	3076.36	3577.52
天　津	326.62	561.02	682.77	827.11	929.45	1006.96	1119.31	1223.81	1324.69	1375.11	2672.93
河　北	394.91	1138.43	1709.58	2463.28	3188.59	3805.64	4318.87	5089.65	5693.74	6385.54	6932.65
辽　宁	656.48	1945.04	3119.72	4898.26	7137.72	8256.99	9481.88	10896.39	11437.24	12769.14	13444.45
上　海	533.31	622.30	783.98	1046.17	1246.80	1388.43	1653.39	1947.19	2053.57	2413.44	2705.95
江　苏	2818.73	4063.57	5562.24	6758.58	8158.86	9735.53	10812.21	11987.78	12624.77	14520.84	16358.18
浙　江	922.44	1649.56	2517.69	3100.53	4162.67	4851.85	5607.85	6453.13	6869.67	7907.99	9315.10
福　建	967.32	1539.58	2219.83	2750.38	3580.06	4137.90	4716.02	5282.73	5497.96	6548.95	7193.01
山　东	2279.31	3651.38	4686.22	6097.04	7597.36	8727.28	9646.69	10942.23	11822.59	14602.98	15390.76
广　东	2044.61	3232.61	4252.67	5496.55	6886.09	7762.31	9144.75	10367.07	10946.96	12558.22	14265.48
海　南	283.53	349.68	489.09	628.61	841.74	1016.84	1149.13	1311.73	1370.83	1577.40	1735.42
中部地区	**5710.16**	**9292.40**	**13886.03**	**18787.19**	**24515.34**	**29177.06**	**33358.78**	**37775.61**	**41599.17**	**48972.56**	**55227.62**
山　西	98.36	385.81	655.55	1092.94	1499.97	1850.18	2155.08	2628.08	2871.01	3300.22	3673.34
吉　林	64.17	124.71	551.99	1125.40	1697.18	2166.05	2557.17	3018.05	3164.39	3659.17	3746.24
黑龙江	31.85	129.47	504.32	1112.29	1542.99	2087.02	2577.81	2899.71	3395.82	3846.57	4030.44
安　徽	1550.54	2130.77	3085.55	3784.68	4833.75	5694.29	6419.45	7117.20	7753.20	9229.18	10077.71
江　西	723.96	957.94	1176.87	1495.99	1706.56	1949.17	2181.55	2463.25	2790.97	3465.75	4138.96
河　南	1211.70	2250.80	3345.87	4284.15	5406.43	6368.25	7248.78	8120.07	8867.73	10620.09	12465.09
湖　北	872.22	1491.69	2191.25	2750.85	3756.67	4275.85	4787.03	5418.11	6185.66	6968.05	8226.71
湖　南	1157.37	1821.20	2374.63	3140.89	4071.77	4786.24	5431.91	6111.15	6570.39	7883.53	8869.13
西部地区	**5777.53**	**10328.68**	**14873.38**	**19700.70**	**26266.13**	**31062.08**	**34861.95**	**39356.32**	**42461.55**	**48346.15**	**52388.77**
内蒙古	54.30	351.97	899.96	1760.52	2650.26	3159.37	3688.18	4249.99	4647.57	5024.59	5042.81
广　西	710.58	1093.40	1356.11	1606.31	2060.82	2255.30	2418.67	2570.32	2876.33	3434.07	3715.67
重　庆	925.92	1562.29	2212.52	2734.95	3729.69	4427.69	4924.17	5674.94	6003.81	6993.79	7641.63
四　川	1440.21	2334.83	2896.26	3826.08	5008.53	5663.36	6338.08	7194.46	7858.21	8970.80	10163.57
贵　州	652.42	1156.86	1462.99	1944.47	2488.29	3249.48	3780.08	4359.23	4641.36	4923.98	5628.24
云　南	1120.49	1768.27	2428.60	2931.01	3598.15	4127.41	4401.03	4860.82	5317.83	6073.20	6481.80
西　藏	—	—	18.34	18.34	18.39	22.55	22.66	24.75	24.77	24.87	27.76
陕　西	602.69	985.43	1435.11	1620.40	2305.03	2635.33	2972.16	3181.77	3370.22	4101.61	4483.35
甘　肃	157.92	538.17	828.40	1152.71	1428.91	1546.94	1693.03	1925.63	2036.06	2316.49	2451.19
青　海	0.05	49.74	249.59	327.45	375.01	537.96	608.33	681.31	711.22	815.81	859.76
宁　夏	96.75	330.23	474.69	704.50	1083.43	1326.44	1401.41	1703.12	1843.27	2042.05	2163.12
新　疆	16.21	157.49	610.82	1073.94	1519.61	2110.24	2614.16	2929.98	3130.90	3624.90	3729.87

数据来源：国家统计局。

表 2 -29　　2009—2013 年全国各地区房屋竣工面积

单位：万平方米

	2009 年	2010 年	2011 年	2012 年	2013 年
总　计	**70218.76**	**75960.97**	**89244.25**	**99424.96**	**101434.99**
一、东部地区	**36253.38**	**39166.71**	**45578.01**	**49483.00**	**50480.07**
北　京	2678.55	2386.71	2245.24	2390.86	2666.35
天　津	1902.06	2098.55	2105.32	2542.75	2805.37
河　北	1896.40	3028.58	5145.32	4894.56	4437.02
辽　宁	4037.34	4466.50	6359.15	6438.15	6151.97
上　海	2104.98	1941.25	2240.62	2305.06	2254.44
江　苏	7706.55	8265.61	8040.88	9848.40	9711.60
浙　江	3673.13	4049.47	4423.32	4292.94	4692.34
福　建	2240.26	2244.66	2614.88	2232.78	3369.76
山　东	4950.46	4999.72	6226.85	7324.97	7508.52
广　东	4695.13	5234.59	5800.52	6356.12	6273.30
海　南	368.51	451.08	375.91	856.41	609.40
二、中部地区	**17096.11**	**20307.23**	**23898.91**	**26221.68**	**28042.25**
山　西	793.28	1089.72	2084.20	1732.99	2284.82
吉　林	1240.28	1871.38	1656.17	1927.87	2253.65
黑龙江	1876.23	2166.77	2992.61	3245.73	2932.70
安　徽	2861.25	3020.57	3063.87	3965.39	5180.35
江　西	1646.80	1822.20	1777.42	1747.48	1790.26
河　南	3400.98	4427.14	5307.13	5870.54	5965.87
湖　北	2312.11	2558.94	3083.54	3273.71	3040.84
湖　南	2965.17	3350.51	3933.97	4457.97	4593.76
三、西部地区	**16869.27**	**16487.03**	**19767.33**	**23720.28**	**22912.67**
内蒙古	2237.32	2192.01	2453.11	2449.13	2638.24
广　西	1441.63	1564.31	2183.90	2333.58	1712.68
重　庆	2907.05	2626.59	3424.33	3990.63	3804.36
四　川	4086.93	3966.77	4308.71	5866.58	5108.86
贵　州	1210.86	1028.73	1462.44	1416.77	1764.78
云　南	1680.56	1535.99	1450.76	1851.57	2019.20
西　藏	—	11.90	21.69	9.23	18.09
陕　西	916.97	860.79	1104.45	1653.94	1511.67
甘　肃	545.16	598.66	655.99	844.50	915.56
青　海	178.07	267.67	505.91	416.20	592.62
宁　夏	741.23	936.86	942.77	1151.97	1104.45
新　疆	923.50	896.76	1253.27	1736.17	1722.16

数据来源：国家统计局。

表 2－30　　2013 年全国各地区月度累计房屋竣工面积

单位：万平方米

	1－2 月	1－3 月	1－4 月	1－5 月	1－6 月	1－7 月	1－8 月	1－9 月	1－10 月	1－11 月	1－12 月
总　计	**13524.44**	**19473.41**	**23758.90**	**28745.07**	**35346.07**	**41642.71**	**46649.66**	**52705.61**	**59390.19**	**69419.65**	**101434.99**
东部地区	**6966.77**	**10015.39**	**12329.20**	**14554.80**	**17667.83**	**21052.16**	**23658.62**	**26773.62**	**29783.76**	**34032.20**	**50480.07**
北　京	111.60	183.17	297.50	378.94	553.61	680.01	850.66	1148.03	1420.99	1691.39	2666.35
天　津	67.50	172.33	292.06	310.63	438.40	453.25	491.57	518.13	574.24	650.89	2805.37
河　北	383.19	671.41	1020.27	1291.48	1547.83	1846.71	2072.83	2337.92	2676.31	2988.31	4437.02
辽　宁	190.13	607.40	872.57	1163.80	1639.27	2299.26	2785.70	3445.86	3941.97	4700.02	6151.97
上　海	627.19	765.37	880.11	982.37	1071.17	1236.96	1346.24	1424.84	1540.69	1714.57	2254.44
江　苏	1802.12	2369.42	2848.21	3382.02	3911.72	4403.65	4896.06	5443.65	5908.94	6723.05	9711.60
浙　江	729.23	1062.86	1256.51	1403.14	1647.41	2131.57	2388.47	2638.85	2862.87	3281.08	4692.34
福　建	653.93	788.86	867.23	969.01	1174.17	1523.54	1678.17	1920.35	2117.78	2443.74	3369.76
山　东	1034.47	1511.92	1761.44	2125.02	2562.24	2937.42	3264.13	3751.91	4223.59	4891.64	7508.52
广　东	1192.83	1671.14	1991.07	2288.18	2805.78	3208.38	3505.52	3743.32	4090.89	4475.38	6273.30
海　南	174.57	211.53	242.22	260.20	316.22	331.40	379.26	400.76	425.49	472.13	609.40
中部地区	**3017.52**	**4680.59**	**5757.95**	**7264.96**	**9284.46**	**10947.76**	**12349.49**	**14136.55**	**16027.96**	**18943.76**	**28042.25**
山　西	73.06	224.53	293.77	373.69	508.17	633.91	682.52	793.82	878.39	1198.42	2284.82
吉　林	63.82	95.48	204.12	380.41	489.55	634.01	735.66	871.55	1073.11	1549.39	2253.65
黑龙江	103.55	143.23	237.40	314.95	492.50	616.38	710.84	930.74	1155.07	1540.33	2932.70
安　徽	698.20	978.03	1160.21	1423.93	1856.05	2219.81	2470.37	2754.67	3146.65	3515.73	5180.35
江　西	387.51	538.72	622.12	727.36	818.12	899.31	1013.72	1095.84	1215.02	1400.05	1790.26
河　南	541.50	1015.87	1298.21	1627.97	2064.73	2468.13	2798.30	3197.86	3597.18	4037.72	5965.87
湖　北	474.29	670.16	777.52	1023.80	1343.63	1496.41	1656.16	1829.77	2049.57	2365.25	3040.84
湖　南	675.58	1014.57	1164.59	1392.87	1711.72	1979.80	2281.92	2662.29	2912.97	3336.88	4593.76
西部地区	**3540.15**	**4777.42**	**5671.75**	**6925.31**	**8393.77**	**9642.80**	**10641.55**	**11795.44**	**13578.46**	**16443.69**	**22912.67**
内蒙古	24.29	54.20	216.13	383.14	563.08	713.54	917.44	1177.66	1565.06	2060.21	2638.24
广　西	426.00	622.70	644.72	747.78	876.42	983.14	1019.86	1079.23	1127.26	1275.29	1712.68
重　庆	683.44	893.90	1037.29	1354.89	1660.47	1854.31	1955.50	2117.73	2457.77	2819.65	3804.36
四　川	1202.90	1445.53	1608.88	1756.57	2125.21	2420.16	2638.43	2831.86	3015.43	3400.68	5108.86
贵　州	247.78	375.32	454.88	539.78	630.43	716.35	775.65	842.97	973.11	1117.48	1764.78
云　南	506.68	615.56	701.64	827.54	889.58	1008.79	1115.92	1224.60	1343.69	1533.69	2019.20
西　藏	—	—	—	1.40	1.40	1.40	1.40	3.86	3.86	4.04	18.09
陕　西	286.28	359.29	432.99	509.22	592.03	619.51	682.06	746.16	819.84	983.03	1511.67
甘　肃	61.54	125.78	163.67	195.89	255.66	323.30	385.37	484.73	633.60	750.35	915.56
青　海	1.04	30.68	48.47	58.84	59.44	77.96	81.26	97.30	154.65	540.56	592.62
宁　夏	28.71	75.70	123.48	188.84	256.74	355.94	407.46	429.07	521.43	674.95	1104.45
新　疆	71.51	178.76	239.62	361.42	483.31	568.39	661.20	760.26	962.76	1283.78	1722.16

数据来源：国家统计局。

表 2－31　　2009—2013 年全国各地区住宅施工面积

单位：万平方米

	2009 年	2010 年	2011 年	2012 年	2013 年
总　计	**250804.25**	**314942.59**	**388438.59**	**428964.05**	**486347.33**
一、东部地区	**126227.98**	**157008.32**	**194081.66**	**211109.99**	**235926.39**
北　京	5551.88	6176.02	7168.12	7510.36	7406.88
天　津	4517.83	5117.60	6435.79	6923.52	7562.48
河　北	10907.15	17274.45	21483.03	21895.95	23558.26
辽　宁	14527.05	20669.88	26742.21	29284.88	31416.51
上　海	6550.73	7313.85	8386.26	8315.68	8125.74
江　苏	22657.26	26349.91	30469.01	33412.17	38756.78
浙　江	13946.54	16149.97	20023.78	21656.38	23828.31
福　建	8856.81	10570.84	13719.68	14731.19	17835.42
山　东	18020.31	22881.77	29014.62	33715.25	38571.84
广　东	18929.42	22176.17	27452.39	29253.24	33690.67
海　南	1763.01	2327.86	3186.79	4411.38	5173.49
二、中部地区	**62290.46**	**77848.36**	**95665.44**	**107040.28**	**125212.26**
山　西	4635.91	6252.79	7727.98	9299.62	10754.95
吉　林	4428.87	5785.69	7144.34	8512.60	9317.77
黑龙江	3692.19	6112.02	9593.72	10471.96	10241.40
安　徽	11262.49	13770.20	16058.40	18182.58	21531.23
江　西	5768.56	6064.62	6781.84	7319.85	9018.79
河　南	13464.61	16902.19	20576.45	23466.99	28113.59
湖　北	7737.46	9170.94	11058.67	13013.01	16640.27
湖　南	11300.36	13789.92	16724.04	16773.68	19594.27
三、西部地区	**62285.81**	**80085.91**	**98691.48**	**110813.77**	**125208.68**
内蒙古	6265.62	8246.59	11298.24	11181.66	12634.11
广　西	6719.08	9768.56	11497.68	11846.86	12419.68
重　庆	10338.12	13744.78	15923.84	16997.85	19248.95
四　川	14680.52	17289.74	21596.31	22590.16	23208.91
贵　州	4684.49	5968.65	7780.42	9654.03	12316.36
云　南	5535.52	7046.37	7973.23	10432.11	12969.39
西　藏	4.74	66.43	36.28	31.01	39.15
陕　西	7106.49	8595.32	10488.13	13030.16	14225.86
甘　肃	2097.54	2557.70	3141.26	4431.21	5324.49
青　海	765.99	1179.25	1359.46	1513.51	1748.26
宁　夏	1506.79	2285.56	3059.76	3622.63	4090.83
新　疆	2580.90	3336.95	4536.88	5482.59	6982.70

数据来源：国家统计局。

表 2 -32　　2013 年全国各地区月度累计住宅施工面积

单位：万平方米

	1-2月	1-3月	1-4月	1-5月	1-6月	1-7月	1-8月	1-9月	1-10月	1-11月	1-12月
总　计	**335745.60**	**352992.44**	**368798.32**	**384717.40**	**403521.09**	**417255.02**	**429625.73**	**443102.38**	**451867.22**	**472941.11**	**486347.33**
东部地区	**168606.92**	**177087.09**	**184671.85**	**191433.38**	**199298.28**	**205252.87**	**210855.83**	**217197.09**	**220804.10**	**230503.67**	**235926.39**
北　京	4780.76	5332.60	5767.59	6021.84	6242.45	6414.01	6597.16	6800.38	6993.45	7257.28	7406.88
天　津	4757.70	5809.53	6323.22	6485.17	6700.68	6711.02	6853.31	7037.69	7085.19	7337.07	7562.48
河　北	17661.32	18214.80	18937.40	19637.28	20285.40	20764.61	21219.96	21904.63	22482.77	23171.14	23558.26
辽　宁	20880.04	22467.03	23755.94	25142.93	26838.99	27697.98	28706.33	29750.93	30177.61	31123.43	31416.51
上　海	6456.12	6618.96	6909.02	7139.49	7301.06	7410.66	7630.98	7772.07	7866.76	8117.37	8125.74
江　苏	26712.96	27903.81	29184.71	30281.55	31405.72	32827.34	33734.31	35128.26	35662.51	37323.71	38756.78
浙　江	18758.45	19196.39	19817.41	20144.95	20793.28	21206.20	21696.63	22166.51	22465.51	23053.60	23828.31
福　建	13553.83	13944.24	14414.74	14786.94	15343.78	15725.74	16069.42	16423.59	16596.74	17331.83	17835.42
山　东	27429.99	28896.78	29761.15	30792.35	32083.03	33079.40	33848.27	34896.44	35551.92	37970.63	38571.84
广　东	24030.40	25030.82	25889.87	26946.18	28008.67	28915.80	29903.90	30535.39	31088.91	32769.58	33690.67
海　南	3585.34	3672.13	3910.81	4054.68	4295.24	4500.11	4595.55	4781.20	4832.71	5048.04	5173.49
中部地区	**81541.17**	**85190.14**	**89408.75**	**94223.80**	**99918.67**	**103919.60**	**107478.69**	**111044.14**	**113779.27**	**120278.83**	**125212.26**
山　西	7791.13	8010.23	8232.52	8657.28	9079.67	9384.82	9618.01	10027.06	10215.02	10550.25	10754.95
吉　林	6100.63	6271.98	6708.29	7259.15	7736.85	8035.58	8327.02	8678.03	8807.87	9221.19	9317.77
黑龙江	7169.08	7278.23	7555.10	8005.02	8345.82	8774.11	9192.61	9447.80	9746.53	10102.21	10241.40
安　徽	14560.12	15119.67	16018.94	16651.37	17660.36	18445.11	18953.59	19461.48	19830.53	21004.98	21531.23
江　西	5899.56	6204.68	6481.67	6812.32	6993.22	7214.57	7452.72	7809.22	7947.07	8495.62	9018.79
河　南	18011.17	18859.58	19717.16	20661.89	21790.91	22674.63	23341.71	24094.32	24725.30	26440.05	28113.59
湖　北	9280.15	9958.85	10680.94	11411.20	12678.24	13158.56	13669.76	14253.71	14848.79	15655.55	16640.27
湖　南	12729.33	13486.91	14014.12	14765.58	15633.61	16232.22	16923.27	17272.52	17658.15	18808.98	19594.27
西部地区	**85597.50**	**90715.20**	**94717.72**	**99060.23**	**104304.13**	**108082.55**	**111291.21**	**114861.15**	**117283.86**	**122158.61**	**125208.68**
内蒙古	8057.90	8255.42	9118.66	9888.29	10734.34	11117.25	11634.64	12041.17	12321.00	12690.82	12634.11
广　西	9547.87	9868.66	10192.28	10457.90	10847.23	10939.79	11162.41	11330.42	11632.66	12175.92	12419.68
重　庆	13080.42	14297.67	14893.09	15456.85	16138.39	16782.46	17151.73	17636.60	18027.37	18884.13	19248.95
四　川	16568.45	17532.45	17955.80	18599.78	19531.76	20148.87	20600.32	21170.90	21646.18	22483.93	23208.91
贵　州	8292.30	8704.11	8922.41	9342.41	9816.42	10388.08	10886.38	11394.65	11639.42	11826.23	12316.36
云　南	8539.14	9201.65	9579.52	10192.43	10717.59	11047.59	11354.54	11806.45	11985.32	12527.79	12969.39
西　藏	24.55	22.65	30.55	30.55	31.65	35.71	36.88	36.88	36.88	36.88	39.15
陕　西	10767.61	11221.31	11555.57	11776.16	12350.02	12703.90	12996.47	13188.36	13329.14	14103.28	14225.86
甘　肃	3138.66	3606.25	3843.11	4121.36	4370.72	4464.15	4619.28	4836.20	4929.57	5169.84	5324.49
青　海	1101.52	1169.95	1299.84	1347.34	1386.54	1515.80	1556.36	1607.24	1631.10	1700.59	1748.26
宁　夏	2622.86	2847.09	2964.01	3121.16	3345.86	3502.17	3558.17	3787.60	3890.72	4019.25	4090.83
新　疆	3856.21	3988.00	4362.89	4726.01	5033.62	5436.79	5734.04	6024.68	6214.51	6539.94	6982.70

数据来源：国家统计局。

表 2－33　　2009—2013 年全国各地区住宅新开工面积

单位：万平方米

	2009 年	2010 年	2011 年	2012 年	2013 年
总　计	**92463.47**	**129467.93**	**146034.57**	**130695.42**	**145844.80**
一、东部地区	**42837.10**	**62243.18**	**71003.05**	**60461.97**	**66591.24**
北　京	1380.28	2063.40	2596.45	1627.50	1736.54
天　津	1904.46	2026.89	2374.29	1764.76	1744.85
河　北	5832.29	7857.55	9017.52	5983.78	5445.77
辽　宁	6634.30	9848.46	9896.26	10644.03	10141.66
上　海	1721.02	2111.11	2473.60	1563.39	1643.09
江　苏	6978.45	10620.32	11158.20	10285.49	12211.81
浙　江	3952.42	5240.23	6674.46	4946.83	5787.98
福　建	1855.93	3399.53	4828.29	3565.11	4795.83
山　东	6946.63	10290.65	11305.66	10837.97	11497.27
广　东	4903.67	7804.41	9242.84	7840.26	10114.75
海　南	727.65	980.63	1435.49	1402.85	1471.69
二、中部地区	**27185.40**	**34147.09**	**39438.37**	**36737.28**	**41856.38**
山　西	2065.84	2253.58	2418.95	3271.11	2723.39
吉　林	2707.45	2920.00	3780.22	3683.39	2858.01
黑龙江	2429.99	4079.40	5734.93	3785.55	2920.48
安　徽	4218.04	5770.46	6428.52	5468.39	7143.99
江　西	1956.02	1956.47	2684.43	2400.09	3050.83
河　南	6183.26	7299.94	8158.35	8424.45	10055.31
湖　北	3213.93	4483.91	4480.39	4650.79	6250.23
湖　南	4410.88	5383.32	5752.59	5053.52	6854.15
三、西部地区	**22440.96**	**33077.65**	**35593.14**	**33496.17**	**37397.18**
内蒙古	3055.82	4486.54	5988.45	3670.18	3633.33
广　西	2470.90	3905.84	2951.41	2910.11	2901.93
重　庆	2989.72	5268.76	5214.42	4345.14	5387.60
四　川	4210.24	6270.79	6562.20	5962.51	7008.71
贵　州	1327.32	2250.29	2179.78	2578.41	3974.16
云　南	2231.07	2960.81	3618.18	4166.88	4529.09
西　藏	4.74	13.32	0.04	17.07	22.37
陕　西	2446.74	2887.08	3364.05	3928.91	3488.16
甘　肃	896.72	1169.10	1289.98	1933.52	1917.05
青　海	423.61	569.01	447.77	605.33	599.85
宁　夏	920.85	1444.86	1457.54	1228.74	1435.77
新　疆	1463.22	1851.26	2519.31	2149.36	2499.16

数据来源：国家统计局。

表 2－34　　2013 年全国各地区月度累计住宅新开工面积

单位：万平方米

	1－2 月	1－3 月	1－4 月	1－5 月	1－6 月	1－7 月	1－8 月	1－9 月	1－10 月	1－11 月	1－12 月
总　计	**17430.69**	**29182.28**	**41330.01**	**54291.30**	**70629.68**	**82617.10**	**93712.75**	**106055.30**	**114084.03**	**131848.80**	**145844.80**
东部地区	**8633.97**	**14311.76**	**19714.77**	**25415.26**	**32555.91**	**37583.31**	**42713.71**	**48601.50**	**51788.96**	**59927.72**	**66591.24**
北　京	109.56	184.11	320.35	470.63	696.92	805.86	947.72	1138.18	1293.61	1537.06	1736.54
天　津	241.36	449.79	536.67	629.68	702.05	748.11	844.79	919.16	963.89	1001.53	1744.85
河　北	321.25	904.67	1378.95	1985.16	2559.46	2977.55	3342.83	3960.77	4438.12	5024.93	5445.77
辽　宁	496.07	1536.78	2493.58	3698.22	5330.42	6181.17	7151.78	8234.05	8649.38	9578.14	10141.66
上　海	320.67	388.75	466.62	644.16	786.21	886.46	1039.19	1198.72	1256.34	1473.95	1643.09
江　苏	2154.41	3070.15	4107.94	4983.04	5974.00	7147.54	7954.92	8807.16	9315.02	10787.56	12211.81
浙　江	623.16	1066.34	1601.01	1925.83	2628.43	3072.50	3556.61	4045.43	4333.18	4967.97	5787.98
福　建	714.86	1100.73	1537.42	1851.30	2357.09	2667.96	3062.64	3480.88	3640.76	4307.55	4795.83
山　东	1821.77	2901.98	3677.46	4635.36	5761.08	6543.73	7262.41	8221.01	8902.80	10888.65	11497.27
广　东	1589.77	2405.71	3170.50	4045.03	5032.48	5669.01	6574.90	7481.26	7823.91	9028.22	10114.75
海　南	241.08	302.75	424.28	546.85	727.77	883.43	975.92	1114.88	1171.96	1332.16	1471.69
中部地区	**4545.74**	**7284.86**	**10808.16**	**14613.18**	**19039.69**	**22518.36**	**25586.44**	**28912.62**	**31614.84**	**37148.88**	**41856.38**
山　西	78.93	289.52	493.53	828.77	1170.40	1429.31	1627.09	1996.27	2157.09	2471.01	2723.39
吉　林	52.98	103.03	439.56	916.17	1354.66	1660.14	1963.04	2289.68	2411.28	2792.31	2858.01
黑龙江	29.58	106.62	389.79	824.65	1157.31	1545.88	1919.94	2171.07	2440.46	2762.50	2920.48
安　徽	1130.32	1569.39	2198.26	2721.49	3496.67	4105.63	4531.52	5050.12	5483.82	6545.98	7143.99
江　西	587.15	782.65	963.29	1150.89	1295.36	1489.14	1655.58	1882.11	2099.08	2565.28	3050.83
河　南	995.10	1839.88	2741.95	3527.20	4386.10	5180.27	5856.15	6547.09	7117.25	8537.45	10055.31
湖　北	737.72	1147.14	1703.21	2170.19	2942.46	3342.88	3738.10	4184.06	4764.83	5361.82	6250.23
湖　南	933.97	1446.63	1878.58	2473.83	3236.72	3765.13	4295.02	4792.21	5141.04	6112.53	6854.15
西部地区	**4250.98**	**7585.66**	**10807.08**	**14262.86**	**19034.08**	**22515.43**	**25412.60**	**28541.18**	**30680.24**	**34772.20**	**37397.18**
内蒙古	37.19	230.49	642.08	1318.66	2004.09	2340.88	2734.39	3111.44	3331.80	3625.04	3633.33
广　西	574.10	866.20	1077.01	1269.36	1648.77	1801.53	1929.62	2049.77	2265.14	2696.27	2901.93
重　庆	572.19	969.49	1460.48	1842.74	2639.30	3201.67	3595.67	4059.31	4305.24	5014.66	5387.60
四　川	1108.42	1763.22	2129.88	2784.84	3578.96	4037.44	4512.31	5076.83	5526.14	6322.67	7008.71
贵　州	504.28	849.65	1040.11	1349.80	1743.04	2258.55	2688.64	3093.62	3323.37	3514.22	3974.16
云　南	750.63	1260.17	1689.46	2025.78	2495.89	2901.72	3166.67	3513.88	3795.03	4251.34	4529.09
西　藏	—	—	13.58	13.58	13.63	17.79	17.89	19.99	20.01	20.10	22.37
陕　西	526.60	845.46	1157.47	1290.56	1806.14	2073.43	2344.67	2495.67	2650.12	3179.31	3488.16
甘　肃	105.46	411.90	664.70	895.20	1106.43	1196.56	1328.97	1526.05	1600.25	1813.37	1917.05
青　海	0.05	39.08	154.51	205.52	234.37	355.00	400.41	451.58	474.43	556.31	599.85
宁　夏	61.54	241.70	339.34	478.01	697.99	868.48	921.97	1150.34	1257.15	1363.10	1435.77
新　疆	10.52	108.30	438.45	788.81	1065.47	1462.38	1771.39	1992.69	2131.56	2415.82	2499.16

数据来源：国家统计局。

表 2－35　　2009—2013 年全国各地区住宅竣工面积

单位：万平方米

	2009 年	2010 年	2011 年	2012 年	2013 年
总　计	**57694.43**	**61215.72**	**71692.33**	**79043.20**	**78740.62**
一、东部地区	**28776.95**	**30400.48**	**35299.17**	**38065.07**	**38209.67**
北　京	1613.23	1498.48	1316.13	1522.72	1692.04
天　津	1580.82	1603.65	1641.68	1913.97	2117.66
河　北	1639.44	2651.00	4250.37	3978.10	3517.80
辽　宁	3404.01	3662.51	5259.86	5132.29	5025.69
上　海	1508.81	1396.05	1549.66	1609.13	1417.41
江　苏	6226.75	6268.44	6147.76	7687.13	7584.17
浙　江	2670.91	2756.50	2986.62	2917.26	3187.62
福　建	1690.85	1717.07	1993.32	1564.62	2338.06
山　东	4262.12	4212.76	5197.97	6086.71	6063.35
广　东	3836.69	4248.36	4611.54	4918.16	4748.25
海　南	343.32	385.67	344.26	734.99	517.62
二、中部地区	**14645.20**	**17016.34**	**20142.46**	**21631.05**	**22537.29**
山　西	697.94	896.93	1867.13	1435.69	1847.99
吉　林	1095.54	1562.40	1371.31	1613.59	1769.95
黑龙江	1563.99	1778.16	2396.04	2646.21	2344.41
安　徽	2350.59	2402.42	2422.58	3123.15	3919.00
江　西	1437.51	1554.93	1513.22	1440.48	1427.53
河　南	2991.79	3852.80	4646.63	4888.17	4916.31
湖　北	2007.34	2137.30	2647.50	2795.21	2547.39
湖　南	2500.50	2831.41	3278.05	3688.55	3764.71
三、西部地区	**14272.28**	**13798.90**	**16250.71**	**19347.08**	**17993.66**
内蒙古	1886.04	1799.40	1939.20	1816.10	2001.21
广　西	1220.43	1342.87	1836.76	1956.57	1385.37
重　庆	2384.51	2179.81	2826.78	3386.35	2867.45
四　川	3520.52	3390.01	3520.09	4713.61	4028.88
贵　州	1028.48	809.06	1106.85	1120.17	1352.29
云　南	1408.03	1258.44	1182.14	1492.28	1576.13
西　藏	—	11.22	19.28	6.46	10.65
陕　西	790.94	762.97	972.79	1413.75	1272.77
甘　肃	462.28	501.05	554.15	710.03	769.07
青　海	157.01	242.12	435.22	371.06	474.39
宁　夏	603.10	746.32	762.20	922.26	861.37
新　疆	810.93	755.64	1095.24	1438.43	1394.08

数据来源：国家统计局。

表 2－36　　**2013 年全国各地区月度累计住宅竣工面积**

单位：万平方米

	1－2 月	1－3 月	1－4 月	1－5 月	1－6 月	1－7 月	1－8 月	1－9 月	1－10 月	1－11 月	1－12 月
总　计	**10360.04**	**15000.70**	**18273.48**	**22204.21**	**27428.10**	**32384.44**	**36300.53**	**41169.86**	**46395.05**	**54265.04**	**78740.62**
东部地区	**5189.83**	**7574.72**	**9309.47**	**11029.50**	**13508.40**	**16108.41**	**18074.08**	**20523.86**	**22759.26**	**25989.36**	**38209.67**
北　京	66.65	122.68	199.47	237.10	344.67	430.53	536.85	738.89	930.27	1083.03	1692.04
天　津	50.78	98.71	204.04	212.74	336.32	345.02	374.93	398.34	432.27	494.24	2117.66
河　北	301.35	544.95	812.37	1027.81	1249.35	1493.99	1679.80	1907.54	2174.04	2438.41	3517.80
辽　宁	149.33	487.36	687.78	921.24	1320.63	1856.21	2268.37	2826.67	3258.70	3873.78	5025.69
上　海	389.33	488.55	547.36	614.68	668.46	799.52	849.85	902.89	951.22	1053.68	1417.41
江　苏	1399.46	1881.84	2239.66	2685.61	3084.66	3462.37	3831.85	4255.83	4617.86	5304.99	7584.17
浙　江	516.11	742.24	890.34	1004.78	1146.46	1463.25	1635.99	1813.72	1956.28	2252.31	3187.62
福　建	455.72	555.76	613.96	683.27	848.93	1103.30	1213.10	1381.43	1516.70	1715.43	2338.06
山　东	832.18	1228.57	1425.81	1708.05	2088.90	2398.96	2684.65	3090.10	3424.81	3951.94	6063.35
广　东	883.24	1249.73	1490.63	1721.62	2158.59	2479.16	2689.87	2880.23	3145.89	3427.95	4748.25
海　南	145.67	174.34	197.98	212.59	261.44	276.08	308.83	328.23	351.22	393.58	517.62
中部地区	**2364.29**	**3704.61**	**4539.18**	**5761.70**	**7362.49**	**8720.91**	**9858.04**	**11328.56**	**12889.70**	**15293.52**	**22537.29**
山　西	60.47	189.77	247.52	311.83	418.49	520.80	554.06	648.16	719.71	998.09	1847.99
吉　林	55.75	82.66	171.51	290.78	383.26	506.42	568.76	674.74	834.45	1232.79	1769.95
黑龙江	80.55	111.75	169.26	228.03	379.87	474.75	557.17	743.72	929.27	1231.69	2344.41
安　徽	503.59	707.50	830.30	1055.17	1318.13	1592.86	1799.47	2021.40	2326.44	2602.89	3919.00
江　西	283.17	395.04	465.40	553.60	632.07	698.77	795.69	866.35	960.40	1124.99	1427.53
河　南	431.37	845.09	1056.79	1317.22	1695.83	2038.30	2293.18	2630.43	2976.02	3351.74	4916.31
湖　北	396.72	551.68	652.53	861.52	1122.77	1254.62	1401.19	1549.81	1734.59	2010.12	2547.39
湖　南	552.68	821.13	945.86	1143.54	1412.06	1634.38	1888.51	2193.94	2408.80	2741.22	3764.71
西部地区	**2805.92**	**3721.37**	**4424.84**	**5413.01**	**6557.21**	**7555.12**	**8368.42**	**9317.44**	**10746.09**	**12982.17**	**17993.66**
内蒙古	13.29	35.18	162.18	296.04	425.75	535.16	682.70	892.69	1187.83	1576.42	2001.21
广　西	349.79	491.64	513.60	602.91	710.67	802.68	832.09	883.21	924.28	1033.01	1385.37
重　庆	473.50	639.27	743.49	951.70	1190.63	1355.27	1455.86	1587.80	1871.38	2140.25	2867.45
四　川	988.14	1172.65	1315.22	1441.52	1734.33	1942.12	2118.82	2274.41	2414.54	2732.01	4028.88
贵　州	192.22	286.69	350.18	414.58	470.77	539.74	575.00	630.43	731.29	840.20	1352.29
云　南	431.84	480.95	546.31	643.91	693.95	796.76	886.11	969.49	1058.28	1191.01	1576.13
西　藏	—	—	—	—	—	—	—	1.95	1.95	1.95	10.65
陕　西	240.34	310.21	371.10	437.10	494.50	519.09	574.06	629.07	687.88	829.54	1272.77
甘　肃	40.57	96.42	120.71	148.82	200.78	261.27	316.09	406.59	532.34	640.33	769.07
青　海	0.85	28.72	40.14	49.66	50.26	63.85	66.75	81.76	128.68	437.60	474.39
宁　夏	18.09	54.48	94.80	154.35	208.50	287.91	328.78	344.28	424.45	533.43	861.37
新　疆	57.30	125.17	167.09	272.41	377.06	451.26	532.16	615.75	783.20	1026.42	1394.08

数据来源：国家统计局。

表 2－37　　2009—2013 年全国各地区办公楼施工面积

单位：万平方米

	2009 年	2010 年	2011 年	2012 年	2013 年
总　计	**9984.75**	**12139.78**	**15949.87**	**19434.17**	**24577.41**
一、东部地区	**6785.59**	**8077.04**	**10572.70**	**12058.63**	**14954.89**
北　京	1132.19	1054.84	1422.66	1711.86	2114.13
天　津	348.46	396.61	687.88	792.40	841.00
河　北	196.99	384.20	572.14	598.79	659.34
辽　宁	428.61	582.95	611.63	778.99	796.46
上　海	958.64	1103.18	1158.34	1284.68	1431.73
江　苏	909.80	1167.65	1362.12	1539.84	1989.66
浙　江	1173.55	1479.17	1967.10	2099.17	2477.02
福　建	314.67	452.19	769.11	987.37	1363.45
山　东	460.17	476.82	759.82	1051.82	1553.26
广　东	842.56	943.49	1218.97	1176.38	1675.71
海　南	19.93	35.94	42.92	37.34	53.11
二、中部地区	**1539.16**	**1960.42**	**2436.28**	**3665.46**	**4760.97**
山　西	111.40	182.54	172.92	216.67	327.11
吉　林	97.07	103.83	161.50	207.22	302.72
黑龙江	58.61	74.76	122.68	177.66	199.33
安　徽	432.86	521.89	498.18	789.46	1034.03
江　西	65.24	114.25	130.64	280.19	423.91
河　南	370.40	510.84	755.96	976.49	1297.06
湖　北	209.55	241.71	317.47	576.52	596.11
湖　南	194.03	210.60	276.91	441.25	580.70
三、西部地区	**1660.01**	**2102.32**	**2940.90**	**3710.08**	**4861.54**
内蒙古	281.41	486.14	675.56	643.10	692.90
广　西	133.25	183.04	246.72	279.76	321.91
重　庆	210.29	247.56	386.84	499.85	781.98
四　川	330.59	413.26	598.48	834.65	922.54
贵　州	124.07	149.32	171.87	300.50	502.13
云　南	105.08	154.77	319.66	427.16	557.95
西　藏	—	0.74	0.76	1.68	1.56
陕　西	260.62	229.63	248.77	338.57	501.13
甘　肃	49.99	50.96	60.68	99.85	107.80
青　海	8.08	23.64	26.29	29.23	75.14
宁　夏	71.08	74.17	102.33	119.14	171.20
新　疆	85.55	89.08	102.94	136.61	225.32

数据来源：国家统计局。

表2－38　　2013年全国各地区月度累计办公楼施工面积

单位：万平方米

	1－2月	1－3月	1－4月	1－5月	1－6月	1－7月	1－8月	1－9月	1－10月	1－11月	1－12月
总　计	**16594.85**	**17526.42**	**18349.63**	**19206.10**	**20057.36**	**20877.27**	**21518.03**	**21995.87**	**22461.80**	**23535.73**	**24577.41**
东部地区	**10269.01**	**10847.54**	**11271.78**	**11863.79**	**12302.21**	**12791.70**	**13172.33**	**13453.16**	**13619.05**	**14268.00**	**14954.89**
北　京	1236.10	1353.58	1406.79	1534.04	1566.89	1688.68	1731.84	1738.43	1813.68	1955.13	2114.13
天　津	699.76	683.38	679.46	722.39	715.41	745.32	746.45	758.59	758.59	764.78	841.00
河　北	455.45	477.47	485.20	489.28	527.28	553.63	587.96	595.20	605.35	623.75	659.34
辽　宁	559.06	605.69	636.29	696.82	728.64	736.75	761.31	772.69	776.04	786.34	796.46
上　海	1101.54	1200.08	1273.71	1300.63	1319.87	1327.72	1371.60	1367.40	1378.20	1443.24	1431.73
江　苏	1391.20	1461.69	1537.15	1598.78	1675.87	1743.15	1794.63	1845.64	1866.06	1896.87	1989.66
浙　江	1887.32	1918.80	1965.92	2046.41	2099.92	2153.70	2204.10	2285.78	2295.30	2365.67	2477.02
福　建	881.75	924.89	954.01	1008.10	1064.24	1127.28	1159.72	1214.64	1208.15	1294.52	1363.45
山　东	973.50	1021.15	1051.58	1149.54	1214.79	1261.05	1299.58	1332.06	1350.87	1513.02	1553.26
广　东	1038.57	1155.89	1234.98	1271.79	1342.50	1406.85	1462.71	1490.30	1514.39	1572.11	1675.71
海　南	44.76	44.94	46.68	46.01	46.79	47.59	52.42	52.42	52.42	52.56	53.11
中部地区	**3125.76**	**3255.82**	**3378.18**	**3478.27**	**3710.64**	**3900.31**	**4046.37**	**4142.30**	**4341.27**	**4536.86**	**4760.97**
山　西	193.51	198.07	221.12	224.13	226.31	241.38	246.26	254.08	269.88	300.59	327.11
吉　林	185.94	190.89	194.78	204.59	220.64	260.23	262.81	293.98	293.98	301.66	302.72
黑龙江	141.93	155.30	158.23	163.88	179.98	187.46	190.27	190.32	191.88	197.98	199.33
安　徽	724.55	748.33	778.28	811.67	856.06	867.02	901.43	936.23	976.44	1006.12	1034.03
江　西	255.80	255.01	257.07	274.17	298.45	307.26	309.98	311.97	366.57	402.70	423.91
河　南	895.91	921.07	946.87	956.64	1005.60	1080.17	1163.81	1153.66	1185.37	1231.06	1297.06
湖　北	321.08	359.40	387.65	403.77	464.60	483.00	492.45	514.58	562.16	577.93	596.11
湖　南	407.05	427.75	434.17	439.42	459.00	473.79	479.36	487.49	495.00	518.84	580.70
西部地区	**3200.07**	**3423.06**	**3699.67**	**3864.04**	**4044.51**	**4185.25**	**4299.33**	**4400.41**	**4501.47**	**4730.86**	**4861.54**
内蒙古	481.45	502.77	560.71	591.36	607.88	630.25	644.03	656.90	672.28	691.88	692.90
广　西	247.11	254.24	256.65	260.75	266.22	278.30	281.42	282.79	303.21	313.00	321.91
重　庆	486.73	567.88	608.83	663.98	686.59	693.86	701.63	737.16	737.25	778.27	781.98
四　川	678.16	711.73	736.22	744.00	759.73	776.06	792.41	824.08	842.45	872.60	922.54
贵　州	296.29	310.24	371.89	394.72	416.00	435.72	444.63	456.94	462.78	487.62	502.13
云　南	400.97	436.32	461.94	477.13	488.74	501.65	507.00	496.85	514.25	512.49	557.95
西　藏	1.57	1.56	1.56	1.56	1.56	1.56	1.56	1.56	1.56	1.56	1.56
陕　西	301.48	311.73	342.18	337.86	393.05	405.47	428.32	435.63	441.23	502.23	501.13
甘　肃	81.58	93.08	93.42	93.88	95.22	95.36	97.66	99.07	102.65	106.95	107.80
青　海	25.06	28.22	47.89	49.91	55.92	63.05	67.17	70.95	72.66	75.14	75.14
宁　夏	104.88	106.15	114.86	130.94	147.76	151.88	153.29	153.83	154.47	166.80	171.20
新　疆	94.80	99.12	103.51	117.96	125.85	152.09	180.23	184.64	196.69	222.34	225.32

数据来源：国家统计局。

表 2 -39　　2009—2013 年全国各地区办公楼新开工面积

单位：万平方米

	2009 年	2010 年	2011 年	2012 年	2013 年
总　计	**2813.57**	**3678.01**	**5360.94**	**5986.46**	**6887.24**
一、东部地区	**1733.25**	**2290.03**	**3471.29**	**3247.75**	**4129.36**
北　京	255.96	203.29	489.40	536.82	671.40
天　津	179.63	206.73	278.26	231.02	173.84
河　北	97.79	147.43	253.58	187.61	172.02
辽　宁	148.87	214.05	116.18	234.61	196.80
上　海	164.93	147.39	225.72	303.91	264.06
江　苏	207.67	374.63	507.13	402.53	547.94
浙　江	303.90	477.18	593.55	413.88	576.71
福　建	77.44	183.46	300.38	252.38	381.57
山　东	135.76	157.78	373.36	378.27	567.24
广　东	159.41	164.00	311.83	288.94	563.20
海　南	1.90	14.08	21.89	17.78	14.59
二、中部地区	**534.24**	**660.14**	**835.98**	**1381.59**	**1301.55**
山　西	30.32	54.70	29.50	66.62	76.47
吉　林	31.76	23.75	69.08	88.50	96.21
黑龙江	41.49	40.61	74.93	92.79	34.72
安　徽	163.47	163.46	148.53	233.75	246.09
江　西	28.52	41.82	60.50	137.02	167.13
河　南	89.04	171.02	252.65	360.08	329.90
湖　北	91.60	102.24	101.20	218.38	201.33
湖　南	58.05	62.53	99.57	184.44	149.71
三、西部地区	**546.08**	**727.84**	**1053.68**	**1357.11**	**1456.33**
内蒙古	160.25	285.83	266.26	160.55	99.50
广　西	39.57	59.75	101.07	103.03	72.74
重　庆	62.98	57.20	154.44	160.64	241.15
四　川	77.24	128.53	140.72	314.46	264.42
贵　州	26.81	29.22	20.08	176.24	171.33
云　南	45.70	55.87	173.42	222.37	171.33
西　藏	—	—	—	1.57	—
陕　西	43.21	38.08	76.91	99.03	179.21
甘　肃	13.31	11.53	23.03	23.22	30.13
青　海	3.53	17.26	6.51	7.79	43.75
宁　夏	36.71	21.25	50.67	38.60	59.86
新　疆	36.76	23.33	40.55	49.63	122.90

数据来源：国家统计局。

表 2－40　　2013 年全国各地区月度累计办公楼新开工面积

单位：万平方米

	1－2 月	1－3 月	1－4 月	1－5 月	1－6 月	1－7 月	1－8 月	1－9 月	1－10 月	1－11 月	1－12 月
总　计	**721.36**	**1269.87**	**1813.54**	**2405.32**	**3001.40**	**3607.94**	**4104.18**	**4605.68**	**5031.64**	**5893.24**	**6887.24**
东部地区	**437.50**	**774.05**	**1048.84**	**1468.32**	**1798.69**	**2148.05**	**2487.61**	**2759.21**	**2955.68**	**3474.61**	**4129.36**
北　京	49.32	127.08	151.60	192.80	206.83	286.20	320.39	322.29	388.79	510.38	671.40
天　津	11.34	11.40	11.47	31.68	38.74	38.74	38.74	45.03	60.75	66.94	173.84
河　北	8.45	32.83	41.97	45.40	66.04	94.42	110.19	117.49	125.18	138.16	172.02
辽　宁	13.57	23.24	36.94	87.76	112.80	120.84	147.20	158.58	175.34	184.19	196.80
上　海	74.39	81.05	101.89	111.10	115.10	120.08	153.97	175.30	184.89	246.02	264.06
江　苏	84.60	151.56	207.49	257.34	312.81	360.60	402.55	452.80	468.98	478.13	547.94
浙　江	31.13	64.93	110.77	183.45	226.60	268.14	316.83	404.60	412.75	477.90	576.71
福　建	41.99	56.68	90.19	126.68	178.47	238.80	270.61	303.92	302.01	359.67	381.57
山　东	72.27	100.43	121.39	226.32	271.48	317.74	355.32	383.72	401.84	541.41	567.24
广　东	49.72	123.94	173.90	204.81	261.61	293.59	358.08	381.55	421.21	457.77	563.20
海　南	0.73	0.91	1.23	0.98	8.21	8.90	13.73	13.93	13.93	14.03	14.59
中部地区	**113.91**	**213.71**	**288.60**	**361.13**	**484.31**	**628.76**	**693.12**	**801.31**	**950.91**	**1073.20**	**1301.55**
山　西	2.85	7.02	13.61	16.52	18.70	20.76	26.10	29.94	42.80	59.47	76.47
吉　林	—	5.42	9.73	17.86	19.45	59.18	62.02	93.40	92.98	95.51	96.21
黑龙江	—	3.93	8.70	14.05	16.31	23.83	25.79	25.98	27.54	33.51	34.72
安　徽	40.25	56.53	80.97	91.08	120.27	135.25	161.77	180.09	196.33	220.48	246.09
江　西	11.51	12.67	15.35	32.55	56.70	62.54	65.03	66.06	118.88	145.86	167.13
河　南	25.41	44.75	60.86	69.33	108.63	152.50	170.35	191.01	226.59	251.27	329.90
湖　北	12.50	57.12	68.08	79.50	86.27	105.02	109.52	133.56	158.22	164.88	201.33
湖　南	21.39	26.27	31.31	40.24	57.97	69.69	72.53	81.27	87.57	102.21	149.71
西部地区	**169.95**	**282.10**	**476.09**	**575.87**	**718.40**	**831.13**	**923.45**	**1045.16**	**1125.05**	**1345.43**	**1456.33**
内蒙古	11.67	16.29	26.18	35.05	52.25	59.86	73.69	88.88	92.71	99.75	99.50
广　西	9.10	10.16	11.14	13.48	16.83	28.26	29.11	29.98	48.75	60.42	72.74
重　庆	60.89	93.62	112.02	146.23	163.17	164.35	172.04	207.73	207.91	230.55	241.15
四　川	20.64	45.80	75.47	86.53	103.71	121.99	141.60	173.93	182.90	214.63	264.42
贵　州	8.59	17.66	62.46	81.01	96.71	115.23	121.35	130.49	135.62	158.17	171.33
云　南	51.66	59.59	89.14	98.88	104.71	112.40	115.64	126.93	145.97	167.42	171.33
西　藏	—	—	—	—	—	—	—	—	—	—	—
陕　西	2.41	18.03	48.23	40.74	77.80	88.94	95.17	102.56	108.50	165.49	179.21
甘　肃	4.60	16.47	17.96	18.47	19.74	19.80	22.10	23.15	26.66	29.87	30.13
青　海	—	0.94	20.41	21.22	24.62	31.76	35.89	39.68	41.39	43.75	43.75
宁　夏	0.35	1.11	6.25	17.47	34.29	37.60	39.01	39.55	40.19	55.46	59.86
新　疆	0.04	2.44	6.84	16.78	24.57	50.93	77.85	82.28	94.45	119.92	122.90

数据来源：国家统计局。

表 2－41　　2009—2013 年全国各地区办公楼竣工面积

单位：万平方米

	2009 年	2010 年	2011 年	2012 年	2013 年
总　计	**1606.55**	**1748.44**	**2179.42**	**2315.36**	**2789.40**
一、东部地区	**1117.51**	**1282.41**	**1620.55**	**1663.38**	**1932.41**
北　京	316.59	198.42	245.17	226.79	273.05
天　津	83.67	102.42	146.72	166.80	188.59
河　北	15.10	19.60	111.16	94.53	158.24
辽　宁	37.36	75.29	73.16	99.74	66.24
上　海	135.02	150.69	174.33	206.87	176.01
江　苏	139.44	290.54	239.26	237.18	332.43
浙　江	136.20	195.86	290.53	218.35	246.44
福　建	47.44	35.20	56.70	119.20	98.33
山　东	118.56	84.52	113.51	130.29	127.17
广　东	86.21	118.01	169.15	159.63	264.58
海　南	1.94	11.85	0.88	3.99	1.31
二、中部地区	**211.00**	**269.05**	**273.84**	**290.49**	**459.23**
山　西	11.07	19.73	23.66	14.90	30.75
吉　林	9.02	11.98	16.08	16.43	25.61
黑龙江	18.29	20.27	20.62	28.52	32.07
安　徽	62.65	49.89	58.06	49.98	131.92
江　西	5.52	23.41	6.79	31.89	24.55
河　南	32.59	56.17	66.72	82.01	121.80
湖　北	29.72	52.89	45.46	27.37	43.07
湖　南	42.14	34.71	36.44	39.39	49.47
三、西部地区	**278.03**	**196.98**	**285.02**	**361.49**	**397.76**
内蒙古	50.00	28.92	31.91	67.23	41.66
广　西	7.93	13.01	19.12	25.33	18.13
重　庆	46.36	30.03	44.77	30.37	75.76
四　川	48.19	35.16	61.78	119.35	101.33
贵　州	19.01	18.36	31.77	16.16	30.00
云　南	34.35	16.73	26.94	26.54	41.24
西　藏	—	—	0.20	0.11	—
陕　西	27.70	11.79	14.57	19.48	42.68
甘　肃	11.85	7.94	7.91	8.56	3.34
青　海	1.54	3.86	4.59	3.41	8.74
宁　夏	12.95	17.34	23.35	9.85	9.86
新　疆	18.14	13.83	18.12	35.10	25.03

数据来源：国家统计局。

表 2-42　**2013 年全国各地区月度累计办公楼竣工面积**

单位：万平方米

	1-2 月	1-3 月	1-4 月	1-5 月	1-6 月	1-7 月	1-8 月	1-9 月	1-10 月	1-11 月	1-12 月
总　计	**323.11**	**464.32**	**594.79**	**686.56**	**860.10**	**989.35**	**1118.38**	**1227.14**	**1334.65**	**1592.15**	**2789.40**
东部地区	**240.75**	**312.66**	**401.78**	**458.54**	**577.68**	**649.03**	**753.73**	**843.53**	**911.22**	**1089.12**	**1932.41**
北　京	2.62	3.88	10.77	22.83	47.17	59.27	90.91	118.69	121.94	174.90	273.05
天　津	—	5.05	6.91	11.11	11.11	15.54	16.67	16.67	17.09	21.00	188.59
河　北	13.42	16.26	18.34	20.80	26.62	30.25	32.96	38.67	43.72	53.89	158.24
辽　宁	5.17	7.73	8.89	12.74	17.22	17.77	19.68	26.24	34.01	42.38	66.24
上　海	54.45	68.10	85.13	97.48	110.72	110.77	123.39	125.82	134.98	162.16	176.01
江　苏	63.76	75.01	88.83	94.30	118.81	127.62	149.08	160.52	162.63	178.41	332.43
浙　江	31.67	49.55	51.32	53.78	76.02	106.67	113.10	116.39	137.15	156.05	246.44
福　建	6.53	6.89	7.37	7.46	9.08	9.56	11.76	19.80	24.15	46.48	98.33
山　东	19.50	21.87	33.01	39.34	53.31	53.88	57.46	75.25	81.40	89.96	127.17
广　东	43.48	58.16	91.07	98.54	107.48	117.56	137.53	144.29	152.85	162.59	264.58
海　南	0.15	0.15	0.15	0.15	0.15	0.15	1.20	1.20	1.29	1.29	1.31
中部地区	**28.99**	**73.18**	**98.52**	**110.75**	**147.12**	**174.61**	**190.42**	**199.16**	**218.41**	**240.12**	**459.23**
山　西	0.26	1.72	2.27	2.93	2.93	3.35	3.40	5.69	6.13	6.29	30.75
吉　林	—	0.34	0.41	1.48	1.58	2.74	2.77	2.96	2.98	11.32	25.61
黑龙江	—	0.12	18.12	18.45	21.28	21.48	21.48	23.17	23.99	25.96	32.07
安　徽	7.48	13.01	14.21	16.22	41.03	57.45	66.60	68.40	81.90	86.57	131.92
江　西	1.87	10.03	10.04	10.17	10.66	12.29	12.67	12.67	13.65	15.02	24.55
河　南	11.85	22.40	26.89	31.75	37.70	42.59	46.50	49.40	50.99	51.60	121.80
湖　北	1.59	7.96	8.92	9.73	10.91	10.51	10.17	10.05	11.18	14.57	43.07
湖　南	5.93	17.61	17.67	20.02	21.04	24.21	26.83	26.83	27.59	28.79	49.47
西部地区	**53.37**	**78.48**	**94.50**	**117.27**	**135.29**	**165.71**	**174.23**	**184.45**	**205.03**	**262.91**	**397.76**
内蒙古	—	—	1.08	1.69	1.84	1.87	6.39	9.23	15.47	20.10	41.66
广　西	3.40	9.66	9.69	9.69	13.31	13.46	13.74	13.96	14.11	17.78	18.13
重　庆	10.52	11.26	15.08	17.56	18.82	22.36	22.89	23.10	25.58	45.02	75.76
四　川	18.20	27.98	28.41	28.66	28.93	48.44	48.65	49.29	54.41	57.82	101.33
贵　州	1.07	2.49	2.49	9.60	12.99	12.99	15.03	15.13	16.03	16.17	30.00
云　南	5.42	8.85	10.26	18.95	17.32	20.18	20.23	22.91	22.91	29.71	41.24
西　藏	—	—	—	—	—	—	—	—	—	—	—
陕　西	13.64	14.39	16.05	17.41	25.53	25.92	25.92	27.28	32.55	32.69	42.68
甘　肃	0.11	0.11	0.81	0.81	1.43	1.43	1.43	1.83	1.85	2.84	3.34
青　海	—	0.05	0.60	0.60	0.60	0.60	0.60	0.80	0.92	8.74	8.74
宁　夏	0.94	3.37	3.37	3.37	3.78	4.25	4.25	5.19	5.19	9.39	9.86
新　疆	0.06	0.32	6.66	8.93	10.74	14.21	15.10	15.71	16.02	22.65	25.03

数据来源：国家统计局。

表 2－43　　2009—2013 年全国各地区商业营业用房施工面积

单位：万平方米

	2009 年	2010 年	2011 年	2012 年	2013 年
总　计	**34439.58**	**44615.72**	**56278.18**	**65813.91**	**80626.76**
一、东部地区	**18818.57**	**24243.79**	**29494.29**	**32753.02**	**38272.75**
北　京	1323.38	1229.33	1187.48	1236.89	1233.37
天　津	682.35	1004.47	1031.65	1045.23	1158.61
河　北	1041.52	1964.76	2885.03	2798.25	3091.02
辽　宁	2650.11	3954.62	5028.99	5698.58	6230.28
上　海	1112.33	1292.96	1365.89	1449.91	1500.72
江　苏	4069.09	4824.87	5503.92	6071.07	6904.71
浙　江	2109.24	2620.40	3197.38	3642.28	4226.99
福　建	1014.23	1272.69	1956.68	2246.11	3002.82
山　东	2427.31	3280.50	4074.98	4887.12	6160.95
广　东	2264.47	2623.18	3062.86	3355.53	4323.84
海　南	124.53	176.02	199.42	322.06	439.44
二、中部地区	**7836.37**	**10281.09**	**12958.07**	**16105.04**	**20327.73**
山　西	491.53	785.75	831.91	1253.00	1647.81
吉　林	572.45	814.95	1110.16	1470.87	1627.53
黑龙江	507.65	862.63	1378.01	1569.99	1877.86
安　徽	1820.75	2300.21	2790.02	3840.09	4787.71
江　西	655.09	734.09	869.58	1188.94	1515.36
河　南	1507.56	1952.08	2413.57	2941.81	3709.10
湖　北	1015.35	1281.29	1609.56	1760.44	2584.29
湖　南	1265.99	1550.10	1955.26	2079.91	2578.07
三、西部地区	**7784.65**	**10090.84**	**13825.82**	**16955.84**	**22026.27**
内蒙古	1265.35	2035.13	3062.00	3083.05	3496.14
广　西	855.62	1111.02	1342.48	1406.52	1534.40
重　庆	1344.49	1549.77	1956.25	2028.90	2965.72
四　川	1318.67	1593.47	2393.79	3136.25	3784.84
贵　州	701.44	908.43	1293.82	1729.94	2419.76
云　南	800.75	934.79	1272.57	1869.51	2546.09
西　藏	3.43	4.22	11.69	14.65	13.19
陕　西	582.16	707.68	889.59	1186.64	1447.76
甘　肃	255.74	332.15	391.25	632.82	819.59
青　海	91.29	141.98	164.48	207.67	311.75
宁　夏	258.78	360.99	507.76	818.67	1141.59
新　疆	306.93	411.21	540.14	841.22	1545.45

数据来源：国家统计局。

表 2 - 44　　2013 年全国各地区月度累计商业营业用房施工面积

单位：万平方米

	1-2月	1-3月	1-4月	1-5月	1-6月	1-7月	1-8月	1-9月	1-10月	1-11月	1-12月
总 计	**52814.32**	**55618.56**	**58320.98**	**61826.42**	**65343.75**	**67755.20**	**69517.94**	**72147.40**	**73902.97**	**78081.83**	**80626.76**
东部地区	**26593.03**	**27771.33**	**29022.56**	**30314.63**	**31868.48**	**32866.91**	**33697.34**	**34832.47**	**35464.66**	**37421.45**	**38272.75**
北 京	848.32	950.34	980.74	1017.98	1022.41	1067.69	1083.15	1120.19	1141.94	1183.70	1233.37
天 津	742.44	804.65	838.47	886.08	908.85	932.10	934.21	978.53	1027.66	1054.16	1158.61
河 北	2234.07	2296.48	2358.93	2479.24	2623.03	2721.77	2793.79	2868.49	2940.43	3010.37	3091.02
辽 宁	4250.29	4532.69	4685.85	4992.90	5425.96	5562.65	5710.40	5898.07	5978.32	6252.72	6230.28
上 海	1226.17	1254.39	1334.81	1346.49	1387.25	1405.34	1436.24	1463.24	1499.02	1509.71	1500.72
江 苏	4900.67	5087.78	5373.43	5580.57	5870.72	6056.02	6185.32	6377.03	6427.22	6750.02	6904.71
浙 江	3098.62	3190.00	3354.71	3436.79	3556.40	3647.29	3725.32	3831.21	3871.49	3988.05	4226.99
福 建	2028.85	2132.46	2276.65	2376.95	2481.42	2548.18	2623.99	2745.64	2759.55	2973.59	3002.82
山 东	4172.01	4317.62	4502.69	4715.74	4931.33	5131.35	5195.66	5377.98	5505.40	6100.55	6160.95
广 东	2817.68	2911.04	3012.29	3156.02	3324.08	3444.61	3644.94	3793.26	3933.73	4173.20	4323.84
海 南	273.92	293.89	303.98	325.86	337.03	349.91	364.32	378.83	379.91	425.38	439.44
中部地区	**12592.80**	**13217.85**	**13798.45**	**14637.88**	**15570.53**	**16168.19**	**16995.86**	**17711.24**	**18371.65**	**19546.41**	**20327.73**
山 西	1058.25	1101.77	1156.60	1216.71	1264.43	1328.79	1410.21	1470.85	1511.24	1560.86	1647.81
吉 林	1050.28	1086.30	1137.53	1226.95	1307.69	1401.89	1441.49	1519.60	1532.63	1609.79	1627.53
黑龙江	1103.86	1123.71	1147.00	1253.36	1299.22	1421.14	1495.85	1551.55	1789.45	1864.61	1877.86
安 徽	3199.94	3305.75	3468.51	3606.39	3840.91	3900.02	4149.84	4287.86	4424.70	4711.07	4787.71
江 西	946.92	982.38	1015.87	1108.86	1140.27	1170.34	1199.36	1240.24	1258.22	1332.41	1515.36
河 南	2354.55	2465.18	2547.20	2694.68	2856.03	2924.31	3095.93	3224.45	3300.72	3533.51	3709.10
湖 北	1322.19	1475.58	1590.87	1686.05	1910.85	1983.01	2111.40	2231.18	2309.08	2424.03	2584.29
湖 南	1556.81	1677.18	1734.88	1844.88	1951.13	2038.69	2091.77	2185.52	2245.60	2510.14	2578.07
西部地区	**13628.48**	**14629.38**	**15499.97**	**16873.91**	**17904.74**	**18720.10**	**18824.74**	**19603.69**	**20066.66**	**21113.96**	**22026.27**
内蒙古	2356.70	2456.17	2652.86	2820.67	2954.78	3098.05	3178.96	3308.58	3431.52	3511.89	3496.14
广 西	1161.32	1239.93	1262.37	1291.16	1311.50	1334.00	1356.65	1376.32	1420.22	1504.81	1534.40
重 庆	1751.13	2032.58	2113.46	2625.70	2744.48	2833.22	2395.91	2535.55	2573.87	2759.05	2965.72
四 川	2428.39	2560.38	2615.05	2752.94	2944.89	3061.52	3131.81	3275.44	3374.99	3528.14	3784.84
贵 州	1515.06	1609.70	1675.66	1802.00	1935.87	2038.36	2121.03	2223.84	2253.12	2306.80	2419.76
云 南	1510.73	1617.01	1791.91	1918.19	2003.65	2075.66	2160.82	2215.14	2258.48	2338.42	2546.09
西 藏	11.99	11.84	12.20	12.20	12.30	12.30	12.56	12.56	12.56	12.56	13.19
陕 西	931.38	970.33	1029.80	1078.06	1147.37	1194.18	1242.28	1288.85	1309.14	1412.81	1447.76
甘 肃	468.30	530.22	577.87	632.07	672.58	695.63	701.85	732.08	749.01	797.24	819.59
青 海	179.55	188.15	221.04	243.99	255.75	268.28	278.70	290.45	294.02	310.41	311.75
宁 夏	667.93	709.20	741.32	817.95	919.82	988.31	995.91	1034.83	1048.07	1111.29	1141.59
新 疆	646.01	703.87	806.42	878.98	1001.73	1120.59	1248.26	1310.05	1341.66	1520.54	1545.45

数据来源：国家统计局。

表 2-45　　2009—2013 年全国各地区商业营业用房新开工面积

单位：万平方米

	2009 年	2010 年	2011 年	2012 年	2013 年
总　计	**12352.16**	**17460.98**	**20670.72**	**22006.85**	**25902.00**
一、东部地区	**5986.56**	**8807.65**	**9822.62**	**9854.12**	**11320.28**
北　京	228.45	242.42	306.43	325.61	351.01
天　津	315.17	407.83	436.57	202.16	370.11
河　北	584.74	1007.15	1199.31	831.34	704.82
辽　宁	1128.91	1838.67	1577.01	1922.63	1965.50
上　海	205.92	298.10	240.00	365.17	274.96
江　苏	1232.25	1680.26	1836.81	1928.27	2047.90
浙　江	598.01	868.85	1041.92	911.76	1123.97
福　建	247.81	454.55	824.57	640.96	888.85
山　东	875.73	1250.35	1349.82	1590.80	1976.83
广　东	520.74	692.85	917.97	998.18	1481.58
海　南	48.83	66.63	92.20	137.25	134.74
二、中部地区	**3320.64**	**4474.36**	**5399.20**	**6104.55**	**6994.89**
山　西	191.97	288.34	199.31	442.44	472.80
吉　林	343.16	423.93	615.94	699.35	505.73
黑龙江	352.63	578.35	830.38	728.46	733.93
安　徽	696.21	958.36	1125.75	1440.55	1624.77
江　西	232.80	250.13	365.43	480.42	529.57
河　南	590.78	759.29	866.24	985.31	1185.51
湖　北	419.59	658.42	693.53	615.35	1022.16
湖　南	493.50	557.54	702.61	712.68	920.42
三、西部地区	**3044.96**	**4178.97**	**5448.90**	**6048.17**	**7586.83**
内蒙古	755.81	1101.40	1573.30	977.63	879.30
广　西	283.88	394.85	309.84	376.32	331.09
重　庆	404.15	433.68	708.12	539.04	1001.32
四　川	388.13	634.66	833.06	1089.37	1402.18
贵　州	205.02	304.59	413.58	567.91	806.39
云　南	363.25	391.68	611.10	882.77	1003.08
西　藏	3.43	0.66	4.50	4.04	1.59
陕　西	200.82	257.27	239.77	419.70	474.83
甘　肃	99.89	160.52	157.51	251.68	300.68
青　海	57.28	69.38	43.73	97.38	123.41
宁　夏	129.55	214.55	250.01	421.02	424.44
新　疆	153.76	215.74	304.38	421.32	838.51

数据来源：国家统计局。

表 2－46　　2013 年全国各地区月度累计商业营业用房新开工面积

单位：万平方米

	1－2 月	1－3 月	1－4 月	1－5 月	1－6 月	1－7 月	1－8 月	1－9 月	1－10 月	1－11 月	1－12 月
总　计	**2551.58**	**4340.80**	**6383.45**	**8859.71**	**11778.40**	**13974.37**	**15891.88**	**18255.54**	**19853.04**	**23252.33**	**25902.00**
东部地区	**1256.51**	**2036.29**	**2985.22**	**4083.65**	**5412.13**	**6303.80**	**7087.70**	**8110.15**	**8660.99**	**10232.29**	**11320.28**
北　京	49.29	74.69	104.65	141.18	158.94	201.14	210.73	242.18	254.97	300.87	351.01
天　津	41.27	48.41	66.20	75.13	79.35	106.03	108.30	133.13	160.06	166.66	370.11
河　北	28.75	100.28	143.07	221.51	300.93	408.36	471.54	527.58	592.98	633.44	704.82
辽　宁	88.98	236.67	369.63	690.00	1093.45	1236.82	1387.71	1584.37	1663.96	1943.56	1965.50
上　海	54.19	59.51	97.62	119.65	143.33	161.59	183.88	227.12	250.45	258.13	274.96
江　苏	367.57	516.15	738.33	869.55	1104.06	1275.73	1420.73	1574.93	1623.74	1868.78	2047.90
浙　江	118.91	216.67	332.34	407.40	511.40	596.54	675.57	792.04	831.42	937.57	1123.97
福　建	87.51	153.27	265.31	354.37	458.07	514.51	577.04	639.42	650.41	834.60	888.85
山　东	217.51	356.25	507.49	686.83	890.22	1069.81	1140.03	1316.66	1437.16	1901.47	1976.83
广　东	183.00	250.77	332.38	480.12	621.04	674.10	840.95	987.16	1109.26	1267.81	1481.58
海　南	19.53	23.64	28.19	37.91	51.35	59.16	71.22	85.56	86.59	119.39	134.74
中部地区	**631.29**	**1037.30**	**1528.39**	**2159.02**	**2797.44**	**3408.94**	**4038.34**	**4659.07**	**5237.09**	**6251.56**	**6994.89**
山　西	6.96	24.63	84.26	128.53	157.37	209.52	279.33	335.65	365.27	410.53	472.80
吉　林	10.90	13.40	75.12	138.18	226.25	330.02	371.52	422.86	433.88	491.31	505.73
黑龙江	2.27	11.86	36.91	142.67	196.45	315.62	386.90	440.04	640.31	717.55	733.93
安　徽	261.24	330.56	465.39	556.90	710.53	824.43	1013.68	1137.34	1260.35	1524.50	1624.77
江　西	84.98	106.26	127.58	197.33	221.02	247.33	275.76	307.22	330.19	398.72	529.57
河　南	110.24	219.15	302.82	404.85	507.06	566.68	672.29	762.48	829.42	1024.94	1185.51
湖　北	72.18	175.28	231.08	287.60	405.00	464.49	549.25	673.14	747.42	843.15	1022.16
湖　南	82.52	156.16	205.23	302.97	373.76	450.84	489.61	580.34	630.25	840.86	920.42
西部地区	**663.77**	**1267.21**	**1869.84**	**2617.05**	**3568.82**	**4261.63**	**4765.85**	**5486.32**	**5954.95**	**6768.49**	**7586.83**
内蒙古	3.68	74.94	144.10	260.98	382.22	506.20	573.79	705.10	827.81	871.38	879.30
广　西	49.07	88.22	109.20	139.08	169.85	185.41	197.91	213.87	246.83	302.87	331.09
重　庆	182.49	295.07	329.17	365.69	464.33	537.25	568.04	692.47	723.03	833.21	1001.32
四　川	120.93	214.37	285.22	407.73	586.51	683.91	770.08	902.72	1013.01	1145.33	1402.18
贵　州	84.44	163.45	199.10	291.63	372.24	476.61	529.42	613.17	644.75	679.85	806.39
云　南	113.16	178.62	313.97	421.15	518.39	578.27	648.68	702.47	761.20	862.49	1003.08
西　藏	—	—	0.96	0.96	0.96	0.96	0.96	0.96	0.96	0.96	1.59
陕　西	42.51	76.14	136.96	178.76	238.08	269.11	301.01	338.24	355.65	433.50	474.83
甘　肃	41.98	83.04	104.70	149.37	186.55	207.07	203.31	228.86	241.97	286.40	300.68
青　海	—	3.65	34.25	55.25	67.02	80.25	89.74	101.51	105.09	123.04	123.41
宁　夏	20.23	50.26	78.60	137.16	236.43	284.77	294.66	331.83	346.89	397.09	424.44
新　疆	5.28	39.45	133.61	209.29	346.24	451.81	588.25	655.11	687.75	832.37	838.51

数据来源：国家统计局。

表 2－47　　2009—2013 年全国各地区商业营业用房竣工面积

单位：万平方米

	2009 年	2010 年	2011 年	2012 年	2013 年
总　计	**6515.36**	**7931.40**	**9045.27**	**10226.45**	**10852.42**
一、东部地区	**3450.97**	**4270.10**	**4622.79**	**5061.98**	**5038.37**
北　京	322.45	271.92	232.43	240.06	178.36
天　津	115.85	235.29	154.27	301.42	187.80
河　北	151.07	234.36	468.85	503.80	501.77
辽　宁	435.86	535.72	720.10	762.07	716.08
上　海	201.05	176.41	231.80	177.65	253.45
江　苏	882.26	1127.10	1063.34	1168.74	995.59
浙　江	364.70	546.25	466.82	453.11	471.99
福　建	209.32	165.82	266.03	238.83	404.85
山　东	420.30	497.50	595.27	682.60	816.47
广　东	332.61	448.59	403.03	473.58	469.15
海　南	15.50	31.14	20.83	60.15	42.87
二、中部地区	**1584.92**	**2110.45**	**2404.39**	**2834.71**	**3242.12**
山　西	50.06	117.64	104.79	182.54	272.98
吉　林	104.49	204.16	172.98	223.07	307.50
黑龙江	194.59	258.61	424.25	340.25	339.84
安　徽	366.61	430.68	464.22	577.19	698.82
江　西	159.94	173.97	200.04	205.59	260.16
河　南	280.05	369.63	418.18	562.00	620.81
湖　北	183.93	270.79	263.74	300.19	328.68
湖　南	245.24	284.95	356.18	443.88	413.33
三、西部地区	**1479.48**	**1550.86**	**2018.09**	**2329.76**	**2571.93**
内蒙古	220.87	277.25	371.26	403.68	391.43
广　西	119.80	121.89	188.58	205.02	175.44
重　庆	258.40	229.44	298.79	282.23	456.08
四　川	279.65	283.94	378.9	518.93	482.70
贵　州	107.60	126.79	195.66	162.36	218.58
云　南	171.44	157.72	150.77	183.06	220.86
西　藏	—	0.67	2.21	2.66	7.44
陕　西	81.50	58.99	88.79	145.59	114.92
甘　肃	53.79	60.42	82.03	93.85	97.62
青　海	17.28	18.12	41.41	23.88	52.78
宁　夏	102.68	122.50	113.77	131.04	133.69
新　疆	66.47	93.13	105.92	177.45	220.39

数据来源：国家统计局。

表 2－48　　2013 年全国各地区月度累计商业营业用房竣工面积

单位：万平方米

	1－2 月	1－3 月	1－4 月	1－5 月	1－6 月	1－7 月	1－8 月	1－9 月	1－10 月	1－11 月	1－12 月
总　计	**1630.42**	**2304.72**	**2829.34**	**3430.98**	**4062.28**	**4630.13**	**5143.00**	**5711.70**	**6520.24**	**7563.88**	**10852.42**
东部地区	**794.37**	**1110.13**	**1367.88**	**1629.37**	**1877.27**	**2176.39**	**2442.40**	**2706.43**	**3069.98**	**3462.40**	**5038.37**
北　京	1.76	4.97	20.96	27.52	40.96	50.38	56.89	77.22	92.69	105.74	178.36
天　津	11.75	26.33	31.41	32.83	32.83	29.44	30.58	31.32	33.40	42.39	187.80
河　北	44.38	72.47	118.91	160.33	179.27	218.70	237.59	263.25	314.55	331.48	501.77
辽　宁	15.18	74.85	109.46	155.78	211.61	272.07	325.16	389.74	435.00	520.64	716.08
上　海	58.71	67.37	83.47	89.65	93.78	111.18	130.23	135.45	168.81	188.27	253.45
江　苏	217.75	263.50	330.45	369.35	427.49	484.89	535.10	598.58	644.39	696.97	995.59
浙　江	90.28	137.67	153.52	164.20	190.25	227.52	271.29	289.58	315.68	345.15	471.99
福　建	107.84	119.84	129.52	154.39	166.77	190.41	214.34	240.40	272.36	313.49	404.85
山　东	115.76	163.40	195.26	254.43	285.55	317.19	339.57	368.08	452.71	542.95	816.47
广　东	117.78	161.57	175.88	199.25	224.17	249.47	267.45	276.79	304.00	336.87	469.15
海　南	13.18	18.18	19.05	21.65	24.60	25.13	34.20	36.01	36.39	38.45	42.87
中部地区	**412.76**	**589.95**	**754.70**	**941.37**	**1148.98**	**1295.06**	**1468.51**	**1657.70**	**1869.27**	**2192.33**	**3242.12**
山　西	8.68	19.06	25.92	37.28	56.75	70.25	76.34	83.60	92.42	125.35	272.98
吉　林	6.94	10.12	20.07	71.55	83.20	96.17	130.99	143.06	178.59	216.35	307.50
黑龙江	22.78	28.47	42.22	53.00	68.18	82.09	89.09	110.33	136.81	185.33	339.84
安　徽	126.53	170.23	219.91	236.15	286.85	310.73	331.34	363.17	419.07	478.95	698.82
江　西	80.52	98.29	109.34	122.41	132.36	140.63	151.93	161.12	177.99	192.37	260.16
河　南	49.90	83.90	138.65	181.78	211.61	246.31	304.26	349.68	388.62	434.43	620.81
湖　北	58.85	90.56	93.05	119.18	150.79	170.34	181.26	202.60	212.01	241.93	328.68
湖　南	58.56	89.33	105.53	120.02	159.24	178.55	203.29	244.14	263.75	317.62	413.33
西部地区	**423.29**	**604.64**	**706.76**	**860.24**	**1036.03**	**1158.68**	**1232.09**	**1347.57**	**1580.99**	**1909.16**	**2571.93**
内蒙古	11.00	13.69	39.03	61.53	96.17	128.61	159.39	193.95	258.45	327.12	391.43
广　西	41.65	82.70	82.04	87.76	98.84	106.33	110.64	115.03	118.83	132.28	175.44
重　庆	125.23	155.25	171.83	242.06	261.64	277.26	259.76	279.45	302.02	344.45	456.08
四　川	105.45	130.71	141.57	154.66	195.72	224.00	238.50	252.85	281.21	308.80	482.70
贵　州	26.36	47.01	55.82	63.96	85.27	91.18	103.71	114.42	141.44	160.15	218.58
云　南	48.96	62.14	74.56	85.54	96.46	103.40	115.87	124.64	148.14	179.34	220.86
西　藏	—	—	—	1.40	1.40	1.40	1.40	1.90	1.90	2.09	7.44
陕　西	23.22	24.45	29.07	33.15	43.32	44.89	45.77	49.90	58.34	69.01	114.92
甘　肃	19.62	26.31	30.27	31.50	36.50	40.80	45.02	51.47	68.13	74.47	97.62
青　海	0.13	0.94	6.43	6.98	6.98	8.58	8.98	9.81	16.63	47.55	52.78
宁　夏	8.25	12.62	17.68	21.86	30.13	43.21	48.74	51.15	55.75	80.36	133.69
新　疆	13.43	48.81	58.46	69.85	83.60	89.00	94.33	102.97	130.13	183.53	220.39

数据来源：国家统计局。

七、全国各地区房地产销售数据

表 2－49　　2009—2013 年全国各地区商品房销售面积

单位：万平方米

	2009 年	2010 年	2011 年	2012 年	2013 年
总　计	**93713. 04**	**104349. 11**	**109945. 56**	**111303. 65**	**130550. 59**
一、东部地区	**48248. 21**	**50822. 01**	**51052. 25**	**53223. 76**	**63476. 04**
北　京	2362. 25	1639. 53	1440. 04	1943. 74	1903. 11
天　津	1590. 02	1564. 52	1643. 11	1661. 69	1847. 11
河　北	2849. 14	4532. 99	5901. 36	5144. 92	5675. 95
辽　宁	5375. 07	6798. 15	7561. 39	8827. 95	9292. 33
上　海	3372. 45	2055. 53	1771. 30	1898. 46	2382. 20
江　苏	9922. 73	9377. 74	7982. 67	9019. 18	11454. 77
浙　江	5525. 38	4809. 96	3827. 08	4005. 29	4886. 99
福　建	2723. 23	2575. 65	2696. 16	3258. 94	4676. 16
山　东	6931. 70	9291. 21	9579. 60	8632. 76	10329. 80
广　东	7035. 89	7322. 01	7761. 34	7898. 99	9836. 39
海　南	560. 34	854. 73	888. 19	931. 84	1191. 23
二、中部地区	**21758. 58**	**26223. 44**	**29311. 92**	**30139. 86**	**35191. 28**
山　西	1014. 39	1163. 38	1263. 19	1497. 88	1642. 82
吉　林	1823. 22	2319. 64	2364. 25	2452. 42	2214. 96
黑龙江	2015. 53	2718. 06	3395. 42	3806. 82	3339. 95
安　徽	4053. 92	4113. 88	4581. 55	4828. 81	6265. 35
江　西	2280. 91	2469. 67	2335. 36	2397. 10	3167. 06
河　南	4338. 60	5452. 23	6304. 41	5968. 49	7310. 21
湖　北	2718. 30	3513. 63	4190. 09	4037. 85	5298. 54
湖　南	3513. 72	4472. 97	4877. 65	5150. 48	5952. 38
三、西部地区	**23706. 24**	**27303. 66**	**29581. 39**	**27940. 03**	**31883. 27**
内蒙古	2463. 01	3020. 54	3620. 12	2523. 52	2737. 70
广　西	2383. 76	2793. 92	2934. 05	2759. 26	2995. 58
重　庆	4002. 89	4314. 39	4533. 50	4522. 40	4817. 56
四　川	5888. 67	6396. 92	6664. 70	6455. 93	7312. 78
贵　州	1619. 25	1730. 69	1889. 95	2186. 95	2972. 32
云　南	2229. 95	2959. 43	3107. 12	3237. 75	3309. 30
西　藏	14. 23	19. 09	19. 36	22. 50	25. 40
陕　西	2086. 97	2590. 18	3068. 63	2755. 59	3045. 70
甘　肃	696. 26	756. 51	815. 89	978. 44	1220. 02
青　海	218. 32	281. 04	348. 20	262. 96	381. 56
宁　夏	775. 29	935. 98	842. 89	804. 43	1048. 31
新　疆	1327. 64	1504. 96	1736. 98	1430. 31	2017. 03

数据来源：国家统计局。

表 2－50

2013 年全国各地区月度累计商品房销售面积

单位：万平方米

	1－2 月	1－3 月	1－4 月	1－5 月	1－6 月	1－7 月	1－8 月	1－9 月	1－10 月	1－11 月	1－12 月
总　计	**10471.14**	**20897.98**	**29760.52**	**39118.13**	**51433.33**	**61133.28**	**70841.90**	**84383.31**	**95930.99**	**110806.80**	**130550.59**
东部地区	**5415.36**	**10772.96**	**15414.24**	**20052.08**	**26109.98**	**31037.72**	**35847.92**	**42404.56**	**47915.01**	**54708.86**	**63476.04**
北　京	221.12	396.60	560.20	684.62	821.77	990.08	1156.14	1329.73	1453.56	1634.35	1903.11
天　津	190.79	391.29	509.96	674.41	789.79	853.45	974.41	1162.58	1330.97	1471.48	1847.11
河　北	204.17	665.51	1028.69	1420.46	2016.51	2531.03	2989.46	3664.40	4139.40	4727.93	5675.95
辽　宁	254.72	1014.82	1592.23	2272.59	3464.21	4350.10	5167.32	6516.20	7344.15	8342.57	9292.33
上　海	278.97	462.50	668.90	825.69	1107.04	1258.64	1475.29	1640.60	1914.75	2153.77	2382.20
江　苏	1245.60	2322.93	3235.43	4051.04	4936.34	5827.35	6600.19	7495.24	8493.64	9795.68	11454.77
浙　江	628.38	1054.65	1463.25	1845.24	2216.29	2591.58	2914.81	3374.18	3767.56	4236.35	4886.99
福　建	633.57	1059.47	1511.79	1886.98	2252.31	2582.05	2935.93	3357.93	3712.48	4132.26	4676.16
山　东	607.94	1343.52	1970.05	2664.80	3712.11	4428.28	5183.97	6423.79	7308.71	8608.75	10329.80
广　东	1020.85	1801.50	2513.82	3281.46	4221.41	4988.12	5732.61	6613.96	7537.76	8567.86	9836.39
海　南	129.25	260.17	359.91	444.80	572.21	637.04	717.79	825.94	912.03	1037.85	1191.23
中部地区	**2432.58**	**4983.05**	**7102.68**	**9497.81**	**12754.31**	**15171.42**	**17704.30**	**21315.87**	**24411.11**	**28663.29**	**35191.28**
山　西	51.61	141.28	249.16	379.21	537.14	677.32	813.71	982.35	1127.84	1355.84	1642.82
吉　林	56.03	112.21	270.90	499.39	739.21	901.55	1107.00	1346.57	1579.57	1920.59	2214.96
黑龙江	51.26	222.47	394.95	581.25	893.57	1119.17	1479.29	1965.44	2337.46	2735.41	3339.95
安　徽	739.66	1292.71	1696.49	2141.41	2716.46	3137.67	3556.21	4124.20	4638.58	5324.91	6265.35
江　西	301.11	531.15	710.98	929.34	1157.42	1367.24	1546.36	1844.10	2096.22	2455.45	3167.06
河　南	370.93	969.89	1395.21	1853.04	2448.36	2953.02	3449.28	4171.42	4833.18	5676.00	7310.21
湖　北	448.21	814.93	1122.22	1447.24	1980.62	2321.82	2667.28	3191.16	3625.16	4302.56	5298.54
湖　南	413.76	898.42	1262.76	1666.93	2281.53	2693.63	3085.17	3690.63	4173.12	4892.54	5952.38
西部地区	**2623.21**	**5141.98**	**7243.61**	**9568.24**	**12569.04**	**14924.14**	**17289.68**	**20662.88**	**23604.86**	**27434.65**	**31883.27**
内蒙古	16.52	124.80	282.01	470.77	747.33	950.30	1184.08	1494.79	1944.21	2356.97	2737.70
广　西	251.44	519.40	701.15	964.06	1292.66	1499.02	1707.82	1969.86	2207.28	2554.86	2995.58
重　庆	579.18	1041.42	1428.74	1802.02	2186.27	2517.69	2819.83	3205.36	3565.52	4092.70	4817.56
四　川	742.68	1379.81	1881.57	2448.46	3168.28	3781.68	4354.12	4981.16	5594.26	6341.46	7312.78
贵　州	268.14	554.14	740.39	940.88	1194.99	1428.15	1659.60	2052.76	2261.05	2601.38	2972.32
云　南	341.47	578.39	763.77	949.95	1234.63	1401.45	1557.66	1987.23	2261.61	2713.13	3309.30
西　藏	0.56	2.30	4.25	6.49	8.44	13.12	15.17	18.71	21.06	22.39	25.40
陕　西	196.58	396.07	593.50	843.89	1172.91	1397.31	1594.69	1991.74	2301.81	2691.93	3045.70
甘　肃	53.03	140.13	213.04	278.04	392.12	482.79	597.11	793.35	923.37	1074.82	1220.02
青　海	13.29	39.43	59.28	83.25	118.24	149.25	167.04	197.94	248.26	352.16	381.56
宁　夏	64.04	150.13	226.63	305.58	386.48	467.24	553.52	636.13	732.96	862.53	1048.31
新　疆	96.28	215.95	349.27	474.84	666.71	836.15	1079.05	1333.85	1543.47	1770.32	2017.03

数据来源：国家统计局。

表 2－51　　2009—2013 年全国各地区商品房销售金额

单位：亿元

	2009 年	2010 年	2011 年	2012 年	2013 年
总　计	**43994.54**	**52478.72**	**59119.09**	**64455.79**	**81428.28**
一、东部地区	**29904.86**	**33203.34**	**34628.05**	**38412.81**	**49327.40**
北　京	3259.66	2915.36	2425.80	3308.56	3530.82
天　津	1094.85	1282.43	1473.11	1365.53	1615.47
河　北	941.83	1605.82	2350.04	2303.90	2779.69
辽　宁	2168.29	3059.88	3576.31	4362.78	4759.21
上　海	4330.22	2959.94	2568.88	2669.49	3911.57
江　苏	4955.42	5430.71	5186.00	6067.01	7913.70
浙　江	4302.98	4448.70	3728.16	4262.66	5396.03
福　建	1478.22	1610.99	2070.94	2817.70	4232.08
山　东	2436.46	3666.42	4259.17	4111.80	5215.12
广　东	4585.93	5476.48	6199.18	6407.81	8941.05
海　南	351.00	746.61	790.44	735.57	1032.65
二、中部地区	**6507.81**	**9138.84**	**11895.36**	**13020.46**	**16524.49**
山　西	275.77	404.59	434.67	579.89	728.26
吉　林	540.26	836.65	1040.08	1016.95	993.04
黑龙江	652.52	1010.10	1357.51	1548.30	1582.34
安　徽	1378.39	1732.66	2183.10	2329.88	3182.87
江　西	602.80	776.40	953.57	1137.35	1647.90
河　南	1156.60	1658.79	2201.22	2286.67	3074.14
湖　北	959.88	1313.14	1872.99	2036.20	2790.32
湖　南	941.60	1406.52	1852.22	2085.23	2525.64
三、西部地区	**7581.88**	**10136.54**	**12595.68**	**13022.51**	**15576.39**
内蒙古	733.22	1065.03	1360.82	1022.80	1177.36
广　西	777.17	995.19	1111.68	1159.83	1375.79
重　庆	1377.76	1846.94	2146.09	2297.35	2682.76
四　川	2074.91	2647.34	3270.85	3517.72	4020.27
贵　州	467.81	581.01	734.70	900.08	1276.69
云　南	653.53	934.60	1133.61	1362.83	1487.24
西　藏	4.73	5.55	6.69	7.35	10.60
陕　西	672.72	973.44	1517.23	1420.75	1608.11
甘　肃	174.59	227.81	276.95	349.32	474.07
青　海	54.90	84.40	114.16	106.46	158.84
宁　夏	239.53	309.22	314.53	317.58	443.70
新　疆	351.01	466.02	608.38	560.45	860.95

数据来源：国家统计局。

表 2 – 52　　2013 年全国各地区月度累计商品房销售金额

单位：亿元

	1 – 2 月	1 – 3 月	1 – 4 月	1 – 5 月	1 – 6 月	1 – 7 月	1 – 8 月	1 – 9 月	1 – 10 月	1 – 11 月	1 – 12 月
总　计	**7361. 33**	**13991. 63**	**19847. 19**	**25863. 98**	**33376. 41**	**39548. 84**	**45723. 98**	**54028. 13**	**61237. 63**	**69946. 00**	**81428. 28**
东部地区	**4819. 99**	**9015. 62**	**12759. 39**	**16482. 19**	**20989. 36**	**24793. 42**	**28565. 71**	**33614. 73**	**37928. 68**	**42904. 30**	**49327. 40**
北　京	433. 53	763. 19	1019. 26	1274. 78	1573. 90	1887. 12	2211. 34	2548. 94	2797. 42	3080. 91	3530. 82
天　津	171. 13	352. 01	465. 45	601. 94	698. 55	756. 83	864. 53	1045. 01	1188. 45	1306. 76	1615. 47
河　北	103. 26	331. 93	504. 97	684. 93	958. 86	1215. 67	1438. 11	1780. 50	2024. 46	2302. 83	2779. 69
辽　宁	144. 56	545. 53	834. 97	1192. 88	1786. 63	2220. 03	2643. 05	3333. 57	3763. 17	4255. 60	4759. 21
上　海	460. 83	782. 93	1112. 68	1390. 24	1785. 53	2033. 39	2353. 65	2704. 78	3161. 70	3569. 57	3911. 57
江　苏	848. 03	1552. 26	2195. 41	2787. 17	3449. 47	4064. 38	4630. 26	5284. 96	5990. 24	6832. 63	7913. 70
浙　江	715. 75	1174. 81	1639. 15	2070. 25	2496. 30	2923. 34	3282. 15	3808. 80	4220. 19	4732. 49	5396. 03
福　建	543. 46	913. 84	1309. 49	1648. 19	1980. 03	2289. 12	2597. 17	2968. 98	3292. 47	3679. 60	4232. 08
山　东	340. 03	698. 81	1023. 66	1382. 49	1870. 91	2239. 47	2614. 93	3249. 62	3711. 78	4373. 61	5215. 12
广　东	902. 86	1607. 75	2268. 61	2986. 85	3831. 10	4554. 07	5261. 49	6143. 45	6967. 25	7857. 46	8941. 05
海　南	156. 56	292. 58	385. 73	462. 47	558. 08	610. 00	669. 03	746. 10	811. 55	912. 84	1032. 65
中部地区	**1228. 79**	**2447. 44**	**3479. 11**	**4615. 06**	**6158. 14**	**7328. 34**	**8568. 34**	**10226. 26**	**11692. 28**	**13634. 22**	**16524. 49**
山　西	26. 79	65. 61	112. 31	166. 52	236. 12	295. 09	356. 64	425. 60	490. 09	592. 89	728. 26
吉　林	22. 24	55. 88	126. 77	230. 79	340. 97	416. 43	513. 39	620. 98	724. 81	860. 68	993. 04
黑龙江	29. 72	121. 81	212. 88	295. 42	455. 99	568. 06	756. 76	961. 90	1117. 14	1303. 31	1582. 34
安　徽	381. 39	662. 66	869. 89	1101. 34	1392. 45	1602. 68	1824. 57	2116. 19	2382. 33	2729. 83	3182. 87
江　西	153. 06	261. 65	359. 14	471. 26	601. 48	715. 53	812. 98	964. 83	1105. 62	1288. 59	1647. 90
河　南	176. 81	459. 32	638. 64	829. 46	1088. 68	1306. 66	1519. 33	1810. 20	2079. 45	2448. 84	3074. 14
湖　北	232. 22	421. 25	599. 76	780. 76	1045. 41	1233. 40	1417. 60	1708. 54	1967. 53	2294. 55	2790. 32
湖　南	206. 56	399. 26	559. 72	739. 53	997. 04	1190. 49	1367. 08	1618. 02	1825. 32	2115. 54	2525. 64
西部地区	**1312. 55**	**2528. 57**	**3608. 68**	**4766. 73**	**6228. 90**	**7427. 08**	**8589. 93**	**10187. 15**	**11616. 67**	**13407. 48**	**15576. 39**
内蒙古	7. 33	54. 72	125. 45	211. 21	329. 01	416. 55	525. 41	658. 40	842. 15	1010. 57	1177. 36
广　西	110. 05	223. 08	316. 48	443. 30	587. 17	698. 50	802. 12	926. 07	1033. 67	1180. 82	1375. 79
重　庆	336. 76	575. 24	795. 66	1001. 62	1214. 18	1413. 44	1582. 97	1789. 33	2003. 05	2279. 63	2682. 76
四　川	403. 79	749. 15	1036. 93	1348. 92	1749. 82	2096. 80	2405. 49	2745. 51	3096. 07	3497. 46	4020. 27
贵　州	113. 02	231. 19	316. 32	404. 20	516. 89	616. 02	712. 75	874. 53	969. 93	1122. 80	1276. 69
云　南	138. 40	256. 16	338. 92	415. 15	540. 92	620. 05	700. 63	898. 88	1015. 53	1204. 33	1487. 24
西　藏	0. 20	0. 83	1. 46	2. 42	3. 32	4. 96	5. 86	7. 38	8. 38	8. 97	10. 60
陕　西	106. 98	205. 40	312. 51	453. 49	634. 33	754. 27	857. 72	1071. 03	1235. 49	1430. 56	1608. 11
甘　肃	21. 88	55. 33	85. 84	112. 10	152. 12	191. 66	237. 02	307. 87	353. 49	409. 09	474. 07
青　海	5. 64	17. 38	26. 33	34. 93	47. 66	60. 75	70. 83	84. 33	104. 64	147. 84	158. 84
宁　夏	28. 05	65. 11	100. 16	132. 07	166. 67	200. 58	238. 73	274. 91	314. 68	366. 12	443. 70
新　疆	40. 47	94. 98	152. 62	207. 33	286. 81	353. 50	450. 41	548. 88	639. 59	749. 28	860. 95

数据来源：国家统计局。

表 2－53　　**2009—2013 年全国各地区住宅销售面积**

单位：万平方米

	2009 年	2010 年	2011 年	2012 年	2013 年
总　计	**85294.42**	**93051.56**	**97030.26**	**98467.51**	**115722.69**
一、东部地区	**43287.85**	**44308.52**	**44466.13**	**46648.67**	**55667.45**
北　京	1880.45	1201.39	1034.96	1483.37	1363.67
天　津	1461.47	1352.61	1454.84	1511.40	1720.34
河　北	2708.08	4213.12	5311.77	4622.46	5020.13
辽　宁	4864.42	6011.37	6631.84	7655.40	8014.80
上　海	2928.04	1685.35	1473.72	1592.63	2015.81
江　苏	8775.70	8041.62	6789.64	7923.37	10191.52
浙　江	4745.46	3832.98	3006.06	3316.23	4097.63
福　建	2420.83	2139.26	2207.49	2741.96	3957.46
山　东	6401.88	8443.23	8745.79	7745.87	9300.29
广　东	6556.64	6553.40	6969.10	7157.63	8830.95
海　南	544.89	834.19	840.92	898.35	1154.86
二、中部地区	**19991.19**	**23848.79**	**26157.72**	**26917.09**	**31572.70**
山　西	945.69	1057.33	1150.62	1390.44	1484.37
吉　林	1660.08	2062.73	2060.73	2159.43	1985.95
黑龙江	1750.00	2380.76	2914.45	3226.22	2944.23
安　徽	3669.44	3604.87	3970.33	4275.43	5573.53
江　西	2108.07	2265.66	2084.95	2125.90	2846.04
河　南	4019.26	5092.49	5747.77	5455.50	6561.41
湖　北	2576.32	3241.90	3784.68	3620.10	4765.68
湖　南	3262.34	4143.06	4444.17	4664.08	5411.48
三、西部地区	**22015.38**	**24894.26**	**26406.42**	**24901.75**	**28482.54**
内蒙古	2148.65	2534.81	3000.38	2104.22	2263.65
广　西	2249.70	2607.15	2724.00	2546.96	2765.15
重　庆	3771.22	3986.31	4063.42	4105.11	4359.19
四　川	5484.63	5849.34	5944.35	5679.33	6505.32
贵　州	1509.10	1596.30	1705.92	2002.40	2646.98
云　南	2040.33	2658.99	2716.42	2789.68	2855.52
西　藏	13.48	18.57	18.40	20.65	22.78
陕　西	1995.73	2471.95	2885.85	2530.84	2831.22
甘　肃	657.33	692.07	734.38	893.36	1134.81
青　海	209.52	266.43	332.11	246.85	369.70
宁　夏	677.98	816.79	701.86	707.57	928.26
新　疆	1257.71	1395.55	1579.33	1274.80	1799.95

数据来源：国家统计局。

表 2 -54　　2013 年全国各地区月度累计住宅销售面积

单位：万平方米

	1-2 月	1-3 月	1-4 月	1-5 月	1-6 月	1-7 月	1-8 月	1-9 月	1-10 月	1-11 月	1-12 月
总　计	**9493.67**	**18901.06**	**26834.20**	**35165.94**	**46089.66**	**54747.98**	**63406.53**	**75433.56**	**85721.22**	**98871.50**	**115722.69**
东部地区	**4837.45**	**9627.39**	**13737.03**	**17843.01**	**23171.67**	**27538.56**	**31794.00**	**37487.49**	**42356.94**	**48313.38**	**55667.45**
北　京	167.89	300.69	425.90	505.40	599.16	725.53	847.74	959.14	1044.17	1176.33	1363.67
天　津	176.40	366.65	471.55	626.61	733.36	791.32	905.22	1081.14	1237.98	1367.52	1720.34
河　北	191.14	594.30	926.64	1272.17	1782.97	2268.57	2682.80	3249.35	3671.35	4197.60	5020.13
辽　宁	227.51	894.93	1402.05	2019.37	3060.58	3850.34	4566.04	5703.02	6418.91	7281.51	8014.80
上　海	234.26	394.33	574.43	705.62	952.70	1083.11	1255.45	1402.95	1637.91	1848.01	2015.81
江　苏	1122.17	2094.41	2902.88	3636.19	4412.58	5215.27	5919.75	6731.09	7630.11	8800.79	10191.52
浙　江	533.22	904.11	1252.55	1577.65	1889.80	2196.03	2462.72	2851.62	3191.53	3588.10	4097.63
福　建	559.41	939.39	1331.48	1655.10	1973.41	2242.10	2545.73	2881.84	3172.89	3524.45	3957.46
山　东	553.10	1230.94	1806.22	2422.53	3376.81	4035.87	4731.76	5864.73	6649.73	7798.70	9300.29
广　东	945.35	1652.96	2291.06	2987.29	3829.91	4507.93	5176.55	5960.47	6816.76	7726.59	8830.95
海　南	127.00	254.69	352.28	435.09	560.38	622.49	700.25	802.14	885.58	1003.78	1154.86
中部地区	**2234.22**	**4541.51**	**6475.85**	**8610.80**	**11522.22**	**13701.49**	**15973.95**	**19258.96**	**22062.66**	**25857.99**	**31572.70**
山　西	47.14	129.51	231.78	353.48	496.40	623.66	747.98	904.94	1037.58	1242.29	1484.37
吉　林	51.57	101.50	245.82	446.71	661.03	806.46	993.58	1210.02	1421.39	1727.16	1985.95
黑龙江	45.15	186.80	335.89	497.99	782.50	981.02	1277.57	1727.26	2065.50	2426.63	2944.23
安　徽	671.92	1169.76	1534.52	1930.35	2442.90	2815.24	3186.74	3694.11	4159.82	4754.67	5573.53
江　西	279.82	497.06	662.88	841.88	1049.07	1239.55	1402.21	1673.76	1903.53	2227.94	2846.04
河　南	341.00	879.83	1260.16	1671.76	2209.79	2665.85	3113.08	3766.67	4379.39	5131.92	6561.41
湖　北	421.59	754.69	1041.58	1335.70	1806.21	2115.91	2433.51	2912.56	3279.26	3883.80	4765.68
湖　南	376.04	822.36	1163.23	1532.92	2074.30	2453.81	2819.28	3369.63	3816.20	4463.59	5411.48
西部地区	**2422.00**	**4732.17**	**6621.32**	**8712.14**	**11395.77**	**13507.92**	**15638.57**	**18687.10**	**21301.62**	**24700.13**	**28482.54**
内蒙古	13.82	108.97	234.86	393.73	626.06	796.41	997.57	1267.71	1631.78	1970.12	2263.65
广　西	237.15	485.57	657.55	900.65	1207.86	1389.20	1582.61	1834.04	2060.92	2370.97	2765.15
重　庆	537.52	975.83	1335.09	1676.19	2011.48	2306.98	2585.27	2946.36	3281.07	3762.84	4359.19
四　川	669.82	1250.16	1693.70	2203.83	2855.95	3409.36	3925.91	4493.14	5035.60	5691.34	6505.32
贵　州	243.88	504.60	666.70	847.50	1070.90	1281.66	1487.24	1840.16	2026.65	2323.69	2646.98
云　南	324.04	535.37	703.10	857.69	1098.82	1242.42	1373.22	1738.47	1960.99	2352.10	2855.52
西　藏	0.56	2.24	4.04	5.38	7.00	11.62	13.46	16.68	18.94	20.05	22.78
陕　西	185.31	376.64	559.80	799.96	1102.23	1314.53	1492.98	1855.79	2143.54	2516.59	2831.22
甘　肃	49.67	129.35	198.08	257.92	366.73	449.92	556.07	740.86	861.42	1003.33	1134.81
青　海	12.23	37.72	56.94	80.61	114.97	144.51	160.64	190.57	239.75	341.83	369.70
宁　夏	57.10	133.13	198.78	266.37	338.23	410.61	485.86	559.35	646.75	761.52	928.26
新　疆	90.91	192.59	312.68	422.30	595.54	750.70	977.75	1203.97	1394.22	1585.75	1799.95

数据来源：国家统计局。

表 2 -55

2009—2013 年全国各地区住宅销售金额

单位：亿元

	2009 年	2010 年	2011 年	2012 年	2013 年
总　计	**38157.21**	**43953.33**	**48619.39**	**53467.18**	**67694.94**
一、东部地区	**25786.48**	**27448.77**	**28362.59**	**32045.05**	**41049.38**
北　京	2486.77	2060.52	1606.04	2455.50	2434.71
天　津	965.36	1070.27	1242.27	1210.57	1443.34
河　北	881.55	1453.64	1998.08	1914.61	2329.12
辽　宁	1883.66	2585.07	3010.84	3611.21	3941.86
上　海	3620.23	2395.35	1981.91	2208.96	3264.03
江　苏	4222.34	4462.03	4125.75	5089.06	6777.70
浙　江	3734.58	3573.11	2924.97	3541.63	4513.88
福　建	1299.09	1299.83	1627.14	2293.90	3410.57
山　东	2176.20	3223.36	3760.14	3529.51	4461.07
广　东	4173.72	4591.50	5326.19	5488.39	7476.10
海　南	342.99	734.10	759.27	701.72	997.00
二、中部地区	**5669.97**	**7809.74**	**9767.16**	**10722.15**	**13770.16**
山　西	242.62	351.64	372.32	513.20	625.14
吉　林	470.27	711.87	863.62	836.80	839.73
黑龙江	536.21	830.41	1080.22	1201.93	1305.90
安　徽	1179.69	1408.41	1736.81	1921.86	2662.04
江　西	530.56	670.33	789.96	931.39	1396.06
河　南	1005.21	1454.57	1790.97	1915.57	2516.26
湖　北	879.33	1134.64	1566.32	1689.86	2310.04
湖　南	826.07	1247.87	1566.93	1711.55	2114.97
三、西部地区	**6700.77**	**8694.82**	**10489.64**	**10699.98**	**12875.40**
内蒙古	573.24	755.67	997.57	769.39	874.45
广　西	704.76	881.70	973.48	995.82	1166.72
重　庆	1231.71	1610.64	1825.41	1972.42	2283.57
四　川	1890.59	2330.85	2727.35	2816.49	3308.58
贵　州	400.52	501.63	595.27	739.96	988.77
云　南	555.58	769.32	921.80	1077.10	1192.55
西　藏	4.32	5.15	6.07	6.16	8.85
陕　西	621.29	906.00	1353.91	1215.57	1413.20
甘　肃	159.50	201.47	235.55	301.60	418.08
青　海	51.13	77.06	103.28	91.14	146.29
宁　夏	191.47	253.76	237.74	256.19	363.60
新　疆	316.66	401.57	512.20	458.14	710.74

数据来源：国家统计局。

表 2 -56　　2013 年全国各地区月度累计住宅销售金额

单位：亿元

	1-2月	1-3月	1-4月	1-5月	1-6月	1-7月	1-8月	1-9月	1-10月	1-11月	1-12月
总　计	**6300.53**	**11994.87**	**16941.06**	**21971.30**	**28215.06**	**33379.56**	**38525.67**	**45437.00**	**51484.59**	**58689.35**	**67694.94**
东部地区	**4116.39**	**7731.25**	**10906.33**	**14017.92**	**17755.16**	**20954.06**	**24085.45**	**28277.56**	**31919.29**	**36065.26**	**41049.38**
北　京	340.35	587.52	763.53	921.09	1122.89	1353.37	1592.03	1809.77	1968.73	2151.47	2434.71
天　津	155.10	317.86	412.38	535.33	622.93	673.95	774.78	940.36	1068.37	1171.95	1443.34
河　北	93.03	277.40	429.23	580.25	796.04	1028.30	1220.94	1489.20	1695.58	1937.01	2329.12
辽　宁	127.48	472.18	728.75	1042.04	1536.08	1910.87	2249.47	2812.83	3167.91	3568.45	3941.86
上　海	379.49	665.79	951.51	1180.82	1516.23	1725.95	1969.59	2290.88	2670.71	3023.38	3264.03
江　苏	736.63	1334.77	1876.92	2391.86	2951.93	3484.84	3983.24	4562.16	5179.86	5908.83	6777.70
浙　江	595.75	997.35	1392.00	1761.51	2110.37	2461.19	2751.25	3200.54	3561.59	4005.03	4513.88
福　建	456.29	783.04	1120.83	1399.12	1680.78	1927.41	2182.16	2460.65	2720.24	3028.65	3410.57
山　东	281.85	604.12	886.27	1190.49	1607.87	1935.46	2266.88	2824.07	3212.76	3768.85	4461.07
广　东	796.68	1404.91	1968.05	2563.14	3263.79	3856.75	4442.29	5162.80	5886.00	6619.40	7476.10
海　南	153.73	286.32	376.87	452.28	546.25	595.98	652.83	724.29	787.55	882.24	997.00
中部地区	**1056.06**	**2080.36**	**2963.76**	**3903.60**	**5186.81**	**6172.81**	**7204.01**	**8602.60**	**9843.06**	**11439.23**	**13770.16**
山　西	23.38	57.92	99.61	148.63	207.98	259.75	313.60	375.49	431.90	522.78	625.14
吉　林	20.38	50.39	112.65	199.52	292.58	357.05	441.43	534.67	624.31	738.59	839.73
黑龙江	24.49	89.31	165.06	231.54	374.12	470.22	605.93	789.07	923.90	1088.65	1305.90
安　徽	329.21	563.49	739.46	931.80	1176.84	1353.10	1536.94	1781.63	2013.15	2284.34	2662.04
江　西	135.15	233.77	320.28	406.87	515.63	612.44	695.75	825.78	948.75	1106.24	1396.06
河　南	147.31	377.28	524.56	681.29	895.60	1074.05	1244.45	1481.72	1713.95	2012.66	2516.26
湖　北	208.40	370.72	522.38	673.44	893.23	1050.61	1213.69	1454.52	1645.42	1904.56	2310.04
湖　南	167.75	337.48	479.76	630.51	830.83	995.59	1152.22	1359.73	1541.68	1781.42	2114.97
西部地区	**1128.08**	**2183.26**	**3070.98**	**4049.78**	**5273.08**	**6252.68**	**7236.21**	**8556.84**	**9722.24**	**11184.86**	**12875.40**
内蒙古	5.95	44.15	89.78	156.67	246.84	313.99	398.57	506.34	637.62	759.51	874.45
广　西	96.33	198.31	275.74	380.31	506.44	580.05	671.34	782.72	879.29	1001.46	1166.72
重　庆	286.36	504.04	692.47	873.55	1048.90	1216.52	1366.73	1548.76	1733.73	1973.68	2283.57
四　川	342.39	634.01	870.91	1133.04	1471.68	1762.77	2025.04	2308.32	2586.10	2905.97	3308.58
贵　州	91.88	189.18	251.30	322.32	407.42	487.04	563.88	693.17	768.94	878.94	988.77
云　南	123.67	225.20	294.01	352.10	455.01	517.02	582.26	733.72	822.41	969.81	1192.55
西　藏	0.20	0.79	1.34	1.79	2.42	4.01	4.78	6.12	7.07	7.52	8.85
陕　西	96.20	187.26	285.11	416.81	576.20	685.26	774.06	944.43	1084.16	1265.32	1413.20
甘　肃	19.59	48.66	76.21	100.02	137.42	170.10	210.76	272.97	312.91	363.52	418.08
青　海	4.88	15.88	24.08	32.34	44.56	56.76	63.80	76.26	95.59	137.17	146.29
宁　夏	23.64	54.23	81.35	107.67	137.55	166.09	196.48	225.24	257.94	300.32	363.60
新　疆	36.99	81.55	128.67	173.16	238.65	293.08	378.49	458.78	536.48	621.64	710.74

数据来源：国家统计局。

表 2 -57

2009—2013 年全国各地区办公楼销售面积

单位：万平方米

	2009 年	2010 年	2011 年	2012 年	2013 年
总　计	**1513.30**	**1882.00**	**2007.90**	**2253.65**	**2883.35**
一、东部地区	**1098.93**	**1318.51**	**1299.61**	**1368.62**	**1798.99**
北　京	255.77	208.15	211.42	253.50	317.93
天　津	29.55	35.29	42.80	28.17	23.49
河　北	17.53	38.74	60.70	74.78	78.00
辽　宁	30.14	64.71	54.08	79.15	53.61
上　海	203.00	162.89	147.40	111.73	161.22
江　苏	173.92	204.09	217.12	200.83	286.81
浙　江	198.91	271.91	226.18	188.75	218.29
福　建	32.89	82.20	110.02	150.83	211.42
山　东	59.53	82.50	69.36	135.38	189.29
广　东	93.75	162.56	154.40	141.47	256.86
海　南	3.95	5.47	6.10	4.04	2.08
二、中部地区	**198.54**	**246.52**	**375.87**	**418.59**	**589.76**
山　西	7.32	10.76	14.28	9.54	15.30
吉　林	9.41	6.99	8.94	14.75	21.25
黑龙江	19.42	8.21	8.05	24.26	24.84
安　徽	49.54	87.28	88.31	62.00	94.98
江　西	9.21	19.02	20.76	47.56	56.46
河　南	65.94	60.79	150.93	126.49	205.44
湖　北	14.10	24.19	34.57	69.75	92.76
湖　南	23.59	29.27	50.05	64.25	78.72
三、西部地区	**215.82**	**316.97**	**332.41**	**466.44**	**494.59**
内蒙古	24.61	29.73	45.12	36.56	53.31
广　西	12.45	18.58	16.68	9.60	32.06
重　庆	29.15	62.60	43.88	62.30	68.67
四　川	62.09	83.84	85.44	157.37	114.22
贵　州	20.20	26.27	27.03	14.88	100.02
云　南	22.97	21.50	41.68	90.87	51.33
西　藏	—	—	—	0.43	0.77
陕　西	19.72	40.04	38.77	65.97	44.83
甘　肃	6.26	5.67	8.20	2.97	5.90
青　海	1.38	1.00	0.57	0.21	0.69
宁　夏	11.80	15.40	9.27	6.82	5.74
新　疆	5.20	12.35	15.79	18.47	17.04

数据来源：国家统计局。

表 2 －58　　2013 年全国各地区月度累计办公楼销售面积

单位：万平方米

	1－2月	1－3月	1－4月	1－5月	1－6月	1－7月	1－8月	1－9月	1－10月	1－11月	1－12月
总　计	**251.28**	**461.35**	**653.91**	**868.10**	**1120.92**	**1339.92**	**1538.17**	**1819.06**	**2039.53**	**2306.22**	**2883.35**
东部地区	**164.15**	**299.56**	**428.13**	**560.98**	**706.22**	**845.54**	**975.23**	**1155.27**	**1293.16**	**1446.04**	**1798.99**
北　京	29.94	60.23	88.38	114.94	136.28	164.15	185.64	219.81	243.20	270.22	317.93
天　津	2.62	2.96	8.67	11.22	14.19	14.74	16.31	17.69	18.53	19.50	23.49
河　北	2.57	20.82	23.25	30.46	38.39	41.83	45.58	53.61	57.38	59.88	78.00
辽　宁	2.09	5.82	10.00	11.47	15.36	17.19	22.30	36.03	39.10	43.85	53.61
上　海	17.76	32.96	46.89	60.43	71.14	78.67	100.07	109.04	132.65	142.97	161.22
江　苏	23.70	41.38	54.92	75.27	95.31	113.15	127.44	146.85	165.66	184.47	286.81
浙　江	30.32	40.80	55.52	72.12	92.57	113.74	127.72	138.57	153.52	177.67	218.29
福　建	24.33	32.51	52.17	63.67	76.29	96.79	107.54	136.93	154.62	173.68	211.42
山　东	12.38	23.13	33.36	44.31	64.93	76.46	85.18	104.88	122.58	142.38	189.29
广　东	18.20	38.71	54.45	76.56	101.00	128.04	156.64	191.06	205.06	230.57	256.86
海　南	0.25	0.25	0.53	0.54	0.77	0.78	0.81	0.81	0.86	0.86	2.08
中部地区	**41.89**	**85.23**	**110.26**	**150.37**	**211.97**	**252.70**	**292.17**	**345.25**	**389.19**	**447.73**	**589.76**
山　西	0.07	1.81	2.22	2.29	2.79	3.53	3.88	6.30	6.81	7.45	15.30
吉　林	0.50	0.50	0.60	6.85	9.79	10.78	10.94	11.35	12.07	14.72	21.25
黑龙江	0.94	7.29	9.24	9.79	13.21	13.56	15.27	15.62	16.07	16.69	24.84
安　徽	7.95	15.83	21.44	29.23	38.44	46.74	54.92	65.99	72.90	80.55	94.98
江　西	3.70	5.50	8.95	13.15	16.74	22.39	24.82	31.93	34.52	40.11	56.46
河　南	12.85	31.53	41.91	50.33	67.99	83.43	96.48	103.84	113.72	142.57	205.44
湖　北	3.31	8.57	9.28	13.25	21.44	27.05	37.34	52.92	72.94	79.35	92.76
湖　南	12.58	14.19	16.62	25.48	41.59	45.22	48.52	57.31	60.16	66.30	78.72
西部地区	**45.24**	**76.56**	**115.52**	**156.76**	**202.72**	**241.69**	**270.77**	**318.54**	**357.18**	**412.45**	**494.59**
内蒙古	0.50	3.00	10.68	13.66	19.68	23.80	27.05	30.74	37.08	46.25	53.31
广　西	1.07	1.40	2.07	11.58	15.90	27.59	28.86	29.91	30.65	31.15	32.06
重　庆	10.80	14.24	16.64	19.76	29.98	32.09	36.91	41.20	46.02	51.21	68.67
四　川	15.01	25.96	34.23	40.57	46.37	53.83	60.08	65.51	78.31	93.20	114.22
贵　州	12.27	19.25	30.59	37.62	48.11	54.52	60.47	65.47	69.48	85.68	100.02
云　南	1.37	3.16	4.68	11.94	14.03	15.09	16.30	33.75	39.74	43.82	51.33
西　藏	—	0.05	0.18	0.38	0.51	0.51	0.63	0.72	0.77	0.77	0.77
陕　西	2.76	5.83	9.70	11.67	17.13	19.16	22.81	31.09	32.64	35.53	44.83
甘　肃	0.80	1.85	2.30	2.90	3.29	4.63	4.79	5.57	5.89	5.89	5.90
青　海	0.05	0.05	0.06	0.06	0.31	0.40	0.44	0.57	0.57	0.67	0.69
宁　夏	0.11	0.50	1.38	1.56	1.66	1.86	2.86	3.27	3.94	4.93	5.74
新　疆	0.51	1.27	3.02	5.07	5.74	8.21	9.56	10.74	12.09	13.36	17.04

数据来源：国家统计局。

表 2－59　　**2009—2013 年全国各地区办公楼销售金额**

单位：亿元

	2009 年	2010 年	2011 年	2012 年	2013 年
总　计	**1617.84**	**2148.81**	**2501.74**	**2773.43**	**3747.35**
一、东部地区	**1417.30**	**1753.40**	**1919.66**	**1974.25**	**2777.04**
北　京	431.14	487.32	500.96	560.59	744.78
天　津	32.90	48.90	53.55	37.61	26.88
河　北	6.99	18.24	41.90	50.34	60.72
辽　宁	18.71	52.45	32.37	76.35	36.34
上　海	438.43	307.67	371.81	234.62	380.85
江　苏	124.20	161.12	211.48	181.73	218.46
浙　江	169.45	300.10	265.33	240.53	303.78
福　建	20.64	71.78	115.57	182.77	290.14
山　东	45.01	54.99	54.23	117.73	176.13
广　东	127.89	247.32	266.61	289.98	534.06
海　南	1.95	3.53	5.85	2.01	4.88
二、中部地区	**86.31**	**156.52**	**309.52**	**389.24**	**518.09**
山　西	3.87	6.06	10.13	7.47	14.64
吉　林	3.00	2.39	8.11	11.79	13.78
黑龙江	8.04	3.54	3.92	13.82	17.61
安　徽	21.44	54.19	58.83	46.01	69.11
江　西	4.21	15.70	18.95	50.62	51.28
河　南	29.75	50.31	138.59	111.57	187.16
湖　北	6.23	13.38	27.94	85.67	77.77
湖　南	9.77	10.95	43.06	62.30	86.74
三、西部地区	**114.23**	**238.88**	**272.55**	**409.95**	**452.23**
内蒙古	11.79	18.59	27.46	22.07	40.42
广　西	7.87	14.54	13.84	15.02	43.23
重　庆	15.08	59.70	51.28	71.61	78.08
四　川	34.96	74.16	83.07	140.93	111.75
贵　州	9.28	13.73	16.33	12.14	73.15
云　南	12.57	14.47	22.07	71.57	46.62
西　藏	—	—	—	0.23	0.40
陕　西	10.10	22.09	33.52	53.38	33.22
甘　肃	2.83	2.15	6.36	2.06	5.03
青　海	0.49	0.22	0.18	0.14	0.41
宁　夏	6.03	8.13	6.73	3.45	4.57
新　疆	3.23	11.10	11.73	17.33	15.35

数据来源：国家统计局。

表 2 – 60　　2013 年全国各地区月度累计办公楼销售金额

单位：亿元

	1–2月	1–3月	1–4月	1–5月	1–6月	1–7月	1–8月	1–9月	1–10月	1–11月	1–12月
总　计	**358.09**	**643.15**	**881.10**	**1185.80**	**1513.65**	**1806.40**	**2102.49**	**2474.23**	**2779.03**	**3124.55**	**3747.35**
东部地区	**267.69**	**476.83**	**661.10**	**893.16**	**1125.44**	**1335.11**	**1575.57**	**1849.86**	**2075.12**	**2315.42**	**2777.04**
北　京	64.12	124.63	178.37	244.96	305.17	367.34	425.70	504.08	558.78	626.95	744.78
天　津	3.38	4.51	9.72	12.82	15.94	16.57	17.55	19.15	20.60	21.42	26.88
河　北	1.72	17.06	18.90	25.12	32.34	34.92	37.58	44.22	47.18	48.88	60.72
辽　宁	1.20	3.81	5.60	7.53	10.45	12.14	15.51	23.03	25.09	27.62	36.34
上　海	39.63	65.67	94.27	124.48	152.99	172.11	229.50	247.97	303.08	331.37	380.85
江　苏	19.87	44.08	56.27	72.77	89.61	107.00	119.49	134.97	150.80	170.80	218.46
浙　江	50.91	66.97	90.24	113.02	150.01	172.82	192.30	209.81	226.16	252.35	303.78
福　建	35.36	45.63	66.57	83.78	96.83	118.06	134.06	176.14	201.88	230.70	290.14
山　东	15.03	23.18	31.30	40.85	59.16	68.86	79.83	94.23	108.59	131.59	176.13
广　东	36.34	81.18	109.30	167.27	211.89	264.22	322.96	395.18	431.70	472.47	534.06
海　南	0.13	0.13	0.58	0.58	1.06	1.07	1.09	1.09	1.27	1.27	4.88
中部地区	**47.86**	**93.32**	**113.91**	**149.21**	**204.77**	**244.94**	**278.15**	**327.84**	**369.23**	**425.31**	**518.09**
山　西	0.13	0.91	1.55	1.63	2.13	2.55	2.91	4.62	5.07	5.42	14.64
吉　林	0.33	0.34	0.38	3.94	5.65	6.06	6.14	6.61	7.01	8.97	13.78
黑龙江	0.94	7.26	8.39	8.74	11.25	11.56	12.96	13.15	13.37	13.59	17.61
安　徽	6.35	12.79	16.95	22.13	29.33	35.49	41.61	48.46	53.96	59.65	69.11
江　西	3.34	4.82	7.14	13.47	17.54	23.89	26.27	31.76	34.34	38.39	51.28
河　南	17.39	41.83	49.81	59.63	75.43	92.61	107.82	116.38	126.26	157.37	187.16
湖　北	2.64	7.08	8.68	11.59	17.94	22.92	27.29	46.03	65.47	69.13	77.77
湖　南	16.75	18.30	21.01	28.08	45.50	49.88	53.14	60.83	63.77	72.79	86.74
西部地区	**42.54**	**72.99**	**106.09**	**143.43**	**183.45**	**226.34**	**248.77**	**296.53**	**334.68**	**383.82**	**452.23**
内蒙古	0.29	2.72	9.07	11.36	15.49	18.01	19.86	22.79	26.76	33.29	40.42
广　西	1.14	1.40	2.44	15.95	18.63	38.12	39.68	40.83	41.82	42.45	43.23
重　庆	16.40	21.13	23.21	27.32	38.36	41.38	44.68	50.57	55.62	61.34	78.08
四　川	10.40	22.49	30.17	35.23	40.67	47.37	53.13	57.19	74.93	92.22	111.75
贵　州	9.66	14.71	23.13	28.53	37.03	42.30	46.86	50.52	53.51	64.13	73.15
云　南	1.12	3.15	4.95	8.34	10.56	11.52	12.55	30.47	34.35	38.61	46.62
西　藏	0.02	0.09	0.19	0.26	0.26	0.33	0.37	0.40	0.40	0.40	—
陕　西	2.26	4.58	8.14	9.61	13.96	14.98	16.74	26.10	27.32	29.33	33.22
甘　肃	0.67	1.47	1.78	2.18	2.55	3.62	3.74	4.72	5.03	5.03	5.03
青　海	0.01	0.01	0.01	0.01	0.14	0.18	0.21	0.31	0.31	0.40	0.41
宁　夏	0.07	0.27	0.78	0.92	1.00	1.16	1.78	2.11	3.02	3.92	4.57
新　疆	0.52	1.05	2.32	3.80	4.79	7.44	9.21	10.54	11.62	12.71	15.35

数据来源：国家统计局。

表 2－61　　2009—2013 年全国各地区商业营业用房销售面积

单位：万平方米

	2009 年	2010 年	2011 年	2012 年	2013 年
总　计	**5222.29**	**6921.46**	**7878.19**	**7759.28**	**8469.22**
一、东部地区	**2754.41**	**3658.72**	**3626.16**	**3639.79**	**3997.75**
北　京	157.07	142.07	108.69	113.97	102.52
天　津	60.85	103.64	104.50	72.17	51.60
河　北	85.89	192.97	368.05	316.70	404.93
辽　宁	393.35	509.86	592.27	775.93	859.00
上　海	126.49	125.56	95.57	120.01	116.47
江　苏	819.82	954.70	842.59	763.95	817.48
浙　江	362.00	458.49	375.48	332.64	344.41
福　建	121.31	176.37	180.18	209.88	242.53
山　东	374.72	609.86	604.25	553.75	600.12
广　东	241.99	371.28	328.29	360.57	433.61
海　南	10.92	13.92	26.30	20.23	25.08
二、中部地区	**1295.28**	**1739.20**	**2262.02**	**2212.53**	**2396.84**
山　西	52.78	80.49	81.26	79.50	116.00
吉　林	122.99	206.08	237.90	219.49	157.31
黑龙江	192.12	237.17	362.84	410.87	256.21
安　徽	299.02	386.86	482.31	428.42	506.29
江　西	120.70	150.52	183.26	189.46	214.03
河　南	219.84	246.44	332.08	297.96	444.99
湖　北	106.64	183.77	287.75	256.87	358.38
湖　南	181.18	247.87	294.64	329.97	343.63
三、西部地区	**1172.61**	**1523.53**	**1990.00**	**1906.96**	**2074.64**
内蒙古	234.60	353.60	394.41	270.17	272.07
广　西	83.75	108.21	120.78	149.83	135.09
重　庆	157.15	194.25	266.32	221.89	244.04
四　川	248.44	294.25	403.85	438.53	468.64
贵　州	74.07	80.91	125.27	144.56	198.99
云　南	132.09	182.56	250.94	277.54	285.65
西　藏	0.75	0.52	0.95	1.42	1.85
陕　西	65.37	63.36	112.65	124.34	119.22
甘　肃	30.27	53.44	62.08	63.99	63.72
青　海	6.63	13.21	14.81	15.48	10.27
宁　夏	78.73	89.94	114.53	82.92	102.66
新　疆	60.74	89.27	123.42	116.31	172.44

数据来源：国家统计局。

表 2－62　　2013 年全国各地区月度累计商业营业用房销售面积

单位：万平方米

	1－2 月	1－3 月	1－4 月	1－5 月	1－6 月	1－7 月	1－8 月	1－9 月	1－10 月	1－11 月	1－12 月
总　计	**525.02**	**1122.97**	**1638.06**	**2232.28**	**3065.67**	**3635.66**	**4250.19**	**5112.50**	**5850.34**	**6920.53**	**8469.22**
东部地区	**279.62**	**574.52**	**826.73**	**1099.68**	**1513.90**	**1783.35**	**2065.37**	**2502.48**	**2850.96**	**3341.88**	**3997.75**
北　京	13.77	19.77	25.83	35.30	46.89	50.87	59.28	70.25	80.61	89.63	102.52
天　津	9.41	13.15	17.33	19.68	21.79	24.06	26.18	30.23	33.75	38.00	51.60
河　北	7.03	38.46	54.39	81.08	133.86	150.47	174.14	246.10	278.80	330.80	404.93
辽　宁	17.07	86.54	118.61	168.74	285.64	357.29	439.14	561.14	642.89	754.87	859.00
上　海	15.08	18.73	25.42	33.32	52.43	60.14	72.01	76.20	85.60	95.60	116.47
江　苏	84.78	158.73	237.08	291.44	368.29	426.75	473.22	527.37	598.19	693.87	817.48
浙　江	42.41	68.47	100.12	123.62	145.77	169.94	195.88	230.43	251.67	280.46	344.41
福　建	26.14	44.26	63.85	81.99	99.29	118.89	134.59	162.02	185.02	206.04	242.53
山　东	28.67	57.14	85.40	138.44	191.45	221.87	256.65	320.08	379.64	473.76	600.12
广　东	33.75	64.81	92.97	119.39	161.08	193.58	222.15	261.03	294.84	353.48	433.61
海　南	1.51	4.46	5.73	6.67	7.43	9.50	12.13	17.64	19.94	25.36	25.08
中部地区	**129.56**	**295.53**	**428.23**	**613.71**	**828.73**	**982.92**	**1162.28**	**1377.67**	**1563.73**	**1885.15**	**2396.84**
山　西	4.05	7.43	11.54	18.67	30.65	39.72	50.73	59.56	69.37	86.73	116.00
吉　林	3.11	6.56	16.43	33.07	50.87	63.31	77.41	95.80	112.37	137.23	157.31
黑龙江	4.26	18.71	36.19	52.26	66.77	85.10	133.92	158.58	180.99	206.18	256.21
安　徽	50.60	94.27	124.00	162.31	207.84	237.72	272.27	312.60	345.68	421.16	506.29
江　西	13.25	21.82	30.88	64.00	76.01	87.54	96.71	111.93	128.00	150.77	214.03
河　南	15.28	52.29	79.69	108.26	139.88	166.60	197.93	248.87	284.11	331.58	444.99
湖　北	18.32	42.79	61.28	84.49	122.32	143.83	155.93	179.38	216.08	273.10	358.38
湖　南	20.68	51.67	68.22	90.65	134.40	159.11	177.39	210.95	227.13	278.41	343.63
西部地区	**115.84**	**252.92**	**383.11**	**518.89**	**723.04**	**869.39**	**1022.54**	**1232.36**	**1435.65**	**1693.50**	**2074.64**
内蒙古	1.49	8.69	27.56	44.22	73.25	89.23	109.79	137.54	185.88	216.99	272.07
广　西	10.24	24.00	30.65	37.83	48.29	56.46	67.61	74.70	80.96	107.90	135.09
重　庆	21.63	38.13	52.23	69.01	89.04	114.72	128.10	139.30	152.01	180.73	244.04
四　川	36.82	69.65	106.13	140.03	189.45	224.83	260.15	298.39	339.32	384.11	468.64
贵　州	10.76	27.80	39.37	50.97	69.13	82.63	101.36	132.78	148.29	171.21	198.99
云　南	14.40	28.28	39.69	56.08	87.25	103.44	121.18	155.49	189.85	229.26	285.65
西　藏	—	0.02	0.03	0.74	0.93	0.99	1.08	1.31	1.34	1.57	1.85
陕　西	7.18	11.36	20.66	26.98	45.45	52.89	59.41	79.59	92.86	102.92	119.22
甘　肃	2.12	7.82	11.01	14.58	18.27	23.65	30.12	37.61	45.78	54.51	63.72
青　海	1.01	1.66	2.29	2.58	2.96	4.25	5.88	6.70	7.84	9.56	10.27
宁　夏	6.20	15.01	24.10	34.72	42.89	49.96	58.77	66.73	73.81	86.14	102.66
新　疆	3.97	20.48	29.38	41.16	56.10	66.35	79.11	102.20	117.69	148.59	172.44

数据来源：国家统计局。

表 2－63　　2009—2013 年全国各地区商业营业用房销售金额

单位：亿元

	2009 年	2010 年	2011 年	2012 年	2013 年
总　计	**3601.36**	**5354.02**	**6702.46**	**6999.57**	**8280.48**
一、东部地区	**2252.55**	**3311.93**	**3561.57**	**3666.25**	**4422.33**
北　京	299.86	318.99	270.85	233.36	270.71
天　津	54.49	109.31	138.58	93.87	85.40
河　北	44.77	108.89	259.93	297.49	311.39
辽　宁	235.29	332.31	411.08	546.40	636.55
上　海	192.73	197.57	181.66	194.62	224.71
江　苏	567.72	751.46	794.57	746.69	851.47
浙　江	320.69	484.10	443.77	405.36	481.18
福　建	118.23	180.53	253.57	262.01	373.78
山　东	193.91	342.11	387.78	392.20	482.11
广　东	219.15	478.14	400.78	468.51	679.81
海　南	5.72	8.52	19.00	25.74	25.21
二、中部地区	**672.43**	**1035.34**	**1625.89**	**1672.97**	**1954.88**
山　西	27.66	44.06	47.25	54.58	80.91
吉　林	57.13	105.03	145.34	141.31	111.18
黑龙江	87.25	137.36	225.65	264.54	196.89
安　徽	167.72	258.56	374.28	336.48	420.27
江　西	56.45	80.51	130.13	140.23	174.90
河　南	113.86	137.09	247.51	228.15	334.53
湖　北	68.20	142.01	241.76	224.62	354.73
湖　南	94.16	130.71	213.99	283.08	281.48
三、西部地区	**676.37**	**1006.75**	**1515.00**	**1660.35**	**1903.27**
内蒙古	133.43	252.77	262.98	187.60	196.30
广　西	53.35	75.54	100.78	129.07	139.47
重　庆	112.28	155.46	216.58	212.47	263.08
四　川	126.16	183.05	366.12	488.40	514.30
贵　州	53.40	56.76	108.03	139.21	204.10
云　南	73.07	118.48	159.91	182.26	207.45
西　藏	0.40	0.40	0.61	0.97	1.36
陕　西	39.45	40.11	114.23	132.38	125.10
甘　肃	11.79	23.00	32.51	41.57	46.49
青　海	3.19	7.00	10.42	15.02	11.83
宁　夏	40.51	43.97	64.75	55.44	70.62
新　疆	29.35	50.22	78.09	75.98	123.17

数据来源：国家统计局。

表 2－64　　2013 年全国各地区月度累计商业营业用房销售金额

单位：亿元

	1－2月	1－3月	1－4月	1－5月	1－6月	1－7月	1－8月	1－9月	1－10月	1－11月	1－12月
总　计	**599.82**	**1153.39**	**1705.92**	**2279.10**	**3072.02**	**3656.11**	**4271.08**	**5120.61**	**5822.56**	**6800.91**	**8280.48**
东部地区	**362.43**	**666.12**	**962.18**	**1269.88**	**1714.07**	**2018.93**	**2345.12**	**2809.47**	**3174.36**	**3659.16**	**4422.33**
北　京	22.62	40.25	63.16	90.18	119.80	130.19	149.14	179.09	210.53	237.04	270.71
天　津	11.37	21.11	29.01	32.97	35.94	39.74	42.88	49.83	53.85	60.26	85.40
河　北	7.21	32.35	45.52	63.35	99.34	115.05	134.29	192.51	219.68	250.37	311.39
辽　宁	11.88	58.21	78.59	115.59	198.86	245.32	320.35	412.04	472.79	553.16	636.55
上　海	37.60	45.74	57.76	74.10	104.10	120.71	134.88	144.18	164.27	185.93	224.71
江　苏	85.70	162.52	244.34	301.38	381.86	441.63	493.57	550.14	617.43	705.76	851.47
浙　江	58.85	92.51	132.68	164.19	198.22	240.24	283.40	333.40	361.27	396.21	481.18
福　建	36.59	58.62	84.02	113.89	141.51	170.02	194.16	228.22	254.84	289.58	373.78
山　东	36.98	58.53	88.02	126.63	170.89	196.21	223.33	275.34	325.25	395.48	482.11
广　东	51.29	90.75	132.35	180.08	255.24	309.55	356.79	427.17	475.10	561.04	679.81
海　南	2.36	5.52	6.74	7.51	8.30	10.25	12.34	17.56	19.35	24.32	25.21
中部地区	**112.12**	**246.55**	**363.06**	**510.05**	**684.38**	**810.58**	**967.67**	**1151.47**	**1306.56**	**1566.02**	**1954.88**
山　西	3.24	6.27	10.44	15.29	23.87	29.71	36.82	42.09	49.32	59.83	80.91
吉　林	1.29	3.68	10.23	21.65	34.63	43.85	53.81	65.57	77.00	92.83	111.18
黑龙江	3.88	19.61	31.90	44.27	54.86	66.41	111.33	128.32	143.22	159.62	196.89
安　徽	41.76	81.86	107.62	140.36	176.66	200.36	231.26	268.33	295.08	363.19	420.27
江　西	12.85	20.36	28.26	46.75	59.75	69.57	79.04	93.26	106.49	124.95	174.90
河　南	11.40	37.88	59.36	80.44	106.74	126.95	151.84	192.15	217.97	253.33	334.53
湖　北	17.92	37.13	61.94	86.97	117.52	140.69	155.17	181.66	221.21	279.93	354.73
湖　南	19.77	39.77	53.31	74.31	110.35	133.03	148.41	180.08	196.28	232.35	281.48
西部地区	**125.28**	**240.71**	**380.68**	**499.17**	**673.58**	**826.60**	**958.29**	**1159.66**	**1341.64**	**1575.74**	**1903.27**
内蒙古	0.88	6.44	23.25	35.22	54.09	66.28	81.39	100.07	135.35	162.48	196.30
广　西	10.97	20.30	34.02	41.26	52.89	69.47	79.29	89.88	98.31	117.68	139.47
重　庆	30.84	45.58	71.05	88.09	109.37	135.52	149.50	163.05	181.89	208.73	263.08
四　川	42.26	79.10	116.43	154.12	206.22	249.14	285.07	331.64	378.13	430.95	514.30
贵　州	10.95	26.33	40.24	51.16	69.53	82.82	97.81	125.39	140.88	170.59	204.10
云　南	12.78	22.61	32.22	44.54	62.75	76.69	89.36	114.54	133.57	166.18	207.45
西　藏	—	0.02	0.03	0.45	0.64	0.68	0.75	0.89	0.91	1.05	1.36
陕　西	7.75	12.34	17.36	23.37	38.18	45.86	52.06	81.78	97.72	107.03	125.10
甘　肃	1.57	4.98	7.49	9.36	11.41	17.03	21.19	27.78	32.94	37.61	46.49
青　海	0.74	1.49	2.24	2.58	2.96	3.78	6.79	7.73	8.71	10.24	11.83
宁　夏	4.11	10.08	16.71	21.95	26.35	31.13	37.84	44.62	49.98	57.71	70.62
新　疆	2.42	11.44	19.65	27.07	39.19	48.20	57.23	72.29	83.25	105.49	123.17

数据来源：国家统计局。

八、全国四十重点城市土地购置面积

表 2 -65　　2009—2013 年全国四十重点城市土地购置面积

单位：万平方米

	2009 年	2010 年	2011 年	2012 年	2013 年
北　京	625.01	858.75	507.04	305.99	906.17
天　津	444.78	652.46	596.59	299.75	210.64
石家庄	252.62	657.36	448.60	274.23	83.07
太　原	181.60	193.67	143.85	88.34	180.63
呼和浩特	224.97	412.23	215.86	109.44	76.69
沈　阳	475.73	1314.00	755.89	810.35	860.04
大　连	427.04	624.31	588.51	509.69	336.26
长　春	485.17	499.55	722.13	749.73	456.29
哈尔滨	375.83	388.58	678.45	334.63	265.18
上　海	185.30	432.44	562.76	300.62	421.74
南　京	284.92	150.80	41.96	120.60	121.11
无　锡	173.42	192.23	240.46	248.30	487.15
苏　州	342.57	430.93	186.60	352.43	591.01
杭　州	375.67	435.90	226.57	112.39	227.65
宁　波	196.14	286.72	220.44	57.33	239.92
温　州	72.30	18.38	123.46	60.37	86.87
合　肥	324.46	325.54	449.69	476.41	658.62
福　州	295.89	332.39	286.14	214.32	390.44
厦　门	210.45	309.92	52.16	188.91	125.10
南　昌	153.27	164.45	208.93	129.45	257.13
济　南	128.14	531.98	193.81	272.72	217.71
青　岛	301.83	478.81	684.29	240.06	433.01
郑　州	424.40	717.95	216.40	349.86	461.97
武　汉	228.78	274.55	251.28	456.95	502.82
长　沙	392.60	288.48	341.95	311.15	458.99
广　州	565.64	156.90	338.85	142.97	182.18
深　圳	30.42	13.87	39.30	97.34	134.87
南　宁	149.40	189.58	161.52	101.34	80.22
北　海	90.00	61.73	169.57	63.49	55.54
海　口	72.75	53.91	18.94	34.90	14.23
三　亚	—	22.98	14.75	80.63	16.98
重　庆	1227.79	1369.22	1676.12	2183.07	1896.65
成　都	217.80	218.25	195.79	152.71	271.93
贵　阳	184.28	596.11	331.54	197.17	424.59
昆　明	536.97	325.72	350.65	466.95	782.36
西　安	227.36	395.18	230.54	168.66	335.16
兰　州	197.09	119.71	100.44	64.11	169.53
西　宁	135.17	87.91	99.74	162.31	31.85
银　川	109.54	106.85	162.36	179.55	174.99
乌鲁木齐	56.92	108.69	105.92	93.82	204.90

数据来源：国家统计局。

表 2－66　　2013 年全国四十重点城市月度累计土地购置面积

单位：万平方米

	1－3 月	1－4 月	1－5 月	1－6 月	1－7 月	1－8 月	1－9 月	1－10 月	1－11 月	1－12 月
合　计	2350.09	3295.80	4312.72	5725.02	6915.23	7783.85	9208.29	9609.99	12291.41	13832.19
北　京	185.03	206.68	231.37	271.85	326.06	355.36	388.70	439.10	748.68	906.17
天　津	45.79	66.46	108.35	136.72	211.47	163.52	200.36	214.90	216.67	210.64
石家庄	23.00	43.42	51.56	54.76	54.76	67.65	67.94	78.46	80.85	83.07
太　原	1.13	5.63	28.80	49.75	51.98	94.75	137.27	142.10	175.33	180.63
呼和浩特	0.84	12.68	19.40	27.46	29.96	36.15	75.57	76.07	76.37	76.69
沈　阳	77.22	110.99	148.08	335.77	482.40	585.54	651.29	706.62	830.16	860.04
大　连	123.68	123.68	149.63	170.94	189.76	237.57	281.35	299.61	335.93	336.26
长　春	3.80	13.37	21.83	93.44	153.26	201.60	286.76	322.31	450.37	456.29
哈尔滨	8.25	14.76	23.34	32.47	129.22	133.70	154.18	154.18	259.85	265.18
上　海	65.60	94.81	142.14	152.86	161.63	187.23	230.56	255.50	386.34	421.74
南　京	35.07	38.05	44.03	48.16	71.75	73.13	81.78	69.56	118.10	121.11
无　锡	65.99	102.03	157.55	265.71	296.58	311.76	355.83	358.99	517.54	487.15
苏　州	97.28	123.09	143.16	192.00	266.20	364.71	420.48	433.47	539.36	591.01
杭　州	29.54	52.41	41.49	49.31	50.48	72.53	94.20	90.32	175.06	227.65
宁　波	52.61	58.32	63.95	98.75	111.31	122.82	142.84	158.22	180.07	239.92
温　州	0.96	6.86	9.97	17.92	20.03	25.06	48.46	54.77	85.09	86.87
合　肥	169.56	269.17	342.74	395.28	443.45	488.41	581.91	577.07	646.52	658.62
福　州	3.20	18.49	45.38	124.07	147.13	147.48	153.45	157.11	342.56	390.44
厦　门	8.02	12.82	34.60	57.53	57.53	76.07	87.60	87.95	111.30	125.10
南　昌	28.83	40.60	53.75	77.40	117.11	117.11	147.24	167.31	184.37	257.13
济　南	21.65	35.19	84.05	86.16	87.61	89.72	125.30	125.84	167.11	217.71
青　岛	117.47	158.25	212.07	239.28	294.62	328.11	401.25	383.15	428.83	433.01
郑　州	121.76	194.80	200.13	211.07	250.40	266.72	278.50	287.32	366.10	461.97
武　汉	124.49	134.20	160.57	207.27	212.35	280.43	286.72	291.94	328.49	502.82
长　沙	42.99	54.32	82.83	134.72	163.08	197.54	234.97	235.07	340.94	458.99
广　州	17.74	33.20	52.04	81.33	81.24	84.35	128.18	128.18	170.92	182.18
深　圳	17.61	30.39	37.34	49.00	55.50	58.12	58.12	61.62	115.45	134.87
南　宁	7.35	12.05	18.66	25.27	40.86	42.58	53.15	59.25	78.50	80.22
北　海	7.23	16.79	18.94	26.76	27.17	27.92	27.92	27.92	49.45	55.54
海　口	1.37	3.64	3.64	4.35	6.72	6.72	7.87	7.87	8.23	14.23
三　亚	9.00	14.83	14.83	15.73	15.73	15.73	15.73	15.73	16.98	16.98
重　庆	500.53	578.98	693.20	898.18	962.32	1086.61	1251.44	1299.75	1721.47	1896.65
成　都	18.07	39.58	70.35	95.23	146.04	161.01	192.67	195.32	218.55	271.93
贵　阳	75.89	75.89	217.50	160.76	282.90	287.59	294.27	307.68	341.78	424.59
昆　明	151.76	349.49	393.80	451.15	477.41	496.47	665.51	671.60	705.89	782.36
西　安	28.98	54.92	65.03	176.85	192.34	215.65	229.54	285.39	315.15	335.16
兰　州	18.87	27.07	35.50	51.18	72.99	75.53	135.40	138.86	151.06	169.53
西　宁	0.81	1.55	13.66	13.83	15.99	18.40	19.16	19.19	20.22	31.85
银　川	31.83	55.22	65.74	95.24	108.39	114.09	119.07	128.94	139.84	174.99
乌鲁木齐	9.30	11.13	11.69	49.49	49.50	68.43	95.74	95.74	145.95	204.90

数据来源：国家统计局。

九、全国四十重点城市房地产开发投资数据

表 2－67　　2009—2013 年全国四十重点城市房地产开发投资额

单位：亿元

	2009 年	2010 年	2011 年	2012 年	2013 年
北　京	2337.71	2901.07	3036.33	3153.44	3483.40
天　津	735.18	866.64	1080.04	1260.00	1480.82
石家庄	374.97	538.00	789.86	833.21	928.15
太　原	165.01	241.09	312.08	359.24	416.23
呼和浩特	178.29	254.35	344.49	447.99	581.68
沈　阳	1188.70	1450.08	1684.72	1942.96	2184.01
大　连	578.94	768.02	1107.46	1396.52	1710.36
长　春	443.93	542.76	666.42	649.65	611.78
哈尔滨	278.75	360.74	562.00	789.04	857.94
上　海	1464.18	1980.68	2170.31	2381.36	2819.59
南　京	595.68	748.35	871.43	971.96	1037.71
无　锡	463.37	611.76	872.99	971.30	1126.40
苏　州	724.34	935.80	1199.13	1263.36	1414.01
杭　州	704.68	956.20	1302.27	1600.37	1853.28
宁　波	374.51	557.27	712.87	884.35	1123.14
温　州	253.34	271.09	480.55	687.06	734.28
合　肥	670.36	802.65	880.29	913.80	1105.81
福　州	361.80	670.69	956.45	972.27	1264.79
厦　门	267.42	396.13	436.31	518.88	531.80
南　昌	198.25	230.15	279.66	344.36	406.14
济　南	332.56	484.50	527.16	664.01	721.77
青　岛	459.48	602.44	782.72	932.10	1048.52
郑　州	513.83	775.16	923.64	1095.14	1445.33
武　汉	778.59	1017.40	1274.17	1574.86	1905.60
长　沙	497.36	683.98	887.47	1034.35	1157.63
广　州	817.34	983.66	1306.74	1370.45	1572.43
深　圳	437.46	458.47	590.21	736.84	876.90
南　宁	226.73	317.50	377.16	362.73	416.37
北　海	58.12	97.34	135.40	176.17	170.00
海　口	78.00	103.79	145.14	175.66	256.40
三　亚	97.89	132.84	178.84	238.45	302.72
重　庆	1238.91	1620.26	2015.09	2508.35	3012.78
成　都	945.14	1278.34	1595.64	1889.23	2111.25
贵　阳	210.33	310.47	467.36	901.03	978.02
昆　明	369.43	440.75	625.97	919.07	1291.71
西　安	696.34	842.34	1002.67	1269.93	1572.65
兰　州	98.61	118.28	159.67	209.74	257.44
西　宁	63.84	95.40	117.29	160.14	195.58
银　川	85.10	144.32	176.19	275.70	330.81
乌鲁木齐	101.01	141.63	189.28	220.69	270.59

数据来源：国家统计局。

表 2 - 68　　2013 年全国四十重点城市月度累计房地产开发投资额

单位：亿元

	1 - 3 月	1 - 4 月	1 - 5 月	1 - 6 月	1 - 7 月	1 - 8 月	1 - 9 月	1 - 10 月	1 - 11 月	1 - 12 月
合　计	**7296.71**	**10463.44**	**14529.04**	**19994.06**	**23960.30**	**28005.27**	**32686.79**	**36679.98**	**41007.49**	**45565.83**
北　京	451.97	647.88	932.51	1315.28	1609.02	1929.36	2234.60	2475.76	2864.10	3483.40
天　津	249.54	398.75	569.00	810.00	910.09	1020.37	1158.73	1221.64	1328.43	1480.82
石家庄	96.64	174.59	253.92	373.32	461.20	556.91	639.79	747.90	851.41	928.15
太　原	31.03	51.21	80.58	127.24	163.57	198.84	253.39	299.46	354.01	416.23
呼和浩特	13.59	40.81	92.65	183.68	259.83	341.79	455.85	545.86	579.36	581.68
沈　阳	158.85	309.63	570.17	976.78	1265.38	1540.51	1813.03	1999.41	2114.80	2184.01
大　连	148.01	238.92	448.66	688.11	838.62	965.90	1229.64	1413.39	1596.06	1710.36
长　春	11.96	30.62	65.54	147.00	223.09	283.86	388.86	478.44	597.09	611.78
哈尔滨	28.50	65.78	132.03	220.34	308.12	403.24	513.07	640.04	764.71	857.94
上　海	575.20	787.85	1015.58	1268.87	1493.33	1752.98	2010.21	2279.69	2565.24	2819.59
南　京	238.27	316.79	443.63	517.00	617.81	699.45	776.41	842.51	934.79	1037.71
无　锡	249.35	351.89	447.11	600.79	682.79	770.23	854.82	960.53	1028.65	1126.40
苏　州	291.44	410.69	520.14	669.34	808.82	931.73	1067.72	1168.05	1282.78	1414.01
杭　州	276.03	396.06	554.72	762.88	917.75	1065.05	1263.31	1425.52	1605.36	1853.28
宁　波	272.05	343.98	428.92	557.83	663.25	751.45	850.50	934.08	1017.08	1123.14
温　州	141.50	188.38	237.75	297.95	349.32	418.57	489.53	570.33	639.26	734.28
合　肥	245.58	332.10	446.63	547.10	636.13	761.30	868.35	956.18	1041.72	1105.81
福　州	234.45	314.95	448.13	625.61	713.07	806.72	918.51	1016.43	1137.61	1264.79
厦　门	118.79	164.19	197.48	259.98	299.00	336.90	392.61	442.63	496.40	531.80
南　昌	73.57	101.55	133.22	170.07	206.20	245.14	287.04	328.71	372.63	406.14
济　南	166.88	224.29	291.67	373.03	423.17	478.67	551.76	602.88	663.35	721.77
青　岛	171.80	259.60	356.86	481.44	585.71	677.97	783.76	885.09	961.44	1048.52
郑　州	213.69	343.27	472.39	635.88	749.44	851.85	993.34	1096.82	1264.29	1445.33
武　汉	306.84	436.32	592.94	931.68	1070.96	1231.49	1410.14	1559.26	1704.64	1905.60
长　沙	199.83	273.84	380.03	525.29	621.55	722.90	832.14	934.14	1055.94	1157.63
广　州	296.31	397.80	487.25	641.61	764.80	902.34	1058.71	1204.98	1374.54	1572.43
深　圳	130.80	187.66	267.14	357.50	439.51	519.51	610.95	703.88	788.18	876.90
南　宁	64.93	88.93	130.02	183.23	211.75	242.31	279.63	312.93	357.63	416.37
北　海	38.77	60.53	71.69	91.95	98.06	104.24	110.05	129.02	153.71	170.00
海　口	39.00	52.90	66.50	94.59	121.38	148.67	171.74	200.18	227.79	256.40
三　亚	69.01	85.80	107.93	135.95	163.36	187.09	219.45	246.32	274.32	302.72
重　庆	547.25	747.17	988.57	1272.28	1500.35	1774.40	2112.19	2329.90	2645.10	3012.78
成　都	422.79	575.67	773.73	1025.64	1203.45	1355.02	1535.59	1693.03	1869.64	2111.25
贵　阳	237.10	293.53	389.61	476.81	561.73	648.46	747.24	833.26	914.95	978.02
昆　明	218.45	314.27	439.46	593.34	694.37	800.86	941.29	1067.40	1117.28	1291.71
西　安	207.45	319.53	469.60	706.08	844.60	977.33	1116.79	1264.96	1471.93	1572.65
兰　州	23.35	41.47	65.78	97.99	120.70	144.81	180.74	212.79	240.23	257.44
西　宁	10.67	29.13	48.81	69.46	105.09	127.54	157.14	183.27	193.18	195.58
银　川	18.19	45.75	74.93	117.50	157.29	195.33	231.68	269.42	310.43	330.81
乌鲁木齐	7.27	19.33	35.79	63.63	96.64	134.21	176.48	203.87	247.42	270.59

数据来源：国家统计局。

表 2-69　　2009—2013 年全国四十重点城市住宅开发投资额

单位：亿元

	2009 年	2010 年	2011 年	2012 年	2013 年
北　京	906.62	1508.95	1778.31	1627.99	1724.56
天　津	494.86	565.39	678.98	843.05	986.28
石家庄	284.50	412.25	548.70	592.27	615.70
太　原	116.75	185.16	246.53	257.02	300.29
呼和浩特	126.93	254.35	257.70	302.19	392.13
沈　阳	802.12	1004.34	1262.79	1331.43	1574.58
大　连	477.24	575.65	869.69	1055.41	1257.97
长　春	347.39	427.46	502.53	493.22	435.52
哈尔滨	220.28	288.56	421.43	544.79	583.86
上　海	918.68	1229.83	1398.75	1451.94	1615.51
南　京	439.41	570.62	637.52	660.94	729.13
无　锡	300.65	430.21	582.95	613.28	733.87
苏　州	514.66	667.20	882.57	851.65	988.62
杭　州	509.82	676.27	800.81	1004.22	1169.56
宁　波	237.64	323.12	396.06	515.65	642.33
温　州	174.29	193.13	324.25	466.32	522.16
合　肥	468.19	550.13	636.44	578.50	674.35
福　州	252.19	384.28	687.51	628.48	865.41
厦　门	182.10	207.43	254.53	289.49	304.19
南　昌	158.66	171.27	206.10	221.33	241.24
济　南	255.71	364.56	402.33	445.38	514.12
青　岛	313.75	450.99	570.78	595.00	668.12
郑　州	394.16	555.75	627.37	675.65	910.46
武　汉	498.04	595.33	737.31	991.41	1250.78
长　沙	392.90	516.16	684.73	701.01	769.46
广　州	502.24	548.45	780.81	827.61	950.68
深　圳	289.78	304.89	393.35	474.60	590.48
南　宁	158.46	228.12	263.37	253.98	302.38
北　海	36.78	66.95	95.08	129.17	119.71
海　口	67.90	82.57	116.70	130.21	205.73
三　亚	93.72	124.40	160.79	183.19	229.19
重　庆	789.02	1091.49	1438.45	1706.77	2044.24
成　都	634.43	804.29	1039.75	1171.16	1290.45
贵　阳	136.52	165.02	306.28	568.49	627.94
昆　明	289.52	326.62	419.58	585.99	868.95
西　安	568.30	842.34	833.37	1003.85	1226.28
兰　州	51.76	67.00	89.05	131.72	171.02
西　宁	47.49	64.11	68.09	118.69	124.46
银　川	63.98	101.62	120.72	175.51	195.68
乌鲁木齐	80.51	112.80	154.64	174.47	198.98

数据来源：国家统计局。

表 2 - 70　　2013 年全国四十重点城市月度累计住宅开发投资额

单位：亿元

	1-3月	1-4月	1-5月	1-6月	1-7月	1-8月	1-9月	1-10月	1-11月	1-12月
合　计	**4735.72**	**6766.58**	**9432.17**	**13005.63**	**15560.33**	**18240.07**	**21349.91**	**23978.94**	**26715.51**	**29616.37**
北　京	191.42	269.41	405.50	612.48	740.51	890.40	1110.49	1222.15	1400.59	1724.56
天　津	163.23	266.26	375.05	536.47	604.61	678.85	774.13	815.37	888.54	986.28
石家庄	65.60	113.95	167.54	249.05	309.96	370.83	427.45	500.23	568.99	615.70
太　原	21.87	36.43	58.14	93.13	119.88	145.79	182.35	216.44	253.64	300.29
呼和浩特	9.36	26.72	62.20	122.01	173.76	229.64	310.98	371.52	390.37	392.13
沈　阳	109.13	225.48	418.16	699.88	915.56	1117.24	1307.42	1445.90	1525.71	1574.58
大　连	102.56	169.05	323.77	504.38	622.27	716.57	916.67	1057.71	1179.32	1257.97
长　春	9.35	23.26	48.77	109.22	155.77	201.96	271.72	337.94	425.01	435.52
哈尔滨	19.91	46.56	94.08	155.55	218.42	288.70	370.85	450.22	514.51	583.86
上　海	321.36	448.50	579.18	725.67	825.03	960.48	1119.52	1281.66	1451.34	1615.51
南　京	170.11	226.15	315.37	360.80	430.12	487.14	539.65	586.85	652.59	729.13
无　锡	165.83	222.88	279.14	372.33	427.85	503.38	560.37	628.81	673.50	733.87
苏　州	204.33	295.48	370.94	470.44	570.53	656.85	751.20	820.82	905.48	988.62
杭　州	178.82	253.49	353.84	494.32	576.69	675.00	799.20	901.53	1011.15	1169.56
宁　波	159.16	196.66	246.92	320.21	380.09	427.66	484.65	536.30	588.03	642.33
温　州	94.82	127.91	161.85	206.52	244.17	295.46	346.74	407.76	455.97	522.16
合　肥	156.37	210.42	282.63	343.30	394.87	469.71	533.42	585.72	634.25	674.35
福　州	172.85	228.20	312.25	424.44	481.38	550.02	626.98	695.14	772.74	865.41
厦　门	72.23	99.43	118.12	153.95	176.50	194.85	224.33	251.23	282.83	304.19
南　昌	46.11	63.12	81.29	101.68	120.83	142.33	166.98	191.81	218.43	241.24
济　南	116.26	156.62	207.58	269.99	307.35	346.28	398.35	433.41	474.96	514.12
青　岛	109.43	156.74	219.25	291.90	354.94	418.60	489.31	559.84	610.80	668.12
郑　州	137.85	223.62	309.02	408.94	471.59	532.98	623.76	693.20	798.35	910.46
武　汉	203.40	280.79	390.40	608.77	700.65	806.98	925.67	1023.62	1115.48	1250.78
长　沙	138.13	183.03	254.89	351.35	417.84	489.03	553.98	621.07	702.58	769.46
广　州	181.55	244.21	303.18	405.30	478.38	564.57	653.74	746.23	851.06	950.68
深　圳	89.99	128.86	178.33	234.95	292.29	348.42	411.59	473.11	526.76	590.48
南　宁	47.53	64.04	92.49	130.77	151.79	171.73	200.51	225.28	260.63	302.38
北　海	29.72	46.18	52.88	70.83	76.33	81.80	87.04	96.41	107.59	119.71
海　口	31.64	42.68	54.56	78.00	98.94	120.45	139.58	162.01	184.05	205.73
三　亚	61.25	75.46	93.67	115.66	140.62	160.67	176.14	190.26	210.64	229.19
重　庆	390.48	531.74	696.55	901.65	1059.30	1250.47	1442.39	1602.84	1802.63	2044.24
成　都	267.65	359.27	478.71	629.61	743.88	843.44	947.38	1035.54	1147.21	1290.45
贵　阳	150.40	187.23	254.23	307.63	362.89	417.95	479.50	531.20	578.26	627.94
昆　明	145.75	203.74	280.25	381.40	452.77	530.81	633.14	713.98	751.77	868.95
西　安	165.41	251.18	372.48	547.20	658.73	763.46	872.59	994.07	1147.72	1226.28
兰　州	13.05	23.16	39.86	59.37	75.13	93.86	121.22	142.53	162.17	171.02
西　宁	6.04	16.60	28.60	41.58	64.05	79.23	98.95	115.30	122.23	124.46
银　川	10.88	28.33	44.42	67.91	94.60	118.90	141.74	165.13	186.04	195.68
乌鲁木齐	4.90	13.72	26.11	47.01	69.45	97.63	128.22	148.79	181.56	198.98

数据来源：国家统计局。

表 2－71　　2009—2013 年全国四十重点城市房地产开发国内贷款

单位：亿元

	2009 年	2010 年	2011 年	2012 年	2013 年
北　京	2367.77	1439.08	1167.95	1484.74	1836.95
天　津	363.18	539.59	521.53	570.37	765.22
石家庄	71.38	52.83	87.67	72.34	95.82
太　原	34.16	49.70	40.13	24.28	33.07
呼和浩特	8.62	10.21	16.67	25.33	46.64
沈　阳	183.24	256.34	180.32	246.96	149.39
大　连	168.70	210.03	365.32	303.79	436.88
长　春	41.50	47.36	42.92	74.99	81.31
哈尔滨	57.87	35.23	46.47	75.31	82.36
上　海	637.14	819.57	741.18	975.78	1292.36
南　京	296.18	287.31	355.10	416.68	536.98
无　锡	166.80	244.12	237.26	274.29	347.22
苏　州	390.16	528.54	450.02	560.75	645.18
杭　州	432.46	465.43	451.73	495.59	637.29
宁　波	92.35	157.19	177.08	219.08	314.88
温　州	63.65	38.59	65.16	51.64	111.12
合　肥	142.14	142.30	162.88	138.49	152.34
福　州	107.93	147.16	121.94	214.92	303.09
厦　门	140.86	146.43	127.28	139.51	189.73
南　昌	61.28	79.92	82.49	101.28	109.58
济　南	95.23	75.32	116.27	119.25	134.01
青　岛	232.17	321.76	323.61	244.32	445.00
郑　州	105.71	116.41	95.67	110.94	141.82
武　汉	313.29	292.88	312.85	366.46	548.03
长　沙	141.69	208.29	218.31	235.51	314.25
广　州	306.51	375.00	352.37	411.85	440.98
深　圳	258.83	199.89	220.02	302.88	441.09
南　宁	49.88	76.42	90.53	97.44	126.58
北　海	7.35	11.56	16.09	15.44	14.09
海　口	27.17	40.87	58.60	87.64	72.36
三　亚	42.26	53.86	44.28	88.77	124.52
重　庆	332.24	584.72	695.08	720.80	1112.29
成　都	251.39	314.14	326.98	334.44	514.55
贵　阳	80.58	96.40	104.36	146.78	124.18
昆　明	99.98	103.69	77.07	158.38	304.44
西　安	182.35	189.22	189.17	222.44	250.48
兰　州	22.95	35.86	39.85	68.84	109.21
西　宁	12.93	26.81	16.41	36.36	41.87
银　川	19.62	42.12	32.55	36.60	71.21
乌鲁木齐	27.45	35.05	45.81	46.41	49.75

数据来源：国家统计局。

表 2 –72　　2013 年全国四十重点城市月度累计房地产开发国内贷款

单位：亿元

	1–3月	1–4月	1–5月	1–6月	1–7月	1–8月	1–9月	1–10月	1–11月	1–12月
合　计	**3551.23**	**4578.99**	**5568.08**	**6820.03**	**7885.59**	**8871.96**	**10037.27**	**11015.45**	**12152.80**	**13548.11**
北　京	382.44	567.28	705.94	846.48	993.89	1094.93	1243.19	1470.00	1651.40	1836.95
天　津	273.53	353.27	377.41	393.73	470.36	498.80	579.62	580.51	631.86	765.22
石家庄	15.70	22.05	26.22	42.23	52.90	57.25	62.72	72.94	76.77	95.82
太　原	7.98	8.09	11.64	14.79	14.82	16.24	19.37	22.40	24.60	33.07
呼和浩特	13.83	16.30	17.53	18.80	22.51	24.36	35.11	42.46	44.53	46.64
沈　阳	25.67	31.07	40.77	71.47	91.77	106.77	115.80	134.38	142.94	149.39
大　连	112.54	157.15	183.87	242.38	281.60	312.31	344.82	373.95	413.77	436.88
长　春	8.65	11.43	18.13	24.64	44.08	50.45	59.36	59.77	75.83	81.31
哈尔滨	3.75	10.59	8.77	12.27	44.87	58.49	66.02	71.84	79.85	82.36
上　海	395.28	480.62	567.48	689.80	758.76	888.35	1004.54	1097.14	1185.34	1292.36
南　京	109.06	148.67	254.94	280.89	322.29	334.28	345.29	380.00	425.28	536.98
无　锡	84.93	105.63	127.22	176.74	194.53	227.52	259.90	280.21	295.44	347.22
苏　州	172.48	230.05	268.67	333.96	385.79	430.22	491.89	541.66	577.99	645.18
杭　州	119.18	158.94	210.59	257.63	292.41	373.66	415.36	450.72	528.79	637.29
宁　波	96.76	126.33	143.65	157.61	175.59	226.88	246.53	257.65	285.90	314.88
温　州	20.29	26.48	31.47	42.83	54.11	58.99	69.36	75.33	86.00	111.12
合　肥	54.28	70.91	84.22	96.83	109.78	120.70	138.54	145.96	150.42	152.34
福　州	64.60	85.76	114.83	148.97	183.91	203.79	221.26	238.97	278.12	303.09
厦　门	56.18	71.78	84.74	117.45	123.65	128.60	143.81	150.95	163.09	189.73
南　昌	33.63	44.80	50.00	54.17	62.59	73.76	76.22	84.08	98.26	109.58
济　南	25.78	38.43	49.56	61.60	82.77	90.27	96.38	109.02	121.98	134.01
青　岛	126.50	130.60	165.95	233.18	257.52	306.89	364.71	398.46	431.02	445.00
郑　州	32.46	41.97	47.70	61.69	84.42	97.09	116.07	134.39	132.50	141.82
武　汉	214.14	267.90	283.70	326.87	349.42	410.48	464.86	508.01	550.65	548.03
长　沙	98.78	118.46	137.07	168.27	182.03	198.62	236.96	257.45	284.47	314.25
广　州	85.64	125.36	151.32	199.40	228.86	265.50	300.37	344.62	364.63	440.98
深　圳	102.36	121.73	159.79	197.36	242.02	279.71	327.59	349.63	400.97	441.09
南　宁	38.69	45.49	54.01	65.55	77.85	81.32	100.01	108.33	116.19	126.58
北　海	4.28	4.30	5.17	6.63	8.71	8.70	8.40	8.80	13.46	14.09
海　口	20.72	23.05	29.71	46.39	50.77	59.51	63.08	66.31	71.43	72.36
三　亚	18.87	19.07	34.16	40.20	55.18	68.06	78.36	101.69	106.76	124.52
重　庆	320.71	391.70	488.04	586.51	675.44	745.91	842.84	909.88	1071.91	1112.29
成　都	170.81	208.20	249.02	296.01	330.90	359.73	411.81	439.09	469.82	514.55
贵　阳	38.35	48.77	60.65	77.71	84.20	89.90	105.96	107.29	111.13	124.18
昆　明	59.00	90.91	114.44	167.61	179.97	189.62	209.99	233.47	233.87	304.44
西　安	82.41	98.88	106.77	124.42	158.23	167.75	174.82	186.72	213.35	250.48
兰　州	33.27	39.81	51.22	62.62	65.30	64.28	71.34	80.42	88.08	109.21
西　宁	11.98	14.22	17.30	20.21	22.04	25.08	35.99	39.05	41.87	41.87
银　川	12.06	18.99	27.34	39.67	50.22	53.83	58.78	64.98	66.10	71.21
乌鲁木齐	3.63	3.98	7.08	14.47	19.54	23.38	30.24	36.91	46.44	49.75

数据来源：国家统计局。

表 2 -73　　2009—2013 年全国四十重点城市房地产开发利用外资

单位：亿元

	2009 年	2010 年	2011 年	2012 年	2013 年
北　京	29.82	13.90	2.60	4.22	11.60
天　津	11.49	8.34	12.48	3.47	16.22
石家庄	—	2.50	—	—	—
太　原	—	—	—	0.03	—
呼和浩特	—	—	—	—	—
沈　阳	83.64	101.50	121.11	68.67	45.41
大　连	10.34	32.46	18.72	9.16	1.77
长　春	0.41	0.04	4.77	1.89	5.15
哈尔滨	1.10	—	2.70	0.02	—
上　海	25.40	96.05	43.55	26.12	38.14
南　京	9.51	19.62	15.66	5.51	1.27
无　锡	6.63	12.93	12.90	18.63	28.25
苏　州	15.30	25.08	12.75	13.70	4.36
杭　州	6.23	10.50	17.37	3.87	10.79
宁　波	5.00	3.85	9.25	3.44	26.99
温　州	—	0.43	3.67	—	—
合　肥	15.46	3.02	3.71	1.39	1.00
福　州	9.44	1.52	10.33	0.04	1.68
厦　门	0.78	8.79	0.84	3.99	14.65
南　昌	2.68	—	3.29	0.79	0.03
济　南	4.07	7.28	0.49	6.11	15.93
青　岛	1.65	7.63	18.97	1.46	4.19
郑　州	—	—	5.00	—	4.43
武　汉	15.20	96.75	42.80	1.27	—
长　沙	1.85	0.94	60.38	44.79	33.21
广　州	13.91	46.72	48.15	6.73	12.11
深　圳	1.39	10.33	2.06	—	0.12
南　宁	0.20	4.54	0.06	—	—
北　海	—	—	0.07	—	—
海　口	0.03	—	—	—	—
三　亚	1.57	—	3.16	6.47	—
重　庆	37.02	83.93	59.92	20.13	44.18
成　都	12.52	33.14	66.64	16.93	32.33
贵　阳	0.11	0.70	4.41	4.29	—
昆　明	0.40	0.50	0.14	2.4	—
西　安	5.17	5.56	—	—	7.44
兰　州	—	—	—	—	—
西　宁	—	2.32	1.53	—	—
银　川	—	—	—	—	—
乌鲁木齐	—	—	609.49	—	—

数据来源：国家统计局。

表 2－74　　2013 年全国四十重点城市月度累计房地产开发利用外资

单位：亿元

	1－3 月	1－4 月	1－5 月	1－6 月	1－7 月	1－8 月	1－9 月	1－10 月	1－11 月	1－12 月
合　计	**93.02**	**118.38**	**133.65**	**160.61**	**177.97**	**242.89**	**285.57**	**305.88**	**342.08**	**361.25**
北　京	0.59	0.77	0.84	0.93	1.01	10.56	10.66	10.73	10.75	11.60
天　津	2.62	5.03	5.03	5.18	11.74	13.23	13.58	16.21	16.21	16.22
石家庄	—	—	—	—	—	—	—	0.80	0.80	—
太　原	0.03	—	—	—	—	—	—	—	—	—
呼和浩特	—	—	—	—	—	—	—	—	—	—
沈　阳	4.69	7.40	11.02	26.21	31.32	37.17	40.85	42.26	45.26	45.41
大　连	1.00	1.00	6.50	0.50	0.50	0.50	0.52	0.52	1.32	1.77
长　春	—	1.85	1.85	2.00	2.00	2.00	5.15	5.15	5.15	5.15
哈尔滨	—	—	—	—	—	—	—	—	—	—
上　海	29.59	29.69	31.43	30.29	30.41	30.70	30.70	31.45	36.23	38.14
南　京	1.05	1.05	1.05	1.05	1.05	1.05	1.05	1.05	1.17	1.27
无　锡	7.25	19.93	19.93	20.54	20.54	20.49	20.49	21.49	23.55	28.25
苏　州	2.15	2.15	2.18	2.19	2.19	2.19	2.19	2.19	4.37	4.36
杭　州	0.63	0.63	0.63	2.48	2.48	2.48	2.48	4.94	6.86	10.79
宁　波	0.89	0.99	0.99	0.99	0.99	19.49	19.49	26.99	26.99	26.99
温　州	—	—	—	—	—	—	—	—	—	—
合　肥	1.00	1.00	1.00	1.00	1.00	1.00	1.00	1.00	1.00	1.00
福　州	—	0.01	0.01	0.01	0.01	0.01	0.01	0.01	1.68	1.68
厦　门	—	0.94	0.94	1.06	1.06	14.44	14.44	14.65	14.65	14.65
南　昌	—	0.03	0.03	0.03	0.03	0.03	0.03	0.03	0.03	0.03
济　南	4.00	4.00	4.00	4.90	4.90	4.91	4.91	4.92	14.92	15.93
青　岛	2.53	2.58	2.89	2.89	2.93	3.00	3.00	3.20	4.09	4.19
郑　州	—	—	—	—	—	—	—	—	2.53	4.43
武　汉	—	—	—	—	—	—	—	—	—	—
长　沙	4.78	8.78	12.74	17.21	21.19	25.12	29.07	31.97	33.18	33.21
广　州	6.94	7.26	7.32	9.19	9.52	9.90	10.77	11.18	11.57	12.11
深　圳	—	—	—	—	0.12	0.12	0.12	0.12	0.12	0.12
南　宁	—	—	—	—	—	—	—	—	—	—
北　海	—	—	—	—	—	—	—	—	—	—
海　口	—	—	—	—	—	—	—	—	—	—
三　亚	—	—	—	—	—	—	—	—	—	—
重　庆	0.20	0.20	0.20	1.46	1.46	7.97	37.51	37.51	42.14	44.18
成　都	23.08	23.08	23.08	23.08	24.08	24.08	25.08	25.08	25.08	32.33
贵　阳	—	—	—	—	—	—	—	—	—	—
昆　明	—	—	—	—	—	5.00	5.00	5.00	5.00	
西　安	—	—	—	7.44	7.44	7.44	7.44	7.44	7.44	7.44
兰　州	—	—	—	—	—	—	—	—	—	—
西　宁	—	—	—	—	—	—	—	—	—	—
银川	—	—	—	—	—	—	—	—	—	—
乌鲁木齐	—	—	—	—	—	—	—	—	—	—

数据来源：国家统计局。

十、全国四十重点城市房地产建设数据

表 2 -75 2009—2013 年全国四十重点城市房屋施工面积

单位：万平方米

	2009 年	2010 年	2011 年	2012 年	2013 年
北　京	9719.08	10300.86	12065.38	13122.49	13886.87
天　津	6052.16	7160.74	9075.39	9864.22	10892.17
石家庄	2344.60	4237.68	4967.99	4677.18	5200.29
太　原	1780.36	2366.52	2859.89	3651.05	4184.22
呼和浩特	1832.92	2461.13	3531.92	4442.06	5805.39
沈　阳	6847.89	8851.45	10289.91	11002.63	11568.29
大　连	3489.06	5060.54	6201.04	6213.43	6396.17
长　春	2377.10	3089.42	4087.87	5123.72	5628.42
哈尔滨	1922.84	2911.04	4528.17	5577.06	5947.06
上　海	9961.60	11295.03	12983.32	13249.97	13516.58
南　京	4366.07	4517.97	5644.43	6050.06	6156.48
无　锡	3260.25	4474.59	5162.64	5568.89	6342.78
苏　州	6929.95	8019.55	8218.73	8403.89	9297.49
杭　州	5121.49	6227.05	7739.69	8299.84	9327.52
宁　波	3104.34	3820.70	5295.67	6080.51	6833.96
温　州	2320.22	2507.50	3226.07	3745.92	4219.60
合　肥	4751.29	5338.63	5645.79	6071.64	7015.32
福　州	2635.06	3599.46	4989.92	5704.68	6871.04
厦　门	3094.96	3088.53	3592.70	3579.73	3785.86
南　昌	1782.03	2146.18	2609.87	3123.29	3992.51
济　南	2130.54	2363.53	3520.89	3819.44	4815.08
青　岛	4309.94	5058.40	5690.39	6497.69	7072.55
郑　州	5207.27	6255.49	7425.82	8253.94	9721.23
武　汉	4487.38	5068.42	5961.06	6862.97	8545.13
长　沙	6172.75	6687.29	7685.55	7376.26	8696.54
广　州	5505.56	6464.12	7704.34	7845.62	8159.31
深　圳	3112.36	2939.94	3082.46	3216.69	4003.49
南　宁	2620.22	3147.52	3608.46	3747.04	3812.35
北　海	423.44	841.83	1304.32	1397.75	1432.71
海　口	673.25	874.24	1189.42	1591.47	1805.89
三　亚	515.79	584.95	636.53	899.52	1216.62
重　庆	13052.60	17138.50	20397.24	22009.03	26251.89
成　都	8317.09	9778.90	12664.51	14150.98	15239.30
贵　阳	3088.57	3982.84	4794.03	5664.10	6467.52
昆　明	2694.49	3547.50	4184.81	5885.00	7705.66
西　安	5708.63	6697.39	8215.57	9893.11	10297.63
兰　州	1256.06	1467.21	1686.70	2342.49	2622.13
西　宁	723.64	1146.00	1276.21	1479.95	1840.40
银　川	1067.68	1605.26	2141.05	2948.53	3522.66
乌鲁木齐	1203.93	1499.77	1710.37	2390.52	3351.29

数据来源：国家统计局。

表 2 –76　　2013 年全国四十重点城市月度累计房屋施工面积

单位：万平方米

	1 –3 月	1 –4 月	1 –5 月	1 –6 月	1 –7 月	1 –8 月	1 –9 月	1 –10 月	1 –11 月	1 –12 月
合　计	**212620. 05**	**221524. 72**	**230396. 65**	**240558. 33**	**248092. 99**	**254369. 74**	**260853. 17**	**265664. 09**	**275672. 22**	**283447. 39**
北　京	9838. 32	10468. 34	11041. 54	11368. 26	11798. 32	12141. 88	12454. 71	12828. 48	13406. 36	13886. 87
天　津	8332. 41	8914. 95	9254. 12	9498. 99	9577. 68	9739. 25	9999. 31	10097. 67	10383. 74	10892. 17
石家庄	3875. 43	4084. 09	4243. 53	4498. 97	4640. 30	4713. 47	4738. 99	4869. 85	5030. 42	5200. 29
太　原	3451. 06	3482. 60	3525. 45	3576. 34	3664. 84	3727. 23	3869. 05	3921. 28	4068. 10	4184. 22
呼和浩特	4182. 51	4456. 31	4727. 72	5082. 40	5396. 29	5465. 50	5761. 92	5805. 71	5965. 14	5805. 39
沈　阳	8268. 07	8783. 64	9626. 24	10290. 89	10567. 61	10910. 46	11107. 49	11233. 60	11579. 76	11568. 29
大　连	4511. 23	4761. 73	5006. 76	5320. 29	5477. 02	5675. 13	5943. 45	6073. 92	6364. 17	6396. 17
长　春	4218. 77	4325. 24	4450. 23	4631. 09	4803. 31	4920. 79	5212. 73	5314. 00	5602. 21	5628. 42
哈尔滨	4388. 69	4489. 09	4708. 51	4840. 67	5027. 70	5174. 44	5352. 11	5625. 35	5835. 84	5947. 06
上　海	10969. 25	11482. 77	11824. 05	12086. 23	12251. 26	12622. 85	12832. 09	13010. 97	13441. 43	13516. 58
南　京	4752. 08	4859. 38	5103. 46	5210. 24	5444. 00	5546. 67	5686. 85	5722. 91	5954. 31	6156. 48
无　锡	5234. 17	5433. 99	5597. 66	5827. 40	5980. 53	6100. 17	6170. 18	6246. 10	6300. 08	6342. 78
苏　州	6897. 45	7163. 81	7347. 20	7649. 52	8065. 24	8398. 73	8661. 26	8782. 42	8945. 04	9297. 49
杭　州	7394. 75	7621. 42	7806. 70	7976. 44	8088. 56	8202. 05	8375. 49	8507. 53	8872. 77	9327. 52
宁　波	5492. 39	5674. 32	5725. 93	5960. 07	6094. 02	6257. 40	6366. 63	6401. 07	6568. 55	6833. 96
温　州	3447. 59	3511. 90	3554. 75	3687. 43	3732. 95	3824. 79	3958. 90	4008. 32	4088. 01	4219. 60
合　肥	5096. 82	5293. 99	5476. 26	5820. 31	5947. 81	6227. 93	6409. 36	6561. 54	6766. 23	7015. 32
福　州	5339. 94	5476. 98	5706. 40	5896. 93	6042. 80	6195. 27	6270. 94	6328. 00	6549. 42	6871. 04
厦　门	3119. 10	3239. 15	3261. 26	3357. 97	3439. 08	3448. 03	3508. 64	3547. 49	3722. 49	3785. 86
南　昌	2885. 02	2992. 44	3101. 65	3172. 28	3248. 24	3344. 91	3448. 73	3605. 78	3795. 93	3992. 51
济　南	3644. 43	3715. 30	3825. 53	3886. 03	4056. 22	4136. 32	4271. 07	4348. 75	4673. 17	4815. 08
青　岛	5479. 98	5662. 05	5893. 82	6146. 55	6372. 70	6463. 52	6694. 94	6775. 29	7050. 68	7072. 55
郑　州	6838. 30	7216. 93	7494. 06	7852. 45	8195. 84	8598. 95	8862. 82	8982. 44	9415. 72	9721. 23
武　汉	5476. 92	5749. 89	6003. 46	6974. 40	7088. 02	7329. 27	7608. 00	7995. 04	8282. 65	8545. 13
长　沙	6212. 65	6446. 86	6725. 92	7084. 28	7357. 32	7788. 33	7985. 28	8090. 89	8428. 89	8696. 54
广　州	6973. 45	7182. 37	7332. 22	7643. 35	7768. 34	8196. 35	7733. 22	7754. 88	8018. 50	8159. 31
深　圳	2830. 88	2935. 07	3127. 07	3223. 40	3324. 02	3436. 15	3490. 62	3625. 40	3899. 87	4003. 49
南　宁	3087. 90	3225. 91	3307. 19	3417. 68	3412. 23	3500. 50	3540. 73	3653. 99	3767. 84	3812. 35
北　海	1142. 38	1179. 46	1209. 90	1228. 02	1200. 23	1236. 52	1238. 90	1329. 39	1418. 70	1432. 71
海　口	1290. 08	1394. 22	1410. 78	1505. 01	1606. 50	1662. 60	1740. 66	1746. 01	1787. 89	1805. 89
三　亚	761. 57	784. 87	820. 09	855. 04	915. 41	938. 74	1072. 67	1094. 50	1171. 64	1216. 62
重　庆	19154. 95	19994. 24	21177. 68	22107. 93	22940. 35	22948. 63	23779. 14	24264. 75	25567. 35	26251. 89
成　都	11878. 52	12125. 21	12503. 17	13055. 15	13427. 57	13611. 92	13964. 49	14233. 90	14520. 31	15239. 30
贵　阳	4963. 68	5120. 65	5317. 05	5411. 14	5754. 74	5981. 11	6172. 41	6264. 63	6368. 87	6467. 52
昆　明	5487. 66	5798. 53	6244. 30	6611. 38	6786. 48	6884. 50	7177. 48	7256. 55	7257. 32	7705. 66
西　安	8237. 08	8528. 35	8628. 32	9116. 87	9420. 29	9645. 37	9726. 75	9829. 99	10310. 74	10297. 63
兰　州	2083. 46	2109. 24	2166. 07	2199. 26	2229. 27	2214. 01	2286. 82	2319. 66	2442. 55	2622. 13
西　宁	1196. 32	1403. 24	1452. 30	1488. 29	1626. 13	1663. 10	1719. 38	1743. 34	1792. 32	1840. 40
银　川	2401. 28	2527. 62	2644. 34	2877. 06	3023. 01	3060. 53	3157. 49	3261. 27	3419. 96	3522. 66
乌鲁木齐	1783. 52	1908. 57	2023. 98	2122. 34	2300. 76	2436. 38	2501. 50	2601. 44	2837. 25	3351. 29

数据来源：国家统计局。

表 2－77　　2009—2013 年全国四十重点城市住宅施工面积

单位：万平方米

	2009 年	2010 年	2011 年	2012 年	2013 年
北　京	5551.88	6167.02	7168.12	7510.36	7406.88
天　津	4517.83	5117.60	6435.79	6923.52	7562.48
石家庄	1912.77	3487.13	3889.87	3663.6	3999.75
太　原	1477.53	1922.21	2378.23	2854.11	3242.70
呼和浩特	1452.39	1901.16	2540.16	3127.18	4058.64
沈　阳	5068.49	6634.19	7705.61	8039.85	8482.49
大　连	2812.98	4010.24	4924.65	4833.42	4867.89
长　春	1895.76	2454.11	3145.87	3798.82	4054.96
哈尔滨	1605.80	2408.05	3525.34	4172.56	4314.21
上　海	6550.73	7313.85	8386.26	8315.68	8125.74
南　京	3188.18	3174.48	4035.64	4229.09	4131.71
无　锡	2398.87	3416.34	3677.40	3842.91	4406.83
苏　州	5024.23	5806.63	6028.90	6049.39	6729.22
杭　州	3658.83	4249.18	4924.07	5027.28	5509.11
宁　波	1911.64	2235.78	2961.69	3362.08	3627.94
温　州	1665.17	1789.09	2246.28	2555.28	2860.20
合　肥	3679.42	4005.80	4100.74	4235.88	4679.83
福　州	2244.38	2908.55	3853.62	4275.69	4961.57
厦　门	1945.70	1891.48	2154.92	2111.07	2201.66
南　昌	1483.99	1743.33	2100.18	2231.62	2762.71
济　南	1761.41	1868.37	2608.14	2696.72	3253.34
青　岛	3057.98	3602.77	4003.56	4481.82	4689.27
郑　州	3939.56	4582.79	5338.39	5603.64	6348.90
武　汉	3580.99	3811.68	4500.77	5068.97	6225.75
长　沙	5103.35	5445.71	6056.72	5330.98	6111.67
广　州	3420.09	3983.84	4848.07	4917.57	4990.72
深　圳	2087.47	2025.14	2089.87	2107.59	2608.29
南　宁	1952.83	2378.66	2661.53	2734.92	2767.50
北　海	380.38	747.41	1124.19	1211.23	1218.99
海　口	556.47	674.91	953.99	1279.36	1430.03
三　亚	461.44	518.63	548.73	780.74	982.24
重　庆	10338.12	13744.78	15923.84	16997.85	19248.95
成　都	6676.52	7550.32	9390.52	9855.11	10106.90
贵　阳	2356.36	2967.72	3561.52	4031.54	4645.36
昆　明	2158.32	2835.63	2974.30	4228.62	5349.07
西　安	4901.59	5777.71	7074.47	8251.38	8332.44
兰　州	968.98	1119.44	1320.25	1740.06	1995.31
西　宁	605.16	934.01	1027.80	1167.72	1332.66
银　川	783.60	1202.26	1590.45	2049.47	2255.84
乌鲁木齐	988.13	1230.37	1408.35	1920.89	2581.34

数据来源：国家统计局。

表 2-78　　2013 年全国四十重点城市月度累计住宅施工面积

单位：万平方米

	1-3月	1-4月	1-5月	1-6月	1-7月	1-8月	1-9月	1-10月	1-11月	1-12月
合　计	**147232.11**	**153449.86**	**159058.04**	**165993.10**	**171021.50**	**175598.31**	**180067.30**	**183180.02**	**189696.04**	**194461.10**
北　京	5332.60	5767.59	6021.84	6242.45	6414.01	6597.16	6800.38	6993.45	7257.28	7406.88
天　津	5809.53	6323.22	6485.17	6700.68	6711.02	6853.31	7037.69	7085.19	7337.07	7562.48
石家庄	3047.78	3232.02	3356.18	3501.77	3611.79	3650.15	3678.02	3785.36	3911.73	3999.75
太　原	2678.34	2691.54	2716.06	2763.24	2836.10	2881.22	3008.30	3053.12	3159.43	3242.70
呼和浩特	2910.52	3095.77	3287.15	3601.61	3795.12	3844.22	4036.31	4058.44	4170.68	4058.64
沈　阳	5949.07	6379.47	6850.05	7329.51	7580.90	7878.53	8032.92	8145.60	8362.78	8482.49
大　连	3472.52	3665.59	3842.68	4081.18	4210.45	4324.27	4531.65	4629.84	4854.55	4867.89
长　春	3071.45	3166.07	3268.15	3393.10	3490.47	3569.93	3737.52	3818.23	4033.44	4054.96
哈尔滨	3235.00	3318.92	3463.39	3563.91	3699.29	3819.66	3956.38	4071.90	4219.19	4314.21
上　海	6618.96	6909.02	7139.49	7301.06	7410.66	7630.98	7772.07	7866.76	8117.37	8125.74
南　京	3151.52	3230.35	3383.01	3466.76	3611.94	3699.13	3777.42	3807.20	3965.84	4131.71
无　锡	3622.68	3749.16	3848.37	4012.52	4127.29	4213.42	4260.06	4317.99	4369.27	4406.83
苏　州	4979.17	5179.72	5303.65	5507.41	5809.96	6066.60	6280.69	6372.06	6491.35	6729.22
杭　州	4465.84	4607.68	4701.39	4807.97	4837.07	4936.61	5001.67	5087.04	5282.15	5509.11
宁　波	2969.31	3059.28	3088.77	3208.88	3279.72	3358.33	3417.01	3439.47	3519.47	3627.94
温　州	2328.29	2371.99	2390.32	2479.12	2510.03	2573.10	2669.41	2704.92	2761.78	2860.20
合　肥	3435.78	3543.57	3698.00	3927.56	4042.90	4189.71	4329.66	4367.64	4541.12	4679.83
福　州	3988.94	4086.67	4228.93	4367.86	4434.35	4498.09	4563.75	4603.21	4753.04	4961.57
厦　门	1893.48	1956.35	1960.21	1987.99	2043.26	2038.62	2070.79	2092.99	2146.53	2201.66
南　昌	2048.41	2142.57	2211.20	2249.17	2297.19	2371.61	2458.79	2538.64	2657.86	2762.71
济　南	2574.83	2615.84	2666.26	2695.65	2778.88	2835.06	2946.09	3004.93	3138.28	3253.34
青　岛	3613.98	3715.87	3870.16	4017.07	4184.07	4262.22	4417.90	4481.29	4674.52	4689.27
郑　州	4547.65	4847.45	5056.72	5255.74	5460.55	5587.76	5790.09	5858.24	6142.83	6348.90
武　汉	3910.23	4147.67	4426.31	5032.51	5109.80	5287.34	5505.20	5762.77	5994.90	6225.75
长　沙	4395.66	4562.90	4787.10	5084.62	5259.98	5591.93	5693.63	5749.92	5953.50	6111.67
广　州	4346.03	4475.09	4580.85	4785.56	4868.19	5058.53	4784.57	4796.55	4919.09	4990.72
深　圳	1842.99	1896.67	2030.49	2084.55	2139.04	2217.13	2252.60	2324.24	2565.39	2608.29
南　宁	2205.51	2318.56	2378.50	2479.72	2457.31	2528.96	2561.16	2640.51	2733.80	2767.50
北　海	980.83	1014.81	1043.50	1060.31	1043.68	1066.95	1068.36	1150.02	1210.50	1218.99
海　口	1019.92	1115.37	1130.13	1201.32	1280.12	1312.92	1373.91	1378.10	1409.43	1430.03
三　亚	632.54	647.04	677.92	707.21	760.30	780.34	862.78	884.61	944.40	982.24
重　庆	14297.67	14893.09	15456.85	16138.39	16782.46	17151.73	17636.60	18027.37	18884.13	19248.95
成　都	8079.98	8221.92	8497.53	8834.82	9075.80	9218.98	9411.09	9585.03	9768.26	10106.90
贵　阳	3554.86	3626.58	3736.88	3805.97	4050.96	4245.32	4387.63	4469.45	4551.04	4645.36
昆　明	3811.84	3944.54	4253.83	4517.31	4634.35	4804.00	5030.99	5033.03	5033.03	5349.07
西　安	6904.00	7088.05	7171.12	7539.10	7789.39	7931.01	7981.14	8066.47	8370.56	8332.44
兰　州	1578.07	1595.98	1627.31	1645.26	1661.57	1674.65	1744.65	1759.65	1845.88	1995.31
西　宁	898.68	1018.76	1049.37	1067.08	1168.61	1188.51	1225.20	1245.64	1284.58	1332.66
银　川	1607.31	1702.40	1744.46	1853.45	1956.74	1985.58	2046.72	2124.46	2202.34	2255.84
乌鲁木齐	1420.33	1524.76	1628.71	1693.73	1806.19	1874.79	1926.52	1998.68	2157.66	2581.34

数据来源：国家统计局。

表 2－79　　2009—2013 年全国四十重点城市办公楼施工面积

单位：万平方米

	2009 年	2010 年	2011 年	2012 年	2013 年
北　京	1132.19	1054.84	1422.66	1711.86	2114.13
天　津	348.46	396.61	687.88	792.40	841.00
石家庄	61.99	129.34	202.93	191.65	253.92
太　原	46.91	87.15	73.12	94.56	160.05
呼和浩特	72.36	99.24	158.14	170.21	224.22
沈　阳	255.94	329.22	321.23	376.55	339.67
大　连	90.02	106.52	120.31	133.21	170.27
长　春	75.41	83.42	123.44	183.33	263.18
哈尔滨	15.83	28.37	77.94	131.42	158.26
上　海	958.64	1103.18	1158.34	1284.68	1431.73
南　京	137.62	191.54	263.92	313.28	369.79
无　锡	138.20	142.08	248.66	326.71	371.95
苏　州	273.44	378.37	304.82	295.32	352.05
杭　州	458.53	563.63	788.54	831.98	1006.58
宁　波	219.61	334.39	473.36	512.54	601.47
温　州	74.05	72.65	96.34	89.88	98.24
合　肥	302.89	365.81	315.99	412.73	446.75
福　州	29.69	95.48	191.15	323.86	393.09
厦　门	210.29	262.60	340.84	349.58	390.38
南　昌	38.50	80.40	99.82	222.43	315.94
济　南	96.69	72.33	200.00	215.71	373.42
青　岛	181.68	166.93	186.13	285.67	381.44
郑　州	270.51	409.45	518.05	649.93	866.41
武　汉	159.50	170.29	254.70	450.74	396.06
长　沙	105.74	93.64	146.88	272.15	409.04
广　州	467.16	525.10	658.65	665.27	769.08
深　圳	189.09	182.36	194.57	156.93	261.51
南　宁	75.75	75.54	91.77	128.28	127.88
北　海	0.78	3.88	3.56	5.72	7.29
海　口	14.56	29.67	33.30	22.18	35.40
三　亚	0.88	1.35	3.78	5.65	6.83
重　庆	210.29	247.56	386.84	499.85	781.98
成　都	261.97	370.29	539.05	763.48	791.57
贵　阳	88.61	97.81	115.79	219.57	358.20
昆　明	72.35	117.72	251.18	338.56	442.06
西　安	221.46	205.42	205.68	277.85	415.97
兰　州	40.47	40.25	47.14	73.87	73.72
西　宁	7.93	23.61	24.16	24.45	68.35
银　川	62.75	62.48	69.77	93.84	142.00
乌鲁木齐	56.96	53.75	47.71	62.99	104.62

数据来源：国家统计局。

表 2－80　　2013 年全国四十重点城市月度累计办公楼施工面积

单位：万平方米

	1－3 月	1－4 月	1－5 月	1－6 月	1－7 月	1－8 月	1－9 月	1－10 月	1－11 月	1－12 月
合　计	**12503.35**	**13028.39**	**13576.59**	**14073.10**	**14692.65**	**15082.48**	**15342.66**	**15666.57**	**16443.32**	**17115.48**
北　京	1353.58	1406.79	1534.04	1566.89	1688.68	1731.84	1738.43	1813.68	1955.13	2114.13
天　津	683.38	679.46	722.39	715.41	745.32	746.45	758.59	758.59	764.78	841.00
石家庄	155.78	159.29	160.54	179.21	204.22	211.76	211.89	213.34	218.34	253.92
太　原	87.30	104.62	105.06	105.16	117.51	119.81	120.64	121.68	144.16	160.05
呼和浩特	165.20	174.75	187.26	194.32	201.08	206.49	213.31	216.04	226.64	224.22
沈　阳	273.34	280.94	313.19	321.55	327.36	330.91	334.53	335.03	339.67	339.67
大　连	112.67	116.69	133.01	149.74	149.74	163.79	168.36	169.40	170.00	170.27
长　春	170.42	170.83	176.83	190.27	224.25	226.17	257.26	257.08	263.18	263.18
哈尔滨	128.89	131.40	135.70	149.99	150.05	152.54	152.54	154.10	157.15	158.26
上　海	1200.08	1273.71	1300.63	1319.87	1327.72	1371.60	1367.40	1378.20	1443.24	1431.73
南　京	312.44	317.00	326.39	326.50	338.19	338.19	357.87	357.88	367.52	369.79
无　锡	296.31	326.14	338.88	352.59	367.20	373.53	373.52	374.42	374.62	371.95
苏　州	254.09	258.05	265.91	276.67	301.40	321.56	322.40	336.72	338.20	352.05
杭　州	747.45	772.80	802.98	817.19	856.64	856.13	904.78	909.11	948.76	1006.58
宁　波	481.52	491.22	501.35	517.12	522.16	552.01	552.49	554.61	570.61	601.47
温　州	86.74	86.74	94.02	94.53	95.36	95.49	96.63	96.68	98.05	98.24
合　肥	374.31	373.55	375.40	382.43	377.66	394.18	401.34	428.28	432.90	446.75
福　州	320.36	327.55	332.37	350.67	366.66	369.54	370.93	369.41	378.98	393.09
厦　门	263.36	269.20	280.75	295.24	295.14	302.28	312.98	317.65	366.02	390.38
南　昌	194.69	194.79	202.99	226.27	233.32	235.90	236.92	290.31	298.86	315.94
济　南	179.03	180.32	204.46	216.52	242.21	249.67	250.49	250.59	364.64	373.42
青　岛	326.58	337.96	353.95	359.32	367.45	368.35	374.78	374.58	379.06	381.44
郑　州	595.85	602.72	609.96	627.68	709.56	791.53	777.84	794.35	828.85	866.41
武　汉	239.17	245.77	258.66	313.34	328.61	331.58	348.26	393.02	396.09	396.06
长　沙	285.31	288.41	290.71	306.73	320.47	323.27	333.94	340.69	349.51	409.04
广　州	602.35	639.21	651.38	660.78	671.66	680.34	694.74	693.24	731.88	769.08
深　圳	172.42	178.43	185.17	197.62	220.61	235.36	237.65	255.18	257.68	261.51
南　宁	111.49	112.74	113.96	113.96	126.33	126.33	126.51	128.21	128.27	127.88
北　海	3.64	4.03	4.03	4.03	4.08	4.08	4.08	4.08	7.23	7.29
海　口	28.96	29.85	29.65	30.44	30.47	35.30	35.30	35.30	35.40	35.40
三　亚	6.06	6.06	6.06	6.06	6.83	6.83	6.83	6.83	6.83	6.83
重　庆	567.88	608.83	663.98	686.59	693.86	701.63	737.16	737.25	778.27	781.98
成　都	657.53	678.62	680.28	691.34	702.81	701.42	732.25	746.54	748.54	791.57
贵　阳	233.69	289.81	305.55	319.42	329.26	332.46	334.75	337.04	358.09	358.20
昆　明	357.97	380.10	392.90	403.69	411.15	416.54	411.20	416.23	416.23	442.06
西　安	256.58	286.10	278.06	322.67	334.06	356.10	356.55	359.19	417.61	415.97
兰　州	66.33	65.17	65.11	65.11	65.20	65.46	65.46	68.97	72.97	73.72
西　宁	24.63	44.17	44.92	50.93	57.98	62.10	65.88	65.92	68.35	68.35
银　川	84.94	92.58	106.13	122.47	123.10	124.51	125.04	125.42	138.72	142.00
乌鲁木齐	40.99	42.00	41.98	42.78	57.33	69.46	71.13	81.74	102.28	104.62

数据来源：国家统计局。

表 2 -81　　2009—2013 年全国四十重点城市商业营业用房施工面积

单位：万平方米

	2009 年	2010 年	2011 年	2012 年	2013 年
北　京	1323.38	1229.33	1187.48	1236.89	1233.37
天　津	682.35	1004.27	1031.65	1045.23	1158.61
石家庄	248.23	459.24	599.41	533.88	618.19
太　原	137.00	208.66	202.17	336.72	373.23
呼和浩特	205.52	335.33	558.24	756.98	1025.35
沈　阳	1222.41	256.09	1715.92	1843.56	1922.00
大　连	358.96	525.82	643.56	707.40	755.47
长　春	253.70	330.30	501.05	685.88	739.81
哈尔滨	185.33	256.09	462.21	638.57	842.01
上　海	1112.33	1292.96	1365.89	1449.91	1500.72
南　京	525.20	546.72	568.18	590.22	669.60
无　锡	479.36	644.92	899.58	976.42	1094.51
苏　州	1047.60	1142.88	1147.58	1162.84	1128.17
杭　州	364.55	464.58	604.40	686.11	846.90
宁　波	333.97	417.64	624.80	738.74	912.34
温　州	210.86	206.14	263.09	345.93	376.15
合　肥	477.48	578.48	707.68	817.04	1022.90
福　州	156.43	227.64	353.31	392.11	505.22
厦　门	206.86	208.83	250.87	275.68	347.88
南　昌	173.76	205.00	245.31	372.69	454.69
济　南	160.85	268.66	343.88	379.75	517.74
青　岛	584.18	661.63	752.99	813.92	915.11
郑　州	564.57	658.33	782.09	877.45	1079.14
武　汉	354.53	466.58	681.76	608.49	926.79
长　沙	344.61	389.49	529.83	686.77	870.97
广　州	756.49	866.20	858.73	881.92	961.25
深　圳	328.27	298.62	325.14	339.25	383.62
南　宁	272.72	290.77	331.11	354.64	330.00
北　海	22.91	45.31	76.08	74.31	86.15
海　口	57.54	64.25	75.95	99.79	89.36
三　亚	27.12	35.06	35.42	60.93	104.04
重　庆	1344.49	1549.77	1956.25	2028.90	2965.72
成　都	516.36	634.98	1008.18	1474.53	1775.55
贵　阳	276.13	318.10	437.98	585.29	631.76
昆　明	277.72	280.41	428.26	529.51	828.59
西　安	366.12	427.23	542.12	742.67	854.62
兰　州	123.28	157.17	158.15	228.94	247.00
西　宁	77.53	112.70	120.90	160.84	221.26
银　川	129.33	180.12	230.32	454.39	659.49
乌鲁木齐	89.71	116.12	105.39	147.88	280.62

数据来源：国家统计局。

表 2－82　　2013 年全国四十重点城市月度累计商业营业用房施工面积

单位：万平方米

	1－3 月	1－4 月	1－5 月	1－6 月	1－7 月	1－8 月	1－9 月	1－10 月	1－11 月	1－12 月
合　计	**23487.89**	**24470.10**	**26027.40**	**27317.93**	**28155.09**	**28388.98**	**29384.52**	**30037.23**	**31269.47**	**32255.89**
北　京	950.34	980.74	1017.98	1022.41	1067.69	1083.15	1120.19	1141.94	1183.70	1233.37
天　津	804.65	838.47	886.08	908.85	932.10	934.21	978.53	1027.66	1054.16	1158.61
石家庄	425.58	437.63	461.39	519.96	524.03	537.41	540.58	553.23	570.99	618.19
太　原	334.28	334.58	341.55	343.55	343.69	351.05	354.99	360.72	371.74	373.23
呼和浩特	725.27	762.64	818.22	841.60	926.85	936.50	1007.81	1021.90	1055.01	1025.35
沈　阳	1454.33	1487.49	1701.97	1833.10	1845.45	1868.82	1904.05	1917.33	2023.55	1922.00
大　连	525.83	564.19	582.52	615.26	627.43	680.12	703.50	721.38	753.86	755.47
长　春	563.95	571.68	582.91	614.46	647.81	649.48	694.26	701.90	735.69	739.81
哈尔滨	517.25	523.85	561.88	569.66	612.97	626.47	659.62	807.42	835.14	842.01
上　海	1254.39	1334.81	1346.49	1387.25	1405.34	1436.24	1463.24	1499.02	1509.71	1500.72
南　京	509.24	523.77	547.62	554.98	578.45	597.20	627.86	629.44	658.02	669.60
无　锡	912.23	944.58	987.52	1035.40	1044.77	1066.57	1081.59	1098.34	1102.66	1094.51
苏　州	911.70	933.73	954.57	1010.28	1042.55	1064.33	1087.66	1078.39	1092.93	1128.17
杭　州	615.48	635.32	653.52	670.94	695.54	700.06	720.20	731.77	775.01	846.90
宁　波	637.46	667.72	670.33	703.51	743.26	775.97	802.52	804.34	831.21	912.34
温　州	326.49	331.98	334.95	348.61	354.14	362.12	368.58	370.49	372.65	376.15
合　肥	762.38	752.04	761.89	781.05	791.61	889.71	917.06	992.28	997.37	1022.90
福　州	367.00	375.92	395.32	393.62	401.28	421.26	432.08	440.59	472.27	505.22
厦　门	253.62	269.52	271.58	294.75	299.16	312.25	320.77	323.69	367.49	347.88
南　昌	334.38	339.73	348.52	354.00	364.95	368.94	378.19	373.21	383.82	454.69
济　南	397.35	416.35	433.45	444.20	471.47	483.39	491.58	496.27	511.18	517.74
青　岛	742.09	776.06	788.92	835.53	850.48	854.62	871.01	871.05	913.17	915.11
郑　州	732.25	776.93	815.99	878.92	903.85	950.46	986.07	995.04	1040.77	1079.14
武　汉	557.97	603.38	646.57	783.19	796.71	829.00	857.89	892.41	916.91	926.79
长　沙	583.37	618.59	645.67	681.30	704.05	727.78	773.34	786.12	863.77	870.97
广　州	750.41	759.57	769.51	789.98	801.71	835.53	873.60	882.28	945.12	961.25
深　圳	279.64	291.60	307.67	317.50	326.69	332.53	335.25	363.75	371.85	383.62
南　宁	299.81	306.34	311.52	296.14	297.12	302.86	308.09	317.55	326.11	330.00
北　海	61.64	63.12	64.86	65.18	62.74	66.49	67.41	71.57	81.40	86.15
海　口	68.87	74.00	76.85	80.05	83.23	87.51	87.73	87.98	89.23	89.36
三　亚	75.38	75.38	76.82	79.98	86.21	86.21	93.36	93.36	96.08	104.04
重　庆	2032.58	2113.46	2625.70	2744.48	2833.22	2395.91	2535.55	2573.87	2759.05	2965.72
成　都	1289.20	1314.25	1352.12	1445.27	1480.55	1484.95	1551.65	1577.64	1600.51	1775.55
贵　阳	514.67	529.44	562.96	569.13	601.34	613.38	627.49	630.53	631.94	631.76
昆　明	480.42	617.54	698.09	726.42	739.69	765.75	785.29	794.99	794.99	828.59
西　安	588.80	628.18	640.20	680.24	704.63	733.57	758.18	764.14	833.99	854.62
兰　州	188.91	195.65	223.59	229.96	238.81	206.78	208.35	217.99	234.65	247.00
西　宁	148.59	172.30	185.38	190.72	198.22	203.13	212.92	214.74	221.26	221.26
银　川	394.29	407.55	452.79	527.36	547.78	551.80	576.17	585.19	630.07	659.49
乌鲁木齐	115.81	120.00	121.91	149.17	177.52	215.47	220.31	225.69	260.39	280.62

数据来源：国家统计局。

表 2－83　　2009—2013 年全国四十重点城市房屋新开工面积

单位：万平方米

	2009 年	2010 年	2011 年	2012 年	2013 年
北　京	2246.60	2974.24	4246.05	3224.21	3577.52
天　津	2555.50	2911.66	3484.21	2565.19	2672.93
石家庄	1371.97	1290.15	1821.97	1138.86	1030.26
太　原	444.65	687.02	704.23	821.80	681.06
呼和浩特	483.15	1263.00	1837.73	1345.10	1753.62
沈　阳	2451.10	3655.44	2951.48	3822.17	3619.10
大　连	1131.91	1837.30	1464.64	1615.12	2004.34
长　春	1217.29	1283.89	1980.83	1539.10	1409.27
哈尔滨	1151.94	1589.49	2466.68	1827.90	1553.96
上　海	2490.63	3030.59	3644.06	2724.05	2705.95
南　京	1157.46	1702.26	2082.05	1462.31	1745.07
无　锡	1331.24	1927.76	1927.76	1680.85	1556.18
苏　州	1516.65	2120.08	2120.08	2060.51	2815.79
杭　州	1081.12	1929.08	2490.57	1816.03	2039.06
宁　波	812.03	1406.02	1886.78	1470.51	1837.20
温　州	566.98	1021.05	1021.05	945.84	827.77
合　肥	1477.09	1750.70	1893.40	1488.75	2211.02
福　州	545.85	1451.48	1630.50	1509.05	1760.15
厦　门	249.27	722.45	1073.07	817.57	689.50
南　昌	359.87	509.10	862.96	1015.50	1118.55
济　南	504.56	971.81	1220.82	1243.38	1386.65
青　岛	1329.88	1712.39	1813.09	1763.15	1849.50
郑　州	1443.96	1811.77	1790.67	2169.34	2814.36
武　汉	1651.17	2626.27	2097.84	2123.27	2791.80
长　沙	1781.30	2302.41	2328.38	1824.23	2794.97
广　州	1073.79	1955.49	2143.32	1554.34	2144.76
深　圳	492.40	470.96	628.47	905.24	1366.40
南　宁	701.86	967.56	857.62	693.21	721.05
北　海	217.63	495.41	495.41	441.06	331.57
海　口	206.02	240.68	433.77	261.97	276.34
三　亚	135.01	209.96	206.96	297.44	373.93
重　庆	3813.68	6312.64	6824.36	5813.48	7641.63
成　都	1413.62	2698.23	3188.42	3568.87	4051.46
贵　阳	719.08	1350.31	1079.28	1615.88	1897.65
昆　明	1092.02	1300.62	1914.67	2453.07	2684.12
西　安	1693.38	2043.82	2280.07	2796.83	2524.92
兰　州	395.08	406.19	385.21	656.05	575.16
西　宁	405.98	552.06	347.44	637.09	646.85
银　川	560.06	959.43	949.78	1002.13	1258.58
乌鲁木齐	539.48	719.71	546.95	650.04	920.58

数据来源：国家统计局。

表 2－84　　2013 年全国四十重点城市月度累计房屋新开工面积

单位：万平方米

	1－3 月	1－4 月	1－5 月	1－6 月	1－7 月	1－8 月	1－9 月	1－10 月	1－11 月	1－12 月
合　计	**14959.63**	**21414.88**	**28002.74**	**36512.62**	**43079.55**	**48701.01**	**55417.09**	**59806.04**	**68249.98**	**76660.54**
北　京	498.70	722.68	1058.89	1390.29	1708.84	1969.47	2265.90	2572.26	3076.36	3577.52
天　津	561.02	682.77	827.11	929.45	1006.96	1119.31	1223.81	1324.69	1375.11	2672.93
石家庄	82.10	124.42	236.81	332.62	469.54	532.60	558.22	658.60	809.66	1030.26
太　原	71.58	94.77	142.48	175.07	247.83	295.88	427.91	467.10	580.92	681.06
呼和浩特	109.75	414.75	678.94	990.13	1223.32	1296.34	1613.04	1675.16	1758.89	1753.62
沈　阳	457.72	816.04	1580.33	2238.04	2519.66	2862.51	3089.06	3204.65	3552.90	3619.10
大　连	467.93	609.87	794.06	1008.53	1150.92	1335.14	1571.26	1692.26	1940.73	2004.34
长　春	—	107.11	214.03	378.71	575.57	693.05	985.32	1086.11	1392.83	1409.27
哈尔滨	90.93	228.44	417.23	536.20	723.33	838.26	999.05	1257.59	1443.11	1553.96
上　海	622.30	783.98	1046.17	1246.80	1388.43	1653.39	1947.19	2053.57	2413.44	2705.95
南　京	389.14	479.93	751.49	859.09	1077.96	1184.77	1304.26	1337.01	1530.55	1745.07
无　锡	467.30	665.50	801.97	997.19	1137.02	1261.87	1325.08	1403.24	1461.95	1556.18
苏　州	738.95	952.80	1114.37	1429.93	1753.29	2027.73	2255.92	2355.12	2503.03	2815.79
杭　州	204.31	388.13	559.58	761.50	871.30	982.30	1140.63	1270.85	1617.04	2039.06
宁　波	397.33	591.62	628.55	854.73	989.71	1204.30	1359.60	1386.10	1615.11	1837.20
温　州	62.65	132.75	175.31	296.32	341.34	434.53	568.46	623.45	699.38	827.77
合　肥	489.67	675.87	798.67	1063.67	1185.49	1407.85	1583.92	1752.63	1947.99	2211.02
福　州	282.57	431.20	581.34	766.84	902.20	1053.33	1214.26	1291.61	1490.12	1760.15
厦　门	155.28	218.06	227.96	320.29	353.48	396.50	458.32	477.56	612.80	689.50
南　昌	226.53	276.40	360.42	431.99	492.86	557.48	639.97	796.01	991.83	1118.55
济　南	333.58	398.93	495.27	569.14	711.32	784.25	881.43	965.31	1261.97	1386.65
青　岛	373.17	557.99	762.62	1001.68	1183.47	1288.32	1498.84	1579.18	1794.51	1849.50
郑　州	524.53	852.82	1092.83	1309.52	1582.88	1781.38	2015.05	2136.09	2510.48	2814.36
武　汉	574.58	796.47	981.05	1422.61	1546.15	1677.77	1885.39	2259.46	2474.41	2791.80
长　沙	603.26	796.58	1016.28	1252.93	1504.53	1811.47	2020.01	2153.44	2478.57	2794.97
广　州	438.18	646.20	758.14	1016.04	1097.18	1413.05	1629.60	1653.63	1855.06	2144.76
深　圳	370.98	451.19	663.67	756.06	799.05	888.84	955.50	1043.00	1230.56	1366.40
南　宁	194.19	275.11	327.32	459.70	483.98	510.74	530.06	603.25	697.13	721.05
北　海	129.56	161.43	184.01	198.47	204.40	215.21	216.07	249.89	317.42	331.57
海　口	74.82	91.25	97.87	124.50	171.43	215.07	237.40	240.58	270.08	276.34
三　亚	16.10	39.29	74.52	107.66	170.62	194.98	288.16	309.99	317.63	373.93
重　庆	1562.29	2212.52	2734.95	3729.69	4427.69	4924.17	5674.94	6003.81	6993.79	7641.63
成　都	1047.40	1284.36	1598.23	2108.39	2342.00	2565.13	2914.69	3156.93	3420.31	4051.46
贵　阳	441.68	600.29	790.83	879.74	1228.70	1433.12	1605.95	1686.60	1795.63	1897.65
昆　明	892.11	1171.26	1411.87	1750.21	2024.19	2034.87	2302.47	2496.89	2545.77	2684.12
西　安	588.68	872.15	940.23	1358.68	1581.57	1770.08	1853.35	1970.46	2360.58	2524.92
兰　州	156.56	173.49	230.21	264.00	285.07	269.61	348.60	381.64	483.57	575.16
西　宁	31.23	213.07	260.58	279.51	416.26	462.92	519.39	543.53	605.58	646.85
银　川	223.86	321.80	416.89	647.43	770.67	801.76	895.17	1019.11	1153.64	1258.58
乌鲁木齐	7.10	101.56	199.65	269.30	429.32	551.66	613.83	667.65	869.57	920.58

数据来源：国家统计局。

表 2－85　　2009—2013 年全国四十重点城市住宅新开工面积

单位：万平方米

	2009 年	2010 年	2011 年	2012 年	2013 年
北　京	1380.28	2063.40	2596.45	1627.50	1736.54
天　津	1904.46	2026.89	2374.29	1764.76	1744.85
石家庄	1130.27	1047.59	1394.79	886.91	760.22
太　原	366.19	555.61	610.14	576.41	557.77
呼和浩特	364.40	1901.16	1295.43	904.12	1306.34
沈　阳	1879.75	2916.66	2293.46	2890.08	2720.60
大　连	920.93	1416.46	1175.16	1190.40	1505.54
长　春	972.61	1059.36	1508.65	1050.75	1014.49
哈尔滨	957.22	1299.20	1872.34	1284.42	1059.55
上　海	1721.02	2111.11	2473.60	1563.39	1643.09
南　京	803.45	1236.75	1530.23	996.97	1287.07
无　锡	970.02	1430.25	1334.50	1092.55	1108.89
苏　州	1152.46	2118.72	1617.10	1396.84	2055.71
杭　州	760.41	1267.43	1451.95	1027.89	1143.75
宁　波	502.10	776.99	1058.91	830.32	1003.10
温　州	400.82	384.94	699.80	598.61	571.31
合　肥	1097.41	1327.34	1383.19	958.01	1478.65
福　州	474.99	1119.54	1173.18	1097.75	1257.24
厦　门	135.34	421.56	658.71	437.00	382.73
南　昌	279.59	416.69	662.76	664.31	734.76
济　南	371.17	758.87	829.94	850.52	838.74
青　岛	951.43	1319.03	1316.01	1234.22	1172.71
郑　州	1158.78	1315.10	1300.12	1363.51	1976.52
武　汉	1247.61	1931.53	1583.01	1598.66	2057.15
长　沙	1464.90	1899.02	1777.03	1158.80	1984.49
广　州	682.55	1313.76	1477.10	980.36	1341.51
深　圳	328.04	355.17	417.49	561.89	910.13
南　宁	515.39	767.78	614.43	484.82	544.78
北　海	198.65	367.89	414.75	381.58	254.38
海　口	174.57	167.43	355.68	199.06	189.64
三　亚	119.09	171.73	171.93	267.44	311.77
重　庆	2989.72	5268.76	5214.42	4345.14	5387.60
成　都	1162.27	1980.06	2259.54	2241.19	2551.35
贵　阳	553.05	1106.11	821.73	1014.57	1439.42
昆　明	811.09	1016.51	1203.81	1644.64	1835.64
西　安	1467.03	1771.33	2004.25	2271.07	1895.47
兰　州	301.20	318.38	292.28	491.14	424.19
西　宁	332.02	441.26	285.50	494.65	448.25
银　川	420.51	743.33	702.89	630.24	780.43
乌鲁木齐	472.88	617.69	454.89	493.91	626.11

数据来源：国家统计局。

表 2 -86　　2013 年全国四十重点城市月度累计住宅新开工面积

单位：万平方米

	1 -3 月	1 -4 月	1 -5 月	1 -6 月	1 -7 月	1 -8 月	1 -9 月	1 -10 月	1 -11 月	1 -12 月
合　计	**10585. 48**	**15009. 51**	**19325. 64**	**25323. 06**	**29829. 38**	**33807. 09**	**38356. 89**	**41219. 63**	**46810. 42**	**52042. 47**
北　京	184. 11	320. 35	470. 63	696. 92	805. 86	947. 72	1138. 18	1293. 61	1537. 06	1736. 54
天　津	449. 79	536. 67	629. 68	702. 05	748. 11	844. 79	919. 16	963. 89	1001. 53	1744. 85
石家庄	66. 75	98. 45	190. 98	266. 86	348. 25	381. 31	403. 20	486. 30	608. 94	760. 22
太　原	63. 82	78. 88	110. 85	140. 81	211. 27	242. 32	360. 01	396. 59	484. 71	557. 77
呼和浩特	89. 57	302. 70	519. 21	785. 28	933. 16	987. 62	1199. 49	1235. 67	1308. 89	1306. 34
沈　阳	369. 20	670. 86	1073. 16	1546. 87	1792. 66	2090. 52	2254. 90	2358. 24	2572. 88	2720. 60
大　连	363. 09	469. 80	606. 20	790. 46	909. 23	1020. 81	1197. 36	1275. 85	1463. 34	1505. 54
长　春	—	96. 16	182. 67	305. 44	420. 53	499. 99	681. 63	762. 54	1000. 87	1014. 49
哈尔滨	76. 43	170. 35	287. 26	378. 75	516. 34	611. 94	733. 47	835. 27	961. 86	1059. 55
上　海	388. 75	466. 62	644. 16	786. 21	886. 46	1039. 19	1198. 72	1256. 34	1473. 95	1643. 09
南　京	313. 78	378. 89	566. 92	651. 56	776. 17	867. 00	931. 13	957. 02	1092. 00	1287. 07
无　锡	352. 16	480. 36	567. 97	697. 99	807. 74	889. 91	938. 11	1001. 08	1048. 47	1108. 89
苏　州	501. 43	677. 06	790. 11	1001. 00	1251. 72	1455. 67	1636. 35	1706. 92	1829. 88	2055. 71
杭　州	148. 15	252. 07	344. 64	483. 84	529. 02	612. 65	672. 04	754. 85	940. 59	1143. 75
宁　波	239. 24	338. 75	355. 89	472. 02	542. 41	650. 37	727. 55	744. 77	879. 54	1003. 10
温　州	32. 62	81. 46	99. 57	188. 37	219. 27	283. 93	380. 08	419. 48	474. 29	571. 31
合　肥	333. 78	424. 78	524. 37	728. 78	831. 75	924. 39	1062. 13	1151. 86	1317. 88	1478. 65
福　州	229. 68	331. 40	435. 61	561. 41	625. 22	721. 07	872. 72	933. 02	1073. 08	1257. 24
厦　门	113. 90	147. 27	151. 14	181. 83	199. 72	219. 82	255. 12	259. 12	317. 57	382. 73
南　昌	186. 36	226. 61	274. 55	312. 20	352. 58	390. 99	457. 90	529. 84	653. 74	734. 76
济　南	250. 93	289. 24	326. 03	367. 23	416. 97	467. 18	541. 70	619. 76	743. 31	838. 74
青　岛	224. 93	330. 00	455. 47	589. 17	716. 70	803. 10	940. 65	1000. 05	1138. 97	1172. 71
郑　州	381. 89	667. 58	855. 74	965. 61	1153. 68	1283. 42	1458. 63	1526. 97	1799. 51	1976. 52
武　汉	416. 50	629. 59	773. 94	1094. 44	1180. 47	1283. 79	1430. 70	1697. 86	1863. 25	2057. 15
长　沙	466. 49	597. 82	770. 98	956. 25	1123. 37	1369. 91	1500. 90	1584. 89	1780. 61	1984. 49
广　州	315. 81	446. 86	519. 43	699. 46	752. 93	936. 35	1073. 42	1088. 00	1201. 47	1341. 51
深　圳	241. 01	291. 05	409. 25	497. 33	515. 22	570. 58	617. 57	660. 85	835. 17	910. 13
南　宁	151. 05	206. 23	239. 53	352. 97	359. 78	373. 93	390. 40	448. 02	527. 95	544. 78
北　海	100. 61	129. 37	150. 32	163. 79	165. 92	176. 05	175. 83	200. 83	245. 60	254. 38
海　口	59. 47	72. 55	77. 36	84. 35	118. 27	138. 16	154. 25	156. 52	182. 65	189. 64
三　亚	6. 52	20. 92	51. 80	79. 29	135. 08	156. 15	239. 82	261. 65	264. 85	311. 77
重　庆	969. 49	1460. 48	1842. 74	2639. 30	3201. 67	3595. 67	4059. 31	4305. 24	5014. 66	5387. 60
成　都	754. 00	882. 82	1100. 87	1403. 91	1561. 91	1717. 02	1906. 05	2065. 61	2245. 00	2551. 35
贵　阳	368. 42	457. 73	565. 87	634. 00	886. 62	1065. 12	1190. 09	1263. 83	1349. 26	1439. 42
昆　明	581. 88	730. 53	867. 33	1119. 78	1342. 31	1421. 54	1618. 84	1724. 35	1730. 50	1835. 64
西　安	489. 28	671. 66	726. 88	1058. 79	1241. 54	1392. 61	1445. 88	1544. 72	1774. 84	1895. 47
兰　州	100. 37	115. 04	147. 40	163. 37	173. 76	187. 68	263. 86	279. 01	353. 66	424. 19
西　宁	23. 17	129. 04	160. 10	170. 17	269. 45	298. 97	335. 77	356. 33	406. 98	448. 25
银　川	176. 43	249. 82	291. 91	400. 02	494. 46	517. 38	575. 56	669. 72	721. 80	780. 43
乌鲁木齐	4. 60	81. 70	167. 10	205. 17	311. 79	370. 46	418. 42	443. 16	589. 29	626. 11

数据来源：国家统计局。

表 2－87　　2009—2013 年全国四十重点城市办公楼新开工面积

单位：万平方米

	2009 年	2010 年	2011 年	2012 年	2013 年
北　京	255.96	203.29	489.40	536.82	671.40
天　津	179.63	206.73	278.26	231.02	173.84
石家庄	31.80	26.22	102.87	36.97	85.99
太　原	7.78	29.79	4.37	28.38	29.63
呼和浩特	12.62	60.71	90.75	57.93	32.26
沈　阳	99.10	97.50	54.63	85.85	69.97
大　连	11.73	31.91	6.56	37.42	66.99
长　春	22.00	11.02	41.67	73.99	74.61
哈尔滨	9.16	18.36	58.71	65.11	17.55
上　海	164.93	147.39	225.72	303.91	264.06
南　京	16.54	66.72	108.63	70.58	54.05
无　锡	64.07	31.61	81.29	105.65	82.96
苏　州	44.39	114.05	85.46	48.48	93.24
杭　州	105.63	152.07	269.55	156.59	246.97
宁　波	45.47	165.29	122.09	90.38	122.68
温　州	11.40	8.05	25.28	14.33	14.91
合　肥	105.28	102.00	80.36	109.85	81.42
福　州	2.88	54.35	92.01	80.51	80.20
厦　门	41.47	94.51	84.56	79.75	63.46
南　昌	20.87	31.58	47.66	104.13	120.14
济　南	27.39	29.20	126.90	62.57	193.30
青　岛	38.03	19.43	57.62	88.07	94.84
郑　州	47.08	144.93	120.32	248.78	208.69
武　汉	77.75	60.76	70.47	138.61	135.58
长　沙	22.88	28.06	59.61	130.74	105.93
广　州	90.52	89.11	163.83	128.79	221.39
深　圳	31.79	15.26	25.89	50.69	114.88
南　宁	20.64	5.93	29.49	55.60	13.25
北　海	0.39	1.94	0.04	1.55	4.12
海　口	0.69	10.21	14.79	8.98	13.20
三　亚	0.05	0.47	3.34	2.30	0.66
重　庆	62.98	57.20	154.44	160.64	241.15
成　都	52.22	119.57	122.14	286.88	178.57
贵　阳	18.81	15.37	9.56	150.95	119.42
昆　明	34.66	42.68	149.92	178.00	119.42
西　安	35.64	32.90	52.54	78.80	151.28
兰　州	6.57	5.61	12.88	10.88	16.78
西　宁	3.38	17.22	4.42	5.43	41.42
银　川	32.89	16.62	25.56	26.25	51.47
乌鲁木齐	17.00	10.25	8.85	17.85	59.99

数据来源：国家统计局。

表 2－88　　2013 年全国四十重点城市月度累计办公楼新开工面积

单位：万平方米

	1－3 月	1－4 月	1－5 月	1－6 月	1－7 月	1－8 月	1－9 月	1－10 月	1－11 月	1－12 月
合　计	**845.73**	**1231.01**	**1584.00**	**1919.64**	**2371.66**	**2637.53**	**2951.03**	**3222.54**	**3820.78**	**4531.67**
北　京	127.08	151.60	192.80	206.83	286.20	320.39	322.29	388.79	510.38	671.40
天　津	11.40	11.47	31.68	38.74	38.74	38.74	45.03	60.75	66.94	173.84
石家庄	7.95	8.25	9.54	18.27	44.86	48.85	48.85	50.47	55.47	85.99
太　原	2.69	4.19	4.59	4.70	4.97	7.27	8.06	9.14	17.58	29.63
呼和浩特	0.05	7.35	10.31	17.95	20.34	25.74	29.91	30.33	32.26	32.26
沈　阳	5.31	12.69	44.94	53.30	59.11	62.66	66.28	66.78	69.97	69.97
大　连	9.75	13.52	29.84	33.27	33.27	47.32	51.90	66.12	66.72	66.99
长　春	—	—	6.00	6.22	40.19	42.11	73.41	73.23	74.61	74.61
哈尔滨	1.50	6.00	10.31	10.76	10.86	11.82	11.82	13.38	16.43	17.55
上　海	81.05	101.89	111.10	115.10	120.08	153.97	175.30	184.89	246.02	264.06
南　京	10.51	15.50	24.89	24.89	36.58	36.58	53.31	53.32	53.52	54.05
无　锡	10.29	35.06	39.75	53.28	67.81	75.13	75.12	76.08	76.32	82.96
苏　州	34.60	36.76	46.85	56.86	65.45	84.67	85.50	92.39	92.39	93.24
杭　州	14.48	39.61	61.66	70.62	98.28	99.98	155.83	160.39	191.95	246.97
宁　波	19.05	28.43	38.63	54.48	59.06	88.85	89.33	91.50	110.97	122.68
温　州	3.60	3.60	10.88	11.39	12.22	12.35	13.49	13.54	14.91	14.91
合　肥	26.44	30.49	32.30	39.34	41.21	57.93	65.09	66.49	66.69	81.42
福　州	5.12	12.31	17.61	40.58	56.51	59.39	60.61	61.26	65.99	80.20
厦　门	11.05	19.51	21.09	29.94	29.94	37.08	46.14	53.37	63.46	63.46
南　昌	1.57	1.67	10.07	33.45	38.69	41.18	42.19	94.31	103.07	120.14
济　南	8.01	9.30	32.33	46.04	74.73	82.18	83.00	83.00	184.52	193.30
青　岛	45.87	57.24	73.24	78.61	86.73	87.64	91.36	91.16	94.89	94.84
郑　州	32.23	34.60	41.66	54.24	96.72	103.42	114.03	125.66	139.48	208.69
武　汉	47.23	45.15	55.95	62.52	78.19	79.58	96.23	118.06	120.55	135.58
长　沙	14.34	16.74	17.62	32.69	43.19	43.49	50.56	55.56	64.42	105.93
广　州	53.07	88.93	93.86	104.27	113.00	124.85	139.04	143.30	168.66	221.39
深　圳	40.03	46.03	56.68	66.75	88.39	95.79	98.52	108.43	111.43	114.88
南　宁	0.03	0.03	1.25	1.25	12.97	12.97	13.14	13.18	13.22	13.25
北　海	0.36	0.86	0.86	0.86	0.91	0.91	0.91	0.91	4.07	4.12
海　口	0.73	1.00	0.81	8.04	8.07	12.90	13.10	13.10	13.20	13.20
三　亚	—	—	—	—	0.66	0.66	0.66	0.66	0.66	0.66
重　庆	93.62	112.02	146.23	163.17	164.35	172.04	207.73	207.91	230.55	241.15
成　都	39.58	65.74	72.59	83.68	97.69	99.08	129.80	136.15	137.60	178.57
贵　阳	12.10	56.53	71.59	82.98	91.70	94.60	96.90	98.40	119.41	119.42
昆　明	48.03	75.02	80.02	82.97	86.94	90.26	103.58	110.08	120.55	119.42
西　安	15.50	45.01	36.97	63.62	73.60	78.98	80.43	83.32	138.17	151.28
兰　州	9.75	9.75	9.75	9.75	9.75	10.01	10.01	13.52	16.52	16.78
西　宁	0.49	19.91	20.69	24.09	31.15	35.28	39.07	39.12	41.42	41.42
银　川	1.07	6.21	15.60	31.94	32.57	33.98	34.51	34.89	48.19	51.47
乌鲁木齐	0.20	1.01	1.41	2.22	15.97	26.89	28.99	39.60	57.65	59.99

数据来源：国家统计局。

表 2-89　　2009—2013 年全国四十重点城市商业营业用房新开工面积

单位：万平方米

	2009 年	2010 年	2011 年	2012 年	2013 年
北　京	228.45	242.42	306.43	160.89	351.01
天　津	315.17	407.83	436.57	80.69	370.11
石家庄	138.97	157.60	217.29	98.19	145.27
太　原	24.53	60.23	28.84	71.11	36.26
呼和浩特	73.61	182.14	322.94	186.21	289.98
沈　阳	395.46	495.94	462.44	463.33	552.42
大　连	117.67	204.99	154.66	140.38	205.02
长　春	137.92	125.37	275.90	126.02	163.53
哈尔滨	115.30	148.53	273.75	114.07	332.08
上　海	205.92	298.10	240.00	268.36	274.96
南　京	159.19	147.47	170.82	103.69	168.13
无　锡	204.91	206.43	385.94	281.7	247.71
苏　州	184.74	308.39	233.68	305.06	302.25
杭　州	78.05	161.73	234.21	105.73	224.46
宁　波	81.75	135.06	224.23	93.95	294.35
温　州	47.58	38.29	85.55	95.19	47.15
合　肥	171.09	177.00	241.04	169.49	348.90
福　州	23.30	91.42	155.35	55.59	133.46
厦　门	32.52	44.98	63.58	54.65	116.46
南　昌	44.63	38.73	99.17	113.89	99.94
济　南	53.82	125.99	59.69	98.53	152.30
青　岛	186.27	172.31	215.40	154.70	221.01
郑　州	118.50	157.59	161.62	126.64	267.47
武　汉	163.65	274.66	310.46	126.79	270.91
长　沙	92.42	130.43	199.86	165.93	275.55
广　州	95.33	192.38	141.66	143.10	243.05
深　圳	61.05	38.69	64.46	74.44	120.68
南　宁	73.60	59.60	75.02	22.31	54.25
北　海	5.47	19.32	27.83	23.17	31.59
海　口	17.16	10.39	26.93	16.23	20.41
三　亚	11.16	9.33	6.59	13.71	35.46
重　庆	404.15	433.68	708.12	350.90	1001.32
成　都	84.19	214.80	281.39	256.35	561.41
贵　阳	63.33	78.02	142.22	130.66	131.45
昆　明	156.35	106.29	221.89	201.42	334.73
西　安	112.75	148.60	114.10	211.31	273.73
兰　州	30.44	48.87	39.54	60.07	68.55
西　宁	49.86	49.13	25.30	32.13	71.74
银　川	48.28	107.50	98.03	63.40	254.53
乌鲁木齐	28.04	50.87	22.61	26.42	126.91

数据来源：国家统计局。

表 2－90　2013 年全国四十重点城市月度累计商业营业用房新开工面积

单位：万平方米

	1－3 月	1－4 月	1－5 月	1－6 月	1－7 月	1－8 月	1－9 月	1－10 月	1－11 月	1－12 月
合　计	**1584.92**	**2285.01**	**3204.84**	**4230.94**	**5006.30**	**5616.98**	**6519.48**	**7120.70**	**8122.17**	**9220.52**
北　京	74.69	104.65	141.18	158.94	201.14	210.73	242.18	254.97	300.87	351.01
天　津	48.41	66.20	75.13	79.35	106.03	108.30	133.13	160.06	166.66	370.11
石家庄	6.18	14.46	33.01	41.11	60.50	75.23	78.63	90.91	104.03	145.27
太　原	1.01	6.72	10.94	12.88	13.03	20.11	23.86	24.75	35.09	36.26
呼和浩特	10.47	49.12	81.96	106.72	180.47	190.86	268.13	287.90	293.02	289.98
沈　阳	57.74	82.80	294.28	425.41	447.71	470.89	511.42	522.13	634.34	552.42
大　连	35.42	59.61	69.48	85.91	95.52	129.52	152.57	168.01	197.04	205.02
长　春	—	7.32	16.03	46.95	87.22	88.89	119.25	126.82	160.72	163.53
哈尔滨	8.51	16.51	53.29	67.05	108.22	119.80	151.66	298.66	325.82	332.08
上　海	59.51	97.62	119.65	143.33	161.59	183.88	227.12	250.45	258.13	274.96
南　京	24.05	32.52	57.70	64.11	93.30	112.03	129.10	131.23	158.87	168.13
无　锡	67.62	98.59	135.03	172.58	180.45	206.42	215.05	228.82	232.95	247.71
苏　州	104.70	116.39	124.07	185.80	214.10	237.85	256.52	257.62	268.31	302.25
杭　州	13.31	36.00	51.30	65.80	79.90	84.47	100.49	111.72	154.29	224.46
宁　波	51.34	82.23	84.71	117.77	156.89	193.69	232.51	233.66	259.06	294.35
温　州	5.98	12.01	15.01	19.70	25.21	33.35	39.80	41.84	43.87	47.15
合　肥	101.69	91.04	97.67	115.84	126.41	223.37	249.48	317.88	327.07	348.90
福　州	11.70	30.02	44.11	50.61	58.24	65.87	68.86	77.37	101.53	133.46
厦　门	9.92	18.53	20.59	43.62	45.77	61.67	69.70	73.70	116.65	116.46
南　昌	29.98	31.76	36.70	43.35	52.39	56.20	64.75	67.47	78.86	99.94
济　南	35.54	54.54	72.11	82.34	113.00	123.80	131.20	135.39	144.85	152.30
青　岛	38.61	72.58	85.53	131.33	145.97	150.79	166.90	170.95	212.00	221.01
郑　州	51.52	77.86	109.01	130.74	147.28	175.30	187.46	194.72	232.82	267.47
武　汉	50.55	60.68	81.19	120.57	133.79	147.01	177.41	210.59	232.36	270.91
长　沙	30.28	61.21	90.64	112.45	134.73	147.79	184.96	195.69	270.48	275.55
广　州	13.89	21.47	39.61	55.94	62.97	100.61	141.11	143.87	180.39	243.05
深　圳	45.01	51.95	66.63	76.01	79.07	82.35	84.60	105.15	108.00	120.68
南　宁	14.88	22.17	27.76	33.94	35.55	38.98	41.56	45.97	52.36	54.25
北　海	6.80	8.22	9.85	9.85	11.99	12.58	13.61	17.77	26.84	31.59
海　口	2.58	3.07	5.92	12.01	14.90	19.09	19.57	19.57	20.24	20.41
三　亚	9.48	9.48	10.93	14.08	20.31	20.31	27.46	27.46	27.46	35.46
重　庆	295.07	329.17	365.69	464.33	537.25	568.04	692.47	723.03	833.21	1001.32
成　都	84.29	117.97	156.18	246.93	269.07	285.20	346.61	376.80	399.36	561.41
贵　阳	25.39	34.00	64.51	69.58	100.63	109.94	125.00	127.08	128.62	131.45
昆　明	66.20	138.08	208.04	231.08	245.08	270.57	287.36	306.70	306.70	334.73
西　安	47.17	85.97	97.07	128.17	144.74	158.54	182.10	190.73	245.31	273.73
兰　州	29.97	31.65	53.27	62.09	69.63	37.39	38.95	45.60	60.21	68.55
西　宁	2.41	24.80	35.64	38.56	47.10	52.02	61.83	63.67	71.74	71.74
银　川	12.84	22.06	55.57	129.13	143.73	147.85	171.90	183.72	228.16	254.53
乌鲁木齐	0.18	3.96	7.84	34.99	55.43	95.72	103.21	110.26	123.87	126.91

数据来源：国家统计局。

表 2 -91　　2009—2013 年全国四十重点城市商品房竣工面积

单位：万平方米

	2009 年	2010 年	2011 年	2012 年	2013 年
北　京	2678.55	2386.71	2245.24	2390.86	2666.35
天　津	1902.06	2098.55	2105.32	2542.75	2805.37
石家庄	268.20	499.05	1088.11	870.93	865.93
太　原	149.83	129.58	226.37	230.94	248.39
呼和浩特	456.25	462.78	404.98	357.98	400.05
沈　阳	1293.55	1393.22	2017.68	2066.37	1459.80
大　连	549.65	570.97	949.38	750.00	1046.57
长　春	580.66	963.73	748.06	913.87	1008.12
哈尔滨	529.32	500.78	526.75	1095.82	1056.95
上　海	2104.98	1941.25	2240.62	2305.06	2254.44
南　京	1422.53	1039.57	1169.09	1699.73	1039.39
无　锡	677.52	1001.65	813.33	814.05	1139.80
苏　州	1488.10	1594.70	1280.55	1827.56	1692.51
杭　州	763.95	1100.18	1135.00	1055.09	1172.24
宁　波	665.08	642.47	881.10	839.91	867.48
温　州	341.11	306.32	417.58	348.36	360.89
合　肥	600.55	794.61	654.89	921.02	1435.33
福　州	485.90	345.81	588.93	534.33	832.55
厦　门	711.08	680.41	605.41	422.41	343.79
南　昌	365.21	399.12	440.23	417.92	373.75
济　南	467.22	245.75	594.54	492.25	805.02
青　岛	814.24	1020.51	905.86	1211.57	957.34
郑　州	642.97	944.62	1485.98	1449.83	1137.47
武　汉	945.05	919.40	1064.06	1054.45	679.31
长　沙	1314.71	1392.55	1452.40	1402.27	1401.84
广　州	961.24	1094.59	1263.20	1290.79	1141.30
深　圳	402.01	344.43	343.36	425.75	353.55
南　宁	439.71	519.41	512.45	664.53	325.58
北　海	47.09	9.03	95.65	251.49	108.03
海　口	80.03	111.40	33.17	307.42	195.01
三　亚	119.18	130.03	86.85	161.73	50.28
重　庆	2907.05	2626.59	3424.33	3990.63	3804.36
成　都	1636.85	1577.86	1573.20	2107.73	1879.65
贵　阳	740.05	532.60	621.72	584.50	711.69
昆　明	690.14	590.78	515.46	629.63	602.68
西　安	542.81	463.65	633.97	1063.70	795.35
兰　州	215.09	206.97	175.97	168.28	158.49
西　宁	146.23	195.75	417.57	361.04	524.40
银　川	428.14	458.18	525.27	744.38	643.23
乌鲁木齐	339.95	253.90	303.90	650.78	418.60

数据来源：国家统计局。

表 2-92　　2013 年全国四十重点城市月度累计商品房竣工面积

单位：万平方米

	1-3 月	1-4 月	1-5 月	1-6 月	1-7 月	1-8 月	1-9 月	1-10 月	1-11 月	1-12 月
合　计	7318.49	8854.83	10448.73	12951.08	15469.06	17280.03	19303.38	21486.29	24988.81	39762.88
北　京	183.17	297.50	378.94	553.61	680.01	850.66	1148.03	1420.99	1691.39	2666.35
天　津	172.33	292.06	310.63	438.40	453.25	491.57	518.13	574.24	650.89	2805.37
石家庄	83.75	144.09	168.55	218.95	310.29	358.83	374.36	396.49	472.42	865.93
太　原	10.32	45.89	47.96	47.96	47.96	47.87	47.87	47.87	87.67	248.39
呼和浩特	27.68	89.73	99.74	115.81	138.06	139.05	217.11	285.12	421.55	400.05
沈　阳	154.50	211.34	305.77	435.10	604.46	754.61	890.44	954.45	1024.31	1459.80
大　连	201.81	205.08	226.40	290.67	387.24	431.12	550.26	593.85	715.87	1046.57
长　春	7.66	39.16	130.97	181.35	222.77	279.49	371.98	399.88	644.84	1008.12
哈尔滨	56.13	87.78	91.31	165.50	186.25	238.96	286.41	317.74	458.58	1056.95
上　海	765.37	880.11	982.37	1071.17	1236.96	1346.24	1424.84	1540.69	1714.57	2254.44
南　京	130.25	176.14	222.56	267.35	369.21	465.42	514.42	575.42	633.08	1039.39
无　锡	467.60	524.51	610.24	678.99	709.82	718.26	756.29	772.74	782.97	1139.80
苏　州	378.96	463.00	546.47	638.30	782.86	869.07	948.94	1052.62	1131.63	1692.51
杭　州	196.19	252.92	281.36	358.23	505.20	588.53	637.25	688.00	834.97	1172.24
宁　波	176.22	209.84	233.41	279.66	348.44	445.63	474.81	522.05	621.12	867.48
温　州	28.40	52.51	62.11	67.19	75.78	94.44	134.87	139.03	164.42	360.89
合　肥	259.31	294.91	314.49	466.64	635.72	679.42	733.95	799.60	872.23	1435.33
福　州	74.84	84.64	111.20	142.38	269.79	277.05	386.06	446.55	494.66	832.55
厦　门	91.38	106.49	109.52	145.30	220.66	222.79	228.63	247.00	255.50	343.79
南　昌	112.50	128.81	142.64	154.48	178.83	201.93	221.49	270.99	311.86	373.75
济　南	151.33	163.30	175.04	220.82	240.75	250.65	327.11	405.13	446.02	805.02
青　岛	265.87	281.84	316.71	340.68	392.00	427.23	469.03	510.37	583.36	957.34
郑　州	223.70	307.96	342.79	442.83	520.99	538.54	551.39	564.14	567.84	1137.47
武　汉	124.17	135.71	181.75	300.52	329.52	380.77	401.47	448.67	500.71	679.31
长　沙	321.95	361.41	412.45	479.99	579.50	701.20	810.60	860.36	996.93	1401.84
广　州	310.86	342.26	411.63	466.73	575.87	601.16	608.52	644.63	693.82	1141.30
深　圳	106.52	125.56	159.97	194.50	208.37	211.15	217.76	235.72	263.19	353.55
南　宁	146.41	140.21	170.80	197.22	205.34	212.07	228.15	245.11	254.84	325.58
北　海	34.51	33.67	44.24	57.73	59.97	63.45	63.81	63.96	64.75	108.03
海　口	92.32	94.10	94.10	110.71	110.87	143.26	145.10	145.44	155.53	195.01
三　亚	35.56	41.09	41.09	41.09	41.09	41.09	41.09	44.40	50.28	50.28
重　庆	893.90	1037.29	1354.89	1660.47	1854.31	1955.50	2117.73	2457.77	2819.65	3804.36
成　都	601.10	636.45	671.01	866.84	970.09	1066.19	1132.96	1142.11	1214.43	1879.65
贵　阳	63.19	85.31	102.18	127.89	162.86	191.42	196.92	291.09	315.12	711.69
昆　明	124.74	170.47	212.84	229.33	253.18	316.82	345.79	365.72	393.75	602.68
西　安	201.74	231.10	248.00	303.51	318.76	335.08	366.94	383.38	490.50	795.35
兰　州	4.01	6.43	6.43	22.31	20.37	25.25	39.08	79.63	101.44	158.49
西　宁	19.75	27.25	36.72	36.72	47.62	50.92	55.13	106.98	472.25	524.40
银　川	9.36	29.17	67.06	99.63	169.48	204.82	217.01	279.07	369.93	643.23
乌鲁木齐	9.10	17.76	22.40	34.55	44.58	62.48	101.67	167.31	249.92	418.60

数据来源：国家统计局。

表 2 -93　　2008—2013 年全国四十重点城市住宅竣工面积

单位：万平方米

	2009 年	2010 年	2011 年	2012 年	2013 年
北　京	1613.23	1498.48	1316.13	1522.72	1692.04
天　津	1580.82	1603.65	1641.68	1913.97	2117.66
石家庄	216.71	429.00	882.51	681.64	631.35
太　原	121.36	99.39	205.15	201.30	211.17
呼和浩特	369.33	349.09	334.03	290.80	308.77
沈　阳	1075.75	1107.70	1637.41	1644.76	1230.34
大　连	472.15	461.29	803.77	588.14	850.66
长　春	503.76	798.54	622.90	736.29	768.85
哈尔滨	448.15	421.31	450.99	898.97	845.72
上　海	1508.81	1396.05	1549.66	1609.13	1417.41
南　京	1170.60	737.43	864.15	1362.23	754.04
无　锡	522.30	789.53	601.09	560.83	851.02
苏　州	1102.00	1117.16	923.61	1386.17	1227.53
杭　州	582.14	802.29	770.09	674.01	845.12
宁　波	422.41	371.09	512.50	530.61	462.51
温　州	246.62	225.22	297.92	252.27	249.20
合　肥	477.66	579.38	479.47	725.28	1072.32
福　州	423.59	294.57	505.87	402.46	605.83
厦　门	475.62	433.63	370.92	215.55	214.11
南　昌	326.61	314.04	381.43	325.42	305.47
济　南	374.01	204.10	451.34	365.65	613.53
青　岛	644.42	732.72	658.71	928.85	674.86
郑　州	530.19	751.86	1237.84	1043.20	760.56
武　汉	824.58	733.48	921.98	900.90	529.70
长　沙	1104.64	1160.47	1196.57	1131.00	1067.56
广　州	715.68	774.69	831.68	800.86	709.60
深　圳	269.54	251.11	247.29	289.40	196.33
南　宁	361.03	433.34	408.49	521.10	234.47
北　海	44.43	8.06	82.22	221.80	93.11
海　口	71.71	79.71	28.13	228.44	147.61
三　亚	113.92	110.67	74.66	142.26	34.81
重　庆	2384.51	2179.81	2826.78	3386.35	2867.45
成　都	1377.06	1301.21	1194.15	1590.23	1353.09
贵　阳	641.83	410.89	457.07	443.89	536.47
昆　明	585.71	455.19	416.28	519.25	499.36
西　安	453.49	412.44	558.55	903.82	663.20
兰　州	165.89	155.90	143.06	128.91	128.31
西　宁	128.06	172.99	355.1	322.71	421.14
银　川	342.64	338.64	403.77	594.86	491.52
乌鲁木齐	295.16	195.88	259.38	536.72	345.01

数据来源：国家统计局。

表 2 –94　　2013 年全国四十重点城市月度累计住宅竣工面积

单位：万平方米

	1–3 月	1–4 月	1–5 月	1–6 月	1–7 月	1–8 月	1–9 月	1–10 月	1–11 月	1–12 月
合　计	**5356.60**	**6482.13**	**7602.93**	**9416.82**	**11275.55**	**12636.82**	**14206.44**	**15781.04**	**18407.12**	**29028.81**
北　京	122.68	199.53	237.10	344.67	430.53	536.85	738.89	930.27	1083.03	1692.04
天　津	98.71	204.04	212.74	336.32	345.02	374.93	398.34	432.27	494.24	2117.66
石家庄	69.95	119.18	134.22	175.71	244.18	283.20	297.44	315.69	389.56	631.35
太　原	9.61	42.97	44.91	44.91	44.91	43.27	43.27	43.27	81.59	211.17
呼和浩特	13.08	62.80	71.75	84.24	105.77	106.77	171.61	204.77	316.66	308.77
沈　阳	131.65	177.87	255.94	359.27	493.25	627.54	740.95	801.46	859.46	1230.34
大　连	160.70	163.58	181.75	235.75	320.28	347.57	454.16	494.10	597.25	850.66
长　春	6.44	30.54	80.33	123.16	155.33	185.50	262.11	282.46	483.45	768.85
哈尔滨	51.06	57.68	60.11	126.56	144.11	192.16	230.53	256.97	372.01	845.72
上　海	488.55	547.36	614.68	668.46	799.52	849.85	902.89	951.22	1053.68	1417.41
南　京	96.33	128.89	163.33	200.48	290.24	368.19	410.81	453.44	491.55	754.04
无　锡	390.98	439.14	507.39	528.09	549.38	561.53	585.05	599.44	608.11	851.02
苏　州	273.20	344.87	412.74	498.50	598.48	654.70	714.30	789.64	851.92	1227.53
杭　州	149.36	198.93	223.84	273.95	379.59	448.89	491.74	514.28	614.27	845.12
宁　波	104.14	124.06	140.21	149.21	179.80	225.74	245.34	265.05	329.85	462.51
温　州	18.62	37.22	44.99	48.42	53.93	66.55	96.42	98.95	117.92	249.20
合　肥	219.96	241.84	259.46	316.34	431.51	464.68	515.15	567.75	621.42	1072.32
福　州	58.09	64.60	88.18	113.20	198.48	202.35	286.88	328.06	360.02	605.83
厦　门	58.88	69.91	71.44	98.31	152.68	154.56	158.77	168.88	174.17	214.11
南　昌	91.27	105.85	118.41	129.80	151.59	171.60	190.67	231.14	270.42	305.47
济　南	115.16	117.75	128.85	173.62	188.89	194.34	234.48	271.52	307.20	613.53
青　岛	188.15	202.61	229.57	248.46	285.98	315.98	353.80	374.92	422.65	674.86
郑　州	148.24	204.61	220.26	298.53	344.01	356.99	358.48	367.71	371.03	760.56
武　汉	102.52	106.78	138.54	219.13	243.73	293.01	308.79	350.49	398.15	529.70
长　沙	262.04	295.99	338.50	396.64	473.11	573.35	654.38	691.05	771.10	1067.56
广　州	205.46	225.42	270.00	306.26	382.55	400.18	407.05	431.26	458.09	709.60
深　圳	48.97	55.23	72.32	96.45	105.74	105.65	112.27	112.27	135.04	196.33
南　宁	93.51	88.58	115.22	137.11	142.58	148.70	161.73	174.66	179.81	234.47
北　海	31.07	30.57	39.24	52.73	54.66	57.41	57.77	57.92	58.71	93.11
海　口	67.01	68.20	68.20	80.14	80.28	104.21	105.33	105.67	114.34	147.61
三　亚	29.09	29.09	29.09	29.09	29.09	29.09	29.09	30.84	34.81	34.81
重　庆	639.27	743.49	951.70	1190.63	1355.27	1455.86	1587.80	1871.38	2140.25	2867.45
成　都	450.82	483.72	509.22	652.48	703.45	781.66	830.42	838.94	893.44	1353.09
贵　阳	47.14	61.25	75.53	81.76	109.70	125.56	130.71	207.26	222.89	536.47
昆　明	104.16	142.33	169.55	183.21	206.40	262.56	286.03	305.06	324.58	499.36
西　安	180.84	204.82	214.40	256.67	270.13	285.72	312.30	328.62	422.85	663.20
兰　州	3.65	5.54	5.54	21.18	19.25	24.08	36.58	70.62	88.38	128.31
西　宁	17.90	23.67	32.29	32.29	40.94	43.85	48.05	91.17	383.74	421.14
银　川	2.46	19.43	54.09	76.99	133.68	161.09	171.61	227.39	296.53	491.52
乌鲁木齐	5.89	12.20	17.31	28.08	37.51	51.12	84.45	143.19	212.96	345.01

数据来源：国家统计局。

表 2 -95　　2009—2013 年全国四十重点城市办公楼竣工面积

单位：万平方米

	2009 年	2010 年	2011 年	2012 年	2013 年
北　京	316.59	198.42	245.17	226.79	273.05
天　津	83.67	102.42	146.72	166.80	188.59
石家庄	2.73	12.04	23.09	25.13	83.35
太　原	5.15	5.30	1.00	3.02	11.07
呼和浩特	30.32	16.58	9.21	9.21	7.73
沈　阳	15.42	21.12	25.54	55.66	8.54
大　连	7.84	23.25	28.93	18.52	23.44
长　春	5.29	7.63	8.79	12.91	15.23
哈尔滨	3.88	4.60	3.88	7.09	24.06
上　海	135.02	1150.69	174.33	206.87	176.01
南　京	24.07	54.36	51.64	37.97	53.66
无　锡	21.48	21.49	34.90	57.07	89.27
苏　州	30.44	85.64	37.01	40.82	63.50
杭　州	25.07	61.34	103.92	95.00	68.31
宁　波	45.36	61.28	80.19	45.22	86.38
温　州	8.61	2.64	14.46	6.74	6.08
合　肥	42.35	35.35	35.99	18.09	60.42
福　州	5.00	1.38	3.60	26.14	20.02
厦　门	25.70	25.14	44.70	73.59	17.43
南　昌	0.08	15.53	3.91	28.42	16.46
济　南	52.32	4.21	45.89	35.91	25.08
青　岛	32.35	36.41	21.31	32.16	25.72
郑　州	17.06	35.89	45.74	58.42	85.08
武　汉	17.53	32.39	24.05	17.07	33.42
长　沙	28.34	17.59	18.12	9.49	35.62
广　州	44.68	64.83	122.21	118.40	147.36
深　圳	25.05	32.05	20.97	12.30	30.84
南　宁	4.78	10.07	3.05	17.94	9.67
北　海	0.06	—	—	1.57	0.14
海　口	—	10.90	—	3.85	—
三　亚	—	0.68	0.13	0.01	0.03
重　庆	46.36	30.03	44.77	30.37	75.76
成　都	35.04	26.10	48.15	108.41	86.70
贵　阳	16.88	8.89	26.80	9.45	19.00
昆　明	22.48	8.85	24.62	14.52	21.68
西　安	24.09	7.63	11.34	17.71	30.34
兰　州	11.21	4.07	7.08	7.14	0.95
西　宁	1.54	3.86	4.21	1.89	7.94
银　川	11.54	15.27	21.14	9.29	7.96
乌鲁木齐	10.69	10.63	6.16	21.96	3.09

数据来源：国家统计局。

表 2－96　　2013 年全国四十重点城市月度累计办公楼竣工面积

单位：万平方米

	1－3 月	1－4 月	1－5 月	1－6 月	1－7 月	1－8 月	1－9 月	1－10 月	1－11 月	1－12 月
合　计	**302.14**	**379.91**	**435.29**	**549.64**	**635.11**	**723.44**	**782.84**	**847.17**	**1013.34**	**1938.97**
北　京	3.88	10.77	22.83	47.17	59.27	90.91	118.69	121.94	174.90	273.05
天　津	5.05	6.91	11.11	11.11	15.54	16.67	16.67	17.09	21.00	188.59
石家庄	0.09	0.41	0.41	4.10	5.74	8.16	8.16	8.16	8.82	83.35
太　原	—	0.40	0.40	0.40	0.40	0.40	0.40	0.40	0.40	11.07
呼和浩特	—	0.65	0.65	0.65	0.65	0.65	2.57	6.52	7.02	7.73
沈　阳	—	—	0.96	5.22	5.22	5.22	5.56	5.56	8.15	8.54
大　连	4.43	4.82	4.82	4.82	4.82	4.82	6.79	7.45	9.09	23.44
长　春	—	—	—	—	—	—	—	0.02	6.74	15.23
哈尔滨	—	17.99	17.99	18.31	18.31	18.31	19.86	19.86	20.00	24.06
上　海	68.10	85.13	97.48	110.72	110.77	123.39	125.82	134.98	162.16	176.01
南　京	11.40	14.79	17.72	19.54	19.54	19.99	19.99	20.09	26.02	53.66
无　锡	23.46	26.15	26.35	36.07	36.07	36.07	36.07	36.07	36.12	89.27
苏　州	21.26	21.28	19.60	19.60	23.44	29.39	35.11	35.62	35.62	63.50
杭　州	10.90	10.91	10.91	11.06	13.98	14.96	15.08	31.43	41.68	68.31
宁　波	11.06	12.03	13.56	29.33	37.80	41.92	41.92	44.47	53.05	86.38
温　州	—	—	—	—	—	1.17	1.21	1.43	1.44	6.08
合　肥	1.75	2.68	2.68	19.27	30.82	37.79	37.79	40.65	45.07	60.42
福　州	—	—	0.09	0.39	0.69	0.69	0.69	5.00	5.00	20.02
厦　门	—	—	—	—	—	—	—	—	—	17.43
南　昌	7.89	7.89	7.89	7.89	8.52	8.52	8.52	8.67	8.67	16.46
济　南	—	9.06	9.06	9.06	9.06	10.37	25.08	25.08	25.08	25.08
青　岛	13.26	14.22	14.22	14.22	14.22	14.22	14.22	17.52	17.78	25.72
郑　州	10.23	14.83	17.08	20.18	24.41	26.97	26.97	27.00	27.14	85.08
武　汉	4.49	4.83	5.25	6.40	6.00	6.00	6.00	6.04	6.58	33.42
长　沙	10.62	10.62	12.88	13.26	16.26	18.83	18.83	18.83	18.83	35.62
广　州	20.07	22.84	30.01	34.64	43.81	55.61	55.61	55.81	58.84	147.36
深　圳	18.50	18.50	18.50	19.53	19.53	19.53	19.53	27.44	27.44	30.84
南　宁	7.10	7.10	7.10	9.67	9.67	9.67	9.67	9.67	9.67	9.67
北　海	0.01	0.03	0.03	0.03	0.08	0.08	0.08	0.08	0.08	0.14
海　口	—	—	—	—	—	—	—	—	—	—
三　亚	—	—	—	—	—	—	—	0.03	0.03	0.03
重　庆	11.26	15.08	17.56	18.82	22.36	22.89	23.10	25.58	45.02	75.76
成　都	22.62	22.42	22.62	22.62	41.94	41.97	41.97	46.57	46.57	86.70
贵　阳	1.44	1.44	1.44	4.79	4.79	6.84	6.94	7.83	7.83	19.00
昆　明	—	1.41	8.10	8.10	8.10	8.10	9.00	9.00	13.01	21.68
西　安	10.12	11.48	12.58	18.97	19.12	19.12	20.48	20.48	20.61	30.34
兰　州	—	—	—	—	—	—	—	—	0.95	0.95
西　宁	—	—	—	—	—	—	—	0.12	7.94	7.94
银　川	3.17	3.17	3.17	3.47	3.76	3.76	4.00	4.00	7.50	7.96
乌鲁木齐	—	0.08	0.24	0.24	0.45	0.45	0.45	0.68	1.44	3.09

数据来源：国家统计局。

表 2-97　　2009—2013 年全国四十重点城市商业营业用房竣工面积

单位：万平方米

	2009 年	2010 年	2011 年	2012 年	2013 年
北　京	322.45	271.92	232.43	240.06	178.36
天　津	115.85	235.29	154.27	301.42	187.80
石家庄	16.34	39.29	115.77	109.74	107.60
太　原	17.32	19.14	12.85	8.20	14.47
呼和浩特	33.65	72.84	44.80	41.05	51.06
沈　阳	164.77	202.86	261.89	246.71	178.60
大　连	42.26	55.31	72.11	62.01	96.45
长　春	50.19	99.43	61.09	121.93	139.11
哈尔滨	51.23	48.61	37.63	83.25	84.45
上　海	201.05	176.41	231.80	177.65	253.45
南　京	104.38	116.20	105.95	111.94	78.92
无　锡	96.69	125.25	118.33	134.80	140.01
苏　州	230.49	249.88	180.34	221.56	205.82
杭　州	60.57	96.59	89.27	72.30	78.67
宁　波	58.95	73.19	82.41	95.64	102.55
温　州	38.05	26.75	40.61	25.38	36.27
合　肥	56.95	120.77	92.16	98.82	128.16
福　州	17.33	23.37	31.28	41.52	50.81
厦　门	41.63	31.88	59.83	45.12	24.20
南　昌	32.20	51.43	41.47	50.26	46.75
济　南	21.87	17.98	41.10	16.64	46.25
青　岛	76.14	154.50	120.01	105.18	117.80
郑　州	59.83	79.20	123.84	168.01	135.01
武　汉	40.58	96.44	69.34	86.25	63.77
长　沙	69.28	68.21	85.93	121.37	114.04
广　州	86.26	131.46	110.86	151.09	82.71
深　圳	32.20	25.27	36.39	39.75	53.35
南　宁	21.66	25.93	51.80	78.29	45.95
北　海	1.31	0.97	8.80	12.26	8.36
海　口	4.91	10.53	1.78	35.67	16.73
三　亚	1.35	8.89	8.64	12.19	6.89
重　庆	258.40	229.44	298.79	282.23	456.08
成　都	64.56	80.84	109.59	145.79	153.40
贵　阳	40.75	58.20	64.59	58.99	66.88
昆　明	54.84	55.69	36.94	43.97	35.48
西　安	54.79	23.82	44.74	85.77	45.01
兰　州	23.09	31.37	17.56	17.08	16.22
西　宁	14.40	15.32	34.11	19.54	41.46
银　川	57.05	65.88	66.59	71.25	69.26
乌鲁木齐	15.96	28.48	17.37	35.25	24.24

数据来源：国家统计局。

表 2 -98　　2013 年全国四十重点城市月度累计商业营业用房竣工面积

单位：万平方米

	1 -3 月	1 -4 月	1 -5 月	1 -6 月	1 -7 月	1 -8 月	1 -9 月	1 -10 月	1 -11 月	1 -12 月
合　计	**755.18**	**919.21**	**1140.14**	**1356.07**	**1581.68**	**1721.02**	**1871.04**	**2116.75**	**2407.53**	**3782.40**
北　京	4.97	20.96	27.52	40.96	50.38	56.89	77.22	92.69	105.74	178.36
天　津	26.33	31.41	32.83	32.83	29.44	30.58	31.32	33.40	42.39	187.80
石家庄	2.07	10.18	18.98	21.51	42.51	46.45	46.45	49.10	49.35	107.60
太　原	0.46	0.76	0.89	0.89	0.89	0.76	0.76	0.76	2.24	14.47
呼和浩特	12.35	19.94	20.99	21.69	22.23	22.23	26.92	51.34	68.29	51.06
沈　阳	18.67	26.95	40.26	60.52	87.19	101.49	117.16	120.66	123.60	178.60
大　连	16.62	16.62	19.02	25.26	33.89	42.92	49.85	52.49	60.00	96.45
长　春	0.47	2.73	44.76	52.29	59.27	81.99	82.87	87.74	113.04	139.11
哈尔滨	2.94	7.54	7.97	12.15	14.40	18.74	23.60	26.77	37.39	84.45
上　海	67.37	83.47	89.65	93.78	111.18	130.23	135.45	168.81	188.27	253.45
南　京	8.41	10.04	12.95	15.58	20.87	24.52	24.82	27.29	31.32	78.92
无　锡	39.65	43.42	54.28	74.46	79.26	75.56	84.77	85.21	86.53	140.01
苏　州	40.65	51.13	58.31	60.60	81.68	90.91	97.98	114.73	119.13	205.82
杭　州	17.22	19.65	19.70	25.51	32.96	38.88	40.81	45.13	50.73	78.67
宁　波	17.70	21.09	21.84	32.05	40.50	68.05	69.25	81.13	87.87	102.55
温　州	4.31	6.91	7.37	8.49	9.83	11.94	13.86	14.41	15.22	36.27
合　肥	22.60	35.40	36.21	46.26	53.00	56.34	59.64	62.62	66.60	128.16
福　州	3.10	5.61	5.95	7.43	19.89	20.55	21.16	22.01	22.73	50.81
厦　门	12.98	13.33	14.40	14.53	17.22	17.34	17.34	23.42	25.04	24.20
南　昌	12.72	14.35	15.34	15.79	17.71	20.25	20.73	26.15	27.71	46.75
济　南	8.79	8.94	8.99	9.99	10.25	11.14	17.03	32.20	32.46	46.25
青　岛	30.75	31.14	32.41	35.93	37.78	40.11	41.87	48.84	63.45	117.80
郑　州	20.28	35.70	40.33	49.24	60.25	61.34	68.96	71.45	71.66	135.01
武　汉	9.67	16.76	25.54	41.42	45.10	46.43	49.36	51.96	55.26	63.77
长　沙	12.05	13.82	15.00	20.45	25.93	30.49	44.68	49.94	83.43	114.04
广　州	36.58	38.87	44.88	45.82	52.86	47.08	47.38	54.29	56.96	82.71
深　圳	20.46	21.16	27.61	29.29	30.23	33.16	33.16	39.08	41.72	53.35
南　宁	31.24	29.87	31.00	32.62	34.46	35.06	37.72	39.54	39.54	45.95
北　海	2.35	2.22	2.78	2.78	2.83	3.57	3.57	3.57	3.57	8.36
海　口	6.88	7.16	7.16	9.77	9.78	13.29	14.01	14.01	14.98	16.73
三　亚	6.47	6.47	6.47	6.47	6.47	6.47	6.47	6.74	6.89	6.89
重　庆	155.25	171.83	242.06	261.64	277.26	259.76	279.45	302.02	344.45	456.08
成　都	54.80	55.79	61.01	85.00	90.64	92.28	94.44	98.90	102.36	153.40
贵　阳	4.98	7.52	8.28	17.26	17.93	21.72	21.96	38.46	40.26	66.88
昆　明	8.61	10.59	15.97	18.35	18.42	21.29	25.12	25.37	27.84	35.48
西　安	6.84	7.34	8.77	9.29	10.03	10.03	10.93	11.05	14.51	45.01
兰　州	0.26	0.73	0.73	0.87	0.87	0.91	1.69	3.58	5.96	16.22
西　宁	0.88	2.28	2.83	2.83	4.05	4.45	4.45	9.57	36.20	41.46
银　川	3.44	6.10	8.17	12.94	20.59	23.39	24.08	25.22	29.52	69.26
乌鲁木齐	3.02	3.45	0.95	1.52	1.66	2.43	2.75	5.09	13.33	24.24

数据来源：国家统计局。

十一、全国四十重点城市房地产销售数据

表 2－99　　2009—2013 年全国四十重点城市商品房销售面积

单位：万平方米

	2009 年	2010 年	2011 年	2012 年	2013 年
北　京	2362.25	1639.53	1440.04	1943.74	1903.11
天　津	1590.02	1564.52	1643.11	1661.69	1847.11
石家庄	340.66	469.31	900.27	768.73	951.21
太　原	183.04	258.82	206.16	324.81	423.31
呼和浩特	374.99	471.60	576.37	478.18	420.45
沈　阳	1532.93	1746.52	2178.15	2469.65	2262.33
大　连	1152.68	1215.33	910.24	1076.36	1222.13
长　春	715.72	863.08	880.95	908.00	847.06
哈尔滨	704.06	881.75	953.10	1195.28	1370.48
上　海	3372.45	2055.53	1771.30	1898.46	2382.20
南　京	1187.27	823.17	767.70	950.87	1222.01
无　锡	1007.93	1008.23	654.41	923.73	906.38
苏　州	2181.01	1453.54	1155.92	1466.29	1875.05
杭　州	1441.18	988.34	829.81	1092.50	1139.13
宁　波	815.18	688.34	641.25	590.22	730.09
温　州	313.96	228.46	135.51	202.86	349.73
合　肥	1297.95	1004.91	1246.60	1242.48	1628.09
福　州	690.13	597.83	622.18	841.50	1256.49
厦　门	529.29	426.77	438.26	615.34	786.71
南　昌	494.69	520.84	498.80	689.86	841.49
济　南	439.77	531.49	594.06	659.56	822.63
青　岛	1261.86	1360.69	1027.95	950.92	1160.16
郑　州	1200.61	1558.72	1556.71	1441.87	1621.89
武　汉	1086.99	1207.97	1323.51	1576.11	1995.36
长　沙	1407.30	1680.21	1500.17	1526.93	1861.56
广　州	1375.42	1405.13	1251.48	1333.13	1699.98
深　圳	762.15	465.59	512.15	525.83	588.58
南　宁	731.74	666.48	696.48	629.01	702.60
北　海	175.55	179.63	161.52	133.76	178.44
海　口	190.68	209.76	225.55	266.95	338.19
三　亚	114.51	140.83	163.69	180.03	182.88
重　庆	4002.89	4314.39	4533.50	4522.40	4817.56
成　都	2693.10	2559.28	2713.45	2844.09	2950.13
贵　阳	818.16	801.56	828.29	1023.84	1282.01
昆　明	821.93	1242.48	1114.92	1051.35	1211.20
西　安	1256.02	1587.81	1796.03	1532.90	1632.85
兰　州	241.89	228.21	184.61	190.35	253.46
西　宁	154.17	216.7	260.12	177.04	277.80
银　川	434.87	455.56	380.52	450.26	612.11
乌鲁木齐	476.04	426.49	427.06	371.61	535.67

数据来源：国家统计局。

表 2-100　　2013 年全国四十重点城市月度累计商品房销售面积

单位：万平方米

	1-3月	1-4月	1-5月	1-6月	1-7月	1-8月	1-9月	1-10月	1-11月	1-12月
合　计	**8649.08**	**12355.21**	**16055.97**	**20696.12**	**24444.52**	**28157.04**	**32967.82**	**37173.37**	**42302.14**	**49089.63**
北　京	396.60	560.20	684.62	821.77	990.08	1156.14	1329.73	1453.56	1634.35	1903.11
天　津	391.29	509.96	674.41	789.79	853.45	974.41	1162.58	1330.97	1471.48	1847.11
石家庄	91.63	164.29	229.48	354.71	411.24	495.41	581.97	642.84	765.59	951.21
太　原	44.92	71.31	103.35	142.56	176.11	210.58	272.40	317.73	369.25	423.31
呼和浩特	27.27	53.34	90.56	124.13	149.68	180.46	231.01	291.17	375.53	420.45
沈　阳	244.19	375.56	565.07	806.13	1008.95	1175.12	1443.12	1681.75	1925.74	2262.33
大　连	140.94	206.61	315.27	452.38	590.47	686.13	850.66	954.30	1123.97	1222.13
长　春	53.19	118.27	220.83	293.21	357.59	449.59	549.76	641.42	743.07	847.06
哈尔滨	120.97	204.73	249.69	434.35	520.55	680.15	803.84	891.01	1030.20	1370.48
上　海	462.50	668.90	825.69	1107.04	1258.64	1475.29	1640.60	1914.75	2153.77	2382.20
南　京	217.31	324.10	443.80	536.91	653.21	750.86	839.54	934.45	1038.95	1222.01
无　锡	195.04	281.57	356.00	430.91	492.67	551.17	628.38	708.52	793.97	906.38
苏　州	347.35	518.42	651.67	817.98	979.70	1117.22	1288.92	1465.87	1662.54	1875.05
杭　州	242.46	357.38	455.42	546.30	626.44	706.60	811.03	910.77	1028.87	1139.13
宁　波	154.84	222.48	281.25	338.92	389.68	447.58	538.64	582.93	648.02	730.09
温　州	65.24	85.71	111.04	132.60	160.09	184.47	228.81	252.77	283.13	349.73
合　肥	372.34	492.64	617.59	757.68	895.78	1018.05	1162.47	1309.26	1461.36	1628.09
福　州	294.95	402.64	499.61	598.28	670.95	761.06	870.30	965.81	1064.80	1256.49
厦　门	193.50	295.22	359.87	423.19	492.77	549.66	613.68	674.09	728.82	786.71
南　昌	152.74	208.93	253.27	325.46	385.00	446.57	547.88	633.36	706.77	841.49
济　南	131.25	178.44	254.72	322.29	400.21	458.95	538.14	635.50	732.72	822.63
青　岛	178.42	267.85	345.10	421.63	491.77	567.14	722.59	835.61	953.58	1160.16
郑　州	288.79	384.84	467.02	616.32	737.01	840.19	964.24	1084.84	1278.27	1621.89
武　汉	314.31	445.48	570.20	815.48	944.33	1065.25	1248.40	1405.74	1649.25	1995.36
长　沙	310.74	432.50	575.35	781.90	942.89	1100.43	1274.77	1418.88	1626.53	1861.56
广　州	337.42	471.82	591.71	738.60	893.60	1034.77	1210.87	1351.49	1504.09	1699.98
深　圳	96.71	139.40	212.12	265.14	322.38	377.03	424.08	479.36	528.72	588.58
南　宁	110.03	177.19	232.45	308.58	369.52	415.42	494.06	557.11	615.14	702.60
北　海	26.08	36.83	51.59	63.57	75.51	91.16	112.79	124.65	144.50	178.44
海　口	55.20	78.12	94.88	150.19	179.71	204.03	238.98	267.82	304.31	338.19
三　亚	45.70	53.51	59.31	73.48	79.40	98.02	131.38	139.83	161.86	182.88
重　庆	1041.42	1428.74	1802.02	2186.27	2517.69	2819.83	3205.36	3565.52	4092.70	4817.56
成　都	590.69	827.89	1081.37	1398.31	1690.43	1918.99	2188.49	2428.09	2660.09	2950.13
贵　阳	282.28	377.60	468.22	568.97	675.93	787.85	929.09	1026.99	1148.49	1282.01
昆　明	226.34	299.80	374.58	495.24	559.75	606.10	764.77	810.92	950.52	1211.20
西　安	202.30	319.75	470.79	692.41	822.87	938.38	1152.28	1329.29	1514.33	1632.85
兰　州	28.95	47.41	61.16	88.27	116.45	137.63	163.61	180.78	213.16	253.46
西　宁	25.73	39.37	48.06	78.04	94.25	107.19	129.22	173.67	267.82	277.80
银　川	83.79	129.30	179.71	229.37	268.98	323.04	367.50	425.36	499.69	612.11
乌鲁木齐	63.65	97.12	127.10	167.75	198.78	249.11	311.88	374.59	446.21	535.67

数据来源：国家统计局。

表 2-101　　2009—2013 年全国四十重点城市住宅销售面积

单位：万平方米

	2009 年	2010 年	2011 年	2012 年	2013 年
北　京	1880.45	1201.39	1034.96	1483.37	1363.67
天　津	1461.47	1352.61	1454.84	1511.40	1720.34
石家庄	324.44	446.43	769.38	697.08	782.73
太　原	168.67	235.49	181.19	308.13	401.15
呼和浩特	309.10	394.46	511.14	414.31	339.96
沈　阳	1369.31	1516.06	1952.14	2201.45	2017.37
大　连	1093.41	1126.68	833.42	966.89	1104.02
长　春	653.91	786.19	786.62	775.19	762.50
哈尔滨	626.70	809.89	881.62	1031.61	1227.00
上　海	2928.04	1685.35	1473.72	1592.63	2015.81
南　京	1114.03	754.82	680.89	876.25	1143.15
无　锡	883.33	1008.23	529.07	782.59	778.24
苏　州	1881.86	1453.54	941.19	1263.11	1633.41
杭　州	1300.99	797.59	682.43	922.24	968.78
宁　波	651.97	492.59	444.34	458.74	581.95
温　州	272.50	228.46	113.38	180.58	317.41
合　肥	1180.33	863.86	1066.31	1117.33	1451.69
福　州	648.28	531.10	536.87	733.96	1105.48
厦　门	401.30	238.68	263.77	480.27	581.52
南　昌	463.63	489.30	435.69	595.33	751.87
济　南	403.50	477.31	536.79	559.92	705.31
青　岛	1151.15	1209.87	917.54	842.50	1050.61
郑　州	1085.14	1428.61	1300.67	1226.18	1313.48
武　汉	1041.39	1091.49	1169.26	1390.47	1750.43
长　沙	1358.48	1624.04	1385.56	1385.33	1659.53
广　州	1253.60	1111.66	1027.31	1128.51	1398.47
深　圳	717.39	413.80	482.85	488.44	527.16
南　宁	685.08	601.83	598.85	575.52	633.14
北　海	168.88	179.63	157.49	131.04	175.69
海　口	182.29	199.70	196.83	251.49	319.04
三　亚	113.80	140.83	162.35	178.02	180.57
重　庆	3771.22	3986.31	4063.42	4105.11	4359.19
成　都	2531.99	2289.92	2320.29	2424.61	2555.81
贵　阳	760.39	733.55	733.72	948.47	1145.71
昆　明	751.22	1097.42	928.33	917.73	1041.35
西　安	1202.12	1523.24	1687.08	1379.13	1496.34
兰　州	221.97	206.81	164.22	176.75	237.35
西　宁	148.08	206.78	250.27	165.85	272.04
银　川	382.75	404.32	318.36	388.33	543.09
乌鲁木齐	453.95	394.89	396.91	337.30	488.54

数据来源：国家统计局。

表 2－102　　2013 年全国四十重点城市月度累计住宅销售面积

单位：万平方米

	1－3 月	1－4 月	1－5 月	1－6 月	1－7 月	1－8 月	1－9 月	1－10 月	1－11 月	1－12 月
合　计	**7729.95**	**10989.95**	**14242.71**	**18298.43**	**21582.91**	**24832.54**	**29054.17**	**32742.38**	**37218.12**	**42900.89**
北　京	300.69	425.90	505.40	599.16	725.53	847.74	959.14	1044.17	1176.33	1363.67
天　津	366.65	471.55	626.61	733.36	791.32	905.22	1081.14	1237.98	1367.52	1720.34
石家庄	72.09	136.04	183.48	283.37	330.07	401.78	471.45	522.34	630.16	782.73
太　原	41.95	66.72	97.70	134.80	166.78	199.50	258.66	302.26	353.05	401.15
呼和浩特	23.88	39.72	68.17	100.40	122.73	150.92	199.98	239.70	302.36	339.96
沈　阳	227.20	348.87	520.98	734.43	913.91	1062.16	1302.09	1520.75	1738.36	2017.37
大　连	130.98	194.88	300.47	428.45	552.58	627.81	782.42	873.88	1021.63	1104.02
长　春	49.55	108.71	196.23	258.89	317.88	405.54	499.14	584.93	677.81	762.50
哈尔滨	98.81	166.98	208.29	382.54	461.35	599.64	716.20	798.74	932.96	1227.00
上　海	394.33	547.43	705.62	952.70	1083.11	1255.45	1402.95	1637.91	1848.01	2015.81
南　京	198.71	295.01	408.36	494.79	606.04	698.21	781.87	870.82	968.05	1143.15
无　锡	166.32	241.93	308.46	370.92	424.54	475.56	537.71	606.74	676.87	778.24
苏　州	309.66	457.36	576.71	721.00	862.28	982.32	1136.00	1283.41	1462.43	1633.41
杭　州	208.59	310.05	397.34	473.81	539.30	603.75	696.39	781.74	887.01	968.78
宁　波	126.72	184.90	233.71	280.58	316.47	359.61	432.15	468.22	521.53	581.95
温　州	53.49	71.04	94.66	114.64	139.08	161.43	203.86	227.00	255.27	317.41
合　肥	334.91	443.91	558.00	683.63	812.77	924.33	1053.30	1183.77	1307.29	1451.69
福　州	267.05	366.25	450.42	541.66	603.09	686.13	779.71	869.72	955.20	1105.48
厦　门	157.32	239.01	288.82	338.47	389.80	430.56	471.17	506.97	540.88	581.52
南　昌	141.52	192.17	230.96	292.36	344.88	401.65	492.51	570.81	638.33	751.87
济　南	111.16	150.11	214.19	268.01	336.37	387.05	456.58	540.60	627.08	705.31
青　岛	164.05	248.66	322.77	387.85	452.98	522.10	666.21	768.29	873.58	1050.61
郑　州	247.38	320.46	385.52	510.02	608.51	691.69	795.18	902.74	1058.19	1313.48
武　汉	296.37	416.23	527.79	739.37	852.16	957.66	1108.35	1223.81	1437.92	1750.43
长　沙	285.70	402.12	532.99	708.91	860.20	1008.68	1159.95	1288.07	1454.37	1659.53
广　州	295.31	406.60	505.74	626.26	751.62	862.33	998.24	1121.91	1243.84	1398.47
深　圳	91.21	125.01	188.99	236.36	287.43	337.46	378.41	429.67	474.57	527.16
南　宁	103.26	166.15	210.91	281.16	327.22	369.99	444.22	503.56	555.73	633.14
北　海	25.83	36.53	51.04	62.95	74.67	90.27	111.70	123.35	142.44	175.69
海　口	51.91	74.57	90.55	145.17	173.73	196.52	226.00	253.64	287.28	319.04
三　亚	45.19	52.83	58.58	72.76	78.67	97.29	130.53	138.70	160.73	180.57
重　庆	975.83	1335.09	1676.19	2011.48	2306.98	2585.27	2946.36	3281.07	3762.84	4359.19
成　都	519.58	720.53	943.09	1224.08	1482.91	1687.71	1926.12	2133.35	2328.36	2555.81
贵　阳	256.59	336.93	418.40	505.50	600.28	703.59	834.35	924.11	1029.16	1145.71
昆　明	210.42	275.85	331.95	434.35	492.41	533.89	660.51	690.49	808.57	1041.35
西　安	191.42	299.91	445.61	649.81	775.21	878.14	1068.47	1229.33	1402.48	1496.34
兰　州	27.43	44.77	57.74	84.12	108.86	128.95	153.29	169.76	200.21	237.35
西　宁	24.79	38.09	46.62	76.50	92.40	104.26	125.92	169.59	262.85	272.04
银　川	75.69	114.18	156.58	200.40	235.39	281.99	321.03	373.96	439.25	543.09
乌鲁木齐	60.42	89.91	117.10	153.45	181.42	228.37	284.95	344.52	407.62	488.54

数据来源：国家统计局。

表 2－103　　2009—2013 年全国四十重点城市办公楼销售面积

单位：万平方米

	2009 年	2010 年	2011 年	2012 年	2013 年
北　京	255.77	208.15	211.42	253.50	317.93
天　津	29.55	35.29	42.80	28.17	23.49
石家庄	1.47	8.15	12.10	17.46	36.95
太　原	5.17	4.04	7.44	5.02	8.00
呼和浩特	8.86	8.76	14.64	14.05	16.83
沈　阳	15.40	25.07	12.19	21.82	17.45
大　连	7.94	19.96	5.70	24.58	6.38
长　春	4.42	4.04	7.88	12.90	15.84
哈尔滨	12.83	2.54	2.26	10.57	19.57
上　海	203.00	162.89	147.40	111.73	161.22
南　京	23.53	14.78	38.28	32.93	24.53
无　锡	15.31	29.18	29.14	45.55	41.69
苏　州	59.86	66.51	38.42	34.35	52.42
杭　州	71.73	102.33	70.36	86.04	94.63
宁　波	57.06	67.39	66.91	45.53	49.59
温　州	11.27	6.67	5.24	3.97	7.67
合　肥	40.16	65.30	52.49	33.51	58.06
福　州	3.55	18.00	30.23	49.64	65.23
厦　门	22.00	54.75	50.24	36.25	67.14
南　昌	5.79	12.57	16.36	42.42	40.27
济　南	8.21	23.38	16.05	29.36	32.56
青　岛	31.17	27.80	15.82	42.22	46.43
郑　州	54.25	50.94	130.46	110.11	176.74
武　汉	9.61	20.88	25.10	58.95	71.44
长　沙	10.99	11.39	37.93	42.34	64.26
广　州	47.26	112.28	115.76	103.10	160.85
深　圳	19.63	15.00	9.90	5.98	21.31
南　宁	4.73	11.06	10.87	7.21	21.89
北　海	—	—	0.08	0.09	—
海　口	3.22	5.44	1.81	0.23	0.51
三　亚	—	—	—	—	1.33
重　庆	29.15	62.60	43.88	62.30	68.67
成　都	57.86	77.90	79.89	148.14	106.03
贵　阳	19.77	23.05	22.70	12.17	87.53
昆　明	19.81	18.31	39.82	72.40	40.74
西　安	18.23	35.46	31.58	56.92	33.36
兰　州	4.87	3.71	7.28	2.18	2.95
西　宁	1.38	1.00	0.38	0.16	0.32
银　川	10.38	13.73	8.81	6.26	5.00
乌鲁木齐	4.16	11.31	11.02	12.70	8.07

数据来源：国家统计局。

表 2－104　　2013 年全国四十重点城市月度累计办公楼销售面积

单位：万平方米

	1－3 月	1－4 月	1－5 月	1－6 月	1－7 月	1－8 月	1－9 月	1－10 月	1－11 月	1－12 月
合　计	**363.37**	**512.48**	**676.94**	**862.59**	**1023.68**	**1172.93**	**1374.15**	**1530.25**	**1712.86**	**2074.86**
北　京	60.23	88.38	114.94	136.28	164.15	185.64	219.81	243.20	270.22	317.93
天　津	2.96	8.67	11.22	14.19	14.74	16.31	17.69	18.53	19.50	23.49
石家庄	11.12	12.22	17.74	23.74	25.62	28.02	29.09	29.45	29.47	36.95
太　原	0.34	0.74	0.80	1.27	1.42	1.57	3.15	3.36	3.47	8.00
呼和浩特	0.80	6.71	7.89	8.18	9.48	9.82	10.32	11.90	16.19	16.83
沈　阳	0.95	1.31	2.26	3.72	4.22	4.92	7.63	8.50	9.02	17.45
大　连	0.97	0.99	1.01	1.75	2.12	2.65	3.36	4.28	5.74	6.38
长　春	0.50	0.53	6.47	9.35	9.42	9.50	9.92	10.64	12.56	15.84
哈尔滨	6.95	8.06	8.39	11.81	12.12	13.43	13.52	13.82	13.84	19.57
上　海	32.96	46.89	60.43	71.14	78.67	100.07	109.04	132.65	142.97	161.22
南　京	8.59	10.47	12.78	13.95	15.67	17.39	19.39	20.79	22.91	24.53
无　锡	5.25	7.72	10.62	15.81	18.88	21.68	28.95	31.41	38.89	41.69
苏　州	7.83	12.08	15.28	18.68	23.94	27.46	30.64	35.18	36.36	52.42
杭　州	19.82	28.20	34.81	44.29	53.99	63.03	69.29	75.81	81.84	94.63
宁　波	6.40	8.01	13.31	17.64	21.75	24.18	26.08	29.94	36.11	49.59
温　州	5.35	6.28	6.61	6.75	6.83	6.93	7.02	7.12	7.15	7.67
合　肥	10.56	14.92	19.35	25.30	30.17	34.48	40.01	45.49	51.57	58.06
福　州	11.96	14.54	20.25	22.73	28.35	30.42	39.37	40.08	47.65	65.23
厦　门	11.04	21.00	22.30	25.77	31.32	34.37	41.65	50.85	57.26	67.14
南　昌	3.88	7.27	10.77	13.93	18.21	19.64	25.76	27.30	29.04	40.27
济　南	6.41	9.83	15.08	18.63	23.07	24.23	27.20	28.79	30.03	32.56
青　岛	6.64	7.96	9.42	16.57	17.75	20.49	21.51	24.12	30.79	46.43
郑　州	29.58	34.82	42.25	58.13	70.64	83.35	90.33	96.53	120.60	176.74
武　汉	5.54	7.46	10.97	18.47	23.95	28.52	42.18	58.65	63.38	71.44
长　沙	13.12	15.42	20.39	34.53	36.98	39.90	48.29	50.21	55.46	64.26
广　州	25.24	35.75	46.89	59.10	77.09	98.11	124.10	131.81	143.08	160.85
深　圳	0.79	1.08	6.73	8.39	11.24	13.20	15.81	17.71	19.07	21.31
南　宁	0.48	1.06	8.59	9.12	19.95	20.41	21.19	21.42	21.73	21.89
北　海	—	—	—	—	—	—	—	—	—	—
海　口	0.25	0.25	0.25	0.46	0.46	0.46	0.46	0.51	0.51	0.51
三　亚	—	0.14	0.14	0.14	0.14	0.14	0.14	0.14	0.14	1.33
重　庆	14.24	16.64	19.76	29.98	32.09	36.91	41.20	46.02	51.21	68.67
成　都	24.35	32.39	38.48	44.06	51.20	57.12	61.83	73.66	86.73	106.03
贵　阳	18.91	29.49	36.39	46.49	52.68	58.55	62.53	66.36	77.70	87.53
昆　明	2.70	3.82	10.59	12.05	12.72	13.81	29.21	34.81	37.20	40.74
西　安	5.00	8.57	9.89	15.19	16.08	17.63	25.85	27.32	30.09	33.36
兰　州	0.67	0.78	1.00	1.29	1.79	1.86	2.63	2.95	2.95	2.95
西　宁	—	—	—	0.06	0.06	0.09	0.22	0.22	0.32	0.32
银　川	0.50	1.29	1.47	1.58	1.78	2.68	2.92	3.33	4.32	5.00
乌鲁木齐	0.50	0.74	1.42	2.05	2.94	3.93	4.88	5.36	5.81	8.07

数据来源：国家统计局。

表 2－105　　2009—2013 年全国四十重点城市商业营业用房销售面积

单位：万平方米

	2009 年	2010 年	2011 年	2012 年	2013 年
北　京	157.07	142.07	108.69	113.97	102.52
天　津	60.85	103.64	104.50	72.17	51.60
石家庄	6.83	7.64	88.54	36.72	78.12
太　原	9.14	14.65	15.74	8.69	14.13
呼和浩特	50.33	51.80	35.33	44.78	40.61
沈　阳	121.27	167.31	171.50	191.81	201.96
大　连	41.98	50.65	47.74	58.87	88.76
长　春	46.23	59.55	66.87	99.14	43.95
哈尔滨	49.46	49.41	49.02	102.57	83.83
上　海	126.49	125.56	95.57	120.01	116.47
南　京	41.85	43.42	35.02	29.23	43.68
无　锡	107.20	122.04	93.87	91.37	80.11
苏　州	199.89	211.57	158.87	149.90	165.25
杭　州	53.17	70.19	56.39	66.57	52.92
宁　波	59.44	73.07	89.75	55.31	55.71
温　州	20.41	20.41	13.67	14.57	22.45
合　肥	57.44	63.28	113.86	67.19	82.72
福　州	22.00	28.38	20.23	38.55	39.56
厦　门	14.16	18.91	15.67	22.08	21.42
南　昌	19.84	16.23	45.03	46.38	40.61
济　南	11.89	13.73	14.11	22.08	26.40
青　岛	60.55	89.56	67.60	50.56	42.01
郑　州	57.09	59.70	97.40	65.77	88.27
武　汉	25.57	50.37	86.45	73.80	124.00
长　沙	28.52	32.66	51.25	73.50	92.75
广　州	53.82	119.33	67.46	75.20	95.80
深　圳	18.07	21.89	18.79	21.00	19.05
南　宁	20.96	17.40	37.41	26.81	23.72
北　海	5.22	4.11	2.68	2.41	2.17
海　口	4.76	3.93	13.23	9.24	12.50
三　亚	0.66	0.03	0.75	1.43	0.92
重　庆	157.15	194.25	266.32	221.89	244.04
成　都	53.23	71.77	161.50	172.82	174.16
贵　阳	28.60	28.17	54.51	54.72	39.33
昆　明	31.43	53.60	87.33	33.39	70.48
西　安	33.01	22.80	57.69	69.47	61.43
兰　州	13.75	16.72	12.71	11.40	12.82
西　宁	4.71	8.92	9.47	10.95	5.17
银　川	41.74	37.51	53.35	50.36	54.78
乌鲁木齐	17.93	20.29	19.13	12.12	17.11

数据来源：国家统计局。

表 2－106　　2013 年全国四十重点城市月度累计商业营业用房销售面积

单位：万平方米

	1－3 月	1－4 月	1－5 月	1－6 月	1－7 月	1－8 月	1－9 月	1－10 月	1－11 月	1－12 月
合　计	**361.35**	**559.18**	**733.82**	**995.96**	**1196.58**	**1393.81**	**1648.28**	**1881.57**	**2192.11**	**2633.27**
北　京	19.77	25.83	35.30	46.89	50.87	59.28	70.25	80.61	89.63	102.52
天　津	13.15	17.33	19.68	21.79	24.06	26.18	30.23	33.75	38.00	51.60
石家庄	2.80	3.70	8.22	16.77	19.61	25.42	38.35	44.60	58.34	78.12
太　原	2.62	3.84	4.83	6.47	7.88	9.50	10.57	12.09	12.72	14.13
呼和浩特	1.78	5.10	9.49	10.34	12.07	14.32	15.32	29.76	36.75	40.61
沈　阳	13.56	21.94	34.95	57.96	78.13	94.30	117.62	134.21	158.47	201.96
大　连	6.29	7.39	9.74	15.11	26.59	45.43	53.82	64.69	80.16	88.76
长　春	1.60	5.55	12.72	17.89	21.81	24.70	27.44	30.90	34.05	43.95
哈尔滨	9.46	21.71	24.66	29.53	33.64	47.84	53.98	57.41	61.19	83.83
上　海	18.73	25.42	33.32	52.43	60.14	72.01	76.20	85.60	95.60	116.47
南　京	6.61	14.13	17.88	22.13	24.94	27.73	29.87	33.95	38.63	43.68
无　锡	21.75	29.92	34.31	40.97	45.31	49.72	57.08	64.87	72.37	80.11
苏　州	25.26	42.83	52.34	68.58	81.78	94.09	107.25	130.06	143.86	165.25
杭　州	10.35	14.55	17.54	21.38	24.37	29.32	32.71	37.34	42.80	52.92
宁　波	13.30	17.78	19.63	22.58	28.51	36.80	46.65	49.59	52.42	55.71
温　州	6.11	8.03	9.17	10.30	13.24	14.87	16.64	17.17	18.98	22.45
合　肥	23.58	28.85	34.52	38.37	41.64	45.53	50.69	55.31	74.35	82.72
福　州	6.82	10.09	15.07	18.34	22.07	23.35	25.70	27.31	30.57	39.56
厦　门	3.66	5.45	6.62	8.01	9.19	10.74	13.66	21.60	23.75	21.42
南　昌	6.84	8.79	10.72	14.52	16.79	19.12	22.74	28.10	31.85	40.61
济　南	4.37	6.30	9.27	13.38	14.62	16.99	21.27	22.67	24.54	26.40
青　岛	4.91	6.95	8.07	11.97	15.13	17.84	21.90	28.13	33.09	42.01
郑　州	9.64	22.08	26.74	33.86	40.31	45.91	52.22	58.11	69.21	88.27
武　汉	9.19	18.20	24.98	41.01	48.42	54.82	68.80	86.98	104.28	124.00
长　沙	9.71	12.36	18.17	32.71	38.66	43.20	52.31	56.34	84.41	92.75
广　州	11.42	20.78	28.71	37.43	46.64	52.66	63.93	69.48	82.43	95.80
深　圳	3.15	3.97	4.92	6.57	7.73	9.13	11.14	12.29	15.08	19.05
南　宁	4.24	6.37	8.25	10.49	13.84	15.16	17.50	19.06	19.87	23.72
北　海	0.08	0.12	0.36	0.44	0.65	0.70	0.89	1.10	1.85	2.17
海　口	2.54	2.64	2.92	3.10	3.51	4.71	9.73	10.76	11.51	12.50
三　亚	0.51	0.54	0.58	0.58	0.59	0.59	0.71	0.92	0.92	0.92
重　庆	38.13	52.23	69.01	89.04	114.72	128.10	139.30	152.01	180.73	244.04
成　都	24.72	42.82	55.87	79.24	96.60	106.00	125.80	139.81	151.20	174.16
贵　阳	5.79	9.71	11.72	14.38	18.34	20.86	26.44	29.60	33.34	39.33
昆　明	4.96	8.49	15.26	26.95	30.13	31.36	45.38	48.63	56.08	70.48
西　安	4.31	9.04	11.38	20.95	22.86	25.86	37.13	44.53	51.71	61.43
兰　州	0.84	1.87	2.42	2.77	5.71	6.73	7.60	7.98	9.90	12.82
西　宁	0.94	1.28	1.44	1.48	1.79	2.83	3.08	3.86	4.64	5.17
银　川	6.37	12.08	19.38	24.50	28.01	33.46	38.08	41.28	48.03	54.78
乌鲁木齐	1.49	3.14	3.65	4.76	5.66	6.65	8.33	9.12	14.79	17.11

数据来源：国家统计局。

表 2 - 107　　2009—2013 年全国四十重点城市商品房销售额

单位：亿元

	2009 年	2010 年	2011 年	2012 年	2013 年
北　京	3259. 66	2915. 36	2425. 80	3308. 56	3530. 82
天　津	1094. 85	1281. 91	1473. 11	1365. 53	1615. 47
石家庄	129. 55	182. 34	433. 09	379. 06	523. 48
太　原	87. 71	186. 37	146. 51	221. 05	303. 01
呼和浩特	146. 03	193. 51	240. 20	260. 38	220. 01
沈　阳	684. 36	945. 05	1281. 93	1561. 13	1436. 05
大　连	720. 32	856. 04	732. 85	861. 47	1009. 87
长　春	296. 42	446. 91	540. 16	503. 05	510. 43
哈尔滨	297. 59	468. 26	529. 31	659. 51	848. 84
上　海	4330. 22	2959. 94	2568. 88	2669. 49	3911. 57
南　京	853. 07	787. 38	714. 72	960. 98	1404. 75
无　锡	631. 25	775. 31	567. 92	775. 10	713. 82
苏　州	1408. 97	1184. 35	1049. 19	1336. 43	1803. 86
杭　州	1511. 45	1396. 77	1083. 92	1469. 27	1711. 20
宁　波	732. 98	775. 39	678. 91	663. 39	810. 40
温　州	426. 54	307. 31	229. 09	354. 52	575. 93
合　肥	548. 77	593. 34	788. 75	764. 86	1023. 01
福　州	457. 61	502. 96	627. 81	941. 49	1411. 79
厦　门	420. 82	379. 12	448. 10	755. 67	1071. 85
南　昌	186. 72	237. 80	294. 45	442. 82	597. 50
济　南	215. 79	332. 64	398. 59	450. 64	588. 38
青　岛	703. 67	895. 29	771. 04	766. 07	978. 62
郑　州	515. 20	772. 70	887. 96	901. 62	1161. 65
武　汉	579. 22	694. 73	955. 86	1157. 51	1539. 90
长　沙	513. 58	742. 33	882. 07	931. 56	1171. 35
广　州	1286. 15	1674. 99	1583. 19	1754. 75	2606. 00
深　圳	1113. 88	892. 55	1084. 97	1030. 10	1436. 25
南　宁	333. 45	342. 84	370. 63	377. 59	488. 97
北　海	57. 32	75. 94	72. 91	58. 84	80. 69
海　口	102. 35	168. 12	150. 08	182. 09	251. 04
三　亚	127. 24	243. 88	209. 25	209. 24	264. 70
重　庆	1377. 76	1846. 94	2146. 09	2297. 35	2682. 76
成　都	1329. 00	1519. 33	1811. 32	2072. 84	2123. 12
贵　阳	307. 49	353. 46	417. 18	496. 17	644. 18
昆　明	317. 96	455. 06	525. 84	603. 97	701. 94
西　安	488. 55	707. 00	1100. 60	1016. 97	1096. 63
兰　州	87. 36	96. 51	82. 37	108. 45	148. 73
西　宁	44. 85	72. 25	95. 18	83. 53	128. 57
银　川	162. 60	186. 45	176. 63	205. 97	297. 24
乌鲁木齐	168. 21	196. 37	229. 79	209. 56	327. 33

数据来源：国家统计局。

表 2-108　　2013 年全国四十重点城市月度累计商品房销售额

单位：亿元

	1-3 月	1-4 月	1-5 月	1-6 月	1-7 月	1-8 月	1-9 月	1-10 月	1-11 月	1-12 月
合　计	**8061.53**	**11453.83**	**14812.78**	**18829.04**	**22223.67**	**25595.47**	**29982.31**	**33774.57**	**38075.92**	**43751.71**
北　京	763.19	1019.26	1274.78	1573.90	1887.12	2211.34	2548.94	2797.42	3080.91	3530.82
天　津	352.01	465.45	601.94	698.55	756.83	864.53	1045.01	1188.45	1306.76	1615.47
石家庄	54.78	90.17	128.68	204.65	233.15	274.71	330.47	357.95	429.08	523.48
太　原	33.01	50.91	74.71	103.82	128.73	155.46	188.20	218.84	256.31	303.01
呼和浩特	15.32	34.90	58.32	74.96	89.51	104.78	130.02	159.41	201.55	220.01
沈　阳	160.43	246.65	365.61	513.81	638.37	741.91	924.87	1071.11	1216.11	1436.05
大　连	132.43	189.20	277.20	390.57	487.77	582.16	711.67	792.20	917.40	1009.87
长　春	36.91	77.19	137.13	183.44	224.24	279.96	339.51	389.94	445.97	510.43
哈尔滨	80.86	135.87	165.71	278.80	336.82	431.27	513.09	570.84	668.30	848.84
上　海	782.93	1112.68	1390.24	1785.53	2033.39	2353.65	2704.78	3161.70	3569.57	3911.57
南　京	244.63	371.47	496.99	619.75	750.97	861.49	973.98	1096.57	1211.68	1404.75
无　锡	147.51	209.53	268.16	330.22	379.37	429.02	488.81	554.28	628.20	713.82
苏　州	333.41	493.18	627.42	790.44	938.88	1074.30	1235.65	1403.84	1593.67	1803.86
杭　州	382.49	566.04	719.12	856.41	979.99	1105.41	1255.09	1389.06	1558.71	1711.20
宁　波	172.40	241.40	297.85	371.79	439.86	497.83	588.21	641.30	724.52	810.40
温　州	113.53	145.62	189.99	227.36	270.48	309.55	405.44	444.68	488.55	575.93
合　肥	232.27	306.23	386.23	481.83	563.43	639.73	735.22	828.15	933.80	1023.01
福　州	282.81	388.95	495.41	601.06	680.88	776.47	892.51	997.11	1123.15	1411.79
厦　门	266.75	399.87	491.48	575.24	674.86	751.44	839.74	923.99	998.05	1071.85
南　昌	99.10	140.18	176.51	235.41	278.58	323.95	388.61	453.96	503.53	597.50
济　南	98.41	137.11	193.82	243.81	297.83	339.02	393.18	455.58	519.75	588.38
青　岛	144.08	216.63	277.53	341.03	403.59	469.52	602.14	697.73	805.55	978.62
郑　州	230.93	300.24	364.38	471.97	558.97	634.59	720.21	808.30	955.43	1161.65
武　汉	229.26	340.27	444.28	605.11	710.70	808.51	980.04	1124.70	1287.99	1539.90
长　沙	203.47	281.37	370.02	502.02	597.90	697.68	806.49	896.60	1018.47	1171.35
广　州	510.37	715.63	884.85	1092.98	1313.95	1529.95	1873.21	2087.73	2320.48	2606.00
深　圳	218.07	315.06	484.58	631.27	769.67	903.22	1017.54	1142.63	1271.57	1436.25
南　宁	72.23	121.25	167.94	215.92	276.98	309.41	360.40	402.49	436.93	488.97
北　海	11.77	16.87	23.83	29.38	34.91	45.99	54.59	57.23	66.93	80.69
海　口	45.58	61.36	77.50	116.07	136.19	152.98	181.08	202.35	228.86	251.04
三　亚	100.91	120.08	132.76	152.69	163.47	179.98	206.79	220.03	237.88	264.70
重　庆	575.24	795.66	1001.62	1214.18	1413.44	1582.97	1789.33	2003.05	2279.63	2682.76
成　都	414.38	588.17	766.75	984.71	1200.94	1358.05	1545.85	1729.54	1904.41	2123.12
贵　阳	135.62	188.31	235.11	288.10	341.41	393.59	463.80	518.63	576.55	644.18
昆　明	132.08	174.20	209.73	272.70	309.62	345.49	447.24	483.49	547.63	701.94
西　安	139.50	217.35	321.23	462.22	548.07	622.14	763.81	878.79	999.79	1096.63
兰　州	19.32	32.13	40.53	53.27	71.91	83.94	98.25	106.45	121.10	148.73
西　宁	13.62	20.65	24.98	36.04	44.65	53.11	63.94	82.42	122.88	128.57
银　川	41.83	66.45	88.39	112.45	131.79	158.97	182.54	209.42	244.65	297.24
乌鲁木齐	38.11	60.27	79.49	105.58	124.45	157.41	192.08	226.61	273.63	327.33

数据来源：国家统计局。

表 2－109　　2009—2013 年全国四十重点城市住宅销售额

单位：亿元

	2009 年	2010 年	2011 年	2012 年	2013 年
北　京	2486.77	2060.52	1606.04	2455.50	2434.71
天　津	965.36	1069.75	1242.27	1210.57	1443.34
石家庄	121.14	169.78	338.55	328.57	386.88
太　原	75.88	165.93	121.83	197.35	267.48
呼和浩特	100.53	143.88	199.78	198.79	157.45
沈　阳	574.59	774.55	1095.96	1318.55	1225.29
大　连	675.13	761.55	660.82	733.29	867.67
长　春	262.36	400.72	469.50	408.79	436.81
哈尔滨	259.91	419.07	471.38	527.45	721.97
上　海	3620.23	2395.35	1981.91	2208.96	3264.03
南　京	767.90	696.45	572.95	847.76	1266.41
无　锡	538.70	627.99	427.75	606.15	579.88
苏　州	1196.56	923.51	852.74	1134.28	1548.36
杭　州	1374.00	1137.29	860.74	1225.97	1422.03
宁　波	591.18	577.83	473.17	522.29	663.74
温　州	383.84	266.00	191.61	318.00	506.03
合　肥	483.38	475.17	600.42	642.94	883.18
福　州	417.55	418.17	511.62	781.26	1122.66
厦　门	358.57	276.63	341.22	622.11	846.18
南　昌	168.64	211.90	230.08	350.06	499.19
济　南	193.55	291.14	358.37	372.38	494.65
青　岛	619.64	776.81	658.00	638.90	839.09
郑　州	439.88	656.55	610.16	691.94	865.17
武　汉	541.37	606.01	791.38	958.78	1266.95
长　沙	479.95	701.91	759.87	776.13	955.66
广　州	1126.80	1180.03	1169.38	1354.31	1951.45
深　圳	1032.28	784.30	1007.28	927.84	1235.00
南　宁	305.75	298.01	307.38	323.37	389.67
北　海	54.45	73.17	70.28	56.05	78.47
海　口	96.94	161.14	131.17	163.77	234.23
三　亚	126.93	243.82	206.63	203.49	258.19
重　庆	1231.71	1610.64	1825.41	1972.42	2283.57
成　都	1234.33	1334.38	1464.24	1619.26	1714.32
贵　阳	265.55	310.48	334.07	424.22	514.17
昆　明	273.78	373.99	422.66	496.02	584.73
西　安	450.71	661.27	977.30	858.37	962.89
兰　州	77.69	84.04	66.52	95.81	131.03
西　宁	41.62	66.10	86.03	71.39	119.16
银　川	129.63	153.70	127.98	162.61	245.67
乌鲁木齐	152.32	169.00	195.66	177.25	286.21

数据来源：国家统计局。

表 2－110　　2013 年全国四十重点城市月度累计住宅销售额

单位：亿元

	1－3 月	1－4 月	1－5 月	1－6 月	1－7 月	1－8 月	1－9 月	1－10 月	1－11 月	1－12 月
合　计	6842.00	9667.34	12442.78	15748.72	18529.93	21293.56	24920.38	28066.34	31587.32	35953.55
北　京	587.52	763.53	921.09	1122.89	1353.37	1592.03	1809.77	1968.73	2151.47	2434.71
天　津	317.86	412.38	535.33	622.93	673.95	774.78	940.36	1068.37	1171.95	1443.34
石家庄	36.67	67.07	93.78	143.76	162.06	193.28	231.39	255.23	315.27	386.88
太　原	28.70	43.61	65.56	90.68	113.17	136.74	166.87	194.78	230.67	267.48
呼和浩特	12.91	20.95	37.20	52.93	63.01	76.18	99.71	117.69	143.75	157.45
沈　阳	145.24	224.05	327.26	453.32	561.84	651.18	810.17	938.76	1058.59	1225.29
大　连	121.65	176.74	261.11	362.00	448.26	507.19	621.84	688.06	789.47	867.67
长　春	33.81	69.99	119.58	158.31	194.21	244.74	298.00	343.96	393.08	436.81
哈尔滨	57.57	102.49	128.68	233.50	284.95	363.10	437.77	488.92	580.96	721.97
上　海	665.79	951.51	1180.82	1516.23	1725.95	1969.59	2290.88	2670.71	3023.38	3264.03
南　京	208.24	316.51	431.55	542.18	662.86	764.93	870.25	983.26	1087.77	1266.41
无　锡	119.01	170.53	220.18	269.35	309.65	351.27	398.38	451.42	507.02	579.88
苏　州	296.15	431.40	548.48	687.65	814.24	929.16	1071.67	1214.97	1388.73	1548.36
杭　州	326.34	458.32	616.20	726.00	823.89	922.35	1050.71	1165.61	1315.52	1422.03
宁　波	142.31	202.02	249.45	304.34	360.59	403.17	478.93	524.33	596.46	663.74
温　州	84.32	111.06	152.51	187.12	221.99	258.06	347.25	385.18	426.53	506.03
合　肥	198.91	262.03	332.13	416.15	489.10	556.86	640.62	723.16	795.89	883.18
福　州	239.83	332.77	412.60	504.58	563.32	645.67	738.86	831.78	926.14	1122.66
厦　门	225.45	337.56	416.05	486.55	569.06	627.37	684.05	741.92	794.88	846.18
南　昌	89.22	125.67	153.37	198.49	233.33	272.37	325.07	383.77	428.30	499.19
济　南	78.65	109.98	155.41	194.09	240.76	274.54	322.45	377.00	434.00	494.65
青　岛	126.48	193.26	250.99	301.66	358.32	414.35	536.55	619.43	707.06	839.09
郑　州	175.16	223.56	270.82	354.62	417.31	470.66	536.97	609.50	716.28	865.17
武　汉	207.41	300.07	387.61	519.46	606.48	689.19	818.51	914.92	1047.26	1266.95
长　沙	170.27	240.73	315.27	410.72	494.50	583.86	667.79	744.88	837.13	955.66
广　州	417.21	579.99	702.78	861.22	1019.13	1173.94	1428.24	1600.91	1763.44	1951.45
深　圳	201.35	281.94	419.74	545.30	664.34	782.37	875.37	986.81	1100.82	1235.00
南　宁	63.19	101.64	132.62	173.51	203.29	231.92	277.21	314.99	345.69	389.67
北　海	11.63	16.66	23.28	28.69	34.04	45.05	53.39	55.91	65.10	78.47
海　口	42.49	57.96	73.76	111.50	130.67	146.35	169.60	189.83	213.48	234.23
三　亚	99.40	118.07	130.66	150.59	161.36	177.87	204.39	217.12	234.97	258.19
重　庆	504.04	692.47	873.55	1048.90	1216.52	1366.73	1548.76	1733.73	1973.68	2283.57
成　都	345.61	485.52	634.50	813.71	992.75	1127.22	1279.40	1422.17	1554.59	1714.32
贵　阳	112.42	148.44	186.68	226.72	268.66	313.11	373.37	418.87	463.31	514.17
昆　明	120.01	154.77	181.38	235.71	266.07	298.62	373.05	400.66	452.82	584.73
西　安	128.23	199.33	297.32	423.12	503.27	566.38	681.14	777.42	888.85	962.89
兰　州	17.18	28.64	36.58	48.73	62.70	73.74	86.51	94.21	107.98	131.03
西　宁	12.60	19.09	23.20	34.12	42.30	48.07	58.18	75.88	115.08	119.16
银　川	35.75	54.34	73.17	94.21	110.27	131.64	149.73	171.88	200.44	245.67
乌鲁木齐	35.39	53.66	70.58	93.14	108.41	137.92	167.20	199.58	239.52	286.21

数据来源：国家统计局。

表 2－111　　2009—2013 年全国四十重点城市办公楼销售额

单位：亿元

	2009 年	2010 年	2011 年	2012 年	2013 年
北　京	431.14	487.32	500.96	560.59	744.78
天　津	32.90	48.90	53.55	37.61	26.88
石家庄	0.54	4.03	11.44	14.64	32.87
太　原	3.30	2.79	7.28	5.26	11.01
呼和浩特	4.24	5.06	7.08	10.21	13.79
沈　阳	11.77	17.39	9.17	24.63	18.62
大　连	4.14	28.42	7.42	38.01	4.14
长　春	1.86	1.84	7.73	11.19	10.82
哈尔滨	5.94	1.65	1.55	8.71	15.45
上　海	438.43	307.67	371.81	234.62	380.85
南　京	29.53	19.02	74.01	54.30	44.00
无　锡	10.35	25.88	25.99	38.97	39.08
苏　州	43.99	53.77	32.47	27.90	46.57
杭　州	74.82	154.91	117.11	148.38	182.93
宁　波	53.53	74.38	72.86	42.97	48.35
温　州	12.37	10.88	13.02	8.09	16.51
合　肥	18.69	44.59	41.52	28.58	47.13
福　州	2.44	29.63	49.65	81.85	129.36
厦　门	15.16	38.00	41.51	49.88	97.96
南　昌	3.29	12.13	15.76	47.40	40.11
济　南	4.13	17.43	13.93	29.62	33.65
青　岛	30.32	23.57	18.65	49.40	68.56
郑　州	26.74	47.53	131.43	104.12	172.26
武　汉	5.03	11.98	24.79	79.02	66.95
长　沙	6.22	5.13	37.47	51.84	78.06
广　州	71.27	189.55	221.14	234.41	368.56
深　圳	40.99	34.28	25.03	24.98	83.41
南　宁	3.04	9.09	9.26	14.04	36.50
北　海	—	—	0.06	0.11	—
海　口	1.60	3.52	4.47	0.71	0.77
三　亚	—	—	—	—	3.99
重　庆	15.08	59.70	51.28	71.61	78.08
成　都	34.03	72.29	80.45	136.40	107.04
贵　阳	9.15	12.52	14.77	11.47	66.45
昆　明	11.70	13.86	21.48	61.15	40.94
西　安	9.62	21.29	30.82	48.79	29.90
兰　州	2.58	1.67	5.99	1.79	3.21
西　宁	0.49	0.22	0.07	0.13	0.26
银　川	5.63	7.72	6.65	2.99	4.00
乌鲁木齐	3.03	10.69	9.74	15.00	9.60

数据来源：国家统计局。

表 2 -112　　2013 年全国四十重点城市月度累计办公楼销售额

单位：亿元

	1 -3 月	1 -4 月	1 -5 月	1 -6 月	1 -7 月	1 -8 月	1 -9 月	1 -10 月	1 -11 月	1 -12 月
合　计	**570.80**	**781.51**	**1051.96**	**1331.85**	**1581.43**	**1845.22**	**2159.65**	**2414.20**	**2698.38**	**3203.40**
北　京	124.63	178.37	244.96	305.17	367.34	425.70	504.08	558.78	626.95	744.78
天　津	4.51	9.72	12.82	15.94	16.57	17.55	19.15	20.60	21.42	26.88
石家庄	11.11	11.83	16.76	22.55	23.88	25.46	26.55	26.83	26.86	32.87
太　原	0.56	1.20	1.28	1.77	1.98	2.22	2.98	3.32	3.46	11.01
呼和浩特	0.55	6.12	7.25	7.58	8.58	8.89	9.44	10.06	13.18	13.79
沈　阳	0.97	1.34	3.01	5.02	5.77	6.66	9.14	10.14	10.74	18.62
大　连	0.75	0.78	0.81	1.12	1.47	1.99	2.38	2.91	3.59	4.14
长　春	0.34	0.35	3.79	5.40	5.45	5.51	5.97	6.37	7.90	10.82
哈尔滨	7.12	8.00	8.26	10.77	11.07	12.31	12.40	12.57	12.60	15.45
上　海	65.67	94.27	124.48	152.99	172.11	229.50	247.97	303.08	331.37	380.85
南　京	18.15	21.76	25.24	27.06	29.74	32.21	34.24	36.33	39.46	44.00
无　锡	4.14	6.12	8.83	13.70	15.97	18.09	23.86	25.91	35.92	39.08
苏　州	7.31	10.67	13.63	16.65	21.80	25.20	28.11	32.36	33.42	46.57
杭　州	38.68	56.02	70.83	90.54	110.02	125.00	137.69	146.87	157.77	182.93
宁　波	8.06	9.75	14.03	25.65	23.92	26.32	28.68	31.99	37.88	48.35
温　州	13.01	14.51	15.02	15.21	15.37	15.58	15.68	15.86	15.91	16.51
合　肥	8.96	12.45	15.80	20.83	25.07	28.67	32.34	36.81	41.80	47.13
福　州	20.88	25.80	36.62	41.13	49.10	54.63	68.53	74.61	91.51	129.36
厦　门	17.31	28.82	31.37	35.63	42.73	48.92	65.54	78.79	87.03	97.96
南　昌	3.78	6.02	11.72	15.37	20.56	22.33	27.27	29.20	30.81	40.11
济　南	8.12	11.26	16.83	20.17	24.18	25.65	28.05	29.85	31.16	33.65
青　岛	8.17	9.73	11.11	19.26	20.74	26.97	28.57	31.69	44.78	68.56
郑　州	41.02	47.07	56.45	71.54	87.13	102.15	110.51	118.00	145.81	172.26
武　汉	5.30	7.52	10.19	16.28	21.19	24.15	41.84	57.93	60.97	66.95
长　沙	17.92	20.58	25.14	41.94	44.44	47.48	54.93	57.25	65.60	78.06
广　州	64.33	86.26	114.08	142.92	177.90	222.36	275.87	298.54	322.13	368.56
深　圳	2.70	3.52	27.69	32.20	42.97	50.95	62.90	70.41	75.11	83.41
南　宁	0.82	1.79	14.55	15.38	33.90	34.66	35.51	35.86	36.28	36.50
北　海	—	—	—	—	—	—	—	—	—	—
海　口	0.13	0.13	0.13	0.60	0.60	0.60	0.60	0.77	0.77	0.77
三　亚	—	0.40	0.40	0.40	0.40	0.40	0.40	0.40	0.40	3.99
重　庆	21.13	23.21	27.32	38.36	41.38	44.68	50.57	55.62	61.34	78.08
成　都	21.58	29.11	34.02	39.32	45.80	51.37	54.91	72.18	88.31	107.04
贵　阳	14.54	22.57	27.84	36.09	41.15	45.61	48.74	51.67	58.73	66.45
昆　明	2.93	4.50	7.50	9.44	10.14	11.09	28.24	31.93	35.27	40.94
西　安	4.18	7.58	8.77	13.01	13.79	14.92	24.25	25.42	27.37	29.90
兰　州	0.67	0.78	1.02	1.35	1.85	1.92	2.91	3.21	3.21	3.21
西　宁	—	—	—	0.05	0.05	0.08	0.17	0.17	0.26	0.26
银　川	0.27	0.71	0.84	0.93	1.09	1.68	1.87	2.56	3.45	4.00
乌鲁木齐	0.50	0.90	1.59	2.56	4.26	5.74	6.81	7.35	7.86	9.60

数据来源：国家统计局。

表 2 -113 2009—2013 年全国四十重点城市商业营业用房销售额

单位：亿元

	2009 年	2010 年	2011 年	2012 年	2013 年
北　京	299.86	318.99	270.85	233.36	270.71
天　津	54.49	109.31	138.58	93.87	85.40
石家庄	5.70	5.58	71.76	26.58	67.93
太　原	8.49	16.30	15.68	17.45	24.50
呼和浩特	38.42	37.00	27.13	48.77	38.37
沈　阳	86.25	130.30	151.72	186.29	176.00
大　连	35.80	50.45	52.54	74.51	123.53
长　春	28.07	38.71	53.78	72.61	44.23
哈尔滨	25.18	36.04	46.70	97.48	84.04
上　海	192.73	197.57	181.66	194.62	224.71
南　京	51.10	65.64	58.43	52.16	86.10
无　锡	81.71	119.84	111.96	127.45	91.91
苏　州	158.67	187.94	157.67	166.39	199.14
杭　州	55.13	94.20	93.48	83.54	92.67
宁　波	64.79	91.93	111.96	83.84	76.49
温　州	25.88	26.40	22.83	26.46	52.65
合　肥	41.22	69.38	142.39	82.56	83.07
福　州	30.59	43.45	44.47	64.68	122.61
厦　门	24.39	33.04	32.41	45.14	56.95
南　昌	12.63	12.33	47.34	41.90	50.06
济　南	13.06	18.33	16.26	27.70	33.15
青　岛	49.42	82.32	80.05	71.74	58.82
郑　州	47.01	59.88	135.46	89.99	105.86
武　汉	28.54	58.54	114.95	97.08	172.40
长　沙	24.36	31.25	73.72	96.04	118.96
广　州	72.09	235.76	138.85	135.79	225.85
深　圳	33.62	55.08	51.74	52.02	66.06
南　宁	18.08	19.04	37.96	33.52	53.36
北　海	2.52	2.28	2.41	2.56	2.01
海　口	3.56	3.20	9.25	15.72	13.12
三　亚	0.28	0.06	1.77	4.24	2.39
重　庆	112.28	155.46	216.58	212.47	263.08
成　都	46.58	66.70	201.81	281.41	257.43
贵　阳	29.72	25.15	58.83	57.16	58.47
昆　明	25.02	41.94	62.51	35.16	55.87
西　安	27.07	21.46	80.56	94.28	71.75
兰　州	6.76	10.61	9.69	10.83	14.35
西　宁	2.65	5.81	8.80	11.99	9.02
银　川	26.36	22.38	38.71	38.19	43.25
乌鲁木齐	11.35	14.69	20.41	12.99	21.83

数据来源：国家统计局。

表 2-114　　2013 年全国四十重点城市月度累计商业营业用房销售额

单位：亿元

	1-3月	1-4月	1-5月	1-6月	1-7月	1-8月	1-9月	1-10月	1-11月	1-12月
合　计	**536.56**	**826.10**	**1078.68**	**1428.02**	**1727.06**	**2003.84**	**2366.94**	**2674.61**	**3077.68**	**3698.10**
北　京	40.25	63.16	90.18	119.80	130.19	149.14	179.09	210.53	237.04	270.71
天　津	21.11	29.01	32.97	35.94	39.74	42.88	49.83	53.85	60.26	85.40
石家庄	3.82	4.20	8.20	18.07	22.47	28.08	42.71	45.10	55.24	67.93
太　原	3.74	6.09	7.86	11.36	13.57	16.48	18.33	20.73	22.17	24.50
呼和浩特	1.57	7.04	11.48	11.95	15.39	17.18	18.34	26.54	35.07	38.37
沈　阳	12.83	19.39	30.82	48.86	63.46	76.17	96.24	110.94	134.73	176.00
大　连	8.40	9.88	13.17	23.03	32.27	66.12	79.40	92.79	112.83	123.53
长　春	1.78	4.82	10.65	15.49	19.57	23.25	27.40	30.09	33.30	44.23
哈尔滨	13.08	21.12	24.22	28.86	33.31	44.94	51.60	57.50	62.24	84.04
上　海	45.74	57.76	74.10	104.10	120.71	134.88	144.18	164.27	185.93	224.71
南　京	15.80	29.90	36.68	45.49	52.73	58.32	62.96	70.14	77.21	86.10
无　锡	23.85	32.19	38.15	45.84	51.96	57.73	64.38	74.38	82.47	91.91
苏　州	27.91	48.08	61.70	81.73	97.53	114.01	129.35	148.93	162.97	199.14
杭　州	15.12	21.70	28.33	35.38	40.34	51.67	58.68	67.18	75.35	92.67
宁　波	17.30	23.37	26.53	32.64	43.03	54.25	63.40	67.01	70.79	76.49
温　州	16.11	19.95	22.31	24.83	32.91	35.58	42.16	43.18	45.54	52.65
合　肥	23.68	30.38	36.70	41.79	45.93	50.28	56.97	61.38	88.43	83.07
福　州	15.72	22.13	36.32	44.05	55.91	60.29	65.69	69.49	82.04	122.61
厦　门	10.28	14.70	17.48	21.65	24.92	30.72	37.90	45.93	50.72	56.95
南　昌	5.84	7.93	10.82	17.14	19.81	23.38	29.77	34.05	37.02	50.06
济　南	6.68	9.62	13.13	17.49	19.18	22.92	25.68	27.75	30.28	33.15
青　岛	8.19	11.80	13.24	17.65	21.59	25.01	30.17	38.33	44.86	58.82
郑　州	13.76	26.69	32.42	40.37	47.85	54.42	61.61	69.31	80.85	105.86
武　汉	14.14	29.89	41.92	58.80	70.78	80.95	100.86	125.40	148.48	172.40
长　沙	14.30	18.91	28.11	47.33	56.50	63.34	78.94	85.72	103.38	118.96
广　州	22.10	39.10	55.91	73.19	97.74	110.43	142.06	155.37	189.38	225.85
深　圳	8.49	11.16	14.77	24.21	27.48	30.79	35.61	38.67	47.71	66.06
南　宁	7.50	16.64	19.17	23.97	36.33	38.93	43.38	46.29	47.69	53.36
北　海	0.08	0.14	0.49	0.62	0.80	0.86	1.12	1.24	1.75	2.01
海　口	2.80	3.04	3.26	3.53	4.31	5.33	10.03	10.85	12.17	13.12
三　亚	1.51	1.61	1.70	1.70	1.71	1.71	2.00	2.39	2.39	2.39
重　庆	45.58	71.05	88.09	109.37	135.52	149.50	163.05	181.89	208.73	263.08
成　都	38.88	60.68	80.18	110.86	138.06	152.55	182.46	203.45	224.50	257.43
贵　阳	8.27	16.59	19.77	24.07	29.69	32.85	39.02	44.57	49.75	58.47
昆　明	4.96	8.84	13.48	18.91	24.06	25.94	35.34	36.97	42.75	55.87
西　安	6.07	8.94	11.92	20.67	23.60	27.08	42.46	52.51	58.75	71.75
兰　州	1.47	2.70	2.93	3.15	7.32	8.24	8.79	8.99	9.87	14.35
西　宁	1.02	1.56	1.78	1.87	2.30	4.96	5.58	6.36	7.54	9.02
银　川	5.35	10.23	13.01	15.73	18.50	23.33	28.34	31.65	37.02	43.25
乌鲁木齐	1.49	4.11	4.77	6.55	7.96	9.35	12.02	12.89	18.51	21.83

数据来源：国家统计局。

十二、2013 年全国七十大中城市住宅销售价格变动情况

表 2-115　　2013 年 70 个大中城市新建住宅价格定基指数

	1月	2月	3月	4月	5月	6月	7月	8月	9月	10月	11月	12月
北　京	105.9	108.5	110.8	112.4	113.8	115.3	116.8	117.8	119.0	119.7	120.3	121.0
天　津	104.7	106.1	107.6	108.3	108.7	109.0	109.5	110.0	110.6	110.9	111.4	111.9
石家庄	109.8	111.2	112.4	113.2	113.7	115.1	115.6	116.6	117.6	118.8	119.5	119.8
太　原	103.0	104.1	104.9	106.2	108.4	109.6	110.6	111.6	113.0	114.1	114.4	114.8
呼和浩特	105.3	106.7	106.9	106.8	108.2	109.3	110.6	111.3	111.9	113.3	114.2	114.8
沈　阳	107.5	109.1	110.2	112.5	114.5	115.6	116.8	117.7	118.9	119.2	119.5	119.8
大　连	107.5	108.7	109.8	111.3	112.7	113.9	114.7	115.1	115.8	116.3	116.8	117.6
长　春	104.1	105.2	106.1	107.1	108.3	109.2	109.9	111.0	111.7	112.2	112.8	113.2
哈尔滨	105.2	106.2	107.2	108.1	108.9	110.3	110.7	111.5	112.1	113.0	114.0	114.6
上　海	102.9	104.8	107.6	109.5	111.0	113.0	114.9	116.5	118.1	118.9	119.6	120.3
南　京	101.8	103.4	104.9	106.4	107.4	108.5	109.2	110.1	110.9	111.7	112.3	112.9
杭　州	93.1	93.9	95.0	96.3	97.1	98.0	98.7	99.8	101.0	101.8	102.3	102.5
宁　波	93.6	94.8	95.0	95.6	96.2	97.0	97.0	97.6	98.5	98.9	99.4	99.9
合　肥	103.3	104.5	105.2	106.0	106.9	107.7	108.7	109.4	109.9	110.4	111.6	112.8
福　州	106.1	108.0	109.4	111.1	111.5	114.2	114.9	115.5	116.6	117.1	118.6	119.1
厦　门	107.9	109.7	111.9	113.8	115.2	117.0	119.5	120.6	122.3	123.0	123.4	123.8
南　昌	107.6	109.2	110.9	111.8	112.8	114.1	114.6	115.3	116.3	117.0	117.4	118.0
济　南	104.1	105.0	106.0	107.2	107.8	108.4	109.5	110.5	111.2	111.8	112.5	113.1
青　岛	100.5	101.8	102.9	103.6	104.6	105.5	106.3	107.6	108.1	108.6	109.1	109.8
郑　州	108.8	110.5	112.5	114.3	115.3	116.5	118.5	119.4	119.7	119.7	119.8	120.0
武　汉	106.1	107.3	108.3	109.4	110.4	111.3	112.2	113.3	113.8	114.8	115.4	115.8
长　沙	109.8	111.2	113.0	114.3	115.5	116.4	117.6	118.7	119.4	120.6	121.4	122.0
广　州	108.6	112.0	114.8	117.2	118.9	120.1	121.3	123.4	125.1	126.1	127.1	128.0
深　圳	106.6	108.9	111.8	113.9	116.0	117.9	118.9	120.5	122.2	123.3	124.5	125.1
南　宁	101.6	102.8	104.5	105.2	106.7	107.6	108.8	109.7	110.3	111.3	111.5	112.0
海　口	100.9	101.1	101.3	101.5	101.7	101.8	102.0	102.0	102.0	102.7	103.3	103.6
重　庆	105.3	106.3	107.3	108.5	109.2	109.9	110.4	111.4	112.3	112.9	113.8	114.0
成　都	104.4	105.1	106.1	108.0	109.0	110.0	110.4	111.3	111.9	112.4	113.1	113.3
贵　阳	106.7	107.4	108.1	109.4	110.2	110.1	110.8	110.7	111.7	112.7	113.1	113.4
昆　明	107.7	107.8	108.7	109.3	110.0	110.5	110.9	111.6	112.1	112.5	113.1	113.7
西　安	105.9	106.8	107.9	108.8	110.0	111.0	112.1	113.1	113.9	114.6	115.0	115.6
兰　州	107.8	108.8	110.0	110.8	111.5	112.7	113.2	114.5	114.9	115.2	115.7	115.9
西　宁	109.6	111.1	111.7	112.6	113.9	115.2	116.3	117.5	117.9	118.8	119.5	120.2
银　川	105.6	106.2	106.8	107.8	108.6	109.5	110.1	111.5	112.3	112.9	113.7	114.3
乌鲁木齐	113.3	115.0	116.2	117.6	118.4	118.2	119.0	120.1	121.5	122.4	123.0	124.1

续表

	1月	2月	3月	4月	5月	6月	7月	8月	9月	10月	11月	12月
唐　山	101.5	101.9	102.5	102.5	102.4	102.5	102.5	102.7	102.6	103.0	103.0	103.2
秦皇岛	107.7	109.0	109.8	110.7	111.4	112.0	112.7	113.7	114.6	114.5	114.7	115.0
包　头	105.3	107.2	108.2	108.7	110.0	110.1	110.7	110.6	111.0	111.8	112.4	113.1
丹　东	108.1	109.1	110.3	111.1	111.9	112.8	113.9	114.8	115.6	116.4	116.9	117.6
锦　州	105.5	106.7	107.0	108.0	109.0	110.2	111.3	112.8	113.8	114.7	116.0	116.4
吉　林	106.7	107.5	108.4	108.9	110.1	111.1	111.7	112.5	113.3	113.8	114.4	114.8
牡丹江	106.8	107.6	108.5	109.7	110.5	111.2	111.6	111.8	112.3	112.4	112.8	113.4
无　锡	101.8	102.4	103.8	104.3	104.8	104.8	105.1	105.4	105.8	106.4	106.8	107.0
扬　州	103.7	104.3	104.8	106.0	106.8	107.7	107.7	108.2	108.7	109.9	110.8	111.2
徐　州	103.5	104.6	106.0	107.0	108.1	108.9	109.9	110.9	111.6	112.5	113.0	113.4
温　州	83.3	83.0	82.9	82.9	83.3	83.5	83.1	83.0	82.8	82.7	82.3	81.1
金　华	97.7	97.9	98.8	99.2	100.2	100.5	101.6	102.7	103.6	103.8	103.8	104.0
蚌　埠	103.8	104.3	104.8	105.0	105.7	106.1	106.2	106.7	107.5	108.1	108.4	108.3
安　庆	103.4	104.1	105.1	105.5	106.1	106.6	106.5	107.2	107.8	108.6	109.1	109.3
泉　州	100.6	101.3	101.3	102.8	103.5	103.9	104.9	105.4	106.6	107.1	107.5	108.1
九　江	103.2	104.2	104.8	105.3	106.6	107.3	107.1	107.7	107.6	108.4	109.2	109.8
赣　州	105.6	106.8	108.5	109.1	109.5	109.4	110.5	111.2	112.1	113.1	114.0	114.2
烟　台	103.1	104.0	105.4	106.2	106.5	107.0	107.8	109.0	109.9	110.7	111.3	112.1
济　宁	104.0	105.0	106.3	107.2	107.6	108.9	109.6	110.9	111.1	112.5	112.8	113.7
洛　阳	106.9	108.3	108.8	109.7	110.4	111.1	112.4	113.1	114.2	114.8	115.5	115.9
平顶山	104.6	105.7	107.1	107.9	108.7	109.5	110.2	111.5	113.0	113.4	113.9	114.2
宜　昌	105.5	106.2	107.5	108.7	109.9	110.6	111.1	112.5	113.4	113.9	114.5	115.2
襄　阳	106.5	107.2	108.6	110.1	111.4	112.3	112.3	113.1	113.5	114.1	114.8	115.1
岳　阳	107.0	107.4	108.6	109.5	110.6	111.9	112.1	112.7	113.8	114.0	114.0	114.0
常　德	105.5	106.3	107.4	108.2	108.1	108.7	109.1	110.3	110.8	111.2	111.7	112.1
惠　州	105.1	105.8	106.5	107.2	107.9	108.9	109.5	110.4	111.2	112.1	113.2	114.0
湛　江	108.1	109.2	109.8	110.6	111.7	112.6	113.4	114.4	115.8	116.5	117.5	117.5
韶　关	107.7	108.9	109.3	110.1	111.6	111.5	112.4	113.0	113.4	114.2	114.2	114.0
桂　林	105.8	105.7	106.5	107.1	110.2	111.9	114.1	115.2	115.1	116.5	118.0	118.4
北　海	101.5	102.5	103.5	104.5	105.3	106.5	107.4	108.5	109.6	110.2	111.1	111.6
三　亚	101.3	101.7	102.3	102.9	102.8	103.0	103.3	103.9	104.3	105.1	106.1	106.3
泸　州	104.3	105.1	106.3	107.2	107.2	107.1	108.1	109.3	111.2	111.8	112.2	113.0
南　充	102.5	103.7	105.2	106.2	107.3	109.3	110.2	111.0	111.2	111.2	111.3	112.0
遵　义	107.3	108.3	108.9	109.4	109.4	109.7	110.0	111.1	111.4	111.9	112.9	113.3
大　理	101.4	101.4	102.1	102.5	103.2	103.9	104.2	105.2	105.5	105.9	106.9	107.0

数据来源：国家统计局。

注：定基指数以 2010 年为 100 。

表 2－116　　2013 年 70 个大中城市新建商品住宅价格定基指数

	1 月	2 月	3 月	4 月	5 月	6 月	7 月	8 月	9 月	10 月	11 月	12 月
北　京	107.6	110.9	113.9	115.9	117.8	119.7	121.7	123.0	124.5	125.4	126.3	127.1
天　津	105.3	106.9	108.6	109.4	109.9	110.2	110.8	111.3	112.0	112.3	112.9	113.5
石家庄	110.1	111.4	112.7	113.5	114.0	115.5	116.0	117.0	118.0	119.3	119.9	120.3
太　原	103.2	104.3	105.1	106.5	108.7	110.0	111.1	112.1	113.5	114.7	115.0	115.4
呼和浩特	105.5	106.9	107.1	107.0	108.5	109.6	110.9	111.7	112.3	113.7	114.6	115.3
沈　阳	108.0	109.6	110.7	113.0	115.0	116.1	117.4	118.3	119.6	119.9	120.2	120.5
大　连	107.6	108.7	109.8	111.4	112.8	114.0	114.8	115.2	115.9	116.5	116.9	117.8
长　春	104.2	105.4	106.3	107.4	108.5	109.5	110.3	111.3	112.1	112.6	113.2	113.6
哈尔滨	105.4	106.4	107.5	108.5	109.3	110.7	111.2	112.0	112.7	113.6	114.7	115.3
上　海	103.4	105.7	109.1	111.4	113.2	115.6	117.8	119.8	121.7	122.7	123.5	124.3
南　京	102.4	104.4	106.4	108.4	109.8	111.2	112.2	113.2	114.4	115.4	116.2	116.9
杭　州	92.8	93.6	94.8	96.2	96.9	97.9	98.6	99.7	101.0	101.8	102.4	102.5
宁　波	93.3	94.5	94.7	95.3	96.0	96.8	96.8	97.5	98.4	98.8	99.3	99.9
合　肥	103.4	104.7	105.6	106.4	107.4	108.2	109.3	110.1	110.7	111.2	112.6	113.9
福　州	106.2	108.1	109.5	111.3	111.7	114.4	115.1	115.7	116.9	117.3	118.9	119.4
厦　门	108.1	109.9	112.2	114.1	115.6	117.4	120.0	121.2	122.9	123.6	124.0	124.4
南　昌	107.8	109.4	111.3	112.2	113.3	114.6	115.1	115.9	117.0	117.7	118.1	118.7
济　南	104.1	105.0	106.0	107.2	107.8	108.4	109.5	110.5	111.2	111.8	112.5	113.1
青　岛	100.5	101.9	102.9	103.7	104.8	105.7	106.6	108.0	108.4	109.0	109.6	110.2
郑　州	109.0	110.8	112.9	114.6	115.7	117.0	119.0	119.9	120.2	120.2	120.3	120.5
武　汉	106.4	107.7	108.7	109.9	110.9	111.8	112.8	114.0	114.5	115.6	116.2	116.6
长　沙	109.9	111.3	113.1	114.4	115.7	116.6	117.8	118.9	119.7	120.9	121.6	122.3
广　州	108.7	112.1	115.0	117.4	119.1	120.3	121.6	123.7	125.4	126.4	127.4	128.3
深　圳	106.7	109.1	112.1	114.1	116.3	118.3	119.3	121.0	122.7	123.8	124.9	125.6
南　宁	101.6	102.9	104.6	105.4	106.9	107.8	109.1	110.0	110.6	111.6	111.8	112.3
海　口	100.9	101.1	101.3	101.5	101.7	101.8	102.0	102.0	102.0	102.7	103.3	103.6
重　庆	105.4	106.4	107.5	108.7	109.4	110.1	110.6	111.6	112.5	113.2	114.1	114.3
成　都	104.4	105.2	106.1	108.0	109.1	110.1	110.4	111.3	112.0	112.5	113.1	113.3
贵　阳	107.1	107.8	108.7	110.0	110.9	110.8	111.6	111.6	112.6	113.7	114.2	114.5
昆　明	108.6	108.6	109.7	110.5	111.2	111.9	112.3	113.2	113.8	114.3	115.0	115.6
西　安	106.4	107.3	108.6	109.6	111.0	112.0	113.3	114.4	115.3	116.1	116.6	117.2
兰　州	108.0	109.0	110.2	111.1	111.7	112.9	113.5	114.8	115.2	115.5	116.0	116.2
西　宁	109.6	111.1	111.7	112.6	113.9	115.2	116.3	117.5	117.9	118.9	119.5	120.2
银　川	106.0	106.6	107.2	108.3	109.2	110.2	110.8	112.4	113.1	113.8	114.6	115.4
乌鲁木齐	113.4	115.1	116.3	117.7	118.5	118.4	119.2	120.3	121.7	122.6	123.1	124.3

续表

	1月	2月	3月	4月	5月	6月	7月	8月	9月	10月	11月	12月
唐　山	101.7	102.0	102.8	102.7	102.6	102.7	102.7	102.9	102.9	103.2	103.2	103.5
秦皇岛	108.6	110.0	110.9	111.9	112.7	113.3	114.1	115.3	116.2	116.1	116.3	116.7
包　头	105.6	107.8	109.0	109.6	111.1	111.3	112.0	111.9	112.3	113.2	113.9	114.7
丹　东	108.1	109.1	110.3	111.2	112.0	112.9	114.0	114.9	115.7	116.5	117.0	117.7
锦　州	105.5	106.7	107.0	108.0	109.0	110.2	111.3	112.8	113.8	114.7	116.0	116.4
吉　林	107.0	107.8	108.7	109.3	110.5	111.6	112.3	113.1	113.9	114.4	115.1	115.5
牡丹江	106.8	107.7	108.6	109.8	110.6	111.3	111.7	111.9	112.4	112.5	112.9	113.5
无　锡	101.8	102.6	104.2	104.8	105.4	105.4	105.7	106.0	106.5	107.2	107.7	107.9
扬　州	103.8	104.4	104.9	106.1	107.0	107.9	107.9	108.4	108.9	110.2	111.2	111.6
徐　州	103.7	104.8	106.3	107.3	108.5	109.4	110.5	111.5	112.3	113.2	113.7	114.1
温　州	82.3	82.0	81.9	81.9	82.3	82.5	82.1	82.0	81.8	81.7	81.3	79.9
金　华	97.7	97.9	98.7	99.2	100.2	100.5	101.6	102.7	103.6	103.8	103.8	104.1
蚌　埠	103.9	104.4	104.9	105.1	105.8	106.3	106.3	106.9	107.6	108.3	108.5	108.5
安　庆	103.4	104.1	105.2	105.5	106.2	106.7	106.7	107.3	108.0	108.8	109.4	109.6
泉　州	100.7	101.4	101.4	103.0	103.7	104.1	105.2	105.7	106.9	107.5	107.9	108.6
九　江	103.4	104.4	105.1	105.6	107.0	107.7	107.5	108.1	108.0	108.8	109.7	110.3
赣　州	105.6	106.9	108.6	109.2	109.6	109.4	110.6	111.3	112.2	113.2	114.1	114.3
烟　台	103.1	104.0	105.5	106.3	106.6	107.1	107.9	109.1	110.0	110.8	111.5	112.3
济　宁	104.1	105.2	106.5	107.4	107.8	109.2	109.9	111.2	111.4	112.8	113.1	114.1
洛　阳	107.0	108.4	108.9	109.9	110.6	111.3	112.6	113.3	114.5	115.0	115.8	116.2
平顶山	104.6	105.7	107.2	108.0	108.8	109.7	110.4	111.7	113.2	113.6	114.1	114.4
宜　昌	105.6	106.3	107.6	108.9	110.1	110.8	111.3	112.8	113.7	114.2	114.8	115.4
襄　阳	106.5	107.2	108.6	110.2	111.5	112.4	112.4	113.2	113.7	114.2	114.9	115.2
岳　阳	107.9	108.6	110.5	112.1	113.8	115.9	116.3	117.2	119.0	119.3	119.4	119.3
常　德	105.6	106.4	107.5	108.3	108.2	108.9	109.3	110.4	110.9	111.3	111.9	112.3
惠　州	105.1	105.8	106.5	107.2	108.0	108.9	109.5	110.4	111.3	112.1	113.2	114.0
湛　江	108.1	109.2	109.8	110.6	111.7	112.6	113.4	114.4	115.8	116.5	117.5	117.5
韶　关	107.9	109.1	109.6	110.3	111.9	111.8	112.7	113.3	113.7	114.6	114.6	114.3
桂　林	105.9	105.9	106.6	107.3	110.4	112.2	114.4	115.5	115.4	116.9	118.4	118.8
北　海	101.5	102.5	103.5	104.5	105.3	106.5	107.5	108.5	109.7	110.2	111.1	111.6
三　亚	101.3	101.7	102.3	102.9	102.8	103.0	103.4	104.0	104.3	105.1	106.1	106.3
泸　州	104.4	105.3	106.5	107.4	107.5	107.4	108.4	109.6	111.6	112.1	112.6	113.5
南　充	102.5	103.7	105.2	106.3	107.4	109.4	110.3	111.1	111.4	111.3	111.4	112.1
遵　义	108.1	109.3	110.0	110.6	110.5	110.9	111.2	112.4	112.7	113.4	114.5	114.9
大　理	101.4	101.5	102.2	102.6	103.4	104.1	104.5	105.6	106.0	106.4	107.4	107.6

数据来源：国家统计局。

注 1：定基指数以 2010 年为 100 。

注 2：本表所列北京市“新建商品住宅价格指数”与北京市有关部门发布的“新建普通住房价格”在统计口径、统计标准等方面均有不同。

表 2－117　　2013 年 70 个大中城市二手住宅价格定基指数

	1月	2月	3月	4月	5月	6月	7月	8月	9月	10月	11月	12月
北　京	101.6	103.7	106.9	109.0	110.9	112.3	113.9	115.2	116.8	118.1	119.5	120.3
天　津	101.7	102.7	103.3	103.8	104.5	104.7	104.8	105.0	105.5	106.1	106.5	106.9
石家庄	97.9	98.6	98.6	99.1	99.3	99.4	99.2	99.0	99.6	100.4	100.8	101.0
太　原	111.5	112.2	112.7	112.7	113.0	113.6	114.0	114.0	114.4	115.0	115.2	115.6
呼和浩特	104.4	104.9	105.3	105.5	105.9	105.9	106.3	106.3	106.7	107.3	107.8	108.0
沈　阳	104.3	104.9	105.1	105.5	105.9	106.2	106.7	107.4	108.2	109.0	109.3	109.8
大　连	105.9	106.4	106.9	107.3	107.2	107.3	107.3	107.3	107.5	107.7	107.8	108.0
长　春	101.7	102.2	102.8	103.2	103.3	103.5	103.7	104.1	104.7	105.2	105.5	105.7
哈尔滨	99.0	99.7	100.1	100.5	100.6	100.5	100.8	101.2	102.0	102.6	102.7	103.5
上　海	103.2	104.9	107.6	109.0	110.0	111.2	112.1	113.0	114.1	115.2	116.0	116.6
南　京	97.6	98.4	99.4	100.4	101.2	102.1	102.6	103.2	103.8	104.1	104.4	104.8
杭　州	94.5	95.8	96.0	96.2	96.4	96.7	96.6	96.8	97.4	97.4	97.6	97.8
宁　波	92.1	93.2	93.4	93.6	94.3	94.7	94.8	95.0	94.9	95.3	95.8	96.1
合　肥	99.8	100.1	101.2	101.9	102.2	102.2	102.7	103.0	104.0	104.6	105.4	106.2
福　州	95.5	96.5	97.5	98.4	99.0	99.8	100.7	101.3	102.1	102.8	103.4	104.2
厦　门	103.9	104.5	105.6	106.0	106.4	106.9	107.4	107.9	108.3	108.9	109.3	110.0
南　昌	100.9	101.5	102.4	103.1	103.4	103.4	103.7	104.1	104.9	105.3	106.0	106.4
济　南	101.9	102.5	102.7	103.0	103.4	103.8	104.4	104.8	105.2	105.5	105.8	106.2
青　岛	100.0	100.4	100.7	101.1	101.7	102.1	102.4	102.8	102.9	103.0	103.1	103.6
郑　州	103.5	104.1	104.7	105.6	106.1	106.8	107.1	107.7	108.4	109.2	110.0	110.7
武　汉	102.5	103.6	103.8	104.8	105.6	106.3	107.3	108.3	109.1	109.8	110.4	110.8
长　沙	101.3	101.7	102.3	103.1	104.4	105.1	105.4	105.7	106.0	106.7	107.0	107.5
广　州	106.4	108.2	109.9	110.6	111.9	112.9	114.1	115.2	115.7	116.9	118.3	119.0
深　圳	105.3	106.9	109.3	110.5	111.5	113.0	114.1	116.0	117.5	118.5	119.5	120.3
南　宁	103.1	102.9	103.4	103.9	104.5	104.9	104.9	104.9	105.4	105.8	105.9	106.5
海　口	95.1	94.9	95.0	95.1	95.0	95.0	94.9	94.8	94.8	94.8	95.2	95.4
重　庆	100.5	100.9	101.6	102.0	102.5	102.7	103.0	103.1	103.3	103.9	104.7	105.1
成　都	99.3	99.7	100.4	101.0	101.3	101.8	102.1	102.4	102.8	103.4	103.8	104.2
贵　阳	108.4	108.9	110.2	110.9	111.9	113.0	114.0	114.7	116.7	117.4	118.6	118.8
昆　明	107.4	108.0	109.2	110.3	111.7	112.5	113.0	113.4	113.7	114.3	114.9	115.4
西　安	101.8	102.4	103.3	103.4	103.9	104.3	104.6	104.7	105.1	105.7	106.1	106.5
兰　州	98.1	98.3	98.7	99.1	99.4	99.3	99.7	99.5	100.0	100.5	100.9	101.1
西　宁	107.8	108.3	108.9	109.3	110.0	110.6	110.7	111.0	111.4	111.6	112.2	112.3
银　川	102.8	103.6	104.3	105.1	106.0	106.7	107.3	108.1	108.8	109.7	110.5	111.1
乌鲁木齐	107.0	107.4	108.2	108.6	109.3	109.8	110.3	110.8	111.1	111.6	111.8	112.3

续表

	1月	2月	3月	4月	5月	6月	7月	8月	9月	10月	11月	12月
唐　山	102.2	102.5	102.8	103.1	103.7	103.8	104.0	104	104.1	104.7	104.7	104.7
秦皇岛	101.4	102.1	102.5	102.5	103.3	103.5	103.4	103.7	103.7	103.7	103.5	103.6
包　头	100.1	100.5	100.7	101.0	101.2	101.2	101.4	101.7	102.1	102.5	102.8	103.0
丹　东	102.2	102.6	103.0	103.4	103.8	103.7	104.0	104.5	104.9	105.5	105.9	106.2
锦　州	98.9	99.3	99.7	100.0	100.3	100.6	101.0	101.3	101.8	102.1	102.3	102.2
吉　林	103.4	104.0	103.9	104.2	104.4	104.5	104.8	104.9	104.9	105.0	105.2	105.4
牡丹江	101.2	101.4	101.5	102.4	102.7	103.0	103.3	103.0	103.3	103.0	103.0	102.9
无　锡	104.7	105.6	105.7	106.1	106.1	106.0	106.0	106.2	106.6	106.7	107.3	107.4
扬　州	98.8	99.4	99.5	100.0	100.2	100.4	100.5	101.0	101.2	101.6	101.9	102.1
徐　州	98.9	99.4	98.8	98.8	98.9	99.4	99.5	99.8	100.0	100.0	100.2	100.0
温　州	89.0	88.4	87.4	86.8	86.5	86.3	85.9	85.8	85.3	85.0	84.4	82.9
金　华	94.2	94.6	95.0	95.2	95.6	96.0	96.5	96.9	97.5	97.9	98.5	98.8
蚌　埠	104.5	104.6	104.7	105.3	105.8	105.9	105.9	106.2	106.1	106.4	106.9	107.6
安　庆	99.2	99.5	99.7	100.0	100.2	100.4	100.7	100.9	101.1	101.3	101.4	101.3
泉　州	96.0	96.2	96.3	96.7	97.2	97.5	98.0	98.3	98.6	99.0	99.3	99.9
九　江	101.1	101.7	102.4	102.8	103.2	103.0	102.8	103.0	102.9	103.2	103.9	104.7
赣　州	99.0	99.4	99.8	99.8	99.7	99.6	100.0	100.1	100.3	100.7	100.9	101.0
烟　台	98.0	98.6	99.3	100.1	100.8	101.3	102.1	102.3	102.7	103.3	103.8	104.3
济　宁	104.9	105.5	106.2	106.7	107.2	107.6	107.8	107.9	108.2	108.3	108.3	108.9
洛　阳	105.3	106.0	106.7	107.5	108.3	108.5	109.4	109.4	109.7	110.1	110.3	111.1
平顶山	105.4	105.7	106.3	107.2	108.0	108.4	108.8	109.1	109.4	109.8	110.0	110.5
宜　昌	99.8	101.3	102.8	103.8	104.9	105.5	105.9	106.4	106.8	107.5	108.0	108.5
襄　阳	106.0	107.0	108.1	109.5	110.9	111.8	112.6	113.3	113.5	114.2	115.1	115.3
岳　阳	109.6	110.0	110.6	111.3	111.9	112.3	112.7	113.0	113.6	113.9	114.2	114.5
常　德	105.3	105.8	108.3	110.2	111.1	112.0	112.1	112.8	113.3	113.8	114.0	114.1
惠　州	104.5	105.0	105.8	106.3	106.8	107.3	107.7	108.0	108.5	109.2	110.1	111.0
湛　江	107.0	107.5	107.7	108.0	108.3	108.5	108.7	109.2	109.8	110.3	110.6	111.1
韶　关	105.3	106.3	107.0	107.3	107.6	107.6	107.6	109.3	109.6	109.6	109.6	109.8
桂　林	101.8	102.2	102.7	103.1	103.9	104.4	104.8	105.3	105.8	106.0	106.3	106.6
北　海	102.0	102.4	103.4	104.0	104.7	105.4	105.9	106.3	106.7	107.1	107.7	108.1
三　亚	94.1	94.2	94.4	94.6	94.8	94.8	94.9	95.1	95.2	95.4	95.4	96.1
泸　州	101.0	100.9	101.3	101.7	101.9	101.9	102.1	102.4	103.0	103.4	104.2	104.9
南　充	101.0	101.7	102.0	102.6	103.0	103.2	103.5	103.9	104.5	105.1	105.8	106.3
遵　义	107.1	108.2	109.0	109.5	109.8	110.0	110.0	110.1	110.0	110.7	111.4	111.7
大　理	102.7	102.9	103.5	103.6	103.9	104.2	103.9	104.2	104.6	105.1	105.6	105.7

数据来源：国家统计局。

注：定基指数以 2010 年为 100 。

表 2－118　　2013 年 70 个大中城市新建住宅价格环比指数

	1 月	2 月	3 月	4 月	5 月	6 月	7 月	8 月	9 月	10 月	11 月	12 月
北　京	101.6	102.4	102.1	101.4	101.3	101.3	101.3	100.9	101.0	100.6	100.5	100.5
天　津	100.5	101.4	101.4	100.7	100.4	100.3	100.5	100.4	100.5	100.3	100.4	100.5
石家庄	100.7	101.2	101.2	100.7	100.5	101.2	100.5	100.8	100.8	101.1	100.5	100.3
太　原	100.3	101.1	100.7	101.3	102.0	101.2	100.9	100.9	101.2	101.0	100.3	100.3
呼和浩特	101.1	101.3	100.2	99.9	101.4	101.0	101.2	100.7	100.5	101.2	100.8	100.6
沈　阳	101.5	101.4	101.1	102.0	101.8	101.0	101.1	100.8	101.1	100.3	100.3	100.2
大　连	100.5	101.1	101.0	101.4	101.3	101.1	100.7	100.4	100.6	100.5	100.4	100.7
长　春	99.8	101.1	100.8	101.0	101.0	100.9	100.7	100.9	100.6	100.4	100.6	100.4
哈尔滨	101.1	100.9	101.0	100.9	100.7	101.3	100.4	100.7	100.5	100.8	100.9	100.5
上　海	101.1	101.9	102.7	101.7	101.4	101.8	101.6	101.5	101.4	100.7	100.6	100.6
南　京	100.9	101.5	101.5	101.4	101.0	100.9	100.7	100.7	100.8	100.7	100.5	100.5
杭　州	100.9	100.9	101.2	101.4	100.8	101.0	100.7	101.1	101.2	100.8	100.5	100.1
宁　波	100.6	101.2	100.2	100.6	100.7	100.8	99.9	100.7	100.9	100.4	100.5	100.5
合　肥	100.6	101.1	100.7	100.8	100.8	100.7	100.9	100.6	100.5	100.5	101.1	101.1
福　州	100.8	101.8	101.3	101.6	100.4	102.4	100.6	100.5	101.0	100.4	101.3	100.5
厦　门	101.5	101.6	102.0	101.7	101.3	101.6	102.1	101.0	101.4	100.5	100.3	100.3
南　昌	100.3	101.5	101.6	100.7	100.9	101.1	100.4	100.6	100.9	100.6	100.3	100.5
济　南	100.8	100.9	100.9	101.1	100.6	100.5	101.0	101.0	100.6	100.5	100.6	100.5
青　岛	100.7	101.3	101.0	100.7	100.9	100.8	100.8	101.2	100.4	100.5	100.5	100.6
郑　州	101.3	101.6	101.8	101.5	100.9	101.0	101.7	100.8	100.2	100.0	100.1	100.1
武　汉	101.1	101.2	100.9	101.1	100.9	100.8	100.8	101.0	100.5	100.9	100.5	100.3
长　沙	100.9	101.3	101.6	101.2	101.1	100.8	101.0	101.0	100.6	101.0	100.6	100.5
广　州	102.0	103.1	102.5	102.1	101.5	101.0	101.0	101.7	101.3	100.9	100.8	100.7
深　圳	102.2	102.2	102.7	101.8	101.9	101.6	100.8	101.4	101.4	100.9	100.9	100.5
南　宁	99.8	101.2	101.6	100.7	101.5	100.8	101.1	100.8	100.5	100.9	100.2	100.5
海　口	99.7	100.2	100.2	100.1	100.3	100.0	100.2	100.0	100.0	100.7	100.6	100.3
重　庆	100.9	100.9	101.0	101.1	100.7	100.6	100.5	100.9	100.8	100.6	100.8	100.2
成　都	101.0	100.8	100.9	101.8	101.0	100.9	100.3	100.8	100.6	100.4	100.6	100.2
贵　阳	100.4	100.7	100.7	101.1	100.7	99.9	100.6	100.0	100.8	100.9	100.4	100.3
昆　明	100.3	100.0	100.9	100.6	100.6	100.5	100.3	100.7	100.4	100.4	100.5	100.5
西　安	100.6	100.8	101.1	100.9	101.1	100.9	101.0	100.9	100.7	100.6	100.3	100.5
兰　州	100.3	100.9	101.1	100.8	100.6	101.1	100.5	101.1	100.3	100.3	100.4	100.2
西　宁	100.2	101.4	100.5	100.8	101.2	101.1	100.9	101.1	100.3	100.8	100.5	100.6
银　川	100.3	100.5	100.5	100.9	100.8	100.9	100.6	101.3	100.6	100.5	100.7	100.6
乌鲁木齐	101.1	101.5	101.0	101.2	100.7	99.9	100.7	100.9	101.2	100.7	100.4	100.9

续表

	1月	2月	3月	4月	5月	6月	7月	8月	9月	10月	11月	12月
唐　山	99.9	100.3	100.6	99.9	99.9	100.1	100.0	100.2	100.0	100.3	100.0	100.3
秦皇岛	100.3	101.1	100.7	100.8	100.6	100.5	100.6	100.9	100.7	99.9	100.2	100.3
包　头	100.6	101.8	100.9	100.5	101.1	100.1	100.6	99.9	100.4	100.7	100.5	100.6
丹　东	100.4	100.9	101.1	100.7	100.8	100.8	101.0	100.8	100.7	100.7	100.4	100.6
锦　州	100.3	101.2	100.3	100.9	100.9	101.2	101.0	101.4	100.9	100.7	101.2	100.3
吉　林	100.7	100.7	100.8	100.5	101.1	101.0	100.5	100.7	100.6	100.4	100.6	100.3
牡丹江	100.0	100.8	100.9	101.1	100.7	100.6	100.3	100.2	100.5	100.0	100.4	100.5
无　锡	99.9	100.6	101.3	100.5	100.5	100.0	100.3	100.2	100.5	100.5	100.4	100.2
扬　州	99.8	100.6	100.5	101.1	100.8	100.8	100.0	100.5	100.4	101.2	100.8	100.3
徐　州	100.8	101.0	101.4	100.9	101.0	100.8	100.9	100.9	100.7	100.8	100.4	100.4
温　州	100.0	99.6	99.9	100.0	100.4	100.2	99.6	99.9	99.7	99.9	99.5	98.4
金　华	100.4	100.2	100.8	100.4	101.0	100.3	101.1	101.1	100.9	100.2	100.0	100.2
蚌　埠	100.4	100.4	100.5	100.2	100.6	100.4	100.0	100.5	100.7	100.6	100.2	100.0
安　庆	99.8	100.6	101.0	100.3	100.6	100.5	99.9	100.6	100.6	100.7	100.5	100.2
泉　州	100.5	100.7	100.0	101.5	100.6	100.4	100.9	100.5	101.2	100.5	100.4	100.6
九　江	100.4	100.9	100.6	100.4	101.2	100.6	99.9	100.5	100.0	100.7	100.8	100.5
赣　州	100.9	101.2	101.6	100.5	100.4	99.9	101.0	100.7	100.8	100.9	100.8	100.2
烟　台	100.0	100.8	101.4	100.8	100.3	100.5	100.7	101.1	100.8	100.7	100.6	100.7
济　宁	100.3	101.0	101.2	100.8	100.4	101.2	100.6	101.2	100.2	101.3	100.3	100.8
洛　阳	100.2	101.3	100.4	100.9	100.7	100.6	101.1	100.6	101.0	100.5	100.7	100.3
平顶山	99.9	101.1	101.4	100.7	100.7	100.8	100.7	101.2	101.3	100.4	100.4	100.3
宜　昌	100.6	100.7	101.2	101.2	101.1	100.6	100.5	101.3	100.8	100.4	100.5	100.6
襄　阳	100.6	100.7	101.3	101.4	101.2	100.8	100.0	100.7	100.4	100.5	100.6	100.2
岳　阳	100.2	100.4	101.1	100.9	101.0	101.2	100.2	100.5	101.0	100.2	100.1	100.0
常　德	100.0	100.8	101.0	100.7	99.9	100.6	100.4	101.1	100.4	100.3	100.5	100.4
惠　州	100.0	100.7	100.7	100.6	100.7	100.9	100.6	100.8	100.7	100.8	100.9	100.7
湛　江	100.8	101.1	100.6	100.6	101.0	100.8	100.7	100.9	101.2	100.6	100.8	100.0
韶　关	100.0	101.1	100.4	100.7	101.4	99.9	100.8	100.5	100.4	100.7	100.0	99.8
桂　林	99.9	100.0	100.7	100.6	102.8	101.6	101.9	101.0	99.9	101.2	101.3	100.4
北　海	100.0	101.0	100.9	101.0	100.8	101.1	100.9	100.9	101.1	100.5	100.8	100.5
三　亚	100.3	100.4	100.6	100.6	99.9	100.2	100.3	100.6	100.3	100.8	100.9	100.2
泸　州	100.5	100.8	101.1	100.8	100.0	99.9	101.0	101.0	101.8	100.5	100.4	100.7
南　充	101.2	101.2	101.4	101.0	101.0	101.8	100.8	100.7	100.2	100.0	100.1	100.6
遵　义	100.8	101.0	100.5	100.5	100.0	100.3	100.2	101.0	100.3	100.5	100.9	100.3
大　理	99.9	100.0	100.7	100.4	100.7	100.6	100.3	101.0	100.3	100.4	100.9	100.1

数据来源：国家统计局。
注：环比以上月价格为 100 。

表 2－119　　2013 年 70 个大中城市新建商品住宅价格环比指数

	1 月	2 月	3 月	4 月	5 月	6 月	7 月	8 月	9 月	10 月	11 月	12 月
北　京	102.1	103.1	102.7	101.8	101.6	101.7	101.6	101.1	101.2	100.8	100.7	100.6
天　津	100.5	101.6	101.5	100.7	100.4	100.3	100.5	100.5	100.6	100.3	100.5	100.6
石家庄	100.7	101.2	101.2	100.7	100.5	101.3	100.5	100.8	100.9	101.1	100.5	100.3
太　原	100.3	101.1	100.8	101.3	102.1	101.2	100.9	100.9	101.2	101.1	100.3	100.3
呼和浩特	101.1	101.4	100.2	99.9	101.4	101.0	101.2	100.7	100.6	101.2	100.8	100.6
沈　阳	101.5	101.5	101.1	102.1	101.8	101.0	101.1	100.8	101.1	100.3	100.3	100.2
大　连	100.6	101.1	101.0	101.4	101.3	101.1	100.7	100.4	100.6	100.5	100.4	100.7
长　春	99.8	101.1	100.8	101.0	101.1	100.9	100.7	101.0	100.7	100.4	100.6	100.4
哈尔滨	101.2	101.0	101.0	100.9	100.8	101.3	100.4	100.8	100.6	100.8	100.9	100.6
上　海	101.3	102.3	103.2	102.0	101.7	102.2	101.9	101.7	101.6	100.8	100.7	100.6
南　京	101.2	102.0	101.9	101.9	101.3	101.2	100.9	101.0	101.0	100.9	100.7	100.6
杭　州	100.9	100.9	101.2	101.4	100.8	101.0	100.8	101.1	101.3	100.8	100.6	100.1
宁　波	100.6	101.3	100.2	100.6	100.7	100.9	99.9	100.7	100.9	100.4	100.5	100.5
合　肥	100.6	101.2	100.8	100.8	100.9	100.8	101.0	100.7	100.6	100.5	101.2	101.1
福　州	100.8	101.8	101.3	101.6	100.4	102.4	100.6	100.5	101.0	100.4	101.3	100.5
厦　门	101.6	101.7	102.1	101.7	101.3	101.6	102.2	101.0	101.4	100.5	100.4	100.3
南　昌	100.3	101.6	101.7	100.8	101.0	101.2	100.5	100.7	100.9	100.6	100.3	100.5
济　南	100.8	100.9	100.9	101.1	100.6	100.5	101.0	101.0	100.6	100.5	100.6	100.5
青　岛	100.7	101.4	101.0	100.8	101.0	100.9	100.8	101.3	100.4	100.5	100.5	100.6
郑　州	101.4	101.6	101.9	101.6	100.9	101.1	101.7	100.8	100.2	100.0	100.1	100.1
武　汉	101.2	101.2	101.0	101.1	100.9	100.8	100.9	101.0	100.5	100.9	100.5	100.3
长　沙	100.9	101.3	101.6	101.2	101.1	100.9	101.0	101.0	100.6	101.0	100.6	100.6
广　州	102.0	103.1	102.5	102.1	101.5	101.0	101.1	101.7	101.4	100.9	100.8	100.7
深　圳	102.2	102.2	102.8	101.8	101.9	101.7	100.9	101.4	101.4	100.9	100.9	100.5
南　宁	99.8	101.3	101.7	100.7	101.5	100.8	101.2	100.8	100.5	100.9	100.2	100.5
海　口	99.7	100.2	100.2	100.2	100.3	100.0	100.2	100.0	100.0	100.7	100.6	100.3
重　庆	101.0	101.0	101.0	101.1	100.7	100.6	100.5	100.9	100.8	100.6	100.8	100.2
成　都	101.0	100.8	100.9	101.8	101.0	100.9	100.3	100.8	100.6	100.4	100.6	100.2
贵　阳	100.4	100.7	100.8	101.2	100.8	99.9	100.7	100.0	100.9	101.0	100.4	100.3
昆　明	100.4	100.0	101.0	100.7	100.7	100.6	100.4	100.8	100.5	100.4	100.6	100.6
西　安	100.6	100.9	101.2	101.0	101.2	101.0	101.1	101.0	100.8	100.7	100.4	100.6
兰　州	100.4	100.9	101.1	100.8	100.6	101.1	100.5	101.2	100.3	100.3	100.4	100.2
西　宁	100.2	101.4	100.5	100.8	101.2	101.1	100.9	101.1	100.3	100.8	100.5	100.6
银　川	100.4	100.6	100.6	101.0	100.8	100.9	100.6	101.4	100.7	100.6	100.8	100.6
乌鲁木齐	101.1	101.5	101.0	101.2	100.7	99.9	100.7	100.9	101.2	100.7	100.4	100.9

续表

	1月	2月	3月	4月	5月	6月	7月	8月	9月	10月	11月	12月
唐山	99.9	100.4	100.7	99.9	99.9	100.1	100.0	100.2	100.0	100.4	100.0	100.3
秦皇岛	100.3	101.3	100.8	100.9	100.7	100.6	100.7	101.0	100.8	99.9	100.2	100.3
包头	100.7	102.1	101.1	100.6	101.3	100.1	100.6	99.9	100.4	100.8	100.6	100.7
丹东	100.4	100.9	101.1	100.7	100.8	100.8	101.0	100.8	100.7	100.8	100.4	100.6
锦州	100.3	101.2	100.3	100.9	100.9	101.2	101.0	101.4	100.9	100.7	101.2	100.3
吉林	100.7	100.8	100.9	100.6	101.1	101.0	100.6	100.7	100.7	100.5	100.6	100.4
牡丹江	100.0	100.8	100.9	101.1	100.7	100.6	100.3	100.2	100.5	100.0	100.4	100.5
无锡	99.9	100.8	101.6	100.6	100.5	100.0	100.3	100.2	100.5	100.6	100.4	100.2
扬州	99.8	100.6	100.5	101.1	100.9	100.8	100.0	100.5	100.4	101.2	100.9	100.4
徐州	100.9	101.1	101.4	101.0	101.1	100.9	100.9	100.9	100.7	100.9	100.4	100.4
温州	100.0	99.6	99.9	100.0	100.4	100.3	99.6	99.9	99.7	99.9	99.5	98.3
金华	100.4	100.2	100.9	100.4	101.0	100.3	101.2	101.1	100.9	100.2	100.0	100.2
蚌埠	100.4	100.5	100.5	100.3	100.6	100.5	100.0	100.5	100.7	100.6	100.2	100.0
安庆	99.8	100.7	101.0	100.4	100.6	100.5	99.9	100.6	100.6	100.8	100.6	100.2
泉州	100.6	100.7	100.0	101.5	100.7	100.4	101.0	100.5	101.2	100.5	100.4	100.6
九江	100.4	100.9	100.7	100.5	101.3	100.7	99.9	100.5	100.0	100.7	100.8	100.5
赣州	100.9	101.2	101.6	100.5	100.4	99.9	101.0	100.7	100.8	100.9	100.8	100.2
烟台	100.0	100.9	101.4	100.8	100.3	100.5	100.7	101.1	100.8	100.7	100.6	100.7
济宁	100.3	101.0	101.2	100.8	100.4	101.3	100.7	101.2	100.2	101.3	100.3	100.9
洛阳	100.2	101.4	100.4	100.9	100.7	100.6	101.2	100.6	101.0	100.5	100.7	100.3
平顶山	99.9	101.1	101.4	100.7	100.8	100.8	100.7	101.2	101.4	100.4	100.4	100.3
宜昌	100.6	100.7	101.2	101.2	101.1	100.6	100.5	101.3	100.8	100.4	100.5	100.6
襄阳	100.6	100.7	101.3	101.5	101.2	100.8	100.0	100.7	100.4	100.5	100.6	100.2
岳阳	100.3	100.6	101.8	101.4	101.5	101.9	100.3	100.8	101.6	100.3	100.1	100.0
常德	100.0	100.8	101.1	100.7	99.9	100.6	100.4	101.1	100.4	100.3	100.5	100.4
惠州	100.0	100.7	100.7	100.6	100.7	100.9	100.6	100.8	100.7	100.8	100.9	100.7
湛江	100.8	101.1	100.6	100.6	101.0	100.8	100.7	100.9	101.2	100.6	100.8	100.0
韶关	100.0	101.1	100.5	100.7	101.4	99.9	100.8	100.5	100.4	100.7	100.0	99.8
桂林	99.9	100.0	100.7	100.6	102.9	101.6	101.9	101.0	99.9	101.2	101.3	100.4
北海	100.0	101.0	100.9	101.0	100.8	101.1	100.9	100.9	101.1	100.5	100.8	100.5
三亚	100.3	100.4	100.6	100.6	99.9	100.2	100.3	100.6	100.3	100.8	100.9	100.2
泸州	100.5	100.8	101.2	100.9	100.0	99.9	101.0	101.1	101.9	100.5	100.4	100.8
南充	101.3	101.2	101.5	101.0	101.1	101.8	100.8	100.7	100.2	100.0	100.1	100.6
遵义	100.9	101.1	100.6	100.6	100.0	100.3	100.3	101.1	100.3	100.6	101.0	100.3
大理	99.9	100.0	100.8	100.4	100.8	100.7	100.4	101.1	100.4	100.4	101.0	100.2

数据来源：国家统计局。

注1：环比以上月价格为100。

注2：本表所列北京市"新建商品住宅价格指数"与北京市有关部门发布的"新建普通住房价格"在统计口径、统计标准等方面均有不同。

表 2 – 120　　2013 年 70 个大中城市二手住宅价格环比指数

	1月	2月	3月	4月	5月	6月	7月	8月	9月	10月	11月	12月
北　京	101.0	102.2	103.1	102.0	101.7	101.3	101.4	101.2	101.3	101.1	101.2	100.6
天　津	100.0	101.0	100.6	100.5	100.6	100.2	100.2	100.2	100.5	100.5	100.5	100.3
石家庄	100.1	100.7	100.1	100.5	100.3	100.0	99.9	99.8	100.5	100.8	100.4	100.2
太　原	100.4	100.6	100.4	100.1	100.3	100.5	100.3	100.0	100.4	100.5	100.2	100.4
呼和浩特	100.2	100.4	100.4	100.2	100.3	100.1	100.4	100.0	100.4	100.6	100.5	100.2
沈　阳	100.3	100.5	100.3	100.4	100.4	100.3	100.5	100.7	100.8	100.8	100.2	100.5
大　连	100.5	100.4	100.5	100.3	99.9	100.1	100.0	100.0	100.2	100.2	100.0	100.2
长　春	100.5	100.5	100.6	100.4	100.0	100.2	100.2	100.4	100.6	100.5	100.3	100.2
哈尔滨	100.2	100.8	100.4	100.4	100.1	99.9	100.3	100.4	100.8	100.5	100.1	100.8
上　海	100.8	101.6	102.6	101.3	100.9	101.1	100.8	100.8	101.0	100.9	100.7	100.5
南　京	100.5	100.8	101.0	101.1	100.8	100.9	100.5	100.6	100.6	100.3	100.4	100.3
杭　州	99.5	101.4	100.2	100.2	100.1	100.3	99.9	100.2	100.6	100.0	100.3	100.2
宁　波	100.0	101.2	100.2	100.3	100.7	100.4	100.1	100.2	99.9	100.5	100.5	100.4
合　肥	100.0	100.3	101.2	100.7	100.3	100.0	100.5	100.3	100.9	100.6	100.8	100.8
福　州	100.4	101.1	101.0	100.9	100.6	100.9	100.9	100.7	100.8	100.7	100.6	100.8
厦　门	101.7	100.6	101.0	100.4	100.4	100.5	100.4	100.5	100.4	100.6	100.4	100.7
南　昌	100.5	100.6	100.8	100.7	100.3	99.9	100.4	100.3	100.8	100.4	100.7	100.4
济　南	100.1	100.6	100.2	100.3	100.4	100.3	100.6	100.4	100.3	100.3	100.2	100.4
青　岛	100.1	100.4	100.3	100.4	100.5	100.4	100.3	100.4	100.2	100.1	100.1	100.5
郑　州	100.3	100.6	100.6	100.8	100.4	100.7	100.3	100.5	100.7	100.7	100.7	100.7
武　汉	100.3	101.1	100.1	101.0	100.8	100.6	100.9	100.9	100.7	100.7	100.5	100.4
长　沙	100.1	100.4	100.6	100.8	101.2	100.7	100.3	100.3	100.2	100.7	100.3	100.4
广　州	100.4	101.7	101.5	100.7	101.1	100.9	101.0	101.0	100.4	101.0	101.2	100.6
深　圳	100.5	101.4	102.3	101.1	101.0	101.3	101.0	101.6	101.3	100.9	100.8	100.7
南　宁	101.3	99.8	100.5	100.5	100.7	100.3	100.0	100.0	100.5	100.4	100.1	100.6
海　口	99.9	99.8	100.1	100.1	100.0	100.0	99.9	99.9	100.0	100.0	100.4	100.2
重　庆	100.1	100.4	100.7	100.5	100.4	100.3	100.3	100.0	100.3	100.5	100.8	100.4
成　都	100.2	100.4	100.8	100.6	100.3	100.6	100.3	100.4	100.4	100.6	100.4	100.4
贵　阳	100.4	100.4	101.2	100.6	100.9	101.0	100.9	100.6	101.8	100.6	101.0	100.2
昆　明	100.6	100.6	101.1	101.1	101.3	100.7	100.4	100.3	100.3	100.5	100.6	100.4
西　安	100.4	100.6	100.9	100.0	100.5	100.4	100.3	100.1	100.4	100.6	100.4	100.3
兰　州	99.7	100.2	100.4	100.4	100.3	99.9	100.4	99.8	100.5	100.5	100.4	100.2
西　宁	100.2	100.4	100.6	100.4	100.6	100.5	100.1	100.3	100.4	100.1	100.5	100.1
银　川	100.2	100.8	100.7	100.8	100.8	100.6	100.6	100.7	100.7	100.8	100.7	100.6
乌鲁木齐	100.0	100.4	100.7	100.4	100.7	100.4	100.4	100.5	100.3	100.4	100.2	100.4

续表

	1月	2月	3月	4月	5月	6月	7月	8月	9月	10月	11月	12月
唐 山	100.1	100.3	100.3	100.3	100.6	100.0	100.2	100.0	100.1	100.6	100.0	100.0
秦皇岛	100.1	100.7	100.4	100.1	100.7	100.3	99.9	100.2	100.0	100.0	99.8	100.1
包 头	100.0	100.4	100.2	100.3	100.2	100.0	100.1	100.3	100.4	100.4	100.3	100.2
丹 东	100.0	100.4	100.4	100.3	100.5	99.9	100.3	100.4	100.4	100.5	100.4	100.3
锦 州	100.0	100.4	100.4	100.3	100.3	100.4	100.3	100.3	100.5	100.3	100.2	99.9
吉 林	100.0	100.6	99.9	100.3	100.2	100.1	100.3	100.1	100.1	100.0	100.3	100.2
牡丹江	100.0	100.3	100.1	100.8	100.3	100.3	100.3	99.7	100.2	99.8	100.0	99.9
无 锡	100.0	100.8	100.2	100.4	99.9	99.9	100.0	100.3	100.4	100.0	100.6	100.2
扬 州	100.1	100.5	100.2	100.4	100.3	100.2	100.1	100.5	100.3	100.4	100.3	100.2
徐 州	100.8	100.5	99.4	100.0	100.2	100.5	100.1	100.3	100.2	100.1	100.1	99.8
温 州	99.7	99.3	98.9	99.2	99.7	99.7	99.6	99.8	99.4	99.7	99.2	98.2
金 华	100.2	100.4	100.5	100.2	100.4	100.4	100.5	100.4	100.6	100.4	100.5	100.3
蚌 埠	100.0	100.1	100.1	100.5	100.5	100.1	100.0	100.3	99.9	100.3	100.5	100.6
安 庆	100.1	100.3	100.2	100.3	100.2	100.2	100.3	100.3	100.2	100.1	100.1	99.9
泉 州	99.8	100.3	100.0	100.4	100.5	100.4	100.5	100.3	100.4	100.4	100.3	100.6
九 江	100.2	100.7	100.7	100.4	100.4	99.8	99.8	100.3	99.9	100.3	100.7	100.7
赣 州	100.2	100.4	100.4	100.0	100.0	99.9	100.4	100.2	100.2	100.4	100.2	100.1
烟 台	99.8	100.6	100.7	100.8	100.6	100.5	100.8	100.2	100.4	100.6	100.5	100.5
济 宁	99.9	100.6	100.7	100.5	100.4	100.4	100.2	100.1	100.2	100.1	100.1	100.5
洛 阳	100.2	100.7	100.7	100.8	100.7	100.2	100.8	100.0	100.3	100.4	100.2	100.7
平顶山	100.0	100.4	100.5	100.9	100.7	100.4	100.3	100.3	100.3	100.3	100.2	100.4
宜 昌	100.6	101.5	101.5	101.0	101.0	100.6	100.4	100.4	100.4	100.6	100.5	100.4
襄 阳	100.1	101.0	101.1	101.3	101.2	100.9	100.7	100.6	100.1	100.6	100.8	100.2
岳 阳	100.2	100.4	100.5	100.6	100.6	100.4	100.4	100.3	100.6	100.3	100.2	100.2
常 德	100.8	100.5	102.3	101.8	100.8	100.8	100.1	100.6	100.5	100.4	100.1	100.1
惠 州	100.1	100.5	100.7	100.5	100.4	100.4	100.4	100.3	100.4	100.7	100.9	100.8
湛 江	100.2	100.5	100.2	100.3	100.3	100.1	100.3	100.4	100.6	100.4	100.3	100.5
韶 关	101.0	101.0	100.7	100.3	100.3	100.0	100.0	101.6	100.3	100.0	100.0	100.1
桂 林	100.1	100.4	100.5	100.4	100.8	100.5	100.4	100.4	100.5	100.1	100.3	100.3
北 海	100.4	100.4	101.0	100.6	100.7	100.7	100.5	100.4	100.3	100.4	100.6	100.3
三 亚	100.1	100.1	100.3	100.1	100.2	100.1	100.1	100.1	100.1	100.2	100.0	100.8
泸 州	100.2	99.9	100.4	100.4	100.2	100.0	100.2	100.3	100.6	100.4	100.8	100.6
南 充	100.2	100.7	100.4	100.5	100.4	100.3	100.2	100.3	100.7	100.5	100.7	100.5
遵 义	100.3	101.0	100.8	100.4	100.3	100.2	100.0	100.1	100.0	100.6	100.7	100.3
大 理	100.1	100.2	100.5	100.2	100.3	100.2	99.8	100.3	100.3	100.5	100.4	100.2

数据来源：国家统计局。

注：环比以上月价格为 100 。

十三、全国四十重点城市商品房销售均价

表 2－121　　2009—2013 年全国四十重点城市商品房销售均价

单位：元/平方米

	2009 年	2010 年	2011 年	2012 年	2013 年
北　京	13799	17782	16845	17022	18553
天　津	6886	8194	8965	8218	8746
石家庄	3803	3885	4811	4931	5503
太　原	4792	7201	7107	6806	7158
呼和浩特	3894	4103	4167	5445	5233
沈　阳	4464	5411	5885	6321	6348
大　连	6249	7044	8051	8004	8263
长　春	4142	5178	6132	5540	6026
哈尔滨	4227	5311	5554	5518	6194
上　海	12840	14400	14503	14061	16420
南　京	7185	9565	9310	10106	11495
无　锡	6263	7690	8678	8391	7875
苏　州	6460	8148	9077	9114	9620
杭　州	10488	14132	13062	13449	15022
宁　波	8992	11265	10587	11240	11100
温　州	13586	13451	16906	17476	16468
合　肥	4228	5904	6327	6156	6283
福　州	6631	8413	10090	11188	11236
厦　门	7951	8883	10225	12281	13625
南　昌	3774	4566	5903	6419	7101
济　南	4907	6259	6710	6832	7152
青　岛	5576	6580	7501	8056	8435
郑　州	4291	4957	5704	6253	7162
武　汉	5329	5751	7222	7344	7717
长　沙	3649	4418	5880	6101	6292
广　州	9351	11921	12651	13163	15330
深　圳	14615	19170	21185	19590	24402
南　宁	4557	5144	5321	6003	6959
北　海	3265	4228	4514	4399	4522
海　口	5368	8015	6654	6821	7423
三　亚	11112	17317	12783	11623	14474
重　庆	3442	4281	4734	5080	5569
成　都	4935	5937	6675	7288	7197
贵　阳	3758	4410	5037	4846	5025
昆　明	3868	3663	4716	5745	5795
西　安	3890	4453	6128	6634	6716
兰　州	3612	4229	4462	5697	5868
西　宁	2900	3328	3649	4718	4628
银　川	3715	4010	4525	4574	4856
乌鲁木齐	3511	4548	5225	5639	6111

数据来源：根据国家统计局数据整理 。

表 2 -122　　**2013 年全国四十重点城市月度累计商品房销售均价**

单位：元/平方米

	1-3月	1-4月	1-5月	1-6月	1-7月	1-8月	1-9月	1-10月	1-11月	1-12月
合　计	**9321**	**9270**	**9226**	**9098**	**9091**	**9090**	**9094**	**9086**	**9001**	**8913**
北　京	19243	18195	18620	19153	19060	19127	19169	19245	18851	18553
天　津	8996	9127	8925	8845	8868	8872	8989	8929	8881	8746
石家庄	5978	5488	5607	5770	5669	5545	5678	5568	5605	5503
太　原	7349	7139	7229	7283	7310	7382	6909	6888	6941	7158
呼和浩特	5618	6543	6440	6039	5980	5806	5628	5475	5367	5233
沈　阳	6570	6568	6470	6374	6327	6313	6409	6369	6315	6348
大　连	9396	9157	8792	8634	8261	8485	8366	8301	8162	8263
长　春	6939	6527	6210	6256	6271	6227	6176	6079	6002	6026
哈尔滨	6684	6637	6637	6419	6470	6341	6383	6407	6487	6194
上　海	16928	16634	16837	16129	16155	15954	16487	16512	16574	16420
南　京	11257	11462	11199	11543	11497	11473	11601	11735	11663	11495
无　锡	7563	7441	7533	7663	7700	7784	7779	7823	7912	7875
苏　州	9599	9513	9628	9663	9583	9616	9587	9577	9586	9620
杭　州	15775	15839	15790	15677	15644	15644	15475	15251	15150	15022
宁　波	11134	10850	10590	10970	11288	11123	10920	11001	11181	11100
温　州	17402	16990	17110	17146	16895	16781	17720	17592	17255	16468
合　肥	6238	6216	6254	6359	6290	6284	6325	6325	6390	6283
福　州	9588	9660	9916	10046	10148	10202	10255	10324	10548	11236
厦　门	13786	13545	13657	13593	13695	13671	13684	13707	13694	13625
南　昌	6488	6709	6969	7233	7236	7254	7093	7167	7124	7101
济　南	7498	7684	7609	7565	7442	7387	7306	7169	7093	7152
青　岛	8075	8088	8042	8088	8207	8279	8333	8350	8448	8435
郑　州	7996	7802	7802	7658	7584	7553	7469	7451	7474	7162
武　汉	7294	7638	7792	7420	7526	7590	7850	8001	7810	7717
长　沙	6548	6506	6431	6421	6341	6340	6327	6319	6262	6292
广　州	15126	15167	14954	14798	14704	14785	15470	15448	15428	15330
深　圳	22549	22601	22845	23809	23875	23956	23994	23837	24050	24402
南　宁	6565	6843	7225	6997	7496	7448	7295	7225	7103	6959
北　海	4513	4581	4619	4622	4623	5045	4840	4591	4632	4522
海　口	8257	7855	8168	7728	7578	7498	7577	7555	7521	7423
三　亚	22081	22441	22384	20780	20588	18362	15740	15736	14697	14474
重　庆	5524	5569	5558	5554	5614	5614	5582	5618	5570	5569
成　都	7015	7104	7091	7042	7104	7077	7064	7123	7159	7197
贵　阳	4804	4987	5021	5064	5051	4996	4992	5050	5020	5025
昆　明	5835	5811	5599	5506	5531	5700	5848	5962	5761	5795
西　安	6896	6797	6823	6676	6660	6630	6629	6611	6602	6716
兰　州	6674	6777	6627	6035	6175	6099	6005	5888	5681	5868
西　宁	5293	5245	5198	4618	4737	4955	4948	4746	4588	4628
银　川	4992	5139	4918	4903	4900	4921	4967	4923	4896	4856
乌鲁木齐	5987	6206	6254	6294	6261	6319	6159	6050	6132	6111

数据来源：根据国家统计局数据整理 。

表 2－123　　2009—2013 年全国四十重点城市住宅销售均价

单位：元/平方米

	2009 年	2010 年	2011 年	2012 年	2013 年
北　京	13224	17151	15518	16554	17854
天　津	6605	7909	8539	8010	8390
石家庄	3734	3803	4400	4714	4943
太　原	4499	7046	6724	6405	6668
呼和浩特	3252	3648	3909	4798	4631
沈　阳	4196	5109	5614	5989	6074
大　连	6175	6759	7929	7584	7859
长　春	4012	5097	5969	5273	5729
哈尔滨	4147	5174	5347	5113	5884
上　海	12364	14213	13448	13870	16192
南　京	6893	9227	8415	9675	11078
无　锡	6099	6229	8085	7745	7451
苏　州	6358	6354	9060	8980	9479
杭　州	10561	14259	12613	13293	14679
宁　波	9068	11730	10649	11385	11405
温　州	14086	11643	16900	17610	15943
合　肥	4095	5501	5631	5754	6084
福　州	6441	7874	9530	10644	10155
厦　门	8935	11590	12936	12953	14551
南　昌	3637	4331	5281	5880	6639
济　南	4797	6100	6676	6651	7013
青　岛	5383	6421	7171	7583	7987
郑　州	4054	4596	4691	5643	6587
武　汉	5199	5552	6768	6895	7238
长　沙	3533	4322	5484	5602	5759
广　州	8989	10615	11383	12001	13954
深　圳	14389	18954	20861	18996	23427
南　宁	4463	4952	5133	5619	6155
北　海	3224	4073	4463	4277	4467
海　口	5318	8069	6664	6512	7342
三　亚	11154	17313	12727	11431	14299
重　庆	3266	4040	4492	4805	5239
成　都	4875	5827	6311	6678	6708
贵　阳	3492	4233	4553	4473	4488
昆　明	3644	3408	4553	5405	5615
西　安	3749	4341	5793	6224	6435
兰　州	3500	4064	4051	5421	5520
西　宁	2811	3197	3437	4304	4380
银　川	3387	3801	4020	4187	4524
乌鲁木齐	3355	4280	4930	5255	5858

数据来源：根据国家统计局数据整理。

表 2－124　　2013 年全国四十重点城市月度累计住宅销售均价

单位：元/平方米

	1－3 月	1－4 月	1－5 月	1－6 月	1－7 月	1－8 月	1－9 月	1－10 月	1－11 月	1－12 月
合　计	**8851**	**8797**	**8736**	**8607**	**8585**	**8575**	**8577**	**8572**	**8487**	**8381**
北　京	19539	17927	18225	18741	18654	18780	18869	18854	18290	17854
天　津	8669	8745	8543	8494	8517	8559	8698	8630	8570	8390
石家庄	5087	4930	5111	5073	4910	4811	4908	4886	5003	4943
太　原	6841	6536	6710	6727	6786	6854	6451	6444	6534	6668
呼和浩特	5406	5274	5457	5272	5134	5048	4986	4910	4754	4631
沈　阳	6393	6422	6282	6172	6148	6131	6222	6173	6090	6074
大　连	9288	9069	8690	8449	8112	8079	7948	7874	7728	7859
长　春	6823	6438	6094	6115	6110	6035	5970	5880	5799	5729
哈尔滨	5826	6138	6178	6104	6176	6055	6112	6121	6227	5884
上　海	16884	17381	16735	15915	15935	15688	16329	16306	16360	16192
南　京	10480	10729	10568	10958	10938	10956	11130	11291	11237	11078
无　锡	7155	7049	7138	7262	7294	7386	7409	7440	7491	7451
苏　州	9564	9432	9510	9537	9443	9459	9434	9467	9496	9479
杭　州	15645	14782	15508	15323	15277	15277	15088	14910	14831	14679
宁　波	11230	10926	10673	10847	11394	11211	11082	11198	11437	11405
温　州	15764	15633	16111	16322	15961	15986	17034	16968	16709	15943
合　肥	5939	5903	5952	6087	6018	6024	6082	6109	6088	6084
福　州	8981	9086	9160	9315	9341	9410	9476	9564	9696	10155
厦　门	14331	14123	14405	14375	14599	14571	14518	14634	14696	14551
南　昌	6304	6540	6641	6789	6766	6781	6600	6723	6710	6639
济　南	7075	7327	7256	7242	7158	7093	7062	6974	6921	7013
青　岛	7710	7772	7776	7778	7910	7936	8054	8062	8094	7987
郑　州	7081	6976	7025	6953	6858	6804	6753	6752	6769	6587
武　汉	6998	7209	7344	7026	7117	7197	7385	7476	7283	7238
长　沙	5960	5987	5915	5794	5749	5788	5757	5783	5756	5759
广　州	14128	14264	13896	13752	13559	13614	14308	14270	14177	13954
深　圳	22075	22553	22210	23071	23113	23184	23133	22967	23196	23427
南　宁	6120	6117	6288	6171	6213	6268	6240	6255	6220	6155
北　海	4503	4561	4561	4558	4559	4991	4780	4533	4570	4467
海　口	8185	7773	8146	7681	7521	7447	7504	7484	7431	7342
三　亚	21996	22349	22305	20697	20511	18282	15658	15654	14619	14299
重　庆	5165	5187	5212	5215	5273	5287	5257	5284	5245	5239
成　都	6652	6738	6728	6648	6695	6679	6642	6666	6677	6708
贵　阳	4381	4406	4462	4485	4476	4450	4475	4533	4502	4488
昆　明	5703	5611	5464	5427	5403	5593	5648	5803	5600	5615
西　安	6699	6646	6672	6511	6492	6450	6375	6324	6338	6435
兰　州	6263	6397	6335	5793	5760	5718	5644	5550	5393	5520
西　宁	5083	5012	4976	4460	4578	4611	4620	4474	4378	4380
银　川	4723	4759	4673	4701	4685	4668	4664	4596	4563	4524
乌鲁木齐	5857	5968	6027	6070	5976	6039	5868	5793	5876	5858

数据来源：根据国家统计局数据整理。

表 2 -125　　2009—2013 年全国四十重点城市办公楼销售均价

单位：元/平方米

	2009 年	2010 年	2011 年	2012 年	2013 年
北　京	16857	23412	23695	22114	23426
天　津	11134	13857	12512	13351	11441
石家庄	3673	4945	9455	8385	8896
太　原	6383	6906	9785	10478	13758
呼和浩特	4786	5776	4836	7267	8193
沈　阳	7643	6937	7523	11288	10671
大　连	5214	14238	13018	15464	6489
长　春	4208	4554	9810	8674	6831
哈尔滨	4630	6496	6858	8240	7895
上　海	21598	18888	25225	20999	23623
南　京	12550	12869	19334	16490	17939
无　锡	6760	8869	8919	8555	9373
苏　州	7349	8084	8451	8122	8884
杭　州	10431	15138	16644	17245	19331
宁　波	9381	11037	10889	9438	9751
温　州	10976	16312	24847	20378	21526
合　肥	4654	6828	7910	8529	8117
福　州	6873	16461	16424	16489	19832
厦　门	6891	6941	8262	13760	14590
南　昌	5682	9650	9633	11174	9960
济　南	5030	7455	8679	10089	10335
青　岛	9727	8478	11789	11701	14767
郑　州	4929	9331	10074	9456	9747
武　汉	5234	5738	9876	13405	9372
长　沙	5660	4504	9879	12244	12148
广　州	15080	16882	19103	22736	22914
深　圳	20881	22853	25283	41773	39132
南　宁	6427	8219	8519	19473	16677
北　海	—	—	7500	12222	—
海　口	4969	6471	24696	30870	15278
三　亚	—	—	—	—	30084
重　庆	5173	9537	11686	11494	11370
成　都	5881	9280	10070	9208	10095
贵　阳	4628	5432	6507	9425	7591
昆　明	5906	7570	5394	8446	10049
西　安	5277	6004	9759	8572	8964
兰　州	5298	4501	8228	8211	10896
西　宁	3551	2200	1842	8125	8168
银　川	5424	5623	7548	4776	7992
乌鲁木齐	7284	9452	8838	11811	11891

数据来源：根据国家统计局数据整理 。

表 2－126　　2013 年全国四十重点城市月度累计办公楼销售均价

单位：元/平方米

	1－3 月	1－4 月	1－5 月	1－6 月	1－7 月	1－8 月	1－9 月	1－10 月	1－11 月	1－12 月
合　计	**15709**	**15250**	**15540**	**15440**	**15448**	**15732**	**15716**	**15777**	**15754**	**15439**
北　京	20692	20182	21312	22393	22378	22931	22933	22976	23201	23426
天　津	15236	11211	11426	11233	11242	10760	10825	11117	10985	11441
石家庄	9991	9681	9448	9499	9321	9086	9127	9110	9114	8896
太　原	16471	16216	16000	13937	13944	14140	9460	9881	9971	13758
呼和浩特	6875	9121	9189	9267	9051	9053	9147	8454	8141	8193
沈　阳	10211	10229	13319	13495	13673	13537	11979	11929	11907	10671
大　连	7732	7879	8020	6400	6934	7509	7083	6799	6254	6489
长　春	6800	6604	5858	5775	5786	5800	6018	5987	6290	6831
哈尔滨	10245	9926	9845	9119	9134	9166	9172	9096	9104	7895
上　海	19924	20104	20599	21505	21877	22934	22741	22848	23178	23623
南　京	21129	20783	19750	19398	18979	18522	17659	17475	17224	17939
无　锡	7886	7927	8315	8665	8459	8344	8242	8249	9236	9373
苏　州	9336	8833	8920	8913	9106	9177	9174	9198	9191	8884
杭　州	19516	19865	20348	20443	20378	19832	19872	19373	19278	19331
宁　波	12594	12172	10541	14541	10998	10885	10997	10685	10490	9751
温　州	24318	23105	22723	22533	22504	22482	22336	22275	22252	21526
合　肥	8485	8345	8165	8233	8310	8315	8083	8092	8105	8117
福　州	17458	17744	18084	18095	17319	17959	17407	18615	19205	19832
厦　门	15679	13724	14067	13826	13643	14233	15736	15495	15199	14590
南　昌	9742	8281	10882	11034	11290	11370	10586	10696	10610	9960
济　南	12668	11455	11160	10827	10481	10586	10313	10368	10376	10335
青　岛	12304	12224	11794	11623	11685	13163	13282	13138	14544	14767
郑　州	13867	13518	13361	12307	12334	12256	12234	12224	12090	9747
武　汉	9567	10080	9289	8814	8848	8468	9919	9877	9620	9372
长　沙	13659	13346	12330	12146	12017	11900	11375	11402	11828	12148
广　州	25487	24129	24329	24183	23077	22664	22230	22649	22514	22914
深　圳	34177	32593	41144	38379	38230	38598	39785	39757	39386	39132
南　宁	17083	16887	16938	16864	16992	16982	16758	16741	16696	16677
北　海	—	—	—	—	—	—	—	—	—	—
海　口	5200	5200	5200	13043	13043	13043	13043	15098	15098	15278
三　亚	—	28571	28571	28571	28571	28571	28571	28571	28571	30084
重　庆	14838	13948	13826	12795	12895	12105	12274	12086	11978	11370
成　都	8862	8987	8841	8924	8945	8993	8881	9799	10182	10095
贵　阳	7689	7653	7650	7763	7811	7790	7795	7786	7559	7591
昆　明	10852	11780	7082	7834	7972	8030	9668	9173	9481	10049
西　安	8360	8845	8868	8565	8576	8463	9381	9305	9096	8964
兰　州	10000	10000	10200	10465	10335	10323	11065	10881	10881	10896
西　宁	—	—	—	8333	8333	8889	7727	7727	8125	8168
银　川	5400	5504	5714	5886	6124	6269	6404	7688	7986	7992
乌鲁木齐	10000	12162	11197	12488	14490	14606	13955	13713	13528	11891

数据来源：根据国家统计局数据整理 。

表 2 – 127　　2009—2013 年全国四十重点城市商业营业用房销售均价

单位：元/平方米

	2009 年	2010 年	2011 年	2012 年	2013 年
北　京	19091	22453	24919	20476	26405
天　津	8955	10547	13261	13007	16550
石家庄	8346	7304	8105	7239	8695
太　原	9289	11126	9962	20081	17336
呼和浩特	7634	7143	7679	10891	9449
沈　阳	7112	7788	8847	9712	8715
大　连	8528	9961	11005	12657	13917
长　春	6072	6500	8042	7324	10064
哈尔滨	5091	7294	9527	9504	10024
上　海	15237	15735	19008	16217	19294
南　京	12210	15117	16685	17845	19714
无　锡	7622	9820	11927	13949	11473
苏　州	7938	8883	9924	11100	12051
杭　州	10369	13421	16577	12549	17511
宁　波	10900	12581	12475	15158	13732
温　州	12680	12935	16701	18161	23451
合　肥	7176	10964	12506	12288	10043
福　州	13905	15310	21982	16778	30992
厦　门	17225	17472	20683	20444	26589
南　昌	6366	7597	10513	9034	12328
济　南	10984	13350	11524	12545	12557
青　岛	8162	9192	11842	14189	14000
郑　州	8234	10030	13908	13683	11994
武　汉	11162	11622	13297	13154	13903
长　沙	8541	9568	14384	13067	12826
广　州	13395	19757	20583	18057	23575
深　圳	18605	25162	27536	24771	34686
南　宁	8626	10943	10147	12503	22496
北　海	4828	5547	8993	10622	9272
海　口	7479	8142	6992	17013	10496
三　亚	4242	20000	23600	29650	26043
重　庆	7145	8003	8132	9575	10780
成　都	8751	9294	12496	16283	14781
贵　阳	10392	8928	10793	10446	14867
昆　明	7961	7825	7158	10530	7927
西　安	8201	9412	13964	13571	11679
兰　州	4916	6346	7624	9500	11190
西　宁	5626	6513	9293	10950	17451
银　川	6315	5966	7256	7583	7895
乌鲁木齐	6330	7240	10669	10718	12763

数据来源：根据国家统计局数据整理。

表 2－128　　2013 年全国四十重点城市月度累计商业营业用房销售均价

单位：元/平方米

	1－3 月	1－4 月	1－5 月	1－6 月	1－7 月	1－8 月	1－9 月	1－10 月	1－11 月	1－12 月
合　计	**14849**	**14773**	**14700**	**14338**	**14433**	**14377**	**14360**	**14215**	**14040**	**14044**
北　京	20359	24452	25547	25549	25593	25159	25493	26117	26447	26405
天　津	16053	16740	16753	16494	16517	16379	16484	15956	15858	16550
石家庄	13643	11351	9976	10775	11458	11046	11137	10112	9469	8695
太　原	14275	15859	16273	17558	17221	17347	17342	17146	17429	17336
呼和浩特	8820	13804	12097	11557	12751	11997	11971	8918	9543	9449
沈　阳	9462	8838	8818	8430	8122	8077	8182	8266	8502	8715
大　连	13355	13369	13522	15242	12136	14554	14753	14344	14076	13917
长　春	11125	8685	8373	8658	8973	9413	9985	9738	9780	10064
哈尔滨	13827	9728	9822	9773	9902	9394	9559	10016	10172	10024
上　海	24421	22722	22239	19855	20071	18731	18921	19190	19449	19294
南　京	23903	21161	20515	20556	21143	21031	21078	20660	19987	19714
无　锡	10966	10759	11119	11189	11468	11611	11279	11466	11396	11473
苏　州	11049	11226	11788	11917	11926	12117	12061	11451	11328	12051
杭　州	14609	14914	16152	16548	16553	17623	17939	17991	17605	17511
宁　波	13008	13144	13515	14455	15093	14742	13591	13513	13504	13732
温　州	26367	24844	24329	24107	24856	23927	25337	25149	23994	23451
合　肥	10042	10530	10632	10891	11030	11043	11239	11097	11894	10043
福　州	23050	21933	24101	24019	25333	25820	25560	25445	26837	30992
厦　门	28087	26972	26405	27029	27116	28603	27745	21264	21356	26589
南　昌	8538	9022	10093	11804	11799	12228	13091	12117	11623	12328
济　南	15286	15270	14164	13072	13119	13490	12073	12241	12339	12557
青　岛	16680	16978	16406	14745	14270	14019	13776	13626	13557	14000
郑　州	14274	12088	12124	11923	11871	11854	11798	11927	11682	11994
武　汉	15386	16423	16781	14338	14618	14767	14660	14417	14239	13903
长　沙	14727	15299	15471	14470	14615	14662	15091	15215	12247	12826
广　州	19352	18816	19474	19554	20956	20970	22221	22362	22975	23575
深　圳	26952	28111	30020	36849	35550	33724	31966	31465	31638	34686
南　宁	17689	26122	23236	22850	26250	25679	24789	24286	24001	22496
北　海	10000	11667	13611	14091	12308	12286	12584	11273	9459	9272
海　口	11024	11515	11164	11387	12279	11316	10308	10084	10573	10496
三　亚	29608	29815	29310	29310	28983	28983	28169	25978	25978	26043
重　庆	11954	13603	12765	12283	11813	11671	11705	11966	11549	10780
成　都	15728	14171	14351	13990	14292	14392	14504	14552	14848	14781
贵　阳	14283	17085	16869	16739	16189	15748	14758	15057	14922	14867
昆　明	10000	10412	8834	7017	7985	8272	7788	7602	7623	7927
西　安	14084	9889	10475	9866	10324	10472	11435	11792	11361	11679
兰　州	17500	14439	12107	11372	12820	12244	11566	11266	9970	11190
西　宁	10851	12188	12361	12635	12849	17527	18117	16477	16250	17451
银　川	8399	8469	6713	6420	6605	6973	7442	7667	7708	7895
乌鲁木齐	10000	13089	13068	13761	14064	14060	14430	14134	12515	12763

数据来源：根据国家统计局数据整理。

十四、四十城市经营性土地[①]成交列表

表 2－129　　2013 年北京市经营性用地成交总价前二十明细表

单位：平方米，万元

序号	公告号/宗地编号	区域	土地属性	占地面积	容积率	出让底价	成交价格	受让方
1	京土整储招（门）〔2013〕128 号	门头沟	住宅；商服	168517	3.4		586600	北京住总房地产开发有限责任公司、北京融创恒基地产有限公司和北京骏洋房地产开发有限公司联合体
2	京土整储挂（朝）〔2013〕116 号	朝　阳	住宅；商服	205446	2.3	395000	513500	天津金碧投资有限公司
3	京土整储招（昌）〔2012〕090 号	昌　平	住宅；商服；办公；公建配套和其他	301751	2.0		470000	北京京投置地房地产有限公司和北京市基础设施投资有限公司联合体
4	京土整储招（海）〔2012〕089 号	海　淀	住宅；商服；公建配套和其他	186875	2.1		465000	北京市基础设施投资有限公司和北京京投置地房地产有限公司联合体
5	京土整储挂（朝）〔2013〕070 号	朝　阳	住宅；商服；公建配套和其他	224463	2.5	245000	404000	恒大地产集团有限公司
6	京土整储招（石）〔2013〕055 号	石景山	住宅；商服；办公	164919	3.2		381201	金融街控股股份有限公司和北京实兴腾飞置业发展公司联合体
7	京土整储挂（通）〔2013〕124 号	通　州	住宅；商服；办公；公建配套和其他	293950	2.4	290000	356000	北京东方长安房地产开发有限公司
8	京土整储挂（昌）〔2013〕050 号	昌　平	住宅；商服；办公	375365	2.8	305125	356000	恒大地产集团有限公司
9	京土整储招（顺）〔2013〕079	顺　义	住宅；商服；公建配套和其他	324320	0.9		330000	北京万科企业有限公司、北京华雨鸿咨询有限公司
10	京土整储招（石）〔2013〕054 号	石景山	住宅；商服；办公	123725	3.1		330000	北京建工地产有限责任公司
11	京土整储招（丰）〔2012〕085 号	崇　文	商　服	32754	6.7		277780	北京国瑞兴业地产股份有限公司

① 本章含 38 个重点城市经营性用地成交总价前二十排行榜，土地已剔除纯工业用地。另，呼和浩特、温州、乌鲁木齐数据缺失。

续表

序号	公告号/宗地编号	区域	土地属性	占地面积	容积率	出让底价	成交价格	受让方
12	京土整储挂（丰）〔2013〕110 号	丰　台	住宅；商服；公建配套和其他	248528	1.7	185000	251000	国开东方城镇发展投资有限公司和北京青龙湖国际会展有限公司联合体
13	京土整储挂（朝）〔2013〕052 号	朝　阳	住宅；商服；公建配套和其他	206235	1.2	158000	236000	中粮地产（北京）有限公司
14	京土整储招（通）〔2013〕107 号	通　州	商服；办公；公建配套和其他	56374	7.0		232777	北京富力城房地产开发有限公司和北京极富房地产开发有限公司联合体
15	京土整储招（门）〔2013〕118 号	门头沟	住宅；商服；公建配套和其他	70432	3.4		230000	北京市华远置业有限公司和北京金秋莱太房地产开发有限公司联合体
16	京土整储招（朝）〔2013〕134 号	朝　阳	住宅；商服	181206	2.1		220043	北京金隅嘉业房地产开发有限公司
17	京土整储招（丰）〔2012〕083 号	丰　台	商　服	49840	9.4		218000	首创朝阳房地产发展有限公司、菲森国际企业有限公司
18	京土整储挂（昌）〔2013〕119 号	昌　平	住宅；商服；办公	300977	2.0	214000	216000	北京龙湖兴顺置业有限公司
19	京土整储挂（朝）〔2013〕120 号	朝　阳	住宅；商服	107468	1.9	165000	214500	北京首城置业有限公司
20	京土整储招（门）〔2013〕005 号	门头沟	住宅；商服；公建配套和其他	169562	1.2		213000	中国水电建设集团房地产有限公司和金地（集团）股份有限公司联合体

资料来源：中国房地产决策咨询系统（CRIC）。

表 2－130　　2013 年天津市经营性用地成交总价前二十明细表

单位：平方米，万元

序号	公告号/宗地编号	区域	土地属性	占地面积	容积率	出让底价	成交价格	受让方
1	津南红（挂）2013－102 号	南　开	住宅；商服	374017	2.7	918000	1032000	天津融创泓润置业有限公司
2	津东海（挂）2013－139 号	河　东	住宅；商服	113569	1.9	220400	363500	恒大地产集团天津有限公司
3	津北育（挂）2013－124 号	河　北	住宅；商服	100340	4.1	324530	324530	天津市房地产信托集团有限公司
4	津东海（挂）2013－096 号	河　东	住宅；商服	83769	2.2	157000	265000	天津港威房地产开发有限公司

续表

序号	公告号/宗地编号	区域	土地属性	占地面积	容积率	出让底价	成交价格	受让方
5	津北富（挂）2013－066 号	河　北	住宅；商服	66888	3.8	207500	207500	天津城铁港铁建设有限公司
6	津西解放（挂）2013－105 号	河　西	住　宅	64505	2.1	115700	190500	天津金侨城投资有限公司
7	津南复（挂）2013－121 号	南　开	住　宅	60088	1.0	115200	152000	天津融创泓润置业有限公司
8	津东兰（挂）2013－119 号	河　东	住　宅	64321	1.9	106000	140000	天津融科投资有限公司
9	津北律（挂）2013－118 号	河　北	住宅；商服	47279	3.7	135000	135000	天津华升文化交流有限公司
10	津西青（挂）2012－06 号	西　青	住　宅	165189	2.0	70900	134000	旭辉集团股份有限公司
11	津东晨（挂）2013－070 号	河　东	住宅；商服	47229	2.4	91000	121000	天津渤化海晶建设发展有限公司
12	津西陈塘（挂）2013－030 号	河　西	住　宅	32803	2.7	61160	110000	天津市房地产发展（集团）股份有限公司
13	津南（挂）2013－06 号	津　南	住　宅	108344	1.9	48756	106500	首创（天津）置业管理有限公司
14	津南育（挂）2013－091 号	南　开	住　宅	20985	2.4	40500	106500	天津政通建设发展有限公司
15	津北辰高（挂）2013－110 号	北　辰	住宅；商服	162753	1.9	104610	104610	天津市房地产开发经营集团有限公司
16	津西青（挂）2011－18 号	西　青	住　宅	112607	1.1	54150	103000	北京金隅嘉业房地产开发有限公司
17	津东海（挂）2012－142 号	河　东	住宅；商服	39238	2.6	103000	103000	天津新岸创意产业投资有限公司
18	津滨开（挂）2012－17 号	开发区	住宅；商服；公建配套和其他	89870	1.9	85090	85090	联发集团桂林联泰置业有限公司
19	津红佳（挂）2013－056 号	红　桥	住宅；商服	41186	2.4	53150	79000	天津市振业房地产开发有限公司
20	津南白（挂）2012－125 号	南　开	商　服	9244	11.5	78200	78200	天津松江股份有限公司

资料来源：中国房地产决策咨询系统（CRIC）。

表 2－131　　2013 年石家庄市经营性用地成交总价前二十明细表

单位：平方米，万元

序号	公告号/宗地编号	区域	土地属性	占地面积	容积率	出让底价	成交价格	受让方
1	石国土资〔2013〕14号/〔2013〕008 号	长　安	住宅；商服	66739	3.5	67800	67800	河北怡都房地产开发有限公司
2	石国土资〔2013〕14号/〔2013〕007 号	长　安	住宅；商服	115525	5.3	67700	67700	河北开元房地产开发股份有限公司
3	石国土资〔2012〕223号/〔2012〕070 号	桥　东	住宅；商服	63475	6.0	61900	61900	石家庄启锐房地产开发有限公司
4	石国土资〔2013〕41号/〔2013〕020 号	新　华	住宅；商服	85899	4.5	60100	60100	河北中储物流中心、河北卓航房地产开发有限公司、石家庄三利房地产开发有限公司
5	石国土资〔2013〕41号/〔2013〕022 号	开发区	商　服	180799	3.0	57300	57300	石家庄乐城创意国际贸易城开发有限公司
6	石国土资〔2012〕223号/〔2012〕080 号	鹿　泉	住宅；商服	105034	3.5	51400	51400	河北金麦加房地产开发有限公司
7	石国土资〔2012〕223号/〔2012〕071 号	长. 安	住宅；商服	80343	5.0	49900	49900	石家庄安联房地产开发有限公司
8	石国土资〔2012〕223号/〔2012〕078 号	长　安	住宅；商服	56445	5.8	45800	45800	石家庄东丽房地产开发有限公司
9	石国土资〔2012〕223号/〔2012〕059 号	裕　华	住　宅	71485	4.5	41300	41300	河北金牛房地产开发有限公司
10	石国土资〔2012〕223号/〔2012〕072 号	桥　西	住　宅	44867	3.0	36100	36100	河北利航房地产开发有限公司
11	石国土资〔2013〕41号/〔2013〕021 号	桥　东	住宅；商服	49591	5.2	34600	34600	河北翰鼎房地产开发有限公司、华北制药集团先泰药业有限公司
12	石国土资〔2012〕223号/〔2012〕075 号	长　安	住　宅	37860	6.5	29800	29800	河北地益嘉房地产开发有限公司
13	石国土资〔2012〕223号/〔2012〕073 号	新　华	住　宅	39526	2.1	26500	26500	河北弘石房地产开发有限公司
14	石国土资〔2013〕16号/〔2013〕014 号	开发区	住宅；商服	61003	2.9	24200	24200	石家庄金明房地产开发有限公司
15	石国土资〔2012〕223号/〔2012〕068 号	裕　华	住　宅	32938	3.2	24000	24000	石家庄中嘉信房地产开发有限公司
16	石国土资〔2013〕16号/〔2013〕013 号	开　发	住宅；商服	62901	4.5	23320	23320	河北迎尚房地产开发有限公司
17	石国土资〔2013〕14号/区〔2013〕003 号	新　华	住宅；商服	28153	3.5	21800	21800	石家庄豪威房地产开发有限公司

续表

序号	公告号/宗地编号	区域	土地属性	占地面积	容积率	出让底价	成交价格	受让方
18	石国土资〔2013〕16号/〔2013〕015号	开　发	住宅；商服	55176	3.2	21680	21680	石家庄市保障性安居工程开发建设有限责任公司
19	石国土资〔2013〕41号/〔2013〕019号	裕　华	商　服	10408	8.3	21500	21500	河北省卓诚企业管理服务有限公司
20	石国土资〔2012〕223号/〔2012〕077号	桥　东	住宅；商服	22180	3.5	19500	19500	河北金龙房地产开发有限公司

资料来源：中国房地产决策咨询系统（CRIC）。

表 2－132　　2013 年太原市经营性用地成交总价前二十明细表

单位：平方米，万元

序号	公告号/宗地编号	区域	土地属性	占地面积	容积率	出让底价	成交价格	受让方
1	并国土公出告字〔2013〕39号/CP－1341	万柏林	住宅；商服	58850	6.0	62680	179000	华润置地（成都）有限公司
2	并国土公出告字〔2013〕40号/CP－1342	万柏林	商　服	44577	12.0	61520	101000	华润置地（成都）有限公司、长春智信咨询服务有限公司
3	并国土公出告字〔2013〕37号/CP－1340	晋　源	商　服	63403	8.0	89400	89400	华润置地（成都）有限公司
4	并国土公出告字〔2013〕37号/CP－1338	晋　源	商　服	51062	8.0	72000	72000	华润置地（成都）有限公司
5	并国土公出告字〔2013〕01号/CG－1301	小　店	住宅；商服	143438	3.5	56380	57380	山西万国商业广场开发有限公司
6	并国土公出告字〔2012〕66号/CG－1267	小　店	住宅；商服	62147	4.1	42120	43816	山西宝佳房地产开发有限公司
7	并国土公出告字〔2013〕31号/CG－1332	小　店	住宅；商服	102065	3.5	37430	43730	山西国源房地产开发有限公司
8	并国土公出告字〔2013〕30号/CG－1331	小　店	住宅；商服	95337	3.2	34670	41020	山西万景源房地产开发有限责任公司
9	并国土公出告字〔2012〕98号/CG－1298	杏花岭	住宅；商服	116752	4.5	38420	40180	山西宝洁房地产开发有限公司

续表

序号	公告号/宗地编号	区域	土地属性	占地面积	容积率	出让底价	成交价格	受让方
10	并国土公出告字〔2013〕35号/CG－1336	万柏林	商　服	32537	4.1	26850	40000	山西焦煤集团房地产开发有限公司
11	并国土公出告字〔2013〕37号/CP－1339	晋　源	商　服	53122	5.0	39850	39850	华润置地（成都）有限公司
12	并国土公出告字〔2012〕102号/LG－1287	小　店	商　服	61289	3.5	35947	36447	山西嘉盛房地产开发有限公司
13	并国土公出告字〔2013〕36号/CG－1337	晋　源	住宅；商服	56396	4.0	25020	33900	太原市国投房地产开发有限公司
14	并国土公出告字〔2012〕97号/CG－1297	万柏林	住宅；商服	76066	4.5	30780	31780	山西润景房地产开发有限公司
15	并国土公出告字〔2013〕33号/CG－1334	杏花岭	住宅；商服；公建配套和其他	72048	2.7	19620	30585	太原市龙城北部置业有限公司
16	并国土公出告字〔2012〕103号/LG－12102	小　店	住宅；商服	46768	5.3	29650	30150	山西崇康房地产开发有限公司
17	并国土公出告字〔2013〕46号/CG－1350	杏花岭	住宅；商服	54762	2.8	25960	25960	太原市龙城北部置业有限公司
18	并国土公出告字〔2012〕96号/CG－1296	万柏林	住宅；商服	55508	4.5	22150	23150	山西润骅房地产开发有限公司、山西宜鑫房地产开发有限公司
19	并国土公出告字〔2012〕95号/CG－1295	万柏林	住宅；商服	43036	4.5	17180	18180	山西恒运昌房地产开发有限公司
20	并国土公出告字〔2013〕06号/CG－1306	晋　源	住宅；商服	97269	2.4	16580	16580	太原新南城房地产开发有限公司

资料来源：中国房地产决策咨询系统（CRIC）。

表2－133　　2013年沈阳市经营性用地成交总价前二十明细表

单位：平方米，万元

序号	公告号/宗地编号	区域	土地属性	占地面积	容积率	出让底价	成交价格	受让方
1	沈土挂〔2013〕58号/2013－050	和　平	住宅；商服	71161	12.0	306989	306989	辽宁京丰置业有限公司
2	沈土挂〔2013〕63号/2013－055	沈　河	住宅；商服	41686	18.0	164025	164025	沈阳广和置业有限公司

续表

序号	公告号/宗地编号	区域	土地属性	占地面积	容积率	出让底价	成交价格	受让方
3	沈土拍〔2013〕76号/CB2013-10	和平	住宅；商服	185115	3.3	155775	156202	中海地产（沈阳）有限公司
4	沈土拍〔2013〕76号/CB2013-6	和平	住宅；商服	177970	3.0	130808	131182	中海地产（沈阳）有限公司
5	沈土拍〔2013〕16号/2013-017	于洪	住宅；商服	132618	3.1	96406	112851	五矿地产（沈阳）有限公司
6	沈土拍〔2013〕6号/CB2012-4	和平	住宅；商服	117099	3.0	98820	104089	嘉逊发展香港（控股）有限公司
7	沈土拍〔2013〕43号/2013-031	皇姑	住宅；商服	198972	2.0	87150	99486	沈阳荣盛新地标房地产开发有限公司
8	沈土拍〔2013〕76号/CB2013-9	和平	住宅；商服	88990	4.5	88100	88380	正盛国际有限公司
9	沈土拍〔2013〕34号/2013-025	于洪	住宅；商服	196428	2.5	84759	86035	广东美的置业有限公司、33号竞标企业
10	沈土拍〔2013〕76号/CB2013-11	和平	住宅；商服	84891	4.5	84042	84309	正盛国际有限公司
11	沈土拍〔2013〕43号/2013-029	皇姑	住宅；商服	16246	7.0	32979	75055	沈阳新兴置业有限公司
12	沈土拍〔2013〕29号/2013-020	皇姑	住宅；商服	34820	5.0	73122	73244	中合辽阳置业有限公司
13	沈土拍〔2013〕74号/2013-056	皇姑	住宅；商服	79200	2.5	57420	67221	沈阳金地悦峰房地产开发有限公司
14	沈土拍〔2013〕34号/2013-024	于洪	住宅；商服	199432	1.8	64652	65047	广东美的置业有限公司、33号竞标企业
15	沈土拍〔2013〕43号/2013-030	皇姑	住宅；商服	129382	2.3	62491	62848	沈阳荣盛新地标房地产开发有限公司
16	沈土挂〔2013〕58号/2013-052	和平	住宅；商服	31078	6.0	62112	62112	沈阳东大兴科置业有限公司
17	沈土拍〔2013〕67号/YHKF2013-025	于洪	住宅；商服	131246	2.2	56622	56853	沈阳金辉居业房地产开发有限公司
18	沈土拍〔2013〕61号/2013-043	大东	住宅；商服	96553	2.4	49126	54595	永迈有限公司
19	沈土拍〔2013〕47号/皇姑2013-02	皇姑	住宅；商服	174774	2.4	54026	54194	抚顺万科房地产开发有限公司
20	沈土挂〔2013〕58号/2013-049	皇姑	住宅；商服	119493	2.2	52840	52840	沈阳首府房地产开发有限公司

资料来源：中国房地产决策咨询系统（CRIC）。

表 2－134　　2013 年大连市经营性用地成交总价前二十明细表

单位：平方米，万元

序号	公告号/宗地编号	区域	土地属性	占地面积	容积率	出让底价	成交价格	受让方
1	2013 年第 57 号/大城（2013）－16 号地	中　山	住宅；商服；办公；公建配套和其他	107879	4.3	317888	317888	保利东港房地产开发有限公司
2	2013 年第 57 号/大城（2013）－17 号地	中　山	住宅；商服；公建配套和其他	91613	4.2	281901	281901	大连赢盛房地产开发有限公司
3	2012 年第 124 号/大城（2012）－41 号地	甘井子	住　宅	191300	2.1	164557	164557	大连港置地有限公司
4	2013 年第 56 号/大城（2013）－14 号地	甘井子	住宅；商服	125009	2.1	148915	148915	中国铁建房地产集团
5	2013 年第 38 号/大城（2013）－9 号地	中　山	住宅；商服；办公；公建配套和其他	40434	3.7	113452	113452	大连德威佳业投资有限公司
6	2013 年第 70 号/大城（2013）－21 号地	甘井子	住宅；公建配套和其他	111193	2.0	87796	89196	大连华丰金山花园房地产开发有限公司
7	2013 年第 127 号/大金（2013）－163 号地	金　州	商　服	69260	6.5	80150	80150	大连万达商业地产股份有限公司
8	2013 年第 57 号/大城（2013）－15 号地	中　山	商服；公建配套和其他	143909	0.5	72707	72707	保利东港房地产开发有限公司
9	2013 年第 25 号/大城（2013）－7 号地	甘井子	住宅；商服	196325	1.0	69285	69285	大连龙湖西城置业有限公司
10	2013 年第 38 号/大城（2013）－12 号地	甘井子	住宅；商服	152705	1.6	62870	62870	威新房地产开发（大连）有限公司、大连博载置业有限公司
11	2013 年第 77 号/大城（2013）－22 号地	甘井子	住宅；公建配套和其他	63675	2.3	54162	54162	富卓企业有限公司
12	2013 年第 129 号/大花（2013）－15 号地	花园口经济区	住　宅	53980	1.2	53980	53980	大连海科控股有限公司
13	2013 年第 111 号/大城（2013）－27 号地	甘井子	住宅；商服	112500	2.4	45930	46260	大连市建设控股有限公司
14	2013 年第 59 号/大城（2013）－18 号地	甘井子	住宅；商服；公建配套和其他	140289	1.4	43784	43784	大连乐启房地产开发有限公司
15	2013 年第 86 号/大城（2013）－23 号地	甘井子	住宅；商服	43580	2.7	42120	42120	华润置地（大连）有限公司
16	2013 年第 33 号/大旅（2013）－13 号地	旅顺口	商　服	66473	4.0	37560	37560	大连红日置业有限公司
17	2013 年第 9 号/大城（2013）－3 号地	中　山	商　服	82252	0.4	36043	36043	大连峻城房地产开发有限公司
18	2013 年第 100 号/大金（2013）－88 号地	开　发	住宅；商服	63788	2.8	35000	35000	富华兴业有限公司
19	2013 年第 65 号/大金（2013）－30 号地	金　州	商　服	292728	1.3	34600	34600	亮荣国际有限公司、悦贸国际有限公司
20	2013 年第 132 号/大金（2013）－176 号地	开发区	住　宅	95623	1.5	34210	34210	宝能实业（深圳）有限公司、宝能控股（中国）有限公司

资料来源：中国房地产决策咨询系统（CRIC）。

表 2－135　　2013 年长春市经营性用地成交总价前二十明细表

单位：平方米，万元

序号	公告号/宗地编号	区域	土地属性	占地面积	容积率	出让底价	成交价格	受让方
1	长国土公发〔2013〕7 号/220106007225GB00003、4、5	汽　贸	住宅；商服	182415	2.0	53666	85772	长春保利房地产开发有限公司
2	长国土公发〔2013〕24 号/220104009165GB00009	高新南区	住宅；商服	116838	2.5	51292	72907	华润置地（长春）有限公司
3	长国土公发〔2013〕11 号/220105006019GB00027、220105006019GB00033、220105006019GB00026	二　道	住宅；办公	124968	3.4	68933	68933	吉林省万程房地产开发有限公司
4	长国土公发〔2013〕83 号/220102013011GB00036、37	南　关	住宅；商服	130060	2.5	68119	68119	长春新星宇和润房地产开发有限公司
5	长国土公发〔2013〕22 号/220102013011GB00027、28、29	南　关	住宅；商服	139079	2.3	62062	62062	长春新星宇房地产开发有限责任公司
6	长国土公发〔2013〕33 号/220104008002GB00050、51、52、53、54	朝　阳	住宅；商服	105837	3.2	61553	61553	吉林省金祥房地产开发有限责任公司
7	长国土公发〔2013〕7 号/221015009005GB00012	二　道	住宅；商服	167410	2.2	61327	61327	长春市城市建设开发有限公司
8	长国土公发〔2013〕50 号/220102011315GB00002	净　月	住宅；商服	111229	2.5	55754	55754	吉林盛嘉房地产开发有限责任公司
9	长国土公发〔2013〕2 号/220102013006GB00007、11、19、22	南　关	住宅；商服	100328	2.2	55432	55432	长春瑞凯房地产开发有限公司
10	长国土公发〔2013〕7 号/220103007004GB00021、22	绿　园	住宅；商服	155583	1.6	55410	55410	吉林省远创房地产开发有限公司
11	长国土公发〔2012〕163 号/55－21－78	净　月	住宅；商服	132188	2.7	55356	55356	吉林省领地房地产开发有限公司
12	长国土公发〔2013〕50 号/220102011315GB00001	净　月	住宅；商服	108906	2.5	54589	54589	长春中海地产有限公司
13	长国土公发〔2013〕64 号/220102011319GB00008、220102011320GB00012、13	净　月	住宅；商服	114175	2.0	49986	49986	长春市汉生置业有限公司
14	长国土公发〔2013〕69 号/220105002567GB00022、23、24、25	经开区	住宅；商服	119784	2.8	49352	49352	吉林大众置业有限公司
15	长国土公发〔2013〕85 号/220102013014GB00032	南　关	住　宅	78927	2.5	42739	42936	长春市东朗房地产开发有限公司
16	长国土公发〔2013〕74 号/220106007208GB00013	汽　贸	住宅；商服	163782	1.7	38423	38423	中铁置业有限公司

续表

序号	公告号/宗地编号	区域	土地属性	占地面积	容积率	出让底价	成交价格	受让方
17	长国土公发〔2013〕22号/220102013006GB00023、24、25	南　关	商　服	64458	4.3	38398	38398	长春远大房地产置业有限公司
18	长国土公发〔2013〕87号/220105008588GB00077、220105008588GB00078、220105008588GB00079	经开北区	住宅；商服	171002	2.0	36107	36107	长春海悦房地产开发有限公司
19	长国土公发〔2013〕74号/220106007208GB00003	汽　贸	住宅；商服	150297	1.7	35260	35260	中铁置业有限公司
20	长国土公发〔2013〕69号/220102011315GB00013、220102011315GB00014	净　月	住宅；商服	83798	4.2	34811	34811	吉林和信房地产开发有限公司

资料来源：中国房地产决策咨询系统（CRIC）。

表2-136　　2013年哈尔滨市经营性用地成交总价前二十明细表

单位：平方米，万元

序号	公告号/宗地编号	区域	土地属性	占地面积	容积率	出让底价	成交价格	受让方
1	NO. 2013HTH002	南　岗	住　宅	99843	3.0	59332	93000	广州瑾熙房地产投资咨询有限公司
2	NO. 2011HTQZ020	道　里	住宅；商服	97937	5.3	91057	91057	北京银泰置地商业有限公司
3	NO. 2012HT015	香　坊	住宅；商服	91334	4.6	86000	86000	黑龙江龙煤矿业控股集团有限责任公司
4	NO. 2013HTQ002	道　里	住宅；商服	85332	2.3	40600	70000	哈尔滨宝融房地产开发有限公司
5	NO. 2013HTS007	松　北	住　宅	199645	1.6	60062	60062	哈尔滨富力城房地产开发有限公司
6	NO. 2013HTS008	松　北	住　宅	199552	2.5	59633	59633	哈尔滨富力城房地产开发有限公司
7	NO. 2013HT004	香　坊	住宅；商服	86797	4.3	52260	52260	黑龙江省昆仑会诚投资有限公司
8	NO. 2011HTQZ016	道　里	住宅；商服	64484	4.1	46380	46380	北京银泰置地商业有限公司
9	NO. 2013HT006	香　坊	住宅；公建配套和其他	91730	2.7	41640	41640	哈尔滨市恒大兴业房地产开发有限公司
10	NO. 2013HTQ001	道　里	住宅；商服	102084	2.0	41140	41140	哈尔滨市恒大兴业房地产开发有限公司
11	NO. 2013HTQ006	道　里	商　服	66435	2.7	40700	40700	哈尔滨汇智成功房地产开发有限公司
12	NO. 2013HTQ009	道　里	住宅；商服	64737	2.3	38610	38630	保利置业集团黑龙江有限公司

续表

序号	公告号/宗地编号	区域	土地属性	占地面积	容积率	出让底价	成交价格	受让方
13	NO. 2013HT013	道　外	住　宅	33029	4.6	35430	35430	哈尔滨好民居建设投资发展有限公司
14	NO. 2013HT005	香　坊	住宅；公建配套和其他	78655	2.5	35356	35356	哈尔滨市恒大兴业房地产开发有限公司
15	NO. 2011HTQZ017	道　里	商　服	49217	3.2	27628	27628	北京银泰置地商业有限公司
16	NO. 2011HTQZ015	道　里	商　服	11170	1.5	26481	26481	北京银泰置地商业有限公司
17	NO. 2011HTQZ014	道　里	住宅；商服	37458	4.0	26481	26481	北京银泰置地商业有限公司
18	NO. 2013HTS001	松　北	住宅；商服	156830	2.7	26065	26065	广东华美立家投资控股有限公司
19	NO. 2013HTS（G）009	松　北	住　宅	175869	3.8	23050	25674	大连万达商业地产股份有限公司北京万达文化产业集团有限公司
20	NO. 2013HTH001	道　里	商　服	39325	2.5	24560	24560	红星美凯龙家居集团股份有限公司

资料来源：中国房地产决策咨询系统（CRIC）。

表 2－137　　2013 年上海市经营性用地成交总价前二十明细表

单位：平方米，万元

序号	公告号/宗地编号	区域	土地属性	占地面积	容积率	出让底价	成交价格	受让方
1	2013 年 163 号公告/201316301	徐　汇	商服；办公	99189	5.9	1752611	2177000	威万国际投资有限公司
2	2013 年 218 号公告/201321801	卢　湾	住宅；商服；办公	64980	3.0	595000	595000	True Thrive Investments Limited
3	2013 年 96 号公告/201309601	浦　东	住宅；商服	79548	2.9	258219	487000	上海万科盈江投资管理有限公司、上海张江（集团）有限公司
4	2013 年 85 号公告/201308501	青　浦	商服；办公	184293	3.0	442300	472100	绿地地产集团有限公司、福建泰坤贸易有限公司
5	2013 年 70 号公告/201307002	长　宁	商服；办公	40355	4.0	293066	460000	北京福润天成房地产开发有限公司
6	2013 年 32 号公告/201303201	浦　东	住　宅	122019	1.7	228200	377500	上海浦东发展置业有限公司
7	2013 年 93 号公告/201309301	静　安	商服；办公	18797	7.6		370600	JadeKiteTailZE 2013Limited

续表

序号	公告号/宗地编号	区域	土地属性	占地面积	容积率	出让底价	成交价格	受让方
8	2013 年 105 号公告/201310501	闵　行	住宅；商服	78982	2.5	171900	370000	中海地产集团有限公司
9	2013 年 230 年公告/201323001	黄　浦	办　公	35637	2.9		365700	上海外滩滨江综合开发有限公司、上海黄金交易所
10	2013 年 193 号公告/201319301	闵　行	商服；办公	100513	2.8	357800	357900	福建中骏置业、悦丰投资、嘉兴鼎信汇添投资合伙企业
11	2013 年 236 号公告/201323601	徐　汇	商服；办公；公建配套和其他	152281	6.5	329300	329300	上海梦中心创意文化发展有限公司
12	2013 年 40 号公告/201304001	长　宁	商服；办公	16558	6.4	215000	319000	悦洋有限公司、搜候（上海）投资有限公司
13	2013 年 162 号公告/201316201	闵　行	商　服	67230	4.2	260000	260000	上海新华成城资产管理有限公司
14	2013 年 152 号公告/201315201	浦　东	住　宅	69807	2.0	111000	257400	上海富利腾房地产开发有限公司、福州市鑫益博投资有限公司
15	2013 年 238 号公告/201323801	闸　北	住宅；商服；办公	72172	4.0	252148	252148	宝矿置业有限公司
16	2013 年 155 号公告/201315502	宝　山	住　宅	51556	2.0	113423	247500	福州泰禾房地产开发有限公司
17	2013 年 174 号公告/201317402	闵　行	商　服	73695	1.9	191054	238000	福建正荣集团有限公司
18	2013 年 95 号公告/201309501	松　江	住宅；商服	84090	2.5	101600	235600	上海保利盛冠投资有限公司
19	2013 年 82 号公告/201308202	浦　东	商服；办公	18218	4.5	233067	233067	中国银联股份有限公司
20	2013 年 82 号公告/201308203	浦　东	商服；办公	14787	5.2	218588	218588	中国电子科技集团公司

资料来源：中国房地产决策咨询系统（CRIC）。

表 2－138　　2013 年南京市经营性用地成交总价前二十明细表

单位：平方米，万元

序号	公告号/宗地编号	区域	土地属性	占地面积	容积率	出让底价	成交价格	受让方
1	2013 年第 12 号/NO. 2013G43	白下区	住宅；商服；工业和物流仓储	150326	5.6	396000	396000	金城集团有限公司、南京中航工业科技城有限公司
2	2013 年第 03 号/NO. 2013G05	建邺区	住　宅	130928	2.8	290900	386000	五矿地产南京分公司
3	2013 年第 18 号/NO. 2013G72	栖霞区	住　宅	120517	3.0	244800	351000	中国铁建房地产集团有限公司

续表

序号	公告号/宗地编号	区域	土地属性	占地面积	容积率	出让底价	成交价格	受让方
4	2013 年第 04 号/NO. 2013G09	建邺区	住　宅	109832	2. 8	243800	336000	南京奥体建设开发有限责任公司
5	2013 年第 22 号/NO. 2013G79	玄武区	住宅；商服	116217	2. 8	187000	336000	恒大地产
6	2013 年第 16 号/NO. 2013G63	建邺区	住　宅	110287	2. 8	215500	312000	福建正荣集团
7	2013 年第 11 号/NO. 2013G42	建邺区	住　宅	183216	1. 4	204000	308000	南京升龙房地产开发有限公司
8	2013 年第 20 号/NO. 2013G75	建邺区	住　宅	66308	3. 0	185200	293000	北京金隅嘉业房地产开发有限公司
9	2013 年第 19 号/NO. 2013G73	建邺区	住宅；商服；办公	177947	2. 5	283700	287700	仁恒置业
10	2013 年第 09 号/NO. 2013G25	栖霞区	住　宅	146008	2. 5	164400	287000	金地集团
11	2013 年第 15 号/NO. 2013G54	建邺区	住　宅	133369	2. 8	277000	277000	南京升龙房地产开发有限公司
12	2013 年第 02 号/NO. 2013G03	江宁区	住　宅	286160	2. 4	249200	249200	中海地产集团有限公司
13	2013 年第 08 号/NO. 2013G23	白下区	住宅；商服；办公	111424	1. 8	248000	248000	金城集团有限公司、南京中航工业科技城有限公司
14	2013 年第 14 号/NO. 2013G53	栖霞区	住宅；商服	92869	2. 5	130000	244000	南京中电熊猫置业有限公司
15	2013 年第 10 号/NO. 2013G34	江宁区	住　宅	144958	2. 2	140000	234000	中粮地产南京有限公司
16	2012 年第 20 号/NO. 2012G87	江宁区	住宅；商服	133198	3. 2	138400	232000	保利江苏房地产发展有限公司
17	2013 年第 22 号/NO. 2013G77	雨花台区	住　宅	60117	3. 0	137700	215000	恒大地产
18	2013 年第 11 号/NO. 2013G39	浦口区	住　宅	105353	2. 5	160300	210000	福建正荣集团有限公司
19	2012 年第 20 号/NO. 2012G86	江宁区	住　宅	137925	3. 0	120600	198000	南京新城万嘉房地产有限公司、南京中粮集团
20	2013 年第 13 号/NO. 2013G49	秦淮区	住宅；商服；办公	87382	4. 2	192500	192500	复城地产

资料来源：中国房地产决策咨询系统（CRIC）。

表 2－139　　2013 年无锡市经营性用地成交总价前二十明细表

单位：平方米，万元

序号	公告号/宗地编号	区域	土地属性	占地面积	容积率	出让底价	成交价格	受让方
1	锡经告字〔2013〕15 号/XDG－2012－78 号	滨湖	住宅；商服；办公	214664	3.0	183400	203900	常州雅居乐房地产开发有限公司
2	锡经告字〔2013〕30 号/XDG（XQ）－2013－14 号	新区	住宅；商服；公建配套和其他	235669	2.4	145200	145200	繁智有限公司
3	锡经告字〔2013〕21 号/XDG－2012－58 号	滨湖	住宅；商服	95496	3.3	137008	137008	无锡中城誉品置业有限公司
4	锡经告字〔2013〕13 号/XDG－2012－61 号	滨湖	住宅；商服；办公；公建配套和其他	220014	4.5	116730	116730	宝能地产股份有限公司
5	锡经告字〔2013〕14 号/XDG－2010－43 号	滨湖	住宅；商服	185002	1.5	89120	102620	无锡国联新城投资有限公司
6	锡经告字〔2013〕12 号/XDG－2013－5 号	惠山	住宅；商服	239043	2.6	100330	100330	华润置地（无锡）有限公司
7	锡经告字〔2013〕6 号/XDG－2012－90 号	北塘	住宅；商服；办公；公建配套和其他	208613	3.0	98680	98680	无锡协信远城房地产开发有限公司
8	锡经告字〔2013〕32 号/XDG－2013－19 号	惠山	住宅；商服；办公	209101	4.2	87900	87900	太平洋置业（无锡）有限公司
9	锡经告字〔2012〕18 号/XDG－2010－72 号	南长	住宅；商服	94296	2.8	66000	81000	廊坊京御房地产开发有限公司
10	锡经告字〔2013〕19 号/XDG－2012－80 号	滨湖	住宅；商服	44860	3.3	56525	56525	无锡锡山栖霞建设有限公司
11	锡经告字〔2013〕4 号/XDG－2012－39 号	惠山	商服；办公	153299	6.5	49949.3	51507.3	无锡广厦置业有限公司
12	锡经告字〔2013〕7 号/XDG－2013－2 号	锡山	住　宅	91819	1.8	32540	40040	无锡蓝光和骏置业有限公司
13	锡经告字〔2013〕24 号/XDG－2013－34 号	锡山	住　宅	95087	1.9	40000	40000	江苏东宝置业有限公司
14	锡经告字〔2013〕3 号/XDG－2013－6 号	滨湖	商服；办公；公建配套和其他	241576	0.5	30000	33797	无锡灵山耿湾文化投资发展有限公司
15	锡经告字〔2013〕3 号/XDG－2012－108 号	滨湖	商服；办公；公建配套和其他	241364	0.5	30000	33787	无锡灵山耿湾文化投资发展有限公司
16	锡经告字〔2013〕7 号/XDG（XQ）－2011－50 号	新区	住宅；商服	62240	2.5	26200	29700	无锡中关村软件园发展有限公司
17	锡经告字〔2013〕29 号/XDG－2013－28 号	滨湖	商　服	43924	1.2	16510	28310	无锡市十八湾农业生态旅游发展有限公司
18	锡经告字〔2013〕18 号/XDG－2013－24 号	惠山	住　宅	93934	3.0	28300	28300	无锡实地房地产开发有限公司
19	锡经告字〔2013〕18 号/XDG－2013－23 号	惠山	住　宅	85624	3.0	25700	25700	无锡实地房地产开发有限公司
20	锡经告字〔2013〕24 号/XDG－2013－32 号	锡山	商服；办公	61000	3.6	23980	23980	无锡锡山八佰伴生活广场有限公司

资料来源：中国房地产决策咨询系统（CRIC）。

表 2－140　　2013 年苏州市经营性用地成交总价前二十明细表

单位：平方米，万元

序号	公告号/宗地编号	区域	土地属性	占地面积	容积率	出让底价	成交价格	受让方
1	苏地 2013－G－18 号	新区	住宅；商服；办公	114193	4.7	154161	250003	顺升企业有限公司
2	苏园土挂（2013）06 号	园区	住　宅	153221	1.1	137899	241500	上海世茂股份有限公司
3	苏园土挂（2013）07 号	园区	住　宅	145205	1.1	130684	231000	上海世茂股份有限公司
4	苏地 2013－G－40 号	相城	住　宅	138601	3.0	112267	208000	江苏苏南万科房地产有限公司
5	苏地 2013－G－1 号	吴中	住宅；商服	174127	0.9	151491	186995	上海世盈投资管理有限公司
6	苏园土挂（2013）08 号	园区	住　宅	97099	1.7	99588	147700	苏州中锐地产集团有限公司
7	苏地 2013－G－2 号	吴中	住　宅	116824	1.1	112151	128004	上海世盈投资管理有限公司
8	苏地 2013－G－30 号	吴中	住宅；商服	69923	3.0	62931	125000	常熟弘阳房地产开发有限公司
9	苏地 2013－G－77 号	吴中	住　宅	108657	1.8	81493	123000	上海景瑞投资有限公司、上海佳捷投资有限公司
10	苏地 2013－G－13 号	新区	住宅；商服	63744	1.8	65019	115000	成得投资有限公司
11	苏地 2013－G－29 号	吴中	住宅；商服	107542	1.3	80656	102000	福建正荣集团有限公司
12	苏地 2013－G－74 号	吴中	住　宅	114624	1.5	85968	100000	苏州鑫苑置业发展有限公司
13	苏地 2013－G－85 号	吴中	住宅；商服	93655	4.0	81480	98000	大连万达商业地产股份有限公司
14	苏地 2013－G－49 号	吴中	住　宅	44015	2.5	49517	93000	东方城置地股份有限公司
15	苏地 2013－G－87 号	吴中	住宅；商服	56084	3	49634	92938	福建阳光房地产开发有限公司
16	苏地 2013－G－11 号	相城	住宅；商服	48116	2.5	41371	91001	海亮地产控股集团有限公司
17	苏地 2013－G－70 号	相城	住　宅	64819	2.5	56717	87000	招商局地产（苏州）有限公司
18	苏地 2013－G－67 号	相城	住宅；商服	200011	1.3	81464	81828	苏州中信投资有限公司、苏州安泰成长投资发展有限公司
19	苏地 2013－G－87 号	吴中	住宅；商服	48314	3.2	42757	80062	福建阳光房地产开发有限公司
20	苏地 2013－G－46 号	新区	住　宅	135121	1.0	54048	73000	江苏吴中地产集团有限公司

资料来源：中国房地产决策咨询系统（CRIC）。

表 2－141　　2013 年杭州市经营性用地成交总价前二十明细表

单位：平方米，万元

序号	公告号/宗地编号	区域	土地属性	占地面积	容积率	出让底价	成交价格	受让方
1	杭政储出〔2013〕57号/FG04－C2/R21－0	江干	住宅；商服	71214	4.0	432254	562000	绿地地产集团有限公司
2	杭政储出〔2013〕59号/FG02－C2/R21－01	江干	住宅；商服	47274	4.0	294184	438335	杭州滨江房产集团股份有限公司
3	杭政储出〔2013〕58号/FG02－C2/R21－02	江干	住宅；商服	41334	3.7	246297	366983	常州世茂房地产有限公司
4	杭政储出〔2013〕33号/FG03－R/C－02	滨江	住宅；商服	58789	4.5	246323	356500	旭宝（香港）有限公司
5	萧政储出〔2013〕21号	萧山	住　宅	98328	2.5	169616	259500	恒大地产集团上海盛建置业有限公司
6	萧政储出〔2013〕49号	萧山	住宅；商服	70227	2.7	151690	257600	九龙仓、绿城
7	杭政储出〔2013〕88号/R21－B－75－2、B1/B2－B－75－3	之江开发区	住宅；商服	174165	2.3	244056	244156	三立（中国）控股有限公司
8	萧政储出〔2013〕48号	萧山	住　宅	64822	3.0	165300	221600	福州开发区君凯经济发展有限公司
9	杭政储出〔2013〕75号/R21－05	拱墅	住　宅	56521	2.6	158961	220000	和美（上海）房地产开发有限公司
10	萧政储出〔2013〕27号	萧山	住宅；商服	90902	1.8	156800	196200	顺发
11	杭政储出〔2013〕14号/E－04	西湖	住　宅	62760	2.4	135924	196001	浙江中节能绿建环保有限公司
12	杭政储出〔2012〕72号/R21－01	拱墅	住宅；公建配套和其他	36383	3	131099	189000	河北天成房地产开发有限公司
13	杭政储出〔2013〕71号/BJ02－C2－16	滨江	商　服	76943	3.5	145423	178500	上海瑞龙投资管理有限公司
14	余政储出〔2013〕25号	余杭	住宅；商服	66998	2.5	105824	160800	泰昌国际投资有限公司
15	杭政储出〔2013〕1号/〔2007〕1	滨江	住宅；商服	58184	3.4	160068	160168	硕通投资有限公司
16	杭政储出〔2013〕35号/A－01－2	江干	商　服	16781	6.4	155921	156021	华融金融租赁股份有限公司、宁波银行股份有限公司、宁波银誉投资有限公司
17	杭政储出〔2013〕32号/FG02－R/C、R22－01	滨江	住宅；商服；办公	28704	4.0	104070	155064	深圳深国投房地产开发有限公司

续表

序号	公告号/宗地编号	区域	土地属性	占地面积	容积率	出让底价	成交价格	受让方
18	杭政储出〔2013〕17 号/R21－03、R22－02、05	西湖	住宅；公建配套和其他	60721	2.5	121864	154000	成得投资有限公司
19	萧政储出〔2013〕47 号	萧山	住　宅	67425	2.8	151035	151035	浙江万科南都房地产有限公司
20	萧政储出〔2013〕15 号	萧山	住宅；商服	87386	2.5	126530	146100	杭州滨江房产集团股份有限公司

资料来源：中国房地产决策咨询系统（CRIC）。

表 2－142　　2013 年宁波市经营性用地成交总价前二十明细表

单位：平方米，万元

序号	公告号/宗地编号	区域	土地属性	占地面积	容积率	出让底价	成交价格	受让方
1	甬土资告〔2013〕7 号	江北	住宅；商服	128734	2.2	228081	228634	招商局地产控股股份有限公司
2	甬土资告〔2012〕23 号	江北	住　宅	124061	1.8	145151	213931	上海世茂至勤投资管理有限公司
3	甬土资告〔2013〕24 号	江东	住宅；商服	149725	2.7	209201	209201	宁波银泰置业有限公司
4	甬北土公（2013）第 9 号	江北	住宅；商服	101323	1.9	188254	189010	上海世茂股份有限公司
5	甬土资告〔2013〕8 号	江东	住　宅	95056	1.6	152094	154427	宁波雅戈尔新城置业有限公司
6	甬土资告〔2013〕15 号	海曙	住宅；商服	62458	2.5		142367	中诚置业有限公司
7	甬土资告〔2013〕15 号	江东	住　宅	53624	2.2		134489	中海地产集团有限公司
8	甬北土公（2013）第 5 号	江北	住宅；商服	63312	1.94	90356	123848	上海世茂股份有限公司
9	余国土告字〔2013〕15 号	余姚	住　宅	127455	2.0	108309	108309	余姚绿城房地产开发有限公司
10	甬鄞土告字（2013）02 号	鄞州	住　宅	59088	2.5	106358	106654	宁波金翔房地产发展有限公司
11	甬土资告〔2013〕10 号	江北	住　宅	51822	2.0	81050	99706	通颖投资有限公司
12	甬镇土告字〔2013〕3 号	镇海	住宅；商服	87051	2.3	77084	97306	宁波开投明海置业有限公司
13	甬土资告〔2013〕16 号	鄞州	住　宅	137520	1.5	95920	95920	宁波信达中建置业有限公司
14	甬土资告〔2013〕6 号	科技园	住　宅	48004	2.2	86282	95682	宁波万科房地产开发有限公司

续表

序号	公告号/宗地编号	区域	土地属性	占地面积	容积率	出让底价	成交价格	受让方
15	甬土资告〔2013〕16 号	鄞州	住　宅	123290	1.5	85995	85995	中海地产集团有限公司
16	甬土资告〔2012〕22 号	江北	住　宅	41074	2.0	80505	80505	世茂房地产控股有限公司
17	甬土资告〔2013〕23 号	江东	住宅；商服；办公	38557	3.0	26658	79975	宁波宏泰房地产开发有限公司
18	甬土资告〔2013〕17 号	江东	住　宅	35388	2.0	53082	78561	中海地产集团有限公司
19	甬鄞土告字（2012）53 号	鄞州	住　宅	69693	1.8	43907	76648	景瑞地产（集团）股份有限公司
20	甬鄞土告字（2013）32 号	鄞州	住　宅	103520	2.1	71555	71555	宁波恒威建设开发有限公司

资料来源：中国房地产决策咨询系统（CRIC）。

表 2－143　　2013 年合肥市经营性用地成交总价前二十明细表

单位：平方米，万元

序号	公告号/宗地编号	区域	土地属性	占地面积	容积率	出让底价	成交价格	受让方
1	合国土资公告〔2013〕26 号/E1304	瑶　海	住宅；商服	242175	3.0	272445	308771	恒大地产集团有限公司
2	合国土资公告〔2013〕19 号/BH2013－06	滨　湖	住宅；商服	213661	2.4	147425	201268	中海宏洋地产（合肥）有限公司、华远国际有限公司
3	合国土资公告〔2013〕6 号/BH2013－01	滨　湖	住宅；商服	195574	3.0	126145	179830	合肥保利和盛房地产有限公司
4	合国土资公告〔2013〕34 号/W1303	蜀　山	住宅；商服	165281	3.0	91730	151231	中国铁建房地产集团有限公司
5	合国土资公告〔2013〕6 号/E1301	瑶　海	住宅；商服	119327	4.0	39378	135138	保利房地产（集团）股份有限公司
6	合国土资公告〔2013〕53 号/S1314	肥西县	住　宅	156667	3.0	70500	132775	厦门禹洲集团地产投资有限公司、禹洲文化创意发展有限公司、厦门亦海咨询有限公司
7	合国土资公告〔2013〕1 号/E1311	瑶　海	住宅；商服	279535	3.3	55088	130562	禹州地产、厦门和平里酒店、香港丰州
8	合国土资公告〔2013〕52 号/SXH－2、SXH－3－1	高　新	住　宅	175754	1.1	79089	121270	保利房地产（集团）股份有限公司
9	合国土资公告〔2013〕8 号/N1304	庐　阳	住宅；商服	151101	2.6	61196	117858	安徽融侨置业有限公司

续表

序号	公告号/宗地编号	区域	土地属性	占地面积	容积率	出让底价	成交价格	受让方
10	合国土资公告〔2013〕42 号/W1304	蜀　山	住宅；商服；办公	146447	2.9	76885	105881	安徽金地宏图置业有限公司
11	合国土资公告〔2013〕14 号/BH2013－04	滨　湖	住宅；商服	99460	3.5	62660	105179	安徽荣港置业有限公司
12	合国土资公告〔2013〕8 号/ZWQTB－041	政　务	住　宅	82907	2.8	55962	99488	安徽瑞泰置业有限公司
13	合国土资公告〔2013〕53 号/S1313	肥西县	住宅；商服	226868	3.8	74866	89499	绿地控股集团有限公司、绿地集团合肥紫峰置业有限公司
14	合国土资公告〔2013〕6 号/E1313	瑶　海	住宅；商服	196041	2.9	48527	89111	合肥华盛洲际置业有限公司
15	合国土资公告〔2012〕55 号/HJQ050	经济区	住宅；商服	109927	2.9	34627	79147	安徽尚泽置业有限公司
16	合国土资公告〔2013〕43 号/BH2013－07	滨　湖	住宅；商服	443969	2.6	73321	73321	北京万达文化产业集团有限公司、大连万达商业地产股份有限公司
17	合国土资公告〔2013〕52 号/SXH－3－2	高新区	住　宅	96067	1.1	43230	70609	保利房地产（集团）股份有限公司
18	合国土资公告〔2013〕14 号/BH2013－05	滨　湖	住　宅	86347	2.8	67350	70200	合肥城建发展股份有限公司
19	合国土资公告〔2013〕12 号/XZQTD148	新　站	住　宅	184908	3.1	69340	69340	安徽鑫昊等离子显示器件有限公司
20	合国土资公告〔2012〕52 号/S1211	包　河	住宅；商服；办公	100294	3.0	42123	68450	安徽华昌置业发展有限公司

资料来源：中国房地产决策咨询系统（CRIC）。

表 2－144　　2013 年福州市经营性用地成交总价前二十明细表

单位：平方米，万元

序号	公告号/宗地编号	区域	土地属性	占地面积	容积率	出让底价	成交价格	受让方
1	榕土让〔2013〕06 号/2013－21	仓　山	住宅；商服；办公	197580	3.0	260900	391000	阳光城集团
2	榕土让〔2013〕09 号/2013－44	晋　安	住宅；商服	172376	3.3	356700	358700	福州泰禾房地产开发有限公司
3	侯国土资告〔2013〕挂宗地 23 号	闽侯县	商服；公建配套和其他	105468	3.5	63000	243800	中海地产集团有限公司
4	榕土让〔2013〕02 号/2013－05	台　江	商　服	69817	4.2	195700	195700	广州富力地产股份有限公司
5	榕土让〔2012〕05 号/2012－14	晋　安	住宅；商服	99125	2.5	123900	185800	福州恒宇房地产发展有限公司

续表

序号	公告号/宗地编号	区域	土地属性	占地面积	容积率	出让底价	成交价格	受让方
6	榕土让〔2012〕05号/2012－19	鼓　楼	商　服	16220	1.8	171000	171000	福州三坊七巷保护开发有限公司
7	榕土让〔2013〕05号/2013－22	仓　山	商　服	56988	2.5	68400	165000	福建尚威投资有限公司
8	侯国土资告〔2013〕挂宗地24号	闽侯县	住　宅	68841	3.5	57000	147400	中海地产集团有限公司
9	榕土让〔2013〕01号/2013－01	晋　安	住　宅	206265	2.5	83600	138000	融汇（福建）置业有限公司
10	榕土让〔2013〕02号/2013－06	晋　安	住宅；商服	49959	2.5	63000	92500	融信（福建）投资集团有限公司
11	榕土让〔2012〕05号/2012－15	晋　安	商　服	12121	5.0	44800	63200	福建福晟房地产开发有限公司
12	榕土让〔2012〕05号/2012－16	台　江	住　宅	32634	2.0	39200	58700	福州中庚房地产开发有限公司
13	榕土让〔2013〕07号/2013－40	台　江	商服；公建配套和其他	62902	2.4	44300	44300	福州市建设发展集团有限公司
14	榕土让〔2013〕09号/2013－46	仓　山	商　服	70337	1.0	42200	43000	冠城大通股份有限公司
15	榕土让〔2012〕05号/2012－20	台　江	商　服	31690	2.5	38100	38100	中国神华能源股份有限公司
16	榕土让〔2013〕07号/2013－37	鼓　楼	商　服	13013	3.6	28800	28800	中国石油化工股份有限公司福建石油分公司
17	榕土让〔2013〕07号/2013－38	鼓　楼	住　宅	24623	2.0	28600	28600	福建万好实业有限公司
18	榕土让〔2013〕05号/2013－24	仓　山	住　宅	58234	2.9	28400	28400	福州市建设发展集团有限公司
19	榕土让〔2013〕05号/2013－25	仓　山	商　服	31813	1.0	23900	23900	福州市建设发展集团有限公司
20	榕土让〔2013〕05号/2013－26	仓　山	商　服	21833	3.4	23400	23400	福建拓福建材股份有限公司

资料来源：中国房地产决策咨询系统（CRIC）。

表2－145　　2013年厦门市经营性用地成交总价前二十明细表

单位：平方米，万元

序号	公告号/宗地编号	区域	土地属性	占地面积	容积率	出让底价	成交价格	受让方
1	土地市场2013第071号/H2013P04	海沧区	住宅；商服	172659	2.2	142060	405200	福州泰禾房地产开发有限公司
2	土地市场2013第130号/2013P10	湖里区	住宅；商服	36132	3.9	181300	310000	厦门兆蓉房地产开发有限公司

续表

序号	公告号/宗地编号	区域	土地属性	占地面积	容积率	出让底价	成交价格	受让方
3	土地市场2013第130号/2013P15	湖里区	住宅；商服	24216	3.2	102600	232000	厦门嘉润房地产有限公司
4	土地市场2013第027号/2012XP08	翔安区	住宅；商服	130552	2.5	100000	231100	北京首都开发股份有限公司
5	土地市场2013第125号/ 2013P16	思明区	商服；办公	62995	4.8	128830	201500	BOOMGOGROUPLIMITED
6	土地市场2013第116号/X2013P01	翔安区	住宅；商服	54323	2.5	67920	164000	厦门禹洲集团地产投资有限公司、厦门泓港文化创意有限公司
7	土地市场2013第116号/H2013P08	海沧区	住宅；商服	32390	2.3	44640	106700	厦门海投房地产有限公司
8	土地市场2013第116号/H2013P07	海沧区	住宅；商服	31325	2.3	43200	103000	厦门海投房地产有限公司
9	土地市场2013第072号/2013P11	思明区	商服；办公；公建配套和其他	73965	3.6	68470	68470	上海瑞龙投资管理有限公司
10	土地市场2013第116号/2013XP10	翔安区	住宅；商服	23270	2.3	29290	67000	漳州招商房地产有限公司
11	土地市场2013第116号/X2013P02	翔安区	住宅；商服	32086	2.2	31660	66960	厦门联发（集团）房地产有限公司
12	土地市场2013第116号/2013JP02	集美区	住宅；商服；办公	14115	4.1	27720	60920	厦门市杏林建设开发公司
13	土地市场2013第116号/2013JP03	集美区	住宅；商服；办公	17653	7.5	50740	50740	北京永同昌房地产开发有限公司
14	土地市场2013第014号/2013P03	湖里区	商服；办公	93237	1.6	49804	49804	厦门路桥建设集团有限公司
15	土地市场2013第014号/T2013P02	同安区	住宅；商服；公建配套和其他	44773	2.0	25290	48600	厦门航空同翔置业有限公司
16	土地市场2013第116号/2013P14	思明区	商服；办公	14073	4.0	14170	45200	厦门全和开发集团有限公司
17	土地市场2013第124号/2013XP08	翔安区	商服；办公	21764	5.5	13330	39430	厦门亨润达投资有限公司、厦门弘景贸易有限公司、海西置业（厦门）集团有限公司、厦门市舜弘置业有限公司
18	土地市场2013第073号/2013G01	思明区	商服	104919	0.5	33640	33640	厦门建发集团有限公司
19	土地市场2013第073号/2013JG01	集美区	商服；办公	47454	3.1	32480	32480	厦门宏石投资管理有限公司
20	土地市场2013第124号/2013XP07	翔安区	商服；办公	10063	9.4	9130	30330	厦门龙郡置业有限公司、厦门中澳城房地产开发有限公司、海西置业（厦门）集团有限公司

资料来源：中国房地产决策咨询系统（CRIC）。

表 2 -146　　2013 年南昌市经营性用地成交总价前二十明细表

单位：平方米，万元

序号	公告号/宗地编号	区域	土地属性	占地面积	容积率	出让底价	成交价格	受让方
1	2013 年 AA066 号/DABJ2013072	西　湖	住宅；公建配套和其他	81594	2.5	71354	142096	上海世盈投资管理有限公司
2	2013 年 AA025 号/DAEJ2013017 号	红谷滩	住宅；商服	124196	4.0	113080	113080	江西慧联置业有限责任公司
3	2013 年 AA008 号/DABJ2013006 号	西　湖	住宅；商服	31978	2.5	44610	91715	江西奥林匹克花园置业有限公司
4	2013 年 AA064 号/DAEJ2013061	红谷滩	商　服	39030	3.0	35127	88169	南昌市远帆房地产开发有限公司
5	2013 年 AA066 号/DAFJ2013074	高新产业开发区	住宅；商服	68373	2.2	33127	84406	江西万和房地产开发有限公司，南昌市政公用建设有限公司，江西力高房地产开发有限公司
6	2013 年 AA045 号/DABJ2013031 号	西　湖	住　宅	67625	2.2	42198	74151	南昌国贸地产有限公司
7	2013 年 AA066 号/DABJ2013073	西　湖	住宅；公建配套和其他	48327	2.2	37187	73432	上海世盈投资管理有限公司
8	2013 年 AA064 号/DAEJ2013061	红谷滩	商　服	52343	4.5	47108	72782	南昌市红谷滩城市投资集团有限公司
9	2013 年 AA064 号/DAEJ2013065	红谷滩	住　宅	59558	2.2	26801	66199	南昌正荣（新加坡）置业有限公司
10	2013 年 AA004 号/DAFJ2013002 号	高新产业开发区	住　宅	121623	2	44879	65676	泉州骏景房地产开发有限公司
11	2013 年 AA020 号/DADJ2013012 号	青山湖	住宅；商服	121873	1.8	47530	64349	江西省投资房地产开发有限责任公司
12	2013 年 AA064 号/DAEJ2013064 号	红谷滩	住宅；商服	78988	3.0	46445	62085	上海城建置业发展有限公司
13	2013 年 AA045 号/DABJ2013016 号	西　湖	住　宅	55876	2.2	33609	60262	南昌国贸地产有限公司
14	2013 年 AA066 号/DAGJ2013075	经济开发区	住宅；商服	87065	2	28079	52240	张琴
15	2013 年 AA066 号/DACJ2013071	青山湖	住宅；公建配套和其他	105558	1.8	50668	51618	保利房地产（集团）股份有限公司
16	2013 年 AA067 号/DAEJ2013076	红谷滩	住宅；商服	41545	2.2	18695	44619	江西新宇房地产开发有限公司
17	2013 年 AA065 号/DAEJ2013062	红谷滩	商　服	16295	4.5	21656	44584	南昌市远帆房地产开发有限公司
18	2013 年 AA068 号/DAFJ2013077	高新产业开发区	住　宅	39977	2.2	20988	40237	保利房地产（集团）股份有限公司

续表

序号	公告号/宗地编号	区域	土地属性	占地面积	容积率	出让底价	成交价格	受让方
19	2013 年 AA034 号/DACJ2013029 号	青山湖	住 宅	66906	1.5	23685	36832	江福明
20	2013 年 AA065 号/DAEJ2013069	红谷滩	商 服	21874	3.0	12501	32943	江西中康国际投资有限公司

资料来源：中国房地产决策咨询系统（CRIC）。

表 2－147　　2013 年济南市经营性用地成交总价前二十明细表

单位：平方米，万元

序号	公告号/宗地编号	区域	土地属性	占地面积	容积率	出让底价	成交价格	受让方
1	济国土资告字〔2013〕16 号/2013－G048	历下	住 宅	132472	4.1	102000	164000	济南泰跃房地产开发有限公司
2	济国土资告字〔2013〕38 号/2013－G163	历下	商 服	78376	10.4		117560	上海繁希文化传播有限公司
3	济国土资告字〔2013〕33 号/2013－G130	历城	住 宅	113130	4.1		93500	济南万科房地产开发有限公司
4	济国土资告字〔2013〕5 号/2013－G014	市中	住 宅	160038	4.1		85500	上海世盈投资管理有限公司
5	济国土资告字〔2013〕36 号/2013－G158	槐荫	住 宅	97910	4.4		83889	山东鑫苑置业有限公司
6	济国土资告字〔2013〕34 号/2013－G138	槐荫	住 宅	118865	4.1		81810	绿地地产（济南）有限公司
7	济国土资告字〔2013〕7 号/2013－G021	历下	住 宅	27688	3.4		77221	山东安盛建材有限公司
8	济国土资告字〔2013〕34 号/2013－G142	槐荫	住 宅	114297	4.1		77128	山东地平置业有限公司
9	高新区汉峪总部基地南区 A2A3 地块（地上）	高新	商 服	111414	6.9		58215	济南高新控股集团有限公司
10	济国土资告字〔2013〕7 号/2013－G027	高新	商 服	69927	6.9	58215	58215	济南高新控股集团有限公司
11	济国土资告字〔2013〕27 号/2013－G093	高新	商 服	52439	12.3		56640	济南高新控股集团有限公司
12	济国土资告字〔2013〕16 号/2013－G052	高新	住 宅	49856	4.5		56640	中海地产集团有限公司
13	济国土资告字〔2013〕19 号/2013－G075	槐荫	住 宅	89583	4.4		53750	山东高速西城有限公司
14	济国土资告字〔2013〕34 号/2013－G137	槐荫	住 宅	76624	4.1		52706	绿地地产（济南）有限公司
15	济国土资告字〔2013〕27 号/2013－G092	高新	商 服	49216	10.0		48725	济南高新控股集团有限公司

续表

序号	公告号/宗地编号	区域	土地属性	占地面积	容积率	出让底价	成交价格	受让方
16	济国土资告字〔2013〕30号/2013－G0115	历下	住　宅	36427	4.7		48400	济南楚天置业有限公司
17	济国土资告字〔2013〕29号/2013－G108	槐荫	住　宅	75912	3.5		46458	济南西开置业有限公司
18	济国土资告字〔2013〕35号/2013－G152	历下	商　服	91510	7.9		45300	济南东方帝华房地产开发有限公司
19	济国土资告字〔2013〕27号/2013－G090	历城	住　宅	43660	5.1		44535	山东宏海置业有限公司
20	济国土资告字〔2013〕19号/2013－G076	槐荫	住　宅	72954	4.4		43772	山东高速西城有限公司

资料来源：中国房地产决策咨询系统（CRIC）。

表 2－148　　2013 年青岛市经营性用地成交总价前二十明细表

单位：平方米，万元

序号	公告号/宗地编号	区域	土地属性	占地面积	容积率	出让底价	成交价格	受让方
1	青土资房告字〔2013〕10号/336－337－370205－007－003－1036	四　方	住宅；商服；公建配套和其他	68562	3.1	80814	88471	福州市榕荣房地产有限公司
2	青土资房告字〔2013〕02号/330－338－370203－016－002－1036	市　北	住宅；公建配套和其他	60920	3.6	79829	79829	保利（青岛）实业有限公司、中鸿泰（香港）有限公司
3	青土资房告字〔2013〕425号/G－2013－045	高新区	住　宅	148378	2.5	62801	69663	山东烟草投资管理有限公司
4	青土资房告字〔2013〕1号/351－353－370213－008－001－0017	李　沧	住宅；商服	58450	3.9	69660	69660	保利地产、日照淞川贸易有限公司、银信亚太有限公司
5	青土资房告字〔2013〕03号/335－325－370205－005－005－1012	四　方	住宅；商服	34481	2.8	33908	56162	天一福莱房地产开发有限公司
6	青土资房告字〔2013〕3019号/HD2013－3019	黄　岛	商　服	62999	3.5	55830	55830	青岛传媒发展有限公司、青岛天相科技投资有限公司
7	青土资房告字〔2013〕19号/337－334－370205－007－001－1006	市　北	住宅；商服；公建配套和其他	59644	2.5	54452	54452	青岛博雅华府置业有限公司、青岛东莱房地产开发有限公司
8	南土告字〔2013〕第18号/1	胶南市	商　服	50913	5.0	51219	51219	青岛西海岸发展（集团）有限公司
9	青土资房告字〔2013〕10号/321－326－370203－014－001－1070	市　北	住宅；公建配套和其他	14277	6.2	31600	48831	青岛华新园置业有限公司

续表

序号	公告号/宗地编号	区域	土地属性	占地面积	容积率	出让底价	成交价格	受让方
10	青土资房告字〔2013〕105 号/1－C0077	崂　山	商　服	21155	4.9	45154	45257	青岛博雅置业有限公司
11	南土告字〔2013〕第 18 号/2	胶南市	商　服	41533	5.0	41783	41783	青岛西海岸发展（集团）有限公司
12	青土资房告字〔2013〕3048 号/HD2013－3048	胶南市	商　服	222930	1.9	41153	41153	青岛万达东方影都投资有限公司
13	青土资房告字〔2013〕425 号/G－2013－044	高　新	住宅；商服	164777	1.0	39076	41074	山东烟草投资管理有限公司
14	南土告字〔2013〕第 14 号/3、5	胶南市	住　宅	125086	1.9	39214	39214	青岛狮子城房地产开发有限公司
15	青土资房告字〔2013〕425 号/G－2013－042	高新区	住宅；商服	124393	1.5	35825	38064	山东烟草投资管理有限公司
16	南土告字〔2013〕第 23 号/4	胶南市	商　服	180818	2.4	34718	34718	青岛港投地产有限公司
17	青土资房告字〔2013〕425 号/G－2013－041	高新区	住宅；商服	101408	1.7	31927	34686	山东烟草投资管理有限公司
18	青土资房告字〔2013〕04 号/355－343－370213－007－008－0009－01	李　沧	住宅；商服；公建配套和其他	46649	2.4	25029	34365	四川蓝光和骏实业股份有限公司
19	即土告字〔2012〕47 号/JY12－81	即墨市	商　服	1102473	1.0	33074	33074	即墨市城市开发投资有限公司
20	青土资房告字〔2013〕13 号/343－319－370205－005－004－1056（B－4－04）	市　北	商　服	54998	5.5	30249	30249	绿地控股集团有限公司

资料来源：中国房地产决策咨询系统（CRIC）。

表 2－149　　2013 年郑州市经营性用地成交总价前二十明细表

单位：平方米，万元

序号	公告号/宗地编号	区域	土地属性	占地面积	容积率	出让底价	成交价格	受让方
1	郑政经开出〔2013〕024 号	经济技术开发区	住　宅	67489	3.0	24343	67743	河南老街坊置业有限公司
2	郑政东出〔2012〕14 号	郑东新区	住　宅	58788	3.0	31840	67340	河南宏光正商置业有限公司
3	郑政出〔2013〕28 号	二　七	商　服	179393	4.0	63869	63869	金源百荣投资有限公司
4	郑政出〔2013〕26 号	金　水	住宅；商服；办公	55702	5.0	59116	59116	郑州金水万达投资有限公司
5	郑政出〔2013〕74 号	金　水	住　宅	42520	3.5	24759	50159	河南和昌置业发展有限公司

续表

序号	公告号/宗地编号	区域	土地属性	占地面积	容积率	出让底价	成交价格	受让方
6	郑政东出〔2012〕1号	郑东新区	办 公	30615	9.1	28700	45800	河南省永和置业有限公司
7	郑政出〔2012〕119号	高新技术开发区	住宅；商服	177273	2.8	40436	40436	河南省明瑞置业有限公司
8	郑政东出〔2012〕16号	郑东新区	住 宅	65244	4.0	40030	40030	河南中豪置业有限公司
9	郑政出〔2013〕76号	金 水	住 宅	36959	3.5	22050	39450	河南和昌置业发展有限公司
10	郑政出〔2012〕114号	高新技术开发区	住 宅	177814	3.5	38152	38152	河南谦茂置业有限公司
11	郑政出〔2013〕65号	二 七	商 服	107070	4.0	38119	38119	金源百荣投资有限公司
12	郑政东出〔2013〕22号	郑东新区	住 宅	45722	3.5	37175	37175	河南中美置业有限公司
13	郑政出〔2013〕27号	二 七	商 服	84444	4.0	30064	30064	金源百荣投资有限公司
14	郑政出〔2013〕98号	二 七	住 宅	38340	6.1	29342	29342	郑州名门地产有限公司
15	郑政东出〔2013〕20号	郑东新区	商 服	9781	7.0	16880	27880	河南美洋置业有限公司
16	郑政出〔2013〕105号	高新技术开发区	住 宅	45406	5.0	27780	27780	河南正弘高新实业有限公司
17	郑政出〔2012〕111号	高新技术开发区	住宅；商服	100297	4.0	26761	26761	郑州祝福房地产开发有限公司
18	郑政出〔2013〕72号	二七区	住 宅	91917	3.0	26633	26633	金源百荣投资有限公司
19	郑政出〔2012〕125号	二七区	住宅；商服	92436	2.6	26399	26399	河南建业泰宏置业有限公司
20	郑政出〔2013〕103号	高新技术开发区	住 宅	94330	4.0	25670	25670	郑州祝福房地产开发有限公司

资料来源：中国房地产决策咨询系统（CRIC）。

表 2-150　　2013年武汉市经营性用地成交总价前二十明细表

单位：平方米，万元

序号	公告号/宗地编号	区域	土地属性	占地面积	容积率	出让底价	成交价格	受让方
1	武告字〔2013〕21号/P(2013)130号	江 汉	住宅；商服；公建配套和其他	182270	4.9	700000	901000	广州城建开发南沙房地产开发有限公司
2	武告字〔2013〕1号/P(2013)001号	硚 口	商 服	82637	5.6	330000	330000	汉隆武汉有限公司

续表

序号	公告号/宗地编号	区域	土地属性	占地面积	容积率	出让底价	成交价格	受让方
3	武告字〔2013〕5 号/P (2013) 028 号	硚　口	住宅；商服	189347	6.2	187200	187200	武汉金林房地产开发有限公司
4	武告字〔2012〕16 号/P (2012) 259 号	江　岸	住宅；商服	161602	4.4	175500	175500	湖北福星惠誉三眼桥置业有限公司
5	武告字〔2013〕28 号/P (2013) 211 号	江　夏	住　宅	197011	2.9	47285	173085	湖北当代盛景投资有限公司
6	武告字〔2012〕16 号/P (2012) 260 号	江　岸	住宅；商服	136173	4.6	166340	166340	湖北福星惠誉后湖置业有限公司
7	武告字〔2013〕20 号/P (2013) 128 号	汉　阳	住宅；商服	66618	4.6	115500	163400	上海艺中投资有限公司
8	武告字〔2013〕28 号/P (2013) 203 号	硚　口	住宅；商服	98000	3.5	143780	143780	招商局地产控股股份有限公司
9	武告字〔2013〕17 号/P (2013) 116 号	东湖高新	住　宅	168711	2.5	62757	134557	旭辉集团股份有限公司
10	武告字〔2012〕17 号/P (2012) 274 号	武　昌	住宅；商服	184410	6.8	126090	126090	武汉阳光佳业有限公司
11	武告字〔2012〕17 号/P (2012) 275 号	洪　山	住宅；商服	156844	4.2	125150	125150	武汉长阳润利房地产有限公司
12	武告字〔2013〕5 号/P (2013) 027 号	硚　口	住宅；商服	138998	5.0	117900	117900	武汉新居城房地产有限公司
13	武告字〔2012〕18 号/P (2012) 287 号	东湖高新	住　宅	89660	4.6	105520	105520	武汉市万科房地产有限公司
14	武告字〔2013〕5 号/P (2013) 023 号	江　岸	住宅；商服	145803	3.7	95900	95900	武汉统建百步亭联合置业有限公司
15	武告字〔2013〕16 号/P (2013) 097 号	江　岸	住宅；公建配套和其他	83600	3.1	71000	94600	农工商房地产(集团)股份有限公司
16	武告字〔2013〕13 号/P (2013) 088 号	东湖高新	住　宅	148201	2.5	65780	92480	成都天晖房地产开发有限公司
17	武告字〔2013〕22 号/P (2013) 131 号	武　昌	住宅；商服	42031	4.5	88890	88890	武汉联投置业有限公司
18	武告字〔2013〕18 号/P (2013) 119 号	硚　口	住宅；商服	61435	3.9		83860	汉正街控股集团公司
19	武告字〔2013〕28 号/P (2013) 198 号	江　汉	住宅；公建配套和其他	83530	3.5	80200	80200	武汉中央商务区城建开发有限公司
20	武告字〔2013〕27 号/P (2013) 188 号	东湖高新	住　宅	190586	2.4	72383	79883	武汉地产控股有限公司

资料来源：中国房地产决策咨询系统（CRIC）。

表 2－151　　2013 年长沙市经营性用地成交总价前二十明细表

单位：平方米，万元

序号	公告号/宗地编号	区域	土地属性	占地面积	容积率	出让底价	成交价格	受让方
1	〔2013〕网挂 011 号	开福	住宅；商服	66400	11.0	247958	357958	长沙市金地房地产开发有限公司
2	〔2013〕网挂 039 号	岳麓	住宅；商服	84333	4.0	91080	200000	湖南乐住置业投资有限公司、天津市万顺置业有限公司
3	〔2013〕网挂 046 号	岳麓	商　服	59393	8.0	114036	164196	长沙先导恒伟房地产开发有限公司
4	〔2013〕网挂 008 号	芙蓉	住宅；商服	178644	2.9	120584	145784	恒大地产集团有限公司
5	〔2013〕长土网 031 号	开福	住宅；商服	149599	3.0	112199	140199	北京盛世广业投资管理有限公司
6	〔2012〕网挂 067 号	岳麓	住宅；商服	100571	4.7	140156	140156	湖南晟通置业有限公司
7	〔2013〕网挂 047 号	雨花	住宅；商服	218368	2.5	91049	134249	湖南东润房地产开发有限责任公司
8	〔2013〕网挂 020 号	开福	住　宅	40000	2.8	17276	115221	广州雅生房地产开发有限公司
9	〔2013〕网挂 021 号	开福	住宅；商服；公建配套和其他	197406	3.4	113941	115041	绿地地产集团长沙置业有限公司
10	〔2013〕网挂 057 号	岳麓	住　宅	143212	2.4	108935	108935	湖南达业房地产开发有限公司
11	〔2013〕网挂 005 号	岳麓	住宅；商服	53361	6.3	100853	100853	长沙金茂梅溪湖国际广场置业有限公司
12	〔2013〕网挂 016 号	雨花	住　宅	108857	3.0	52252	99052	湖南湘诚壹佰置地有限公司
13	〔2013〕长土网 002 号	岳麓	住宅；商服	155704	2.8	86572	92592	宁波奥克斯置业有限公司
14	〔2013〕长土网 022 号	岳麓	住宅；商服	61174	4.1	54940	90140	宁波奥克斯置业有限公司
15	〔2013〕网挂 006 号	岳麓	住　宅	83204	3.4	59318	84688	湖南百汇投资有限公司
16	〔2013〕长土网 007 号	雨花	住宅；商服	89432	4.2	66967	75007	绿地地产集团长沙置业有限公司
17	〔2013〕网挂 025 号	雨花	商　服	59653	5.5	72181	72181	湖南九龙经贸集团有限公司
18	〔2013〕网挂 022 号	岳麓	住宅；商服	197968	2.0	71290	71290	步步高置业有限责任公司、步步高商业连锁股份有限公司

续表

序号	公告号/宗地编号	区域	土地属性	占地面积	容积率	出让底价	成交价格	受让方
19	〔2013〕网挂024号	岳麓	住　宅	69337	2.2	48814	63514	成都恒隆鑫置业有限公司、香港北大资源地产控股有限公司
20	〔2013〕网挂034号	岳麓	住　宅	72478	2.5	54360	55980	长沙市万科房地产开发有限公司

资料来源：中国房地产决策咨询系统（CRIC）。

表2－152　　2013年广州市经营性用地成交总价前二十明细表

单位：平方米，万元

序号	公告号/宗地编号	区域	土地属性	占地面积	容积率	出让底价	成交价格	受让方
1	穗国房挂出告字〔2013〕1、2、3、4号/A003、A005	天河	商　服	72922	11.0	626910	640000	广州绿地房地产开发有限公司、广州市邦杰置业有限公司、广州穗荣房地产开发有限公司、保利房地产（集团）股份有限公司
2	穗国房挂出告字〔2013〕18号/1	黄埔	住宅；商服；公建配套和其他	202662	3.1	314251	455664	广州裕瑞房地产开发有限公司
3	穗开国土出告字〔2013〕45号/YP－P1－1	萝岗	住　宅	189520	2.5	300000	435000	广州宏景房地产开发有限公司和广州越秀仁达五号实业投资合伙企业（有限合伙）联合体
4	穗国房挂出告字〔2013〕1、2、3、4号/A001	天河	商　服	37441	9.6	269568	399000	广州联鸿实业投资有限公司
5	穗南国土出告字〔2013〕第4号/2013NJY－2	南沙	住宅；公建配套和其他	198561	3.2	200260	303000	广州保睿房地产销售代理有限公司（拟成立项目公司：广州保祺房地产开发有限公司）
6	穗国房挂出告字〔2013〕1、2、3、4号/A007	天河	商　服	36914	7.0	251360	260000	广东省铁路建设投资集团有限公司、守鸿有限公司、保利房地产（集团）股份有限公司
7	穗国房挂出告字〔2013〕16、17号/2	海珠	住　宅	42714	5.0	169718	246091	广州城建开发南沙房地产有限公司
8	穗国房挂出告字〔2013〕19、23号/2	白云	住　宅	74405	3.3	159257	230923	广州市鑫诚置业有限公司
9	穗国房挂出告字〔2013〕29、30、31、33号/AT030316、AT030331	天河	住　宅	70462	2.5	216125	216125	广州慧源置业有限公司

续表

序号	公告号/宗地编号	区域	土地属性	占地面积	容积率	出让底价	成交价格	受让方
10	穗国房挂出告字〔2013〕12号	白云	住宅；公建配套和其他	75385	2.2	128809	186774	广东佳兆业房地产开发有限公司
11	穗国房挂出告字〔2013〕34、35、36、37号/AT0909030	天河	商服	12000	11.3	124085	182100	广东南粤银行股份有限公司广州分行
12	穗国房挂出告字〔2013〕1、2、3、4号/4	萝岗	商服；工业和物流仓储	768506	3.0	160000	160000	广州金博物流贸易集团有限公司
13	穗国房挂出告字〔2013〕34、35、36、37号/AT0909033	天河	商服	12000	9.8	97760	140800	广州国际控股集团有限公司、万联证券有限责任公司
14	穗开国土出告字〔2013〕30号/KXC－B－1	萝岗	商服	101188	4.0	137616	137616	广州杰瑞置业有限公司
15	穗国房挂出告字〔2013〕34、35、36、37号/AT0909037	天河	商服	12000	12.2	133185	135185	新华人寿保险股份有限公司
16	穗国房挂出告字〔2013〕14、15号/2	番禺	商服	15751	5.4	50724	120000	中铁建工集团深圳投资有限公司
17	增国房挂牌告字（2013）15号/83101234A13018	增城市	住宅	137461	2.5	52000	114000	广州合景恒顺置业有限公司（预先核准企业名称：广州弘达置业有限公司）
18	穗南国土出告字〔2013〕第5号/2013NJY－5	南沙	住宅；商服	132285	2.5	113480	113480	新信国际发展有限公司（拟成项目公司：广州兴拓置业有限公司）
19	穗国房挂出告字〔2013〕34、35、36、37号/AT0909035	天河	商服	12000	10.6	95648	109700	深圳平安不动产有限公司
20	增国房挂牌告字（2013）20号/83001201A12164	增城市	住宅；商服	30610.4	5.5	47600	88200	广州市合汇房地产有限公司

资料来源：中国房地产决策咨询系统（CRIC）。

表2－153　　2013年深圳市经营性用地成交总价前二十明细表

单位：平方米，万元

序号	公告号/宗地编号	区域	土地属性	占地面积	容积率	出让底价	成交价格	受让方
1	深土交告（2013）7号/T201－0078	南山	商服	61831	8.1	672000	1090000	华润置地（深圳）有限公司

续表

序号	公告号/宗地编号	区域	土地属性	占地面积	容积率	出让底价	成交价格	受让方
2	深土交告（2013）7号/T201－0075	南山	商　服	57481	7.8	470000	718000	卓越置业集团有限公司
3	协议出让公示（T207－0048）/T207－0048	南山	商　服	54078		671500	671500	深圳市地铁集团有限公司
4	深土交告（2013）8号/T501－0069	南山	商服；工业和物流仓储；公建配套和其他	394044	3.4	280000	539900	深圳市万科房地产有限公司
5	深土交告（2013）7号/T201－0077	南山	商　服	49152	6.5	350000	518900	卓越置业集团有限公司
6	深土交告（2013）10号/A816－0050	宝安	住宅；商服	52460	4.9	200000	382000	深圳中海地产有限公司
7	深土交告（2013）14号/T102－0244	南山	商　服	12747	11.8	242300	243300	前海世茂投资（深圳）有限公司
8	A508－0034、A518－0102、A614－0483、A622－0107	宝安	住宅；商服；工业和物流仓储	199920		209200	209200	深圳市特区建设发展集团有限公司、深圳市人民政府国有资产监督管理委员会
9	深土交告（2013）14号/T102－0245	南山	商　服	4224	15.2	99800	163000	深圳市香江供应链管理有限公司
10	深土交告（2012）26号/A614－0479	宝安	住　宅	47176	4.0	80000	141000	普宁市盛迪嘉置业投资有限公司
11	深土交告（2013）18号/G11337－0095	龙岗	住　宅	33035	4.0	31500	98000	江西政力房地产开发有限公司
12	深土交告（2013）11号/T107－0073	南山	商服；公建配套和其他	10439	10.4	93000	93000	深圳市创新投资集团有限公司
13	龙岗区布吉 G03510－8 地块	龙岗	住　宅	31164			66563	深圳雅宝房地产开发有限公司
14	深土交告（2012）27号	南山	商　服	4322	14.8	63000	63000	海信南方有限公司
15	深规土一局〔2013〕2号/B119－0105（1）	福田	办　公	22200		61460	61460	深圳市金地大百汇房地产开发有限公司、深圳市岗厦实业股份有限公司
16	深土交告（2013）11号/T107－0070	南山	商服；办公	4954	12.4	58300	58300	华商银行，中国工商银行股份有限公司深圳市分行
17	深土交告（2013）11号/T107－0071	南山	商　服	4337	13.4	56100	56100	中国中投证券有限责任公司
18	协议出让公示（LG20130118）/G03401－0024	龙岗	住　宅	39294		53627	53627	宝吉工艺品（深圳）有限公司
19	深规土一局〔2013〕2号/B119－0110（1）	福田	办公	26000		42824	42824	深圳市金地大百汇房地产开发有限公司、深圳市岗厦实业股份有限公司
20	深土交告（2013）11号/T107－0072	南山	商服；办公	4197	9.1	40700	40700	五矿期货有限公司

资料来源：中国房地产决策咨询系统（CRIC）。

表 2－154　　2013 年南宁市经营性用地成交总价前二十明细表

单位：平方米，万元

序号	公告号/宗地编号	区域	土地属性	占地面积	容积率	出让底价	成交价格	受让方
1	南宁市 2013 年第四十二期/GC2013－057	江　南	住宅；商服	98096	3.5	53851	125072	南宁市骋望地产有限公司
2	南宁市 2013 年第三期/GC2013－006	青　秀	住宅；商服；公建配套和其他	151503	3.6	114537	114537	深圳市现代城投资控股有限公司、广西西江霖峰投资股份有限公司
3	南宁市 2013 年第一期（转让）/GJ2013－001	青　秀	住宅；商服	24551	4.5	40509	98695	广西润洲投资有限公司
4	南宁市 2013 年第三十五期/GC2013－047	青　秀	住宅；商服	85875	3.5	74840	74840	招商局地产控股股份有限公司、广西浩田置业有限公司
5	南宁市 2013 年第十八期/GC2013－027	江　南	住宅；商服；工业和物流仓储；公建配套和其他	186909	3.0	66726	72894	广西汇东投资发展有限公司
6	南宁市 2013 年第七十五期/GC2013－110	良　庆	商服；公建配套和其他	223334	1.6	69680	69680	广西华文山水投资有限公司
7	南宁市 2013 年第五十二期/GC2013－071	西乡塘	住宅；商服；办公	71451	3.7	50053	68593	南宁市龙光房地产开发有限公司
8	南宁市 2013 年第四十八期/GC2013－066	良　庆	住宅；商服；办公	169124	4.0	65197	65197	广西合景房地产开发有限公司
9	南宁市 2013 年第七十一期/GC2013－099	西乡塘	住宅；商服；办公	83991	5.5	58332	58332	大连万达商业地产股份有限公司
10	南宁市 2013 年第七十六期/GC2013－111	良　庆	住宅；商服	109878	4.0	57686	57686	厦门大唐房地产集团有限公司
11	南宁市 2013 年第七十九期/GC2013－114	良　庆	住宅；商服；办公	115389	3.7	55559	55560	宝能地产股份有限公司
12	南宁市 2013 年第五十一期/GC2013－070	西乡塘	住宅；商服；办公	36091	6.0	38221	55219	广西桂嘉汇房地产集团有限公司
13	南宁市 2013 年第一期/GC2013－001	邕　宁	住宅；商服	151735	2.5	53942	53942	广西金川有色金属有限公司
14	南宁市 2013 年第三十六期/GC2013－048	邕　宁	住宅；商服	141345	2.5	50248	52792	中国铁建房地产集团有限公司
15	南宁市 2013 年第九十期/GC2013－128	兴　宁	住宅；商服	182221	3.9	50566	50566	广西嘉和置业集团有限公司
16	南宁市 2013 年第四十期/GC2013－055	西乡塘	住宅；商服	13335	10.0	46800	46805	广西邕江一品房地产开发有限公司
17	南宁市 2013 年第十七期/GC2013－025	西乡塘	住宅；商服	33970	3.5	23180	45857	珠海华发实业股份有限公司
18	南宁市 2013 年第十九期/GC2013－028	兴　宁	住宅；商服；办公	7767	9.4	41882	41884	南宁市财盛房地产开发有限责任公司

续表

序号	公告号/宗地编号	区域	土地属性	占地面积	容积率	出让底价	成交价格	受让方
19	南宁市 2013 年第十期/GC2013－016	兴　宁	住宅；商服；工业和物流仓储	515217	2.4	40187	40187	广西新宝通投资控股有限公司
20	南宁市 2013 年第三十八期/GC2013－052	良　庆	商服；办公	66567	6.0	39740	39740	广西宝能城市建设有限公司

资料来源：中国房地产决策咨询系统（CRIC）。

表 2－155　　2013 年北海市经营性用地成交总价前二十明细表

单位：平方米，万元

序号	公告号/宗地编号	区域	土地属性	占地面积	容积率	出让底价	成交价格	受让方
1	2013 年第 1 期/2013GC01001	银　海	住宅；商服	242745	5.0	56860	56860	北海福满房地产开发有限公司
2	2013 年第 9 期/2013GC09013	海　城	商　服	163289	3.7	49035	49035	广西桐洋房地产开发有限公司
3	2013 年第 15 期/2013GC15020	银　海	住宅；商服	126753	5.0	44520	44520	广西桐洋房地产开发有限公司
4	2013 年第 21 期/2013GC21052	海　城	商　服	61894	3.5	23830	25052	北海德利酒店投资有限公司
5	2013 年第 21 期/2013GC21051	银　海	商　服	57778	4.0	20800	21840	北海凯源房地产开发有限公司
6	2012 年第 16 期/2012GC16029	海　城	商　服	36477	2.7	8990	11400	北海市美凯龙置业有限公司
7	2012 年第 16 期/2012GC16030	海　城	商　服	33924	2.6	8300	11200	北海市美凯龙置业有限公司
8	合浦县城东环大道与公园路东延线交汇处 2 号地块	合浦县	住宅；商服	56381	4.5	8880	8880	广西北海桂泰投资有限公司
9	合国土资挂告字〔2013〕2 号/2	合浦县	住宅；商服	98246	3.0	7379	7379	覃炳炎
10	2012 年第 16 期/2012GC16031	海　城	商　服	29599	2.2	7110	7210	北海市中翔置业有限公司
11	2013 年第 10 期/2013GC10014	银　海	住宅；商服	21566	3.0	6575	6575	北海南国天堂房地产开发有限公司
12	合国土资拍告字〔2013〕3 号/P201304	合浦县	住　宅	41355	4.0	4700	6204	广西富桂房地产开发有限公司
13	合浦县廉州镇东环大道西侧处 1 号地块	合浦县	住宅；商服	32286	4.5	5085	5085	广西北海金浦投资有限公司
14	合浦县城西门江一号路与还珠大道延长线交汇东南侧处 1 号地块	合浦县	商服；办公	17597	3.2	2640	4340	合浦众鑫房地产有限公司

续表

序号	公告号/宗地编号	区域	土地属性	占地面积	容积率	出让底价	成交价格	受让方
15	合国土资挂告字〔2013〕2 号/1	合浦县	住宅；商服	47513	2. 5	3564	3564	覃炳炎
16	合国土资挂告字〔2013〕2 号/3	合浦县	住宅；商服	43319	4. 5	3249	3249	覃炳炎
17	合浦县城金鸡西路南侧处 2 号地块	合浦县	住　宅	16593	2. 8	2989	2989	合浦县城市建设投资发展有限公司
18	2013 年第 19 期/2013GC19041	铁山港	住宅；商服	37128	3. 5	2915	2915	北海出口加工区建设发展有限公司
19	合国土资挂告字〔2012〕12 号/1	合浦县	住　宅	16070	3. 4	2548	2548	合浦县城市建设投资发展有限公司
20	2013 年第 19 期/2013GC19043	铁山港	住宅；商服	29731	3. 5	2334	2334	北海出口加工区建设发展有限公司

资料来源：中国房地产决策咨询系统（CRIC）。

表 2－156　　2013 年海口市经营性用地成交总价前二十明细表

单位：平方米，万元

序号	公告号/宗地编号	区域	土地属性	占地面积	容积率	出让底价	成交价格	受让方
1	(2013) 第 25 号/01－3	秀英	住　宅	46669	2. 5	36824	36826	海南现代美居置业有限公司
2	(2013) 第 25 号/01－2	秀英	商　服	98329	2. 5	36824	36826	海南现代美居置业有限公司
3	(2013) 第 19 号/2702	秀英	住　宅	28897	3. 2	19290	34734	海南峰森房地产开发有限公司
4	(2013) 第 19 号/2701	秀英	商　服	28795	4. 6	19222	34612	海南峰森房地产开发有限公司
5	(2013) 第 28 号/0402	秀英	住　宅	21345	2. 8	12020	27962	海南英大房地产开发有限公司
6	(2013) 第 28 号/0405	秀英	住　宅	21132	2. 9	11908	27683	海南英大房地产开发有限公司
7	(2012) 第 29 号/29	秀英	商　服	16055	4. 9	12924	12928	海南明泰地产有限公司
8	(2013) 第 18 号/1502	秀英	商　服	16622	4. 5	11772	11775	远大置业（海南）有限公司
9	(2013) 第 18 号/1504	秀英	商　服	16498	4. 5	11684	11687	远大置业（海南）有限公司
10	(2013) 第 18 号/1501	秀英	商　服	16075	3. 6	11384	11387	远大置业（海南）有限公司
11	(2013) 第 18 号/1503	秀英	商　服	15870	3. 9	11239	11242	远大置业（海南）有限公司

续表

序号	公告号/宗地编号	区域	土地属性	占地面积	容积率	出让底价	成交价格	受让方
12	（2013）第 02 号/2	秀英	住宅；商服	22697	2.2	10716	10731	海口赛强发展公司
13	（2013）第 10 号/10	秀英	住 宅	27975	3.5	9331	9351	海口市秀英区城市建设投资有限公司
14	（2013）第 03 号/3	美兰	住 宅	21752	3.0	7400	7406	海南富兴通实业有限公司、海口丰鹏实业有限公司
15	22（4）号地块	琼山	住 宅	7578	1.0		5572	海南博盛投资有限公司
16	（2013）第 22 号/22	琼山	住 宅	5735	2.5	4035	5321	陈林
17	（2013）第 21 号/21－1	龙华	商 服	15909	2.3	5115	5116	海南华侨商业有限公司
18	（2013）第 08 号/8	琼山	住 宅	6945	2.5	4962	4969	海南兴明源实业有限公司
19	（2012）第 26 号/26	龙华	住宅；商服	4938	5.0	4711	4716	海口市燃气集团公司
20	（2013）第 09 号/9	琼山	住宅；商服	4000	2.5	2751	2752	海口蒙蒂雅服饰有限公司

资料来源：中国房地产决策咨询系统（CRIC）。

表 2－157　　2013 年三亚市经营性用地成交总价前十六明细表

单位：平方米，万元

序号	公告号/宗地编号	区域	土地属性	占地面积	容积率	出让底价	成交价格	受让方
1	三土环资告字〔2013〕19 号/SY2013－19	海棠湾镇	商 服	537655	0.7	199062	199300	海南亚特兰蒂斯商旅发展有限公司
2	三土环资告字〔2013〕5 号/SY2013－05	凤凰镇	住宅；商服	76872	1.0	41840	85444	海南三亚湾新城开发有限公司
3	三土环资告字〔2013〕25 号/SY2013－25	天涯镇	商 服	41588	1.0		42420	海南德璟正邦房地产开发有限责任公司
4	协议出让 2013－65 号/SYXY2013－01	河 东	商 服	72687	1.0		40330	三亚小洲岛酒店投资管理有限公司
5	三土环资告字〔2013〕6 号/SY2013－06	凤凰镇	商 服	60938	0.6	28336	29600	海南三亚湾新城开发有限公司
6	三土环资告字〔2013〕28 号/SY2013－28	月川片区	商 服	17111	4.5		28490	三亚中铁置业有限公司
7	三土环资告字〔2013〕11 号/ SY2013－11	凤凰镇	商 服	90476	1.2	27405	27690	三亚槟榔河实业有限公司
8	三土环资告字〔2013〕27 号/SY2013－27	崖城镇	商 服	82423	1.0		25880	创科投资有限公司
9	三土环资告字〔2013〕8 号/SY2013－08	河 东	住 宅	31923	2.5	21723	22156	三亚润德置业投资有限公司

续表

序号	公告号/宗地编号	区域	土地属性	占地面积	容积率	出让底价	成交价格	受让方
10	三土环资告字〔2013〕21号/SY2013-21	河　东	商　服	22341	3.5		21976	三亚苏商融智房地产开发有限公司
11	三土环资告字〔2013〕18号/SY2013-18	崖城镇	商　服	35375	2.5		18700	三亚嘉鹏科技发展有限公司
12	三土环资告字〔2013〕7号/SY2013-07	崖城镇	住　宅	44011	2.0	14520	15180	三亚易视芯置业有限公司
13	三土环资告字〔2013〕24号/SY2013-24	天涯镇	商　服	30541	0.3		10128	三亚西岛大洲旅业有限公司
14	三土环资告字〔2012〕25号/SY2012-25	河东区	商　服	7879	2.9	5374	5560	大兴安岭国林房地产开发有限公司
15	三土环资告字〔2013〕26号/SY2013-26	月川片区	住　宅	14667	2.9		5130	三亚海航凤凰投资开发有限公司
16	三土环资告字〔2013〕9号/SY2013-09	河　东	住　宅	4023	3.6	3777	3830	三亚银沙海岸发展有限公司

资料来源：中国房地产决策咨询系统（CRIC）。

表 2-158　　2013 年重庆市经营性用地成交总价前二十明细表

单位：平方米，万元

序号	公告号/宗地编号	区域	土地属性	占地面积	容积率	出让底价	成交价格	受让方
1	渝国土房管告字〔2013〕27号/201313067	江　北	住宅；商服	282392	4.4	537221	537221	保利地产；万科地产
2	渝国土房管告字〔2013〕55号/201313180	渝　北	住宅；商服	279834	2.8	278279	278279	招商、香港置地
3	渝国土房管告字〔2013〕60号/201313209	江　北	住宅；商服	60359	5.2	251985	251985	龙湖地产
4	渝国土房管告字〔2013〕66号/201313235	渝　北	住宅；商服	212018	4.0	249119	249119	绿地
5	渝国土房管告字〔2013〕60号/201313205	南　岸	住宅；公建配套和其他	150933	3.9	197466	240000	中核华兴
6	渝国土房管告字〔2013〕44号/201313128	南　岸	住宅；商服	234069	3.8	233948	233948	保利地产
7	渝国土房管告字〔2013〕44号/201313127	南　岸	住宅；商服	241314	3.5	227909	227909	万科
8	渝国土房管告字〔2013〕40号/201313109	南　岸	商服；工业和物流仓储	705793	2.8	202894	202894	重庆朝天门国际商贸城
9	渝国土房管告字〔2013〕63号/201313218	渝　北	住宅；商服	181689	2.5	136268	195000	北大资源地产
10	渝国土房管告字〔2013〕31号/201313086	巴　南	住宅；商服	192391	3.3	147351	190000	旭辉地产

续表

序号	公告号/宗地编号	区域	土地属性	占地面积	容积率	出让底价	成交价格	受让方
11	渝国土房管告字〔2013〕17 号/201313043	渝　北	住　宅	189874	1.9	142168	177000	东原地产
12	渝国土房管告字〔2013〕58 号/201313192	渝　中	住宅；商服	75258	4.0	169087	169087	融创地产
13	渝国土房管告字〔2013〕11 号/201313027	九龙坡	住宅；商服；办公	144063	3.7	103539	165000	北大资源地产
14	渝国土房管告字〔2013〕36 号/201313098	巴　南	住宅；商服	200004	4.0	160804	160804	万达集团
15	渝国土房管告字〔2013〕45 号/201313136	渝　北	住宅；商服	281800	1.7	155990	155990	首都机场地产集团
16	渝国土房管告字〔2013〕59 号/201313204	渝　中	商　服	116680	0.9	145093	145093	重庆渝地投资有限公司
17	渝国土房管告字〔2013〕63 号/201313219	渝　北	住宅；商服；公建配套和其他	120137	3.8	144534	144534	旭阳集团和英业达重庆有限公司
18	渝国土房管告字〔2013〕22 号/201313055	渝　北	住　宅	188221	1.5	141355	141355	恒大地产
19	渝国土房管告字〔2013〕49 号/201313154	沙坪坝	住宅；商服	277443	2.7	138717	138717	金科地产
20	渝国土房管告字〔2013〕43 号/201313123	大渡口	住宅；商服	69293	4.8	110743	136000	华润地产

资料来源：中国房地产决策咨询系统（CRIC）。

表 2－159　　2013 年成都市经营性用地成交总价前二十明细表

单位：平方米，万元

序号	公告号/宗地编号	区域	土地属性	占地面积	容积率	出让底价	成交价格	受让方
1	成公资土挂告〔2013〕29 号/WH14（211/252）：2013－252	武　侯	住宅；商服	79962	2.2	299856	299856	绿地控股集团有限公司
2	成公资土拍告〔2013〕7 号/CH25（211/252）：2013－142	成　华	住宅；商服	100187	3.6	107314	214628	中铁房地产集团四川有限公司
3	成公资土拍告〔2013〕16 号/GX01（252/211）：2013－196	高新区	住宅；商服	95198	2.9	135657	212710	中铁房地产集团四川有限公司
4	成公资土拍告〔2013〕16 号/GX04（252/211）：2013－199	高新区	住宅；商服	69700	3.0	104550	175854	成都华翊龙房地产开发有限公司
5	成公资土拍告〔2013〕10 号/CH27（252/211）：2013－152	成　华	住宅；商服	60579	3.0	90869	143936	中粮地产成都有限公司
6	成公资土拍告〔2013〕6 号/QY14（252/211）：2013－132	青　羊	住宅；商服	54925	3.6	74148.1	134257	郑州致方置业有限公司

续表

序号	公告号/宗地编号	区域	土地属性	占地面积	容积率	出让底价	成交价格	受让方
7	成公资土拍告〔2013〕3号/WH08（252/211）：2013－113	武　侯	住宅；商服	66069	2.9	54510	132587	成都中泓房地产开发有限公司
8	成公资土拍告〔2013〕24号/LQY07（252/211）：2013－262	龙泉驿	住宅；商服	90684	5.5	78895	131128	华润置地（成都）实业有限公司
9	成国土拍告〔2013〕5号/CH19（252/211）：2013－46	成　华	住宅；商服	77184	3.0	69465	125038	四川蓝光和骏实业股份有限公司
10	成公资土拍告〔2013〕8号/SL31（252/211）：2013－146	双　流	住宅；商服	77540	4.0	52339	105841	成都同新房地产开发有限公司
11	成公资土拍告〔2013〕19号/QY16（252/211）：2013－215	青　羊	住宅；商服	43682	2.9	57005	100709	海亮地产控股集团有限公司
12	成公资土拍告〔2013〕16号/GX02（252/211）：2013－197	高新区	住宅；商服	41255	3.0	61883	93196	成都华翊龙房地产开发有限公司
13	成公资土拍告〔2013〕26号/CH40（252/211）：2013－283	成　华	住宅；商服	92368	3.0	77589	86734	成都市保华房地产开发有限公司
14	成公资土挂告〔2013〕19号/XD18（252/211）：2013－202	新　都	住宅；商服	170411	5.4	84354	84354	绿地集团成都置业有限公司
15	成公资土拍告〔2013〕4号/SL13（252/211）：2013－123	双　流	住宅；商服	66667	3.0	41000	80000	成都北大资源地产有限公司、香港北大资源地产控股有限公司、成都恒隆鑫置业有限公司
16	成国土挂告〔2012〕59号/CH22（211/252）2012－289	成　华	住宅；商服	79863	3.4	77845	77845	四川省蜀鑫房地产开发有限责任公司
17	成公资土拍告〔2013〕4号/SL14（252/211）：2013－124	双　流	住宅；商服	64465	3.0	39646	76875	成都北大资源地产有限公司、香港北大资源地产控股有限公司、成都恒隆鑫置业有限公司
18	成公资土拍告〔2013〕16号/GX03（252/211）：2013－198	高新区	住宅；商服	33300	3.0	49949	76722	成都永进合能房地产有限公司
19	成公资土拍告〔2013〕27号/SL42（252/211）：2013－288	双　流	住宅；商服	73679	3.0	49513	75706	成都隆鑫地产有限公司
20	成国土拍告〔2012〕49号/LQ11（252/211）：2012－297	龙泉驿	住宅；商服	75803	4.5	59126	75613	保利（成都）实业有限公司

资料来源：中国房地产决策咨询系统（CRIC）。

表 2－160　　2013 年贵阳市经营性用地成交总价前二十明细表

单位：平方米，万元

序号	公告号/宗地编号	区域	土地属性	占地面积	容积率	出让底价	成交价格	受让方
1	黔筑高新土招告字〔2013〕08 号/金阳 2012－18	金阳新区	住宅；商服；公建配套和其他	320961	3.0	91900	91900	贵阳中渝置地房地产开发有限公司
2	筑公资告（2013）地字第 45 号/G（13）58	南明	住宅；商服	65544	9.7	84890	85875	中天城投集团贵州文化广场开发建设有限公司
3	筑公资告（2013）地字第 19 号/G（13）38	南明	商　服	49700	9.6	52430	53090	中国对外建设有限公司、贵州智诚企业集团投资有限
4	筑公资告（2013）地字第 43 号/G（13）56	云岩	商　服	28539	10.0	51120	51765	中天城投集团贵阳房地产开发有限公司
5	筑公资告（2012）地字第 21 号/G（12）152	金阳新区	住宅；商服；公建配套和其他	238088	1.7	14400	48480	贵阳中航房地产开发有限公司
6	筑公资告（2012）地字第 21 号/G（12）154	金阳新区	住宅；商服；公建配套和其他	202669	1.7	12900	43740	贵阳中航房地产开发有限公司
7	筑公资告（2012）地字第 21 号/G（12）153	金阳新区	住宅；商服；公建配套和其他	202056	1.7	12900	43540	贵阳中航房地产开发有限公司
8	筑公资告（2013）地字第 30 号/G（13）44	云岩	住宅；商服	177421	4.0	31000	31550	中天城投集团贵阳房地产开发有限公司
9	黔筑高新土招告字〔2013〕14 号/高新 2013－03	乌当	住宅；商服；公建配套和其他	51349	5.5	28000	28000	贵州金浩田房地产开发有限公司
10	筑公资告（2013）地字第 30 号/G（13）47	云岩	住宅；商服；公建配套和其他	196452	2.2	27505	27915	中天城投集团贵阳房地产开发有限公司
11	筑公资告（2012）地字第 20 号/G（12）151	乌当	住宅；商服；公建配套和其他	131700	3.5	16500	27760	贵阳中渝云上房地产开发有限公司
12	筑公资告（2013）地字第 6 号/G（13）10	南明	住宅；商服；公建配套和其他	141418	3.3	27190	27595	贵阳保利郦城房地产开发有限公司
13	黔筑高新土招告字〔2013〕11 号/金阳 2012－26	金阳新区	商　服	66948	3.5	13750	27500	贵州大西南房地产开发有限公司
14	筑公资告（2013）地字第 5 号/G（13）07	南明	住宅；商服	42696	7.0	24465	24845	首钢贵阳特殊钢有限责任公司
15	筑公资告（2012）地字第 22 号/G（12）155	乌当	住　宅	128914	1.9	19000	23860	贵州宏德置业有限公司
16	筑公资告（2013）地字第 8 号/G（13）13	云岩	商　服	15317	10.1	21740	22090	贵州旅游投资控股（集团）有限责任公司
17	筑公资告（2013）地字第 28 号/G（13）42	云岩	住宅；商服；公建配套和其他	172538	5.5	21205	21555	贵阳普天德杰同德房地产开发有限公司

续表

序号	公告号/宗地编号	区域	土地属性	占地面积	容积率	出让底价	成交价格	受让方
18	筑公资告（2013）地字第5号/G（13）08	南明	住宅；商服	38431	7.0	20880	21230	首钢贵阳特殊钢有限责任公司
19	筑公资告（2013）地字第12号/G（13）27	南明	住宅；商服	30207	9.0	19695	20025	首钢贵阳特殊钢有限责任公司
20	筑公资告（2013）地字第8号/G（13）16	南明	住　宅	57979	5.5	19665	19995	首钢贵阳特殊钢有限责任公司

资料来源：中国房地产决策咨询系统（CRIC）。

表2－161　　2013年昆明市经营性用地成交总价前二十明细表

单位：平方米，万元

序号	公告号/宗地编号	区域	土地属性	占地面积	容积率	出让底价	成交价格	受让方
1	J2011－025－（6、7、8、9、10、11、12、13、14、15、16、17）	官渡	住宅；商服；公建配套和其他	507721	4.3	230753	230753	昆明市海伦堡房地产开发有限公司
2	J2012－040－1、2、3、4、5、6、7、12、13、14、15	盘龙	住宅；商服；公建配套和其他	341596	3.6	183910	183910	云南城投龙江房地产开发有限公司
3	KCPL2012－9－1、2、3、4、5、6、7、8、9、10、11	盘龙	住宅；商服；办公；公建配套和其他	344321	2.9	165043	165043	云南农科院神州天宇房地产开发有限公司
4	J2013－003－（A1－1、A1－2、A1－3、A1－4、A1－6、A1－7、A1－9、A3－5、A3－6、A3－5、A6－2、B2）	西山	住宅；商服；公建配套和其他	327805	3.6	144381	144381	云南龙宇房地产开发有限公司
5	KCGD2012－10	官渡	住宅；商服	1520045	2.6	84442	84442	云南新世纪滇池国际文化旅游会展投资有限公司
6	J2012－038－1、2、3、4、5、6、7、8、9	西山	住宅；商服；公建配套和其他	311059	2.4	83617	83617	云南筑友房地产开发有限公司、昆明保障性住房建设开发有限公司、昆一中度假区分校（金岸校区）
7	J2013－001－01、03、04、05	五华	住宅；商服	112809	6.1	81378	81378	昆明百爵阳光房地产开发有限公司
8	KCPL2012－20－1、2	盘龙	商　服	36337	13.4	80000	80000	俊发地产有限责任公司
9	KCGD2012－23－A12	官渡	住　宅	172635	1.6	77685	77685	云南中海城投房地产开发有限公司
10	J2012－029－A1－1、A2－1、A2－4	西山	住宅；商服；公建配套和其他	73484	4.4	67939	67939	昆明垠创房地产开发有限公司

续表

序号	公告号/宗地编号	区域	土地属性	占地面积	容积率	出让底价	成交价格	受让方
11	KCGD2012－23－A11	官渡	住　宅	138285	1.6	62229	62229	云南招商城投房地产有限公司
12	J2013－002－001、002、004、005、006、007	盘龙	住宅；公建配套和其他	132663	4.0	60470	60470	云南城投龙江房地产开发有限公司
13	J2012－039－1、2	西山	商　服	218185	1.0	58649	58649	云南筑友房地产开发有限公司、昆明保障性住房建设开发有限公司、昆一中度假区分校（金岸校区）
14	KCXS2012－40－4－9	西山	住　宅	46659	1.1	57252	57278	绿地控股集团有限公司
15	KCGD2012－23－A4	官渡	商　服	111715	0.5	50271	50271	云南城投华商之家投资开发有限公司
16	J2012－013－1、2、3、4	官渡	住　宅	95064	4.7	49909	49909	昆明东骏置业有限公司
17	KCGD2012－23－A3	官渡	商　服	108177	0.6	48678	48678	云南城投置地有限公司
18	KCPL2012－24－（A3、A4、A5、A6）	盘龙	商　服	77611	6.0	47481	47481	昆明荣生房地产开发有限公司、云南交投房地产开发有限公司
19	KC2008－63（2）	五华	住　宅	34299	4.0	45276	45276	云南江川仙湖锦绣旅游置业有限公司
20	KCXS2012－40－4－6	西山	住　宅	34945	1.1	42880	42900	绿地控股集团有限公司

资料来源：中国房地产决策咨询系统（CRIC）。

表 2－162　　2013 年西安市经营性用地成交总价前二十明细表

单位：平方米，万元

序号	公告号/宗地编号	区域	土地属性	占地面积	容积率	出让底价	成交价格	受让方
1	西土出告字〔2013〕108号/YT2－25－21、YT2－25－22、YT2－25－23	城　南	住宅；商服；公建配套和其他	103317	3.4	68200	99200	兰州海亮房地产开发有限公司
2	西土出告字〔2012〕208号/GXII－（7）－13－1	高新区	住　宅	105816	3.5	84380	84380	陕西锦世达置业有限公司
3	西土出告字〔2013〕10号/QJ10－6－475	城　北	住宅；商服	151830	2.4	69000	82000	绿地集团西安盛都置业有限公司
4	西土出告字〔2013〕54号/QJ10－5－32	城　北	住宅；商服	63331	3.5	39000	55100	嘉智控股有限公司
5	西土出告字〔2013〕51号/FD3－14－1	西咸新区	住　宅	123287	3.7	45000	48000	西安统筹科技发展有限公司
6	西土出告字〔2013〕18号/GW3－（12）－3	城　东	商　服	215632	3.0	40800	40800	西安广汇汽车实业发展有限公司

续表

序号	公告号/宗地编号	区域	土地属性	占地面积	容积率	出让底价	成交价格	受让方
7	西土出告字〔2013〕107号/QJ10－5－31	城　北	住宅；商服	65628	3.5	38400	40400	陕西利昌源房地产开发有限公司
8	西土出告字〔2013〕14号/QJ8－3－8	城　南	住宅；商服	84667	3.1	40080	40080	陕西隆基帝和置业有限公司
9	西土出告字〔2013〕20号/CB6－2－2211	城　东	住宅；商服	99491	2.5	38350	38350	西安安华中惠房地产开发有限公司
10	西土出告字〔2012〕212号/GXIII－（2）－55－2	高新区	商　服	62426	6.3	38093	38093	西安海天投资控股有限责任公司
11	西土出告字〔2013〕13号/QJ8－3－9	城　南	住宅；商服	69955	3.0	32945	36945	中海鼎盛（西安）房地产有限公司
12	西土出告字〔2012〕208号/GXII－（7）－1－6	高新区	商　服	47004	6.9	36190	36190	陕西锦世达置业有限公司
13	西土出告字〔2012〕218号/BQ3－9－5	城　东	住宅；商服	89621	3.5	36108	36108	西安高科东城置业有限公司
14	西土出告字〔2013〕50号/QJ8－7－19	城　南	住宅；商服	65491	3.1	32900	35400	銮盛投资有限公司
15	西土出告字〔2012〕208号/GXII－（7）－11－1、GXII－（7）－11－2	高新区	商　服	51371	6.5	35390	35390	陕西锦世达置业有限公司
16	西土出告字〔2012〕208号/GXII－（7）－1－3、GXII－（7）－1－4	高新区	商　服	40287	10.3	34140	34140	陕西锦世达置业有限公司
17	西土出告字〔2013〕13号/QJ8－3－10	城　南	住宅；商服	64485	3.0	30120	34120	中海鼎盛（西安）房地产有限公司
18	西土出告字〔2012〕223号/HT01－13－28	长　安	住宅；商服	113775	4.1	33375	33375	西安天浩置业有限公司
19	西土出告字〔2013〕50号/QJ8－7－20	城　南	住宅；商服	60384	2.9	28400	32900	銮盛投资有限公司
20	西土出告字〔2012〕211号/CB2－7－923	城　东	住宅；商服	89811	3.5	32200	32200	西安立信置业有限公司

资料来源：中国房地产决策咨询系统（CRIC）。

表2－163　　2013年兰州市经营性用地成交总价前二十明细表

单位：平方米，万元

序号	公告号/宗地编号	区域	土地属性	占地面积	容积率	出让底价	成交价格	受让方
1	2013年12号公告/G1324	城　关	住宅；商服；办公；公建配套和其他	51361	8.8	75520	145300	福建顺隆实业有限公司
2	2013年19号公告/JG1303	安　宁	住宅；商服	159308	3.8	82560	83060	兰州中海宏洋房地产开发有限公司

续表

序号	公告号/宗地编号	区域	土地属性	占地面积	容积率	出让底价	成交价格	受让方
3	2013 年 8 号公告/G1214	安　宁	住宅；商服	82264	3.8	46570	46870	西部中大建设集团有限公司
4	2013 年 16 号公告/G1321	安　宁	住宅；商服	46816	3.8	26010	35210	兰州天健房地产投资开发有限公司
5	2013 年 8 号公告/G1208	安　宁	住宅；商服	65525	3.5	34230	34530	西部中大建设集团有限公司
6	2013 年 6 号公告/JG1203	安　宁	住宅；商服；办公	171568	2.0	20700	20800	甘肃华尊立达房地产开发有限公司
7	2012 年 10 号公告/G1221	城　关	住宅；商服；办公；公建配套和其他	20852	4.5	13800	13900	兰州市元富房地产开发有限公司
8	2013 年 11 号公告/G1317	七里河	住宅；商服；办公	7654	6.5	8630	12030	兰州晋瑞房地产开发有限责任公司
9	2013 年 14 号公告/GG1310	城　关	住宅；商服	199062	1.6		11593	名城地产（兰州）有限公司
10	2013 年 14 号公告/GG1308	城　关	住宅；商服	184854	2.3		10665	名城地产（兰州）有限公司
11	2013 年 10 号公告/G1319	城　关	商服；公建配套和其他	15975	1.2	9920	10020	兰州光辉企业发展有限公司
12	2013 年 2 号公告/G1104	七里河	住宅；商服	22664	3.5	6600	10000	甘肃金盛时代房地产开发有限责任公司
13	2013 年 24 号公告/LXQ2013078C	兰州新区	住宅；商服	87183	2.5	8054	9942	兰州天泽房地产投资开发有限公司
14	2013 年 5 号公告/JG1207	安　宁	住宅；商服	22701	3.8		9920	兰州惠宝房地产开发有限公司
15	2013 年 14 号公告/GG1313	城　关	住宅；商服	166182	1.1		9612	甘肃名城房地产开发有限公司
16	2013 年 14 号公告/GG1309	城　关	住宅；商服	145827	2.4		8393	名城地产（兰州）有限公司
17	2013 年 14 号公告/GG1307	城　关	住宅；商服	138573	2.8		8121	甘肃名城房地产开发有限公司
18	2013 年 18 号公告/GG1317	七里河	商　服	12594	3.5		8060	中国联合网络通信有限公司甘肃省分公司
19	2013 年 11 号公告/G1318	城　关	住宅；商服	28040	3.0	5460	8010	兰州海亮房地产开发有限公司
20	2013 年 24 号公告/LXQ2013080C	兰州新区	住宅；商服	65842	2.5	6066	7486	兰州天智房地产投资开发有限公司

资料来源：中国房地产决策咨询系统（CRIC）。

表 2－164　　2013 年西宁市经营性用地成交总价前十九明细表

单位：平方米，万元

序号	公告号/宗地编号	区域	土地属性	占地面积	容积率	出让底价	成交价格	受让方
1	2013 年 8 号公告/2013C－11	城东区	住宅；商服	193800	3.0	45265	69600	兰州海亮房地产开发有限公司
2	2013 年 5 号公告/2014HC－4	海湖新区	住宅；商服	140049	5.0	50418	50418	大连万达商业地产股份有限公司
3	2013 年 8 号公告/2013C－15	城西区	商服	16815	9.0	31820	39440	青海省天桥房地产投资有限公司
4	2013 年 9 号公告/2013HC－8	城西区	商服	21744	5.0	10416	37500	青海省庄和房地产开发有限公司
5	2013 年 2 号公告/2013C－2	城北区	住宅；商服	57146	4.5	19870	19870	西宁金座房地产开发有限公司
6	2013 年 4 号公告/2013C－9	城东区	商服	71145	1.5	18635	18635	青海汇鑫食品有限公司
7	2013 年 5 号公告/2013HC－2	海湖新区	住宅；商服	72692	2.2	18537	18537	青藏铁路公司
8	2013 年 9 号公告/2013HC－10	城西区	商服	9942	5.0	4762	16000	西宁金座房地产开发有限公司
9	2013 年 9 号公告/2013HC－7	海湖新区	商服	11503	4.5	5089	10320	青海省江苏商会
10	2013 年 9 号公告/2013HC－6	海湖新区	商服	8189	5.0	3747	9800	卢马坤
11	2013 年 9 号公告/2013HC－5	城西区	商服	20635	4.5	9440	9440	青海省农村信用社联合社
12	2013 年 8 号公告/2013C－12	城北区	住宅；商服	12242	4.0	7900	7900	青海省畅想房地产开发有限公司
13	2013 年 8 号公告/2013C－14	城东区	住宅；商服	5112	4.5	7095	7095	青海成海房地产开发有限责任公司
14	2013 年 9 号公告/2013HC－9	城西区	商服	12520	5.0	5996	6036	西宁金座房地产开发有限公司
15	2013 年 10 号公告/2013NC－2	城南新区	住宅；商服	19614	2.7	3510	6010	青海浙商房地产开发有限公司
16	2013 年 10 号公告/2013NC－4	城南新区	住宅	39547	3.0	4510	4510	青海正昕建设投资有限公司
17	2013 年 4 号公告/2013C－6	城北区	住宅；商服	9872	4.0	3405	3605	西宁城辉建设投资有限公司
18	2013 年 4 号公告/2013C－10	城东区	商服	3622	1.0	2160	3600	中国石油天然气股份有限公司青海西宁销售分公司
19	2013 年 1 号公告/2013C－1	城西区	商服	2224	4.6	805	805	青海育才房地产开发有限公司

资料来源：中国房地产决策咨询系统（CRIC）。

表 2－165　　2013 年银川市经营性用地成交总价前二十明细表

单位：平方米，万元

序号	公告号/宗地编号	区域	土地属性	占地面积	容积率	出让底价	成交价格	受让方
1	宁国土资交告字〔2013〕020 号/银地（挂）字〔2013〕－16 号	西　夏	住宅；商服	193395	2. 5	20919	20919	银川润恒置业有限公司
2	宁国土资交告字〔2012〕270 号/银地（挂）字〔2012〕－118 号	金　凤	商　服	31863	3. 5	13144	13144	宁夏江苏商会
3	宁国土资交告字〔2012〕254 号/银地（挂）字〔2012〕－103 号	金　凤	住宅；商服	42928	3. 0	9659	9659	宁夏东方华港房地产开发有限公司
4	宁国土资交告字〔2013〕020 号/银地（挂）字〔2013〕－17 号	西　夏	商　服	218399	2. 0	9173	9173	银川中拓长和恒森物流有限公司
5	宁国土资交告字〔2012〕244 号/银地（挂）字〔2012〕－54 号	金　凤	办　公	10278	4. 3	6590	6590	中国建设银行股份有限公司宁夏回族自治区分行
6	宁国土资交告字〔2012〕244 号/银地（挂）字〔2012〕－53 号	金　凤	办　公	17706	3. 6	6479	6479	银川阅海湾中央商务区服务中心
7	宁国土资交告字〔2012〕254 号/银地（挂）字〔2012〕－97 号	金　凤	商　服	37378	2. 5	6168	6168	宁夏恒源万福冷冻食品有限公司
8	宁国土资交告字〔2013〕020 号/银地（挂）字〔2013〕－15 号	西　夏	商服；办公	55118	1. 5	5870	5870	银川润恒置业有限公司
9	宁国土资交告字〔2013〕020 号/银地（挂）字〔2013〕－13 号	西　夏	商　服	226771	1. 2	5715	5715	宁夏润恒农产品市场有限公司
10	宁国土资交告字〔2012〕254 号/银地（挂）字〔2012〕－52 号	金　凤	商服；公建配套和其他	18957	4. 5	5687	5687	宁夏仕祥文化发展有限公司
11	宁国土资交告字〔2013〕020 号/银地（挂）字〔2013〕－11 号	兴　庆	住宅；商服	189419	3. 0	5296	5296	永泰房地产（集团）有限公司
12	宁国土资交告字〔2013〕007 号/永地（挂）字〔2012〕－59 号	永宁县	商　服	168780	2. 0	4887	4887	宁夏昊昇三农市场开发有限公司
13	宁国土资交告字〔2013〕020 号/银地（挂）字〔2013〕－14 号	西　夏	商　服	170215	1. 5	4290	4290	银川润恒置业有限公司
14	宁国土资交告字〔2012〕263 号/银地（挂）字〔2012〕－102 号	金　凤	商　服	10100	2. 9	4143	4143	中国移动通信集团宁夏有限公司

续表

序号	公告号/宗地编号	区域	土地属性	占地面积	容积率	出让底价	成交价格	受让方
15	宁国土资交告字〔2013〕020号/银地（挂）字〔2013〕－12号	兴 庆	住宅；商服	146697	2.7	4102	4102	永泰房地产（集团）有限公司
16	宁国土资交告字〔2013〕020号/银地（挂）字〔2013〕－10号	兴 庆	住宅；商服	116789	4.5	3265	3265	永泰房地产（集团）有限公司
17	宁国土资交告字〔2012〕244号/银地（挂）字〔2012〕－55号	金 凤	办 公	4854	4.2	3046	3046	中国建设银行股份有限公司宁夏回族自治区分行
18	宁国土资交告字〔2013〕016号/永地（挂）字〔2013〕－3号	永宁县	住宅；商服	35840	2.5	2688	2688	永宁中拓长和地产有限公司
19	宁国土资交告字〔2013〕020号/银地（挂）字〔2013〕－09号	兴 庆	住宅；商服	82055	3.5	2294	2294	永泰房地产（集团）有限公司
20	宁国土资交告字〔2013〕027号/银地（挂）字〔2013〕－19号	金 凤	住 宅	8854	2.5	2291	2291	宁夏大禹房地产开发集团有限公司

资料来源：中国房地产决策咨询系统（CRIC）。

十五、四十城市①商品房预售许可证列表

表2－166　　2013年北京市供应面积前二十商品房预售许可证列表

单位：套，平方米

序号	预售证号	项目名称	区域	物业属性	时间	套数	面积
1	京房售证字（2013）限12号	京铁和园小区	宣 武	限价房	06/15	2035	193257
2	京房售证字（2013）119号	中建港悦嘉园	大 兴	普通住宅	07/19	1462	154698
3	京房售证字（2013）经6号	滨河嘉园	石景山	经济适用房	03/15	2367	151031
4	京房售证字（2013）234号	珠江四季中心	通 州	酒店式公寓	12/21	1652	141583
5	京房售证字（2013）62号	铁建发展大厦	朝 阳	酒店式公寓	04/29	1992	135757
6	京房售证字（2013）23号	林奥嘉园	朝 阳	普通住宅	03/02	1080	135098
7	京房售证字（2013）185号	珠江四季中心	通 州	酒店式公寓	10/23	1461	125837
8	京房售证字（2013）限1号	梅兰家园	顺 义	限价房	01/19	1604	123834
9	京房售证字（2013）188号	高米店南里	大 兴	普通住宅	10/25	488	113257
10	京房售证字（2013）经5号	滨河嘉园	石景山	经济适用房	03/15	1794	112552
11	京房售证字（2013）201号	富力尚悦居	通 州	普通住宅	11/10	864	103300

① 备注：石家庄、呼和浩特、银川、乌鲁木齐数据缺失。

续表

序号	预售证号	项目名称	区域	物业属性	时间	套数	面积
12	京房售证字（2013）经 16 号	丰泽家园	丰　台	经济适用房	09/01	1838	102296
13	京房售证字（2013）190 号	通州万达广场	通　州	办　公	10/27	1180	94824
14	京房售证字（2013）45 号	达美中心	朝　阳	办　公	04/09	394	94046
15	京房售证字（2013）76 号	东方玫瑰家园	通　州	普通住宅	05/25	923	86664
16	京房售证字（2013）169 号	颐景溪园	顺　义	普通住宅	09/19	703	84609
17	京房售证字（2013）93 号	四季格林嘉园	通　州	普通住宅	06/11	1120	84060
18	京房售证字（2013）92 号	祥云东方苑	顺　义	普通住宅	06/11	322	79009
19	京房售证字（2013）219 号	睿府嘉园	房　山	办　公	11/30	1577	77349
20	京房售证字（2013）161 号	东亚怡园	通　州	酒店式公寓	09/05	1757	73425

资料来源：中国房地产决策咨询系统（CRIC）。

表 2－167　　2013 年天津市供应面积前二十商品房预售许可证列表

单位：套，平方米

序号	预售证号	项目名称	区域	用途	时间	套数	面积
1	2013－0037	香兰嘉园	东丽	动迁安置房	02/05	2820	235363
2	2013－0129	荣雅园	北辰	限价房	03/08	1814	136393
3	2013－0320	新科园	津南	普通住宅	05/17	1042	112093
4	2013－0593	幸福城	塘沽	限价房	08/15	1284	111055
5	2012－1043	林城佳苑	津南	动迁安置房	04/01	1062	81325
6	2013－0521	津澜庭院	塘沽	普通住宅	07/25	802	68958
7	2013－0613	知祥园	塘沽	普通住宅	08/15	800	68941
8	2013－0014	沽上江南城	津南	普通住宅	01/21	708	67626
9	2013－0043	允公科技文化产业园 D 座	南开	办　公	02/05	604	67583
10	2012－1035	江南春色花园	北辰	普通住宅	01/05	514	65475
11	2013－0316	泰悦欣园	静海	普通住宅	05/09	622	65157
12	2013－0290	碧桂园映月庭院	津南	普通住宅	05/09	420	64536
13	2013－0065	金帆广场	武清	商　业	02/05	352	63951
14	2012－1008	海棠花园	武清	普通住宅	01/05	520	62734
15	2013－0136	君利花园	武清	普通住宅	03/08	635	60379
16	2013－0400	君利花园	武清	普通住宅	06/16	630	59907
17	2013－0080	海上花苑	红桥	普通住宅	02/05	384	59287
18	2013－0289	凤锦庭院	津南	普通住宅	05/09	540	57187
19	2013－0229	泰悦经典	静海	普通住宅	04/12	528	54128
20	2013－0745	北岸花园	宝坻	普通住宅	09/20	484	54108

资料来源：中国房地产决策咨询系统（CRIC）。

表 2－168　　2013 年太原市供应面积前二十商品房预售许可证列表

单位：套，平方米

序号	预售证号	项目名称	区域	用途	时间	套数	面积
1	(2013) 并商房预售字第 0003 号	阳光汾河湾	晋　源	普通住宅	01/14	1194	172553
2	(2013) 并商房预售字第 0005 号	富力城三期	杏花岭	普通住宅	01/22	1696	157036
3	(2013) 并商房预售字第 0099 号	华宇绿洲	小　店	商　业	10/23	32	143014
4	(2013) 并商房预售字第 0097 号	怡佳天一城	晋　源	普通住宅	10/22	567	131560
5	(2013) 并商房预售字第 0104 号	汇丰国际	小　店	普通住宅	11/07	1190	118860
6	(2013) 并商房预售字第 0086 号	星河湾二期	小　店	普通住宅	09/17	333	96601
7	(2013) 并商房预售字第 0066 号	华鼎泰富公馆	小　店	普通住宅	07/26	666	92727
8	(2013) 并商房预售字第 0058 号	十二院城二期	万柏林	普通住宅	07/16	696	90568
9	(2013) 并商房预售字第 0028 号	天赐康缘二期	小　店	普通住宅	04/25	614	89231
10	(2013) 并商房预售字第 0091 号	恒大山水城	迎　泽	普通住宅	09/30	640	89116
11	(2013) 并商房预售字第 0017 号	万科蓝山	万柏林	普通住宅	03/25	747	86821
12	(2013) 并商房预售字第 0059 号	万科紫台	迎　泽	普通住宅	07/16	662	85503
13	(2013) 并商房预售字第 0089 号	富力爱丁堡	杏花岭	普通住宅	09/24	582	85390
14	(2013) 并商房预售字第 0107 号	世纪明珠	小　店	普通住宅	11/15	450	75511
15	(2013) 并商房预售字第 0042 号	恒大绿洲四期	小　店	普通住宅	06/08	650	73002
16	(2013) 并商房预售字第 0095 号	万国城 MOMA 三期	万柏林	普通住宅	10/18	392	72281
17	(2013) 并商房销售字第 0005 号	兰亭国际	小　店	商　业	06/17	3	70288
18	(2013) 并商房预售字第 0044 号	坤泽十里城	小　店	办　公	06/17	442	70227
19	(2013) 并商房销售字第 0001 号	博雅书院	小　店	普通住宅	02/04	504	70159
20	(2013) 并商房预售字第 0083 号	海天世纪城	晋　源	普通住宅	09/11	372	69203

资料来源：中国房地产决策咨询系统（CRIC）。

表 2－169　　2013 年沈阳市供应面积前二十商品房预售许可证列表

单位：套，平方米

序号	预售证号	项目名称	区域	用途	时间	套数	面积
1	13650	泰奕桃源	东　陵	普通住宅	11/21	4318	328354
2	13149	沈阳五洲城	苏家屯	商　业	04/28	8264	282585
3	13534	富海澜湾半岛	和　平	普通住宅	09/27	2933	269519
4	13477	泰莱枫尚	东　陵	普通住宅	09/11	3188	252574
5	13493	润恒城	于　洪	商　业	09/18	3086	206441
6	13277	碧桂园银河城	于　洪	普通住宅	06/28	2040	200040
7	13478	泰莱枫尚	东　陵	普通住宅	09/11	2390	189961
8	13338	万恒府城铭邸一期	东　陵	普通住宅	07/18	1968	186842

续表

序号	预售证号	项目名称	区域	用途	时间	套数	面积
9	13189	益格风情湾二期	于　洪	普通住宅	05/22	2080	180907
10	13392	泰莱枫尚	东　陵	普通住宅	08/09	2094	164253
11	13413	东方明珠	大　东	普通住宅	08/16	2748	159522
12	13504	名流印象五期	浑南新区	普通住宅	09/23	1869	153089
13	13532	宏发石榴	铁　西	普通住宅	09/27	2354	151897
14	13068	依云首府二期	于　洪	普通住宅	03/27	1259	146779
15	13087	碧桂园银河城	于　洪	普通住宅	04/01	1516	137425
16	13374	格林喜鹊花园	苏家屯	普通住宅	08/06	2340	134647
17	13406	七星九龙湾	沈北新区	普通住宅	08/14	2228	132810
18	13588	中海国际社区	和　平	普通住宅	10/25	1176	131230
19	13500	碧桂园银河城	于　洪	普通住宅	09/18	1315	123671
20	13609	碧桂园凤凰城一期	苏家屯	普通住宅	11/01	804	121511

资料来源：中国房地产决策咨询系统（CRIC）。

表 2－170　　2013 年大连市供应面积前二十商品房预售许可证列表

单位：套，平方米

序号	预售证号	项目名称	区域	用途	时间	套数	面积
1	大高房预许字第 20110019 号	东方圣克拉二期	甘井子	普通住宅	01/20	1168	149887
2	大高房预许字第 20130019 号	东方圣克拉三期	甘井子	普通住宅	09/28	1567	133221
3	大房预许字第 20130003 号	观山・桃花源	沙河口	普通住宅	06/10	1572	125824
4	大房（开）预（销）许字第 2013068 号	亿锋广场三期	开发区	普通住宅	11/05	1508	110963
5	大房预许字第 20130032 号	星天悦	中山区	酒店式公寓	07/12	868	94937
6	大房（开）预（销）许字第 2013024 号	亿峰广场二期	开发区	普通住宅	06/10	1199	90307
7	大高预许字第 20130002 号	大华锦绣华城三期	甘井子	普通住宅	02/05	823	88376
8	大旅房预许字第 20130013 号	第一郡	旅顺口	普通住宅	11/23	767	81907
9	大金房预（销）许字第 2013022 号	华润海中国五期	开发区	普通住宅	03/14	750	79575
10	大房预许字第 20130022 号	亿合城	甘井子	普通住宅	05/18	1104	78748
11	大房预许字第 20130023 号	金地艺境	甘井子	普通住宅	07/13	626	76015
12	大房预许字第 20130070 号	远洋钻石湾	甘井子	普通住宅	10/01	559	75009
13	大房预许字第 20130068 号	大连国际汽车城	甘井子	商　业	09/27	1600	72170
14	—	明秀庄园二期	中　山	普通住宅	11/01	598	70231
15	大金房预（销）许字第 2013056 号	吉祥 e 家	开发区	普通住宅	10/19	818	69641
16	大开房预许字第 2013075 号	金湾山城	开发区	普通住宅	11/15	1096	69370
17	大高房预许字第 20130028 号	中铁诺德滨海花园	甘井子	普通住宅	10/31	605	69061

续表

序号	预售证号	项目名称	区域	用途	时间	套数	面积
18	大房预许字第 20130023 号	金地艺境	甘井子	普通住宅	05/18	561	68683
19	大房预许字第 20130024 号	万科朗润园	甘井子	普通住宅	05/18	742	66348
20	大旅房预许字第 20130003 号	天邦·蓝海悦府一期	旅顺口	普通住宅	03/20	860	66032

资料来源：中国房地产决策咨询系统（CRIC）。

表 2－171　　2013 年长春市供应面积前二十商品房预售许可证列表

单位：套，平方米

序号	预售证号	项目名称	区域	用途	时间	套数	面积
1	长房售证（2013）第 280 号	力旺康城	二　道	普通住宅	11/29	2328	226334
2	长房售证（2013）第 013 号	国信嘉邑	南　关	普通住宅	02/07	1350	155257
3	长房售证（2013）第 054 号	新星宇之洲	南　关	普通住宅	04/27	1302	151353
4	长房售证（2013）第 316 号	国信中央新城	南　关	普通住宅	12/26	1075	133356
5	长房售证（2013）第 034 号	东皇君园	汽　贸	普通住宅	04/08	1494	132875
6	长房售证（2013）第 244 号	绿地新里中央公馆 C 区	南　关	办　公	10/29	1585	128408
7	长房售证（2013）第 245 号	恒大都市广场	二　道	普通住宅	10/31	942	114198
8	长房售证（2013）第 212 号	明宇广场	净　月	办　公	09/26	678	104871
9	长房售证（2013）第 084 号	澳洲城	高新南区	普通住宅	05/31	877	102679
10	长房售证（2013）第 317 号	国信中央新城	南　关	普通住宅	12/26	806	99688
11	长房售证（2013）第 173 号	伟峰东樾	净　月	办　公	08/22	167	96634
12	长房售证（2013）第 113 号	东安加州枫景二期	净　月	普通住宅	07/04	859	95352
13	长房售证（2013）第 192 号	香港城	绿　园	普通住宅	09/06	1031	94683
14	长房售证（2013）第 170 号	中顺福苑	二　道	普通住宅	08/16	1176	94349
15	长房售证（2013）第 242 号	六合一方	经　开	普通住宅	10/28	782	92282
16	长房售证（2013）第 096 号	万龙丽水湾	高新南区	普通住宅	06/14	1212	89890
17	长房售证（2013）第 146 号	东安开运福里	朝　阳	普通住宅	07/30	1180	88302
18	长房售证（2013）第 244 号	绿地新里中央公馆 C 区	南　关	商　业	10/29	24	87643
19	长房售证（2013）第 117 号	万龙丽水湾	高新南区	普通住宅	07/08	1013	87628
20	长房售证（2013）第 268 号	中国铁建国际花园三期	汽　贸	普通住宅	11/12	1128	87420

资料来源：中国房地产决策咨询系统（CRIC）。

表 2 - 172　　2013 年哈尔滨市供应面积前二十商品房预售许可证列表

单位：套，平方米

序号	预售证号	项目名称	区域	用途	时间	套数	面积
1	012	华鸿·国际中心	南　岗	商　业	09/25	238	1899828
2	2013010	哈尔滨万达城	松　北	普通住宅	07/25	3207	378551
3	0925	纳帕英郡	南　岗	普通住宅	02/19	1806	228493
4	0580 - 1	荣耀天地	道　里	普通住宅	04/22	1668	218686
5	0791	哈尔滨哈西万达广场	南　岗	办　公	09/26	3612	218550
6	0939	哈尔滨星光耀广场	道　里	普通住宅	06/26	1152	161133
7	0910	龙泽金水尚都	南　岗	普通住宅	03/01	1336	142667
8	0955	海富花都	道　里	普通住宅	08/06	1684	139306
9	0941	格兰云天	香　坊	普通住宅	07/01	1843	137694
10	0926	盟科涵舍	南　岗	普通住宅	03/14	1311	136520
11	2013011	哈尔滨万达城	松　北	普通住宅	07/25	597	128934
12	0920	哈尔滨华南城	道　外	商　业	01/08	894	111992
13	0958	四季上东三期	香　坊	普通住宅	08/14	683	101740
14	0962	领域二期	南　岗	普通住宅	08/30	1146	101285
15	0954	纳帕英郡	南　岗	普通住宅	08/30	900	99726
16	0821	远大购物广场	道　里	商　业	09/26	154	99579
17	022	远大中央公园	道　外	普通住宅	06/07	956	97580
18	2013010	哈尔滨万达城	松　北	普通住宅	07/29	678	94567
19	0328 - 1	欧美亚世界阳光	松　北	普通住宅	08/06	799	88288
20	2013015	大正莅江二期	松　北	普通住宅	08/26	626	84349

资料来源：中国房地产决策咨询系统（CRIC）。

表 2 - 173　　2013 年上海市供应面积前二十商品房预售许可证列表

单位：套，平方米

序号	预售证号	项目名称	区域	用途	时间	套数	面积
1	杨浦房管（2013）预字 0000322 号	新江湾城科技广场	杨　浦	办　公	08/01	483	245406
2	沪房地徐字 2013 第 017121 号	盛华景苑	徐　汇	动迁安置房	08/15	2728	240655
3	浦东新区房管（2012）预字 0108 号	鹤沙航城金沁苑	南　汇	配套商品房	01/13	3013	225463
4	沪房地奉字 2012 第 012310 号	金水新苑	奉　贤	配套商品房	01/16	1955	222785
5	长宁房管（2013）预字 0000667 号	虹桥搜候商务广场	长　宁	办　公	12/29	692	194439
6	沪房地浦字 2013 第 228640 号	汤巷馨村	南　汇	动迁安置房	12/11	2008	170954
7	沪房地奉字 2013 第 018229 号	齐贤城白曲和苑	奉　贤	动迁安置房	11/16	1587	164229

续表

序号	预售证号	项目名称	区域	用途	时间	套数	面积
8	金山房管（2013）预字0000253号	恒信家园（北区）	金　山	配套商品房	07/12	1582	158201
9	沪房地嘉字2013第016087号	宏立瑞园	嘉　定	配套商品房	06/02	1728	149875
10	沪房地宝字2013第041705号	宝华北岸郡庭	宝　山	普通住宅	10/20	1812	147966
11	松江房管（2013）预字0053号	世茂天马假日城	松　江	商　业	03/11	999	147370
12	杨浦房管（2013）预字0000412号	中环和润苑	杨　浦	配套商品房	09/25	2225	143338
13	沪房地松字2013第005579号	江秋新苑	松　江	配套商品房	05/14	950	140685
14	沪房地宝字2013第008942号	大黄馨园	宝　山	配套商品房	05/16	1480	137452
15	沪房地宝字2012第044168号	顾村镇新选址一号基地B3－2地块	宝　山	配套商品房	02/03	1468	127797
16	闵行房管（2012）预字0524号	浦江瑞和城一期A块	闵　行	配套商品房	04/28	1603	121571
17	沪房地浦字2013第094885号	城林雅苑	浦　东	动迁安置房	12/14	1956	121215
18	松江房管（2013）预字0000273号	塘和家园桂花锦苑	松　江	配套商品房	11/30	1640	120979
19	沪房地松字2013第011377号	牡丹逸庭	松　江	配套商品房	05/14	1575	113855
20	青浦房管（2012）预字0091号	徐泾北城欣乐苑	青　浦	配套商品房	04/08	1648	108507

资料来源：中国房地产决策咨询系统（CRIC）。

表2－174　　2013年南京市供应面积前二十商品房预售许可证列表

单位：套，平方米

序号	预售证号	项目名称	区域	用途	时间	套数	面积
1	2013600036	高淳碧桂园	高淳	普通住宅	12/29	1420	160745
2	2013500042	天利广场	溧水	商　业	10/07	1092	136377
3	2013200122	海麒花园	江宁	普通住宅	11/30	1363	130820
4	2013100133W	苏宁慧谷中心	鼓楼	办　公	11/15	1093	87375
5	2013300016	天润城第十六街区	浦口	普通住宅	03/15	1008	87244
6	2013300047	北外滩水城第八街区	浦口	普通住宅	04/29	688	80018
7	2013100106	雨润国际广场	建邺	商　业	09/25	1	79737
8	2013300150	雅居乐滨江花园	浦口	普通住宅	11/02	324	77866
9	2013400028	碧景山庄	六合	普通住宅	09/28	734	74130
10	2013300151	新城总部大厦	浦口	办　公	11/07	247	73299
11	2013400037	龙湖半岛花园	六合	普通住宅	11/22	840	72708
12	2013200090	翠屏国际城紫气云谷苑	江宁	普通住宅	08/31	331	70754

续表

序号	预售证号	项目名称	区域	用途	时间	套数	面积
13	2013100102W	仁恒江湾城三期	建邺	普通住宅	09/06	340	65289
14	2013100105	海峡城第四街区	建邺	普通住宅	09/18	501	64800
15	2013200095	现代城世纪国际公寓	江宁	商　业	10/01	1	64702
16	2013100064W	仁恒江湾城三期	建邺	普通住宅	06/28	410	64014
17	2013300021	北外滩水城第十一街区	浦口	普通住宅	03/23	531	61737
18	2013400008	荣盛兰亭苑	六合	普通住宅	03/23	565	61328
19	2013200083	碧堤湾畔花园	江宁	普通住宅	08/14	231	60906
20	2013100088	君望花园	秦淮	普通住宅	08/28	361	59314

资料来源：中国房地产决策咨询系统（CRIC）。

表 2－175　　2013 年无锡市供应面积前二十商品房预售许可证列表

单位：套，平方米

序号	预售证号	项目名称	区域	用途	时间	套数	面积
1	（2013）惠预销准字第 1 号	明发商业广场	惠山	商　业	11/25	1383	201178
2	（2013）预销准字第 083 号	天域景园	北塘	普通住宅	09/22	1069	142490
3	（2013）预销准字第 058 号	国金中心	南长	办　公	06/26	778	141473
4	（2013）预销准字第 052 号	嘉业财富中心	滨湖	办　公	06/20	342	125039
5	（2013）预销准字第 013 号	栖　园	滨湖	普通住宅	02/25	562	114254
6	（2013）惠预销准字第 45 号	惠山电子商务大厦	惠山	办　公	11/25	394	111377
7	（2013）预销准字第 029 号	长江国际泓园	新区	普通住宅	04/26	1008	107202
8	（2013）惠预销准字第 15 号	万达商业广场	惠山	商　业	09/06	65	101100
9	（2013）惠预销准字第 22 号	明发国际新城	惠山	普通住宅	08/17	862	94789
10	（2013）预销准字第 057 号	汇融商务广场	新区	办　公	06/26	509	83813
11	（2013）预销准字第 031 号	金桂尚苑	南长	普通住宅	05/02	464	82035
12	（2013）预销准字第 039 号	崇安寺	崇安	酒店式公寓	05/16	253	80614
13	（2013）预销准字第 116 号	玉兰花园	滨湖	普通住宅	11/27	492	80436
14	（2013）预销准字第 021 号	汇融商务广场	新区	办　公	03/28	426	73015
15	（2013）惠预销准字第 27 号	嘉利华府庄园	惠山	普通住宅	10/09	548	69407
16	（2013）预销准字第 034 号	盛唐商业中心	北塘	商　业	05/02	1972	68824
17	（2013）预销准字第 115 号	天悦华府	新区	普通住宅	11/27	628	66323
18	（2013）预销准字第 001 号	五洲国际工业博览城	新区	商　业	01/08	1817	65078
19	（2013）预销准字第 122 号	宝能城	滨湖	办　公	11/28	207	62194
20	（2013）预销准字第 047 号	苏宁悦园	滨湖	普通住宅	05/28	464	60525

资料来源：中国房地产决策咨询系统（CRIC）。

表 2－176　　2013 年苏州市供应面积前二十商品房预售许可证列表

单位：套，平方米

序号	预售证号	项目名称	区域	用途	时间	套数	面积
1	苏房预 2013142 号	和美家园	金阊	动迁安置房	07/18	2760	221628
2	苏房预 2013219 号	中海凤凰熙岸	沧浪	普通住宅	10/18	1438	159220
3	苏房预吴 2013051 号	天韵苑	吴中	动迁安置房	03/29	1556	158510
4	苏房预 2013064 号	嘉裕花园	平江	普通住宅	04/17	1508	137867
5	苏房预吴 2013092 号	中海独墅 9 栋	吴中	普通住宅	05/23	1145	127855
6	苏房预吴 2013089 号	中富御湖湾	吴中	普通住宅	05/17	874	108295
7	苏房预相 2013248 号	尚景花苑	相城	普通住宅	11/22	896	101671
8	苏房预 2013131 号	虎阜花园	金阊	动迁安置房	07/10	1334	94346
9	苏房预园 2013207 号	中海 8 号公馆	园区	普通住宅	09/27	940	92611
10	苏房预新 2013130 号	新港天之运花园	新区	普通住宅	07/10	662	86599
11	苏房预吴 2013298 号	山湖一号	吴中	普通住宅	12/20	830	86255
12	苏房预吴 2013264 号	大运城商业	吴中	商　业	11/29	1768	83385
13	苏房预吴 2013194 号	花样年别样城	吴中	普通住宅	09/18	816	80460
14	苏房预 2013181 号	好百年婚纱摄影器材广场	平江	办　公	09/04	71	78980
15	苏房预园 2013125 号	中海 8 号公馆	园区	普通住宅	06/28	738	78002
16	苏房预园 2013120 号	中新生态科技大厦	园区	办　公	06/27	287	73497
17	苏房预吴 2013039 号	保利观湖国际二期	吴中	普通住宅	03/26	570	72188
18	苏房预 2013025 号	路南苑定销房（第 1 期）	金阊	普通住宅	03/05	678	69852
19	苏房预新 2013094 号	旭辉华庭	新区	普通住宅	05/25	718	67969
20	苏房预园 2013083 号	路劲主场森邻公馆	园区	普通住宅	05/10	540	62815

资料来源：中国房地产决策咨询系统（CRIC）。

表 2－177　　2013 年杭州市供应面积前二十商品房预售许可证列表

单位：套，平方米

序号	预售证号	项目名称	区域	用途	时间	套数	面积
1	2013059	新世界·丽晶国际	萧　山	酒店式公寓	07/12	1533	190144
2	20120155	万象城二期	江　干	酒店式公寓	01/03	1176	184034
3	20135004	瑷骊园	之江开发区	普通住宅	05/09	944	137469
4	201300211	西溪华东园	余　杭	普通住宅	10/13	819	110531
5	20134004	悦江商业中心	滨　江	办　公	02/23	737	91114
6	2013061	保亿中心	萧　山	办　公	08/08	200	85380
7	201300154	新时代城市家园	余　杭	普通住宅	08/19	889	83148
8	20130014	财富金融中心	江　干	办　公	03/07	335	80781
9	20130093	瑞金·华丽嘉苑	余　杭	普通住宅	05/27	747	80342
10	2013000122	中大银泰城	下　城	酒店式公寓	10/24	1279	80322
11	201300184	众安理想湾	余　杭	普通住宅	09/16	772	79800

续表

序号	预售证号	项目名称	区域	用途	时间	套数	面积
12	2013000096	中海·西溪华府	西　湖	普通住宅	09/04	711	75295
13	20130045	康城一品花苑	余　杭	普通住宅	04/14	364	74442
14	2013074	金昌春和钱塘	萧　山	普通住宅	09/27	713	74424
15	2013089	英冠水天城	萧　山	办　公	11/26	146	71677
16	20120155	万象城二期	江　干	办　公	01/03	48	71672
17	201300201	世茂西西湖	余　杭	普通住宅	09/29	702	71448
18	2013000122	中大银泰城	下　城	商　业	10/24	28	68140
19	20130054	金隅·田员外	拱　墅	普通住宅	05/12	675	66144
20	20134008	春江彼岸公寓	滨　江	普通住宅	05/10	560	65597

资料来源：中国房地产决策咨询系统（CRIC）。

表 2－178　2013 年宁波市供应面积前二十商品房预售许可证列表

单位：套，平方米

序号	预售证号	项目名称	区域	用途	时间	套数	面积
1	鄞房预许字（2013）第 018 号	海创家园 D 地块住宅、车位	鄞　州	普通住宅	09/28	1692	182183
2	甬房预许字（2013）第 14 号	青林湾二期	海　曙	普通住宅	10/21	1050	166995
3	镇房预许字（2013）第 008 号	合生国际城二期 G 区	镇　海	普通住宅	08/24	914	113946
4	江北北区房预许字 2013 第 001 号	维拉小镇二期	江　北	别　墅	04/12	317	113663
5	镇房预许字（2013）第 003 号	镇海区新城核心区 F2 地块	镇　海	普通住宅	05/21	844	106698
6	鄞房预许字（2013）第 010 号	环球城 D1－D4 地上部分	鄞　州	酒店式公寓	06/22	1280	104451
7	甬高新房预许字（2013）第 1 号	前程智慧城（南区）二期	科技园	普通住宅	09/29	685	103432
8	甬房预许字（2013）第 21 号	东部新城 A2－22 号地块	江　东	办　公	12/25	73	102425
9	仑房预许字（2013）第 07 号	金亿九峰壹号	北　仑	别　墅	09/06	330	99202
10	北房预许字 2012 第 007 号	山海丽景一期	北　仑	动迁安置房	01/15	1053	98525
11	甬房预许字（2013）第 20 号	东岸名邸	江　东	普通住宅	11/29	658	95585
12	仑房预许字（ 2013）第 14 号	江山九九花园	北　仑	普通住宅	11/01	739	94641
13	镇房预许字（2013）第 011 号	庄市绿核商住地块三期	镇　海	普通住宅	09/06	818	91454
14	镇房预许字（2013）第 009 号	锦绣江南	镇　海	普通住宅	09/05	724	89286
15	北房预许字（2013）第 101 号	绿岛新城	北　仑	动迁安置房	07/12	1023	88107
16	仑房预许字（ 2013）第 12 号	环球·东方港城花园二期	北　仑	普通住宅	10/22	765	81631
17	鄞房预许字（2013）第 027 号	观江园	鄞　州	普通住宅	12/13	600	76552
18	2013012	天境花园	江　北	普通住宅	09/30	594	75291
19	江北北区房预许字（2013）第 007 号	姚景花园一期	江　北	普通住宅	10/29	562	74299
20	甬房预许字（2013）第 3 号	铂翠湾	江　北	普通住宅	07/10	438	73722

资料来源：中国房地产决策咨询系统（CRIC）。

表 2－179　　2013 年温州市供应面积前二十商品房预售许可证列表

序号	预售证号	项目名称	区域	用途	时间	套数	面积
1	(现) 黄龙康城	黄龙康城	鹿　城	住　宅	12/13	1101	158299
2	永嘉 2013012	金色嘉园（三期）	永嘉县	住　宅	12/16	1129	137644
3	售许字（平敖）第 2013－007 号	万达商业广场	平阳县	商　业	07/20	639	135340
4	2013010	香江钰景园	鹿　城	住　宅	09/01	1080	128356
5	乐清 201321	一品花园	乐清市	住　宅	11/27	769	126803
6	售许字（平鳌）第 2013－014 号	万达商业广场（住宅三期）	平阳县	住　宅	10/27	780	118226
7	(现) 黄龙栖凤	黄龙栖凤	鹿　城	住　宅	09/04	1324	116372
8	乐清 201323	城市之星花园	乐清市	住　宅	12/04	570	99388
9	售许字（平鳌）第 2013－012 号	万达商业广场（住宅一期）	平阳县	住　宅	08/25	654	90120
10	泰售许字〔2013〕12 号	阳光家园·夏风苑	泰顺县	住　宅	12/17	724	83626
11	永嘉 2013010	城西家园（二期）	永嘉县	住　宅	11/24	612	81182
12	苍南 2013001	凯宇花园（一期）	苍南县	住　宅	01/20	850	79519
13	瓯房售许字（2013）第 008 号	留园一期	瓯　海	住　宅	08/04	660	79108
14	乐清 201301	香江丽苑	乐清市	住　宅	01/13	500	78824
15	(现) 方正大厦	方正大厦	鹿　城	住　宅	11/27	646	78744
16	瓯房售许字（2013）第 020 号	华润悦府花苑	瓯　海	住　宅	12/08	589	77639
17	瓯房售许字（2013）第 004 号	半塘佳苑一期	瓯　海	住　宅	06/01	628	75026
18	瓯房售许字（2013）第 010 号	云庭锦园	瓯　海	住　宅	09/08	642	70507
19	(现) 锦春大厦	锦春大厦	鹿　城	住　宅	11/27	489	68619
20	瓯房售许字（2013）第 012 号	中鸿锦园二期	瓯　海	住　宅	09/12	526	67663

资料来源：中国房地产决策咨询系统（CRIC）。

表 2－180　　2013 年合肥市供应面积前二十商品房预售许可证列表

单位：套，平方米

序号	预售证号	项目名称	区域	用途	时间	套数	面积
1	20130907	京商商贸城	新站	商　业	11/23	3399	176718
2	20130904	京商商贸城	新站	商　业	11/23	3438	175287
3	20130906	京商商贸城	新站	商　业	11/23	3290	170964
4	20130905	京商商贸城	新站	商　业	11/23	2940	149856
5	20130513	徽商总部广场	包河	办　公	07/18	870	117355
6	20130120	坝上街环球中心	瑶海	普通住宅	03/21	888	94694
7	20130810	置地广场	政务	办　公	10/31	391	90950
8	20130704	印象西湖花园	蜀山	办　公	09/27	921	87937

续表

序号	预售证号	项目名称	区域	用途	时间	套数	面积
9	20131064	洪瑞商业中心	包河	办　公	12/27	1062	81507
10	20131029	新际商务中心	政务	办　公	12/20	375	77732
11	20130217	华邦世贸中心	政务	办　公	04/23	456	72433
12	20130120	坝上街环球中心	瑶海	商　业	03/21	211	70370
13	20131064	洪瑞商业中心	包河	商　业	12/27	1161	69253
14	20130120	坝上街环球中心	瑶海	办　公	03/21	107	62179
15	20130916	合肥万达文旅新城	滨湖	办　公	11/28	1062	60371
16	20130490	置地广场	政务	普通住宅	07/11	418	59315
17	20130236	置地广场	政务	普通住宅	04/26	418	58603
18	20130714	凯旋门小区	政务	普通住宅	09/29	140	56433
19	20130067	置地广场	政务	商　业	01/25	397	53097
20	20130538	五彩商业广场	蜀山	办　公	07/30	324	48426

资料来源：中国房地产决策咨询系统（CRIC）。

表 2－181　　2013 年福州市供应面积前二十商品房预售许可证列表

单位：套，平方米

序号	预售证号	项目名称	区域	用途	时间	套数	面积
1	20133762	万科广场	台　江	动迁安置房	12/10	3372	258123
2	20133639	象峰新苑	晋　安	限价房	01/17	1209	124899
3	20130015	前锦新城二区	仓　山	动迁安置房	09/24	1136	108174
4	20133685	福机第一生活区及新村一里	台　江	限价房	03/28	1102	106070
5	20133704	建发领第	晋　安	普通住宅	04/19	592	83168
6	20130004	金城湾	仓　山	普通住宅	06/21	755	81733
7	20133715	名城中心	马　尾	普通住宅	05/21	640	80516
8	2013152	世茂御龙湾	闽侯县	普通住宅	12/26	751	79132
9	20133672	建发领第	晋　安	普通住宅	03/13	320	77761
10	2013123	正祥香榭芭蕾	闽侯县	普通住宅	12/04	700	66266
11	20130007	三迪联邦大厦	台　江	办　公	07/10	473	64484
12	20130023	金城湾	仓　山	普通住宅	10/14	472	61607
13	20130034	金城湾	仓　山	普通住宅	10/31	472	61598
14	20130028	阳光城丽兹公馆	仓　山	普通住宅	10/23	548	56059
15	20133644	后坂新城二区	仓　山	限价房	02/04	567	54216
16	20130038	三江城	仓　山	普通住宅	11/16	513	53106
17	2013055	世茂御龙湾	闽侯县	普通住宅	05/23	402	51995
18	2013069	世茂御龙湾	闽侯县	普通住宅	08/08	370	48207
19	20130025	融侨锦江悦府	鼓　楼	普通住宅	10/22	304	47085
20	2013106	创智 SOHO	闽侯县	办　公	11/15	918	47021

资料来源：中国房地产决策咨询系统（CRIC）。

表 2－182　　2013 年厦门市供应面积前二十商品房预售许可证列表

单位：套，平方米

序号	预售证号	项目名称	区域	用途	时间	套数	面积
1	20130023	软件园三期	集美	办　公	04/24	252	126050
2	20130007	龙湖嘉屿城	集美	普通住宅	05/17	951	100561
3	20130046	建发中央湾区	湖里	普通住宅	06/27	731	97372
4	20130063	阿罗海城市广场	海沧	商　业	08/21	229	88871
5	20110117	罗宾森广场	思明	普通住宅	03/07	860	86985
6	20130037	海投天湖城天源	海沧	普通住宅	06/06	587	84160
7	20130040	夏商新纪元	集美	普通住宅	06/08	894	82587
8	20120101	阳光城翡丽湾	翔安	普通住宅	04/19	906	81554
9	20130018	过云溪	海沧	普通住宅	04/15	868	79929
10	20130042	篔筜温莎公馆	湖里	普通住宅	06/21	658	75087
11	20130006	金帝中洲滨海城	同安	普通住宅	02/08	599	70018
12	20130028	特房山水杰座	湖里	普通住宅	05/07	379	69010
13	20120098	莲花新城	集美	普通住宅	03/07	564	67757
14	20130044	新城际广场	集美	普通住宅	06/27	720	65843
15	20130031	中海锦城国际	集美	普通住宅	05/22	656	63251
16	20110089	禹洲尊海	海沧	普通住宅	03/08	568	61933
17	20130026	聚　镇	集美	普通住宅	04/27	512	60226
18	20130073	中央公园城	集美	普通住宅	09/27	522	59723
19	20130038	杏林湾商务营运中心	集美	办　公	06/07	181	59393
20	20110115	金都海尚国际	同安	普通住宅	05/21	257	57809

资料来源：中国房地产决策咨询系统（CRIC）。

表 2－183　　2013 年南昌市供应面积前二十商品房预售许可证列表

单位：套，平方米

序号	预售证号	项目名称	区域	用途	时间	套数	面积
1	〔2013〕22632	云中城	高新区	办　公	09/27	436	85855
2	2013－0097	江铃新城	南昌县	普通住宅	08/30	1140	83447
3	2013－0017	恒大城	南昌县	普通住宅	02/21	788	78584
4	2013－0115	银亿上尚城	南昌县	普通住宅	09/30	832	78436
5	〔2013〕21619	世纪麦迪逊广场	青云谱区	办　公	01/18	856	76290
6	〔2013〕22080	绿地新都会	高新区	办　公	05/17	254	68097
7	2013－0092	伟梦·清水湾	南昌县	普通住宅	08/13	560	63156
8	〔2013〕22452	华尔登商业中心	红谷滩	办　公	08/23	240	61442
9	〔2013〕22156	南昌富隆城	红谷滩	办　公	06/09	425	56065
10	〔2013〕22805	春江御景大厦	西　湖	办　公	11/01	675	52407
11	2013－0060	君悦府	南昌县	普通住宅	06/05	557	51903

续表

序号	预售证号	项目名称	区域	用途	时间	套数	面积
12	2013－0077	盛汇·城市广场	南昌县	商 业	07/04	414	49990
13	2013－0112	恒大城	南昌县	普通住宅	09/26	508	49678
14	〔2013〕22747	世纪大厦	西 湖	办 公	10/25	190	46989
15	〔2013〕22654	唐宁街	红谷滩	办 公	09/30	34	46712
16	2013－0117	金涛·御景花园	南昌县	普通住宅	10/11	438	43737
17	2013－0022	力高国际城	南昌县	普通住宅	03/15	436	39581
18	〔2013〕21612	水榭花都	青云谱区	办 公	01/18	585	38756
19	〔2013〕22073	香域尚城	红谷滩	普通住宅	05/17	854	37164
20	〔2013〕22091	世茂天城	红谷滩	普通住宅	05/24	208	37016

资料来源：中国房地产决策咨询系统（CRIC）。

表 2－184　　2013 年济南市供应面积前二十商品房预售许可证列表

单位：套，平方米

序号	预售证号	项目名称	区域	用途	时间	套数	面积
1	济建预许 2013308 号	丁豪广场	高新区	商 业	07/06	417	65529
2	济建预许 2013622 号	荣宝大厦	槐 荫	办 公	12/14	66	63475
3	济建预许 2013162 号	丁豪广场	高新区	普通住宅	05/21	593	51210
4	济建预许 2013460 号	奥体金融中心 D 栋楼	历 下	办 公	12/06	24	45179
5	济建预许 2013394 号	西元大厦	槐 荫	办 公	09/10	309	43857
6	济建预许 2013227 号	鲁商凤凰城	历 城	普通住宅	06/05	391	42966
7	济建预许 2013594 号	天鸿—万象新天北地块	历 城	普通住宅	11/12	384	42871
8	济建开预许字第（2009）321 号	黄金时代广场	历 下	办 公	08/03	43	42188
9	济建预许 2013601 号	鲁商凤凰城	历 城	普通住宅	12/28	372	41521
10	济建预许 2013123 号	恒大城二期（地块四）	历 城	普通住宅	04/22	279	40819
11	济建预许 2013174 号	恒大帝景项目	历 下	普通住宅	05/17	186	40612
12	济建预许 2013578 号	恒大城二期（地块四）	历 城	普通住宅	11/01	273	39199
13	济建预许 2013663 号	龙腾国际花园居住地块	槐 荫	普通住宅	12/16	354	38630
14	济建现备 2013048 号	中润世纪中心	历 下	办 公	12/21	35	38625
15	济建预许 2012515 号	恒大雅苑	槐 荫	普通住宅	02/21	297	38413
16	济建预许 2013097 号	恒大帝景项目	历 下	普通住宅	05/17	174	38349
17	济建预许 2013464 号	银座好望角	天 桥	办 公	10/19	211	37798
18	济建预许 2013488 号	新世界阳光花园	槐 荫	普通住宅	11/05	460	35905
19	济建现备 2013009 号	燕山盛世（A 地块）	历 下	办 公	05/14	130	34939
20	济建预许 2013454 号	龙奥 9 号	历 下	办 公	10/31	213	33964

资料来源：中国房地产决策咨询系统（CRIC）。

表 2 -185　　2013 年青岛市供应面积前二十商品房预售许可证列表

单位：套，平方米

序号	预售证号	项目名称	区域	用途	时间	套数	面积
1	即房（2013）注字 051	即墨小商品新城	即墨	商　业	11/06	2306	209648
2	青房地权备字 2013 第 151 号	联城·海岸锦城	四方	动迁安置房	06/06	1860	155249
3	即房（2013）注字 020	永合鼎泰丰二期	即墨	普通住宅	06/08	1348	132124
4	南房注字（2013）第 055 号	山海苑	胶南	普通住宅	12/18	1236	131890
5	青房注字（2013）第 103 号	尚乐城	四方	普通住宅	11/13	1566	130022
6	平房注字（2013）385 号	裕龙润邦住宅小区一期	平度	普通住宅	07/04	862	121440
7	青限房注字（2012）第 004 号	白沙湾保障性住房项目	城阳	限价房	01/17	1440	119895
8	青房注字青开（2013）第 081 号	青岛东方影都 万达公馆 A 地块	胶南	酒店式公寓	12/04	1972	111374
9	即房（2012）注字 027	芭东和园公寓	即墨	酒店式公寓	08/02	909	107019
10	青房注字（胶州）第 2013065 号	城投·宋城美域 E 区小区	胶州	普通住宅	10/28	1000	101007
11	青房注字（2013）第 101 号	伟东·幸福之城四期 湖山美地	李沧	普通住宅	11/07	1100	97915
12	即房（2013）注字 070	墨河嘉苑	即墨	普通住宅	12/26	863	97863
13	青房注字（2013）100	卓越世纪中心	市北	办　公	11/29	1272	95585
14	青房注字（2013）第 035 号	中海国际社区一里城	李沧	普通住宅	06/28	837	95184
15	即房（2013）注字 006	逸景湾	即墨	普通住宅	02/21	959	92281
16	青房注字（2013）第 053 号	自由港·湾	市北	酒店式公寓	08/22	1407	91591
17	青房注字（2013）第 026 号	中海国际社区一里城	李沧	普通住宅	05/03	808	85382
18	青房注字青开（2013）第 024 号	瑞源名嘉汇	黄岛	普通住宅	06/15	495	84911
19	青房注字（2013）第 077 号	保利·叶公馆	市北	普通住宅	10/12	844	84883
20	青房注字青开（2012）第 047 号	兴悦华城	黄岛	普通住宅	01/15	936	84878

资料来源：中国房地产决策咨询系统（CRIC）。

表 2 -186　　2013 年郑州市供应面积前二十商品房预售许可证列表

序号	预售证号	项目名称	区域	物业属性	时间	套数	面积
1	J130358	恒大绿洲	经济技术开发区	普通住宅	09/20	1873	200230
2	GX2013027	万科城	高新技术开发区	普通住宅	11/29	1903	161560
3	3200/3199	非常旺角	中　原	普通住宅	09/19	1712	152245
4	3151	华润万象城	二　七	商　业	04/26	8	133412
5	3094	盛润锦绣城	中　原	普通住宅	02/04	1442	128356
6	3236	锦绣山河	二　七	普通住宅	11/29	1182	125315
7	3161	瀚宇新城	金　水	普通住宅	07/19	893	105201
8	3142	春江家园	二　七	普通住宅	05/24	1240	101303
9	3225	开祥御龙城	金　水	普通住宅	10/30	1045	98842

续表

序号	预售证号	项目名称	区域	物业属性	时间	套数	面积
10	3119	锦艺轻纺城	中　原	普通住宅	04/19	980	97562
11	3262	正商花语里	中　原	普通住宅	12/21	1080	96968
12	GX2013022	睿智禧园	高新技术开发区	普通住宅	09/20	972	96903
13	3241	泰宏建业国际城	二　七	普通住宅	11/29	928	94776
14	3164/3165/3166	升龙汇金广场一号院	惠　济	普通住宅	07/12	865	89105
15	3084	锦艺国际华都三期	中　原	普通住宅	01/23	939	88485
16	3152	中原新城	中　原	商　业	06/19	21	83197
17	D0499/D0500/D0501	海马公园二期	郑东新区	普通住宅	10/24	627	82942
18	3141	瀚宇新城	金　水	普通住宅	05/21	772	81435
19	3132	永恒理想世界	管城回族自治区	普通住宅	05/02	748	77976
20	3082	天骄华庭二期	金　水	普通住宅	01/04	837	77941

表 2－187　　2013 年武汉市供应面积前二十商品房预售许可证列表

单位：套，平方米

序号	预售证号	项目名称	区域	用途	时间	套数	面积
1	武房开预售〔2013〕463 号	碧桂园生态城二期	东湖高新	别　墅	11/30	560	109488
2	武房开预售〔2013〕366 号	碧桂园生态城二期	东湖高新	普通住宅	09/30	969	106677
3	武房开预售〔2013〕512 号	联投龙湾二期	江　夏	普通住宅	11/30	1066	96900
4	武房开预售〔2013〕448 号	联投龙湾二期	江　夏	普通住宅	10/31	1006	91556
5	武房开预售〔2013〕207 号	恒大名都二期	黄　陂	普通住宅	06/30	764	87500
6	武房开预售〔2013〕443 号	三元中央公园	江　岸	普通住宅	10/31	999	87136
7	武房开预售〔2013〕310 号	光谷桃花源	东湖高新	普通住宅	08/31	1170	84836
8	武房开预售〔2013〕553 号	世纪江尚	江　汉	普通住宅	12/31	605	77725
9	武房开预售〔2013〕507 号	福星惠誉·福星华府	江　汉	普通住宅	11/30	688	75886
10	武房开预售〔2013〕423 号	招商公园 1872	汉　阳	普通住宅	10/31	676	74950
11	武房开预售〔2013〕462 号	福星惠誉东澜岸	洪　山	普通住宅	11/30	728	73255
12	武房开预售〔2013〕221 号	保利公园九里	洪　山	普通住宅	06/30	681	73224
13	武房开预售〔2013〕139 号	东湖御院	东湖高新	普通住宅	05/31	1024	72098
14	武房开预售〔2013〕339 号	阳光 100 大湖第	江　夏	普通住宅	09/30	816	71616
15	武房开预售〔2013〕459 号	光谷梅花坞	东湖高新	普通住宅	11/30	730	71050
16	武房开预售〔2013〕198 号	美景天城	黄　陂	普通住宅	06/30	712	70844
17	武房开预售〔2013〕542 号	星汇君泊	江　岸	普通住宅	12/31	651	70596
18	武房开预售〔2013〕247 号	福星惠誉东澜岸	洪　山	普通住宅	07/31	754	70278
19	武房开预售〔2013〕483 号	万科汉口传奇	江　汉	普通住宅	11/30	810	69383
20	武房开预售〔2013〕587 号	金地格林东郡	东湖高新	普通住宅	12/31	678	68326

资料来源：中国房地产决策咨询系统（CRIC）。

表 2 – 188　　2013 年长沙市供应面积前二十商品房预售许可证列表

单位：套，平方米

序号	预售证号	项目名称	区域	用途	时间	套数	面积
1	2013 – 0345	运达中央广场	雨　花	办　公	06/19	239	140508
2	XD13 – 0130	骑龙大街	岳　麓	商　业	09/04	1411	96791
3	2012 – 0167	泊富国际广场	开　福	商　业	07/18	372	94618
4	2012 – 0296	潮宗御苑	开　福	普通住宅	01/17	504	90833
5	2012 – 0670	开福万达广场	开　福	办　公	04/18	635	85826
6	2013 – 0482	北辰三角洲	开　福	普通住宅	09/10	1593	85098
7	2012 – 0167	泊富国际广场	开　福	办　公	07/18	393	84923
8	2012 – 0140	湾田国际	望　城	商　业	04/09	1030	84747
9	XD13 – 0129	达美苑（达美 D6 区）	岳　麓	普通住宅	11/13	1008	78219
10	XD13 – 0129	达美苑（达美 D6 区）	岳　麓	普通住宅	09/30	1008	78213
11	2013 – 0345	运达中央广场	雨　花	商　业	06/19	598	74654
12	XD13 – 0268	恩孚财富岳麓	岳　麓	办　公	11/07	689	71110
13	2013 – 0146	中顺太和广场	天　心	办　公	03/28	448	68163
14	2013 – 0111	金富豪庭	浏　阳	普通住宅	08/29	542	67587
15	2013 – 0471	德思勤城市广场	雨　花	办　公	09/02	288	65569
16	2013 – 0279	恒广国际景园	长沙县	普通住宅	11/16	620	64654
17	2013 – 0257	碧桂园天玺湾	长沙县	普通住宅	11/01	341	62852
18	2013 – 0256	碧桂园天玺湾	长沙县	普通住宅	11/01	753	62353
19	2013 – 0112	粤港城	浏　阳	商　业	10/31	1028	59487
20	2013 – 0246	高域自然城	望　城	普通住宅	07/31	410	59212

资料来源：中国房地产决策咨询系统（CRIC）。

表 2 – 189　　2013 年广州市供应面积前二十商品房预售许可证列表

单位：套，平方米

序号	预售证号	项目名称	区域	用途	时间	套数	面积
1	20130090	雅宝新城 8 区	花都	普通住宅	02/06	1059	161605
2	20130918	亚运城	番禺	普通住宅	12/27	1176	156654
3	20130043	保利汇海花园	白云	普通住宅	01/18	1406	124026
4	20130707	锦绣天伦花园	增城	普通住宅	11/13	1171	112797
5	20130778	环球都会广场	天河	办　公	12/04	541	108794
6	20120631	翡翠绿洲（七期湖翠苑）	增城	普通住宅	02/01	811	102673
7	—	2013 年第二批经适房项目	天河	经济适用房	12/01	1571	93141
8	20130517	花都雅居乐花园	花都	普通住宅	09/26	760	92007
9	20111070	狮岭奕翠园	花都	普通住宅	03/22	861	91928
10	20130146	祈福万景峰花园	花都	普通住宅	03/26	1000	84854
11	20130099	时代山湖海花园	南沙	普通住宅	02/07	744	82808

续表

序号	预售证号	项目名称	区域	用途	时间	套数	面积
12	20130217	珑翠花园	番禺	普通住宅	04/27	474	81896
13	20130368	珠光御景山水城	从化	普通住宅	07/19	818	81636
14	20130895	珠控商务大厦办公	天河	办　公	12/25	277	81577
15	20130339	保利中景大厦	天河	办　公	07/04	807	77218
16	20130811	誉山国际誉山国际三区三期	增城	普通住宅	12/09	719	76750
17	20090465	祈福辉煌台	花都	普通住宅	12/04	645	75304
18	20130697	雅居乐名门半岛花园二期	从化	普通住宅	11/13	582	71782
19	20130716	锦绣御景国际花园	增城	普通住宅	11/18	687	71324
20	20130155	保利花香美苑	荔湾	普通住宅	04/08	444	66497

资料来源：中国房地产决策咨询系统（CRIC）。

表 2－190　　2013 年深圳市供应面积前二十商品房预售许可证列表

单位：套，平方米

序号	预售证号	项目名称	区域	用途	时间	套数	面积
1	深房许字（2013）福田 007 号	深业科之谷北区	福田	普通住宅	09/26	639	168582
2	深房许字（2013）龙岗 045 号	熙璟城	龙岗	普通住宅	12/18	1591	151478
3	深房许字（2013）龙华 013 号	招商锦绣观园	宝安	经济适用房	06/26	2334	149592
4	深房许字（2013）龙岗 001 号	信义坂田嘉御山	龙岗	普通住宅	01/10	1485	143653
5	深房许字（2013）宝安 006 号	润恒尚园	宝安	普通住宅	07/03	1235	143051
6	深房许字（2013）宝安 002 号	领航里程花园二、三期	宝安	普通住宅	04/03	1515	132131
7	深房许字（2013）龙华 012 号	特发和平里一期	宝安	普通住宅	05/30	1570	131925
8	深房许字（2013）龙岗 002 号	信义御城豪园	龙岗	普通住宅	01/11	1408	128187
9	深房许字（2013）龙华 017 号	卓越皇后道	宝安	普通住宅	10/17	1220	121972
10	深房许字（2013）宝安 012 号	中洲华府二期	宝安	普通住宅	09/26	803	121682
11	深房许字（2013）龙岗 046 号	佳兆业城市广场二期	龙岗	普通住宅	12/18	1175	119571
12	深房许字（2013）龙岗 043 号	恒大国香山	龙岗	普通住宅	12/04	1288	113375
13	深房许字（2013）龙岗 037 号	满京华喜悦里华庭	龙岗	普通住宅	10/25	1168	112344
14	深房许字（2013）龙华 003 号	新生辉茗语华庭	宝安	经济适用房	03/20	1736	110592
15	深房许字（2013）龙华 007 号	中航天逸	宝安	普通住宅	04/17	980	105021
16	深房许字（2013）南山 008 号	华侨城纯水岸十五期	南山	普通住宅	08/15	399	104014
17	深房许字（2013）龙岗 024 号	万科广场	龙岗	商　业	09/30	54	103784
18	深房许字（2013）龙岗 026 号	万科麓城	龙岗	普通住宅	10/15	1056	103753
19	深房许字（2013）龙岗 028 号	香林世纪华府	龙岗	经济适用房	10/16	1538	101380
20	深房许字（2013）福田 001 号	卓越梅林中心广场（北区）	福田	办　公	01/07	446	100336

资料来源：中国房地产决策咨询系统（CRIC）。

表 2-191　　2013 年南宁市供应面积前二十商品房预售许可证列表

单位：套，平方米

序号	预售证号	项目名称	区域	用途	时间	套数	面积
1	南房预字（2013）第 004 号	江南华府	江　南	普通住宅	01/17	2120	249490
2	南房预字（2013）第 141 号	荣和·大地三期	青　秀	普通住宅	09/27	1226	162387
3	南房预字（2013）第 106 号	红日·山湖	兴　宁	普通住宅	08/05	2041	161985
4	南房预字（2013）第 068 号	南宁青秀万达广场	青　秀	办　公	05/17	1554	155009
5	南房预字（2013）第 119 号	华凯·逸悦豪庭	青　秀	普通住宅	08/21	1004	118508
6	南房预字（2013）第 075 号	和居邕江郡	良　庆	普通住宅	05/29	1337	108555
7	南房预字（2013）第 114 号	龙光·水悦龙湾	西乡塘	普通住宅	08/13	660	100595
8	南房预字（2013）第 059 号	瀚林新城	西乡塘	普通住宅	05/03	992	93151
9	南房预字（2013）第 020 号	荣和·大地一期	青　秀	普通住宅	02/07	270	88525
10	南房预字（2013）第 123 号	南宁华润中心	青　秀	办　公	08/30	194	85315
11	南房预字（2013）第 056 号	瀚林新城	西乡塘	商　业	04/25	91	83805
12	南房预字（2013）第 101 号	南宁青秀万达广场	青　秀	办　公	07/29	856	83505
13	南房预字（2013）第 087 号	荣和·山水绿城四期	兴　宁	普通住宅	06/28	966	80369
14	南房预字（2013）第 197 号	时代家园	西乡塘	普通住宅	12/23	816	77141
15	南房预字（2013）第 138 号	荣和·山水绿城四期	兴　宁	普通住宅	09/27	942	74979
16	南高房预字（2013）第 01 号	保利·爱琴海	西乡塘	普通住宅	05/07	701	70891
17	南房预字（2013）第 102 号	万达公馆	青　秀	普通住宅	07/29	345	67105
18	南高房预字（2013）第 10 号	保利·爱琴海	西乡塘	普通住宅	07/25	762	65314
19	南房预字（2013）第 072 号	大和平华西商业城	西乡塘	普通住宅	05/24	994	63254
20	南房预字（2013）第 088 号	德利·东盟国际文化广场	青　秀	普通住宅	06/28	385	60769

资料来源：中国房地产决策咨询系统（CRIC）。

表 2-192　　2013 年北海市供应面积前二十商品房预售许可证列表

单位：套，平方米

序号	预售证号	项目名称	区域	用途	时间	套数	面积
1	北建房预字第 2013038 号	泰和苑	海城	普通住宅	06/20	1302	125208
2	北建房预字第 2013087 号	和谐苑	海城	普通住宅	12/27	1225	116605
3	北建房预字第 2013022 号	嘉顺金城华府	海城	普通住宅	04/28	890	79519
4	北建房预字第 2013056 号	华一红树林	银海	普通住宅	09/05	897	72400
5	北建房预字第 2013027 号	嘉盛名都	银海	普通住宅	05/13	716	61296
6	北建房预字第 2013016 号	阳光海岸	海城	普通住宅	03/29	706	60917
7	北建房预字第 2013067 号	恒大名都	银海	普通住宅	10/16	788	59694
8	北建房预字第 2013072 号	世纪城	海城	普通住宅	11/06	588	52624
9	北建房预字第 2013086 号	和谐苑	海城	普通住宅	12/27	456	46936
10	北建房预字第 2013047 号	观海一品	海城	普通住宅	07/25	542	46583

续表

序号	预售证号	项目名称	区域	用途	时间	套数	面积
11	北建房预字第 2013088 号	柏悦尊府	海城	普通住宅	12/27	463	43281
12	北建房预字第 2013053 号	东峰世纪公寓	海城	普通住宅	08/16	480	40675
13	北建房预字第 2013089 号	澜泊湾小区	海城	普通住宅	12/31	460	38831
14	北建房预字第 2013065 号	上海花园	海城	普通住宅	09/30	486	36917
15	北建房预字第 2013034 号	中安止泊园	海城	普通住宅	06/03	252	35971
16	北建房预字第 2013080 号	东峰世纪公寓	海城	普通住宅	12/24	358	35175
17	北建房预字第 2013025 号	世鑫大厦	海城	普通住宅	05/10	371	34351
18	北建房预字第 2013062 号	东峰世纪公寓	海城	普通住宅	09/13	336	32707
19	北建房预字第 2013076 号	昊海梧桐	银海	普通住宅	11/28	436	32550
20	北建房预字第 2013010 号	逢时海景广场	银海	普通住宅	03/07	376	32266

资料来源：中国房地产决策咨询系统（CRIC）。

表 2－193　　2013 年海口市供应面积前二十商品房预售许可证列表

单位：套，平方米

序号	预售证号	项目名称	区域	用途	时间	套数	面积
1	20130038	海口海航城	琼山	普通住宅	05/28	2852	362745
2	BZ20130006	永秀花园（二期）北一区	秀英	经济适用房	09/26	4816	256655
3	20130045	永和花园 B 区	秀英	经济适用房	06/18	2346	218753
4	20130121	海阔天空国瑞城二期工程（S5 地块）	美兰	商　业	12/28	107	141346
5	20130109	永秀花园（二期）限价房七地块	秀英	限价房	12/18	1335	121337
6	20130009	海口观澜湖旅游风情小镇 SOHO 中心	秀英	普通住宅	01/28	816	119428
7	20130077	椰海新城	琼山	普通住宅	08/26	1104	117605
8	20130068	棕榈广场	龙华	办　公	08/07	76	106167
9	20130048	海阔天空国瑞城（铂仕苑）	美兰	普通住宅	06/19	452	94081
10	20130104	海岸・赛拉维	秀英	普通住宅	12/04	670	73349
11	20130123	恒大海口湾二期	龙华	普通住宅	12/28	928	70719
12	BZ20130004	桂林洋华侨城教师村一期	美兰	经济适用房	07/29	606	70544
13	20130100	天伦・誉海湾（一期）B 区	秀英	普通住宅	11/14	592	68775
14	20130088	南国威尼斯城Ⅲ期米兰园（二期）	琼山	普通住宅	09/27	840	59598
15	BZ20130010	职工住宅楼	龙华	经济适用房	12/11	428	59513
16	20130102	海长流二期	秀英	普通住宅	11/28	544	58615
17	20130046	倚能・美林湾北区	美兰	普通住宅	06/18	702	57108
18	20130086	昌茂・朝庭	龙华	普通住宅	09/17	478	56139
19	20130070	海长流二期	秀英	普通住宅	08/08	552	53941
20	20130048	海阔天空国瑞城（铂仕苑）	美兰	办　公	06/19	28	51732

资料来源：中国房地产决策咨询系统（CRIC）。

表 2-194　　2013 年三亚市供应面积前二十商品房预售许可证列表

单位：套，平方米

序号	预售证号	项目名称	区域	用途	时间	套数	面积
1	三房预许字〔2012〕35 号	三亚棕榈滩一期	田独镇	普通住宅	01/15	2136	199806
2	三房预许字〔2013〕9 号	钓鱼台·美高梅公寓	河　东	普通住宅	02/20	641	130462
3	三房预许字〔2013〕24 号	鲁能三亚湾美丽五区	凤凰镇	普通住宅	10/09	936	76962
4	三房预许字〔2013〕19 号	凤凰水城 E-06 地块	河　西	普通住宅	10/13	628	71602
5	三房预许字〔2013〕34 号	君和君泰一期	田独镇	普通住宅	12/19	731	70564
6	三房预许字〔2013〕26 号	凤凰水城 E-06 地块	河　西	普通住宅	11/13	712	50445
7	三房预许字〔2013〕12 号	三亚六和·悦城	海棠湾镇	普通住宅	06/19	506	47572
8	三房预许字〔2013〕2 号	湖心岛二期	田独镇	普通住宅	03/19	640	40320
9	三房预许字〔2013〕7 号	红树山谷二期 E05 地块	田独镇	别　墅	02/07	152	31630
10	三房预许字〔2013〕10 号	国际康体养生中心二期	田独镇	普通住宅	03/17	400	30000
11	三房预许字〔2013〕18 号	新佳高尔夫海景酒店公寓	河　东	别　墅	08/15	7	29354
12	三房预许字〔2013〕15 号	山水国际峰清阁	河　东	普通住宅	06/28	340	29158
13	三房预许字〔2013〕35 号	新海岸休闲度假酒店	河　东	酒店式公寓	12/19	350	27474
14	三房预许字〔2013〕17 号	香醍 25 度	河　东	普通住宅	07/13	442	26078
15	三房预许字〔2013〕1 号	下洋田住宅小区	河　东	普通住宅	01/29	360	25094
16	三房预许字〔2013〕7 号	红树山谷二期	田独镇	普通住宅	02/07	124	22868
17	三房预许字〔2013〕3 号	三亚南田温泉国际热带风情旅游城 G1G2 地块酒店式养老公寓一期（陶然湾）	海棠湾镇	普通住宅	02/06	268	21677
18	三房预许字〔2012〕023 号	永茂荔枝花园	河　东	普通住宅	02/28	298	21267
19	三房预许字〔2013〕29 号	保利凤凰公馆	河　东	酒店式公寓	12/12	250	20510
20	三房预许字〔2013〕33 号	三亚南田温泉国际热带风情旅游城 G1G2 地块酒店式养老公寓一期（陶然湾）	海棠湾镇	普通住宅	12/19	216	18494

资料来源：中国房地产决策咨询系统（CRIC）。

表 2-195　　2013 年重庆市供应面积前二十商品房预售许可证列表

单位：套，平方米

序号	预售证号	项目名称	区域	用途	时间	套数	面积
1	渝国土房管（2013）预字第（666）号	熙地锦绣城	沙坪坝	普通住宅	08/30	2574	264978
2	渝国土房管（2013）预字第（900）号	旭辉紫都	北　碚	办　公	05/16	3168	162506
3	101 房地证 2013 字第 14125 号	龙湖时代天街	渝　中	商　业	03/03	6	160168
4	渝国土房管（2013）预字第（611）号	力帆中心	江　北	办　公	08/13	504	142961
5	渝国土房管（2013）预字第（377）号	国际社区	南　岸	普通住宅	05/17	1135	129622
6	渝国土房管（2013）预字第（775）号	重庆电子工程职业学院教职工经济适用住房	沙坪坝	经济适用房	06/04	991	124568

续表

序号	预售证号	项目名称	区域	用途	时间	套数	面积
7	渝国土房管（2013）预字第（182）号	金融街融景城	江　北	普通住宅	03/21	914	122825
8	渝国土房管（2013）预字第（444）号	国际社区	南　岸	普通住宅	06/07	895	120507
9	渝国土房管（2013）预字第（846）号	南滨 6 号	南　岸	普通住宅	10/15	1278	116258
10	渝国土房管（2013）预字第（834）号	龙湖 U 城	沙坪坝	普通住宅	10/11	1130	112808
11	渝国土房管（2013）预字第（191）号	环球金融中心	渝　中	办　公	03/22	590	110380
12	渝国土房管（2013）预字第（922）号	约克郡	渝　北	普通住宅	06/04	1048	106668
13	渝国土房管（2013）预字第（878）号	恒大雅苑	九龙坡	普通住宅	02/04	720	102539
14	渝国土房管（2013）预字第（175）号	丁香水榭	渝　北	经济适用房	03/21	942	96233
15	渝国土房管（2013）预字第（243）号	华润中央公园	江　北	普通住宅	04/03	706	96104
16	渝国土房管（2013）预字第（915）号	北城国际中心	渝　北	商　业	09/15	4	92755
17	渝国土房管（2013）预字第（962）号	融创奥林匹克花园	渝　北	普通住宅	09/14	872	90142
18	渝国土房管（2013）预字第（078）号	典雅天城	巴　南	商　业	02/06	1517	88079
19	渝国土房管（2013）预字第（915）号	北城国际中心	渝　北	办　公	09/15	290	85766
20	渝国土房管（2013）预字第（156）号	万科悦湾	江　北	普通住宅	03/15	667	82688

资料来源：中国房地产决策咨询系统（CRIC）。

表 2－196　2013 年成都市供应面积前二十商品房预售许可证列表

单位：套，平方米

序号	预售证号	项目名称	区域	用途	时间	套数	面积
1	10012	高盛金融中心	城　南	办　公	11/14	4544	167394
2	9518	天悦府	城　南	普通住宅	01/11	1241	143291
3	13109	东立国际花城	双　流	普通住宅	07/25	1417	118969
4	674	御嶺春天	龙　泉	普通住宅	06/06	1092	100965
5	9672	卓锦城	城　东	普通住宅	05/10	978	96909
6	13095	中信城	双　流	普通住宅	07/04	1120	96418
7	669	凯德卓锦万黛	龙　泉	普通住宅	05/13	1099	95424
8	9513	新南中心	城　南	商　业	06/21	766	92234
9	447	万贯机电商城	城　北	商　业	03/20	446	90565
10	13051	佳兆业 8 号	双　流	普通住宅	04/25	938	87366
11	1031	天邑宏御花园	郫　县	普通住宅	01/17	700	84903
12	9524	龙湖金楠天街	城　西	普通住宅	01/11	936	84336
13	9871	航天城上城	城　南	普通住宅	09/03	831	81094
14	385	置信逸景苑	彭　州	普通住宅	01/23	1008	80480
15	1083	国色天乡	温　江	普通住宅	04/25	844	79153
16	599	中国水电云立方	龙　泉	普通住宅	07/12	760	77278
17	9541	星宸国际	城　南	办　公	01/30	358	72951
18	9775	龙城高新天地	城　西	办　公	07/09	1896	72209
19	9526	西派国际	城　南	普通住宅	01/16	452	71555
20	9820	中建新华府	城　东	普通住宅	08/12	905	71268

资料来源：中国房地产决策咨询系统（CRIC）。

表 2 - 197　　2013 年贵阳市供应面积前二十商品房预售许可证列表

单位：套，平方米

序号	预售证号	项目名称	区域	用途	时间	套数	面积
1	2013018	花果园项目 W2 区	南　明	普通住宅	03/26	6778	749814
2	2013019	花果园项目 V 区	南　明	普通住宅	03/27	8267	685560
3	2013017	花果园项目 W1 区	南　明	普通住宅	03/25	5553	455633
4	2013012	花果园项目 K 区	南　明	普通住宅	02/05	4617	368385
5	2013019	花果园项目 V 区	南　明	普通住宅	03/12	4292	365784
6	2012118	花果园项目 M 区	南　明	商　业	07/18	54	322511
7	2012118	花果园项目 M 区	南　明	办　公	04/03	3299	284403
8	2012124	五里冲项目 J 区	南　明	普通住宅	07/11	3240	271224
9	2013124	花溪碧桂园一期	花　溪	普通住宅	12/20	2540	250712
10	2013021	贵州红华商贸物流园	金阳新区	商　业	08/25	1710	250587
11	2013100	德福中心	金阳新区	办　公	10/11	1636	244546
12	2013023	未来方舟 E1 组团	云　岩	普通住宅	03/13	2027	233337
13	2012123	未来方舟	云　岩	普通住宅	01/14	1891	231702
14	2013125	花溪碧桂园一期	花　溪	别　墅	12/20	772	206755
15	2012130	中天・会展城 B 区	金阳新区	办　公	10/14	464	199283
16	2013066	中铁・逸都国际 B 组团三期	金阳新区	普通住宅	07/11	1722	184610
17	2012124	五里冲项目 J 区	南　明	办　公	07/11	3328	178833
18	2013019	花果园项目 V 区	南　明	办　公	03/12	874	156650
19	2013082	未来方舟 H6 组团	云　岩	普通住宅	09/24	1333	148381
20	2013141	大川白金城 A3 - 1 组团	白　云	普通住宅	11/28	1584	148074

资料来源：中国房地产决策咨询系统（CRIC）。

表 2 - 198　　2013 年昆明市供应面积前二十商品房预售许可证列表

单位：套，平方米

序号	预售证号	项目名称	区域	用途	时间	套数	面积
1	预许昆字 2013217 号	金山小区二期	官渡	普通住宅	12/31	3303	316190
2	预许昆字 2013133 号	金盾俊园 A4 地块	呈贡	普通住宅	09/29	1953	305235
3	预许昆字 2013134 号	金盾俊园 A5 地块	呈贡	普通住宅	09/29	1730	274262
4	预许昆字 2013118 号	天宇桃园 2 号地块	盘龙	普通住宅	08/28	1672	271063
5	预许昆字 2013143 号	金盾俊园 A3 地块	呈贡	普通住宅	10/18	1467	242039
6	预许昆字 2013203 号	金盾俊园 36#地块 I	呈贡	普通住宅	12/20	988	219637
7	预许昆字 2013144 号	金盾俊园 A2 地块	呈贡	普通住宅	10/18	1318	203836
8	预许昆字 2013107 号	广福城（A3 地块） I	西山	普通住宅	08/20	1577	191775
9	预许昆字 2013049 号	滇池宜城（O 地块）	西山	普通住宅	05/02	1460	186591
10	预许昆字 2013005 号	滇池华府俊园 I	官渡	别　墅	01/11	348	183703
11	预许昆字 2013117 号	天宇桃园 1 号地块	盘龙	普通住宅	08/28	1537	168484

续表

序号	预售证号	项目名称	区域	用途	时间	套数	面积
12	预许昆字 2013041 号	别样幸福城（3 号地块）	官渡	普通住宅	04/27	1366	164770
13	预许昆字 2013114 号	西山万达广场Ⅴ	西山	办　公	08/23	725	144996
14	预许昆字 2013179 号	金盾俊园 A1 地块Ⅰ	呈贡	商　业	11/29	44	143872
15	预许昆字 2013094 号	橙香苑Ⅲ	呈贡	普通住宅	07/11	1155	141815
16	预许昆字 2013004 号	碧鸡名城Ⅱ	西山	普通住宅	01/11	1256	141610
17	预许昆字 2013054 号	昆明玉器城（地块 2）一期	盘龙	商　业	03/13	1502	141511
18	预许昆字 2013033 号	誉峰峰景花园（D 区）	盘龙	普通住宅	04/10	1417	139175
19	预许昆字 2013112 号	西山万达广场Ⅳ	西山	办　公	08/23	684	138297
20	预许昆字 2013168 号	盛唐城 F1 地块Ⅳ	盘龙	普通住宅	11/15	1363	133583

资料来源：中国房地产决策咨询系统（CRIC）。

表 2－199　　2013 年西安市供应面积前二十商品房预售许可证列表

单位：套，平方米

序号	预售证号	项目名称	区域	用途	时间	套数	面积
1	2012013	综合交易展示中心一号馆	城　东	商　业	12/15	7413	304746
2	2013053	五金机电 B 区	城　东	商　业	03/22	1145	160632
3	2013208	大明宫中央广场	城　北	商　业	08/23	1	155905
4	2013032	浐河滨河花园三期	城　东	普通住宅	02/07	1285	154885
5	2013063	中贸广场	城　南	普通住宅	04/02	1386	126673
6	2013011	兰蒂斯城	城　东	普通住宅	01/18	1345	124213
7	2013101	薛家寨城中村改造项目	城　北	普通住宅	05/10	1192	121095
8	2013134	五金机电 B 区	城　东	商　业	06/05	31	118348
9	2013127	增源·航都绿洲	城　南	普通住宅	06/05	761	116777
10	2013018	旺　都	高新区	办　公	01/26	103	113171
11	2013193	三合国际城	城　北	办　公	07/30	386	108092
12	2013253	未央区红光村城中村改造项目一期	城　北	普通住宅	09/27	1107	102873
13	2013126	宏府鹍翔九天	城　西	普通住宅	06/04	1082	101239
14	2013060	华远·海蓝城二期	城　东	普通住宅	03/22	1048	100436
15	2013240	华东·万和城	城　东	商　业	09/18	324	96516
16	2013013	薛家寨城中村改造项目	城　北	普通住宅	01/18	933	96509
17	2013159	大明宫·沣东国际Ⅰ期	西咸新区	商　业	06/27	1209	95981
18	2013113	新旅城（东区）	城　南	普通住宅	05/25	1316	92655
19	2013155	金地湖城大境 8 号地	城　南	普通住宅	06/22	428	91881
20	2013263	台北湾三期	城　北	普通住宅	10/01	899	90993

资料来源：中国房地产决策咨询系统（CRIC）。

表 2 –200　　2013 年兰州市供应面积前二十商品房预售许可证列表

单位：套，平方米

序号	预售证号	项目名称	区域	用途	时间	套数	面积
1	兰房商预字（2013）第 001 号	银滩雅苑	安　宁	普通住宅	01/24	1265	144116
2	兰房商预字（2013）第 046 号	和泰・馨和园	城　关	普通住宅	09/26	1056	124681
3	兰房商预字（2012）第 038 号	兰州城关万达广场	城　关	普通住宅	05/01	488	123679
4	兰房商预字（2013）第 008 号	景园・盛世华都	安　宁	普通住宅	06/05	834	104269
5	兰房商预字（2013）第 022 –1 号	家和・蓝岸丽舍	七里河	普通住宅	10/14	664	97946
6	兰房商预字（2013）第 029 –1 号	中海凯旋门二期	安　宁	普通住宅	07/29	970	96406
7	兰房商预字（2013）第 027 号	恒大都市广场一期	西　固	普通住宅	06/24	862	93843
8	兰房商预字（2013）第 036 号	中国铁建・梧桐苑	安　宁	普通住宅	10/13	817	91460
9	兰房商预字（2013）第 016 –1 号	兴隆・滨河苑	城　关	普通住宅	05/27	776	87288
10	兰房商预字（2013）第 035 号	海亮滨河一号	安　宁	普通住宅	08/31	804	83190
11	兰房商预字（2013）第 005 –1 号	天昱・凤凰城	城　关	普通住宅	04/03	990	82150
12	兰房商预字（2013）第 061 号	亚太・城市月光	城　关	普通住宅	11/12	759	78045
13	兰房商预字（2012）第 050 号	明珠家园	七里河	普通住宅	04/24	726	74084
14	兰房商预字（2013）第 065 号	恒大绿洲	城　关	普通住宅	11/05	730	70357
15	兰房商预字（2013）第 054 –2 号	碧桂园	城　关	普通住宅	12/12	644	64543
16	兰房商预字（2013）第 054 –1 号	碧桂园	城　关	普通住宅	12/12	628	62879
17	兰房商预字（2013）第 056 –2 号	碧桂园	城　关	普通住宅	12/11	448	59272
18	兰房商预字（2013）第 014 号	中广宜景湾・尚城	城　关	普通住宅	06/17	496	59070
19	兰房商预字（2013）第 050 –1 号	格兰绿都二期	七里河	普通住宅	10/29	585	58375
20	兰房商预字（2013）第 055 –1 号	碧桂园	城　关	普通住宅	12/11	396	53435

资料来源：中国房地产决策咨询系统（CRIC）。

表 2 –201　　2013 年西宁市供应面积前二十商品房预售许可证列表

单位：套，平方米

序号	预售证号	项目名称	区域	用途	时间	套数	面积
1	2013 房预售证第 164 号	水井巷中央商务区	城　中	商　业	10/16	1230	159765
2	2013 房预售证第 080 号	九号公馆	海湖新区	普通住宅	07/10	470	63720
3	2013 房预售证第 208 号	威尼谷小区	城　北	普通住宅	11/12	480	60998
4	2013 房预售证第 227 号	九洲・海湖星城办公	海湖新区	办　公	11/12	2	59392
5	2013 房预售证第 209 号	威尼谷小区	城　北	普通住宅	11/12	358	45495
6	2013 房预售证第 196 号	呈璟花园	城　北	普通住宅	11/12	408	44340
7	2013 房预售证第 195 号	呈璟花园	城　北	普通住宅	11/12	384	41518
8	2013 房预售证第 249 号	金岸银座办公	城　北	商　业	12/20	1	41437

续表

序号	预售证号	项目名称	区域	用途	时间	套数	面积
9	2013 房预售证第 197 号	呈璟花园	城　北	普通住宅	11/12	384	40466
10	2013 房预售证第 145 号	沪宁锦苑	城　东	普通住宅	09/25	335	39576
11	2013 房预售证第 248 号	金岸银座酒店	城　北	商　业	12/20	520	36016
12	2013 房预售证第 146 号	九州・海湖星城商业	海湖新区	商　业	09/30	69	34088
13	2013 房预售证第 081 号	九号公馆	海湖新区	普通住宅	07/10	243	32963
14	2013 房预售证第 096 号	港欧・东方花园	城　东	普通住宅	07/30	330	31879
15	2013 房预售证第 210 号	威尼谷小区	城　北	普通住宅	11/12	384	31617
16	2013 房预售证第 207 号	威尼谷小区	城　北	普通住宅	11/12	384	31617
17	2013 房预售证第 203 号	呈璟花园	城　北	普通住宅	11/12	252	30636
18	2013 房预售证第 201 号	呈璟花园	城　北	普通住宅	11/12	252	30568
19	2013 房预售证第 206 号	呈璟花园	城　北	普通住宅	11/12	240	29263
20	2013 房预售证第 149 号	壹号公寓	海湖新区	普通住宅	10/11	205	28587

资料来源：中国房地产决策咨询系统（CRIC）。

十六、地方财政收入和土地出让金情况

表 2－202　　2004—2013 年我国地方财政收入和土地出让金情况

单位：亿元，%

	地方财政收入	增幅	土地出让金	增幅	出让金收入占地方财政收入比重
2004 年	11893	20.7	6412	18.3	53.9
2005 年	15101	27.0	5884	－8.2	39.0
2006 年	18304	21.2	7677	30.5	41.9
2007 年	23573	28.8	11948	55.6	50.7
2008 年	28650	21.5	9600	－19.7	33.5
2009 年	32603	13.8	15910	65.7	48.8
2010 年	40613	24.6	28198	77.2	69.4
2011 年	52547	29.4	31140	10.4	59.3
2012 年	61078	16.2	26652	－14.4	43.6
2013 年	68969	12.9	41250	54.8	59.8

资料来源：国土资源部、国家统计局、财政部等 。

十七、房地产上市公司股票价格涨跌幅排名

表 2－203　　2013 年沪市房地产企业股票价格涨跌幅排行榜

单位：元，%

排名	证券代码	证券简称	2012 年收盘价	2013 年收盘价	涨跌幅	最高价	最低价
1	600648	外高桥	9.61	32.37	236.84	64.30	8.97
2	600620	天宸股份	3.56	9.01	153.09	11.25	3.45
3	900939	汇丽 B	0.42	0.79	88.52	0.84	0.38
4	600753	东方银星	6.53	10.77	64.93	14.38	6.33
5	600175	美都控股	2.89	4.76	64.64	6.59	2.55
6	600225	天津松江	4.58	7.41	61.79	8.88	3.66
7	600890	中房股份	4.98	7.90	58.63	9.69	4.87
8	600745	中茵股份	10.24	16.24	58.59	17.79	8.35
9	600658	电子城	7.67	11.96	55.95	14.00	7.15
10	600649	城投控股	5.47	8.48	55.03	10.42	5.25
11	600759	正和股份	5.26	8.06	53.29	9.04	3.56
12	600663	陆家嘴	11.90	17.15	44.14	29.35	9.81
13	600716	凤凰股份	5.18	7.30	40.93	7.41	4.38
14	600732	上海新梅	6.98	9.53	36.56	13.51	6.54
15	600734	实达集团	3.59	4.87	35.65	5.57	3.47
16	600158	中体产业	5.77	7.68	33.07	9.59	4.57
17	600604	市北高新	7.17	9.54	33.03	11.08	6.50
18	600767	运盛实业	4.00	5.32	33.00	7.35	3.85
19	600675	中华企业	5.29	7.03	32.89	8.39	4.21
20	600639	浦东金桥	9.00	11.87	31.89	17.18	6.50
21	600621	华鑫股份	4.65	6.09	30.97	7.87	3.76
22	600777	新潮实业	5.14	6.60	28.40	7.37	4.31
23	600791	京能置业	4.54	5.77	27.09	6.32	4.10
24	600185	格力地产	6.96	8.57	23.13	10.49	5.18
25	600638	新黄浦	10.10	12.34	22.18	16.05	8.22
26	600603	*ST 兴业	4.42	5.26	19.00	6.22	4.08
27	900957	凌云 B 股	0.51	0.61	18.63	0.76	0.47
28	600647	同达创业	11.32	13.13	15.99	17.34	10.17
29	600162	香江控股	4.90	5.57	13.57	8.68	4.82
30	600340	华夏幸福	28.23	30.72	8.84	39.32	22.78

续表

排名	证券代码	证券简称	2012 年收盘价	2013 年收盘价	涨跌幅	最高价	最低价
31	600895	张江高科	7.02	7.59	8.12	10.36	5.13
32	600790	轻纺城	6.11	6.54	7.04	7.18	5.26
33	600082	海泰发展	4.64	4.87	4.96	5.99	3.80
34	600615	丰华股份	9.40	9.80	4.26	12.77	8.21
35	600247	成城股份	4.03	4.13	2.48	7.12	4.02
36	600641	万业企业	4.26	4.35	2.11	6.05	3.04
37	600067	冠城大通	6.56	6.68	1.86	9.46	5.55
38	600383	金地集团	7.02	6.76	-3.70	8.25	5.57
39	600576	万好万家	7.53	7.23	-3.98	9.19	6.23
40	600807	天业股份	7.16	6.83	-4.55	8.57	6.07
41	600007	中国国贸	11.49	10.77	-6.27	14.11	8.76
42	600568	中珠控股	9.10	8.50	-6.59	11.54	7.20
43	600064	南京高科	12.17	11.27	-7.40	13.40	8.88
44	600622	嘉宝集团	6.94	6.35	-8.50	8.00	5.08
45	601588	北辰实业	3.05	2.75	-9.84	3.74	2.40
46	600415	小商品城	6.64	5.97	-10.09	8.23	5.00
47	600503	华丽家族	4.65	4.18	-10.11	7.07	4.11
48	600565	迪马股份	3.86	3.44	-10.88	4.45	3.19
49	600748	上实发展	8.55	7.61	-10.99	11.30	5.16
50	600325	华发股份	8.50	7.55	-11.18	8.86	5.40
51	600322	天房发展	3.87	3.39	-12.27	3.92	2.74
52	600683	京投银泰	5.10	4.45	-12.65	6.88	4.09
53	600696	多伦股份	6.97	6.06	-13.06	7.60	4.69
54	600736	苏州高新	4.72	4.09	-13.31	5.06	3.41
55	600159	大龙地产	3.29	2.85	-13.37	3.44	2.38
56	600215	长春经开	4.69	4.02	-14.29	5.10	3.61
57	600606	金丰投资	6.21	5.29	-14.81	7.43	4.71
58	600240	华业地产	4.81	4.06	-15.59	5.64	3.61
59	600773	西藏城投	11.48	9.56	-16.74	13.45	9.29
60	600052	浙江广厦	4.23	3.47	-17.97	4.29	2.76
61	600053	中江地产	7.63	6.21	-18.61	8.60	5.62
62	600246	万通地产	3.82	3.06	-19.90	4.04	2.89
63	600665	天地源	4.20	3.33	-20.83	4.38	3.05
64	600657	信达地产	4.23	3.30	-21.99	4.85	2.90
65	600823	世茂股份	11.70	9.07	-22.48	12.58	7.50

续表

排名	证券代码	证券简称	2012 年收盘价	2013 年收盘价	涨跌幅	最高价	最低价
66	600393	东华实业	7.34	5.56	-24.25	8.68	5.36
67	600208	新湖中宝	4.31	3.26	-24.34	4.55	2.69
68	600533	栖霞建设	4.58	3.45	-24.67	4.73	3.03
69	600743	华远地产	3.96	2.98	-24.68	4.12	2.68
70	600684	珠江实业	14.95	11.04	-26.15	16.37	8.90
71	600077	宋都股份	6.00	4.41	-26.55	7.15	4.15
72	900950	新城 B 股	0.85	0.62	-26.59	1.00	0.60
73	600094	大名城	6.95	5.05	-27.34	7.46	4.49
74	600173	卧龙地产	4.07	2.86	-29.73	4.38	2.62
75	600223	鲁商置业	5.67	3.87	-31.75	5.98	3.40
76	600266	北京城建	14.89	10.05	-32.51	15.09	9.01
77	600239	云南城投	8.65	5.45	-36.99	9.07	4.85
78	600048	保利地产	13.60	8.48	-37.63	14.64	8.12
79	600149	廊坊发展	9.09	5.61	-38.28	9.45	5.57
80	600376	首开股份	13.12	7.79	-40.66	13.48	7.26
81	600724	宁波富达	7.35	4.29	-41.63	7.38	3.85

数据来源：上海证券交易所。

表 2-204　　2013 年深市房地产企业股票价格涨跌幅排行榜

单位：元，%

排名	证券代码	证券简称	2012 年收盘价	2013 年收盘价	涨跌幅	最高价	最低价
1	200168	雷伊 B	1.43	3.14	119.58	3.78	1.50
2	000526	银润投资	9.48	19.20	102.53	27.41	8.93
3	200160	南江 B	1.52	2.95	94.08	3.24	1.60
4	000897	津滨发展	2.88	5.45	89.24	7.13	1.99
5	002344	海宁皮城	26.58	41.81	57.30	46.31	25.21
6	000797	中国武夷	5.08	7.55	48.62	10.41	4.86
7	002285	世联行	13.99	20.79	48.59	23.53	11.37
8	000056	*ST 国商	14.16	19.60	38.42	28.08	13.60
9	000042	深长城	20.10	26.12	29.95	28.89	20.84
10	000632	三木集团	3.60	4.49	24.72	5.39	3.08
11	000009	中国宝安	8.80	10.90	23.84	14.29	8.57
12	000505	*ST 珠江	2.90	3.55	22.41	3.94	2.78
13	000014	沙河股份	8.48	10.28	21.29	13.01	6.79
14	000573	粤宏远 A	4.34	5.19	19.59	5.86	3.86

续表

排名	证券代码	证券简称	2012 年收盘价	2013 年收盘价	涨跌幅	最高价	最低价
15	002305	南国置业	6. 32	7. 43	17. 56	10. 12	6. 01
16	000732	泰禾集团	7. 95	9. 24	16. 23	14. 01	7. 68
17	000668	荣丰控股	8. 13	9. 40	15. 62	12. 98	7. 89
18	000671	阳光城	15. 50	17. 80	14. 85	27. 09	14. 52
19	000638	万方发展	7. 43	8. 52	14. 67	13. 04	6. 71
20	000150	宜华地产	4. 84	5. 43	12. 19	6. 14	4. 07
21	002016	世荣兆业	8. 67	9. 56	10. 24	13. 10	8. 28
22	000609	绵世股份	6. 48	7. 04	8. 64	8. 85	5. 05
23	000011	深物业 A	7. 19	7. 81	8. 62	9. 60	6. 01
24	000006	深振业 A	4. 95	5. 28	6. 60	6. 50	3. 91
25	000620	新华联	5. 27	5. 60	6. 26	6. 38	4. 26
26	000616	亿城股份	4. 10	4. 22	2. 83	5. 52	3. 06
27	000502	绿景控股	6. 22	6. 35	2. 09	8. 18	4. 52
28	000965	天保基建	5. 49	5. 53	0. 75	6. 52	4. 46
29	002077	大港股份	5. 91	5. 88	−0. 51	7. 00	4. 85
30	000514	渝开发	4. 98	4. 78	−3. 96	5. 96	3. 30
31	000628	高新发展	6. 96	6. 55	−5. 89	8. 33	5. 06
32	002208	合肥城建	7. 09	6. 59	−7. 05	7. 51	4. 61
33	000567	海德股份	8. 30	7. 59	−8. 55	10. 57	6. 28
34	000029	深深房 A	4. 11	3. 75	−8. 76	4. 55	2. 94
35	000979	中弘股份	7. 90	7. 14	−9. 66	10. 90	5. 62
36	000882	华联股份	3. 04	2. 73	−10. 36	3. 23	2. 28
37	000981	银亿股份	9. 50	8. 46	−10. 94	10. 09	6. 40
38	000608	阳光股份	5. 83	5. 18	−11. 15	6. 02	4. 69
39	000863	三湘股份	7. 51	6. 56	−12. 65	8. 97	5. 23
40	000031	中粮地产	4. 36	3. 74	−14. 22	5. 09	3. 22
41	000809	铁岭新城	12. 42	10. 64	−14. 33	13. 15	7. 39
42	000558	莱茵置业	4. 03	3. 44	−14. 64	5. 04	2. 85
43	000540	中天城投	6. 94	5. 90	−14. 99	8. 88	5. 53
44	000046	泛海建设	5. 40	4. 59	−15. 00	6. 30	4. 31
45	000546	光华控股	7. 14	6. 06	−15. 13	7. 54	4. 98
46	000005	世纪星源	2. 97	2. 50	−15. 82	3. 37	2. 05
47	000043	中航地产	7. 36	6. 17	−16. 17	8. 35	4. 38
48	000691	亚太实业	5. 81	4. 87	−16. 18	6. 49	4. 06
49	000040	宝安地产	5. 08	4. 21	−17. 13	5. 45	3. 78
50	000036	华联控股	3. 49	2. 88	−17. 48	4. 09	2. 40
51	000667	名流置业	2. 25	1. 85	−18. 00	2. 43	1. 61

续表

排名	证券代码	证券简称	2012 年收盘价	2013 年收盘价	涨跌幅	最高价	最低价
52	002133	广宇集团	4.78	3.90	-18.41	5.10	3.56
53	000002	万科 A	10.12	8.21	-18.87	12.79	7.89
54	000534	万泽股份	5.40	4.33	-19.81	6.43	4.13
55	000402	金融街	6.75	5.38	-20.30	7.22	4.61
56	000838	国兴地产	8.33	6.47	-22.33	9.39	5.91
57	000537	广宇发展	7.35	5.70	-22.45	8.28	4.60
58	000861	海印股份	14.10	10.87	-22.91	14.75	8.81
59	000926	福星股份	9.45	7.27	-23.07	9.58	6.20
60	000711	天伦置业	8.22	6.01	-26.89	8.44	4.85
61	002146	荣盛发展	13.99	10.15	-27.45	17.48	9.74
62	000506	中润资源	7.83	5.55	-29.17	8.52	4.91
63	000024	招商地产	29.89	21.08	-29.47	31.66	19.93
64	000918	嘉凯城	4.07	2.81	-31.08	4.16	2.56
65	000736	中房地产	10.28	6.95	-32.39	10.80	6.40
66	000631	顺发恒业	7.24	4.81	-33.56	7.77	4.42
67	002244	滨江集团	10.85	7.14	-34.16	11.43	6.88
68	000517	荣安地产	7.61	4.89	-35.74	7.88	4.31
69	000718	苏宁环球	7.93	4.67	-41.11	7.93	4.57
70	000656	金科股份	14.50	8.18	-43.59	15.56	7.90
71	000961	中南建设	13.72	7.13	-48.03	14.06	6.98

数据来源：深圳证券交易所。

表 2-205　　2013 年内地在港上市房地产企业股票价格涨跌幅排行榜

单位：港元，%

排名	证券代码	证券简称	2012 年收盘价	2013 年收盘价	涨跌幅	最高价	最低价
1	0169	万达商业地产[注1]	0.90	3.23	260.89	4.80	0.91
2	0127	华人置业	10.38	24.10	132.18	24.50	9.32
3	0337	绿地香港[注2]	1.98	3.77	90.40	6.79	-0.89
4	0535	金地商置[注3]	0.44	0.70	60.92	1.27	0.43
5	3883	中国奥园	1.15	1.63	41.99	1.69	1.04
6	0173	嘉华国际	3.58	4.70	31.28	4.71	3.19
7	0013	和记黄埔	80.90	105.40	30.28	105.90	76.60
8	0813	世茂房地产	14.07	17.82	26.65	20.50	11.75
9	0672	众安房产	1.14	1.44	26.32	2.05	1.10
10	0028	天安中国	5.21	6.40	22.84	6.42	4.62

续表

排名	证券代码	证券简称	2012 年收盘价	2013 年收盘价	涨跌幅	最高价	最低价
11	0884	旭辉集团	1.36	1.64	20.59	1.90	1.17
12	1966	中骏置业	1.54	1.85	19.97	1.88	1.33
13	2007	碧桂园	3.92	4.68	19.36	5.75	3.21
14	1098	路劲基建	6.29	7.42	17.97	8.13	6.10
15	0845	恒盛地产	1.46	1.67	14.38	1.84	1.08
16	0258	汤臣集团	2.12	2.38	12.53	2.60	1.93
17	0410	SOHO 中国	5.97	6.68	11.89	7.20	5.53
18	1777	花样年	1.23	1.34	9.39	1.56	0.94
19	0363	上海实业控股	26.25	28.35	8.00	29.90	21.18
20	1628	禹洲地产	1.79	1.93	7.70	2.18	1.38
21	0563	上实城市开发	1.80	1.92	6.67	2.40	1.39
22	1168	百仕达控股	0.69	0.73	5.80	0.91	0.56
23	1238	宝龙地产	1.57	1.66	5.73	2.30	1.35
24	1638	佳兆业集团	2.40	2.50	4.17	2.87	1.54
25	0001	长江实业	119.00	122.40	2.86	132.70	98.00
26	0917	新世界中国	3.65	3.75	2.74	4.42	2.40
27	0059	天誉置业	0.65	0.66	1.54	1.06	0.50
28	1663	汉港房地产	0.76	0.77	1.32	0.95	0.63
29	0817	方兴地产	2.72	2.70	-0.74	2.95	2.19
30	0604	深圳控股	2.96	2.92	-1.35	3.91	2.36
31	0004	九龙仓集团	60.60	59.30	-2.15	79.20	58.70
32	2009	金隅股份	6.97	6.75	-3.14	7.63	4.02
33	0688	中国海外	22.68	21.80	-3.88	25.18	17.52
34	1109	华润置地	20.75	19.22	-7.39	24.35	18.05
35	2777	富力地产	12.28	11.34	-7.65	15.66	9.77
36	3377	远洋地产	5.55	5.09	-8.29	6.10	3.59
37	0832	建业地产	2.61	2.39	-8.36	3.18	1.89
38	0014	希慎兴业	37.25	33.40	-10.34	40.55	30.45
39	0846	明发集团	2.30	2.06	-10.43	2.82	1.94
40	1036	万科置业海外	12.68	11.10	-12.46	17.89	9.69
41	3900	绿城中国	13.70	11.84	-13.58	16.76	9.99
42	2868	首创置业	3.06	2.64	-13.73	3.65	2.55
43	0588	北辰实业	2.04	1.75	-14.22	2.24	1.51
44	0016	新鸿基地产	116.20	98.35	-15.36	130.80	93.05
45	0101	恒隆地产	30.06	24.50	-18.50	30.91	23.70

续表

排名	证券代码	证券简称	2012 年收盘价	2013 年收盘价	涨跌幅	最高价	最低价
46	0017	新世界发展	12.02	9.79	-18.55	15.12	9.67
47	0123	越秀投资	2.35	1.91	-18.65	2.77	1.67
48	1838	中国地产	2.44	1.98	-18.85	2.87	1.80
49	0012	恒基地产	54.70	44.25	-19.10	59.90	42.00
50	3383	雅居乐	10.52	8.31	-20.98	12.44	7.14
51	0083	信和置业	13.44	10.60	-21.13	15.10	9.64
52	1918	融创中国	5.92	4.65	-21.47	7.18	4.15
53	0755	上海证大	0.19	0.14	-23.81	0.22	0.13
54	1813	合景泰富	5.67	4.30	-24.16	6.48	3.60
55	0754	合生创展	12.38	9.34	-24.56	17.80	8.00
56	0272	瑞安房地产	3.22	2.38	-26.00	3.43	2.06
57	1224	中渝置地	2.68	1.95	-27.10	3.15	1.87
58	0960	龙湖地产	14.98	10.84	-27.64	15.90	10.50
59	3333	恒大地产	4.11	2.96	-27.93	4.61	2.52
60	1124	沿海家园	0.45	0.32	-28.89	0.59	0.30
61	0119	保利香港	5.84	4.14	-29.13	6.66	3.77
62	0683	嘉里建设	39.35	26.90	-31.64	42.60	26.50
63	1207	上置集团	0.40	0.27	-32.91	0.48	0.23
64	1383	太阳世纪集团	0.88	0.38	-57.39	0.88	0.33

注1：原“恒力商业地产”，2013 年 8 月更名为“万达商业地产”。
2：原“盛高置地”，2013 年 8 月更名“绿地香港”。
3：原“星狮地产”，2013 年 3 月更名“金地商 。
数据来源：香港证券交易所 。

表 2-206　　2013 年海外上市的内地房地产企业股票价格涨跌幅排行榜

单位：美元，新元，%

排名	证券代码	证券简称	2012 年收盘价	2013 年收盘价	涨跌幅	最高价	最低价
1	SGX：B2X	元邦地产	0.07	0.22	205.56	0.27	0.07
2	SGX：Y34	阳光控股	0.03	0.08	158.06	0.12	0.03
3	NASDAQ：CHLN	中华地产	1.30	2.32	78.46	3.18	1.20
4	NYSE：XIN	鑫苑置业	3.58	5.35	49.44	7.44	3.35
5	SGX：K17	吉宝置业	4.03	3.34	-17.12	4.32	3.26
6	SGX：Z25	仁恒置地	1.52	1.22	-19.47	1.68	1.16

十八、企业销售排行榜

表 2-207　　2013 年度中国房地产开发企业销售面积 TOP50

单位：万平方米

排名	企业名称	销售面积	排名	企业名称	销售面积
1	绿地集团	1660.0	26	佳兆业	246.0
2	碧桂园	1652.0	27	蓝光实业	237.0
3	恒大地产	1605.0	28	融创中国	235.8
4	万科地产	1517.3	29	新城控股	230.0
5	保利地产	1081.4	30	建业地产	214.7
6	万达集团	1058.5	31	海亮地产	208.5
7	中海地产	991.7	32	旭辉集团	205.0
8	华润置地	588.5	33	中南建设	205.0
9	世茂房地产	558.0	34	龙光地产	195.8
10	世纪金源	543.2	35	敏捷地产	187.0
11	荣盛发展	472.0	36	阳光城	186.2
12	龙湖地产	438.8	37	首创置业	176.7
13	宏立城	379.7	38	复地集团	173.0
14	华夏幸福	378.6	39	首开股份	170.0
15	金地集团	363.3	40	金辉地产	167.0
16	中国中铁	357.0	41	海航地产	166.3
17	中信地产	347.0	42	升龙集团	160.9
18	富力地产	346.9	43	九龙仓	158.6
19	雅居乐	324.0	44	融侨集团	141.9
20	中国铁建	298.5	45	中天城投	135.9
21	金科集团	288.0	46	路劲基建	126.7
22	绿城中国	282.3	47	合景泰富	122.0
23	招商地产	278.5	48	越秀地产	119.1
24	远洋地产	268.7	49	建发房产	118.3
25	保利置业	252.0	50	和记黄埔	118.1

资料来源：中国房地产决策咨询系统（CRIC）。

表 2 -208　　2013 年度中国房地产开发企业销售金额 TOP50

单位：亿元

排名	企业名称	销售金额	排名	企业名称	销售金额
1	万科地产	1740.6	26	金科集团	239.0
2	绿地集团	1625.3	27	首开股份	230.2
3	万达集团	1301.1	28	新城控股	223.0
4	保利地产	1251.0	29	阳光城	220.2
5	中海地产	1170.0	30	融侨集团	217.0
6	碧桂园	1097.3	31	金融街	216.8
7	恒大地产	1082.5	32	和记黄埔	215.7
8	华润置地	681.0	33	九龙仓	214.0
9	世茂房地产	670.7	34	复地集团	209.0
10	绿城中国	553.8	35	蓝光实业	206.4
11	融创中国	508.3	36	旭辉集团	181.0
12	龙湖地产	492.5	37	宏立城	177.8
13	金地集团	456.0	38	敏捷地产	170.0
14	中信地产	445.1	39	深业集团	166.7
15	招商地产	428.0	40	合景泰富	165.0
16	富力地产	422.3	41	华侨城	162.5
17	华夏幸福	376.0	42	首创置业	161.0
18	雅居乐	374.0	43	新世界中国	156.3
19	远洋地产	368.4	44	中南建设	155.0
20	中国中铁	329.0	45	越秀地产	153.6
21	世纪金源	319.5	46	卓越集团	153.1
22	中国铁建	285.6	47	海亮地产	152.5
23	荣盛发展	270.0	48	海航地产	151.6
24	保利置业	268.7	49	中粮地产	151.4
25	佳兆业	239.0	50	建发房产	150.5

资料来源：中国房地产决策咨询系统（CRIC）。

十九、100 城市土地数据

表 2－209　　2012 年 100 个城市土地现状及利用情况

年　份	全市土地面积	市区土地面积	城区面积	市区建成区面积	市区建设用地面积	市区城市人均建设用地面积	市区城市居住用地面积	市区城市人均居住用地面积	市区城市工业用地面积	市区本年征用土地面积
单　位	平方公里	平方公里	平方公里	平方公里	平方公里	平方米/人	平方公里	平方米/人	平方公里	平方公里
北　京	16411	12187	12187.00	1261.11	1445.01	81.01	—	—	—	42.16
天　津	11760	7399	2334.47	722.15	722.14	111.20	194.79	29.99	165.14	55.70
石家庄	15848	306	305.72	216.20	212.75	84.76	78.00	31.07	8.85	—
唐　山	13472	1232	1230.20	247.00	192.42	97.47	71.17	36.05	31.31	—
秦皇岛	7802	363	363.20	94.76	94.49	99.06	23.00	24.11	17.00	6.19
保　定	22185	312	312.30	140.94	134.68	111.19	42.37	34.98	39.84	3.38
张家口	36873	376	376.27	86.00	90.19	103.91	25.58	29.47	18.05	—
廊　坊	6429	292	292.00	63.60	63.60	121.84	21.37	40.94	6.98	1.34
太　原	6977	1475	1450.00	310.00	274.00	83.03	62.00	18.79	73.00	10.50
大　同	14127	2080	130.20	108.00	107.99	84.50	35.23	27.57	25.35	—
呼和浩特	17453	2065	265.05	209.63	209.63	110.91	77.00	40.74	28.97	—
包　头	27768	2965	885.00	186.00	186.00	105.68	56.30	31.99	52.40	—
鄂尔多斯	86752	2530	195.58	112.58	155.00	227.27	44.78	65.66	4.43	—
沈　阳	12980	3471	3125.64	455.00	455.00	79.63	152.00	26.60	99.00	66.20
大　连	12574	2567	1170.00	395.00	382.35	129.79	128.01	43.45	93.42	40.58
长　春	20604	4789	449.34	433.78	411.92	114.11	116.42	32.25	100.74	27.90
吉　林	27126	3636	1038.53	165.63	150.92	117.97	47.62	37.22	60.51	—
哈尔滨	53068	7086	383.02	383.02	374.25	86.91	118.37	27.49	82.11	15.88
齐齐哈尔	42469	4365	139.63	139.63	139.63	128.28	44.32	40.72	29.72	3.60
大　庆	21522	5107	305.39	232.74	305.39	227.94	78.34	58.47	20.89	7.83
佳木斯	32704	1875	98.08	98.08	98.08	162.12	26.51	43.82	17.15	—
上　海	6340	5155	6340.50	998.75	2904.25	122.01	1065.55	44.76	736.80	42.04
南　京	6587	4733	4003.81	653.31	647.22	114.09	175.35	30.91	162.13	53.16
无　锡	4627	1643	1164.58	315.90	278.01	114.29	90.61	37.25	75.10	23.73
徐　州	11259	3038	427.45	253.00	213.96	141.70	51.31	33.98	26.05	—
常　州	4372	1862	384.38	183.24	174.60	123.94	51.44	36.52	44.09	29.91
苏　州	8488	4467	1523.88	436.53	433.46	155.66	122.41	43.96	131.16	1.34
南　通	8001	1521	385.00	156.26	202.41	136.19	65.99	44.40	9.28	6.43
扬　州	6591	2351	415.34	128.00	126.62	118.05	40.64	37.89	37.78	5.58
镇　江	3847	1082	555.43	120.00	120.00	136.97	32.40	36.98	33.00	7.61
杭　州	16571	3068	1022.41	452.62	394.00	108.03	104.47	28.64	67.42	12.53
宁　波	9816	2462	778.00	289.83	336.88	191.92	72.64	41.38	126.63	15.68

续表

年　份	全市土地面积	市区土地面积	城区面积	市区建成区面积	市区建设用地面积	市区城市人均建设用地面积	市区城市居住用地面积	市区城市人均居住用地面积	市区城市工业用地面积	市区本年征用土地面积
单　位	平方公里	平方公里	平方公里	平方公里	平方公里	平方米/人	平方公里	平方米/人	平方公里	平方公里
温　州	11874	1187	585.05	204.00	150.37	97.05	35.55	22.94	3.68	6.22
嘉　兴	3915	968	224.00	103.82	103.82	134.36	29.70	38.44	24.33	2.75
湖　州	5820	1565	640.65	88.30	92.56	107.63	24.03	27.94	28.54	2.20
金　华	10942	2049	379.64	74.36	74.36	125.02	19.85	33.37	17.27	1.76
舟　山	1455	1034	408.52	56.01	51.85	104.39	17.91	36.06	6.62	4.38
合　肥	11445	925	575.00	378.00	350.15	113.96	104.48	34.00	69.52	10.81
芜　湖	5988	1065	721.70	150.00	150.00	130.38	33.50	29.12	13.00	11.77
蚌　埠	5952	613	284.60	114.50	114.38	128.59	37.80	42.50	21.20	5.22
马鞍山	4049	704	175.84	86.00	96.16	147.53	24.16	37.07	20.95	25.02
福　州	13066	1786	1043.00	240.12	220.22	97.98	94.50	42.04	36.20	13.28
厦　门	1573	1573	264.31	264.30	264.30	96.85	59.94	21.96	92.84	12.12
泉　州	11015	870	529.00	176.50	135.10	117.58	43.00	37.42	4.00	3.50
漳　州	13334	401	95.24	56.44	56.43	128.28	16.83	38.26	14.47	6.81
南　昌	7402	617	222.00	215.00	208.80	92.40	68.59	30.35	37.19	22.24
九　江	18823	598	104.85	99.77	97.27	149.76	31.55	48.58	24.27	—
济　南	8177	3257	1210.00	363.25	363.24	124.18	92.36	31.58	69.26	18.55
青　岛	11282	3293	1789.25	374.64	364.38	116.16	105.12	33.51	82.47	22.80
烟　台	13746	2722	901.41	273.20	270.93	187.37	75.95	52.52	62.52	9.02
潍　坊	16143	2580	1186.54	156.00	152.83	121.40	54.62	43.39	32.80	—
威　海	5797	777	230.00	138.00	138.00	232.40	39.05	65.76	51.06	3.00
郑　州	7446	1010	439.07	372.96	335.38	56.68	86.54	14.63	30.31	9.52
开　封	6444	362	121.25	97.95	97.95	110.23	31.92	35.92	21.88	8.10
洛　阳	15236	544	331.42	186.85	185.19	70.39	62.43	23.73	2.67	—
平顶山	7904	443	260.03	71.60	71.60	80.57	27.50	30.94	15.54	—
新　乡	8249	352	110.00	110.00	102.67	135.45	29.76	39.26	25.04	—
武　汉	8494	2718	2718.00	520.30	807.70	128.71	238.80	38.05	183.70	—
黄　石	4586	237	237.00	72.50	72.36	99.35	18.24	25.04	22.74	—
十　堰	23680	1193	319.00	65.60	65.60	116.42	21.32	37.83	20.65	4.82
宜　昌	21084	4248	541.00	123.60	130.56	161.80	34.56	42.83	34.86	0.66
襄　阳	19728	3672	337.80	107.61	107.61	125.51	33.46	39.02	43.46	5.08
长　沙	11816	1910	1007.66	282.46	282.46	89.88	111.65	35.53	30.26	—
株　洲	11247	864	837.00	124.23	107.43	103.05	44.27	42.47	25.98	8.28
湘　潭	5006	658	418.00	77.08	91.04	115.99	26.60	33.89	23.65	20.71
衡　阳	15303	691	123.68	114.00	104.31	91.86	35.19	30.99	25.22	5.73
岳　阳	15087	1246	155.00	86.50	86.50	133.53	24.60	37.97	17.20	1.00

续表

年　份	全市土地面积	市区土地面积	城区面积	市区建成区面积	市区建设用地面积	市区城市人均建设用地面积	市区城市居住用地面积	市区城市人均居住用地面积	市区城市工业用地面积	市区本年征用土地面积
单　位	平方公里	平方公里	平方公里	平方公里	平方公里	平方米/人	平方公里	平方米/人	平方公里	平方公里
郴　州	19342	2248	580.00	71.96	62.81	108.48	22.96	39.65	4.20	2.73
广　州	7434	3843	1387.24	1009.71	656.52	64.68	195.22	19.23	175.52	24.14
韶　关	18463	2870	1392.50	87.81	87.81	162.70	27.81	51.53	19.99	—
深　圳	1997	1997	1991.64	863.43	—	—	—	—	—	—
珠　海	1724	1724	745.38	123.64	365.72	272.64	117.82	87.83	77.42	0.82
汕　头	2064	1956	607.88	214.16	227.88	94.25	89.30	36.93	25.17	—
佛　山	3798	3798	736.17	154.23	142.21	67.31	47.92	22.68	36.72	154.79
湛　江	13325	1720	110.00	105.67	96.35	115.49	32.89	39.42	17.31	8.38
茂　名	11425	886	116.05	102.72	89.31	184.11	33.30	68.65	11.86	3.50
惠　州	11343	2694	921.37	229.30	215.97	148.54	63.40	43.60	60.52	3.25
梅　州	15864	298	168.00	47.82	47.79	116.02	10.75	26.10	6.88	19.05
东　莞	2460	2460	2465.00	888.21	1003.94	166.71	272.69	45.28	329.54	13.94
南　宁	22244	6569	841.08	242.05	236.75	95.43	79.15	31.91	27.11	28.97
柳　州	18597	1017	464.39	172.10	172.10	110.29	46.33	29.69	37.58	5.44
桂　林	27809	565	565.00	66.00	66.00	80.29	18.40	22.38	13.75	0.06
梧　州	12588	1097	307.00	37.00	35.86	85.04	12.17	28.86	5.10	1.20
北　海	3337	957	957.00	66.58	65.38	182.12	25.60	71.31	4.00	9.64
海　口	2305	2305	562.40	123.60	117.50	93.76	46.61	37.19	10.52	—
三　亚	1919	1919	74.70	33.79	33.55	117.68	8.65	30.34	0.65	—
重　庆	82374	29590	6105.70	1051.71	859.47	76.86	277.56	24.82	183.19	75.33
成　都	12121	2172	779.77	515.53	506.49	110.51	174.23	38.02	86.41	8.24
泸　州	12236	2133	411.38	101.05	96.22	95.30	27.18	26.92	15.80	3.32
绵　阳	20248	1570	465.00	107.50	106.34	108.25	29.15	29.67	28.30	—
贵　阳	8034	2403	414.77	211.34	211.34	83.11	46.62	18.33	35.10	—
遵　义	30762	1316	220.00	62.00	61.88	83.31	14.06	18.93	7.00	—
昆　明	21012	4615	632.57	334.10	498.60	118.00	233.59	55.28	11.73	26.24
曲　靖	28904	1553	66.00	66.00	2.34	3.40	1.72	2.50	0.18	—
拉　萨	29518	519	295.00	93.60	86.47	189.96	35.21	77.35	10.13	—
西　安	10108	3582	380.00	375.00	318.00	89.98	75.50	21.36	13.40	27.80
兰　州	13086	1632	212.07	198.67	198.07	99.77	47.63	23.99	31.65	28.87
西　宁	7665	510	380.00	75.00	75.00	65.22	39.58	34.42	3.98	—
银　川	9025	2311	1773.50	135.11	135.11	101.98	42.77	32.28	15.15	—
乌鲁木齐	13788	9576	368.40	368.40	368.40	123.29	126.53	42.35	67.47	14.11

数据来源：国土资源部。

表 2－210　　2008—2012 年 100 个城市土地供应宗数及面积

	2008 年		2009 年		2010 年		2011 年		2012 年	
单位	宗	万平方米	宗	万平方米	宗	万平方米	宗	万平方米	宗	万平方米
北京	926	3627	759	2378	664	2413	762	2878	616	1636
天津	1164	3930	1440	6981	1817	6655	2674	18059	1973	8936
石家庄	232	937	356	1709	458	1523	645	1968	572	2468
唐山	803	1697	545	2655	646	2819	867	4126	927	5356
秦皇岛	375	1755	302	787	346	936	350	973	377	1129
保定	563	964	544	1407	713	1597	618	1525	603	1728
张家口	407	478	488	1478	509	1393	668	2197	502	1727
廊坊	219	939	371	1653	495	1778	700	2746	634	1814
太原	186	489	183	731	186	977	274	1498	358	1663
大同	80	271	127	651	178	990	283	1920	215	1178
呼和浩特	138	790	134	515	210	982	246	971	392	1435
包头	232	1006	331	1504	333	1450	255	1119	291	1296
鄂尔多斯	540	1053	1021	7541	1599	7211	1661	7062	888	4873
沈阳	551	2040	804	4449	891	3971	1878	15156	949	5990
大连	745	2520	742	3974	1057	5316	1663	10153	795	5586
长春	1606	2455	1429	2751	1485	3853	1548	7829	1167	4640
吉林	358	760	540	753	498	1095	531	2095	694	1630
哈尔滨	437	1125	653	10617	1177	3515	1282	5383	805	2551
齐齐哈尔	154	214	250	741	322	778	367	1346	334	1208
大庆	277	461	698	1883	389	3359	434	3695	403	1226
佳木斯	116	169	168	183	319	906	340	1209	201	1340
上海	1417	4574	1228	4897	838	2926	1148	4239	825	2343
南京	464	2351	663	3200	738	2979	852	4125	993	4372
无锡	851	3681	1299	4134	1273	5253	1262	4348	1170	4668
徐州	538	1481	539	1904	773	2794	938	3005	1051	4826
常州	643	1969	1106	3375	1210	3647	915	2815	1160	3440
苏州	1194	4174	1549	4662	1434	4828	1379	5179	1598	6167
南通	1207	4082	1047	3309	1275	3926	1300	4320	1491	5105
扬州	735	2074	771	1641	808	2219	878	2168	926	2234
镇江	828	1498	371	825	130	542	355	1366	840	2363
杭州	1715	3511	2569	6236	2450	6217	2335	5275	2113	5668
宁波	1062	2256	1265	2766	1844	5604	1758	5946	2125	6186
温州	1246	1577	628	722	841	1113	1699	3148	1548	2422
嘉兴	1084	1807	1257	2895	1415	3251	1038	2213	948	5244

续表

	2008 年		2009 年		2010 年		2011 年		2012 年	
单　位	宗	万平方米	宗	万平方米	宗	万平方米	宗	万平方米	宗	万平方米
湖　州	667	1485	585	1215	617	1452	585	1530	642	1430
金　华	705	916	1136	1318	1606	1876	1096	1813	974	1396
舟　山	215	514	348	1087	330	1460	302	853	332	1428
合　肥	577	2131	722	3574	638	2554	557	2366	872	4948
芜　湖	413	2835	262	1151	450	2418	415	1555	610	2201
蚌　埠	243	315	154	503	216	690	287	988	305	1501
马鞍山	65	188	89	553	202	928	251	1213	495	2186
福　州	313	1129	424	1417	473	2162	575	3553	648	2671
厦　门	475	1935	397	1724	391	1968	390	1769	285	968
泉　州	202	348	317	559	638	1736	797	2996	746	2239
漳　州	270	942	284	965	487	1738	666	2868	651	2274
南　昌	—	—	516	2084	621	3576	537	2537	564	2669
九　江	—	—	374	1904	400	1504	582	2512	794	2872
济　南	251	1254	372	2579	523	2568	718	2577	483	2107
青　岛	643	2653	1392	5615	1603	5682	1763	5665	1587	5817
烟　台	428	1216	746	2802	1163	5142	1244	4514	836	2754
潍　坊	489	2000	1804	9899	1764	7513	1809	7691	1907	8120
威　海	418	1534	512	1699	856	2946	779	2627	1178	3864
郑　州	458	—	461	1904	517	2920	812	4862	1569	6203
开　封	100. 0	540	152	446	207	981	273	1262	327	1159
洛　阳	242	1031	236	797	271	1764	662	3420	647	14177
平顶山	142	270	169	367	269	1588	247	1381	421	1497
新　乡	144	668	282	857	324	917	402	1606	644	2860
武　汉	529	2531	616	2723	699	4708	825	4631	868	4020
黄　石	345	352	373	442	349	629	491	1309	459	966
十　堰	161	181	124	222	186	681	200	995	230	1409
宜　昌	693	800	382	1099	617	2120	696	2033	681	1980
襄　阳	1192	574	1076	578	1295	1419	1466	2390	1290	2898
长　沙	736	2172	480	1631	752	3771	996	4384	911	4787
株　洲	371	606	352	258	370	762	325	1959	315	1337
湘　潭	492	614	318	731	435	609	485	1676	337	966
衡　阳	315	326	254	305	513	829	875	3290	719	1602
岳　阳	564	289	453	640	674	748	519	1314	466	1450
郴　州	504	481	1008	550	1141	918	1162	3966	1031	1467

续表

	2008 年		2009 年		2010 年		2011 年		2012 年	
单 位	宗	万平方米	宗	万平方米	宗	万平方米	宗	万平方米	宗	万平方米
广 州	305	1524	400	2244	397	3146	443	1881	472	4226
韶 关	183	234	390	356	533	512	656	589	608	4053
深 圳	193	477	141	276	168	428	85	238	171	495
珠 海	54	332	66	795	111	1031	145	1780	90	1109
汕 头	58	144	55	134	83	248	100. 0	448	69	180
佛 山	261	1020	3463	1368	3368	1431	2483	1066	2038	3307
湛 江	152	504	525	290	471	737	761	815	579	2713
茂 名	931	149	520	172	386	329	226	466	155	1082
惠 州	2635	1657	1262	1592	1378	1345	1418	1598	1258	1987
梅 州	642	83	1931	246	2373	399	1933	492	1762	1837
东 莞	85	538	133	474	231	793	194	797	201	1144
南 宁	1405	892	1377	1368	1356	2090	1290	3143	1238	4210
柳 州	595	703	3292	669	3422	1497	2569	1007	1619	3699
桂 林	812	486	1279	1148	1422	1174	1386	3286	1336	2198
梧 州	109	291	282	302	409	590	424	707	438	4799
北 海	548	390	996	767	781	324	730	542	553	1071
海 口	49	453	160	400	95	440	74	132	123	896
三 亚	39	286	32	244	23	169	37	648	50	292
重 庆	2143	4981	1984	9557	2718	11240	2871	17834	2755	12705
成 都	7606	3521	997	4944	1086	5114	1035	5164	1155	7752
泸 州	537	274	464	487	641	1232	652	3905	416	1356
绵 阳	1745	608	3044	1304	3028	954	3798	1282	2169	3491
贵 阳	277	964	236	1355	348	2408	379	2375	597	5169
遵 义	734	374	324	416	530	2607	652	1757	956	5502
昆 明	2916	1762	2431	1875	3561	1346	4265	5160	2481	2696
曲 靖	228	470	688	1603	797	1294	797	1283	501	1024
拉 萨	118	343	55	99	117	320	117	320	143	275
西 安	378	1264	300	2133	371	1803	249	1055	595	3257
兰 州	178	661	157	829	245	794	149	647	200	1039
西 宁	133	205	149	405	171	420	238	1144	224	1101
银 川	317	1431	201	2586	324	2682	529	3470	437	2852
乌鲁木齐	1386	1309	1086	1020	1174	1845	1174	1845	399	945

数据来源：国土资源部。

表 2－211　　2008—2012 年 100 个城市土地划拨宗数及面积

	2008 年		2009 年		2010 年		2011 年		2012 年	
单　位	宗	万平方米	宗	万平方米	宗	万平方米	宗	万平方米	宗	万平方米
北　京	180	1408	127	567	92	260	154	337	184	415
天　津	106	511	191	1251	212	1372	1273	11734	640	3844
石家庄	25	51	71	592	130	303	152	503	129	1140
唐　山	541	885	80	583	56	381	76	631	85	296
秦皇岛	16	20	42	107	49	63	66	345	60	262
保　定	35	98	62	109	125	271	112	269	63	363
张家口	14	22	84	252	70	249	122	811	166	970
廊　坊	5	11	12	26	27	54	70	646	40	98
太　原	18	117	37	197	56	422	113	775	143	935
大　同	26	111	40	251	60	618	115	1243	57	406
呼和浩特	27	200	16	54	26	199	24	73	172	421
包　头	47	251	74	223	55	627	53	189	84	502
鄂尔多斯	38	207	192	4708	222	2665	195	2201	166	1586
沈　阳	45	275	209	1343	158	824	568	8587	144	2868
大　连	115	339	182	654	113	467	563	4617	219	2904
长　春	277	642	285	1560	376	1384	544	4314	405	2558
吉　林	53	101.0	139	152	128	185	178	939	241	465
哈尔滨	103	382	194	860	428	1419	483	2195	289	883
齐齐哈尔	73	41	103	512	75	137	94	615	93	414
大　庆	69	193	87	1590	75	2642	122	2060	66	91
佳木斯	12	23	53	90	71	440	105	746	90	995
上　海	754	2105	633	2437	415	992	485	1661	374	856
南　京	175	872	253	1632	249	1578	322	2419	372	2442
无　锡	305	1641	403	1933	456	2589	380	1779	515	2684
徐　州	82	220	56	119	140	472	146	612	261	2087
常　州	105	494	253	1410	305	1265	167	460	153	703
苏　州	250	901	274	787	285	675	253	614	356	2003
南　通	280	1478	162	371	163	723	129	493	195	663
扬　州	124	441	141	258	89	309	138	505	132	599
镇　江	102	170	51	117	4	2	49	223	178	880
杭　州	586	1743	1015	3184	848	2873	885	2482	1107	3605
宁　波	337	707	305	829	792	3303	604	2358	1124	3833
温　州	688	1000	233	290	335	497	1058	2211	922	1649
嘉　兴	143	201	170	1109	259	633	224	501	377	3885

续表

	2008 年		2009 年		2010 年		2011 年		2012 年	
单 位	宗	万平方米	宗	万平方米	宗	万平方米	宗	万平方米	宗	万平方米
湖 州	79	124	67	92	53	129	94	323	161	508
金 华	116	123	173	347	191	363	296	899	286	585
舟 山	62	83	81	96	64	72	85	180	170	512
合 肥	159	847	206	1929	209	1267	211	1098	362	3007
芜 湖	48	268	18	62	70	699	131	414	121	581
蚌 埠	62	52	10	30	38	155	44	171	71	530
马鞍山	16	64	30	185	63	432	55	559	227	1412
福 州	104	326	129	563	147	811	177	1234	176	684
厦 门	398	1642	285	1143	195	929	254	1039	142	464
泉 州	—	—	37	80	99	588	204	1224	125	714
漳 州	21	87	43	105	51	125	119	741	124	535
南 昌	—	—	93	725	250	1943	187	1006	132	1209
九 江	—	—	105	991	49	402	169	812	269	907
济 南	39	229	66	1144	132	799	290	764	82	493
青 岛	101.0	329	171	970	343	1877	455	1897	413	1809
烟 台	19	15	38	504	76	636	66	707	69	662
潍 坊	2	1	281	1620	173	426	208	856	323	1133
威 海	14	63	53	237	93	288	122	420	208	423
郑 州	63	460	76	746	105	1469	184	2167	794	3267
开 封	30	141	28	132	37	262	57	495	96	518
洛 阳	52	441	56	195	59	406	221	1861	260	12703
平顶山	9	22	22	41	56	797	57	829	117	672
新 乡	11	26	41	282	39	74	52	315	290	1599
武 汉	65	219	148	1110	195	1693	194	966	290	1392
黄 石	24	48	18	40	44	97	67	485	75	458
十 堰	6	12	25	21	43	174	36	432	37	586
宜 昌	37	79	85	208	105	194	221	835	134	515
襄 阳	101.0	102	105	95	131	466	192	494	155	879
长 沙	142	878	165	832	216	1722	261	1862	351	2879
株 洲	26	211	10	29	32	402	70	1356	91	982
湘 潭	86	243	47	325	48	144	129	1056	68	246
衡 阳	52	72	12	111	22	121	70	1949	51	713
岳 阳	14	15	21	250	35	114	75	672	96	826
郴 州	92	188	82	142	133	226	231	3269	146	858

续表

单位	2008 年		2009 年		2010 年		2011 年		2012 年	
	宗	万平方米	宗	万平方米	宗	万平方米	宗	万平方米	宗	万平方米
广　州	116	426	137	508	131	1373	179	784	219	3239
韶　关	36	26	21	9	19	35	62	64	88	3517
深　圳	—	—	—	—	6	139	1	3	5	3
珠　海	41	121	49	287	55	289	63	1129	35	550
汕　头	10	28	13	41	25	99	11	40	13	52
佛　山	159	513	108	272	100.0	180	67	156	153	2025
湛　江	16	23	18	28	36	174	47	302	68	1687
茂　名	11	6	14	42	6	188	5	53	49	840
惠　州	367	185	161	665	51	68	67	109	163	998
梅　州	2	5	15	11	16	15	27	159	65	1542
东　莞	7	26	8	90	12	94	28	130	59	703
南　宁	116	314	164	428	205	1124	285	2275	309	3293
柳　州	94	107	95	212	121	914	104	392	244	2740
桂　林	40	25	85	169	114	488	121	2573	226	1602
梧　州	—	—	46	59	30	47	54	52	105	4228
北　海	11	15	31	21	25	32	28	137	45	562
海　口	22	59	19	79	28	312	9	14	67	682
三　亚	23	83	12	54	8	52	20	431	11	46
重　庆	700	2205	910	5872	1097	5746	1013	11319	912	6305
成　都	291	417	77	1583	189	1697	245	2109	437	4502
泸　州	44	30	64	61	72	146	121	2653	101	621
绵　阳	11	81	550	456	325	181	208	268	398	2109
贵　阳	119	208	91	732	136	1107	136	1012	271	3351
遵　义	101.0	63	105	138	149	2156	142	817	371	4187
昆　明	69	346	69	311	91	123	225	1705	152	683
曲　靖	50	51	108	447	96	605	88	282	108	354
拉　萨	27	154	15	18	37	65	37	65	58	135
西　安	102	455	51	1495	117	1016	96	617	213	1721
兰　州	36	105	34	309	68	291	48	169	84	378
西　宁	27	55	22	156	27	55	29	144	46	214
银　川	185	154	47	1517	65	1312	114	1382	154	1166
乌鲁木齐	217	660	186	468	220	771	220	771	127	243

数据来源：国土资源部。

表 2－212　　2008—2012 年 100 个城市土地划拨面积占供应面积比例

单位：%

	2008 年	2009 年	2010 年	2011 年	2012 年
北　京	38.83	23.86	10.78	11.71	25.39
天　津	13.00	17.91	20.62	64.98	43.01
石家庄	5.49	34.66	19.88	25.58	46.21
唐　山	52.15	21.96	13.50	15.29	5.52
秦皇岛	1.13	13.57	6.69	35.41	23.16
保　定	10.20	7.72	17.00	17.61	21.03
张家口	4.64	17.05	17.90	36.90	56.18
廊　坊	1.21	1.57	3.06	23.52	5.42
太　原	23.90	27.02	43.22	51.75	56.22
大　同	40.81	38.53	62.48	64.73	34.50
呼和浩特	25.33	10.56	20.31	7.49	29.34
包　头	24.98	14.83	43.26	16.92	38.70
鄂尔多斯	19.69	62.43	36.96	31.17	32.54
沈　阳	13.50	30.19	20.75	56.65	47.88
大　连	13.47	16.47	8.79	45.48	51.99
长　春	26.16	56.70	35.92	55.10	55.12
吉　林	13.26	20.13	16.91	44.83	28.51
哈尔滨	34.00	8.10	40.36	40.78	34.63
齐齐哈尔	19.16	69.13	17.65	45.66	34.30
大　庆	41.83	84.41	78.65	55.77	7.43
佳木斯	13.63	49.37	48.55	61.73	74.29
上　海	46.03	49.76	33.91	39.18	36.53
南　京	37.07	51.00	52.96	58.63	55.86
无　锡	44.58	46.76	49.29	40.92	57.49
徐　州	14.87	6.27	16.91	20.36	43.26
常　州	25.10	41.77	34.68	16.33	20.45
苏　州	21.59	16.88	13.98	11.85	32.48
南　通	36.22	11.22	18.40	11.42	12.98
扬　州	21.27	15.73	13.92	23.29	26.83
镇　江	11.35	14.23	0.39	16.33	37.25
杭　州	49.64	51.05	46.21	47.05	63.61
宁　波	31.32	29.98	58.94	39.67	61.96
温　州	63.42	40.20	44.66	70.23	68.09
嘉　兴	11.14	38.32	19.47	22.65	74.08

续表

	2008 年	2009 年	2010 年	2011 年	2012 年
湖　州	8. 34	7. 55	8. 89	21. 09	35. 55
金　华	13. 42	26. 32	19. 37	49. 60	41. 91
舟　山	16. 12	8. 82	4. 91	21. 12	35. 83
合　肥	39. 73	53. 97	49. 63	46. 40	60. 78
芜　湖	9. 45	5. 39	28. 92	26. 62	26. 38
蚌　埠	16. 42	6. 06	22. 40	17. 30	35. 31
马鞍山	34. 20	33. 38	46. 53	46. 05	64. 61
福　州	28. 89	39. 74	37. 49	34. 73	25. 60
厦　门	84. 85	66. 26	47. 18	58. 71	47. 98
泉　州	—	14. 37	33. 84	40. 87	31. 90
漳　州	9. 19	10. 91	7. 22	25. 84	23. 54
南　昌	—	34. 80	54. 33	39. 67	45. 31
九　江	—	52. 04	26. 70	32. 32	31. 57
济　南	18. 24	44. 34	31. 12	29. 65	23. 39
青　岛	12. 39	17. 28	33. 04	33. 49	31. 10
烟　台	1. 22	17. 97	12. 37	15. 66	24. 04
潍　坊	0. 05	16. 37	5. 67	11. 13	13. 95
威　海	4. 10	13. 95	9. 77	15. 99	10. 94
郑　州	—	39. 20	50. 30	44. 58	52. 67
开　封	26. 02	29. 64	26. 70	39. 21	44. 67
洛　阳	42. 82	24. 47	23. 03	54. 41	89. 60
平顶山	8. 24	11. 21	50. 16	60. 05	44. 89
新　乡	3. 83	32. 85	8. 05	19. 62	55. 91
武　汉	8. 66	40. 75	35. 96	20. 85	34. 63
黄　石	13. 77	9. 16	15. 39	37. 07	47. 39
十　堰	6. 68	9. 52	25. 59	43. 40	41. 56
宜　昌	9. 92	18. 91	9. 16	41. 04	26. 03
襄　阳	17. 70	16. 52	32. 83	20. 66	30. 35
长　沙	40. 44	51. 02	45. 66	42. 48	60. 14
株　洲	34. 75	11. 16	52. 78	69. 22	73. 49
湘　潭	39. 54	44. 46	23. 63	63. 03	25. 46
衡　阳	21. 99	36. 40	14. 62	59. 22	44. 51
岳　阳	5. 24	39. 10	15. 30	51. 16	56. 96
郴　州	39. 04	25. 75	24. 66	82. 42	58. 46

续表

	2008 年	2009 年	2010 年	2011 年	2012 年
广　州	27.93	22.66	43.63	41.67	76.65
韶　关	11.16	2.50	6.88	10.83	86.78
深　圳	—	—	32.56	1.28	0.66
珠　海	36.40	36.15	27.98	63.42	49.58
汕　头	19.64	30.35	40.10	8.91	28.93
佛　山	50.27	19.89	12.61	14.59	61.22
湛　江	4.64	9.74	23.59	37.07	62.18
茂　名	3.98	24.61	57.23	11.44	77.65
惠　州	11.18	41.79	5.05	6.83	50.22
梅　州	5.64	4.27	3.86	32.41	83.95
东　莞	4.82	18.94	11.83	16.28	61.49
南　宁	35.19	31.32	53.80	72.39	78.22
柳　州	15.17	31.70	61.03	38.87	74.09
桂　林	5.16	14.77	41.59	78.31	72.88
梧　州	—	19.57	7.95	7.30	88.10
北　海	3.83	2.78	9.80	25.31	52.48
海　口	12.94	19.75	70.95	10.59	76.15
三　亚	29.06	22.30	30.93	66.55	15.56
重　庆	44.27	61.44	51.12	63.47	49.63
成　都	11.83	32.01	33.18	40.85	58.08
泸　州	11.09	12.58	11.81	67.94	45.79
绵　阳	13.35	34.97	18.99	20.87	60.40
贵　阳	21.58	54.01	45.97	42.60	64.84
遵　义	16.87	33.25	82.68	46.53	76.11
昆　明	19.64	16.60	9.11	33.04	25.32
曲　靖	10.85	27.85	46.75	21.99	34.60
拉　萨	44.82	18.61	20.37	20.37	49.24
西　安	36.02	70.07	56.35	58.55	52.83
兰　州	15.86	37.26	36.61	26.12	36.44
西　宁	27.10	38.55	13.06	12.57	19.44
银　川	10.78	58.64	48.91	39.82	40.90
乌鲁木齐	50.39	45.92	41.80	41.80	25.73

数据来源：国土资源部。

表 2-213　　2008—2012 年 100 个城市新增土地供应面积

单位：万平方米

	2008 年	2009 年	2010 年	2011 年	2012 年
北　京	770.90	1261.00	1130.00	1703.76	876.32
天　津	1224.70	3768.00	2382.00	7138.46	4197.60
石家庄	636.50	1397.00	724.00	1253.81	1091.16
唐　山	1281.66	1402.00	669.00	1239.27	1564.71
秦皇岛	347.76	432.00	427.00	452.80	651.94
保　定	144.79	855.00	513.00	818.30	1094.99
张家口	104.09	889.00	457.00	874.34	593.59
廊　坊	517.78	1096.00	671.00	1625.26	1416.58
太　原	236.62	514.00	306.00	542.26	635.36
大　同	136.01	528.00	242.00	512.13	657.20
呼和浩特	16.63	407.00	416.00	643.02	775.70
包　头	434.70	1183.00	734.00	580.33	583.11
鄂尔多斯	381.23	6916.00	2974.00	3799.05	2085.49
沈　阳	1125.54	3750.00	1889.00	5967.49	2318.54
大　连	1077.20	2341.00	1402.00	2885.72	883.95
长　春	665.84	1573.00	1411.00	2975.24	1687.49
吉　林	395.85	288.00	346.00	601.69	931.92
哈尔滨	424.44	1557.00	1073.00	2642.89	1381.56
齐齐哈尔	—	530.00	160.00	318.66	323.93
大　庆	78.30	1621.00	190.00	928.42	590.28
佳木斯	—	86.00	112.00	236.62	175.98
上　海	1952.32	1957.00	325.00	1325.55	616.13
南　京	1311.50	2286.00	2292.00	3102.25	3225.55
无　锡	1884.29	2975.00	4195.00	3355.19	3389.40
徐　州	820.23	1206.00	1791.00	1821.44	3030.54
常　州	595.67	1902.00	2845.00	1726.29	2002.03
苏　州	1803.47	2539.00	2313.00	2395.07	3423.27
南　通	2764.80	2308.00	2972.00	2558.24	2547.85
扬　州	1556.85	1182.00	1646.00	1471.54	1431.45
镇　江	413.60	686.00	339.00	751.07	1239.65
杭　州	2065.88	5119.00	4986.00	3917.75	4492.01
宁　波	1509.57	1990.00	4281.00	3464.68	4919.14
温　州	160.88	647.00	895.00	2545.91	1928.06
嘉　兴	1211.36	2556.00	2661.00	1723.99	1811.75

续表

	2008 年	2009 年	2010 年	2011 年	2012 年
湖　州	1148.40	977.00	1189.00	1212.14	1057.91
金　华	517.79	1164.00	1568.00	1529.60	1155.77
舟　山	341.18	900.00	482.00	476.44	1104.36
合　肥	455.50	2657.00	719.00	919.72	779.09
芜　湖	700.09	628.00	873.00	563.62	861.23
蚌　埠	238.53	350.00	226.00	752.09	588.07
马鞍山	54.79	353.00	197.00	569.24	558.61
福　州	876.77	1251.00	776.00	3083.20	2252.76
厦　门	903.67	535.00	271.00	1245.29	734.18
泉　州	127.99	417.00	762.00	2713.48	2061.17
漳　州	739.34	791.00	840.00	2615.68	1819.73
南　昌	—	1846.00	834.00	1174.41	1115.51
九　江	—	1650.00	650.00	1199.58	1545.12
济　南	0.70	2198.00	986.00	1326.63	1201.88
青　岛	1229.06	3455.00	1926.00	2127.43	2048.34
烟　台	485.64	2286.00	1692.00	1659.76	1264.49
潍　坊	474.33	5249.00	2306.00	2575.96	2994.55
威　海	383.50	1150.00	824.00	949.48	1267.52
郑　州	729.20	1024.00	715.00	2137.19	2524.20
开　封	373.58	262.00	376.00	568.12	433.80
洛　阳	738.13	635.00	541.00	1246.52	1062.31
平顶山	95.07	227.00	764.00	1128.11	654.64
新　乡	311.56	478.00	305.00	660.86	884.15
武　汉	1041.89	1988.00	1788.00	3114.14	2216.26
黄　石	204.50	338.00	205.00	658.91	400.41
十　堰	93.68	156.00	476.00	505.18	795.43
宜　昌	196.32	816.00	1331.00	1020.35	993.61
襄　阳	274.13	309.00	534.00	1661.98	1582.90
长　沙	1102.09	1030.00	679.00	1937.57	1229.18
株　洲	460.03	172.00	223.00	577.50	669.36
湘　潭	153.41	392.00	97.00	515.17	622.21
衡　阳	195.93	192.00	360.00	2027.51	721.63
岳　阳	134.46	441.00	243.00	546.54	708.04
郴　州	196.02	128.00	331.00	403.45	468.45

续表

	2008 年	2009 年	2010 年	2011 年	2012 年
广　州	1144.65	1279.00	1204.00	714.72	3765.02
韶　关	47.27	158.00	170.00	198.81	3813.83
深　圳	—	11.00	128.00	43.35	282.54
珠　海	—	—	61.00	859.46	813.03
汕　头	7.64	40.00	53.00	171.28	88.07
佛　山	168.79	159.00	106.00	164.04	2106.69
湛　江	380.89	138.00	236.00	264.17	2319.02
茂　名	63.60	55.00	43.00	59.05	988.89
惠　州	36.48	457.00	162.00	425.04	1251.84
梅　州	13.17	105.00	84.00	175.27	1682.86
东　莞	487.64	413.00	392.00	621.15	1054.94
南　宁	285.48	945.00	465.00	701.01	918.48
柳　州	268.91	247.00	189.00	401.23	746.06
桂　林	149.66	337.00	176.00	412.34	417.75
梧　州	50.54	202.00	235.00	455.45	451.09
北　海	—	168.00	46.00	297.76	151.06
海　口	171.33	190.00	27.00	10.98	58.87
三　亚	160.26	220.00	44.00	204.34	241.90
重　庆	1703.85	6720.00	3222.00	4944.28	3851.87
成　都	1097.20	3723.00	1741.00	2259.08	2803.22
泸　州	87.42	380.00	690.00	1139.30	637.61
绵　阳	43.62	625.00	345.00	648.22	1111.99
贵　阳	476.23	1039.00	837.00	996.21	1492.84
遵　义	230.68	219.00	2020.00	598.35	1153.12
昆　明	819.02	1126.00	567.00	2360.81	1550.35
曲　靖	225.66	1482.00	287.00	871.24	561.44
拉　萨	110.52	67.00	213.00	212.72	174.88
西　安	862.06	512.00	239.00	229.40	1185.97
兰　州	53.10	511.00	196.00	225.86	255.49
西　宁	38.05	278.00	217.00	832.89	751.32
银　川	259.57	2149.00	801.00	1795.43	1325.99
乌鲁木齐	81.22	98.00	307.00	307.27	377.38

数据来源：国土资源部。

表 2－214　　2009—2012 年 100 个城市商业服务用地供应面积

单位：万平方米

	2009 年	2010 年	2011 年	2012 年
北　京	314.80	400.08	459.39	149.00
天　津	511.41	590.24	677.55	499.07
石家庄	91.97	92.64	107.65	158.01
唐　山	111.62	322.60	267.09	674.60
秦皇岛	106.95	137.10	133.16	304.68
保　定	101.47	123.98	136.17	119.44
张家口	204.53	185.55	255.23	110.87
廊　坊	115.43	140.72	193.11	302.85
太　原	119.38	60.47	73.32	97.83
大　同	21.45	99.06	145.61	213.12
呼和浩特	58.76	165.53	89.63	359.82
包　头	154.86	83.54	138.28	112.21
鄂尔多斯	547.16	1588.16	1101.18	766.34
沈　阳	135.10	283.42	777.66	473.71
大　连	143.41	441.30	814.16	565.96
长　春	192.15	333.77	504.39	770.96
吉　林	47.29	99.27	64.22	122.36
哈尔滨	165.48	229.02	494.54	232.30
齐齐哈尔	22.02	57.27	79.82	160.41
大　庆	46.23	123.84	160.56	178.95
佳木斯	6.17	58.38	84.25	101.75
上　海	381.03	561.45	277.21	155.48
南　京	261.00	108.37	210.76	148.35
无　锡	391.82	465.28	399.95	283.06
徐　州	383.43	370.47	323.98	509.68
常　州	440.10	407.08	458.10	468.08
苏　州	418.40	436.56	548.73	784.44
南　通	460.78	482.86	758.66	1175.50
扬　州	314.02	347.02	302.26	185.69
镇　江	44.76	15.91	49.81	96.59
杭　州	466.45	483.54	442.75	182.64
宁　波	359.56	373.60	375.85	298.53
温　州	41.34	66.78	172.59	125.39
嘉　兴	196.98	243.59	320.40	153.01

续表

	2009 年	2010 年	2011 年	2012 年
湖 州	72.02	185.04	126.38	55.33
金 华	178.32	139.11	72.82	95.94
舟 山	55.96	55.30	67.35	24.47
合 肥	119.75	132.17	113.68	489.45
芜 湖	93.78	120.95	187.26	164.26
蚌 埠	42.28	66.56	56.39	165.15
马鞍山	13.00	31.04	59.86	46.22
福 州	103.13	175.60	346.88	442.29
厦 门	159.63	100.23	115.45	139.14
泉 州	38.29	112.82	194.68	145.95
漳 州	8.04	195.48	131.89	118.26
南 昌	125.91	288.85	285.92	152.41
九 江	65.06	159.83	228.35	264.55
济 南	60.61	179.63	147.86	280.73
青 岛	547.78	457.29	407.37	1092.27
烟 台	158.96	563.77	554.40	251.84
潍 坊	2423.99	1213.38	788.64	565.21
威 海	141.78	346.09	395.68	375.20
郑 州	87.30	88.83	240.29	260.44
开 封	6.21	63.26	81.50	58.96
洛 阳	8.30	78.21	121.67	134.30
平顶山	24.10	11.20	77.06	103.48
新 乡	62.22	77.55	124.30	110.87
武 汉	141.24	405.14	300.88	220.37
黄 石	23.82	48.95	87.17	45.15
十 堰	33.69	103.65	209.20	134.37
宜 昌	45.04	244.35	89.10	159.70
襄 阳	42.98	97.04	109.96	251.99
长 沙	146.22	357.31	399.61	291.23
株 洲	8.84	34.62	83.00	75.36
湘 潭	105.13	42.88	119.41	68.09
衡 阳	12.26	104.68	235.67	136.23
岳 阳	52.84	82.96	45.75	63.25
郴 州	45.26	51.57	53.09	67.56

续表

	2009 年	2010 年	2011 年	2012 年
广　州	251. 81	164. 29	242. 41	178. 30
韶　关	27. 83	20. 77	70. 49	43. 62
深　圳	6. 73	10. 86	8. 24	30. 05
珠　海	30. 28	98. 37	65. 18	59. 80
汕　头	—	19. 87	79. 02	4. 40
佛　山	130. 28	212. 66	139. 12	225. 47
湛　江	9. 97	58. 81	19. 00	32. 28
茂　名	25. 03	25. 05	51. 70	17. 36
惠　州	81. 13	209. 92	141. 49	122. 99
梅　州	20. 00	34. 02	44. 92	26. 60
东　莞	22. 32	80. 15	27. 59	49. 36
南　宁	51. 99	138. 20	90. 73	77. 10
柳　州	41. 72	83. 30	63. 95	64. 86
桂　林	140. 60	198. 49	102. 28	61. 42
梧　州	13. 94	27. 11	69. 09	119. 64
北　海	102. 10	11. 24	14. 47	32. 67
海　口	100. 56	3. 64	32. 17	55. 54
三　亚	51. 35	58. 34	89. 35	99. 38
重　庆	411. 24	354. 89	541. 12	766. 77
成　都	548. 01	505. 40	392. 68	716. 64
泸　州	50. 58	155. 69	80. 42	57. 44
绵　阳	60. 31	68. 01	149. 57	153. 09
贵　阳	134. 24	107. 41	112. 38	288. 16
遵　义	46. 74	45. 78	180. 61	228. 18
昆　明	301. 72	181. 69	900. 96	410. 38
曲　靖	128. 58	50. 87	93. 45	116. 90
拉　萨	3. 11	99. 67	99. 67	34. 26
西　安	40. 02	69. 34	38. 53	207. 21
兰　州	29. 90	67. 65	44. 00	33. 84
西　宁	32. 17	54. 86	113. 63	115. 90
银　川	293. 61	445. 70	176. 52	252. 53
乌鲁木齐	38. 92	92. 14	92. 14	53. 31

数据来源：国土资源部。

表 2 -215　　2009—2012 年 100 个城市住宅用地供应面积及占供应面积比例

	2009 年		2010 年		2011 年		2012 年		2009—2012 年累计
单　位	面积（万平方米）	占比（%）	面积（万平方米）	占比（%）	面积（万平方米）	占比（%）	面积（万平方米）	占比（%）	占比（%）
北　京	686	28.85	786	32.59	918	31.89	614	37.51	32.28
天　津	1675	24.00	2572	38.65	2035	11.27	1580	17.68	19.35
石家庄	385	22.53	492	32.29	568	28.88	495	20.07	25.31
唐　山	304	11.43	649	23.01	988	23.95	690	12.89	17.59
秦皇岛	249	31.72	431	46.04	322	33.06	388	34.35	36.34
保　定	307	21.84	557	34.86	418	27.41	397	22.99	26.84
张家口	324	21.91	586	42.12	603	27.45	350	20.25	27.42
廊　坊	698	42.23	825	46.37	954	34.75	645	35.54	39.06
太　原	247	33.83	301	30.75	383	25.59	201	12.09	23.25
大　同	83	12.79	480	48.54	669	34.82	486	41.22	36.25
呼和浩特	197	38.30	420	42.79	418	43.02	480	33.46	38.82
包　头	287	19.10	362	24.99	362	32.38	295	22.76	24.34
鄂尔多斯	884	11.72	1828	25.36	1835	25.98	785	16.12	19.98
沈　阳	1103	24.79	1109	27.93	2819	18.60	1253	20.93	21.25
大　连	1054	26.53	2209	41.56	2211	21.77	848	15.18	25.26
长　春	1107	40.26	1016	26.36	1447	18.48	986	21.25	23.89
吉　林	217	28.74	424	38.78	364	17.37	475	29.16	26.56
哈尔滨	631	5.94	1322	37.61	1777	33.01	607	23.79	19.65
齐齐哈尔	194	26.17	279	35.87	316	23.48	257	21.25	25.68
大　庆	155	8.21	362	10.78	472	12.78	442	36.07	14.08
佳木斯	71	38.61	377	41.59	263	21.78	97	7.26	22.22
上　海	976	19.93	704	24.06	1141	26.92	487	20.79	22.96
南　京	621	19.42	710	23.82	1458	35.34	703	16.09	23.79
无　锡	966	23.36	1539	29.30	1274	29.30	1012	21.69	26.03
徐　州	599	31.48	844	30.20	907	30.18	1439	29.81	30.24
常　州	743	22.02	793	21.76	803	28.53	792	23.01	23.59
苏　州	1367	29.31	1336	27.68	1335	25.77	1052	17.05	24.42
南　通	972	29.39	1058	26.95	1464	33.90	1318	25.82	28.89
扬　州	530	32.30	615	27.71	692	31.94	690	30.89	30.59
镇　江	164	19.85	160	29.48	426	31.16	582	24.63	26.12
杭　州	1850	29.66	1475	23.73	1165	22.09	880	15.53	22.95
宁　波	876	31.66	2082	37.15	1593	26.79	1540	24.90	29.71
温　州	203	28.13	267	24.03	694	22.04	642	26.50	24.39

续表

单位	2009 年		2010 年		2011 年		2012 年		2009—2012 年累计
	面积（万平方米）	占比（%）	面积（万平方米）	占比（%）	面积（万平方米）	占比（%）	面积（万平方米）	占比（%）	占比（%）
嘉　兴	642	22.19	773	23.79	611	27.59	571	10.88	19.09
湖　州	358	29.48	395	27.21	454	29.67	323	22.59	27.20
金　华	286	21.74	418	22.30	369	20.34	230	16.44	20.35
舟　山	194	17.83	328	22.49	201	23.57	96	6.70	16.96
合　肥	668	18.69	132	5.18	643	27.18	563	11.39	14.93
芜　湖	332	28.81	121	5.00	588	37.80	575	26.13	22.05
蚌　埠	163	32.33	67	9.64	241	24.35	336	22.39	21.89
马鞍山	178	32.19	31	3.35	224	18.50	259	11.86	14.20
福　州	292	20.62	656	30.33	788	22.18	603	22.57	23.86
厦　门	327	18.94	348	17.69	200	11.30	122	12.56	15.49
泉　州	124	22.27	328	18.89	639	21.33	462	20.62	20.63
漳　州	130	13.52	299	17.23	271	9.46	287	12.61	12.59
南　昌	474	22.73	555	15.51	580	22.85	482	18.05	19.23
九　江	366	19.21	396	26.33	478	19.03	631	21.96	21.27
济　南	583	22.61	785	30.57	709	27.51	551	26.16	26.74
青　岛	1179	20.99	1881	33.11	1705	30.10	1244	21.38	26.38
烟　台	938	33.46	1813	35.27	1601	35.46	644	23.37	32.84
潍　坊	2729	27.57	1686	22.45	1507	19.60	1209	14.89	21.46
威　海	548	32.27	1380	46.84	1023	38.94	1786	46.22	42.54
郑　州	704	36.98	1071	36.66	1000	20.57	1096	17.66	24.36
开　封	165	36.92	347	35.43	242	19.18	306	26.41	27.55
洛　阳	239	30.01	250	14.16	1194	34.91	579	4.08	11.22
平顶山	125	33.92	401	25.22	156	11.30	439	29.31	23.17
新　乡	417	48.62	391	42.59	674	41.98	665	23.26	34.40
武　汉	886	32.55	1576	33.47	1296	28.00	804	20.01	28.37
黄　石	62	14.10	115	18.25	207	15.78	121	12.55	15.09
十　堰	81	36.52	191	28.05	94	9.44	183	12.99	16.60
宜　昌	116	10.51	284	13.40	208	10.24	317	16.04	12.80
襄　阳	147	25.46	187	13.21	275	11.52	357	12.31	13.27
长　沙	451	27.63	1221	32.38	1238	28.23	1226	25.62	28.38
株　洲	123	47.90	258	33.84	342	17.45	147	10.99	20.16
湘　潭	221	30.19	179	29.39	309	18.41	229	23.68	23.53
衡　阳	110	35.98	302	36.43	557	16.93	457	28.52	23.66

续表

单　位	2009 年		2010 年		2011 年		2012 年		2009—2012 年累计
	面积（万平方米）	占比（%）	面积（万平方米）	占比（%）	面积（万平方米）	占比（%）	面积（万平方米）	占比（%）	占比（%）
岳　阳	113	17.63	200	26.75	168	12.80	216	14.87	16.78
郴　州	265	48.19	275	29.96	315	7.95	394	26.85	18.10
广　州	857	38.18	448	14.25	344	18.27	376	8.89	17.61
韶　关	50	14.13	102	19.97	129	21.86	108	2.66	7.06
深　圳	38	13.61	78	18.29	79	33.27	130	26.17	22.58
珠　海	221	27.76	299	29.02	91	5.10	79	7.14	14.63
汕　头	29	21.81	26	10.56	35	7.93	11	6.32	10.13
佛　山	666	48.69	542	37.89	265	24.85	359	10.87	25.55
湛　江	104	35.87	118	15.97	106	13.00	160	5.89	10.70
茂　名	32	18.37	63	19.19	218	46.69	32	3.00	16.82
惠　州	631	39.65	825	61.31	737	46.09	400	20.11	39.74
梅　州	115	46.67	194	48.58	122	24.81	122	6.62	18.57
东　莞	145	30.55	221	27.87	307	38.56	104	9.06	24.21
南　宁	243	17.78	517	24.75	272	8.66	206	4.90	11.46
柳　州	201	30.09	235	15.71	231	22.92	374	10.11	15.15
桂　林	269	23.46	173	14.77	340	10.34	249	11.32	13.21
梧　州	106	35.18	172	29.13	175	24.72	159	3.31	9.56
北　海	199	25.99	106	32.73	151	27.82	111	10.33	20.96
海　口	153	38.15	79	17.95	28	21.32	78	8.67	18.07
三　亚	54	22.03	55	32.46	53	8.18	40	13.78	14.92
重　庆	1850	19.36	2958	26.32	3371	18.90	3620	28.49	22.98
成　都	1082	21.88	1530	29.93	1279	24.76	808	10.42	20.45
泸　州	180	37.02	333	26.99	526	13.46	254	18.74	18.52
绵　阳	200	15.37	398	41.72	417	32.52	402	11.52	20.16
贵　阳	379	27.98	803	33.34	695	29.25	600	11.60	21.90
遵　义	216	51.96	216	8.29	490	27.88	576	10.46	14.57
昆　明	693	36.97	342	25.40	1630	31.59	868	32.21	31.90
曲　靖	372	23.23	332	25.66	257	20.00	371	36.24	25.60
拉　萨	29	29.02	84	26.42	84	26.42	111	40.32	30.44
西　安	434	20.36	422	23.42	374	35.46	764	23.46	24.19
兰　州	251	30.32	361	45.51	170	26.31	238	22.88	30.85
西　宁	178	44.09	147	35.07	271	23.68	218	19.77	26.53
银　川	434	16.77	427	15.91	507	14.62	559	19.60	16.62
乌鲁木齐	306	30.01	652	35.37	652	35.37	303	32.00	33.84

数据来源：国土资源部。

表 2 - 216　　2009—2012 年 100 个城市普通商品住房用地供应面积

单位：万平方米

	2009 年	2010 年	2011 年	2012 年	2009—2012 年累计
北　京	487.20	684.65	821.02	409.03	2401.90
天　津	1432.44	2010.94	1337.91	776.03	5557.32
石家庄	302.61	446.83	485.28	428.56	1663.28
唐　山	294.09	565.78	942.65	674.45	2476.97
秦皇岛	224.87	406.30	168.29	344.27	1143.73
保　定	288.41	551.28	381.40	382.23	1603.32
张家口	252.50	545.57	547.93	290.96	1636.96
廊　坊	678.79	811.80	907.55	596.83	2994.97
太　原	227.57	188.49	275.68	111.25	802.99
大　同	50.16	206.20	189.96	310.40	756.72
呼和浩特	184.14	385.96	386.16	475.68	1431.94
包　头	175.06	282.31	262.21	197.27	916.85
鄂尔多斯	781.92	1657.44	1697.06	562.03	4698.45
沈　阳	1094.41	1079.67	2773.47	1234.97	6182.52
大　连	940.50	2143.11	1872.85	788.28	5744.74
长　春	499.20	801.51	1296.59	720.43	3317.73
吉　林	164.82	367.43	344.57	381.24	1258.06
哈尔滨	595.78	1098.35	1593.40	526.68	3814.21
齐齐哈尔	174.58	210.19	262.38	221.64	868.79
大　庆	144.87	361.13	469.68	429.18	1404.86
佳木斯	67.02	313.60	242.56	73.24	696.42
上　海	835.42	669.40	888.43	393.69	2786.94
南　京	358.83	411.45	461.71	333.89	1565.88
无　锡	652.23	886.23	625.03	467.59	2631.08
徐　州	577.20	658.26	815.89	753.04	2804.39
常　州	626.03	646.14	642.44	612.67	2527.28
苏　州	986.41	991.02	1241.87	935.35	4154.65
南　通	907.65	1004.10	1359.48	1295.06	4566.29
扬　州	466.08	582.69	516.33	586.25	2151.35
镇　江	155.33	159.79	407.62	564.66	1287.40
杭　州	1072.82	1294.68	1038.57	322.17	3728.24
宁　波	666.43	1179.08	1476.97	540.13	3862.61
温　州	155.39	228.40	637.02	189.93	1210.74
嘉　兴	400.06	694.92	563.58	275.45	1934.01

续表

	2009 年	2010 年	2011 年	2012 年	2009—2012 年累计
湖　州	330.25	383.49	431.08	204.20	1349.02
金　华	172.70	353.39	352.79	110.35	989.23
舟　山	132.84	315.09	192.89	73.20	714.02
合　肥	509.67	229.97	406.00	264.87	1410.51
芜　湖	327.67	372.13	270.42	195.30	1165.52
蚌　埠	151.85	279.34	183.83	276.03	891.05
马鞍山	166.55	181.01	214.34	198.30	760.20
福　州	281.81	625.85	768.84	586.09	2262.59
厦　门	238.26	331.23	184.26	120.71	874.46
泉　州	103.27	295.26	598.63	437.04	1434.20
漳　州	116.54	291.41	262.38	271.04	941.37
南　昌	443.55	487.48	518.05	408.92	1858.00
九　江	282.30	386.19	367.38	437.37	1473.24
济　南	464.10	599.04	619.06	505.90	2188.10
青　岛	1113.08	1733.28	1327.26	1004.61	5178.23
烟　台	933.73	1764.86	1570.91	611.04	4880.54
潍　坊	2726.52	1683.69	1444.38	1195.69	7050.28
威　海	541.09	1379.72	1021.70	1742.12	4684.63
郑　州	574.15	566.17	692.64	1023.95	2856.91
开　封	162.95	324.17	223.98	255.56	966.66
洛　阳	165.77	197.95	960.88	516.31	1840.91
平顶山	113.52	231.33	114.46	265.02	724.33
新　乡	375.23	385.54	630.14	612.13	2003.04
武　汉	596.13	1449.79	1029.81	546.21	3621.94
黄　石	60.30	106.24	192.01	112.51	471.06
十　堰	76.57	190.68	85.50	172.77	525.52
宜　昌	97.75	227.65	137.73	247.41	710.54
襄　阳	127.74	174.68	252.91	335.98	891.31
长　沙	337.35	1003.79	1055.29	799.98	3196.41
株　洲	114.53	241.59	308.49	120.69	785.30
湘　潭	213.30	170.83	269.45	191.09	844.67
衡　阳	102.95	259.11	521.86	364.35	1248.27
岳　阳	97.72	141.02	109.08	150.83	498.65
郴　州	218.32	254.24	272.33	257.89	1002.78

续表

	2009 年	2010 年	2011 年	2012 年	2009—2012 年累计
广　州	770.00	325.98	268.28	318.08	1682.34
韶　关	46.62	102.11	118.67	102.24	369.64
深　圳	37.51	59.48	78.48	128.23	303.70
珠　海	217.34	297.92	82.47	79.15	676.88
汕　头	29.19	23.32	35.49	11.41	99.41
佛　山	657.06	541.70	259.90	358.52	1817.18
湛　江	103.12	113.48	102.11	159.71	478.42
茂　名	27.03	63.11	212.68	30.42	333.24
惠　州	611.40	821.03	728.09	394.54	2555.06
梅　州	112.26	190.80	98.59	121.07	522.72
东　莞	137.19	221.08	285.10	94.13	737.50
南　宁	213.12	395.06	172.43	194.71	975.32
柳　州	171.26	169.86	181.35	288.19	810.66
桂　林	246.16	148.64	298.93	222.96	916.69
梧　州	97.85	165.81	167.50	146.51	577.67
北　海	193.81	106.08	100.48	49.37	449.74
海　口	108.41	60.02	26.16	51.85	246.44
三　亚	53.71	1.88	52.74	34.08	142.41
重　庆	1331.39	2148.40	2218.69	2656.97	8355.45
成　都	918.36	1373.76	570.44	583.64	3446.20
泸　州	168.62	319.58	502.63	215.13	1205.96
绵　阳	196.00	384.84	368.27	330.62	1279.73
贵　阳	282.95	529.96	506.80	462.71	1782.42
遵　义	177.80	145.42	446.70	511.79	1281.71
昆　明	577.24	323.97	1608.31	694.81	3204.33
曲　靖	339.82	318.51	246.46	224.19	1128.98
拉　萨	23.52	80.34	80.34	94.69	278.89
西　安	357.40	319.15	251.22	594.29	1522.06
兰　州	152.59	275.03	95.56	119.64	642.82
西　宁	157.24	137.68	203.88	152.73	651.53
银　川	367.74	276.81	258.46	254.52	1157.53
乌鲁木齐	287.45	549.93	549.93	248.73	1636.04

数据来源：国土资源部。

表 2－217　　2009—2012 年 100 个城市中低价、中小套商品住房用地供应面积

单位：万平方米

	2009 年	2010 年	2011 年	2012 年	2009—2012 年累计
北　京	42.81	8.46	48.23	174.88	274.38
天　津	85.24	118.55	164.30	8.59	376.68
石家庄	21.90	4.66	9.02	11.94	47.52
唐　山	81.26	105.63	173.57	131.34	491.80
秦皇岛	—	—	0.37	24.18	24.55
保　定	40.26	45.25	55.85	26.66	168.02
张家口	12.03	44.11	164.08	144.94	365.16
廊　坊	308.37	294.11	339.19	185.31	1126.98
太　原	38.33	68.02	61.01	50.27	217.63
大　同	8.01	6.67	3.14	16.63	34.45
呼和浩特	—	0.46	118.88	84.02	203.36
包　头	68.83	137.13	156.83	162.89	525.68
鄂尔多斯	273.27	1086.60	1101.36	372.18	2833.41
沈　阳	36.72	118.89	357.77	177.71	691.09
大　连	501.39	471.92	877.21	404.42	2254.94
长　春	31.57	8.65	63.08	47.68	150.98
吉　林	24.22	17.58	45.42	36.95	124.17
哈尔滨	26.46	142.13	118.28	22.56	309.43
齐齐哈尔	10.57	—	4.89	—	15.46
大　庆	78.66	35.37	67.59	38.05	219.67
佳木斯	20.76	185.53	152.47	66.25	425.01
上　海	220.83	181.89	352.48	255.65	1010.85
南　京	70.00	88.13	89.05	96.46	343.64
无　锡	186.90	287.31	191.64	290.71	956.56
徐　州	6.15	52.31	382.19	527.91	968.56
常　州	8.55	—	336.54	368.83	713.92
苏　州	57.51	112.22	619.61	581.97	1371.31
南　通	94.37	128.49	387.74	565.82	1176.42
扬　州	68.18	152.78	263.37	305.92	790.25
镇　江	6.74	4.83	95.15	406.90	513.62
杭　州	291.87	301.85	522.10	322.15	1437.97
宁　波	116.21	52.50	761.98	525.64	1456.33
温　州	42.10	29.07	186.73	186.00	443.90
嘉　兴	42.17	25.45	304.61	269.42	641.65

续表

	2009 年	2010 年	2011 年	2012 年	2009—2012 年累计
湖　州	30.30	21.12	264.96	203.54	519.92
金　华	0.78	42.80	172.14	110.08	325.80
舟　山	9.46	28.13	115.68	69.20	222.47
合　肥	36.09	44.00	26.94	9.22	116.25
芜　湖	71.12	5.76	16.43	128.17	221.48
蚌　埠	81.81	55.60	26.56	84.77	248.74
马鞍山	134.95	180.51	214.34	98.46	628.26
福　州	48.32	89.85	363.08	204.19	705.44
厦　门	35.94	—	52.63	13.07	101.64
泉　州	23.33	60.06	187.93	198.45	469.77
漳　州	31.16	28.56	97.48	66.02	223.22
南　昌	13.51	116.56	149.72	160.66	440.45
九　江	8.72	93.21	27.82	49.61	179.36
济　南	2.26	62.86	5.39	26.29	96.80
青　岛	152.69	551.31	732.50	855.59	2292.09
烟　台	233.24	1082.88	920.04	450.39	2686.55
潍　坊	466.23	459.73	339.83	404.22	1670.01
威　海	124.55	1073.60	729.41	1628.70	3556.26
郑　州	0.85	14.19	38.04	0.60	53.68
开　封	6.77	242.80	116.37	116.96	482.90
洛　阳	8.28	57.28	465.43	308.78	839.77
平顶山	6.07	—	2.51	52.14	60.72
新　乡	2.45	136.43	404.34	358.19	901.41
武　汉	61.91	237.98	148.10	73.55	521.54
黄　石	2.53	17.12	68.71	44.45	132.81
十　堰	4.17	79.49	45.14	50.53	179.33
宜　昌	0.75	23.77	32.44	89.06	146.02
襄　阳	43.91	66.85	53.43	74.14	238.33
长　沙	24.68	2.57	151.33	51.85	230.43
株　洲	17.46	57.11	0.04	—	74.61
湘　潭	17.87	16.39	30.88	25.02	90.16
衡　阳	1.70	3.39	2.16	8.22	15.47
岳　阳	33.65	34.09	42.17	27.94	137.85
郴　州	77.44	11.28	24.31	18.94	131.97

续表

	2009 年	2010 年	2011 年	2012 年	2009—2012 年累计
广　州	—	107.11	38.55	58.60	204.26
韶　关	1.74	2.94	41.27	18.62	64.57
深　圳	—	33.14	30.54	54.10	117.78
珠　海	107.65	238.62	53.94	50.80	451.01
汕　头	4.17	3.90	3.24	0.23	11.54
佛　山	39.08	59.65	83.69	79.46	261.88
湛　江	—	—	9.15	43.54	52.69
茂　名	1.00	—	2.01	—	3.01
惠　州	35.58	15.66	23.75	27.83	102.82
梅　州	0.94	4.97	30.39	51.05	87.35
东　莞	2.89	—	—	—	2.89
南　宁	66.12	93.43	57.45	13.96	230.96
柳　州	48.41	30.01	88.11	152.52	319.05
桂　林	1.47	7.31	19.74	23.29	51.81
梧　州	4.12	41.19	9.88	0.60	55.79
北　海	14.94	—	10.07	—	25.01
海　口	—	21.76	4.27	4.48	30.51
三　亚	37.39	—	—	—	37.39
重　庆	150.83	123.34	506.55	661.96	1442.68
成　都	200.21	62.99	66.05	96.33	425.58
泸　州	70.22	160.03	71.23	50.91	352.39
绵　阳	4.11	36.17	21.41	26.89	88.58
贵　阳	232.68	362.92	461.63	334.56	1391.79
遵　义	157.84	82.42	419.08	369.63	1028.97
昆　明	107.64	1.79	83.86	0.26	193.55
曲　靖	14.92	59.84	11.78	81.57	168.11
拉　萨	—	80.34	80.34	—	160.68
西　安	—	—	—	2.93	2.93
兰　州	35.55	75.52	4.39	8.74	124.20
西　宁	1.73	13.77	48.33	13.26	77.09
银　川	112.59	64.45	38.46	43.24	258.74
乌鲁木齐	201.22	360.95	36.10	215.30	813.57

数据来源：住房和城乡建设部。

表 2－218　　2009—2012 年 100 个城市经济适用房用地供应面积

单位：万平方米

	2009 年	2010 年	2011 年	2012 年	2009—2012 年累计
北　京	195.53	96.83	93.90	193.00	579.26
天　津	241.75	560.77	485.38	745.31	2033.21
石家庄	71.60	39.89	58.06	59.07	228.62
唐　山	0.07	32.51	9.27	9.37	51.22
秦皇岛	22.48	22.62	149.94	33.54	228.58
保　定	10.14	3.49	22.09	4.47	40.19
张家口	68.24	39.96	35.69	40.07	183.96
廊　坊	1.66	7.50	31.42	12.02	52.60
太　原	19.16	61.00	103.02	87.11	270.29
大　同	4.83	19.77	30.31	—	54.91
呼和浩特	10.20	34.07	31.45	4.34	80.06
包　头	99.80	77.67	96.10	66.74	340.31
鄂尔多斯	80.14	155.88	111.12	215.59	562.73
沈　阳	7.99	28.15	9.57	12.05	57.76
大　连	104.80	66.07	313.60	53.24	537.71
长　春	595.99	198.08	118.62	221.91	1134.60
吉　林	39.54	52.44	4.05	62.04	158.07
哈尔滨	29.41	217.43	162.00	66.47	475.31
齐齐哈尔	15.05	61.81	43.58	30.83	151.27
大　庆	9.52	0.82	2.53	12.24	25.11
佳木斯	3.41	58.14	1.37	—	62.92
上　海	136.75	31.08	249.18	59.46	476.47
南　京	255.66	285.77	960.51	302.36	1804.30
无　锡	248.84	175.18	204.87	157.45	786.34
徐　州	21.58	175.36	74.68	630.12	901.74
常　州	108.98	104.64	92.51	68.14	374.27
苏　州	320.35	343.15	86.58	96.01	846.09
南　通	64.06	53.53	84.55	4.49	206.63
扬　州	60.70	31.59	176.00	103.81	372.10
镇　江	8.52	—	6.27	3.72	18.51
杭　州	772.03	164.43	105.63	521.86	1563.95
宁　波	208.30	887.69	114.61	983.23	2193.83
温　州	47.13	18.89	52.39	439.89	558.30
嘉　兴	241.99	78.55	46.11	287.28	653.93

续表

	2009 年	2010 年	2011 年	2012 年	2009—2012 年累计
湖　州	27.09	10.97	21.53	110.75	170.34
金　华	113.75	63.94	9.34	112.78	299.81
舟　山	61.01	12.71	8.18	21.42	103.32
合　肥	141.65	223.09	223.37	233.66	821.77
芜　湖	4.09	514.51	216.86	188.92	924.38
蚌　埠	10.83	59.76	31.12	19.46	121.17
马鞍山	6.51	6.42	—	29.14	42.07
福　州	6.79	2.81	12.49	9.78	31.87
厦　门	31.09	16.89	15.65	0.87	64.50
泉　州	20.35	22.18	35.30	2.41	80.24
漳　州	13.68	6.19	0.62	5.82	26.31
南　昌	21.19	47.98	36.33	19.46	124.96
九　江	67.74	2.95	5.44	15.85	91.98
济　南	118.51	185.37	52.27	13.72	369.87
青　岛	58.35	143.89	371.37	201.42	775.03
烟　台	3.03	48.48	27.09	32.65	111.25
潍　坊	2.47	—	34.52	9.09	46.08
威　海	7.18	—	—	40.30	47.48
郑　州	120.90	491.54	306.99	60.32	979.75
开　封	0.74	23.19	12.36	38.95	75.24
洛　阳	63.33	35.87	224.89	50.78	374.87
平顶山	9.76	161.80	35.73	155.37	362.66
新　乡	17.88	2.30	22.32	3.14	45.64
武　汉	282.64	124.42	262.92	239.55	909.53
黄　石	2.00	8.65	5.43	2.99	19.07
十　堰	3.23	0.09	0.43	5.69	9.44
宜　昌	15.51	50.89	53.25	42.59	162.24
襄　阳	17.29	3.69	22.34	10.44	53.76
长　沙	113.00	203.02	76.91	381.90	774.83
株　洲	0.19	16.15	31.31	15.09	62.74
湘　潭	1.69	3.02	26.89	34.51	66.11
衡　阳	6.55	32.88	24.92	86.97	151.32
岳　阳	3.88	15.31	44.59	37.76	101.54
郴　州	39.79	15.44	28.83	111.15	195.21

续表

	2009年	2010年	2011年	2012年	2009—2012年累计
广　州	83.65	121.48	73.67	51.31	330.11
韶　关	0.95	0.13	8.43	1.72	11.23
深　圳	—	13.16	0.55	—	13.71
珠　海	3.25	1.33	6.25	—	10.83
汕　头	—	—	—	—	0.00
佛　山	7.37	0.36	—	—	7.73
湛　江	0.06	2.29	1.97	0.05	4.37
茂　名	4.53	—	—	1.00	5.53
惠　州	19.73	3.69	5.22	5.12	33.76
梅　州	2.23	0.50	22.66	0.45	25.84
东　莞	—	—	9.29	—	9.29
南　宁	19.79	117.19	68.94	10.02	215.94
柳　州	24.93	61.21	41.50	57.16	184.80
桂　林	5.69	19.47	23.70	18.14	67.00
梧　州	3.92	—	0.88	3.75	8.55
北　海	4.10	—	5.91	—	10.01
海　口	3.98	16.31	1.91	22.35	44.55
三　亚	—	37.33	0.25	6.22	43.80
重　庆	368.36	542.87	1012.75	532.19	2456.17
成　都	106.85	125.38	692.34	201.03	1125.60
泸　州	2.89	7.32	9.66	27.57	47.44
绵　阳	3.92	3.41	4.60	62.76	74.69
贵　阳	79.62	262.03	109.27	76.42	527.34
遵　义	34.91	59.96	31.47	39.81	166.15
昆　明	41.74	13.89	0.05	13.52	69.20
曲　靖	26.88	6.60	2.20	21.83	57.51
拉　萨	2.41	—	—	13.44	15.85
西　安	66.45	61.48	119.79	133.94	381.66
兰　州	96.32	76.60	64.41	114.85	352.18
西　宁	21.19	9.58	61.49	61.19	153.45
银　川	39.85	135.26	248.42	287.96	711.49
乌鲁木齐	17.33	89.32	89.32	53.58	249.55

数据来源：住房和城乡建设部。

表 2－219　　2009—2012 年 100 个城市廉租房用地供应面积

单位：万平方米

	2009 年	2010 年	2011 年	2012 年	2009—2012 年累计
北　京	3.14	0.63	2.88	11.57	18.22
天　津	—	—	211.71	58.65	270.36
石家庄	10.62	5.00	25.04	7.75	48.41
唐　山	3.58	47.99	36.17	6.67	94.41
秦皇岛	1.80	1.87	3.05	9.84	16.56
保　定	8.62	1.79	14.44	8.09	32.94
张家口	3.18	0.95	19.32	18.69	42.14
廊　坊	2.22	5.40	15.13	34.60	57.35
太　原	0.41	5.25	4.55	2.59	12.80
大　同	19.13	254.48	448.27	135.52	857.40
呼和浩特	2.87	—	—	0.11	2.98
包　头	12.30	2.42	4.04	31.04	49.80
鄂尔多斯	21.75	15.12	26.47	7.69	71.03
沈　阳	0.38	1.16	12.31	6.45	20.30
大　连	—	—	24.30	6.71	31.01
长　春	12.29	16.03	31.49	43.81	103.62
吉　林	12.18	4.61	15.36	32.01	64.16
哈尔滨	5.81	6.27	21.17	13.68	46.93
齐齐哈尔	—	7.24	10.13	4.19	21.56
大　庆	0.17	0.09	—	0.84	1.10
佳木斯	0.32	5.00	19.41	24.04	48.77
上　海	—	—	3.28	33.98	37.26
南　京	—	—	2.74	7.98	10.72
无　锡	31.63	411.27	444.04	382.53	1269.47
徐　州	0.71	9.65	1.86	55.55	67.77
常　州	6.83	4.02	68.13	110.75	189.73
苏　州	4.46	2.02	6.40	20.21	33.09
南　通	0.56	0.69	20.40	18.64	40.29
扬　州	2.82	2.64	—	—	5.46
镇　江	—	—	11.79	13.77	25.56
杭　州	4.95	15.88	21.08	35.97	77.88
宁　波	—	15.05	1.20	16.68	32.93
温　州	0.65	2.87	4.48	11.92	19.92
嘉　兴	0.32	—	0.83	8.05	9.20

续表

	2009 年	2010 年	2011 年	2012 年	2009—2012 年累计
湖　州	0. 95	0. 57	1. 42	8. 02	10. 96
金　华	—	0. 52	6. 70	6. 41	13. 63
舟　山	—	0. 46	0. 10	1. 00	1. 56
合　肥	16. 31	4. 17	13. 68	64. 89	99. 05
芜　湖	—	24. 15	100. 39	190. 72	315. 26
蚌　埠	—	0. 25	25. 71	40. 69	66. 65
马鞍山	4. 94	2. 43	10. 05	31. 82	49. 24
福　州	3. 48	27. 14	6. 74	6. 81	44. 17
厦　门	57. 28	—	—	—	57. 28
泉　州	0. 83	3. 88	5. 10	22. 25	32. 06
漳　州	0. 20	1. 83	8. 22	9. 84	20. 09
南　昌	9. 07	19. 21	25. 24	53. 48	107. 00
九　江	15. 62	7. 03	65. 19	177. 37	265. 21
济　南	0. 60	0. 69	37. 64	31. 70	70. 63
青　岛	7. 06	4. 24	6. 31	37. 86	55. 47
烟　台	0. 76	—	2. 77	—	3. 53
潍　坊	—	2. 77	3. 15	3. 99	9. 91
威　海	—	—	—	1. 09	3. 45
郑　州	1. 99	12. 90	0. 60	11. 33	26. 82
开　封	1. 00	—	5. 73	11. 70	18. 43
洛　阳	9. 94	15. 94	8. 13	11. 93	45. 94
平顶山	1. 23	7. 48	5. 78	18. 53	33. 02
新　乡	23. 51	2. 89	21. 95	49. 96	98. 31
武　汉	1. 38	1. 67	3. 66	18. 59	25. 30
黄　石	—	—	9. 24	5. 67	14. 91
十　堰	1. 25	0. 32	8. 01	4. 61	14. 19
宜　昌	2. 23	5. 65	17. 23	27. 49	52. 60
襄　阳	2. 08	8. 99	—	10. 40	21. 47
长　沙	0. 20	14. 50	105. 57	44. 35	164. 62
株　洲	7. 82	—	1. 95	11. 14	20. 91
湘　潭	5. 62	3. 30	12. 19	3. 24	24. 35
衡　阳	0. 24	6. 67	10. 45	5. 58	22. 94
岳　阳	0. 23	6. 74	14. 51	26. 98	48. 46
郴　州	6. 89	4. 86	14. 04	24. 99	50. 78

续表

	2009 年	2010 年	2011 年	2012 年	2009—2012 年累计
广　州	3. 12	0. 93	1. 68	6. 48	12. 21
韶　关	0. 22	—	1. 90	3. 61	5. 73
深　圳	—	5. 67	—	1. 28	6. 95
珠　海	—	—	2. 00	0. 10	2. 10
汕　头	—	—	—	—	—
佛　山	1. 32	—	5. 09	1. 81	8. 22
湛　江	0. 71	1. 94	1. 79	0. 10	4. 54
茂　名	0. 02	—	1. 96	1. 06	3. 04
惠　州	—	—	3. 21	0. 01	3. 22
梅　州	0. 53	2. 24	0. 79	—	3. 56
东　莞	7. 61	—	13. 06	9. 48	30. 15
南　宁	8. 16	5. 00	30. 77	1. 37	45. 30
柳　州	5. 12	4. 04	8. 05	28. 61	45. 82
桂　林	4. 04	5. 38	17. 28	7. 72	34. 42
梧　州	4. 29	5. 95	6. 34	8. 79	25. 37
北　海	1. 37	—	44. 50	61. 28	107. 15
海　口	2. 26	2. 57	—	3. 52	8. 35
三　亚	—	—	—	—	—
重　庆	55. 84	136. 50	108. 50	430. 42	731. 26
成　都	23. 51	11. 91	15. 61	22. 62	73. 65
泸　州	8. 78	5. 71	13. 48	11. 51	39. 48
绵　阳	0. 54	9. 70	44. 12	8. 76	63. 12
贵　阳	16. 40	10. 78	78. 49	60. 49	166. 16
遵　义	3. 36	10. 75	11. 48	24. 18	49. 77
昆　明	1. 67	3. 96	21. 60	160. 09	187. 32
曲　靖	5. 74	6. 94	7. 87	124. 87	145. 42
拉　萨	2. 78	4. 13	4. 13	2. 60	13. 64
西　安	4. 00	41. 74	2. 99	35. 94	84. 67
兰　州	2. 55	9. 58	10. 28	3. 20	25. 61
西　宁	—	0. 05	5. 55	3. 83	9. 43
银　川	26. 22	14. 56	0. 42	16. 55	57. 75
乌鲁木齐	1. 20	13. 10	13. 10	0. 22	27. 62

数据来源：住房和城乡建设部。

表 2 - 220　　2009—2012 年 100 个城市保障性住房用地供应面积及占住宅用地供应比例

单位：万平方米,%

	2009 年		2010 年		2011 年		2012 年		2009—2012 年累计	
	面积	占比	面积	占比	面积	占比	面积	占比	面积	占比
北　京	198.67	28.95	97.46	12.40	96.78	10.54	204.57	33.34	597.48	19.89
天　津	241.75	14.43	560.77	21.80	697.09	34.25	803.96	50.88	2303.57	29.30
石家庄	82.22	21.35	44.89	9.13	83.10	14.62	66.82	13.49	277.03	14.28
唐　山	3.65	1.20	80.50	12.41	45.44	4.60	16.04	2.32	145.63	5.54
秦皇岛	24.28	9.73	24.49	5.68	152.99	47.56	43.38	11.19	245.14	17.64
保　定	18.76	6.11	5.28	0.95	36.53	8.74	12.56	3.16	73.13	4.36
张家口	71.42	22.05	40.91	6.98	55.01	9.12	58.76	16.80	226.10	12.14
廊　坊	3.88	0.56	12.90	1.56	46.55	4.88	46.62	7.23	109.95	3.52
太　原	19.57	7.92	66.25	22.05	107.57	28.07	89.70	44.64	283.09	25.01
大　同	23.96	28.77	274.25	57.08	478.58	71.59	135.52	27.91	912.31	53.11
呼和浩特	13.07	6.63	34.07	8.11	31.45	7.53	4.45	0.93	83.04	5.48
包　头	112.10	39.04	80.09	22.10	100.14	27.64	97.78	33.14	390.11	29.85
鄂尔多斯	101.89	11.53	171.00	9.35	137.59	7.50	223.28	28.43	633.76	11.89
沈　阳	8.37	0.76	29.31	2.64	21.88	0.78	18.50	1.48	78.06	1.24
大　连	104.80	9.94	66.07	2.99	337.90	15.28	59.95	7.07	568.72	9.00
长　春	608.28	54.93	214.11	21.08	150.11	10.38	265.72	26.95	1238.22	27.18
吉　林	51.72	23.88	57.05	13.44	19.41	5.33	94.05	19.79	222.23	15.01
哈尔滨	35.22	5.58	223.70	16.92	183.17	10.31	80.15	13.21	522.24	12.04
齐齐哈尔	15.05	7.76	69.05	24.73	53.71	16.99	35.02	13.64	172.83	16.52
大　庆	9.69	6.27	0.91	0.25	2.53	0.54	13.08	2.96	26.21	1.83
佳木斯	3.73	5.27	63.14	16.76	20.78	7.89	24.04	24.71	111.69	13.82
上　海	136.75	14.01	31.08	4.41	252.46	22.13	93.44	19.18	513.73	15.53
南　京	255.66	41.14	285.77	40.28	963.25	66.08	310.34	44.12	1815.02	51.97
无　锡	280.47	29.05	586.45	38.10	648.91	50.94	539.98	53.34	2055.81	42.91
徐　州	22.29	3.72	185.01	21.93	76.54	8.44	685.67	47.66	969.51	25.59
常　州	115.81	15.58	108.66	13.69	160.64	20.00	178.89	22.60	564.00	18.01
苏　州	324.81	23.77	345.17	25.83	92.98	6.97	116.22	11.05	879.18	17.28
南　通	64.62	6.65	54.22	5.12	104.95	7.17	23.13	1.75	246.92	5.13
扬　州	63.52	11.98	34.23	5.57	176.00	25.42	103.81	15.04	377.56	14.94
镇　江	8.52	5.20	—	—	18.06	4.24	17.49	3.00	44.07	3.31
杭　州	776.98	42.00	180.31	12.22	126.71	10.87	557.83	63.39	1641.83	30.57
宁　波	208.30	23.79	902.74	43.36	115.81	7.27	999.91	64.93	2226.76	36.56

续表

	2009 年		2010 年		2011 年		2012 年		2009—2012 年累计	
	面积	占比	面积	占比	面积	占比	面积	占比	面积	占比
温　州	47.78	23.52	21.76	8.14	56.87	8.20	451.81	70.40	578.22	32.01
嘉　兴	242.31	37.72	78.55	10.16	46.94	7.69	295.33	51.74	663.13	25.53
湖　州	28.04	7.83	11.54	2.92	22.95	5.05	118.77	36.77	181.30	11.85
金　华	113.75	39.71	64.46	15.41	16.04	4.35	119.19	51.93	313.44	24.05
舟　山	61.01	31.47	13.17	4.01	8.28	4.12	22.42	23.45	104.88	12.81
合　肥	157.96	23.65	227.26	171.95	237.05	36.86	298.55	52.99	920.82	45.89
芜　湖	4.09	1.23	538.66	445.36	317.25	53.99	379.64	66.03	1239.64	76.74
蚌　埠	10.83	6.66	60.01	90.16	56.83	23.61	60.15	17.89	187.82	23.30
马鞍山	11.45	6.43	8.85	28.51	10.05	4.48	60.96	23.51	91.31	13.18
福　州	10.27	3.52	29.95	4.57	19.23	2.44	16.59	2.75	76.04	3.25
厦　门	88.37	27.06	16.89	4.85	15.65	7.83	0.87	0.72	121.78	12.22
泉　州	21.18	17.02	26.06	7.94	40.40	6.32	24.66	5.34	112.30	7.23
漳　州	13.88	10.64	8.02	2.68	8.84	3.26	15.66	5.46	46.40	4.70
南　昌	30.26	6.39	67.19	12.11	61.57	10.62	72.94	15.14	231.96	11.10
九　江	83.36	22.80	9.98	2.52	70.63	14.78	193.22	30.64	357.19	19.10
济　南	119.11	20.42	186.06	23.70	89.91	12.68	45.42	8.24	440.50	16.76
青　岛	65.41	5.55	148.13	7.87	377.68	22.15	239.28	19.24	830.50	13.82
烟　台	3.79	0.40	48.48	2.67	29.86	1.87	32.65	5.07	114.78	2.30
潍　坊	2.47	0.09	2.77	0.16	37.67	2.50	13.08	1.08	55.99	0.79
威　海	7.18	1.31	—	—	1.09	0.11	43.75	2.45	52.02	1.10
郑　州	122.89	17.45	504.44	47.12	307.59	30.75	71.65	6.54	1006.57	26.00
开　封	1.74	1.06	23.19	6.68	18.09	7.47	50.65	16.54	93.67	8.83
洛　阳	73.27	30.65	51.81	20.74	233.02	19.52	62.71	10.83	420.81	18.61
平顶山	10.99	8.83	169.28	42.26	41.51	26.61	173.90	39.62	395.68	35.33
新　乡	41.39	9.93	5.19	1.33	44.27	6.56	53.10	7.98	143.95	6.70
武　汉	284.02	32.04	126.09	8.00	266.58	20.56	258.14	32.09	934.83	20.49
黄　石	2.00	3.21	8.65	7.53	14.67	7.10	8.66	7.15	33.98	6.73
十　堰	4.48	5.53	0.41	0.21	8.44	8.98	10.30	5.63	23.63	4.30
宜　昌	17.74	15.36	56.54	19.90	70.48	33.85	70.08	22.07	214.84	23.22
襄　阳	19.37	13.17	12.68	6.77	22.34	8.12	20.84	5.84	75.23	7.78
长　沙	113.20	25.12	217.52	17.81	182.48	14.74	426.25	34.76	939.45	22.71
株　洲	8.01	6.49	16.15	6.27	33.26	9.73	26.23	17.85	83.65	9.62
湘　潭	7.31	3.31	6.32	3.53	39.08	12.67	37.75	16.50	90.46	9.65

续表

	2009 年		2010 年		2011 年		2012 年		2009—2012 年累计	
	面积	占比	面积	占比	面积	占比	面积	占比	面积	占比
衡 阳	6.79	6.19	39.55	13.10	35.37	6.35	92.55	20.26	174.26	12.22
岳 阳	4.11	3.64	22.05	11.02	59.10	35.14	64.74	30.03	150.00	21.53
郴 州	46.68	17.62	20.30	7.38	42.87	13.60	136.14	34.55	245.99	19.69
广 州	86.77	10.13	122.41	27.30	75.35	21.93	57.79	15.37	342.32	16.91
韶 关	1.17	2.33	0.13	0.13	10.33	8.02	5.33	4.95	16.96	4.36
深 圳	—	—	18.83	24.05	0.55	0.70	1.28	0.99	20.66	6.37
珠 海	3.25	1.47	1.33	0.44	8.25	9.09	0.10	0.13	12.93	1.87
汕 头	—	—	—	—	—	—	—	—	—	—
佛 山	8.69	1.30	0.36	0.07	5.09	1.92	1.81	0.50	15.95	0.87
湛 江	0.77	0.74	4.23	3.59	3.76	3.55	0.15	0.09	8.91	1.83
茂 名	4.55	14.41	—	—	1.96	0.90	2.06	6.34	8.57	2.49
惠 州	19.73	3.13	3.69	0.45	8.43	1.14	5.13	1.28	36.98	1.43
梅 州	2.76	2.40	2.74	1.41	23.45	19.22	0.45	0.37	29.40	5.32
东 莞	7.61	5.26	—	—	22.35	7.27	9.48	9.15	39.44	5.08
南 宁	27.95	11.49	122.19	23.62	99.71	36.64	11.39	5.53	261.24	21.09
柳 州	30.05	14.93	65.25	27.75	49.55	21.46	85.77	22.93	230.62	22.15
桂 林	9.73	3.61	24.85	14.32	40.98	12.06	25.86	10.39	101.42	9.83
梧 州	8.21	7.74	5.95	3.46	7.22	4.13	12.54	7.88	33.92	5.55
北 海	5.47	2.74	—	—	50.41	33.41	61.28	55.39	117.16	20.67
海 口	6.24	4.08	18.88	23.93	1.91	6.80	25.87	33.29	52.90	15.68
三 亚	—	—	37.33	67.92	0.25	0.47	6.22	15.43	43.80	21.69
重 庆	424.20	22.93	679.37	22.96	1121.25	33.26	962.61	26.59	3187.43	27.01
成 都	130.36	12.05	137.29	8.97	707.95	55.37	223.65	27.68	1199.25	25.52
泸 州	11.67	6.47	13.03	3.92	23.14	4.40	39.08	15.37	86.92	6.72
绵 阳	4.46	2.22	13.11	3.29	48.72	11.68	71.52	17.78	137.81	9.72
贵 阳	96.02	25.34	272.81	33.98	187.76	27.03	136.91	22.83	693.50	28.01
遵 义	38.27	17.71	70.71	32.72	42.95	8.77	63.99	11.11	215.92	14.42
昆 明	43.41	6.26	17.85	5.22	21.65	1.33	173.61	19.99	256.52	7.26
曲 靖	32.62	8.76	13.54	4.08	10.07	3.93	146.70	39.55	202.93	15.24
拉 萨	5.19	18.08	4.13	4.89	4.13	4.89	16.04	14.49	29.49	9.56
西 安	70.45	16.22	103.22	24.44	122.78	32.83	169.88	22.23	466.33	23.38
兰 州	98.87	39.32	86.18	23.86	74.69	43.87	118.05	49.67	377.79	37.02
西 宁	21.19	11.88	9.63	6.54	67.04	24.75	65.02	29.86	162.88	20.00
银 川	66.07	15.23	149.82	35.12	248.84	49.05	304.51	54.47	769.24	39.92
乌鲁木齐	18.53	6.06	102.42	15.70	102.42	15.70	53.80	17.78	277.17	14.49

数据来源：住房和城乡建设部。

表 2－221　　2008—2012 年 100 个城市土地出让宗数及面积

	2008 年		2009 年		2010 年		2011 年		2012 年	
单　位	宗	万平方米	宗	万平方米	宗	万平方米	宗	万平方米	宗	万平方米
北　京	746	2219	632	1811	572	2153	608	2541	432	1221
天　津	1058	3419	1240	5694	1605	5283	1400	6223	1333	5092
石家庄	207	886	285	1117	328	1220	493	1465	443	1327
唐　山	262	812	465	2072	590	2439	791	3495	842	5060
秦皇岛	359	1736	260	680	294	873	279	627	317	868
保　定	528	865	482	1298	588	1325	505	1254	540	1364
张家口	393	456	404	1226	439	1143	546	1386	336	757
廊　坊	214	928	359	1627	467	1724	630	2100	594	1715
太　原	168	372	146	533	130	555	161	723	215	728
大　同	54	160	87	400	118	371	168	677	158	772
呼和浩特	111	590	118	461	184	782	222	898	220	1014
包　头	185	754	257	1281	278	823	202	930	207	795
鄂尔多斯	502	846	829	2833	1377	4546	1466	4860	722	3287
沈　阳	506	1765	595	3106	733	3147	1310	6570	805	3122
大　连	630	2181	555	3317	940	4848	1082	5436	547	2135
长　春	1329	1813	1064	1187	959	2455	997	3515	761	2083
吉　林	305	660	398	600	369	908	353	1156	453	1165
哈尔滨	334	742	444	1345	746	2095	793	3158	513	1667
齐齐哈尔	81	173	112	227	188	638	253	730	241	794
大　庆	208	268	188	284	284	716	312	1634	337	1135
佳木斯	104	146	115	93	248	466	235	463	109	341
上　海	663	2468	595	2460	423	1934	663	2578	451	1487
南　京	289	1480	410	1568	489	1402	530	1707	621	1930
无　锡	546	2040	848	2184	777	2628	839	2528	640	1976
徐　州	456	1261	483	1785	633	2321	792	2393	790	2738
常　州	538	1474	853	1965	905	2382	748	2356	1007	2736
苏　州	944	3273	1275	3875	1149	4153	1126	4565	1242	4164
南　通	927	2604	878	2934	1112	3204	1171	3827	1296	4443
扬　州	611	1633	630	1383	717	1904	740	1663	794	1635
镇　江	726	1328	320	708	126	540	306	1143	660	1481
杭　州	1129	1768	1440	2659	1544	3011	1343	2309	883	1593
宁　波	725	1549	960	1937	1052	2301	1154	3587	1001	2353
温　州	558	577	395	432	506	616	641	937	626	773
嘉　兴	941	1605	1087	1785	1156	2618	814	1712	571	1359

续表

	2008 年		2009 年		2010 年		2011 年		2012 年	
单 位	宗	万平方米	宗	万平方米	宗	万平方米	宗	万平方米	宗	万平方米
湖 州	588	1362	518	1123	564	1323	491	1208	481	921
金 华	589	793	963	971	1415	1512	800	914	688	811
舟 山	153	431	267	991	266	1388	217	673	162	916
合 肥	418	1284	516	1645	429	1286	346	1268	510	1940
芜 湖	365	2568	244	1089	380	1718	284	1141	489	1620
蚌 埠	181	263	144	473	178	536	243	817	234	971
马鞍山	49	123	59	368	139	496	196	654	268	774
福 州	209	803	295	854	326	1351	398	2319	472	1987
厦 门	77	293	112	582	191	995	135	730	143	503
泉 州	202	348	280	479	539	1149	589	1719	619	1498
漳 州	249	856	241	860	436	1612	547	2127	527	1738
南 昌	—	—	423	1359	370	1633	350	1530	432	1460
九 江	—	—	269	913	351	1103	413	1700	525	1965
济 南	212	1025	306	1436	391	1769	428	1813	401	1614
青 岛	542	2325	1221	4645	1260	3805	1308	3768	1174	4008
烟 台	409	1201	699	2294	1082	4505	1160	3794	764	2092
潍 坊	487	1999	1523	8279	1591	7087	1601	6835	1584	6987
威 海	404	1471	459	1462	762	2658	657	2207	970	3441
郑 州	395	1139	385	1158	408	1441	628	2694	775	2936
开 封	70	400	124	314	170	719	216	767	231	641
洛 阳	190	589	180	602	212	1358	441	1559	387	1474
平顶山	133	248	147	326	213	792	190	552	304	825
新 乡	133	643	241	575	285	844	350	1291	354	1261
武 汉	464	2312	468	1613	504	3015	617	3657	532	2617
黄 石	321	303	355	401	305	533	424	824	384	508
十 堰	155	169	99	201	143	507	164	563	193	823
宜 昌	656	721	297	891	512	1926	475	1199	547	1464
襄 阳	1091	472	882	481	1103	952	1250	1896	1128	2018
长 沙	594	1294	315	799	536	2050	735	2522	559	1908
株 洲	345	396	342	229	338	360	255	603	224	354
湘 潭	406	371	271	406	387	465	356	619	269	720
衡 阳	263	255	242	194	491	708	805	1342	668	889
岳 阳	550	274	432	390	639	633	444	642	370	624
郴 州	412	293	926	408	1008	692	931	697	885	610

续表

单 位	2008 年		2009 年		2010 年		2011 年		2012 年	
	宗	万平方米	宗	万平方米	宗	万平方米	宗	万平方米	宗	万平方米
广 州	189	1098	263	1736	266	1773	264	1097	253	986
韶 关	147	208	369	347	514	477	594	525	520	536
深 圳	193	477	141	276	162	289	84	235	166	492
珠 海	13	211	17	507	56	743	82	651	55	559
汕 头	48	116	42	93	56	148	89	408	56	128
佛 山	102	507	3355	1096	3268	1250	2416	911	1885	1282
湛 江	136	481	507	261	434	559	714	513	511	1026
茂 名	920	143	506	130	380	141	221	413	106	242
惠 州	2268	1472	1101	927	1327	1277	1351	1489	1095	989
梅 州	640	78	1916	236	2357	384	1906	332	1697	295
东 莞	78	512	125	384	219	700	166	668	142	441
南 宁	1289	578	1205	924	1151	966	1005	868	929	917
柳 州	501	596	3197	457	3301	583	2465	616	1375	959
桂 林	772	461	1194	978	1307	686	1265	713	1110	596
梧 州	109	291	236	243	379	543	370	655	333	571
北 海	537	375	965	745	756	292	702	405	508	509
海 口	27	395	141	321	67	128	65	118	56	214
三 亚	16	203	20	189	15	117	17	217	39	247
重 庆	1443	2776	1074	3685	1621	5494	1858	6514	1843	6399
成 都	7315	3105	920	3362	897	3417	790	3055	718	3249
泸 州	493	244	400	426	569	1087	531	1252	315	735
绵 阳	1734	527	2481	847	2703	773	3590	1015	1771	1382
贵 阳	158	756	145	623	212	1301	243	1363	326	1818
遵 义	633	311	219	278	381	452	510	939	585	1315
昆 明	2847	1416	2362	1563	3470	1223	4040	3455	2329	2014
曲 靖	178	419	580	1157	701	689	709	1001	393	669
拉 萨	91	189	40	81	80	255	80	255	85	139
西 安	276	809	240	638	254	787	151	437	382	1536
兰 州	142	556	122	356	177	503	101.0	478	116	660
西 宁	106	149	127	249	144	365	209	1000	178	887
银 川	132	1277	154	1070	259	1370	415	2088	283	1685
乌鲁木齐	1169	649	855	539	954	1074	954	1074	272	702

数据来源：国土资源部。

表 2－222　　2008—2012 年 100 个城市土地出让面积占供应面积比例

单位:%

	2008 年	2009 年	2010 年	2011 年	2012 年
北　京	61. 17	76. 14	89. 22	88. 29	74. 61
天　津	87. 00	81. 56	79. 38	34. 46	56. 99
石家庄	94. 51	65. 34	80. 12	74. 42	53. 79
唐　山	47. 85	78. 04	86. 50	84. 71	94. 48
秦皇岛	98. 87	86. 43	93. 30	64. 48	76. 84
保　定	89. 80	92. 28	83. 00	82. 23	78. 97
张家口	95. 36	82. 95	82. 10	63. 10	43. 82
廊　坊	98. 79	98. 43	96. 94	76. 48	94. 58
太　原	76. 10	72. 98	56. 78	48. 25	43. 78
大　同	59. 19	61. 47	37. 52	35. 27	65. 50
呼和浩特	74. 67	89. 44	79. 69	92. 51	70. 66
包　头	75. 02	85. 17	56. 74	83. 08	61. 30
鄂尔多斯	80. 31	37. 57	63. 04	68. 83	67. 46
沈　阳	86. 50	69. 81	79. 25	43. 35	52. 12
大　连	86. 53	83. 48	91. 20	53. 54	38. 22
长　春	73. 84	43. 16	63. 71	44. 90	44. 88
吉　林	86. 74	79. 67	82. 99	55. 17	71. 49
哈尔滨	66. 00	12. 67	59. 61	58. 68	65. 34
齐齐哈尔	80. 84	30. 67	81. 95	54. 24	65. 70
大　庆	58. 17	15. 10	21. 33	44. 23	92. 57
佳木斯	86. 37	50. 63	51. 45	38. 27	25. 46
上　海	53. 97	50. 24	66. 09	60. 82	63. 47
南　京	62. 93	49. 00	47. 04	41. 37	44. 14
无　锡	55. 42	52. 83	50. 04	58. 15	42. 32
徐　州	85. 13	93. 73	83. 10	79. 64	56. 74
常　州	74. 90	58. 23	65. 32	83. 67	79. 55
苏　州	78. 41	83. 12	86. 02	88. 15	67. 52
南　通	63. 78	88. 68	81. 60	88. 58	87. 02
扬　州	78. 73	84. 27	85. 83	76. 71	73. 17
镇　江	88. 65	85. 77	99. 61	83. 67	62. 66
杭　州	50. 36	42. 64	48. 43	43. 77	28. 11
宁　波	68. 68	70. 02	41. 06	60. 33	38. 04
温　州	36. 58	59. 79	55. 34	29. 77	31. 91
嘉　兴	88. 86	61. 68	80. 53	77. 35	25. 92
湖　州	91. 66	92. 45	91. 11	78. 91	64. 45

续表

	2008 年	2009 年	2010 年	2011 年	2012 年
金　华	86.58	73.69	80.63	50.40	58.09
舟　山	83.88	91.18	95.09	78.89	64.16
合　肥	60.27	46.03	50.37	53.60	39.22
芜　湖	90.55	94.62	71.08	73.38	73.62
蚌　埠	83.58	93.94	77.60	82.70	64.69
马鞍山	65.80	66.62	53.47	53.95	35.39
福　州	71.11	60.26	62.51	65.27	74.40
厦　门	15.15	33.74	50.58	41.26	52.02
泉　州	100.00	85.63	66.16	57.37	66.90
漳　州	90.81	89.09	92.78	74.16	76.46
南　昌	—	65.20	45.66	60.33	54.69
九　江	—	47.96	73.30	67.68	68.43
济　南	81.76	55.66	68.88	70.35	76.61
青　岛	87.61	82.72	66.96	66.51	68.90
烟　台	98.78	81.87	87.61	84.04	75.94
潍　坊	99.95	83.63	94.33	88.87	86.05
威　海	95.90	86.05	90.23	84.01	89.06
郑　州	—	60.80	49.36	55.42	47.33
开　封	73.98	70.36	73.30	60.79	55.33
洛　阳	57.18	75.53	76.97	45.59	10.40
平顶山	91.76	88.79	49.84	39.95	55.11
新　乡	96.17	67.15	91.95	80.38	44.09
武　汉	91.34	59.25	64.04	78.98	65.09
黄　石	86.23	90.84	84.62	62.93	52.61
十　堰	93.32	90.48	74.41	56.60	58.44
宜　昌	90.08	81.09	90.84	58.96	73.97
襄　阳	82.30	83.31	67.12	79.31	69.65
长　沙	59.56	48.98	54.34	57.52	39.85
株　洲	65.25	88.84	47.22	30.78	26.51
湘　潭	60.46	55.54	76.37	36.97	74.54
衡　阳	78.01	63.60	85.38	40.78	55.49
岳　阳	94.76	60.90	84.70	48.84	43.04
郴　州	60.96	74.25	75.34	17.58	41.54
广　州	72.07	77.34	56.37	58.33	23.35
韶　关	88.84	97.50	93.12	89.17	13.22

续表

	2008 年	2009 年	2010 年	2011 年	2012 年
深　圳	100.00	100.00	67.44	98.72	99.34
珠　海	63.60	63.85	72.02	36.58	50.42
汕　头	80.36	69.65	59.90	91.09	71.07
佛　山	49.73	80.11	87.39	85.41	38.78
湛　江	95.36	90.26	75.87	62.93	37.82
茂　名	96.02	75.39	42.77	88.56	22.35
惠　州	88.82	58.21	94.95	93.17	49.78
梅　州	94.36	95.73	96.14	67.59	16.04
东　莞	95.18	81.06	88.17	83.72	38.51
南　宁	64.81	67.56	46.20	27.61	21.78
柳　州	84.83	68.30	38.97	61.13	25.91
桂　林	94.84	85.23	58.40	21.69	27.12
梧　州	100.00	80.43	92.05	92.70	11.90
北　海	96.17	97.22	90.20	74.69	47.52
海　口	87.06	80.25	29.05	89.41	23.85
三　亚	70.94	77.70	69.07	33.45	84.44
重　庆	55.73	38.56	48.88	36.53	50.37
成　都	88.17	67.99	66.82	59.15	41.92
泸　州	88.91	87.42	88.19	32.06	54.21
绵　阳	86.65	64.92	81.01	79.13	39.60
贵　阳	78.42	45.99	54.03	57.4	35.16
遵　义	83.13	66.75	17.32	53.47	23.89
昆　明	80.36	83.40	90.89	66.96	74.68
曲　靖	89.15	72.15	53.25	78.01	65.40
拉　萨	55.18	81.40	79.63	79.63	50.76
西　安	63.98	29.90	43.65	41.44	47.17
兰　州	84.14	42.97	63.39	73.89	63.56
西　宁	72.90	61.45	86.94	87.43	80.56
银　川	89.22	41.36	51.09	60.18	59.10
乌鲁木齐	49.61	52.83	58.21	58.21	74.27

数据来源：国土资源部。

表 2－223　　2008—2012 年 100 个城市新增土地出让面积

单位：万平方米

	2008 年	2009 年	2010 年	2011 年	2012 年
北　京	739.96	987.31	1115.74	1688.44	855.31
天　津	1224.70	2814.30	2359.35	4983.17	3895.29
石家庄	604.80	835.00	679.39	1217.02	1041.81
唐　山	407.50	1105.23	653.83	1141.48	1564.71
秦皇岛	341.64	381.70	421.85	451.83	644.64
保　定	112.97	781.97	510.38	810.41	1089.17
张家口	97.31	669.02	443.15	871.02	577.50
廊　坊	512.45	1082.85	668.58	1619.41	1416.58
太　原	169.04	364.53	305.36	542.26	603.67
大　同	39.03	292.98	241.57	459.11	656.77
呼和浩特	13.89	357.40	415.51	636.70	775.70
包　头	331.05	1012.50	384.04	556.93	572.27
鄂尔多斯	339.88	2439.87	2973.61	3796.66	2077.47
沈　阳	879.77	2561.63	1880.13	5788.56	2318.54
大　连	859.94	1948.40	1396.66	2877.26	883.95
长　春	482.51	583.08	1411.26	2975.24	1687.49
吉　林	345.07	246.06	346.02	600.38	931.92
哈尔滨	382.15	818.44	964.31	2540.29	1373.37
齐齐哈尔	—	39.88	157.55	310.47	298.22
大　庆	58.92	103.57	190.17	926.53	590.28
佳木斯	—	9.88	110.98	232.11	175.98
上　海	1027.14	1039.18	324.60	1325.55	616.13
南　京	640.40	1125.70	1032.30	1085.98	1177.29
无　锡	671.16	1502.75	1882.61	1791.74	1177.15
徐　州	650.94	1135.06	1360.72	1280.60	1399.90
常　州	467.92	1120.45	1710.98	1349.15	1492.74
苏　州	1433.37	2161.79	2017.04	2143.05	1988.18
南　通	1765.21	1973.91	2404.60	2151.66	2058.98
扬　州	1139.74	943.47	1409.27	1026.43	914.84
镇　江	398.10	583.26	336.89	545.71	715.68
杭　州	828.61	1936.35	2521.25	1670.68	1288.54
宁　波	913.08	1249.61	1478.18	1519.21	1465.44
温　州	125.23	375.62	455.20	594.93	462.36
嘉　兴	1082.52	1466.00	2072.12	1328.11	901.42

续表

	2008 年	2009 年	2010 年	2011 年	2012 年
湖　州	1026. 53	892. 70	1101. 03	908. 72	595. 65
金　华	437. 77	833. 71	1218. 58	745. 48	713. 26
舟　山	299. 14	821. 21	427. 56	377. 88	612. 06
合　肥	397. 20	1161. 87	718. 93	919. 72	779. 09
芜　湖	548. 41	581. 33	872. 75	563. 62	861. 23
蚌　埠	214. 36	333. 82	226. 01	750. 09	582. 08
马鞍山	44. 96	245. 84	196. 51	569. 24	558. 61
福　州	575. 42	705. 93	671. 12	1896. 05	1634. 08
厦　门	25. 25	24. 13	147. 43	380. 89	378. 34
泉　州	127. 99	357. 37	549. 83	1464. 06	1324. 59
漳　州	664. 24	704. 88	788. 83	1892. 30	1413. 62
南　昌	—	1138. 79	821. 95	1173. 41	1070. 84
九　江	—	673. 54	650. 35	1138. 04	1541. 71
济　南	0. 70	1058. 35	929. 79	1326. 63	1201. 88
青　岛	1086. 29	2577. 04	1582. 28	2121. 91	2035. 70
烟　台	473. 69	1789. 52	1485. 20	1659. 76	1264. 49
潍　坊	473. 60	3798. 66	2304. 71	2575. 96	2994. 55
威　海	383. 50	924. 53	824. 15	948. 14	1228. 52
郑　州	388. 78	361. 25	633. 98	2111. 21	2332. 86
开　封	287. 86	162. 97	375. 52	568. 12	433. 80
洛　阳	353. 64	500. 04	540. 19	1243. 42	1059. 40
平顶山	77. 30	195. 43	406. 68	422. 93	654. 64
新　乡	289. 67	228. 02	304. 59	660. 86	715. 90
武　汉	980. 94	1036. 08	1617. 28	3101. 21	2210. 57
黄　石	173. 54	301. 86	205. 23	658. 91	400. 41
十　堰	82. 05	142. 70	378. 82	488. 89	759. 49
宜　昌	155. 38	627. 04	1330. 42	1020. 35	993. 61
襄　阳	229. 74	256. 01	533. 71	1661. 98	1582. 90
长　沙	917. 42	628. 41	675. 32	1528. 49	1229. 18
株　洲	300. 00	146. 69	223. 43	543. 81	314. 28
湘　潭	138. 97	246. 72	97. 42	515. 17	610. 47
衡　阳	129. 49	129. 66	359. 91	990. 34	718. 55
岳　阳	122. 55	213. 58	242. 78	516. 61	459. 35
郴　州	126. 53	74. 89	318. 25	382. 28	448. 74

续表

	2008 年	2009 年	2010 年	2011 年	2012 年
广　州	824. 90	963. 78	1202. 77	669. 11	641. 01
韶　关	28. 64	155. 19	169. 90	198. 59	323. 52
深　圳	—	11. 15	121. 21	43. 35	280. 95
珠　海	—	—	60. 88	328. 51	416. 21
汕　头	7. 64	25. 92	53. 12	167. 99	54. 31
佛　山	—	117. 20	65. 45	160. 36	345. 79
湛　江	370. 15	126. 24	235. 65	240. 77	686. 20
茂　名	57. 88	19. 89	42. 61	13. 52	154. 10
惠　州	32. 43	226. 01	161. 71	420. 35	354. 06
梅　州	8. 51	99. 90	83. 31	139. 43	159. 08
东　莞	464. 23	323. 64	392. 08	577. 51	356. 87
南　宁	177. 47	646. 47	353. 00	619. 09	686. 18
柳　州	233. 75	64. 46	188. 78	400. 99	727. 35
桂　林	139. 86	282. 78	175. 35	394. 50	371. 29
梧　州	50. 54	154. 00	228. 44	455. 45	444. 43
北　海	—	161. 14	45. 61	297. 76	146. 40
海　口	157. 82	122. 35	26. 75	10. 98	58. 87
三　亚	106. 18	173. 69	43. 74	204. 34	241. 90
重　庆	875. 26	2247. 54	3166. 96	4835. 08	3829. 18
成　都	1009. 31	2172. 47	1728. 63	2256. 62	2803. 22
泸　州	81. 11	341. 19	684. 94	1124. 65	637. 61
绵　阳	43. 62	273. 15	345. 45	637. 73	1111. 99
贵　阳	423. 93	332. 21	831. 19	906. 19	1492. 84
遵　义	199. 55	102. 57	244. 14	596. 05	1118. 17
昆　明	719. 74	915. 95	562. 61	2317. 98	1508. 83
曲　靖	188. 76	1044. 25	270. 23	871. 24	543. 62
拉　萨	41. 34	51. 94	160. 57	160. 57	80. 50
西　安	473. 09	358. 18	239. 17	229. 40	1185. 97
兰　州	15. 86	239. 21	196. 39	225. 86	255. 49
西　宁	29. 76	152. 62	216. 74	832. 89	741. 26
银　川	191. 86	685. 73	800. 52	1795. 43	1325. 99
乌鲁木齐	16. 04	9. 12	23. 01	23. 01	341. 55

数据来源：国土资源部。

表 2－224　　2008—2012 年 100 个城市新增土地协议出让面积

单位：万平方米

	2008 年	2009 年	2010 年	2011 年	2012 年
北　京	206.02	241.10	210.54	460.40	305.68
天　津	280.90	149.97	31.81	82.81	87.67
石家庄	22.49	156.50	69.52	81.89	97.08
唐　山	—	4.99	0.53	40.35	12.94
秦皇岛	223.81	13.68	112.40	4.82	15.74
保　定	—	61.96	40.16	12.94	80.63
张家口	14.81	255.25	60.13	120.25	66.77
廊　坊	2.19	26.32	11.02	24.29	21.45
太　原	6.76	82.18	—	17.46	—
大　同	1.44	—	36.76	27.27	66.92
呼和浩特	—	—	1.66	10.82	4.65
包　头	—	277.75	—	2.21	6.86
鄂尔多斯	4.33	179.70	48.00	77.30	58.03
沈　阳	8.16	4.69	—	20.65	5.55
大　连	100.07	74.43	40.38	57.34	35.99
长　春	—	15.66	9.87	127.33	64.31
吉　林	119.54	56.69	6.25	41.89	52.80
哈尔滨	3.80	181.86	57.13	152.51	37.05
齐齐哈尔	—	5.86	—	18.36	13.95
大　庆	—	2.00	—	12.88	—
佳木斯	—	2.10	14.14	1.73	14.62
上　海	103.14	54.79	2.42	83.79	49.46
南　京	39.00	84.07	111.57	8.21	1.30
无　锡	127.51	325.42	163.04	26.09	46.12
徐　州	7.45	2.63	1.70	0.04	—
常　州	—	58.01	39.17	18.59	93.66
苏　州	148.25	213.40	92.19	3.37	2.41
南　通	144.20	62.76	15.02	6.97	2.02
扬　州	14.44	34.11	5.95	0.19	—
镇　江	20.40	74.06	3.13	0.39	2.40
杭　州	9.88	20.37	37.20	21.97	26.51
宁　波	24.33	46.23	44.83	71.52	17.92
温　州	20.19	100.30	81.06	53.12	180.15

续表

	2008 年	2009 年	2010 年	2011 年	2012 年
嘉　兴	52.68	122.18	72.55	70.94	84.91
湖　州	7.02	3.87	1.27	22.15	4.78
金　华	—	23.93	37.97	61.03	5.32
舟　山	12.84	5.53	69.44	7.73	289.48
合　肥	—	22.46	0.19	—	—
芜　湖	—	—	78.22	4.17	3.85
蚌　埠	—	11.36	—	—	—
马鞍山	3.12	6.30	12.73	—	2.87
福　州	109.05	75.60	93.11	339.98	157.50
厦　门	25.25	6.40	0.25	17.72	13.33
泉　州	—	14.00	20.01	108.74	59.75
漳　州	6.77	7.21	2.05	52.80	55.95
南　昌	—	12.76	9.49	89.61	16.90
九　江	—	29.84	—	51.76	136.71
济　南	—	—	37.12	53.54	23.46
青　岛	238.27	274.17	118.36	62.35	57.27
烟　台	4.88	31.88	139.36	346.70	41.18
潍　坊	125.95	53.07	41.47	46.82	6.32
威　海	—	23.21	2.59	7.82	5.49
郑　州	240.65	50.67	21.91	208.26	138.36
开　封	—	—	0.84	—	1.30
洛　阳	55.76	0.96	5.11	32.66	263.15
平顶山	—	58.81	31.93	4.51	146.03
新　乡	84.07	33.21	48.72	187.73	179.40
武　汉	—	14.33	25.04	24.43	107.31
黄　石	2.17	—	—	10.85	13.22
十　堰	—	—	0.73	1.47	266.52
宜　昌	4.81	0.72	50.34	4.97	30.43
襄　阳	0.10	—	10.36	35.80	18.83
长　沙	11.50	12.13	10.98	5.10	14.87
株　洲	0.06	1.15	2.77	12.18	0.73
湘　潭	2.33	4.61	2.44	0.12	0.61
衡　阳	0.59	0.05	2.13	4.69	3.88
岳　阳	1.92	2.52	3.16	0.97	1.15
郴　州	—	0.55	2.04	1.28	3.83

续表

	2008 年	2009 年	2010 年	2011 年	2012 年
广　州	226. 78	280. 40	533. 01	195. 36	50. 39
韶　关	—	103. 04	1. 00	1. 08	13. 19
深　圳	—	2. 24	96. 17	28. 86	238. 11
珠　海	—	—	—	—	2. 00
汕　头	—	2. 43	10. 82	90. 13	4. 64
佛　山	—	—	0. 01	0. 41	2. 97
湛　江	1. 04	—	1. 15	2. 39	2. 36
茂　名	—	0. 07	1. 10	—	—
惠　州	2. 25	—	2. 00	3. 40	—
梅　州	0. 45	0. 51	7. 60	—	0. 35
东　莞	48. 57	6. 00	5. 77	24. 99	83. 59
南　宁	—	35. 18	8. 51	21. 27	23. 01
柳　州	—	—	11. 69	—	27. 09
桂　林	0. 56	—	2. 96	3. 04	2. 18
梧　州	—	—	—	45. 26	9. 54
北　海	—	—	—	1. 68	29. 62
海　口	10. 48	8. 33	14. 24	—	—
三　亚	—	30. 87	—	2. 66	18. 54
重　庆	87. 72	164. 89	9. 99	27. 09	113. 38
成　都	122. 81	137. 20	60. 75	135. 30	83. 92
泸　州	0. 80	28. 36	4. 72	1. 51	1. 47
绵　阳	—	46. 32	40. 39	52. 20	272. 96
贵　阳	110. 21	45. 64	2. 86	102. 83	18. 71
遵　义	1. 30	5. 74	46. 98	110. 46	75. 61
昆　明	0. 37	141. 54	47. 68	163. 32	106. 99
曲　靖	—	307. 80	1. 32	9. 35	1. 27
拉　萨	35. 35	50. 61	69. 00	69. 00	—
西　安	27. 50	22. 21	11. 17	5. 67	3. 26
兰　州	10. 36	8. 67	20. 42	20. 12	2. 98
西　宁	5. 87	0. 41	94. 64	537. 46	573. 50
银　川	91. 44	0. 05	4. 15	—	12. 82
乌鲁木齐	1. 29	—	0. 52	0. 52	42. 45

数据来源：国土资源部。

表2-225　　2008—2012年100个城市土地出让成交价款

单位：万元

	2008年	2009年	2010年	2011年	2012年
北　京	6865430	6929442	13188719	15554533	6564529
天　津	3935853	5719610	8529622	7673548	5290349
石家庄	394222	793619	1300158	1300379	1758403
唐　山	183542	746946	1620642	2172018	2260438
秦皇岛	577414	428424	1181570	620274	959117
保　定	348462	357379	924678	658650	852737
张家口	199848	349982	558685	533655	350144
廊　坊	665016	1013526	1936801	1879940	1666566
太　原	480316	600963	634935	773276	658105
大　同	202581	232631	624622	646175	773531
呼和浩特	381530	362952	598761	646837	937909
包　头	153045	161422	448874	578174	576995
鄂尔多斯	149826	758872	2159075	2423592	1417133
沈　阳	2543735	2880917	2929364	8979391	4516680
大　连	2135451	2654556	8709639	10432226	4507264
长　春	641605	1027689	2816267	3718670	2409286
吉　林	156282	194312	486124	687449	731813
哈尔滨	568005	1149123	2146760	3771161	1471305
齐齐哈尔	28140	136551	192756	303881	405792
大　庆	130256	248313	429037	723713	691861
佳木斯	17744	14689	56403	76571	62877
上　海	5702615	9756621	8800940	9481261	6016721
南　京	1825934	2540013	5219587	5287346	4159058
无　锡	1719677	2805495	6263223	5166731	2836393
徐　州	469205	1180819	1893930	2730243	2790912
常　州	910534	2806847	3393493	4665961	4922619
苏　州	2709004	5455688	6798739	8845341	5868867
南　通	1322333	3322508	3808463	3766078	5731053
扬　州	939287	1182963	2219783	2291413	2134923
镇　江	596698	605042	646345	1878841	1493113
杭　州	2667536	10699438	10252057	7294703	5644769
宁　波	1725769	4884578	6928197	4786354	4591484
温　州	1109920	1253694	3056641	4758069	1911807

续表

	2008 年	2009 年	2010 年	2011 年	2012 年
嘉兴	927800	1903935	2987142	2390705	1694185
湖州	723350	1060569	1612528	1616304	773848
金华	784632	1111312	3033567	3356611	991971
舟山	234748	590944	1420070	839775	541038
合肥	1269022	1610459	1876096	2346533	3060629
芜湖	928698	1075665	1992835	1335804	1523528
蚌埠	97504	406262	520363	477844	792758
马鞍山	42855	366788	522518	541748	569149
福州	535028	1569400	3660341	3810119	3013087
厦门	675401	3022723	3290150	1410287	1746325
泉州	233348	450509	1268417	1970066	1757790
漳州	257789	242204	826555	707490	730885
南昌	—	762302	1497565	1968219	1604858
九江	—	377916	894126	1238667	1176516
济南	1169787	1637979	3095655	3123402	3656989
青岛	1712040	3409491	5350153	5298020	4304545
烟台	516510	840661	2538263	2140731	1209726
潍坊	721837	3341407	2756955	3043856	2846769
威海	1150400	924716	1762941	2066198	3117216
郑州	1291658	1210890	1595075	2564740	3309930
开封	228448	180395	466515	456635	403525
洛阳	219416	154809	576975	1184569	933338
平顶山	68535	131313	323830	305430	453990
新乡	173525	154631	217343	453929	399122
武汉	1823130	1815136	3632931	5771131	3718373
黄石	204778	95315	222970	410053	279276
十堰	47510	73366	340337	289589	383776
宜昌	131645	292445	712257	501728	897558
襄阳	221596	199661	418539	949747	930578
长沙	1255776	459738	1806540	3416556	2867558
株洲	172308	153560	333668	542285	291374
湘潭	162555	191256	232323	737646	603760
衡阳	73712	67871	277957	633840	519927
岳阳	100709	139879	280460	304586	397063
郴州	111339	228765	297146	539378	522154

续表

	2008 年	2009 年	2010 年	2011 年	2012 年
广　州	1173509	5514884	3642805	3323857	2978279
韶　关	95272	84041	193237	264142	220947
深　圳	1157194	375321	508453	437766	975458
珠　海	46794	1681583	927846	794775	1211479
汕　头	59762	53446	123392	308805	150713
佛　山	1387665	2610575	2693465	2366546	3874294
湛　江	271996	163809	262497	202937	492330
茂　名	40128	21392	60562	284973	115714
惠　州	762186	506084	1013873	946533	925784
梅　州	14955	57995	176785	278505	214351
东　莞	849303	690239	1357811	1349448	1141017
南　宁	237263	548151	1831380	1333020	1157870
柳　州	240404	383643	351738	588974	1016276
桂　林	157379	233155	287948	636932	329782
梧　州	52222	128273	329976	431735	370111
北　海	125491	206988	235261	210565	216407
海　口	275133	449116	170036	169043	303401
三　亚	445675	416797	514893	583121	793512
重　庆	2338057	3886650	7328838	9604680	11872751
成　都	3457454	4343506	5350740	4845349	6166028
泸　州	76684	154156	495875	769862	359343
绵　阳	115583	282164	479672	487011	863044
贵　阳	474113	325901	998381	1146535	1817902
遵　义	92568	129973	190939	681135	693645
昆　明	1025589	910872	2479966	7226424	4372797
曲　靖	130868	378427	282006	424141	518890
拉　萨	71500	7600	56808	56808	30637
西　安	1031744	1081622	1309657	822193	2765103
兰　州	236356	310880	665348	494512	286467
西　宁	20636	439127	417420	467053	299307
银　川	214308	515818	404925	689194	447848
乌鲁木齐	250886	257567	427985	427985	406159

数据来源：国土资源部。

表 2 - 226　　2008—2012 年 100 个城市土地出让平均单价

单位：元/平方米

	2008 年	2009 年	2010 年	2011 年	2012 年
北　京	3094	3827	6127	6122	5378
天　津	1151	1005	1615	1233	1039
石家庄	445	711	1066	888	1325
唐　山	225	361	665	621	447
秦皇岛	333	630	1353	989	1106
保　定	403	275	698	525	625
张家口	438	285	489	385	463
廊　坊	717	623	1123	895	972
太　原	1291	1127	1144	1070	904
大　同	1262	581	1682	954	1002
呼和浩特	647	788	765	720	925
包　头	203	126	545	622	726
鄂尔多斯	177	268	475	499	431
沈　阳	1441	927	931	1367	1447
大　连	979	800	1796	1919	2111
长　春	354	865	1147	1058	1157
吉　林	237	324	535	595	628
哈尔滨	765	854	1025	1194	883
齐齐哈尔	163	601	302	416	511
大　庆	486	873	599	443	610
佳木斯	122	158	121	166	184
上　海	2310	3966	4551	3677	4046
南　京	1234	1620	3724	3098	2155
无　锡	843	1285	2383	2044	1436
徐　州	372	662	816	1141	1019
常　州	618	1428	1425	1981	1799
苏　州	828	1408	1637	1938	1409
南　通	508	1132	1189	984	1290
扬　州	575	855	1166	1378	1306
镇　江	449	855	1197	1644	1008
杭　州	1509	4023	3405	3159	3544
宁　波	1114	2522	3011	1334	1951
温　州	1924	2903	4965	5077	2474

续表

	2008 年	2009 年	2010 年	2011 年	2012 年
嘉　兴	578	1066	1141	1397	1246
湖　州	531	944	1219	1338	840
金　华	989	1144	2006	3673	1223
舟　山	544	596	1023	1248	591
合　肥	988	979	1459	1850	1577
芜　湖	362	987	1160	1171	940
蚌　埠	371	860	972	585	816
马鞍山	347	996	1053	828	736
福　州	666	1838	2708	1643	1516
厦　门	2304	5196	3305	1932	3469
泉　州	671	941	1104	1146	1174
漳　州	301	282	513	333	420
南　昌	—	561	917	1286	1099
九　江	—	414	811	728	599
济　南	1162	1141	1750	1723	2265
青　岛	737	734	1406	1406	1074
烟　台	430	366	563	564	578
潍　坊	361	404	389	445	407
威　海	782	633	663	936	906
郑　州	1134	1046	1107	952	1127
开　封	572	575	649	595	629
洛　阳	372	257	425	760	633
平顶山	277	403	409	554	550
新　乡	270	269	258	352	317
武　汉	789	1125	1205	1578	1421
黄　石	675	238	419	498	550
十　堰	281	365	671	514	466
宜　昌	183	328	370	418	613
襄　阳	469	415	440	501	461
长　沙	970	576	881	1355	1503
株　洲	435	671	928	899	822
湘　潭	438	471	499	1191	838
衡　阳	289	350	393	472	585
岳　阳	367	359	443	475	636
郴　州	380	560	429	773	857

续表

	2008 年	2009 年	2010 年	2011 年	2012 年
广　州	1097	3177	2054	3030	3019
韶　关	459	242	405	503	412
深　圳	2424	1362	1761	1867	1984
珠　海	222	3314	1249	1221	2166
汕　头	517	573	832	757	1175
佛　山	2735	2382	2154	2599	3022
湛　江	565	627	469	396	480
茂　名	281	165	430	691	478
惠　州	518	546	794	636	936
梅　州	192	246	461	838	728
东　莞	1660	1796	1941	2022	2590
南　宁	410	593	1896	1536	1263
柳　州	403	840	603	956	1060
桂　林	341	238	420	893	553
梧　州	179	529	608	659	648
北　海	335	278	805	520	425
海　口	697	1398	1332	1436	1420
三　亚	2200	2201	4402	2691	3214
重　庆	842	1055	1334	1474	1855
成　都	1114	1292	1566	1586	1898
泸　州	315	362	456	615	489
绵　阳	219	333	621	480	624
贵　阳	627	523	767	841	1000
遵　义	298	468	423	725	528
昆　明	724	583	2027	2092	2172
曲　靖	312	327	409	424	775
拉　萨	377	94	223	223	220
西　安	1276	1696	1664	1881	1800
兰　州	425	872	1322	1035	434
西　宁	138	1766	1143	467	337
银　川	168	482	296	330	266
乌鲁木齐	386	478	399	399	578

数据来源：国土资源部。

表 2－227　　2008—2012 年 100 个城市土地协议出让宗数及面积

	2008 年		2009 年		2010 年		2011 年		2012 年	
单　位	宗	万平方米	宗	万平方米	宗	万平方米	宗	万平方米	宗	万平方米
北　京	565	1163	358	464	338	569	346	944	302	587
天　津	732	1056	585	1164	750	279	474	143	416	298
石家庄	43	54	54	225	67	152	40	121	50	172
唐　山	92	82	139	502	74	225	158	940	209	1772
秦皇岛	261	1459	107	163	101.0	192	97	89	86	94
保　定	251	146	120	148	166	191	76	122	69	115
张家口	139	109	149	495	123	268	96	191	41	117
廊　坊	15	43	68	82	44	90	41	52	26	31
太　原	91	133	43	116	30	85	24	33	25	23
大　同	11	26	10	40	35	62	33	131	19	94
呼和浩特	8	29	32	25	37	52	52	109	28	45
包　头	55	50	75	394	64	65	56	69	49	85
鄂尔多斯	171	48	456	189	399	156	308	185	85	160
沈　阳	57	75	54	142	76	104	64	88	88	76
大　连	230	401	170	221	255	232	174	174	139	163
长　春	1035	905	797	267	305	244	294	303	224	229
吉　林	19	151	46	85	18	48	19	43	25	73
哈尔滨	74	91	125	294	107	159	64	203	100.0	104
齐齐哈尔	—	—	4	7	31	108	56	61	60	165
大　庆	74	56	80	28	87	140	97	33	76	34
佳木斯	5	1	3	9	25	42	41	20	29	63
上　海	93	207	62	149	16	47	26	169	24	128
南　京	113	104	119	244	188	187	105	145	47	39
无　锡	254	570	310	380	154	261	51	95	66	127
徐　州	145	136	89	226	93	61	230	55	51	30
常　州	235	239	242	211	198	158	105	249	98	98
苏　州	90	209	141	394	86	273	40	110	17	35
南　通	223	224	185	112	130	26	137	450	45	19
扬　州	138	98	121	63	197	72	133	75	134	76
镇　江	361	150	96	109	21	8	4	3	25	8
杭　州	187	74	170	42	76	59	76	49	65	43
宁　波	36	56	64	97	50	55	110	154	58	55
温　州	313	287	106	103	103	88	212	139	233	288
嘉　兴	165	108	135	156	81	85	72	84	50	106

续表

	2008 年		2009 年		2010 年		2011 年		2012 年	
单 位	宗	万平方米	宗	万平方米	宗	万平方米	宗	万平方米	宗	万平方米
湖 州	6	7	6	6	3	1	13	22	10	5
金 华	6	6	29	26	48	41	25	61	53	12
舟 山	27	26	24	7	23	633	21	86	12	294
合 肥	92	47	58	43	44	46	34	25	27	23
芜 湖	31	24	14	7	47	194	49	27	146	299
蚌 埠	80	7	18	27	10	6	76	5	17	19
马鞍山	22	63	15	102	55	75	52	13	20	20
福 州	3	109	105	120	98	118	68	431	51	228
厦 门	8	32	7	174	8	19	13	42	10	17
泉 州	—	—	11	28	17	38	38	137	27	61
漳 州	3	7	12	20	19	38	48	79	43	217
南 昌	—	—	70	111	36	51	50	134	92	54
九 江	—	—	61	115	14	1	15	52	28	138
济 南	32	29	52	112	33	65	33	109	20	30
青 岛	174	541	220	1002	236	360	188	221	216	114
烟 台	84	54	217	270	223	546	282	466	214	267
潍 坊	145	848	277	1987	202	1927	202	1675	121	1585
威 海	72	47	27	50	76	23	32	30	164	454
郑 州	176	394	105	145	128	221	153	371	110	320
开 封	18	45	25	43	16	56	13	14	4	8
洛 阳	79	130	34	8	46	572	38	110	99	413
平顶山	59	107	51	112	88	245	72	94	137	197
新 乡	52	157	107	128	115	163	120	280	108	255
武 汉	31	35	78	234	44	120	43	113	92	216
黄 石	258	44	256	52	154	7	281	112	188	31
十 堰	9	1	20	11	27	12	23	8	42	281
宜 昌	133	84	97	23	129	110	135	16	141	46
襄 阳	557	8	552	65	621	76	555	91	477	46
长 沙	241	127	72	77	264	756	209	424	164	403
株 洲	43	2	140	8	176	13	40	26	38	7
湘 潭	186	20	157	83	262	234	172	5	107	82
衡 阳	60	1	93	7	177	92	281	90	283	76
岳 阳	224	7	238	13	370	30	254	55	138	23
郴 州	219	20	464	35	584	68	492	101.0	556	20

续表

单　位	2008 年		2009 年		2010 年		2011 年		2012 年	
	宗	万平方米	宗	万平方米	宗	万平方米	宗	万平方米	宗	万平方米
广　州	27	272	77	424	58	614	79	316	93	194
韶　关	31	—	274	117	325	46	450	122	368	52
深　圳	141	201	107	168	127	222	55	160	121	406
珠　海	—	—	1	17	1	6	—	—	1	2
汕　头	3	2	7	4	6	14	12	94	6	5
佛　山	—	—	3162	165	3068	257	2202	117	1621	138
湛　江	42	4	395	51	338	39	529	218	439	130
茂　名	799	46	483	95	344	65	142	36	57	82
惠　州	2020	32	871	52	951	16	939	33	777	29
梅　州	501	20	1861	80	2247	66	1823	66	1613	70
东　莞	6	49	5	6	4	16	11	50	30	90
南　宁	1011	87	945	131	882	147	662	61	659	59
柳　州	314	186	3071	179	3119	90	2287	96	1166	73
桂　林	270	47	915	103	1012	52	1011	42	820	42
梧　州	19	1	155	15	280	66	238	103	191	44
北　海	512	125	920	455	718	129	630	21	465	350
海　口	2	10	123	126	41	34	26	23	24	14
三　亚	—	—	2	47	—	—	1	3	6	21
重　庆	484	334	237	394	403	71	442	108	475	240
成　都	6900	863	292	502	261	272	265	292	129	185
泸　州	332	71	221	73	253	41	172	32	86	28
绵　阳	1544	353	2292	393	2448	351	3270	268	1504	329
贵　阳	95	251	68	143	43	95	65	158	46	81
遵　义	313	27	31	9	178	82	160	181	55	77
昆　明	1475	116	2095	352	3234	190	3334	563	1837	287
曲　靖	80	115	316	372	352	61	475	69	133	79
拉　萨	76	79	37	79	46	94	46	94	69	109
西　安	119	187	107	195	133	354	79	143	48	103
兰　州	77	401	34	30	56	103	41	228	36	363
西　宁	87	105	77	38	83	131	133	602	89	622
银　川	53	161	34	31	65	136	52	91	53	229
乌鲁木齐	958	128	743	181	778	158	778	158	128	60

数据来源：国土资源部。

表 2－228　　2008—2012 年 100 个城市土地协议出让成交价款

单位：万元

	2008 年	2009 年	2010 年	2011 年	2012 年
北　京	563861	272346	488581	867677	451578
天　津	662560	231416	154993	153040	119141
石家庄	13762	71545	81284	43069	91692
唐　山	21092	68915	33609	338474	398174
秦皇岛	221430	63681	94709	35590	159345
保　定	28848	15418	259527	60468	78603
张家口	18940	107241	69552	38252	17030
廊　坊	15573	29041	38877	78099	15128
太　原	106978	68869	48225	30491	26923
大　同	28059	29645	79118	93554	86189
呼和浩特	3531	6349	16517	15195	5366
包　头	21004	20854	19393	16137	14691
鄂尔多斯	3061	30293	31126	91779	68657
沈　阳	9444	20123	26717	29328	34206
大　连	116557	60954	85507	114333	102057
长　春	140645	29446	31953	49809	67893
吉　林	5956	15755	6685	5363	9867
哈尔滨	34393	82104	65232	192111	93701
齐齐哈尔	—	2322	12458	8401	38282
大　庆	22236	22553	18445	8931	6081
佳木斯	110	194	4876	4796	9197
上　海	167344	151931	282919	222722	383004
南　京	84251	62530	103527	462314	26513
无　锡	174427	186488	175666	71489	176805
徐　州	38625	28106	31056	19517	8192
常　州	94901	192872	180072	63424	27599
苏　州	61642	151859	126350	53271	13187
南　通	50739	42326	15928	96432	3871
扬　州	17986	38805	25449	23413	75086
镇　江	42480	31045	2039	657	8824
杭　州	32863	21197	39460	38896	55635
宁　波	21032	60657	50749	98902	51894
温　州	65683	55353	119125	420101	561310
嘉　兴	54004	77743	50848	60489	51511

续表

	2008 年	2009 年	2010 年	2011 年	2012 年
湖　州	881	575	480	6129	3817
金　华	432	7816	9877	25373	6458
舟　山	6292	4833	481128	36383	59286
合　肥	22731	22520	36988	6642	9641
芜　湖	18032	4671	237477	34405	642902
蚌　埠	1639	11695	3017	2154	3699
马鞍山	9654	40267	24308	35758	22112
福　州	533	79856	116793	739904	380207
厦　门	33424	84388	18164	18536	16159
泉　州	—	6869	6870	60972	25137
漳　州	4893	3604	16212	22727	34070
南　昌	—	14157	20680	81119	49965
九　江	—	10177	98	3914	7276
济　南	47691	57490	53180	204545	41088
青　岛	293025	293526	248492	388933	151183
烟　台	17678	53648	187639	216992	93844
潍　坊	144858	253188	276752	313008	344421
威　海	11265	12063	7109	6761	984629
郑　州	171204	75467	185302	203085	248995
开　封	13474	22665	25093	4487	9676
洛　阳	28495	3562	91221	29654	138380
平顶山	19954	25632	63584	39210	179745
新　乡	22907	14370	14274	88325	67649
武　汉	42941	144183	70937	44271	79889
黄　石	11861	12615	1771	173818	32071
十　堰	94	2375	7060	4204	100656
宜　昌	9214	3353	13118	4054	14716
襄　阳	1498	18174	25426	36953	36449
长　沙	80261	37757	309689	202697	207514
株　洲	581	3600	4350	6545	4955
湘　潭	11750	34378	66918	1962	42021
衡　阳	348	1835	12910	18834	23056
岳　阳	1437	6953	3264	6099	15331
郴　州	4841	8446	7089	45968	10030

续表

	2008 年	2009 年	2010 年	2011 年	2012 年
广　州	60560	111886	273359	289612	361419
韶　关	76	20919	4792	17976	14234
深　圳	27872	10875	136368	146327	417134
珠　海	—	42893	24000	—	420
汕　头	971	1729	5888	15582	2074
佛　山	—	59942	143282	64103	61573
湛　江	1091	10627	13891	39681	80832
茂　名	3227	11636	10369	10328	11726
惠　州	4004	12452	8294	14472	17702
梅　州	1238	9063	8794	25634	18473
东　莞	17350	2866	5443	21869	46194
南　宁	39970	108134	188299	112321	36585
柳　州	49320	29121	32220	29943	14225
桂　林	16801	24808	25340	12521	22293
梧　州	291	3884	86393	72384	31581
北　海	26975	72697	24737	5528	74952
海　口	4539	42653	28371	36549	23712
三　亚	—	14160	—	3087	17413
重　庆	86356	39287	14931	91409	165305
成　都	798269	194909	302416	316077	152046
泸　州	7772	6567	7228	4271	7121
绵　阳	44731	140185	224333	66095	127701
贵　阳	128947	31871	13414	20289	14345
遵　义	4271	1700	17859	29908	13179
昆　明	17698	100797	36304	640009	286063
曲　靖	11448	26757	14961	11950	37654
拉　萨	18371	7000	18027	18027	15664
西　安	255000	280455	320524	96024	54599
兰　州	52995	8737	13990	75298	18924
西　宁	13971	12072	14761	67078	55143
银　川	15239	12445	45122	77081	62750
乌鲁木齐	35176	72219	49134	49134	28446

数据来源：国土资源部。

表 2－229　2008—2012 年 100 个城市土地协议出让平均单价及与土地平均单价之比

单　位	2008 年 单价（元/平方米）	2008 年 比例（%）	2009 年 单价（元/平方米）	2009 年 比例（%）	2010 年 单价（元/平方米）	2010 年 比例（%）	2011 年 单价（元/平方米）	2011 年 比例（%）	2012 年 单价（元/平方米）	2012 年 占比（%）
北　京	485	15.67	586	15.33	859	14.01	919	15.01	769	14.30
天　津	627	54.48	199	19.79	556	34.44	1069	86.69	399	38.45
石家庄	256	57.59	318	44.74	534	50.08	355	40.01	534	40.34
唐　山	257	114.25	137	38.08	150	22.52	360	57.95	225	50.29
秦皇岛	152	45.61	391	62.04	493	36.41	401	40.60	1699	153.70
保　定	197	49.02	104	37.94	1358	194.64	497	94.52	686	109.80
张家口	174	39.72	216	75.85	260	53.20	201	52.16	145	31.41
廊　坊	361	50.37	352	56.52	434	38.61	1490	166.46	484	49.83
太　原	806	62.43	593	52.56	567	49.58	929	86.84	1155	127.75
大　同	1079	85.50	747	128.61	1281	76.17	712	74.59	921	91.87
呼和浩特	120	18.59	256	32.54	315	41.15	140	19.41	119	12.89
包　头	420	207.08	53	41.95	297	54.52	233	37.47	173	23.88
鄂尔多斯	63	35.72	160	59.89	199	41.98	497	99.66	430	99.63
沈　阳	126	8.74	142	15.27	256	27.49	334	24.45	452	31.23
大　连	291	29.67	275	34.42	368	20.48	658	34.30	624	29.57
长　春	155	43.90	110	12.75	131	11.42	164	15.52	297	25.67
吉　林	39	16.63	185	57.28	139	25.95	126	21.21	134	21.39
哈尔滨	379	49.48	279	32.69	411	40.11	946	79.25	901	102.09
齐齐哈尔	—	—	352	58.68	115	38.11	137	32.85	232	45.32
大　庆	400	82.27	798	91.39	131	21.94	274	61.84	178	29.19
佳木斯	98	80.35	21	13.42	117	96.97	236	142.58	146	79.04
上　海	808	34.97	1016	25.63	6082	133.64	1318	35.83	2988	73.85
南　京	807	65.37	256	15.82	553	14.85	3199	103.25	688	31.93
无　锡	306	36.29	490	38.18	673	28.23	755	36.94	1397	97.32
徐　州	285	76.50	125	18.82	508	62.24	358	31.39	278	27.25
常　州	397	64.36	914	64.03	1137	79.80	254	12.84	280	15.58
苏　州	294	35.56	386	27.39	463	28.30	486	25.08	377	26.72
南　通	227	44.62	380	33.52	603	50.70	214	21.78	207	16.06
扬　州	184	31.91	617	72.10	352	30.20	312	22.63	985	75.43
镇　江	284	63.11	286	33.47	257	21.48	244	14.86	1106	109.67
杭　州	444	29.40	510	12.68	668	19.62	796	25.21	1305	36.84
宁　波	376	33.72	623	24.70	916	30.43	644	48.28	947	48.51
温　州	229	11.91	540	18.59	1353	27.24	3019	59.46	1949	78.81
嘉　兴	498	86.14	498	46.72	595	52.19	719	51.48	486	38.97

续表

	2008 年		2009 年		2010 年		2011 年		2012 年	
单 位	单价（元/平方米）	比例（%）	单价（元/平方米）	比例（%）	单价（元/平方米）	比例（%）	单价（元/平方米）	比例（%）	单价（元/平方米）	占比（%）
湖 州	125	23.62	95	10.04	333	27.35	277	20.67	724	86.24
金 华	75	7.59	303	26.44	242	12.09	413	11.25	556	45.45
舟 山	240	44.00	672	112.76	760	74.27	423	33.92	201	34.12
合 肥	487	49.23	520	53.16	806	55.28	261	14.11	424	26.86
芜 湖	738	204.07	712	72.11	1223	105.49	1281	109.40	2148	228.42
蚌 埠	219	59.09	428	49.75	530	54.57	424	72.55	196	24.01
马鞍山	153	43.94	395	39.64	324	30.79	2789	336.83	1109	150.76
福 州	—	—	667	36.31	990	36.54	1717	104.48	1670	110.13
厦 门	1036	44.97	484	9.32	980	29.64	437	22.63	934	26.92
泉 州	—	—	249	26.44	181	16.42	446	38.95	414	35.29
漳 州	723	239.88	183	65.05	423	82.54	287	86.18	157	37.35
南 昌	—	—	127	22.65	406	44.22	605	47.07	917	83.45
九 江	—	—	88	21.36	178	21.99	75	10.34	53	8.81
济 南	1642	141.29	515	45.15	814	46.53	1877	108.91	1382	60.99
青 岛	541	73.48	293	39.91	690	49.04	1762	125.31	1321	123.00
烟 台	327	76.01	199	54.28	343	60.95	465	82.48	352	60.87
潍 坊	171	47.29	127	31.57	144	36.93	187	41.97	217	53.35
威 海	239	30.62	244	38.53	303	45.72	228	24.41	2171	239.69
郑 州	434	38.28	519	49.64	839	75.78	547	57.46	777	68.95
开 封	302	52.77	531	92.31	446	68.66	319	53.63	1195	189.89
洛 阳	219	58.94	442	171.76	160	37.55	269	35.44	335	52.91
平顶山	187	67.57	229	56.86	260	63.50	419	75.58	913	165.92
新 乡	146	54.10	112	41.78	88	34.05	315	89.64	265	83.74
武 汉	1223	155.04	615	54.66	590	48.95	393	24.91	369	26.00
黄 石	271	40.18	240	101.19	250	59.73	1549	311.34	1041	189.45
十 堰	78	27.81	213	58.36	612	91.14	530	103.08	358	76.85
宜 昌	109	59.86	145	44.13	120	32.38	252	60.14	318	51.95
襄 阳	179	38.23	279	67.25	335	76.14	404	80.66	799	173.35
长 沙	634	65.38	489	85.03	410	46.48	478	35.25	516	34.29
株 洲	350	80.45	429	63.88	346	37.25	251	27.87	745	90.64
湘 潭	601	137.17	413	87.61	286	57.18	433	36.37	513	61.15
衡 阳	240	82.93	256	73.15	140	35.77	209	44.17	304	51.99
岳 阳	211	57.35	532	148.16	108	24.29	111	23.43	653	102.61
郴 州	242	63.65	241	42.97	104	24.32	457	59.11	503	58.66

续表

单 位	2008 年		2009 年		2010 年		2011 年		2012 年	
	单价(元/平方米)	比例(%)	单价(元/平方米)	比例(%)	单价(元/平方米)	比例(%)	单价(元/平方米)	比例(%)	单价(元/平方米)	占比(%)
广 州	223	20.30	264	8.30	445	21.68	917	30.28	1867	61.85
韶 关	172	37.47	179	73.74	105	25.83	148	29.39	273	66.14
深 圳	139	5.72	65	4.75	613	34.82	915	49.04	1026	51.73
珠 海	—	—	2500	75.42	4000	320.15	—	—	210	9.69
汕 头	422	81.75	428	74.65	407	48.91	166	21.97	383	32.62
佛 山	—	—	363	15.26	558	25.89	548	21.10	446	14.76
湛 江	275	48.61	210	33.57	352	75.04	182	45.88	621	129.48
茂 名	70	24.91	122	74.12	159	36.94	287	41.57	142	29.79
惠 州	126	24.38	241	44.12	519	65.35	439	69.06	614	65.61
梅 州	63	32.77	114	46.35	134	28.99	387	46.17	264	36.34
东 莞	357	21.52	478	26.59	343	17.69	438	21.69	513	19.81
南 宁	460	112.07	826	139.22	1282	67.59	1840	119.80	625	49.50
柳 州	265	65.80	162	19.34	359	59.62	310	32.46	196	18.46
桂 林	354	103.84	242	101.37	485	115.53	299	33.51	536	96.90
梧 州	310	172.60	262	49.48	1311	215.67	700	106.18	716	110.58
北 海	216	64.64	160	57.53	191	23.78	269	51.68	214	50.37
海 口	433	62.13	338	24.16	839	63.02	1574	109.63	1684	118.62
三 亚	—	—	304	13.81	—	—	1161	43.13	847	26.34
重 庆	259	30.70	100.0	9.47	211	15.82	846	57.35	689	37.13
成 都	925	83.04	389	30.07	1114	71.13	1082	68.22	820	43.22
泸 州	109	34.67	90	24.85	176	38.47	131	21.38	254	51.95
绵 阳	127	57.81	357	107.07	638	102.82	247	51.37	388	62.22
贵 阳	513	81.81	222	42.51	142	18.47	128	15.25	176	17.62
遵 义	158	53.04	197	42.17	217	51.39	165	22.73	171	32.45
昆 明	153	21.13	287	49.20	191	9.42	1137	54.37	995	45.83
曲 靖	99	31.86	72	21.97	246	60.14	174	41.12	479	61.75
拉 萨	233	61.64	88	93.65	192	85.92	192	85.92	144	65.63
西 安	1365	106.94	1437	84.77	904	54.36	671	35.66	531	29.52
兰 州	132	31.12	294	33.75	136	10.26	330	31.91	52	12.01
西 宁	134	96.65	319	18.07	113	9.85	112	23.88	89	26.27
银 川	95	56.34	408	84.50	331	111.89	845	255.91	275	103.34
乌鲁木齐	274	70.88	399	83.45	312	78.19	312	78.19	473	81.75

数据来源：国土资源部。

表 2-230　2008—2012 年 100 个城市土地招拍挂出让宗数及面积

	2008 年		2009 年		2010 年		2011 年		2012 年	
	宗	万平方米	宗	万平方米	宗	万平方米	宗	万平方米	宗	万平方米
北　京	181	1056	274	1346	234	1584	262	1597	130	634
天　津	326	2363	655	4530	855	5004	926	6080	917	4794
石家庄	164	832	231	892	261	1068	453	1343	393	1156
唐　山	170	730	326	1570	516	2214	633	2555	633	3288
秦皇岛	98	276	153	517	193	681	182	539	231	774
保　定	277	719	362	1150	422	1134	429	1132	471	1250
张家口	254	347	255	731	316	876	450	1196	295	640
廊　坊	199	884	291	1544	423	1634	589	2048	568	1684
太　原	77	239	103	417	100.0	470	137	690	190	705
大　同	43	134	77	361	83	310	135	546	139	678
呼和浩特	103	560	86	436	147	730	170	789	192	969
包　头	130	704	182	886	214	758	146	860	158	710
鄂尔多斯	331	797	373	2644	978	4390	1158	4676	637	3127
沈　阳	449	1690	541	2964	657	3043	1246	6482	717	3046
大　连	400	1780	385	3096	685	4616	908	5262	408	1971
长　春	294	907	267	921	654	2211	703	3212	537	1854
吉　林	286	508	352	515	351	860	334	1114	428	1092
哈尔滨	260	651	319	1051	639	1936	729	2955	413	1563
齐齐哈尔	81	173	108	221	157	530	197	669	181	628
大　庆	134	213	108	256	197	576	215	1602	261	1101
佳木斯	99	145	112	84	223	425	194	442	80	278
上　海	570	2261	533	2311	407	1887	637	2409	427	1359
南　京	176	1375	291	1324	301	1214	425	1562	574	1892
无　锡	292	1470	538	1803	623	2367	788	2433	574	1849
徐　州	311	1125	394	1559	540	2260	562	2339	739	2709
常　州	303	1236	611	1755	707	2224	643	2106	909	2638
苏　州	854	3064	1134	3482	1063	3880	1086	4456	1225	4129
南　通	704	2380	693	2822	982	3177	1034	3377	1251	4424
扬　州	473	1535	509	1320	520	1832	607	1588	660	1559
镇　江	365	1178	224	599	105	532	302	1140	635	1473
杭　州	942	1694	1270	2618	1468	2952	1267	2260	818	1550
宁　波	689	1493	896	1839	1002	2246	1044	3434	943	2298
温　州	245	290	289	329	403	528	429	798	393	485
嘉　兴	776	1497	952	1629	1075	2533	742	1628	521	1253

续表

	2008 年		2009 年		2010 年		2011 年		2012 年	
	宗	万平方米	宗	万平方米	宗	万平方米	宗	万平方米	宗	万平方米
湖　州	582	1355	512	1117	561	1321	478	1186	471	916
金　华	583	787	934	945	1367	1471	775	852	635	800
舟　山	126	405	243	984	243	755	196	587	150	622
合　肥	326	1237	458	1602	385	1240	312	1243	483	1918
芜　湖	334	2543	230	1083	333	1524	235	1114	343	1321
蚌　埠	101.0	255	126	445	168	530	167	812	217	952
马鞍山	27	60	44	266	84	421	144	641	248	754
福　州	206	694	190	734	228	1233	330	1888	421	1759
厦　门	69	261	105	408	183	977	122	688	133	486
泉　州	202	348	269	451	522	1111	551	1582	592	1437
漳　州	246	849	229	840	417	1574	499	2048	484	1521
南　昌	—	—	353	1248	334	1582	300	1396	340	1405
九　江	—	—	208	798	337	1102	398	1648	497	1827
济　南	180	996	254	1324	358	1704	395	1704	381	1585
青　岛	368	1783	1001	3643	1024	3445	1120	3547	958	3893
烟　台	325	1147	482	2024	859	3958	878	3328	550	1825
潍　坊	342	1151	1246	6292	1389	5160	1399	5161	1463	5403
威　海	332	1424	432	1412	686	2635	625	2177	806	2988
郑　州	219	744	280	1012	280	1220	475	2323	665	2616
开　封	52	355	99	271	154	662	203	753	227	633
洛　阳	111	460	146	594	166	786	403	1449	288	1061
平顶山	74	141	96	214	125	547	118	458	167	628
新　乡	81	486	134	447	170	681	230	1011	246	1006
武　汉	433	2277	390	1379	460	2894	574	3545	440	2400
黄　石	63	260	99	349	151	525	143	712	196	477
十　堰	146	168	79	190	116	495	141	555	151	542
宜　昌	523	636	200	868	383	1816	340	1183	406	1418
襄　阳	534	464	330	416	482	876	695	1804	651	1973
长　沙	353	1168	243	722	272	1294	526	2097	395	1505
株　洲	302	394	202	220	162	347	215	577	186	348
湘　潭	220	352	114	323	125	231	184	615	162	638
衡　阳	203	253	149	187	314	626	524	1252	385	813
岳　阳	326	267	194	377	269	603	190	587	232	601
郴　州	193	273	462	373	424	624	439	597	329	590

续表

	2008 年		2009 年		2010 年		2011 年		2012 年	
	宗	万平方米	宗	万平方米	宗	万平方米	宗	万平方米	宗	万平方米
广　州	162	826	186	1312	208	1160	185	781	160	793
韶　关	116	207	95	230	189	431	144	404	152	484
深　圳	52	276	34	107	35	66	29	75	45	85
珠　海	13	211	16	490	55	737	82	651	54	557
汕　头	45	113	35	89	50	134	77	314	50	123
佛　山	102	507	193	931	200	993	214	794	264	1144
湛　江	94	477	112	211	96	520	185	294	72	896
茂　名	121	97	23	34	36	75	79	377	49	160
惠　州	248	1440	230	875	376	1261	412	1456	318	960
梅　州	139	58	55	156	110	318	83	266	84	225
东　莞	72	463	120	378	215	684	155	618	112	351
南　宁	278	491	260	793	269	819	343	807	270	858
柳　州	187	410	126	278	182	494	178	519	209	886
桂　林	502	414	279	875	295	634	254	671	290	554
梧　州	90	290	81	228	99	477	132	552	142	527
北　海	25	250	45	290	38	163	72	385	43	159
海　口	25	384	18	195	26	94	39	95	32	200
三　亚	16	203	18	143	15	117	16	214	33	226
重　庆	959	2442	837	3291	1218	5423	1416	6406	1368	6159
成　都	415	2241	628	2860	636	3146	525	2763	589	3064
泸　州	161	172	179	353	316	1045	359	1220	229	707
绵　阳	190	174	189	454	255	421	320	747	267	1054
贵　阳	63	505	77	480	169	1206	178	1205	280	1736
遵　义	320	284	188	269	203	369	350	758	530	1238
昆　明	1372	1300	267	1212	236	1033	706	2892	492	1726
曲　靖	98	304	264	784	349	628	234	932	260	591
拉　萨	15	110	3	1	34	161	34	161	16	31
西　安	157	622	133	443	121	433	72	294	334	1433
兰　州	65	155	88	327	121	400	60	250	80	297
西　宁	19	45	50	211	61	234	76	399	89	265
银　川	79	1116	120	1039	194	1234	363	1997	230	1457
乌鲁木齐	211	521	112	358	176	916	176	916	144	642

数据来源：国土资源部。

表 2－231　　2008—2012 年 100 个城市土地招拍挂出让面积占出让面积比例（%）

	2008 年	2009 年	2010 年	2011 年	2012 年
北　京	47.58	74.35	73.56	62.85	51.90
天　津	69.10	79.55	94.72	97.70	94.14
石家庄	93.94	79.85	87.52	91.72	87.08
唐　山	89.90	75.77	90.79	73.11	64.97
秦皇岛	15.92	76.04	77.99	85.87	89.19
保　定	83.11	88.63	85.58	90.29	91.61
张家口	76.14	59.60	76.60	86.26	84.52
廊　坊	95.35	94.93	94.80	97.50	98.18
太　原	64.32	78.20	84.68	95.46	96.80
大　同	83.80	90.09	83.37	80.59	87.87
呼和浩特	95.02	94.62	93.30	87.90	95.56
包　头	93.37	69.20	92.08	92.55	89.34
鄂尔多斯	94.28	93.34	96.57	96.20	95.14
沈　阳	95.75	95.43	96.68	98.66	97.58
大　连	81.61	93.33	95.21	96.81	92.34
长　春	50.06	77.53	90.06	91.37	89.02
吉　林	77.08	85.84	94.70	96.32	93.70
哈尔滨	87.76	78.15	92.42	93.57	93.76
齐齐哈尔	100.00	97.10	83.04	91.59	79.18
大　庆	79.25	90.06	80.40	98.00	96.99
佳木斯	99.23	90.15	91.08	95.61	81.49
上　海	91.61	93.92	97.59	93.44	91.38
南　京	92.94	84.43	86.65	91.53	98.00
无　锡	72.04	82.59	90.07	96.25	93.59
徐　州	89.24	87.35	97.37	97.72	98.92
常　州	83.81	89.27	93.35	89.42	96.40
苏　州	93.60	89.84	93.43	97.60	99.16
南　通	91.40	96.20	99.18	88.24	99.58
扬　州	94.00	95.45	96.20	95.49	95.34
镇　江	88.72	84.67	98.53	99.76	99.46
杭　州	95.81	98.44	98.04	97.88	97.32
宁　波	96.39	94.97	97.59	95.72	97.67
温　州	50.33	76.25	85.69	85.15	62.75
嘉　兴	93.24	91.26	96.74	95.08	92.20

续表

	2008 年	2009 年	2010 年	2011 年	2012 年
湖 州	99.48	99.46	99.89	98.17	99.43
金 华	99.28	97.34	97.31	93.28	98.57
舟 山	93.91	99.27	54.38	87.22	67.88
合 肥	96.36	97.37	96.43	97.99	98.83
芜 湖	99.05	99.40	88.70	97.64	81.53
蚌 埠	97.15	94.21	98.94	99.38	98.06
马鞍山	48.73	72.31	84.89	98.04	97.42
福 州	86.42	85.99	91.27	81.41	88.54
厦 门	89.00	70.05	98.14	94.19	96.56
泉 州	100.00	94.23	96.70	92.05	95.95
漳 州	99.21	97.71	97.62	96.27	87.52
南 昌	—	91.80	96.88	91.24	96.27
九 江	—	87.39	99.95	96.94	92.98
济 南	97.17	92.23	96.31	93.99	98.16
青 岛	76.71	78.43	90.53	94.14	97.14
烟 台	95.50	88.24	87.87	87.71	87.26
潍 坊	57.56	76.00	72.81	75.50	77.32
威 海	96.80	96.61	99.12	98.66	86.82
郑 州	65.37	87.45	84.67	86.22	89.09
开 封	88.83	86.39	92.17	98.17	98.74
洛 阳	77.97	98.66	57.89	92.94	71.98
平顶山	56.91	65.68	69.08	83.02	76.14
新 乡	75.60	77.76	80.71	78.29	79.76
武 汉	98.48	85.47	96.01	96.92	91.74
黄 石	85.58	86.92	98.67	86.39	93.94
十 堰	99.29	94.45	97.72	98.59	65.87
宜 昌	88.31	97.40	94.31	98.66	96.84
襄 阳	98.23	86.46	92.02	95.18	97.74
长 沙	90.22	90.34	63.12	83.17	78.90
株 洲	99.58	96.33	96.50	95.67	98.12
湘 潭	94.73	79.48	49.63	99.27	88.62
衡 阳	99.43	96.30	88.43	93.27	91.47
岳 阳	97.51	96.65	95.21	91.45	96.24
郴 州	93.17	91.41	90.19	85.58	96.73

续表

	2008 年	2009 年	2010 年	2011 年	2012 年
广　州	75. 25	75. 56	65. 39	71. 22	80. 38
韶　关	99. 79	66. 24	90. 40	76. 85	90. 26
深　圳	57. 92	38. 98	22. 98	31. 84	17. 33
珠　海	100. 00	96. 62	99. 19	100. 00	99. 64
汕　头	98. 01	95. 68	90. 24	77. 03	95. 78
佛　山	100. 00	84. 95	79. 45	87. 16	89. 23
湛　江	99. 17	80. 67	92. 95	57. 38	87. 32
茂　名	67. 71	26. 61	53. 65	91. 28	65. 98
惠　州	97. 84	94. 42	98. 75	97. 79	97. 09
梅　州	74. 73	66. 28	82. 84	80. 07	76. 28
东　莞	90. 51	98. 44	97. 73	92. 53	79. 56
南　宁	84. 97	85. 83	84. 79	92. 97	93. 62
柳　州	68. 82	60. 75	84. 64	84. 34	92. 42
桂　林	89. 72	89. 50	92. 38	94. 13	93. 02
梧　州	99. 68	93. 88	87. 86	84. 21	92. 28
北　海	66. 75	38. 95	55. 78	94. 92	31. 24
海　口	97. 34	60. 70	73. 53	80. 27	93. 41
三　亚	100. 00	75. 41	100. 00	98. 77	91. 67
重　庆	87. 97	89. 32	98. 71	98. 34	96. 25
成　都	72. 19	85. 08	92. 05	90. 44	94. 29
泸　州	70. 77	82. 86	96. 21	97. 41	96. 19
绵　阳	33. 06	53. 60	54. 51	73. 58	76. 22
贵　阳	66. 76	76. 99	92. 73	88. 40	95. 52
遵　义	91. 30	96. 89	81. 80	80. 68	94. 14
昆　明	91. 83	77. 51	84. 46	83. 71	85. 73
曲　靖	72. 55	67. 81	91. 18	93. 15	88. 25
拉　萨	58. 31	1. 65	63. 06	63. 06	22. 10
西　安	76. 89	69. 41	54. 98	67. 26	93. 31
兰　州	27. 96	91. 67	79. 51	52. 27	45. 01
西　宁	29. 95	84. 79	64. 09	39. 86	29. 87
银　川	87. 38	97. 14	90. 04	95. 63	86. 44
乌鲁木齐	80. 22	66. 40	85. 32	85. 32	91. 43

数据来源：国土资源部。

表 2 -232　　2008—2012 年 100 个城市招拍挂新增土地出让面积

单位：万平方米

	2008 年	2009 年	2010 年	2011 年	2012 年
北　京	533.94	746.20	905.20	1228.05	549.63
天　津	943.80	2664.33	2327.53	4900.35	3807.62
石家庄	582.31	678.50	609.87	1135.13	944.73
唐　山	407.50	1100.25	653.29	1101.13	1551.27
秦皇岛	117.83	368.02	309.45	447.01	628.90
保　定	112.98	720.02	470.22	797.47	1008.54
张家口	82.49	413.77	383.02	750.77	510.73
廊　坊	510.26	1056.53	657.56	1595.12	1395.13
太　原	162.28	282.36	305.36	524.80	603.67
大　同	37.59	292.98	204.81	431.84	589.85
呼和浩特	13.90	357.40	413.85	625.89	771.05
包　头	331.05	734.75	384.04	554.72	565.41
鄂尔多斯	335.55	2260.17	2925.61	3719.37	2019.44
沈　阳	871.61	2556.94	1880.13	5767.91	2312.99
大　连	759.86	1873.97	1356.28	2819.92	847.96
长　春	482.51	567.41	1401.39	2847.91	1623.18
吉　林	225.53	189.37	339.77	558.49	879.12
哈尔滨	378.35	636.58	907.18	2387.78	1336.32
齐齐哈尔	—	34.02	157.55	292.11	284.27
大　庆	58.92	101.57	190.17	913.64	590.28
佳木斯	—	7.78	96.84	230.38	161.36
上　海	924.00	984.40	322.17	1241.76	566.67
南　京	601.40	1041.63	920.73	1077.77	1175.99
无　锡	543.66	1177.34	1719.57	1765.65	1131.03
徐　州	643.49	1132.43	1359.02	1280.56	1399.90
常　州	467.92	1062.45	1671.82	1330.57	1399.08
苏　州	1285.13	1948.39	1924.85	2139.68	1985.77
南　通	1621.01	1911.15	2389.58	2144.70	2056.96
扬　州	1125.30	909.36	1403.33	1026.24	914.84
镇　江	377.70	509.20	333.76	545.32	713.28
杭　州	818.73	1915.98	2484.05	1648.70	1262.03
宁　波	888.75	1203.38	1433.35	1447.68	1447.52
温　州	105.05	275.32	374.14	541.81	282.21
嘉　兴	1029.85	1343.81	1999.56	1257.16	816.51

续表

	2008 年	2009 年	2010 年	2011 年	2012 年
湖　州	1019.51	888.83	1099.77	886.58	590.87
金　华	437.77	809.77	1180.61	684.43	707.94
舟　山	286.30	815.68	358.12	370.15	322.58
合　肥	397.20	1139.41	718.74	919.72	779.09
芜　湖	548.41	581.33	794.53	559.45	857.38
蚌　埠	214.35	322.46	226.01	750.09	582.08
马鞍山	41.85	239.54	183.76	569.24	555.74
福　州	466.37	630.34	578.01	1556.08	1476.58
厦　门	—	17.73	147.19	363.18	365.01
泉　州	127.99	343.37	529.82	1355.32	1264.84
漳　州	657.47	697.67	786.78	1839.50	1357.67
南　昌	—	1126.02	812.46	1083.80	1053.94
九　江	—	643.70	650.35	1086.28	1405.00
济　南	0.70	1058.35	892.66	1273.09	1178.42
青　岛	848.02	2302.88	1463.91	2059.56	1978.43
烟　台	468.80	1757.64	1345.84	1313.05	1223.31
潍　坊	347.65	3745.59	2263.25	2529.15	2988.23
威　海	383.50	901.32	821.56	940.31	1223.03
郑　州	148.13	310.58	612.07	1902.95	2194.50
开　封	287.86	162.97	374.68	568.12	432.50
洛　阳	297.89	499.08	535.08	1210.76	796.25
平顶山	77.30	136.62	374.75	418.42	508.61
新　乡	205.59	194.81	255.87	473.13	536.50
武　汉	980.93	1021.76	1592.23	3076.77	2103.26
黄　石	171.37	301.86	205.23	648.06	387.19
十　堰	82.05	142.70	378.09	487.42	492.97
宜　昌	150.57	626.32	1280.08	1015.38	963.18
襄　阳	229.65	256.01	523.35	1626.18	1564.07
长　沙	905.92	616.29	664.34	1523.39	1214.31
株　洲	299.95	145.54	220.66	531.63	313.55
湘　潭	136.64	242.11	94.98	515.05	609.86
衡　阳	128.91	129.61	357.78	985.65	714.67
岳　阳	120.63	211.07	239.62	515.63	458.20
郴　州	126.53	76.34	316.21	380.99	444.91

续表

	2008 年	2009 年	2010 年	2011 年	2012 年
广　州	598.12	683.38	669.76	473.75	590.62
韶　关	28.64	52.15	168.90	197.50	310.33
深　圳	—	8.91	25.03	14.49	42.84
珠　海	—	—	60.88	328.51	414.21
汕　头	7.64	23.49	42.30	77.86	49.67
佛　山	—	117.20	65.45	159.95	342.82
湛　江	369.12	126.24	234.50	238.39	683.84
茂　名	57.88	19.83	41.51	13.52	154.10
惠　州	30.18	226.01	159.71	416.95	354.06
梅　州	8.06	99.39	75.71	139.43	158.73
东　莞	415.66	317.64	386.32	552.53	273.28
南　宁	177.47	611.29	344.49	597.82	663.17
柳　州	233.75	64.46	177.09	400.99	700.26
桂　林	139.30	282.78	172.39	391.46	369.11
梧　州	50.54	154.00	228.44	410.18	434.89
北　海	—	161.14	45.61	296.08	116.78
海　口	147.33	114.01	12.51	10.98	58.87
三　亚	106.18	142.82	43.74	201.68	223.36
重　庆	787.54	2082.64	3156.96	4807.99	3715.80
成　都	886.50	2035.27	1667.88	2121.32	2719.30
泸　州	80.30	312.83	680.22	1123.14	636.14
绵　阳	43.63	226.83	305.06	585.53	839.03
贵　阳	313.71	286.57	828.34	803.36	1474.13
遵　义	198.25	96.83	197.15	485.60	1042.56
昆　明	719.37	774.41	514.93	2154.65	1401.84
曲　靖	188.76	736.45	268.92	861.89	542.35
拉　萨	5.99	1.33	91.57	91.57	—
西　安	445.59	335.97	228.00	223.74	1182.71
兰　州	5.51	230.54	175.97	205.74	252.51
西　宁	23.89	152.21	122.11	295.43	167.76
银　川	100.42	685.68	796.36	1795.43	1313.17
乌鲁木齐	14.75	9.12	22.48	22.48	299.10

数据来源：国土资源部。

表 2-233　　2008—2012 年 100 个城市土地招拍挂出让成交价款

单位：万元

	2008 年	2009 年	2010 年	2011 年	2012 年
北　京	6301569	6657096	12700137	14686856	6112951
天　津	3273293	5488194	8374629	7520508	5171208
石家庄	380460	722074	1218874	1257310	1666711
唐　山	162450	678032	1587033	1833544	1862264
秦皇岛	355984	364743	1086861	584684	799771
保　定	319614	341960	665150	598182	774134
张家口	180908	242741	489133	495403	333113
廊　坊	649443	984486	1897925	1801841	1651437
太　原	373337	532094	586710	742785	631182
大　同	174522	202986	545504	552621	687342
呼和浩特	377998	356603	582245	631641	932544
包　头	132041	140568	429481	562037	562304
鄂尔多斯	146765	728580	2127950	2331813	1348476
沈　阳	2534291	2860794	2902648	8950063	4482474
大　连	2018894	2593601	8624131	10317894	4405206
长　春	500960	998243	2784314	3668861	2341393
吉　林	150325	178557	479439	682087	721946
哈尔滨	533612	1067019	2081528	3579050	1377604
齐齐哈尔	28140	134228	180298	295480	367510
大　庆	108020	225760	410592	714781	685780
佳木斯	17634	14495	51527	71775	53679
上　海	5535271	9604690	8518021	9258540	5633717
南　京	1741683	2477484	5116059	4825032	4132545
无　锡	1545249	2619006	6087557	5095242	2659588
徐　州	430580	1152713	1862874	2710727	2782720
常　州	815634	2613975	3213421	4602537	4895020
苏　州	2647362	5303830	6672389	8792071	5855679
南　通	1271594	3280182	3792536	3669645	5727182
扬　州	921301	1144158	2194334	2268000	2059837
镇　江	554218	573998	644306	1878184	1484289
杭　州	2634673	10678241	10212597	7255807	5589133
宁　波	1704737	4823921	6877449	4687453	4539590
温　州	1044237	1198341	2937516	4337967	1350497
嘉　兴	873796	1826192	2936294	2330216	1642674

续表

	2008 年	2009 年	2010 年	2011 年	2012 年
湖　州	722469	1059994	1612047	1610175	770031
金　华	784200	1103496	3023690	3331238	985513
舟　山	228456	586110	938942	803392	481752
合　肥	1246291	1587939	1839108	2339890	3050988
芜　湖	910665	1070995	1755358	1301399	880625
蚌　埠	95864	394567	517346	475689	789059
马鞍山	33201	326521	498210	505990	547037
福　州	534495	1489544	3543548	3070214	2632880
厦　门	641977	2938335	3271986	1391751	1730166
泉　州	233348	443640	1261547	1909094	1732653
漳　州	252896	238600	810344	684763	696815
南　昌	—	748146	1476885	1887099	1554893
九　江	—	367739	894028	1234753	1169239
济　南	1122096	1580488	3042476	2918857	3615901
青　岛	1419015	3115965	5101661	4909087	4153363
烟　台	498831	787013	2350624	1923740	1115882
潍　坊	576979	3088219	2480203	2730848	2502348
威　海	1139135	912653	1755833	2059437	2132587
郑　州	1120453	1135423	1409773	2361655	3060935
开　封	214974	157730	441422	452148	393850
洛　阳	190921	151247	485754	1154915	794958
平顶山	48581	105681	260246	266220	274245
新　乡	150618	140261	203069	365604	331473
武　汉	1780189	1670953	3561995	5726861	3638484
黄　石	192917	82700	221200	236234	247204
十　堰	47416	70991	333277	285385	283120
宜　昌	122432	289092	699139	497673	882842
襄　阳	220098	181487	393114	912794	894128
长　沙	1175515	421981	1496851	3213859	2660044
株　洲	171726	149960	329318	535741	286418
湘　潭	150804	156877	165406	735684	561739
衡　阳	73364	66036	265047	615006	496871
岳　阳	99272	132926	277196	298487	381732
郴　州	106498	220319	290057	493411	512124

续表

	2008 年	2009 年	2010 年	2011 年	2012 年
广　州	1112949	5402998	3369446	3034245	2616860
韶　关	95197	63121	188445	246166	206712
深　圳	1129322	364446	372084	291439	558324
珠　海	46794	1638691	903846	794775	1211059
汕　头	58791	51717	117503	293223	148639
佛　山	1387665	2550633	2550182	2302443	3812721
湛　江	270905	153182	248607	163256	411498
茂　名	36901	9756	50193	274645	103988
惠　州	758182	493632	1005579	932060	908082
梅　州	13716	48932	167991	252871	195878
东　莞	831953	687373	1352367	1327579	1094823
南　宁	197293	440017	1643081	1220699	1121284
柳　州	191083	354522	319518	559031	1002050
桂　林	140578	208347	262608	624412	307489
梧　州	51931	124389	243583	359351	338531
北　海	98516	134290	210523	205037	141455
海　口	270594	406464	141666	132495	279689
三　亚	445675	402637	514893	580034	776099
重　庆	2251701	3847363	7313906	9513271	11707446
成　都	2659185	4148597	5048323	4529272	6013982
泸　州	68912	147589	488648	765591	352222
绵　阳	70852	141980	255339	420916	735343
贵　阳	345166	294031	984967	1126246	1803557
遵　义	88297	128273	173080	651227	680466
昆　明	1007892	810075	2443662	6586415	4086734
曲　靖	119420	351671	267045	412190	481236
拉　萨	53128	600	38781	38781	14974
西　安	776744	801167	989132	726168	2710504
兰　州	183361	302142	651358	419214	267543
西　宁	6665	427055	402659	399975	244164
银　川	199069	503373	359803	612112	385098
乌鲁木齐	215710	185348	378851	378851	377712

数据来源：国土资源部。

表 2－234　　2008—2012 年 100 个城市土地招拍挂出让平均单价

单位：元/平方米

	2008 年	2009 年	2010 年	2011 年	2012 年
北　京	5969	4944	8020	9198	9649
天　津	1385	1212	1674	1237	1079
石家庄	457	810	1141	936	1442
唐　山	223	432	717	718	566
秦皇岛	1289	706	1596	1085	1034
保　定	444	297	587	528	619
张家口	521	332	559	414	521
廊　坊	734	637	1161	880	981
太　原	1560	1276	1249	1077	896
大　同	1298	563	1762	1013	1014
呼和浩特	675	818	798	800	962
包　头	187	159	567	653	792
鄂尔多斯	184	276	485	499	431
沈　阳	1500	965	954	1381	1472
大　连	1134	838	1868	1961	2235
长　春	552	1084	1259	1142	1263
吉　林	296	347	557	613	661
哈尔滨	819	1015	1075	1211	882
齐齐哈尔	163	608	340	442	585
大　庆	508	882	713	446	623
佳木斯	122	173	121	162	193
上　海	2448	4157	4513	3843	4145
南　京	1267	1871	4213	3089	2185
无　锡	1051	1452	2571	2094	1438
徐　州	383	739	824	1159	1027
常　州	660	1490	1445	2185	1856
苏　州	864	1523	1720	1973	1418
南　通	534	1162	1194	1087	1295
扬　州	600	867	1198	1428	1321
镇　江	470	957	1211	1647	1008
杭　州	1555	4079	3460	3210	3605
宁　波	1142	2623	3063	1365	1975
温　州	3596	3639	5568	5436	2785
嘉　兴	584	1121	1159	1432	1311

续表

	2008 年	2009 年	2010 年	2011 年	2012 年
湖　州	533	949	1220	1358	840
金　华	996	1167	2055	3908	1232
舟　山	564	596	1244	1368	775
合　肥	1007	991	1483	1883	1591
芜　湖	358	989	1152	1168	667
蚌　埠	375	886	976	586	828
马鞍山	552	1226	1183	789	726
福　州	770	2029	2873	1626	1497
厦　门	2461	7210	3349	2024	3559
泉　州	671	984	1136	1206	1206
漳　州	298	284	515	334	458
南　昌	—	600	934	1351	1106
九　江	—	461	811	749	640
济　南	1126	1194	1786	1713	2282
青　岛	796	855	1481	1384	1067
烟　台	435	389	594	578	611
潍　坊	501	491	481	529	463
威　海	800	646	666	946	714
郑　州	1505	1121	1155	1017	1170
开　封	606	582	666	600	622
洛　阳	415	255	618	797	749
平顶山	345	494	476	581	436
新　乡	310	314	298	362	330
武　汉	782	1212	1231	1616	1516
黄　石	743	237	421	332	518
十　堰	282	374	673	514	522
宜　昌	192	333	385	421	623
襄　阳	474	436	449	506	453
长　沙	1007	585	1157	1532	1768
株　洲	436	680	949	929	824
湘　潭	429	486	716	1196	880
衡　阳	290	354	423	491	611
岳　阳	371	353	460	509	636
郴　州	390	590	465	827	869

续表

	2008 年	2009 年	2010 年	2011 年	2012 年
广　州	1347	4120	2906	3883	3300
韶　关	460	275	437	610	427
深　圳	4085	3392	5609	3904	6554
珠　海	222	3343	1227	1221	2173
汕　头	518	580	878	933	1210
佛　山	2735	2740	2567	2901	3332
湛　江	568	726	478	555	459
茂　名	382	283	665	729	652
惠　州	526	564	797	640	946
梅　州	236	313	529	950	872
东　莞	1796	1817	1978	2149	3123
南　宁	402	555	2007	1513	1307
柳　州	466	1277	647	1076	1131
桂　林	340	238	414	930	555
梧　州	179	546	511	651	642
北　海	394	463	1291	533	889
海　口	704	2084	1509	1402	1401
三　亚	2200	2819	4402	2710	3429
重　庆	922	1169	1349	1485	1901
成　都	1186	1451	1605	1640	1963
泸　州	400	418	467	628	498
绵　阳	407	313	606	564	698
贵　阳	684	613	817	935	1039
遵　义	311	477	468	859	550
昆　明	775	669	2365	2277	2368
曲　靖	393	448	425	442	815
拉　萨	481	451	242	242	486
西　安	1249	1809	2286	2471	1891
兰　州	1179	925	1628	1678	900
西　宁	149	2026	1720	1003	921
银　川	178	484	292	307	264
乌鲁木齐	414	518	414	414	588

数据来源：国土资源部。

二十、100 城市基础设施数据

表 2－235　　2008—2012 年 100 个城市市区完成基础设施投资额

单位：亿元

	2008 年	2009 年	2010 年	2011 年	2012 年
北　京	518.92	857.94	854.11	834.06	1216.24
天　津	166.18	279.45	600.95	628.43	654.10
石家庄	59.85	132.94	149.42	67.86	103.07
唐　山	58.67	149.98	219.02	217.05	42.11
秦皇岛	25.45	28.52	43.00	72.99	54.00
保　定	9.95	12.20	29.45	22.24	16.69
张家口	45.03	30.69	49.23	40.18	29.24
廊　坊	25.48	42.93	33.66	30.37	8.79
太　原	36.38	86.21	78.08	121.66	120.97
大　同	21.08	95.21	67.27	71.88	52.01
呼和浩特	20.92	18.09	35.58	88.61	92.40
包　头	43.88	71.66	86.90	96.72	107.24
鄂尔多斯	60.77	69.27	106.24	209.40	140.43
沈　阳	257.18	336.02	359.38	473.01	496.65
大　连	63.44	67.57	144.27	95.89	88.94
长　春	54.52	102.04	144.20	148.11	191.77
吉　林	7.95	7.92	22.88	11.26	7.66
哈尔滨	84.34	88.36	209.24	250.12	205.81
齐齐哈尔	3.35	7.23	7.34	3.29	5.36
大　庆	28.62	32.31	21.41	37.65	31.26
佳木斯	2.85	2.65	12.70	6.86	2.48
上　海	690.07	728.76	476.94	439.04	339.33
南　京	131.64	169.29	276.43	306.29	399.97
无　锡	116.41	154.46	281.64	177.48	88.48
徐　州	28.47	17.47	30.88	26.16	49.77
常　州	91.05	123.00	141.20	70.12	144.10
苏　州	77.87	94.83	114.53	105.75	108.87
南　通	53.00	80.87	110.10	181.61	183.13
扬　州	27.92	36.91	28.91	40.84	49.60
镇　江	28.31	59.45	74.74	84.72	88.70
杭　州	154.78	128.68	141.49	131.50	144.07

续表

	2008 年	2009 年	2010 年	2011 年	2012 年
宁 波	63. 58	124. 19	150. 34	170. 29	170. 77
温 州	24. 68	15. 96	13. 50	31. 65	104. 71
嘉 兴	22. 31	22. 91	29. 96	13. 67	9. 63
湖 州	17. 19	25. 52	30. 72	27. 61	15. 13
金 华	2. 27	5. 72	5. 68	4. 62	4. 66
舟 山	7. 14	7. 03	8. 16	12. 60	11. 62
合 肥	76. 85	88. 13	84. 49	102. 47	81. 00
芜 湖	66. 67	83. 21	62. 29	76. 80	77. 40
蚌 埠	10. 43	16. 03	39. 53	49. 02	75. 21
马鞍山	11. 66	14. 72	41. 79	59. 39	66. 06
福 州	85. 41	97. 64	167. 95	123. 79	107. 07
厦 门	90. 20	85. 63	53. 46	76. 87	97. 47
泉 州	44. 50	29. 27	22. 94	94. 43	92. 33
漳 州	11. 25	17. 33	19. 72	30. 21	48. 32
南 昌	41. 46	21. 23	28. 38	131. 69	276. 15
九 江	7. 98	12. 49	132. 69	109. 37	150. 51
济 南	64. 36	111. 42	78. 75	95. 78	100. 35
青 岛	58. 21	134. 07	205. 96	158. 56	178. 68
烟 台	33. 76	46. 92	48. 55	42. 35	49. 34
潍 坊	19. 82	31. 22	20. 07	31. 30	21. 76
威 海	19. 46	20. 51	21. 90	22. 75	23. 71
郑 州	45. 78	81. 24	106. 25	76. 39	107. 94
开 封	4. 29	7. 76	10. 49	17. 07	12. 98
洛 阳	4. 52	7. 34	7. 53	13. 43	16. 15
平顶山	4. 77	6. 76	5. 95	4. 51	5. 68
新 乡	4. 65	3. 04	4. 05	2. 51	5. 40
武 汉	245. 92	334. 52	485. 90	588. 09	664. 52
黄 石	7. 12	13. 33	21. 49	13. 63	17. 51
十 堰	4. 92	5. 39	11. 48	18. 23	18. 89
宜 昌	8. 56	9. 78	12. 53	20. 67	29. 46
襄 阳	8. 39	4. 35	8. 81	5. 54	27. 55
长 沙	143. 31	161. 72	171. 80	152. 96	167. 97
株 洲	23. 54	47. 92	38. 66	78. 10	60. 07
湘 潭	15. 48	16. 23	36. 71	53. 53	67. 04
衡 阳	8. 47	14. 53	67. 65	67. 12	50. 82

续表

	2008 年	2009 年	2010 年	2011 年	2012 年
岳　阳	27.77	17.67	21.35	32.01	40.18
郴　州	8.84	22.50	33.75	54.37	71.24
广　州	203.90	342.83	646.32	165.94	202.21
韶　关	1.17	1.36	1.07	1.48	0.84
深　圳	26.31	216.25	202.91	187.59	193.53
珠　海	13.85	15.40	60.67	56.30	65.52
汕　头	6.58	10.86	5.35	2.42	2.88
佛　山	34.17	78.37	33.56	55.96	23.65
湛　江	2.17	4.79	1.81	1.92	7.60
茂　名	0.10	0.18	0.24	0.63	1.05
惠　州	15.13	17.38	19.46	13.92	13.12
梅　州	0.39	2.66	5.08	—	1.70
东　莞	38.65	7.66	957.50	85.54	27.70
南　宁	50.17	84.89	152.24	77.06	75.76
柳　州	45.87	82.42	79.81	67.90	46.81
桂　林	10.99	18.20	40.06	36.88	40.69
梧　州	1.46	4.92	6.82	24.35	6.33
北　海	3.24	6.54	16.39	13.94	11.77
海　口	18.36	13.25	7.21	37.49	47.48
三　亚	3.75	2.82	6.58	2.75	2.45
重　庆	288.94	391.39	575.61	688.32	460.76
成　都	178.36	220.24	185.26	197.63	393.47
泸　州	3.63	6.64	7.78	11.66	16.58
绵　阳	5.00	7.77	12.02	9.76	16.54
贵　阳	25.49	66.56	82.14	111.26	78.92
遵　义	2.33	1.76	1.09	4.18	1.30
昆　明	25.51	212.42	192.90	186.30	53.88
曲　靖	16.04	23.35	26.52	11.07	12.50
拉　萨	2.50	4.05	2.83	3.58	3.91
西　安	168.17	243.91	274.89	221.94	247.77
兰　州	33.33	42.91	60.29	55.70	147.27
西　宁	10.12	5.59	21.02	37.02	38.89
银　川	10.17	5.60	19.92	14.02	12.80
乌鲁木齐	21.16	51.75	40.38	92.82	226.92

数据来源：国家统计局。

表 2－236　　2008—2012 年 100 个城市市区完成园林绿化设施投资额

单位：亿元

	2008 年	2009 年	2010 年	2011 年	2012 年
北　京	19.80	44.43	65.47	17.78	153.80
天　津	16.88	18.07	14.04	83.12	58.25
石家庄	8.78	12.60	31.28	39.87	11.53
唐　山	5.39	21.37	14.55	14.28	3.55
秦皇岛	2.33	3.54	5.48	5.19	3.29
保　定	2.30	—	2.90	0.87	—
张家口	3.22	0.63	3.13	8.27	6.44
廊　坊	3.95	3.80	4.04	0.20	4.20
太　原	3.00	4.07	13.19	10.43	11.17
大　同	1.20	5.00	8.71	11.20	12.52
呼和浩特	0.15	2.51	9.06	11.09	21.19
包　头	4.02	14.33	11.58	32.93	19.51
鄂尔多斯	15.83	15.60	39.57	30.68	16.36
沈　阳	13.47	12.01	9.29	43.37	66.28
大　连	9.22	2.85	2.20	9.41	5.30
长　春	2.54	3.14	7.19	7.27	4.57
吉　林	0.15	0.47	0.30	0.20	0.57
哈尔滨	4.60	9.52	5.58	5.08	11.93
齐齐哈尔	0.07	4.22	1.60	0.25	0.30
大　庆	0.49	2.03	2.06	3.26	3.82
佳木斯	0.28	0.22	0.59	0.26	0.29
上　海	12.41	7.78	28.21	25.41	19.30
南　京	16.59	29.11	29.13	18.11	15.46
无　锡	7.98	18.92	20.47	10.03	5.14
徐　州	2.96	3.81	15.98	11.69	15.07
常　州	9.12	8.43	7.69	15.73	37.37
苏　州	20.57	17.72	15.73	24.47	14.24
南　通	4.80	9.14	12.97	23.81	17.24
扬　州	5.66	4.33	6.87	11.14	9.89
镇　江	2.05	8.22	11.68	6.32	27.75
杭　州	10.17	5.51	10.08	5.48	6.40
宁　波	3.64	1.80	2.73	9.61	1.62
温　州	2.47	1.45	1.14	7.45	33.72
嘉　兴	9.68	3.95	3.37	1.16	1.42

续表

	2008 年	2009 年	2010 年	2011 年	2012 年
湖　州	3.80	4.68	7.08	10.36	3.73
金　华	0.54	0.93	1.91	0.63	1.09
舟　山	0.27	0.58	0.32	0.39	0.25
合　肥	6.80	5.57	9.42	11.29	8.65
芜　湖	11.51	12.52	16.69	5.79	5.70
蚌　埠	3.19	3.37	6.34	6.19	19.53
马鞍山	2.64	2.01	2.83	4.24	8.75
福　州	1.16	1.23	20.28	11.36	13.31
厦　门	0.81	0.72	0.80	8.95	4.80
泉　州	—	0.02	0.10	3.81	3.18
漳　州	0.38	—	3.46	10.00	12.49
南　昌	1.32	4.64	5.22	4.12	34.11
九　江	0.99	1.40	36.02	14.77	9.66
济　南	13.73	10.61	5.54	3.14	2.28
青　岛	2.53	8.27	8.94	7.06	40.03
烟　台	3.64	15.93	8.97	2.76	4.83
潍　坊	1.58	10.12	7.20	11.16	1.85
威　海	3.28	4.09	4.18	4.55	4.75
郑　州	3.47	2.67	5.97	8.77	9.21
开　封	0.87	0.16	1.29	2.14	0.72
洛　阳	0.40	0.55	0.57	0.33	1.75
平顶山	2.34	2.25	1.41	0.02	1.16
新　乡	1.57	1.05	1.29	1.01	0.66
武　汉	8.08	12.60	12.30	16.08	35.56
黄　石	0.69	2.20	5.00	3.98	3.49
十　堰	0.73	0.18	0.33	0.15	0.50
宜　昌	0.35	0.52	1.34	1.15	1.26
襄　阳	0.03	0.25	2.41	1.42	0.50
长　沙	7.25	18.32	2.55	6.65	7.65
株　洲	1.21	3.87	0.54	0.19	0.86
湘　潭	3.04	1.07	2.73	0.28	4.60
衡　阳	0.41	0.86	1.59	—	0.05
岳　阳	1.05	0.60	—	0.46	0.40
郴　州	0.06	0.51	3.38	6.45	11.05

续表

	2008 年	2009 年	2010 年	2011 年	2012 年
广　州	3.81	0.27	19.42	2.04	0.95
韶　关	0.01	0.01	0.28	—	0.02
深　圳	0.84	2.07	1.66	2.74	1.68
珠　海	0.32	0.94	0.47	0.46	0.32
汕　头	0.15	0.06	0.07	0.08	—
佛　山	1.82	1.68	2.21	1.64	0.03
湛　江	0.25	0.06	0.07	0.04	0.31
茂　名	—	—	—	—	0.03
惠　州	3.19	2.26	3.44	5.37	3.76
梅　州	—	0.65	1.01	—	0.04
东　莞	1.34	1.11	942.20	14.27	19.71
南　宁	5.04	5.41	17.36	7.88	7.24
柳　州	6.78	23.58	11.48	24.43	10.64
桂　林	0.81	1.70	5.26	3.94	10.93
梧　州	0.05	0.02	0.22	18.27	0.85
北　海	—	0.25	0.27	0.81	0.03
海　口	3.43	0.94	—	2.71	5.81
三　亚	0.49	0.26	2.10	0.55	0.33
重　庆	19.18	42.08	106.01	141.78	65.31
成　都	17.90	21.93	5.35	7.62	1.65
泸　州	0.88	1.15	1.23	3.11	3.22
绵　阳	0.11	0.22	0.50	0.58	0.34
贵　阳	0.52	0.32	1.91	0.96	0.09
遵　义	—	—	—	—	—
昆　明	0.02	3.46	1.94	2.87	1.93
曲　靖	0.52	0.05	0.85	1.23	—
拉　萨	0.20	2.62	0.29	—	—
西　安	17.91	28.71	59.34	15.57	15.91
兰　州	4.42	0.56	11.09	1.60	19.81
西　宁	2.36	0.44	0.59	0.69	0.74
银　川	1.87	0.95	2.82	0.92	0.96
乌鲁木齐	1.51	8.33	2.67	23.68	24.84

数据来源：国家统计局。

表 2－237　　2008—2012 年 100 个城市市区基础设施新增固定资产

单位：亿元

	2008 年	2009 年	2010 年	2011 年	2012 年
北　京	330.97	300.67	334.50	295.90	317.50
天　津	102.71	85.38	190.15	214.38	142.99
石家庄	55.51	104.31	84.13	17.93	84.67
唐　山	46.98	32.93	55.48	82.63	19.86
秦皇岛	6.58	17.76	28.93	61.77	46.96
保　定	5.27	11.06	29.45	22.24	16.69
张家口	26.39	29.79	49.21	40.18	29.24
廊　坊	3.10	1.41	5.59	5.26	7.50
太　原	12.73	86.21	24.74	118.04	117.94
大　同	15.54	85.80	45.38	60.83	27.90
呼和浩特	12.05	13.34	24.78	68.73	70.42
包　头	20.89	48.47	54.49	76.04	26.69
鄂尔多斯	47.18	58.21	89.00	192.37	112.75
沈　阳	135.57	251.75	350.33	456.40	461.26
大　连	52.28	72.02	49.46	43.68	23.26
长　春	41.24	93.99	118.84	83.71	140.33
吉　林	5.59	2.68	2.47	8.51	4.87
哈尔滨	6.39	9.68	117.24	162.86	114.03
齐齐哈尔	2.74	2.38	2.78	2.91	3.94
大　庆	21.96	24.72	21.41	36.77	31.23
佳木斯	2.58	1.06	1.64	6.36	2.05
上　海	89.75	133.54	370.48	82.53	237.45
南　京	52.09	64.29	193.25	185.93	118.82
无　锡	78.79	93.12	232.99	128.39	38.49
徐　州	10.75	14.29	30.31	24.83	57.59
常　州	120.02	52.60	197.77	68.79	60.76
苏　州	56.55	26.47	55.52	44.76	103.79
南　通	53.00	79.14	92.25	180.47	142.84
扬　州	14.93	20.25	31.66	30.21	38.19
镇　江	20.52	46.32	35.49	68.76	86.67
杭　州	18.97	28.95	57.59	41.00	76.38
宁　波	31.97	44.35	118.83	118.88	80.25
温　州	1.78	3.93	5.69	7.19	60.04
嘉　兴	8.66	9.73	20.35	13.02	8.88

续表

	2008 年	2009 年	2010 年	2011 年	2012 年
湖　州	9. 01	19. 04	29. 55	21. 56	11. 23
金　华	2. 21	4. 19	5. 22	4. 45	3. 78
舟　山	3. 16	2. 34	6. 41	2. 90	7. 12
合　肥	71. 61	44. 37	48. 38	80. 23	38. 50
芜　湖	16. 41	64. 67	37. 91	53. 15	31. 48
蚌　埠	9. 29	7. 57	23. 63	16. 71	46. 14
马鞍山	3. 89	4. 85	22. 41	20. 37	27. 47
福　州	—	16. 51	70. 87	1. 36	1. 80
厦　门	66. 12	65. 06	10. 01	19. 42	55. 50
泉　州	44. 50	29. 27	22. 05	90. 89	89. 98
漳　州	12. 32	10. 78	6. 32	4. 02	21. 91
南　昌	1. 70	11. 74	2. 75	35. 83	57. 26
九　江	7. 71	12. 43	132. 62	47. 93	44. 56
济　南	56. 67	51. 31	26. 05	22. 31	37. 36
青　岛	23. 08	58. 11	40. 32	180. 75	88. 29
烟　台	12. 04	28. 89	21. 85	13. 76	15. 56
潍　坊	18. 54	27. 38	17. 85	30. 14	16. 60
威　海	13. 27	14. 26	18. 50	22. 46	24. 61
郑　州	22. 29	19. 77	25. 93	33. 20	56. 95
开　封	4. 29	7. 76	10. 49	17. 07	12. 98
洛　阳	2. 23	1. 75	4. 01	10. 95	14. 21
平顶山	4. 77	4. 44	4. 76	4. 32	2. 76
新　乡	4. 47	3. 02	4. 05	2. 51	5. 71
武　汉	229. 24	282. 48	350. 76	588. 09	662. 62
黄　石	5. 49	12. 54	21. 11	11. 97	17. 42
十　堰	1. 48	5. 11	4. 20	12. 51	15. 34
宜　昌	9. 78	8. 59	9. 13	15. 38	18. 90
襄　阳	8. 14	3. 87	8. 79	5. 54	26. 29
长　沙	144. 45	161. 72	144. 14	44. 00	51. 65
株　洲	9. 01	23. 16	19. 29	37. 10	34. 97
湘　潭	0. 99	6. 55	11. 15	4. 24	20. 36
衡　阳	6. 43	14. 48	67. 65	66. 71	22. 09
岳　阳	24. 87	15. 92	16. 69	29. 57	27. 18
郴　州	4. 27	4. 30	17. 61	25. 11	5. 11

续表

	2008 年	2009 年	2010 年	2011 年	2012 年
广　州	33. 12	33. 98	138. 73	149. 42	76. 68
韶　关	0. 92	2. 70	0. 41	0. 54	0. 93
深　圳	16. 64	29. 54	4. 62	281. 44	204. 11
珠　海	7. 10	7. 99	19. 96	11. 31	56. 36
汕　头	5. 99	6. 38	4. 20	3. 28	2. 85
佛　山	4. 66	49. 87	29. 42	37. 97	11. 56
湛　江	—	—	—	—	0. 34
茂　名	0. 08	5. 40	0. 27	0. 66	0. 93
惠　州	0. 28	1. 39	1. 06	7. 27	10. 79
梅　州	0. 10	2. 66	—	—	—
东　莞	4. 71	4. 42	953. 90	9. 88	8. 31
南　宁	14. 65	57. 37	52. 82	30. 69	17. 02
柳　州	26. 13	29. 98	50. 70	40. 61	54. 75
桂　林	8. 86	16. 13	39. 19	28. 94	16. 45
梧　州	3. 49	1. 90	2. 61	5. 85	4. 85
北　海	0. 64	1. 11	1. 01	6. 04	6. 92
海　口	6. 11	2. 09	2. 43	9. 20	38. 29
三　亚	3. 00	2. 26	4. 74	2. 01	1. 48
重　庆	167. 03	292. 41	279. 87	437. 55	226. 53
成　都	71. 36	128. 55	89. 54	93. 43	208. 28
泸　州	1. 81	2. 98	5. 20	9. 88	12. 35
绵　阳	3. 04	3. 05	4. 11	6. 24	9. 64
贵　阳	5. 80	16. 41	68. 09	80. 47	82. 76
遵　义	2. 11	0. 18	1. 25	3. 00	—
昆　明	2. 66	120. 08	115. 58	79. 33	71. 44
曲　靖	16. 04	26. 96	26. 52	11. 52	12. 50
拉　萨	3. 21	—	2. 00	1. 42	1. 10
西　安	76. 08	94. 07	134. 05	80. 02	47. 73
兰　州	1. 36	7. 21	9. 27	13. 95	3. 82
西　宁	9. 43	5. 59	19. 52	37. 02	38. 89
银　川	7. 28	2. 21	14. 79	7. 07	12. 57
乌鲁木齐	18. 66	39. 80	19. 09	92. 14	185. 74

数据来源：国家统计局。

表 2－238　　2008—2012 年 100 个城市市区绿化覆盖面积及人均公共绿地面积

	2008 年		2009 年		2010 年		2011 年		2012 年	
单　位	公顷	平方米/人	公顷	平方米/人	公顷	平方米/人	公顷	平方米/人	公顷	平方米/人
北　京	48707	8.56	64373	12.11	65348	11.28	66171	11.33	68204	11.87
天　津	—	—	20835	8.59	23265	8.56	24689	10.30	26875	10.54
石家庄	8195	9.30	8920	11.50	9762	14.39	10687	14.50	9998	14.17
唐　山	9437	10.53	10080	13.79	11178	15.13	9374	14.82	10033	14.99
秦皇岛	4636	12.12	4745	13.87	5136	19.90	5210	19.80	5361	20.22
保　定	4905	8.03	5234	8.67	5899	13.25	5970	13.55	5209	9.15
张家口	2897	7.55	2955	8.62	3236	11.03	3502	10.97	3665	11.18
廊　坊	4285	12.11	4430	12.71	4484	13.01	4519	13.13	4665	13.24
太　原	8849	7.58	8849	8.19	9089	8.57	11403	9.46	12112	10.35
大　同	3080	5.16	3931	5.19	4046	6.84	4158	11.10	4504	12.93
呼和浩特	5650	15.74	5697	16.04	6169	115.39	6487	16.40	7798	15.09
包　头	7364	11.21	7596	11.60	7845	12.00	7939	12.34	7984	12.62
鄂尔多斯	2237	8.01	3598	13.19	7991	14.26	8720	22.26	11155	26.39
沈　阳	23886	12.12	27328	12.77	27328	12.72	27328	12.42	29192	12.45
大　连	12374	10.46	12566	10.86	18666	12.00	18636	12.14	18668	12.24
长　春	12728	12.11	13649	13.70	15618	13.70	15580	12.91	15525	13.76
吉　林	7997	10.48	8002	11.83	8002	11.85	8002	11.94	8057	12.01
哈尔滨	11461	8.37	13504	9.42	13787	10.07	13923	10.00	14181	10.06
齐齐哈尔	4386	7.01	4880	8.84	6186	9.95	6187	9.95	6187	10.02
大　庆	21481	15.22	22904	13.30	23386	13.47	23873	13.62	24427	14.32
佳木斯	2502	9.71	2578	10.90	3768	11.89	3901	12.90	4031	13.88
上　海	35986	7.82	126519	8.02	130160	6.97	131942	7.01	134405	7.08
南　京	82279	13.20	83198	13.60	84848	13.69	88028	14.09	89850	13.94
无　锡	16450	12.59	17281	13.56	17988	14.41	18348	14.51	18727	14.61
徐　州	10622	13.00	11754	13.64	14726	14.74	13900	16.01	14940	16.09
常　州	7325	12.12	7654	12.20	8139	12.35	8205	12.41	8594	12.49
苏　州	14225	17.06	14776	17.07	15415	16.86	15962	16.31	26114	15.34
南　通	3759	11.35	4520	10.53	5380	10.50	6181	10.65	7186	12.82
扬　州	3614	18.71	3906	18.73	4065	19.14	7660	17.19	7835	17.32
镇　江	6413	14.97	6715	15.64	6773	15.95	7012	16.46	7329	16.93
杭　州	14177	13.90	15686	15.48	17693	15.12	32783	15.50	33582	15.45
宁　波	9064	10.31	9492	10.36	10853	10.49	11441	10.55	11659	10.56
温　州	3610	6.81	3695	6.87	3822	6.04	4230	8.39	7383	12.95
嘉　兴	4213	11.36	4489	12.60	4665	12.92	4911	13.41	5190	13.64
湖　州	3390	9.92	3756	12.40	4241	15.28	4458	16.25	4618	16.36

续表

	2008 年		2009 年		2010 年		2011 年		2012 年	
单 位	公顷	平方米/人	公顷	平方米/人	公顷	平方米/人	公顷	平方米/人	公顷	平方米/人
金 华	2752	12.00	2803	12.06	2865	12.15	2887	12.02	2912	11.92
舟 山	2014	14.18	2080	15.81	2109	15.08	2163	14.66	15112	14.58
合 肥	10918	10.30	10855	13.27	12737	13.21	14804	13.87	15288	11.50
芜 湖	4833	9.08	4966	9.11	5165	9.45	5650	12.62	5925	13.56
蚌 埠	3952	8.88	4206	7.78	4600	7.03	4738	7.19	5055	8.87
马鞍山	4864	13.25	5101	13.27	5241	13.96	5457	15.02	5639	15.83
福 州	7738	10.21	8324	10.61	10138	11.15	10138	11.21	10866	11.32
厦 门	13998	11.04	15151	10.90	16363	10.13	17104	11.19	18131	11.38
泉 州	4012	9.84	4270	10.40	6845	10.55	6557	11.90	7448	13.70
漳 州	1978	9.51	2015	9.62	2121	10.50	2205	10.88	2337	12.41
南 昌	7663	8.36	7893	8.49	8619	9.01	8938	9.18	9247	12.03
九 江	4072	11.45	4215	12.62	5045	18.11	5109	18.73	5168	17.00
济 南	11877	9.81	12255	10.00	12853	10.25	13165	10.31	13803	10.31
青 岛	16710	14.53	17464	14.50	19203	14.58	19883	14.58	23720	14.58
烟 台	8479	16.38	9716	17.70	11228	19.37	11701	20.48	11894	21.30
潍 坊	7819	8.00	8099	10.80	8305	17.28	8696	17.35	9174	17.67
威 海	6023	23.92	6473	24.12	6698	24.45	6903	24.76	7098	25.08
郑 州	11984	5.34	12673	6.28	13332	6.19	13838	6.48	14836	6.03
开 封	3267	5.09	3283	5.06	3393	5.22	3462	7.92	3632	7.84
洛 阳	5638	7.65	5743	8.28	5955	7.17	6080	7.33	6736	6.94
平顶山	2356	8.35	2484	8.50	2940	8.60	3009	8.64	3049	10.24
新 乡	3669	8.51	3933	9.18	4002	9.51	4412	10.04	4543	10.12
武 汉	17242	9.25	17479	9.22	17991	8.89	19036	9.59	19870	9.92
黄 石	2506	11.66	2546	11.70	2632	11.95	2694	12.03	2759	12.44
十 堰	12394	9.09	12394	9.32	12468	10.00	12500	9.96	12500	11.34
宜 昌	3395	10.73	3579	10.84	3770	10.88	4102	14.09	5077	14.10
襄 阳	4810	10.09	4850	10.04	5111	10.75	6352	10.50	6400	11.48
长 沙	8818	8.66	9304	9.50	9857	9.98	10235	8.83	10729	8.92
株 洲	3577	8.21	3633	10.17	4104	12.70	5136	10.83	5143	10.27
湘 潭	4748	8.34	4564	8.72	4607	8.72	4677	8.72	4759	8.75
衡 阳	3995	8.85	4053	8.90	4053	9.21	4268	9.48	3998	7.62
岳 阳	3128	8.75	3205	8.36	3413	8.51	3455	8.80	3479	9.00
郴 州	1404	7.35	2688	7.59	2292	8.03	2555	9.53	2815	10.24
广 州	130626	9.72	132149	10.08	140768	11.87	139720	15.05	140974	19.64
韶 关	3513	11.58	3657	11.72	3774	11.76	3886	11.77	4050	11.78

续表

	2008 年		2009 年		2010 年		2011 年		2012 年	
单　位	公顷	平方米/人	公顷	平方米/人	公顷	平方米/人	公顷	平方米/人	公顷	平方米/人
深　圳	97605	16.20	97598	16.30	97592	16.40	97575	16.50	97670	16.60
珠　海	30865	12.92	31505	10.19	32456	13.67	30951	13.81	33050	19.02
汕　头	6215	11.75	6966	11.76	7113	12.23	7607	12.80	8943	13.10
佛　山	8309	8.10	11533	9.12	11737	10.24	8946	10.42	8998	10.86
湛　江	3530	12.50	11680	12.73	5565	12.74	5671	12.81	5704	12.92
茂　名	5080	9.16	5146	9.20	5188	10.03	3578	11.12	3675	12.12
惠　州	4153	8.15	6083	10.97	6528	11.14	7289	12.16	7951	14.91
梅　州	1423	11.69	1963	11.79	2114	11.80	2200	11.85	2244	11.85
东　莞	73088	12.12	78073	14.67	79446	15.32	81684	16.46	89678	16.53
南　宁	35415	10.29	35968	9.90	37125	9.83	37747	12.97	38603	13.04
柳　州	6785	10.70	6962	13.76	7111	12.81	7443	12.29	7886	13.42
桂　林	2403	6.44	2473	6.75	2790	9.16	2795	9.31	2805	10.29
梧　州	1984	7.13	1993	7.33	2101	9.07	2351	12.45	2253	8.47
北　海	3878	3.23	2020	6.03	2068	8.60	2479	9.93	2534	10.28
海　口	4418	9.25	4418	10.54	4046	11.78	4096	12.02	5191	11.32
三　亚	1272	9.19	1355	12.14	1357	18.98	1684	19.18	1531	18.98
重　庆	31389	9.62	35722	11.25	41244	13.24	47637	17.87	51689	18.13
成　都	16821	11.43	17418	12.79	18335	13.21	19353	13.45	20757	13.66
泸　州	2248	8.02	3204	8.09	3830	8.31	4432	9.10	4709	9.16
绵　阳	3717	7.99	3717	8.48	3932	10.39	3951	10.38	4066	10.03
贵　阳	20550	9.58	20582	9.58	20952	10.06	21164	9.39	22766	12.81
遵　义	2301	4.92	2322	5.00	2322	4.94	2322	4.89	2671	8.08
昆　明	11589	7.06	11622	7.88	12545	8.36	14734	9.76	16884	9.50
曲　靖	1399	7.61	2074	9.15	2210	9.29	2445	9.31	2674	9.34
拉　萨	1905	3.32	2058	4.32	2548	55.27	2548	5.07	2548	4.44
西　安	11616	7.80	12059	7.90	13823	9.50	15103	10.44	16764	10.81
兰　州	4829	9.33	5426	8.52	5495	8.63	5525	8.70	6548	8.88
西　宁	2280	9.25	2282	8.62	2345	8.94	2785	10.32	2902	10.61
银　川	5403	8.40	5403	14.60	5701	14.39	5865	14.61	6165	13.83
乌鲁木齐	16206	6.00	16856	6.91	17316	7.39	22399	9.07	24197	9.20

数据来源：国家统计局。

表 2－239　　2008—2012 年 100 个城市市区每万人拥有公共交通车辆

单位：标台

	2008 年	2009 年	2010 年	2011 年	2012 年
北　京	24. 67	18. 49	18. 15	17. 92	18. 06
天　津	14. 33	9. 84	8. 87	9. 42	10. 28
石家庄	13. 44	17. 05	18. 29	19. 24	16. 99
唐　山	14. 06	6. 27	6. 61	6. 29	5. 52
秦皇岛	10. 21	12. 44	11. 99	10. 65	9. 62
保　定	6. 95	19. 97	18. 92	9. 70	11. 98
张家口	7. 22	10. 32	13. 79	6. 85	9. 69
廊　坊	7. 29	5. 81	6. 11	6. 39	6. 83
太　原	7. 25	6. 59	7. 76	9. 44	10. 75
大　同	4. 16	6. 30	5. 20	5. 18	5. 52
呼和浩特	12. 92	16. 99	15. 78	13. 66	18. 53
包　头	9. 41	9. 25	9. 42	9. 69	9. 24
鄂尔多斯	9. 16	9. 05	12. 80	16. 81	15. 05
沈　阳	13. 14	9. 92	9. 73	9. 90	10. 02
大　连	21. 42	15. 60	15. 43	17. 13	16. 62
长　春	16. 55	12. 20	12. 22	12. 26	12. 60
吉　林	7. 75	5. 08	5. 18	6. 67	6. 47
哈尔滨	12. 85	10. 55	10. 96	11. 44	11. 53
齐齐哈尔	9. 41	7. 23	6. 19	7. 30	7. 38
大　庆	20. 91	15. 85	19. 60	17. 71	20. 81
佳木斯	7. 32	6. 42	4. 46	4. 09	5. 00
上　海	12. 51	12. 22	12. 99	12. 28	12. 29
南　京	15. 38	11. 14	11. 27	11. 44	11. 28
无　锡	15. 05	12. 53	13. 14	12. 87	13. 04
徐　州	17. 22	10. 57	6. 87	6. 76	6. 62
常　州	17. 01	11. 03	11. 06	11. 35	11. 24
苏　州	16. 93	12. 31	13. 21	14. 94	13. 34
南　通	12. 20	3. 59	3. 41	5. 36	6. 08
扬　州	13. 02	8. 30	11. 05	5. 18	5. 88
镇　江	12. 15	9. 57	9. 97	10. 53	9. 74
杭　州	28. 12	18. 80	16. 89	17. 13	16. 73
宁　波	21. 62	14. 63	15. 47	16. 72	17. 89
温　州	17. 22	13. 32	13. 98	12. 75	15. 33
嘉　兴	13. 67	11. 08	12. 01	12. 07	12. 28

续表

	2008 年	2009 年	2010 年	2011 年	2012 年
湖 州	8.34	6.02	6.14	6.07	5.85
金 华	13.31	8.38	9.85	6.34	6.98
舟 山	9.40	9.29	8.91	9.08	9.14
合 肥	12.48	12.76	12.19	16.13	16.67
芜 湖	9.28	13.30	12.79	9.68	9.74
蚌 埠	8.42	7.58	8.36	10.27	12.23
马鞍山	11.81	7.48	7.17	8.83	7.62
福 州	13.10	14.17	18.91	16.42	18.13
厦 门	12.74	17.63	18.66	20.35	20.39
泉 州	9.92	7.70	15.99	10.13	10.12
漳 州	5.69	4.27	8.50	4.48	4.85
南 昌	16.61	11.71	11.75	14.15	16.88
九 江	10.64	5.78	8.05	8.36	6.43
济 南	17.99	12.55	12.18	11.94	13.37
青 岛	20.72	15.57	16.93	19.56	14.83
烟 台	15.28	9.25	9.73	11.00	11.16
潍 坊	7.11	5.47	6.09	6.33	6.41
威 海	16.81	13.70	14.19	12.90	12.90
郑 州	10.38	15.53	9.39	9.95	9.45
开 封	5.58	7.07	6.40	8.36	8.33
洛 阳	6.69	7.32	7.71	8.69	7.77
平顶山	9.96	6.71	5.79	6.18	5.39
新 乡	12.21	8.96	10.16	11.57	10.48
武 汉	15.30	14.06	13.45	14.49	14.38
黄 石	12.16	11.57	12.31	12.32	9.91
十 堰	12.52	13.43	15.75	16.03	16.44
宜 昌	16.43	7.67	7.94	8.19	8.40
襄 阳	10.52	5.79	3.61	3.71	4.46
长 沙	15.93	14.75	14.71	12.30	12.67
株 洲	14.30	9.63	18.25	15.09	14.12
湘 潭	10.10	10.81	11.86	11.62	9.49
衡 阳	10.99	9.01	8.28	9.20	8.88
岳 阳	14.74	10.54	8.63	8.74	8.41
郴 州	12.90	11.21	8.80	8.38	9.14

续表

	2008 年	2009 年	2010 年	2011 年	2012 年
广　州	13.79	13.42	17.31	17.50	18.01
韶　关	5.27	4.37	4.53	5.53	5.68
深　圳	14.93	—	103.11	110.52	103.77
珠　海	15.25	12.60	13.15	14.34	17.58
汕　头	3.37	1.54	2.05	2.29	2.52
佛　山	15.75	8.97	9.94	13.31	14.43
湛　江	12.45	4.54	3.77	4.46	4.42
茂　名	2.67	1.44	1.63	2.31	2.26
惠　州	5.69	8.23	8.80	10.89	11.28
梅　州	5.55	6.99	9.50	6.88	10.88
东　莞	7.39	7.87	7.94	7.67	8.85
南　宁	15.10	10.02	9.61	9.81	10.14
柳　州	7.85	—	10.02	9.05	9.00
桂　林	11.67	10.58	8.98	11.63	9.96
梧　州	7.53	6.01	5.88	5.85	5.76
北　海	3.09	3.06	3.68	4.00	4.03
海　口	11.77	6.52	6.98	8.67	10.05
三　亚	9.13	7.36	7.74	9.79	9.89
重　庆	9.56	4.16	4.90	4.42	—
成　都	21.06	14.50	12.64	13.19	17.85
泸　州	13.20	4.94	5.03	5.76	4.81
绵　阳	10.92	8.02	8.27	9.02	9.63
贵　阳	10.99	11.57	9.57	10.29	10.24
遵　义	7.09	5.97	5.92	5.82	6.94
昆　明	15.08	21.12	20.63	17.02	17.17
曲　靖	10.27	7.44	9.02	7.87	7.92
拉　萨	15.54	6.14	—	—	—
西　安	19.07	12.53	12.63	13.46	13.43
兰　州	12.79	10.06	10.22	10.34	13.05
西　宁	19.37	15.00	19.06	14.32	20.35
银　川	11.26	14.45	14.77	15.57	16.11
乌鲁木齐	14.59	16.66	15.56	15.32	15.54

数据来源：国家统计局。

表 2 -240　　2008—2012 年 100 个城市市区出租汽车车辆数

单位：辆

	2008 年	2009 年	2010 年	2011 年	2012 年
北　京	66646	66646	66646	66646	66646
天　津	31940	31940	31940	31940	31706
石家庄	6795	9201	9646	9932	6873
唐　山	4613	4642	4642	4941	4154
秦皇岛	4474	4292	4306	4327	3607
保　定	3036	5965	6205	6441	3036
张家口	3612	5030	5033	5333	3951
廊　坊	1827	5327	5960	6744	2030
太　原	8292	8292	8652	8719	8719
大　同	4625	4625	4983	4954	4970
呼和浩特	4666	5267	5568	5568	5564
包　头	5883	5884	5890	5890	5827
鄂尔多斯	2200	1810	2194	2460	2501
沈　阳	17334	17357	17200	17353	17844
大　连	9673	9773	10173	10242	10592
长　春	16708	15401	16967	16967	16967
吉　林	4652	4997	4998	5158	5258
哈尔滨	13425	13636	14366	15435	15519
齐齐哈尔	3159	3159	3060	3159	3159
大　庆	5591	5456	2989	7913	7831
佳木斯	5198	6316	6316	2559	2559
上　海	48059	49111	50007	50438	50683
南　京	10151	10364	10145	10195	10795
无　锡	4040	4040	2641	4040	4040
徐　州	3594	3625	3760	3707	3710
常　州	2142	2142	2542	2542	2542
苏　州	3203	3203	3604	4003	5048
南　通	1277	1277	1277	1464	1472
扬　州	1842	1838	1838	1838	2461
镇　江	1254	1254	1253	1253	1323
杭　州	9167	9305	9362	10048	10344
宁　波	5001	3551	3842	3851	4101
温　州	3329	3329	3709	3719	3770
嘉　兴	873	873	873	925	973

续表

	2008 年	2009 年	2010 年	2011 年	2012 年
湖　州	966	815	815	815	825
金　华	862	796	796	796	976
舟　山	1325	1098	1053	774	733
合　肥	7118	7995	8395	8395	10546
芜　湖	3045	3024	3504	3522	3522
蚌　埠	2291	2291	2291	2491	2484
马鞍山	2298	2298	2298	2298	2298
福　州	3745	3745	5809	5245	5610
厦　门	4233	4263	4574	4825	4960
泉　州	1961	1970	2820	1662	1617
漳　州	1055	982	1300	1028	1002
南　昌	3673	3703	4003	4345	4753
九　江	1537	1487	1585	1586	1514
济　南	8116	8986	8867	8357	9020
青　岛	9241	9316	9539	9683	9693
烟　台	2143	2143	2209	2169	2169
潍　坊	2158	2158	2166	4601	4601
威　海	1425	1526	1526	1527	1541
郑　州	10859	10718	10607	10607	10607
开　封	2336	2214	3066	3066	2636
洛　阳	4226	4260	4267	4267	4267
平顶山	2000	2050	2080	2080	2080
新　乡	4500	1530	1338	1363	1738
武　汉	12137	12137	13997	14780	16597
黄　石	822	822	922	927	1550
十　堰	800	677	700	800	830
宜　昌	1283	1704	1834	1884	1704
襄　阳	1700	1700	1700	1700	1700
长　沙	7344	6280	6280	6420	6420
株　洲	1955	1955	2837	1955	2827
湘　潭	1150	1600	1721	1721	1400
衡　阳	1402	1398	1471	1400	1400
岳　阳	1677	1651	1651	1770	1770
郴　州	1100	1678	1846	2046	1710

续表

	2008 年	2009 年	2010 年	2011 年	2012 年
广　州	18858	19345	18991	19002	19943
韶　关	641	745	740	1063	740
深　圳	12991	13411	14340	14735	15300
珠　海	1852	1852	1852	152	1852
汕　头	1249	1143	1232	1544	1373
佛　山	2708	2622	3345	3365	3344
湛　江	1234	1234	1234	1234	1234
茂　名	703	285	188	315	411
惠　州	1136	1229	1650	1651	1663
梅　州	534	534	590	534	330
东　莞	7045	6811	7671	7671	7691
南　宁	4332	4940	4795	5070	5670
柳　州	1396	1982	1751	1751	1861
桂　林	3020	1930	1930	1930	1930
梧　州	739	743	766	500	745
北　海	661	555	585	555	555
海　口	1963	1591	2116	2352	2711
三　亚	1082	1082	1082	1232	1234
重　庆	12454	15516	14021	11457	19108
成　都	12732	13979	13979	15903	14009
泸　州	1117	1503	1503	1503	1539
绵　阳	1077	1077	1077	1477	1447
贵　阳	3069	3605	3271	4401	6511
遵　义	1137	1137	1137	1137	1637
昆　明	6230	7780	6321	7727	7975
曲　靖	1589	1589	1595	1589	1589
拉　萨	1160	1160		1160	1160
西　安	11879	11879	12786	13839	14139
兰　州	5074	7551	6738	6738	6745
西　宁	5116	5116	5516	5516	5516
银　川	5006	5006	5006	5006	5278
乌鲁木齐	7930	7942	7950	9963	10046

数据来源：国家统计局。

表 2-241　　2008—2012 年 100 个城市市区居民生活用水量

单位：万吨

	2008 年	2009 年	2010 年	2011 年	2012 年
北　京	55112	58954	62055	63068	64684
天　津	19494	20897	20797	22353	23448
石家庄	7041	7525	6416	6590	6785
唐　山	10247	10582	8491	6093	6574
秦皇岛	2831	2892	2751	3729	4095
保　定	3383	3339	3745	3221	3769
张家口	2262	2262	2162	2187	2194
廊　坊	1950	1838	1779	1724	1985
太　原	11227	13357	9742	12597	10110
大　同	4239	4069	3489	3536	3814
呼和浩特	2001	2614	2950	2353	2836
包　头	2841	3023	3268	3228	3470
鄂尔多斯	900	688	843	1340	1287
沈　阳	15060	16980	17128	19035	20785
大　连	6967	6685	7324	9872	10398
长　春	6747	6813	8079	8020	7439
吉　林	4091	4100	4383	4510	4576
哈尔滨	15278	15701	14162	14858	14419
齐齐哈尔	2002	2268	2446	3030	3030
大　庆	5693	4052	7100	9546	9742
佳木斯	2115	3186	3265	3608	3608
上　海	93900	97327	97992	96993	99597
南　京	21150	28324	30103	31389	34333
无　锡	14451	14559	13892	13499	14043
徐　州	4673	6010	6543	5308	5633
常　州	8280	8104	11509	8507	8729
苏　州	16983	18079	17081	17100	24220
南　通	6864	7885	8350	8683	9270
扬　州	2806	3079	3163	5982	6939
镇　江	3737	4225	4068	3810	3069
杭　州	27251	28108	21847	22384	22861
宁　波	13870	14750	12596	13305	14062
温　州	10084	1054	10825	10338	10321
嘉　兴	1688	1869	1828	2067	2242

续表

	2008 年	2009 年	2010 年	2011 年	2012 年
湖　州	3027	3582	3477	3491	3574
金　华	2255	2103	2257	2503	2881
舟　山	1383	1383	1599	1746	1805
合　肥	13071	13781	14282	15312	16932
芜　湖	4878	4857	4824	5387	5617
蚌　埠	2323	3274	3194	3572	3707
马鞍山	3152	3422	3678	3509	3702
福　州	15129	11292	9979	12075	12651
厦　门	11678	9933	10884	11867	12108
泉　州	4437	4937	5349	6134	6056
漳　州	2075	2266	2428	2386	2343
南　昌	12420	12600	13204	11226	11226
九　江	3537	2534	2709	2834	2940
济　南	10605	13492	11498	12018	12364
青　岛	11301	12250	12524	10049	12121
烟　台	3032	3408	3825	3858	4381
潍　坊	3441	4619	3146	3852	3534
威　海	1895	1579	1462	1470	1473
郑　州	12022	12522	18965	13382	12414
开　封	2498	2097	1951	1561	2172
洛　阳	5626	5819	5782	5936	6197
平顶山	3532	3758	2973	3140	3282
新　乡	2360	2525	2610	2757	2899
武　汉	39031	39736	40173	44624	47385
黄　石	7850	5195	5176	4459	4918
十　堰	4159	3589	3765	3925	4220
宜　昌	3973	4170	3479	3726	3948
襄　阳	15830	15138	6156	6041	5665
长　沙	24870	26597	26610	29243	29950
株　洲	8053	5524	6029	6635	6946
湘　潭	2357	3507	3365	3370	3582
衡　阳	4806	4575	4785	7812	3765
岳　阳	6449	6920	6849	6865	6935
郴　州	2444	2476	3263	2395	3615

续表

	2008 年	2009 年	2010 年	2011 年	2012 年
广 州	73933	80170	82566	87695	83469
韶 关	3996	3374	3556	3422	3562
深 圳	55600	48729	50173	52163	53937
珠 海	8973	8883	8961	9629	10212
汕 头	12627	13069	13274	12686	13770
佛 山	13908	16840	15661	19454	18441
湛 江	4738	4703	5307	5302	5879
茂 名	2619	2857	2930	2854	2954
惠 州	6724	6852	7144	8519	9211
梅 州	1641	2143	1914	2028	2081
东 莞	70670	40699	28560	39628	39311
南 宁	14493	15717	19068	20563	20294
柳 州	5703	8986	8876	9229	11977
桂 林	4870	4683	5054	5274	5371
梧 州	2039	2114	2133	1895	2244
北 海	1725	1966	2161	2317	2371
海 口	7379	8000	8352	8786	8094
三 亚	2621	2231	2710	2960	3294
重 庆	31936	36705	40835	42329	46894
成 都	38835	41939	55666	46336	52116
泸 州	2171	2373	2792	3080	3599
绵 阳	3552	3471	3855	5218	4400
贵 阳	11460	12367	10762	13203	14228
遵 义	7330	2213	2116	3326	3370
昆 明	10956	13619	10988	12717	11540
曲 靖	1941	1668	1832	1708	1780
拉 萨	1123	860		3441	491
西 安	16791	18513	19952	19945	23485
兰 州	8299	9596	9031	10133	9031
西 宁	3450	4249	4584	5856	6610
银 川	4201	4452	5104	5104	5381
乌鲁木齐	12255	12255	12255	12942	14019

数据来源：国家统计局。

表 2－242　　2008—2012 年 100 个城市市区全年用电总量

单位：亿千瓦时

	2008 年	2009 年	2010 年	2011 年	2012 年
北　京	673.78	722.25	790.98	801.89	853.58
天　津	535.26	576.92	675.37	695.15	722.49
石家庄	122.43	127.03	131.66	142.17	144.09
唐　山	360.24	424.71	465.92	475.38	523.12
秦皇岛	73.36	71.98	46.80	44.74	55.90
保　定	58.28	65.48	54.22	75.59	77.89
张家口	62.47	61.14	69.04	73.44	73.86
廊　坊	24.81	29.58	36.20	52.43	63.34
太　原	185.36	156.93	201.94	226.02	231.11
大　同	59.83	49.93	61.97	64.86	70.50
呼和浩特	32.42	36.48	127.00	118.48	55.30
包　头	160.06	160.93	190.97	230.13	235.78
鄂尔多斯	5.68	13.91	75.84	77.14	22.91
沈　阳	166.55	178.17	203.34	216.96	232.65
大　连	173.39	179.99	199.66	206.63	225.62
长　春	100.77	108.81	128.60	133.33	113.71
吉　林	97.77	88.24	100.25	116.05	110.04
哈尔滨	119.22	121.25	132.33	154.84	152.59
齐齐哈尔	42.36	44.00	45.00	45.00	60.23
大　庆	156.93	163.00	165.65	175.67	184.60
佳木斯	15.15	12.30	12.70	14.87	15.71
上　海	1138.22	1153.38	1295.87	1339.62	1353.45
南　京	297.70	322.47	354.75	378.90	403.93
无　锡	215.15	215.44	250.78	259.48	260.46
徐　州	79.54	98.19	149.94	172.62	195.16
常　州	177.62	187.30	215.17	240.82	254.14
苏　州	226.77	229.64	269.30	289.93	514.08
南　通	68.55	95.76	109.74	118.03	85.83
扬　州	58.62	64.22	60.96	69.03	98.98
镇　江	74.21	78.58	84.90	96.38	101.47
杭　州	325.75	346.93	392.64	432.57	444.95
宁　波	213.96	223.78	253.74	276.75	301.25
温　州	98.04	102.21	115.92	123.06	120.33
嘉　兴	61.19	63.44	73.80	85.12	93.03

续表

	2008 年	2009 年	2010 年	2011 年	2012 年
湖　州	49.11	52.24	59.62	65.85	70.30
金　华	29.00	30.52	35.56	39.87	42.73
舟　山	24.05	27.14	31.54	32.67	32.45
合　肥	71.89	75.03	85.65	100.40	108.58
芜　湖	43.12	47.97	52.73	63.84	73.73
蚌　埠	23.22	25.86	28.54	30.88	33.44
马鞍山	93.15	91.55	97.20	99.20	104.34
福　州	104.60	106.99	93.78	105.90	107.05
厦　门	125.12	128.18	155.01	174.53	187.57
泉　州	56.84	64.81	70.35	75.94	79.93
漳　州	43.26	45.57	27.84	32.67	48.12
南　昌	87.69	90.65	100.80	115.00	121.70
九　江	32.99	37.58	40.90	24.82	31.92
济　南	161.68	165.36	189.46	198.38	182.00
青　岛	158.29	165.33	187.75	196.39	214.82
烟　台	78.40	82.56	97.26	109.06	111.57
潍　坊	87.37	83.13	105.88	114.62	112.74
威　海	33.60	36.86	43.58	46.90	48.98
郑　州	267.58	264.50	288.72	323.37	341.37
开　封	24.27	30.84	35.88	43.26	43.26
洛　阳	184.32	195.86	280.97	238.61	247.20
平顶山	49.32	66.17	70.87	76.10	78.24
新　乡	49.52	50.58	58.49	70.43	72.35
武　汉	252.96	272.78	311.78	328.16	347.60
黄　石	51.04	49.66	63.87	66.97	62.76
十　堰	30.57	27.98	37.51	37.37	36.74
宜　昌	55.62	64.04	77.92	82.06	80.44
襄　阳	29.74	33.89	40.98	45.17	49.32
长　沙	68.36	81.79	94.38	115.62	126.83
株　洲	52.49	58.51	64.82	65.53	70.27
湘　潭	61.17	68.92	75.43	82.12	78.22
衡　阳	44.37	45.29	53.69	62.54	66.08
岳　阳	51.77	55.53	54.99	59.23	62.21
郴　州	26.86	30.36	34.00	36.19	37.91

续表

	2008 年	2009 年	2010 年	2011 年	2012 年
广　州	—	511.60	563.00	596.02	624.50
韶　关	43.44	41.31	45.95	51.35	54.92
深　圳	583.76	585.68	663.54	696.02	722.10
珠　海	89.60	91.72	102.26	112.56	117.47
汕　头	112.40	120.40	123.53	149.02	153.63
佛　山	396.00	416.77	463.08	485.62	506.95
湛　江	31.70	34.26	40.08	57.24	65.40
茂　名	36.28	36.86	39.87	41.53	43.24
惠　州	90.67	95.97	117.38	129.03	141.96
梅　州	11.11	11.95	12.13	12.94	16.76
东　莞	514.16	495.57	562.00	586.07	604.28
南　宁	71.92	79.30	85.40	91.23	101.21
柳　州	63.43	66.99	72.40	74.89	73.95
桂　林	19.88	26.75	23.73	24.32	25.29
梧　州	9.95	17.70	20.28	41.70	23.48
北　海	9.65	11.56	13.21	17.91	25.77
海　口	33.11	35.17	39.13	46.21	52.67
三　亚	12.04	13.66	16.46	18.81	19.01
重　庆	374.16	398.61	468.03	568.84	547.66
成　都	100.36	189.23	218.11	246.55	263.15
泸　州	21.80	22.89	26.30	31.81	29.57
绵　阳	20.51	25.76	28.86	31.70	33.67
贵　阳	112.56	123.84	147.07	171.27	159.53
遵　义	31.47	53.23	35.85	45.60	47.51
昆　明	89.70	117.08	91.92	91.92	203.52
曲　靖	10.59	108.00	111.24	111.24	23.90
拉　萨	—	—	—	—	—
西　安	148.13	159.11	162.85	177.04	192.16
兰　州	130.55	135.23	147.31	150.44	167.29
西　宁	201.54	52.27	64.02	67.28	72.90
银　川	43.23	41.08	42.28	50.79	0.00
乌鲁木齐	135.44	97.59	113.44	158.74	158.96

数据来源：国家统计局。

二十一、100城市人口及人民生活数据

表 2 -243

2008—2012年100个城市全市常住人口

单位：万人

	2008年	2009年	2010年	2011年	2012年
北　京	1664.0	1725.0	1858.4	1990.2	2069.0
天　津	1145.5	1202.1	1263.7	1326.9	1413.0
石家庄	981.4	986.4	1002.8	1022.7	1038.6
唐　山	741.1	745.0	752.5	760.5	766.9
秦皇岛	294.4	296.8	298.4	299.8	302.2
保　定	1088.9	1097.0	1111.2	1124.0	1135.1
张家口	420.4	422.4	429.2	436.1	439.4
廊　坊	408.2	411.2	424.3	438.2	443.9
太　原	346.4	348.7	354.0	422.0	425.6
大　同	316.9	318.7	325.7	332.9	335.7
呼和浩特	265.4	269.0	278.8	289.3	294.9
包　头	251.4	255.2	261.0	267.5	273.2
鄂尔多斯	157.0	160.8	150.9	197.4	200.4
沈　阳	711.6	781.0	804.6	814.3	822.8
大　连	610.5	614.5	663.8	673.7	689.2
长　春	749.2	754.5	757.7	760.3	756.9
吉　林	433.1	433.9	434.1	433.7	430.8
哈尔滨	988.6	990.7	991.8	992.7	1064.2
齐齐哈尔	542.6	543.1	539.9	535.4	537.0
大　庆	275.3	278.7	280.0	280.7	290.6
佳木斯	251.1	252.0	253.0	251.6	255.3
上　海	1873.3	1904.9	2256.5	2325.1	2380.4
南　京	620.8	627.1	801.2	805.8	816.1
无　锡	463.0	464.9	628.6	640.4	646.5
徐　州	939.5	952.3	863.2	857.7	856.4
常　州	358.1	359.3	452.3	462.2	468.7
苏　州	627.1	631.5	991.9	1049.4	1054.9
南　通	764.9	763.2	730.9	728.5	729.7
扬　州	459.5	459.3	447.8	446.2	446.7
镇　江	268.8	269.3	314.1	312.4	315.5

续表

	2008 年	2009 年	2010 年	2011 年	2012 年
杭　州	675.0	803.3	852.0	692.4	880.2
宁　波	566.3	713.0	744.3	575.2	763.9
温　州	768.3	775.5	783.0	792.6	915.6
嘉　兴	420.9	427.2	441.1	342.3	454.4
湖　州	258.1	283.5	287.2	260.5	290.5
金　华	460.3	517.9	528.9	467.9	539.9
舟　山	96.7	96.8	96.8	96.9	114.0
合　肥	482.8	506.0	493.0	749.2	757.2
芜　湖	230.7	230.4	229.5	355.6	357.8
蚌　埠	356.8	359.4	361.4	317.2	318.3
马鞍山	127.7	128.4	128.9	219.6	219.5
福　州	679.5	685.0	699.3	716.4	727.0
厦　门	249.0	252.0	353.1	358.5	367.0
泉　州	776.5	782.5	800.0	817.5	829.0
漳　州	475.5	478.5	480.6	482.6	490.0
南　昌	459.8	463.2	502.7	507.1	513.2
九　江	473.9	477.2	472.1	474.8	477.3
济　南	659.9	665.3	674.6	685.2	695.0
青　岛	842.1	847.8	860.8	875.7	886.9
烟　台	700.7	702.7	700.1	697.2	698.3
潍　坊	886.6	892.4	901.9	912.4	921.6
威　海	280.3	280.3	253.3	280.3	279.8
郑　州	739.6	748.0	809.0	875.9	903.0
开　封	468.5	469.9	469.4	466.8	465.3
洛　阳	638.1	642.1	648.8	656.0	659.0
平顶山	485.4	490.0	490.4	491.2	492.9
新　乡	551.5	551.3	561.4	568.5	566.9
武　汉	894.1	903.5	944.0	989.9	1012.0
黄　石	242.2	242.6	242.8	243.2	244.1
十　堰	351.0	323.8	346.4	334.8	335.7
宜　昌	403.4	404.2	405.3	406.4	408.8
襄　阳	543.1	544.2	550.0	551.4	555.1
长　沙	655.7	661.4	684.4	706.6	714.7
株　洲	370.3	372.2	379.6	386.9	390.7
湘　潭	276.6	277.9	276.6	275.8	278.1

续表

	2008 年	2009 年	2010 年	2011 年	2012 年
衡　阳	673.1	675.2	695.6	715.7	719.8
岳　阳	516.5	518.4	547.6	548.5	552.3
郴　州	440.4	442.4	450.5	459.4	463.3
广　州	1011.4	1025.8	1037.2	1273.0	1283.9
韶　关	295.0	296.1	297.1	284.0	286.9
深　圳	869.2	884.0	896.5	1042.0	1054.7
珠　海	146.8	148.6	149.8	156.5	158.3
汕　头	502.9	508.2	512.3	540.7	544.8
佛　山	593.8	597.5	601.3	721.5	726.2
湛　江	685.5	694.8	699.7	703.7	710.9
茂　名	721.1	616.3	622.7	585.5	596.8
惠　州	390.1	395.0	398.6	461.7	467.4
梅　州	411.8	413.5	415.9	425.6	429.4
东　莞	694.9	665.0	640.0	824.0	829.2
南　宁	687.6	694.8	702.6	709.4	679.1
柳　州	429.6	369.7	373.4	377.6	382.5
桂　林	506.5	510.0	483.1	520.4	483.9
梧　州	305.1	307.0	312.0	289.5	292.9
北　海	156.2	158.1	156.5	154.7	156.7
海　口	181.5	185.7	196.2	207.7	214.1
三　亚	47.2	48.5	49.5	69.7	72.2
重　庆	2827.6	2849.0	2872.0	2901.8	2945.0
成　都	1264.3	1278.6	1144.4	1405.9	1417.8
泸　州	429.7	432.3	428.1	422.2	425.0
绵　阳	495.0	496.0	478.8	461.7	464.0
贵　阳	393.0	395.3	430.5	436.1	445.2
遵　义	685.2	686.8	614.1	611.6	611.7
昆　明	585.3	700.3	632.0	646.3	653.3
曲　靖	575.5	581.8	583.4	587.7	593.6
拉　萨	69.6	80.6	—	56.8	57.6
西　安	834.0	840.5	845.4	849.4	855.3
兰　州	330.2	331.8	323.6	362.0	363.1
西　宁	216.6	219.1	221.0	221.8	224.7
银　川	163.5	167.8	185.3	201.5	204.6
乌鲁木齐	273.2	284.3	311.0	321.0	335.0

数据来源：国家统计局。

表 2－244　　2008—2012 年 100 个城市全市户籍人口

单位：万人

	2008 年	2009 年	2010 年	2011 年	2012 年
北　京	1299.9	1245.8	1257.8	1277.9	1297.5
天　津	968.9	979.8	984.9	996.4	993.2
石家庄	966.5	977.4	989.2	997.3	1005.3
唐　山	729.4	733.9	735.0	737.1	741.8
秦皇岛	285.9	287.2	288.3	289.8	291.2
保　定	1141.7	1155.3	1161.0	1160.7	1172.1
张家口	459.7	462.3	466.0	467.4	468.4
廊　坊	408.3	413.3	419.0	424.9	433.2
太　原	360.2	365.1	365.5	423.5	365.8
大　同	312.0	315.6	317.5	334.0	319.4
呼和浩特	224.3	227.4	229.6	232.2	230.3
包　头	217.8	219.6	219.8	221.8	223.5
鄂尔多斯	149.7	149.5	152.4	154.2	152.1
沈　阳	713.5	716.6	719.6	722.7	724.8
大　连	583.4	584.8	586.4	588.5	590.3
长　春	752.5	756.5	758.9	761.8	756.9
吉　林	438.3	437.4	434.0	433.3	430.8
哈尔滨	989.9	991.6	992.0	993.3	993.5
齐齐哈尔	569.2	571.6	568.1	567.3	559.1
大　庆	277.2	280.2	279.8	281.6	281.6
佳木斯	251.6	252.3	253.8	250.5	239.3
上　海	1391.0	1400.7	1412.3	1419.4	1426.9
南　京	624.5	629.8	632.4	636.4	638.5
无　锡	464.2	465.7	466.6	468.0	470.1
徐　州	946.9	957.6	972.9	976.7	990.5
常　州	358.7	359.8	360.8	362.9	364.8
苏　州	629.8	633.3	637.7	642.3	647.8
南　通	763.7	762.7	762.9	764.9	765.2
扬　州	459.8	458.8	459.1	460.1	458.4
镇　江	268.8	269.9	270.7	271.9	271.4
杭　州	677.6	683.4	689.1	695.7	700.5
宁　波	568.1	571.0	574.1	576.4	577.7
温　州	772.0	779.1	786.8	798.4	800.2
嘉　兴	338.1	339.6	341.6	343.1	344.5

续表

	2008 年	2009 年	2010 年	2011 年	2012 年
湖　州	258.5	259.2	260.0	261.0	261.4
金　华	461.4	463.7	466.7	469.1	470.6
舟　山	96.8	96.8	96.8	97.0	97.2
合　肥	486.7	491.4	495.0	706.1	710.5
芜　湖	230.8	230.1	229.5	385.4	383.4
蚌　埠	358.3	360.6	362.2	365.4	367.8
马鞍山	128.1	128.6	129.1	228.6	228.4
福　州	636.0	637.9	645.9	649.4	655.3
厦　门	173.7	177.0	180.2	185.3	190.9
泉　州	677.7	680.9	685.3	689.5	693.2
漳　州	468.5	471.8	476.4	479.2	482.5
南　昌	494.7	497.3	502.3	508.9	507.9
九　江	484.7	491.0	497.9	476.3	508.6
济　南	604.0	603.3	604.1	606.6	609.2
青　岛	761.6	762.9	763.6	766.4	769.6
烟　台	651.7	652.0	651.1	651.8	650.3
潍　坊	862.5	867.9	873.8	877.6	878.9
威　海	252.2	253.0	253.6	253.8	253.6
郑　州	719.6	731.5	963.0	735.4	1072.5
开　封	518.5	527.1	534.7	506.4	544.4
洛　阳	686.5	694.9	703.5	684.7	709.7
平顶山	523.9	532.4	539.6	532.0	545.6
新　乡	589.6	597.3	603.9	593.2	617.0
武　汉	833.2	835.6	836.7	827.2	821.7
黄　石	257.3	258.6	260.1	260.1	261.5
十　堰	351.0	353.2	353.2	348.4	346.0
宜　昌	400.8	401.4	398.6	398.8	399.0
襄　阳	584.4	588.9	591.1	593.6	594.0
长　沙	645.1	651.6	652.4	657.0	660.6
株　洲	383.0	382.8	390.3	393.2	395.8
湘　潭	294.0	295.3	289.0	291.1	291.8
衡　阳	731.1	739.8	791.6	796.6	800.2
岳　阳	551.5	558.7	565.6	569.2	573.0
郴　州	471.0	473.9	502.1	506.5	509.8

续表

	2008年	2009年	2010年	2011年	2012年
广　州	784.1	794.6	806.1	814.6	822.3
韶　关	323.1	325.5	328.1	329.7	326.5
深　圳	228.1	246.0	259.9	279.4	287.6
珠　海	99.5	102.7	104.7	106.0	106.6
汕　头	506.6	510.7	524.1	529.4	532.9
佛　山	364.3	367.6	370.9	374.8	377.7
湛　江	753.9	763.1	777.8	792.1	785.2
茂　名	725.7	735.3	747.2	761.3	748.9
惠　州	318.8	324.4	337.3	343.0	341.9
梅　州	505.3	507.4	514.8	517.6	521.4
东　莞	174.9	178.7	181.8	184.8	187.0
南　宁	691.7	697.9	707.4	711.5	713.5
柳　州	364.9	367.6	372.7	374.8	372.3
桂　林	508.3	511.6	519.0	521.8	522.1
梧　州	313.2	316.2	326.3	327.6	329.5
北　海	157.7	160.2	166.8	167.9	168.1
海　口	155.8	158.2	160.4	162.4	161.6
三　亚	54.6	55.7	57.0	58.1	57.3
重　庆	3257.1	3275.6	3303.5	3329.8	3343.4
成　都	1125.0	1139.6	1149.1	1163.3	1173.3
泸　州	493.4	497.2	502.3	503.0	505.2
绵　阳	540.7	544.7	541.9	543.4	545.4
贵　阳	363.9	367.1	337.2	376.1	374.5
遵　义	744.0	750.9	784.2	771.9	771.4
昆　明	528.5	534.0	584.0	648.6	543.5
曲　靖	608.1	616.2	626.4	589.9	637.4
拉　萨	47.7	51.5	—	—	50.4
西　安	772.3	781.7	782.7	791.8	796.0
兰　州	322.3	323.6	323.5	323.3	321.5
西　宁	217.8	193.9	220.9	197.4	198.5
银　川	152.3	155.6	158.8	202.6	167.2
乌鲁木齐	236.1	241.2	243.0	249.4	257.8

数据来源：国家统计局。

表 2 - 245　　2008—2012 年 100 个城市全市常住人口人口密度

单位：人/平方公里

	2008 年	2009 年	2010 年	2011 年	2012 年
北　京	1032.84	1069.40	1195.05	1230.03	1260.74
天　津	1000.00	1044.35	1104.85	1136.70	1201.53
石家庄	621.28	623.49	642.04	648.66	655.35
唐　山	551.70	554.33	562.80	566.14	569.25
秦皇岛	393.11	395.85	397.45	399.57	387.34
保　定	530.68	535.20	544.50	547.61	511.65
张家口	114.24	114.86	117.95	118.62	119.17
廊　坊	638.14	641.14	678.80	684.40	690.47
太　原	496.69	502.92	603.91	612.97	610.00
大　同	225.00	226.17	235.08	237.62	237.63
呼和浩特	155.14	157.25	166.86	169.07	168.97
包　头	91.19	92.63	95.65	96.98	98.39
鄂尔多斯	18.34	18.74	22.48	23.01	23.10
沈　阳	597.84	605.55	624.50	556.78	633.90
大　连	487.51	490.70	532.05	468.03	548.12
长　春	363.64	367.16	372.60	—	367.36
吉　林	159.71	161.25	162.76	—	158.81
哈尔滨	186.53	186.85	200.54	200.50	200.54
齐齐哈尔	134.03	134.58	126.45	127.09	126.45
大　庆	130.65	132.04	136.95	137.04	135.02
佳木斯	76.94	77.13	78.06	78.63	78.06
上　海	2978.64	3030.47	3632.02	3702.10	3754.62
南　京	1152.98	1171.85	1215.73	1231.06	1238.96
无　锡	1275.54	1294.01	1378.00	1390.10	1397.23
徐　州	772.08	771.18	762.23	761.44	760.64
常　州	1005.04	1015.23	1050.55	1063.59	1072.05
苏　州	1075.22	1103.85	1233.39	1239.28	1242.81
南　通	893.35	891.60	910.14	911.01	912.01
扬　州	673.98	677.65	676.83	677.14	677.74
镇　江	790.41	797.87	809.72	814.66	820.12
杭　州	480.00	488.07	524.52	526.51	531.17
宁　波	720.18	732.40	775.37	777.10	778.22
温　州	678.72	685.10	775.07	775.75	771.10
嘉　兴	1103.96	1101.40	1150.70	1157.34	1160.66

续表

	2008 年	2009 年	2010 年	2011 年	2012 年
湖　州	484.70	489.86	497.42	498.11	499.14
金　华	470.80	475.92	490.45	492.23	493.42
舟　山	731.94	738.19	778.47	789.58	783.51
合　肥	690.69	723.71	809.99	658.01	661.60
芜　湖	695.78	693.40	682.54	595.52	597.53
蚌　埠	602.00	539.31	533.41	533.60	534.78
马鞍山	759.79	765.12	810.79	541.32	542.11
福　州	523.49	525.79	544.54	601.60	556.41
厦　门	1582.96	1602.03	2244.76	2294.98	2333.12
泉　州	707.22	713.57	737.99	745.35	752.61
漳　州	370.54	372.87	373.65	375.75	367.48
南　昌	623.51	628.06	681.24	707.40	693.33
九　江	252.65	254.45	251.22	249.66	253.57
济　南	810.43	816.74	833.80	860.73	849.94
青　岛	770.28	774.30	794.22	787.02	786.12
烟　台	510.63	511.71	506.91	507.49	508.00
潍　坊	555.79	554.51	563.32	572.01	570.90
威　海	492.47	485.92	483.87	491.58	482.66
郑　州	998.66	894.99	1163.17	1189.50	1212.73
开　封	728.35	754.65	725.79	723.15	722.07
洛　阳	422.39	432.59	431.18	432.04	432.53
平顶山	617.74	639.01	620.57	623.95	623.61
新　乡	674.89	689.77	699.11	692.74	687.23
武　汉	1056.04	1071.34	1151.99	1179.66	1191.43
黄　石	528.47	529.37	529.66	530.96	532.27
十　堰	136.61	136.87	141.09	141.39	141.77
宜　昌	191.89	192.20	192.56	192.99	193.89
襄　阳	275.65	276.12	278.85	280.16	281.38
长　沙	545.85	551.31	595.89	600.12	604.86
株　洲	339.69	339.48	342.94	343.91	347.38
湘　潭	586.22	588.75	548.75	549.37	555.53
衡　阳	477.78	483.56	467.22	466.17	470.37
岳　阳	365.55	370.31	362.96	378.04	366.08
郴　州	240.83	242.93	232.70	237.89	239.53

续表

	2008 年	2009 年	2010 年	2011 年	2012 年
广　州	1369.65	1390.17	1709.71	1749.83	1727.06
韶　关	159.87	160.83	153.28	155.02	155.39
深　圳	4489.66	4474.05	5206.83	5359.45	5281.42
珠　海	870.72	876.66	912.92	948.00	918.21
汕　头	2449.61	2474.37	2614.34	2409.70	2639.53
佛　山	1547.01	1558.42	1895.47	1879.16	1912.06
湛　江	521.92	560.85	529.60	534.52	533.51
茂　名	534.45	541.26	508.47	514.92	522.36
惠　州	351.95	355.99	405.62	408.07	412.06
梅　州	259.95	261.18	263.84	268.83	270.68
东　莞	2819.39	2576.06	3343.50	3339.40	3370.73
南　宁	314.60	315.81	301.28	312.95	305.30
柳　州	198.02	197.43	201.91	203.79	205.68
桂　林	175.48	183.98	170.74	172.17	174.01
梧　州	242.65	251.84	228.95	231.09	232.68
北　海	471.41	480.01	461.19	465.69	469.58
海　口	676.30	686.51	887.64	909.76	928.85
三　亚	285.01	290.91	357.14	368.67	376.24
重　庆	342.77	345.18	348.26	354.23	357.52
成　都	1025.52	1061.46	1157.93	1134.76	1169.71
泸　州	351.43	355.14	344.95	346.31	347.34
绵　阳	244.75	245.10	227.86	228.71	229.16
贵　阳	490.24	493.89	538.83	546.43	554.14
遵　义	223.20	223.34	199.37	198.30	198.85
昆　明	299.49	298.83	306.40	308.68	310.92
曲　靖	200.04	201.24	202.57	204.09	205.37
拉　萨	—	—	—	19.06	19.51
西　安	828.57	834.45	838.35	842.37	846.16
兰　州	252.97	253.84	276.56	276.35	277.47
西　宁	251.51	287.67	288.53	—	293.15
银　川	173.13	178.11	220.84	—	226.70
乌鲁木齐	192.21	206.21	225.78	232.63	242.96

数据来源：国家统计局。

表 2－246　　2008—2012 年 100 个城市市区常住人口

单位：万人

	2008 年	2009 年	2010 年	2011 年	2012 年
北　京	1590.05	1650.49	1781.54	1911.51	1964.89
天　津	994.07	856.38	1076.15	1230.86	1277.92
石家庄	239.22	245.44	243.33	289.23	294.78
唐　山	310.43	306.26	307.26	307.62	308.80
秦皇岛	93.45	113.07	98.99	95.56	106.89
保　定	102.80	104.81	111.19	116.09	117.34
张家口	93.88	94.46	101.55	108.67	106.69
廊　坊	80.71	82.07	86.80	100.15	84.19
太　原	264.16	265.95	270.92	344.20	346.42
大　同	159.81	58.11	158.15	175.28	175.72
呼和浩特	158.36	165.00	164.42	126.47	203.78
包　头	169.16	188.20	196.94	205.97	210.16
鄂尔多斯	40.90	43.20	25.67	59.37	60.18
沈　阳	509.02	586.19	605.06	631.90	635.50
大　连	332.00	331.47	—	—	—
长　春	359.49	361.59	362.75	339.77	343.93
吉　林	184.93	183.60	183.47	183.47	182.30
哈尔滨	475.48	474.90	473.24	471.65	471.45
齐齐哈尔	142.62	135.68	135.41	134.79	133.66
大　庆	119.06	131.83	131.88	134.12	135.16
佳木斯	82.39	81.95	81.75	81.81	81.20
上　海	1806.78	1836.63	2186.69	2253.64	2292.70
南　京	537.81	543.61	694.54	721.94	730.52
无　锡	236.67	237.77	344.94	355.83	358.26
徐　州	183.66	185.31	308.17	308.05	312.38
常　州	225.30	226.27	322.54	331.52	335.34
苏　州	236.75	239.21	378.99	408.90	541.80
南　通	87.38	211.65	231.48	228.69	231.15
扬　州	119.92	121.88	138.03	240.42	241.16
镇　江	102.82	103.13	118.80	120.53	39.27
杭　州	421.90	555.29	607.23	625.75	629.53
宁　波	219.16	—	338.51	349.93	350.72
温　州	142.60	143.81	145.27	146.80	—
嘉　兴	107.57	109.56	115.35	120.34	120.65

续表

	2008 年	2009 年	2010 年	2011 年	2012 年
湖　州	108. 47	126. 67	128. 20	135. 59	129. 70
金　华	92. 31	96. 70	102. 66	107. 86	108. 13
舟　山	69. 51	69. 62	69. 69	69. 69	70. 19
合　肥	200. 94	285. 00	214. 65	230. 98	362. 50
芜　湖	105. 43	104. 98	111. 53	123. 95	123. 72
蚌　埠	92. 31	92. 51	92. 53	92. 86	92. 89
马鞍山	62. 76	63. 85	63. 87	69. 12	84. 19
福　州	272. 00	271. 00	281. 59	295. 12	297. 40
厦　门	249. 00	252. 00	353. 13	358. 50	364. 00
泉　州	130. 65	129. 95	129. 95	144. 74	146. 35
漳　州	59. 52	60. 10	65. 43	70. 79	73. 50
南　昌	191. 55	211. 69	247. 13	251. 36	280. 19
九　江	60. 44	62. 52	72. 63	67. 18	71. 48
济　南	414. 06	415. 32	425. 26	436. 01	441. 04
青　岛	275. 90	275. 87	275. 50	276. 30	362. 56
烟　台	179. 70	179. 27	179. 07	179. 27	179. 95
潍　坊	151. 23	197. 13	181. 68	216. 92	206. 79
威　海	63. 56	63. 56	64. 69	137. 06	65. 38
郑　州	273. 17	333. 12	380. 76	432. 89	440. 37
开　封	84. 51	92. 73	91. 25	89. 50	89. 64
洛　阳	156. 76	172. 66	182. 69	200. 22	208. 13
平顶山	99. 99	91. 61	97. 61	103. 76	104. 21
新　乡	100. 42	101. 40	103. 20	105. 04	105. 63
武　汉	611. 60	619. 67	700. 59	734. 78	686. 43
黄　石	81. 27	81. 38	78. 92	77. 17	79. 37
十　堰	56. 17	51. 41	53. 20	76. 84	78. 57
宜　昌	151. 27	133. 75	124. 41	142. 54	144. 30
襄　阳	218. 00	220. 64	219. 97	213. 74	225. 39
长　沙	251. 50	271. 02	290. 97	363. 33	366. 35
株　洲	95. 98	96. 95	101. 61	116. 29	117. 90
湘　潭	76. 28	83. 23	89. 72	100. 67	105. 45
衡　阳	97. 21	98. 27	105. 92	113. 60	113. 86
岳　阳	110. 58	114. 97	142. 51	123. 27	124. 53
郴　州	77. 65	74. 89	77. 97	82. 67	83. 37

续表

	2008 年	2009 年	2010 年	2011 年	2012 年
广　州	880.64	893.01	902.85	1109.61	1114.99
韶　关	89.47	90.25	95.08	105.12	100.31
深　圳	869.19	884.03	896.47	1041.97	1050.74
珠　海	146.77	148.61	149.77	156.46	157.51
汕　头	495.83	501.05	505.12	534.65	537.20
佛　山	593.81	597.49	601.33	721.51	724.64
湛　江	145.66	147.64	148.76	162.04	165.69
茂　名	149.11	124.01	122.19	137.55	123.59
惠　州	178.18	180.92	184.36	235.58	269.55
梅　州	31.28	—	31.39	38.26	38.51
东　莞	694.85	664.99	640.00	823.98	852.01
南　宁	264.03	265.52	269.84	271.78	273.68
柳　州	—	434866.81	139.61	153.57	155.17
桂　林	75.81	79.71	95.12	78.69	100.20
梧　州	49.43	49.89	50.61	49.95	55.41
北　海	88.48	54.47	73.31	70.28	79.30
海　口	181.48	185.68	196.23	199.98	211.93
三　亚	47.21	48.48	49.54	62.47	71.38
重　庆	1483.99	1529.57	1829.46	1736.18	1770.21
成　都	670.83	680.45	528.00	768.65	772.81
泸　州	137.55	139.02	135.16	137.62	139.17
绵　阳	132.56	134.00	129.10	143.36	137.07
贵　阳	202.27	252.86	301.64	307.09	312.50
遵　义	98.51	49.10	108.66	110.63	111.90
昆　明	308.89	368.53	398.02	387.55	390.08
曲　靖	69.33	69.80	74.07	74.56	75.18
拉　萨	—	—	—	5.45	5.93
西　安	643.80	646.76	648.98	652.21	651.12
兰　州	229.61	223.94	206.21	256.13	284.41
西　宁	112.21	113.17	113.24	120.51	112.18
银　川	102.07	119.99	117.87	130.63	132.00
乌鲁木齐	421.66	275.20	301.62	315.34	326.36

数据来源：国家统计局。

表 2 -247　　2008—2012 年 100 个城市市区户籍人口

单位：万人

	2008 年	2009 年	2010 年	2011 年	2012 年
北　京	1158.8	1174.6	1187.1	1207.1	1226.5
天　津	793.9	802.9	807.0	816.3	812.5
石家庄	240.7	242.8	243.9	246.7	247.1
唐　山	305.5	307.0	307.5	307.7	325.0
秦皇岛	81.8	82.6	86.4	87.2	87.4
保　定	105.5	106.3	106.1	108.1	108.3
张家口	89.1	89.7	89.9	89.9	90.0
廊　坊	80.1	81.0	80.4	81.0	81.7
太　原	281.3	285.2	285.0	283.7	284.1
大　同	153.4	154.7	155.9	156.6	156.8
呼和浩特	116.7	118.8	120.6	122.5	122.0
包　头	140.5	141.5	142.5	143.9	145.2
鄂尔多斯	24.8	25.3	26.0	26.3	26.3
沈　阳	509.0	512.2	515.4	519.1	522.1
大　连	298.3	302.0	304.3	297.1	299.2
长　春	330.2	362.3	362.8	364.8	363.0
吉　林	184.9	185.1	183.5	183.0	182.3
哈尔滨	475.1	474.7	471.8	471.5	471.4
齐齐哈尔	142.5	142.0	141.5	140.7	139.1
大　庆	130.7	132.5	133.4	134.9	134.9
佳木斯	82.4	81.5	82.0	81.6	80.8
上　海	1321.7	1331.7	1343.4	1350.6	1358.4
南　京	541.2	546.0	548.4	551.6	553.3
无　锡	237.4	238.1	238.6	239.5	241.1
徐　州	184.4	186.2	312.7	315.7	320.9
常　州	225.9	226.7	227.8	229.0	230.5
苏　州	238.2	240.2	242.5	245.2	329.0
南　通	87.5	211.5	211.5	211.8	211.9
扬　州	121.8	122.0	122.5	230.0	230.1
镇　江	102.8	103.5	103.5	103.7	103.3
杭　州	424.3	429.4	434.8	440.3	445.4
宁　波	220.1	221.8	223.4	224.7	226.1
温　州	143.8	144.8	145.8	147.8	149.7
嘉　兴	82.6	83.1	83.8	84.3	84.8

续表

	2008 年	2009 年	2010 年	2011 年	2012 年
湖　州	108.5	108.6	108.9	109.3	109.4
金　华	92.4	92.7	93.2	93.6	93.9
舟　山	69.6	69.7	69.7	70.0	70.4
合　肥	203.5	208.6	215.6	218.3	222.2
芜　湖	105.6	104.9	111.5	124.1	123.4
蚌　埠	92.5	92.5	92.6	92.7	93.1
马鞍山	63.1	63.6	63.9	63.9	82.1
福　州	186.7	187.3	188.6	190.0	192.1
厦　门	173.7	177.0	180.2	185.3	190.9
泉　州	102.7	102.9	103.1	103.2	103.8
漳　州	54.6	55.0	55.5	56.0	56.7
南　昌	223.1	222.5	212.0	220.7	225.2
九　江	60.4	63.8	64.2	64.3	65.0
济　南	350.2	348.2	348.0	349.4	352.2
青　岛	276.3	275.5	275.5	277.1	363.9
烟　台	179.4	179.2	178.9	179.6	180.3
潍　坊	172.1	181.3	182.1	182.9	183.0
威　海	63.9	64.5	64.9	65.2	65.6
郑　州	276.8	285.0	510.0	529.8	587.2
开　封	84.8	85.4	85.6	86.4	86.7
洛　阳	158.4	160.1	166.1	168.4	196.5
平顶山	100.7	101.9	103.3	104.7	104.0
新　乡	100.7	101.4	101.3	102.8	103.1
武　汉	512.4	515.0	520.7	515.2	513.0
黄　石	63.7	71.5	71.4	71.5	71.6
十　堰	52.4	52.8	53.8	53.6	53.9
宜　昌	124.4	124.8	124.4	124.6	125.3
襄　阳	219.5	221.8	224.8	225.3	225.8
长　沙	238.3	241.0	241.7	296.8	297.9
株　洲	79.7	100.2	80.7	93.2	95.6
湘　潭	87.8	87.8	86.5	88.3	88.8
衡　阳	103.0	104.3	98.7	99.2	99.8
岳　阳	81.3	87.5	109.6	112.8	111.3
郴　州	66.3	66.6	72.0	72.6	73.3

续表

	2008 年	2009 年	2010 年	2011 年	2012 年
广　州	645.8	654.7	664.3	671.3	678.0
韶　关	91.5	92.1	93.1	93.5	92.1
深　圳	228.1	246.0	259.9	267.9	287.6
珠　海	99.5	102.7	104.7	106.0	106.6
汕　头	499.3	503.4	516.7	522.0	525.4
佛　山	364.3	367.6	370.9	374.8	377.7
湛　江	123.2	151.8	153.3	156.0	163.3
茂　名	128.9	130.7	132.8	135.8	134.3
惠　州	126.0	129.0	133.9	137.5	138.1
梅　州	31.3	31.5	31.9	32.0	32.1
东　莞	174.9	178.7	181.8	184.8	187.0
南　宁	263.9	267.1	270.7	272.8	274.6
柳　州	102.8	103.8	105.0	114.2	114.8
桂　林	75.9	75.8	75.7	76.1	75.8
梧　州	49.7	50.1	51.2	51.4	51.6
北　海	59.3	60.4	61.7	62.6	62.6
海　口	155.8	158.2	160.4	162.4	161.6
三　亚	54.6	55.7	57.0	58.1	57.3
重　庆	1534.5	1542.8	1542.8	1770.6	1779.1
成　都	510.2	520.9	535.2	544.8	554.2
泸　州	144.7	145.5	146.7	147.2	148.7
绵　阳	120.5	122.3	122.2	123.0	124.1
贵　阳	216.7	218.8	222.0	223.7	224.6
遵　义	84.2	85.3	85.9	87.5	86.9
昆　明	241.4	250.2	260.2	273.5	272.7
曲　靖	68.9	69.5	69.7	70.5	73.1
拉　萨	18.6	21.7	—	—	—
西　安	554.7	561.6	562.7	568.8	572.8
兰　州	210.0	210.5	210.4	209.1	206.4
西　宁	112.2	114.1	101.4	121.2	91.8
银　川	88.8	91.4	94.9	97.2	100.2
乌鲁木齐	226.9	231.9	233.6	243.6	251.8

数据来源：国家统计局。

表 2 -248　　2008—2012 年 100 个城市全市年底总户数（户籍）

单位：万户

	2008 年	2009 年	2010 年	2011 年	2012 年
北　京	481. 2	488. 7	496. 1	503. 2	509. 2
天　津	337. 5	341. 9	345. 8	350. 3	—
石家庄	266. 9	271. 2	276. 3	281. 9	285. 9
唐　山	224. 9	227. 3	228. 4	229. 0	230. 0
秦皇岛	96. 3	99. 2	103. 6	106. 7	105. 7
保　定	323. 6	332. 7	348. 9	356. 6	365. 9
张家口	165. 3	169. 8	174. 4	179. 6	183. 1
廊　坊	115. 3	117. 3	119. 9	129. 1	128. 5
太　原	99. 9	103. 5	104. 7	107. 1	109. 9
大　同	113. 3	116. 2	119. 0	123. 5	126. 9
呼和浩特	—	76. 9	80. 2	82. 8	83. 9
包　头	—	76. 2	78. 1	80. 1	81. 9
鄂尔多斯	—	58. 3	60. 5	62. 1	61. 9
沈　阳	244. 1	247. 6	251. 3	255. 1	257. 6
大　连	203. 4	205. 6	207. 6	209. 2	210. 4
长　春	239. 4	243. 7	247. 5	255. 7	259. 3
吉　林	145. 8	148. 4	150. 7	152. 6	153. 5
哈尔滨	329. 6	339. 7	347. 0	366. 7	372. 2
齐齐哈尔	191. 7	195. 4	199. 6	206. 3	240. 8
大　庆	96. 0	98. 6	101. 0	103. 0	104. 4
佳木斯	87. 2	89. 8	92. 3	94. 0	95. 6
上　海	506. 6	509. 8	519. 3	522. 0	524. 3
南　京	200. 9	205. 6	209. 3	213. 2	214. 4
无　锡	153. 8	154. 5	155. 6	156. 3	157. 1
徐　州	277. 8	278. 5	277. 3	273. 2	274. 1
常　州	123. 4	125. 5	127. 1	128. 1	128. 8
苏　州	209. 6	210. 7	211. 8	213. 2	214. 0
南　通	280. 7	279. 0	283. 2	282. 8	281. 2
扬　州	155. 3	154. 6	154. 2	153. 2	151. 3
镇　江	100. 1	100. 5	102. 2	102. 2	101. 4
杭　州	213. 7	215. 3	216. 5	218. 3	219. 0
宁　波	221. 5	222. 5	223. 0	223. 8	223. 5
温　州	228. 0	228. 1	228. 7	229. 3	228. 3
嘉　兴	102. 4	102. 8	103. 2	103. 6	103. 9

续表

	2008 年	2009 年	2010 年	2011 年	2012 年
湖　州	84.6	85.0	84.1	85.8	85.5
金　华	181.1	182.0	181.9	184.2	182.3
舟　山	36.7	36.7	36.7	36.8	36.7
合　肥	149.0	152.9	157.1	228.6	233.8
芜　湖	77.8	78.4	78.3	127.1	126.9
蚌　埠	101.0	103.4	106.0	108.9	110.3
马鞍山	39.5	40.0	40.6	73.6	72.7
福　州	194.5	197.3	199.1	200.8	202.6
厦　门	54.2	56.0	57.8	59.7	61.6
泉　州	182.3	183.3	185.6	187.8	190.0
漳　州	128.0	130.1	131.2	133.3	134.3
南　昌	128.8	129.8	140.8	144.8	148.9
九　江	146.1	147.2	126.9	128.3	129.7
济　南	184.6	187.7	190.7	193.6	195.8
青　岛	243.2	244.7	246.1	247.9	249.3
烟　台	237.0	231.6	231.5	234.1	233.8
潍　坊	264.9	267.5	271.6	275.5	278.2
威　海	91.6	92.0	91.8	91.8	92.0
郑　州	191.0	196.0	200.9	205.0	207.4
开　封	139.0	144.0	148.3	153.0	155.5
洛　阳	194.0	199.0	203.8	206.0	208.8
平顶山	146.0	149.0	152.1	155.0	154.3
新　乡	161.0	164.0	168.2	170.0	171.4
武　汉	265.0	269.9	274.6	276.5	281.8
黄　石	74.9	77.0	78.1	77.4	76.7
十　堰	114.4	115.5	115.5	116.9	117.2
宜　昌	145.7	147.8	149.7	151.5	152.2
襄　阳	200.9	204.0	206.3	209.3	210.7
长　沙	196.4	200.5	204.3	222.7	228.6
株　洲	113.6	114.1	115.8	108.9	110.2
湘　潭	91.5	92.2	93.0	83.0	81.8
衡　阳	206.6	209.0	238.9	198.4	202.7
岳　阳	180.6	181.3	158.1	153.0	160.2
郴　州	146.3	148.9	159.5	136.3	144.4

续表

	2008 年	2009 年	2010 年	2011 年	2012 年
广　州	242.6	245.1	252.7	259.6	264.6
韶　关	96.0	97.4	100.5	106.4	103.0
深　圳	68.4	69.8	74.0	74.5	81.4
珠　海	27.7	24.7	29.4	29.8	29.7
汕　头	112.3	114.0	115.9	118.6	119.4
佛　山	108.8	110.5	112.0	113.4	114.1
湛　江	194.6	201.1	205.6	204.4	202.7
茂　名	188.2	196.2	195.1	196.3	193.4
惠　州	87.1	90.2	94.6	95.6	97.9
梅　州	130.9	132.2	134.6	136.3	135.7
东　莞	50.6	3.9	53.1	53.9	54.4
南　宁	201.2	206.2	211.4	214.6	218.0
柳　州	106.1	108.5	110.0	111.1	110.1
桂　林	156.8	159.7	161.5	162.6	160.4
梧　州	92.1	94.2	95.8	96.8	97.6
北　海	42.8	43.7	44.2	44.4	43.9
海　口	47.4	48.0	49.7	50.9	51.0
三　亚	13.4	13.7	14.2	14.4	14.0
重　庆	1080.2	1110.7	1154.8	1205.2	1220.6
成　都	405.2	417.9	483.0	439.7	446.9
泸　州	141.8	142.1	128.5	145.3	146.6
绵　阳	183.4	187.7	171.4	195.3	201.8
贵　阳	104.3	108.1	108.7	112.1	114.2
遵　义	205.0	208.9	211.9	221.6	227.8
昆　明	174.8	179.7	185.2	196.1	191.0
曲　靖	175.1	179.1	182.9	185.0	194.1
拉　萨	11.3	15.2	—	—	—
西　安	216.5	221.5	226.7	234.3	239.5
兰　州	96.3	98.4	100.2	102.0	103.2
西　宁	54.9	56.1	57.1	58.4	59.3
银　川	52.7	55.8	70.3	69.8	68.9
乌鲁木齐	75.6	78.3	80.6	84.6	85.8

数据来源：国家统计局。

表 2－249　　2008—2012 年 100 个城市全市户均人口（户籍）

单位：人

	2008 年	2009 年	2010 年	2011 年	2012 年
北　京	2.70	2.55	2.54	2.54	2.55
天　津	2.87	2.87	2.85	2.84	—
石家庄	3.62	3.60	3.58	3.54	3.52
唐　山	3.24	3.23	3.22	3.22	3.22
秦皇岛	2.97	2.90	2.78	2.72	2.76
保　定	3.53	3.47	3.33	3.26	3.20
张家口	2.78	2.72	2.67	2.60	2.56
廊　坊	3.54	3.52	3.49	3.29	3.37
太　原	3.61	3.53	3.49	3.95	3.33
大　同	2.75	2.72	2.67	2.71	2.52
呼和浩特	—	2.96	2.86	2.81	2.75
包　头	—	2.88	2.81	2.77	2.73
鄂尔多斯	—	2.56	2.52	2.48	2.46
沈　阳	2.92	2.89	2.86	2.83	2.81
大　连	2.87	2.84	2.82	2.81	2.81
长　春	3.14	3.10	3.07	2.98	2.92
吉　林	3.01	2.95	2.88	2.84	2.81
哈尔滨	3.00	2.92	2.86	2.71	2.67
齐齐哈尔	2.97	2.93	2.85	2.75	2.32
大　庆	2.89	2.84	2.77	2.73	2.70
佳木斯	2.89	2.81	2.75	2.66	2.50
上　海	2.75	2.75	2.72	2.72	2.72
南　京	3.11	3.06	3.02	2.99	2.98
无　锡	3.02	3.01	3.00	2.99	2.99
徐　州	3.41	3.44	3.51	3.57	3.61
常　州	2.91	2.87	2.84	2.83	2.83
苏　州	3.00	3.01	3.01	3.01	3.03
南　通	2.72	2.73	2.69	2.71	2.72
扬　州	2.96	2.97	2.98	3.00	3.03
镇　江	2.69	2.69	2.65	2.66	2.68
杭　州	3.17	3.17	3.18	3.19	3.20
宁　波	2.56	2.57	2.57	2.58	2.59
温　州	3.39	3.42	3.44	3.48	3.51
嘉　兴	3.30	3.30	3.31	3.31	3.32

续表

	2008 年	2009 年	2010 年	2011 年	2012 年
湖　州	3. 06	3. 05	3. 09	3. 04	3. 06
金　华	2. 55	2. 55	2. 57	2. 55	2. 58
舟　山	2. 64	2. 64	2. 64	2. 64	2. 65
合　肥	3. 27	3. 21	3. 15	3. 09	3. 04
芜　湖	2. 97	2. 93	2. 93	3. 03	3. 02
蚌　埠	3. 55	3. 49	3. 42	3. 36	3. 33
马鞍山	3. 24	3. 22	3. 18	3. 11	3. 14
福　州	3. 27	3. 23	3. 24	3. 23	3. 23
厦　门	3. 20	3. 16	3. 12	3. 10	3. 10
泉　州	3. 72	3. 71	3. 69	3. 67	3. 65
漳　州	3. 66	3. 63	3. 63	3. 60	3. 59
南　昌	3. 84	3. 83	3. 57	3. 51	3. 41
九　江	3. 32	3. 34	3. 92	3. 71	3. 92
济　南	3. 27	3. 21	3. 17	3. 13	3. 11
青　岛	3. 13	3. 12	3. 10	3. 09	3. 09
烟　台	2. 75	2. 82	2. 81	2. 78	2. 78
潍　坊	3. 26	3. 24	3. 22	3. 19	3. 16
威　海	2. 75	2. 75	2. 76	2. 76	2. 76
郑　州	3. 77	3. 73	4. 79	3. 59	5. 17
开　封	3. 73	3. 66	3. 61	3. 31	3. 50
洛　阳	3. 54	3. 49	3. 45	3. 32	3. 40
平顶山	3. 59	3. 57	3. 55	3. 43	3. 54
新　乡	3. 66	3. 64	3. 59	3. 49	3. 60
武　汉	3. 14	3. 10	3. 05	2. 99	2. 92
黄　石	3. 44	3. 36	3. 33	3. 36	3. 41
十　堰	3. 07	3. 06	3. 06	2. 98	2. 95
宜　昌	2. 75	2. 72	2. 66	2. 63	2. 62
襄　阳	2. 91	2. 89	2. 87	2. 84	2. 82
长　沙	3. 28	3. 25	3. 19	2. 95	2. 89
株　洲	3. 37	3. 35	3. 37	3. 61	3. 59
湘　潭	3. 21	3. 20	3. 11	3. 51	3. 57
衡　阳	3. 54	3. 54	3. 31	4. 02	3. 95
岳　阳	3. 05	3. 08	3. 58	3. 72	3. 58
郴　州	3. 22	3. 18	3. 15	3. 72	3. 53

续表

	2008 年	2009 年	2010 年	2011 年	2012 年
广　州	3.23	3.24	3.19	3.14	3.11
韶　关	3.37	3.34	3.26	3.10	3.17
深　圳	3.33	3.52	3.51	3.75	3.53
珠　海	3.59	4.16	3.56	3.56	3.59
汕　头	4.51	4.48	4.52	4.46	4.46
佛　山	3.35	3.33	3.31	3.31	3.31
湛　江	3.87	3.79	3.78	3.87	3.87
茂　名	3.86	3.75	3.83	3.88	3.87
惠　州	3.66	3.60	3.57	3.59	3.49
梅　州	3.86	3.84	3.82	3.80	3.84
东　莞	3.46	45.83	3.42	3.43	3.44
南　宁	3.44	3.38	3.35	3.32	3.27
柳　州	3.44	3.39	3.39	3.37	3.38
桂　林	3.24	3.20	3.21	3.21	3.26
梧　州	3.40	3.36	3.41	3.39	3.38
北　海	3.68	3.67	3.77	3.78	3.83
海　口	3.29	3.30	3.23	3.19	3.17
三　亚	4.07	4.07	4.01	4.05	4.09
重　庆	3.02	2.95	2.86	2.76	2.74
成　都	2.78	2.73	2.38	2.65	2.63
泸　州	3.48	3.50	3.91	3.46	3.45
绵　阳	2.95	2.90	3.16	2.78	2.70
贵　阳	3.49	3.40	3.10	3.35	3.28
遵　义	3.63	3.59	3.70	3.48	3.39
昆　明	3.02	2.97	3.15	3.31	2.85
曲　靖	3.47	3.44	3.42	3.19	3.28
拉　萨	4.22	3.39	—	—	—
西　安	3.57	3.53	3.45	3.38	3.32
兰　州	3.35	3.29	3.23	3.17	3.12
西　宁	3.97	3.46	3.87	3.38	3.35
银　川	2.89	2.79	2.26	2.90	2.43
乌鲁木齐	3.12	3.08	3.02	2.95	3.01

数据来源：国家统计局。

表 2 -250　　2008—2012 年 100 个城市城镇居民人均可支配收入

单位：元

	2008 年	2009 年	2010 年	2011 年	2012 年
北　京	24725	26738	29073	32903	36469
天　津	19423	21402	24293	26921	29626
石家庄	15062	16607	18290	20534	23038
唐　山	16382	13355	19556	21785	24358
秦皇岛	14081	15961	17203	19552	22098
保　定	12312	13246	15048	16912	19048
张家口	12054	15499	14649	16401	18441
廊　坊	16116	13555	19576	21991	24872
太　原	15230	15607	17258	20149	22587
大　同	13758	14585	16103	18915	21622
呼和浩特	20267	22397	25174	28877	32646
包　头	20861	23089	25862	29628	33488
鄂尔多斯	19435	21883	25205	29283	33140
沈　阳	17013	18475	20541	23326	26431
大　连	17500	19014	21293	24276	27539
长　春	15003	16072	17922	20487	22970
吉　林	14000	15541	16936	19560	22068
哈尔滨	14589	15887	17557	20031	22477
齐齐哈尔	11028	11987	13377	15200	17170
大　庆	16816	18181	20016	22500	25223
佳木斯	10158	11021	12186	13924	15713
上　海	26675	28838	31838	36230	40188
南　京	22337	24678	27383	31100	35092
无　锡	23263	25027	27750	31638	35663
徐　州	13205	14798	16762	19206	21716
常　州	21234	23392	25875	29559	33326
苏　州	24680	27188	30366	34617	39079
南　通	17540	19469	21825	25094	28292
扬　州	15465	17332	19537	22835	25712
镇　江	19001	21041	23224	26637	30045
杭　州	23534	26171	30035	32434	35704
宁　波	25196	27237	30166	34321	38043
温　州	22851	24467	27250	31749	34820
嘉　兴	22481	24693	27487	31520	35696

续表

	2008 年	2009 年	2010 年	2011 年	2012 年
湖　州	21604	23280	25572	29367	32987
金　华	21408	22915	25029	29729	33164
舟　山	22257	24082	26242	30496	34224
合　肥	15591	17158	19051	22459	25434
芜　湖	14939	16747	18727	21011	23784
蚌　埠	12705	13483	15376	18143	20629
马鞍山	18330	20390	23159	27329	30937
福　州	19009	20289	22723	26050	29399
厦　门	23948	26131	29253	33565	37576
泉　州	20420	22913	25155	28703	32283
漳　州	16023	16616	18482	21137	23951
南　昌	15112	16472	18276	20741	23602
九　江	12889	14203	15764	17911	20330
济　南	20802	22722	25321	28892	32570
青　岛	20464	22368	24998	28567	32145
烟　台	19350	21125	23288	26542	30045
潍　坊	15691	17267	19675	22508	25817
威　海	18537	20117	22235	25290	28630
郑　州	15732	17117	18897	21612	24246
开　封	11342	12318	13695	15558	17535
洛　阳	14672	15949	17639	20163	22636
平顶山	13531	14721	16208	18348	20610
新　乡	13000	14170	15752	17988	20159
武　汉	16712	18385	20806	23738	27061
黄　石	12734	13897	14665	17003	19417
十　堰	13693	14453	12653	14172	16011
宜　昌	12839	14058	15557	16451	18775
襄　阳	12292	13409	14756	15352	17532
长　沙	17891	20238	22814	26451	30288
株　洲	15911	17433	19643	22633	25916
湘　潭	14377	16109	18059	20614	23549
衡　阳	12420	13911	15635	17866	20380
岳　阳	13945	15680	17312	19680	22111
郴　州	12487	13727	15342	17606	20016

续表

	2008 年	2009 年	2010 年	2011 年	2012 年
广　州	25317	27610	30658	34438	38054
韶　关	15039	16289	18021	20329	23184
深　圳	26729	29245	32381	36505	40742
珠　海	20949	22859	25382	28731	32978
汕　头	12542	13651	15179	17474	20024
佛　山	22494	24578	27245	30718	34580
湛　江	12362	13665	15305	17584	20227
茂　名	12006	13161	14360	16113	18034
惠　州	19481	21278	23565	26609	29965
梅　州	12109	13113	14728	16761	18699
东　莞	30275	33045	35690	39513	42944
南　宁	14446	16254	18032	20005	22561
柳　州	14474	16017	17766	19615	22181
桂　林	14636	16620	17949	19882	22300
梧　州	13873	14747	16427	18239	20563
北　海	13989	15134	16798	18656	21202
海　口	14150	15237	16720	19730	22992
三　亚	13471	15233	17758	20472	23295
重　庆	15709	15749	17532	20250	22968
成　都	15580	17589	19920	23048	26590
泸　州	12065	13550	15505	17884	20746
绵　阳	12200	13701	15516	17998	20755
贵　阳	13817	15041	16597	19420	21796
遵　义	12525	13806	15279	17426	19748
昆　明	14482	16496	18876	21966	25240
曲　靖	12239	14105	15940	18408	21623
拉　萨	13941	15114	16567	17654	19545
西　安	15207	18963	15884	25981	29982
兰　州	11677	12761	16742	15953	18443
西　宁	11929	12911	14085	15842	17634
银　川	14180	15715	16842	19203	21620
乌鲁木齐	12328	13075	14402	16141	18385

数据来源：国家统计局。

表 2-251　　2008—2012 年 100 个城市城镇居民人均消费支出

单位：元

	2008 年	2009 年	2010 年	2011 年	2012 年
北　京	16460	17893	19934	21984	24046
天　津	13422	14801	16562	18424	20024
石家庄	9953	10078	10568	12519	13378
唐　山	12026	9367	13522	14483	15605
秦皇岛	9856	8691	11081	11746	12691
保　定	8779	8908	9626	10989	11769
张家口	8348	10471	9874	10855	11498
廊　坊	10728	8772	12673	13921	15736
太　原	10799	11708	12106	13111	13970
大　同	9038	9384	10140	12243	13441
呼和浩特	13145	14752	16624	19106	21095
包　头	16254	18950	20994	23570	25999
鄂尔多斯	15541	18333	22566	25977	27488
沈　阳	14668	16111	16961	18147	20003
大　连	14101	15330	16580	18846	20417
长　春	12720	13409	14400	16328	17683
吉　林	10449	12266	13223	13506	14856
哈尔滨	10791	12358	13940	16233	17602
齐齐哈尔	8658	9344	10044	11372	12140
大　庆	10596	11540	13051	14000	15482
佳木斯	8749	10108	10586	11506	12211
上　海	19398	20992	23200	25102	26254
南　京	14442	15873	17409	20098	22446
无　锡	14362	15619	17068	19780	23000
徐　州	8437	9423	10558	12450	13730
常　州	14287	15693	17205	19126	20918
苏　州	16051	17121	18837	22330	25157
南　通	10861	11908	13506	15613	17858
扬　州	10262	11439	12842	14757	16492
镇　江	11536	12197	13324	15518	17897
杭　州	16229	17952	20219	21404	22518
宁　波	15817	17621	19420	21695	22887
温　州	16564	17825	19832	23337	23975
嘉　兴	14346	15361	16559	19535	21720

续表

	2008 年	2009 年	2010 年	2011 年	2012 年
湖　州	13404	14561	16207	18166	19898
金　华	13713	15849	17386	20003	21974
舟　山	14288	15236	16717	19183	20958
合　肥	11752	12695	14012	15697	18758
芜　湖	10182	11786	12980	15009	16992
蚌　埠	9096	9762	11242	12566	13467
马鞍山	11396	12739	14184	15815	18286
福　州	13541	14105	15778	17847	20040
厦　门	17117	17990	19961	22314	24922
泉　州	13199	14558	15955	18413	20053
漳　州	11506	11615	12665	14314	16231
南　昌	11551	12406	13899	15234	16450
九　江	8276	9368	10823	11817	13174
济　南	13905	14764	15973	18046	20032
青　岛	14999	16080	17531	19297	20391
烟　台	13152	14537	15792	18395	20315
潍　坊	11575	12484	13819	15170	16100
威　海	13521	14442	15339	17002	18549
郑　州	9700	10804	12790	14500	16610
开　封	8623	10050	11378	12078	13832
洛　阳	9957	11046	12069	13884	14927
平顶山	9555	10340	11502	13192	14917
新　乡	9323	9812	11257	12348	14052
武　汉	11433	12710	14490	17141	18813
黄　石	9347	10179	10988	12407	14337
十　堰	10460	11028	9216	10710	11840
宜　昌	9869	10577	11638	12015	13159
襄　阳	9459	10145	10897	10650	11971
长　沙	12646	15020	16096	17782	19460
株　洲	11079	11334	12269	13813	15810
湘　潭	10112	11532	12211	13466	14886
衡　阳	8944	10241	11654	12737	15017
岳　阳	10046	11405	12177	13404	14537
郴　州	8717	9476	10386	11845	13100

续表

	2008 年	2009 年	2010 年	2011 年	2012 年
广　州	20836	22821	25012	28210	30490
韶　关	10666	11468	12910	14397	16290
深　圳	19779	21526	22807	24080	26728
珠　海	16517	17948	20370	21162	24083
汕　头	10765	11660	13218	15746	17986
佛　山	17553	19296	21995	23782	26164
湛　江	9583	10470	11825	14055	15618
茂　名	8530	9764	10182	13162	14300
惠　州	16581	17914	19741	20603	22279
梅　州	9666	10366	11008	12555	13121
东　莞	23208	24270	25733	27495	31369
南　宁	10669	11271	12337	13843	15292
柳　州	9852	10553	11318	12909	14115
桂　林	9470	10967	11477	12852	14470
梧　州	9161	9965	10998	12183	13630
北　海	9004	11315	11695	12832	14224
海　口	11138	11673	12401	13656	15760
三　亚	10267	8313	13081	14966	16975
重　庆	11147	—	—	16747	16573
成　都	11986	13143	14430	16717	18814
泸　州	8839	9956	11293	12852	15028
绵　阳	9959	10664	12268	14070	15715
贵　阳	10507	11519	12940	14300	15718
遵　义	8403	9363	10834	11953	13288
昆　明	9954	11396	13244	14106	16881
曲　靖	8791	10164	10919	12611	14485
拉　萨	10445	11083	11687	—	13953
西　安	12016	14251	11181	19306	21434
兰　州	9034	9653	12076	12352	14168
西　宁	8278	8717	9421	10551	12114
银　川	11062	12272	13589	14931	16390
乌鲁木齐	8752	9045	10239	11756	13785

数据来源：国家统计局。

表 2－252　　2008—2012 年 100 个城市市区城乡居民年底储蓄余额

单位：亿元

	2008 年	2009 年	2010 年	2011 年	2012 年
北　京	11685.6	14345.3	16876.3	18625.2	21071.6
天　津	4061.7	4973.1	5525.3	6206.0	7055.4
石家庄	1198.2	1462.7	2621.9	1811.3	2094.8
唐　山	998.6	1216.2	1624.2	1601.7	1896.6
秦皇岛	387.9	476.6	789.0	615.2	724.7
保　定	452.2	456.4	509.5	591.6	680.0
张家口	278.6	344.6	583.2	457.7	534.3
廊　坊	246.6	305.8	477.0	417.5	491.9
太　原	1558.5	1898.9	3948.4	2541.4	2759.1
大　同	614.5	663.1	528.8	829.6	945.2
呼和浩特	575.5	698.2	1895.6	937.5	1099.8
包　头	513.4	585.3	925.3	775.0	945.2
鄂尔多斯	144.2	226.6	1001.1	387.0	493.3
沈　阳	2301.3	2764.1	5800.7	3467.7	4013.3
大　连	1937.2	2373.8	5695.3	2905.5	3270.3
长　春	1270.5	1551.3	4235.8	1935.3	2264.4
吉　林	513.9	584.6	493.1	692.8	759.8
哈尔滨	1589.0	1887.7	3808.5	2410.3	2765.1
齐齐哈尔	286.3	330.0	403.1	430.0	532.1
大　庆	683.0	747.7	320.8	878.9	1006.0
佳木斯	191.5	0.2	125.6	271.0	306.3
上　海	12083.7	14357.7	34144.2	17958.2	19506.7
南　京	2406.8	2933.5	10185.6	3737.9	4253.6
无　锡	1426.9	1693.3	3895.0	2066.3	2290.7
徐　州	432.4	540.2	990.1	868.4	1029.2
常　州	1118.2	1372.7	2518.9	1674.0	1911.1
苏　州	1359.5	1607.1	4843.8	2035.8	2969.5
南　通	466.5	927.0	1571.8	1213.3	1413.0
扬　州	364.6	456.0	871.1	951.3	1128.0
镇　江	300.3	373.8	845.4	483.9	554.2
杭　州	3012.8	3783.8	13871.3	4798.0	5169.4
宁　波	709.6	1755.9	6397.9	2180.4	2420.8
温　州	1114.9	1462.9	3211.5	1851.7	1787.1
嘉　兴	342.7	409.4	938.3	551.2	622.3

续表

	2008 年	2009 年	2010 年	2011 年	2012 年
湖　州	302.7	376.0	771.7	511.1	560.3
金　华	234.5	286.1	676.6	405.0	468.5
舟　山	235.3	289.5	895.7	375.3	404.5
合　肥	709.3	861.1	4026.4	1177.7	1429.0
芜　湖	228.8	275.6	840.0	395.6	471.8
蚌　埠	178.6	206.5	284.1	267.1	308.7
马鞍山	202.3	237.4	435.2	316.7	354.6
福　州	1060.2	1279.3	4217.2	1597.2	1827.9
厦　门	929.4	1158.1	3621.7	1558.7	1680.2
泉　州	345.9	429.6	1084.2	524.3	610.4
漳　州	149.4	176.4	456.1	228.7	271.5
南　昌	736.1	909.2	3178.3	1215.1	1391.3
九　江	132.8	186.9	339.1	244.3	282.7
济　南	1359.2	1644.6	6041.6	2056.8	2438.6
青　岛	1468.3	1780.3	4966.5	2153.1	2779.0
烟　台	658.0	796.6	1468.7	1027.0	1177.2
潍　坊	395.1	489.2	1148.8	634.5	756.9
威　海	282.7	336.9	562.5	422.9	480.0
郑　州	1553.4	1912.5	5227.5	2493.4	2539.2
开　封	182.8	213.9	286.2	263.0	302.8
洛　阳	509.8	614.3	828.0	740.6	865.1
平顶山	279.4	363.1	471.3	413.8	433.3
新　乡	204.4	234.1	318.1	285.7	325.2
武　汉	2194.2	2726.8	8805.6	3614.2	4094.6
黄　石	154.2	187.5	363.5	250.1	292.6
十　堰	170.0	221.8	225.2	282.4	335.1
宜　昌	265.6	328.6	1141.6	453.1	544.4
襄　阳	310.3	375.4	467.7	511.4	591.5
长　沙	1248.0	1451.7	5863.4	2120.5	2203.4
株　洲	296.8	346.4	401.8	463.1	612.6
湘　潭	271.3	249.2	421.4	281.3	391.1
衡　阳	280.1	315.0	268.1	434.2	495.4
岳　阳	185.9	219.5	257.3	294.3	346.5
郴　州	179.8	208.9	191.8	317.2	315.7

续表

	2008 年	2009 年	2010 年	2011 年	2012 年
广　州	6700. 7	7745. 8	15757. 7	9446. 8	10649. 7
韶　关	236. 9	262. 7	248. 8	320. 1	358. 2
深　圳	4905. 9	5723. 8	13708. 2	7427. 6	8389. 1
珠　海	727. 9	828. 0	1472. 5	1102. 9	1216. 8
汕　头	1018. 6	1168. 7	658. 8	1372. 0	1520. 2
佛　山	3494. 1	3945. 0	4869. 0	4707. 1	5164. 9
湛　江	375. 3	435. 2	534. 1	559. 6	638. 4
茂　名	181. 7	207. 3	143. 6	262. 6	297. 8
惠　州	501. 7	565. 9	904. 3	760. 9	880. 9
梅　州	83. 8	95. 6	200. 4	128. 0	178. 3
东　莞	2638. 0	2904. 6	3329. 8	3711. 0	4204. 2
南　宁	698. 1	889. 4	3960. 3	124. 4	1461. 3
柳　州	328. 4	403. 1	875. 8	516. 7	596. 3
桂　林	258. 9	312. 1	438. 5	414. 6	502. 1
梧　州	89. 0	93. 7	201. 4	141. 1	165. 1
北　海	120. 3	149. 7	184. 0	201. 9	235. 5
海　口	528. 5	610. 3	1933. 3	852. 1	952. 1
三　亚	122. 7	171. 0	228. 6	246. 8	291. 7
重　庆	2821. 8	3506. 1	9818. 1	5237. 7	6299. 6
成　都	2344. 3	3077. 8	10779. 2	4283. 3	5053. 7
泸　州	192. 3	233. 8	273. 1	335. 1	411. 3
绵　阳	266. 7	329. 6	531. 8	434. 3	520. 2
贵　阳	701. 3	842. 2	2454. 3	1134. 5	1353. 6
遵　义	149. 5	183. 1	289. 5	296. 5	319. 9
昆　明	1269. 1	410. 9	4288. 1	783. 1	2511. 0
曲　靖	129. 6	157. 6	283. 6	227. 9	255. 8
拉　萨	—	—	—	—	—
西　安	2346. 4	2611. 8	6497. 1	3861. 3	4442. 4
兰　州	761. 0	993. 0	1496. 9	1317. 7	1567. 5
西　宁	352. 8	428. 2	1463. 2	598. 2	724. 0
银　川	108. 6	435. 6	1426. 1	587. 0	709. 7
乌鲁木齐	868. 6	1035. 5	2064. 2	1461. 6	1704. 3

数据来源：国家统计局。

表 2－253　　2008—2012 年 100 个城市全市职工年平均工资

单位：元

	2008 年	2009 年	2010 年	2011 年	2012 年
北　京	56328	58140	65682	75834	85306
天　津	41394	45075	52964	55636	65398
石家庄	22746	27370	31459	35132	38426
唐　山	29423	33331	37231	42029	45230
秦皇岛	29141	32228	35830	40518	45687
保　定	21765	24968	28091	32277	34914
张家口	23599	26681	30589	33437	35658
廊　坊	28636	31475	37226	39976	45426
太　原	29589	33140	38839	43398	48905
大　同	25383	28172	34431	43633	48210
呼和浩特	30872	33993	37693	40476	65637
包　头	31776	36726	41398	47059	51646
鄂尔多斯	36261	44816	53018	59306	66430
沈　阳	33546	38577	41900	45306	49898
大　连	34304	38765	44615	49730	54821
长　春	26968	30448	35721	41473	46673
吉　林	27118	29299	30992	35088	40446
哈尔滨	25526	29251	32411	35404	41773
齐齐哈尔	21934	21372	27054	29648	34154
大　庆	34152	41373	45688	49161	56391
佳木斯	21877	23220	27033	30352	38181
上　海	56565	63549	71875	75591	80191
南　京	39878	43623	48782	54713	63152
无　锡	38846	43347	47004	51518	56884
徐　州	26823	31176	34244	39493	44068
常　州	34836	39222	44211	49755	55761
苏　州	36089	40262	45568	51657	57622
南　通	30854	35222	39446	44574	49398
扬　州	27321	30608	35433	40289	47797
镇　江	30957	34205	37675	42659	47625
杭　州	40193	43947	48772	54408	56418
宁　波	35835	39138	43476	49755	56256
温　州	29595	33892	37605	42343	48214
嘉　兴	29220	31963	36317	42990	48329

续表

	2008 年	2009 年	2010 年	2011 年	2012 年
湖　州	31457	33842	36485	41107	46291
金　华	31580	34769	39469	42861	47199
舟　山	38702	40570	43636	52915	57282
合　肥	30401	34144	39291	45442	50724
芜　湖	28053	32157	36594	41945	47700
蚌　埠	22348	25512	28707	32853	38447
马鞍山	35991	38224	42965	46439	51172
福　州	27521	30704	34804	41725	48088
厦　门	32344	36455	40283	46098	52673
泉　州	22225	25273	28908	35902	41116
漳　州	22273	24710	29537	34898	42708
南　昌	26961	30450	35038	39816	43769
九　江	17796	21053	24746	29452	33895
济　南	31600	35661	37854	41715	48829
青　岛	30235	33257	37803	42752	49052
烟　台	28717	31200	34194	37375	41626
潍　坊	23721	28804	33711	36548	40966
威　海	24122	27371	31913	35196	38800
郑　州	26478	29837	32778	35000	40472
开　封	15587	21232	24090	27351	26798
洛　阳	22882	26152	29908	32657	42397
平顶山	25003	28435	31936	36135	40897
新　乡	17271	19969	21969	25207	30285
武　汉	28431	—	39302	45643	48942
黄　石	17375	17272	23663	31083	30080
十　堰	19182	20992	24725	33474	31502
宜　昌	19744	19332	22671	31250	28697
襄　阳	17908	20290	24442	29234	29119
长　沙	31834	34888	38338	44497	50905
株　洲	26193	29228	33345	38499	43312
湘　潭	21843	25347	27292	33370	38321
衡　阳	23196	25393	27613	30836	33543
岳　阳	20279	21801	25586	30931	30996
郴　州	23742	26419	29865	34820	37947

续表

	2008 年	2009 年	2010 年	2011 年	2012 年
广　州	45702	49518	54494	57473	67515
韶　关	25967	28273	31872	35831	40128
深　圳	43731	46715	50455	55143	59010
珠　海	29127	31761	34408	40925	48485
汕　头	23086	25387	27741	32788	37716
佛　山	31044	—	37082	40663	46205
湛　江	21810	23943	26790	29820	33963
茂　名	22039	24258	25810	30587	36667
惠　州	22729	25787	29598	35719	41508
梅　州	21816	24100	26671	31471	37125
东　莞	39507	42591	46580	50398	59409
南　宁	29376	32596	37040	40120	44144
柳　州	30561	33645	37276	38229	38886
桂　林	24845	27844	30828	34085	37466
梧　州	22277	24374	28158	30170	32862
北　海	21658	24761	28062	30996	36328
海　口	27328	30639	34192	41220	40486
三　亚	26141	28410	33447	37002	39971
重　庆	26985	—	35367	40042	—
成　都	30810	34195	38603	41838	48302
泸　州	21513	23316	25650	30731	35407
绵　阳	22792	26212	32523	37865	43217
贵　阳	26386	27579	31128	37935	42662
遵　义	25942	30261	32923	37684	45303
昆　明	22432	29889	32022	41644	45094
曲　靖	25980	29233	32554	35891	37295
拉　萨	46972	46678	—	57899	—
西　安	29749	—	37872	41083	46688
兰　州	26120	28996	33964	38965	44488
西　宁	26462	28124	32220	38768	—
银　川	33249	36795	39816	49098	54274
乌鲁木齐	33341	36500	40649	47747	51135

数据来源：国家统计局。

表 2 -254　　2008—2012 年 100 个城市城镇居民人均住房面积

单位：平方米

	2008 年	2009 年	2010 年	2011 年	2012 年
北　京	26.9	27.7	28.9	29.4	29.3
天　津	28.5	29.9	29.9	23.3	—
石家庄	19.8	28.6	29.4	29.3	29.9
唐　山	16.9	22.6	22.9	25.3	25.6
秦皇岛	20.2	26.9	27.6	29.3	29.8
保　定	22.6	30.5	31.0	34.2	33.6
张家口	19.1	23.7	26.3	27.7	26.8
廊　坊	25.8	34.0	33.6	34.4	35.0
太　原	20.0	19.3	19.6	28.6	29.0
大　同	16.5	21.8	22.4	24.3	26.3
呼和浩特	22.0	30.0	30.0	30.9	31.5
包　头	29.2	30.6	30.2	33.0	33.1
鄂尔多斯	35.2	36.8	37.2	38.0	38.0
沈　阳	22.1	30.2	30.2	28.1	26.3
大　连	18.1	25.1	25.7	27.0	27.3
长　春	20.2	26.5	31.1	28.8	29.2
吉　林	21.8	29.3	30.0	30.3	30.1
哈尔滨	19.6	20.8	22.1	26.6	27.0
齐齐哈尔	15.6	25.0	25.1	24.3	25.1
大　庆	25.3	26.7	39.1	28.3	28.1
佳木斯	26.3	26.2	26.5	26.4	26.5
上　海	27.4	28.3	28.8	29.3	29.8
南　京	20.2	27.0	27.4	31.8	32.3
无　锡	23.7	34.7	32.8	36.2	36.4
徐　州	19.4	27.0	28.3	34.7	35.0
常　州	24.5	32.9	33.2	37.0	37.5
苏　州	23.9	33.1	33.1	36.1	36.1
南　通	23.9	32.3	32.8	39.5	39.8
扬　州	28.3	33.5	37.8	36.2	37.4
镇　江	25.7	34.1	35.0	39.4	39.1
杭　州	29.8	30.9	30.9	33.9	34.3
宁　波	29.0	29.7	30.2	35.3	35.0
温　州	30.2	30.9	30.5	41.9	41.3
嘉　兴	30.0	31.0	31.5	35.6	35.6

续表

	2008 年	2009 年	2010 年	2011 年	2012 年
湖　州	29.8	31.5	32.0	38.0	36.5
金　华	34.3	34.1	35.4	47.1	49.3
舟　山	22.4	30.2	30.2	32.4	32.4
合　肥	19.4	26.1	26.3	28.5	28.8
芜　湖	18.6	29.4	28.1	29.5	—
蚌　埠	17.7	23.6	24.1	26.7	30.4
马鞍山	19.0	26.8	27.4	29.2	26.9
福　州	27.4	27.1	27.9	33.2	32.4
厦　门	22.2	30.8	32.2	32.6	33.4
泉　州	39.1	48.7	49.2	41.6	40.8
漳　州	22.8	30.4	30.1	35.3	35.4
南　昌	20.8	27.9	28.2	33.0	34.1
九　江	32.1	31.9	32.1	33.9	34.2
济　南	20.7	29.4	29.7	30.3	30.1
青　岛	20.1	26.7	27.4	27.7	27.9
烟　台	20.8	28.9	29.4	29.9	30.1
潍　坊	24.3	33.0	34.0	34.9	35.0
威　海	22.0	43.3	36.8	42.8	29.4
郑　州	23.9	27.3	29.3	30.8	31.0
开　封	21.7	30.1	33.5	35.2	35.4
洛　阳	20.9	29.7	30.7	32.8	33.3
平顶山	21.0	33.1	33.2	36.0	36.2
新　乡	22.5	32.7	34.6	36.1	37.2
武　汉	25.0	26.0	31.9	32.3	33.5
黄　石	27.9	30.0	31.5	31.6	40.6
十　堰	29.5	28.7	28.6	29.6	29.5
宜　昌	27.7	28.0	28.1	35.6	35.6
襄　阳	28.3	28.9	29.4	30.9	35.7
长　沙	21.2	29.0	30.9	35.6	34.8
株　洲	23.7	28.8	32.4	42.6	38.6
湘　潭	30.5	30.5	31.0	35.6	36.3
衡　阳	25.3	25.0	25.0	35.5	35.2
岳　阳	38.9	39.3	40.2	43.8	43.7
郴　州	22.1	29.9	30.2	35.1	35.6

续表

	2008 年	2009 年	2010 年	2011 年	2012 年
广　州	27.4	27.1	21.4	21.9	22.5
韶　关	21.1	33.3	34.0	34.9	35.8
深　圳	19.5	26.6	27.0	27.9	27.9
珠　海	21.5	29.3	28.6	30.1	29.3
汕　头	21.0	28.0	28.6	29.1	29.9
佛　山	28.4	38.7	38.7	38.4	38.8
湛　江	21.1	28.4	28.9	34.4	30.1
茂　名	23.5	31.5	32.3	32.6	32.7
惠　州	23.5	32.8	33.9	32.7	35.3
梅　州	28.6	40.8	41.4	31.6	32.1
东　莞	53.5	53.8	58.6	65.8	58.4
南　宁	32.6	27.4	33.2	33.7	31.6
柳　州	31.8	32.3	32.5	36.6	36.6
桂　林	28.8	29.2	29.1	38.1	38.5
梧　州	23.4	24.5	25.3	39.1	39.2
北　海	35.3	47.2	55.8	—	56.7
海　口	28.8	28.9	31.6	29.9	29.8
三　亚	25.2	33.8	33.7	34.4	34.1
重　庆	29.7	31.4	31.7	31.8	32.2
成　都	21.0	28.9	27.7	30.7	32.9
泸　州	23.3	32.0	29.3	33.7	33.3
绵　阳	33.6	33.5	37.3	32.9	32.8
贵　阳	16.6	22.6	21.9	22.3	22.7
遵　义	29.0	31.5	32.5	32.0	31.1
昆　明	22.5	22.5	31.0	33.6	35.1
曲　靖	26.4	30.5	28.0	37.4	38.3
拉　萨	31.4	33.4	—	36.7	35.8
西　安	26.3	28.4	28.7	27.3	33.0
兰　州	23.5	23.7	24.6	—	25.4
西　宁	24.2	25.5	25.7	25.8	25.8
银　川	19.9	28.9	29.1	30.4	30.5
乌鲁木齐	27.9	26.3	26.0	27.3	27.3

数据来源：国家统计局。

表 2－255　　2008—2012 年 100 个城市农村居民人均住房面积

单位：平方米

	2008 年	2009 年	2010 年	2011 年	2012 年
北　京	39.4	39.4	40.6	48.6	38.2
天　津	27.3	28.5	28.8	30.2	30.3
石家庄	38.5	39.5	40.0	39.9	40.3
唐　山	31.9	33.0	33.4	33.6	37.3
秦皇岛	29.9	30.6	31.1	33.0	33.2
保　定	30.0	30.0	31.0	29.7	26.0
张家口	21.0	21.5	21.7	22.1	22.5
廊　坊	30.5	31.0	31.6	39.8	38.1
太　原	31.4	32.5	32.9	36.9	37.5
大　同	19.2	19.8	20.3	22.4	23.1
呼和浩特	24.9	26.2	27.3	29.2	26.7
包　头	28.6	28.9	29.6	32.7	30.1
鄂尔多斯	29.4	33.6	33.8	36.0	40.0
沈　阳	26.2	26.9	26.2	30.5	30.7
大　连	30.4	30.6	30.5	31.7	32.3
长　春	—	—	—	26.9	25.8
吉　林	—	—	—	22.9	24.0
哈尔滨	23.5	24.1	24.4	24.8	24.8
齐齐哈尔	27.6	28.0	28.6	29.4	19.5
大　庆	25.0	26.0	28.6	31.5	—
佳木斯	21.3	21.8	21.9	20.2	22.3
上　海	62.3	60.2	59.7	58.9	60.4
南　京	47.1	48.8	49.9	58.9	59.3
无　锡	57.7	57.7	58.5	66.0	67.6
徐　州	35.1	37.4	41.6	44.7	45.6
常　州	58.7	59.5	58.4	61.5	60.3
苏　州	67.0	67.6	68.0	69.0	68.3
南　通	52.5	53.5	53.6	54.2	54.6
扬　州	41.5	42.0	42.2	48.3	50.1
镇　江	47.9	48.4	48.6	53.3	56.2
杭　州	69.7	70.1	71.2	72.5	71.0
宁　波	55.9	55.9	56.0	57.2	58.3
温　州	42.1	44.1	43.0	43.8	45.8
嘉　兴	67.5	69.0	69.1	71.4	72.4

续表

	2008 年	2009 年	2010 年	2011 年	2012 年
湖　州	52. 1	53. 9	58. 0	64. 0	68. 0
金　华	59. 8	61. 9	63. 6	64. 2	64. 6
舟　山	47. 2	48. 2	48. 6	48. 8	49. 1
合　肥	32. 9	33. 6	33. 4	33. 7	34. 2
芜　湖	35. 4	37. 1	38. 2	35. 1	35. 7
蚌　埠	27. 5	30. 6	34. 3	35. 6	37. 8
马鞍山	34. 9	34. 2	36. 8	35. 0	38. 8
福　州	46. 9	47. 0	48. 1	47. 9	48. 0
厦　门	54. 1	54. 9	59. 9	58. 1	60. 0
泉　州	50. 6	50. 9	51. 0	52. 6	55. 0
漳　州	35. 2	36. 3	37. 0	39. 6	41. 0
南　昌	41. 7	43. 4	45. 3	48. 8	50. 1
九　江	38. 2	39. 4	40. 8	44. 7	45. 8
济　南	38. 7	39. 4	39. 8	39. 3	40. 0
青　岛	30. 7	31. 4	31. 0	31. 7	32. 3
烟　台	28. 1	32. 7	35. 4	33. 7	34. 6
潍　坊	35. 7	36. 7	38. 1	36. 5	36. 8
威　海	36. 2	37. 7	39. 8	38. 8	39. 6
郑　州	46. 4	49. 7	56. 0	60. 2	61. 0
开　封	27. 8	29. 5	30. 5	35. 2	36. 7
洛　阳	36. 5	37. 6	38. 5	41. 0	41. 6
平顶山	29. 1	31. 7	31. 8	36. 4	37. 6
新　乡	37. 2	39. 4	38. 6	38. 8	40. 1
武　汉	45. 8	47. 7	48. 8	51. 8	51. 4
黄　石	40. 5	41. 8	42. 3	47. 7	50. 6
十　堰	29. 5	31. 5	32. 8	35. 2	36. 0
宜　昌	44. 6	44. 6	45. 7	50. 3	49. 2
襄　阳	35. 7	37. 0	38. 7	43. 9	45. 2
长　沙	58. 6	59. 9	59. 5	62. 1	62. 6
株　洲	56. 0	56. 6	55. 5	56. 4	58. 7
湘　潭	47. 7	48. 8	49. 8	49. 3	49. 6
衡　阳	44. 6	46. 1	50. 9	46. 4	49. 8
岳　阳	39. 9	40. 9	42. 4	48. 5	45. 5
郴　州	36. 9	38. 3	38. 2	39. 2	35. 2

续表

	2008 年	2009 年	2010 年	2011 年	2012 年
广　州	38.7	40.6	43.7	44.7	45.3
韶　关	29.6	30.1	30.1	31.0	33.0
深　圳	—	—	—	—	—
珠　海	—	—	33.1	33.7	37.5
汕　头	18.8	19.5	18.7	19.2	19.0
佛　山	50.3	47.3	48.7	49.3	49.9
湛　江	27.8	28.5	28.5	30.3	31.5
茂　名	37.5	38.6	38.6	41.6	41.8
惠　州	28.2	30.0	28.6	31.2	32.8
梅　州	28.1	28.5	31.6	30.8	33.9
东　莞	55.0	56.0	52.1	52.0	50.3
南　宁	33.2	34.4	36.8	37.5	40.8
柳　州	27.7	28.2	29.3	37.5	39.5
桂　林	35.7	37.0	38.0	41.1	42.1
梧　州	27.0	28.7	29.6	32.6	34.4
北　海	36.0	37.6	38.5	36.9	38.3
海　口	29.9	30.5	31.6	31.6	31.8
三　亚	25.6	26.2	28.6	39.3	30.3
重　庆	35.0	35.7	37.6	40.2	41.0
成　都	42.8	48.8	48.8	50.2	52.2
泸　州	37.6	38.2	38.0	39.9	38.7
绵　阳	38.5	42.4	43.0	39.5	38.9
贵　阳	40.4	43.3	46.7	52.2	57.1
遵　义	30.7	31.3	31.0	35.5	34.5
昆　明	43.9	44.2	45.8	44.0	45.7
曲　靖	26.4	30.0	31.0	32.8	31.0
拉　萨	—	—	22.6	30.6	30.7
西　安	55.0	57.0	32.0	67.0	78.0
兰　州	22.9	24.3	34.7	29.8	33.0
西　宁	—	31.4	34.3	38.1	35.4
银　川	30.8	38.3	38.9	39.9	44.7
乌鲁木齐	37.3	38.2	38.1	30.0	31.0

数据来源：国家统计局。

表 2－256　2008—2012 年 100 个城市城镇居民人均可支配收入可购全市商品住宅面积

单位：平方米

	2008 年	2009 年	2010 年	2011 年	2012 年
北　京	2.12	2.02	1.70	2.12	2.20
天　津	3.47	3.24	3.07	3.15	3.70
石家庄	5.73	4.40	4.80	4.72	4.89
唐　山	5.45	3.88	5.01	4.45	4.99
秦皇岛	3.66	3.76	3.78	4.01	4.38
保　定	5.65	5.56	5.75	5.67	6.03
张家口	7.02	7.13	5.64	5.77	5.90
廊　坊	4.13	3.27	4.02	4.34	4.46
太　原	4.06	3.47	2.43	3.09	3.53
大　同	6.46	5.28	5.86	5.90	5.57
呼和浩特	8.07	6.89	6.90	7.39	6.80
包　头	6.98	7.18	7.55	7.41	7.80
鄂尔多斯	14.27	13.25	6.53	6.79	8.21
沈　阳	4.41	4.40	4.02	4.16	4.41
大　连	3.12	3.08	3.15	3.06	3.63
长　春	4.49	4.01	3.52	3.43	4.36
吉　林	6.39	5.90	5.44	5.05	6.27
哈尔滨	4.15	3.83	3.38	3.75	4.42
齐齐哈尔	6.08	4.51	4.91	5.23	5.74
大　庆	5.72	5.31	5.34	5.42	5.97
佳木斯	5.83	4.92	5.01	5.20	5.72
上　海	3.26	2.33	2.24	2.69	2.90
南　京	4.67	3.58	2.97	3.70	3.63
无　锡	4.56	4.27	3.72	3.89	4.61
徐　州	5.24	4.76	4.65	4.49	4.62
常　州	5.17	5.26	4.51	4.31	5.11
苏　州	4.46	4.29	3.70	3.83	4.35
南　通	5.83	4.65	4.65	4.72	5.18
扬　州	4.57	4.07	4.17	3.78	4.27
镇　江	5.69	5.26	4.51	4.62	5.69
杭　州	2.87	2.47	2.11	2.55	2.69
宁　波	3.68	3.00	2.59	3.04	3.34
温　州	2.65	1.74	1.97	1.88	1.99
嘉　兴	5.25	5.02	4.50	4.65	5.16

续表

	2008 年	2009 年	2010 年	2011 年	2012 年
湖 州	5. 26	4. 58	4. 12	4. 53	4. 90
金 华	4. 71	4. 39	#VALUE!	3. 71	3. 51
舟 山	3. 65	3. 71	2. 77	2. 83	3. 36
合 肥	4. 55	4. 19	3. 46	4. 01	4. 42
芜 湖	3. 77	4. 45	3. 95	4. 20	4. 95
蚌 埠	4. 93	4. 16	3. 80	4. 14	5. 20
马鞍山	5. 77	5. 28	5. 44	7. 45	7. 23
福 州	3. 62	3. 15	2. 88	2. 73	2. 76
厦 门	2. 68	2. 92	2. 52	2. 50	2. 90
泉 州	5. 32	5. 03	5. 11	4. 35	5. 24
漳 州	5. 38	4. 82	4. 54	4. 30	4. 54
南 昌	4. 50	4. 53	4. 22	3. 90	4. 01
九 江	6. 77	4. 79	5. 47	5. 06	5. 57
济 南	5. 01	4. 74	4. 15	4. 33	4. 89
青 岛	4. 27	4. 16	3. 89	3. 98	4. 24
烟 台	5. 97	5. 64	5. 89	5. 49	5. 71
潍 坊	6. 79	6. 67	7. 02	6. 53	7. 06
威 海	6. 29	5. 88	5. 92	6. 37	6. 73
郑 州	4. 37	4. 22	4. 11	4. 61	4. 30
开 封	5. 86	5. 41	4. 96	5. 21	5. 20
洛 阳	5. 94	6. 26	5. 83	5. 88	6. 07
平顶山	7. 95	7. 91	7. 14	6. 58	6. 59
新 乡	8. 32	7. 77	7. 51	7. 03	7. 31
武 汉	3. 57	3. 54	3. 75	3. 51	3. 92
黄 石	5. 98	5. 18	5. 02	5. 77	5. 64
十 堰	7. 92	6. 46	4. 87	4. 46	4. 20
宜 昌	4. 43	4. 68	4. 60	4. 31	4. 63
襄 阳	6. 12	5. 80	5. 91	4. 84	5. 22
长 沙	5. 59	5. 73	5. 28	4. 82	5. 41
株 洲	8. 60	7. 69	7. 06	6. 63	7. 18
湘 潭	8. 14	7. 32	6. 56	6. 38	7. 18
衡 阳	7. 64	7. 33	7. 13	6. 69	7. 71
岳 阳	8. 69	9. 39	7. 87	7. 58	7. 21
郴 州	7. 93	8. 66	7. 28	6. 71	7. 06

续表

	2008 年	2009 年	2010 年	2011 年	2012 年
广　州	3.06	3.07	2.89	3.15	3.17
韶　关	7.07	6.46	5.77	5.87	6.16
深　圳	2.08	2.03	1.71	1.74	2.14
珠　海	3.03	3.10	2.41	2.41	3.09
汕　头	4.01	3.90	3.65	3.65	3.41
佛　山	4.19	3.96	3.56	3.74	4.35
湛　江	4.58	3.63	3.92	3.69	4.05
茂　名	6.17	5.86	5.22	4.58	4.81
惠　州	4.96	5.18	4.89	4.83	5.29
梅　州	7.07	7.19	5.70	5.49	4.96
东　莞	5.59	5.72	5.02	5.17	5.30
南　宁	3.88	3.64	3.64	4.00	4.02
柳　州	5.31	5.25	4.99	4.98	5.17
桂　林	5.55	5.80	5.19	5.30	5.61
梧　州	7.17	6.54	6.63	6.78	6.54
北　海	5.23	4.69	3.99	4.18	4.96
海　口	3.15	2.87	2.07	2.96	3.53
三　亚	1.34	1.37	1.03	1.61	2.04
重　庆	5.95	4.82	4.34	4.51	4.78
成　都	3.26	3.62	3.42	3.65	3.99
泸　州	6.54	6.49	5.64	5.95	6.33
绵　阳	5.36	4.95	4.52	4.69	5.04
贵　阳	4.82	4.31	2.36	4.27	4.90
遵　义	7.55	7.23	6.38	5.90	5.85
昆　明	4.04	4.53	5.54	4.82	4.67
曲　靖	6.09	5.21	6.78	7.13	7.71
拉　萨	3.82	6.16	5.00	5.06	6.49
西　安	4.04	5.06	3.66	4.47	4.83
兰　州	3.86	3.65	4.12	3.94	3.59
西　宁	4.23	4.59	4.41	4.61	4.07
银　川	5.47	4.88	4.49	4.82	5.16
乌鲁木齐	4.07	3.98	3.42	3.30	3.60

数据来源：国家统计局。

表 2－257　　2008—2012 年 100 个城市全市常住人均储蓄可购全市商品住房面积

单位：平方米

	2008 年	2009 年	2010 年	2011 年	2012 年
北　京	6.01	6.28	5.05	6.11	6.25
天　津	6.17	6.13	5.41	5.29	6.23
石家庄	8.42	6.88	8.45	7.25	7.63
唐　山	8.14	8.33	9.18	7.61	8.84
秦皇岛	5.41	5.86	6.59	6.77	7.54
保　定	6.31	6.66	3.95	6.81	7.41
张家口	8.42	7.86	8.13	7.77	8.16
廊　坊	5.02	5.76	6.22	6.07	6.38
太　原	13.27	13.23	16.96	10.06	11.11
大　同	11.58	9.59	6.54	10.06	9.36
呼和浩特	9.55	8.81	24.05	9.26	8.79
包　头	7.85	8.29	11.40	7.89	8.83
鄂尔多斯	14.97	17.32	20.75	9.06	12.76
沈　阳	8.26	8.94	14.42	9.19	8.76
大　连	6.94	7.69	13.62	7.87	7.96
长　春	6.02	6.04	11.65	—	6.93
吉　林	7.63	7.07	5.20	—	7.54
哈尔滨	5.51	5.47	7.46	5.10	6.14
齐齐哈尔	4.48	3.49	3.69	4.38	4.87
大　庆	9.00	8.68	3.76	8.27	9.34
佳木斯	7.77	6.97	5.51	7.14	7.77
上　海	7.82	6.04	10.44	5.69	5.91
南　京	6.90	5.75	14.05	5.73	5.66
无　锡	7.25	7.44	12.95	6.33	7.46
徐　州	4.45	4.22	4.65	4.07	4.46
常　州	7.90	8.87	11.43	6.77	8.10
苏　州	6.61	6.67	11.79	5.35	6.11
南　通	8.72	7.59	8.33	7.88	9.01
扬　州	5.94	5.73	7.12	5.30	6.31
镇　江	6.76	6.91	9.74	6.13	7.81
杭　州	5.23	4.99	12.15	4.96	5.15
宁　波	4.89	4.45	10.60	4.29	4.80
温　州	3.03	2.42	4.37	2.31	2.26
嘉　兴	6.24	6.53	10.01	6.12	6.83

续表

	2008 年	2009 年	2010 年	2011 年	2012 年
湖　州	4.65	4.75	8.14	5.08	5.52
金　华	5.78	6.33	8.94	5.36	5.23
舟　山	4.61	5.16	9.57	3.77	4.33
合　肥	5.12	4.94	13.42	4.01	4.74
芜　湖	3.75	4.70	9.63	4.00	5.04
蚌　埠	3.15	3.21	3.02	3.24	4.21
马鞍山	6.33	6.09	8.99	6.99	6.78
福　州	4.77	4.63	8.93	3.71	3.80
厦　门	4.18	5.14	8.85	3.22	3.53
泉　州	4.63	4.66	6.50	3.79	4.65
漳　州	3.07	3.04	4.27	2.92	3.15
南　昌	6.16	6.99	15.85	5.92	6.14
九　江	4.24	3.43	4.68	4.04	4.72
济　南	5.77	5.98	15.19	5.28	6.24
青　岛	5.24	5.52	10.51	5.07	5.59
烟　台	6.88	7.02	9.12	7.02	7.53
潍　坊	6.48	6.92	9.87	6.59	7.30
威　海	8.47	8.57	10.66	9.48	10.13
郑　州	7.73	9.30	14.36	7.83	7.55
开　封	3.80	3.62	3.12	3.92	4.20
洛　阳	5.30	5.93	5.62	5.48	5.96
平顶山	6.52	6.91	6.24	5.76	5.92
新　乡	6.31	6.18	5.95	5.93	5.94
武　汉	5.78	6.36	16.74	5.95	6.63
黄　石	5.07	4.81	6.74	6.08	6.14
十　堰	6.08	5.56	4.66	5.34	5.35
宜　昌	4.31	5.01	10.32	5.52	6.23
襄　阳	5.26	5.46	5.01	5.29	5.98
长　沙	7.24	8.17	20.88	6.50	7.45
株　洲	7.01	6.72	5.13	5.98	6.68
湘　潭	7.32	6.88	7.21	6.60	7.71
衡　阳	5.96	5.88	3.39	5.29	6.91
岳　阳	4.41	4.94	3.63	4.37	4.39
郴　州	6.58	7.42	3.82	6.25	6.68

续表

	2008 年	2009 年	2010 年	2011 年	2012 年
广　州	8.44	8.84	12.07	7.20	7.34
韶　关	6.86	6.49	3.92	6.28	6.51
深　圳	4.36	4.46	6.97	3.37	4.19
珠　海	7.10	7.53	8.96	5.91	7.21
汕　头	6.49	6.53	2.95	5.34	4.79
佛　山	10.94	10.60	8.84	7.93	8.94
湛　江	3.79	3.08	2.62	3.19	3.51
茂　名	4.76	4.60	2.25	4.11	4.40
惠　州	5.00	5.31	4.95	4.60	5.11
梅　州	6.17	6.58	3.02	5.11	4.68
东　莞	7.01	7.92	5.69	5.88	6.26
南　宁	0.34	3.58	12.56	4.57	4.88
柳　州	4.52	4.93	7.81	4.98	5.31
桂　林	4.09	4.38	4.81	5.04	5.66
梧　州	3.39	3.38	4.50	4.36	4.48
北　海	4.46	4.39	3.69	4.43	5.32
海　口	7.54	7.25	11.71	6.10	6.82
三　亚	2.24	2.75	1.93	2.75	3.53
重　庆	5.32	5.26	9.34	5.37	5.99
成　都	5.38	6.77	14.83	6.69	7.47
泸　州	4.62	4.78	3.51	4.86	5.44
绵　阳	5.22	5.15	5.54	5.26	5.88
贵　阳	6.80	6.65	8.51	6.26	7.56
遵　义	3.56	3.70	4.07	4.13	4.51
昆　明	6.92	8.40	29.61	8.86	8.40
曲　靖	3.03	2.68	4.58	3.94	4.14
拉　萨	6.00	10.07	—	9.08	12.91
西　安	7.94	9.75	17.92	8.40	9.02
兰　州	8.22	9.37	16.04	10.09	9.36
西　宁	7.30	7.75	21.84	—	8.45
银　川	9.87	9.48	21.96	—	10.52
乌鲁木齐	10.53	11.14	15.57	9.08	10.02

数据来源：国家统计局。

表 2－258　2008—2012 年 100 个城市全市财政社会保障支出

单位：亿元

	2008 年	2009 年	2010 年	2011 年	2012 年
北　京	209.33	234.29	275.90	354.88	424.31
天　津	105.72	115.90	137.74	168.34	201.17
石家庄	18.17	20.65	23.08	29.30	37.39
唐　山	35.19	41.94	44.85	50.04	48.61
秦皇岛	10.22	11.80	13.90	16.84	17.30
保　定	26.76	31.79	34.10	41.28	52.09
张家口	17.62	24.57	25.05	30.71	31.10
廊　坊	11.23	13.04	15.38	20.01	24.10
太　原	30.49	32.14	29.62	32.15	33.43
大　同	19.76	19.50	14.85	21.29	22.04
呼和浩特	14.01	18.19	19.97	28.81	30.57
包　头	26.54	35.74	30.64	33.73	38.92
鄂尔多斯	19.68	21.55	29.53	39.19	43.57
沈　阳	86.80	84.93	94.80	109.44	125.34
大　连	71.90	76.76	92.31	109.22	122.69
长　春	41.40	47.67	51.08	69.01	61.66
吉　林	30.27	34.63	42.13	43.68	48.99
哈尔滨	30.97	45.19	42.41	84.55	87.52
齐齐哈尔	16.39	29.66	28.99	40.91	39.57
大　庆	10.87	14.16	15.53	22.36	22.03
佳木斯	13.08	17.84	14.97	21.51	26.81
上　海	334.97	336.08	362.56	417.50	443.01
南　京	31.09	37.01	45.94	56.58	74.07
无　锡	25.58	29.90	34.94	43.33	46.82
徐　州	25.24	30.69	37.41	46.44	50.52
常　州	15.68	20.92	24.95	36.36	41.66
苏　州	46.65	61.09	63.67	84.63	101.61
南　通	15.23	19.24	28.20	35.45	40.70
扬　州	9.32	11.74	15.87	19.93	20.23
镇　江	5.48	6.87	8.86	13.02	16.75
杭　州	40.31	48.55	63.92	77.54	87.14
宁　波	33.48	28.99	34.43	58.63	79.01
温　州	12.38	13.23	17.88	24.13	27.75
嘉　兴	7.40	7.51	10.27	19.12	20.97

续表

	2008 年	2009 年	2010 年	2011 年	2012 年
湖　州	4. 73	5. 08	7. 70	10. 39	13. 57
金　华	8. 10	9. 32	15. 64	19. 02	22. 58
舟　山	4. 12	4. 46	5. 28	6. 20	7. 54
合　肥	20. 84	23. 03	20. 06	38. 43	44. 04
芜　湖	13. 82	19. 72	12. 49	22. 03	26. 65
蚌　埠	13. 51	15. 93	12. 40	16. 35	18. 34
马鞍山	8. 89	9. 86	6. 73	12. 77	15. 62
福　州	21. 78	23. 54	26. 25	36. 27	38. 42
厦　门	18. 22	20. 79	23. 18	27. 34	32. 05
泉　州	11. 03	15. 03	16. 84	22. 49	27. 45
漳　州	10. 29	13. 49	15. 22	19. 03	23. 15
南　昌	24. 20	26. 37	31. 27	33. 91	37. 84
九　江	16. 85	19. 63	23. 17	28. 54	34. 43
济　南	31. 34	38. 63	42. 17	49. 46	56. 89
青　岛	27. 59	29. 88	36. 07	47. 82	55. 80
烟　台	27. 36	34. 49	44. 10	57. 11	71. 46
潍　坊	12. 52	15. 21	20. 47	25. 86	33. 90
威　海	16. 79	22. 08	28. 95	28. 10	27. 76
郑　州	31. 42	36. 18	43. 56	49. 17	55. 74
开　封	13. 00	16. 28	18. 95	21. 26	23. 59
洛　阳	14. 26	19. 16	21. 37	26. 93	31. 79
平顶山	13. 22	18. 19	19. 03	22. 65	25. 17
新　乡	9. 74	12. 71	13. 54	18. 65	22. 59
武　汉	45. 90	86. 60	91. 90	108. 74	117. 73
黄　石	5. 36	15. 25	16. 38	20. 53	20. 82
十　堰	12. 12	19. 42	21. 03	27. 33	29. 17
宜　昌	9. 12	20. 08	21. 25	27. 74	32. 20
襄　阳	13. 80	29. 36	36. 52	37. 18	43. 57
长　沙	38. 87	39. 48	42. 45	51. 94	53. 60
株　洲	15. 84	22. 51	24. 77	27. 17	33. 06
湘　潭	10. 22	18. 69	23. 40	21. 22	26. 08
衡　阳	24. 07	31. 40	37. 68	45. 26	46. 77
岳　阳	21. 56	23. 56	29. 95	36. 81	41. 78
郴　州	20. 82	24. 68	24. 08	31. 59	33. 88

续表

	2008 年	2009 年	2010 年	2011 年	2012 年
广　州	88.27	110.59	114.12	132.48	126.46
韶　关	10.95	11.22	12.44	15.39	18.23
深　圳	37.90	54.99	62.00	51.89	66.78
珠　海	10.33	11.42	13.03	16.58	17.02
汕　头	6.00	7.32	9.64	16.08	19.12
佛　山	19.67	20.40	24.91	27.76	31.94
湛　江	15.81	18.49	20.28	25.84	27.65
茂　名	12.49	13.11	18.23	21.35	25.54
惠　州	10.23	13.73	18.48	18.94	21.96
梅　州	13.16	16.05	19.14	22.82	26.06
东　莞	17.22	15.09	26.40	24.38	24.19
南　宁	19.68	25.61	40.03	32.05	36.38
柳　州	14.30	15.55	18.08	18.03	18.39
桂　林	13.61	15.10	14.75	18.52	22.63
梧　州	6.35	8.98	12.59	10.41	14.27
北　海	2.91	2.64	3.27	3.76	5.05
海　口	6.13	9.57	9.28	11.79	14.45
三　亚	2.16	4.44	3.61	4.42	4.94
重　庆	172.27	234.62	149.54	338.76	58.30
成　都	57.22	43.94	38.70	49.80	58.30
泸　州	13.83	17.85	19.08	24.99	26.58
绵　阳	56.92	29.32	23.65	27.07	28.00
贵　阳	3.39	16.08	16.93	20.03	25.06
遵　义	4.44	16.58	17.70	23.15	26.24
昆　明	32.48	36.99	40.81	51.01	54.95
曲　靖	28.12	19.74	22.54	27.33	31.73
拉　萨	2.54	2.12	1.75	3.89	45.05
西　安	48.61	45.24	52.21	61.43	67.82
兰　州	12.40	20.26	14.85	22.20	20.51
西　宁	0.14	—	13.79	13.06	18.83
银　川	6.18	13.05	6.88	14.16	16.25
乌鲁木齐	6.94	11.13	17.87	21.89	23.37

数据来源：国家统计局。

表 2-259　　2008—2012 年 100 个城市市区基本养老人数

单位：万人

	2008 年	2009 年	2010 年	2011 年	2012 年
北　京	745.93	814.04	964.16	1068.80	1183.39
天　津	247.20	401.53	431.45	458.70	490.26
石家庄	95.43	101.05	107.22	115.84	123.00
唐　山	79.53	100.87	106.68	112.03	75.52
秦皇岛	31.25	35.43	33.38	33.56	38.81
保　定	30.47	27.37	36.15	44.96	42.99
张家口	19.68	17.91	27.44	28.94	30.33
廊　坊	16.99	17.13	22.19	25.25	28.71
太　原	67.18	68.56	98.26	112.97	117.03
大　同	23.45	24.59	26.67	31.83	32.56
呼和浩特	44.85	47.38	47.38	36.00	31.24
包　头	45.64	47.30	49.06	51.25	73.61
鄂尔多斯	5.44	5.90	8.35	10.04	11.63
沈　阳	146.91	263.48	276.54	290.00	301.98
大　连	127.67	134.80	137.47	142.10	145.77
长　春	116.71	118.20	126.46	139.41	148.69
吉　林	44.41	68.17	71.64	68.36	69.15
哈尔滨	77.78	78.41	79.01	80.40	100.79
齐齐哈尔	27.30	25.05	36.46	35.05	27.20
大　庆	25.18	19.70	24.41	24.54	27.43
佳木斯	13.61	18.40	20.09	15.96	16.61
上　海	819.68	845.71	894.89	902.58	1326.38
南　京	170.12	178.19	198.15	222.98	252.94
无　锡	131.91	134.12	134.47	136.94	140.09
徐　州	49.95	52.82	59.60	63.92	67.72
常　州	74.21	76.98	83.24	89.00	95.06
苏　州	90.05	93.31	103.47	117.34	237.66
南　通	37.21	48.23	52.54	57.51	61.99
扬　州	30.20	32.08	33.54	50.54	56.88
镇　江	33.06	33.50	35.42	36.57	36.96
杭　州	260.59	279.83	316.45	353.74	408.79
宁　波	195.84	224.75	244.64	298.08	291.05
温　州	66.94	72.04	79.77	88.38	95.98
嘉　兴	32.27	44.43	46.74	51.80	55.47

续表

	2008年	2009年	2010年	2011年	2012年
湖　州	29.11	25.34	27.95	31.24	41.25
金　华	21.99	20.17	26.20	30.01	30.45
舟　山	20.38	21.92	23.57	25.83	29.79
合　肥	67.39	79.07	80.44	92.59	109.61
芜　湖	26.58	27.78	29.96	36.03	38.23
蚌　埠	22.37	19.26	23.74	35.86	39.15
马鞍山	23.30	26.36	28.83	27.65	30.77
福　州	64.68	86.59	90.47	96.10	104.76
厦　门	104.49	121.96	143.71	194.14	210.46
泉　州	22.50	28.59	28.61	33.84	42.77
漳　州	14.87	15.35	20.79	18.81	10.84
南　昌	83.10	62.41	68.64	96.74	110.76
九　江	23.96	32.07	26.10	26.95	28.20
济　南	102.34	109.59	120.91	134.81	150.25
青　岛	169.39	174.53	186.61	195.21	225.83
烟　台	49.43	63.44	56.97	68.89	101.80
潍　坊	45.86	39.70	52.16	55.90	59.61
威　海	28.60	32.75	35.78	38.79	42.60
郑　州	102.14	108.28	119.11	123.19	140.07
开　封	20.95	14.81	20.81	31.38	32.73
洛　阳	68.92	62.28	61.79	65.25	72.02
平顶山	29.47	37.21	38.65	40.33	44.33
新　乡	33.32	38.09	36.83	39.29	41.98
武　汉	181.92	188.39	277.71	295.15	309.27
黄　石	31.98	37.42	35.54	35.86	10.59
十　堰	16.80	21.05	17.35	13.58	16.66
宜　昌	37.97	38.84	46.60	48.01	53.01
襄　阳	41.81	43.17	44.64	47.66	50.37
长　沙	63.35	95.18	106.30	123.36	136.76
株　洲	25.27	26.68	29.30	31.02	33.47
湘　潭	23.50	17.89	18.45	19.55	21.15
衡　阳	22.26	25.80	33.29	36.79	33.47
岳　阳	23.30	24.80	26.79	26.95	27.37
郴　州	15.49	16.49	16.41	17.84	18.85

续表

	2008 年	2009 年	2010 年	2011 年	2012 年
广　州	—	—	—	—	—
韶　关	20.01	21.46	21.88	23.88	24.94
深　圳	541.67	584.09	691.35	751.72	792.44
珠　海	76.58	78.07	88.46	94.38	98.56
汕　头	42.32	29.15	53.94	76.99	101.09
佛　山	166.87	246.24	266.54	289.67	292.89
湛　江	37.72	46.47	41.99	46.58	48.37
茂　名	17.85	17.97	18.90	25.05	24.53
惠　州	78.20	91.43	111.15	142.15	149.89
梅　州	7.17	1.86	11.75	12.92	13.30
东　莞	262.63	315.81	421.84	481.05	537.62
南　宁	52.95	60.04	64.06	68.17	70.71
柳　州	39.09	41.91	43.34	44.81	63.08
桂　林	30.33	24.28	33.90	27.17	39.59
梧　州	8.90	—	—	17.79	18.40
北　海	4.63	5.50	6.24	7.08	10.36
海　口	21.08	26.03	28.84	40.62	43.96
三　亚	10.27	14.39	15.41	15.77	16.09
重　庆	287.37	417.72	460.39	497.51	557.62
成　都	143.93	223.82	255.09	324.33	355.79
泸　州	17.17	26.82	29.86	32.74	34.08
绵　阳	22.30	26.19	29.79	35.81	40.66
贵　阳	43.47	51.00	65.27	95.46	107.74
遵　义	8.54	8.06	8.47	9.80	19.11
昆　明	32.83	32.83	48.06	89.14	96.18
曲　靖	4.06	2.71	3.05	3.67	4.37
拉　萨	—	—	—	—	—
西　安	149.42	182.03	181.99	221.69	232.86
兰　州	29.77	25.05	30.05	31.34	34.56
西　宁	22.95	23.54	24.64	25.91	26.89
银　川	6.40	25.95	37.87	44.10	44.62
乌鲁木齐	12.61	56.73	60.91	72.24	79.50

数据来源：国家统计局。

表2－260　　2008—2012年100个城市全市私人汽车数量

单位：辆

	2008年	2009年	2010年	2011年	2012年
北　京	2483489	3002748	3743814	3897072	4055500
天　津	806054	1005413	1260479	1692154	1855400
石家庄	440186	575476	727466	886565	1069201
唐　山	402438	529626	696560	854891	1015275
秦皇岛	146059	184352	236818	293382	350979
保　定	432939	558352	705993	881866	1085043
张家口	159443	202556	248178	303251	366767
廊　坊	297098	340856	408211	5135	599758
太　原	294682	374207	459607	558584	648485
大　同	140558	164119	196774	237417	244980
呼和浩特	141887	289565	259185	436112	422106
包　头	127440	176716	230353	292150	344142
鄂尔多斯	336722	336242	150000	397015	395386
沈　阳	374245	459264	707838	682672	812027
大　连	325625	399271	739675	614199	722605
长　春	315518	404323	505205	600541	706208
吉　林	143303	179961	216649	253905	285923
哈尔滨	353634	448042	468701	654279	700260
齐齐哈尔	189897	244644	169693	313489	—
大　庆	136187	183851	230190	263652	314410
佳木斯	—	—	—	—	—
上　海	720400	851900	1038800	1199200	1411320
南　京	385047	501905	647562	796339	963645
无　锡	324600	408552	521407	637805	764492
徐　州	234265	293346	356532	441822	517040
常　州	193637	254797	339434	434702	523417
苏　州	620341	785853	981650	1201509	1447145
南　通	186906	258172	355328	454699	571391
扬　州	103736	133963	178389	227155	281691
镇　江	84756	109911	147295	188217	231258
杭　州	565182	718675	942585	1162925	1408653
宁　波	348636	451650	532965	744795	895247
温　州	416342	534410	674836	823296	964222
嘉　兴	146003	193658	265802	352245	451331

续表

	2008 年	2009 年	2010 年	2011 年	2012 年
湖　州	98732	133215	180041	233523	294027
金　华	310795	400201	517447	630575	759193
舟　山	13868	28187	39063	50437	60677
合　肥	118838	176082	250403	379900	486532
芜　湖	40424	63147	90999	150916	189723
蚌　埠	30005	42307	55918	68751	85168
马鞍山	21789	30772	41994	71964	88884
福　州	200859	256527	330352	410804	497158
厦　门	176141	222775	284745	354539	437989
泉　州	274086	332107	408143	494459	590710
漳　州	74175	95536	126009	162347	201055
南　昌	101713	145127	203953	265399	326173
九　江	48879	62176	105004	137250	173601
济　南	422572	541545	670465	786123	907299
青　岛	467375	579762	729966	895383	1057712
烟　台	430476	921033	631748	742815	836576
潍　坊	604109	753050	935879	990392	1302215
威　海	169626	189707	263595	316903	370555
郑　州	471200	596414	777605	1032919	1203452
开　封	109527	130513	155557	182086	217847
洛　阳	179121	224999	282820	342370	413741
平顶山	112868	144310	176333	211067	243652
新　乡	149167	190504	239442	288073	346722
武　汉	337661	667497	780000	810393	810468
黄　石	33415	43069	54500	106000	79365
十　堰	68179	80233	99105	161000	141846
宜　昌	91673	118118	148146	148523	210636
襄　阳	423595	161207	197040	144572	220712
长　沙	290783	403005	546834	689957	856813
株　洲	71485	93753	120972	150174	182596
湘　潭	47126	64593	84797	108782	134120
衡　阳	56421	107075	133277	162051	188372
岳　阳	47258	70641	98940	131166	171946
郴　州	88663	110770	134137	160199	180268

续表

	2008 年	2009 年	2010 年	2011 年	2012 年
广　州	876921	1032988	1261160	1489046	1646931
韶　关	52096	63223	78230	95454	112962
深　圳	932336	1083561	1301631	1531266	1780799
珠　海	109446	130763	157798	186191	216136
汕　头	149594	181392	223325	269205	312733
佛　山	551845	851117	791313	916556	1066317
湛　江	74280	91744	115782	144934	177198
茂　名	91942	110735	134923	162702	196724
惠　州	134223	165650	208425	255906	305145
梅　州	55881	69297	88353	110400	134919
东　莞	541534	628011	740238	874476	1016060
南　宁	162262	217838	292736	383793	476696
柳　州	86975	117340	154217	193175	236929
桂　林	71306	99727	132797	168244	208368
梧　州	22061	27927	41874	55533	70793
北　海	31578	42344	54637	68585	83900
海　口	104800	134967	182623	226437	270815
三　亚	18148	24789	37705	56246	63023
重　庆	1281478	575292	2339836	901053	1171000
成　都	877674	1097500	1396000	1657000	1925500
泸　州	27633	40245	56693	74785	100238
绵　阳	99810	144619	—	—	257929
贵　阳	317238	406122	512066	557366	463523
遵　义	57354	—	39483	54178	207848
昆　明	839725	988697	1173869	1325154	1513557
曲　靖	520488	618557	734549	812634	314100
拉　萨	65843	75454	81988	92463	102618
西　安	452347	596835	778902	970440	1174425
兰　州	55092	80872	120100	162300	206900
西　宁	—	118600	—	—	—
银　川	210668	93334	177270	239496	307034
乌鲁木齐	—	—	—	—	—

数据来源：国家统计局。

二十二、国土部监测100城市土地价格

表2－261　　2008—2013年国家监测100个城市土地平均价格

城　市	监测范围	2008年	2009年	2010年	2011年	2012年	2013年
单　位	平方公里	元/平方米	元/平方米	元/平方米	元/平方米	元/平方米	元/平方米
北　京	1088	7017	7198	8795	8986	9080	9771
天　津	338	3987	4263	4844	5012	5205	5443
石家庄	171	1263	1265	1489	1708	1857	1954
保　定	101.0	1048	1060	1225	1301	1360	1514
邯　郸	91	1018	1014	1057	1123	1111	1119
廊　坊	99	1729	1760	1819	1783	1750	2016
秦皇岛	115	1295	1397	1517	1645	1697	1747
唐　山	69	1124	1203	1374	1445	1465	1497
张家口	27	847	872	895	974	1014	1041
太　原	236	1148	1172	1262	1320	1407	1745
大　同	17	1666	1757	1855	1856	1856	1909
呼和浩特	83	1005	1077	1237	1415	1599	2974
包　头	129	610	630	651	695	743	828
沈　阳	438	1829	1876	2003	2136	2132	2304
大　连	285	1697	1780	1926	2050	2166	2274
本　溪	36	750	737	737	749	772	785
丹　东	13	746	759	782	822	843	869
抚　顺	90	664	648	659	675	617	627
锦　州	84	578	608	653	700	708	727
长　春	309	1571	1687	1850	1966	2007	2217
吉　林	102	769	788	808	815	824	827
哈尔滨	212	3152	3242	3322	3325	3331	2332
大　庆	156	814	834	835	848	868	887
佳木斯	17	453	458	468	498	508	516
牡丹江	17	634	647	656	678	669	677
齐齐哈尔	31	428	413	435	477	523	565
鹤　岗	21	395	471	491	499	500	499
伊　春	13	246	258	261	271	281	285
上　海	642	8156	9522	11137	12797	14113	16246
南　京	266	5389	5949	6340	6500	6469	7078
常　州	86	1175	1188	1265	1297	1296	1317

续表

城　市	监测范围	2008 年	2009 年	2010 年	2011 年	2012 年	2013 年
单　位	平方公里	元/平方米	元/平方米	元/平方米	元/平方米	元/平方米	元/平方米
南　通	150	1558	1649	1745	1853	1744	1767
苏　州	343	2355	2547	2679	2876	2858	3006
无　锡	161	2811	2989	3167	3221	3188	3200
徐　州	140	1752	1892	2028	2144	2154	2197
扬　州	155	1043	1102	1155	1176	1179	1202
杭　州	117	17859	19556	20836	10467	10224	11181
宁　波	167	4035	4703	5063	5345	5439	6077
嘉　兴	77	1008	1067	1094	1137	1166	1296
温　州	110	5156	5792	6066	5708	5165	5111
湖　州	34	1448	1508	1752	1952	1961	1989
合　肥	262	2189	2277	2366	2380	2439	2541
蚌　埠	92	733	802	855	925	943	959
淮　北	96	567	613	703	1410	1443	1452
淮　南	52	627	658	678	711	711	710
芜　湖	115	1484	1556	1739	1679	1630	1627
福　州	126	3599	3810	9054	9325	9504	10100
厦　门	169	14489	14836	15426	15548	16124	18173
泉　州	80	2635	2708	2704	3285	3348	3537
南　昌	182	1911	1935	2071	2198	2278	4578
九　江	43	1012	1182	1296	1329	1362	1422
济　南	190	1944	1974	2150	2229	2251	2301
青　岛	132	2524	2588	2730	2824	2833	3050
济　宁	49	768	767	784	848	853	872
临　沂	123	673	700	725	762	797	848
泰　安	52	1119	1161	1417	1457	1495	1610
潍　坊	101.0	974	1016	1150	1289	1345	1511
烟　台	132	1417	1485	1606	1673	1651	1724
枣　庄	26	736	760	806	864	887	903
淄　博	87	721	795	961	1028	1037	1065
郑　州	202	1823	2010	2299	2364	2410	2550
安　阳	66	748	767	787	827	872	1015
焦　作	68	554	603	651	656	661	687
开　封	51	868	936	1022	1094	1150	1243
洛　阳	142	947	998	1070	1153	1253	1334

续表

城 市	监测范围	2008 年	2009 年	2010 年	2011 年	2012 年	2013 年
单 位	平方公里	元/平方米	元/平方米	元/平方米	元/平方米	元/平方米	元/平方米
平顶山	33	797	900	961	1038	1067	1137
新 乡	50	1068	1072	1128	1330	1309	1371
武 汉	469	2283	2424	2742	3070	3109	4220
黄 石	36	448	466	504	570	606	659
荆 州	71	716	875	989	1117	1251	1296
宜 昌	48	777	788	944	1048	1120	1218
长 沙	277	1669	1728	1901	2086	2229	2450
衡 阳	96	640	661	686	725	766	831
湘 潭	72	890	934	1039	1108	1126	1739
岳 阳	54	1052	1098	1196	1320	1406	1528
株 洲	93	954	970	1161	1232	1237	1296
广 州	899	3583	3957	4191	4890	14521	16863
深 圳	636	7952	10589	13078	15554	17990	21395
东 莞	—	2764	2856	—	4358	4446	4868
佛山顺德	221	2037	2161	2342	—	2575	2958
汕 头	75	1341	1533	1794	1880	1933	2128
湛 江	60	766	835	946	1018	1025	1102
中 山	134	1206	1201	1506	1589	1634	1801
珠 海	141	3049	3446	3737	3996	3978	4199
南 宁	146	1853	1952	2192	2369	2401	2524
北 海	73	952	1026	1209	1267	1226	1259
柳 州	161	951	1011	1247	2361	2261	2364
海 口	201	1155	1319	2001	2255	2876	3062
重 庆	593	2060	2154	2510	2787	2803	4029
成 都	455	5793	5932	6037	6499	6622	7251
宜 宾	43	1250	1383	1590	1722	1734	1892
南 充	70	1106	1256	1438	1693	1782	1943
贵 阳	52	2564	2693	2770	3019	3030	3295
昆 明	163	2565	3163	5683	5797	5901	6535
拉 萨	60	520	585	603	—	1427	1513
西 安	272	2306	2332	2595	2938	2985	3248
兰 州	208	1473	1633	1852	1959	2044	2129
西 宁	160	619	652	681	709	1311	1340
银 川	102	919	956	1040	1115	1141	1200
乌鲁木齐	173	1396	1483	1594	1669	1660	1726

数据来源：国土资源部。

表 2－262　　2008—2013 年国家监测 100 个城市居住用地平均价格

城　市	监测范围	2008 年	2009 年	2010 年	2011 年	2012 年	2013 年
单　位	平方公里	元/平方米	元/平方米	元/平方米	元/平方米	元/平方米	元/平方米
北　京	1088	10386	10785	13357	13473	13587	14688
天　津	338	3997	4369	5123	5402	5575	5862
石家庄	171	1328	1330	1639	1932	2120	2245
保　定	101.0	1588	1605	1930	2064	2149	2441
邯　郸	91	1359	1354	1442	1579	1541	1557
廊　坊	99	2611	2662	2778	2702	2627	3059
秦皇岛	115	1766	1924	2114	2307	2385	2457
唐　山	69	1345	1460	1704	1777	1790	1823
张家口	27	810	836	860	941	978	1008
太　原	236	1146	1192	1318	1379	1485	2049
大　同	17	2579	2828	2841	2841	2841	2841
呼和浩特	83	830	875	1017	1127	1273	3291
包　头	129	787	809	837	901	969	1086
沈　阳	438	2102	2145	2299	2454	2447	2645
大　连	285	1947	2075	2300	2457	2605	2763
本　溪	36	976	955	977	992	1028	1048
丹　东	13	1289	1333	1385	1468	1518	1581
抚　顺	90	1153	1130	1173	1211	1216	1231
锦　州	84	656	690	745	803	809	832
长　春	309	1903	2058	2316	2449	2510	2675
吉　林	102	1116	1153	1173	1182	1187	1192
哈尔滨	212	2378	2476	2517	2501	2501	2527
大　庆	156	947	971	972	988	1009	1029
佳木斯	17	415	426	433	487	508	523
牡丹江	17	632	635	649	664	653	666
齐齐哈尔	31	497	501	541	585	644	694
鹤　岗	21	323	395	416	424	425	423
伊　春	13	194	213	217	227	234	238
上　海	642	13688	16685	19719	21675	23813	28066
南　京	266	7091	7951	8467	8602	8530	9422
常　州	86	2733	2773	2997	3036	3013	3073
南　通	150	2808	3045	3269	3450	3119	3162
苏　州	343	2358	2617	2674	2757	2738	2877
无　锡	161	4208	4521	4781	4788	4704	4718

续表

城　市	监测范围	2008 年	2009 年	2010 年	2011 年	2012 年	2013 年
单　位	平方公里	元/平方米	元/平方米	元/平方米	元/平方米	元/平方米	元/平方米
徐　州	140	2662	2910	3143	3313	3155	3220
扬　州	155	1540	1642	1731	1755	1741	1772
杭　州	117	19631	21526	22827	15157	14767	16226
宁　波	167	5864	7178	7813	8001	8121	9253
嘉　兴	77	1151	1258	1305	1354	1367	1516
温　州	110	10115	11772	12319	11053	9747	9575
湖　州	34	1778	1835	2136	2462	2433	2466
合　肥	262	3057	3177	3313	3310	3410	3573
蚌　埠	92	1016	1125	1196	1298	1323	1349
淮　北	96	654	720	859	1888	1931	1938
淮　南	52	1078	1194	1246	1271	1271	1269
芜　湖	115	2377	2511	2901	2763	2644	2627
福　州	126	3757	4026	10033	10268	10429	11092
厦　门	169	15708	16210	16694	16643	17345	19837
泉　州	80	4227	4362	4365	5541	5651	5988
南　昌	182	2111	2139	2303	2446	2540	5035
九　江	43	1687	2165	2389	2426	2482	2605
济　南	190	3066	3119	3446	3577	3619	3701
青　岛	132	3665	3818	4091	4244	4257	4681
济　宁	49	1051	1052	1088	1229	1241	1281
临　沂	123	835	882	916	966	1008	1072
泰　安	52	1531	1613	2079	2132	2191	2372
潍　坊	101.0	1014	1068	1229	1395	1467	1614
烟　台	132	3442	3641	3991	4161	4095	4295
枣　庄	26	989	1026	1098	1194	1225	1245
淄　博	87	850	959	1252	1351	1365	1409
郑　州	202	2245	2544	3023	3120	3187	3407
安　阳	66	737	759	791	844	903	1064
焦　作	68	644	750	835	841	847	884
开　封	51	1034	1122	1237	1336	1406	1527
洛　阳	142	1187	1265	1380	1500	1650	1787
平顶山	33	847	967	1049	1197	1244	1344
新　乡	50	1210	1279	1364	1679	1634	1683
武　汉	469	2397	2599	3021	3392	3423	5822

续表

城　市	监测范围	2008年	2009年	2010年	2011年	2012年	2013年
单　位	平方公里	元/平方米	元/平方米	元/平方米	元/平方米	元/平方米	元/平方米
黄　石	36	445	468	511	578	627	703
荆　州	71	832	1082	1262	1434	1620	1700
宜　昌	48	732	744	954	1064	1132	1239
长　沙	277	1913	1963	2155	2350	2502	2769
衡　阳	96	644	664	691	742	794	870
湘　潭	72	1018	1046	1209	1277	1300	1789
岳　阳	54	913	966	1072	1239	1303	1521
株　洲	93	970	1000	1220	1299	1272	1324
广　州	899	4786	5369	5615	6451	18167	22128
深　圳	636	12140	16591	17804	20074	26904	32430
东　莞	—	3020	3135	—	4655	4778	5280
佛山顺德	221	2526	2789	3059	—	3386	3858
汕　头	75	2247	2552	3010	3184	3230	3640
湛　江	60	1096	1222	1431	1544	1553	1692
中　山	134	1084	1071	1326	1371	1394	1545
珠　海	141	4210	5055	5649	5997	5880	6235
南　宁	146	1393	1511	1723	1841	1840	1957
北　海	73	1477	1595	1911	2032	1963	1997
柳　州	161	1123	1219	1561	2647	2656	2785
海　口	201	1346	1548	2624	2991	3381	3557
重　庆	593	2351	2508	2898	3239	3264	3921
成　都	455	6598	6810	6943	7288	7206	8020
宜　宾	43	1530	1705	2000	2174	2168	2400
南　充	70	1201	1390	1600	1912	2022	2220
贵　阳	52	3842	4071	4218	4434	4437	3662
昆　明	163	2776	3461	6732	6552	6766	7346
拉　萨	60	564	709	728	—	1599	1679
西　安	272	2794	2830	3210	3682	3708	4033
兰　州	208	1796	2112	2426	2575	2692	2841
西　宁	160	615	651	682	712	1369	1402
银　川	102	1264	1348	1481	1580	1605	1680
乌鲁木齐	173	2442	2594	2777	2880	2863	2970

数据来源：国土资源部。

表 2－263　　2008—2013 年国家监测 100 个城市商业用地平均价格

城　市	监测范围	2008 年	2009 年	2010 年	2011 年	2012 年	2013 年
单　位	平方公里	元/平方米	元/平方米	元/平方米	元/平方米	元/平方米	元/平方米
北　京	1088	10402	10316	12207	12787	12944	13878
天　津	338	6869	7154	7814	7866	8263	8580
石家庄	171	1744	1746	2004	2277	2490	2626
保　定	101.0	1970	2058	2330	2568	2815	3217
邯　郸	91	2077	2061	2168	2322	2317	2334
廊　坊	99	3393	3561	3572	3563	3583	3840
秦皇岛	115	1950	2071	2211	2411	2476	2572
唐　山	69	1750	1827	2014	2186	2250	2321
张家口	27	1519	1565	1605	1745	1833	1869
太　原	236	1680	1690	1787	1866	1979	2877
大　同	17	3027	3100	3483	3483	3483	3701
呼和浩特	83	1608	1740	1987	2309	2645	4204
包　头	129	1140	1190	1232	1339	1480	1728
沈　阳	438	2385	2448	2617	2794	2791	3033
大　连	285	4055	4147	4269	4539	4773	4892
本　溪	36	1110	1108	1084	1109	1142	1146
丹　东	13	2554	2568	2639	2776	2861	2966
抚　顺	90	1223	1218	1306	1366	1384	1398
锦　州	84	1089	1151	1209	1286	1300	1339
长　春	309	3083	3339	3683	3913	4005	4267
吉　林	102	1234	1281	1305	1319	1335	1338
哈尔滨	212	5785	5899	6042	6063	6079	6342
大　庆	156	1257	1289	1291	1315	1359	1389
佳木斯	17	1016	1024	1028	1095	1114	1133
牡丹江	17	2387	2364	2386	2478	2440	2466
齐齐哈尔	31	1278	1251	1330	1432	1565	1687
鹤　岗	21	812	969	994	1008	1008	1009
伊　春	13	446	459	463	469	486	493
上　海	642	22890	26027	29456	30167	34118	36713
南　京	266	13563	14486	15778	16858	16947	18285
常　州	86	4325	4368	4600	4725	4715	4793
南　通	150	3053	3144	3350	3708	3670	3740
苏　州	343	4090	4411	4748	5256	5220	5519
无　锡	161	8366	8802	9425	10339	10533	10628

续表

城　市	监测范围	2008年	2009年	2010年	2011年	2012年	2013年
单　位	平方公里	元/平方米	元/平方米	元/平方米	元/平方米	元/平方米	元/平方米
徐　州	140	3262	3424	3631	3931	3705	3781
扬　州	155	2073	2185	2306	2419	2534	2635
杭　州	117	20850	22636	25066	15077	15034	15782
宁　波	167	6511	6828	7239	8078	8185	8706
嘉　兴	77	2426	2515	2521	2671	2752	3056
温　州	110	10718	11683	12380	12545	11624	11592
湖　州	34	3061	3342	3909	4310	4327	4339
合　肥	262	4575	4873	5051	5284	5320	5468
蚌　埠	92	1098	1204	1422	1634	1672	1684
淮　北	96	1462	1562	1735	3533	3627	3682
淮　南	52	1587	1586	1644	1733	1733	1731
芜　湖	115	4770	5042	5567	5427	5330	5348
福　州	126	6570	6770	14879	15623	16088	17080
厦　门	169	23367	23638	25921	27614	27967	29217
泉　州	80	5936	6080	6050	6375	6505	6869
南　昌	182	2824	2858	3007	3188	3291	7421
九　江	43	2223	2286	2582	2672	2768	2895
济　南	190	3734	3805	4112	4302	4333	4408
青　岛	132	7332	7402	7748	8045	8090	8642
济　宁	49	1378	1378	1418	1537	1542	1578
临　沂	123	1120	1229	1255	1330	1418	1524
泰　安	52	1698	1772	1960	2033	2091	2258
潍　坊	101.0	1516	1581	1799	2027	2117	2464
烟　台	132	3747	3936	4320	4733	4700	4802
枣　庄	26	1306	1370	1468	1547	1604	1632
淄　博	87	1500	1629	1758	1858	1878	1957
郑　州	202	2363	2567	2783	2860	2914	3049
安　阳	66	1857	1893	1900	1967	2033	2236
焦　作	68	1250	1523	1585	1591	1593	1669
开　封	51	1737	1812	1915	2009	2177	2359
洛　阳	142	1957	1989	2106	2418	2568	2732
平顶山	33	1833	2066	2199	2258	2304	2316
新　乡	50	1950	2000	2057	2374	2337	2465
武　汉	469	4868	5008	5443	6157	6301	9004

续表

城　市	监测范围	2008 年	2009 年	2010 年	2011 年	2012 年	2013 年
单　位	平方公里	元/平方米	元/平方米	元/平方米	元/平方米	元/平方米	元/平方米
黄　石	36	637	667	731	859	928	1024
荆　州	71	1445	1836	2083	2280	2459	2504
宜　昌	48	1254	1274	1475	1663	1809	1977
长　沙	277	2586	2694	2976	3307	3569	3927
衡　阳	96	1298	1342	1399	1489	1589	1769
湘　潭	72	1504	1597	1722	1861	1891	2392
岳　阳	54	2535	2584	2627	2647	2924	2988
株　洲	93	1970	1961	2451	2632	2753	2893
广　州	899	5595	6045	6536	7924	24779	27057
深　圳	636	12923	17084	25358	32327	31352	36924
东　莞	—	3747	3845	—	6810	6772	7174
佛山顺德	221	4814	4694	4934	—	5419	6460
汕　头	75	3766	4397	4871	5063	5246	5570
湛　江	60	2813	3139	3522	3692	3739	3969
中　山	134	3376	3453	4628	5055	5292	5804
珠　海	141	7455	7758	8046	8795	8964	9428
南　宁	146	4659	4855	5448	5925	6026	6317
北　海	73	2317	2562	2969	2959	2842	2902
柳　州	161	2064	2174	2764	6563	6814	7085
海　口	201	1371	1533	1887	2073	3394	3736
重　庆	593	6119	6170	6473	7202	7206	8445
成　都	455	7545	7582	7687	8854	9671	10516
宜　宾	43	1800	1985	2173	2356	2458	2575
南　充	70	1678	1826	2077	2439	2547	2771
贵　阳	52	6734	6973	7069	8444	8525	8695
昆　明	163	5993	7340	11175	13768	13458	15798
拉　萨	60	1892	2144	2197	—	1910	2106
西　安	272	3565	3595	3920	4403	4539	4985
兰　州	208	2034	2304	2629	2824	2971	3078
西　宁	160	914	935	969	1001	2502	2548
银　川	102	1609	1715	1881	2104	2222	2415
乌鲁木齐	173	2640	2775	2970	3144	3080	3191

数据来源：国土资源部。

表 2－264　　2008—2013 年国家监测 100 个城市工业用地平均价格

城　市	监测范围	2008 年	2009 年	2010 年	2011 年	2012 年	2013 年
单　位	平方公里	元/平方米	元/平方米	元/平方米	元/平方米	元/平方米	元/平方米
北　京	1088	1187	1198	1397	1520	1569	1623
天　津	338	695	713	756	768	780	802
石家庄	171	667	667	668	669	671	672
保　定	101.0	490	490	507	519	537	547
邯　郸	91	587	587	594	609	605	607
廊　坊	99	395	376	382	384	387	421
秦皇岛	115	351	358	358	360	364	367
唐　山	69	443	455	480	504	519	531
张家口	27	378	379	380	391	401	404
太　原	236	554	569	611	643	680	804
大　同	17	497	509	514	517	517	517
呼和浩特	83	313	328	378	426	468	503
包　头	129	299	301	309	316	317	321
沈　阳	438	573	583	594	626	627	662
大　连	285	616	619	640	668	698	718
本　溪	36	414	405	396	398	408	417
丹　东	13	330	334	342	356	361	365
抚　顺	90	416	401	392	395	375	378
锦　州	84	222	233	251	265	273	279
长　春	309	393	393	395	395	387	387
吉　林	102	343	346	357	360	369	371
哈尔滨	212	426	459	516	527	528	436
大　庆	156	235	236	236	238	244	251
佳木斯	17	267	269	282	285	286	286
牡丹江	17	307	337	339	355	352	352
齐齐哈尔	31	289	259	267	302	329	357
鹤　岗	21	297	245	248	250	250	249
伊　春	13	170	172	173	186	196	197
上　海	642	1217	1204	1397	1437	1644	1780
南　京	266	1023	1031	1039	1058	1068	1078
常　州	86	334	334	343	365	373	375
南　通	150	551	559	560	578	581	583
苏　州	343	617	612	614	616	617	621
无　锡	161	653	660	692	714	717	718

续表

城　市	监测范围	2008 年	2009 年	2010 年	2011 年	2012 年	2013 年
单　位	平方公里	元/平方米	元/平方米	元/平方米	元/平方米	元/平方米	元/平方米
徐　州	140	256	259	262	263	268	271
扬　州	155	330	332	335	339	343	347
杭　州	117	483	483	483	507	512	535
宁　波	167	779	811	818	979	1036	1125
嘉　兴	77	365	365	370	374	411	462
温　州	110	1617	1651	1712	1767	1695	1701
湖　州	34	314	341	383	405	429	439
合　肥	262	408	408	408	408	408	408
蚌　埠	92	280	286	295	305	310	312
淮　北	96	262	267	269	292	299	299
淮　南	52	281	281	281	308	308	308
芜　湖	115	374	373	373	374	374	376
福　州	126	536	536	558	566	574	592
厦　门	169	805	794	799	816	826	896
泉　州	80	557	559	551	571	577	593
南　昌	182	419	421	427	442	450	460
九　江	43	302	286	286	292	294	297
济　南	190	646	648	662	678	680	695
青　岛	132	764	764	764	775	775	783
济　宁	49	471	470	471	474	474	476
临　沂	123	315	314	325	335	347	368
泰　安	52	327	303	307	315	317	324
潍　坊	101.0	388	391	410	427	428	439
烟　台	132	356	356	357	356	356	369
枣　庄	26	319	319	324	336	341	350
淄　博	87	381	397	408	425	426	426
郑　州	202	621	611	657	660	663	678
安　阳	66	464	474	478	486	499	596
焦　作	68	328	286	306	311	315	322
开　封	51	342	363	384	394	399	415
洛　阳	142	504	506	511	529	537	545
平顶山	33	437	481	497	498	503	554
新　乡	50	360	287	324	369	375	399
武　汉	469	681	694	730	761	764	809

续表

城　市	监测范围	2008 年	2009 年	2010 年	2011 年	2012 年	2013 年
单　位	平方公里	元/平方米	元/平方米	元/平方米	元/平方米	元/平方米	元/平方米
黄　石	36	299	305	320	336	339	346
荆　州	71	395	397	408	473	542	551
宜　昌	48	351	348	355	359	367	375
长　沙	277	558	590	646	696	726	766
衡　阳	96	414	429	441	457	471	490
湘　潭	72	401	432	464	493	500	501
岳　阳	54	318	325	350	341	350	361
株　洲	93	407	417	415	419	405	429
广　州	899	470	493	530	555	577	627
深　圳	636	1487	1571	1871	1954	2468	2761
东　莞	—	567	537	—	685	696	713
佛山顺德	221	518	530	574		603	659
汕　头	75	536	609	737	763	802	867
湛　江	60	369	374	386	417	420	435
中　山	134	524	505	540	570	594	640
珠　海	141	532	537	539	556	575	591
南　宁	146	403	416	438	472	490	505
北　海	73	268	275	306	320	316	343
柳　州	161	409	414	423	386	398	415
海　口	201	357	424	504	548	560	571
重　庆	593	592	562	557	572	572	564
成　都	455	652	653	656	676	685	705
宜　宾	43	212	212	212	211	212	212
南　充	70	299	378	432	459	489	511
贵　阳	52	430	429	431	487	492	456
昆　明	163	507	551	579	618	631	675
拉　萨	60	269	219	227	—	975	1018
西　安	272	576	584	615	650	661	686
兰　州	208	719	727	737	743	751	756
西　宁	160	399	407	419	421	480	482
银　川	102	293	253	253	253	253	253
乌鲁木齐	173	406	437	479	500	523	550

数据来源：国土资源部。

Ⅲ.市场篇

导　读

2013年房地产市场整体处于上升趋势，销售量、销售金额同比上年都呈现大幅增长态势，但市场呈现结构性差异。市场篇重点阐述了全国土地市场分析和全国房地产新房市场。二手房市场分析了北京、上海、广州、深圳等4个主要城市的发展情况，中原集团研究中心提供了大力支持。本篇内容还包括北京、上海、广东、西藏四省市自治区的房地产市场综合分析，并得到北京市住建委、上海市统计局、广东省房协、西藏自治区建设厅等单位的大力支持。

一、全国土地市场

（一）全国土地市场供求情况

1. 全国土地供应情况

国土资源部公布的《2013 年全国住房用地供应计划公告》提出，2013 年全国住房供地计划 15.08 万公顷，比去年减少 0.85 万公顷。供应计划中，保障性安居工程用地计划供应 4.15 万公顷；商品住房用地计划供应 10.92 万公顷，占住房用地供应计划的 72.4%，其中中小套普通商品住房用地计划供应 7.82 万公顷，占商品住房用地供应计划的 71.6%。

虽然 2013 年全国住房供地计划较去年略有回落，但供地计划实际完成 13.82 万公顷（前 5 年年均实际供应量 9.77 万公顷），达历年最高，同比增加 24.7%（见表 3－1）。保障性安居工程用地供应 3.44 万公顷，同比增加 8.7%；商品住房用地供应 10.37 万公顷，同比增加 31.1%。

表 3－1　　2011—2013 年全国经营性土地供应及完成情况

单位：万公顷，%

	2011 年	2012 年	2013 年
全国住房供地计划	21.80	15.93	15.08
供地计划实际完成	13.59	11.08	13.82
供地完成率	62.3	69.6	91.6

数据来源：国土资源部。

2. 全国土地购置情况

2013 年，全国土地购置面积 38814 万平方米，同比增长 8.8%，扭转 2012 年负增长的局面。随着土地购置面积的增加，年底待开发土地面积增幅有所扩大，全年待开发土地面积 42280 万平方米，同比增长 5.2%（见图 3－1）。

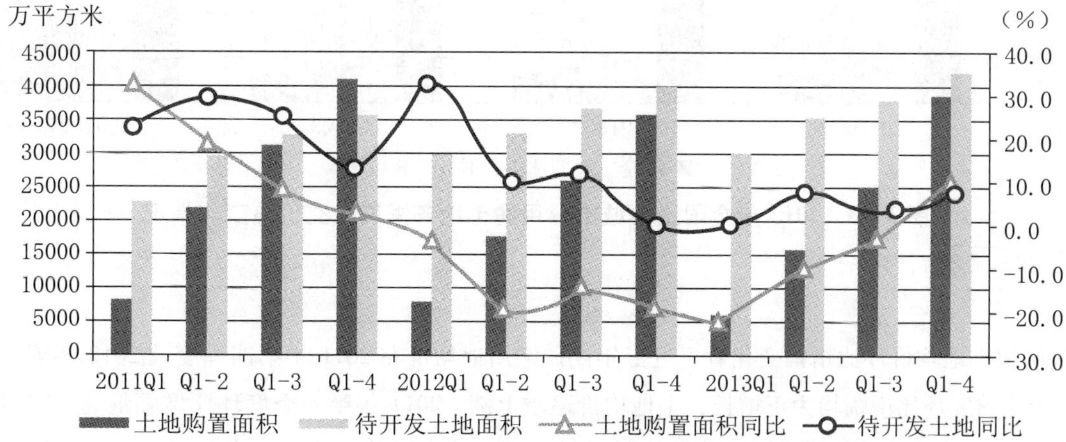

图 3－1　2011—2013 年全国各季度累计土地购置及待开发土地面积情况

数据来源：国家统计局。

2013 年，全国累计土地成交价款 9918 亿元，同比涨幅 33.9%。突破 2011 年 8894 亿元的历史最高值，再创历史新高（见图 3－2）。

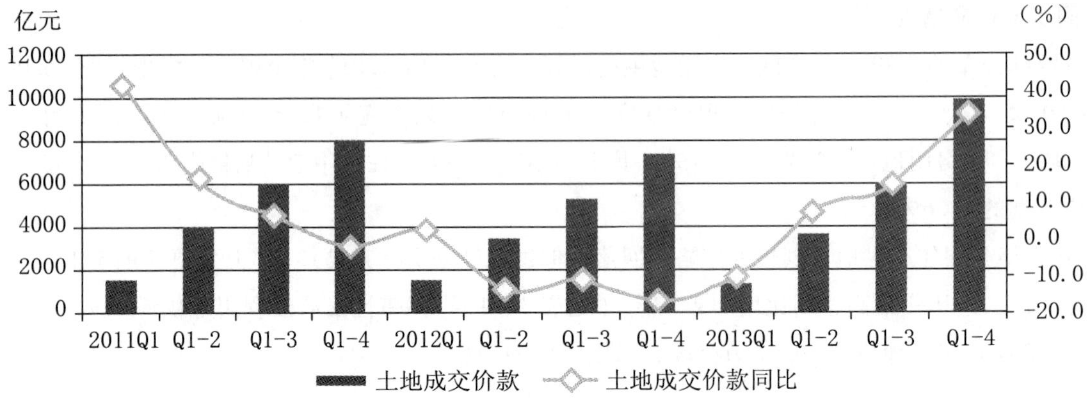

图 3－2　2011—2013 年全国各季度累计土地成交价款及同比变化情况

数据来源：国家统计局。

3. 土地成交价格

国土资源部“全国主要城市地价动态监测报告”显示，2013 年土地价格呈逐季上升趋势。第四季度全国 105 个主要监测城市综合地价为 3349 元/平方米，商服、住宅、工业地价分别为 6306 元/平方米、5033 元/平方米和 700 元/平方米（见图 3－3）。

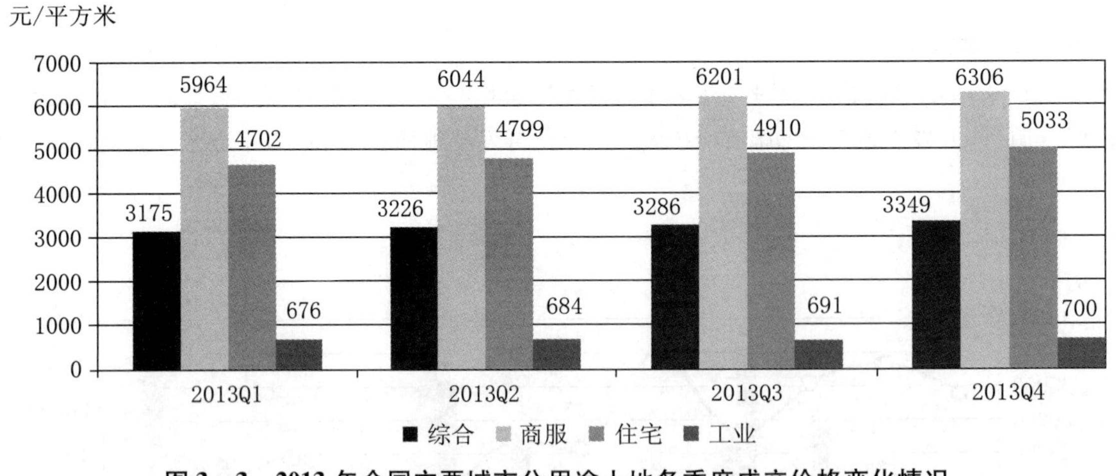

图 3－3　2013 年全国主要城市分用途土地各季度成交价格变化情况

数据来源：国土资源部。

从各分用途土地均价环比增幅变化看，近三年仅住宅用地均价在 2011 年第四季度及 2012 年第一季度环比增幅为 0，其他季度环比增幅均为正增长，土地均价逐季上涨。2011 年第一季度环比增幅最高，在房地产调控政策影响下，环比增幅逐步收紧，在 2012 年初触底后，随着楼市复苏，2013 年各季度土地市场回暖，环比增幅逐步扩大（见图 3－4）。

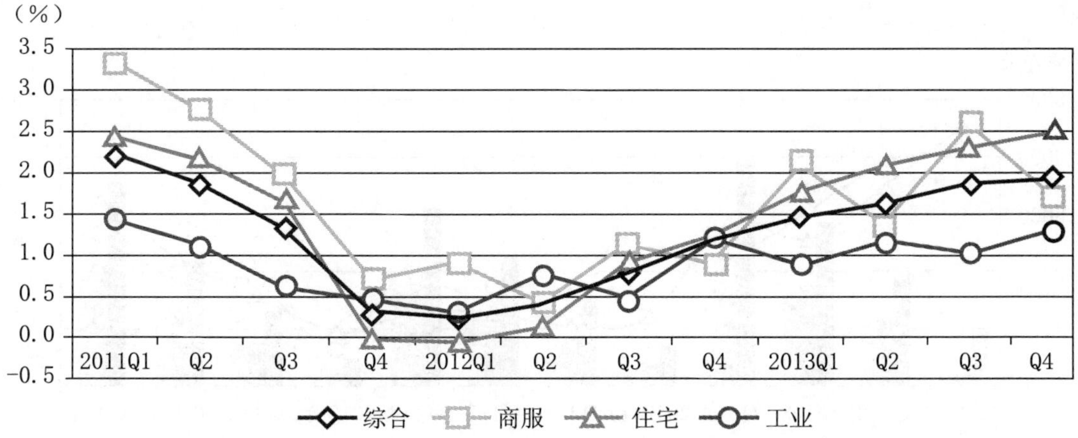

图 3－4　2011—2013 年全国主要城市分用途土地各季度成交价格环比变化情况

数据来源：国土资源部。

2013 年全国土地成交均价 2555 元/平方米，同比增长 23%（见图 3－5）。全年土地价格持续上涨，随着下半年商品房市场成交好转，土地市场进一步活跃，同比涨幅继续扩大。与前两年相比，2013 年土地成交均价水平明显提升。

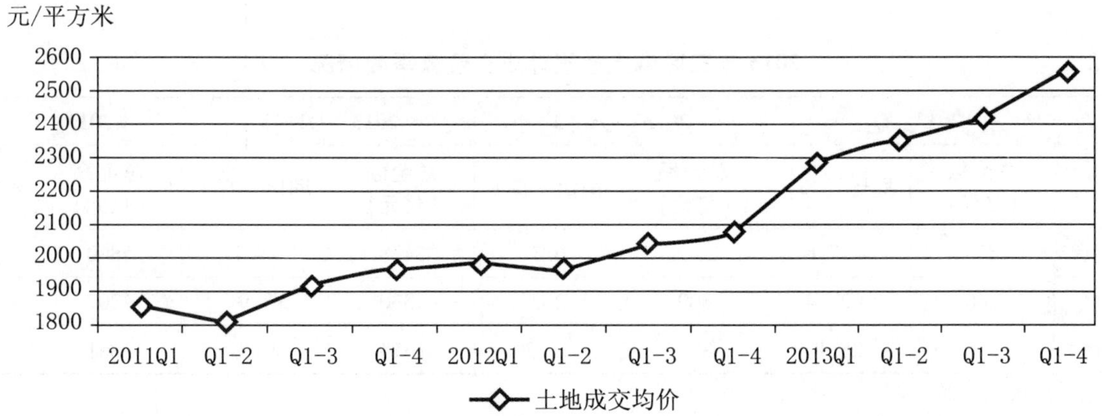

图 3－5　2011—2013 年全国土地成交均价变化情况

数据来源：根据国家统计局数据整理。

4. 土地成交结构分析

2013 年，全国三个区域土地购置面积均高于去年，年底东部及中部地区扭转季度累计持续负增长的局面，同比出现涨幅。东部地区土地购置面积累计 17901 万平方米，同比上涨 12.8%，绝对值和涨幅均为三区域中最大值；中部地区累计 11001 万平方米，同比上涨 2.9%，涨幅为三区域中最小；西部地区累计 9912 万平方米，同比上涨 8.8%（见图 3－6）。

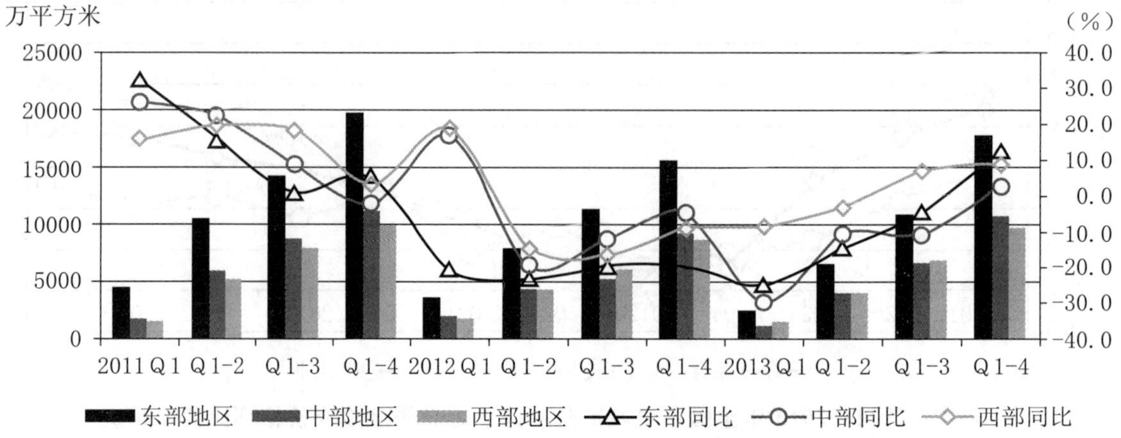

图 3－6　2011—2013 年三区域季度累计土地购置面积情况

数据来源：国家统计局。

2013 年，三区域土地成交价款均明显高于去年，东部地区涨幅超过四成，中部及西部地区涨幅在 20% 左右（见表 3－2）。东部及中部地区累计同比仅在一季度为负增长，之后累计同比涨幅持续扩大，年底涨幅最为明显；西部地区在上半年增幅回落后，也呈平稳上涨趋势。

表 3－2　　2013 年三区域土地累计成交价款季度情况

	2013：Q1		2013：Q1－2		2013：Q1－3		2013：Q1－4	
	总金额（亿元）	同比（%）	总金额（亿元）	同比（%）	总金额（亿元）	同比（%）	总金额（亿元）	同比（%）
东部地区	758	－17.6	2016	6.7	3438	18.7	5860	44.8
中部地区	260	－23.4	809	2.2	1330	3.9	2207	21.9
西部地区	378	28.1	874	15.2	1314	16.0	1851	19.3

数据来源：国家统计局。

从全年整体走势可以看出，东部地区土地均价明显高于其他区域，涨势也最为明显，中部地区全年呈平稳上涨趋势，西部地区在波动上涨后平稳回落。2013 年中东部地区土地成交均价 3274 元/平方米，较前三季度均价上涨 5.3%，同比上涨 28.4%；中部地区 2007 元/平方米，较前三季度均价上涨 5%，同比上涨 18.5%；西部地区均价为 1867 元/平方米，较前三季度均价微涨 1.5%，同比上涨 9.6%（见图 3－7）。

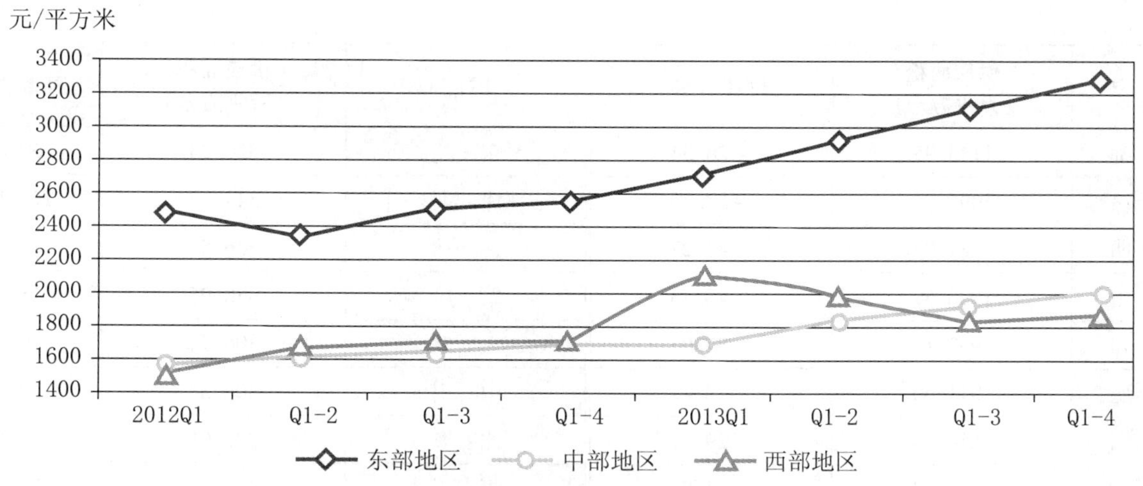

图 3-7　2013 年三区域季度累计土地成交价格情况

数据来源：国家统计局。

（二）五十个监测城市土地市场分析

2013 年，50 个监测城市土地供应总量及成交总量同比均小幅上涨，与此同时土地成交楼面均价同比增长显著，进一步推动土地成交金额的增长。从土地供应及成交节奏来看，下半年政府推地力度加大，土地市场逐渐升温，尤其是三季度，市场竞争激烈，高溢价地块频现，单价、总价地王纪录不断被刷新。

1. 土地供应：推地总量小幅增长，综合用地比例提高

（1）六成城市推地量增长，十四城供地量超千万方。2013 年 50 个监测城市土地供应面积总量同比增长 12.57%，多数地方政府供地较为积极。30 个城市土地供应量增长，其中 13 个城市同比增幅超过 50%，最高达 827.23%。20 个城市供应量降低，其中 2 个城市降幅超过 50%，降幅最高为 89.54%。50 个监测城市中土地供应面积超过 1000 万平方米的城市数量由去年的 5 个至今年的 14 个，其中青岛连续两年土地供应占地面积超过 2000 万平方米，位列全国第一（见表 3-3）。

表 3-3　　2013 年 50 个监测城市经营性土地年度供应情况

城　市	供应面积（万平方米）	同比（%）	城市	供应面积（万平方米）	同比（%）
青　岛	2298.81	-11.60	南　宁	582.56	29.70
重　庆	2082.51	17.01	惠　州	557.24	26.81
北　京	1706.94	122.52	无　锡	530.92	32.18
沈　阳	1530.74	179.92	徐　州	528.87	27.45
上　海	1458.24	55.85	常　州	466.58	-37.68
天　津	1453.87	-8.89	南　昌	431.19	-0.52
宁　波	1450.93	43.93	兰　州	394.45	827.23
连云港	1445.35	640.30	江　阴	389.15	15.09
大　连	1203.83	-6.05	镇　江	369.24	87.43
济　南	1179.53	134.47	桂　林	364.63	-20.06

续表

城　市	供应面积（万平方米）	同比（%）	城市	供应面积（万平方米）	同比（%）
成　都	1143.95	-26.34	东　莞	350.23	69.81
武　汉	1095.74	-37.75	深　圳	344.12	279.18
昆　明	1081.03	-47.27	吉　林	336.51	3.32
佛　山	1026.59	48.73	肇　庆	330.96	-15.04
杭　州	957.12	80.05	太　原	306.54	10.81
合　肥	911.60	-2.49	中　山	306.33	-12.31
贵　阳	856.74	29.31	北　海	230.06	-3.62
南　京	802.24	14.02	福　州	229.6	174.07
长　沙	798.63	42.20	三　亚	190.53	19.56
长　春	781.89	7.30	九　江	186.04	-1.28
西　安	730.87	-41.33	泉　州	149.55	17.30
哈尔滨	664.43	97.32	厦　门	144.74	-16.16
广　州	629.79	10.68	海　口	102.23	-47.03
郑　州	622.12	69.22	石家庄	90.52	-89.54
苏　州	609.80	-10.64	扬　州	73.85	-70.99

数据来源：CRIC 中国房地产决策咨询系统。

（2）住宅用地为供应主力，综合用地占比增长明显。2013 年 50 个监测城市住宅用地供应量在经营性用地供应中仍占比最高，但较 2012 年有所下滑（见表 3-4）。综合用地的占比较 2012 年明显提升，主要是由于政府推地思路的转变。

表 3-4　　50 个监测城市经营性土地供应用途分布情况

类　别	2013 年	2012 年	占比变动百分点
住宅（%）	57.8	63.0	-5.2
商办（%）	33.6	33.8	-0.2
综合用地（%）	8.6	3.2	5.4

数据来源：CRIC 中国房地产决策咨询系统。

注：住宅用地指住宅属性占 70% 以上的地块，商办用地指商业或办公属性占 70% 以上的地块，综合用地指土地属性包含两种或两种以上不同用途、且各用途占比不超过 70% 的地块。

2. 土地成交：成交量同比显著增长，流拍率维持低位

（1）整体市场量价齐升，近七成城市成交量增长。2013 年 50 个监测城市土地成交面积和金额同比分别增长 28.3%、70.1%。34 个城市成交面积上涨，其中 17 个城市增幅超过 50%。16 个城市供应量有所降低，其中 3 个城市降幅超过 50%。2013 年 50 个监测城市中成交面积超过 1000 万平方米的城市数量由 2012 年的 8 个至 2013 年的 10 个，其中重庆成交面积超 2000 万平方米（见表 3-5）。2013 年土地市场成交量价齐升，主要原因有两点：首先政府集中推出优质地块，带动企业拿地热情；其次企业普遍加快周转速度，加之海外融资环境相对宽松，使得企业拥有充裕资金支撑扩张发展。

表 3－5　2013 年 50 个监测城市经营性土地年度成交情况

城　市	成交面积（万平方米）	同比（%）	成交金额（亿元）	同比（%）
重　庆	2000.29	51.21	1137.87	90.52
青　岛	1960.54	11.25	323.96	4.64
北　京	1506.52	154.71	1746.95	195.45
昆　明	1466.30	72.82	435.21	17.35
天　津	1357.43	32.29	701.46	80.24
上　海	1321.71	83.06	2164.46	176.63
宁　波	1282.57	87.41	558.66	67.18
沈　阳	1266.96	－7.56	488.86	－0.07
武　汉	1104.73	－15.81	676.87	－9.20
成　都	1028.26	－14.14	667.94	27.52
合　肥	905.88	12.76	425.07	42.15
连云港	825.54	851.66	113.81	918.68
大　连	825.15	－19.40	329.55	－10.99
杭　州	814.09	79.10	1323.94	117.86
佛　山	790.90	45.93	626.87	66.92
济　南	736.96	27.66	425.54	33.16
长　春	721.56	22.88	238.96	36.58
南　京	716.34	40.34	861.75	173.13
长　沙	714.56	38.77	463.85	85.67
西　安	700.16	－30.18	248.69	－24.13
哈尔滨	615.73	148.33	151.91	195.37
苏　州	572.93	21.62	437.34	67.67
郑　州	554.93	37.58	225.23	16.55
广　州	519.75	31.32	651.49	202.87
南　宁	498.03	62.50	207.72	17.85
贵　阳	494.46	－10.01	128.26	12.49
无　锡	444.46	47.78	193.92	58.24
常　州	421.01	－39.19	236.38	－27.47
南　昌	407.68	9.99	190.66	44.90
桂　林	389.82	140.09	56.73	197.00
徐　州	386.71	41.03	115.52	103.58

续表

城　市	成交面积（万平方米）	同比（%）	成交金额（亿元）	同比（%）
惠　州	380.34	-12.05	63.08	-11.22
东　莞	325.14	150.21	182.72	99.03
兰　州	324.10	2171.17	51.72	498.31
镇　江	277.05	67.68	62.64	93.22
太　原	227.51	134.35	125.68	479.50
中　山	225.19	62.15	62.82	113.77
肇　庆	206.35	13.22	30.15	104.61
江　阴	184.85	-21.49	52.14	0.48
九　江	169.85	107.13	40.63	92.82
北　海	160.76	42.58	31.24	48.04
石家庄	152.47	-24.76	92.89	-28.06
福　州	146.94	2.40	229.31	251.84
厦　门	138.50	-7.82	265.45	116.76
三　亚	117.05	-10.98	58.18	-6.83
深　圳	114.40	92.34	458.96	406.78
扬　州	85.97	-60.34	43.52	-49.47
海　口	59.98	-75.22	33.20	-37.79
泉　州	51.92	-27.42	36.10	0.41
吉　林	0.00	-100.00	0.00	-100.00
总　计	30700.32	28.30	18475.85	70.12

数据来源：CRIC 中国房地产决策咨询系统。

（2）住宅成交占比持续下滑，综合用地比例增加。从各类型用地成交占比来看，住宅用地仍然是成交主力，但是占比连续三年下滑，主要是因为住宅用地供应比例的下滑所致。政府加大综合性用地的供应比例，企业也陆续增加综合性项目开发的投入，综合用地比例明显增长（见表 3-6）。

表 3-6　　50 个监测城市经营性土地成交用途分布情况

类　别	2013 年	2012 年	占比变动百分点
住宅（%）	64.0	70.4	-6.4
商办（%）	25.4	24.7	0.7
综合用地（%）	10.6	4.9	5.7

数据来源：CRIC 中国房地产决策咨询系统。

（3）企业拿地态度较积极，土地流拍率维持低位。2013 年 50 个监测城市土地流标率总体维持低位，年初流标率相对较高，下半年土地市场回暖，政府集中推出优质地块，企业拿地态度积极，月度流标率在 2% 上下波动，8 月流标率最低达到 0.46%（见图 3-8）。

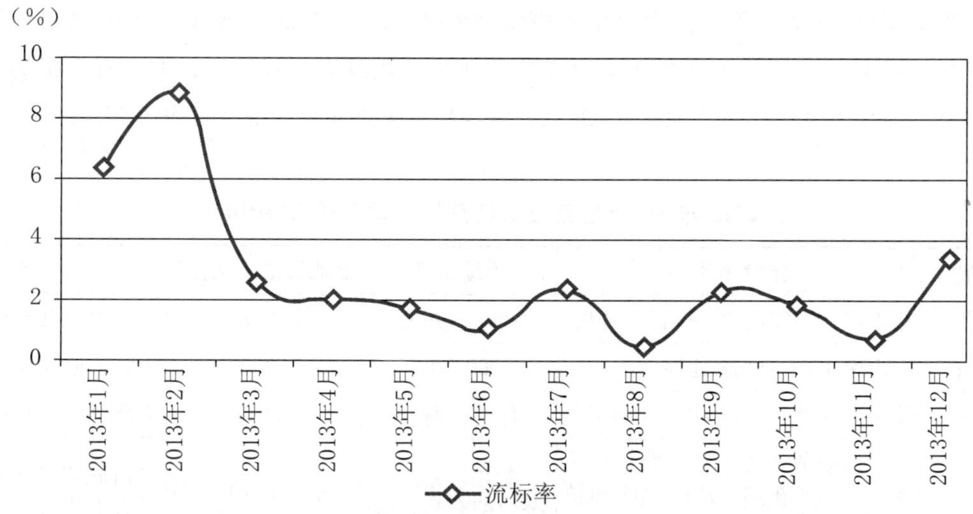

图 3－8　全国 50 个监测城市经营性土地成交流标情况

数据来源：CRIC 中国房地产决策咨询系统。

3. 土地价格：超七成城市地价上涨，地王门槛大幅提高

（1）土地楼面均价上涨超三成，超七成城市价格上涨。2013 年 50 个监测城市经营性用地成交楼面均价为 2432 元/平方米，同比上涨 34.3%。36 个城市楼面均价同比上涨，其中 12 个城市增幅超过 50%，增幅最高的为深圳，达 293.6%。14 个城市楼面均价同比下降，仅兰州降幅超过 50%，为 64.2%。2013 年 50 个监测城市中楼板价超过 5000 元/平方米的城市由 2012 年的 3 个至 2013 年的 7 个，深圳以 11511 元/平方米位居首位，是唯一楼面均价超过万元的城市。

从 50 个监测城市月度价格走势来看，与去年相比各月拿地成本均有所增长。三季度市场放量，楼面均价增长最为显著，9 月楼板价 2937 元/平方米，达到全年最高值（见图 3－9）。10 月部分地方政府出台土地政策，限制、禁止“地王”出现，楼面均价环比下降两成。

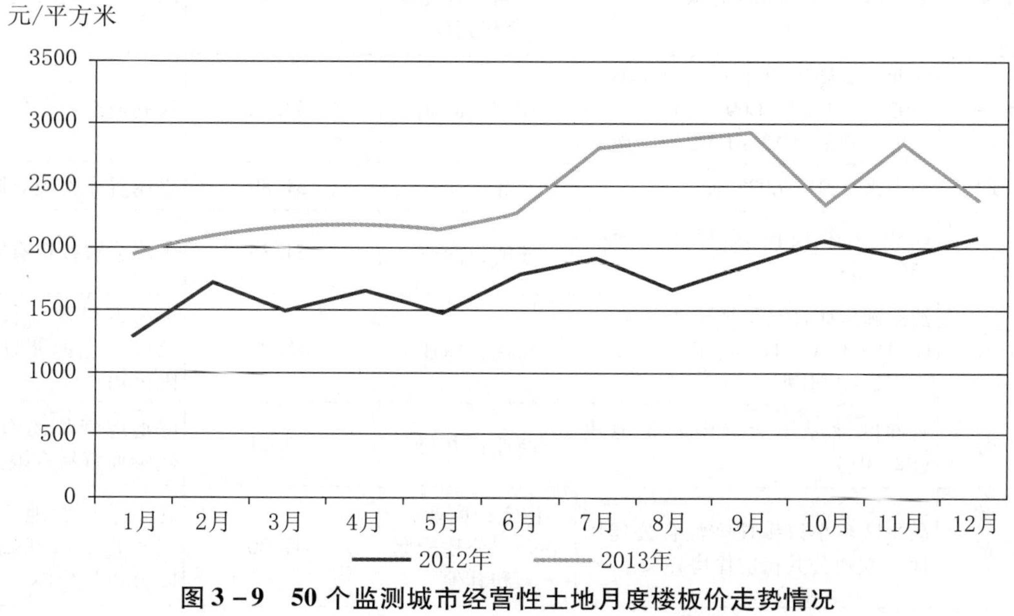

图 3－9　50 个监测城市经营性土地月度楼板价走势情况

数据来源：CRIC 中国房地产决策咨询系统。

（2）总价单价榜单门槛均提高，上海北京入榜比例最高。2013 年 50 个监测城市土地成交总价 TOP20 排行榜入榜门槛为 43.83 亿元，同比上涨 91%。高总价地块大多出现在一线城市，上海有 5 幅地块上榜，其中“徐家汇中心项目”地块为全国总价“地王”，北京、深圳均有 4 幅地块上榜（见表 3－7）。

表 3－7　　2013 年 50 个监测城市经营性土地总价 TOP20

排名	城市	土地名称	土地用途	土地价格（亿元）	受让人
1	上海	徐汇区“徐家汇中心项目”地块	商业；办公	217.70	威万国际投资有限公司
2	深圳	南山区 T201－0078 地块	商　业	109.00	华润置地（深圳）有限公司
3	天津	津南红（挂）2013－102 号地块	住宅；商业	103.20	天津融创泓润置业有限公司
4	武汉	江汉区解放大道、新华路、精武四路、精武东路、江汉北路和精武一路围合地块	住宅；商业；公建配套和其他	90.10	广州城建开发南沙房地产开发有限公司
5	深圳	南山区 T201－0075 地块	商　业	71.80	卓越置业集团有限公司
6	广州	天河区黄埔大道金融城起步区 A003 和 A005 地块	商　业	64.00	广州绿地房地产开发有限公司　广州市邦杰置业有限公司　广州穗荣房地产开发有限公司
7	上海	卢湾区五里桥街道 99 街坊 2/2 宗地块、7/2 宗地块	住宅；商业；办公	59.50	绿地香港
8	北京	门头沟新城 MC16－073 等地块	住宅；商业	58.66	北京住总房地产开发有限责任公司、北京融创恒基地产有限公司和北京骏洋房地产开发有限公司联合体
9	杭州	凯旋单元 FG04 － C2/R21 － 03 地块	住宅；商业	56.20	绿地地产集团有限公司
10	深圳	南山区 T501－0069 地块	商业；工业和物流仓储；公建配套和其他	53.99	深圳市万科房地产有限公司
11	重庆	江北区溉澜溪组团 G 分区 G08－4/02、G11/02、G09－4/03、G12－1/02、G13－1/02 号宗地	住宅；商业	53.72	保利地产；万科地产
12	深圳	南山区 T201－0077 地块	商　业	51.89	卓越置业集团有限公司
13	北京	朝阳区东坝南区 1105 － 654、656、658	住宅；商业	51.35	天津金碧投资有限公司
14	上海	浦东新区张江高科技园区中区 C－11－3、C－11－4、C－12－2、C－12－3 地块	住宅；商业	48.70	上海万科盈江投资管理有限公司　上海张江（集团）有限公司
15	上海	青浦区徐泾镇会展中心 3 地块（02－01）	商业；办公	47.21	绿地地产集团有限公司　福建泰坤贸易有限公司
16	北京	昌平区东小口镇住宅混合公建用地（配建公共租赁住房）	住宅；商业；办公；公建配套和其他	47.00	北京京投置地房地产有限公司和北京市基础设施投资有限公司联合体

续表

排名	城市	土地名称	土地用途	土地价格（亿元）	受让人
17	北京	海淀区玉渊潭乡 F1 住宅混合公建用地、F2 公建混合住宅用地	住宅；商业；公建配套和其他	46.50	北京市基础设施投资有限公司和北京京投置地房地产有限公司联合体
18	上海	长宁区新华路街道 71 街坊 1/2 丘 J1A－04、16/2 丘 J1B－01 地块	商业；办公	46.00	北京福润天成房地产开发有限公司
19	广州	黄埔区黄埔云埔工业区南岗片 49 号地段（南玻地块）	住宅；商业；公建配套和其他	45.57	广州裕瑞房地产开发有限公司
20	杭州	江干区凯旋单元 FG02－C2/R21－01 地块	住宅；商业	43.83	杭州滨江房产集团股份有限公司

数据来源：CRIC 中国房地产决策咨询系统。

2013 年 50 个监测城市土地成交单价 TOP20 排行榜的入榜门槛为 28560 元/平方米，同比上涨 48%。上海和北京分别有 13 幅和 4 幅地块上榜，占比高达 85%（见表 3－8）。从拿地企业来看，万科、保利、华润、中海等知名企业都榜上有名，随着行业的发展，稀缺优质地块向实力雄厚的企业集中，强者恒强的态势显现。

表 3－8　　50 个监测城市经营性土地 TOP20 单价排行榜

排名	城市	土地名称	土地属性	楼板价（元/平方米）	受让方
1	福州	鼓楼区 2012－19 号地块	商　业	58570	福州三坊七巷保护开发有限公司
2	苏州	吴中经济开发区独墅湖西侧、星岛仁恒南侧地块	商　业	51046	江苏省吴中经济技术发展总公司
3	上海	卢湾区淮海中路街道 45 街坊 17/2 宗地块	商业；办公	42821	WINMINE INVESTMENT PTE. LTD
4	上海	浦东新区潍坊新村街道黄浦江沿岸 E18 单元 7－7 地块	住　宅	40106	天宝远东有限公司
5	上海	浦东新区上海世博会地区 A09B－02 地块	商业；办公	40079	远东新世纪（中国）投资有限公司
6	上海	浦东新区上海世博会地区 A09A－02 地块	商业；办公	39932	Maxbase Holdings Limited
7	上海	徐汇区“徐家汇中心项目”地块	商业；办公	37264	威万国际投资有限公司
8	常州	中心城区延陵西路南侧、晋陵中路西侧地块（地下空间）	商　业	36000	常州市城市建设（集团）有限公司
9	北京	朝阳区农展馆北路 8 号 0304－622 地块	住宅；商业；办公	35502	北京融创恒基地产有限公司
10	上海	浦东新区黄浦江沿岸 E20 地块（E－4－1 地块）	办公；商业	34821	中海工业有限公司　中海工业滨江置业（上海浦东）有限公司　中海工业滨江建设发展（上海浦东）有限公司

续表

排名	城市	土地名称	土地属性	楼板价（元/平方米）	受让方
11	上海	黄浦区老西门街道673　街坊1/1宗地	商业；办公	34059	上海黄浦置地（集团）有限公司　上海经纬（集团）有限公司　上海源程置业有限公司
12	上海	浦东新区上海世博会地区A09A－01地块	商业；办公	33192	中国电力投资集团公司华东分公司
13	北京	东城区崇文门路口东南角0138－607地块	商　业	32375	北京国瑞兴业地产股份有限公司
14	上海	闸北区103街坊27丘地块	商业；办公	30974	福州泰禾房地产开发有限公司
15	上海	长宁区虹桥路街道261街坊6丘A3－02地块（古北5－2）	商业；办公	30244	悦洋有限公司　搜候（上海）投资有限公司
16	上海	浦东新区花木镇46　街坊16/2丘地块	办　公	30163	上海新湾投资发展有限公司
17	上海	杨浦区延吉街道222街坊	住宅；办公	29404	建发房地产集团上海有限公司　厦门兆嘉置业有限公司
18	上海	浦东新区黄浦江南延伸段前滩地区（Z000801）单元40－01地块	住宅；办公	28899	亿城集团股份有限公司
19	北京	朝阳区孙河乡西甸村HIJ地块	住宅；商业；公建配套和其他	28881	中粮地产（北京）有限公司
20	北京	朝阳区孙河乡北甸西村W地块	住宅；商业；综合	28560	福州泰禾房地产开发有限公司

数据来源：CRIC中国房地产决策咨询系统。

二、全国新房市场

（一）全年市场分析

1. 房地产开发投资

2013年全国房地产开发投资总额86013亿元，同比增长19.8%（见表3－9）。投资额绝对值再创历史新高，且几乎达到2009年和2010年投资额的两倍左右。同比增速也高于2009年和2012年。其中住宅投资总额58951亿元，同比增长19.4%；办公楼投资和商业营业用房投资同比增长分别为38.2%和28.3%，继续遥遥领先住宅投资增长幅度。

第四季度投资绝对额为全年各季度最高，且房地产投资表现为逐季增长。住宅、办公楼、商业营业用房等分项指标也是四季度最高，除办公楼外，住宅和商业营业用房投资也表现为逐季增长（见表3－10）。房地产依然是中国经济增长的主要动力之一。

表 3－9　　2009—2013 年全国房地产开发投资情况

单位：亿元，%

	2009 年		2010 年		2011 年		2012 年		2013 年	
	数额	同比	数额	同比	数额	同比	数额	同比	数额	同比
房地产投资	36232	16.1	48267	33.2	61740	27.9	71804	16.2	86013	19.8
住　宅	25619	14.2	34038	32.9	44308	30.2	49374	11.4	58951	19.4
办公楼	1378	18.1	1807	31.2	2544	40.7	3367	31.6	4652	38.2
商业营业用房	4172	24.4	5599	33.9	7370	30.5	9312	25.4	11945	28.3

数据来源：国家统计局。

表 3－10　　2013 年各季度房地产开发投资情况

单位：亿元，%

	Q1			Q2			Q3			Q4		
	数额	环比	同比	数额	环比	同比	数额	环比	同比	数额	环比	同比
房地产投资	13133	－36.7	20.2	23695	80.4	20.4	24292	2.5	18.9	24893	2.5	19.9
住　宅	9013	－36.7	21.1	16214	79.9	20.7	16752	3.3	17.6	16972	1.3	19.1
办公楼	747	－25.0	44.1	1264	69.3	42.0	1251	－1.0	29.9	1390	11.1	39.6
商业营业用房	1721	－36.8	21.2	3289	91.1	28.8	3415	3.8	30.6	3520	3.1	29.3

数据来源：国家统计局。

从历年数据演变看，2010—2013 年房地产开发投资额分别为 4.83 万亿、6.17 万亿、7.18 万亿元和 8.6 万亿元。房地产开发投资形势绝对额一直在净增长，而同比增幅在经过连续三年的降速后，于 2013 年实现明显反弹，同比增幅达到 19.8%（见表 3－10）。在 2013 年增加的房地产开发投资中，保障性安居工程投资依然占据重要角色，同时在市场气氛活跃的背景下，商办投资、文化地产、旅游地产等因素在上升。

表 3－11　　2013 年及第四季度房地产开发投资指标区域对比

单位：亿元，%

	2013 年第四季度				2013 年度			
		北上广深	40 重点城市	全国		北上广深	40 重点城市	全国
开发投资	金额	2838	12879	24893	金额	8752	45566	86013
	环比	21.7	1.5	2.5	同比	14.5	16.7	19.8
住宅开发投资	金额	1586	8266	16972	金额	4881	29616	58951
	环比	20.4	－0.9	1.3	同比	11.4	16.7	19.4

数据来源：根据国家统计局数据整理。

全国 40 个重点城市（主要是直辖市、省会城市和计划单列城市）房地产开发投资总额是 45566 亿元，同比增长 16.7%；住宅开发投资总额是 29616 亿元，同比增长 16.7%（见表 3－11）。

从全年角度看，开发投资及住宅开发投资全国同比增幅高于40重点城市，北上广深最低。第四季度，北上广深环比增幅均高于40重点城市及全国。

2. 商品房建设

2013年全国房屋新开工面积201208万平方米，同比增长13.5%（2012年全年房屋新开工面积177334万平方米，同比下降7.3%）。

2013年全国房屋竣工面积101435万平方米（见表3－12），同比上涨2%（2012年全国房屋竣工面积99425万平方米，同比上涨7.3%）。

表3－12　　2013年各季度房屋建设情况

单位：万平方米，%

		Q1			Q2			Q3			Q4		
		面积	环比	同比	面积	环比	同比	面积	环比	同比	面积	环比	同比
新开工面积	全　国	38873	－8.1	－2.7	57028	46.7	8.8	48999	－14.1	14.9	56308	14.9	33.1
	住　宅	29182	－5.9	－0.8	41448	42.0	5.8	35425	－14.5	14.1	39790	12.3	28.2
	办公楼	1270	－24.9	－1.3	1731	36.3	13.1	1605	－7.3	8.6	2281	42.1	35.0
	商业营业用房	4341	－16.3	－14.0	7437	71.3	17.6	6478	－12.9	17.3	7646	18.0	47.5
竣工面积	全　国	19473	－60.1	8.9	15873	－18.5	3.2	17360	9.4	0.3	48729	180.7	－0.3
	住　宅	15001	－61.0	4.7	12427	－17.2	0.3	13742	10.6	－1.1	37571	173.4	－2.2
	办公楼	464	－64.1	29.0	396	－14.8	31.6	367	－7.2	2.0	1562	325.6	20.6
	商业营业用房	2305	－53.1	20.1	1757	－23.8	7.8	1650	－6.1	－6.5	5140	211.5	4.7

数据来源：根据国家统计局数据整理。

2012年全国房屋施工面积573418万平方米，同比增长13.2%；2013年全国房屋施工面积665572万平方米，同比增长16.1%（见表3－13），增幅比上年同期多2.9个百分点。

房屋新开工面积绝对值及增幅显著回升，竣工面积增幅逐季回落，表明房地产供应短期内承压，但中期供应量可能缓解。

表3－13　　2013年全国房屋累计施工面积情况

单位：万平方米，%

	Q1		Q1－2		Q1－3		Q1－4	
	面积	同比	面积	同比	面积	同比	面积	同比
房屋施工面积	478950	17.0	549408	15.5	603982	15.0	665572	16.1
住　宅	352992	14.7	403521	12.9	443102	12.5	486347	13.4
办公楼	17526	24.4	20057	25.6	21996	24.8	24577	26.5
商业营业用房	55619	21.7	65344	22.0	72147	20.3	80627	22.5

数据来源：国家统计局。

3. 商品房销售

2013 年商品房及住宅的销售面积和金额在去年创历史新高的基础上，今年再创历史新高，尤其是第二和第四季度，环比涨幅较大。全年全国商品房销售面积 130551 万平方米，同比增长 17.3%，增幅较 2012 年增加 15.5 个百分点（2012 年增长 1.8%）。

商品房销售金额 81428 亿元，增长 26.3%，比上年增幅增加 16.3 个百分点（2012 年增长 10%）；住宅销售面积 115723 万平方米，增长 17.5%，比上年增幅多 15.5 个百分点（2012 年增长 2.0%），住宅销售金额 67695 亿元，增长 26.6%，比上年增幅增加 15.7 个百分点（2012 年增长 10.9%）。

2013 年全年，40 重点城市商品房销售面积和销售额均同比上涨，但累计增速呈持续下滑态势。40 重点城市商品房销售面积累计 49090 万平方米，同比上涨 14.9%，涨幅较前三季度收窄 4.8 个百分点；销售金额累计 43752 亿元，同比上涨 24.4%，涨幅较前三季度收窄 7.3 个百分点（见表 3 - 14）。2013 年商品房销售均价 8913 元/平方米，同比上涨 8.3%，涨幅较前三季度收窄 1.9 个百分点。

40 个重点城市中，包括北京在内的 5 城市销售面积同比下滑，呼和浩特以 -12.1% 跌幅居首；35 个城市同比上涨，温州以 72.4% 涨幅居首。呼和浩特、沈阳与无锡 3 城市销售金额同比下滑，跌幅分别为 -15.5%、-8.0%、-7.9%；37 城市同比上涨，温州以 62.54% 涨幅居首。四个一线城市中，广州同比涨幅最大，销售面积及金额分别上涨 27.5%、48.5%。

表 3 - 14　　2013 年季度累计 40 个重点城市商品房销售及增长情况

单位：万平方米，亿元

	Q1		Q1 - 2		Q1 - 3		Q1 - 4	
	面积/金额	同比（%）	面积/金额	同比（%）	面积/金额	同比（%）	面积/金额	同比（%）
销售面积	8649	42.4	20696	28.2	32968	19.7	49090	14.9
销售金额	8062	73.7	18829	44.3	29982	31.7	43752	24.4

数据来源：国家统计局。

表 3 - 15　　2013 年各季度商品房销售情况

单位：万平方米，亿元，%

	Q1			Q2			Q3			Q4		
	面积	环比	同比	面积	环比	同比	面积	环比	同比	面积	环比	同比
全　国	20898	-51.2	37.1	30535	46.1	23.5	32950	7.9	15.7	46168	40.1	7.7
住　宅	18901	-49.7	41.2	27189	43.8	23.8	29344	7.9	14.9	40289	37.3	7.2
办公楼	461	-47.9	19.2	660	43.0	42.1	698	5.8	34.8	1064	52.4	20.3
商业营业用房	1123	-64.3	1.4	1943	73.0	12.8	2046	5.3	14.7	3357	64.1	6.7
东部地区	10773	-44.8	46.6	15337	42.4	24.5	16295	6.2	15.9	21071	29.3	8.0
中部地区	4983	-61.3	34.5	7771	55.9	25.8	8562	10.2	16.2	13875	62.1	7.6
西部地区	5142	-50.9	22.9	7427	44.4	19.1	8094	9.0	14.7	11220	38.6	7.2

续表

	Q1			Q2			Q3			Q4		
	面积	环比	同比	面积	环比	同比	面积	环比	同比	面积	环比	同比
全　国	13992	-41.9	61.3	19384	38.5	32.4	20652	6.5	21.2	27400	32.7	13.7
住　宅	11995	-39.0	69.0	16220	35.2	32.7	17222	6.2	19.1	22258	29.2	13.1
办公楼	643	-39.8	60.2	871	35.4	36.6	960	10.2	44.1	1273	32.6	19.2
商业营业用房	1153	-59.3	13.5	1919	66.3	25.1	2049	6.8	26.8	3159	54.2	11.5
东部地区	9016	-34.7	72.9	11973	32.8	34.3	12626	5.5	20.6	15712	24.4	13.7
中部地区	2447	-54.4	53.7	3711	51.6	32.7	4068	9.6	24.4	6298	54.8	17.4
西部地区	2529	-48.7	35.5	3700	46.3	26.2	3958	7.0	19.9	5389	36.2	9.4

数据来源：根据国家统计局数据整理。

全年商品房销售金额的增长幅度大于销售面积增长幅度9个百分点；全年住宅销售金额的增长幅度大于销售面积增长幅度9.1个百分点。

第四季度，商品房及商品住宅成交情况，北上广深环比低于40重点城市、40重点城市低于全国。第四季度全国商品房销售情况全面回暖。2013年全年，商品房与商品住宅交易面积均为全国同比涨幅最大，而交易金额均为北上广深同比涨幅最大，一线城市商品房销售价格涨势依然强劲（见表3-16）。

表3-16　　2013年及第四季度商品房销售数据区域对比

单位：万平方米，%

	2013年第四季度				2013全年			
		北上广深	40重点城市	全国		北上广深	40重点城市	全国
商品房交易	面积	1969	16122	46168	面积	6574	49090	130551
	环比	17.7	31.4	40.1	同比	15.3	14.9	17.3
	金额	3340	13769	27400	金额	11485	43752	81428
	环比	9.1	23.5	32.7	同比	31.1	24.4	26.3
商品住宅交易	面积	1566	13847	40289	面积	5305	42901	115723
	环比	18.3	28.7	37.3	同比	13.0	14.7	17.5
	金额	2481	11033	22258	金额	8885	35954	67695
	环比	5.2	20.3	29.2	同比	27.9	24.1	26.6

数据来源：根据国家统计局数据整理。

4. 保障房安居工程

2013年，全国计划新开工城镇保障性安居工程630万套，基本建成470万套。截至2013年11月底，全国城镇保障性安居工程已开工666万套，基本建成544万套，已全面完成年度目标任务，完成投资11200亿元。

2011年至2013年底，全国城镇保障性安居工程累计开工2490万套，其中，棚户区改造1084万户；基本建成1577万套，其中，棚户区改造668万户。根据住房和城乡建设部公布的数据，“十二五”时期开工建设各类保障性住房和棚户区改造住房的目标为3600万套（户），“十二五”前三年已完成目标任务的近七成。

此外，到2013年底，全国累计用实物方式解决了3400万户城镇家庭的住房困难，其中，2011年至2013年间新增解决1200多万户。

5. 商品房价格

2013年70个大中城市房价，由于大部分月份绝大部分城市都表现为环比、同比的上涨，说明70个城市房价维持全面上涨，高位盘整是主要特征，但如果放眼于全国600多个城市，多数城市的房价还是稳定的。

国家统计局公布的70个城市：环比房价各月表现差异并不十分明显，全年几乎都是60个以上城市环比上涨（1月份除外）。同比涨幅较环比涨幅更胜一筹，第四季度同比上涨的城市一直维持在69个，只有温州有小幅回落（见表3-11）。

根据销售金额和销售面积测算，2013年商品房销售均价6237元/平方米，2012年商品房销售均价5791元/平方米，同比上涨8.32%，较去年同期增幅提升了0.7个百分点。

商品房和住宅价格的上涨幅度高于CPI增长幅度，也高于GDP增长幅度，略低于城镇居民人均可支配收入实际增长9.7%幅度。

表3-17　　2013年70大中城市新建商品住宅月度价格环比变化情况

月　份	1	2	3	4	5	6	7	8	9	10	11	12
下　降	10	1	1	2	3	5	4	2	2	2	1	2
持　平	7	3	1	1	2	2	4	2	3	3	3	3
上　涨	53	66	68	67	65	63	62	66	65	65	66	65

数据来源：国家统计局。

6. 房地产贷款

2013年12月末，主要金融机构及小型农村金融机构、外资银行人民币房地产贷款余额14.61万亿元，同比增长19.1%，增速比上季末高0.1个百分点（见图3-10）；全年增加2.34万亿元，同比多增9987亿元，增量占同期各项贷款增量的28.1%，比1—9月增量占比高0.5个百分点。

12月末，地产开发贷款余额1.07万亿元，同比增长9.8%，增速比上季末低3.3个百分点（见图3-11）。房产开发贷款余额3.52万亿元，同比增长16.3%，比上季末高1.4个百分点。个人购房贷款余额9.8万亿元，同比增长21%，增速比上季末低0.2个百分点；全年增加1.7万亿元，同比多增7389亿元。

12月末，保障性住房开发贷款余额7260亿元，同比增长26.7%，增速比上季末低4.6个百分点（见图3-12）；全年增加1530亿元，占同期房产开发贷款增量的31%，比1—9月增量占比高2.9个百分点。

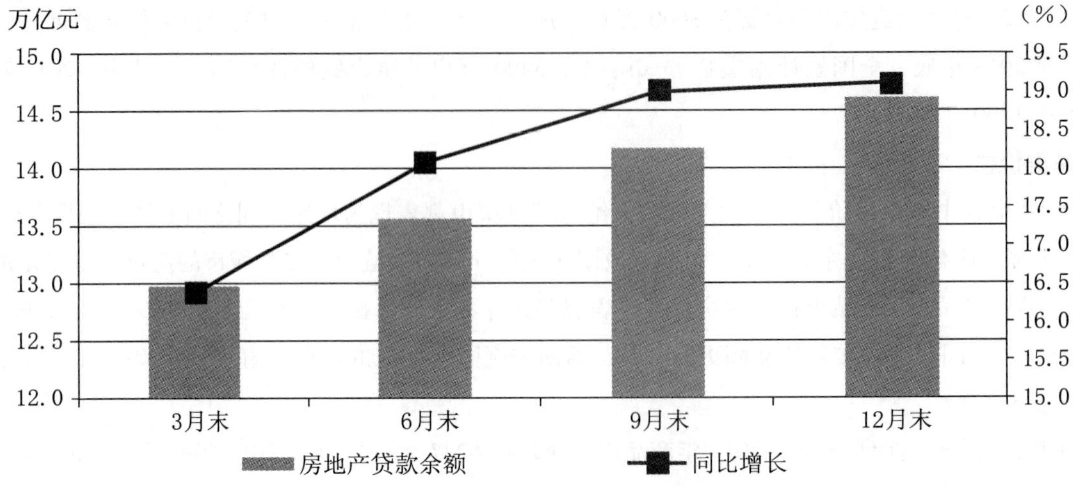

图 3-10　2013 年金融机构房地产贷款余额统计

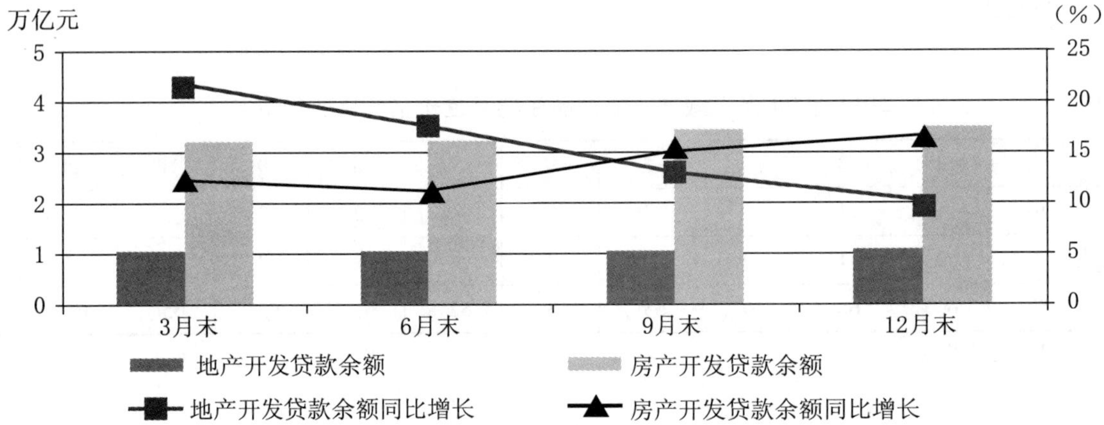

图 3-11　2013 年房地产开发贷款余额统计

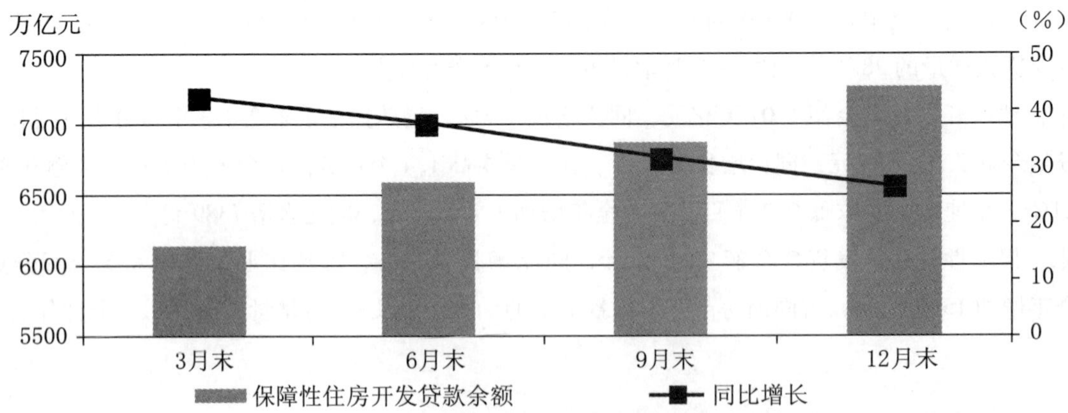

图 3-12　2013 年保障性住房开发贷款余额统计

7. 开发企业到位资金

2013 年全年房地产开发企业本年资金来源共计 122122 亿元，同比增长 26.5%，增幅较前三季度降低 2.2 个百分点。在各项资金来源中，国内贷款 19673 亿元，同比增长 33.1%，增幅较前三季度上升 0.8 个百分点；

在利用外资方面，随着房企出海步伐加快，海外融资渠道进一步拓宽，全年利用外资同比增长 32.8%；在自筹资金方面，2013 年开发企业自筹资金 47425 亿元，同比增长 21.3%，增幅较前三季度继续上升 2.9 个百分点；在 2013 年各项资金来源中，除其他资金来源增速放缓外，国内贷款、利用外资、自筹资金同比增幅均出现不同程度上升，显示房企资金面向好（见图 3－13）。

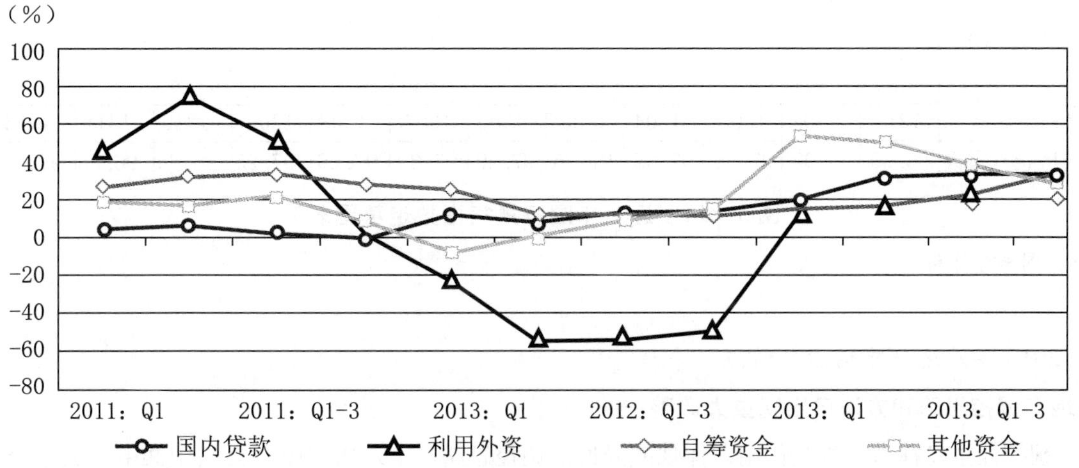

图 3－13　2011—2013 年房地产开发企业资金来源季度累计同比情况

数据来源：国家统计局。

2013 年开发企业资金来源的构成，国内贷款占 16.1%；利用外资占 0.4%；自筹资金占 38.8%；其他资金占 44.6%（见表 3－18）。相比 2012 年全年，房企自筹资金比重下降，国内贷款、利用外资、定金及预收款、个人按揭贷款比重均有所上升（2012 年国内贷款、利用外资、自筹资金、其他资金所占比重分别为 15.3%、0.4%、40.5%、43.8%）。

表 3－18　　2013 年房地产开发资金来源季度累计结构情况

单位：%

	Q1	Q1－2	Q1－3	Q1－4
国内贷款	19.2	17.3	16.6	16.1
利用外资	0.5	0.4	0.4	0.4
自筹资金	37.5	37.8	38.3	38.8
其他资金	42.8	44.5	44.6	44.6

数据来源：国家统计局。

8. 全国房地产景气指数

2013 年全国房地产景气指数虽然处在 100 以下的不景气区间，但指数实际运行相对平稳，指数表现也好于 2012 年水平。12 月份，国房景气指数为 97.21，比上月提高 0.83 点，结束了连续四个月回调的趋势，为 2013 年第四季度的最高水平（见图 3－14）。国房景气指数的反弹走高，反映了房地产行业的回暖。

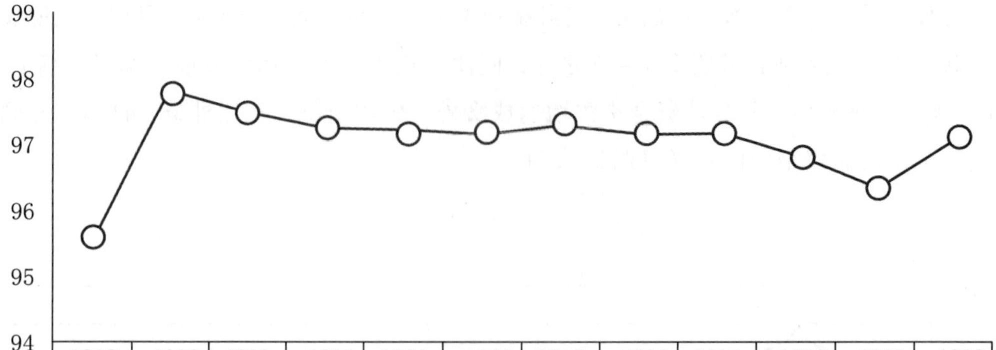

	1212	1302	1303	1304	1305	1306	1307	1308	1309	1310	1311	1312
国房景气指数	95.59	97.92	97.56	97.35	97.26	97.29	97.39	97.29	97.25	96.88	96.38	97.21

图 3－14　近一年国房景气指数走势图表

数据来源：国家统计局。

（二）2013 年房地产市场运行特点

1. 房地产调控思路和方法已出现重大调整

房地产调控注重发挥市场机制作用，体现差异性的调控思路。十八届三中全会《中共中央关于全面深化改革若干重大问题的决定》提出了推进房地产税立法与改革、健全住房保障和供应体系、发挥市场在资源配置中的决定性作用等改革方向，房地产调控已经从调控需求、调控房价的中短期政策向平衡总量、发挥市场作用的长效机制方向过渡。地方层面，受今年以来房价涨幅过高影响，一些城市完成年初房价控制目标的难度较大，四季度，深圳、北京、上海、广州、武汉、沈阳等多个城市先后出台了地方版控房价措施，明确收紧限购条件、提高二套房贷比例、增加土地供应等，为房地产市场降温，但效果有限。

2013 年房地产市场整体处于上升趋势，销售量、销售金额同比去年都呈现大幅增长态势，但市场呈现结构性差异。具体表现为：不同层级城市表现差异，一线城市和部分热点二线城市成交火爆。如 12 月份，城市供求比出现分化，一部分城市纷纷加大供应量，而另一些城市长期处于供应短缺的状态，北京、上海供求比甚至高于 1∶1.7。一些三四线城市则由于前期供应量过大，而实际需求并未跟上，造成供大于求，存量房消化压力大；不同规模的企业经营也存在差异化，大型品牌企业凭借雄厚的资金，多元发展战略和丰富的产品线，在市场竞争中优势明显，行业前 20 位的企业市场集中度不断提高，而广大中小企业则面临越来越多的融资压力，拿地困境和利润率降低等问题。另外，一些地方商业性地产阶段性过多的问题不容忽视。

国家统计局数据显示，12 月末，商品房待售面积 49295 万平方米，比 9 月末增加了 4659 万平方米。其中，住宅待售面积增加 3077 万平方米，办公楼待售面积增加 283 万平方米，商业营业用房待售面积增加 704 万平方米。

2. 大型品牌房地产企业顺势扩张，行业集中度进一步加大

中国大型品牌房地产企业的市场集中度进一步提高，其投资量、开发量、销售面积及销售金额等方面，占据的市场份额继续得以提升。根据克而瑞信息集团发布的房地产销售 TOP50 榜单显示，万科全年房地产销售金额在 1740 亿元；万科、绿地、万达、保利、中海、碧桂园和恒大等 7 家房地产企业年销售额超过 1000 亿；进入全国百强、五十强、二十强的开发企业门槛今年又有所提高；一批单价或总价地王多是由这些大型品牌企业创造的。

大型品牌企业的影响力不仅表现在投资能力和市场占有能力，还表现在开发理念、产品质量、客户认同度、物业管理水平等方面，其中尤为突出的是融资能力。投资和融资能力已经成为中国房地产的核心竞争力。海外上市、增发股票、基金信托、企业债券等在2013年都有了较往年更大的规模。一批企业还实行跨界投资经营，少数房企还进入了银行业，产业资本和金融资本的融合更加紧密。

诸如万科、万达、绿地、碧桂园、SOHO等一批大型房企今年还大举进军海外地产。绿地集团在美国、德国、西班牙、澳大利亚、韩国、泰国等都有了成熟项目的投资。国外投资融资成本低、土地价格便宜、市场长期看好、法律政策稳定是走出去的重要成因。

一些地方由于存量房消化压力大，一些企业由于资金周转困难等原因，房企的兼并重组和悄然退出已成自然。据中国房地产业协会经营管理委员会预测，全国房地产企业估计由2011年的56000家减少到2013年的42800家。

3. 新型城镇化工作的推进，也加快了房企区域布局步伐

党的十八大提出发展新型城镇化战略之后，市场反映积极。中央城镇化工作会议召开，为城镇化作出长远发展规划，房企积极布局中心城市。中央城镇化工作会议提出提高城镇建设用地利用效率，要求在落户和发展特色产业上推进农业转移人口市民化，强调减少工业用地、适当增加生活用地特别是居住用地等政策导向，明确要求一、二线城市盘活存量土地，实现土地集约化。城镇化战略推动形成城市圈和城市群，对产业、人口、资本形成一定的集聚效应。在此政策背景下，品牌房企积极布局区域核心城市、中心城市，这也是2013年各项开发类指标上升的重要原因。

4. 电子商务冲击商业地产和房屋销售

中国消费模式和支付方式正在发生颠覆性的变化，主要表现在：百货公司日渐式微，大型超市日趋饱和；线性沿街店铺让位于综合体商圈，体验消费挤压实物购买消费；刷卡支付取代现金支付，网上交易笑傲实体店交易。这些变化对传统商业店铺载体的体量、动线、结构、区位、业态等产生了直接的冲击，并由此带来了一个城市的商业地产形、质和量的深刻变革。一大批城市已经出现了商业地产总量的过剩和大量的闲置，同一区位的重叠和恶性竞争，开发出租后的二次破坏性改造，传统商业功能的衰败。

尽管有待验证市场的接受度，但是网络销售已经突破传统中介代理销售房屋的领地。在新房销售和存量房销售两个领域，房地产电子商务模式取得了成百上千亿的销售规模。有的企业将网络销售和网络金融信贷实行了战略合作，比如“乐居贷”产品；有的企业将中国网络销售之手伸到了海外，形成了海外和中国双向的网络销售服务。

（三）2014年及今后一个时期行业的主要任务

1. 健全符合国情的住房保障和供应体系

由政府提供基本保障，由市场为主满足多层次住房需求。从今年起，公共租赁住房和廉租住房并轨运行。房价上涨过快，夹心层问题突出的城市，探索建立共有产权房制度，以解决好百姓住有所居问题。

2. 促进房地产市场平稳健康发展

市场经济是法治经济。要充分发挥市场在资源配置中的决定性作用。离不开配套成熟的法律制度，政策环境和企业的诚信建设。从今年起，国务院有关部门将按照十八届三中全会的决定，加大对长效制度的研究与制定。为了保持政策的连续性和稳定性，在替代性的政策未出台前，现行的调控政策仍会执行。

加快《房地产税》、《不动产统一登记条例》等立法，住建部也在继续推进城镇个人住房信息系统联网建设，并修改发布《商品房销售合同示范文本》。这些制度的加快制定或完善，对稳定市场预期，促进市场的平稳健康发展肯定是有好处的。

3. 加快推进房地产业转型发展

首先要认真执行建筑节能标准。今年起，按照去年初国务院办公厅印发的《绿色建筑行动方案》，2 万平方米的大型公共建筑要全面执行绿色建筑标准。以住宅建设，特别是保障房建设为重点，研究制定促进建筑工业化，住宅产业化的措施。要加强开发项目的质量安全管理，建立健全工程质量终身责任制度。促进项目向长寿命、高性能、绿色低碳的方向发展，促进企业由地产商向房产商转型。

4. 积极引导园区地产，商业地产，旅游地产和老年住房的开发建设和运行管理，以适应相关产业转型升级和百姓改善生活的需要

有实力的开发企业，应充分利用好国际、国内两个市场，推动引进来和走出去相结合，积极开拓境外市场。

三、四城市二手住宅市场

虽然在 2013 年初遭遇“新国五条”，三季度信贷收紧，及年底一些城市陆续出台调控细则，但主要城市二手房市场 2013 年的表现仍可用“持续活跃”来形容。在自住改善需求占据市场主体的情况下，主要城市二手房市场受调控的影响相对有限。除 3 月份政策末班车影响外，其余月份成交量一直较为稳定，价格则呈现持续上升的态势。虽然有各地新政持续出台的影响，但由于自住改善型需求依然充足，市场走势会相对平稳。

（一）自住需求释放，成交量创四年新高

根据中原统计，2013 年北京、上海、广州、深圳四大一线城市二手住宅总成交面积达 5594 万平方米，为 2010 年以来的新高，但较 2009 年 7244 万平方米低 22.8%。其中上海 2013 年二手住宅总成交面积约 2523 万平方米，比 2009 年历史最高值略高 3.6%，二手房市场规模为四城市之最。

得益于自住需求的持续释放，2013 年主要城市二手房市场在各种外界因素的干扰之下依旧表现平稳。2013 年 3 月，受“新国五条”影响，各地纷纷出现集中交易的情况，导致 3 月份二手住宅成交量创出历史新高，四大城市二手住宅总成交量达 1314 万平方米，较此前历史最高值高出 51%。而后需求并未出现断档情况，依旧维持在正常水平，并且各月份之间成交量波动均在一成以内，反映出主要城市二手房市场在自住型需求主导情况下的稳定性。

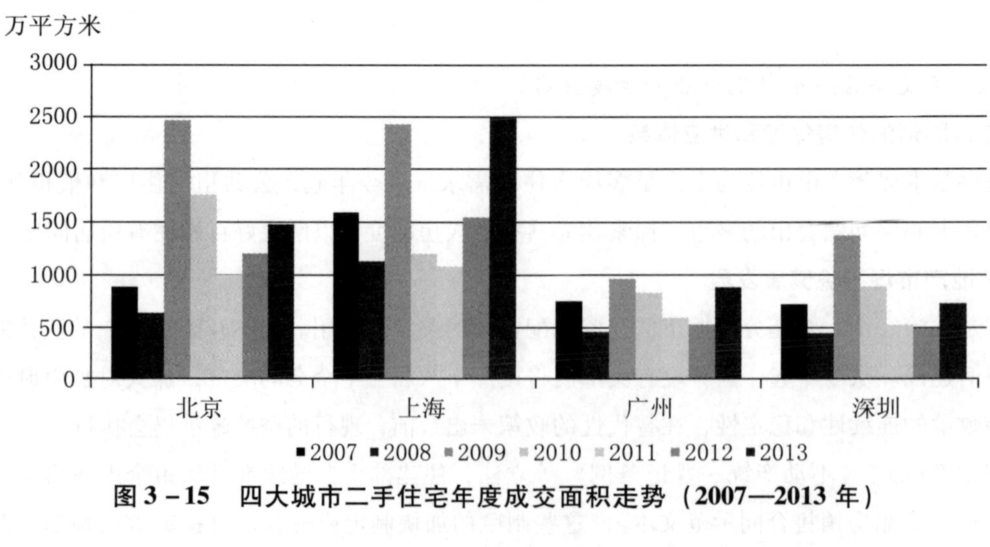

图 3－15　四大城市二手住宅年度成交面积走势（2007—2013 年）

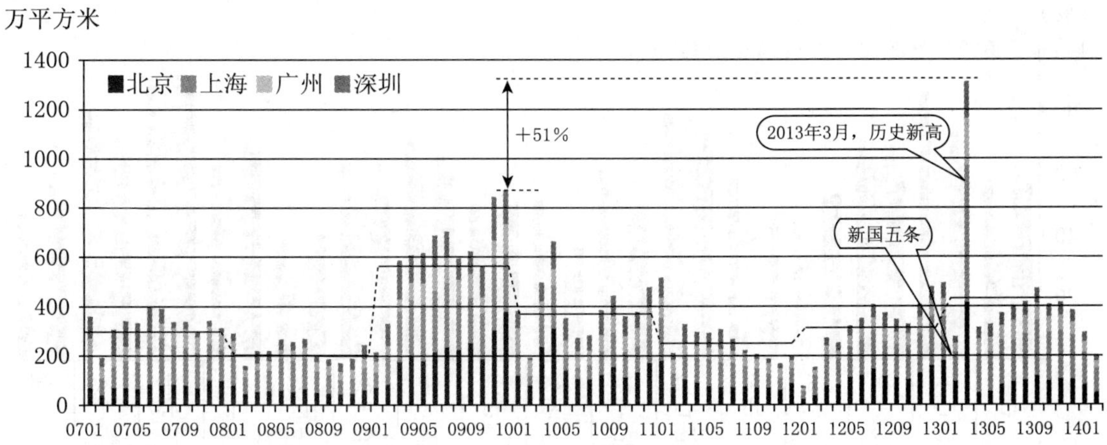

图 3－16　四大城市二手住宅月度成交面积走势（2007 年 1 月— 2014 年 2 月）

（二）新房供应受限，二手楼市份额攀升

随着房地产市场发展不断成熟，主要城市二手房市场所占比例越来越高，这一趋势在 2013 年有所加速，并且仍将持续。这主要是由于大城市土地资源日益稀缺，新房供应相对有限且呈现郊区化的趋势，而过去若干年的发展积累了大量的存量房源为二手房市场提供广阔基础。

2013 年北京、上海、广州和深圳四大城市二手住宅成交占比在 55% ~62% 之间。分区域来看，中心区凭借良好的配套资源，加之新房供应相对稀缺，因此二手房占比相对最高，2013 年京沪深三地中心区二手住宅占比近乎 9 成；郊区新房供应较大，二手房占比相对较低，该比重在 5 ~6 成；次中心区的情况介于中心区和郊区之间。

根据中原最新监测数据显示，重庆、杭州、南京、长沙、东莞等城市，近年来二手房成交占比均有大幅提升，其中杭州和东莞主城区 2013 年二手住宅成交占比已接近一线城市（约 50%），其他主要省会城市，二手房成交占比均在 20% 左右，但比重都有呈现上升趋势。

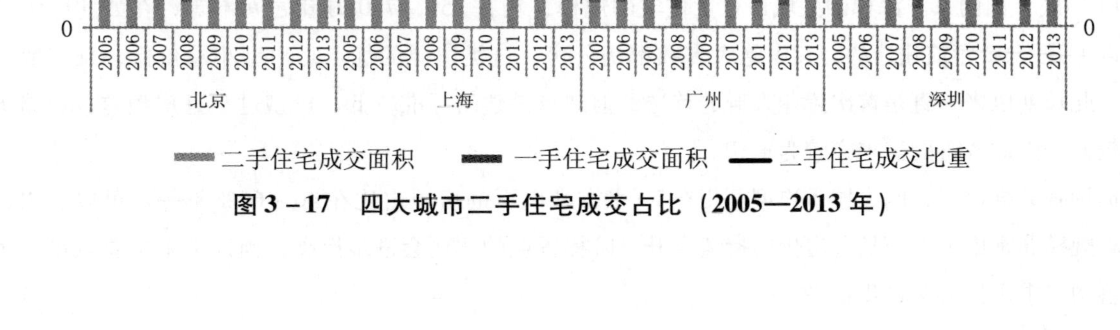

图 3－17　四大城市二手住宅成交占比（2005—2013 年）

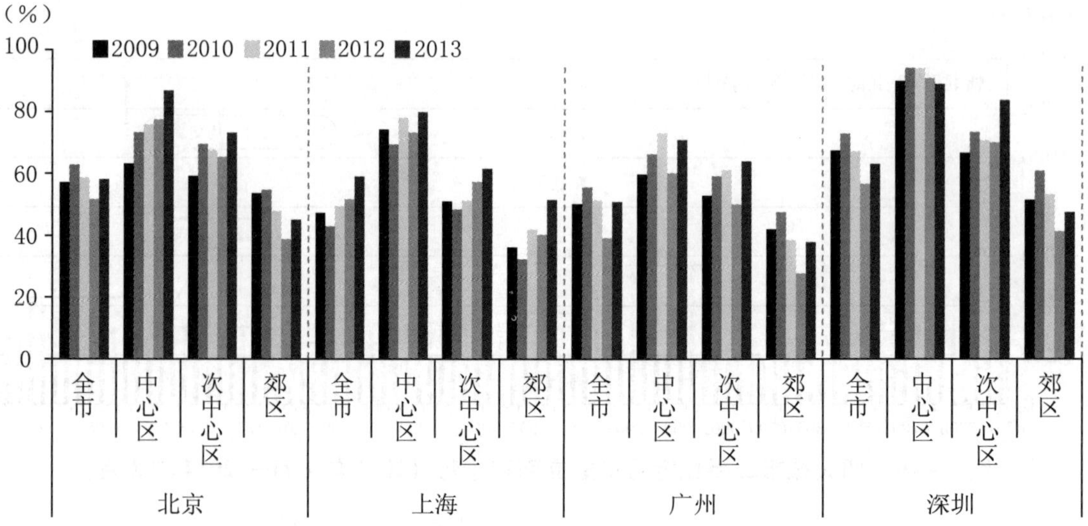

图 3－18　四大城市分区域二手住宅成交占比（2009—2013 年）

表 3－19　　2013 年全国主要二、三线城市二手住宅成交占比

	天津	成都	杭州	南京	佛山	东莞	重庆	武汉	长沙
二手住宅成交占比（%）	38.4	33.9	55.4	38.1	27.8	43.0	18.8	14.9	13.4

（三）改善需求旺盛，大户型占比增加

自 2010 年宏观调控以来，投机、投资性需求陆续被挤出市场，楼市成交基本以自住性需求为主，因此中小户型一直占据楼市成交的主体地位。根据中原成交数据统计，2013 年，北京、上海、广州、深圳四大城市单套面积在 144 平方米以下的成交占比基本在 80% ~90%；其中 90 平方米以下的二手住宅成交占比基本在 50% ~70%。

尽管小户型仍占据绝对的主体地位，但在 2013 年呈现出的大户型成交占比有所增加的特点。根据中原成交数据统计，2013 年，四大城市 144 平方米以上住宅的成交比重均较 2012 年有 1 ~4 个百分点的增长。2013 年以来大户型占比有所增加，主要是由于改善型需求有所增加。此外，历次调控不断增加房地产的交易费用使得换房成本大幅上升，认房又认贷使得即使是"卖一买一"的购房也会被界定为二套，从而要支付更高的利息，而新国五条的 20% 所得税虽未执行但催生了对于交易成本进一步增加的担忧，以上原因促使近期"一步到位"的购房行为增加，从而导致大户型成交占比上升。

2013 年底，国内京沪深穗四大城市存量住宅的规模，均在 350 ~750 万套之间不等，在如此巨大的存量房中半数以上是 1998 年前建造的，其中绝大多数都是公房，这类房源的优点是户型小总价低，且多数位于中心城区，因此长期以来一直是首次置业人群的首选。但缺点是建筑标准较低、户型过小且房型差、设施陈旧、居住品质较差，因此改善的需求亦较为迫切。

另据调查数据显示，四大城市户型面积在 70 平方米以下的房源占比在 40 ~60% 不等。可以看出，潜在的改善需求规模非常庞大，而随着房价的持续攀升，阶梯置业的比例会进步提高，预计未来主要城市二手房市场中，改善型需求占比将会稳步提高。

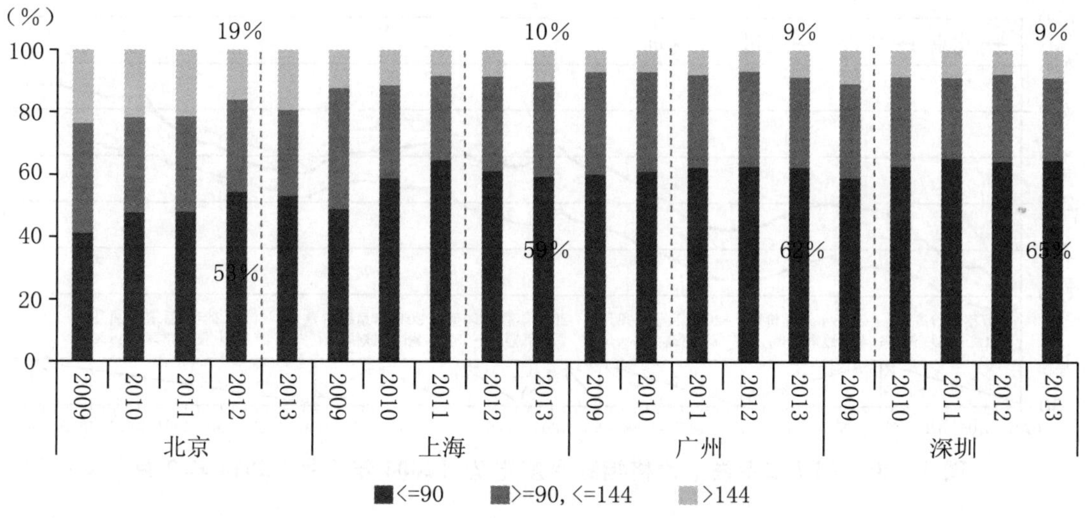

图 3－19　四大城市二手住宅成交面积结构变化（2009—2013 年）

表 3－20　　四大城市二手房市场改善型需求潜在规模

城市	存量套数（万套）	1998 年前竣工住宅占比（%）	70 平方米以下占比（%）
北京	600	50（300 万套）	>35
上海	750	55	>33
广州	350	65	>35
深圳	350	80	>33

（四）价格持续上涨，四大城市累计涨幅均超过 30%

2012 年春节后随着楼市的回暖，二手住宅价格指数开始止跌回升，进入上升通道。2013 年初，由于二手住宅成交量持续放大，二手房业主对后市预期普遍看好，报价屡屡调高，二手住宅成交价格快速上涨。尽管国五条政策出台后业主心态有所观望，二手住宅成交价格涨幅有所放缓，但总体仍然保持上涨的态势。根据 CLI 中原领先指数数据显示，从 2012 年 3 月到 2013 年 12 月，四大城市二手住宅价格指数累计涨幅均超过 30.0%，广州更是以 43.4% 的累积涨幅位居榜首。

2013 年广州二手住宅价格指数累计涨幅位居四大城市之首，这主要是由以下两个方面的原因造成的：一是广州自 2010 年开始启动大规模的旧城改造，根据《广州市土地整治规划（2011—2015 年）》，规划目标 2011 年到 2015 年，全市实施三旧改造面积 13834 公顷，到 2020 年，全市完成三旧改造面积 22000 公顷。随着城市面貌的提升和基础设施的完善，刺激二手房价格，特别是城市中心区房价快速上涨。二是广州的人均收入水平在一线城市中处于中间水平，但是房价却是一线城市里面最低的，相比之下房价上涨的动力更强。

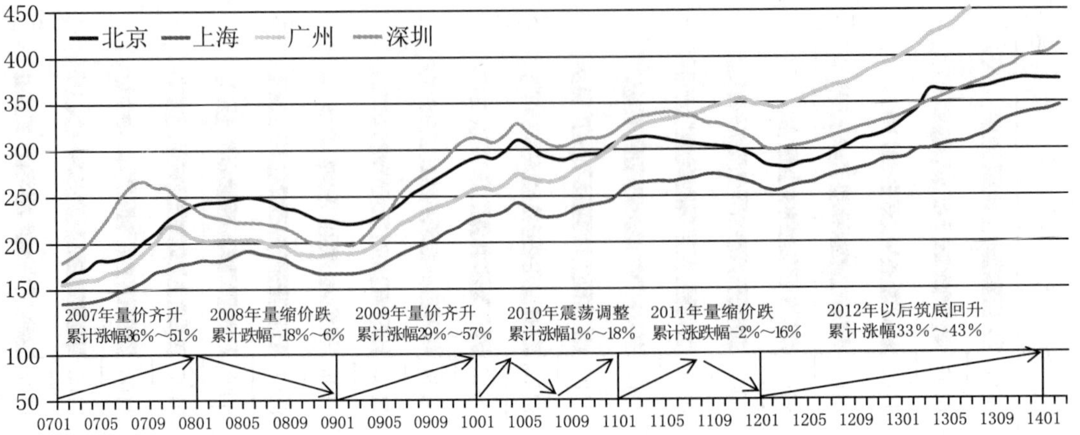

图 3－20　CLI 二手住宅价格指数月度走势（2004 年 5 月—2014 年 2 月）

表 3－21　　四大城市房价、收入比较

	2012 年人均可支配收入（元）	2013 年 11 月二手住宅成交均价（元/平方米）	2013 年 11 月一手住宅成交均价（元/平方米）
北京	36469	34710	26585
上海	40188	37259	25041
广州	38054	22990	15622
深圳	40742	28130	21685

数据来源：中原集团研究中心 。

表 3－22　　四大大城市常住人口和外来人口对比（2000—2012 年）

	2000 年常住人口（万人）	2012 年常住人口（万人）	2000—2011 年常住人口涨幅（%）	2012 年常住外来人口占常住人口的比重（%）
北京	1356. 90	2069. 30	53	37
上海	1673. 77	2380. 43	42	40
广州	994. 30	1270. 08	28	37
深圳	700. 84	1054. 74	50	73

（五）普通住宅领涨，郊区房价虚高

尽管自 2012 年 3 月以来，四大城市二手住宅价格指数基本全线上涨，但不同区域，以及不同档次楼盘的涨幅表现各异。

分档次来看，由于政策支持首套自住需求，而改善性和投资性需求仍受到诸多限制，因此普通成交明显好于豪宅。以上海为例，选取二手住宅中成交活跃的十大豪宅和十大普通住宅，① 对比从 2012 年到 2013 年期间

① 上海十大豪宅选取标准：成交靠前且均价在 60000 元/平方米以上的楼盘；本报告选取的样本是：财富海景花园、翠湖天地、华府天地、嘉里华庭、绿城黄浦湾、盛大金磐、世茂滨江花园、新外滩花苑、御翠豪庭、中凯城市之光。

十大普通住宅选取标准：2013 年成交套数排名前 10 的楼盘。包括：梅陇新村、泗塘新村泗塘八村、上海康城、呼玛新村呼玛二村、市光新村、三林世博家园、浦江世博家园、迎园新村、新凯家园、城东新村

成交面积和价格的变化。可以发现，十大普通住宅基本呈现量价齐升的态势，2013 年成交面积同比 2012 年增长 36.9%，2013 年第四季度成交均价较 2012 年第一季度大幅上涨 26.6%。而十大豪宅的成交则明显逊于十大普通住宅，2013 年成交面积同比 2012 年微增 8.4%，2013 年第四季度成交均价较 2012 年第一季度仅微增 4.7%。

分区域来看，由于普通住宅大多分布于城市郊区，豪宅大多分布于城市中心区，因此随着普通住宅价格的涨幅高于豪宅，郊区房价和市中心区房价的差距也在逐渐缩减。我们在四大城市各选取了 5 个成交活跃的普通住宅和 5 个成交活跃的豪宅，对比其价格。可以发现，2013 年四大城市郊区房价为中心区房价的 35% ~40%；较 2009 年增加了 3 ~8 个百分点。

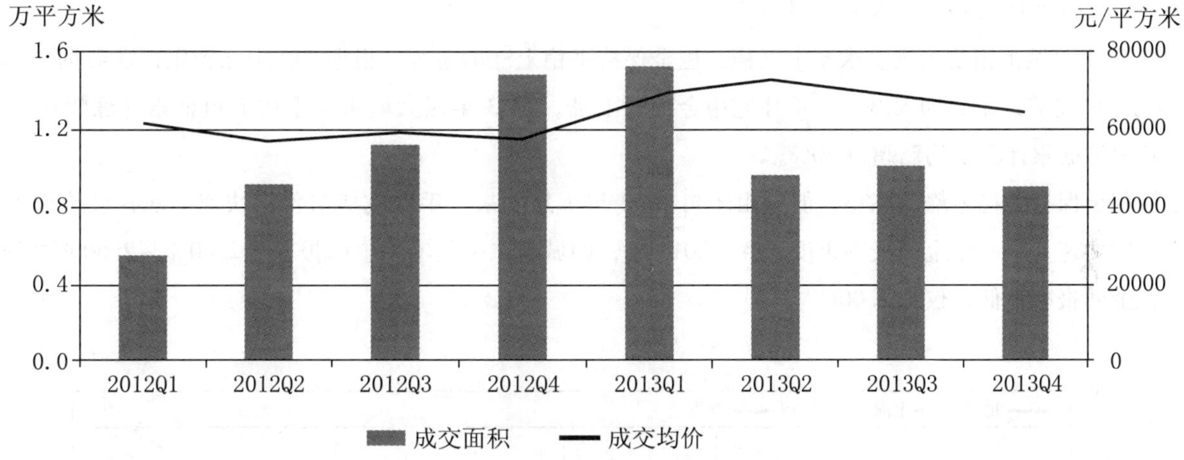

图 3 -21　上海十大豪宅成交面积和均价走势（2012—2013 年）

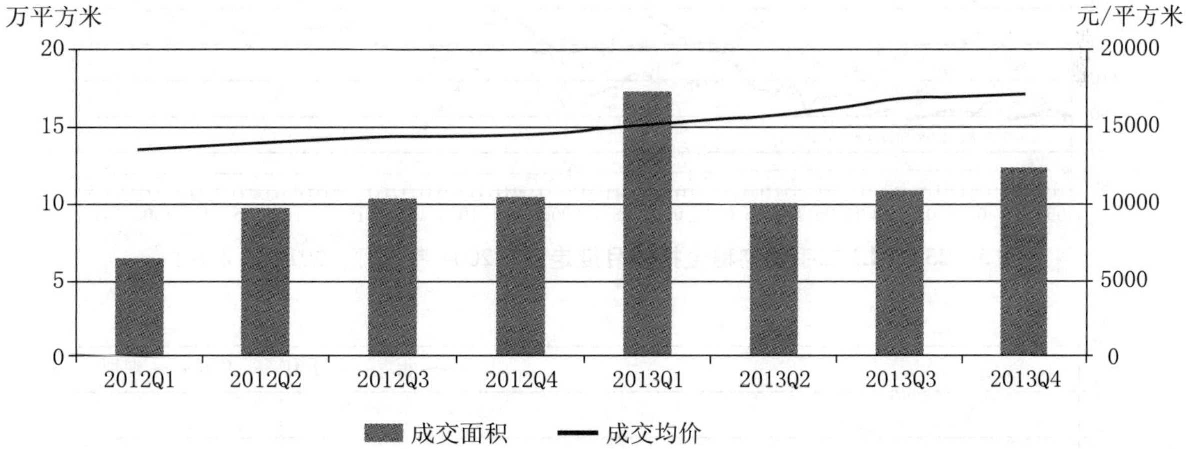

图 3 -22　上海十大普通住宅成交面积和均价走势（2012—2013 年）

表 3－23　　四大城市郊区与中心区房价对比

	2013 年			2009 年		
	郊区房价（元/平方米）	中心区房价（元/平方米）	郊区/中心区房价（%）	郊区房价（元/平方米）	中心区房价（元/平方米）	郊区/中心区房价（%）
北京	20592	55334	37	8050	24184	33
上海	19706	53217	37	12709	39650	32
广州	10534	25646	41	4762	12480	38
深圳	15829	43813	36	7580	27171	28

（六）租金平稳上扬，租金回报率下探

2013 年主要城市租赁市场供求基本平稳，租金保持平稳上涨的态势。根据 CLI 中原领先指数数据显示，自 2009 年初经济复苏以来，四大城市二手住宅租金持续上涨，2013 年四大城市二手住宅租金累计涨幅在 26% ~ 60%。其中沪穗累计涨幅均已超过 50%。

尽管租金保持平稳上涨的态势，但是由于自 2012 年 3 月以来二手住宅成交价格快速上涨，且价格增速远高于租金的增速，因此租金回报率再度下探。2013 年，四城市二手住宅租金回报率在 2.00% ~2.50%之间，其中北京租金回报率最低，仅为 2.00%。

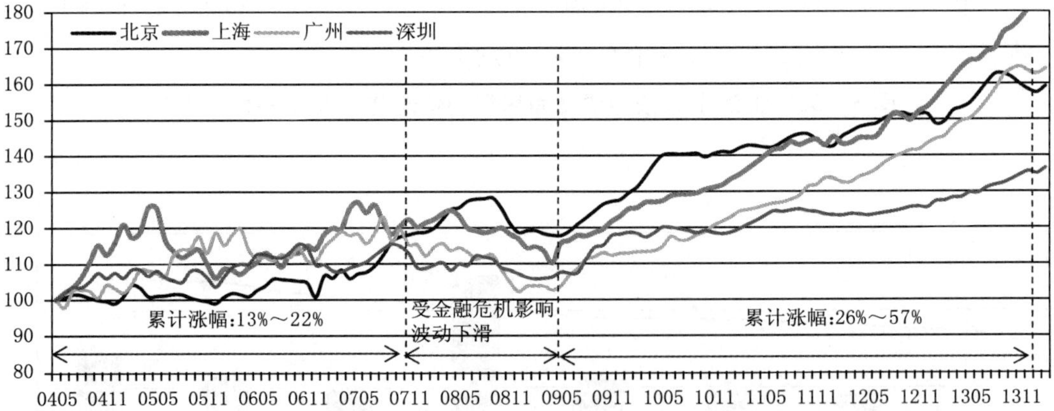

图 3－23　CLI 二手住宅租金指数月度走势（2004 年 5 月—2014 年 2 月）

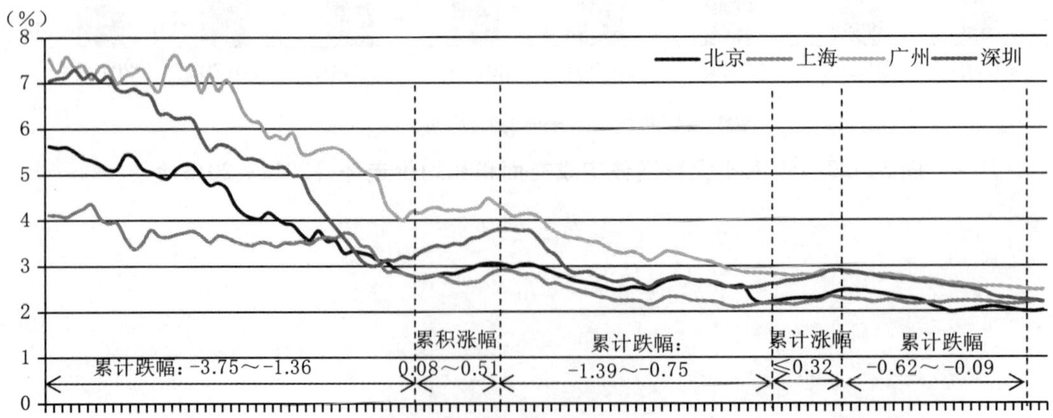

图 3－24　CLI 二手住宅租金回报率月度走势（2004 年 5 月—2014 年 2 月）

（七）刚需持续稳定，市场调控中扩容

主要城市以自住改善型需求为主，并且规模较为充足，在后续市场中仍将会长期存在并持续释放，那么左右未来楼市的主要因素则是政策和信贷。

由于房价涨幅较高，2013 年底主要城市相继出台调控新政，措施主要集中于提高限购和限贷的标准。根据中原调查，由于目前市场结构中是以首套自住需求为主，提高相应限购限贷标准大约影响目前市场上 20% 左右的需求，且这类需求只是会被延后而并不会消失。另一方面则是信贷获取难度和利率的提升，这一变化会影响到市场需求的主体——首套房，但基于中央政府一贯的表态，要支持自住型改善需求，因此首套房贷利率继续提高的可能性不大。

长期来看，尽管近几年四大城市二手住宅成交量已赶超一手住宅，但和房地产市场发展成熟的香港相比较，仍有一定的差距。此外，国内主要城市的存量住宅市场的流通率亦较低。目前，京沪穗深四大城市二手房的流通率尚不足 2.0%，而香港的流通率为 10.0%，相比来看，国内主要城市二手房市场仍有较大发展空间。

而十八届三中全会提出的市场化和房产税等长效机制的方针，对于二手房市场来说，持有成本或将提高而流通成本和难度将会有所降低，因此将有利于二手房市场的长期发展，主要城市二手房市场容量有望进一步加速。

（中原地产研究中心提供）

四、北京市房地产市场综述

（一）2013 年北京市房地产市场主要指标情况

1. 房地产开发投资、项目到位资金增长

2013 年，北京市完成房地产开发投资 3483.4 亿元，比上年增长 10.5%（见图 3－19）。其中，住宅完成投资 1724.6 亿元，增长 5.9%；写字楼完成投资 611.7 亿元，增长 59%；商业、非公益用房及其他完成投资 1147.1 亿元，增长 0.6%。

房地产开发投资中，建安工程投资为 1510 亿元，比上年增长 9.2%，占全市房地产开发投资比重为 43.3%。

2013 年，全市房地产开发项目本年到位资金为 7300.2 亿元，比上年增长 19.4%。其中，金融贷款为 1836.9 亿元，同比增长 22.6%；自筹资金为 2138.2 亿元，增长 31.5%；定金及预收款为 2257.5 亿元，增长 8.2%。

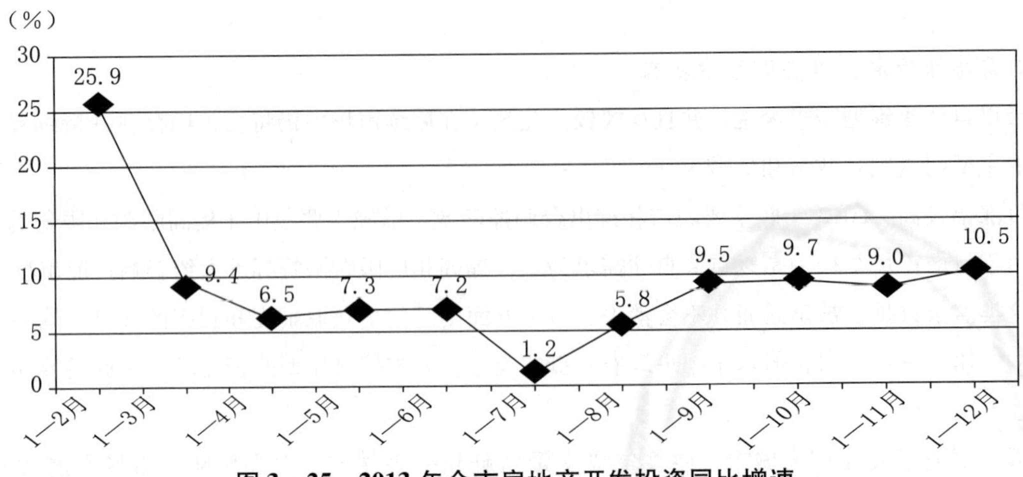

图 3-25　2013 年全市房地产开发投资同比增速

2. 商品房施工、新开工、竣工面积增加

截至 12 月末，全市商品房施工面积为 13886.9 万平方米，比上年增长 5.8%。其中，住宅施工面积为 7406.9 万平方米，下降 1.4%；写字楼为 2114.1 万平方米，增长 23.5%；商业、非公益用房及其他为 4365.9 万平方米，增长 11.9%。

2013 年，全市商品房新开工面积为 3577.5 万平方米，比上年增长 11%。其中，住宅新开工面积为 1736.5 万平方米，增长 6.7%；写字楼为 671.4 万平方米，增长 25.1%；商业、非公益用房及其他为 1169.6 万平方米，增长 10.4%。

2013 年，全市商品房竣工面积为 2666.4 万平方米，增长 11.5%。其中，住宅竣工面积为 1692 万平方米，增长 11.1%；写字楼为 273.1 万平方米，增长 20.4%；商业、非公益用房及其他为 701.3 万平方米，增长 9.3%。

3. 商品住房新增供应减少，库存历史低位

2013 年，全市商品住房新增供应 7.3 万套、921 万平方米，为 2006 年以来最低水平；供应套数比上年减少 17.0%，降幅为 2006 年以来最高（见图 3-26）。

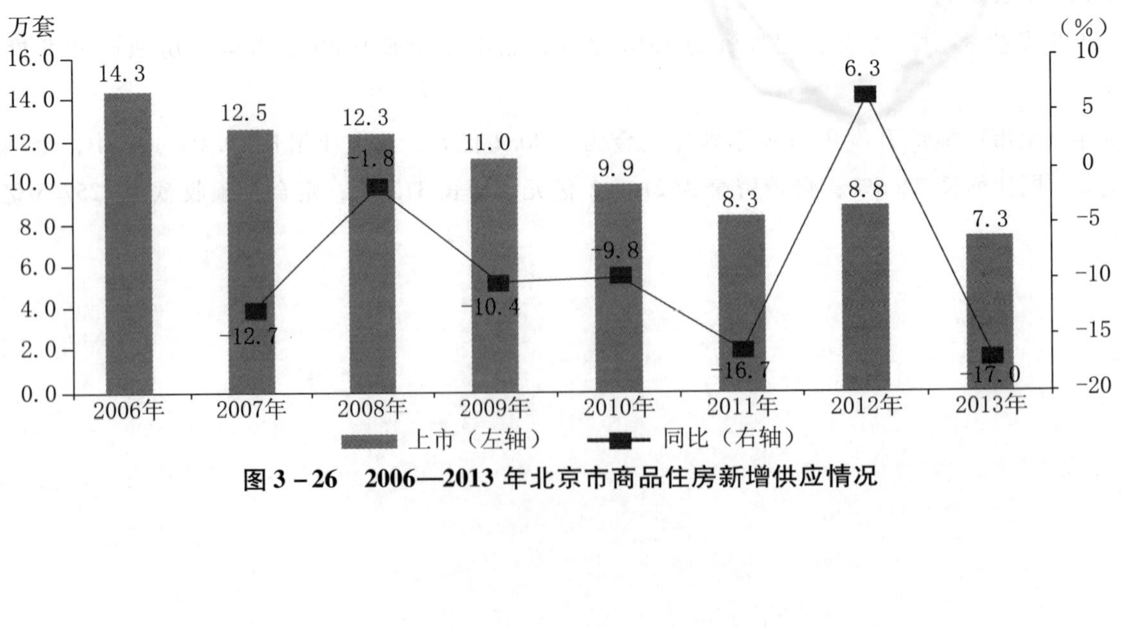

图 3-26　2006—2013 年北京市商品住房新增供应情况

截至12月末，全市新建商品住房库存548.4万平方米、3.4万套，比年初减少34%，处于历史低位（见图3-27）。其中套型面积在90平方米以下的0.9万套，仅占26.5%。

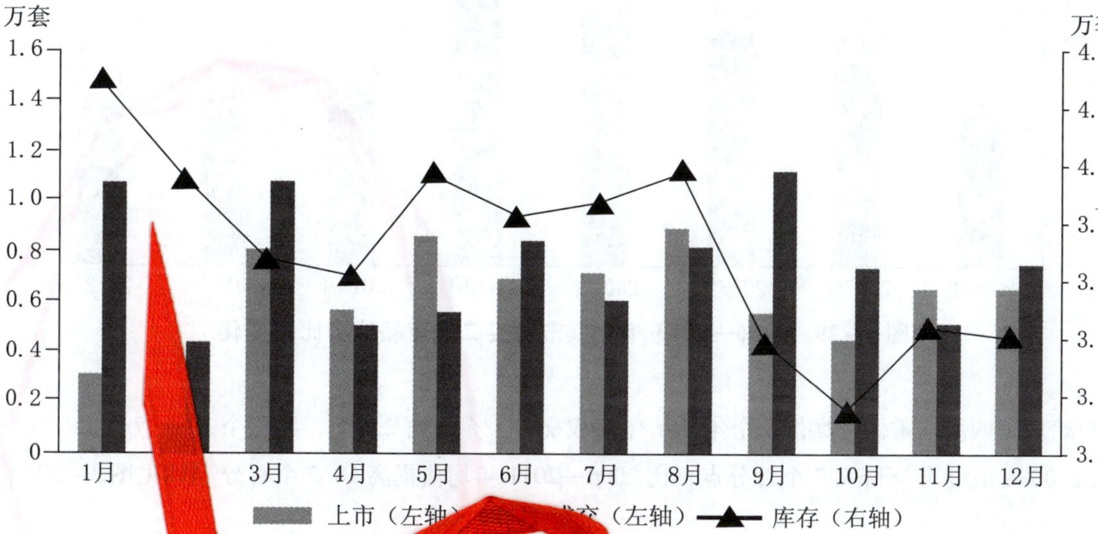

[illegible]3-27 201[illegible]京市新建商品[illegible]房上市、成交和库存情况

4. 商品住房成交总[illegible]加，结[illegible]优化

2013年，全市商品住[illegible]（含[illegible]建和二手）成交24.7万套、[illegible]03万平方米，同比增加7.4%、7.7%，与2006年以来平均水平24.[illegible]基本持平。其中新建商品住房9.0[illegible]套，同比4.3%，二手住房15.7万套，同比增加15.4%（见图3-[illegible]商品住房签约金额共6107亿元，同比[illegible]增加33.2%。

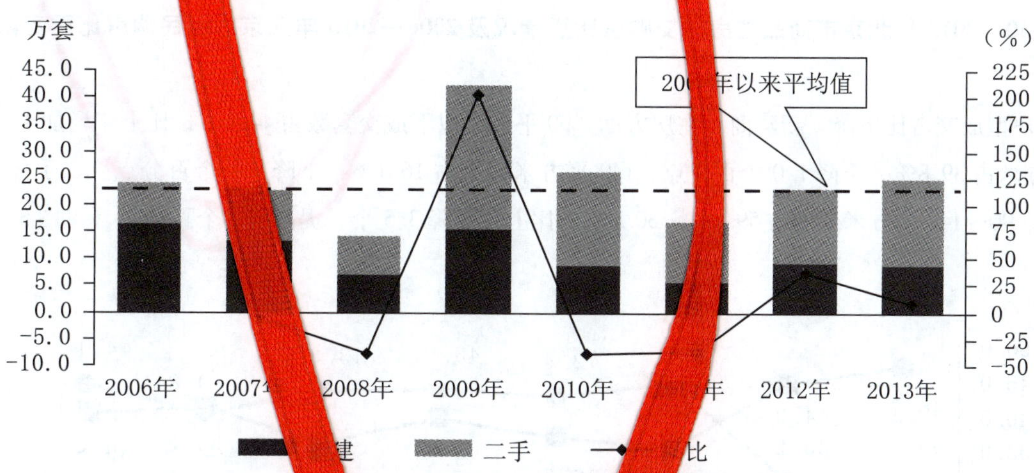

图3-2[illegible]2006—2013年北京市商[illegible]住房成交情况

多套购房比重低位稳定。全年购买第[illegible]套住房的比重为[illegible].0%，比上年高1.2个百分点（见图3-29）。

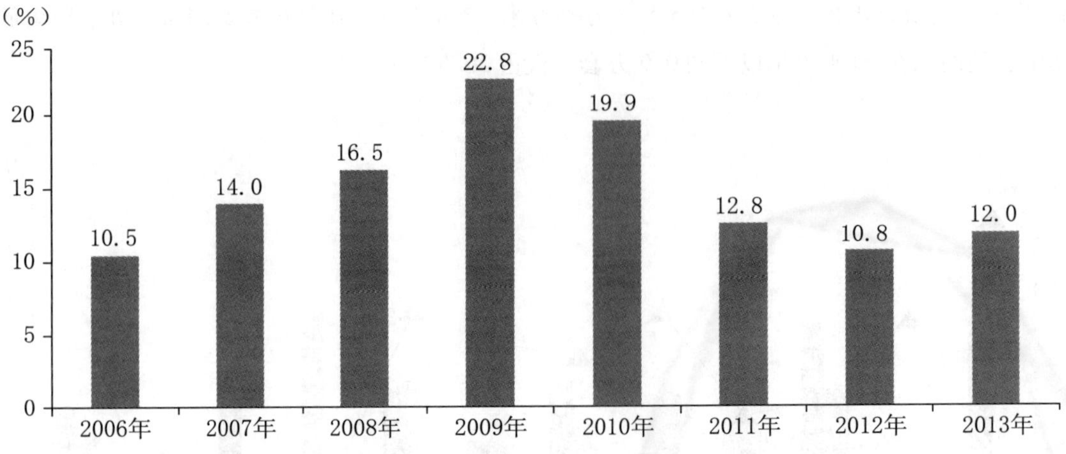

图 3－29　2006—2013 年北京市购买二套商品住房比重变化

本市户籍居民购房比重保持高位。全年商品住房成交中，企业占 2.5%、居民个人占 97.5%。其中本市户籍居民占 82.0%，比上年下降 2.7 个百分点，比 2006—2011 年均值提高 18.2 个百分点（见图 3－30）。

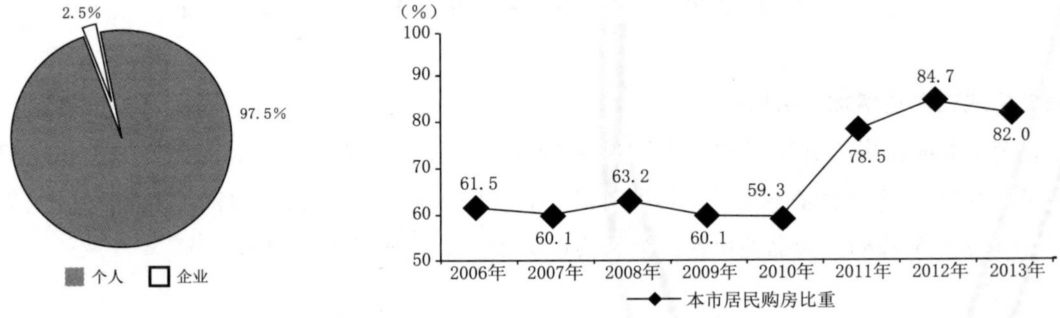

图 3－30　2013 年北京市商品住房成交购房比重情况及 2006—2013 年北京市居民购房比重变化情况

新房大户型成交占比下降。新建商品住房方面，90 平方米以下成交套数占 44.1%，比上年增加 4.3 个百分点；90～140 平方米占 39.8%，下降 1.0 个百分点；140 平方米以上占 16.1%，下降 3.3 个百分点。二手住房方面，90 平方米以下、90～140 平方米分别占 59.1%、30.1%，比上年下降 3.5 个、提高 1.1 个百分点（见图 3－31）。

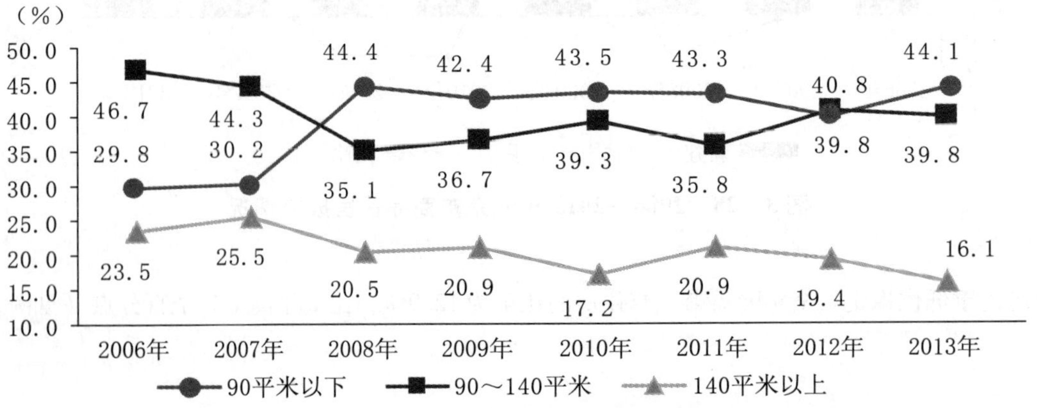

图 3－31　2006—2013 年北京市新建商品住房成交套型面积变化

5. 商品住房成交均价稳定，二手住房上涨

2013 年，全市新建商品住房成交均价 21516 元/平方米，同比上涨 3.9%，考虑物价因素后，与 2012 年相比保持稳定（见图 3 - 32）；二手住房成交均价 24833 元/平方米，比上年上涨 31.0%。

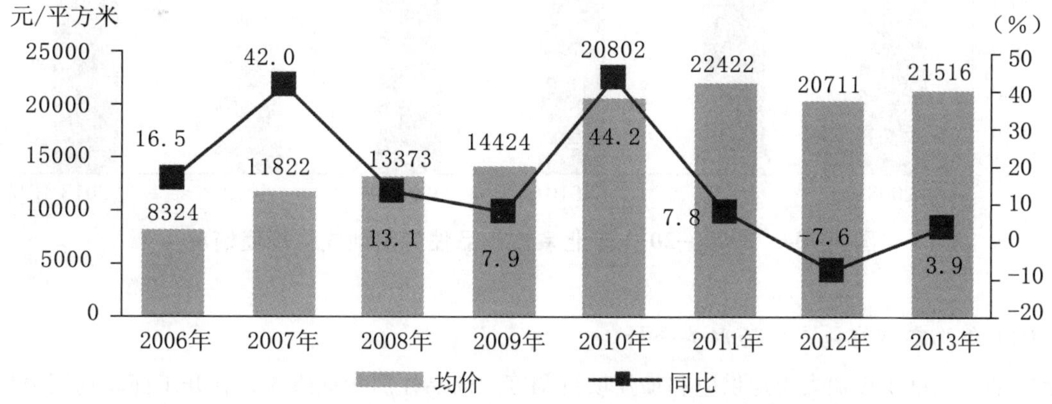

图 3 - 32　2006—2013 年北京市新建商品住房成交均价情况

价格指数涨幅连续回落。新建商品住房价格指数环比涨幅已连续十个月回落，由 2 月的 3.1% 回落至 12 月的 0.6%；同比涨幅也连续两个月回落（见图 3 - 33）。

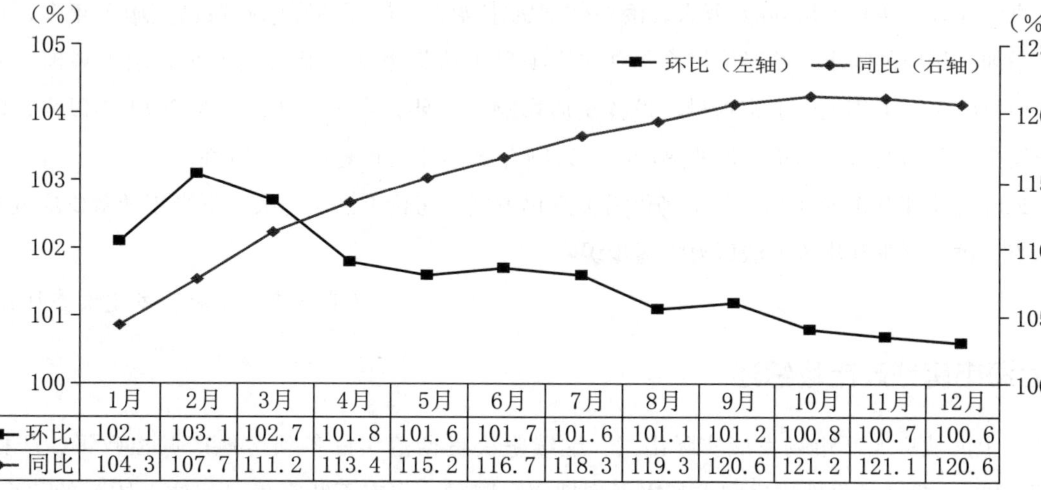

	1月	2月	3月	4月	5月	6月	7月	8月	9月	10月	11月	12月
环比	102.1	103.1	102.7	101.8	101.6	101.7	101.6	101.1	101.2	100.8	100.7	100.6
同比	104.3	107.7	111.2	113.4	115.2	116.7	118.3	119.3	120.6	121.2	121.1	120.6

图 3 - 33　2013 年北京市新建商品住房月度价格指数变化图

6. 住房用地成交增加、楼面地价上涨

据市土地储备中心网站数据，全市商品住房用地成交 978 公顷、建筑规模 1372 万平方米，分别是 2012 年的 3 倍、2.3 倍；平均楼面地价 9313 元/平方米，比去年上涨 43.6%（见图 3 - 34）。

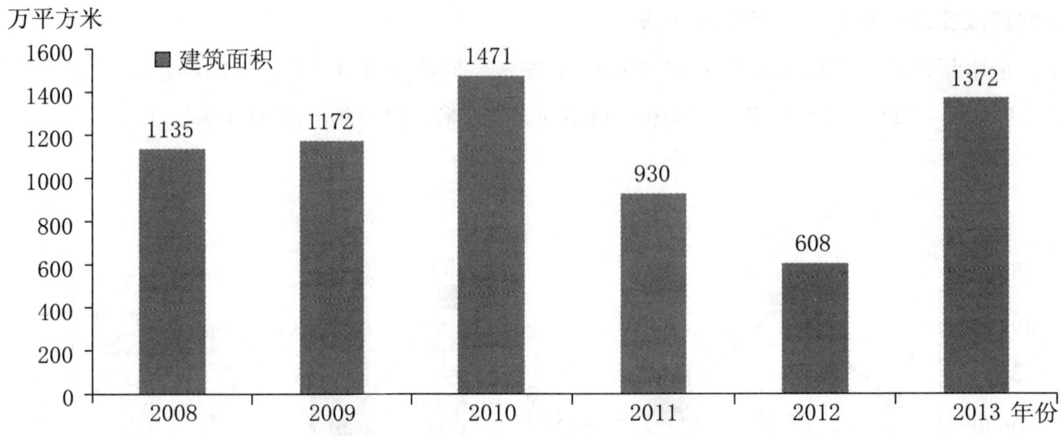

图 3－34　2008—2013 年北京市商品住房用地成交规模情况

（二）2014 年北京市房地产市场形势分析

2013 年以来，北京积极加大土地供应和加强项目调度，商品住房用地供应、新开工面积均明显增加，潜在供应明显改善，特别是加快推进自住型商品住房建设，截至目前，已推出土地 32 宗、建筑规模 329 万平方米，折合 3 万套以上，首个自住房项目“恒大御景湾”也顺利启动，申请登记家庭达 14. 8 万户，有效分流了刚需，稳定了市场预期。

在市场呈现积极变化趋势的同时，短期内还存在一些不利因素。一是考虑项目开发周期，2013 年大量供应的土地要在 2014 年下半年才能陆续形成实际供应，2014 年上半年仍面临供应相对不足、库存低位的压力。二是近五年北京常住人口年均新增 68. 8 万人，潜在住房需求庞大，严厉的限购政策已实施 3 年多，符合购房条件的家庭在增加，积压的需求开始释放，首个自住房项目申请量也从侧面反映了北京刚需规模。从目前进度看，自住房项目将在下半年规模上市摇号，发挥实质影响也主要是在下半年。三是 2013 年以来，转战二、三线城市的开发企业重回北京，高价拿地的热情高，2014 年要消化高价地的成本刚性。

综上，2014 年上半年北京市房地产市场供需关系仍偏紧，房价上涨压力大，下半年随着供应逐步改善、自住房陆续上市，供需紧张和房价上涨压力将逐步缓解。

（北京市住房和城乡建设委员会提供）

五、上海市房地产市场综述

2013 年，上海从房地产市场发展实际出发，继续坚决贯彻落实好各项房地产调控政策，严格执行住房“限贷限售”政策，投资投机性购房需求基本得到抑制。同时，本市不断完善“四位一体”的住房保障体系，扩大住房保障的覆盖面，尽力解决广大群众的住房困难。

（一）2013 年上海市房地产市场基本状况

2013 年，上海房地产市场呈现出开发投资较快增长、建设资金较为充裕、市场需求较为旺盛的特征。

1. 房地产开发投资较快增长

2013 年，上海房地产开发投资 2819. 59 亿元，比上年增长 18. 4%，增幅比上半年回落 3. 3 个百分点，全年开发投资始终保持两位数增长水平（见图 3－35）。近年来，上海市房地产开发投资占全社会固定资产投资的比重不断上升，2013 年所占比重达到 49. 9%，高出上年 4. 6 个百分点。

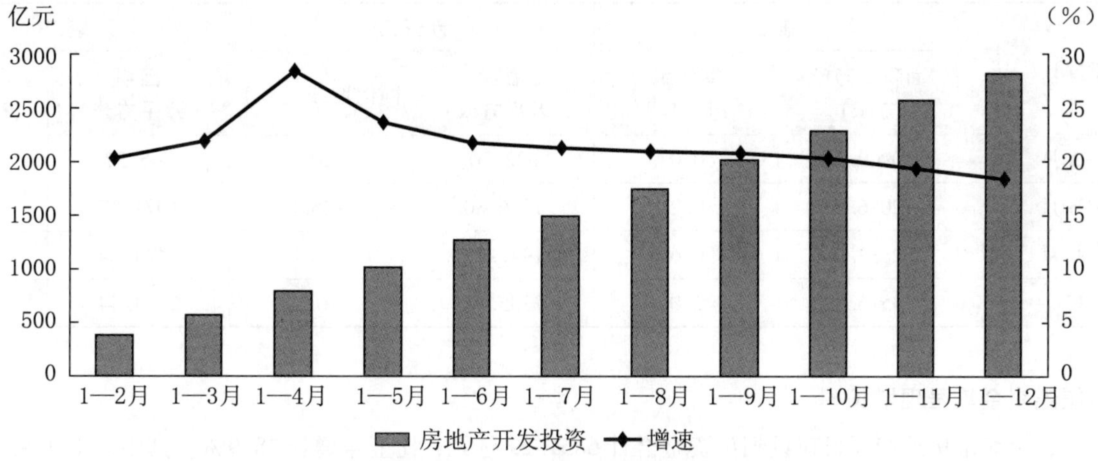

图3－35　2013年上海房地产开发投资情况

从商品房类型看，商品住宅投资1615.51亿元，比上年增长11.3%，占全部房地产开发投资的57.3%；办公楼投资377.18亿元，增长43.5%，占13.4%；商业营业用房投资370.03亿元，增长26%，占13.1%。

2013年，上海房地产开发投资较快增长，主要有以下三方面的原因：

一是非住宅开发投资快速增长。随着办公楼和商业营业用房等房屋建设规模不断扩大，上海市非住宅开发投资1204.09亿元，比上年增长29.6%，增幅高于全部房地产开发投资11.2个百分点，占全部房地产开发投资的比重从上年的39%上升至42.7%，大力推动了上海市房地产开发投资的增长。

二是大项目投资占比上升。在上海市房地产开发建设项目中完成投资超过5亿元的项目有129个，比上年多出37个，完成投资1220.03亿元，比上年增长48%，占全部房地产开发投资的43.3%，高出上年8.7个百分点。

三是土地购置费快速增长。上海市房地产开发投资中的土地购置费588.84亿元，比上年增长50.8%，占全部房地产开发投资的20.9%，成为拉动本市房地产开发投资快速增长的重要因素之一。

2. 商品房建设规模维持高位

受房地产开发投资较快增长的影响，上海市商品房建设规模维持高位。2013年，商品房施工面积达到1.35亿平方米，比上年增长2%。其中商品住宅8125.74万平方米，下降2.3%。

受2012年3季度以来上海市房地产市场销售持续回暖及2013年土地出让面积大幅增加的影响，2013年年初以来上海市商品房新开工面积降幅持续收窄。全年商品房新开工面积2705.95万平方米，比上年下降0.7%。其中商品住宅1643.09万平方米，增长5.1%。

截至2013年年底，上海市商品房新开工面积已连续22个月同比下降。受此影响，上海市商品房竣工面积增幅持续回落，全年出现同比下降。2013年，上海市商品房竣工面积2254.44万平方米，比上年下降2.2%。其中商品住宅1417.41万平方米，下降11.9%（见表3－24）。

表 3－24　　2013 年上海商品房建设情况

时期	施工		新开工		竣工	
	面积（万平方米）	同比增速（%）	面积（万平方米）	同比增速（%）	面积（万平方米）	同比增速（%）
1—3 月	10969.25	0.0	622.30	－20.6	765.37	78.4
1—6 月	12086.23	0.2	1246.80	－15.0	1071.17	10.0
1—9 月	12832.09	0.6	1947.19	－8.1	1424.84	3.1
1—12 月	13516.58	2.0	2705.95	－0.7	2254.44	－2.2

3. 各渠道资金均呈现增长

2013 年，上海市房地产项目建设到位资金合计 6851.29 亿元，比上年增长 28.9%。其中，上年底结余资金 1758.62 亿元，增长 30.4%；本年到位资金 5092.67 亿元，增长 28.3%。从本年到位资金来源渠道看，四大类资金均呈现增长（见表 3－25）。

表 3－25　　2013 年上海市房地产项目本年到位资金情况

指　标	本年到位资金（亿元）	增速（%）	比重（%）
本年到位资金	5092.67	28.3	100.0
国内贷款	1292.36	32.4	25.4
利用外资	38.14	46.0	0.7
自筹投资	1569.91	13.3	30.9
其他资金	2192.26	38.7	43.0

4. 金融业对房地产支持力度明显

据人民银行上海总部统计，截至 2013 年底，上海市中资商业银行本外币房地产贷款余额 11032.43 亿元，比上年增长 13.7%。其中房地产开发贷款余额 4681.4 亿元，增长 14.1%；个人购房贷款余额 5854.82 亿元，增长 15.4%。

2013 年，上海市新建商品住宅及二手住房销售面积大幅增长。受此影响，上海市公积金贷款呈快速增长态势。截至 2013 年底，上海市公积金贷款余额 1788.31 亿元，比上年增长 25.9%，当年累计发放住房公积金 614.56 亿元，增长 49.8%。

5. 房地产市场需求较为旺盛

近些年，针对房价上涨过快带来的社会矛盾和经济风险，国家及上海市实施了一系列房地产市场调控政策，并加快建立健全住房保障制度。3 月底，上海市认真贯彻落实中央关于房地产市场的调控政策，出台“国五条”实施细则，强化房地产市场监管，投资投机需求得到抑制，调控政策取得一定成效。但随着“限购”政策效应逐步减弱，“地王”不断涌现，中国（上海）自由贸易试验区设立等多方因素影响，房价上涨预期初步形成，导致上海市房地产市场需求较为旺盛。

6. 商品住宅销售面积突破 2000 万平方米

由于延续了 2012 年 3 季度开始的楼市回暖之势，加上 2012 年上半年销售面积负增长，基数较低，2013 年上海市商品房销售面积持续快速增长，增幅始终保持在25%以上（见图3－36）。全年上海市新建商品房销售面积2382.2万平方米，比上年增长25.5%。其中商品住宅2015.81万平方米，增长26.6%。

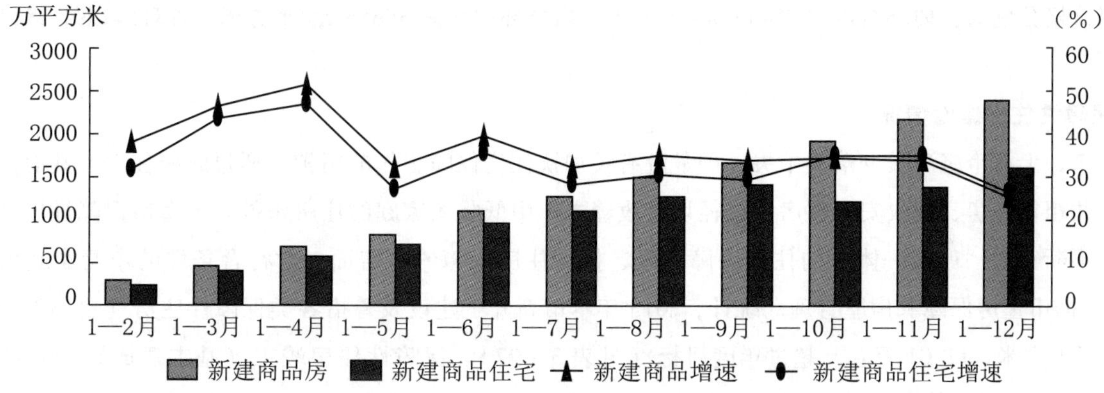

图3－36　2013年上海市新建商品房销售面积情况

从结构分析，中小户型占比下降。本市90平方米及以下商品住宅销售面积884.24万平方米，占全部商品住宅销售的43.9%，比重较上年同期回落2.7个百分点，比上年增长19.1%，低于全部商品住宅增速7.5个百分点，导致中小户型商品住宅供应不足、价格上涨较快。另外，由于改善性需求持续增长，大户型住宅（144平方米以上）销售面积占比由上年同期的17.2%提高到18.5%。

7. 存量房成交面积快速增长

“国五条”政策出台后，短期内市场需求集中释放，存量房成交量激增，伴随上海市调控细则出台，增速有所回落，但仍保持快速增长的势头。据市房地产交易中心统计，2013年，上海市存量房网签面积2784.34万平方米，比上年增长57.2%；其中存量住宅2460.07万平方米，增长63.7%。从各月情况看，“国五条”出台的3月份，存量住宅网签面积达到历史最高，当月成交571.95万平方米（见表3－26）。

表3－26　　2013年上海市存量房及存量住宅网签情况

月　份	存量房网签		存量住宅网签	
	面积（万平方米）	环比增速（%）	面积（万平方米）	环比增速（%）
3月	584.99	355.2	571.95	386.4
6月	204.76	15.2	174.16	18.5
9月	233.33	13.5	203.33	7.2
12月	205.89	－4.2	167.22	－10.2

8. 商品住宅平均销售价格继续上涨

2013年，上海市新建商品住宅平均销售价格16192元/平方米。从区域分布看，上海市新建商品住宅中，内环线以内区域销售面积61.75万平方米，占全市新建商品住宅的3.1%；内外环线之间区域销售面积363.8万平方米，占18%；外环线以外区域销售面积1590.26万平方米，占78.9%。全年各环线区域新建商品住宅平均销售价格分别为：内环线以内48909元/平方米，内外环线之间26073元/平方米，外环线以外12661元/平方米。

从剔除共有产权住房和动迁安置住房等保障性住房后的市场化新建商品住宅的区域分布看，内环线以内区域销售面积50.7万平方米，占全市市场化新建商品住宅的4.5%；内外环线之间区域销售面积242.5万平方米，占21.7%；外环线以外区域销售面积824.04万平方米，占73.8%。全年各环线区域市场化新建商品住宅平均销售价格分别为：内环线以内55443元/平方米，内外环线之间34656元/平方米，外环线以外18270元/平方米。

9. 保障性住房建设情况

近年来，上海市坚决贯彻落实中央、国务院有关加快住房保障工作的精神，通过廉租住房、共有产权保障住房、公共租赁住房、征收安置住房等途径切实改善本市中低收入家庭的住房条件。上海市保障性安居工程稳步推进，不断完善"四位一体"的住房保障体系，扩大住房保障的覆盖面，对符合条件的申请家庭做到"应保尽保"。据市住房保障和房屋管理局统计，2013年本市新开工建设及筹措各类保障性住房（含旧住房综合改造）785万平方米、11.01万套，超过年度目标（见表3－27）。保障性住房竣工（基本建成）796.54万平方米、10.39万套。

表3－27　　2013年上海市保障性住房新开工（筹措）情况

类　别	全年目标		完成情况	
	面积（万平方米）	套数（万套）	面积（万平方米）	套数（万套）
保障性住房	725	10.5	785	11.01
征收安置住房	475	5.3	485	5.43
公共租赁住房	110	2.2	138	2.23
旧住房综合改造	140	3.0	162	3.35

（二）2013年上海市房地产市场存在的问题

1. 供给压力较大

通过实施限购限贷等调控政策，投资投机购房需求得到了有效抑制，但市场开发也更趋于谨慎。2012年3月份开始，上海市商品住宅新开工面积降幅持续超过20%，全年下降36.8%，2013年以来虽然降幅逐渐收窄，但新开工面积下降持续时间较长。在目前市场销售较为旺盛的背景下，后期市场供给压力仍然较大（见表3－28）。

表3－28　　2012—2013年上海市商品住宅新开工和销售情况

年　份	新开工		销售	
	面积（万平方米）	同比增速（%）	面积（万平方米）	同比增速（%）
2012年	1563.39	－36.8	1592.63	8.1
2013年	1643.09	5.1	2015.81	26.6

2. 户型住房比重仍然偏低

目前，上海市房地产市场供应结构中的中小户型住房（90平方米及以下）比重仍然偏低。2013年，上海市中小户型住房投资667.66亿元，比上年增长5.5%，增幅同比回落19.2个百分点，占住宅投资的比重由上年同期的43.6%下降到41.3%；中小户型住房施工面积3607.75万平方米，下降6.8%，上年同期增长9.8%，占住宅施工面积的比重由上年同期的46.5%下降到44.4%；中小户型住房新开工面积689.2万平方米，下降13.1%，占住宅新开工面积的比重由上年同期的50.7%下降到41.9%。

3. 地产开发比重上升

由于此前出台的一系列宏观调控政策指向的调控目标是住宅市场，商业地产（办公楼和商业营业用房）成为开发商和购房者双方规避调控政策的选择。2013年，商业地产投资比重为26.5%，比上年提高3.1个百分点；商业地产施工面积达到2932.45万平方米，比上年增长7.2%，增幅高出全部商品房施工面积5.2个百分点，占全部商品房施工面积的21.7%，比重同比提高1.1个百分点。同时，2013年底商业地产待售面积达到563.35万平方米，比上年底多出24.21万平方米。因此，应密切关注商业地产的开发建设，适时出台政策予以引导，防止因投资过热而导致的供应过剩。

（三）2014年上海市房地产市场趋势判断

当前，上海市经济发展平稳，商品房在建规模超过1.35亿平方米，反映供应的先行指标新开工面积在经历了近2年时间的下降后，2013年全年降幅已收窄至0.7%，加之土地交易量大幅增加，反映市场交易活跃程度的销售等指标表现良好，这些因素都为上海市房地产市场稳定健康发展奠定了良好的基础，但影响上海市房地产开发市场发展的不确定因素依然存在。初步判断，2014年本市房地产开发投资低速增长，商品房销售将延续“量升价涨”的趋势。

1. 房地产开发投资增幅将回落

一方面，受市场销售持续旺盛的影响，土地成交量增加从而导致2014年商品房新开工面积将出现增长，土地出让金的上涨又会带动房地产开发投资中的土地购置费的增长；同时办公楼和商业营业用房建设规模的扩大、建设成本的上升，以及保障性住房及配套工程的不断建设都将支撑上海市房地产开发投资保持一定的规模。另一方面，建安工程等实体投资增长偏慢，特别是住宅投资增速明显低于全部房地产开发投资增速。此外银行系统为减少中长期贷款比重，提高信贷资金流动性，增强风险抵抗能力，势必减少房地产开发贷款的发放力度，这些都将是影响上海市房地产开发投资的不利因素。综合判断，预计2014年上海市房地产开发投资增幅将出现较大幅度回落。

2. 商品房销售将延续“量升价涨”的趋势

一是政策面，市场对“国五条”政策已逐步消化，如何加强调控后续政策不明朗；二是需求面，刚性和改善型需求量仍然较大；三是成本面，销售旺盛使得土地市场成交活跃，导致“楼面价”出现上涨，购房者对房价上涨的预期仍然较强；四是资金面，目前开发商资金状况良好，通过降价促销回笼资金的意愿并不强烈。因此，在刚性和改善型需求入市的推动下，市场成交可能会继续活跃，预计2014年本市商品房销售面积将超出2013年的规模。伴随成交量的上升，成交价格仍然将呈现上涨趋势，但若出现房价短期快速上涨，将会进一步受到调控政策的制约，因此房价出现温和上涨的可能较大。

（四）房地产市场健康发展的对策建议

1. 落实好房地产调控政策，努力保持市场稳定发展

当前和今后一个时期，上海市要继续坚决贯彻落实房地产市场的调控政策，高度关注房地产市场出现的新情况、新变化，积极引导和调控房地产市场走势，努力保持市场稳定发展。

2. 引导合理消费需求，做好房价稳定工作

在市场回暖的情况下，强化合理住房消费的引导和舆论的正确导向，既稳定购房者的消费预期，也稳定企业的市场预期，以达到房价稳定的目标。对于首套住房可以通过降低首付比例、提供更高额度的公积金贷款和更为优惠的贷款利率等多种方式进行支持。

3. 调整住房供应结构，提高中小户型住房占比

针对中小户型住房比重仍然偏低的现状，下阶段要大力发展中小户型、中低价位的普通住房以提高其占比，使之成为住房供应的主体，这有利于促进资源节约型社会的建设。

4. 加大土地开发进度监管，增加供应量

为缓解上海市住房供应不足的现状，一方面可以通过加大土地供应力度，另一方面需要加大土地开发进度的监管，加快项目开发建设的速度，为市场提供新增供应，这将一定程度上削弱购房者对房价上涨的预期，有利于市场平稳发展。

（上海市统计局提供）

六、广东省房地产市场综述

（一）广东省房地产市场运行情况分析

1. 商品房市场前高后平，珠三角表现更为稳健

2013 年广东省商品房销售面积 9836.39 万平方米，同比增长 24.5%；销售额 8941.05 亿元，同比增长 39.5%。其中商品住宅销售面积 8830.95 万平方米，同比增长 23.4%；销售额 7476.10 亿元，同比增长 36.2%（见图 3－37）。从市场走势看，上半年，在相对宽松的货币政策下，商品房销售市场延续了跨年热销的销售局面；下半年受流动性收紧的影响，销售增速虽呈现持续回落态势，但仍维持较高水平，全年呈现前高后平的走势。广东省全年商品房销售均价 9090 元/平方米，同比上涨 12.1%；其中商品住宅均价 8466 元/平方米，同比上涨 10.4%。从全年房价走势看，商品房和商品住宅的销售均价都较为平稳，上半年同比涨幅较高；在全年控价目标的约束下，下半年部分地方政府加强房价指导干预，房价上涨幅度有所回落，最终也实现了全年涨幅达到年内最低水平。

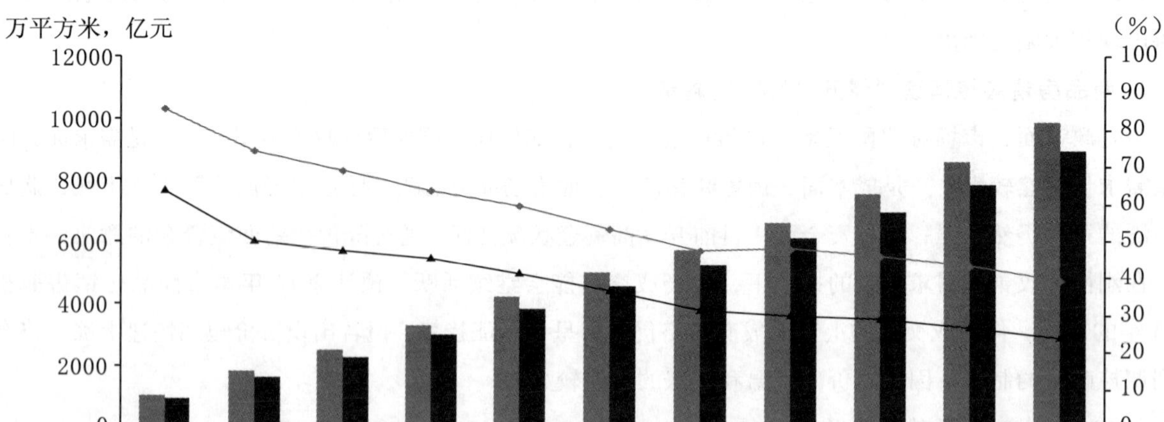

	1—2月	1—3月	1—4月	1—5月	1—6月	1—7月	1—8月	1—9月	1—10月	1—11月	1—12月
商品房销售面积	1020.85	1801.50	2513.82	3281.46	4221.41	4988.12	5732.61	6613.96	7537.76	8567.86	9836.39
商品房销售金额	902.86	1607.75	2268.61	2986.85	3831.10	4554.07	5261.49	6143.45	6967.25	7857.46	8941.05
商品房面积同比	64.1%	50.5%	47.9%	45.9%	41.8%	37.1%	31.9%	30.5%	29.6%	27.3%	24.5%
商品房金额同比	86.0%	74.4%	69.1%	63.8%	59.8%	53.5%	47.7%	48.1%	46.1%	43.5%	39.5%

图 3－37　2013 年广东省商品房销售面积、销售金额走势

从供求关系看，2013 年广东省商品房批准预售面积 8418.83 万平方米，同比减少 12.2%；其中，商品住宅批准预售面积 7458.88 万平方米，同比减少 13.1%。广东省商品房销售率（实际销售面积/批准预售面积）达 116.8%，同比提高 34.4 个百分点；商品住宅销售率 118.4%，同比提高 35.0 个百分点（见图 3－38，表 3－29）。数据显示，2013 年商品房总体呈现供不应求的局面，这也是导致房价持续上涨的主要因素之一。

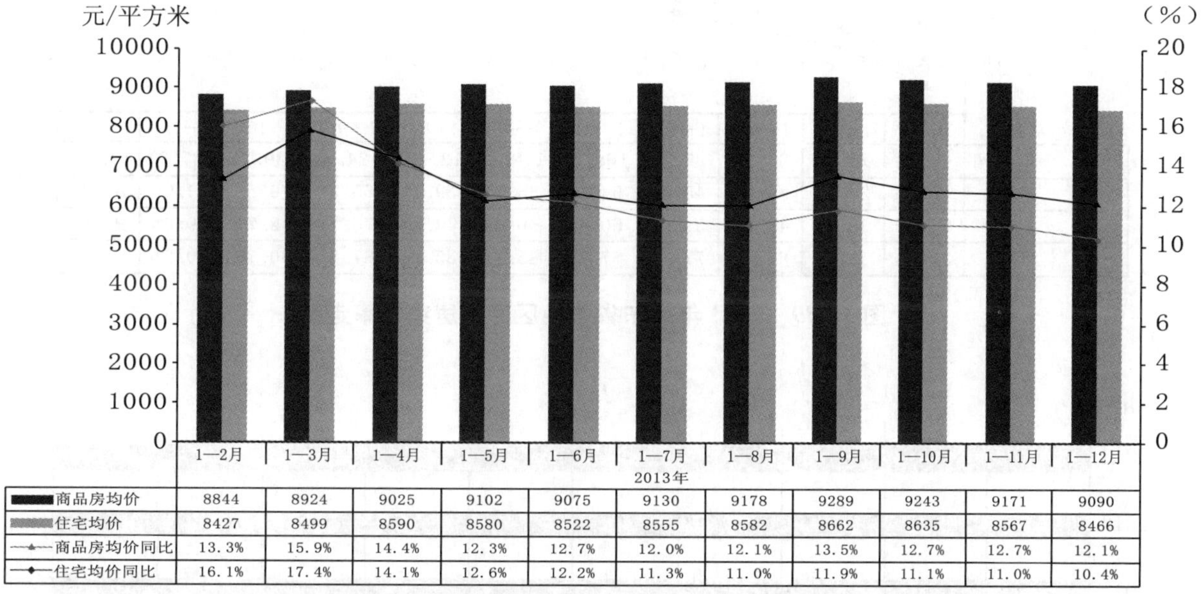

图 3－38　2013 年广东省商品房、商品住宅销售均价走势

表 3－29　　2012、2013 年广东省商品房销售率比较

单位：万平方米，%

项目	商品房批准预售面积			商品房销售率		
		商品住宅			商品住宅	
			90 平方米以下			90 平方米以下
2012 年	9587.26	8583.54	1938.21	82.40	83.40	95.60
2013 年	8418.83	7458.88	1723.15	116.80	118.40	120.80
同比增长	－12.20	－13.10	－11.10	34.4 个百分点	35.0 个百分点	25.2 个百分点

分地区看，珠三角地区和粤西地区销售面积增速与全省走势基本相当，全年分别销售 7196.64 万平方米和 881.48 万平方米，同比增长 25.0% 和 21.8%；粤北山区则呈现前升后降趋势，全年销售面积 1380.79 万平方米，同比增长 36.1%；粤东地区销售面积增速全年低位徘徊，全年销售面积 377.47 万平方米，同比下降 6.5%。各地区供求关系看，珠三角地区商品房销售率 129.5%，粤东、西、北地区分别为 81.6%、94.8% 和 94.1%，珠三角地区销售率高于全省平均水平，且与其他地区的差异逐步扩大（见图 3－39，图 3－40）。近几年各地区销售面积数据显示，珠三角商品房销售面积的比重总体呈小幅下降趋势，但 2013 年其市场表现更为稳健，销售面积占全省比重同比略有反弹。

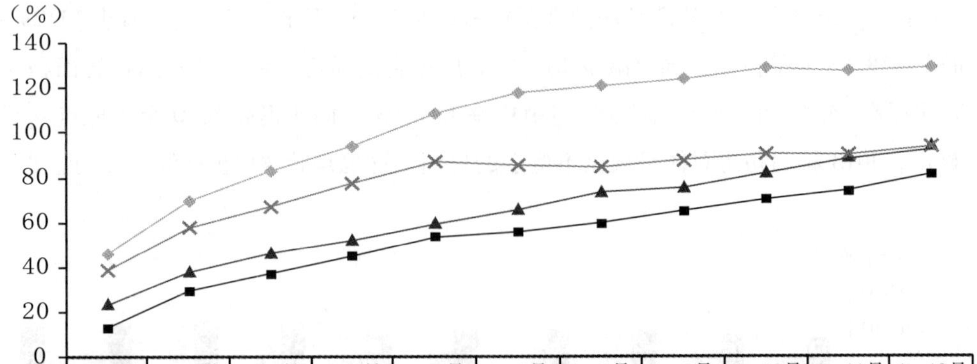

	1—2月	1—3月	1—4月	1—5月	1—6月	1—7月	1—8月	1—9月	1—10月	1—11月	1—12月
珠三角	46.4%	70.0%	83.2%	94.2%	108.8%	118.1%	121.3%	124.3%	129.2%	127.9%	129.5%
东翼	13.2%	29.7%	37.2%	45.4%	54.0%	56.1%	59.7%	65.2%	70.5%	74.0%	81.6%
西翼	24.4%	38.8%	47.1%	52.9%	60.4%	66.4%	74.2%	76.1%	82.7%	89.6%	94.8%
山区	39.1%	58.2%	67.4%	77.8%	87.4%	85.8%	85.0%	87.8%	90.7%	90.5%	94.1%

图 3－39　2013 年广东省各地区商品房销售率走势

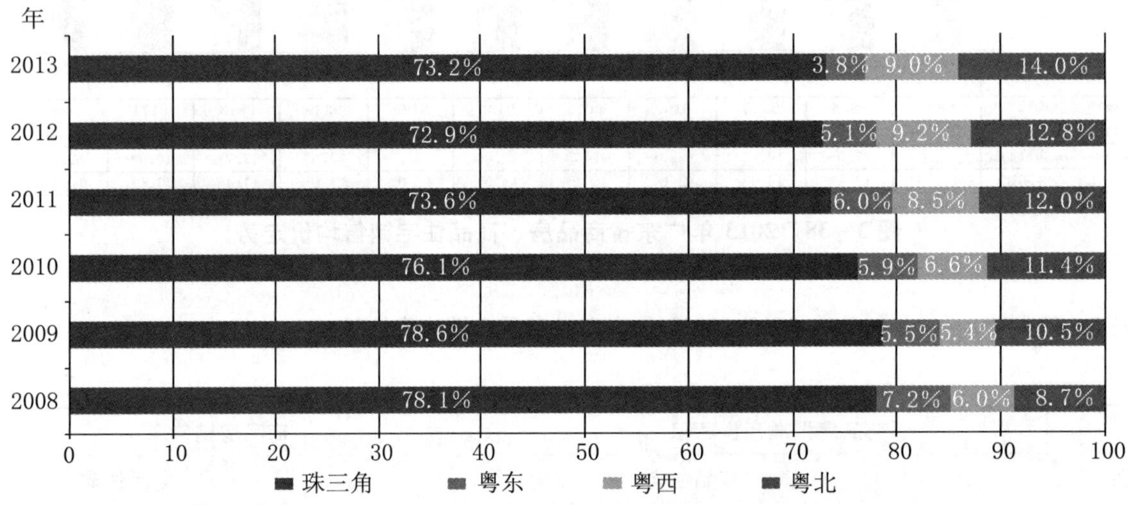

图 3－40　2008—2013 年广东省商品房销售面积地区分布结构

2. 房地产资金结构优化，新政策取向预示变革

2013 年，受益于较为宽松的货币政策，房地产业获得了有力的信贷支持。2013 年全省金融机构房地产贷款余额为两万亿元，同比增长 16.8%，其中开发贷款余额和个人住房按揭贷款余额同比分别增长 14.5% 和 14.6%。其中，2013 年新增房地产贷款 2876 亿元，占同期各项贷款增量的 34.7%，其中 60.9% 于上半年贷出；新增贷款比 2012 年大幅增长 1602 亿元，增幅高达 125.7%，直接或间接改善了房地产企业的资金状况。

广东省全年房地产到位资金小计 10472.94 亿元，同比增长 32.3%，增速为近十年次高水平。从房地产企业资金来源结构看，2013 年国内贷款 2143.59 亿元，占本年资金来源的 20.47%，同比提高 1.43 个百分点；利用外资 36.29 亿元，占 0.35%，同比下降 0.02 个百分点；自筹资金 2798.34 亿元，占 26.72%，同比下降 3.77 个百分点；其他资金来源 5494.72 亿元，占 52.47%，同比提高 2.37 个百分点（见图 4－41）。从近五年数据看，以销售回款为主的其他资金来源所占比重为最高水平，自筹资金则为最低水平，反映企业权益融资压力有所减小，资金成本下降，资金结构得以改善。

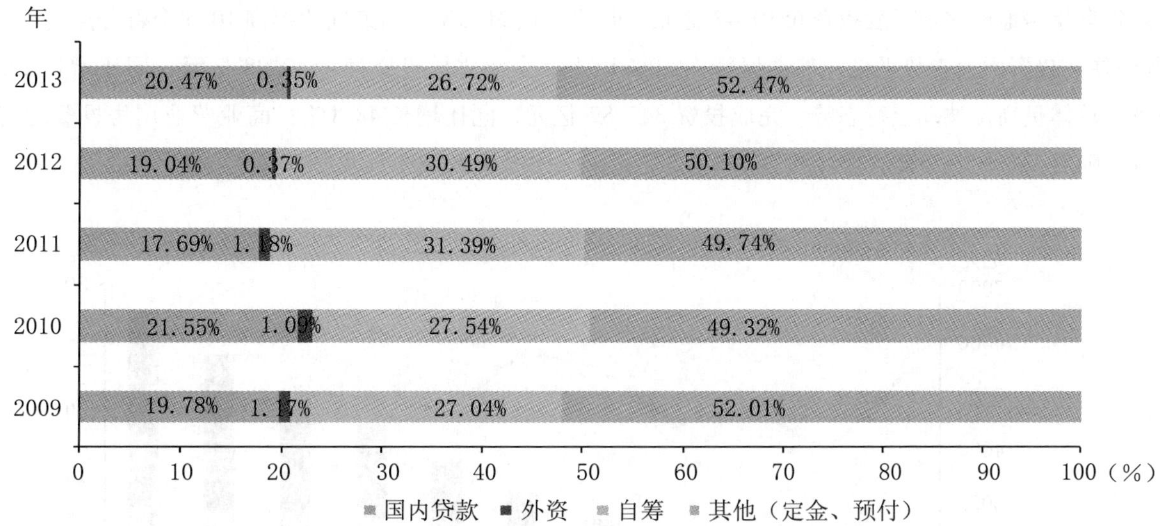

图 3-41 2009—2013 年广东省房地产本年资金来源结构

但数据显示，虽然 2013 年各季度的企业银行贷款与个人住房按揭贷款数额没有出现明显缩减，但企业银行贷款的同比增速在第二、第三季度达到高峰后呈急剧下滑态势；个人住房按揭贷款同比增速呈大幅回落走势，第四季度更是出现负增长（见图 3-42）。这与 6 月中旬国务院常务会议提出“要优化金融资源配置，用好增量、盘活存量，更有力的支持经济转型升级”的金融政策取向有密切关系，也预示着今后房地产业的融资环境将发生本质改变，来自银行等金融机构的间接融资方式的难度和成本预计都将随之上升。企业应关注研究房地产金融制度走向，防范流动性收紧后资金链的安全问题。

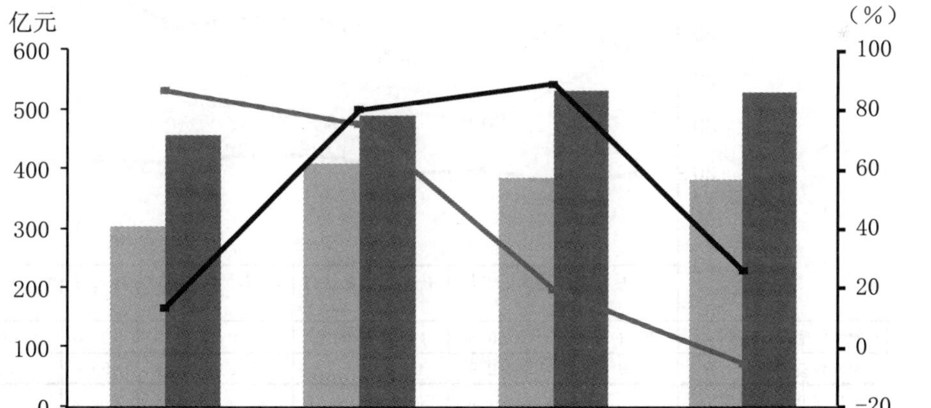

	一季度	二季度	三季度	四季度
个人住房按揭贷款	303.79	406.76	384.44	379.69
企业银行贷款	454.99	489.87	530.18	528.19
个人按揭贷款同比	86.2	74.8	19.1	-5.7
企业银行贷款同比	13.0	79.7	88.2	25.5

图 3-42 2013 年各季度广东省房地产企业银行贷款、个人按揭贷款情况

3. 开发商投资热情不减，资金流掣肘不容忽视

2013 年商品房销售市场的超预期表现增强了开发商的投资信心，完成投资额、土地购置面积、商品房新开工面积等指标均有较大幅度增长。其中，投资增速在一季度时降至年内最低点后反弹回稳，基本保持在 20% 以上，广东省全年房地产完成开发投资6519.47亿元，同比增长21.8%，增速同比提高10.5个百分点（见图3－43）。其中住宅投资增速走势平稳，基本保持在20%以上，全年完成投资额4540.98亿元，同比增长22.6%；办公楼投资总体呈高位波动上行态势，完成投资347.82亿元，同比增长48.1%；商业营业用房投资增速年初高位运行，随后呈阶梯状下降，全年投资716.02亿元，同比增长30.8%（见图3－44）。

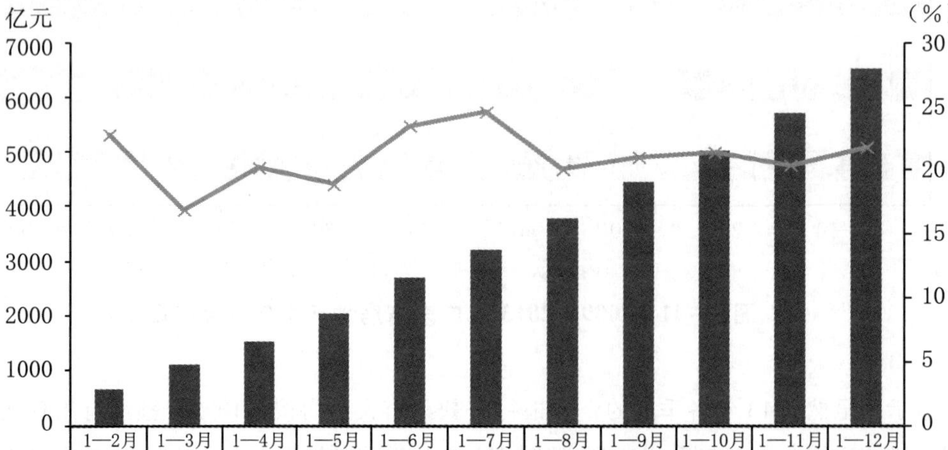

	1—2月	1—3月	1—4月	1—5月	1—6月	1—7月	1—8月	1—9月	1—10月	1—11月	1—12月
投资额	671.34	1105.15	1533.62	2031.46	2708.36	3231.45	3773.78	4444.02	5017.69	5714.77	6519.47
投资总额同比	22.8%	16.9%	20.2%	18.9%	23.5%	24.6%	20.1%	21.0%	21.4%	20.4%	21.8%

图3－43　2013年广东省房地产完成投资额走势

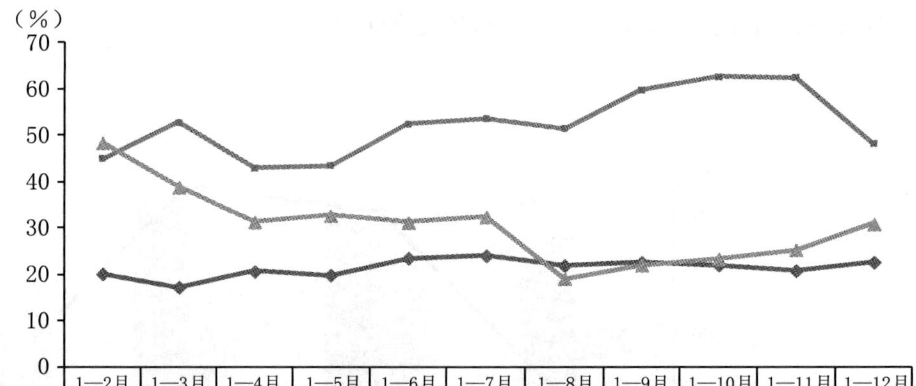

	1—2月	1—3月	1—4月	1—5月	1—6月	1—7月	1—8月	1—9月	1—10月	1—11月	1—12月
住宅同比（%）	20.1	27.3	20.6	19.9	23.5	24.0	21.9	22.6	22.0	20.8	22.6
办公楼同比（%）	44.9	52.6	42.9	43.4	52.3	53.5	51.4	59.6	62.4	62.3	48.1
商业营业用房同比（%）	48.3	38.8	31.2	32.7	31.2	32.4	19.1	22.0	23.3	25.3	30.8

图3－44　2013年广东省商品住宅、办公楼、商业营业用房投资同比增速走势

2013年底广东省房地产待开发土地面积4866.04万平方米，同比增长18.0%；广东省商品房施工面积46480.47万平方米，同比增长18.3%。其中，本年土地购置面积2250.96万平方米，同比增长24.7%；商品房新开工面积14265.48万平方米，同比增长34.4%，全年增速呈稳步提升趋势（见图3－45）。分用途看，住宅新开工面积10114.75万平方米，同比增加29.0%；办公楼面积563.20万平方米，大幅增长94.9%；商业营业用房面积1481.58万平方米，增长48.4%。数据显示，2010年以来，广东省商品房每年新开工面积基本都在1亿平方米以上，使得2013年底的施工面积快速攀至4.65亿平方米，比2009年的2.47亿平方米增加了88%。

在建工程量的快速提升，意味着需要相应扩张的资金流规模滚动运作。而从商品房销售额与投资额的比值情况看，2013 年各季度与之前年份相比已处于低位，且当前商品房销售市场处于调整期，销售额或难以持续高速增长，若无法获得有力的信贷支持或拓宽其他融资渠道，未来企业资金流将成为行业发展掣肘，值得业界对此高度重视（见图 3－46）。

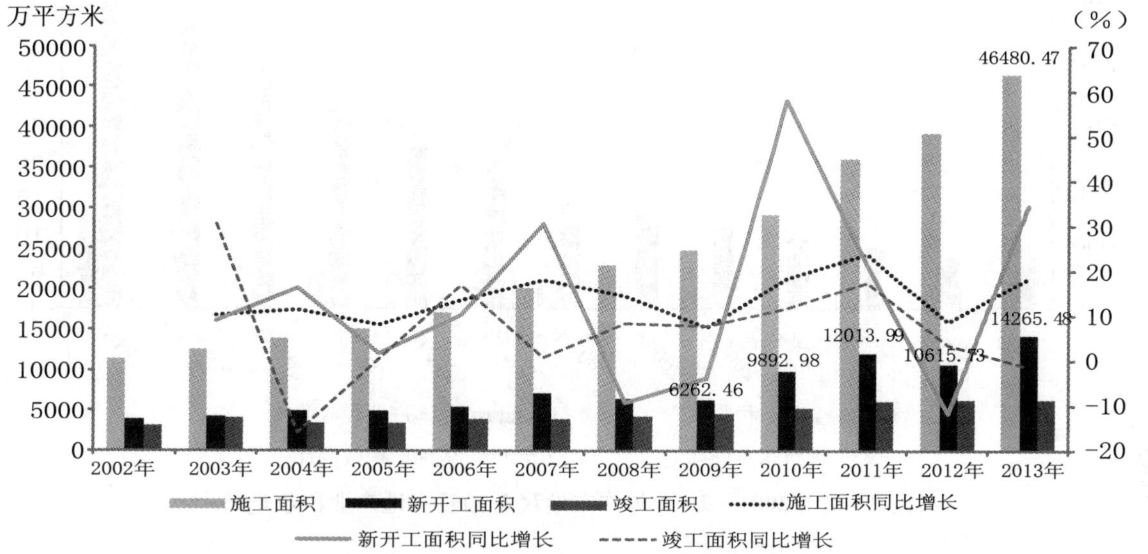

图 3－45　2002—2013 年广东建设指标走势

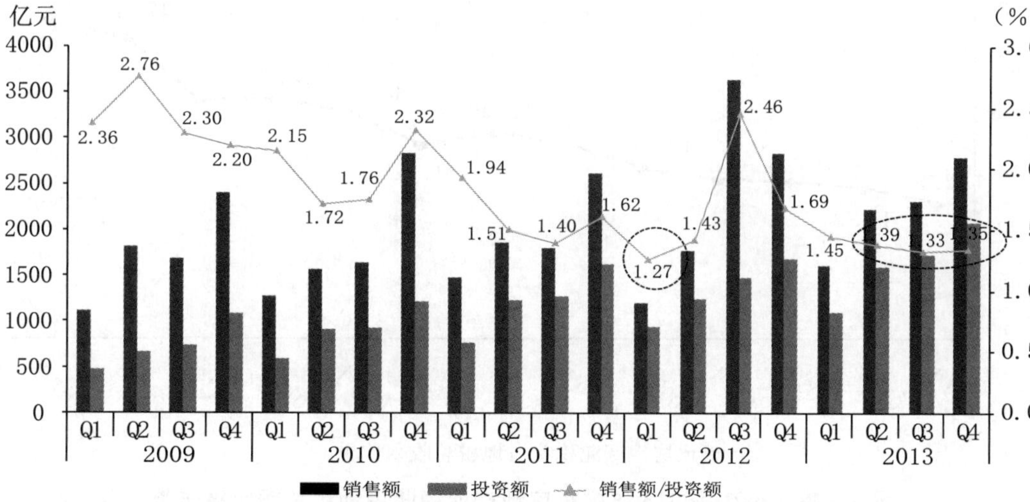

图 3－46　2009—2013 年各季度广东商品房销售额与投资额比值走势

4. 房地产税收增速回落，顶梁柱作用无以取代

2013 年全省地方税收组织房地产业税收收入 1486.29 亿元，同比增长 16.8%，增速较地税总体水平高 7.3 个百分点（见图 3－47）。房地产业税收占地税总收入的 29.2%，比 2012 年提高 1.8 个百分点（见图 3－48），房地产业税收在地税收入中起着顶梁柱的作用。数据显示，自 2001 年起，广东房地产业税收占全省地方税务总收入的比重不断上升，近两年以更快的速度提高。从税种构成看，全年房地产业营业税 506.21 亿元，同比增长 24.7%，占 34.1%，比重同比提高 2.2 个百分点，为最主要税种；土地增值税 344.13 亿元，同比减少 2.2%，占

23.2%，同比下降4.5个百分点；企业所得税162.93亿元，同比增长39.6%，占10.9%，比重同比提高1.7个百分点。得益于房地产市场的活跃，房地产业营业税、企业所得税所占比重有所提高，且同比大幅增长。

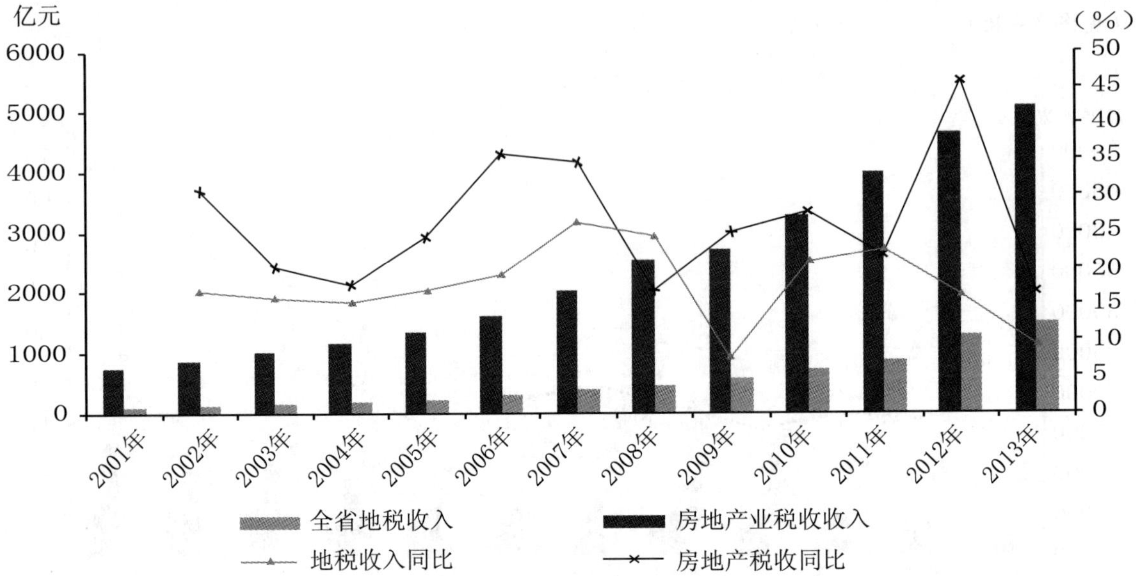

图3-47　2001—2013年广东地税总额及房地产业税收走势

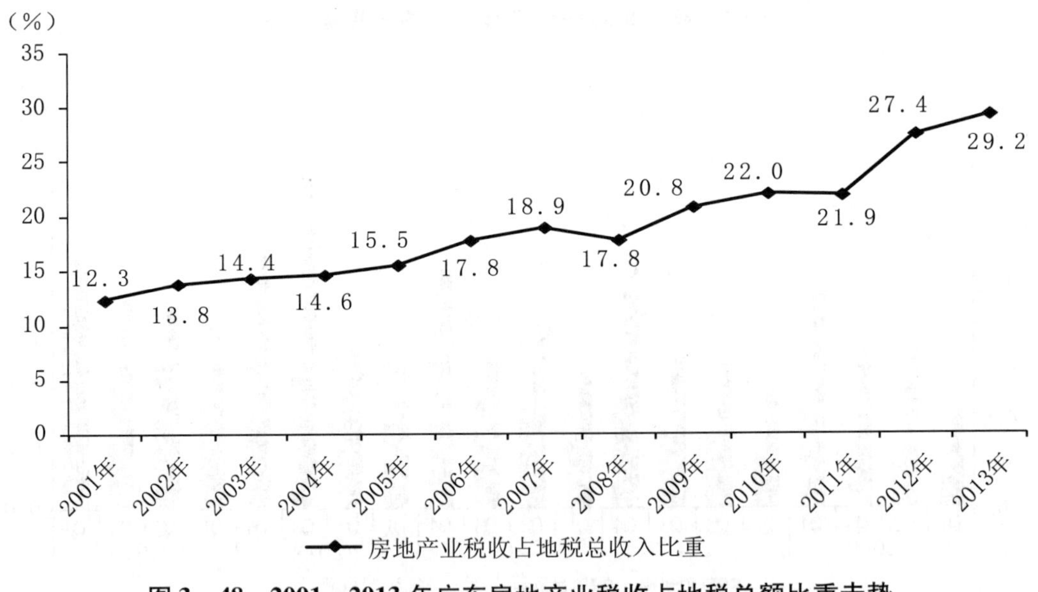

图3-48　2001—2013年广东房地产业税收占地税总额比重走势

（二）结论

1. 房屋销售

在相对宽松的政策环境和总体供不应求的情况下，广东省商品房市场交易市场表现活跃，销售面积、销售金额均创历史新高；广东省省销售均价全年走势基本平稳，涨幅持续回落。其中珠三角地区市场表现更为稳健，商品房销售面积占全省比重略有回升。

2. 资金状况

房地产总体信贷环境较为有利，广东省全年金融机构新增房地产贷款额占总新增贷款额比重超过三成，新增房地产贷款额同比增幅高达125%，大大改善了房地产企业的资金结构。但下半年受流动性收紧影响，企业银行贷款及个人按揭贷款同比增速大幅回落，金融体制改革将进一步影响房地产业的资金状况。

3. 开发建设

房地产投资额、土地购置面积、商品房新开工面积等指标均呈稳步增长态势。但近几年大幅增加的新开工量已使得当前施工面积达到历史高峰，而销售金额与投资额的比值却处于近五年来的低位，企业的资金流面临较大的考验。

4. 税收贡献

伴随房地产投资、销售市场的全面走强，房地产营业税及企业所得税等均有较大幅度增长，房地产业税收占全省地税总额的比重已逼近三成，对地税的贡献作用进一步凸显。

（三）展望

1. 政策环境

2013年房地产调控政策趋于平稳，调控方式倾向于长效机制；未来房地产市场将注重发挥市场机制的调节作用，部分城市仍将执行限购等行政手段，但调控方式更为灵活；新一届中央政府通过加强金融监管，优化金融资源配置，更有力地支持经济转型升级。预计2014年货币政策仍维持中性偏紧，银行对房地产业的信贷支持将逐渐走弱；相关部门加强对影子银行的监管，资金流入房地产业的难度也将有所提高；利率市场化的进一步推进，对企业的利率风险管理将提出更高的要求。

另外，《中共中央关于全面深化改革若干重大问题的决定》提出“建立城乡统一的建设用地市场”，2014年中央1号文件提出“深化农村土地制度改革”，农村集体建设用地逐步有序入市将为房地产业拓宽空间；中央提出“推进农业转移人口市民化，逐步把符合条件的农业转移人口转为城镇居民”，城镇化的发展又为房地产业提供了发展机遇。

2. 市场走势

土地市场方面，2013年土地购置面积增幅不小，且不少是以“地王”的代价获取，这一方面使得房地产企业的土地储备得到补充；另一方面则削弱了企业继续竞拍的能力。预计今年“地王”现象将有所减少，价格涨幅将会放缓。市场供求方面，近年新开工面积屡创新高，不断扩张的在建工程量增加了企业的资金负担，市场供应量同比将有所增加。虽然当前住房需求群体依然庞大，但大多数普通工薪阶层的购买能力相对有限；高端消费群体和改善型需求受到政策限制，市场有效需求呈现缩减态势，商品房供不应求的局面可能出现缓解。

综上分析，新的一年房地产行业的融资环境将比2013年收紧，对于大规模扩张、高价获取土地、高负债运作的房地产企业将面临较大挑战，企业应提高对金融风险的管理能力，结合政策环境及市场变化，以市场需求为导向调整开发经营战略，关注产业园区建设、养老地产等新兴领域，寻求多元化发展。

（广东省房地产业协会提供）

七、西藏自治区房地产市场综述

随着经济快速发展、城乡居民收入不断提高和社会日益稳定和谐，西藏自治区（简称西藏）区房地产市场与全国房地产市场同步触底回暖，进入快速发展期。

（一）房地产企业基本情况

房地产企业涵盖房地产开发企业、物业服务企业和房地产中介机构（包括房地产评估机构、房地产经纪机构）3种类型。截至2013年底，全区注册房地产企业共204家，房地产开发企业、物业服务企业、房地产中介机构分别为110家、78家和16家，较2010年均有不同程度增加（详见表3－30）。

表3－30　　2013年我区房地产企业数量统计表

名　称	一级企业	二级企业	三级企业	四级企业	暂定企业	其中今年新设企业	合　计
房地产开发企业	1（区外备案）	17	28	28	36	14	110
物业服务企业	4（区外备案）	4	45	—	25	12	78
房地产评估机构	1（区外备案）	2	5	—	2	1	10
房地产经纪机构	0	0	0	1	5	2	6

（二）房地产投资开发情况

2012年9月份以来，西藏房地产市场开发投资扭转下滑局面，投资额止降回升。西藏房地产市场投资额继续攀升，全区2013年房地产市场完成投资额9.68亿元，较去年同期的6.87亿元增长40.9%；房屋施工面积57.7万平方米，同比增长22.0%，其中，今年新开工面积27.8万平方米，同比增长22.5%，有开发意向的房地产项目22个。

（三）商品房销售情况

受2008年后三年房地产市场相对低迷影响，市场累积的待售商品房面积较大。通过近几年的逐步消化，目前2012年以前开发的商品房项目大都清盘。据统计，全区全年批准房地产销售项目15个，销售面积25.4万平方米，同比增加12.9%；实现商品住房销售面积22.8万平方米2062套，同比增长10.7%，其中现房销售面积12.8万平方米，同比下降21%，期房销售面积3.8万平方米，同比增长1.53倍；完成商品房销售额10.6亿元，同比增长43.2%，其中现房销售额6.7亿元，同比增加19.6%，期房销售额3.9亿元，同比增长1.3倍。

（四）商品房销售价格情况

商品房的销售价格未受国家调控政策影响降低，相反受市场商品房供给不足影响，自2013年9月份以来稳中有涨，呈上升趋势（2008—2012年及2013年我区商品住房房价走势（详见图3－49）。

据统计，2013年我区商品住房均价为4173元/平方米，较上年的3268元/平方米有明显增长，涨幅达27.7%。

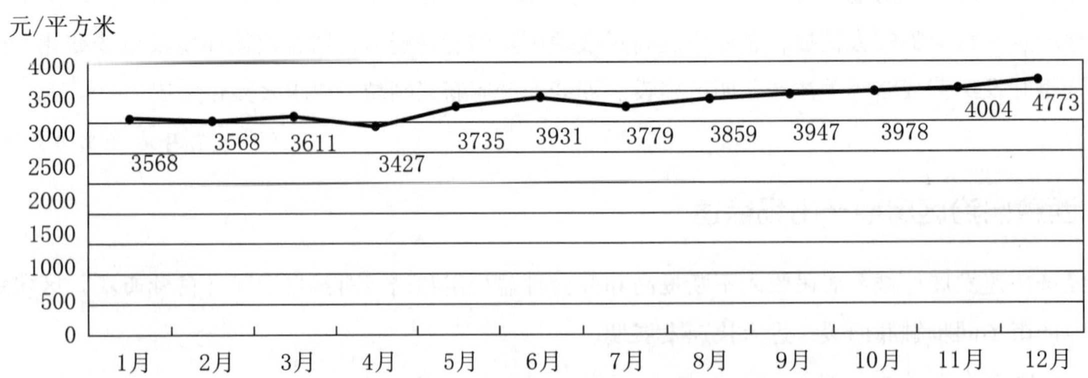

图3－49　2013年1—12月商品房售价走势图

（五）保障性住房建设力度不断加大

全区 2013 年新建廉租住房 6000 套，建筑面积 30 万平方米，国家和自治区共下达投资 64964 万元；新建公共租赁住房 22000 套，建筑面积 88 万平方米，国家和自治区共下达投资 196732 万元；改造城镇棚户区 13300 户，建筑面积约 110 多万平方米，国家和自治区共下达补助资金 28512 万元；改造周转房 3000 套，建筑面积 23.7 万平方米；计划发放租赁住房补贴 9094 户，13996 万人，下达补助资金 4282.82 万元。同时，2012 年底下达第二批周转房 5540 套，建筑面积 33.13 万平方米，国家和自治区共下达投资 75333 万元，追加僧舍危旧房改造 2.9 万余户，计划投资 1.47 亿元。

（六）房地产市场供应结构日趋合理

西藏房地产市场初期自建房比重较高，且多为“一楼一底”单门独院住房。受此影响，房地产开发企业以开发建设低层带庭院联排别墅为主；2007 年后为节约土地资源，政府引导建设公寓式普通商品住房，目前越来越被广大购房群体尤其是年轻人所接受；同时，随着西藏经济社会的跨越式发展，商业地产、旅游地产等需求日益旺盛，促使房地产开发企业调整商品房供应结构，引导房地产市场投资向多元化发展，西藏房地产市场供应结构日趋合理，呈现出多层次、多结构的供应模式，如写字楼、综合商住、酒店式公寓等。

（七）物业服务发展较快

随着人们生活水平的不断提高，物业服务正逐步被广大居民所接受，并得到较快发展。截至目前，物业服务企业由 2008 年的 35 家发展到现在的 78 家，全区物业服务覆盖率由 50% 发展到目前的 85%，物业服务管理的小区已达 130 多个，在管物业服务建筑面积达 750 多万平方米，物业服务范围逐步扩大，服务项目不断增加，管理日趋规范，先后有 5 个小区荣获中国房协颁发的“广厦”奖荣誉称号。

（八）房地产市场秩序进一步规范

各地市住房和城乡建设部门在人手少、工作条件差、任务重的情况下，通过商品房预（销）售许可、市场巡回监督检查和房屋权属登记等措施，努力开展房地产市场监管工作，西藏房地产市场秩序得到进一步加强和规范。

（西藏自治区建设厅提供）

Ⅳ.城市篇

导 读

2013 年房地产市场政策环境总体平稳，特别是政府换届后，市场机制发挥了越来越重要的作用，房地产市场上半年小幅回调后进入了持续回暖阶段。由于经济发展水平的不均衡，各城市间房地产市场差异性大，区域特征强。本篇中，我们选取了四十个重点城市，对各城市建设规模、市场变化、成交结构、项目排行等市场要素进行深入分析。力图通过对四十个重点城市的分析，展示 2013 年城市层面房地产市场的特点与差异。

"市场纪录"中数据来源于国家统计局和中国房地产决策咨询系统（CRIC），其中少数空白是因为统计数据当时尚未发布。全国性的数据不包含港澳台地区相关数据。

一、北京市房地产市场情况

1. 2013 年房地产行业数据（见表 4－1）

表 4－1　　2011—2013 年北京房地产行业数据表

类　别	指　标	2011 年	2012 年	2013 年
宏观	GDP（亿元）	16251. 90	17879. 40	19500. 60
	同比增幅（%）	8. 10	7. 70	9. 07
	进出口总额（亿美元）	3895. 80	4079. 20	4291. 00
	同比增幅（%）	29. 15	4. 71	5. 19
	固定资产投资（亿元）	5910. 60	6462. 80	7032. 20
	同比增幅（%）	7. 59	9. 30	8. 81
	社会消费品零售总额（亿元）	6900. 30	7702. 80	8375. 10
	同比增幅（%）	10. 77	11. 63	8. 73
行业	房地产开发投资（亿元）	3036. 30	3153. 40	3483. 40
	同比增幅（%）	4. 66	3. 90	10. 46
	商品房新开工面积（万平方米）	4246. 10	3224. 20	3577. 50
	同比增幅（%）	42. 76	－24. 10	10. 96
	商品房施工面积（万平方米）	12065. 40	13122. 50	13886. 90
	同比增幅（%）	17. 13	8. 80	5. 83
	商品房竣工面积（万平方米）	2245. 20	2390. 90	2666. 40
	同比增幅（%）	－5. 93	6. 50	11. 52
土地	土地购置面积（万平方米）	507. 00	306. 00	906. 20
	同比增幅（%）	－41. 00	－39. 65	196. 14
	土地购置费（亿元）	1301. 20	1102. 70	1159. 47
	同比增幅（%）	0. 66	－15. 26	5. 10
市场	商品房销售面积（万平方米）	1440. 00	1943. 70	1903. 10
	同比增幅（%）	－12. 17	35. 00	－2. 09
	商品房销售金额（亿元）	2425. 80	3308. 60	3530. 80
	同比增幅（%）	－16. 79	36. 39	6. 72

数据来源：北京市统计局。

类　别	指　标	2011 年	2012 年	2013 年
土地	土地供应量（万平方米）	2703. 02	1979. 92	2680. 63
	土地成交量（万平方米）	2347. 32	1699. 21	2382. 10
	土地成交金额（亿元）	1054. 87	647. 92	1821. 82
市场	商品住宅供应量（万平方米）	1013. 77	947. 14	795. 28
	商品住宅成交量（万平方米）	868. 71	1310. 16	1192. 73
	商品住宅成交均价（元/平方米）	21761. 00	20534. 00	23502. 00

数据来源：中国房地产决策咨询系统（CRIC）。

2. 综述：政策趋紧抑制投资性需求，市场成交同比下滑

2013 年以来，中央政府坚持房地产调控“不放松，不加码”，支持首套自住购房需求，继续抑制投资投机需求。北京作为限购尺度最大的城市，继续坚持政策从紧，加大限购力度。从 2013 年 3 月 30 日的京版“国五条”细则，针对单身人士限购、提高二套房贷利率，到 2013 年 10 月 23 日的“京七条”，强调自住房增加供应，调控政策明显紧缩。通过解决中低收入人群住房问题来平衡市场需求，正成为政府调控的重头戏。北京未来房地产的发展趋势也将向“低端有保障，中端有政策，高端有控制”靠近。

3. 投资建设：投资增速继续低位运行

2013 年，全市完成房地产开发投资 3483 亿元，同比增长 10.5%，增速较 2012 年有所提升。其中，住宅完成投资 1724.6 亿元，同比增长 5.9%。商品房施工面积为 13886.9 万平方米，同比增长 5.8%。受年初以来市场回暖因素利好，商品房新开工面积 3577.5 万平方米，同比增长 11%。商品房竣工面积较 2012 年上涨 11.5%。

4. 市场表现：商品住宅成交量小幅下滑，成交均价快速上扬

2013 年，北京市商品住宅成交面积达到了 1192.73 万平方米，同比下滑 8.9%。从 1—12 月成交走势来看，呈现 M 型变化，有四个阶段。

第一个阶段为第一季度市场回暖期，延续 2012 年下半年市场向好行情，至 3 月成交量达最高，为 159.77 万平方米；第二阶段为政策影响期，“京五条”出台，限购波及刚需群体，4—7 月成交明显下降，最低仅为 84.33 万平方米；第三阶段为平稳回升期，经历了半年左右调整，政策影响逐渐淡化，市场成交从 8 月开始回升；第四阶段为波动期，政府加大对自住商品房关注，并定调“低端有保障、中端有政策、高端有控制”，影响房企对后期市场预期，有意调整推案节奏，同时金融层面放贷缩紧，导致年底置业信心不强。

2013 年北京商品住宅销售价格快速上扬，成交均价为 23502 元/平米，达到 2008 年以来最高值，较上年增长 14%。月度成交而言，市场一直处于供不应求状态，成交价格保持 20000 元/平米以上，并稳中有升（见图 4－1）。

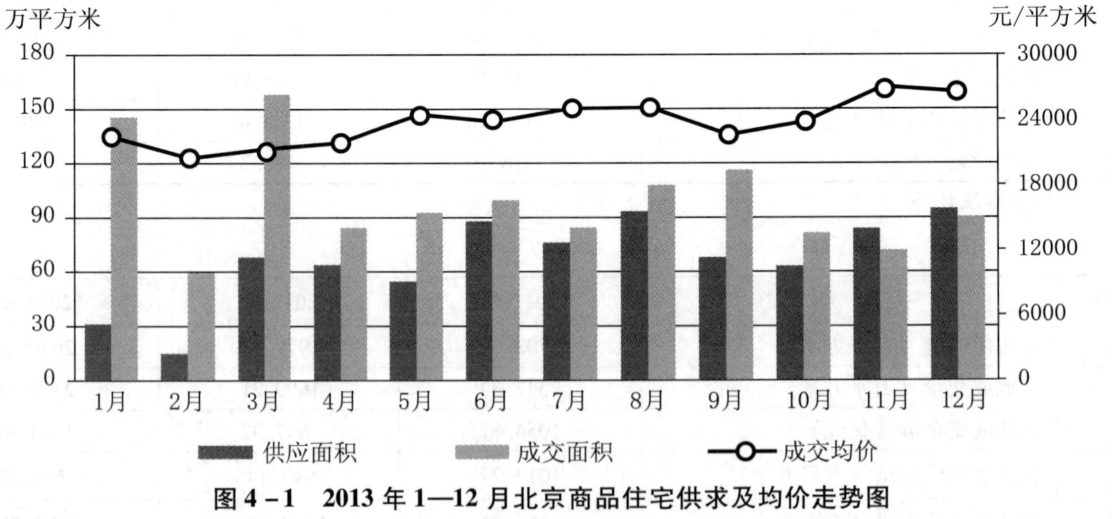

图 4－1 2013 年 1—12 月北京商品住宅供求及均价走势图

数据来源：中国房地产决策咨询系统（CRIC）。

二、天津市房地产市场情况

1. 2013 年房地产行业数据（见表 4－2）

表 4－2　　2011—2013 年天津房地产行业数据表

类　别	指　标	2011 年	2012 年	2013 年
宏观	GDP（亿元）	11190. 99	12746. 40	14370. 16
	同比增幅（%）	16. 40	12. 80	12. 74
	进出口总额（亿美元）	1033. 91	1156. 20	1285. 28
	同比增幅（%）	25. 90	11. 80	11. 16
	固定资产投资（亿元）	7510. 67	8850. 00	10121. 20
	同比增幅（%）	31. 10	18. 00	14. 36
	社会消费品零售总额（亿元）	3395. 06	3921. 43	4470. 43
	同比增幅（%）	18. 70	15. 50	14. 00
行业	房地产开发投资（亿元）	1080. 04	1260. 00	1480. 82
	同比增幅（%）	24. 60	16. 70	17. 53
	商品房新开工面积（万平方米）	3484. 21	2565. 19	2672. 93
	同比增幅（%）	19. 70	－22. 20	4. 20
	商品房施工面积（万平方米）	9075. 39	9864. 22	10892. 17
	同比增幅（%）	26. 74	6. 80	10. 42
	商品房竣工面积（万平方米）	2105. 32	2542. 75	2805. 37
	同比增幅（%）	0. 30	20. 90	10. 33
土地	土地购置面积（万平方米）	596. 59	299. 75	210. 64
	同比增幅（%）	－8. 56	－49. 76	－29. 73
	土地购置费（亿元）	85. 15	138. 39	107. 25
	同比增幅（%）	－36. 50	67. 10	－22. 50
市场	商品房销售面积（万平方米）	1643. 11	1661. 69	1847. 11
	同比增幅（%）	8. 50	4. 20	11. 16
	商品房销售金额（亿元）	1473. 11	1365. 53	1615. 47
	同比增幅（%）	14. 90	－2. 10	18. 30

数据来源：天津市统计局。

类　别	指　标	2011 年	2012 年	2013 年
市场	商品住宅供应量（万平方米）	1536. 41	1034. 86	—
	商品住宅成交量（万平方米）	886. 51	888. 83	1181. 88
	商品住宅成交均价（元/平方米）	9347. 00	10061. 00	10218. 00

数据来源：中国房地产决策咨询系统（CRIC）。

2. 综述：政策以"维稳"为主，市场成交持续放量

2013 年，天津调控政策以"维稳"为主，推动市场成交反弹。商品房成交同比上涨 11.2%，其中，商品住宅成交量呈现明显上扬趋势，较 2012 年上涨 32.97%，但供应量同比下降 25.45%，成交均价小幅上扬，呈现平稳态势。

3. 投资建设：住宅开发投资增速首次出现下滑

2013 年天津房地产开发投资同比增速继续保持低位运作，全年房地产累计开发投资额 1480.82 亿元，同比增幅为 17.53%。不仅如此，全年住宅开发投资为 986.28 亿元，增速近五年来首次出现下滑，回落至 17%（见图 4－2）。在天津商品住宅市场库存已经高达 2000 万平方米的背景下，住宅产品开发投资增速明显放缓是一种理性的现象。

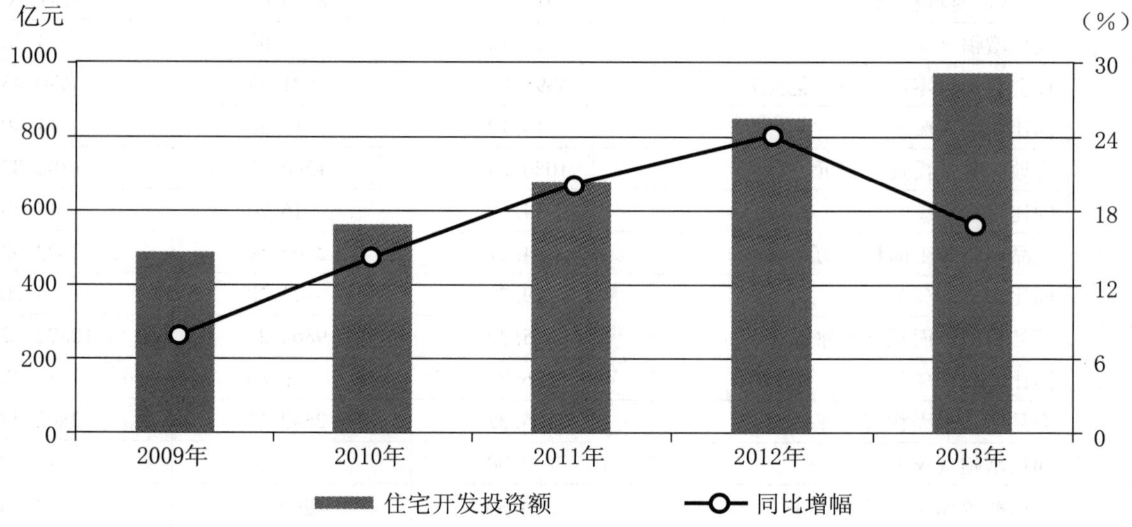

图 4－2　2009—2013 年天津住宅开发投资额年度走势及同比增幅图

数据来源：天津市统计局。

4. 市场表现：商品住宅成交大幅上扬，成交均价低开高走

2013 年，天津商品住宅成交量为 1181.88 万平方米，同比增长 32.97%，商品住宅成交价格保持了相对平稳。

从月度成交走势来看，2013 年，随着前期政策的逐渐消化，天津商品住宅市场销售十分红火，年底成交放量，大幅走高，成功"翘尾"。单月而言，受"国五条"末班车效应影响，3 月份成交达到峰值，为 121.75 万平方米，随后月度成交呈平稳状态，至四季度时，单月成交均在 100 万平方米以上（见图 4－3）。

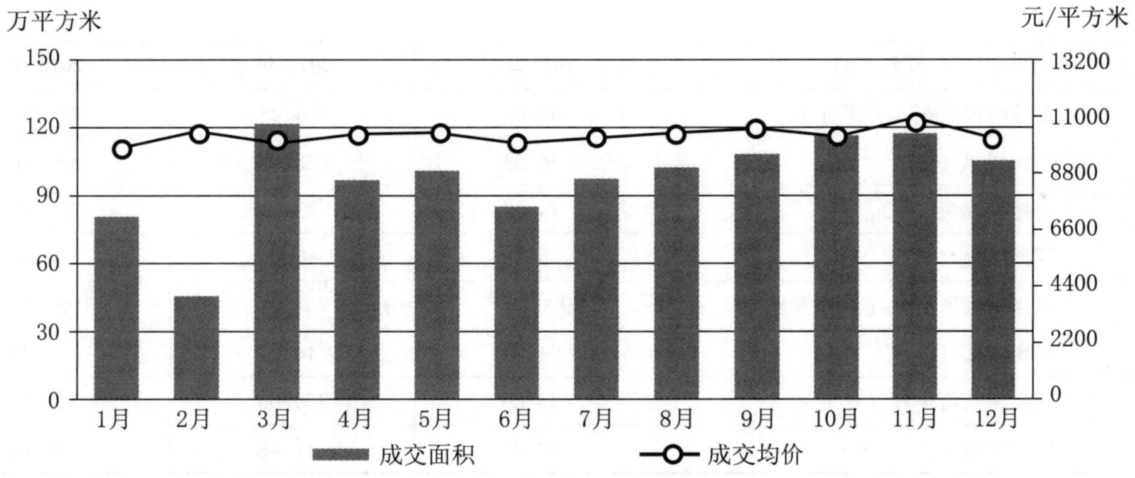

图4-3　2013年1—12月天津商品住宅成交量及均价走势图

数据来源：中国房地产决策咨询系统（CRIC）。

三、石家庄市房地产市场情况

1. 2013年房地产行业数据（见表4-3）

表4-3　2011—2013年石家庄房地产行业数据表

类别	指标	2011年	2012年	2013年
宏观	GDP（亿元）	4083.00	4500.00	4863.60
	同比增幅（%）	20.04	10.40	9.50
	进出口总额（亿美元）	141.70	129.50	140.00
	同比增幅（%）	29.12	-8.80	8.10
	固定资产投资（亿元）	3106.60	3673.30	4369.20
	同比增幅（%）	5.02	21.40	20.00
	社会消费品零售总额（亿元）	1663.00	1894.80	2154.50
	同比增幅（%）	17.95	15.90	13.80
行业	房地产开发投资（亿元）	789.86	833.21	928.15
	同比增幅（%）	46.81	5.49	11.40
	商品房新开工面积（万平方米）	1821.97	1138.86	1030.26
	同比增幅（%）	73.92	-37.49	-9.5
	商品房施工面积（万平方米）	4967.99	4677.18	5200.29
	同比增幅（%）	16.85	-5.85	11.20
	商品房竣工面积（万平方米）	1088.11	870.93	865.93
	同比增幅（%）	118.03	-19.96	-0.60

续表

类　别	指　标	2011 年	2012 年	2013 年
土地	土地购置面积（万平方米）	448.60	274.23	83.07
	同比增幅（%）	-36.53	-38.87	-69.70
	土地购置费（亿元）	74.30	73.59	76.93
	同比增幅（%）	3.35	-0.96	4.50
市场	商品房销售面积（万平方米）	900.27	768.73	951.21
	同比增幅（%）	91.83	-14.61	23.70
	商品房销售金额（亿元）	433.09	379.06	523.48
	同比增幅（%）	137.75	-12.48	38.10

数据来源：石家庄市统计局。

2. 综述：宏观政策相对柔和，市场成交仍处于上涨通道中

2013 年，石家庄调控政策相比一线城市相对柔和，石家庄版国五条强调将继续深入贯彻落实房地产市场的调控的各项政策措施，进一步强化房地产市场监管工作，大力加强保障性安居工程建设，确保房价基本稳定，新建商品住房价格增幅低于本市城镇居民家庭人均可支配收入实际增幅。石家庄房地产市场整体处于平稳发展阶段，市场成交较为活跃。市场成交虽然在 2011—2013 年受政策影响，增长速度有所回落但整体仍处于高速上涨通道。

3. 投资建设：投资额进入缓慢上扬通道，新开工面积继续下滑

2013 年，石家庄房地产开发投资同比增速小幅上升。2013 年全年房地产累计开发投资额为 928.15 亿元，同比增幅为 11.4%，但住宅开发投资额增速继续下滑，同比增幅仅为 3.96%（见图 4-4）。商品房施工面积同比上涨，同比涨幅为 11.2%，商品房新开工面积也较去年也有一定程度回落，尽管降幅收窄，但仍较去年同期下降 9.5%。

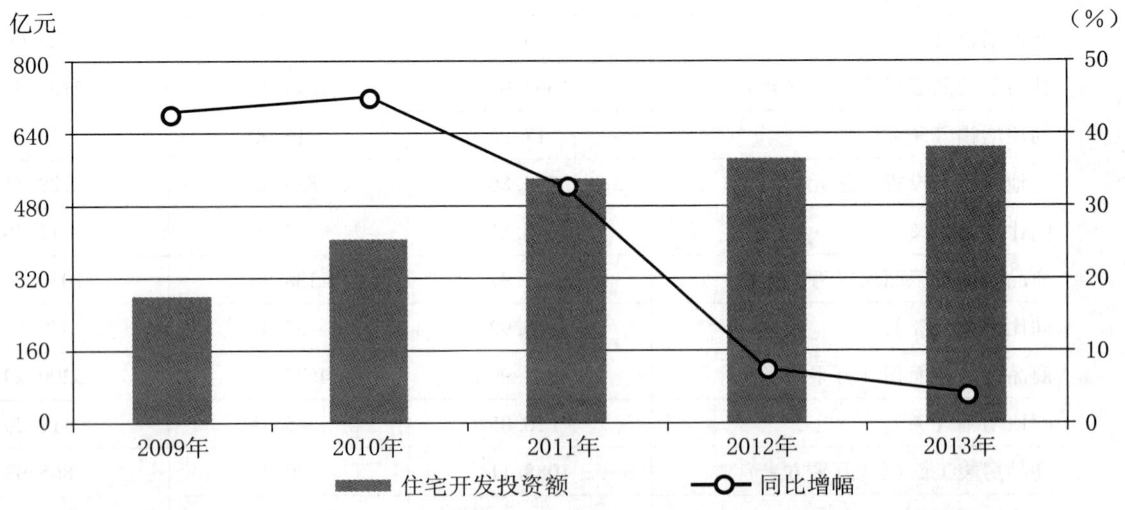

图 4-4　2009—2013 年石家庄住宅开发投资额年度走势及同比增幅图

数据来源：石家庄市统计局。

四、太原市房地产市场情况

1. 2013 年房地产行业数据（见表 4 – 4）

表 4 – 4　　2011—2013 年太原房地产行业数据表

类　别	指　标	2011 年	2012 年	2013 年
宏观	GDP（亿元）	2080. 12	2311. 43	2412. 87
	同比增幅（%）	16. 99	11. 12	4. 39
	进出口总额（亿美元）	85. 34	84. 74	91. 63
	同比增幅（%）	7. 90	– 0. 70	8. 13
	固定资产投资（亿元）	1024. 14	1320. 63	1670. 74
	同比增幅（%）	11. 75	28. 95	26. 51
	社会消费品零售总额（亿元）	973. 29	1129. 51	1281. 46
	同比增幅（%）	17. 85	– 14. 41	13. 45
行业	房地产开发投资（亿元）	312. 08	364. 72	429. 92
	同比增幅（%）	29. 44	16. 87	17. 88
	商品房新开工面积（万平方米）	704. 23	821. 80	717. 58
	同比增幅（%）	2. 51	16. 69	– 12. 68
	商品房施工面积（万平方米）	2859. 89	3651. 05	4299. 76
	同比增幅（%）	20. 85	27. 66	17. 77
	商品房竣工面积（万平方米）	226. 37	230. 94	226. 17
	同比增幅（%）	74. 69	2. 02	– 2. 07
土地	土地购置面积（万平方米）	143. 85	88. 34	180. 63
	同比增幅（%）	– 25. 70	– 41. 40	104. 47
	土地购置费（亿元）	48. 44	35. 05	33. 13
	同比增幅（%）	19. 58	– 27. 64	– 5. 48
市场	商品房销售面积（万平方米）	206. 16	324. 81	397. 60
	同比增幅（%）	– 20. 35	57. 55	22. 41
	商品房销售金额（亿元）	146. 51	221. 05	295. 21
	同比增幅（%）	– 21. 39	50. 88	33. 55

数据来源：太原市统计局。

2. 综述：宏观政策平稳，商品房销售保持稳步增长

2013 年，太原市场商品房销售继续保持同比增长态势，但涨幅有所收窄，增幅从 57. 55% 下滑至 22. 41%。房地产开发投资增速提升，但新开工面积、竣工面积等指标同比增速滑落至负增长区间。

3. 投资建设：投资额加速提升，商品房新开工面积下降

2013 年，太原市房地产累计开发投资额为 429. 92 亿元，同比增长 19. 67%，增速高于去年同期。其中，住宅完成投资 309. 97 亿元，同比增长 19. 13%（见图 4 – 5）。商品房施工面积为 4299. 76 万平方米，比上年增长 17. 77%，增速有所回落。受市场存量压力影响，2013 年太原市商品房新开工面积 717. 58 万平方米，同比下降 12. 68%。商品房竣工面积较 2012 年有所减少，同比下滑 2. 07%。

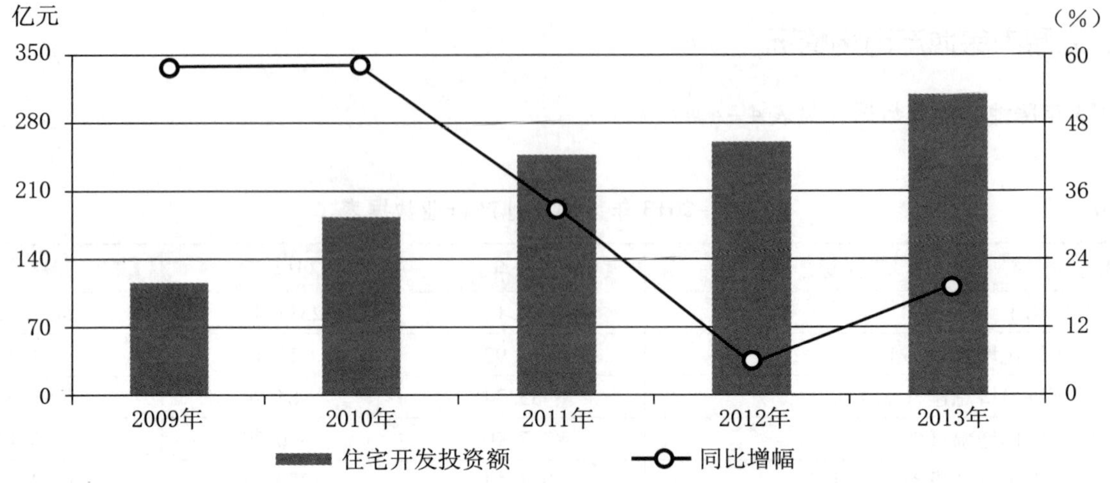

图 4－5　2009—2013 年太原住宅开发投资额年度走势及同比增幅图

数据来源：太原市统计局。

五、呼和浩特市房地产市场情况

1. 2013 年房地产行业数据（见表 4－5）

表 4－5　**2011—2013 年呼和浩特房地产行业数据表**

类　别	指　标	2011 年	2012 年	2013 年
宏观	GDP（亿元）	2177. 26	2525. 60	2710. 39
	同比增幅（%）	11. 30	16. 00	10. 00
	进出口总额（亿美元）	20. 25	17. 01	15. 99
	同比增幅（%）	34. 40	－16. 00	－5. 90
	固定资产投资（亿元）	1031. 68	1301. 43	1504. 83
	同比增幅（%）	17. 10	26. 10	15. 60
	社会消费品零售总额（亿元）	890. 05	1022. 25	1142. 36
	同比增幅（%）	17. 60	14. 90	11. 80
行业	房地产开发投资（亿元）	344. 49	447. 99	581. 70
	同比增幅（%）	35. 44	30. 04	29. 80
	商品房新开工面积（万平方米）	1837. 73	1345. 10	1753. 62
	同比增幅（%）	45. 51	－26. 81	30. 37
	商品房施工面积（万平方米）	3531. 92	4442. 06	5806. 20
	同比增幅（%）	43. 51	25. 77	32. 20
	商品房竣工面积（万平方米）	404. 98	357. 98	400. 05
	同比增幅（%）	－12. 49	－11. 61	11. 75

续表

类 别	指 标	2011 年	2012 年	2013 年
土地	土地购置面积（万平方米）	215.86	109.44	76.69
	同比增幅（%）	-47.64	-49.30	-29.90
	土地购置费（亿元）	41.50	56.31	89.16
	同比增幅（%）	35.14	35.69	58.30
市场	商品房销售面积（万平方米）	576.37	478.18	420.50
	同比增幅（%）	22.10	-17.04	-12.10
	商品房销售金额（亿元）	240.20	260.38	201.50
	同比增幅（%）	24.00	8.40	-3.80

数据来源：呼和浩特市统计局。

2. 综述：政策对市场影响不大，市场整体成交向好

2013 年，房地产市场调控较为平淡，针对上半年提出的国五条中央文件，尽管并未对呼和浩特市场形成实质性的影响，但还是在初期引起了市场的恐慌，甚至导致了新房和二手房市场刚需房的集中放量。随着呼和浩特的城镇化进程的发展，该市市场需求也在逐步上涨中。

3. 投资建设：投资增速低位运行，新开工面积同比大增

2013 年，呼和浩特全市完成房地产开发投资 581.7 亿元，比上年增长 29.8%。其中，住宅完成投资 392.1 亿元，上涨 29.8%（见图 4-6）。商品房施工面积为 5806.2 万平方米，比上年增长 32.2%。商品房新开工面积大幅上升 30.37%，为 1753.62 亿元。

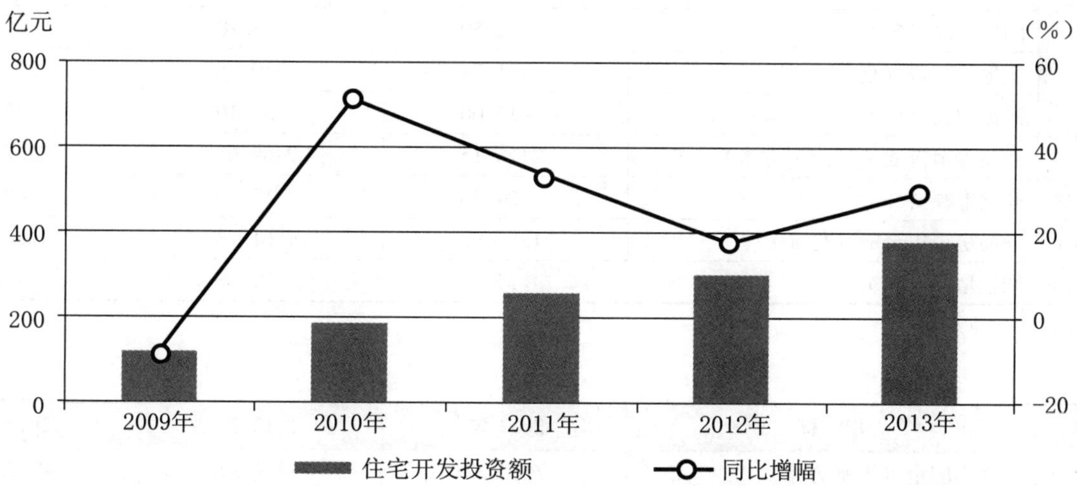

图 4-6 2009—2013 年呼和浩特住宅开发投资额年度走势及同比增幅图

数据来源：呼和浩特市统计局。

六、沈阳市房地产市场情况

1. 2013 年房地产行业数据（见表 4－6）

表 4－6　　2011—2013 年沈阳房地产行业数据表

类　别	指　标	2011 年	2012 年	2013 年
宏观	GDP（亿元）	5914.90	6700.00	7223.70
	同比增幅（%）	12.30	11.00	7.80
	进出口总额（亿美元）	106.20	112.00	141.10
	同比增幅（%）	35.20	5.70	26.00
	固定资产投资（亿元）	4560.60	5181.50	6470.00
	同比增幅（%）	29.20	15.00	18.50
	社会消费品零售总额（亿元）	2426.90	2798.00	3222.20
	同比增幅（%）	17.50	15.30	15.20
行业	房地产开发投资（亿元）	1684.72	1942.96	2184.01
	同比增幅（%）	3.20	15.30	12.40
	商品房新开工面积（万平方米）	2951.48	3822.17	3619.10
	同比增幅（%）	－19.40	29.50	－5.30
	商品房施工面积（万平方米）	10289.91	11002.63	11568.29
	同比增幅（%）	16.20	6.90	5.10
	商品房竣工面积（万平方米）	2017.68	2066.37	1459.80
	同比增幅（%）	44.80	2.40	－29.40
土地	土地购置面积（万平方米）	755.89	810.35	860.04
	同比增幅（%）	－42.50	7.20	6.10
	土地购置费（亿元）	201.74	310.85	238.01
	同比增幅（%）	－15.00	54.10	－23.40
市场	商品房销售面积（万平方米）	2178.15	2469.65	2262.33
	同比增幅（%）	24.70	13.40	－8.40
	商品房销售金额（亿元）	1281.93	1561.13	1436.05
	同比增幅（%）	35.70	21.80	－8.00

数据来源：沈阳市统计局。

类　别	指　标	2011 年	2012 年	2013 年
土地	土地供应量（万平方米）	7680.32	5987.70	4937.93
	土地成交量（万平方米）	5626.22	4423.64	3638.82
	土地成交金额（亿元）	650.55	577.76	532.56
市场	商品住宅供应量（万平方米）	1784.18	1480.54	1852.22
	商品住宅成交量（万平方米）	1373.91	1128.72	1423.31
	商品住宅成交均价（元/平方米）	6383.00	7133.00	7189.00

数据来源：中国房地产决策咨询系统（CRIC）。

2. 综述：政策从紧但环境好于去年，市场整体成交明显回升

继2012年房地产调控政策频频出台、市场陷入低迷后，2013年的房地产市场逐渐回暖，开发商的拿地热情也重回一二线城市。年初有“国五条”年底还有北京的“京七条”以及上海、武汉、沈阳等地调控政策的相继出台，部分一、二线城市市场在刚性需求带动下未受太大影响，沈阳市场商品住宅市场同样获得了比较明显的增速，同时商品住宅的成交均价也保持了小幅增长的平稳发展态势。

3. 投资建设：投资保持高速提升，竣工面积首次下滑

2013年，沈阳全市完成房地产开发投资2184.01亿元，比上年同期增长12.41%，增速得以保持。其中，住宅完成投资1574.58亿元，较上年同期大增18.26%（见图4－7）。房地产施工面积为11568.29万平方米，比上年同期增长5.14%，增幅有所放缓。受持续调控影响，商品房新开工面积小幅下挫5.3%，为3619.1万平方米。商品房竣工面积则首次出现下降的情况，较去年同期减少了29.4%，为1459.8万平方米。

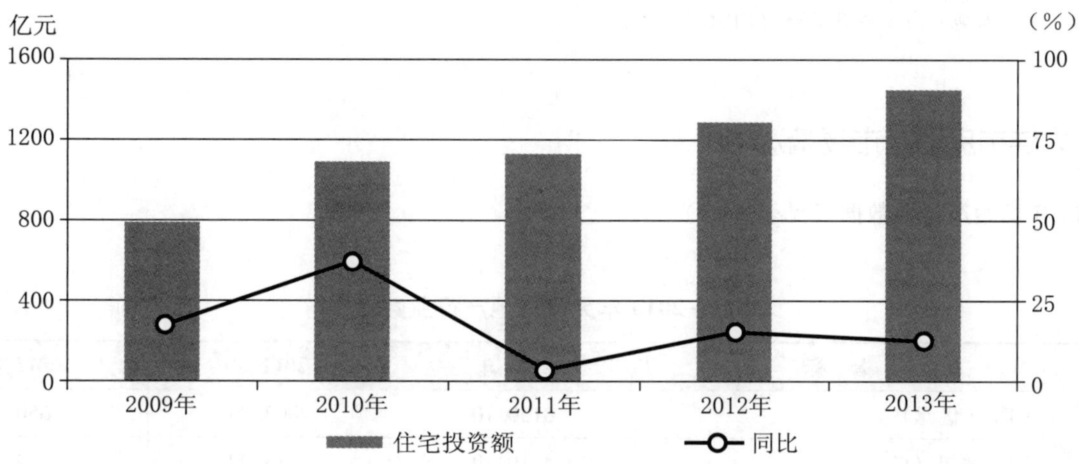

图4－7　2009—2013年沈阳住宅开发投资额年度走势及同比增幅图

数据来源：沈阳市统计局。

4. 市场表现：商品住宅成交量大幅上升，成交均价低开高走

2013年沈阳商品住宅供应量为1852.22万平方米，环比上升24.68%；成交量为1423.32万平方米，环比上升26.1%。沈阳商品住宅成交均价为7189元/平方米，环比上升0.95%，供求比为1.3（见图4－8）。全年上市套数为211327套，成交套数为157253套。从数据上来看，今年商品住宅成交量年初略低，3月份受新政策出台信息影响，成交量猛增。年中及后期成交量基本处于平稳状态。全年供应量8、9月份最高，1、2月份较低，其他月份供应情况相对平稳。从房价的角度来看，2013年沈阳房价虽有小幅上涨，但整体仍保持了“平稳”态势，房地产市场的“虚火”得到遏制，沈阳楼市的购房需求仍然旺盛。预计2014年沈阳房价应该不会有大幅回落的情形出现，整体仍将保持“稳、缓”和略有“小幅上涨”的特点。

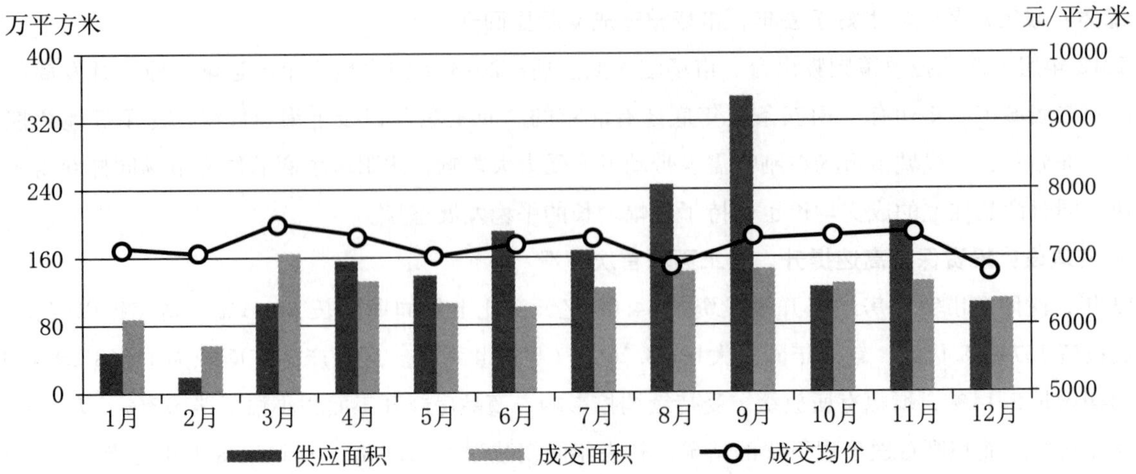

图 4－8　2013 年 1—12 月沈阳商品住宅供求及均价走势图

数据来源：中国房地产决策咨询系统（CRIC）。

七、大连市房地产市场情况

1. 2013 年房地产行业数据（见表 4－7）

表 4－7　　2011—2013 年大连房地产行业数据表

类　别	指　标	2011 年	2012 年	2013 年
宏观	GDP（亿元）	6150. 10	7002. 80	7650. 00
	同比增幅（%）	19. 20	13. 90	9. 20
	进出口总额（亿美元）	600. 10	625. 60	676. 50
	同比增幅（%）	15. 20	4. 20	8. 10
	固定资产投资（亿元）	4580. 10	5624. 40	6478. 10
	同比增幅（%）	－9. 90	22. 80	15. 20
	社会消费品零售总额（亿元）	1924. 80	2224. 00	2526. 50
	同比增幅（%）	17. 40	15. 50	13. 60
行业	房地产开发投资（亿元）	1107. 50	1396. 50	1710. 40
	同比增幅（%）	0. 30	26. 10	22. 50
	商品房新开工面积（万平方米）	1464. 64	1615. 12	2004. 30
	同比增幅（%）	－20. 30	10. 30	24. 10
	商品房施工面积（万平方米）	6201. 04	6213. 43	6396. 00
	同比增幅（%）	22. 50	0. 20	2. 90
	商品房竣工面积（万平方米）	949. 38	750. 00	1046. 60
	同比增幅（%）	66. 30	－21. 00	39. 50

续表

类　别	指　标	2011 年	2012 年	2013 年
土地	土地购置面积（万平方米）	588.51	509.69	336.26
	同比增幅（%）	-5.70	-13.40	-34.00
	土地购置费（亿元）	114.40	203.13	153.33
	同比增幅（%）	-5.70	77.60	-24.50
市场	商品房销售面积（万平方米）	910.24	1076.36	1222.13
	同比增幅（%）	-25.10	18.30	13.50
	商品房销售金额（亿元）	732.85	861.47	1009.87
	同比增幅（%）	-14.40	17.60	17.20

数据来源：大连市统计局。

类　别	指　标	2011 年	2012 年	2013 年
土地	土地供应量（万平方米）	6423.01	4180.94	3118.02
	土地成交量（万平方米）	5328.08	3578.20	2269.73
	土地成交金额（亿元）	685.93	495.57	380.33
市场	商品住宅供应量（万平方米）	436.35	348.22	323.64
	商品住宅成交量（万平方米）	485.85	495.93	633.25
	商品住宅成交均价（元/平方米）	10486.00	10225.00	10440.00

数据来源：中国房地产决策咨询系统（CRIC）。

2. 综述：政策延续去年态势，市场供求基本持平

2013 年大连市房地产市场延续了 2012 年的调控政策，同时出台部分政策来缓解调控下冷淡的房地产市场，如首次置业按揭优惠、放宽大连市落户政策等，使得全年的房地产市场相对平稳，供应略大于成交。受到开发商存量高，资金压力大，融资渠道受限，整体拿地热情不高的影响，土地市场成交量和成交金额减少，多数土地以底价成交，撤牌、流拍土地增多，2013 年大连市土地市场整体已逐步趋于平稳状态。

3. 投资建设：投资增速趋稳，建设力度全面加强

2013 年，大连全市完成房地产开发投资 1710.4 亿元，投资完成额占辽宁省第二位，较上年增长 22.5%，增长速度小幅回落，但增速高于全市投资平均增速 7.3 个百分点，较辽宁省 18.2% 的增速高 4.3 个百分点。其中住宅完成投资 1258 亿元，较上年增长 19.2%（见图 4-9）。房地产施工面积为 6396 亿元，较上年增长 2.9%。商品房新开工面积大幅上升 24.1%，为 2004.3 亿元。商品房竣工面积则出现明显反弹，上升 39.5% 至 1046.6 亿元。

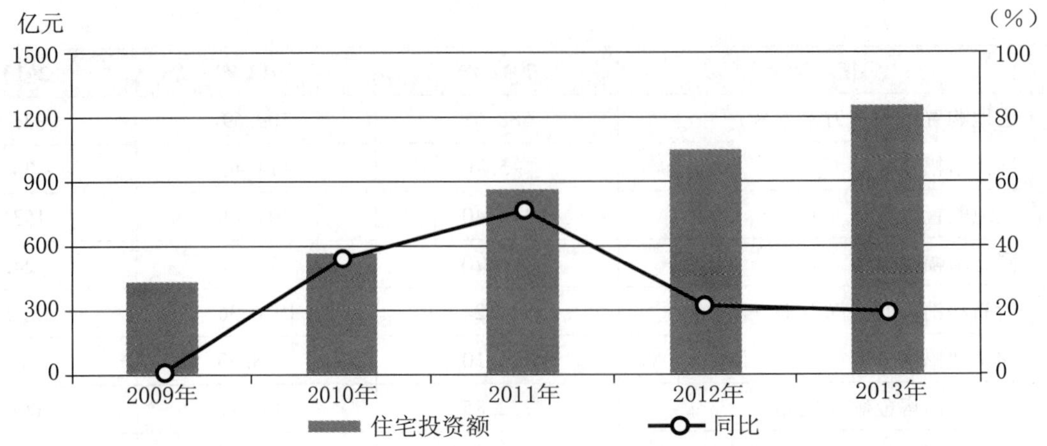

图 4－9　2009—2013 年大连住宅开发投资额年度走势及同比增幅图

数据来源：大连市统计局。

4. 市场表现：商品住宅成交量稳步上升，成交均价小幅上扬

2013 年，大连市商品住宅成交面积达到 633 万平方米，较上年大幅上涨了 28%。全年来看，2013 年大连商品住宅市场有所回暖，仅 7 月、9 月和 10 月出现了供过于求的情况，全年处于消化阶段。从供应角度来看，新盘数量的减少以及开发商推盘谨慎，使得 2013 年供应量触及历史新低 323.6 万平方米，新增供应套数为 70885 套；1 月份由于春节影响，供应面积最小为 1.2 万平方米，7 月供应面积最大为 60.38 万平方米；本年供应量小幅下降，主要原因为：自 2010 年至今，政府对房地产市场的调控政策一直未放松，使开发商推案谨慎，直接导致新盘数量的下降。

从成交角度来看，2012 年调控政策出现短暂松动，房价涨幅起伏不定，成交量稍有上涨，但并不明显，而 2013 年国五条的颁布，减少了老百姓购房的压力，成交量明显回暖。2013 年 1—12 月，商品住宅成交量为 633.25 万平方米，成交套数为 70885 套，整体成交面积较之 2012 年同期上涨 27.62%。从 1—12 月成交走势来看，12 月成交量最高，达 73.25 万平方米，2 月由于春节影响大幅下跌，3 月迅速回升，随后呈波浪式变化，在 12 月份达到整年成交的最高峰（见图 4－10）。

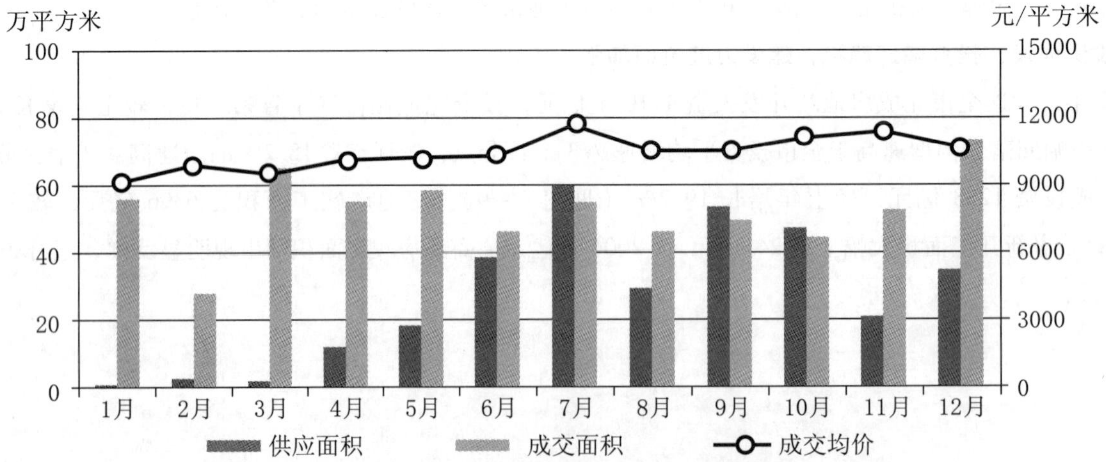

图 4－10　2013 年 1—12 月大连商品住宅供求及均价走势图

数据来源：中国房地产决策咨询系统（CRIC）。

八、长春市房地产市场情况

1. 2013 年房地产行业数据（见表4－8）

表4－8　　**2011—2013 年长春房地产行业数据表**

类　别	指　标	2011 年	2012 年	2013 年
宏观	GDP（亿元）	4003.10	4456.60	5003.20
	同比增幅（%）	18.80	12.10	8.30
	进出口总额（亿美元）	173.40	196.80	204.00
	同比增幅（%）	65.80	13.50	3.70
	固定资产投资（亿元）	2433.40	3172.90	3408.40
	同比增幅（%）	30.30	30.40	20.00
	社会消费品零售总额（亿元）	1512.20	1739.60	1970.00
	同比增幅（%）	17.50	15.00	13.20
行业	房地产开发投资（亿元）	666.42	649.65	611.78
	同比增幅（%）	22.78	－2.52	－5.80
	商品房新开工面积（万平方米）	1980.83	1539.10	1409.27
	同比增幅（%）	54.28	－22.30	－8.40
	商品房施工面积（万平方米）	4087.87	5123.72	5628.42
	同比增幅（%）	32.32	25.34	9.90
	商品房竣工面积（万平方米）	748.06	913.87	1008.12
	同比增幅（%）	－22.38	22.17	10.30
土地	土地购置面积（万平方米）	722.13	749.73	456.29
	同比增幅（%）	44.56	3.82	－39.10
	土地购置费（亿元）	137.74	174.05	131.00
	同比增幅（%）	59.00	26.36	－24.70
市场	商品房销售面积（万平方米）	880.95	908.00	847.06
	同比增幅（%）	2.07	3.07	－6.70
	商品房销售金额（亿元）	540.16	503.05	510.43
	同比增幅（%）	20.87	－6.87	1.50

数据来源：长春市统计局、中国房地产决策咨询系统（CRIC）。

类　别	指　标	2011 年	2012 年	2013 年
土地	土地供应量（万平方米）	909.37	974.44	990.68
	土地成交量（万平方米）	638.64	711.34	861.84
	土地成交金额（亿元）	398.87	446.85	568.59
市场	商品住宅供应量（万平方米）	777.24	816.10	830.12
	商品住宅成交量（万平方米）	531.46	617.89	768.47
	商品住宅成交均价（元/平方米）	6101.00	5987.00	6233.00

数据来源：中国房地产决策咨询系统（CRIC）。

2. 综述：长春受宏观政策影响较弱，市场发展趋势良好

2013 年，长春作为二、三线城市受宏观政策影响相对较弱，在经济平稳增长的情况下，房地产行业发展趋于良好。房价保持稳中有升的走势，但增幅并未触及调控红线，截至 2013 年年底未有地方新政公布。

3. 投资建设：开发投资继续走低，新开工连续两年下滑

2013 年，长春全市完成房地产开发投资 611.78 亿元，同比下降 5.83%，其中，住宅完成投资 435.52 亿元，同比降幅 11.7%（见图 4－11）。商品房施工面积为 5628.42 万平方米，同比增长 9.85%。商品房新开工面积 1409.27 万平方米，连续两年下跌，2013 年跌幅为 －8.44%。商品房竣工面积则上升 10.31%，达到 1008.12 万平方米。

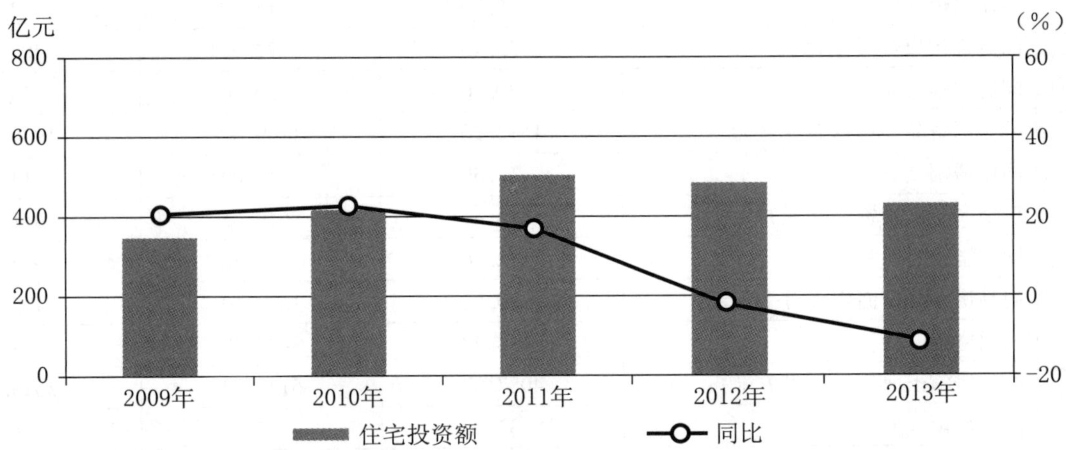

图 4－11　2009—2013 年长春住宅开发投资额年度走势及同比增幅图

数据来源：长春市统计局。

4. 市场表现：商品住宅成交量显著上升，成交均价稳中有升

2013 年长春房地产市场供求基本平衡，商品住宅市场供需两旺，基本保持在一个相对稳定的状态。

2013 年调控政对住宅市场影响不大，使得成交量有所上涨，达到历年来成交量最高点，758.47 万平方米，较之 2012 年上涨 34.6%。从 1—12 月成交走势来看，3 月成交量最高，达 76.65 万平方米，之后开始逐渐下降，6 月过后又开始有所上升，呈现波浪型变化的趋势（见图 4－12）。从供应角度来看，2013 年供应量达到峰值 830.12 万平方米，同比上涨 23.53%，新增供应套数为 83230 套；从房价的角度来看，2008—2013 年，商品住宅市场成交均价稳中有升，2011 年均价最高，2012 年调控政策效应显现，价格有所下降，2013 年调控政策影响逐渐减小，均价小幅上涨 2%。

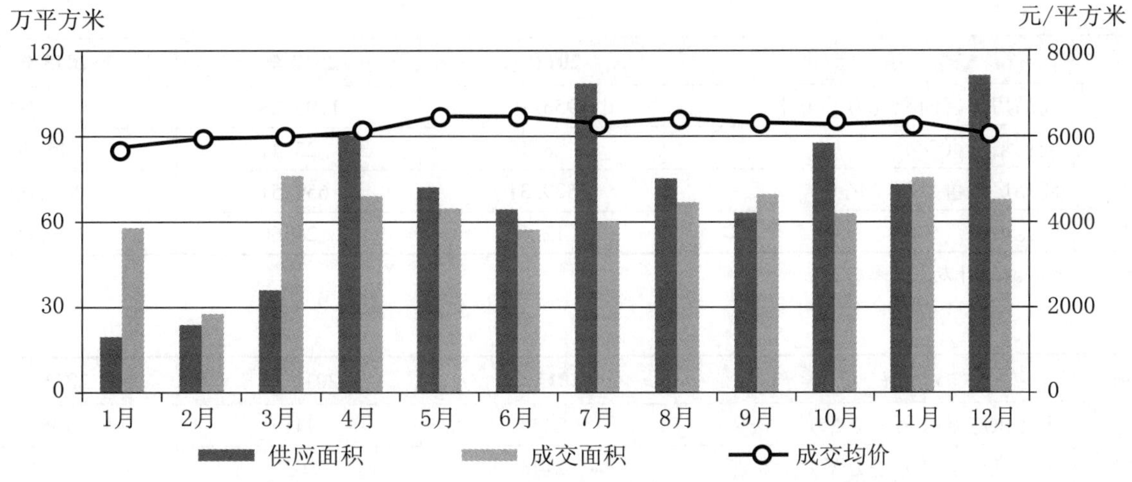

图4－12　2013年1—12月长春商品住宅供求及均价走势图

数据来源：中国房地产决策咨询系统（CRIC）。

九、哈尔滨市房地产市场情况

1. 2013年房地产行业数据（见表4－9）

表4－9　　2011—2013年哈尔滨房地产行业数据表

类　别	指　标	2011年	2012年	2013年
宏观	GDP（亿元）	4243.40	4550.10	5010.80
	同比增幅（%）	12.30	10.00	8.90
	进出口总额（亿美元）	51.18	46.70	65.43
	同比增幅（%）	16.60	－1.90	40.30
	固定资产投资（亿元）	3012.00	3950.00	5219.90
	同比增幅（%）	32.10	31.10	32.20
	社会消费品零售总额（亿元）	2070.40	2394.60	2728.30
	同比增幅（%）	17.40	15.70	13.90
行业	房地产开发投资（亿元）	562.00	772.00	857.40
	同比增幅（%）	55.79	37.40	8.70
	商品房新开工面积（万平方米）	2466.68	1827.90	1553.96
	同比增幅（%）	55.19	－25.90	－14.99
	商品房施工面积（万平方米）	4528.17	5577.06	5839.00
	同比增幅（%）	55.55	23.16	6.50
	商品房竣工面积（万平方米）	526.75	1095.82	1056.95
	同比增幅（%）	5.19	108.03	－1.00
土地	土地购置面积（万平方米）	678.45	334.63	265.18
	同比增幅（%）	74.60	－50.68	－20.75
	土地购置费（亿元）	99.25	85.94	83.20
	同比增幅（%）	83.46	－13.41	－3.20

续表

类　别	指　标	2011 年	2012 年	2013 年
市场	商品房销售面积（万平方米）	953.10	1195.28	1348.00
	同比增幅（%）	8.10	25.41	15.40
	商品房销售金额（亿元）	529.31	659.51	834.00
	同比增幅（%）	12.60	24.60	30.00

数据来源：哈尔滨统计局。

类　别	指　标	2011 年	2012 年	2013 年
土地	土地供应量（万平方米）	2438	941	1959
	土地成交量（万平方米）	2148	803	1751
	土地成交金额（亿元）	253	61	168
市场	商品住宅供应量（万平方米）	—	101	733
	商品住宅成交量（万平方米）	621	824	492
	商品住宅成交均价（元/平方米）	6865	7263	8258

数据来源：中国房地产决策咨询系统（CRIC）。

2. 综述：政策从紧但环境好于去年，市场整体成交明显回升

2013 年楼市仍以刚性和首次改善需求购房为主，市场供应的主体为价位合理、户型适中的刚需产品，尤其是位于主城区成熟地段或新城区交通便利地段的中低端产品。2013 年哈尔滨房价上涨幅度一定程度上受到房产税和二手房税等税收政策影响，新国五条、限购、限建等一系列政策的出台，对抑制投资性购房起到有效作用，但是随着地铁开通、新城区的建设发展，沿线楼盘的区域优势渐增，2014 年房价也会随之推高。

3. 投资建设：投资增速低位运行，新开工面积大幅减少

2013 年，哈尔滨全市完成房地产开发投资 849.7 亿元，比上年增长 10.1%，增速进一步回落。商品房施工面积为 5839 万平方米，比上年增长 6.5%（见图 4－13）。受持续调控影响，商品房新开工面积大幅下降 14.99%，为 1553.96 万平方米。商品房竣工面积今年出现负增长，同比下降 1%。

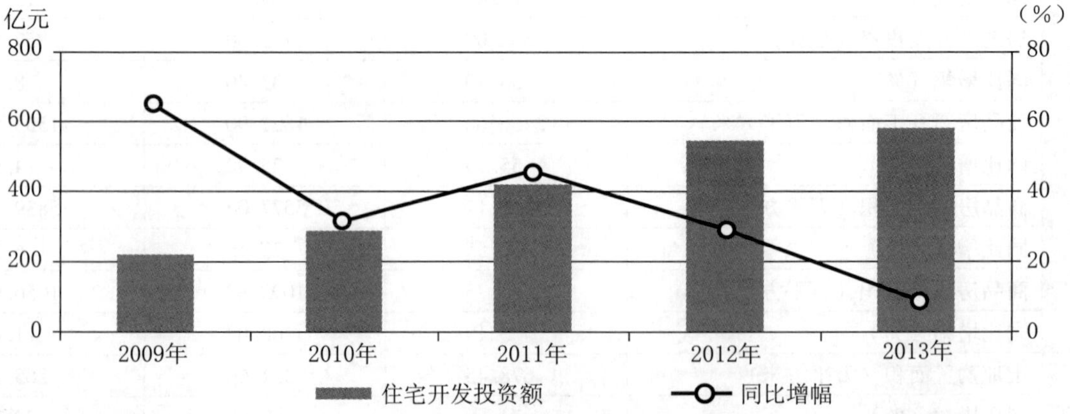

图 4－13　2009—2013 年哈尔滨住宅开发投资额年度走势及同比增幅图

数据来源：哈尔滨市统计局。

4. 市场表现：商品住宅成交出现下滑，成交均价出现上升

2013 年，哈尔滨商品住宅成交面积达到了 491.96 万平方米，大幅下降 40%。全年来看，哈尔滨市场开年销售较好，1 月成交量达到 96.76 万平方米；春节期间，由于季节性因素，市场交易相对低迷状态；7—9 月，政策面出现松动迹象，多数企业依然延续着降价跑量的策略，市场刚需开始集中释放，推动交易量快速攀升；11—12 月，市场相对比较平缓，由于哈尔滨位于中国最北地区，气候因素对销售影响较大，成交量有所下降。哈尔滨全年均价 8258 元/平方米，较 2012 年上涨 13.7%（见图 4 – 14）。

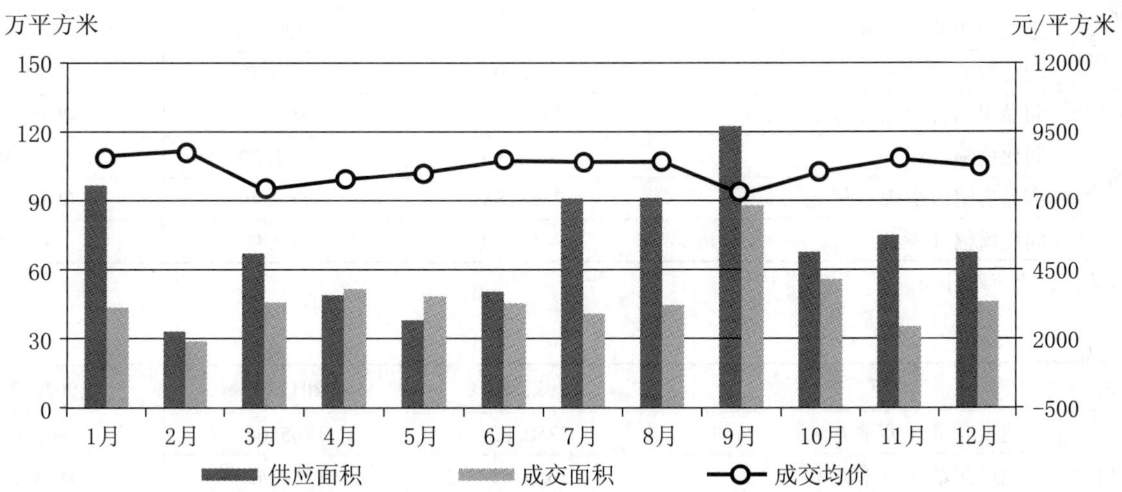

图 4 – 14　2013 年 1—12 月哈尔滨商品住宅供求及均价走势图

数据来源：中国房地产决策咨询系统（CRIC）。

十、上海市房地产市场情况

1. 2013 年房地产行业数据（见表 4 – 10）

表 4 – 10　　2011—2013 年上海房地产行业数据表

类 别	指 标	2011 年	2012 年	2013 年
宏观	GDP（亿元）	19195.69	20101.33	21602.12
	同比增幅（%）	8.20	7.50	7.70
	进出口总额（亿美元）	4374.36	4367.58	4413.98
	同比增幅（%）	18.60	-0.20	1.10
	固定资产投资（亿元）	5067.09	5254.38	5647.79
	同比增幅（%）	0.30	3.70	7.50
	社会消费品零售总额（亿元）	6777.11	7387.32	8019.05
	同比增幅（%）	12.30	9.00	8.60
行业	房地产开发投资（亿元）	2170.31	2381.36	2819.59
	同比增幅（%）	9.60	9.70	18.40
	商品房新开工面积（万平方米）	3644.06	2724.05	2705.95
	同比增幅（%）	20.20	-25.20	-0.70

续表

类 别	指 标	2011 年	2012 年	2013 年
行业	商品房施工面积（万平方米）	12983. 32	13249. 97	13516. 58
	同比增幅（%）	14. 90	2. 10	2. 00
	商品房竣工面积（万平方米）	2240. 62	2305. 06	2254. 44
	同比增幅（%）	15. 40	2. 90	2. 20
土地	土地购置面积（万平方米）	562. 76	300. 62	421. 74
	同比增幅（%）	30. 10	-46. 58	40. 29
	土地购置费（亿元）	418. 10	390. 53	588. 84
	同比增幅（%）	-6. 90	-6. 59	50. 80
市场	商品房销售面积（万平方米）	1771. 30	1898. 46	2015. 81
	同比增幅（%）	-14. 10	7. 20	26. 60
	商品房销售金额（亿元）	2568. 88	2669. 49	3911. 57
	同比增幅（%）	-13. 80	3. 92	46. 50

数据来源：上海市统计局。

类 别	指 标	2011 年	2012 年	2013 年
土地	土地供应量（万平方米）	2750. 82	1765. 68	4805. 41
	土地成交量（万平方米）	2685. 59	1584. 43	4518. 32
	土地成交金额（亿元）	1186. 69	885. 19	2241. 53
市场	商品住宅供应量（万平方米）	1067. 48	889. 40	1159. 84
	商品住宅成交量（万平方米）	729. 14	889. 60	1280. 08
	商品住宅成交均价（元/平方米）	22424. 00	22514. 00	24118. 00

数据来源：中国房地产决策咨询系统（CRIC）。

2. 综述：年底出台沪七条调控房价，市场成交规模仍然持续增长

2013 年上海市房地产市场政策面相对平稳，年初银行对开发贷限制造成的影响相对有限，下半年上海土地市场依旧火热。“沪七条”虽然再提房价控制目标责任制，同时严格执行差别化的住房信贷及税收政策，并使得年底相当一部分的高价房项目的推案与成交受到了限制，但执行时间毕竟较短，对年内市场规模影响不大。就全年市场来看，得益于相对平稳的政策环境，在充足的刚需、改善需求支持下，2013 年上海楼市成交规模仍然持续增长，商品住宅市场供求规模双双突破千万方。

3. 投资建设：市场信心回暖，开发投资额快速上升

从投资规模来看，受益于市场成交的持续向好，开发商投资信心持续回暖，一级市场成交亦是较为火爆，上海市房地产开发投资额大幅增加，截至 2013 年 12 月，上海房地产投资额达 2819 亿元，同比增速亦较上年出现较大回升。值得注意的是，自 2010 年以来，房地产开发投资额及住宅开发投资额增幅连续两年呈回落态势，2013 年增幅回升（见图 4 - 15）。

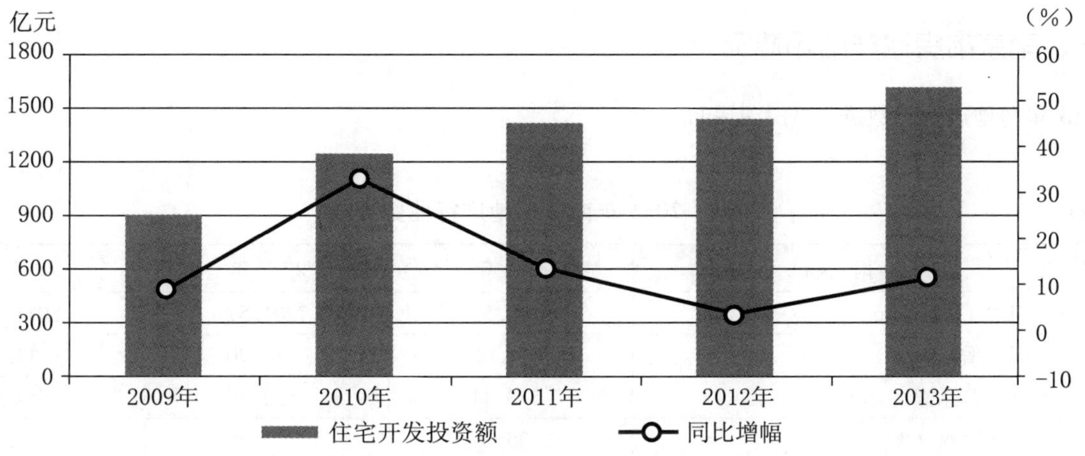

图 4－15　2009—2013 年上海住宅开发投资额年度走势及同比增幅图

数据来源：上海市统计局。

4. 市场表现：政策面整体平稳，市场供求规模大幅提升

2013 年上海市商品住宅总体呈现"量升"的态势。全年市场总供应量和成交量较去年同期都有不同程度上涨，总体走势好于去年同期。2013 年全年，上海一手商品住宅新增供应显著回升，共计 1160 万平方米，同比上升了 30%；成交量亦是再度突破千万方，累计 1280 万平方米，同比增加了 44%；供求比 1∶1. 10，实现供求平衡。

分月度来看，2013 年上海市商品住宅市场成交持续旺盛，全年有六个月市场成交总量在 100 万平方米以上。从 9 月份开始，更是连续 3 月成交量突破 120 万平方米，至 12 月，受沪七条影响，部分高价项目及涨价项目供应受到控制，市场成交量才稍有回落，但依然保持在接近 100 万平方米的水平（见图 4－16）。

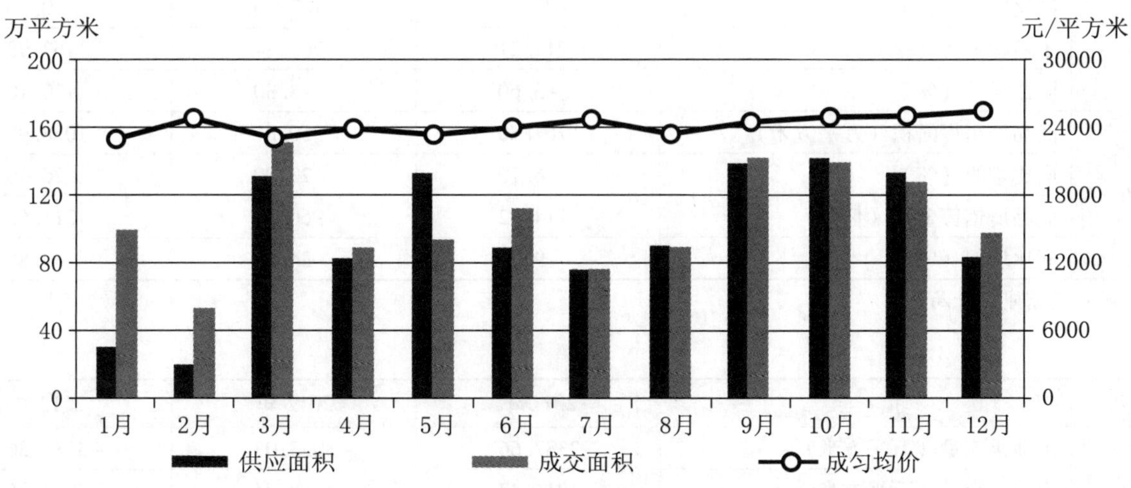

图 4－16　2013 年 1—12 月上海商品住宅供求及均价走势图

数据来源：中国房地产决策咨询系统（CRIC）。

十一、南京市房地产市场情况

1. 2013 年房地产行业数据（见表 4 – 11）

表 4 – 11　　2011—2013 年南京房地产行业数据表

类　别	指　标	2011 年	2012 年	2013 年
宏观	GDP（亿元）	6145.52	7201.57	8011.78
	同比增幅（%）	12.00	11.70	11.00
	进出口总额（亿美元）	573.44	552.35	557.57
	同比增幅（%）	25.80	–3.70	0.90
	固定资产投资（亿元）	4010.03	4683.45	5266.55
	同比增幅（%）	21.30	16.80	12.40
	社会消费品零售总额（亿元）	2670.30	3080.58	3504.17
	同比增幅（%）	17.80	15.40	13.80
行业	房地产开发投资（亿元）	871.43	1015.76	1037.71
	同比增幅（%）	16.40	13.30	2.20
	商品房新开工面积（万平方米）	2082.05	1462.31	1745.07
	同比增幅（%）	19.60	–30.40	19.30
	商品房施工面积（万平方米）	5664.23	6050.06	6156.48
	同比增幅（%）	23.90	7.20	1.80
	商品房竣工面积（万平方米）	1169.09	1699.73	1039.39
	同比增幅（%）	12.50	45.40	–38.80
土地	土地购置面积（万平方米）	41.96	120.6	121.11
	同比增幅（%）	–72.20	187.40	0.40
	土地购置费（亿元）	212.21	205.24	163.98
	同比增幅（%）	–3.60	–3.30	–20.10
市场	商品房销售面积（万平方米）	767.70	950.87	1038.95
	同比增幅（%）	–6.70	23.90	26.40
	商品房销售金额（亿元）	714.72	960.98	1211.68
	同比增幅（%）	–9.20	34.50	44.80

数据来源：南京市统计局。

类　别	指　标	2011 年	2012 年	2013 年
土地	土地供应量（万平方米）	2337.66	3933.03	3186.36
	土地成交量（万平方米）	1914.47	3418.74	3074.85
	土地成交金额（亿元）	422.92	453.03	911.91
市场	商品住宅供应量（万平方米）	740.08	748.44	1297.45
	商品住宅成交量（万平方米）	449.88	770.83	1144.85
	商品住宅成交均价（元/平方米）	10991.00	10967.00	12690.00

数据来源：中国房地产决策咨询系统（CRIC）。

2. 综述：政策面相对平稳，年内市场量价齐升

虽然2013年楼市调控高压未减，年初楼市“国五条”调控升级细化，但未能有效遏制住沉淀近2年的购房者，反而越调越涨，使得一部分购房者形成“恐慌性入市”的购买心理。楼市价格持续大幅度全面增长，楼市全面进入量价飙升的状态。年初制定的南京房价年度涨幅调控目标也在上半年底就被打破。在开发商踊跃推盘，购房者积极入市的推动下，2013年南京市供应量、销售量几乎均处于近几年来的新高，住宅成交价格也持续上涨，达到近几年来最高，市场整体呈现“量价齐升、涨幅明显”态势。

3. 投资建设：住宅投资额持续上行，新开工总量大幅增加

伴随着城市建设的进一步均衡发展，2013年南京市商办类投资总量出现回落，房地产投资总额同比增幅下滑，但在向好的市场成交支持下，住宅地产投资增幅仍较2012年显著上升，增速较2012年全年增加了3.6个百分点（见图4－17）。

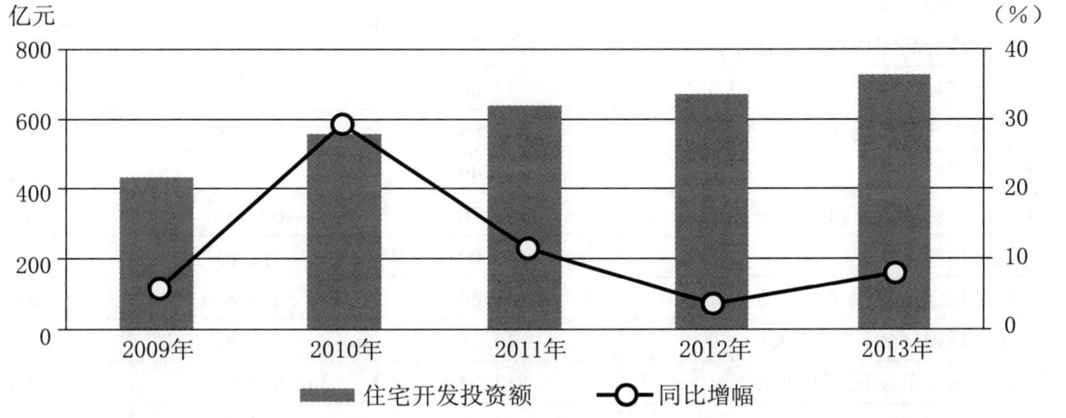

图4－17　2009—2013年南京住宅开发投资额年度走势及同比增幅图

数据来源：南京市统计局。

4. 市场表现：政策面整体平稳，市场供求规模大幅提升

2013年南京商品房供应量为1315.09万平方米，同比上升37.1%，成交量为1131.13万平方米，同比增加29.1%，虽然相比2007年、2009年火爆的成交量略显逊色，但房地产供求总量已创下近4年来全市成交量新高，南京楼市也得以重归千万方规模。

经过近2年的楼市调控，被压抑着的购房者受到一轮轮政策影响所带来的限贷限购需求，但是这种刚需和改善性购房的需求一直存在。从全年市场表现来看，虽然二套房利率和首付比例的提高，加重了购房者的短期资金压力，但是客户的购房步伐并未受较大影响。因为不断升级的宏观调控政策，成交量明显受抑，下滑明显，但是整体市场的价格依然坚挺，并未出现整体大幅度下滑，且整体微涨。在此情况下，3月份推出的“国五条”调控，反而导致了部分购房者产生了“恐慌性购房”心理，并且在2013年楼市二、三季度中表现得尤为激烈，刚性需求、改善性需求呈爆发式井喷增长，几乎逢售必罄盘。

分月度来看，春节淡季过后，自3月份起南京市楼市成交即持续旺盛，除6月份外，各月成交均维持在90万平方米以上，即便是在2013年年底，市场供应面受到了房价调控目标的压力影响，其成交规模仍然保持在高位，统计数据显示：12月南京商品房供应面积为132.55万平方米，总成交面积为93.99万平方米，成交环比上升6.78%，同比上升20.6%。总体而言，2013年南京楼市可归结为“土地—需求旺盛、供应—新盘放量、成交—百花齐放、价格——高位徘徊”。

十二、无锡市房地产市场情况

1. 2013 年房地产行业数据（见表 4－12）

表 4－12　　无锡 2011—2013 年房地产行业数据表

类　别	指　标	2011 年	2012 年	2013 年
宏观	GDP（亿元）	6880.15	7568.15	8070.18
	同比增幅（%）	19.50	10.00	9.30
	进出口总额（亿美元）	724.47	707.75	703.73
	同比增幅（%）	18.30	－2.30	－0.60
	固定资产投资（亿元）	3169.18	3618.07	4015.77
	同比增幅（%）	6.10	14.20	18.20
	社会消费品零售总额（亿元）	2122.72	2427.94	2740.92
	同比增幅（%）	17.30	14.40	13.00
行业	房地产开发投资（亿元）	872.99	971.30	1128.91
	同比增幅（%）	42.49	11.26	15.90
	商品房新开工面积（万平方米）	1927.76	1680.85	1556.18
	同比增幅（%）	10.00	－12.81	－7.42
	商品房施工面积（万平方米）	5162.64	5568.89	6367.65
	同比增幅（%）	15.38	7.87	13.90
	商品房竣工面积（万平方米）	813.33	814.05	1150.82
	同比增幅（%）	－18.80	0.09	39.30
土地	土地购置面积（万平方米）	240.46	248.30	487.15
	同比增幅（%）	25.10	3.26	96.18
	土地购置费（亿元）	238.80	171.75	201.82
	同比增幅（%）	64.30	－28.08	17.50
市场	商品房销售面积（万平方米）	654.41	923.73	909.44
	同比增幅（%）	－35.23	41.15	－1.80
	商品房销售金额（亿元）	567.92	775.10	715.78
	同比增幅（%）	－26.86	36.48	－7.80

数据来源：无锡市统计局。

类　别	指　标	2011 年	2012 年	2013 年
土地	土地供应量（万平方米）	1261.52	1855.28	2165.68
	土地成交量（万平方米）	1415.03	1599.34	2002.64
	土地成交金额（亿元）	246.16	164.10	224.17
市场	商品住宅供应量（万平方米）	723.67	622.37	556.11
	商品住宅成交量（万平方米）	363.05	578.03	511.27
	商品住宅成交均价（元/平方米）	8678.02	7730.35	8057.00

数据来源：中国房地产决策咨询系统（CRIC）。

2. 综述：2013 年无锡市房地产市场火热，预计 2014 年将有所下滑

2013 年，无锡市共组织出入了 35 个批次土地，供应 74 幅地块，流拍 12 幅，共成交 62 幅地块，土地总成交面积 444.46 万平米，环比增加 30.97%；初步预计建筑面积 1100 万平米，成交金额达 194 亿元。富力、雅居乐、中海、蓝光、华夏幸福均在 2013 年首次进入无锡市场，表示各房企对无锡的房地产市场的看好与信心。

3. 投资建设：房地产开发投资持续增长，增长率波动较大

2013 年无锡房地产开发投资完成 1129 亿元，同比增幅为 16%，近两年房地产开发投资持续活跃，预计明年增长势头将有所下滑。

商品房施工面积为 6367.65 万平方米，比上年增长 13.9%。商品房竣工面积大幅上涨 39.3%，为 1150.82 万平方米，连续两年增长（见图 4－18）。

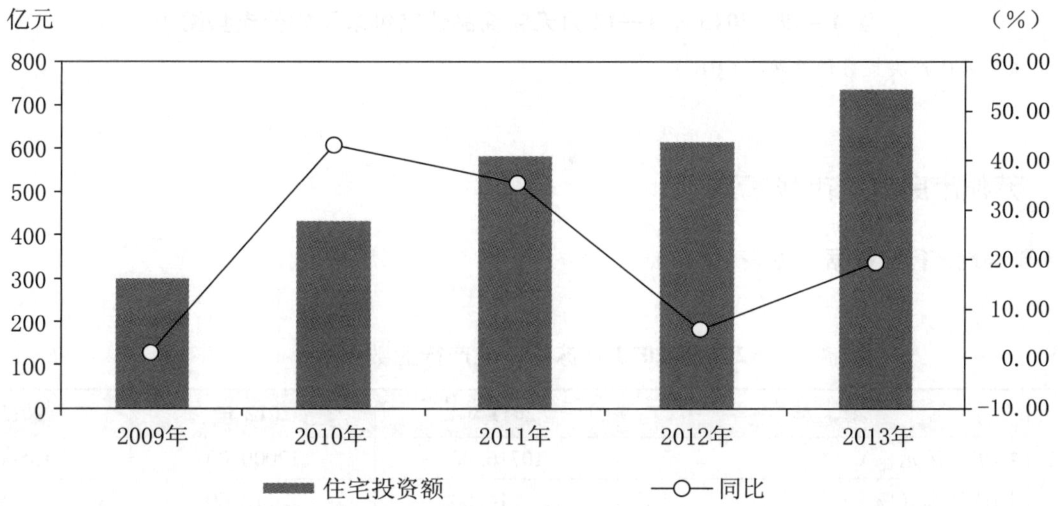

图 4－18　2009—2013 年无锡住宅开发投资额年度走势及同比增幅图

数据来源：无锡市统计局。

4. 市场表现：供应持平，成交下降，价格上涨

2013 年无锡商品住宅供应量为 564 万平方米，与 2012 年持平，2013 年开发商仍有不少库存积压在售，以消化库存为主，所以并未增加新增供应量；

商品住宅成交量为 511.27 万平方米，较去年下降 8.08%，从近几年的成交量看，虽有所下降，但仍处于高位；

商品住宅成交均价为 8061 元/平方米，较去年上涨 4.1%（见图 4－19），2012 年开发商以降价优惠促进销售做主要营销手段减轻库存压力，今年降价优惠的营销手段有所减少，成交均价也因此缓慢回升。

2013 年，无锡住宅市场呈现的量跌价涨状态，主要有以下三个原因：一是住宅市场供应量略大于成交量，库存压力比去年有所减缓，降价优惠的营销手段减少；二是在去年大量成交基础上，今年客户需求有所下降；三是今年政策趋向宽松、经济平稳回升等宏观经济向好。

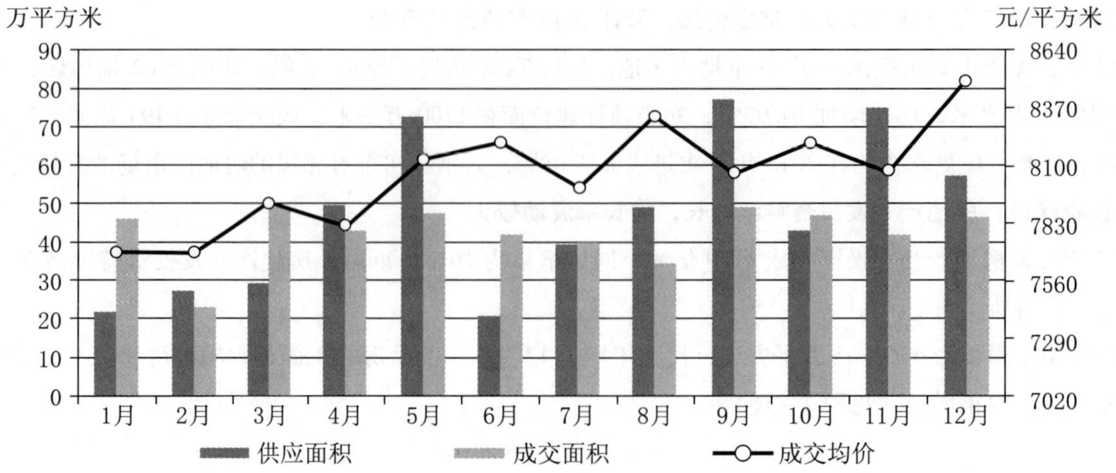

图 4－19　2013 年 1—12 月无锡商品住宅供求及均价走势图

数据来源：中国房地产决策咨询系统（CRIC）。

十三、苏州市房地产市场情况

1. 2013 年房地产行业数据（见表 4－13）

表 4－13　　2011—2013 年苏州房地产行业数据表

类　别	指　标	2011 年	2012 年	2013 年
宏观	GDP（亿元）	10716. 90	12000. 00	13500. 00
	同比增幅（%）	16. 00	12. 00	9. 80
	进出口总额（亿美元）	3008. 60	2776. 30	3093. 00
	同比增幅（%）	9. 70	2. 00	1. 20
	固定资产投资（亿元）	4502. 00	4822. 50	6002. 00
	同比增幅（%）	24. 40	17. 20	14. 00
	社会消费品零售总额（亿元）	2402. 00	2910. 90	3630. 00
	同比增幅（%）	19. 00	14. 70	13. 00
行业	房地产开发投资（亿元）	1199. 10	1263. 40	1476. 00
	同比增幅（%）	28. 00	5. 00	16. 80
	商品房新开工面积（万平方米）	2120. 10	2060. 50	3096. 70
	同比增幅（%）	－19. 40	－2. 80	50. 30
	商品房施工面积（万平方米）	8218. 70	8403. 90	9595. 90
	同比增幅（%）	2. 20	5. 00	14. 20
	商品房竣工面积（万平方米）	1280. 60	1827. 60	1692. 50
	同比增幅（%）	－27. 30	21. 00	－7. 40
土地	土地购置面积（万平方米）	186. 60	352. 40	591. 01
	同比增幅（%）	－23. 50	88. 85	67. 71
	土地购置费（亿元）	324. 10	257. 90	304. 57
	同比增幅（%）	41. 80	－20. 00	18. 10

续表

类　别	指　标	2011 年	2012 年	2013 年
市场	商品房销售面积（万平方米）	1155.90	1466.30	1875.10
	同比增幅（%）	-23.70	21.00	27.90
	商品房销售金额（亿元）	1049.20	1336.40	1803.86
	同比增幅（%）	-15.90	22.00	34.98

数据来源：苏州市统计局。

类　别	指　标	2011 年	2012 年	2013 年
土地	土地供应量（万平方米）	2284.21	2284.03	1653.46
	土地成交量（万平方米）	2454.87	2038.40	1528.28
	土地成交金额（亿元）	521.33	345.39	449.80
市场	商品住宅供应量（万平方米）	639.00	586.10	896.39
	商品住宅成交量（万平方米）	403.10	641.00	808.94
	商品住宅成交均价（元/平方米）	12329.00	11219.00	11888.00

数据来源：中国房地产决策咨询系统（CRIC）。

2. 综述：行业震荡上行、稳中有升，住宅市场走势平稳

2013 年的苏州房地产市场总体走势是震荡上行，稳中有升。各基本面发展形势均相对良好，房价涨幅得到了一定程度的控制，成交在下半年平稳回升，土地市场则再次活跃，房企购地热情。

住宅市场走势较为平稳，虽楼市新政频出，但没有给苏州市场带来非常大的影响。同时，作为长三角的非常重要的城市，苏州房价与临近的上海相比仍处于较低位置，总体处于较为合理的水平。到目前为止，苏州住宅市场依旧呈现出平稳上涨的态势。

3. 投资建设：投资增速大幅上涨，商品房新开工面积涨幅超 50%

2013 年苏州市 5、6、7 号轨道交通规划的出台，进一步加强了市内交通网络，而年内二级市场成交的持续上行，使得外埠开发商的抢地热情亦是持续高涨，在此影响下，年内苏州开发投资增速亦保持在较高的位置。数据显示，2013 年全市完成房地产开发投资 1476 亿元，比上年增长 16.8%，增速进一步大幅提升。其中，住宅完成投资 988.62 亿元，上涨 16.08%（见图 4-20）。商品房施工面积为 9595.9 万平方米，比上年增长 14.20%。商品房新开工面积大幅上涨 50.3%，为 3096.7 万平方米。商品房竣工面积较 2012 年同比下降 7.4%。

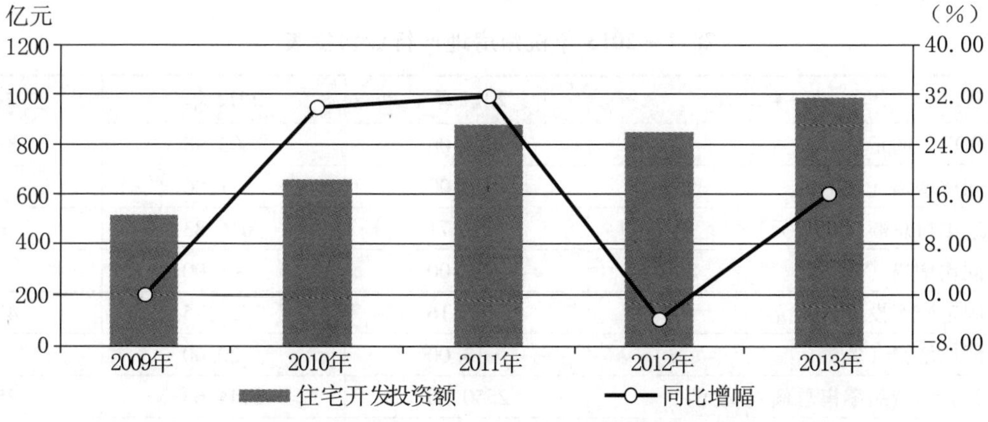

图 4-20　2009—2013 年苏州住宅开发投资额年度走势及同比增幅图

数据来源：苏州市统计局。

4. 市场表现：商品住宅成交量大幅上升，成交均价低开高走

从供应面来看，苏州 2013 年商品住宅供应面积为 896. 39 万平米，环比增加 34. 76%。相比前两年，供应不断攀升，商品住宅供应面积达到阶段性顶峰。2013 年，3、4、5、7、9、11、12 月供应量大（见图 4 - 21），均在 80 ~ 100 万平方米之间，甚至超过 100 万平方米。

从成交面来看，2013 年以来，受国内市场回暖、政策调控未加码等多重因素的影响，成交量达 954. 63 万平方米，环比上涨 20. 59%，成交均价达 12505 元/平，环比上涨 9. 1%。

2013 年商品住宅供应面积为 896. 39 万平方米，同比上涨 32. 8%，成交面积比 2012 也有所上涨，达到 797. 56，涨幅度为 23. 7%，成交均价为 11891 元/平米，相比 2012 年 11258 元/平米上升 5. 62%。2013 年住宅月度成交价格基本保持平稳，至年底有小幅上升。从年初的 11010 元/平米到年底 12942 元/平米，上升 17. 54%。

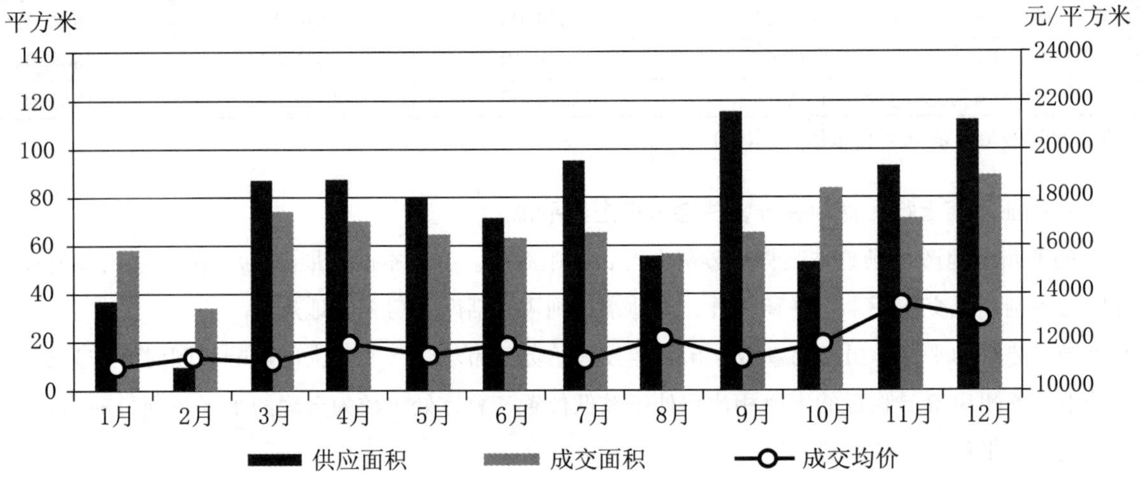

图 4 - 21　2013 年 1—12 月苏州商品住宅供求及均价走势图

数据来源：中国房地产决策咨询系统（CRIC）。

十四、杭州市房地产市场情况

1. 2013 年房地产行业数据（见表 4 - 14）

表 4 - 14　　2011—2013 年杭州房地产行业数据表

类　别	指　标	2011 年	2012 年	2013 年
宏观	GDP（亿元）	7019. 06	7803. 98	8343. 52
	同比增幅（%）	18. 00	11. 00	8. 00
	进出口总额（亿美元）	639. 71	616. 83	650. 71
	同比增幅（%）	22. 00	- 3. 00	5. 50
	固定资产投资（亿元）	3105. 16	3722. 75	4263. 87
	同比增幅（%）	13. 00	20. 00	14. 50
	社会消费品零售总额（亿元）	2550. 00	2944. 63	3531. 17
	同比增幅（%）	19. 20	15. 50	13. 00

续表

类　别	指　标	2011 年	2012 年	2013 年
行业	房地产开发投资（亿元）	1302.27	1600.37	1853.28
	同比增幅（%）	36.00	23.00	16.00
	商品房新开工面积（万平方米）	2490.57	1816.03	2039.06
	同比增幅（%）	29.00	-27.00	12.30
	商品房施工面积（万平方米）	7739.69	8299.84	9327.52
	同比增幅（%）	24.00	7.00	12.60
	商品房竣工面积（万平方米）	1135.00	1055.09	1172.24
	同比增幅（%）	3.00	7.00	11.10
土地	土地购置面积（万平方米）	226.57	112.39	227.65
	同比增幅（%）	-45.80	-70.00	102.60
	土地购置费（亿元）	520.55	684.02	802.07
	同比增幅（%）	27.30	31.50	17.40
市场	商品房销售面积（万平方米）	829.81	1092.50	1139.13
	同比增幅（%）	-16.00	48.80	4.50
	商品房销售金额（亿元）	1083.92	1469.27	1711.20
	同比增幅（%）	-22.40	35.00	16.50

数据来源：杭州市统计局。

类　别	指　标	2011 年	2012 年	2013 年
土地	土地供应量（万平方米）	3061.01	2318.45	3674.54
	土地成交量（万平方米）	3115.34	2176.51	3163.62
	土地成交金额（亿元）	621.46	633.17	1349.41
市场	商品住宅供应量（万平方米）	761.20	557.32	1157.57
	商品住宅成交量（万平方米）	382.90	468.47	858.71
	商品住宅成交均价（元/平方米）	16631.00	15244.00	16594.00

数据来源：中国房地产决策咨询系统（CRIC）。

2. 综述：新政影响较小，年内市场供应大幅放量

近些年中国经济的快速发展，房地产投资做出了举足轻重的贡献。2013 年新一届领导班子的执政模式，在房地产市场调控思路上有所转变，将更多交由市场这只“看不见的手”来左右。调控政策仍对杭州市房地产市场的影响将逐渐缩小。目前杭州城市化率为 62%，而市政府最新统筹计划 2015 年杭州要达到 75% 的城市化水平，这也意味着在“十二五”期间杭州房地产业仍将获得强大的基础支撑，房地产业也仍将是推动经济增长的重要动力，在良好的预期促使下，年内杭州住宅供应量同比翻番，达到 1157 万平方米。

3. 投资建设：住宅投资额持续上行，新开工总量大幅增加

2013 年杭州市房地产投资额增幅下滑，由 2012 年的 23% 下降至 16%，但在向好的市场成交预期下，房地产施工、竣工、新开工面积增速均较 2012 年上行，使得市场供应量进一步上升，市场存量压力也进一步加大（见图 4-22）。

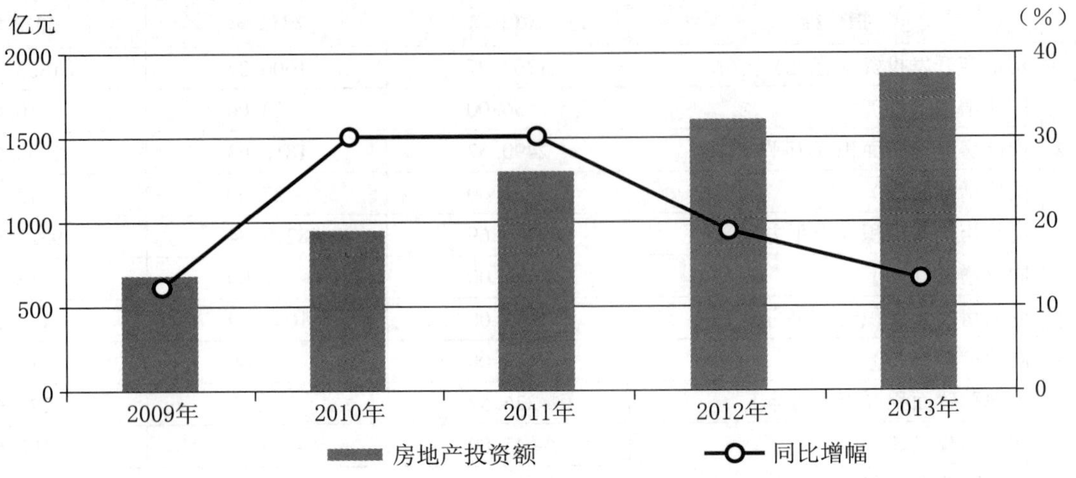

图 4－22　2009—2013 年杭州住宅开发投资额年度走势及同比增幅图

数据来源：杭州市统计局。

4. 市场表现：土地市场持续火热，商品房成交大幅上升

2013 年杭州商品房市场延续 2012 年成交势头，全年成交量超越 2012 年，接近 2009 年历史高点；价格反弹，回归至接近调控前水平。

年内全国整体调控基调贯穿全年，根据不同城市房产市场发展情况，城市调控政策出现分化。年初“国五条”及细则出台，继续坚持调控不动摇。下半年以来，新一届政府着力建立长效机制，十八届三中全会将全面深化改革作为政府工作重心；不动产登记、保障房建设、房产信息联网等长效机制继续推进中，而限购、限贷等调控政策更多放权给地方政府。今年调控思路的转型将对未来行业发展起到巨大推动作用，尤其是政府职能转型的提法意味着过去十年房地产行政性调控的淡出。但是，这种转型是一个长期的过程，短期内政策调控基调不可能有大的转变。

在此政策环境下，开发商延续 2012 年来对楼市的乐观态度，去年的市场回暖使得房企盆满钵溢，自有资金充裕的企业积极涌入土地市场补仓，土地市场异常火热，全年土地成交 221 宗，成交总面积达到 812 万平方米，可建面积 2156.7 万平方米，总金额达到 1326.9 亿元，比此前历史最高点的 2009 年还高出 100 多亿元，成为 2013 年全国第三个土地收入超过 1000 亿元的城市。新房市场看，2013 年杭州八区新建商品房成交 85854 套，这一成交量仅次于 2009 年的 106125 套，位列历史第二位。85854 套的成交量，这是杭州楼市自“限购限贷”以来的最好成绩。不过这一成绩的背后也有一些隐忧，2013 年的成交量则是“前高后低”，最后一个季度，尽管新盘频现低价，但是购房者观望情绪蔓延，开盘去化率普遍不高，显示出明显的市场疲态（见图 4－23）。

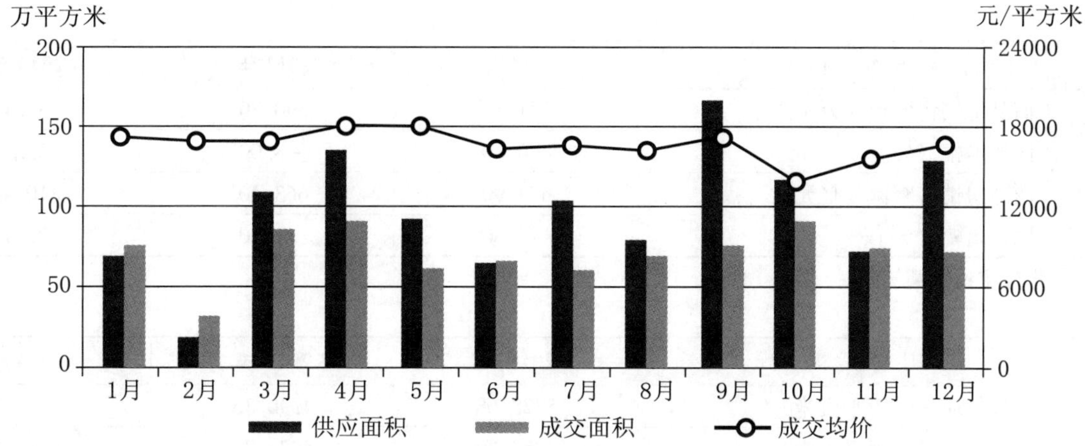

图 4－23　2013 年 1—12 月杭州商品住宅供求及均价走势图

数据来源：中国房地产决策咨询系统（CRIC）。

十五、宁波市房地产市场情况

1. 2013 年房地产行业数据（见表 4－15）

表 4－15　　2011—2013 年宁波房地产行业数据表

类　别	指　标	2011 年	2012 年	2013 年
宏观	GDP（亿元）	6010.50	6524.70	7128.90
	同比增幅（%）	10.00	8.00	8.00
	进出口总额（亿美元）	982.00	965.70	2119.00
	同比增幅（%）	－18.40	－1.00	7.30
	固定资产投资（亿元）	2385.50	2901.40	3423.00
	同比增幅（%）	8.11	21.60	18.00
	社会消费品零售总额（亿元）	2018.90	2329.30	2635.70
	同比增幅（%）	18.50	15.40	13.30
行业	房地产开发投资（亿元）	712.90	884.40	1123.10
	同比增幅（%）	27.90	24.30	27.00
	商品房新开工面积（万平方米）	1886.80	1470.50	1837.20
	同比增幅（%）	29.00	－22.00	24.90
	商品房施工面积（万平方米）	5295.60	6080.50	6833.96
	同比增幅（%）	39.00	15.00	12.40
	商品房竣工面积（万平方米）	881.10	839.90	867.48
	同比增幅（%）	36.00	－5.00	3.30
土地	土地购置面积（万平方米）	220.40	57.30	239.92
	同比增幅（%）	－23.00	－74.00	318.71
	土地购置费（亿元）	175.30	258.10	317.04
	同比增幅（%）	－19.90	45.00	22.80

续表

类　别	指　标	2011 年	2012 年	2013 年
市场	商品房销售面积（万平方米）	641.30	590.20	730.10
	同比增幅（%）	0.30	-8.00	23.70
	商品房销售金额（亿元）	678.90	663.40	810.40
	同比增幅（%）	-12.80	14.20	22.16

数据来源：宁波市统计局。

类　别	指　标	2011 年	2012 年	2013 年
土地	土地供应量（万平方米）	5728.68	4390.35	4917.77
	土地成交量（万平方米）	4853.09	4026.72	4724.49
	土地成交金额（亿元）	380.18	541.56	671.49
市场	商品住宅供应量（万平方米）	368.50	308.50	427.30
	商品住宅成交量（万平方米）	171.90	272.50	325.10
	商品住宅成交均价（元/平方米）	14514.00	13545.00	13574.00

数据来源：中国房地产决策咨询系统（CRIC）。

2. 综述：市场略微供过于求，改善型需求居首位

2013 年以来，宁波楼市持续处于高热状态，开发商资金充裕且对后市看好，土地储备大幅加快，土地供求均达到近年来最高水平。2013 年宁波市商品住宅供应面积为 427 万平方米，同比去年增加 38%，供应总量达近几年峰值；成交面积为 329 万平方米，同比去年增加 21%，供求比为 1∶0.77，城市供应略大于需求。而从成交面积段来看，2013 年仍维持了 2012 年的情况，成交面积占比最高的是 120～140 平方米的改善型户型。

3. 投资建设：投资增速回升，商品房新开工面积大幅上涨

2013 年，宁波全市完成房地产开发投资 1123.1 亿元，比上年增长 27%，增速较去年略有上升。其中，住宅完成投资 642.33 亿元，同比上涨 25%。商品房施工面积为 6833.96 万平方米，比上年增长 12%。随着市场持续回暖，商品房新开工面积大幅上升 25%，为 1837.2 万平方米。商品房竣工面积则走出去年负增长态势，同比上涨 3%（见图 4－24）。

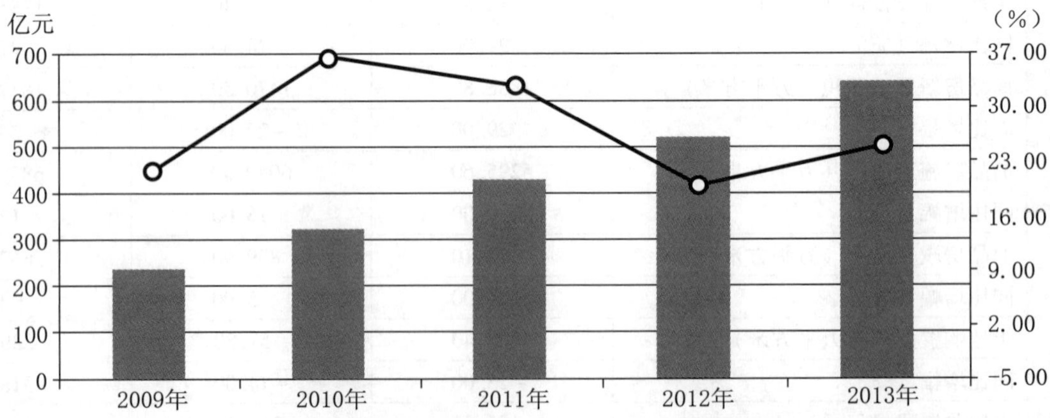

图 4－24　2009—2013 年宁波住宅开发投资额年度走势及同比增幅图

数据来源：宁波市统计局。

4. 市场表现：商品住宅成交量大幅上升，供应总量几近峰值

回顾近年来宁波市房地产市场走势：2008 年全国楼市遭遇金融危机，房地产市场受到大幅滑坡，宁波商品住宅市场一度低迷；2009 年政府救市，宁波商品住宅量价齐升，年度去化量突破400 万平方米，宁波楼市首次出现供不应求局面；2010 年住宅价格持续上涨，上涨幅度高达45%，政府开始不断出台政策对楼市进行调控，尤其是限购限贷的实施更是让原本火热的市场迅速冷却；2011 年政府不断对楼市施压，密集出台一些列调控政策，2011 年全年楼市持续冷淡，去化量仅为供应量一半左右，购房者持续处于观望状态；2012 年在一波降价促销热潮中宁波楼市开始触底反弹，积压已久的刚性需求开始陆续入市，下半年市场持续升温甚至出现翘尾行情；2013 年年初延续2012 年底暖冬形势，除2 月受春节假期影响外，其余月份市场均表现明朗，供求双方均有大幅度回升，2013 年可谓是宁波楼市的丰收之年（见图4 -25）。

2013 年宁波市商品住宅供应面积为427 万方，同比去年增加38%，供应总量达近几年峰值；成交面积为329 万方，同比上年增加21%，年度去化量仅次于市场最好的2009 年。商品住宅供应量持续放大是助推住宅市场升温的关键因素，年内多个刚需大盘平价入市获得热销，部分高品质改善楼盘因其核心地段亦受到高端客户青睐，市场去化量因此不断攀升。

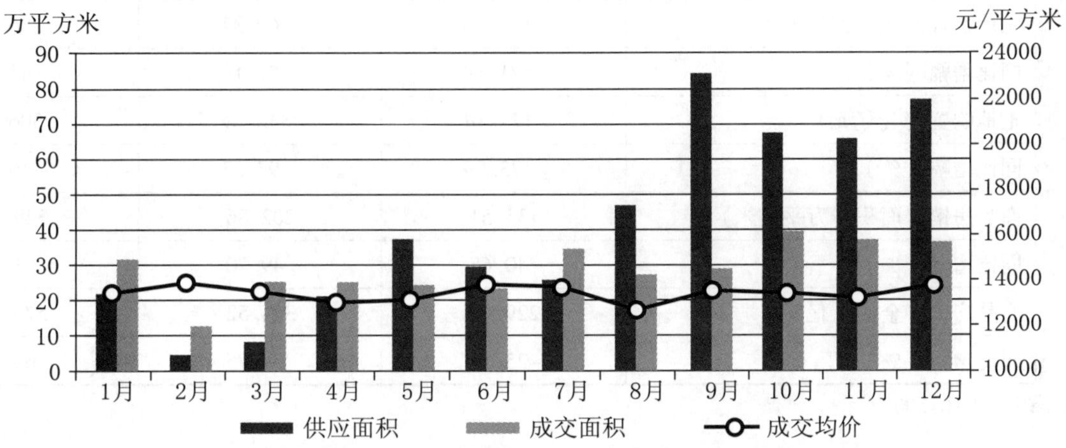

图4 -25　2013 年1—12 月宁波商品住宅供求及均价走势图

数据来源：中国房地产决策咨询系统（CRIC）。

十六、温州市房地产市场情况

1. 2013 年房地产行业数据（见表4 -16）

表4 -16　　2011—2013 年温州房地产行业数据表

类　别	指　标	2011 年	2012 年	2013 年
宏观	GDP（亿元）	3350. 87	3650. 06	4003. 86
	同比增幅（%）	14. 56	8. 93	7. 70
	进出口总额（亿美元）	215. 72	204. 38	365. 84
	同比增幅（%）	26. 20	-5. 30	0. 79

续表

类　别	指　标	2011 年	2012 年	2013 年
宏观	固定资产投资（亿元）	1751.52	2110.34	2950.00
	同比增幅（%）	89.20	37.00	25.20
	社会消费品零售总额（亿元）	1643.52	1929.29	2136.38
	同比增幅（%）	18.10	9.10	11.20
行业	房地产开发投资（亿元）	480.55	687.06	734.37
	同比增幅（%）	77.66	42.97	6.80
	商品房新开工面积（万平方米）	1021.05	945.84	827.77
	同比增幅（%）	87.66	-7.37	-12.48
	商品房施工面积（万平方米）	3226.07	3745.92	4224.04
	同比增幅（%）	28.83	16.11	12.50
	商品房竣工面积（万平方米）	417.58	348.36	367.05
	同比增幅（%）	36.33	-16.58	4.90
土地	土地购置面积（万平方米）	123.46	60.37	86.87
	同比增幅（%）	571.58	-51.10	43.90
	土地购置费（亿元）	177.14	342.89	306.96
	同比增幅（%）	73.09	93.57	-10.50
市场	商品房销售面积（万平方米）	135.51	202.86	349.73
	同比增幅（%）	-40.68	49.70	71.20
	商品房销售金额（亿元）	229.09	354.52	575.93
	同比增幅（%）	-25.50	54.75	62.45

数据来源：温州市统计局。

2. 综述：住宅销售高速增长

2013 年，温州市区商品住宅累计销售破万套，成交面积超过 110 多万平方米。全年全市商品住宅销售面积 317.418 平方米，增长 74.5%。达到历史上的最高值。反映了温州市场存在一定的购买潜力，被压抑的改善需求迫切需要释放。从供应的角度来看，2013 年温州的供应量呈现较大幅度的提升，供应结构趋于合理，市场开始进入补库存阶段，也属于对历史遗留问题的恢复。2014 年，温州市区的商品住宅供应将更为合理，价格更具有竞争性，能保证需求的释放。从目前温州市场的运行周期来看，市场已经进入筑底企稳的阶段，按照一般的规律，成交量将逐步放大。

3. 投资建设：投资额增速放缓，商品房施工面积增幅下降

2013 年，温州房地产开发投资同比增速大幅减少，投资总额 734.37 亿元，较去年增加 6.80%，同比增速明显放缓。商品房施工面积增幅同样放缓，增幅由上年的 16.11% 降为今年的 12.50%（见图 4－26），商品房新开工面积连续两年呈负增长，降幅持续扩大。

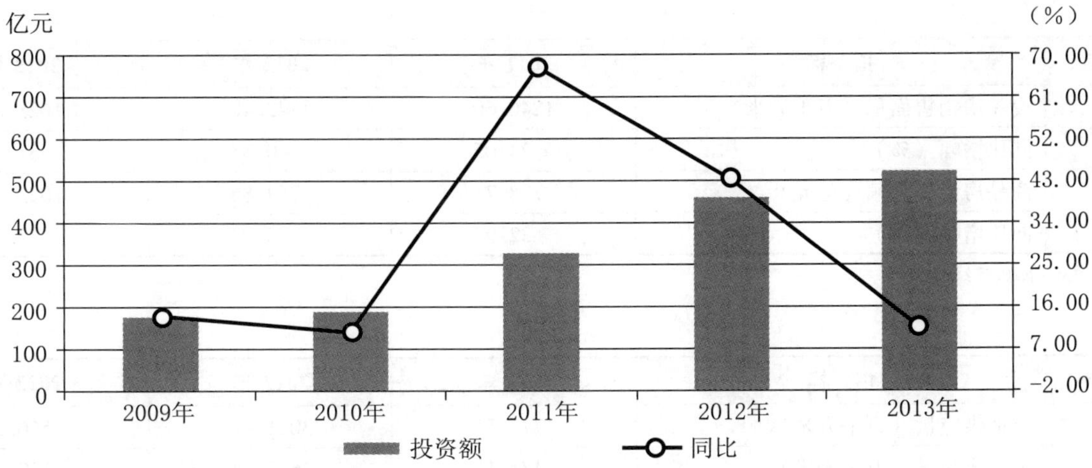

图 4－26　2009—2013 年温州住宅开发投资额年度走势及同比增幅图

数据来源：温州市统计局。

十七、合肥市房地产市场情况

1. 2013 年房地产行业数据（见表 4－17）

表 4－17　　　　2011—2013 年合肥房地产行业数据表

类　别	指　标	2011 年	2012 年	2013 年
宏观	GDP（亿元）	3636.62	4164.30	4682.50
	同比增幅（%）	15.40	13.60	12.44
	进出口总额（亿美元）	123.10	176.42	181.90
	同比增幅（%）	23.61	43.30	3.10
	固定资产投资（亿元）	3386.28	4001.10	4707.99
	同比增幅（%）	26.80	23.70	23.10
	社会消费品零售总额（亿元）	1111.12	1293.62	1500.00
	同比增幅（%）	32.43	16.70	15.95
行业	房地产开发投资（亿元）	880.29	913.80	1105.81
	同比增幅（%）	9.67	3.81	21.01
	商品房新开工面积（万平方米）	1893.40	1488.75	2211.02
	同比增幅（%）	8.15	－21.37	48.52
	商品房施工面积（万平方米）	5645.79	6071.64	7015.32
	同比增幅（%）	5.75	7.54	15.54
	商品房竣工面积（万平方米）	654.89	921.02	1435.33
	同比增幅（%）	－17.58	40.64	55.84
土地	土地购置面积（万平方米）	449.69	476.41	658.62
	同比增幅（%）	38.14	5.94	38.25
	土地购置费（亿元）	178.33	138.16	215.94
	同比增幅（%）	－10.71	－22.53	56.30

续表

类　别	指　标	2011 年	2012 年	2013 年
市场	商品房销售面积（万平方米）	1246.60	1242.48	1628.09
	同比增幅（%）	24.05	-0.33	31.04
	商品房销售金额（亿元）	788.75	764.86	1023.01
	同比增幅（%）	32.93	-3.03	33.75

数据来源：合肥市统计局。

类　别	指　标	2011 年	2012 年	2013 年
土地	土地供应量（万平方米）	1773.57	3021.41	1566.31
	土地成交量（万平方米）	1471.17	2648.54	3169.05
	土地成交金额（亿元）	202.70	299.48	442.25
市场	商品住宅供应量（万平方米）	711.01	807.20	1123.83
	商品住宅成交量（万平方米）	451.88	810.99	1231.89
	商品住宅成交均价（元/平方米）	6854.00	6470.00	6722.00

数据来源：中国房地产决策咨询系统（CRIC）。

2. 综述：开发投资依旧呈增长态势房地产市场一片火热

合肥房地产市场投资呈现大幅上涨趋势，在合肥市大发展的趋势下，房地产开发投资依旧呈增长态势。2013 年随着合肥房地产市场火热，开发商拿地开发热情高涨，刚需及投资客群增长迅猛，达到近四年增幅最高水平。

3. 投资建设：房地产开发投资持续增长，商品房竣工面积连续两年大涨

2013 年，合肥全市完成房地产开发投资 1105.81 亿元，比上年增长 21.01%，同比增速加快。商品房施工面积为 7015 万平方米，比上年增长 16%。受持续调控影响，商品房竣工面积大幅上涨 55.84%，为 1435.33 万平方米，连续两年大幅增长（见图 4 -27）。

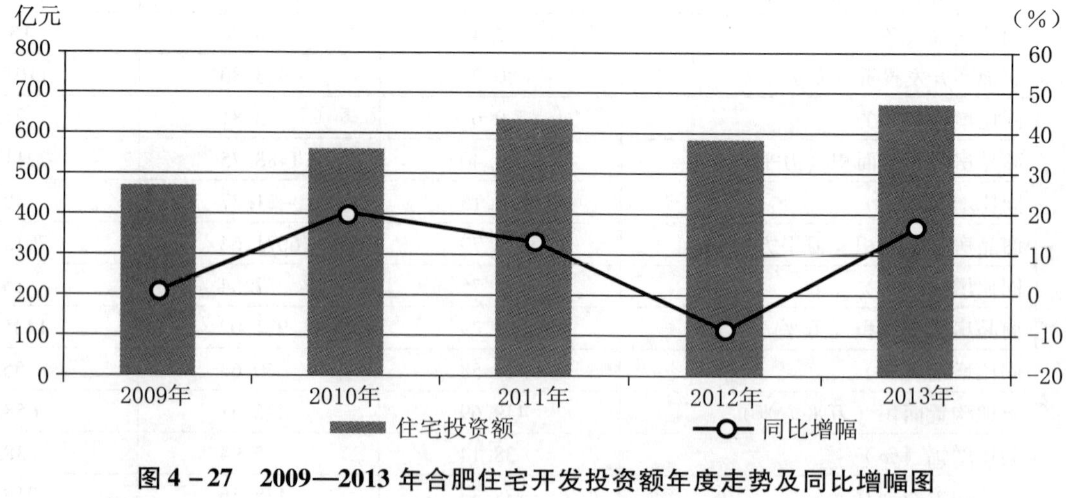

图 4 -27　2009—2013 年合肥住宅开发投资额年度走势及同比增幅图

数据来源：合肥市统计局。

4. 市场表现：商品住宅成交量大幅上升，成交均价低开高走

从年度成交来看，合肥商品住宅成交量价逐年走高，2013 年成交 1407 万平米，环比大增 68%，整体成交量远超过 2012 年。从月度成交来看，2013 年商品住宅成交，走势同商品房差不多，成交高峰分别出现在 3 月、7 月和 12 月。3 月楼市政策定调，成交小幅反弹。7 月二次降息，成交出现反周期。12 月年底翘尾，成交量再创新高。

从房价的角度来看，2013 年合肥商品住宅年度成交均价 6501 元/平方米，较 12 年 6418 元/平方米均价保持稳定。月度均价一直较稳（见图 4 - 28）。年内连续前 7 个月月成交均价低于年度成交均价，但受楼市政策影响，合肥楼市总体保持平稳的发展，未出现明显大起大落现象。

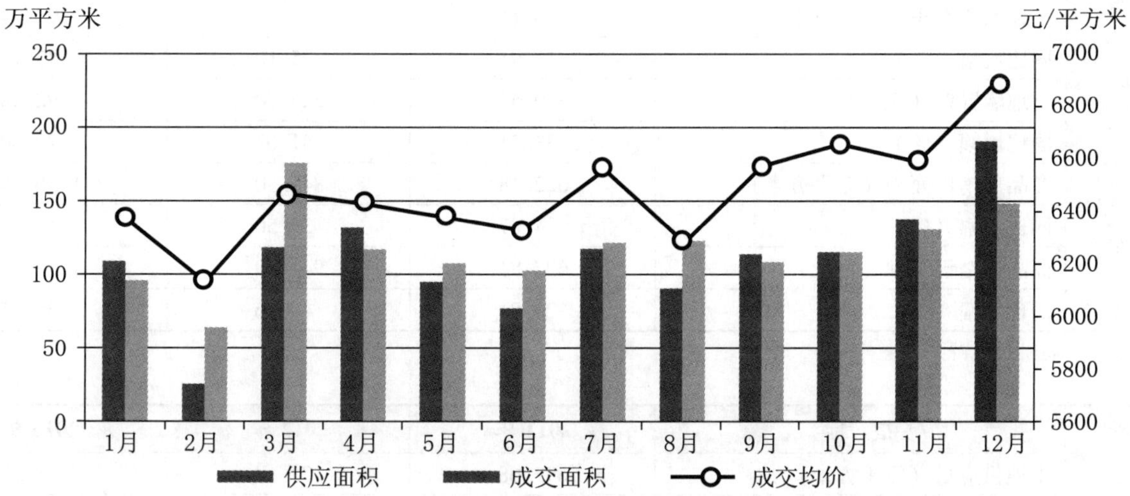

图 4 - 28　2013 年 1—12 月合肥商品住宅供求及均价走势图

数据来源：中国房地产决策咨询系统（CRIC）。

十八、福州市房地产市场情况

1. 2013 年房地产行业数据（见表 4 - 18 ~ 表 4 - 19）

表 4 - 18　2011—2013 年福州房地产行业数据表

类　别	指　标	2011 年	2012 年	2013 年
宏观	GDP（亿元）	3734.78	4218.29	4678.50
	同比增幅（%）	19.57	12.95	11.50
	进出口总额（亿美元）	347.25	281.95	314.29
	同比增幅（%）	41.24	-11.94	11.90
	固定资产投资（亿元）	2720.28	3234.78	3834.22
	同比增幅（%）	17.38	18.91	18.50
	社会消费品零售总额（亿元）	1896.77	2259.03	2611.29
	同比增幅（%）	16.78	19.10	15.60

续表

类 别	指 标	2011 年	2012 年	2013 年
行业	房地产开发投资（亿元）	956.45	972.27	1264.79
	同比增幅（%）	42.61	1.65	30.10
	商品房新开工面积（万平方米）	1630.50	1509.05	1760.15
	同比增幅（%）	12.30	-7.45	16.64
	商品房施工面积（万平方米）	4989.92	5704.68	6871.04
	同比增幅（%）	38.63	14.32	20.45
	商品房竣工面积（万平方米）	588.93	534.33	832.55
	同比增幅（%）	70.30	-9.27	55.81
土地	土地购置面积（万平方米）	286.14	214.32	390.44
	同比增幅（%）	-13.91	-25.10	82.18
	土地购置费（亿元）	389.53	229.70	292.48
	同比增幅（%）	33.21	-41.03	27.30
市场	商品房销售面积（万平方米）	622.18	841.50	1256.49
	同比增幅（%）	4.07	35.50	49.32
	商品房销售金额（亿元）	627.81	941.49	1411.79
	同比增幅（%）	24.81	49.96	49.95

数据来源：福州市统计局。

类 别	指 标	2011 年	2012 年	2013 年
土地	土地供应量（万平方米）	697.68	171.14	800.27
	土地成交量（万平方米）	496.06	182.77	469.41
	土地成交金额（亿元）	224.55	66.29	268.43
市场	商品住宅供应量（万平方米）	291.00	211.85	257.58
	商品住宅成交量（万平方米）	187.53	252.43	276.40
	商品住宅成交均价（元/平方米）	14231.00	14188.00	16372.00

数据来源：中国房地产决策咨询系统（CRIC）。

2. 综述：调控力度相对偏弱，一、二级市场成交火热

政策上，从福州角度来看，无论是年初的“榕国五条”还是年底的“榕七条”，明显执行力度偏弱，政策的象征意义大于实际效用，其本质是“应付式”的政策出台。反映在市场表现上亦是如此，2013 年土地市场整体成交火热，各线城市、各类地王纪录被屡屡刷新，二级市场也呈现出量价齐升的火爆态势，在上半年国五条落地前夕，市场表现更是出现末班车现象，3 月份二级市场供求规模大幅出现上升。

3. 投资建设：市场信心回暖，开发投资额快速上升

2013 年三江口组团、闽江组团五大片区控规的出台，延续了福州“东扩南进，沿江向海”的发展轨迹，带动区域城镇化、城市化发展，加快实现区域城乡一体化建设，促使福州的建设由“滨江”迈向“滨海”，主城区的辐射范围将逐步扩大。随着城市配套的进一步完善，在规划利好下，年内福州市房地产投资规模亦快速上升，施工、竣工、新开工总量均较 2012 年均出现较大幅度的上升（见图 4－29）。

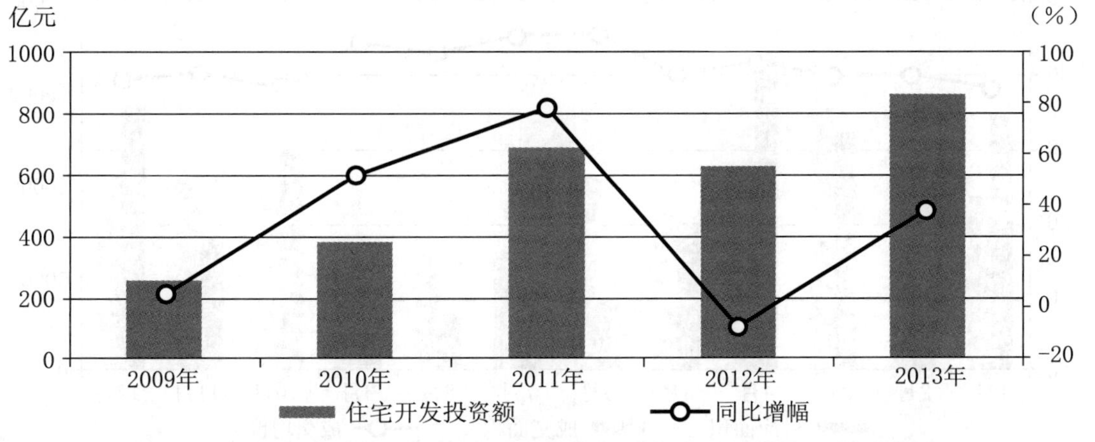

图 4-29　2009—2013 年福州住宅开发投资额年度走势及同比增幅图

数据来源：福州市统计局。

4. 市场表现：供求规模快速扩容，房企周转速度持续提升

土地市场方面，今年土地市场整体成交火热，各线城市、各类地王纪录被屡屡刷新。整体市场量价齐涨，总体呈现出供需两旺态势，一线城市成交量价涨幅尤为显著。福州也不例外，2013 年福州土地市场成交火爆，市区土地成交总建筑面积 404 万平方米，成交金额 205 亿元，成交量价实现翻倍上涨；闽侯土地更是一举超越市区，成交总建筑面积 455.74 万平方米，成交金额 105.44 亿元，土地市场表现火爆；而市区 5086 元/平方米的楼面均价、闽侯 2313 元/平方米的楼面均价也都分别同比大幅上涨了 41% 和 79%；特别是年底闽侯商住类用地，楼面价蹿升明显，最高楼面价已达 6412 元/平方米，造就闽侯新地王。

就二级市场表现来看，2013 年福州楼市整体呈现出量价齐升火爆态势。2013 年福州市区商品房、商品住宅分别成交 387.52 万、276.4 万，两项指标同比去年分别上涨 7.98%、9.5%；商品房、商品住宅成交均价分别为 16323 元/平方米、16372 元/平方米，两项指标同比去年分别上涨 14.89%、15.39%。而闽侯市场，在以商品住宅为绝对主导的情况下，全年商品住宅共计成交 219.28 万平方米，同比大幅上涨 39.53%；成交均价 9533 元/平方米，同比上涨 13.87%。市区、闽侯双双实现新突破，市区 16372 元/平方米及闽侯 9533 元/平方米的年成交均价更是创下了各自历史新高（见图 4-30）。

就企业角度来看，随着市场成交的持续上行，集中度持续上升，万科、绿地等 7 家房企跻身“千亿俱乐部”。房企周转速度平均提升一成，资金回流增速，在销售业绩全面飘红下，企业的国际化、本地化、金融端和营销端四大战略全面铺开，逐鹿资本市场，争相借壳上市或者谋划海外投资，房企发展由此迈入一个全新的时代。从福州角度来看，一线房企再添富力、中海生力军，而以阳光城集团、泰禾集团、融信集团、正荣集团为首的闽商全国跑马圈地，全国化战略意图显现。“大型房企走进来，本土名企走出去”已成大势所趋。

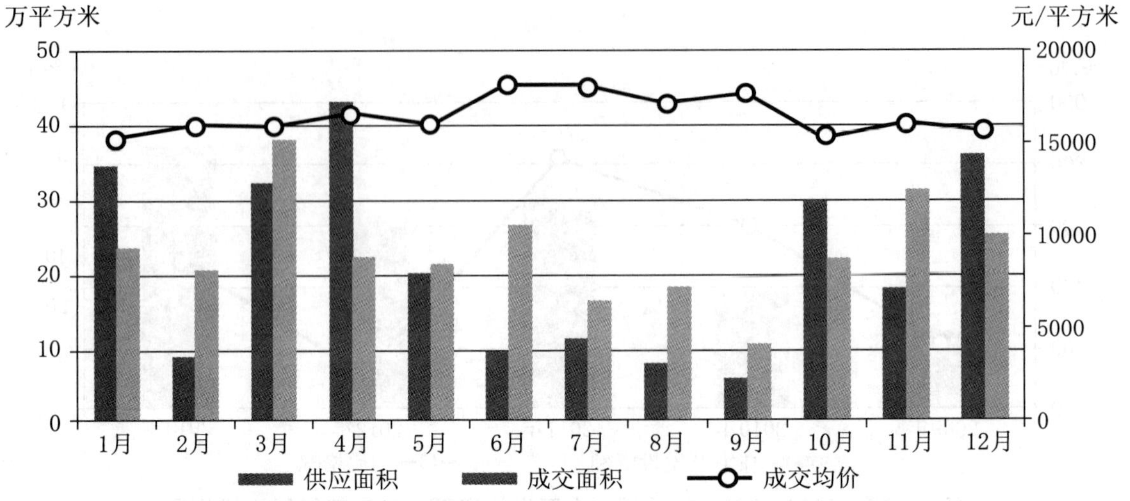

图 4－30　2013 年 1—12 月福州商品住宅供求及均价走势图

数据来源：中国房地产决策咨询系统（CRIC）。

十九、厦门市房地产市场情况

1. 2013 年房地产行业数据（见表 4－19）

表 4－19　　2011—2013 年厦门房地产行业数据表

类别	指标	2011 年	2012 年	2013 年
宏观	GDP（亿元）	2535.80	2817.07	3018.16
	同比增幅（%）	23.30	12.10	9.40
	进出口总额（亿美元）	701.67	744.90	840.94
	同比增幅（%）	23.00	6.16	12.90
	固定资产投资（亿元）	1126.28	1332.64	1347.54
	同比增幅（%）	11.70	18.10	1.10
	社会消费品零售总额（亿元）	810.69	801.40	974.97
	同比增幅（%）	18.35	10.00	10.50
行业	房地产开发投资（亿元）	436.31	518.88	531.80
	同比增幅（%）	10.14	18.40	2.50
	商品房新开工面积（万平方米）	1073.07	817.57	689.50
	同比增幅（%）	154.55	－22.70	－15.70
	商品房施工面积（万平方米）	3592.70	3579.73	3785.86
	同比增幅（%）	16.32	－0.36	5.80
	商品房竣工面积（万平方米）	605.41	422.41	343.79
	同比增幅（%）	39.62	－30.23	－18.60
土地	土地购置面积（万平方米）	52.16	188.91	125.10
	同比增幅（%）	－83.17	262.17	－33.80
	土地购置费（亿元）	185.58	198.15	132.69
	同比增幅（%）	－25.87	8.90	－33.00

续表

类　别	指　标	2011 年	2012 年	2013 年
市场	商品房销售面积（万平方米）	438.26	615.34	786.71
	同比增幅（%）	2.69	40.41	27.80
	商品房销售金额（亿元）	448.10	755.67	1071.85
	同比增幅（%）	18.19	68.64	41.80

数据来源：厦门市统计局。

类　别	指　标	2011 年	2012 年	2013 年
土地	土地供应量（万平方米）	640.11	689.41	414.63
	土地成交量（万平方米）	585.92	681.41	390.63
	土地成交金额（亿元）	138.18	158.89	265.47
市场	商品住宅供应量（万平方米）	358.25	395.40	419.80
	商品住宅成交量（万平方米）	262.17	477.73	449.01
	商品住宅成交均价（元/平方米）	13905.00	13482.00	15701.00

数据来源：中国房地产决策咨询系统（CRIC）。

2. 综述：调控难抑供需两热，市场整体“量平价涨”

2013 年，厦门的房地产调控政策持续，但市场需求热度不减，整体呈现“量平价涨”的态势。商品住宅总供应 419.80 万平方米，同比增长 6%；总成交 449.01 万平方米，同比微跌 6%，依旧延续 2012 年的高位成交。新国五条导致改善型产品集中入市，带动全年房价大幅上涨，年成交均价突破 15000 元/平方米，同比增幅 16%。

3. 投资建设：投资环境持续改善，但土地供应不足导致投资增速下滑

厦门 2013 年投资环境向好，向莆线及厦深高铁陆续开通，地铁开建等基础设施的投建带动城市化进一步发展，也为房地产行业发展提供坚实基础，但受制于自身土地供应不足，房地产开发、投资增速有所放缓，2013 年房地产投资额同比增幅仅 2%，较 2012 年同比 18% 的增幅来看下滑明显，新开工、施工面积同比增速也有所下滑（见图 4 - 31）。

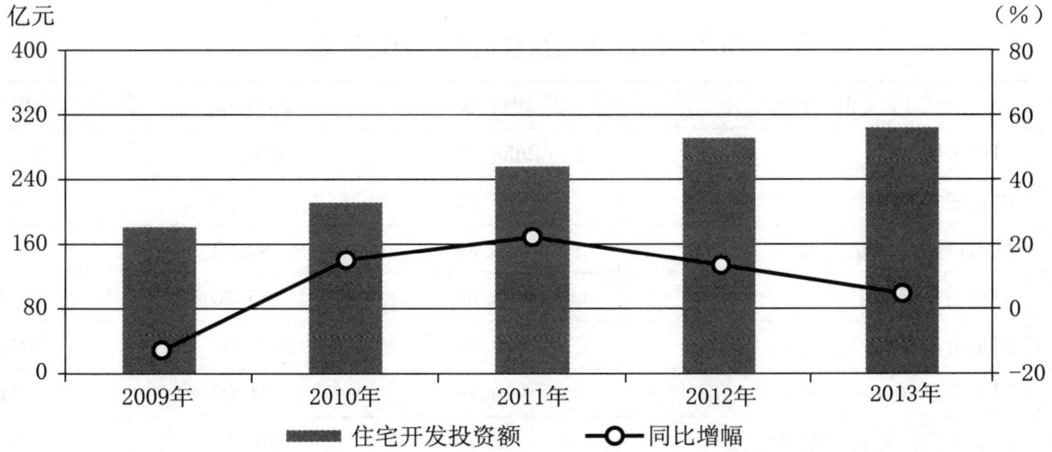

图 4 - 31　2009—2013 年厦门住宅开发投资额年度走势及同比增幅图

数据来源：厦门市统计局。

4. 市场表现：供求压力有所显现，房价突破15000元/平方米

2013年厦门市场供应、成交主要集中在岛外。供应持续放量，整体供应量进一步上升，超过400万平方米。成交量较去年虽有轻微下滑，但依然维持在450万平方米左右的高位。供求比达到1∶1.07，供求比虽较2012年1∶1.21有所下降，但2013年底商品住宅库存仅200万平方米，达到历年来新低，整体市场供不应求的压力有所显现。供求压力加上调控导致的改善型中高端产品的集中成交，带动厦门平均房价进一步攀升，超过15000元/平方米。从月度走势来看，政策对厦门市场的影响比较明显，供应、成交放量都集中在新国五条出台的3、4月份，房价也在4月份也有明显提升，超过17000元/平方米（见图4－32）。

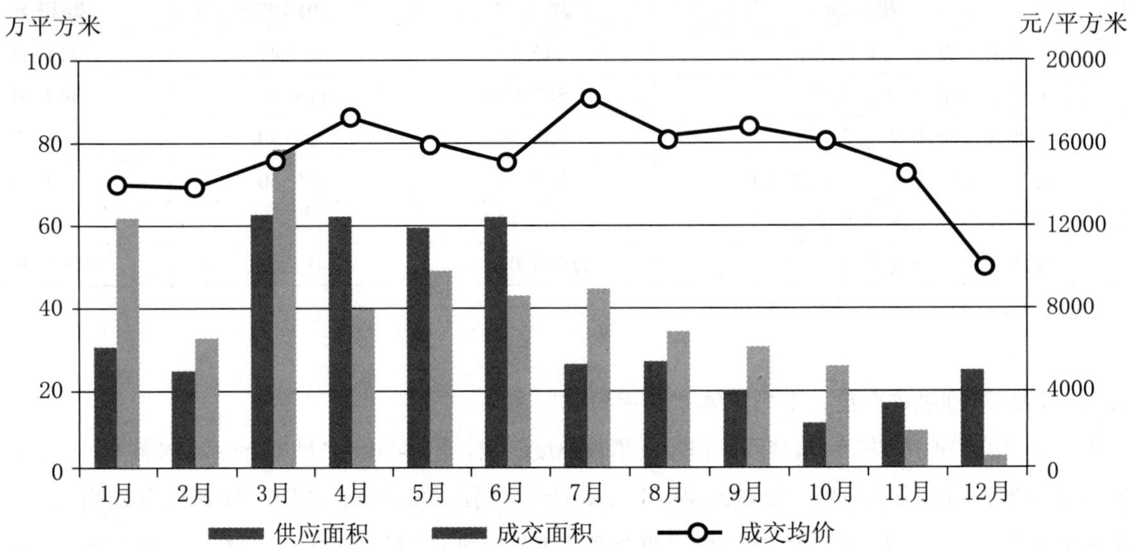

图4－32　2013年1—12月厦门商品住宅供求及均价走势图

数据来源：中国房地产决策咨询系统（CRIC）。

二十、南昌市房地产市场情况

1. 2013年房地产行业数据（见表4－20）

表4－20　　2011—2013年南昌房地产行业数据表

类别	指标	2011年	2012年	2013年
宏观	GDP（亿元）	2688.87	3000.52	3336.03
	同比增幅（%）	13.00	12.50	10.07
	进出口总额（亿美元）	78.84	82.87	97.22
	同比增幅（%）	48.60	5.20	17.30
	固定资产投资（亿元）	2002.66	2623.03	2909.76
	同比增幅（%）	26.10	31.00	21.60
	社会消费品零售总额（亿元）	950.74	1116.54	1270.01
	同比增幅（%）	19.80	18.40	13.70

续表

类　别	指　标	2011 年	2012 年	2013 年
行业	房地产开发投资（亿元）	279.66	344.36	406.14
	同比增幅（%）	21.50	23.14	17.94
	商品房新开工面积（万平方米）	862.96	1015.50	1118.55
	同比增幅（%）	69.76	17.68	10.15
	商品房施工面积（万平方米）	2609.87	3123.29	3992.51
	同比增幅（%）	21.63	19.67	27.83
	商品房竣工面积（万平方米）	440.23	417.92	373.75
	同比增幅（%）	11.79	-5.08	-10.57
土地	土地购置面积（万平方米）	208.93	129.45	257.13
	同比增幅（%）	27.05	-38.04	98.61
	土地购置费（亿元）	59.92	33.92	33.38
	同比增幅（%）	30.26	-43.40	-1.60
市场	商品房销售面积（万平方米）	498.80	689.86	841.49
	同比增幅（%）	-4.17	38.30	21.98
	商品房销售金额（亿元）	294.45	442.82	597.50
	同比增幅（%）	24.66	50.39	34.93

数据来源：南昌市统计局。

类　别	指　标	2011 年	2012 年	2013 年
土地	土地供应量（万平方米）	1960.38	1759.49	2226.13
	土地成交量（万平方米）	1482.88	1333.02	2147.14
	土地成交费（亿元）	150.83	144.75	216.71
市场	商品住宅供应量（万平方米）	313.70	431.70	453.76
	商品住宅成交量（万平方米）	231.03	436.30	464.37
	商品住宅成交均价（元/平方米）	6198.00	7707.00	6946.00

数据来源：中国房地产决策咨询系统（CRIC）。

2. 综述：成交规模总体平稳上涨，房价波动较小

南昌的房地产交易市场在经历2010年严厉的房地产政策调控之后，成交陡然从430万平米跌至310万平方米，跌幅达39%。随后的2011年也保持成交低迷的态势。直到2012年政策逐步放松，市场开始回暖，成交量有小幅的提升。2013年房地产政策面较为宽松，得益于需求面的旺盛，南昌市供求总量持续平稳增长，全年南昌市商品住宅新增供应量为453.76万平方米，同比2012年环比上升了5.11%。2013年商品住宅全年成交量为464.37万平方米，环比上涨6.43%。

3. 投资建设：投资增速较上年回落，竣工面积略有减少

2013 年，南昌全市完成房地产开发投资 406.14 亿元，比上年增长 17.9%，增速略有回落。其中，住宅完成投资 241.24 亿元，同比上涨 9.0%。商品房施工面积为 3992.51 万平方米，比上年增长 27.83%。商品房新开工面积大幅上涨 10.15%，为 1118.55 万平方米。商品房竣工面积持续两年负增长，同比下降 10.75%。

4. 市场表现：商品住宅成交量与去年持平，成交均价波动较小

2013 年全年商品住宅新增供应量为 453.76 万平方米，相比 2012 年上升了 5.11%，上半年同比 2012 年有所下降。2013 年商品住宅全年成交量为 464.37 万平方米，环比上涨 6.43%。2013 年产品由大面积户型和别墅产品转为刚需房源，首置首改类房源曾一度占据市场的 80% 以上，刚需持续入市，成交量持续攀升。

南昌房地产市场在 2011 年严厉的限贷、限购等宏观调控政策下，市场在年底出现“量价齐跌”局面，而今年第一季度南昌楼市成交量触底，量价止跌回升，楼市逐渐回暖，2 月份春节后，成交量逐渐攀升，至 7 月达到高峰，虽然在下半年略有下滑，但依旧维持在高位运行，并且在年底出现翘尾。这主要是因为各大开发商年底冲量，12 月推盘活动增多。而新增供应整体而言一直与成交保持平衡，紧随其后，双方同时在 7 月达到高峰，供求呈现库存去化态势，至年底库存量依然处于高位，2013 年仍将处于库存去化周期内。

2013 年成交均价为 8063 元/平方米，环比上升 17.1%。其中上半年成交均价为 8353 元/平方米，而下半年成交均价为 7773 元/平方米（见图 4－33）。量价齐升是 2013 年的总体表现，根据目前整体情况估计，未来南昌房地产市场的价格还将会延续 2013 年的走势，在 2014 年有一个良好的表现。

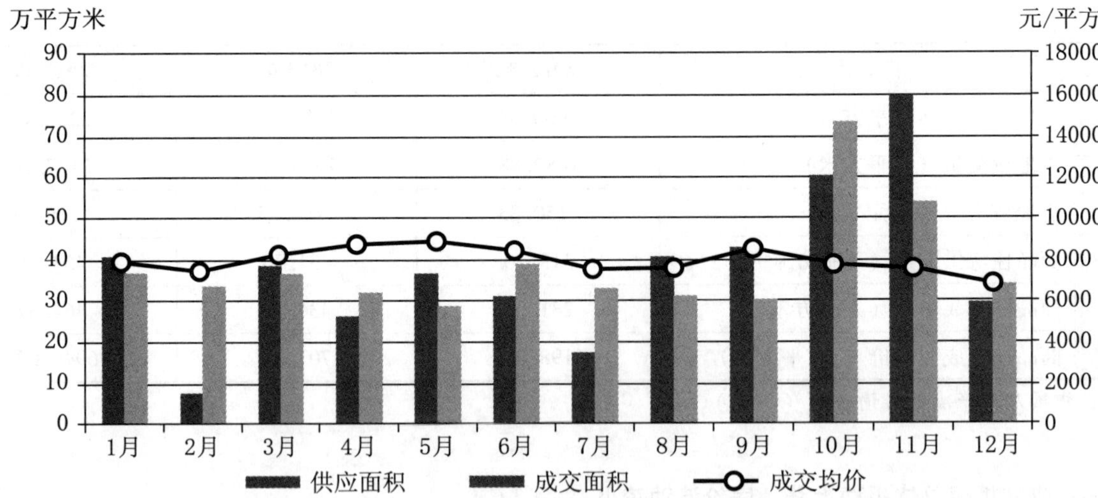

图 4－33　2013 年 1—12 月南昌商品住宅供求及均价走势图

数据来源：中国房地产决策咨询系统（CRIC）。

二十一、济南市房地产市场情况

1. 2013 年房地产行业数据（见表 4－21）

表 4－21　　2011—2013 年济南房地产行业数据表

类　别	指　标	2011 年	2012 年	2013 年
宏观	GDP（亿元）	4406.29	4812.68	5230.20
	同比增幅（%）	12.70	9.50	9.60
	进出口总额（亿美元）	104.15	69.79	95.70
	同比增幅（%）	40.02	－11.00	4.70
	固定资产投资（亿元）	1934.34	1501.50	2638.30
	同比增幅（%）	－2.67	7.94	20.70
	社会消费品零售总额（亿元）	2023.10	1660.60	2633.90
	同比增幅（%）	17.25	14.80	13.40
行业	房地产开发投资（亿元）	527.16	664.01	721.77
	同比增幅（%）	8.80	25.96	8.70
	商品房新开工面积（万平方米）	1220.82	1243.38	1386.65
	同比增幅（%）	25.62	1.85	11.52
	商品房施工面积（万平方米）	3520.89	3819.44	4815.08
	同比增幅（%）	48.97	8.48	26.07
	商品房竣工面积（万平方米）	594.54	492.25	805.02
	同比增幅（%）	141.93	－17.20	63.57
土地	土地购置面积（万平方米）	193.81	272.72	217.71
	同比增幅（%）	－63.50	42.20	－20.20
	土地购置费（亿元）	108.35	162.02	113.41
	同比增幅（%）	－32.20	49.10	－30.00
市场	商品房销售面积（万平方米）	594.06	659.56	705.31
	同比增幅（%）	11.77	20.16	6.93
	商品房销售金额（亿元）	398.59	450.64	588.38
	同比增幅（%）	19.83	12.80	30.57

数据来源：济南市统计局。

类　别	指　标	2011 年	2012 年	2013 年
土地	土地供应量（万平方米）	2146.96	2409.47	4674.06
	土地成交量（万平方米）	2521.26	2373.61	3211.53
	土地成交金额（亿元）	261.33	334.77	442.61
市场	商品住宅供应量（万平方米）	581.30	555.03	798.01
	商品住宅成交量（万平方米）	524.70	540.42	671.67
	商品住宅成交均价（元/平方米）	7701.00	7514.00	7940.00

数据来源：中国房地产决策咨询系统（CRIC）。

2. 综述：政策相对平稳，市场表现良好

2013 年，济南房地产政策相对比较平稳。房地产市场表现良好，本年度商品房供应量增幅为 46.79%，成交量增幅为 28.94%，商品房成交均价上涨 4.8%。商品房供应增幅大于成交增幅，房价温和上涨，土地市场供需两旺，重点房企业相继进驻等是 2013 济南楼市的主要特点。

3. 投资建设：房地产投资增速明显下滑，竣工面积大幅增长

2013 年，济南全市完成房地产开发投资 721.77 亿元，比上年增长 8.7%，增速较去年同期大幅下滑。而住宅开发投资额增速继续小幅上扬，达到 15.43%（见图 4－34）。济南商品房竣工面积出现较大幅度的增长，增幅达到 63.54%。

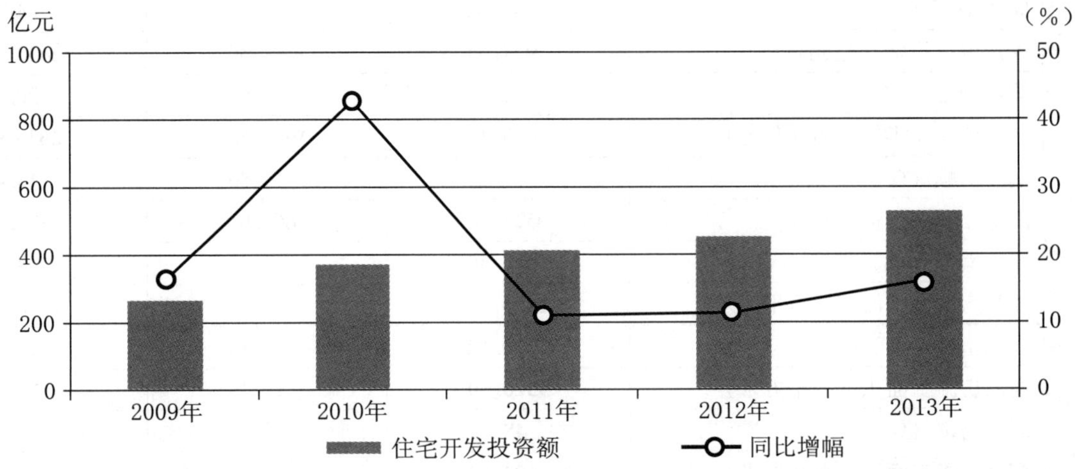

图 4－34　2009—2013 年济南住宅开发投资额年度走势及同比增幅图

数据来源：济南市统计局。

4. 市场表现：商品住宅成交量同比上涨 44.0%，均价回升

2013 年，济南市商品住宅成交量达到 798.0 万平方米，较上年增长 44.0%，相较于上年 5% 的同比降幅，2013 年市场表现尤为突出。2013 年济南全年成交均价 7940 元/平方米，同比上涨 6.0%。月度变化上，商品住宅成交均价呈现逐渐上升态势，而供应量及成交量则受政策及市场反应的变化而不同，如 5 月、6 月、11 月单月推案量均超过 100 万平方米，相对的 1 月受春节影响推案量少于 5 万平方米，4 月及 7 月受淡季影响推案量也在 25 万平方米以下。反观成交量则充分体现了金三银四、金九银十的特征，3 月成交量最高达 86.5 万平方米，10 月成交量其次，达 68.6 万平方米。总之，2013 年商品住宅市场供求情况整体呈现上扬态势，全年供求量均创下近年来的小高峰。自 3 月份开始，成交量、价出现一定的回升，表现出回暖复苏情形，成交价格全年振荡上行。

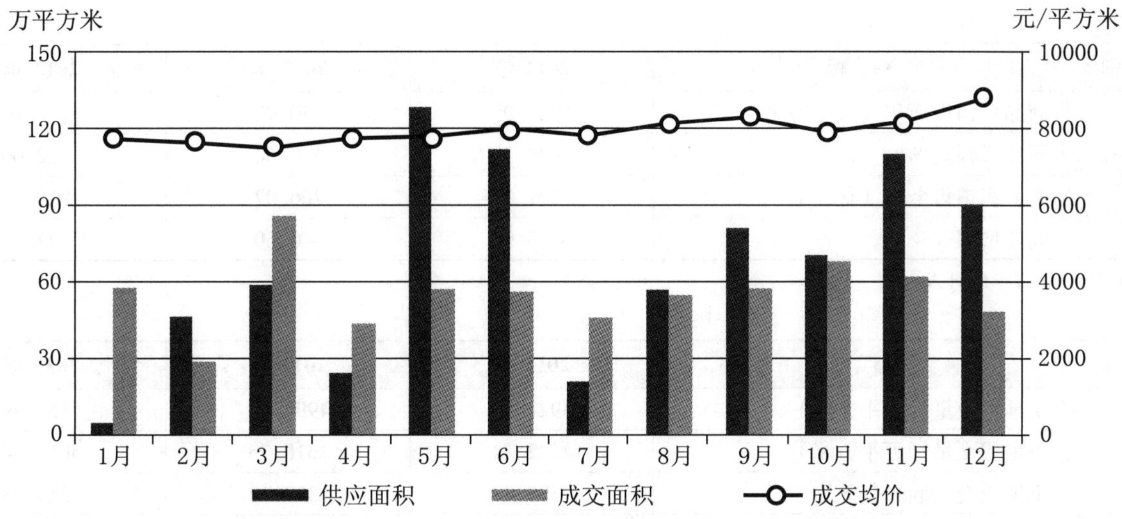

图4－35　2013年1—12月济南商品住宅供求及均价走势图

数据来源：中国房地产决策咨询系统（CRIC）。

二十二、青岛市房地产市场情况

1. 2013年房地产行业数据（见表4－22）

表4－22　　2011—2013年青岛房地产行业数据表

类　别	指　标	2011年	2012年	2013年
宏观	GDP（亿元）	6615.60	7302.11	8006.60
	同比增幅（%）	16.80	10.40	10.00
	进出口总额（亿美元）	721.50	732.00	779.10
	同比增幅（%）	26.40	1.50	6.40
	固定资产投资（亿元）	3502.50	4153.90	5027.90
	同比增幅（%）	15.90	18.60	21.10
	社会消费品零售总额（亿元）	2232.90	2564.50	2904.00
	同比增幅（%）	17.40	14.90	13.30
行业	房地产开发投资（亿元）	782.72	932.10	1048.52
	同比增幅（%）	29.90	19.10	12.70
	商品房新开工面积（万平方米）	1813.09	1763.15	1849.50
	同比增幅（%）	5.90	－2.80	4.90
	商品房施工面积（万平方米）	5690.39	6497.69	7072.55
	同比增幅（%）	12.50	14.20	9.30
	商品房竣工面积（万平方米）	905.86	1211.57	957.34
	同比增幅（%）	－11.20	33.70	－21.00
土地	土地购置面积（万平方米）	684.29	240.06	433.01
	同比增幅（%）	42.90	－64.90	80.40
	土地购置费（亿元）	196.04	263.65	262.89
	同比增幅（%）	31.40	34.50	－0.30

续表

类 别	指 标	2011 年	2012 年	2013 年
市场	商品房销售面积（万平方米）	1027.95	950.92	1160.16
	同比增幅（%）	-24.50	-7.50	22.00
	商品房销售金额（亿元）	771.04	766.07	978.62
	同比增幅（%）	-13.90	-0.60	27.70

数据来源：青岛市统计局。

类 别	指 标	2011 年	2012 年	2013 年
土地	土地供应量（万平方米）	3922.54	4994.56	6858.79
	土地成交量（万平方米）	4122.24	3610.75	5054.34
	土地成交金额（亿元）	395.42	399.12	369.78
市场	商品住宅供应量（万平方米）	1122.77	904.82	1419.49
	商品住宅成交量（万平方米）	710.18	891.33	1162.32
	商品住宅成交均价（元/平方米）	7407.64	7975.00	8698.00

数据来源：中国房地产决策咨询系统（CRIC）。

2. 综述：青岛政策环境相对宽松，全年供应成交大幅增长

2013 年，青岛房地产市场政策相对比较宽松，现有的调控政策未明显加码，这也带动房地产市场供应、成交明显升温，全年商品住宅总供应量 1419.49 万平方米，同比增长 57%。共成交 1162.32 万平方米，同比增长 30%。其中，商品住宅成交量创下近五年来的新高。从房价的角度来看，走势相对平稳，成交均价 8698 元/平方米，同比增长 9%。

3. 投资建设：住宅开发投资额同比增长 12.7%

2013 年青岛房地产开发投资额 1048.5 亿元，同比去年小幅增长 12.70%。继 2008 年的调整后，自 2009 年开始房地产开发投资呈现上涨态势，2013 年房地产投资额上涨态势平稳。2013 年青岛住宅开发投资额完成 668 亿元，住宅投资额延续两年上涨态势后小幅下滑，2013 年同比上涨 12.6%（见图 4-36）。2013 年青岛房地产施工面积为 7072.6 万平方米，同比上涨 9.30%，自 2009 年开始青岛市房地产施工面积持续保持上涨趋势。2013 年青岛住宅施工面积为 6464 万平方米，同比上涨 44.70%，上涨幅度较上年同期大幅攀升。

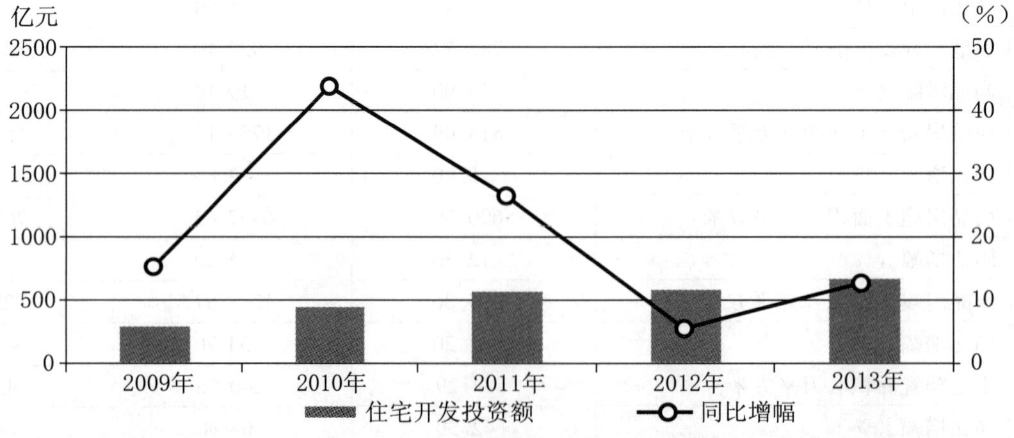

图 4-36 2009—2013 年青岛市住宅开发投资额年度走势及同比增幅图

数据来源：青岛市统计局。

4. 市场表现：成交量创近五年新高，房价增长相对平缓

2013 年，青岛商品住宅市场供应、成交均创近五年新高。2013 年青岛的政策环境相对宽松，房企推案速度有所加快，刚需客群的政策抗性明显下降，种种因素导致了商品住宅的供应量同比增速达到 50% 以上；商品住宅成交量也明显上升。从月度走势来看，3 月和 11 月成交量相对较高，其中，3 月主要受国五条影响，带动大量改善性需求客群入市（见图 4－37）。青岛市场主要以刚性需求为主，这也导致房价走势相对平稳，2013 年增幅在 9% 左右。

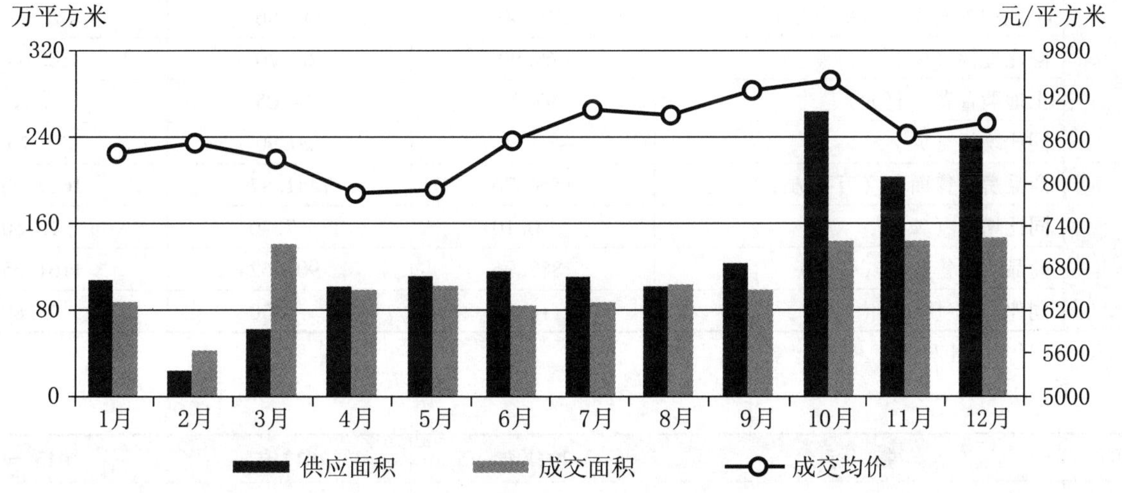

图 4－37　2013 年 1—12 月青岛市商品住宅供求及均价走势图

数据来源：中国房地产决策咨询系统（CRIC）。

二十三、郑州市房地产市场情况

1. 2013 年房地产行业数据（见表 4－23）

表 4－23　　2011—2013 年郑州房地产行业数据表

类　别	指　标	2011 年	2012 年	2013 年
宏观	GDP（亿元）	4912.70	5547.00	6201.90
	同比增幅（%）	13.20	12.00	10.00
	进出口总额（亿美元）	160.00	358.30	427.50
	同比增幅（%）	210.10	124.00	19.30
	固定资产投资（亿元）	3002.50	3669.80	4400.20
	同比增幅（%）	24.30	22.10	23.60
	社会消费品零售总额（亿元）	1987.10	2289.90	2586.40
	同比增幅（%）	18.40	15.20	13.00
行业	房地产开发投资（亿元）	923.64	1095.10	1445.30
	同比增幅（%）	19.20	18.20	32.00
	商品房新开工面积（万平方米）	1790.67	2169.34	2814.40

续表

类　别	指　标	2011 年	2012 年	2013 年
行业	同比增幅（%）	-1.20	16.70	29.70
	商品房施工面积（万平方米）	7425.82	8253.94	9721.20
	同比增幅（%）	18.70	10.50	17.80
	商品房竣工面积（万平方米）	1485.98	1449.83	1137.50
	同比增幅（%）	57.30	-8.20	-21.50
土地	土地购置面积（万平方米）	216.40	349.86	461.97
	同比增幅（%）	-69.90	61.70	32.00
	土地购置费（亿元）	97.25	114.05	150.26
	同比增幅（%）	-30.60	20.90	31.70
市场	商品房销售面积（万平方米）	1556.70	1441.87	1621.90
	同比增幅（%）	-0.10	-7.40	12.50
	商品房销售金额（亿元）	887.96	901.62	1161.65
	同比增幅（%）	14.90	1.50	28.80

数据来源：郑州市统计局。

类　别	指　标	2011 年	2012 年	2013 年
土地	土地供应量（万平方米）	1824.13	2387.15	2489.29
	土地成交量（万平方米）	1348.66	2076.10	2235.04
	土地成交金额（亿元）	145.18	211.07	231.43
市场	商品住宅供应量（万平方米）	658.52	621.75	559.37
	商品住宅成交量（万平方米）	359.21	622.64	771.84
	商品住宅成交均价（元/平方米）	7506.00	7474.00	8300.00

数据来源：中国房地产决策咨询系统（CRIC）。

2. 综述：行业投资环境全面回暖，整体市场形势大好

2013 年上半年，在“国五条”调控背景下，全国房地产市场延续 2012 年底的回暖趋势，郑州市场也迎来了一片大好形势。尽管 3 月底，郑州版“国五条”实施细则出台，但由于对限购、二套房利率等均未提及，因此市场量价都出现较快增长，特别是住宅价格同比涨幅连续几个月都在 20% 以上。购房热点区域逐渐由市中心向外扩移，万科、雅居乐等知名企业纷纷入驻郑州。

3. 投资建设：投资增速急速回升，新开工面积同比上涨近三成

2013 年，郑州全市完成房地产开发投资 1445.3 亿元，比上年增长 32%，增速大幅回升。其中，住宅完成投资 910.5 亿元，同比上涨 34.7%（见图 4－38）。商品房施工面积为 9721.2 万平方米，比上年增长 17.8%。商品房新开工面积大幅上涨 29.7%，为 2814.4 万平方米。商品房竣工面积则连续两年负增长态势，同比下降 21.5%。

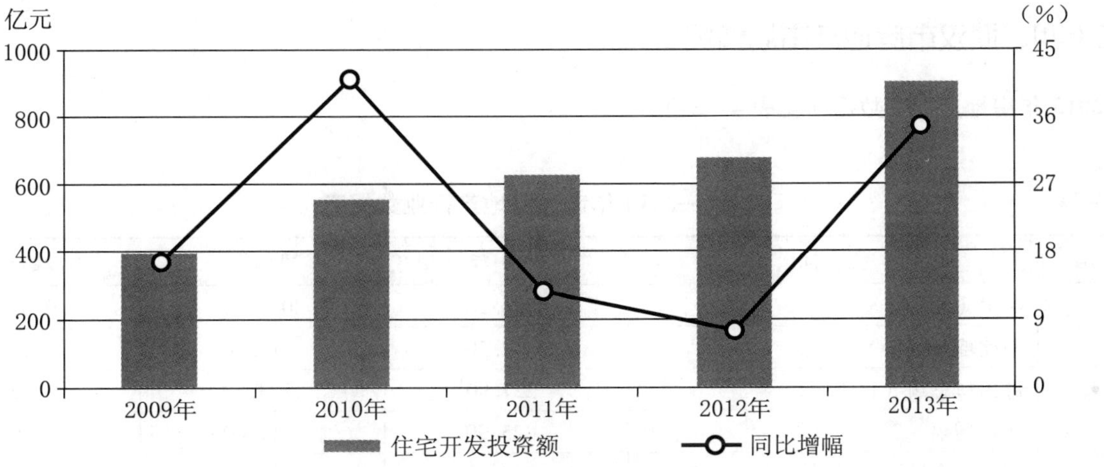

图 4－38　2009—2013 年郑州住宅开发投资额年度走势及同比增幅图

数据来源：郑州市统计局。

4. 市场表现：商品住宅成交量同比提升，成交单价波动剧烈

2013 年郑州楼市在政策规划利好因素的推动下，成交量、成交价得到同步提升，并成为中部六省楼市引领者。房价上涨过快，楼市调控压力倍增。在这种情况下，郑州相关部门在 9 月份出台了新的楼市调控政策，使得楼市月度均价走出一条平稳下降的发展轨迹。

2013 年商品住宅成交价格走势可以看出，只有第三季度价格相对稳定，其余各季度波动都相对较大（见图 4－39）。其中经开区、郑东新区和惠济区位列商品住宅市场单价前三甲。经开区作为新兴区域，随着企业入驻，在区域内工作稳定的人口逐步攀升，住宅需求量上升，并且经开区不限购，比较吸引改善型客户，目前在售住宅项目较少，但均为高端住宅，导致该区域住宅成交价格也相对较高，并引领郑州商品住宅市场价格；郑东新区为郑州市发展第一极，众多高端楼盘云集于此，商品住宅成交价格一直处于郑州各区域的前列；惠济区虽然没有大体量物业，但区域内较多的低密产品价格相对较高，拉升整体区域内住宅成交价格。

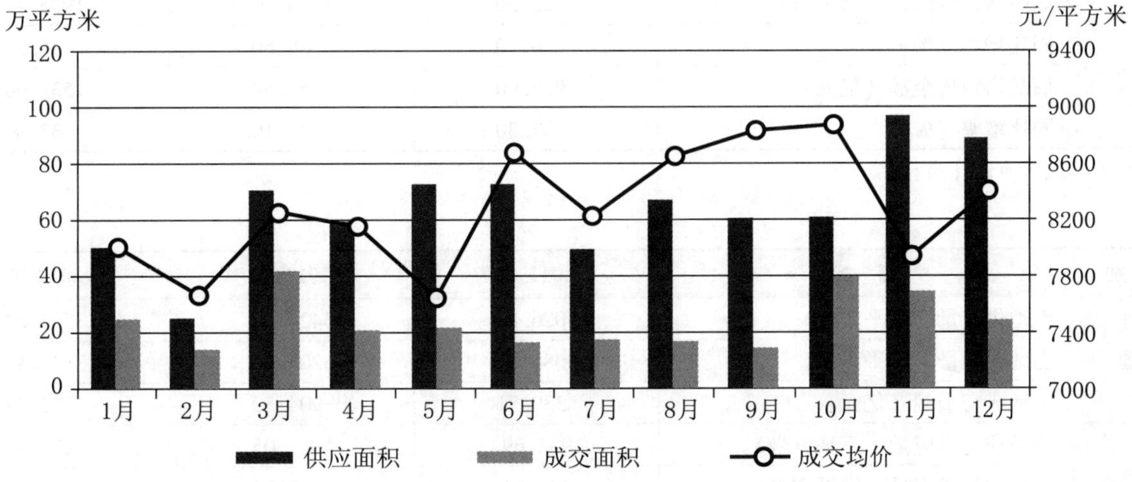

图 4－39　2013 年 1—12 月郑州商品住宅供求及均价走势图

数据来源：中国房地产决策咨询系统（CRIC）。

二十四、武汉市房地产市场情况

1. 2013 年房地产行业数据（见表 4－24）

表 4－24　　2011—2013 年武汉房地产行业数据表

类　别	指　标	2011 年	2012 年	2013 年
宏观	GDP（亿元）	6756.20	8003.80	9051.30
	同比增幅（%）	12.50	18.50	13.09
	进出口总额（亿美元）	227.90	203.50	217.52
	同比增幅（%）	25.90	－11.00	6.90
	固定资产投资（亿元）	4255.20	5031.30	6002.00
	同比增幅（%）	22.10	20.00	19.29
	社会消费品零售总额（亿元）	2959.00	3432.40	3878.60
	同比增幅（%）	18.00	16.00	13.00
行业	房地产开发投资（亿元）	1274.20	1574.90	1905.60
	同比增幅（%）	25.20	23.60	21.00
	商品房新开工面积（万平方米）	2097.80	2123.30	2791.80
	同比增幅（%）	－20.10	1.20	31.49
	商品房施工面积（万平方米）	5961.10	6863.00	8545.10
	同比增幅（%）	17.60	15.10	24.51
	商品房竣工面积（万平方米）	1064.10	1054.50	679.30
	同比增幅（%）	15.70	－0.90	－35.58
土地	土地购置面积（万平方米）	251.30	457.00	502.80
	同比增幅（%）	－8.50	81.80	10.04
	土地购置费（亿元）	285.40	247.40	275.98
	同比增幅（%）	30.10	－13.30	11.60
市场	商品房销售面积（万平方米）	1323.50	1576.10	1995.40
	同比增幅（%）	9.20	18.60	26.60
	商品房销售金额（亿元）	955.90	1157.50	1539.90
	同比增幅（%）	37.30	21.10	33.04

数据来源：武汉市统计局。

类　别	指　标	2011 年	2012 年	2013 年
土地	土地供应量（万平方米）	5026.89	5425.40	3997.03
	土地成交量（万平方米）	3082.84	5205.06	3841.41
	土地成交金额（亿元）	539.71	904.59	702.44
市场	商品住宅供应量（万平方米）	935.69	1057.05	1133.59
	商品住宅成交量（万平方米）	748.91	1084.37	1480.74
	商品住宅成交均价（元/平方米）	7407.00	7155.00	7093.00

数据来源：中国房地产决策咨询系统（CRIC）。

2. 综述：政策环境好于去年，市场整体成交量明显增长

2013 年整体政策环境好于去年全年，国五条出台对于市场影响并不大，而年底出台的“汉七条”在短期内对市场造成了一定影响，但仍然以全年市场成交量同比增长近四成的行情收官，房价总体与去年持平。目前来看，武汉刚需及首改仍然强劲，部分高档项目销售情况也较为乐观，而城市格局的变化也将带动房地产市场价格梯度的变更。

3. 投资建设：投资增速进一步回落，施工及新开工面积增长明显

2013 年，武汉全市完成房地产开发投资 1905.6 亿元，比上年增长 21%，增速进一步回落。商品房施工面积为 8545.1 万平方米，比上年增长 24.51%，新开工面积为 2791.8 万平方米，同比大增 31.49%。

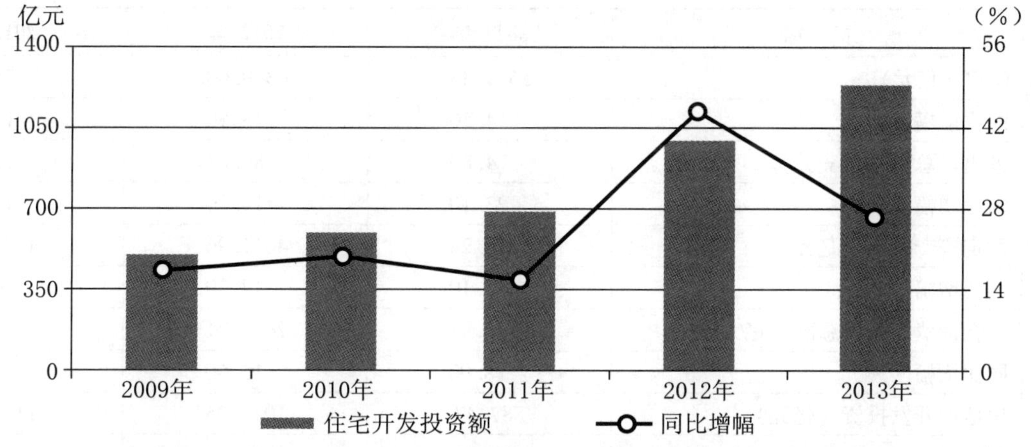

图 4－40　2009—2013 年武汉住宅开发投资额年度走势及同比增幅图

数据来源：武汉市统计局。

4. 市场表现：商品住宅成交量增长明显，需求强劲支撑市场价格

2013 年新老执政交接，政策面如预期一样并未出台更严厉的调控政策。2013 年全年武汉市商品住宅成交面积 1480.74 万平方米，大幅上涨 37%，连续三年增长。分阶段来看，2013 年 3—6 月武汉市场出现一波成交供应高潮，供需两旺状态在三四季度持续（见图 4－41）。

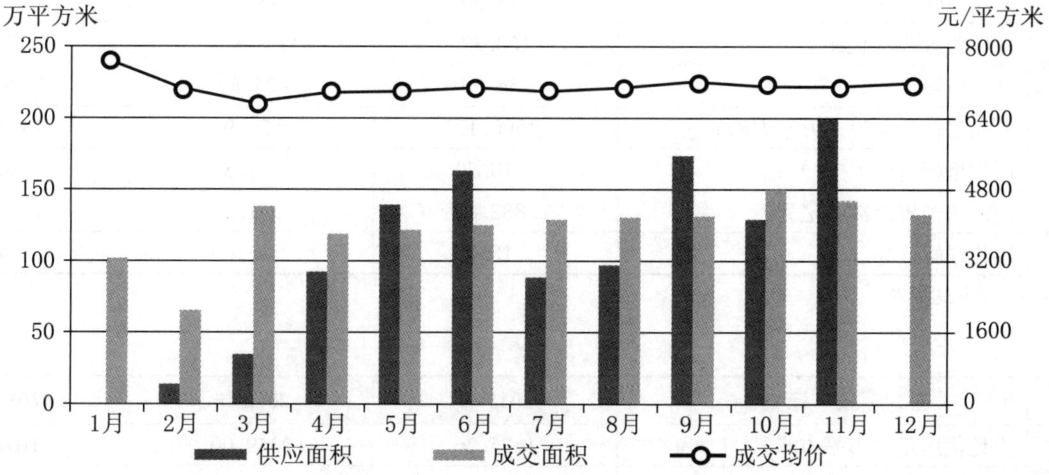

图 4－41　2013 年 1—12 月武汉商品住宅供求及均价走势图

数据来源：中国房地产决策咨询系统（CRIC）。

在价格方面，成交均价基本与去年持平。武汉市场容量较大，人口基数、城市发展需求、对周边市场吸纳能力等因素决定了市场具备强劲的需求，为市场的价格持稳或增长提供了支撑，随着未来武汉环线交通优势突出，房地产格局将随着城市格局变化而对应形成价格梯度。

二十五、长沙市房地产市场情况

1. 2013 年房地产行业数据（见表 4 – 25）

表 4 – 25　　2011—2013 年长沙房地产行业数据表

类　别	指　标	2011 年	2012 年	2013 年
宏观	GDP（亿元）	5619.33	6399.00	7153.13
	同比增幅（%）	14.50	13.90	12.00
	进出口总额（亿美元）	74.89	86.83	98.93
	同比增幅（%）	23.10	15.90	13.80
	固定资产投资（亿元）	3510.24	4011.96	4593.39
	同比增幅（%）	26.10	14.30	20.10
	社会消费品零售总额（亿元）	2125.91	2454.71	2801.97
	同比增幅（%）	18.00	15.50	14.10
行业	房地产开发投资（亿元）	887.47	1034.35	1157.63
	同比增幅（%）	29.80	16.60	11.90
	商品房新开工面积（万平方米）	2328.38	1824.23	2794.97
	同比增幅（%）	1.10	–21.70	53.21
	商品房施工面积（万平方米）	7685.55	7376.26	8696.54
	同比增幅（%）	14.90	–4.00	17.90
	商品房竣工面积（万平方米）	1452.40	1402.27	1401.84
	同比增幅（%）	4.30	–3.50	–0.03
土地	土地购置面积（万平方米）	341.95	311.15	458.99
	同比增幅（%）	18.50	–9.00	47.50
	土地购置费（亿元）	160.39	141.91	132.43
	同比增幅（%）	56.70	–24.80	–6.70
市场	商品房销售面积（万平方米）	1500.17	1526.93	1840.60
	同比增幅（%）	–10.70	1.80	20.50
	商品房销售金额（亿元）	882.07	931.56	1160.40
	同比增幅（%）	18.80	5.60	24.60

数据来源：长沙市统计局。

类　别	指　标	2011 年	2012 年	2013 年
土地	土地供应量（万平方米）	1675.26	2349.00	3104.46
	土地成交量（万平方米）	1442.17	2180.69	2770.23
	土地成交金额（亿元）	212.56	269.93	487.19

续表

类　别	指　标	2011 年	2012 年	2013 年
市场	商品住宅供应量（万平方米）	1198.56	1108.77	1873.00
	商品住宅成交量（万平方米）	837.19	1071.76	1640.00
	商品住宅成交均价（元/平方米）	6806.00	6462.00	6235.00

数据来源：中国房地产决策咨询系统（CRIC）。

2. 综述：政策从紧但行政干预弱化，市场整体趋稳

2013 年，长沙的房地产政策延续着近几年的严格把控，因地制宜的调控政策，使长沙房价尚在可控范围内。在房地产调控行政手段不断弱化，及刚性需求集中释放的带动下，改善型需求也得到一定程度放大，市场整体表现平稳。

3. 投资建设：投资增速继续走低，市场环境向好新开工面积大幅上涨

2013 年，长沙全市完成房地产开发投资 1157.6 亿元，比上年增长 11.9%，增速进一步回落，其中住宅开发投资 769.9 亿元，同比小幅上涨 9.8%（见图 4－42）。商品房施工面积为 8696.5 万平方米，比上年增长 17.9%。而商品房新开工面积大幅上涨 53.2%，为 2795 万平方米，商品房竣工面积则与去年持平。

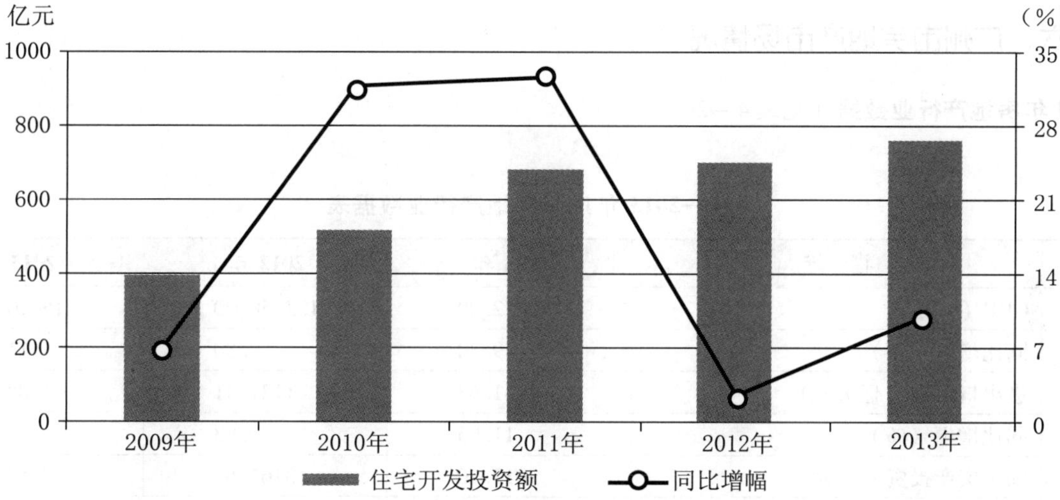

图 4－42　2009—2013 年长沙住宅开发投资额年度走势及同比增幅图

数据来源：长沙市统计局。

4. 市场表现：商品住宅成交量大幅上升，成交均价略有下滑

2013 年度，长沙市商品住宅成交面积达到了 1640 万平方米，大幅上涨了 53%，供需两旺。全年来看，1—2 月，由于正值春节，加上政策环境仍偏严厉，市场交易略显低迷；3—10 月，政策面出现松动且多数企业依然延续着降价跑量的策略，市场刚需开始集中释放，推动交易量快速攀升，大多数企业资金压力得到明显缓解，市场进入一个相对平稳的阶段；进入 11—12 月，市场出现年底翘尾行情，供应量突增，成交量也随之大幅攀升（见图 4－43）。

从房价的角度来看，尽管全年均价较 2012 年仍有所下滑，但从月度走势上来看，房价呈现波浪式上扬趋势，并于 12 月达到最高峰。长沙商品住宅成交均价持续上扬但总体仍处低位，且集中在 5000～7000 单价区间，同时 7000～9000 单价段 13 年成交占比有所上升，主要原因在于改善型需求有一定程度上升。

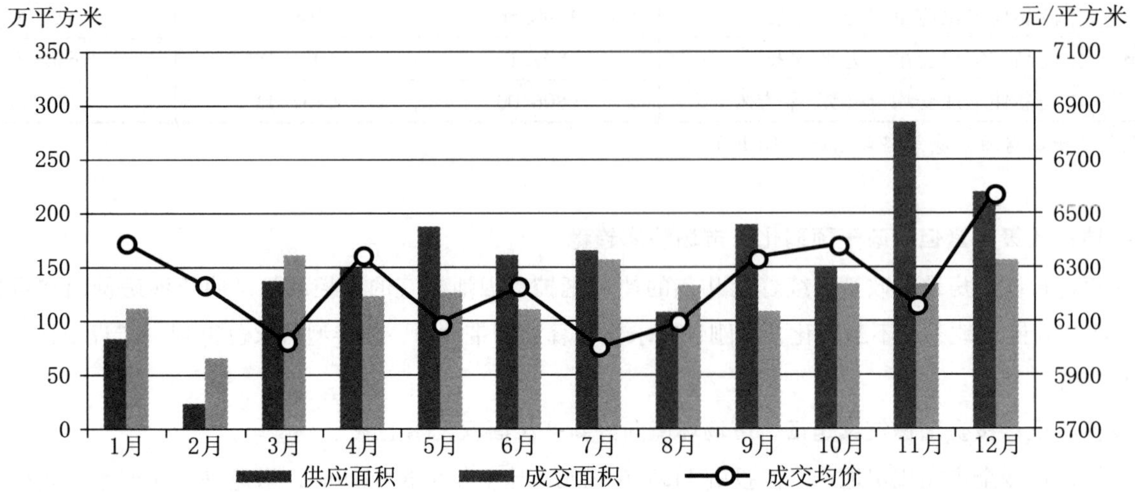

图 4－43　2013 年 1—12 月长沙商品住宅供求及均价走势图

数据来源：中国房地产决策咨询系统（CRIC）。

二十六、广州市房地产市场情况

1. 2013 年房地产行业数据（见表 4－26）

表 4－26　　2011—2013 年广州房地产行业数据表

类　别	指　标	2011 年	2012 年	2013 年
宏观	GDP（亿元）	150872.00	132158.00	15420.14
	同比增幅（%）	9.20	7.80	11.60
	进出口总额（亿美元）	1161.68	1171.31	1188.88
	同比增幅（%）	11.95	0.83	0.60
	固定资产投资（亿元）	3412.20	3161.61	4454.55
	同比增幅（%）	4.55	9.60	18.50
	社会消费品零售总额（亿元）	5243.02	5408.94	6882.85
	同比增幅（%）	17.13	15.00	15.20
行业	房地产开发投资（亿元）	1306.74	1370.45	1572.43
	同比增幅（%）	32.84	4.88	15.30
	商品房新开工面积（万平方米）	2143.32	1554.34	2144.76
	同比增幅（%）	9.61	－27.48	37.99
	商品房施工面积（万平方米）	7704.34	7845.62	8159.31
	同比增幅（%）	19.19	1.83	4.00
	商品房竣工面积（万平方米）	1263.20	1290.79	1141.30
	同比增幅（%）	15.40	2.18	－11.58

续表

类　别	指　标	2011 年	2012 年	2013 年
土地	土地购置面积（万平方米）	338.85	142.97	182.18
	同比增幅（%）	115.97	-57.81	27.43
	土地购置费（亿元）	204.83	159.10	258.89
	同比增幅（%）	32.74	-22.33	62.70
市场	商品房销售面积（万平方米）	1251.48	1333.13	1699.98
	同比增幅（%）	-10.93	6.52	27.52
	商品房销售金额（亿元）	1583.19	1754.75	2606.00
	同比增幅（%）	-5.48	10.84	48.51

数据来源：广州市统计局。

类　别	指　标	2011 年	2012 年	2013 年
土地	土地供应量（万平方米）	2560.03	2584.99	2670.16
	土地成交量（万平方米）	1381.66	1718.21	2669.99
	土地成交金额（亿元）	297.58	273.54	698.60
市场	商品住宅供应量（万平方米）	1191.19	1155.39	1158.62
	商品住宅成交量（万平方米）	877.53	1171.30	1155.69
	商品住宅成交均价（元/平方米）	12698.00	13625.00	13306.00

数据来源：中国房地产决策咨询系统（CRIC）。

2. 综述：市场化的长效调控机制，市场整体需求旺盛

2013 年，新一届政府采取更加市场化的房地产长效调控机制。年初的“新国五条”和下半年流动性趋紧，使得购房者信心指数出现小幅下降。广州房地产市场在经济面企稳、政策调控常态化的基础上，市场成交活跃，但供求矛盾较为突出，导致成交价格达到近年来高值，同时也限制了成交量的增长。整体来看市场需求旺盛，维持了较高的市场景气。

3. 投资建设：投资增速继续攀升，新开工量上升近 4 成

2013 年，广州全市完成房地产开发投资 1572.43 亿元，比上年增长 15.3%，增速提升近 10 个百分点。由于刚需型为主导的需求大量存在，使得市场住宅投资、商品房施工面积和商品房新开工面积均保持上升态势。其中，市场住宅投资为 950.68 亿元，增长 14.87%（见图 4-44）。商品房施工面积为 8159.31 万平方米，比上年增长 4.0%。商品房新开工面积 2144.76 万平方米，上涨 37.99%。但商品房竣工面积较上年有所下滑，跌幅为 11.58%。

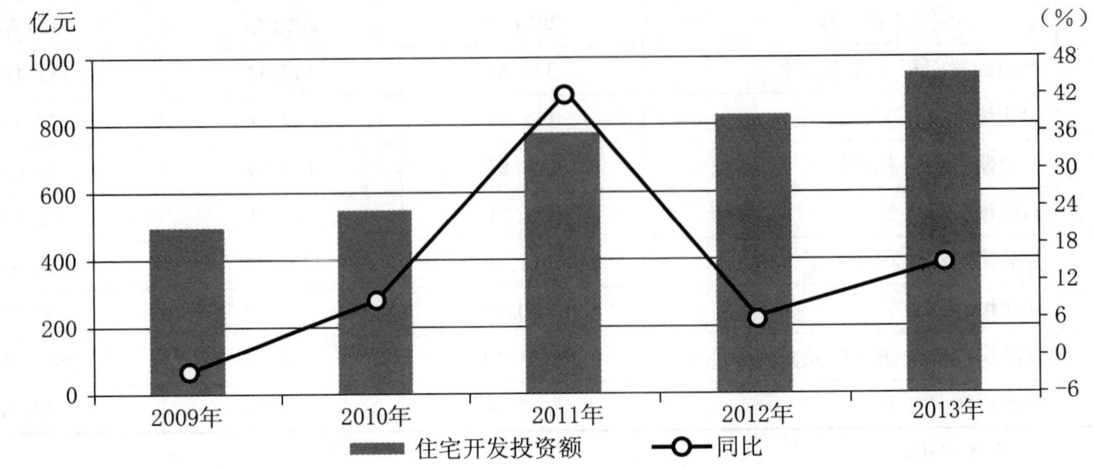

图 4－44　2009—2013 年广州住宅开发投资额年度走势及同比增幅图

数据来源：广州市统计局。

4. 市场表现：商品住宅成交量与上年持平，成交均价有所上升

2013 年，广州市商品住宅成交面积为 1156.69 万平方米，基本与上年持平。2013 年上半年，广州维持 2012 年来行业市场的复苏，商品住宅成交均价处于较高水平；下半年货币政策、资金流动性偏紧，房企普遍对在售项目价格进行了回调，导致下半年房价总体上呈现波动下调的局面。

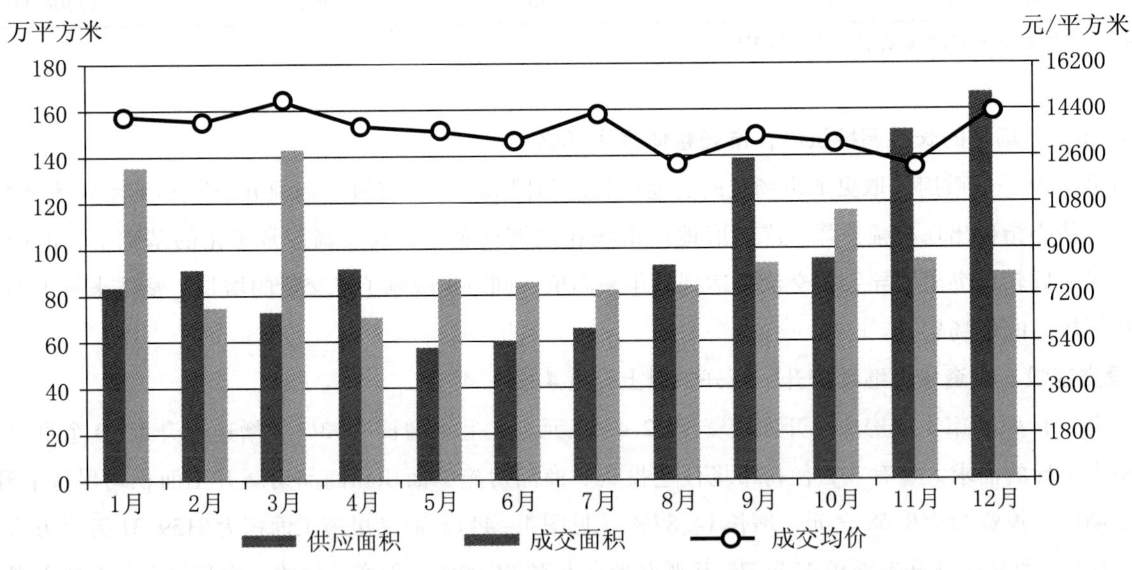

图 4－45　2013 年 1—12 月广州商品住宅供求及均价走势图

数据来源：中国房地产决策咨询系统（CRIC）。

二十七、深圳市房地产市场情况

1. 2013 年房地产行业数据（见表 4－27）

表 4－27　　2011—2013 年深圳房地产行业数据表

类　别	指　标	2011 年	2012 年	2013 年
宏观	GDP（亿元）	11000.00	12950.08	14500.23
	同比增幅（%）	15.70	17.70	10.50
	进出口总额（亿美元）	4033.00	4667.90	5373.59
	同比增幅（%）	16.30	12.80	15.10
	固定资产投资（亿元）	2136.39	2314.43	2501.01
	同比增幅（%）	10.10	8.30	14.00
	社会消费品零售总额（亿元）	3520.87	4008.78	4433.59
	同比增幅（%）	17.80	13.90	10.60
行业	房地产开发投资（亿元）	590.21	736.84	876.90
	同比增幅（%）	28.70	24.80	19.01
	商品房新开工面积（万平方米）	628.47	905.24	1366.4
	同比增幅（%）	33.40	44.00	50.94
	商品房施工面积（万平方米）	3082.46	3216.69	4003.49
	同比增幅（%）	4.80	4.35	24.46
	商品房竣工面积（万平方米）	343.36	425.75	353.55
	同比增幅（%）	－0.30	31.00	－16.96
土地	土地购置面积（万平方米）	39.30	97.34	134.87
	同比增幅（%）	183.30	147.70	38.56
	土地购置费（亿元）	111.03	129.77	95.02
	同比增幅（%）	82.00	16.90	－26.80
市场	商品房销售面积（万平方米）	512.15	525.83	588.58
	同比增幅（%）	10.00	3.00	11.93
	商品房销售金额（亿元）	1084.97	1030.10	1436.25
	同比增幅（%）	21.60	16.80	39.43

数据来源：深圳市统计局。

类　别	指　标	2011 年	2012 年	2013 年
土地	土地供应量（万平方米）	899.63	837.40	896.17
	土地成交量（万平方米）	833.30	764.09	767.44
	土地成交金额（亿元）	194.04	129.32	680.22
市场	商品住宅供应量（万平方米）	380.60	518.01	623.71
	商品住宅成交量（万平方米）	274.35	382.38	502.84
	商品住宅成交均价（元/平方米）	19434.00	19257.00	23580.00

数据来源：中国房地产决策咨询系统（CRIC）。

2. 综述：政策从紧但环境好于去年，市场整体成交明显回升

2013 年，房地产调控主要可分为两个不同的阶段：一是第一季度，以“国五条”和各地细则为主，仍延续 2011 年以来的抑制需求、控制房价的调控思路；二是二季度以来，以加强保障房建设和管理为主，完善住房供应体系的思路。调控的重心由抑制房价、抑制需求为主，转向加大保障房建设，健全住房供应体系为指导思想。新一届政府在经济领域的执政思路相比其前任有明显区别，以市场化为导向在各个领域的改革中均有体现，房地产调控也不例外。2013 年，深圳房价快速攀升，领涨全国。在土地市场方面，前海多幅地块的高价出让，不仅大幅提升了市场对其未来前景的预期，也大幅提升了南山和宝安区的区域价值。在住宅市场方面，深圳湾一号和深业上城等高端项目入市，成为市场价值标杆，也明显拉升了区域内的价值体系。

3. 投资建设：住宅投资增速上升，新开工面积提升迅速

2013 年，深圳全市完成房地产开发投资 876.9 亿元，比上年增长 19%，增速有所回落。其中，住宅完成投资 590.48 亿元，增长 24.42%，增速有所提升。商品房施工面积为 4003.49 万平方米，比上年增长 24.46%。商品房新开工面积大幅上升 50.94%，为 1366.4 万平方米。商品房竣工面积则一反去年增势，同比下跌 16.96%。

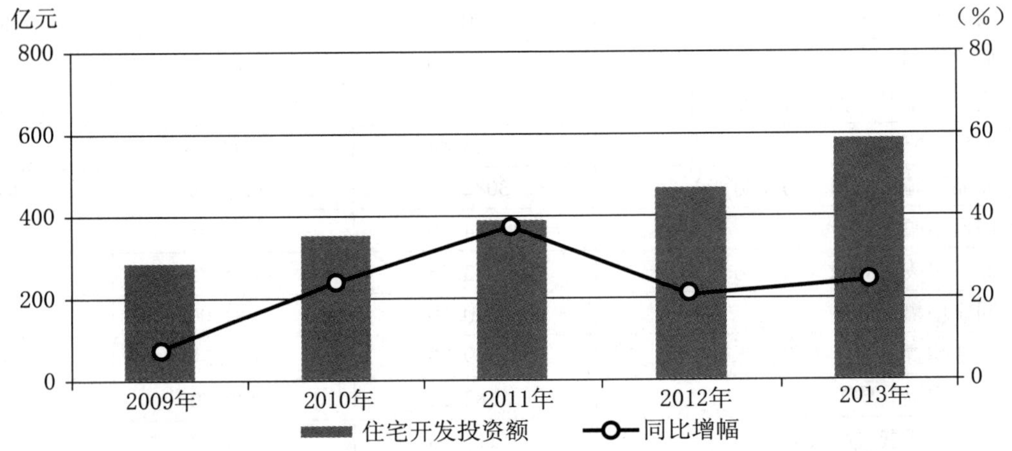

图 4－46　2009—2013 年深圳住宅开发投资额年度走势及同比增幅图

数据来源：深圳市统计局。

4. 市场表现：商品住宅成交量大幅上升，成交均价涨幅较大

在经历 2012 年底供应放量后，2013 年初市场成交活跃，其中上半年商品住宅成交量达 265.6 万平方米，同比涨幅为 58%。在数据表现上，下半年成交相对低迷，共成交 230.8 万平方米，明显低于上半年成交量，较去年同期下降 8%。下半年市场实际成交仍旧较活跃，只是年底两个月受地方调控政策出台和个贷收紧的影响，市场出现部分观望情绪，成交活跃度有所下降。

从房价的角度来看，2013 年政策和经济均较平稳，市场预期稳定且趋于乐观，购房需求进一步释放是房价上涨的基础，再加上前海政策利好和关内高端公寓产品对价值体系的提升作用，使得商品房价格快速上涨至 24469 元/平方米，同比涨幅高达 18%。

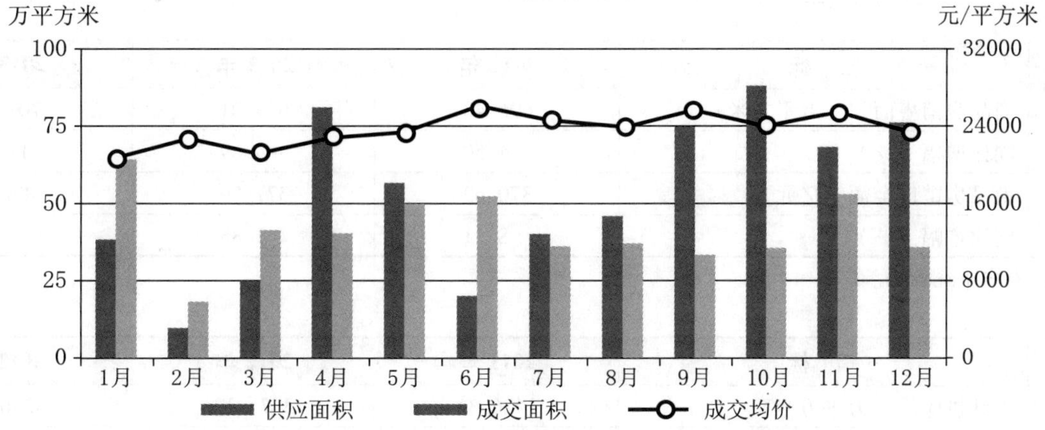

图4－47　2013年1—12月深圳商品住宅供求及均价走势图

数据来源：中国房地产决策咨询系统（CRIC）。

二十八、南宁市房地产市场情况

1. 2013年房地产行业数据（见表4－28）

表4－28　　2011—2013年南宁房地产行业数据表

类　别	指　标	2011年	2012年	2013年
宏观	GDP（亿元）	2211.51	2503.60	2803.54
	同比增幅（%）	13.50	12.30	10.30
	进出口总额（亿美元）	25.10	41.47	44.21
	同比增幅（%）	13.90	65.17	6.60
	固定资产投资（亿元）	1950.86	2517.61	2475.01
	同比增幅（%）	31.55	28.14	23.40
	社会消费品零售总额（亿元）	1073.20	1255.59	1450.84
	同比增幅（%）	18.46	17.00	14.00
行业	房地产开发投资（亿元）	377.16	362.73	416.37
	同比增幅（%）	18.79	－7.60	14.79
	商品房新开工面积（万平方米）	857.62	693.21	721.05
	同比增幅（%）	－11.36	－20.60	4.02
	商品房施工面积（万平方米）	3608.46	3747.04	3812.35
	同比增幅（%）	14.64	5.20	1.74
	商品房竣工面积（万平方米）	512.45	664.53	325.58
	同比增幅（%）	－1.34	17.70	－51.01
土地	土地购置面积（万平方米）	161.52	101.34	80.22
	同比增幅（%）	－14.80	－37.26	－20.84
	土地购置费（亿元）	73.32	55.52	70.06
	同比增幅（%）	72.68	－27.30	26.2

续表

类 别	指 标	2011 年	2012 年	2013 年
市场	商品房销售面积（万平方米）	696.48	629.01	702.60
	同比增幅（%）	4.50	-9.69	11.70
	商品房销售金额（亿元）	370.63	377.59	488.97
	同比增幅（%）	8.11	1.88	29.50

数据来源：南宁市统计局。

类 别	指 标	2011 年	2012 年	2013 年
土地	土地供应量（万平方米）	1426.31	3473.13	3286.12
	土地成交量（万平方米）	1103.49	2554.81	3006.16
	土地成交金额（亿元）	86.12	215.21	225.80
市场	商品住宅供应量（万平方米）	416.43	380.28	588.79
	商品住宅成交量（万平方米）	348.20	400.92	589.68
	商品住宅成交均价（元/平方米）	6567.00	7427.00	7443.00

数据来源：中国房地产决策咨询系统（CRIC）。

2. 综述：市场表现超出预期，成交量大幅上涨

从南宁商品房整体市场表现看，虽然年初对市场持乐观态度，但最终市场交出的成绩单却明显超过预期，其中年初“国五条”调控的落空是个转折点。在该政策之后，市场放量开始加速，从之前市场以刚性需求为主到首置、改善项目相继入市，成交量也同时快速上涨。而从下半年开始，首置、改善类产品成交占比逐渐上升。据 CRIC 数据统计显示，2013 年南宁商品房供应总量为 761.95 万平方米，与去年同期相比增加 46.33%，成交总面积为 705.42 万平方米，环比增加 46.88%，全年商品房成交均价 8538 元/平方米，环比上涨 11.17%。

3. 投资建设：投资增速低位运行，竣工面积大幅下滑

2013 年，南宁全市完成房地产开发投资 416.37 亿元，比上年同期增长 14.79%。其中，住宅完成投资 302.4 亿元，上涨 19.1%。商品房施工面积为 3812.4 万平方米，比上年增长 1.7%。受政策利好，商品房新开工面积略微上升 4.0%，为 721.05 万平方米。但商品房竣工面积大幅减少，降幅高达 51.0%。

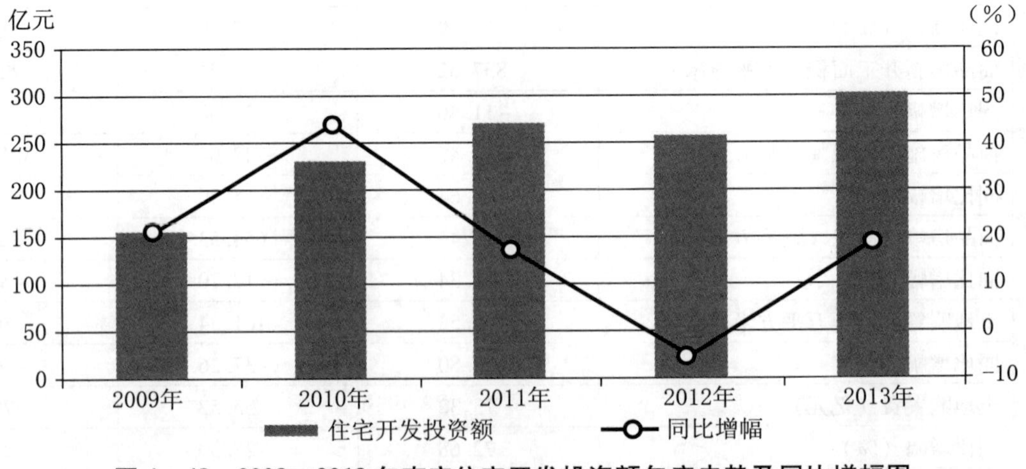

图 4-48　2009—2013 年南宁住宅开发投资额年度走势及同比增幅图

数据来源：南宁市统计局。

4. 市场表现：商品住宅成交量大幅上升，首置、改善类产品持续发力

从南宁商品住宅整体市场表现看，2013 年供应总面积为 588. 79 万平方米，与去年同期相比增加 54. 83%，成交总面积为 589. 68 万平方米，同比增加 47. 08%，从年内各月市场成交走势来看，上半年同比增速相对较高，主要原因有二：其一，年初时“国五条”出台，3 月份市场出现“末班车效应“，市场放量开始加速，从之前市场以刚性需求为主到首置、改善项目相继入市，推动成交井喷；其二，2012 年上半年市场处于企稳回升的初期，在此低位基础的作用下，2013 年上半年成交同比增幅较大。而进入下半年后，首置、改善类产品成交占比逐渐上升。各月市场成交虽仍在快速上升，但各月同比增速与上半年的水平相比存在较大差距。

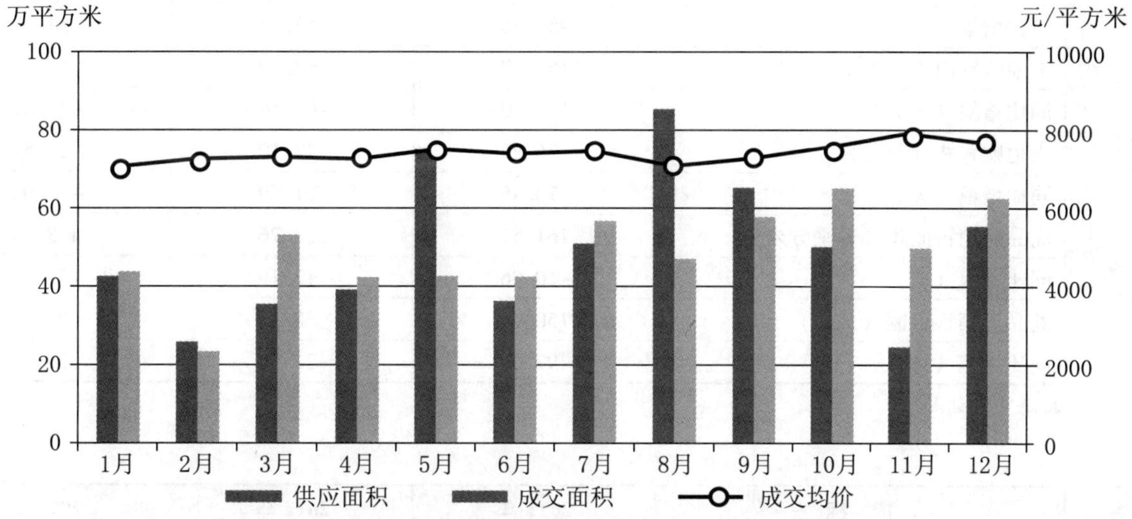

图 4 -49　2013 年 1—12 月南宁商品住宅供求及均价走势图

数据来源：中国房地产决策咨询系统（CRIC）。

二十九、北海市房地产市场情况

1. 2013 年房地产行业数据（见表 4 -29）

表 4 -29　　2011—2013 年北海房地产行业数据表

类　别	指　标	2011 年	2012 年	2013 年
宏观	GDP（亿元）	496. 60	630. 80	735. 00
	同比增幅（%）	18. 20	27. 02	13. 30
	进出口总额（亿美元）	17. 10	20. 80	27. 00
	同比增幅（%）	24. 95	21. 64	29. 90
	固定资产投资（亿元）	603. 10	725. 40	674. 90
	同比增幅（%）	26. 10	20. 28	23. 80
	社会消费品零售总额（亿元）	127. 30	146. 50	167. 03
	同比增幅（%）	17. 90	15. 08	14. 00

续表

类别	指标	2011 年	2012 年	2013 年
行业	房地产开发投资（亿元）	135.40	176.17	170.00
	同比增幅（%）	39.10	30.11	-3.50
	商品房新开工面积（万平方米）	495.41	441.06	331.57
	同比增幅（%）	21.30	-10.97	-24.80
	商品房施工面积（万平方米）	1304.32	1397.75	1432.71
	同比增幅（%）	46.30	7.16	2.50
	商品房竣工面积（万平方米）	95.65	251.49	108.03
	同比增幅（%）	959.25	162.93	-57.00
土地	土地购置面积（万平方米）	169.57	63.49	55.54
	同比增幅（%）	174.70	-62.56	-12.52
	土地购置费（亿元）	36.27	44.10	29.57
	同比增幅（%）	73.46	21.59	-32.90
市场	商品房销售面积（万平方米）	161.52	133.76	178.44
	同比增幅（%）	-10.06	-17.19	33.40
	商品房销售金额（亿元）	150.08	58.84	80.69
	同比增幅（%）	97.47	-22.50	37.13

数据来源：北海市统计局。

类别	指标	2011 年	2012 年	2013 年
土地	土地供应量（万平方米）	545.22	931.39	1320.72
	土地成交量（万平方米）	552.36	475.33	993.65
	土地成交金额（亿元）	15.78	23.57	38.18
市场	商品住宅供应量（万平方米）	227.03	122.25	211.31
	商品住宅成交量（万平方米）	119.39	153.69	231.16
	商品住宅成交均价（元/平方米）	6051.00	5598.00	5982.00

数据来源：中国房地产决策咨询系统（CRIC）。

2. 综述：政策面优于去年，市场整体成交明显回升

2013 年，房地产市场有所调整，但政策面总体上要好于去年。新”国五条”政策对于房地产市场的并未有较强影响。在刚性需求集中释放的带动下，部分改善型需求也接连入市，导致北海 2013 年商品住宅市场出现回暖，房价也停止了去年下半年来的下行趋势，呈现稳中有升的态势。

3. 投资建设：投资指标走低，竣工、新开工面积大幅下滑

2013 年，北海全市完成房地产开发投资 170 亿元，较去年下降 3.5%。其中，住宅完成投资 119.71 亿元，下降 7.3%。商品房施工面积为 1432.71 万平方米，比上年增长 2.5%。受持续调控影响，商品房新开工面积 331.57 万平方米，大幅下降 24.8%。商品房竣工面积大幅下降 57%。

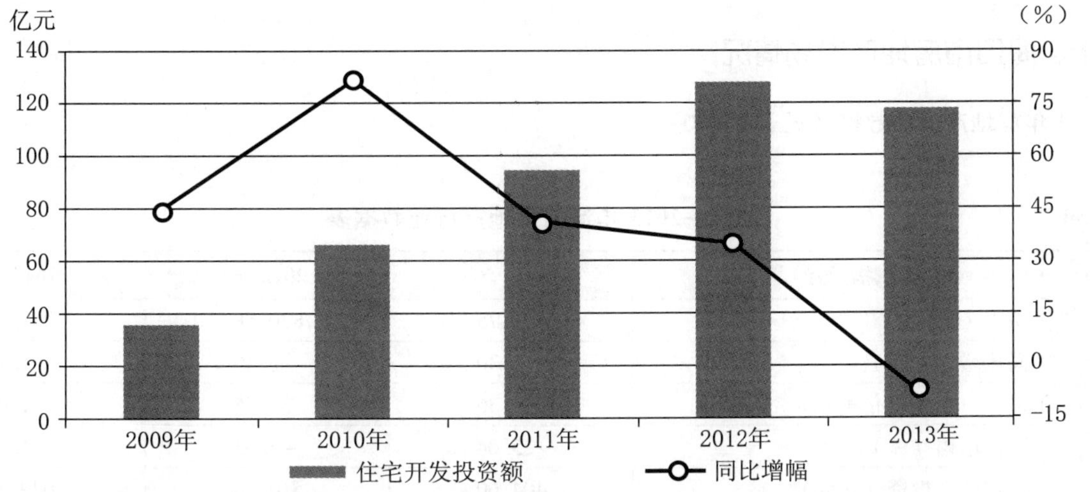

图4-50 2009—2013年北海住宅开发投资额年度走势及同比增幅图

数据来源：北海市统计局。

4. 市场表现：商品住宅成交量出现回升，成交均价小幅波动

2013年北海商品住宅成交量为231.16万平方米，较2012年上涨45.64%。从全年成交走势来看，成交量在上半年快速回升，6月27.74万平方米的成交面积为年内最高。6月后需求释放开始放缓，成交量下滑到9月的18.3万平方米；10月后市场逐步回升，年底成交量小幅回涨，但依然低于6月。

从商品住宅成交均价来看，2013年成交均价598293元/平方米，上涨7.3%。全年呈现波浪形态势。商品住宅成交价格从1月的6050元/平方米，不断降价至3月的5314元/平方米，跌幅达到12%；而4月随着房地产市场回暖，成交均价上升至6月6383元/平方米；之后价格开始回升，但仍持续小幅波动，12月为6210元/平方米。

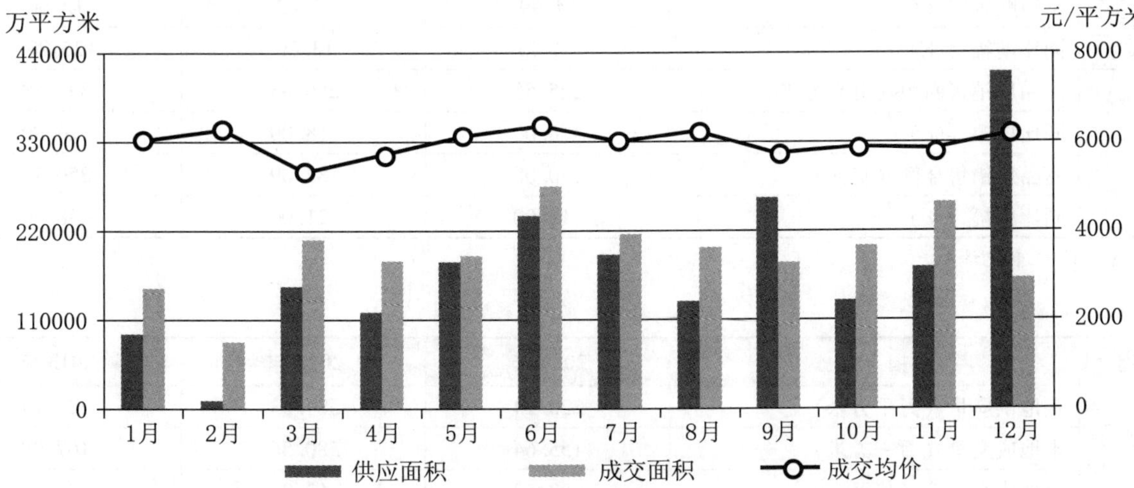

图4-51 2013年1—12月北海商品住宅供求及均价走势图

数据来源：中国房地产决策咨询系统（CRIC）。

三十、海口市房地产市场情况

1. 2013 年房地产行业数据（见表 4-30）

表 4-30　　2011—2013 年海口房地产行业数据表

类　别	指　标	2011 年	2012 年	2013 年
宏观	GDP（亿元）	712.75	820.58	904.64
	同比增幅（%）	12.30	9.40	9.90
	进出口总额（亿美元）	39.36	36.75	51.01
	同比增幅（%）	-25.04	-6.63	21.00
	固定资产投资（亿元）	404.60	510.38	649.33
	同比增幅（%）	26.20	32.10	27.20
	社会消费品零售总额（亿元）	387.18	321.19	490.05
	同比增幅（%）	18.10	11.10	12.30
行业	房地产开发投资（亿元）	145.14	175.55	256.40
	同比增幅（%）	39.80	21.03	46.10
	商品房新开工面积（万平方米）	433.77	261.97	276.34
	同比增幅（%）	80.00	-39.61	5.50
	商品房施工面积（万平方米）	1189.50	1591.50	1805.89
	同比增幅（%）	36.10	33.79	13.60
	商品房竣工面积（万平方米）	33.17	307.42	195.01
	同比增幅（%）	-70.22	826.80	36.60
土地	土地购置面积（万平方米）	18.94	34.90	14.23
	同比增幅（%）	-65.00	84.00	-59.23
	土地购置费（亿元）	4.99	5.62	12.66
	同比增幅（%）	2.00	13.00	125.20
市场	商品房销售面积（万平方米）	225.55	266.95	337.68
	同比增幅（%）	8.00	18.00	26.90
	商品房销售金额（亿元）	150.08	182.09	250.77
	同比增幅（%）	-11.00	21.00	38.10

数据来源：海口市统计局。

类　别	指　标	2011 年	2012 年	2013 年
土地	土地供应量（万平方米）	220.24	584.23	226.24
	土地成交量（万平方米）	155.64	580.56	167.98
	土地成交金额（亿元）	22.52	62.26	33.84
市场	商品住宅供应量（万平方米）	364.87	210.20	284.65
	商品住宅成交量（万平方米）	139.33	182.07	286.44
	商品住宅成交均价（元/平方米）	8934.00	8213.00	8781.00

数据来源：中国房地产决策咨询系统（CRIC）。

2. 综述：政策趋向宽松，市场供需两旺

2013 年，无论是房地产行业抑或是开发企业，都是高歌猛进的一年。在政策趋向宽松、经济平稳回升等宏观环境持续向好的情况下，一、二线城市市场迅速回暖，并维持成交高位态势，各线城市、各类地王纪录被屡屡刷新，房企逐鹿资本市场，争相借壳上市或者谋划海外投资。

海口市房地产市场供需两旺，同比大幅增长。市场供求比为 1:1.45，呈现出供不应求的状态。海口商品住宅市场中刚需及首改仍是海口市场的绝对主力，刚需产品在价格上占据优势，也因为亲民价格，中小户型定位，加上市场利好因素，2013 年市场成交量向好的趋势发展。

3. 投资建设：住宅开发投资大幅增长，竣工面积明显下降

2013 年，海口全市完成房地产开发投资 256.4 亿元，比上年增长 46.1%。其中，住宅完成投资 205.6 亿元，同比增长 57.9%，是近几年以来增长速度最快的。商品房施工面积为 1805.9 万平方米，比上年增长 13.6%。受市场持续回暖影响，商品房新开工面积上升 5.50%，为 276.34 万平方米。但商品房竣工面积出现负增长，同比下跌 36.57%。

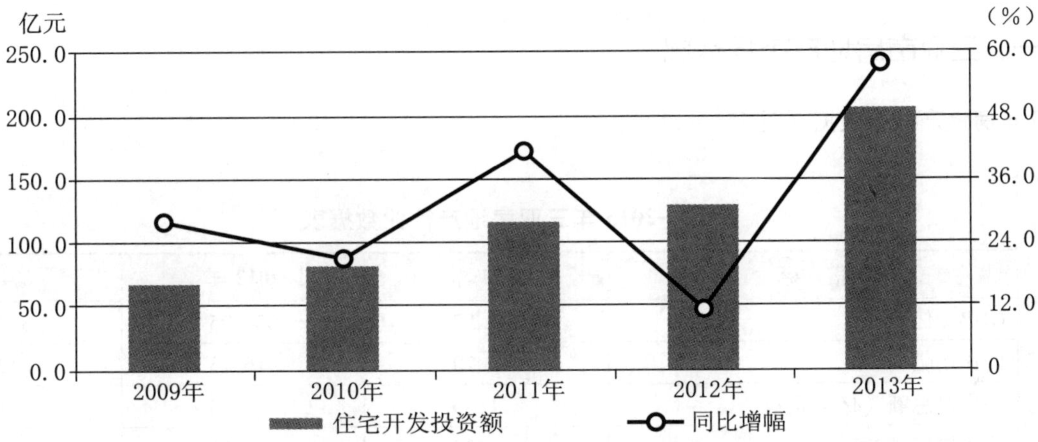

图 4-52　2009—2013 年海口住宅开发投资额年度走势及同比增幅图

数据来源：海口市统计局。

4. 市场表现：中低端楼盘火爆发力，成交表现出色

2013 年，海口市中低端楼盘火爆发力，成交表现出色，受到未来市场预期向好以及历史调控所压制的市场需求拉动影响，市场整体向好。表现出色的中低端代表项目有海口海航城、椰海新城、南海幸福城等；改善型项目代表有海长流、海阔天空国兴城、新世界花园等项目。

从市场走势来看，从一月开始，在大市场、大政策的影响下，市场成交相对活跃，月度成交量保持在较高位发展，2013 年月度成交平均面积为 31.4 万平方米。全年海口商品住宅供应面积为 295.09 万平方米，占商品房供应的 54%，同比去年上涨 38%；成交面积为 286.43 万平方米，占商品房成交的 76%，同比上涨 62%；成交均价为 8781 元平方米，同比上涨 5%。

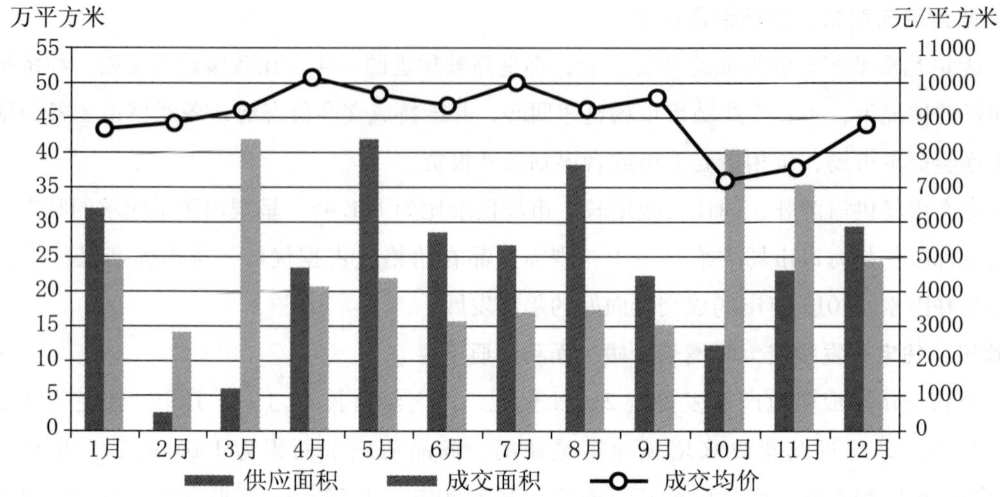

图 4－53　2013 年 1—12 月海口商品住宅供求及均价走势图

数据来源：中国房地产决策咨询系统（CRIC）。

三十一、三亚市房地产市场情况

1. 2013 年房地产行业数据（见表 4－31）

表 4－31　　2011—2013 年三亚房地产行业数据表

类　别	指　标	2011 年	2012 年	2013 年
宏观	GDP（亿元）	284.57	330.75	373.49
	同比增幅（%）	14.20	16.23	12.92
	进出口总额（亿美元）	1.00	1.03	1.50
	同比增幅（%）	88.30	3.00	45.63
	固定资产投资（亿元）	358.30	430.34	523.00
	同比增幅（%）	27.20	20.11	21.60
	社会消费品零售总额（亿元）	86.01	104.80	103.00
	同比增幅（%）	30.80	21.85	20.00
行业	房地产开发投资（亿元）	178.84	238.45	302.72
	同比增幅（%）	34.60	33.33	26.95
	商品房新开工面积（万平方米）	206.96	297.44	373.93
	同比增幅（%）	6.97	43.72	25.72
	商品房施工面积（万平方米）	636.53	899.52	1216.62
	同比增幅（%）	8.82	41.32	35.25
	商品房竣工面积（万平方米）	86.85	161.73	134.81
	同比增幅（%）	－33.21	86.22	－16.65
土地	土地购置面积（万平方米）	14.75	80.63	16.98
	同比增幅（%）	－35.82	446.64	－78.94
	土地购置费（亿元）	20.31	33.88	53.13
	同比增幅（%）	48.58	66.81	56.8

续表

类　别	指　标	2011 年	2012 年	2013 年
市场	商品房销售面积（万平方米）	163.69	180.03	182.88
	同比增幅（%）	16.23	9.98	1.58
	商品房销售金额（亿元）	209.25	209.24	264.7
	同比增幅（%）	-14.20	0.00	26.51

数据来源：三亚市统计局。

类　别	指　标	2011 年	2012 年	2013 年
土地	土地供应量（万平方米）	345.31	181.56	257.74
	土地成交量（万平方米）	214.40	173.10	188.97
	土地成交金额（亿元）	64.26	76.69	63.94
市场	商品住宅供应量（万平方米）	106.18	125.98	119.65
	商品住宅成交量（万平方米）	90.06	77.68	132.71
	商品住宅成交均价（元/平方米）	26430.00	27070.00	23866.00

数据来源：中国房地产决策咨询系统（CRIC）。

2. 综述：政策面趋于平缓，市场整体成交明显回升

2013，在政策趋向宽松、经济平稳回升等宏观环境持续向好的情况下，三亚房地产投资额度大幅增长，施工面积和新开工面积也均有不同程度的增长；与此同时，在商品住宅供应量明显减少的情况下，商品住宅成交量却有大幅增长。

3. 投资建设：投资增速仍保持高位运行，新开工面积大幅增加

2013 年，三亚全市完成房地产开发投资 302.7 亿元，比上年增长 27.0%，增速有所回落，但仍保持在较高水平。其中，住宅完成投资 229.2 亿元，上涨 25.1%。商品房施工面积为 1216.6 万平方米，比上年增长 35.3%。受政策及整体楼市好转利好，商品房新开工面积大幅增长 25.7%，为 373.9 万平方米。商品房竣工面积则大幅减少，同比下跌 68.9%。

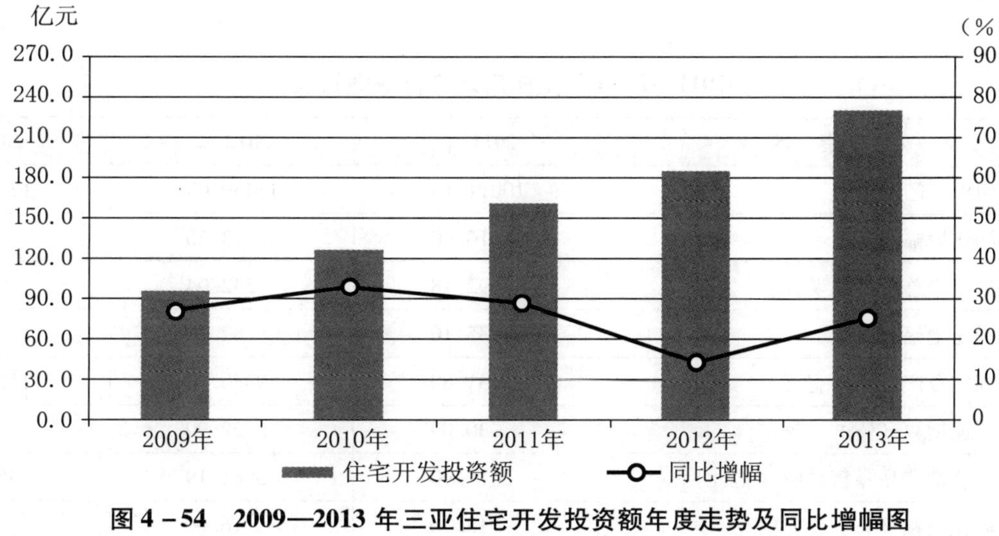

图 4-54　2009—2013 年三亚住宅开发投资额年度走势及同比增幅图

数据来源：三亚市统计局。

4. 市场表现：商品住宅成交量大幅上升，成交均价较去年同期有所下滑

2013 年，在房地产市场回暖的背景下，三亚商品住宅市场供应量有所下滑，但成交量反倒出现大幅上升。随着整体市场的回暖，三亚房地产市场扭转供大于求的局面，近 4 年来首次出现供求均衡的状态，2013 年供求比达到 1:1.1。2013 年，自“国五条”踏空以来，政府并没有相对严厉的房地产调控政策出台，整体政策层面利好，导致在供应明显减少的情况下，市场成交量大幅上升的局面。

从月度走势来看，每年的年初和年底是三亚楼市的成交旺季，特别是年初时“国五条”出台，市场出现“末班车效应”，推动成交井喷；同时，年初的供应量也保持高位。

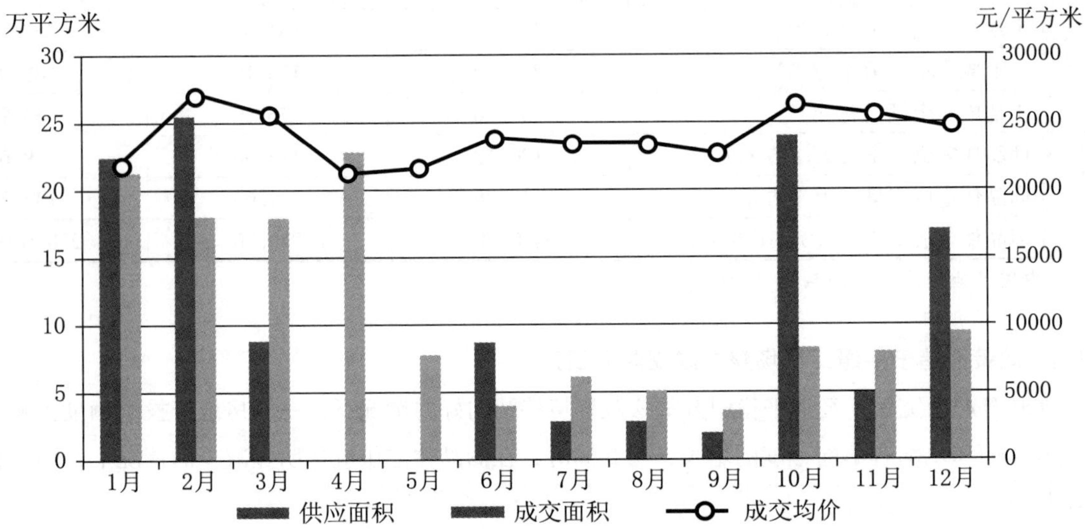

图 4－55　2013 年 1—12 月三亚商品住宅供求及均价走势图

数据来源：中国房地产决策咨询系统（CRIC）。

三十二、重庆市房地产市场情况

1. 2013 年房地产行业数据（见表 4－32）

表 4－32　　2011—2013 年重庆房地产行业数据表

类　别	指　标	2011 年	2012 年	2013 年
宏观	GDP（亿元）	10011.13	11459.00	12656.69
	同比增幅（%）	16.40	13.60	12.30
	进出口总额（亿美元）	292.18	532.04	687.04
	同比增幅（%）	135.10	82.20	29.10
	固定资产投资（亿元）	7631.80	9380.00	11205.03
	同比增幅（%）	30.00	22.90	19.50
	社会消费品零售总额（亿元）	3415.90	3961.19	4511.77
	同比增幅（%）	18.70	16.00	14.00

续表

类　别	指　标	2011 年	2012 年	2013 年
行业	房地产开发投资（亿元）	2015.09	2508.35	3012.78
	同比增幅（%）	24.40	24.50	20.10
	商品房新开工面积（万平方米）	6824.36	5813.48	7641.63
	同比增幅（%）	8.10	14.80	31.40
	商品房施工面积（万平方米）	20397.24	22009.03	26251.89
	同比增幅（%）	19.00	7.90	19.30
	商品房竣工面积（万平方米）	3424.33	3990.63	3804.36
	同比增幅（%）	30.40	16.50	-4.70
土地	土地购置面积（万平方米）	1676.12	2183.07	1896.65
	同比增幅（%）	23.71	30.25	-13.10
	土地购置金费（亿元）	374.76	384.07	519.65
	同比增幅（%）	0.89	2.48	35.30
市场	商品房销售面积（万平方米）	4533.50	4522.40	4817.56
	同比增幅（%）	5.10	-0.20	6.50
	商品房销售金额（亿元）	2146.09	2297.35	2682.76
	同比增幅（%）	16.20	7.00	16.80

数据来源：重庆市统计信息网。

类　别	指　标	2011 年	2012 年	2013 年
土地	土地供应量（万平方米）	4290.04	4958.96	5999.09
	土地成交量（万平方米）	3818.15	4315.84	5712.88
	土地成交金额（亿元）	713.00	790.22	1215.33
市场	商品房供应量（万平方米）	877.51	938.62	1535.05
	商品房成交量（万平方米）	1542.17	2271.96	2271.66
	商品房成交均价（元/平方米）	6982.00	6700.00	7182.00

数据来源：中国房地产决策咨询系统（CRIC）。

2. 综述：政策从紧但新房市场依旧火热，刚需支撑市场热度

2013 年重庆楼市延续了 2012 年底火热走势，市场刚性需求强劲，改善类需求持续释放，市场供求量价全面上涨，达到近 4 年最高水平。重庆年初国五条顺应中央调控加码楼市，20% 的二手房所得税让楼市陷入短暂观望，但仅限于二手房，新房市场依旧火热。13 年重庆楼市刚需继续强劲，品牌房企竞争力强项目带动区域价格上涨，区域地价水平攀升，市场价格预期逐渐增强；主城房价从年初到年底一路稳步上涨。

3. 投资建设：投资增速略有回落，竣工面积负增长

2013 年，重庆全市完成房地产开发投资 3012.8 亿元，比上年增长 20.1%，增速略有回落，其中住宅完成投资 2044 亿元，上涨 19.8%。商品房施工面积为 26251.89 万平方米，比上年增长 19.3%。受良好大环境影响，商品房新开工面积同比上涨 8.5%，为 13690.77 万平方米。商品房竣工面积则出现负增长态势，同比下降 4.7%。

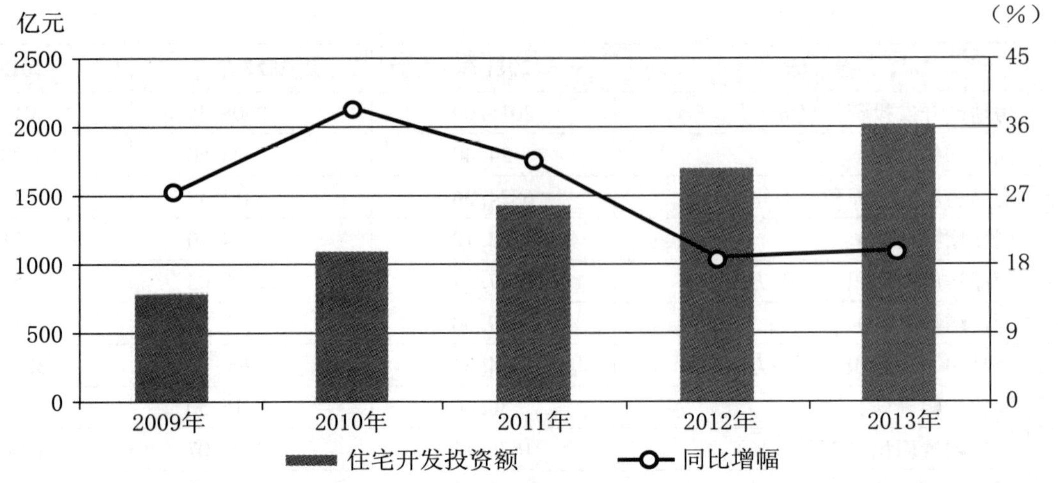

图 4 -56　2009—2013 年重庆住宅开发投资额年度走势及同比增幅图

数据来源：重庆市统计信息网。

4. 市场表现：商品房成交量较去年持平，成交均价平稳走高

2013 年度，重庆主城区商品房市场成交 2271.66 万平方米，与去年基本持平，市场供应 1523.05 万方，上涨63.5%。随着2013 年宏观调控弱化，市场在2012 年的基础上出现较为平稳的增长，主要得益于刚需一族及周边区县客户的带动拉升了成交量，同时，由于市场预期的不确定性及价格的逐渐攀升，部分投资主体客户转向以商业、办公等产品为主的投资，拉升了重庆商业、办公市场，政府对以礼嘉商圈，弹子石 CBD 为代表新兴商圈的规划，进一步刺激了各大房企进入该类物业形态开发的热情，其竞争在 2014 年也将会出现白热化状态。

从房价的角度来看，2013 年主城区成交价格走势较为平稳，市场整体成交价 7182 元/平方米，较去年上涨 482 元/平方米，同比上涨 7.2%。

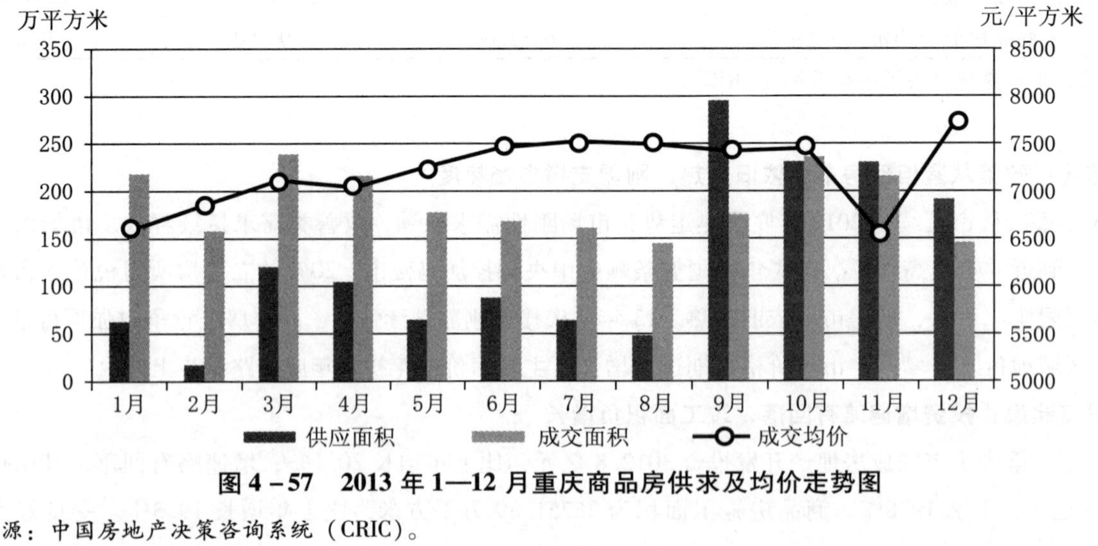

图 4 -57　2013 年 1—12 月重庆商品房供求及均价走势图

数据来源：中国房地产决策咨询系统（CRIC）。

三十三、成都市房地产市场情况

1. 2013 年房地产行业数据（见表 4－33）

表 4－33　　2011—2013 年成都房地产行业数据表

类 别	指 标	2011 年	2012 年	2013 年
宏观	GDP（亿元）	6854.60	8138.90	9108.90
	同比增幅（%）	15.20	18.70	10.20
	进出口总额（亿美元）	379.10	475.40	506.00
	同比增幅（%）	53.90	25.40	6.40
	固定资产投资（亿元）	5006.00	5890.10	6501.10
	同比增幅（%）	19.20	17.70	10.40
	社会消费品零售总额（亿元）	2861.30	3317.70	3752.90
	同比增幅（%）	18.40	16.00	13.10
行业	房地产开发投资（亿元）	1595.64	1889.23	2111.25
	同比增幅（%）	24.80	18.40	11.80
	商品房新开工面积（万平方米）	3188.42	3568.87	4051.46
	同比增幅（%）	18.20	11.90	13.50
	商品房施工面积（万平方米）	12664.51	14150.98	15239.3
	同比增幅（%）	29.50	11.70	7.70
	商品房竣工面积（万平方米）	1573.20	2107.73	1879.65
	同比增幅（%）	－0.30	34.00	－10.80
土地	土地购置面积（万平方米）	195.79	152.71	271.93
	同比增幅（%）	－10.30	－22.00	78.10
	土地购置费（亿元）	244.41	320.45	405.83
	同比增幅（%）	5.70	31.10	26.60
市场	商品房销售面积（万平方米）	2713.45	2844.09	2950.13
	同比增幅（%）	35.20	4.80	3.70
	商品房销售金额（亿元）	1811.32	2072.84	2123.12
	同比增幅（%）	19.20	14.40	2.40

数据来源：成都市统计信息网。

类 别	指 标	2011 年	2012 年	2013 年
土地	土地供应量（万平方米）	8127.43	3382.56	4045.21
	土地成交量（万平方米）	6927.94	3377.21	3716.20
	土地成交金额（亿元）	675.77	393.92	678.07
市场	商品住宅供应量（万平方米）	2369.07	1964.20	1843.57
	商品住宅成交量（万平方米）	1753.40	2386.32	2689.28
	商品住宅成交均价（元/平方米）	6736.00	6296.00	7141.00

数据来源：中国房地产决策咨询系统（CRIC）。

2. 综述：房地产市场平稳过渡整体向好，未来郊区仍为市场主力

在经过2012年“坚决房地产调控不放松，促进房价合理回归”的调控政策和两次降息、两次降准后，2013年成都房地产市场整体平稳过渡。2013年成都整体市场表现供过于求，市场存量少于2012年，成交量和成交均价均有所上涨。2013年下半年成都土地市场火爆，开发商拿地热情高涨，各大房企对未来楼市的行情看好。预计2014年成都房地产市场供应将增加，成交量会继续小幅上升，整个楼市将向好的局面发展，同时郊区仍然是市场主力。

3. 投资建设：投资增速略有回落，竣工面积负增长

2013年，成都市完成房地产开发投资2111.25亿元，比上年增长11.8%，增速略有回落，其中住宅开发投资1290.5亿元，同比上涨10.2%。商品房施工面积同比上涨7.7%，为15239.3万平方米。商品房竣工面积则出现负增长态势，同比下降10.8%。

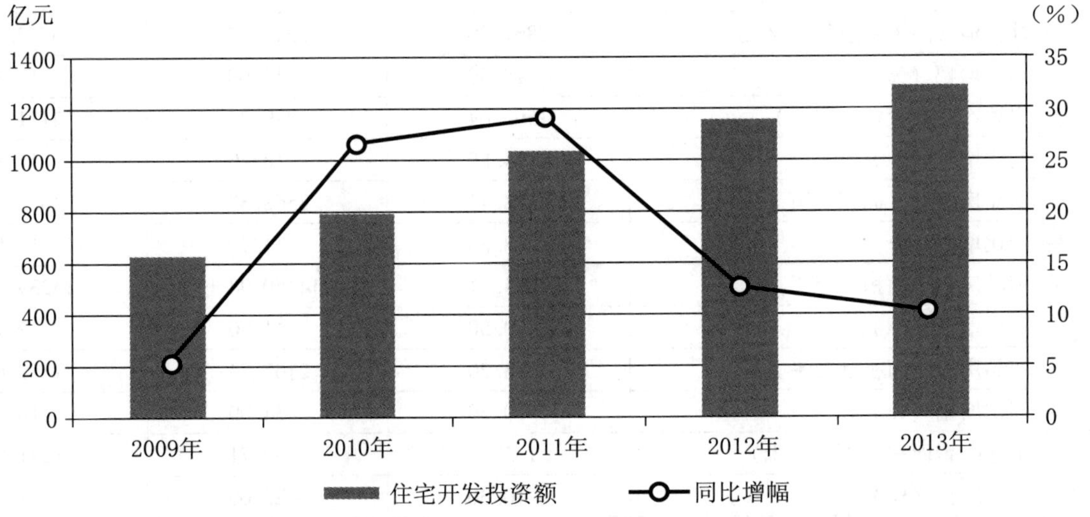

图4-58　2009—2013年成都住宅开发投资额年度走势及同比增幅图

数据来源：成都市统计信息网。

4. 市场表现：商品住宅成交量同比上涨，成交均价平稳走高

2013年成都市商品住宅共成交2689.28万平方米，同比上涨12.7%。从月度上来看，3月消化房源最多，去化体量高达425.85万平方米，主要原因是年初的购房热潮，以及开发商纷纷推出了各种优惠活动，从而带动了刚需群体的爆发，住宅市场持续回暖。其次为4月份，去化量为289.54万平方米。成交区域成交量排名前三的为双流、新都、郫县三个区域。2013年成交均价较2012年上涨13.4%，达到历史最高，为7141元/平方米。

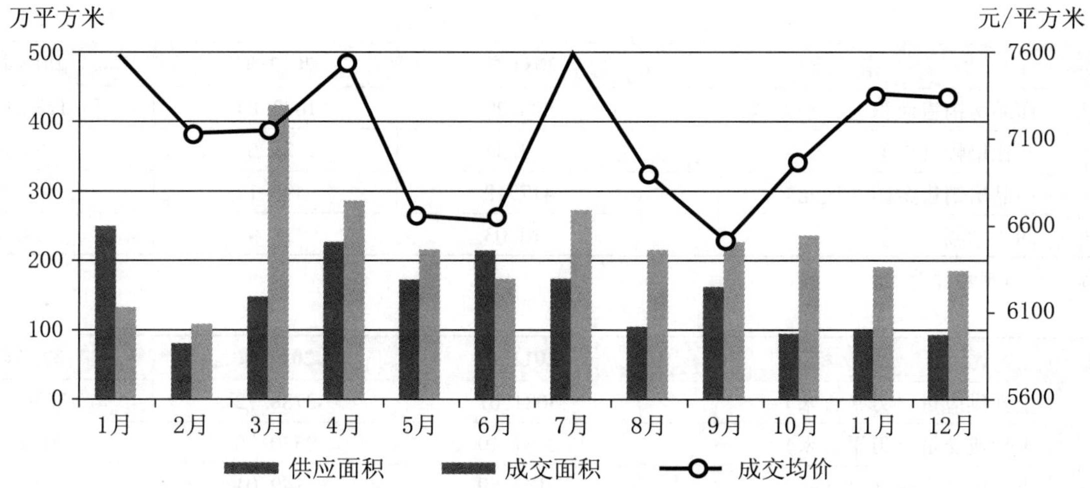

图 4-59　2013 年 1—12 月成都商品住宅供求及均价走势图

数据来源：中国房地产决策咨询系统（CRIC）。

三十四、贵阳市房地产市场情况

1. 2013 年房地产行业数据（见表 4-34）

表 4-34　　2011—2013 年贵阳房地产行业数据表

类　别	指　标	2011 年	2012 年	2013 年
宏观	GDP（亿元）	1383.00	1700.00	2085.42
	同比增幅（%）	17.10	17.00	16.00
	进出口总额（亿美元）	37.69	50.51	63.18
	同比增幅（%）	65.60	34.00	25.00
	固定资产投资（亿元）	1600.50	2482.56	1958.14
	同比增幅（%）	57.10	55.10	26.10
	社会消费品零售总额（亿元）	584.30	683.19	785.66
	同比增幅（%）	20.50	16.90	15.00
行业	房地产开发投资（亿元）	467.36	901.03	978.02
	同比增幅（%）	50.50	95.70	8.50
	商品房新开工面积（万平方米）	1079.28	1615.88	1897.65
	同比增幅（%）	-20.17	49.72	17.44
	商品房施工面积（万平方米）	4794.03	5664.10	6467.52
	同比增幅（%）	20.37	18.15	14.18
	商品房竣工面积（万平方米）	621.72	584.50	711.69
	同比增幅（%）	16.73	-5.99	21.76
土地	土地购置面积（万平方米）	331.54	197.17	424.59
	同比增幅（%）	-44.38	-40.53	115.34
	土地购置费（亿元）	28.18	65.24	102.64
	同比增幅（%）	-12.89	138.10	57.30

续表

类　别	指　标	2011 年	2012 年	2013 年
市场	商品房销售面积（万平方米）	828.29	1023.84	1282.01
	同比增幅（%）	3.33	23.61	25.21
	商品房销售金额（亿元）	417.18	496.17	644.18
	同比增幅（%）	18.03	18.93	29.83

数据来源：贵阳市统计局。

类　别	指　标	2011 年	2012 年	2013 年
土地	土地供应量（万平方米）	3081.07	2788.72	3676.08
	土地成交量（万平方米）	2757.10	2570.36	2076.77
	土地成交金额（亿元）	133.59	149.01	137.57
市场	商品住宅供应量（万平方米）	566.39	1122.96	972.35
	商品住宅成交量（万平方米）	430.75	774.22	840.10
	商品住宅成交均价（元/平方米）	5109.00	4668.00	4826.00

数据来源：中国房地产决策咨询系统（CRIC）。

2. 综述：在调控引导下，市场表现平稳

在调控新思路的引导之下，2013 年贵阳住宅市场表现平稳。经历 2012 年一年的探底回升后，2013 年成交均价继续延续这一趋势，震荡回升，总体平稳；地方政策的逐步宽松，下半年成交量呈现高位盘整，而价格则维持小幅度震荡，市场在当前的政策环境下达到阶段性平衡。

预计 2014 年，楼市将会延续当前的状态，而政策亦将会努力配合维持目前的平衡，供应量有所回落，在成交结构方面，改善性需求上升值得关注。

3. 投资建设：投资增速低位运行，新开工面积同比大幅减少

2013 年，贵阳全市完成房地产开发投资 978.02 亿元，比上年增长 8.5%，增速有所放缓。其中，住宅完成投资 627.9 亿元，同比增长 10.46%。商品房施工面积为 6467.52 万平方米，比上年增长 14.18%。受年初以来市场回暖因素利好，商品房新开工面积同比增长 17.44%，至 1897.65 万平方米较 12 年 49.72% 的增幅大幅缩水。商品房竣工面积较 2012 年进一步增加，同比上涨 63.54%。

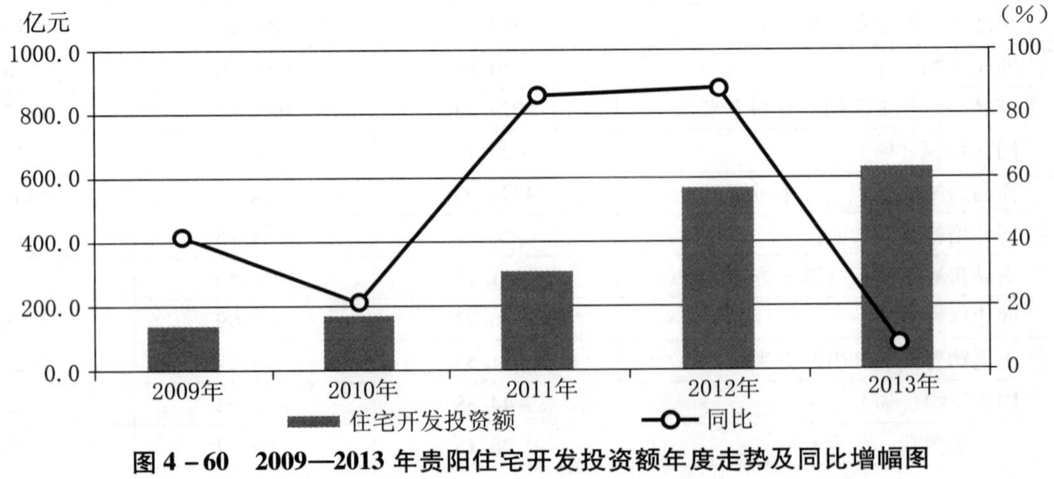

图 4－60　2009—2013 年贵阳住宅开发投资额年度走势及同比增幅图

数据来源：贵阳市统计局。

4. 市场表现：商品住宅成交量有所放缓，市场供需两旺

在供应的大力拉动下，2012 年的贵阳商品住宅成交量上扬至 774.2 万平方米，2013 年继续维持较高活跃度，成交量保持在 840.10 万平方米。成交量小幅回落主要原因为以下几方面：

首先，开发商在整体市场高库存的压力下最终选择降价促销，较大的优惠力度吸引了潜在需求出手；其次，超级大盘两年来对刚需的大量稀释，导致刚需需求疲态开始显现。再次，在刚性需求开始下滑的状态下，政府给予市场相对宽松的政策提振市场信心，引导市场健康、稳定发展。

2013 年贵阳商品住宅新增供应量达到 972.35 万平方米，同比 2012 年回落 11.24%，供应量依旧保持在 2006 年以来的高峰区域。2013 年贵阳市政府多项政策支持首次、首改置业，市场供应和需求双双呈上升趋势。贵阳商品住宅供需两旺。

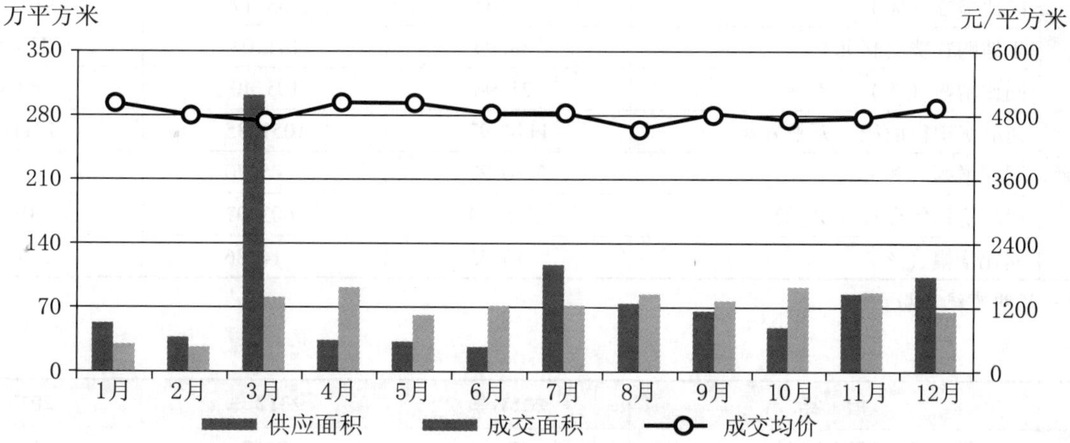

图 4-61　2013 年 1—12 月贵阳商品住宅供求及均价走势图

数据来源：中国房地产决策咨询系统（CRIC）。

三十五、昆明市房地产市场情况

1. 2013 年房地产行业数据（见表 4-35）

表 4-35　　2011—2013 年昆明房地产行业数据表

类别	指标	2011 年	2012 年	2013 年
宏观	GDP（亿元）	2509.58	3010.00	3450.00
	同比增幅（%）	14.00	14.10	13.00
	进出口总额（亿美元）	120.22	144.10	174.22
	同比增幅（%）	18.30	20.10	20.80
	固定资产投资（亿元）	2701.11	2345.91	2931.50
	同比增幅（%）	25.00	-13.15	25.00
	社会消费品零售总额（亿元）	1271.73	1493.80	1702.30
	同比增幅（%）	20.00	17.50	14.00

续表

类 别	指 标	2011 年	2012 年	2013 年
行业	房地产开发投资（亿元）	625.97	919.07	1291.71
	同比增幅（%）	42.10	46.80	40.50
	商品房新开工面积（万平方米）	1914.67	2453.07	2684.12
	同比增幅（%）	48.40	28.10	9.40
	商品房施工面积（万平方米）	4184.81	5885	7705.66
	同比增幅（%）	19.10	40.63	30.90
	商品房竣工面积（万平方米）	515.46	629.63	602.68
	同比增幅（%）	-12.80	22.15	-4.30
土地	土地购置面积（万平方米）	350.65	466.95	782.36
	同比增幅（%）	7.65	33.17	67.55
	土地购置费（亿元）	58.94	141.04	230.51
	同比增幅（%）	21.96	105.40	63.40
市场	商品房销售面积（万平方米）	1114.92	1051.35	1211.20
	同比增幅（%）	-10.27	-5.70	15.20
	商品房销售金额（亿元）	525.84	603.97	701.94
	同比增幅（%）	15.55	14.86	16.22

数据来源：昆明市统计局。

类 别	指 标	2011 年	2012 年	2013 年
土地	土地供应量（万平方米）	8786	7162	2787
	土地成交量（万平方米）	6769	3782	4400
	土地成交金额（亿元）	701	426	456
市场	商品住宅供应量（万平方米）	—	1018	1787
	商品住宅成交量（万平方米）	619	742	1058
	商品住宅成交均价（元/平方米）	3948	—	—

数据来源：中国房地产决策咨询系统（CRIC）。

2. 综述：市场潜力被激活，市场整体需旺盛

2013 年，在以“限购”、“限贷”为主的房地产调控机制调控政策下，地产调控方向由抑制需求转向加大供应，全国供求关系缓和将平抑房价上涨。2013 年的昆明房地产市场众多一线品牌房企开发商云聚，新开工建设的楼盘增加，楼市供应量迅猛增长，激活了昆明房地产行业的市场潜力。2013 年昆明主城五区商品房成交量相比上年增幅近 50%。

3. 投资建设：开发商大量进驻昆明，住宅投资大幅增加

2013 年，昆明全市完成房地产开发投资 1291.71 亿元，增速继续保持高位，增长 40.5%。受开发商大量进驻昆明的影响，住宅新增投资 868.95 亿元，上升 48.3%。商品房施工面积为 7705.66 万平方米，比上年增长 30.9%。商品房新开工面积 2684.12 万平方米上升 9.4%。而商品房竣工面积呈负增长，同比下降 4.3%。

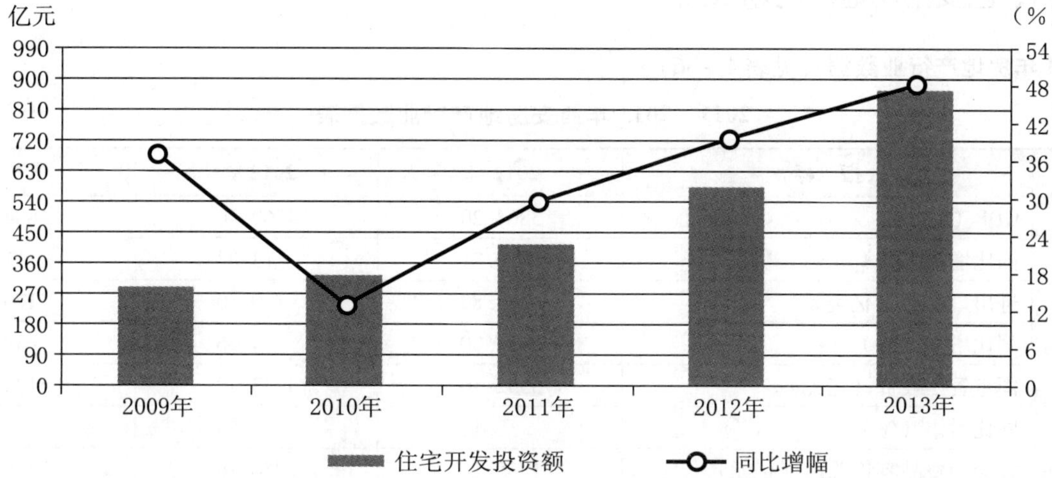

图 4－62　2009—2013 年昆明住宅开发投资额年度走势及同比增幅图

数据来源：昆明市统计局。

4. 市场表现：成交量受供应推动出现爆发式增长，成交均价波动下调

2013 年度，昆明市商品住宅成交面积达到了 1058 万平方米，大幅上涨了 42.6%。随着大牌开发商进驻昆明，楼市供应量呈井喷式增长，交易量也随之大幅走高。从供应量和成交量来看，全年 12 个月的供求比有 9 个月大于 1，市场总体供应量非常充裕。

从房价来看，昆明市场房价总体处于下降的趋势。第一个季度房价基本维持稳定，从 4 月开始呈现波动下调的趋势，尤其是 9 月以来下降幅度越加明显。其中，11 月的成交均价降至 6024 元/平方米低点，比 4 月的 9035 元/平方米高点下降近 3000 元。下半年来房企“以价换量”的销售策略拉低了昆明的整体均价。

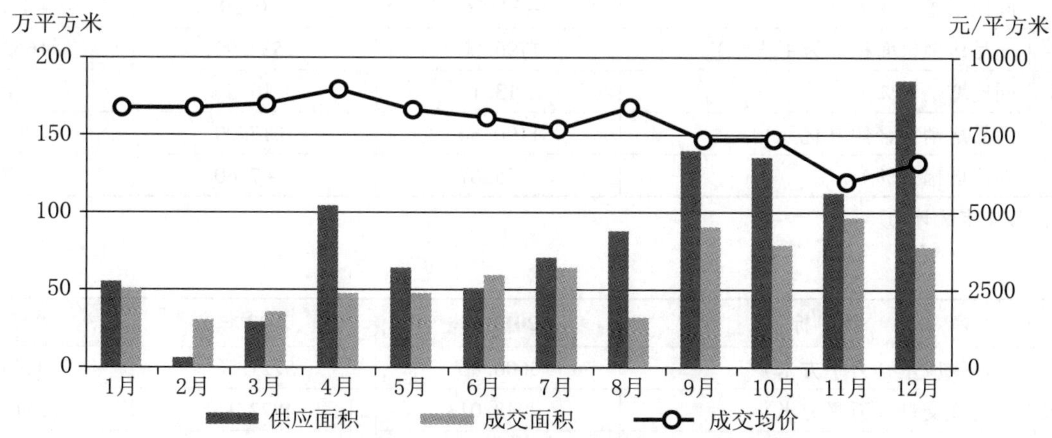

图 4－63　2013 年 1—12 月昆明商品住宅供求及均价走势图

数据来源：中国房地产决策咨询系统（CRIC）。

三十六、西安市房地产市场情况

1. 2013 年房地产行业数据（见表 4－36）

表 4－36　　2011—2013 年西安房地产行业数据表

类　别	指　标	2011 年	2012 年	2013 年
宏观	GDP（亿元）	3864. 20	4369. 40	4884. 10
	同比增幅（%）	19. 21	13. 07	11. 78
	进出口总额（亿美元）	125. 80	130. 10	179. 80
	同比增幅（%）	21. 00	3. 46	38. 16
	固定资产投资（亿元）	3352. 10	4243. 40	5134. 60
	同比增幅（%）	3. 12	26. 59	21. 00
	社会消费品零售总额（亿元）	1935. 20	2236. 10	2548. 00
	同比增幅（%）	20. 12	15. 55	13. 95
行业	房地产开发投资（亿元）	1002. 70	1269. 90	1595. 60
	同比增幅（%）	19. 00	27. 50	25. 65
	商品房新开工面积（万平方米）	2280. 10	2796. 80	2586. 20
	同比增幅（%）	11. 60	22. 66	－7. 53
	商品房施工面积（万平方米）	8215. 60	9893. 10	10454. 30
	同比增幅（%）	22. 70	20. 42	5. 67
	商品房竣工面积（万平方米）	634. 00	1063. 70	795. 40
	同比增幅（%）	36. 70	67. 78	－25. 23
土地	土地购置面积（万平方米）	230. 50	168. 70	335. 20
	同比增幅（%）	－41. 66	－26. 84	98. 72
	土地购置费（亿元）	59. 00	88. 70	71. 62
	同比增幅（%）	－32. 51	50. 20	－19. 20
市场	商品房销售面积（万平方米）	1796. 00	1532. 90	1662. 80
	同比增幅（%）	13. 11	－13. 30	8. 47
	商品房销售金额（亿元）	1100. 60	1017. 00	1096. 60
	同比增幅（%）	55. 67	－7. 60	7. 83

数据来源：西安市统计局。

类　别	指　标	2011 年	2012 年	2013 年
土地	土地供应量（万平方米）	3606. 86	5721. 78	3463. 04
	土地成交量（万平方米）	2948. 01	4872. 15	2717. 51
	土地成交金额（亿元）	255. 56	358. 15	259. 04
市场	商品住宅供应量（万平方米）	—	1465. 37	1433. 09
	商品住宅成交量（万平方米）	922. 50	1000. 01	1230. 42
	商品住宅成交均价（元/平方米）	—	6920. 00	6468. 00

数据来源：中国房地产决策咨询系统（CRIC）。

2. 综述：政策环境好于去年，市场整体成交规模较高

2013 年总体政策环境好于去年，基本没有重大调控政策出台。房地产开发投资额同比保持近三成的增幅，商品房施工面积小幅提升，但新开工面积及竣工面积均同比回落。从房地产市场的表现来看，总体成交规模较高，但进入三四季度后市场略显疲态，企业竞争激烈且客户需求发生变化，全年市场成交均价基本持稳。

3. 投资建设：投资增长近三成，新开工及竣工面积同比回落

2013 年，西安全市完成房地产开发投资 1595.6 亿元，比上年增长 25.65%，增速有所回落。商品房施工面积为 10454.3 万平方米，比上年增长 5.67%。商品房新开工面积同比下降 7.53%、2586.2 万平方米。商品房竣工面积也有所回落，同比下降 25.23%。

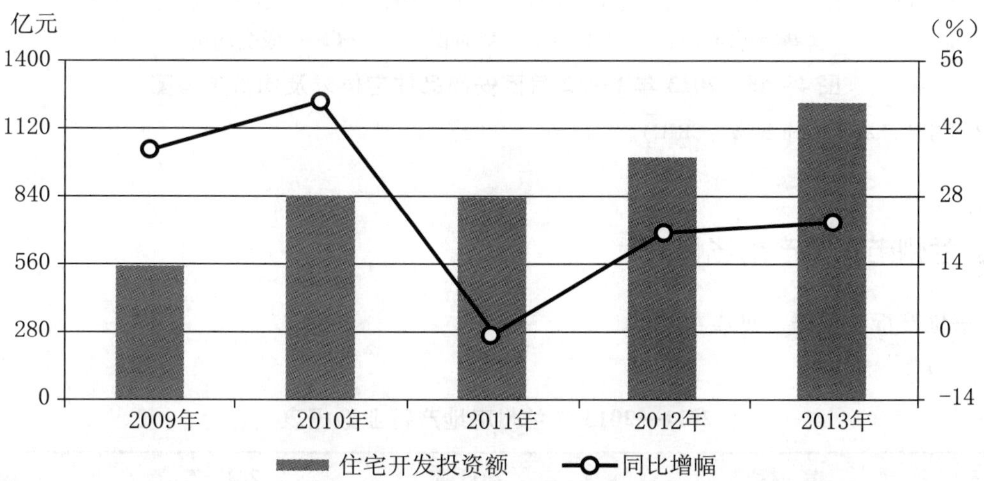

图 4-64　2009—2013 年西安住宅开发投资额年度走势及同比增幅图

数据来源：西安市统计局。

4. 市场表现：商品住宅成交量突破千万方，成交均价走势相对平稳

2013 年，西安市商品住宅成交面积达到了 1230.42 万平方米，同比上涨了 23%。2013 年全国房地产市场规模迎来新一轮的快速扩张，西安是全国成交破千万平的 13 个城市之一，成交规模较为可观。

从月度走势来看，西安房地产市场整体运行平稳，但也呈现了以下几个特点：一是进入三、四季度市场明显进入疲态，巨大的市场供应令消费者可选择余地更大，小部分知名房企通过低价入市获得较好的市场反应；二是全年大部分项目、企业（包含品牌房企）在西安的业绩完成情况不佳，主要原因是各板块再无一家独大情况，随着第二波外阜知名房企进驻西安“浪潮”的到来，竞争加剧，客户分流严重；三是客户正在变化，2013 年西安市场中品牌房企项目之间的产品、户型设计等差距缩小，在相同条件下，客户越来越关注配套、未来规划等，而大部分热点板块配套匮乏或中短期内无法呈现。

从房价的角度来看，总体较为平稳，除 12 月份受到多数低价房源、城改房源集中备案影响拉低整体成交均价之外，其余各月成交价格基本保持平稳微涨态势。

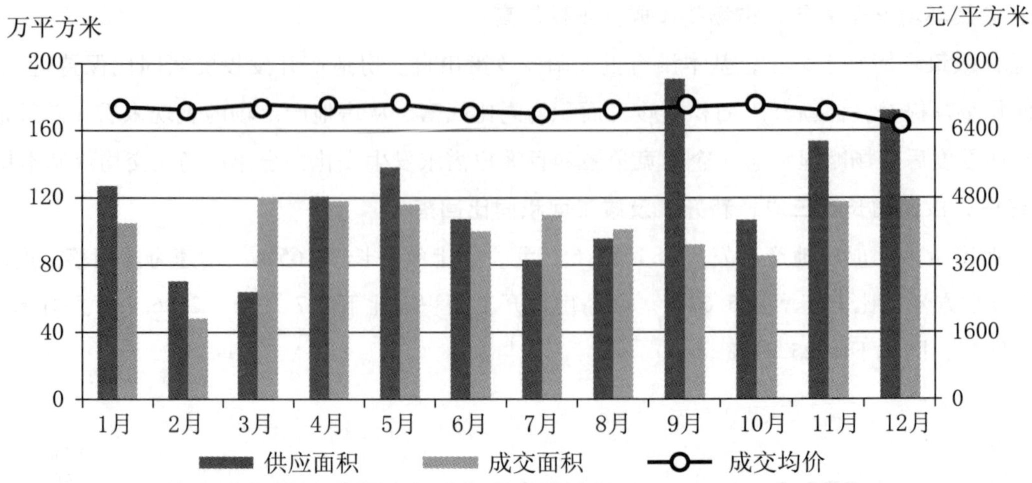

图 4-65　2013 年 1—12 月西安商品住宅供求及均价走势图

数据来源：中国房地产决策咨询系统（CRIC）。

三十七、兰州市房地产市场情况

1. 2013 年房地产行业数据（见表 4-37）

表 4-37　　2011—2013 年兰州房地产行业数据表

类　别	指　标	2011 年	2012 年	2013 年
宏观	GDP（亿元）	1360.00	1564.41	1776.88
	同比增幅（%）	23.60	15.00	13.40
	进出口总额（亿美元）	18.80	33.94	40.63
	同比增幅（%）	77.40	83.35	19.63
	固定资产投资（亿元）	950.57	1239.18	1623.71
	同比增幅（%）	43.90	30.40	31.00
	社会消费品零售总额（亿元）	639.70	749.12	825.49
	同比增幅（%）	17.40	17.10	10.20
行业	房地产开发投资（亿元）	159.67	209.74	257.44
	同比增幅（%）	35.00	31.40	22.74
	商品房新开工面积（万平方米）	385.21	656.05	575.16
	同比增幅（%）	-5.20	70.30	-12.33
	商品房施工面积（万平方米）	1686.70	2342.49	2622.13
	同比增幅（%）	15.00	38.90	11.94
	商品房竣工面积（万平方米）	175.97	168.28	158.49
	同比增幅（%）	-15.00	-4.40	-5.82
土地	土地购置面积（万平方米）	100.44	64.11	169.53
	同比增幅（%）	-16.10	-36.20	164.44
	土地购置费（亿元）	22.16	23.09	31.91
	同比增幅（%）	36.30	4.20	38.20

续表

类 别	指 标	2011 年	2012 年	2013 年
市场	商品房销售面积（万平方米）	184.61	190.35	253.46
	同比增幅（%）	-19.10	3.10	33.15
	商品房销售金额（亿元）	82.37	108.45	148.73
	同比增幅（%）	-14.60	31.70	37.14

数据来源：兰州市统计局。

类 别	指 标	2011 年	2012 年	2013 年
土地	土地供应量（万平方米）	327.75	268.85	1791.76
	土地成交量（万平方米）	171.02	137.29	1289.99
	土地成交金额（亿元）	28.85	11.27	72.38
市场	商品住宅供应量（万平方米）	119.64	150.32	361.87
	商品住宅成交量（万平方米）	80.06	104.86	200.70
	商品住宅成交均价（元/平方米）	6310.00	6781.00	7303.00

数据来源：中国房地产决策咨询系统（CRIC）。

2. 综述：政策处于平稳期，新城建设激活市场成交

2013 年，在房产调控去行政化下，全国各城市政策导向出现分化。2013 年，兰州房地产市场总体平稳，在 2013 年兰州相关部门对“出城入园”等政策的实质推动下，兰州新区建设迎来加速发展时期。同时，青白石、和平、定远、安宁北等区域，都逐步明确了“新城”概念，三个区域大体量开发预期不断涌现，为兰州传统可开发区域“边际扩张”或“卫星城”式扩张奠定良好基础。诸多新区和新城加快推进，激活了整体市场成交量，商品房成交面积和金额较上年显著上升，增幅分别高达 33.15% 和 37.14%。

3. 投资建设：投资增速走低，新开工量负增长

2013 年，兰州房地产开发投资同比持续高速增长。全年房地产累计开发投资额 257.44 亿元，同比增长 22.74%，其中住宅开发投资额为 171.02 亿元，同比快增 30%（见图 4-63）。房屋施工面积同比增长 11.94%，增速下滑近 27 个百分点；房屋新开工面积和商品房竣工面积均出现负增长，分别较上年下滑 12.33%、5.82%。

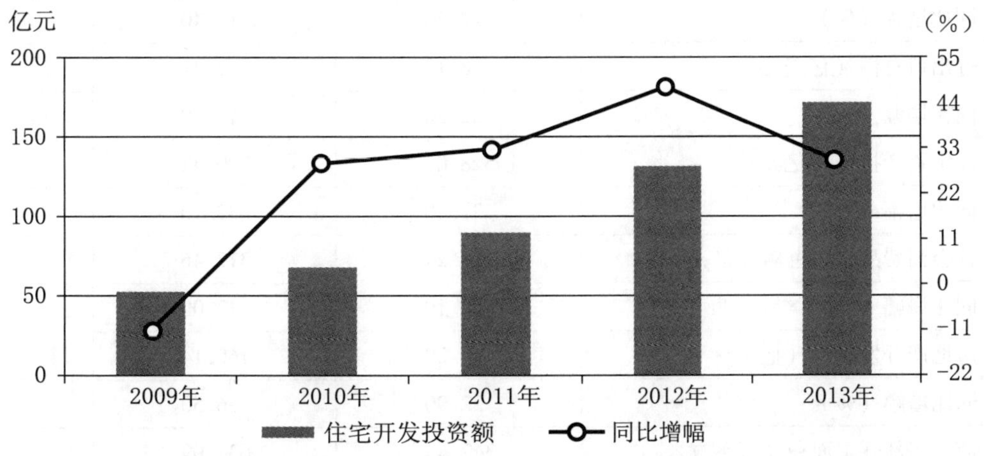

图 4-66　2009—2013 年兰州住宅开发投资额年度走势及同比增幅图

数据来源：兰州市统计局。

4. 市场表现：商品房供应翻番增长，成交高峰期在下半年

2013 年兰州市商品房供应量 361.87 万平方米，成交量 200.7 万平方米，分别同比上升 140.7% 和 91.4%。全年成交量的上升和突破主要在下半年，8、9、11、12 月的成交量均突破 20 万平方米（见图 4－67）。

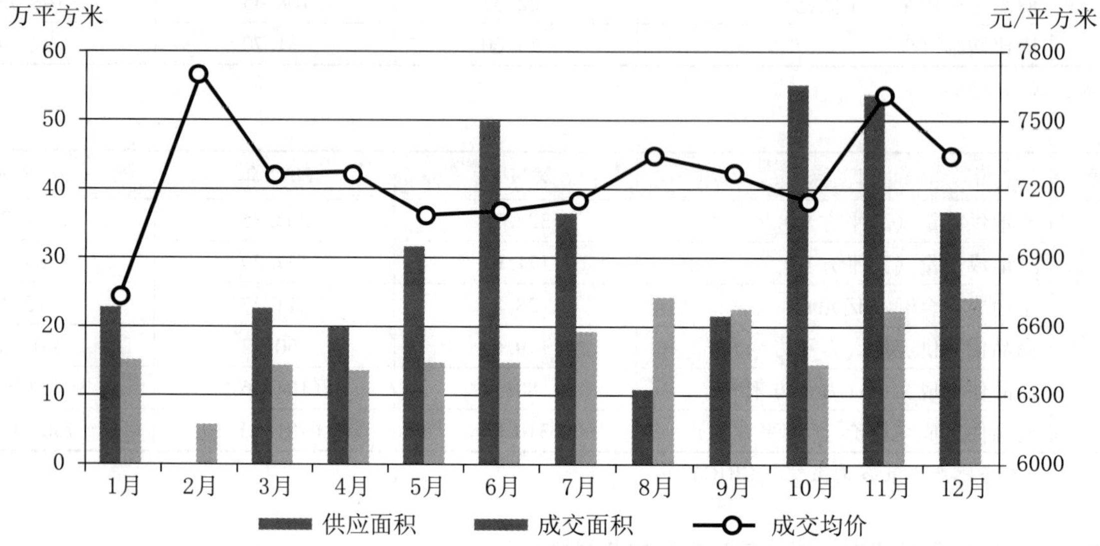

图 4－67　2013 年 1—12 月兰州商品房供求及均价走势图

数据来源：中国房地产决策咨询系统（CRIC）。

三十八、西宁市房地产市场情况

1. 2013 年房地产行业数据（见表 4－38）

表 4－38　2011—2013 年西宁房地产行业数据表

类　别	指　标	2011 年	2012 年	2013 年
宏观	GDP（亿元）	770.70	851.09	978.53
	同比增幅（%）	22.70	10.40	14.10
	进出口总额（亿美元）	8.16	9.34	12.41
	同比增幅（%）	22.30	14.50	32.90
	固定资产投资（亿元）	528.01	700.48	925.44
	同比增幅（%）	31.00	32.70	32.10
	社会消费品零售总额（亿元）	271.29	317.46	365.07
	同比增幅（%）	17.10	17.00	15.00
行业	房地产开发投资（亿元）	117.29	160.14	195.58
	同比增幅（%）	22.90	36.50	22.10
	商品房新开工面积（万平方米）	347.44	637.09	646.85
	同比增幅（%）	－37.10	82.00	2.00

续表

类　别	指　标	2011 年	2012 年	2013 年
行业	商品房施工面积（万平方米）	1276.21	1479.95	1840.40
	同比增幅（%）	11.40	15.20	24.40
	商品房竣工面积（万平方米）	417.57	361.04	524.40
	同比增幅（%）	113.30	-16.40	45.30
土地	土地购置面积（万平方米）	99.74	162.31	31.85
	同比增幅（%）	13.50	62.70	-80.40
	土地购置费（亿元）	17.19	37.03	15.78
	同比增幅（%）	94.10	115.40	-57.40
市场	商品房销售面积（万平方米）	260.83	177.04	277.80
	同比增幅（%）	20.10	-33.30	56.90
	商品房销售金额（亿元）	95.18	83.53	128.57
	同比增幅（%）	31.70	-13.80	53.90

数据来源：西宁市国家统计局。

2. 综述：宏观政策相对柔和，市场成交快速上扬

2013 年，在年初“国五条”形成的末班车效应下，西宁楼市在三月份迎来了成交规模的大幅上扬，其后市场成交热度虽稍有平复，但同比 2012 年仍在快速增加，就全年规模增量来看，西宁市市场成交较为活跃，销售面积与销售金额同比增幅均超过 5 成，商品房销售面积达到 277 万方，销售金额近三年来首次破百亿，达到了 128 亿元。在市场规模快速扩大的同时，2013 年西宁市区房价也出现了较快速度的上涨，市区大部分住宅项目销售均价已经超过 5000 元/平方米，城中区个别项目的每平米销售价格更是突破了 1 万元。

3. 投资建设：投资额增速放缓，住宅开发投资额同比下降

2013 年，西宁房地产开发投资同比增速出现回落，但仍处于较快增长的范畴。2013 年全年房地产累计开发投资额为 195.58 亿元，同比增幅为 22.1%，其中住宅开发投资额度大幅下滑，同比增幅由 2012 年的 74% 下降至 5%（见图 4-68）。商品房施工新开工方面，与市场成交的向好规模一致，商品房施工面积同比增幅上升至 24%，商品房新开工面积则是达到了 646.85 万平方米，创下历史新高。

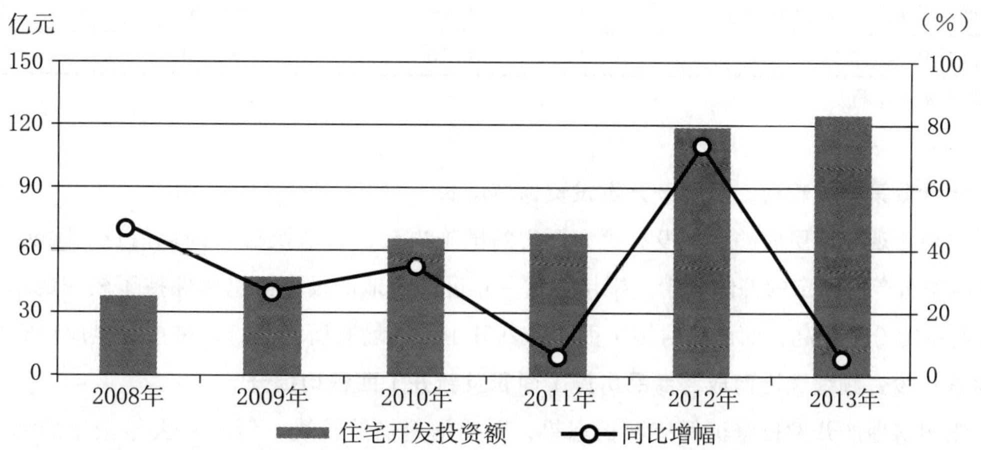

图 4-68　2008—2013 年西宁住宅开发投资额年度走势及同比增幅图

数据来源：西宁市统计局。

三十九、银川市房地产市场情况

1. 2013 年房地产行业数据（见表 4－39）

表 4－39　　2011—2013 年银川房地产行业数据表

类　别	指　标	2011 年	2012 年	2013 年
宏观	GDP（亿元）	974. 80	1140. 83	1273. 50
	同比增幅（%）	26. 70	12. 50	11. 63
	进出口总额（亿美元）	12. 10	13. 60	24. 10
	同比增幅（%）	21. 20	12. 70	76. 69
	固定资产投资（亿元）	733. 90	918. 7	1149. 00
	同比增幅（%）	13. 10	25. 20	25. 06
	社会消费品零售总额（亿元）	274. 50	316. 00	348. 10
	同比增幅（%）	21. 90	15. 10	10. 14
行业	房地产开发投资（亿元）	176. 20	275. 70	330. 80
	同比增幅（%）	9. 60	56. 50	19. 99
	商品房新开工面积（万平方米）	949. 80	1002. 10	1258. 60
	同比增幅（%）	－1. 00	5. 50	25. 59
	商品房施工面积（万平方米）	2141. 10	2948. 5	3522. 70
	同比增幅（%）	33. 40	37. 70	19. 47
	商品房竣工面积（万平方米）	525. 30	744. 40	643. 20
	同比增幅（%）	14. 60	41. 70	－13. 59
土地	土地购置面积（万平方米）	162. 40	179. 6	175. 00
	同比增幅（%）	52. 00	10. 60	－2. 54
	土地购置费（亿元）	14. 60	30. 70	30. 36
	同比增幅（%）	14. 80	110. 00	－1. 20
市场	商品房销售面积（万平方米）	390. 40	450. 30	612. 10
	同比增幅（%）	－27. 20	15. 40	35. 95
	商品房销售金额（亿元）	176. 60	206. 00	297. 20
	同比增幅（%）	－16. 10	16. 60	44. 31

数据来源：银川市统计局。

2. 综述：宏观政策环境趋稳，房地产开发投资保持增长

2013 年，银川宏观政策层面趋稳，没有更为严厉的措施出台，各地执行差别化信贷、限购、限贷等政策，对于投资投机性需求产生一定的抑制作用。银川在这一年度的房地产投资额仍然保持了较快的增长步伐，并且占固定资产投资额的份额较高，而商品房施工面积及新开工面积均有所增长，未来市场供应量有攀升的趋势。

3. 投资建设：投资额增速近两成，商品房施工面积及新开工面积均提升

2013 年，银川房地产开发投资仍保持增长态势，同比增速仍然较快，但不及去年全年的涨幅。2013 年房地产累计开发投资额为 330. 8 亿元，同比提升 19. 99%，其中住宅开发投资 195. 68 亿元，同比增长 11. 5%（见图 4－69）。商品房施工面积增长近两成，商品房新开工面积提升幅度则略明显一些，同比上涨 26%。

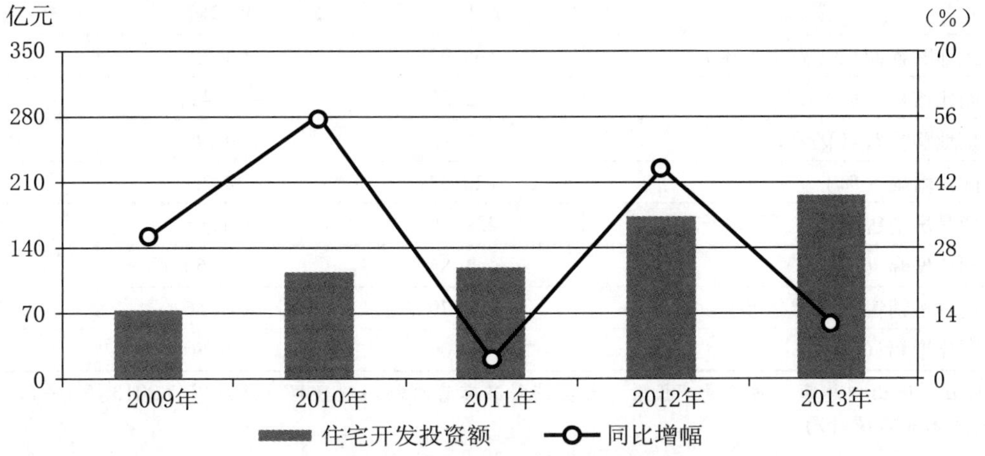

图 4 - 69　2009—2013 年银川住宅开发投资额年度走势及同比增幅图

数据来源：国家统计局。

四十、乌鲁木齐市房地产市场情况

1. 2013 年房地产行业数据（见表 4 - 40）

表 4 - 40　　2011—2013 年乌鲁木齐房地产行业数据表

类　别	指　标	2011 年	2012 年	2013 年
宏观	GDP（亿元）	1700.00	2060.00	2400.00
	同比增幅（%）	29.67	17.30	15.00
	进出口总额（亿美元）	90.00	103.97	120.00
	同比增幅（%）	50.37	15.20	15.00
	固定资产投资（亿元）	635.00	1010.00	1271.59
	同比增幅（%）	26.97	59.00	25.90
	社会消费品零售总额（亿元）	690.00	834.00	970.05
	同比增幅（%）	22.41	20.87	16.30
行业	房地产开发投资（亿元）	189.28	220.69	270.59
	同比增幅（%）	29.96	16.59	22.61
	商品房新开工面积（万平方米）	546.95	650.04	920.58
	同比增幅（%）	-24.00	18.85	41.62
	商品房施工面积（万平方米）	1710.37	2390.52	3351.29
	同比增幅（%）	14.04	39.77	40.19
	商品房竣工面积（万平方米）	303.90	650.78	418.60
	同比增幅（%）	19.69	102.30	-35.68

续表

类　别	指　标	2011 年	2012 年	2013 年
土地	土地购置面积（万平方米）	105.92	93.82	204.90
	同比增幅（%）	-2.55	-11.42	118.40
	土地购置费（亿元）	11.96	9.06	16.52
	同比增幅（%）	20.37	-24.25	82.4
市场	商品房销售面积（万平方米）	439.80	371.61	535.67
	同比增幅（%）	1.85	-15.50	44.15
	商品房销售金额（亿元）	229.79	209.56	327.33
	同比增幅（%）	17.00	-8.80	56.20

注：2013 年 GDP、进出口总额、固定资产投资、社会消费品零售总额四项数据统计范围为 2013 年 1—11 月。
数据来源：乌鲁木齐市统计局。

2. 综述：宏观政策趋稳，房地产开发增速提升

2013 年，乌鲁木齐房地产市场在企业到位资金较为充裕、建设规模不断扩大等因素的影响，投资额大幅增长，购房者对房价上涨预期较强，市场需求不断升温，呈现供需“双升”的态势。刚需及改善性购房等需求的不断释放，商品房销售量呈现恢复性增长。

3. 投资建设：投资额增速提升，商品房施工面积下降

2013 年，乌鲁木齐房地产开发投资同比增速大幅提升。全年房地产累计开发投资额为 270.6 亿元，同比增长 22.6%。商品住宅投资额为 198.98 亿元，占房地产总投资额的 73.5%（见图 4-70）。商品房施工面积大幅上涨，同比涨幅为 40.2%，商品房新开工面积也较去年有较大程度的提升，涨幅达到 41.6%，但竣工面积同比下降幅度达四成。

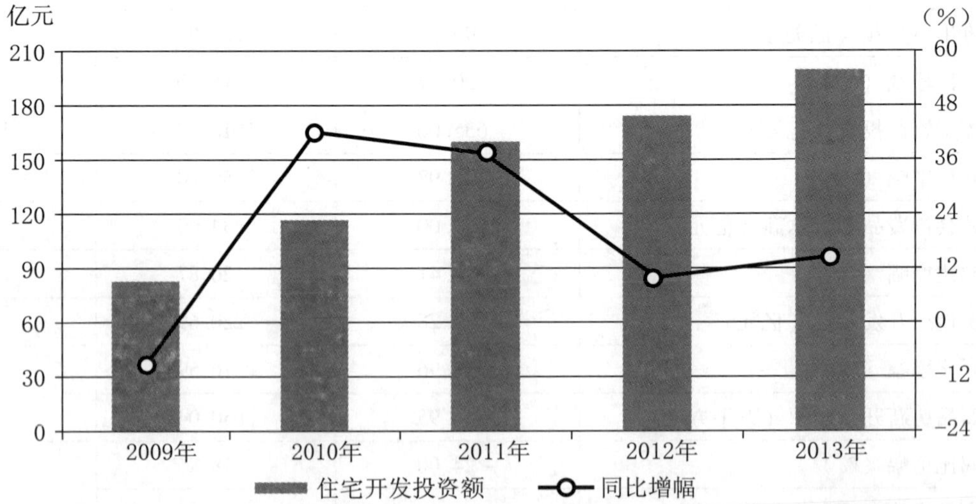

图 4-70　2009—2013 年乌鲁木齐住宅开发投资额年度走势及同比增幅图

数据来源：乌鲁木齐市统计局。

V.企业篇

导 读

2013 年全国多数地方房地产市场热销态势出乎意料，开发企业也取得了优异的营销业绩。规模企业尤其是 TOP50 房企的销售业绩普遍出现飞跃提升。第一阵营中的绿地、万达、保利紧随万科，中海、碧桂园、恒大依次进阶千亿军团。第二阵营世茂、融创的表现也可圈可点，通过对管控模式、产品结构、区域布局、融资渠道多管齐下全面优化，企业运营效率显著提升。行业延续强者恒强的竞争格局，TOP50 房企业绩再上台阶，集中度将持续上升。

为了更好展示 2013 年房地产开发企业的经营动态，我们选取了行业内排名靠前的百家大中型房地产开发企业和部分有经营特色的房地产开发企业作为分析研究对象，展示企业在 2013 年的经营动态、销售业绩、城市布局、重点项目等信息。希望通过对这些标杆企业的分析与展示，为业界广大开发企业的经营与发展提供一些借鉴。

一、2013—2014 年度中国房地产开发企业测评榜单（见表 5－1）

发布机构：中国房地产研究会　中国房地产业协会　中国房地产测评中心

表 5－1　　2014 中国房地产开发企业 500 强榜单

排名	企业名称	排名	企业名称
1	万科企业股份有限公司	37	融信（福建）投资集团有限公司
2	恒大地产集团	38	广东珠江投资股份有限公司
3	大连万达商业地产股份有限公司	39	建发房地产集团有限公司
4	绿地控股集团有限公司	40	禹洲集团
5	保利房地产（集团）股份有限公司	41	上海实业城市开发集团有限公司
6	中国海外发展有限公司	42	龙光地产控股有限公司
7	世茂房地产控股有限公司	43	重庆隆鑫地产（集团）有限公司
8	碧桂园控股有限公司	44	上海升龙投资集团有限公司
9	绿城房地产集团有限公司	45	广州时代地产集团有限公司
10	龙湖地产有限公司	46	景瑞地产（集团）股份有限公司
11	广州富力地产股份有限公司	47	浙江佳源房地产集团有限公司
12	融创中国控股有限公司	48	大华（集团）有限公司
13	金地（集团）股份有限公司	49	雨润控股集团有限公司
14	华润置地有限公司	50	金辉地产
15	招商局地产控股股份有限公司	51	农工商房地产（集团）股份有限公司
16	远洋地产控股有限公司	52	联发集团有限公司
17	佳兆业集团控股有限公司	53	上海中建东孚投资发展有限公司
18	华夏幸福基业股份有限公司	54	海航地产控股（集团）有限公司
19	复地（集团）股份有限公司	55	朗诗集团股份有限公司
20	金科地产集团股份有限公司	56	宁波奥克斯置业有限公司
21	雅居乐地产控股有限公司	57	北京城建投资发展股份有限公司
22	新城控股集团有限公司	58	上海证大房地产有限公司
23	北京首都开发控股（集团）有限公司	59	重庆华宇物业（集团）有限公司
24	金融街控股股份有限公司	60	中骏置业控股有限公司
25	融侨集团股份有限公司	61	俊发地产有限责任公司
26	建业住宅集团（中国）有限公司	62	三盛地产集团
27	阳光城集团股份有限公司	63	荣盛房地产发展股份有限公司
28	四川蓝光和骏实业股份有限公司	64	首创置业股份有限公司
29	江苏中南建设集团股份有限公司	65	重庆新鸥鹏地产（集团）有限公司
30	路劲地产集团有限公司	66	方兴地产（中国）有限公司
31	旭辉控股（集团）有限公司	67	福晟集团
32	泰禾集团股份有限公司	68	上海城建置业发展有限公司
33	亿达集团有限公司	69	上置集团有限公司
34	正荣集团有限公司	70	越秀地产股份有限公司
35	卓越置业集团有限公司	71	中粮地产（集团）股份有限公司
36	宝龙地产控股有限公司	72	天朗控股集团

续表

排名	企业名称	排名	企业名称
73	K2 地产	116	滕州市房地产综合开发公司
74	宁夏亘元房地产开发有限公司	117	石家庄市东胜投资集团有限公司
75	南京栖霞建设股份有限公司	118	合肥城建发展股份有限公司
76	西安紫薇地产开发有限公司	119	银泰置地（集团）有限公司
77	上海建工房产有限公司	120	中邦置业集团有限公司
78	浙江祥生房地产开发有限公司	121	苏宁环球股份有限公司
79	龙记地产集团股份有限公司	122	合生创展集团有限公司
80	新疆华源实业（集团）有限公司	123	深业集团有限公司
81	上海城投置地（集团）有限公司	124	恒盛地产控股有限公司
82	方圆地产控股有限公司	125	河南正商置业有限公司
83	鸿坤地产集团	126	福星惠誉房地产有限公司
84	五洲国际控股有限公司	127	北京融科智地房地产开发有限公司
85	天山房地产开发集团有限公司	128	中冶置业有限责任公司
86	苏州圆融发展集团有限公司	129	黑龙江宝宇房地产开发（集团）公司
87	国贸地产集团有限公司	130	上海嘉宝实业（集团）股份有限公司
88	中锐地产集团	131	新湖中宝股份有限公司
89	重庆泽京房地产开发有限公司	132	上海绿洲投资控股集团有限公司
90	荣和集团	133	珠海华发实业股份有限公司
91	天同宏基集团股份有限公司	134	百步亭集团有限公司
92	上海鹏欣房地产（集团）有限公司	135	沿海绿色家园集团
93	润地利房地产投资集团有限公司	136	上海大名城企业股份有限公司
94	天津高盛房地产开发有限公司	137	莱蒙国际集团有限公司
95	象屿建设集团有限责任公司	138	阳光 100 集团有限公司
96	厦门海投房地产有限公司	139	明发集团有限公司
97	上海国际集团投资发展有限公司	140	嘉凯城集团股份有限公司
98	广州广电房地产开发集团股份有限公司	141	鲁商置业股份有限公司
99	汉飞投资控股集团	142	北京住总集团有限公司
100	北京金隅股份有限公司	143	广东珠光集团有限公司
101	合景泰富地产控股有限公司	144	坤和建设集团有限公司
102	鲁能置业集团有限公司	145	华远地产股份有限公司
103	世纪金源集团有限公司	146	苏宁置业有限公司
104	花样年控股集团有限公司	147	广宇集团股份有限公司
105	贵州宏立城集团	148	鑫苑（中国）置业有限公司
106	广州市敏捷投资有限公司	149	北京万通地产股份有限公司
107	雅戈尔集团股份有限公司	150	天津市房地产发展（集团）股份有限公司
108	苏州伟业集团	151	上海三盛宏业投资集团
109	中渝置地控股有限公司	152	上海中星（集团）有限公司
110	江苏金洋房地产开发有限公司	153	上海保集（集团）有限公司
111	中国奥园地产集团股份有限公司	154	北京和裕房地产开发有限公司
112	SOHO 中国有限公司	155	美的地产发展集团
113	星河湾地产控股有限公司	156	上海宝华企业集团有限公司
114	杭州滨江房产集团股份有限公司	157	深圳市星河房地产开发有限公司
115	中天城投集团股份有限公司	158	中航地产股份有限公司

续表

排名	企业名称	排名	企业名称
159	广东海伦堡地产集团有限公司	204	恒亿集团
160	宁波银亿房地产开发有限公司	205	西安海荣房地产集团有限公司
161	天津泰达建设集团有限公司	206	北京国瑞兴业地产有限公司
162	海尔地产集团有限公司	207	苏州工业园区建屋发展集团有限公司
163	杭州开元房地产集团有限公司	208	长甲地产控股有限公司
164	金都房产集团有限公司	209	奥山置业有限公司
165	泛海建设集团股份有限公司	210	东渡国际（集团）有限公司
166	上海三湘股份有限公司	211	南京市城市建设开发（集团）有限责任公司
167	信达地产股份有限公司	212	安徽安粮地产有限公司
168	华南城控股有限公司	213	浙江金昌房地产集团有限公司
169	保亿置业集团有限公司	214	宁波维科置业有限公司
170	福建中庚实业集团有限公司	215	浙江置业房产集团有限公司
171	当代置业（中国）有限公司	216	江苏阳光置业发展有限公司
172	深圳市振业（集团）股份有限公司	217	浙江省赞成集团有限公司
173	蓝鼎控股集团	218	北京北辰实业股份有限公司
174	冠城大通股份有限公司	219	颐和地产集团
175	中华企业股份有限公司	220	郑州亚新房地产开发有限公司
176	北京科技园建设（集团）股份有限公司	221	安徽新华房地产集团
177	富建集团有限公司	222	浙江金龙房地产投资集团有限公司
178	厦门经济特区房地产开发集团有限公司	223	南京红太阳房地产开发有限公司
179	武汉地产开发投资集团有限公司	224	南京新港高科技股份有限公司
180	名流置业集团股份有限公司	225	安徽高速地产集团有限公司
181	厦门住宅建设集团有限公司	226	浙江广厦股份有限公司
182	天津住宅建设发展集团有限公司	227	中体产业集团股份有限公司
183	海信房地产股份有限公司	228	云南子元（集团）股份有限公司
184	五矿建设有限公司	229	柏庄控股集团有限公司
185	河北卓达房地产集团有限公司	230	成都万华房地产开发有限公司
186	荣安地产股份有限公司	231	宁波房地产股份有限公司
187	翠屏国际控股有限公司	232	中惠熙元房地产集团有限公司
188	温州置信房地产开发有限公司	233	厦门源昌房地产开发有限公司
189	众安房产有限公司	234	武汉南国置业股份有限公司
190	东莞市光大房地产开发有限公司	235	中山市大信置业有限公司
191	深圳香江控股股份有限公司	236	江苏德惠建设集团有限公司
194	深圳市合正房地产集团有限公司	237	祥源控股集团
195	北京华业地产股份有限公司	238	云南城投置业股份有限公司
196	天地源股份有限公司	239	重庆斌鑫集团有限公司
197	宁夏吉泰房地产开发有限公司	240	深圳市物业发展（集团）股份有限公司
198	山东东海房地产开发有限公司	241	大连海昌集团有限公司
199	上海金丰投资股份有限公司	242	绿都控股集团有限公司
200	北京江南投资集团	243	成都置信实业（集团）有限公司
201	上海亿丰企业集团	244	广州市番禺祈福新邨房地产有限公司
202	郑州绿都地产集团有限公司	245	恒通建设集团有限公司
203	美林基业集团有限公司	246	和昌地产集团

续表

排名	企业名称	排名	企业名称
247	浙江中大集团股份有限公司	290	力旺集团有限公司
248	安徽伟星置业有限公司	291	北京建工集团有限责任公司
249	成都人居置业有限公司	292	沈阳格林豪森房地产开发有限公司
250	经纬置地有限公司	293	泉舜集团有限公司
251	长春国信投资集团有限公司	294	昆明银海房地产开发有限公司
252	苏州新区高新技术产业股份有限公司	295	天津广宇发展股份有限公司
253	昆明诺仕达企业（集团）有限公司	296	广西瀚林地产开发有限公司
254	浙江华都控股集团股份有限公司	297	辽宁大德实业集团有限公司
255	四川省国嘉地产有限公司	298	莱茵达置业股份有限公司
256	中昂地产（集团）有限公司	299	安徽省金大地房屋开发有限公司
257	中新苏州工业园区置地有限公司	300	北大资源集团控股有限公司
258	亿城集团股份有限公司	301	长春宝雍阁房地产开发有限责任公司
259	杭州宋都房地产集团有限公司	302	合肥百协置业有限公司
260	中国武夷实业股份有限公司	303	无锡红豆置业有限公司
261	天津贻成实业有限公司	304	天津天保基建股份有限公司
262	格力地产股份有限公司	305	洪客隆地产集团
263	天津松江股份有限公司	306	郑州市永威置业有限公司
264	广州珠江实业开发股份有限公司	307	杭州华元房地产集团有限公司
265	金轮天地控股有限公司	308	安徽省文一投资控股集团
266	江苏常发地产集团有限公司	309	安徽置地投资有限公司
267	福建正祥投资集团有限公司	310	智富企业发展（集团）有限公司
268	远大集团置业投资有限公司	311	上海金桥出口加工区开发股份有限公司
269	江苏奕淳集团有限公司	312	广东中海联投资有限公司
270	山东众成地产集团有限公司	313	博泰投资集团有限公司
271	云南实力控股集团	314	长春市万龙房地产开发有限责任公司
272	中茵股份有限公司	315	河南亚星置业集团
273	葛洲坝海集房地产开发有限公司	316	金鹰国际房产集团有限公司
274	新华联不动产股份有限公司	317	长沙房产（集团）有限公司
275	青海海宏房地产有限责任公司	318	郑州中方园建设发展股份有限公司
276	江苏凤凰置业投资股份有限公司	319	湖南鑫远集团有限公司
277	德信控股集团有限公司	320	顺发恒业股份公司
278	江苏新能源置业集团有限公司	321	沈阳鑫丰房地产开发有限公司
279	淮矿地产有限责任公司	322	江苏吴中地产集团有限公司
280	沈阳富禹房屋开发有限公司	323	上海万业企业股份有限公司
281	同景集团有限公司	324	绿景地产股份有限公司
282	银城地产集团股份有限公司	325	湖北人信房地产开发有限公司
283	深圳市长城投资控股股份有限公司	326	青岛城市建设集团股份有限公司
284	中联房地产开发集团	327	合肥拓基房地产开发有限公司
285	卧龙地产集团股份有限公司	328	成都森宇实业集团有限公司
286	中国房地产开发集团公司	329	启福置业股份有限公司
287	正源房地产开发有限公司	330	北京电子城投资开发股份有限公司
288	吉林亚泰房地产开发有限公司	331	侨鑫集团有限公司
289	云南堃驰房地产有限公司	332	济南银丰房地产开发有限公司

续表

排名	企业名称	排名	企业名称
333	武汉中央商务区城建开发有限公司	376	河南骏景地产有限公司
334	上海张江高科技园区开发股份有限公司	377	北京国锐投资有限公司
335	深圳市天健房地产开发实业有限公司	378	无锡市华夏房地产开发有限公司
336	大连金广集团	379	北京润丰房地产开发有限公司
337	上海刚泰置业有限公司	380	中润资源投资股份有限公司
338	成都志达房地产开发有限公司	381	青岛银盛泰房地产有限公司
339	合肥华邦投资置业有限公司	382	西安经发地产有限公司
340	江苏美好置地有限公司	383	海南正和实业集团股份有限公司
341	厦门滕王阁房地产开发有限公司	384	河南英地置业有限公司
342	江苏华厦融创置地集团有限公司	385	大连友谊（集团）股份有限公司
343	中弘地产股份有限公司	386	棕榈泉控股有限公司
344	中国宝安集团股份有限公司	387	山东鲁信置业有限公司
345	上海正阳投资集团有限公司	388	君华集团有限公司
346	上海新黄浦置业股份有限公司	389	福建金帝集团有限公司
347	江苏九洲投资集团有限公司	390	广西盛天集团
348	宝业集团股份有限公司	391	东莞宏远工业区股份有限公司
349	广州云星房地产开发集团有限公司	392	兰州天正中广投资控股集团有限公司
350	恒达中泰地产股份有限公司	393	深圳经济特区房地产（集团）股份有限公司
351	奥宸地产（集团）有限公司	394	深圳市光耀地产集团有限公司
352	京能置业股份有限公司	395	河南天伦地产集团有限公司
353	北京韩建集团有限公司	396	山东金玉山集团
354	利海地产有限公司	397	东建集团
355	上海外高桥保税区开发股份有限公司	398	青特集团有限公司
356	沈阳宏发房屋开发有限公司	399	厦门古龙集团房地产有限公司
357	沈阳浑南置业企业集团	400	广东世荣兆业股份有限公司
358	江西中江地产股份有限公司	401	浙江巨星控股集团有限公司
359	山东丁豪房地产开发有限公司	402	江苏省盐阜建设集团有限公司
360	青建集团股份公司	403	湖南立中集团有限公司
361	郑州康桥房地产开发有限责任公司	404	河南民安房地产开发有限公司
362	吉林大禹股份有限公司	405	东莞市新世纪房地产开发有限公司
363	国兴融达地产股份有限公司	406	上海东苑房地产开发（集团）有限公司
364	昆明星耀集团有限公司	407	三亚昌达房地产开发有限公司
365	江西中新置业有限公司	408	北京天润置地集团有限公司
366	上海同济科技实业股份有限公司	409	江苏万润房地产公司
367	深圳华强新城市发展有限公司	410	辽宁渥尔夫房地产开发有限公司
368	江苏港龙房地产开发有限公司	411	北京兴创投资有限公司
369	中房地产股份有限公司	412	天津津滨发展股份有限公司
370	钰龙集团股份有限公司	413	潍坊新大置业有限公司
371	阳光新业地产股份有限公司	414	成都阳明房地产有限责任公司
372	江阴市长江房地产开发公司	415	山东黄金地产旅游集团有限公司
373	广州东华实业股份有限公司	416	明园集团有限公司
374	福州深深房地产开发有限公司	417	江西恒茂房地产开发有限公司
375	天泰集团股份有限公司	418	山东省三名投资有限公司

续表

排名	企业名称	排名	企业名称
419	江苏高成房地产开发有限公司	460	江西天使房地产开发有限公司
420	辰兴房地产发展股份有限公司	461	福州汇诚房地产有限公司
421	湖北长城建设实业有限公司	462	高山流水集团公司
422	天津天一建设集团有限公司	463	武汉美联地产有限公司
423	甘肃天庆房地产集团有限公司	464	大唐国际重庆产业集团公司
424	江苏华广置业有限公司	465	武汉城投房地产开发有限公司
425	广东海骏达置业投资集团有限公司	466	北京市大龙伟业房地产开发股份有限公司
426	三正房地产开发有限公司	467	西藏城市发展投资股份有限公司
427	天誉置业（控股）有限公司	468	吉林省东兴建设开发集团有限公司
428	安徽瑞吉置业有限公司	469	陕西金泰恒业房地产有限公司
429	沈阳千缘房地产开发有限公司	470	西安协和置业有限责任公司
430	宁波国骅集团有限公司	471	天津海泰科技发展股份有限公司
431	大连国合汇邦房地产投资管理有限公司	472	大连阿尔滨集团有限公司
432	新疆百商投资集团有限公司	473	浩华地产集团公司
433	江苏华利地产集团有限公司	474	康大时代房地产开发有限公司
434	成都棠湖屋业发展有限公司	475	江西丰源房地产开发有限公司
435	喜地山国际实业有限公司	476	北京国华置业有限公司
436	西安中登房地产开发有限公司	477	华光地产集团
437	青岛啤酒地产控股有限公司	478	大连润德房地产开发有限公司
438	上海中环投资开发（集团）有限公司	479	山西恒实房地产开发有限责任公司
439	吉林省新发房屋开发有限责任公司	480	青岛伟东置业集团
440	内蒙古巨华房地产开发集团有限公司	481	上海新长宁（集团）有限公司
441	青海汇通国基房地产开发有限责任公司	482	大连新星房地产开发集团有限公司
442	美都控股股份有限公司	483	恒力房地产发展（集团）有限公司
443	北京方恒置业股份有限公司	484	泰华房地产（中国）有限公司
444	河南楷林置业有限公司	485	长春高新建设开发有限公司
445	南京建邺城镇建设开发集团有限公司	486	河南省平顶山市志诚房地产开发有限公司
446	名门地产（河南）有限公司	487	福建三木集团股份有限公司
447	北京中关村科技发展（控股）股份有限公司	488	鸿隆控股有限公司
448	天津弘泽建设集团有限公司	489	浙江郡原地产股份有限公司
449	长春新星宇房地产开发有限责任公司	490	深圳市宏发投资有限公司
450	万泽实业股份有限公司	491	华丽家族股份有限公司
451	无锡市益多投资发展集团有限公司	492	北京绵世投资集团股份有限公司
452	中房置业股份有限公司	493	沙河实业股份有限公司
453	广西德利投资集团有限公司	494	上海好世置业有限公司
454	厦门港务地产有限公司	495	福州新榕城市建设发展有限公司
455	徐州华美房地产开发有限公司	496	江苏武房集团有限公司
456	深圳市富通房地产集团有限公司	497	无锡市民生房地产开发有限公司
457	天津市天舒房地产开发有限公司	498	鸿荣源集团
458	河南银基房地产开发有限公司	499	合肥滨湖投资控股集团有限公司
459	深圳市鸿基（集团）股份有限公司	500	长春经开（集团）股份有限公司

二、2013 中国房地产上市公司综合实力测评榜单（见表 5－2）

发布机构：中国房地产研究会　中国房地产业协会　中国房地产测评中心

表 5－2　　2013 年中国房地产上市公司综合实力百强测评榜单

排　名	企业简称	企业代码	排　名	企业简称	企业代码
1	万　科	000002. SZ	33	首开股份	600376. SH
2	保利地产	600048. SH	34	上实城市开发	00563. HK
3	恒大地产	03333. HK	35	金融街	000402. SZ
4	中国海外发展	00688. HK	36	荣盛发展	002146. SZ
5	华润置地	01109. HK	37	沿海家园	01124. hk
6	龙湖地产	00960. HK	38	合景泰富	01813. HK
7	世茂房地产	00813. HK	39	旭辉控股集团	00884. HK
8	富力地产	02777. HK	40	宝龙地产	01238. HK
9	金地集团	600383. SH	41	金科股份	000656. SZ
10	融创中国	01918. HK	42	新湖中宝	600208. SH
11	远洋地产	03377. HK	43	雅戈尔	600177. SH
12	招商地产	000024. SZ	44	禹洲地产	01628. HK
13	碧桂园	02007. HK	45	深圳控股	00604. HK
14	绿城中国	03900. HK	46	滨江集团	002244. SZ
15	佳兆业集团	01638. HK	47	北京城建	600266. SH
16	SOHO 中国	00410. HK	48	首创置业	02868. HK
17	雅居乐地产	03383. HK	49	上海证大	00755. HK
18	华夏幸福	600340. SH	50	陆家嘴	600663. SH
19	新城发展控股	01030. HK	51	泛海建设	000046. SZ
20	华侨城	000069. SZ	52	城投控股	600649. SH
21	建业地产	00832. HK	53	中粮地产	000031. SZ
22	金隅股份	02009. HK	54	明发集团	00846. HK
23	新世界中国	00917. HK	55	北辰实业	601588. SH
24	越秀地产	00123. HK	56	中渝置地	01224. HK
25	路劲基建	01098. HK	57	苏宁环球	000718. SZ
26	保利置业集团	00119. HK	58	花样年控股	01777. HK
27	恒盛地产	00845. HK	59	华发股份	600325. SH
28	中南建设	000961. SZ	60	福星股份	000926. SZ
29	仁恒置地	Z25. SI	61	华南城	01668. HK
30	瑞安房地产	00272. HK	62	中骏置业	01966. HK
31	方兴地产	00817. HK	63	中华企业	600675. SH
32	合生创展集团	00754. HK	64	嘉凯城	000918. SZ

续表

排 名	企业简称	企业代码	排 名	企业简称	企业代码
65	上置集团	01207. HK	83	顺发恒业	000631. SZ
66	阳光城	000671. SZ	84	中弘股份	000979. SZ
67	中国奥园	03883. HK	85	深振业	000006. SZ
68	宁波富达	600724. SH	86	泰禾集团	000732. SZ
69	中天城投	000540. SZ	87	中航地产	000043. SZ
70	莱蒙国际	03688. HK	88	荣安地产	000517. SZ
71	信达地产	600657. SH	89	万通地产	600246. SH
72	冠城大通	600067. SH	90	南京高科	600064. SH
73	嘉华国际	00173. HK	91	五矿建设	00230. HK
74	银亿股份	000981. SZ	92	天房发展	600322. SH
75	栖霞建设	600533. SH	93	新华联	000620. SZ
76	卓尔发展	02098. HK	94	大名城	600094. SH
77	张江高科	600895. SH	95	浙江广厦	600052. SH
78	鑫苑置业	XIN. US	96	亿城股份	000616. SZ
79	华远地产	600743. SH	97	深物业	000011. SZ
80	宋都股份	600077. SH	98	苏州高新	600736. SH
81	天 安	00028. HK	99	卧龙地产	600173. SH
82	鲁商置业	600223. SH	100	众安房产	00672. HK

三、2013 中国房地产开发企业品牌价值测评榜单（见表 5－3～表 5－11）

发布机构：中国房地产研究会　中国房地产业协会　中国房地产测评中心

表 5－3　　2013 年中国房地产开发企业品牌价值 50 强

排 名	企业名称	品牌价值（亿元）	排 名	企业名称	品牌价值（亿元）
1	中国海外发展有限公司（中海地产）	288. 43	11	碧桂园控股有限公司	141. 94
2	恒大地产集团有限公司	267. 83	12	金地（集团）股份有限公司	140. 03
3	万科企业股份有限公司	262. 59	13	融创中国控股有限公司	133. 79
4	保利房地产（集团）股份有限公司	224. 63	14	绿城房地产集团有限公司	131. 54
5	绿地控股集团有限公司	167. 69	15	佳兆业集团控股有限公司	111. 03
6	龙湖地产有限公司	163. 05	16	远洋地产控股有限公司	108. 02
7	世茂房地产控股有限公司	159. 62	17	金融街控股股份有限公司	101. 17
8	广州富力地产股份有限公司	158. 16	18	新城控股集团有限公司	98. 55
9	招商局地产控股股份有限公司	146. 14	19	融侨集团股份有限公司	89. 54
10	华润置地有限公司	144. 5	20	路劲地产集团有限公司	86. 59

续表

排名	企业名称	品牌价值（亿元）	排名	企业名称	品牌价值（亿元）
21	雅居乐地产控股有限公司	85.48	36	宝龙地产控股有限公司	46.84
22	金科地产集团股份有限公司	82.56	37	上海升龙投资集团有限公司	44.5
23	复地（集团）股份有限公司	81.24	38	上海城开（集团）有限公司	43.44
24	合生创展集团有限公司	80.23	39	阳光城集团股份有限公司	42.16
25	金辉地产	76.68	40	北京城建投资发展股份有限公司	41.64
26	越秀地产股份有限公司	74.89	41	禹洲地产股份有限公司	40.45
27	SOHO 中国有限公司	71.77	42	福建正荣集团有限公司	40.26
28	建业住宅集团（中国）有限公司	67.67	43	融信（福建）投资集团有限公司	39.16
29	亿达集团有限公司	58.96	44	卓越置业集团有限公司	38.89
30	江苏中南建设集团股份有限公司	55.7	45	天朗控股集团	37.12
31	恒盛地产控股有限公司	55.23	46	浙江佳源房地产集团有限公司	36.44
32	首创置业股份有限公司	54.24	47	景瑞地产（集团）股份有限公司	35.97
33	北京金隅嘉业房地产开发有限公司	54.02	48	格力地产股份有限公司	35.67
34	合景泰富地产控股有限公司	53.04	49	重庆华宇物业（集团）有限公司	34.13
35	旭辉控股（集团）有限公司	47.63	50	上海证大房地产有限公司	33.9

表 5－4　　2013 中国房地产开发企业品牌价值华北 10 强

区域排名	企业名称	区域排名	企业名称
1	北京首都开发控股（集团）有限公司	5	北京住总集团有限公司
2	北京万通地产股份有限公司	6	鲁能置业集团有限公司
3	天津住宅建设发展集团有限公司	7	鸿坤地产集团
4	方兴地产（中国）有限公司	8	新华联不动产股份有限公司
9	华远地产股份有限公司	10	北京北辰实业股份有限公司

注：纳入 2013 中国房地产开发企业品牌价值全国 50 强的开发企业不在区域进行排名。

表 5－5　　2013 中国房地产开发企业品牌价值华东 10 强

区域排名	企业名称	区域排名	企业名称
1	杭州滨江房产集团股份有限公司	5	宁波银亿房地产开发有限公司
2	苏宁环球股份有限公司	6	金都房产集团有限公司
3	安徽蓝鼎控股集团有限公司	7	雨润控股集团有限公司
4	嘉凯城集团股份有限公司	8	浙江祥生房地产开发有限公司
9	润地利房地产投资集团有限公司	10	杭州宋都房地产集团有限公司

注：纳入 2013 中国房地产开发企业品牌价值全国 50 强的开发企业不在区域进行排名。

表 5－6　　2013 中国房地产开发企业品牌价值华南 10 强

区域排名	企业名称	区域排名	企业名称
1	星河湾地产控股有限公司	6	凯德集团
2	花样年控股集团有限公司	7	广州时代地产集团有限公司
3	莱蒙国际集团有限公司	8	广东珠江投资股份有限公司
4	新世界发展有限公司	9	海南海航地产控股有限公司
5	深业集团有限公司	10	广州市敏捷投资有限公司

注：纳入 2013 中国房地产开发企业品牌价值全国 50 强的开发企业不在区域进行排名。

表 5－7　　2013 中国房地产开发企业品牌价值华中 10 强

区域排名	企业名称	区域排名	企业名称
1	河南正商置业有限公司	6	武汉地产开发投资集团有限公司
2	鑫苑（中国）置业有限公司	7	河南正弘置业有限公司
3	福星惠誉房地产有限公司	8	郑州绿都地产集团有限公司
4	郑州亚新房地产开发有限公司	9	百步亭集团有限公司
5	武汉南国置业股份有限公司	10	名流置业集团股份有限公司

注：纳入 2013 中国房地产开发企业品牌价值全国 50 强的开发企业不在区域进行排名。

表 5－8　　2013 中国房地产开发企业品牌价值西南 10 强

区域排名	企业名称	区域排名	企业名称
1	贵州宏立城集团	6	云南俊发房地产有限责任公司
2	四川蓝光和骏实业股份有限公司	7	云南城投置业股份有限公司
3	昆明城建房地产开发股份有限公司	8	广西荣和集团
4	中天城投集团股份有限公司	9	重庆典雅房地产开发集团有限公司
5	重庆泽京房地产开发有限公司	10	云南实力集团有限公司

注：纳入 2013 中国房地产开发企业品牌价值全国 50 强的开发企业不在区域进行排名。

表 5－9　　2013 中国房地产开发企业品牌价值西北 10 强

区域排名	企业名称	区域排名	企业名称
1	新疆广汇房地产开发有限公司	6	新疆华源实业（集团）有限公司
2	宁夏亘元房地产开发有限公司	7	西安海荣房地产集团有限公司
3	龙记地产集团股份有限公司	8	西藏城市发展投资股份有限公司
4	西安紫薇地产开发有限公司	9	西安经发地产有限公司
5	陕西金泰恒业房地产有限公司	10	天地源股份有限公司

注：纳入 2013 中国房地产开发企业品牌价值全国 50 强的开发企业不在区域进行排名。

表 5 - 10　　2013 中国房地产开发企业品牌价值东北 10 强

区域排名	企业名称	区域排名	企业名称
1	黑龙江宝宇房地产开发（集团）公司	6	吉林亚泰房地产开发有限公司
2	正源房地产开发有限公司	7	哈尔滨市东方城市建设综合开发有限责任公司
3	大连友谊（集团）股份有限公司	8	大连海昌集团有限公司
4	格林豪森集团	9	哈尔滨恒祥泰和房地产开发有限公司
5	沈阳宏发房屋开发有限公司	10	长春国信投资集团有限公司

注：纳入 2013 中国房地产开发企业品牌价值全国 50 强的开发企业不在区域进行排名。

表 5 - 11　　2013 中国房地产企业最佳雇主品牌 30 强

区域排名	企业名称	区域排名	企业名称
1	万科企业股份有限公司	16	远洋地产控股有限公司
2	中国海外发展有限公司	17	雅居乐地产控股有限公司
3	恒大地产集团有限公司	18	金科地产集团股份有限公司
4	保利房地产（集团）股份有限公司	19	上海城开（集团）有限公司
5	大连万达集团股份有限公司	20	重庆润一江投资控股（集团）有限公司
6	龙湖地产有限公司	21	佳兆业集团控股有限公司
7	华润置地有限公司	22	新城控股集团有限公司
8	金辉地产	23	复地（集团）股份有限公司
9	路劲地产集团有限公司	24	建发房地产集团有限公司
10	世茂房地产控股有限公司	25	合生创展集团有限公司
11	碧桂园控股有限公司	26	宝龙地产控股有限公司
12	绿城房地产集团有限公司	27	中粮地产（集团）股份有限公司
13	金地（集团）股份有限公司	28	阳光城集团股份有限公司
14	融创中国控股有限公司	29	九龙仓中国置业有限公司
15	招商局地产控股股份有限公司	30	北京万通地产股份有限公司

四、中国部分优秀房地产企业介绍

（一）万科企业股份有限公司

1. 企业简介

万科企业股份有限公司成立于 1984 年 5 月，1988 年进入房地产行业，1991 年成为深圳证券交易所第二家上市公司，是目前全球最大的专业住宅开发企业。业务覆盖珠三角、长三角、环渤海三大城市经济圈以及中西部地区，共计 60 个大中城市。

2013 年，万科坚持主流市场定位，积极促进销售，推盘节奏契合市场景气变化，取得良好的销售业绩。截至 2013 年底，万科年内累计实现销售面积 1489. 9 万平方米，销售金额 1709. 4 亿元，同比分别增长 15. 0% 和 21. 0%。

2. 财务数据（见表 5－12～5－15）

表 5－12　　**2013 年销售业绩及同比**

	2013 年	同比（%）
销售金额（亿元）	1709. 4	21. 0
销售均价（元/平方米）	11470. 0	5. 0
销售面积（万平方米）	1489. 9	15. 0

数据来源：企业官网，中国房地产决策咨询系统（CRIC）

表 5－13　　**2012—2013 年财务指标**

财务指标	2013 年	2012 年
净负债率（%）	30. 67	29. 56
三费费用率（%）	6. 17	6. 41
总资产周转率（次/年）	0. 30	0. 31
长短期债务比	1. 35	1. 01
现金短债比	1. 36	1. 47
净利润增长率（%）	－3. 15	35. 03
销售毛利率（%）	27. 19	36. 55
销售净利率（%）	11. 90	15. 19

数据来源：企业年报。
注：长短期债务比＝长期借款/（短期借款＋一年内到期非流动负债）。
　　现金短债比＝货币资金/（短期借款＋一年内到期非流动负债）。

表 5－14　　**2013 年重点新增土地储备**

城　市	宗地名称	属　性	成交时间	建筑面积（万平方米）	成交总价（亿元）	楼板价（元/平方米）
香　港*	香港港铁荃湾西站项目	住　宅	2013/01	6. 27	27. 59	43998
泉　州	丰泽区 2013－4 号地块	商　住	2013/04	16. 25	3. 62	2229
杭　州	杭政储出（2013）40 号	住　宅	2013/06	7. 67	14. 36	18723
重　庆	溉澜溪 G08－4/02 等地块	商　住	2013/06	123. 72	53. 72	4342
上　海	张江高科 C－11－3 等地块	商　住	2013/07	23. 07	48. 7	21500
深　圳	南山区 T501－0069 地块	商　业	2013/09	133. 55	53. 99	4043
漳　州*	芗城区 2013G01 等地块	商　住	2013/09	80. 52	15. 04	1868
重　庆	南岸区 M10－3－6/07 等地	商　住	2013/09	84. 56	22. 79	2695
佛　山	佛南网（挂）2013－043	商　住	2013/10	79. 38	31. 28	3941
北　京	高丽营镇 03－38 等地块	商　住	2013/10	17. 06	33	19347

数据来源：中国房地产决策咨询系统（CRIC）。
注：香港和漳州为万科 2013 年新进入的城市。

表 5 - 15　　2013 年重点新开盘项目

项目名称	城　市	项目名称	城　市
万科白鹭郡	长　沙	虹桥万科润园	上　海
壹海城 · 玺湾	深　圳	练祁佳城金色榴乡园	上　海
万科玲珑东区	苏　州	万科公园大道	沈　阳
山水四季城	上　海	万科公园 5 号	成　都
万科 · 璞悦湾	杭　州	金第万科 · 金域东郡	北　京

数据来源：CRIC。

（二）恒大地产集团有限公司

1. 企业简介

恒大集团是在中国香港上市，以民生住宅产业为主，集快消、商业、酒店、体育、文化等产业为一体的特大型企业集团。恒大总资产超 3500 亿元，员工 48000 多人，在广州、北京、上海、天津、重庆、深圳、合肥、济南、沈阳、长沙、南昌、南京、太原、郑州、成都、海口、哈尔滨、武汉、石家庄、长春、兰州、南宁、福州、贵阳、呼和浩特、西安、昆明、乌鲁木齐、银川、西宁、大连、桂林等 4 个直辖市、29 个省会及重要城市设立分公司（地区公司），在全国 147 个主要城市拥有大型项目 291 个。

2013 全年，恒大集团合约销售额计 1003.97 亿元人民币，较 2012 年增长 8.8%，顺利完成预定的全年合约销售目标；集团全年合约销售面积合计 1489.4 万平方米；合约销售均价为每平方米 6741 元，较 2012 增长 13.1%。

2. 财务数据（见表 5 - 16 ~ 表 5 - 19）

表 5 - 16　　2013 年销售业绩及同比

	2013 年	同比（%）
销售金额（亿元）	1004	9
销售均价（元/平方米）	6741	13
销售面积（万平方米）	1489	-4

数据来源：企业官网，中国房地产决策咨询系统（CRIC）。

表 5 - 17　　2012—2013 年财务指标

财务指标	2013 年	2012 年
净负债率（%）	67.50	84.42
三费费用率（%）	8.68	8.66
总资产周转率（次/年）	0.32	0.31
长短期债务比	2.74	1.73
现金短债比	1.50	1.32
净利润增长率（%）	49.30	-22.09
销售毛利率（%）	29.52	27.91
销售净利率（%）	14.64	8.86

数据来源：企业年报。
注：长短期债务比 = 长期借款/（短期借款 + 一年内到期非流动负债）。
　　现金短债比 = 货币资金/（短期借款 + 一年内到期非流动负债）。

表 5－18　　2013 年重点新增土地储备

城　市	宗地名称	属　性	成交时间	建筑面积（万平方米）	成交总价（亿元）	楼板价（元/平方米）
北　京*	昌平区沙河镇 R2 二类居住用地	商　住	2013/07	51. 12	35. 60	6964
合　肥	瑶海区 E1304 地块	商　住	2013/08	72. 65	30. 88	4250
北　京*	京十整储挂（朝）［2013］070 号用地	商　住	2013/09	29. 46	40. 40	13713
北　京*	东坝南区 1105－654、656、658 号	商　住	2013/11	20. 84	51. 35	24643
天　津	津东海（挂）2013－139 号	商　住	2013/11	22. 04	36. 35	16495
上　海*	嘉定区马陆镇 43－05 地块	住　宅	2013/12	12. 74	18. 60	14598
上　海*	松江区中山街道 SJC10010 单元 26－02 号地块	住　宅	2013/12	6. 29	7. 84	12461
上　海*	松江区畲山北大型居住社区 36A－04A 号地块	住　宅	2013/12	7. 22	9. 00	12460
上　海*	松江区中山街道 SJC10010 单元 27－02 号地块	住　宅	2013/12	4. 90	6. 32	12903
上　海*	嘉定区安亭镇于塘路以东、传媒路以南地块	住　宅	2013/12	6. 18	6. 14	9938

数据来源：中国房地产决策咨询系统（CRIC）。
注：北京、上海为恒大 2013 年新进入的城市。

表 5－19　　2013 年重点新开盘项目

项目名称	城　市	项目名称	城　市
恒大绿洲	沈　阳	恒大城	贵　阳
恒大绿洲	洛　阳	恒大国香山	深　圳
恒大雅苑	长　沙	恒大绿洲	中　山
恒大名都	长　沙	恒大雅苑	济　南
恒大城	济　南	恒大江湾一期	沈　阳

数据来源：CRIC。

（三）大连万达集团股份有限公司

1. 企业简介

大连万达集团创立于 1988 年，目前已经形成商业地产、高级酒店、文化旅游和连锁百货四大核心产业。其中，万达商业地产股份有限公司是全球商业地产行业的龙头企业，已在全国开业 85 座万达广场，持有物业面积规模全球第二；万达集团酒店管理公司目前已在全国开业运营 51 家五星级和超五星级酒店；万达文化产业集团是中国最大的文化企业，2013 年收入 255 亿元；万达百货已在北京、上海、南京、成都、武汉等地开业 75 家百货店。

2013 年，万达集团在中国经济增速缓慢的情况下逆势增长，取得了骄人的成绩，四大核心产业超额完成全年任务，几大重点文旅项目顺利推进，跨国发展持续进步，并且在资本运作方面成效显着。2013 年万达集团资产达到3800亿元，同比增长27%；营业收入1866.4亿元，完成计划的104%，同比增长31%。其中房地产销售金额1301亿元，同比增长44%。不包括投资收益在内，经营净利润125亿元。

2. 财务数据（见表5-20～表5-22）

表5-20　　2013年销售业绩及同比

	2013年	同比（%）
销售金额（亿元）	1301	44
销售均价（元/平方米）	12292	1
销售面积（万平方米）	1059	43

数据来源：企业官网，中国房地产决策咨询系统（CRIC）。

表5-21　　2013年重点新增土地储备

城市	宗地名称	属性	成交时间	建筑面积（万平方米）	成交总价（亿元）	楼板价（元/平方米）
杭州	杭政储出［2013］20号拱墅区	商业	2013/03	25.43	14.26	5608
哈尔滨	哈尔滨万达城地块	商住	2013/04	391.63	13.75	351
南昌	南昌万达文化旅游城地块	商住	2013/06	121.02	5.32	440
上海	金山区金山新城B-2地块	商住	2013/08	37.86	5.69	1503
重庆	巴南区李家沱组团Q分区Q05-1/02号宗地	商住	2013/08	80.00	16.08	2010
青岛	青土资房告字［2013］3033、3048号	商住	2013/09	361.57	20.38	564
青岛	第18号胶南市滨海大道北、泰山路南1、2地块	商业	2013/09	46.22	9.30	2012
柳州*	鱼峰区东环路东侧P（2013）27号地块	商住	2013/12	52.42	8.46	1614
南通*	港闸区CR13064地块	商住	2013/12	39.02	4.39	1125
上海	虹口区提篮桥街道HK284-03号地块	商业	2013/12	5.35	17.38	32486

数据来源：中国房地产决策咨询系统（CRIC）。
注：柳州、南通为万达2013年新进入的城市。

表5-22　　2013年重点新开盘项目

项目名称	城市	项目名称	城市
合肥万达文化旅游城	合肥	万达·大连金石国际度假区	大连
万达青岛东方影都	青岛	南京江宁万达广场	南京
南昌万达文化旅游城	南昌	李沧万达广场	青岛
哈尔滨万达城	哈尔滨	东城万达公馆	东莞
增城万达广场	广州	万达公馆	沈阳

数据来源：CRIC。

（四）绿地控股集团有限公司

1. 企业简介

绿地集团创立于1992年7月18日，至今21年来，始终坚持“绿地，让生活更美好”的企业宗旨，做政府所想、为市场所需，通过产业经营与资本经营并举发展，已形成目前“房地产主业突出，能源、金融等相关产业并举发展”的产业布局，在2013《财富》世界企业500强中位列第359位，在2013中国企业500强中位列第55位。

2013年实现业务经营收入超过3283亿元，较上年增长33%，利税总额超280亿元，年底总资产3533亿元。其中，房地产业务实现预销售面积1660万平方米、预销售金额1625.3亿元，分别排名全国行业第一、第二位。

绿地集团房地产主业开发规模、产品类型、品质品牌均处于全国领先地位，特别在超高层、大型城市综合体、高铁站商务区及产业园开发领域遥遥领先，目前建成和在建超高层城市地标建筑23幢，其中4幢高度位列世界排名前十，房地产开发项目遍及全国29个省市自治区80余个城市。绿地集团紧跟经济全球化趋势，稳健、全速推进海外拓展步伐，目前已成功进入美国、澳大利亚、英国、德国、西班牙、韩国、泰国等四大洲七国十一城，力争成为全国房地产行业的全球化经营领跑者。

2. 财务数据（见表5－23～表5－25）

表5－23　　2013年销售业绩及同比

	2013年	同比（%）
销售金额（亿元）	1625.3	51.0
销售均价（元/平方米）	9791.0	7.0
销售面积（万平方米）	1660.0	41.0

数据来源：企业官网，中国房地产决策咨询系统（CRIC）。

表5－24　　2013年重点新增土地储备

城　市	宗地名称	属　性	成交时间	建筑面积（万平方米）	成交总价（亿元）	楼板价（元/平方米）
广　州	2013挂－0109	商　住	2013/02	63.74	64.00	10040
上　海	闸北区319街坊87丘地块	住　宅	2013/05	16.03	13.79	8600
上　海	徐泾镇会展中心3地块	商　住	2013/06	55.29	47.21	8539
上　海	青浦区赵巷镇G1－04地块	商　住	2013/08	8.85	16.55	18696
上　海	马桥镇331街坊P1宗地	商　住	2013/08	13.54	12.40	9158
杭　州	杭政储出（2013）57号	商　住	2013/09	28.95	56.20	19416
兰　州*	兰州新区14幅地块	综　合	2013/10	187.57	3.21	171
南　宁*	良庆区GC2013－088号	商　住	2013/11	22.29	2.32	1042
成　都	武侯区二环路南一段20号地块	商　住	2013/12	47.98	29.99	6250
重　庆	渝国土房管告字［2013］66号	住　宅	2013/12	84.81	24.91	2937

数据来源：中国房地产决策咨询系统（CRIC）。
注：兰州、南宁为2013年新进入的城市。

表 5－25　　2013 年重点新开盘项目

项目名称	城　市	项目名称	城　市
北京绿地中心·浦项中心	北　京	绿地滨湖国际花都	合　肥
绿地新江湾名邸	上　海	绿地新里爱丽舍公馆	济　南
绿地国际花都	济　南	绿地锦天府	成　都
绿地中心 468 公馆一期	成　都	绿地新都会	郑　州
绿地国际生态城二期	西　安	绿地时代名邸	上　海

数据来源：CRIC。

（五）保利房地产（集团）股份有限公司

1. 企业简介

保利房地产（集团）股份有限公司成立于 1992 年，2002 年完成股份制改造后，开始实施全国化战略，加强专业化运作，连续实现跨越式发展。目前公司已完成以广州、北京、上海为中心，覆盖 45 个城市的全国化战略布局，拥有 216 家控股子公司，业务拓展到包括房地产开发、建筑设计、工程施工、物业管理、销售代理以及商业会展、酒店经营等相关行业。

2013 年，公司继续坚持普通住宅产品定位和快速周转开发策略，并抓住上半年供应偏紧而销售形势良好的窗口期，加大产品推售力度，全年累计实现销售签约面积 1064. 37 万平方米，同比增长 18. 11%；实现签约金额 1252. 89 亿元，同比增长 23. 15%，市场占有率为 1. 54%。

2. 财务数据（见表 5－26～表 5－29）

表 5－26　　2013 年销售业绩及同比

	2013 年	同比（%）
销售金额（亿元）	1253	23
销售均价（元/平方米）	11771	4
销售面积（万平方米）	1064	18

数据来源：企业官网，中国房地产决策咨询系统（CRIC）。

表 5－27　　2012—2013 年财务指标

财务指标	2013 年	2012 年
净负债率（%）	94. 48	89. 18
三费费用率（%）	5. 47	5. 46
总资产周转率（次/年）	0. 31	0. 31
长短期债务比	3. 72	2. 18
现金短债比	1. 61	0. 79
净利润增长率（%）	18. 89	35. 45
销售毛利率（%）	27. 78	36. 18
销售净利率（%）	13. 67	14. 48

数据来源：企业年报。

注：长短期债务比＝长期借款/（短期借款＋一年内到期非流动负债）。
　　现金短债比＝货币资金/（短期借款＋一年内到期非流动负债）。

表 5－28　　2013 年重点新增土地储备

城　市	宗地名称	属　性	成交时间	建筑面积（万平方米）	成交总价（亿元）	楼板价（元/平方米）
遂　宁*	河东新区五彩缤纷路地块	商　住	2013/02	33.42	3.00	898
湛　江*	GGC2013009	商　住	2013/07	89.73	10.20	1137
湛　江*	GGC2013010	商　住	2013/07	65.77	7.32	1113
韶　关*	［2013］A51 号－A61 号	商　住	2013/08	128.92	10.06	780
天　津	津西青（拍）2013－02 号	住　宅	2013/08	9.13	4.60	5037
天　津	津西青（拍）2013－01 号	住　宅	2013/08	3.96	1.90	4800
上　海	国际医学园区 D2－03－09 地块	住　宅	2013/09	12.35	17.40	14086
广　州	2013 挂－0826	商　业	2013/09	4.41	2.84	6434
北　京	朝阳区东坝南区 1105－660、661、665、666 号地	商　住	2013/11	9.35	21.00	22452
合　肥	高新区 SXH－3－2 地块	住　宅	2013/11	10.57	7.06	6682

数据来源：中国房地产决策咨询系统（CRIC）。
注：遂宁、湛江、韶关为保利 2013 年新进入的城市。

表 5－29　　2013 年重点新开盘项目

项目名称	城　市	项目名称	城　市
保利天悦	广　州	保利叶之林	上　海
保利西海岸	广　州	保利玫瑰湾	天　津
保利东嘉花园	佛　山	保利香槟国际	合　肥
保利香槟国际	福　州	保利·东郡	北　京
保利公园九里	广　州	保利香槟苑	上　海

数据来源：CRIC。

（六）中国海外发展有限公司

1. 企业简介

“中海地产”是中国海外集团房地产业务的品牌统称。中国海外 1979 年成立于中国香港，并于 1992 年在中国香港联交所上市，首开中资企业以中国香港本地业务资产直接上市之先河。历经 30 余年的发展，中海地产已形成以港澳地区、长三角、珠三角、环渤海、东北、中西部为重点区域的全国性均衡布局，业务遍布港澳地区及内地 40 余个经济活跃城市，为逾百万客户提供了数十万套中高端精品物业。

2013 年，公司大力加强精细化管理，重视品牌经营，准确判断市场，坚持设计与营销创新，依托多样化与差异化的住宅精品，赢得市场与客户的高度认可。截至 2013 年底，中海地产累计实现销售金额 1385.2 亿港元（折合人民币 1081 亿元），销售面积 923.4 万方，同比分别增长 24.2% 和 26.7%。

2. 财务数据（见表5－30～表5－33）

表5－30　2013年销售业绩及同比

	2013年	同比（%）
销售金额（亿港元）	1385	24.2
销售均价（港元/平方米）	15001	－2.0
销售面积（万平方米）	923	26.7

数据来源：企业官网，中国房地产决策咨询系统（CRIC）。

表5－31　2012—2013年财务指标

财务指标	2013年	2012年
净负债率（%）	28.40	20.50
三费费用率（%）	3.77	3.60
总资产周转率（次/年）	0.31	0.32
长短期债务比	11.11	5.79
现金短债比	12.54	7.37
净利润增长率（%）	23.08	24.56
销售毛利率（%）	32.52	41.82
销售净利率（%）	28.11	29.16

数据来源：企业年报。
注：长短期债务比＝长期借款/（短期借款＋一年内到期非流动负债）。
现金短债比＝货币资金/（短期借款＋一年内到期非流动负债）。

表5－32　2013年重点新增土地储备

城市	宗地名称	属性	成交时间	建筑面积（万平方米）	成交总价（亿元）	楼板价（元/平方米）
北京	京土整储招（石）［2012］078号北京市石景山区老古城综合改造项目D、JB地块二类居住及商业金融项目（配建公共租赁住房）	商住	2013/01	13.37	20.18	15093
南京	江宁区NO.2013G03	商住	2013/02	44.87	24.92	5554
上海	闵行区梅陇新中心A街坊地块	商住	2013/07	19.75	37	18739
合肥	合肥湖滨BH2013－06	商住	2013/07	52	20.13	3870
宁波	甬土资告［2013］15号江东宁丰蔬菜批发市场北侧2#地块	住宅	2013/09	11.8	13.45	11400
深圳	宝安区A816－0050地块	商住	2013/10	26.23	38.2	14563
福州*	［2013］挂23－24号	商住	2013/12	61.01	39	6392
佛山	佛南网（挂）2013－066	商住	2013/12	25.27	20.95	8290
沈阳	沈土拍［2013］76号和平区CB2013－10胜利大街东地块	商住	2013/12	61.09	15.62	2557
绍兴*	绍兴袍江新区G46号地块	商住	2013/12	18.91	4.6	2433

数据来源：中国房地产决策咨询系统（CRIC）
注：福州、绍兴为中海2013年新进入的城市。

表 5－33　　2013 年重点新开盘项目

项目名称	城　市	项目名称	城　市
中海紫御豪庭	上　海	中海·凤凰熙岸	南　京
中海国际社区	青　岛	中海千灯湖花园	佛　山
中海国际社区	宁　波	中海西溪华府	杭　州
中海锦城	佛　山	中海誉东花园	广　州
中海 8 号公馆	苏　州	中海万锦城三期	上　海

数据来源：CRIC。

（七）世茂房地产控股有限公司

1. 企业简介

世茂房地产（股份代号：813. HK），专注于在优越地段发展大型优质房地产项目，业务组合广泛，包括发展住宅物业、商业物业及酒店等，遍及全国主要城市。集团已进入中国房地产市场逾二十年，并于 2009 年完成向上海世茂股份有限公司（“A 股公司”，上海证券交易所股票编号：600823）注入商业资产的业务重组，成功进入 A 股市场，成为世茂房地产发展的一大里程碑。

集团得在第十三届“亚洲管理最佳公司”（Asia's Best Managed Companies）评选中，首度进入前十强，荣获中国区管理最佳企业第八位。入选中国上市房企综合实力榜十强，排名第七位，在“抗风险能力”专项排名中，排名第三。

2. 财务数据（见表 5－34～5－35）

表 5－34　　2012—2013 年财务数据情况

单位：人民币（百万元）

	2013 年	2012 年
营业额	41503. 0	28652. 0
毛　利	14641. 0	9606. 0
毛利率（%）	35. 3	33. 5
股东应占溢利	7390. 0	5765. 0
来自核心业务的股东应占溢利（撇除投资物业的公允价值收益）	7319. 0	4387. 0

3. 城市布局

世茂旗下拥有 104 个项目，共 3615 万平方米的优质土地。分布于上海、北京、哈尔滨、武汉、南京、福州、昆山、常熟、绍兴、芜湖、烟台、嘉兴、常州、涞阳、苏州、徐州、杭州、咸阳、泰州、牡丹江、大连、宁波、青岛、厦门、长沙、广州、天津、成都、南昌、无锡、惠州、晋江、海南文昌、济南、长春、南通、石狮、闽侯、张家港、奉化、重庆、银川、江阴、深圳等 38 个城市。

4. 2013 年发展综述

2013 年集团合约销售额达人民币 670. 7 亿元，完成销售目标的 122%。累计销售面积达 523. 9 万平方米，平均售价为每平方米人民币 12802 元。2013 年竣工的总楼面面积为约 510 万平方米，较去年的 333 万平方米上升了 53%，新增已开工面积约 800 万平方米。

世茂于2013年于宁波、杭州、济南、南昌、苏州、泉州、南通、北京、武汉、广州、张家港、大连、上海、深圳及福州增加937万平方米住宅土地储备。新增土地储备的平均楼面地价约为每平方米人民币4488元（不包括上海世茂）、土地成本为每平方米人民币2341元，相对低廉的土地成本为日后利润率的提高提供了有效保证。2013年世茂房地产以3615万平方米（应占权益）的土地储备，位于中国房地产土地储备排名前列。从地域来看，世茂房地产新增土地储备主要分布在发展潜力巨大，及房地产市场尚未饱和的省会级二、三线城市，确保了项目的发展空间及抗风险能力。

商业地产方面，世茂房地产透过持有上海世茂股份有限公司（“上海世茂”）64.22%的股权发展商业房地产。上海世茂2013年实现合同签约额人民币130.1亿元，合同签约面积979300平方米，较2012年均实现53%的增长，较年初制定的人民币100亿元销售目标大幅度超额30%。

院线投资经营方面，2013年底，上海世茂在全国各地已开业经营14间影院以及拥有126块银幕，影院座位总数目亦增加至1.74万个。

儿童事业发展方面，“世天乐乐城”根据门店经营水准和区域发展状况，及时调整门店经营策略，改善整体业绩水平。2013年在南昌等地区新增开业经营门店，使得已开业世天门店和幼教门店达到13家。

酒店经营方面，集团旗下除上海世茂皇家艾美酒店、上海外滩茂悦大酒店、上海世茂佘山艾美酒店、南京世茂滨江希尔顿酒店、牡丹江世茂假日酒店、绍兴世茂假日酒店外，2013年10月迎来了芜湖世茂希尔顿逸林酒店的开业，为芜湖进一步开启了城市国际化的新序幕，标志着芜湖全面进入国际品牌酒店新时代。截至2013年底，集团拥有酒店客房总数近3200间。

5. 联系方式

地址：中国香港湾仔港湾道1号会展广场办公大楼43楼

电话：00852 – 25119968　　　传真：00852 – 25110278

电邮：yu. james@ shimaogroup. com. hk/tam. tammy@ shimaogroup. com. hk

（八）碧桂园控股有限公司

1. 企业简介

碧桂园控股有限公司（股份代号：2007. HK）是中国最具领导地位的综合性房地产开发商之一。碧桂园采用集中及标准化的运营模式，业务包含建安、装修、物业发展、物业管理、酒店开发和管理等。

2013年，碧桂园一如既往地积极配合国家产业政策，应对市场变化，适时调整开发及销售计划，推出高性价比的房源契合自住型市场需求。截至2013年年底，碧桂园达成销售金额1060亿，合同销售面积约1593万平方米，同比增长分别约123%及109%，首度晋级千亿房企俱乐部。

2. 财务数据（见表5 – 35 ~ 表5 – 38）

表5 – 35　　2013年销售业绩及同比

	2013年	同比（%）
销售金额（亿元）	1060	123
销售均价（元/平方米）	6654	7
销售面积（万平方米）	1593	109

数据来源：企业官网，中国房地产决策咨询系统（CRIC）。

表 5－36　　2012—2013 年财务指标

财务指标	2013 年	2012 年
净负债率（%）	64.27	53.90
三费费用率（%）	9.43	9.26
总资产周转率（次/年）	0.34	0.34
长短期债务比	3.52	1.67
现金短债比	2.15	2.07
净利润增长率（%）	28.51	17.93
销售毛利率（%）	32.33	36.62
销售净利率（%）	13.85	16.24

数据来源：企业年报。
注：长短期债务比＝长期借款/（短期借款＋一年内到期非流动负债）。
现金短债比＝货币资金/（短期借款＋一年内到期非流动负债）。

表 5－37　　2013 年重点新增土地储备

城　市	宗地名称	属　性	成交时间	建筑面积（万平方米）	成交总价（亿元）	楼板价（元/平方米）
南　山*	观音山物流园区内 2013G12 地块	商　住	2013/06	17.01	1.41	827
永　春*	五里街镇仰贤社区北环路北侧 6 幅地块	商　住	2013/09	39.00	3.54	908
南　通	2013 年第 30 号公告经济技术开发区 R13021 地块	住　宅	2013/09	18.40	3.16	1715
佛　山	2013－0808（佛顺（挂）2013－059 号）	住　宅	2013/09	13.42	2.98	2222
东　莞	黄江镇 2013WG046	商　住	2013/10	20.25	6.06	2994
开　平*	长沙街道办事处爱民村委会鳅鱼潭 6 号地块	住　宅	2013/11	5.15	0.40	775
开　平*	长沙街道办事处爱民村委会鳅鱼潭 7 号地块	住　宅	2013/11	5.15	0.40	775
宁　波*	慈溪市观海卫 1303#地块	商　住	2013/11	13.29	2.60	1958
宁　波*	慈溪市观海卫 1302#地块	商　住	2013/11	9.32	1.82	1958
九　江*	九江市城西港区商住用地	商　住	2013/11	42.75	2.40	560

数据来源：中国房地产决策咨询系统（CRIC）。
注：南山、永春、开平、宁波、九江为碧桂园 2013 年新进入的城市。

表 5 – 38　　2013 年重点新开盘项目

项目名称	城　市	项目名称	城　市
碧桂园生态城	武　汉	碧桂园银河城	沈　阳
高淳碧桂园	南　京	碧桂园豪园	广　州
肇庆碧桂园	肇　庆	碧桂园凤凰城一期	沈　阳
高淳碧桂园	南　京	碧桂园 · 天玺湾	广　州
碧桂园 · 龙波湾	临　高	禅城碧桂园	佛　山

数据来源：CRIC。

（九）绿城中国控股有限公司

1. 企业简介

绿城房地产集团有限公司（以下简称绿城）是中国知名房地产企业，以优秀的房产品质量占据行业内的领先地位。于 1995 年 1 月 6 日在浙江杭州注册成立，2006 年 7 月 13 日，“绿城中国控股有限公司” 在香港上市（股票代码：03900）。

绿城专注于高品质物业的开发，住宅产品类型不断丰富和完善，已形成别墅、平层官邸、多层公寓、高层公寓、城市综合体、大型社区、商用物业等广为市场接受的高品质产品系列。在绿城十九年的发展历程中，绿城房地产集团凭借着规模逐步扩大、运营效率显着提升、优秀的产品品质以及强大的资源整合能力等优势，连续 10 年荣获 “中国房地产企业品牌价值 TOP10”；连续 9 年荣获 “中国房地产企业综合实力 TOP10”；2013 年，获得全国唯一的 “中国房地产顾客满意度领先品牌” 荣誉称号。

作为一个脚踏实地的人文理想主义者群体，绿城将始终以开发优质房产品为责任，以提升园区服务为价值，以对他人和对社会有益为宗旨，在实现企业持续健康发展的同时，不断为员工创造平台，为客户创造价值，为社会创造文明、和谐、温馨、优雅的人居文化，为城市和历史留下值得典藏的建筑艺术精品。

2. 运营数据（见表 5 – 39 ~ 表 5 – 40）

表 5 – 39　　绿城集团历年销售业绩

年　份	2013 年	同比（%）	2012 年	2011 年	2010 年	2009 年
销售金额（亿元）	651	19.20	546	353	542	511
销售面积（万平方米）	309	9.20	283	175	278	348
销售均价（元/平方米）	20115	1.13%	19891	19987	19403	14684

数据来源：企业年报、销售报表。

表 5 – 40　　绿城中国财务指标

财务指标	2013 年	2012 年
净负债率（%）	67.00	49.00
三费费用率（%）	10.00	8.00
总资产周转率（次/年）	0.25	0.29
长短期债务比	4.42	0.50

续表

财务指标	2013 年	2012 年
现金短债比	1.87	0.50
净利润增长率（%）	-16.00	47.00
销售毛利率（%）	30.00	30.00
销售净利率（%）	21.00	17.00

数据来源：企业年报。

注：长短期债务比 = 长期借款/（短期借款 + 一年内到期非流动负债）。

现金短债比 = 货币资金/（短期借款 + 一年内到期非流动负债）。

3. 城市布局

绿城一贯实行“地域深耕、品牌强化”的策略，通过选择区域与分散投资，实现持续发展。绿城总部位于杭州，以浙江省为主要基地，楼盘已经遍布省内的全国经济百强县市，伴随2000 年开始的全国拓展战略，已成功拓展至长三角其他重要城市、环渤海经济圈重要城市以及其他省会城市。

表 5 -41　　绿城集团城市布局

年　份	2013 年
进入城市	杭州、台州、临安、建德、宁波、绍兴、海宁、湖州、舟山、慈溪、德清、丽水、新昌、桐乡、富阳、温州、诸暨、长兴、上海、无锡、南京、苏州、南通、北京、天津、青岛、济南、大连、郑州、长沙、合肥、新疆、海南、沈阳、大庆、鄂尔多斯等

数据来源：企业年报。

4. 土地储备（见表 5 -42）

表 5 -42　　绿城集团 2013 年新增土地储备的项目明细

项　目	权　益（%）	取得时间	取得方式	占地面积（千平方米）	规划建筑面积（千平方米）	项目成交金额（百万元）
杭州西溪融庄	25	04/01	股权收购	59	124	645
杭州之江壹号（原金都高尔夫艺墅）	25	05/30	股权收购	214	526	1200
上海盛世滨江（原丰盛皇朝）	50	05/31	股权收购	111	675	7996
杭州新华园	30	06/18	股权收购	37	143	357
杭州武林广场地铁站综合体	45	07/17	股权收购	23	242	3000
上海虹口项目	25.5	07/24	招拍挂	10	39	1044
上海香溢花城	30.1	08/18	股权收购	212	468	2276
余姚绿城明园	47	09/18	招拍挂	186	373	1633
义务江滨南路项目	35	11/28	招拍挂	139	402	2987
杭州钱塘明月	50	12/18	招拍挂	70	190	2653
新昌七星商贸综合体项目	80	12/30	招拍挂	69	174	518
总　计	—	—	—	1130	3356	24309

数据来源：企业年报。

5. 重点项目（见表 5－43）

表 5－43　　2014 年绿城集团拟重点推盘项目列表

项目名称	城　市	物业类型	建筑面积（万平方米）	销售均价（元/平方米）	简　介
海南绿城蓝湾小镇	陵　水	度假公寓 酒店式公寓 度假别墅	214	28000 22000 70000	世界级滨海度假小镇，集高端度假生活社区于一体
义乌江滨南路项目	义　乌	高层公寓 法式合院	40	23800 48000	项目占地 14 万方，引领着未来高端住宅开发，引领高端居住生活品质
青岛理想之城	青　岛	多层公寓 高层公寓	227	14000 12000	项目位于青岛李沧区中央核心地块，总占地面积约 113 万平方米，将打造成功能齐全的综合新城
青岛深蓝广场	青　岛	公寓 写字楼	35	66500 52300	深蓝中心位于名列“世界最美海湾”之一的浮山湾畔，占据着青岛 863 米黄金海岸线的日出点。将以青岛最高建筑的地标形象伫立于有“青岛金融街”之称的香港路商圈，为创造青岛最高财富价值的城市心脏不断吸纳并制造繁华永动的活力
远洋公馆	杭　州	高层公寓	81	35000	项目总占地面积 20 万平方米，是杭州规模最大、业态最齐全、规划最超前的现代化都市综合体
绿城·之江壹号	杭　州	高层公寓	52	22000	项目占地 285 亩，西区六幢三芒星建筑，是新加坡建筑大师陈青松扛鼎之作，东区由 11 幢高层组成
杭州西溪诚园	杭　州	高层公寓	80	36000	绿城西溪诚园 80 万平方米恢宏大盘，秉承绿城一贯优秀的建筑品质，规划为小高层建筑，外立面以石材幕墙为主，在典雅、庄重、精致的新古典主义建筑风格上增加了现代的建筑元素，立面风格更为简洁、俊朗
绿城西子·青山湖玫瑰园	临　安	别墅	39	20000	项目拥有极其丰富的山、湖、林原生态资源，产品类型有湖景大宅、山地别墅、组院别墅等
乌镇雅园	桐　乡	公寓 别墅	85	12000 待定	项目占地面积 1500 亩，涵盖规划养生养老、健康医疗和休闲度假三大主
建德春江明月	建　德	公寓	17	12000	项目隶属桥东城市客厅整体规划范围，地块方正，江景资源丰富。预期将打造成二代高层公寓
上海香溢花城	上　海	公寓	46	46000	项目高标准奢华精装，引用五大尖端住宅科技，以科技力量成就高贵生活典范
绿城·蠡湖香樟园	无　锡	公寓 别墅	23	17000 47000	项目主要由 80 套法式合院和 2000 余户高层公寓组成，项目总户数约为 2000 多户
济南全运村	济　南	公寓 酒店式公寓	196	14000 16000	项目秉承绿城经典系列产品，包括高层、小高层、多层、法式官邸、绿城第二代高层、产权式酒店、五星级酒店、高级写字楼、商业广场等

6. 联系方式

地址：杭州市杭大路 1 号黄龙世纪广场 A 区 10 楼　　　　邮编：310007

电话：0571 – 88988888　　　　传真：0571 – 87901717

公司主页：http：//www. chinagreentown. com/

（十）龙湖地产有限公司

1. 企业简介

龙湖地产 1993 年创建于重庆，是一家专注产品和服务品质的专业地产公司，业务涉及地产开发、商业运营和物业服务三大领域。2009 年，龙湖地产有限公司（股份代码：960）于香港联交所主板上市。截至目前，集团拥有雇员 1 万余人，业务遍布中国西部、环渤海、长三角、华南和华中 21 个城市，累计已开发项目超过 100 个，建筑面积约 2000 余万平方米，待开发土地储备约 3949 余万平方米，年销售额突破 481 亿元人民币，经营规模和综合实力居中国房地产行业领先地位。

2013 年，坚持合理区域布局、精准产品定位以及出众服务品质，是企业保持竞争力、发展壮大的根源所在。截至 2013 年年底，龙湖实现总销售金额（含协议认购）人民币 503. 2 亿元。其中，合同销售金额人民币 481. 2 亿元，超过 460 亿的年度销售目标，同比增长 20%；合同销售面积 426. 1 万平方米，同比增长 2%。

2. 财务数据（见表 5 – 44 ~ 表 5 – 47）

表 5 – 44　　2013 年销售业绩及同比

	2013 年	同比（%）
销售金额（亿元）	481. 2	20
销售均价（元/平方米）	11293. 0	18
销售面积（万平方米）	426. 1	2

数据来源：企业官网。

表 5 – 45　　2012—2013 年财务指标

财务指标	2013 年	2012 年
净负债率（%）	64. 10	48. 80
三费费用率（%）	4. 42	3. 81
总资产周转率（次/年）	0. 12	0. 14
长短期债务比	3. 40	2. 74
现金短债比	2. 43	2. 52
净利润增长率（%）	27. 06	28. 32
销售毛利率（%）	31. 95	46. 11
销售净利率（%）	27. 06	28. 32

数据来源：企业年报。

注：长短期债务比 = 长期借款/（短期借款 + 一年内到期非流动负债）。

现金短债比 = 货币资金/（短期借款 + 一年内到期非流动负债）。

表 5－46　　2013 年重点新增土地储备

城　市	宗地名称	属　性	成交时间	建筑面积（万平方米）	成交总价（亿元）	楼板价（元/平方米）
长　沙*	长沙望城谷山地块长沙望城区与岳麓区交界处	商　住	2013/01	48.00	6.9	1440
昆　明*	五华区 KC2008－63（2）地块	住　宅	2013/01	13.72	4.53	3300
沈　阳	沈土拍【2013】第 6 号和平区 CB2012－4　长白西二街东、24 米规划路北地块	商　住	2013/02	35.13	10.41	2963
杭　州	杭政储出［2013］7 号	住宅；公建配套	2013/02	12.27	10.90	8886
上　海	2013 年 23 号公告宝山区顾村镇 C－5 单元 C2－3、C3－2 地块	商　办	2013/03	32.65	10.78	3302
重　庆	西永组团 L 分区 L35/03、L33/03、L30－1/03、L30－2/03、L31－1/03、L31－2/03、L27－2/03、L28－3/03 号宗地	商住	2013/04	78.33	12.60	1609
苏　州*	苏地 2013－G－18 号高新区狮山街道狮山路北、塔园路西	住宅；商办	2013/04	53.67	25.00	4658
济　南*	西部新城腊山河旁地块	商住	2013/09	38.89	8.69	2235
北　京	昌平区沙河镇 C－X06、C－X07、C－X10 地块	住宅；商办	2013/11	27.70	21.60	7799
重　庆	渝国土房管告字［2013］60 号江北区观音桥组团 I 分区 I04－2/02、I05－2/02、I09－3/02、I03－4/01 号宗地	住宅；商业；	2013/12	31.37	25.20	8033

数据来源：中国房地产决策咨询系统（CRIC）。
注：苏州、济南、昆明和长沙为龙湖 2013 年新进入的城市。

表 5－47　　2013 年重点新开盘项目

项目名称	城　市	项目名称	城　市
龙湖嘉誉	厦　门	龙湖两江新宸	重　庆
龙湖九里香醍	无　锡	龙湖春江彼岸	杭　州
龙湖紫都城	上　海	龙湖唐宁 ONE	沈　阳
龙湖拉特芳斯	重　庆	龙湖双珑原著	北　京
龙湖滟澜山	大　连	龙湖·名景台	杭　州

数据来源：CRIC。

（十一）广州富力地产股份有限公司

1. 企业简介

广州富力地产股份有限公司成立于1994年，注册资金8.06亿人民币，集房地产设计、开发、工程监理、销售、物业管理、房地产中介等业务为一体，拥有国家建设部颁发的一级开发资质、甲级设计资质、甲级工程监理资质、一级物业管理资质及一级房地产中介资质，是中国综合实力最强的房地产企业之一。公司于2005年7月14日在香港联交所主板上市，为首家被纳入恒生中国企业指数的内地房地产企业。

"规划与时俱进，紧扣城市化建设"是富力多年来的拓展模式，成功的策略使富力的每一个项目都成为城市发展的坐标，极大提升了富力的品牌影响力。截至2013年年底，富力累计实现销售面积338.6万平方米，销售金额422.3亿元，同比分别增长13.9%和23.5%。

2. 财务数据（见表5－48～表5－51）

表5－48　　2013年销售业绩及同比

	2013年	同比（%）
销售金额（亿元）	422.3	24.0
销售均价（元/平方米）	12457.0	8.0
销售面积（万平方米）	338.6	14.0

数据来源：企业官网，中国房地产决策咨询系统（CRIC）。

表5－49　　2012—2013年财务指标

财务指标	2013年	2012年
净负债率（%）	111.00	86.00
三费费用率（%）	12.91	11.45
总资产周转率（次/年）	0.29	0.33
长短期债务比	2.40	3.94
现金短债比	1.35	1.78
净利润增长率（%）	35.11	17.04
销售毛利率（%）	41.76	40.76
销售净利率（%）	22.43	18.64

数据来源：企业年报。

注：长短期债务比＝长期借款/（短期借款＋一年内到期非流动负债）。

现金短债比＝货币资金/（短期借款＋一年内到期非流动负债）。

表5－50　　2013年重点新增土地储备

城市	宗地名称	属性	成交时间	建筑面积（万平方米）	成交总价（亿元）	楼板价（元/平方米）
上海	虹桥商务区核心区北片区05号地块	商住	2013/05	13.91	15.76	11337
长沙*	九华项目	综合	2013/05	329.86	17.77	540

续表

城　市	宗地名称	属　性	成交时间	建筑面积（万平方米）	成交总价（亿元）	楼板价（元/平方米）
上　海	2013年78号公告闵行虹桥商务区核心区北片区06号地块	住宅；办公	2013/06	10.76	20.55	19090
梅　州*	梅县新城GP2009－15地块	商　住	2013/06	198.88	8.95	450
福　州*	［2013］02号台江区宗地2013－05号地块	综　合	2013/07	29.21	19.57	6701
佛　山*	佛禅网（挂）2013－005	商　住	2013/10	22.75	9.63	4232
珠　海*	13131香洲区珠横国土储2013－11地块	商　办	2013/11	9.98	4.20	4210
北　京	通州区永顺镇地块	住　宅	2013/12	46.63	35.60	7633
南　宁*	五象新区总部基地地块	综　合	2013/12	33.10	3.73	1124
无　锡*	XDG－2013－62号地块	商　住	2013/12	60.00	15.00	2500

数据来源：中国房地产决策咨询系统（CRIC）

注：福州、南宁、珠海、无锡、佛山、长沙、贵阳、包头、梅州以及马来西亚柔佛为富力2013年新进入的城市。

表5－51　　2013年重点新开盘项目

项目名称	城　市	项目名称	城　市
富力金港城	广　州	合景泰富富力嘉誉湾	上　海
津南新城一期	天　津	富力津门湖四期	天　津
海南富力湾	陵　水	富力桃园	成　都
富力城	南　京	富力尚悦居	北　京
温泉高尔夫源泉半山别墅	广　州	龙熙顺景四期	北　京

数据来源：CRIC。

（十二）融创中国控股有限公司

1. 企业简介

融创中国控股有限公司是一家在香港联交所上市的专业从事住宅及商业地产综合开发的企业。公司坚持区域聚焦和高端精品发展战略，在京、津、沪、渝、杭拥有众多处于不同发展阶段的项目，产品涵盖高端住宅、别墅、商业、写字楼等多种物业类型。

2013年，融创实现合约销售金额547.3亿元，位列行业第11位，超额完成年度目标，同比增长54%。在所深耕的区域亦取得了骄人成绩，进一步巩固了公司的领先地位和高端精品品牌形象。土地获取方面，公司凭借在所深耕区域的优势地位、打造高端精品的产品能力以及开放的合作精神进一步赢得了业内众多实力合作伙伴的认可，成功新增土地储备957.1万平方米。

2. 财务数据（见表 5 - 52 ~ 表 5 - 55）

表 5 - 52　　2013 年销售业绩及同比

	2013 年	同比（%）
销售金额（亿元）	547.3	54.0
销售均价（元/平方米）	21840.0	23.0
销售面积（万平方米）	251.0	25.0

数据来源：企业官网，中国房地产决策咨询系统（CRIC）。

表 5 - 53　　2012—2013 年财务指标

财务指标	2013 年	2012 年
净负债率（%）	69.73	78.89
三费费用率（%）	5.62	4.65
总资产周转率（次/年）	0.35	0.40
长短期债务比	2.66	0.84
现金短债比	2.04	0.96
净利润增长率（%）	25.12	5.58
销售毛利率（%）	24.60	25.83
销售净利率（%）	10.79	12.55

数据来源：企业年报。

注：长短期债务比 = 长期借款/（短期借款 + 一年内到期非流动负债）。

　　现金短债比 = 货币资金/（短期借款 + 一年内到期非流动负债）。

表 5 - 54　　2013 年重点新增土地储备

城　市	宗地名称	属　性	成交时间	建筑面积（万平方米）	成交总价（亿元）	楼板价（元/平方米）
上　海	盛世滨江（收购）	商　住	2013/05	41.88	79.96	19093
北　京	大兴区亦庄新城Ⅱ - 1 街区	商　住	2013/08	28.38	41.20	14517
北　京	朝阳区农展馆地块	商　住	2013/09	5.92	43.24	73041
天　津	南开天拖地块	商　住	2013/09	102.09	103.20	10109
天　津	津南复 2013 - 121 号手表厂地块	住　宅	2013/11	6.06	15.20	25083
重　庆	巴南区界石组团新鹿角项目地块	商　住	2013/12	154.89	30.98	2000

数据来源：中国房地产决策咨询系统（CRIC）。

表 5-55　　2013 年重点新开盘项目

项目名称	城　市	项目名称	城　市
融创天鹅湖二期	无　锡	融创中央学府	天　津
绿城·玉兰花园二期	无　锡	绿城上海香溢花城	上　海
融创伊顿庄园	重　庆	绿城玉兰花园·臻园	上　海
融创理想城市五期	无　锡	绿城盛世滨江	上　海
绿城玉兰广场一期	常　州		

数据来源：CRIC。

（十三）华润置地企业股份有限公司

1. 企业简介

华润置地有限公司是华润集团旗下的地产业务旗舰，是中国内地最具实力的综合型地产开发商之一，从 2010 年 3 月 8 日起香港恒生指数有限公司把华润置地纳入恒生指数成分股，成为香港蓝筹股之一。目前，华润置地已进入中国内地 39 个城市，发展项目超过 70 个。

截至 12 月底，华润置地 2013 年度累计签约额约人民币 663.0 亿元，累计签约面积 578.2 万平方米，较去年同期分别增长 27.0% 和 22.3%，超越了在 2013 年初制定的全年销售 570 亿元，年增长 10% 的销售目标。

2. 财务数据（见表 5-56 ~ 表 5-59）

表 5-56　　2013 年销售业绩及同比

	2013 年	同比（%）
销售金额（亿元）	663.0	27.0
销售均价（元/平方米）	11571.0	8.2
销售面积（万平方米）	578.2	22.3

数据来源：企业官网，中国房地产决策咨询系统（CRIC）。

表 5-57　　2012—2013 年财务指标

财务指标	2013 年	2012 年
净负债率（%）	39.17	49.60
三费费用率（%）	5.70	9.87
总资产周转率（次/年）	0.28	0.22
长短期债务比	2.99	7.54
现金短债比	1.74	4.16
净利润增长率（%）	23.16	39.37
销售毛利率（%）	28.17	37.64
销售净利率（%）	13.02	16.57

数据来源：企业年报。
注：长短期债务比＝长期借款/（短期借款＋一年内到期非流动负债）。
现金短债比＝货币资金/（短期借款＋一年内到期非流动负债）。

表 5－58　　2013 年重点新增土地储备

城　市	宗地名称	属　性	成交时间	建筑面积（万平方米）	成交总价（亿元）	楼板价（元/平方米）
广　州*	金融城起步区 A007 地块	商　业	2013/02	20.98	26.00	12395
南　京	江宁区 NO.2013G34 地块	住　宅	2013/06	31.89	23.40	7338
北　京	京（朝）［2013］052 号地块	综　合	2013/07	8.17	23.60	28881
成　都	成华区崔家店路 52 号地块	商　住	2013/07	18.17	14.39	7920
深　圳	南山区 T201－0078 地块	商　业	2013/08	50.30	109.00	21670
太　原*	晋源区 CP－1338 地块	商　业	2013/08	40.85	7.20	1763
太　原*	万柏林区 CP－1341 地块	商　住	2013/09	35.31	17.90	5069
重　庆	大渡口 E3－4、E4、E8 号地	商　住	2013/09	32.96	13.60	4127
烟　台*	烟 J［2013］2004 号	住　宅	2013/09	8.38	1.67	3627
厦　门	思明区 2013P16 地块	商　办	2013/12	30.02	20.15	6713

数据来源：中国房地产决策咨询系统（CRIC）。
注：太原、广州和烟台为华润置地 2013 年新进入的城市。

表 5－59　　2013 年重点新开盘项目

项目名称	城　市	项目名称	城　市
太湖国际社区三期	无　锡	华润悦府	南　京
华润二十四城	重　庆	万象城二期·悦玺	杭　州
华润橡树湾	上　海	合肥华润万象城	合　肥
华润置地中央公园	上　海	华润橡树湾	合　肥
华润·公元九里	北　京	华润中心·悦府	青　岛

数据来源：CRIC。

（十四）中信房地产股份有限公司

1. 企业简介

中信房地产股份有限公司是中国中信集团公司一级控股子公司，一级房地产开发资质。1986 年，中信房地产公司成立；2007 年，中信集团整合旗下房地产业务，重组成立了中信房地产股份有限公司。多年来，中信地产积极参与城市规划建设、土地整理与开发，在 30 多个城市累计开发房地产项目近百个，开发面积超过 2000 万平方米。

中信地产确立了“立足京津环渤海、珠三角、长三角，重点在经济发达的一、二线城市深耕发展”的战略布局。至 2013 年底，中信地产总资产已超 1100 亿元，土地储备超 2000 万平方米。此外，公司坚持“整合内外部资源，为客户提供全面生活价值”的品牌理念，2010—2013 年，公司连续四年入选“中国蓝筹地产”榜单、荣获“中国房地产百强企业”、“中国房地产公司品牌价值 TOP10”等多项殊荣。

2. 财务数据（见表5－60～表5－62）

表5－60　　2013年销售业绩及同比

	2013年	同比（%）
销售金额（亿元）	445	90
销售均价（元/平方米）	12824	26
销售面积（万平方米）	347	50

数据来源：企业官网，中国房地产决策咨询系统（CRIC）。

表5－61　　2013年重点新增土地储备

城　市	宗地名称	属　性	成交时间	建筑面积（万平方米）	成交总价（亿元）	楼板价（元/平方米）
苏　州	苏地2013－G－67号地块1	商　服	2013/09	7.65	0.57	744
苏　州	苏地2013－G－67号地块2	商　住	2013/09	13.44	1.47	1091
苏　州	苏地2013－G－67号地块3	商　住	2013/09	11.83	1.38	1169
苏　州	苏地2013－G－67号地块4	商　住	2013/09	26.00	8.18	3147

数据来源：中国房地产决策咨询系统（CRIC）。

表5－62　　2013年重点新开盘项目

项目名称	城　市	项目名称	城　市
中信森林湖五期	东　莞	中信城四期	长　春
中信城	成　都	中信凯旋城花园四期	惠　州
中信公园城	天　津	中信森林湖	苏　州
中信水岸城花园二期	惠　州	亚运城天誉	广　州
中信山语湖花园	佛　山	中信西关海	广　州

数据来源：CRIC。

（十五）招商局地产控股股份有限公司

1. 企业简介

招商局地产控股股份有限公司是央企香港招商局集团三大核心产业的主营上市公司平台之一。公司因倡导“社区综合开发模式”、“绿色地产开发理念”、“全程服务体系”，被誉为中国地产界“城市运营”、“可持续发展”最早的实践者和成功典范，因合理的业务结构布局所带来的丰厚经常性利润，被誉为“最具抗风险能力的开发商”。

2013年，公司销售业绩持续提升，现金流进一步改善，同时资产负债率、综合资金成本继续控制在较低水平，财务稳健的优势将有助于公司灵活应对行业的不确定性。截至2013年年底，招商地产累计实现销售面积274.06万平方米，销售金额431.97亿元，同比分别增长10.7%和18.7%。

2. 财务数据（见表 5－63～表 5－66）

表 5－63　　**2013 年销售业绩及同比**

	2013 年	同比（%）
销售金额（亿元）	432	19
销售均价（元/平方米）	15762	7
销售面积（万平方米）	274	11

数据来源：企业官网，中国房地产决策咨询系统（CRIC）。

表 5－64　　**2012—2013 年财务指标**

财务指标	2013 年	2012 年
净负债率（%）	16.50	19.26
三费费用率（%）	6.32	6.18
总资产周转率（次/年）	0.25	0.27
长短期债务比	1.90	1.52
现金短债比	2.29	1.92
净利润增长率（%）	－7.94	29.11
销售毛利率（%）	37.99	48.83
销售净利率（%）	12.82	16.91

数据来源：企业年报。
注：长短期债务比＝长期借款/（短期借款＋一年内到期非流动负债）。
现金短债比＝货币资金/（短期借款＋一年内到期非流动负债）。

表 5－65　　**2013 年重点新增土地储备**

城　市	宗地名称	属　性	成交时间	建筑面积（万平方米）	成交总价（亿元）	楼板价（元/平方米）
大　连*	2012 年第 121 号甘井子区大高（2012）－23 号地	住　宅	2013/01	6.42	2.49	3879
大　连*	2012 年第 121 号甘井子区大高（2012）－22 号地	住　宅	2013/01	6.46	2.49	3858
昆　明*	官渡区 KCGD 2012－23－A11 地块	住　宅	2013/01	22.13	6.22	2813
昆　明*	官渡区 KCGD 2012－23－A15 地块	住　宅	2013/01	9.45	2.50	2647
宁　波*	江北区湾头启动区 3#地块	商　住	2013/01	27.66	22.86	8265
南　宁*	青秀区柳沙路南面 GC2013－047 号地块	住宅（住区服务设施）；商业（商服）	2013/08	30.06	7.48	2490.00
杭　州*	杭政储出（2013）52 号江干区（牛田单元 R21－17 地块）	住宅（住区服务设施）	2013/08	7.25	8.80	12137.00

续表

城 市	宗地名称	属 性	成交时间	建筑面积（万平方米）	成交总价（亿元）	楼板价（元/平方米）
天 津	津东海（挂）2013-096号	住宅（住区服务）；商业（商服）	2013/09	18.18	26.50	14576.00
杭 州*	杭政储出（2013）67号拱墅区（申花单元R21-01地块）	住宅（住区服务设施）	2013/09	9.93	14.00	14098.00
武 汉	武告字（2013年）28号硚口区古田二路以西地块	住宅（住区服务设施）；商业（商服）；	2013/12	34.01	14.38	4228.08

数据来源：中国房地产决策咨询系统（CRIC）。
注：宁波、大连、杭州、昆明、南宁为招商地产2013年新进入的城市。

表5-66　　2013年重点新开盘项目

项目名称	城 市	项目名称	城 市
招商花园城	重 庆	招商海德名门	上 海
招商海德公园	厦 门	依云天汇	佛 山
招商诺丁山	哈尔滨	长嘉汇	重 庆
招商雍华府	苏 州	招商花园城	常 州
招商·小石城七期	苏 州	依云曦城	佛 山

数据来源：CRIC。

（十六）远洋地产控股有限公司

1. 企业简介

远洋地产创立于1993年，并于2007年9月28日在香港联合交易所主板上市。以北京为基地，拥有多区域、多元化的开发项目及投资物业组合，凭借优质物业项目及服务，已稳固地树立了“远洋地产”品牌的知名度。

远洋地产凭借丰富的经验及雄厚实力，不断强化以“环渤海”为核心的发展战略，并逐步进军珠江三角洲、长江三角洲、西南经济区等中国高速发展区域。截至2013年年底，企业完成协议销售额358亿元，按年同期上升15%，协议销售面积258.3万平方米，按年同期下跌1%。

2. 财务数据（见表5-67～表5-70）

表5-67　　2013年销售业绩及同比

	2013年	同比（%）
销售金额（亿元）	358.0	15
销售均价（元/平方米）	13900.0	17
销售面积（万平方米）	258.3	-1

数据来源：企业官网，中国房地产决策咨询系统（CRIC）。

表 5 -68　　2012—2013 年财务指标

财务指标	2013 年	2012 年
净负债率（%）	48.00	42.00
三费费用率（%）	6.24	8.52
总资产周转率（次/年）	0.21	0.24
长短期债务比	1.75	1.00
现金短债比	1.25	1.40
净利润增长率（%）	16.90	52.11
销售毛利率（%）	25.81	26.87
销售净利率（%）	11.52	13.91

数据来源：企业年报。

注：长短期债务比 = 长期借款/（短期借款 + 一年内到期非流动负债）。

　　现金短债比 = 货币资金/（短期借款 + 一年内到期非流动负债）。

表 5 -69　　2013 年重点新增土地储备

城　市	宗地名称	属　性	成交时间	建筑面积（万平方米）	成交总价（亿元）	楼板价（元/平方米）
天　津	津武（挂）2012 -069 号	商　住	2013/03	5.08	0.92	1811
天　津	津武（挂）2012 -230 号	商　住	2013/03	5.47	0.99	1815
北　京	广来营项目	住　宅	2013/10	5.53	5.22	9439

数据来源：中国房地产决策咨询系统（CRIC）。

表 5 -70　　2013 年重点新开盘项目

项目名称	城　市	项目名称	城　市
红星海·世界观五期	大　连	远洋新干线	深　圳
远洋城	中　山	远洋戛纳小镇	长　春
远洋高尔夫国际社区	重　庆	远洋风景	天　津
远洋·启宸	中　山	远洋公馆	杭　州

数据来源：CRIC。

（十七）中铁房地产集团有限公司

1. 企业简介

中铁房地产集团有限公司是世界 500 强企业——中国铁建股份有限公司的全资子公司，为国资委确定的 16 家以房地产作为主业的央企之一。2007 年 3 月 8 日成立，注册资本金 5 亿元。公司成立后，业务呈迅速发展。12 月 7 日变更为中铁房地产集团有限公司，12 月 26 日获得房地产开发一级资质。中铁房地产集团有限公司不断积累相关经验，研究掌握房地产开发建设的规律，加强内部管理，在项目策划、过程控制、质量保证、客户服务等方面形成了自己鲜明的企业特色，树立了良好的“中国铁建地产”品牌形象，其主打产品中国铁建·国际城、中国铁建·山语城已成为国内房地产业的知名品牌。

受益于集团基建工程板块的资源优势，在市场环境利好背景下，中铁房地产物业销售进入快速增长期。2013 年，企业采取随行就市策略，旗下项目销售较 2012 年进一步提升，由 213 亿元增加至 286 亿元，涨幅达 34%。

2. 财务数据（见表5-71~表5-73）

表5-71　　2013年销售业绩及同比

	2013年	同比（%）
销售金额（亿元）	286	34
销售均价（元/平方米）	9565	3
销售面积（万平方米）	299	38

数据来源：企业官网，中国房地产决策咨询系统（CRIC）。

表5-72　　2013年重点新增土地储备

城市	宗地名称	属性	成交时间	建筑面积（万平方米）	成交总价（亿元）	楼板价（元/平方米）
大连	大城（2013）-14号	商住	2013/07	26.30	21.27	7840
成都	成华区北湖7号地块	商住	2013/07	35.77	21.46	6000
合肥	合告字［2013］34号蜀山区W1303地块	商住	2013/08	49.58	14.80	5672
南宁	邕宁区江湾路南侧GC2013-048号地块	商住	2013/09	35.34	15.12	3050
武汉	武告字（2013年）24号汉阳区G地块	住宅	2013/10	13.16	35.10	10757
佛山*	佛南网（挂）2013-048	住宅	2013/10	11.70	11.05	9418

数据来源：中国房地产决策咨询系统（CRIC）。
注：佛山为中铁房地产2013年新进入的城市。

表5-73　　2013年重点新开盘项目

项目名称	城市	项目名称	城市
国际城	贵阳	中铁玛塞城	成都
中铁·国际城四期	合肥	银滩雅苑	兰州
中国铁建国际城一期	天津	中国铁建荔湾国际城	广州
中铁·逸都国际	济南	中铁·诺德滨海花园	大连
中国铁建·国际城	济南	中铁元湾	厦门

数据来源：CRIC。

（十八）佳兆业企业股份有限公司

1. 企业简介

佳兆业集团控股有限公司成立于1999年，是一家大型综合性地产企业，并于2009年12月在香港联合交易所主板上市。佳兆业建基于深圳，并伸延至珠江三角洲、长江三角洲、中部、成渝地区以及环渤海地区，业务覆盖30多个重要城市。2013年，企业的开发规模超过1000万平方米，已形成具有核心竞争力的业务体系与地产品牌。

2013年，佳兆业集团全年销售额达239亿元人民币，超过年初订立的220亿元的年度销售目标。销售面积达245万平方米，销售金额全国排名第25名。

2. 财务数据（见表5－74～表5－77）

表5－74　　2013年销售业绩及同比

	2013年	同比（%）
销售金额（亿元）	239	38
销售均价（元/平方米）	9760	45
销售面积（万平方米）	245	－5

数据来源：企业官网，中国房地产决策咨询系统（CRIC）。

表5－75　　2012—2013年财务指标

财务指标	2013年	2012年
净负债率（%）	62.13	66.80
三费费用率（%）	11.49	11.68
总资产周转率（次/年）	0.26	0.24
长短期债务比	4.52	3.90
现金短债比	2.16	1.70
净利润增长率（%）	38.76	－5.71
销售毛利率（%）	35.44	32.49
销售净利率（%）	11.07	12.36

数据来源：企业年报。
注：长短期债务比＝长期借款/（短期借款＋一年内到期非流动负债）。
现金短债比＝货币资金/（短期借款＋一年内到期非流动负债）。

表5－76　　2013年重点新增土地储备

城市	宗地名称	属性	成交时间	建筑面积（万平方米）	成交总价（亿元）	楼板价（元/平方米）
杭州	余政储出【2012】75号	综合	2013/02	7.32	4.66	6367
成都＊	青羊区马厂村1、2组地	商住	2013/04	14.75	5.09	3550
广州	白云区同宝路8号、10号地块	商住	2013/05	14.51	18.68	13050
上海＊	花木镇46街坊16/2丘地块	办公	2013/05	4.99	15.05	30163
杭州	余政储出〔2013〕13号	住宅	2013/05	14.29	10.10	7.68
广州	沙太路梅花园20号地块	住宅	2013/05	5.51	7.99	14500
广州	南玻地块	综合	2013/06	58.35	45.57	7809
上海＊	启宁路以西、胜竹东路以北地块	住宅	2013/06	8.71	5.26	6037
上海＊	庄行镇B－06－03区域地块	住宅	2013/09	8.73	5.15	5900
重庆＊	［2013］52号大渡口H分区	商住	2013/10	71.20	12.93	1817

数据来源：中国房地产决策咨询系统（CRIC）。
注：上海、成都和重庆为佳兆业2013年新进入的城市。

表 5－77　　2013 年重点新开盘项目

项目名称	城　市	项目名称	城　市
佳兆业城市广场二期	深　圳	佳兆业水岸豪门	东　莞
佳兆业・水岸新都	长　沙	佳兆业玖珑山	杭　州
佳兆业 8 号	成　都	佳兆业中央豪门	东　莞
佳兆业悦峰	深　圳	佳兆业中心二期	惠　州
佳兆业金域天下	武　汉	佳兆业・君汇上品	成　都

数据来源：CRIC。

（十九）华夏幸福基业股份有限公司

1. 企业简介

华夏幸福基业股份有限公司（股票代码：600340）创立于 1998 年，是中国领先的产业新城投资开发运营集团。截至 2013 年年底，公司总资产达 741 亿元。2013 年整体销售额达 374 亿元，比上年增长 77%。

华夏幸福基业坚持“以产促城、以城带产、产城融合、城乡一体、共同发展”的理念，以产业为先导，用领先的城市发展、物业服务能力，打造具备扎实的产业基础、有机的城市功能与浓厚文化氛围的产业新城，让人们安居乐业，促进城市可持续发展。

公司确立了以产业新城为核心产品的业务模式，全力打造产业新城三条产品线，即以固安为代表的产业新城、以无锡为代表的城市产业综合体、以北京丰台为代表的产业商务综合体。公司产业新城开发模式深耕环渤海区域，延伸至长三角经济圈、武汉经济圈，形成全国性战略布局。

截至 2013 年年底，华夏幸福基业所投资开发的产业新城实现招商 500 多家，累计招商引资近 1200 亿元。

公司始终坚持以“打造产业新城、建设幸福城市，使所开发的区域经济发展、社会和谐、人民幸福”为企业使命，致力于以实践推动中国产业升级。

2. 运营数据（见表 5－78～表 5－79）

表 5－78　　2011—2013 年华夏幸福销售业绩

年　份	2013 年	2013 年同比（%）	2012 年	2011 年
销售金额（亿元）	374.24	77.00	211.35	165.00
销售均价（元/平方米）	8446.00	28.00	6576.00	7453.00
销售面积（万平方米）	349.58	28.00	273.84	172.05

数据来源：企业官网，CRIC。

表 5－79　　2011—2013 年华夏幸福财务指标

财务指标	2011 年	2012 年	2013 年
资产负债率（%）	85.46	88.52	86.56
净负债率（%）	－23.80	45.77	71.94
三费费用率（%）	13.57	12.23	10.16
总资产周转率（%）	35.81	34.13	35.91

续表

财务指标	2011 年	2012 年	2013 年
存货周转率（%）	28.87	27.53	32.29
净利润增长率（%）	206.74	45.91	43.91
净利润率（%）	16.42	15.46	12.76
销售毛利率（%）	41.93	39.65	33.81

数据来源：企业公开财务报表。

3. 城市布局

目前，公司主要布局于环渤海和长三角区域，事业版图遍布北京、河北、天津、辽宁、江苏、浙江、湖北等地，辐射全国近 20 个区域。

表 5－80　　2010－2013 年华夏幸福城市布局

年　份	2010 年	2011 年	2012 年	2013 年
已进入城市	廊坊、张家口、文登	秦皇岛、承德、沈阳、天津	无锡、镇江、北京	武汉、嘉兴市

数据来源：企业官网，CRIC。

4. 重点新增土地储备

2013 年年底，公司储备开发用地规划建筑面积 779 万平方米。

5. 重点项目介绍

表 5－81　　2013 年华夏幸福重点销售项目

项目名称	区　域	建筑面积（万平方米）	销售面积（万平方米）	销售均价（元/平方米）
孔雀城 5－8 期	固　安	1119204	73879	10528
孔雀城 6.3 期	固　安	62100	800	13830
大卫城 1－6 期	固　安	1119235	44517	6022
孔雀海（1 期）	固　安	71995	17003	13477
孔雀英国宫（1.1－1.9 期、幸福广场）	固　安	1192109	463243	8515
孔雀英国宫 2.1.1 期	固　安	176923	3891	9636
剑桥郡 1－2 期（含人才家园）	固　安	478183	292893	10440
牛驼温泉孔雀城 1 期	固　安	65541	56608	10933
牛驼温泉孔雀城 3 期	固　安	65610	17806	11840
牛驼温泉孔雀城 5.1 期	固　安	26881	23294	10765
潮白河孔雀城 3－4 期	大　厂	317574	5874	9396
潮白河孔雀城 6－7 期	大　厂	277966	39560	9171
潮白河孔雀城 8 期（辛庄 200 亩）	大　厂	173367	169497	10711
潮白河孔雀英国宫（含大卫城项目）	大　厂	924609	419760	6899

续表

项目名称	区 域	建筑面积（万平方米）	销售面积（万平方米）	销售均价（元/平方米）
潮白河孔雀英国宫 4 期	大 厂	132000	20626	9038
潮白河孔雀英国宫 6 期	大 厂	142892	139634	9100
潮白河孔雀庄园 1 期	大 厂	258646	61243	8089
八达岭孔雀城 1－2 期	怀 来	168677	42735	9823
八达岭孔雀城 3－4 期	怀 来	125855	43991	11551
苏家屯孔雀城 1.1－1.4 期	沈 阳	92199	62399	7230
大运河孔雀城一期大公馆	香 河	62697	35677	6586
大运河孔雀城 4 期	香 河	74162	5372	7168
大运河孔雀城 5 期	香 河	199421	181283	9200
镇江孔雀城英国宫	镇 江	292410	57553	5680
第九园兰亭	廊 坊	156487	3134	9904
华夏铂宫	廊 坊	168837	12248	8811
幸福城润园	廊 坊	465328	54796	7804
幸福城朗园	廊 坊	125427	100559	7139
幸福城雅园	廊 坊	248298	58124	7224
公园海 1.1 期	廊 坊	254721	177542	8176
公园海 1.2 期	廊 坊	120311	15070	10393
公园海 1.3 期	廊 坊	291685	11111	9770
凤河孔雀城 1 期	武 清	157773	118970	7146

数据来源：CRIC。

6. 联系方式

地址：北京市朝阳区东三环北路霞光里 18 号佳程广场 A 座 9 层

电话：010－59115000　　传真：010－59115088

邮编：100027　　邮箱：IR@ cfldcn. com

公司主页：http：//www. cfldcn. com

（二十）复地（集团）股份有限公司

1. 企业简介

复地（集团）股份有限公司（以下简称“复地”），是中国大型的房地产开发集团，国家一级开发资质、中国驰名商标企业、复星集团的创始成员企业，位列 2014 年中国房地产百强企业 20 强。

2013 年，复地全国在建面积近 794 万平方米、竣工面积超 218 万平方米。全年权益前销售面积近 147.3 万平方米，权益前销售额约 199.7 亿元人民币，归属母公司净利润约 20 亿元人民币。

复地集团母公司复星集团于 2013 年创造性提出了产城一体为核心的新型城市开发解决方案——“蜂巢城市”，通过将复星 22 年所积累的丰富产业资源和卓越的地产开发商能力科学有效的嫁接，打造新型城市建设模式，并形成了以复星旗下产业为依托的大金融、大健康、大文化、大旅游、大物贸五大类蜂巢产品。

复地集团将通过导入复星核心产业、衍生产业及相关生活服务功能，打造模块自由组合的新型城市建设模式，为城市升级和产业升级提供一站式解决方案，实现工作、生活、消费三位一体的城市空间。

未来，复地集团将根据中国城市升级版开发建设需求，不断深化“五大蜂巢”开发模式；继续致力于以人性化的视角，为客户提供最佳的人居空间解决方案，实践“以人为蓝图”的品牌理念，并在有关各方的价值最大化的同时，实现复地“成为国际一流的房地产开发商”的企业愿景。

2. 城市布局

表 5－82　　2013 年复地城市布局

2013 末已入驻城市数量	具体城市	未来重点布局的城市
16	北京、上海、南京、无锡、杭州、天津、大同、太原、长春、成都、重庆、长沙、武汉、海南、西安、宁波	一线城市与二线核心城市为主，同时布局有潜力的其他城市

3. 重点项目介绍

上海　复地御西郊

复地御西郊项目位于上海长宁区西郊板块，秉承西郊独有的历史人文，比邻西郊公园百年生态绿海，坐拥古北、西郊繁华生活配套，尽享虹桥交通枢纽立体交通网络及虹桥商务区未来规划。御西郊拥享西郊完善、顶级的配套资源，休闲、商业、教育、医疗、酒店等国际化的配套设施一应俱全，包括 3 个高尔夫球场、7 所国际学校、2 家高级私立医院、7 家五星级酒店等均在项目周边 3 公里范围左右。御西郊项目自身的规划也处处体现出国宾级的尺度和规格，仅 1.2 的超低容积率，超过 50% 的绿化率，最高达 90 米的栋间距以及近 2000 平米的水景，彰显着项目独一无二的国宾城市豪宅尺度。

上海　复地万科活力城

复地万科活力城，是复地、万科集团联手打造的约 110 万方国际都市新中心。地处上海“十二五”战略规划御桥都会商贸中心核心地缘，是上海市政府打造的中环 6 大城市副中心之一。其中 30 万方商务新中心囊括：5A 级写字楼、全业态商业街、一站式全龄层 ShoppingMall 及商办租住全功能 SOHO。近享自贸区辐射第一极，分享城市发展红利。

上海　复地申公馆

复地申公馆位于上海世博板块浦江镇人民政府旁，毗邻后滩央企总部聚集区和前滩跨国企业总部区，距轨道 8 号线联航路站约 600 米，周边多家世界 500 强企业环绕。项目由 42 栋欧式风格商务独栋组成的欧式风情商务花园街区，5 栋现代 5A 甲级标准写字楼及 2 层精品商场组成。复古典雅与现代灵动鲜明对比的同时，浪漫主义与现实主义相得益彰。使其成为浦江的地标景观和首屈一指的商务地标。

成都　复地御香山

复地·御香山位于成都锦江河岸线，东侧接壤 60m 宽的市政绿化公园，加上地块先天具备的坡地起伏、原生溪塘，生态条件十分优越。项目占地 342 亩，纯低密度社区规划，其中 1 期容积率仅为 0.6 左右，纯别墅物业形态。

南京　复地御钟山

御钟山位于南京钟山东麓龙首处，咫尺环陵路，坐享“一线环陵路最后一块住宅用地”，以钟山环陵路豪宅区尚且空白的新古典法式建筑风格，为南京打造前所未有的低密度多层平墅。项目采用新古典法式建筑风格，原生珍稀石材干挂立面，台地溪瀑与中式、法式结合的园林景观，纯大户型规划、奢华社区会所……御钟山为南京打造前所未有的大平层豪宅超越之作。

武汉　复地东湖国际

复地东湖国际，武汉顶级高尚住宅，东湖阶层，第一居所。项目距中国最大的城中湖——东湖步行仅需5分钟。项目同时坐享湖北省府完善便利生活配套，拥有武昌中心区的城市繁华和闹中取静的私密领域。同时毗临中南、徐东两大成熟商圈，周边名校云集，大学书院林立，重点的中学小学，艺术馆、博物馆，繁多而齐全的银行、邮政、餐饮、酒店不离左右。位于规划中的中北路CBD核心部位，地铁四号线与地铁七号线同时在此处设置站点，位处城市最强多维交通枢纽所在，地段价值极度稀缺。

长沙　复地崑玉国际

复地崑玉国际傲据滨江一线，坐拥2000余年湘春门文脉底蕴，是复地集团在长沙的开篇之作，享城市央区四大核心场，文化场、资本场、消费场、景观场，兼得自然与繁华，小而纯粹，小而精致，为长沙一线江景资源型城市高端综合体。四大产品线，缔造高端人士格调圈层尊荣感。万豪国际五星级酒店：全球前三甲酒店集团，世界知名国际酒店品牌之一；国际甲级写字楼：瞰江写字楼，跨国企业租赁首选，做老外的房东；顶级滨江豪宅群：90～230平方米城央滨江级事业家典藏级居住蓝本，打造事业家的人生蓝图；高端酒店式公寓：滨江超稀缺公寓产品，投资家追捧的多功能增值品。

4. 联系方式

地址：上海市复兴东路2号5－7楼　　　电话：021－23133700

公司主页：http：//www. forte. com. cn/

（二十一）雅居乐地产控股有限公司

1. 企业简介

雅居乐地产控股有限公司（股份代号：3383）是中国最具实力的综合性开发商之一，核心业务以综合性社区住宅开发运营为主，并广泛涉足商业物业投资、酒店开发运营、物业管理服务等多个领域。公司于1992年开发首个房地产项目，源于中山，扩展全国。发展迄今，在全国近30个城市及地区，累计开发逾70个处于不同发展阶段的项目，为数十万家庭提供更具生命力的多元小区生活平台，成为国内领先的综合性社区运营者。

2013年，公司坚持主流市场定位，积极促进销售，推盘节奏契合市场景气变化，取得良好的销售业绩。截至2013年年底，雅居乐累计实现销售面积348.4万平方米，销售金额403.4亿元，同比分别增长8%和22%，销售金额创行业新高。

2. 财务数据（见表5－83～表5－86）

表5－83　　2013年销售业绩及同比

	2013年	同比（%）
销售金额（亿元）	403.4	22
销售均价（元/平方米）	11579.0	13
销售面积（万平方米）	348.4	8

数据来源：企业官网，中国房地产决策咨询系统（CRIC）。

表 5－84　　2012—2013 年财务指标

财务指标	2013 年	2012 年
净负债率（%）	88.69	115.08
三费费用率（%）	6.55	7.17
总资产周转率（次/年）	0.34	0.34
长短期债务比	2.36	1.43
现金短债比	1.06	1.57
净利润增长率（%）	－20.01	－1.67
销售毛利率（%）	35.60	41.37
销售净利率（%）	16.54	15.67

数据来源：企业年报。
注：长短期债务比＝长期借款/（短期借款＋一年内到期非流动负债）。
现金短债比＝货币资金/（短期借款＋一年内到期非流动负债）。

表 5－85　　2013 年重点新增土地储备

城　市	宗地名称	属　性	成交时间	建筑面积（万平方米）	成交总价（亿元）	楼板价（元/平方米）
扬　州*	【807】号地块	商　住	2013/04	43.70	10.04	2299
上　海	车亭公路三号地块	商　住	2013/04	15.07	9.03	5992
滁　州*	LASZ2013－10	商　住	2013/06	16.08	0.53	330
无　锡*	XDG－2012－78	商住办	2013/07	64.40	20.39	3166
镇　江*	镇土交 J（2013）4 号 润州区 4—1（2013）	商　住	2013/07	22.62	4.90	2166
杭　州*	余政储出［2013］42 号	商　住	2013/07	42.38	13.04	3077
镇　江*	南徐新城中心区地块	商　住	2013/08	22.60	4.90	2166
宁　波*	［2013］15 号北仑区 春晓 161#地块	住　宅	2013/08	31.86	3.82	1198
宁　波*	15 号北仑区春晓 160#地块	住　宅	2013/08	24.31	2.92	1198
西双版纳*	傣族自治州 13 幅 相连住宅地块	住　宅	2013/10	63.40	2.40	375

数据来源：中国房地产决策咨询系统（CRIC）。
注：扬州、滁州、无锡、镇江、杭州、宁波、西双版纳为雅居乐 2013 年新进入的城市。

表 5－86　　2013 年重点新开盘项目

项目名称	城　市	项目名称	城　市
雅居乐剑桥郡	广　州	津南新城一期	天　津
雅居乐·清水湾·碧海帆影	陵　水	雅居乐白鹭湖	惠　州
中山凯茵新城	中　山	雅居乐新城	中　山
雅居乐·御景名门	佛　山	顺德雅居乐花园	佛　山
雅居乐·清水湾·蔚蓝高尔夫	陵　水	雅居乐小院流溪	广　州

数据来源：CRIC。

（二十二）保利置业集团有限公司

1. 企业简介

保利置业集团有限公司是中国保利集团公司海外唯一上市的房地产旗舰企业。公司前身为成立于1973年的新海康航业投资有限公司。1993年，中国保利集团公司收购其控股权，成为最早在香港上市的国有企业之一。经过多年发展，公司业务已由多元化投资逐步转为国内房地产项目投资开发。目前共持有开发及土地储备建设面积近2400万平方米，项目分布北京、上海、重庆、哈尔滨、济南、武汉、广州、深圳、南宁、昆明、贵阳、惠州等20个城市。公司物业管理超过90余个项目，遍布国内主要城市，形成以房地产开发、物业投资管理为核心的主营业务架构。

2013年，保利置业的房地产销售达到267亿元人民币，超出原定全年目标人民币260亿元约3%。新售及续售楼盘共46个，签约面积达250万平方米，分别实现同比增长14%和0%，继续保持较快增长态势，行业地位有所提升。

2. 财务数据（见表5－87～表5－90）

表5－87　　2013年销售业绩及同比

	2013年	同比（%）
销售金额（亿元）	267	14
销售均价（元/平方米）	10680	15
销售面积（万平方米）	250	0

数据来源：企业官网，中国房地产决策咨询系统（CRIC）。

表5－88　　2012—2013年财务指标

财务指标	2013年	2012年
净负债率（%）	81.36	107.12
三费费用率（%）	3.06	3.00
总资产周转率（次/年）	0.26	0.20
长短期债务比	1.72	1.74
现金短债比	1.00	1.03
净利润增长率（%）	6.51	－5.55
销售毛利率（%）	23.43	30.38
销售净利率（%）	5.80	10.78

数据来源：企业年报。
注：长短期债务比＝长期借款/（短期借款＋一年内到期非流动负债）。
　　现金短债比＝货币资金/（短期借款＋一年内到期非流动负债）。

表 5－89　　2013 年重点新增土地储备

城　市	宗地名称	属　性	成交时间	建筑面积（万平方米）	成交总价（亿元）	楼板价（元/平方米）
佛　山	佛顺（挂）2012－098 号	商　住	2013/01	48.09	6.97	1450
广　州	花都区新华街九谭村 J11－SJ05 地块	住　宅	2013/07	10.55	4.78	4532
上　海	泗泾镇泗凤路一号 A 地块	商　住	2013/07	18.75	23.56	12567
济　南	2013－G089	住　宅	2013/09	11.12	1.49	1338
广　州	穗南国土出告字〔2013〕第 4 号	住　宅	2013/09	63.54	30.30	4769
惠　州	［2013］29 号惠阳区 GP1355	商　住	2013/12	4.43	0.23	516
惠　州	［2013］29 号惠阳区 GP1356	商　住	2013/12	10.86	0.58	531

数据来源：中国房地产决策咨询系统（CRIC）。

表 5－90　　2013 年重点新开盘项目

项目名称	城　市	项目名称	城　市
保利御樽苑	上　海	保利蓝海郡	武　汉
保利·爱琴海	南　宁	保利香槟光华	成　都
保利上城	深　圳	保利天鹅语	上　海
保利花城	广　州	保利观湖国际二期	苏　州
保利水晶城	广　州	保利华庭	济　南

数据来源：CRIC。

（二十三）新城控股集团有限公司

1. 企业简介

新城控股集团总部位于上海，是一家在香港主板上市（股票代码：01030），致力于开发运营优质住宅物业和城市综合体项目的中国领先物业开发商。新城控股旗下包含以住宅开发为主的子公司新城地产（股票代码：900950）。

作为中国房地产行业 20 强、华东最具品牌价值的房地产公司，经过二十载的积累，新城控股集团目前总资产超过 470 亿，已开发和正在开发的项目达 90 余个。集团业务版图主要分布在中国最富裕的长三角地区，并进一步向价值潜力不断提升的东部沿海城市群以及中西部重点城市拓展延伸以建造更多幸福的住宅社区和愉悦的商业空间。

新城控股坚持"区域聚焦、高速周转、产品多元化"的发展战略，矢志跻身中国最优秀房地产企业的行列，争做中国最具成长性和竞争力的综合性房地产集团。

2. 销售业绩（见表 5－91）

表 5－91　　2013 年销售业绩及同比

	2013 年	同比（%）
销售金额（亿元）	206	28
销售均价（元/平方米）	9350	8
销售面积（万平方米）	221	19

数据来源：企业官网，中国房地产决策咨询系统（CRIC）。

3. 财务指标（见表5－92）

表5－92 2012—2013年财务指标

财务指标	2013年	2012年
净负债率（%）	61.00	57.00
三费费用率（%）	10.00	8.00
总资产周转率（次/年）	0.44	0.43
长短期债务比	5.39	0.88
现金短债比	3.41	0.95
净利润增长率（%）	8.00	9.00
销售毛利率（%）	23.00	23.00
销售净利率（%）	8.00	9.00

数据来源：企业年报。
注：长短期债务比＝长期借款/（短期借款＋一年内到期非流动负债）。
现金短债比＝货币资金/（短期借款＋一年内到期非流动负债）。

4. 土地储备（见表5－93）

表5－93 2013年重点新增土地储备

城市	宗地名称	属性	成交时间	建筑面积（万平方米）	成交总价（亿元）	楼板价（元/平方米）
杭州*	余政储出（2013）65号	住宅	2013/10	5.2	4.5	8727
苏州	张家港开发区二环路南侧B47－A	商住	2013/10	26.3	3.5	1313
苏州	张家港开发区二环路南侧B47－B	商住	2013/10	26.3	3.5	1312
镇江*	丹阳凤凰路东侧G1334	商住	2013/10	15.3	1.3	858
镇江*	丹阳凤凰路东侧G1335	商住	2013/10	23.3	2.0	858
镇江*	丹阳凤凰路东侧G1336	商住	2013/10	13.0	1.1	856
常州	常州市新北区龙江路西侧龙城大道北侧地块	商住	2013/11	15.6	2.0	1257
上海	上海市松江区永丰街道中山西路一号B地块	商住	2013/12	4.4	7.3	16685
南通*	CR13043地块	商住	2013/12	55.7	7.0	1260

数据来源：中国房地产决策咨询系统（CRIC）。
注：镇江、常州、杭州为新城2013年新进入的城市。

5. 重点新开盘项目（见表 5－94）

表 5－94　　2013 年重点新开盘项目

项目名称	城　市	项目名称	城　市
新城碧翠	上　海	新城香溢紫郡	常　州
新城香溢紫郡	南　京	新城香溢澜庭	上　海
香溢澜桥	苏　州	香溢紫郡峻园	无　锡
香溢澜桥	常　州	新城石湖公馆	苏　州
新城香悦半岛	常　州	青浦吾悦广场	上　海

数据来源：CRIC。

（二十四）和记黄埔企业股份有限公司

1. 企业简介

和记黄埔企业股份有限公司是香港交易所主板其中一家最大的上市公司，公司经营六项核心业务，计有港口及相关服务、地产及酒店、零售、基建、能源以及电讯。其中，和记地产有限公司于 1971 年 3 月注册成立，为和记企业全资附属公司，于公开招股后不久成为上市公司。其后，和记地产购入和记企业之主要物业及其附属之贸易公司。

截至 2013 年年底，和记黄埔累计实现销售面积 118.1 万平方米，销售金额 215.7 亿元，同比分别下降 7.8% 和上升 22.6%。

2. 财务数据（见表 5－95～表 5－98）

表 5－95　　2013 年销售业绩及同比

	2013 年	同比（%）
销售金额（亿元）	216	23
销售均价（元/平方米）	18264	33
销售面积（万平方米）	118	－8

数据来源：中国房地产决策咨询系统（CRIC）。

表 5－96　　2012—2013 年财务指标

财务指标	2013 年	2012 年
净负债率（%）	20.00	19.97
三费费用率（%）	56.00	57.00
总资产周转率（次/年）	0.56	0.58
长短期债务比	11.41	5.57
现金短债比	4.72	2.73
净利润增长率（%）	21.00	－57.00
销售毛利率（%）	37.00	33.00
销售净利率（%）	15.00	13.00

数据来源：企业年报。
注：长短期债务比＝长期借款/（短期借款＋一年内到期非流动负债）。
现金短债比＝货币资金/（短期借款＋一年内到期非流动负债）。

表 5－97　　2013 年重点新增土地储备

城　市	宗地名称	属　性	成交时间	建筑面积（万平方米）	成交总价（亿元）	楼板价（元/平方米）
广　州	白云区 AB0807088	工业 & 物流仓储；	2013/03	10.64	0.73	688

数据来源：中国房地产决策咨询系统（CRIC）。

表 5－98　　2013 年重点新开盘项目

项目名称	城　市	项目名称	城　市
和黄御沁园	上　海	成都彩叠园第 1A 期	成　都
和黄海逸豪庭四期	东　莞	御翠园	常　州
晓港名城	青　岛	盈峰翠邸	长　沙
逸翠庄园	重　庆	御峰园御天峰	深　圳
和黄盈峰翠邸	深　圳	长实湖畔天下	上　海

数据来源：CRIC。

（二十五）九龙仓集团有限公司

1. 企业简介

九龙仓集团有限公司始创于 1886 年，集团实力雄厚，综合资产总值达港币 4151 亿元，以发展中、港两地地产及基建业务为策略重点。集团为会德丰有限公司的附属公司。九龙仓以地产发展为策略重点，并在收购土地、融资、项目发展、设计、建筑及市场推广各方面确立核心竞争力。

优质投资物业是九龙仓业务模式的骨干，并坚持两条腿走路的策略，一是依靠在香港海港城与时代广场积累的丰富经验，发展自持的“投资物业”；二是向内地优秀企业学习、合作，积极发展住宅等“发展物业”。截至 2013 年 12 月 31 日，九龙仓集团在内地应占物业销售额为 209 亿元，超过了 200 亿元的全年销售目标。

2. 财务数据（见表 5－99 ~ 表 5－102）

表 5－99　　2013 年销售业绩及同比

	2013 年	同比（%）
销售金额（亿元）	209	39
销售均价（元/平方米）	13933	21
销售面积（万平方米）	150	15

数据来源：企业官网。

表 5－100　　2012—2013 年财务指标

财务指标	2013 年	2012 年
净负债率（%）	21.00	22.00
三费费用率（%）	11.00	11.00
总资产周转率（次/年）	0.08	0.09
长短期债务比	7.69	13.03

续表

财务指标	2013 年	2012 年
现金短债比	2.58	3.53
净利润增长率（%）	-38.00	54.00
销售毛利率（%）	56.00	60.00
销售净利率（%）	94.00	156.00

数据来源：企业年报。

注：长短期债务比 = 长期借款/（短期借款 + 一年内到期非流动负债）。

现金短债比 = 货币资金/（短期借款 + 一年内到期非流动负债）。

表 5 - 101　　2013 年重点新增土地储备

城　市	宗地名称	属　性	成交时间	建筑面积（万平方米）	成交总价（亿元）	楼板价（元/平方米）
上　海	南汇区周浦镇 08 单元 06 - 05 地块	住　宅	2013/03/21	9.79	13.06	13335
宁　波	江北区天水家园以北地段Ⅰ - 2a 地块	住　宅	2013/07/03	10.36	9.97	9620
天　津	津东海（挂）2013 - 096 号	商　住	2013/09/11	18.18	26.50	14576
杭　州	萧政储出（2013）49 号	商　住	2013/12/18	18.96	25.76	13586

数据来源：中国房地产决策咨询系统（CRIC）。

表 5 - 102　　2013 年重点新开盘项目

项目名称	城　市	项目名称	城　市
九龙仓碧堤半岛	苏　州	九龙仓兰宫	上　海
九龙仓时代上院二期	常　州	北宁湾四期	天　津
九龙仓·熙岸望府	无　锡	臻　园	北　京
九龙仓雅戈尔铂翠湾	宁　波	御东雅苑	广　州
九龙仓碧玺	杭　州	依云曦城	佛　山

数据来源：CRIC。

（二十六）长江实业（集团）有限公司

1. 企业简介

长江实业（集团）有限公司为长江集团的旗舰。长江集团是一家建基香港的跨国企业，集团在香港的成员包括三家同为恒生指数成份股的上市公司：长江实业、和记黄埔有限公司及电能实业有限公司。长江实业是一间地产发展及策略性投资公司，为香港规模最大的地产发展商之一，在本港发展一系列的住宅及工商物业。

截至 2013 年年底，长江实业累计实现销售面积 129.0 万平方米，销售金额 212.7 亿元，同比分别增长 15.0% 和 21.0%，销售金额创行业新高。

2. 财务数据（见表5－103～表5－106）

表5－103　2013年销售业绩及同比

	2013年	同比（%）
销售金额（亿元）	212.7	－1
销售均价（元/平方米）	16533.0	20
销售面积（万平方米）	129.0	－17

数据来源：中国房地产决策咨询系统（CRIC）。

表5－104　2012—2013年财务指标

财务指标	2013年	2012年
净负债率（%）	2.00	7.00
三费费用率（%）	31.00	39.00
总资产周转率（次/年）	0.09	0.09
长短期债务比	16.18	8.43
现金短债比	13.62	4.15
净利润增长率（%）	24.00	19.00
销售毛利率（%）	67.00	59.00
销售净利率（%）	37.00	31.00

数据来源：企业年报。
注：长短期债务比＝长期借款/（短期借款＋一年内到期非流动负债）。
现金短债比＝货币资金/（短期借款＋一年内到期非流动负债）。

表5－105　2013年重点新增土地储备

城　市	宗地名称	属　性	成交时间	建筑面积（万平方米）	成交总价（亿元）	楼板价（元/平方米）
广　州	2013挂－0130（白云区AB0807088（穗国房挂出告字〔2013〕6）	工业&物流仓储	2013/03	10.64	0.73	688

数据来源：中国房地产决策咨询系统（CRIC）。

表5－106　2013年重点新开盘项目

项目名称	城　市	项目名称	城　市
逸翠庄园	重　庆	盈峰翠邸	长　沙
成都彩叠园第1A期	成　都	御峰园御天峰	深　圳
晓港名城	青　岛	长实湖畔天下	上　海
和黄盈峰翠邸	深　圳	御翠园	常　州
和黄海逸豪庭四期	东　莞	世纪江尚	武　汉

数据来源：CRIC。

（二十七）北京首都开发股份有限公司

1. 企业简介

北京首都开发股份有限公司是北京首都开发控股（集团）有限公司控股的大型房地产开发经营企业，具有国家一级房地产开发资质，在上海证交所挂牌上市。2007 年 12 月 27 日，公司取得中国证券监督管理委员会批准，向实际控股人北京首都开发控股（集团）有限公司发行股票购买其房地产主营业务资产，成为北京首都开发控股（集团）有限公司房地产业务的运作平台。公司注册资本 149467.5 万元，房地产开发综合实力在全国名列前茅。

截至 2013 年年底，首开股份累计完成销售面积 140.9 万方，完成销售金额 185.8 亿元，均较去年同期同比上涨 4.4%；与此同时，首开股份销售均价较去年同期下降 0.9%，达到 13187 元/平方米。

2. 财务数据（见表 5－107～表 5－110）

表 5－107　　2013 年销售业绩及同比

	2013 年	同比（%）
销售金额（亿元）	185.8	4.4
销售均价（元/平方米）	13187.0	-0.9
销售面积（万平方米）	140.9	4.4

数据来源：企业官网，中国房地产决策咨询系统（CRIC）。

表 5－108　　2012—2013 年财务指标

财务指标	2013 年	2012 年
净负债率（%）	182.96	118.33
三费费用率（%）	12.24	17.47
总资产周转率（次/年）	0.17	0.19
长短期债务比	2.17	1.32
现金短债比	1.00	1.29
净利润增长率（%）	0.92	0.80
销售毛利率（%）	36.78	41.63
销售净利率（%）	10.50	12.12

数据来源：企业年报。

注：长短期债务比＝长期借款/（短期借款＋一年内到期非流动负债）。

现金短债比＝货币资金/（短期借款＋一年内到期非流动负债）。

表 5－109　　2013 年重点新增土地储备

城市	宗地名称	属性	成交时间	建筑面积（万平方米）	成交总价（亿元）	楼板价（元/平方米）
北京	朝阳区孙河乡西甸村 F 地块	商住	2013/02	4.09	10.60	25930
北京	朝阳区孙河乡西甸村 G 地块	商住	2013/02	6.30	16.60	26358
北京	北京市通州区台湖镇 4－1－005 地块	商住	2013/04	12.34	12.00	9722

续表

城　市	宗地名称	属　性	成交时间	建筑面积（万平方米）	成交总价（亿元）	楼板价（元/平方米）
北　京	北京市大兴区新城核心区 I、J 组团 0101－009、012 地块	商　业	2013/05	12.70	11.25	8859
北　京	北京市大兴区旧宫镇绿隔地区建设旧村改造二期 A2－1 地块	住　宅	2013/05	6.79	12.82	18870
北　京	昌平区东小口镇 G06－2、G06－4、G09－1 地块	商　办	2013/11	6.76	8.55	12654
北　京	昌平区东小口镇 G05－1、G05－3、G08－1 地块	商　办	2013/11	6.23	9.45	15159
北　京	大兴区亦庄新城Ⅱ－1 街区 B01R1－2 地块	商　住	2013/11	10.96	16.40	14970
北　京	北京市朝阳区高井 2 号保障房用地	住　宅	2013/11	13.14	6.85	5215
北　京	北京市朝阳区东坝南区 1105－660、661、665、666 号地	商　住	2013/11	9.35	21.45	22933
北　京	北京经济技术开发区河西区 X13R2 地块	商　住	2013/11	10.14	12.20	12036

数据来源：中国房地产决策咨询系统（CRIC）。

表 5－110　　2013 年重点新开盘项目

项目名称	城　市	项目名称	城　市
香开新城	福　州	璞　瑅	北　京
熙悦睿府	北　京	领翔国际	厦　门
首开国风美仑	北　京		

数据来源：CRIC。

（二十八）金融街控股股份有限公司

1. 企业简介

金融街控股股份有限公司是以商务地产为主业的大型国有控股公司，2000 年在深交所上市。企业以“基业长青，建筑永恒”为经营理念。目前，金融街控股股份有限公司拥有 19 家全资及控股子公司，分别在北京、重庆、天津、惠州等地投资并开发房地产项目。

2013 年，金融街整体销售突破继续创历史新高，达到 225 亿元。公司实施包括差异化策略在内的多种营销手段，全年实现住宅产品销售签约额约 76 亿元，较上年下跌约 34%；抓住商务地产市场机遇，充分利用大客户资源优势，全年实现商务地产销售签约额约 149 亿元，较上年增长约 59%。

2. 财务数据（见表 5－111～表 5－114）

表 5－111　　2013 年销售业绩及同比

	2013 年	同比（%）
销售金额（亿元）	225	10
销售均价（元/平方米）	26163	40
销售面积（万平方米）	86	－22

数据来源：企业官网，中国房地产决策咨询系统（CRIC）。

表 5－112　　2012—2013 年财务指标

财务指标	2013 年	2012 年
净负债率（%）	83.54	76.41
三费费用率（%）	5.50	8.26
总资产周转率（次/年）	0.27	0.27
长短期债务比	3.11	1.27
现金短债比	1.33	1.07
净利润增长率（%）	30.52	31.05
销售毛利率（%）	37.53	31.47
销售净利率（%）	17.70	15.65

数据来源：企业年报。

注：长短期债务比＝长期借款/（短期借款＋一年内到期非流动负债）。

　　现金短债比＝货币资金/（短期借款＋一年内到期非流动负债）。

表 5－113　　2013 年重点新增土地储备

城　市	宗地名称	属　性	成交时间	建筑面积（万平方米）	成交总价（亿元）	楼板价（元/平方米）
北　京	石景山区五里坨南宫地块	商　住	2013/07	35.59	38.12	10711
重　庆	九龙坡区大杨石组团地块	住　宅	2013/12	9.50	2.88	3033

数据来源：中国房地产决策咨询系统（CRIC）。

表 5－114　　2013 年重点新开盘项目

项目名称	城　市	项目名称	城　市
金融街融景城	重　庆	金融街和平中心	天　津
金融街金悦城	重　庆	金融街月坛中心	北　京
金融街·金色漫香苑	北　京	金融街广安中心	北　京
金融街（南开）中心	天　津		

数据来源：CRIC。

（二十九）融侨集团股份有限公司

1. 2013 年企业发展综述

融侨集团房地产业务坚持“区域深耕，稳健发展”的经营战略，以福州为大本营，拓展福清、武汉、合肥、无锡、淮安、连云港、天津、南京等多个城市，坚持打造中高端精品住宅产品，同时涉足旅游地产、商业地产的多元化发展，2013 年企业综合实力位居全国 25 强，销售额位列全国 30 强，福建房企第一。

2. 销售业绩（见表 5－115）

表 5－115　　2011—2013 年销售业绩

	2013 年	2012 年	2011 年
销售金额（亿元）	217.0	190.0	185.0
销售面积（万平方米）	141.9	125.0	146.0

3. 企业发展战略

融侨集团由东南亚著名的华人企业家林文镜先生于 1989 年以港资形式在福州投资的房地产公司发展而来，是一家拥有国家一级资质以房地产开发为核心的外商投资企业，涉及酒店、物业、温泉、商业、港口等业务。董事局主席林文镜先生在印度尼西亚、新加坡等地有多项大型投资。融侨集团成立 25 年来，一直秉承“为居者着想，为后代留鉴”的经营理念，坚持构建理想城市生活，坚持“区域深耕，稳健发展”的经营战略，融侨品牌定位为城市运营商与社区地产领跑者。

4. 重点项目介绍

融侨·外滩，地处闽江南岸，属闽江一线豪宅聚集区，隔江对望闽江北岸 CBD。融侨·外滩独踞闽江 33 万平米一线江岸，展开 29 栋新古典主义超高层建筑群，各建筑体以“U”型布局半围合而成，内外双重园林设计，内部以 ARTDECO 风格特设凡尔赛宫式大草坪，外部则斥资亿元打造五大主题滨江园林。

融侨·观山府，为融侨旗山项目二期，项目总建筑面积约 25 万平方米，拥有完整的生活舒适系统，从设施丰富的休闲会所、私人会所，到大型商业超市、商业街，直到涵盖幼儿园、小学及中学的一站式教育体系，商业配套共 4 万方。

融侨中心，是融侨集团在福州打造的首个城市综合体项目，也是未来融侨集团企业总部所在。项目位于闽江北岸 CBD，总建筑面积约 17 万平米，产品规划有超五星级国际酒店、5A 甲级写字楼、滨江风情商业。主楼高 160 米，将成为闽江江岸商业地标所在。

5. 联系方式

地址：福建省福州市仓山区闽江大道 167 号融侨水乡酒店 12 层　　邮编：350000

电话：0591－87730970　　传真：0591－88318037

公司主页：www.rongqiao.com

（三十）建业地产股份有限公司

1. 企业简介

建业地产股份有限公司（连同其附属公司通称“本集团”）于 2007 年 11 月 15 日在开曼群岛注册成立为获豁免有限公司，并于 2008 年 6 月 6 日在香港联合交易所有限公司（联交所）主板上市，具有中华人民共和国房地产开发企业一级资质。

公司成立伊始即确定了房地产主营业务和品牌化经营道路，22 年来秉承“根植中原，造福百姓”的核心价值观，通过精心雕琢的建筑作品引领市民体验新的生活方式。公司定位为中原城市进程和社会全面进步的推动者，扎根中原 21 年，坚守“让河南人民都住上好房子”的企业理想与使命，并逐渐形成了“森林半岛”、“联盟新城”、“壹号城邦”、“桂园”及“建业十八城”等产品系列，提升了河南各城市的人居水平，为河南城镇化进程的推进做出了重要贡献。与此同时，公司整合相关物业、教育、酒店、足球、商业、绿色基地等资源，构建中国地产界独有之大服务体系，并以此构筑企业新的核心竞争力。

公司位居 2014 年中国房地产开发企业 500 强榜单第 26 位，并连续五年位居区域运营 10 强第 1 名，是中原地产中唯一进入前 30 强的房地产开发企业，稳居河南地产行业第一。

2. 财务数据（见表 5 - 116）

表 5 - 116　　2011—2013 资产与负债状况

单位：万元

	2013 年	2012 年	2011 年
资产总额	3143633	2434826	1947830
负债总额	2488635	1872505	1443655
流动负债	1889600	1351405	1376136
预收账款	217797	275921	309843
流动资产	2268339	1717700	1489204
所得税	81077	97627	107482
净利润	109195	86979	74293

3. 销售业绩（见表 5 - 117）

表 5 - 117　　2011—2013 年销售业绩

	2013 年	2012 年	2011 年
销售面积（万平方米）	205.00	158.00	133.00
销售金额（亿元）	140.03	103.50	81.20

4. 重点项目介绍（见表 5 - 118）

表 5 - 118　　2013 年重点项目介绍

序　号	名　称	所在城市	物业类型	2013 年销售面积（平方米）	2013 年销售额（万元）
1	郑州春天里	郑　州	住宅、商业	32965.49	68155.40
2	郑州贰号城邦	郑　州	住宅、商业	94428.61	142358.93
3	建业天筑	郑　州	住宅、商业	39681.55	102908.32
4	郑汴联盟新城	郑　州	住宅、商业	23347.96	42239.52
5	开封东京梦华	开　封	住宅、商业	4149.39	5246.34
6	郑州五栋大楼	郑　州	商　业	56260.83	71594.63

5. 城市布局

建业集团总部位于郑州，坚持省域化战略，自1992年起，几乎每年都有新进城市，截至2013年年底招商地产已进入河南全部地市，并不断扎根向下，进入县级市场。

6. 联系方式

地址：郑州市建业路建业城市花园88号　邮编：450004

电话：0371—66516000　传真：66515003

邮箱：jianye_ group@ 163. com　公司主页：http：//www. jianye. com. cn/index. php

（三十一）阳光城集团股份有限公司

1. 企业简介

阳光城集团股份有限公司（简称“阳光城集团”），是阳光城控股投资的以房地产开发为主营业务的上市企业（上市代码：000671），1995年始创于福州，2012年管理总部迁至上海。

截至2014年4月，阳光城集团已进入福建、上海、陕西、甘肃、山西、江苏、浙江等省市发展，土地总储备逾700万方，全国储备货值超1000亿。同时，凭借快速提升的企业综合实力及品牌价值，获得2014中国房地产开发企业500强第27名及运营效率10强第1、2014中国房地产百强企业第28名及成长性TOP10第1、2013中国房地产开发企业品牌价值50强及成长性10强第1、2013中国房地产开发企业百强及运营效率10强第2、2013中国房地产上市公司综合实力强及发展速度5强第3等荣誉。

阳光城集团逐步形成包括住宅（城市豪宅、浪漫城邦、时尚公寓、生态别墅）和商业（商务办公、商业综合体、星级酒店）两大类产品体系，涵盖全方位生活所需。

2. 发展战略综述

“识势、顺势”是公司实现“稳健、有质量”成长的基础。公司充分关注地产与经济周期的关系，并致力于坚持一个可供长期坚持的策略。未来，公司继续坚定“区域聚焦、深耕发展”的发展战略不动摇，牢记“两个务必”，坚持“两个要求”。

两务必：务必保持高周转、务必保持低成本，坚持强运营，一切以客户为本，致力细分市场领先，进一步突出公司的核心竞争力，保持较快的存货周转速度和良好的费用控制水平，实现高成长、高溢价、低成本、低风险。

两要求：一要静下心来练内功，狠抓执行，加强细节管理，缩短与标杆企业的差距，进一步夯实企业运营管理并加强风险管控；二要静下心来图发展，寻求科学发展的有效途径，善于捕捉机会获取合适土地，探索新的生意模型，使公司从商业领域实现新的突破。

3. 财务数据（见表5－119～表5－120）

表5－119　　2011—2013年资产与负债状况

单位：万元

	2013年	2012年	2011年
资产总额	3271061. 99	1644534. 42	1318870. 09
负债总额	2841291. 55	1256568. 83	884728. 62
流动负债	2005176. 34	986225. 98	414438. 76
货币资金	257771. 33	96624. 05	68004. 85

续表

	2013 年	2012 年	2011 年
应收账款	51330.67	7958.21	25537.88
其他应收款	79289.35	46590.88	21647.52
本公司所有者股东权益	327510.29	219554.24	200768.10
资产负债率	86.86	76.41	67.08
流动比率	1.63	1.61	2.40
速动比率	0.53	0.57	1.36

表 5－120　　2011—2013 年现金流量状况

	2013 年	2012 年	2011 年
销售商品收到的现金（万元）	1452234.51	626536.06	456957.04
经营活动现金净流量（万元）	－546622.30	11036.33	－235810.96
现金净流量（万元）	164357.98	26167.05	－10255.93
销售商品收到现金与主营收入比（%）	195.24	115.04	141.85%
经营活动现金流量与净利润比（%）	－838.78	19.76	－755.02
现金净流量与净利润比（%）	252.20	46.84	－32.84
投资活动现金净流量（万元）	－44275.71	－90058.31	－76922.88
筹资活动现金净流量（万元）	755222.89	105200.52	302483.60

4. 城市布局（见表 5－121）

表 5－121　　2011—2013 年城市布局

	2013	2012	2011
住　宅	福州、西安、太原、兰州、厦门、上海、苏州、杭州、石狮、龙岩、宁德	福州、海南、武夷山、西安、太原、兰州、厦门、上海	福州、海南、武夷山、西安

5. 土地及在建（见表 5－122）

表 5－122　　2011—2013 年土地及在建

	2013 年	2012 年	2011 年
土地储备（万平方米）	700.00	—	—
在建规模（万平方米）	276.53	141.07	50.56

6. 销售业绩（见表 5－123）

表 5－123　　2011—2013 年销售业绩

	2013 年	2012 年	2011 年
销售面积（万平方米）	186.2	—	—
销售金额（亿元）	220.2	100	23

7. 重点项目介绍

厦门阳光城·翡丽湾：2013 年 4 月 26 日公寓首次开盘，日销 1115 套公寓，总认购 11.08 亿，创造厦门房地产史上单次推盘量和单次开盘成交量最高记录。

兰州阳光城·林隐天下：2013 年 3 月 31 日首次开盘，当天售罄 118 套，创造了西北地区同类产品当日开盘销售套数最多、销售周期最短、签约金额最高的住宅销售奇迹。

西安阳光城·蔷薇溪谷：2013 年 9 月 15 日首次开盘，实现开盘一个月内签约 253 套，金额 3.71 亿，排名西安市 10 月单项目住宅销售冠军。

太原阳光城·翡丽湾：2013 年 9 月 15 日开盘当天销售别墅 204 套，金额 6.64 亿，创造了太原有房地产可查数据以来同类住宅单次推盘量最大、开盘销售套数最多以及开盘销售金额最高的记录。

龙岩阳光城·林隐天下：2013 年 12 月 15 日首次开盘，45 分钟劲销 4.89 亿，成为闽西住宅单盘单次开盘销售金额第一。

8. 联系方式

地址：上海市浦东新区金新路 99 号 8 楼　　邮编：201206

电话：021－20800310　　传真：021－20802300

公司主页：www.yango.com.cn

（三十二）四川蓝光和骏实业股份有限公司

1. 企业简介

四川蓝光和骏实业股份有限公司（以下简称蓝光地产集团）成立于 1990 年，系四川蓝光实业集团有限公司下属控股公司，以“民生住宅、商业综合体及文化旅游综合体”开发和运营管理为核心，以房地产金融业务为支撑，业务覆盖“以成都、重庆、昆明为核心的西南区域”；“以北京、天津为中心的环渤海区域”；“以上海、杭州为中心的长三角区域”；“以武汉、长沙为中心的长江中游区域”；“以西安、太原为中心的黄河中游区域”等五大区域，共计 30 余个大中城市。

2013 年，蓝光地产集团销售业绩突飞猛进，销售面积全国排名第 27 位，销售合同金额全国排名第 35 位。蓝光地产集团综合实力位居中国房地产业百强排名第 28 位。

2. 财务数据（见表 5－124～表 5－126）

表 5－124　　2013 年销售业绩及同比

	2013 年	同比（%）
销售金额（亿元）	206.4	65
销售均价（元/平方米）	8709.0	25
销售面积（万平方米）	237.0	32

数据来源：企业官网，中国房地产决策咨询系统（CRIC）。

表 5－125　　2013 年重点新增土地储备

城　市	宗地名称	属　性	成交时间	建筑面积（万平方米）	成交总价（亿元）	楼板价（元/平方米）
成　都	青羊区清波村 5、6 组地块	商　住	2013/01	13.50	6.50	4820
成　都	新都区大丰街道高堆社区 4、5 组	商　住	2013/02	6.15	1.44	2348
成　都	成华区青龙街道新山社区一、二组地块	商　住	2013/03	23.16	12.50	5400
长　沙*	岳麓区洋湖垸片区滨河路与庙湾路相交东南角（G－47）地块	商　住	2013/05	9.29	4.50	4841
无　锡*	锡山区 XDG－2013－2 号地块	住　宅	2013/05	16.53	4.00	2443
成　都	武侯区半边街、白佛村地块	商　住	2013/06	19.16	13.26	6920
重　庆	大渡口区大渡口组团 C 分区	住　宅	2013/07	14.26	4.56	3198
武　汉	东湖开发区武九铁路走廊以南、光谷一路以东	住　宅	2013/09	13.60	6.46	4750
苏　州	吴中经济开发区文溪路北侧、庄马路东侧	商　住	2013/09	6.33	3.80	6003
成　都	都江堰市中兴镇沿江村 4、7 组地块	商　住	2013/11	7.40	1.51	2045

数据来源：中国房地产决策咨询系统（CRIC）。
注：长沙和无锡为蓝光 2013 年新进入的城市。

表 5－126　　2013 年重点新开盘项目

项目名称	城　市	项目名称	城　市
蓝光金双楠	成　都	蓝光空港国际城	成　都
蓝光·COCO 蜜园	无　锡	蓝光·COCO 蜜城	昆　明
蓝光·COCO 蜜城	长　沙	蓝光天骄城	昆　明
蓝光花满庭 2 期	成　都	蓝光锦绣香江国际社区	成　都
蓝光·COCO 时代	重　庆	蓝光观岭	成　都

数据来源：CRIC。

（三十三）中南控股集团有限公司

1. 企业简介

中南控股集团起步于 1988 年，已发展成为拥有员工 5 万余人、总资产 700 亿元、2013 年综合产值 434.4 亿元的大型集团化上市企业。目前中南集团拥有“房地产业”、“建设产业”、“土木工程产业”、“工业产业”等产业板块，涉及房地产开发、造城、工程总承包、市政工程、地铁轨道交通、安装、装潢、钢结构、能源、机械、矿产、金融投资等领域。下辖江苏中南建设集团股份有限公司（证券代码：000961.SZ）、中南城市建设投资有限公司、南通建筑工程总承包有限公司、南通市中南建工设备安装有限公司、北京城建中南土木工程集团有限公司、金丰环球装饰工程（天津）有限公司等87家独立法人企业、140多家子分公司的集团化上市公司。

中南已从造楼到造城，从单一的建筑商发展到现在投资商、开发商、建设商、运营商四位一体的新兴城市综合运营商，目前运作的投资超百亿的城市综合体大盘22个。同时中南积极拓展能源、新能源、金融、财务投资等新兴产业，并积极进军非洲、中东等国际市场；集团还专注于社会公益慈善事业发展，成立了江苏中南慈善基金会，积极投身慈善事业，并荣获中国十大慈善企业称号。

2013年中南集团成功入选中国企业500强名列第293位，位列中国房地产开发企业区域运营10强第6名和综合发展10强第9名。2012年位列中国房地产开发企业500强第47位。中国民营企业500强第70位、中国上市房企28强。

2. 财务数据（见表5－127）

表5－127　　2011—2013年财务数据

单位：万元

序　号	指　标	2011年	2012年	2013年
1	总资产	3356794.77	4783818.27	6595633.61
2	总负债	2667675.26	3963985.29	5590722.87
3	流动负债	2242675.26	353677.29	4273535.07
4	其中：预收账款	992610.87	1559347.66	2333550.04
5	营业收入	1230283.96	1303456.42	1830901.40
6	营业成本	901752.76	878891.18	1307965.85
7	营业税金及附加	69350.68	74201.78	116587.20
8	销售、管理、财务三项期间费用	119395.21	177861.03	201012.47
9	所得税	41257.53	52606.46	61436.87
10	净利润	99330.40	107187.98	135106.15
11	筹资活动现金流入	799815.04	1188504.00	1771141.80
12	慈善捐赠	5400.21	976.81	2280.25

3. 销售业绩（见表5－128）

表5－128　　2011—2013年销售业绩

指　标	2013年	2012年	2011年
销售面积（万平米）	208.94	161.65	97.45
销售金额（亿元）	178.86	133.45	85.08

4. 土地储备（见表5－129）

表5－129 **2013年土地储备**

序　号	项目名称	规划用途	所占权益（%）	占地面积（万平方米）	规划总建筑面积（万平方米）	2013年底已开工建筑面积（万平方米）	2013年底未开工规划建筑面积（万平方米）
1	广饶中南世界城	住　宅	100.00	133.30	252.70	41.59	211.11
2	东营中南世纪锦城	居　住	100.00	88.00	198.00	18.00	180.00
3	泰安中南世纪锦城	住宅、商业	100.00	15.57	96.40	10.51	85.89
4	烟台中南·山海湾	商业住宅一体化	100.00	18.84	33.52	0.77	32.74
5	青岛中南世纪城项目	住宅、商业	100.00	76.30	181.80	84.03	97.77
6	寿光项目	住　宅	100.00	92.28	171.80	107.40	64.40
7	海门中南世纪城	住宅用地	100.00	42.30	97.00	97.00	—
8	海门中南世纪锦城	住宅用地	100.00	23.30	66.30	60.90	5.40
9	海门中南锦苑	住宅用地	100.00	8.87	23.70	7.30	16.40
10	菏泽中南世纪锦城	商住用地	100.00	13.75	45.00	14.00	31.00
11	菏泽中南花城	商住用地	100.00	29.51	98.00	—	98.00
12	沈阳中南世纪城二期	住宅、商业	100.00	5.93	13.66	—	13.66
13	中南唐山湾	住宅用地	100.00	85.26	187.57	22.00	167.57
14	营口中南世纪城	住宅用地	100.00	42.00	109.00	16.20	92.80
15	淮安中南世纪城	住　宅	100.00	53.00	80.00	49.00	31.00
16	淮安中南锦城	住　宅	100.00	16.50	55.00	13.00	42.00
17	南通华城	住　宅	100.00	22.60	28.00	22.80	5.20
18	泰兴中南世纪城	商、住	100.00	44.87	106.19	11.29	95.00
19	镇江中南世纪城	住　宅	100.00	7.35	28.06	14.02	14.04
20	镇江中南御锦城	住　宅	100.00	3.31	59.89	33.52	26.37
21	南通中央商务区	城市综合体	100.00	51.60	200.00	150.00	50.00
22	盐城中南世纪城	商、住	50.50	56.49	172.30	1.43	170.87
23	中南世纪花城	住　宅	100.00	44.80	125.60	88.20	37.40
24	吴江中南世纪城	住　宅	100.00	21.97	72.76	42.24	30.52
25	安庆中南世纪城	住　宅	60.00	6.33	17.46	5.74	11.72
26	儋州中南西海岸	商服用地住宅用地商住用地	100.00	60.36	83.55	51.86	31.69
27	常熟中南世纪城	住　宅	100.00	59.01	127.05	65.86	61.19

续表

序　号	项目名称	规划用途	所占权益（%）	占地面积（万平方米）	规划总建筑面积（万平方米）	2013 年底已开工建筑面积（万平方米）	2013 年底未开工规划建筑面积（万平方米）
28	常熟中南御锦城	住　宅	100.00	12.89	42.00	8.45	33.55
29	常熟中南锦城	住　宅	100.00	11.90	33.12	22.02	11.10
30	常熟中南锦苑	住　宅	100.00	14.10	45.51	5.92	39.59
31	昆山中南世纪城	住　宅	100.00	31.51	105.15	7.02	98.13
32	文昌中内森海湾	住　宅	100.00	40.00	56.00	46.81	9.19
33	潜江中南世纪锦城	住　宅	100.00	6.74	18.00	4.00	14.00
34	潜江中南世纪城	住　宅	100.00	11.74	46.00	4.00	42.00
35	南充中南世纪城	住　宅	100.00	14.65	19.00	6.50	12.50

5. 重点项目（见表 5－130）

表 5－130　　2013 年重点项目

序　号	项目名称	物业类型	所占权益（%）	规划总建筑面积（万平方米）	累计竣工面积（万平方米）	2013 年销售额（万元）
1	青岛中南世纪城项目	住宅、商业	100.00	181.80	44.83	94770.00
2	寿光项目	住　宅	100.00	171.80	54.15	51000.00
3	海门中南世纪城	商品房住宅物业	100.00	97.00	81.00	63289.00
4	海门中南世纪锦城	商品房住宅物业	100.00	66.30	16.00	73590.00
5	营口中南世纪城	商品房住宅物业	100.00	109.00	10.00	11800.00
6	南通中央商务区	城市综合体	100.00	200.00	110.00	104100.00
7	南通中南世纪花城	住　宅	100.00	125.60	88.20	112515.00
8	淮安中南世纪城	住　宅	100.00	80.00	6.00	57290.82
9	淮安中南锦城	住　宅	100.00	55.00	0.00	12613.05
10	盐城中南世纪城	城市综合体	50.50	313.19	31.89	100000.00
11	镇江中南世纪城	住　宅	100.00	28.06	3.12	41930.00
12	镇江中南御锦城	住　宅	100.00	59.89	13.35	40947.00
13	吴江中南世纪城	住　宅	100.00	72.76	11.31	120100.00
14	儋州中南西海岸	住　宅	100.00	83.55	8.73	70254.00
15	常熟中南世纪城	住　宅	100.00	127.05	39.17	140356.00
16	常熟中南锦城	住　宅	100.00	33.12	0.00	114319.00
17	昆山中南世纪城	住　宅	100.00	105.15	0.00	17807.00
18	文昌中内森海湾	住宅、酒店	100.00	56.00	25.12	62006.00

6. 联系方式

地址：江苏省海门市常乐镇中南大厦　　　邮编：226000

电话：86－513－82738800　　　传真：86－513－82603488

公司主页：http：//www.zhongnangroup.cn/

（三十四）深圳华侨城股份有限公司

1. 企业简介

深圳华侨城股份有限公司于1997年9月2日成立，由国务院国资委直属的华侨城集团公司独家发起募集。从2007年开始，公司全力推进华侨城集团主营业务整体上市相关事宜，并最终于2009年宣告完成。公司主要从事旅游及相关文化产业、房地产及酒店开发经营、纸包装和印刷等产业的投资经营。目前公司旗下拥有华侨城房地产有限公司、香港华侨城、欢乐谷事业部、旅游事业部和酒店物业事业部五大运营中心，拥有国内数量最多、规模最大、效益最好的主题公园群，是品牌卓著的综合性上市公司。

2013年，受旅游板块景气带动，华侨城多个高端住宅项目出现热销，现金回流加快，企业各项经营指标因此显着改善。截至2013年年底，华侨城累计实现销售面积69万平方米，销售金额174亿元，同比分别增长13%和11%。

2. 财务数据（见表5－131～表134）

表5－131　　2013年销售业绩及同比

	2013年	同比（%）
销售金额（亿元）	174	11
销售均价（元/平方米）	25090	－1
销售面积（万平方米）	69	13

数据来源：企业官网，中国房地产决策咨询系统（CRIC）。

表5－132　　2012—2013年财务指标

财务指标	2013年	2012年
净负债率（%）	55.58	72.39
三费费用率（%）	13.42	14.33
总资产周转率（次/年）	0.33	0.33
长短期债务比	2.88	2.22
现金短债比	1.00	1.24
净利润增长率（%）	11.86	23.44
销售毛利率（%）	50.43	51.98
销售净利率（%）	16.99	18.20

数据来源：企业年报。

注：长短期债务比＝长期借款/（短期借款＋一年内到期非流动负债）。

现金短债比＝货币资金/（短期借款＋一年内到期非流动负债）。

表 5－133　　2013 年重点新增土地储备

城　市	宗地名称	属　性	成交时间	建筑面积（万平方米）	成交总价（亿元）	楼板价（元/平方米）
宁　波*	甬鄞土告字（2013）31 号鄞州集士港镇四明山村 1 号地块	住　宅（住区服务设施）	2013/09	12.80	0.81	633
宁　波*	甬鄞土告字（2013）35 号鄞州新城区钟公庙街道 YZ07－06 地块 B－1	商业（商服）	2013/09	16.34	2.24	1370
宁　波*	甬鄞土告字（2013）35 号鄞州新城区钟公庙街道 YZ07－06 地块 B－4、B－5、B－6	住宅（住区服务设施）；商业（商服）	2013/09	14.11	4.88	3460
宁　波*	甬鄞土告字（2013）35 号鄞州新城区钟公庙街道 YZ07－06 地块 B－2	住宅（住区服务设施）；商业（商服）	2013/09	2.65	0.92	3460
宁　波*	甬鄞土告字（2013）35 号鄞州新城区钟公庙街道 YZ07－06 地块 B－7	商业（商服）	2013/09	2.51	0.34	1370
佛　山*	顺德新城创智城片区 03－A－003－1 号地块	商　住	2013/10	16.51	4.85	2938
佛　山*	顺德新城创智城片区 03－A－003－2 号地块	商　住	2013/10	16.67	4.9	2938
佛　山*	顺德新城创智城片区 03－A－003－3 号地块	商　住	2013/10	16.33	4.8	2938

数据来源：中国房地产决策咨询系统（CRIC）。
注：宁波、佛山为华侨城 2013 年新进入的城市。

表 5－134　　2013 年重点新开盘项目

项目名称	城　市	项目名称	城　市
天津华侨城	天　津	华侨城新浦江城七期	上　海
华侨城壹零捌坊	西　安	华侨城苏河湾	上　海
臻　园	北　京	华侨城纯水岸・东湖	武　汉
华侨城纯水岸十五期	深　圳	前海颐大厦	深　圳
华侨城・原岸	成　都	云南华侨城天麓	昆　明

数据来源：CRIC。

（三十五）金地（集团）股份有限公司

1. 企业简介

金地集团（600383. SH）初创于 1988 年，1993 年正式开始经营房地产。2001 年 4 月在上海证券交易所挂牌上市，成为解禁后首批上市房地产企业。金地集团坚守“科学筑家”使命，在企业经营中体现“专业之道，惟精惟一”特质，已经发展成为极富特色与竞争力的全国化品牌地产公司。2010 年，金地集团确立“以住宅业务为核心，以商业地产和金融业务为两翼”的“一体两翼”发展战略，稳步推进业务模式转型，正向着

"中国最有价值的国际化企业"宏伟目标持续迈进。

历经二十余年探索和实践，金地集团规模发展迅速，企业实力持续增强，是中国建设系统企业信誉 AAA 单位、房地产开发企业国家一级资质单位。截至2013年年底，金地集团累计实现销售金额450.4亿元，销售面积359.8万方，同比分别增长31.9%和25.2%。

2. 财务数据（见表5－135～表5－138）

表5－135　　2013年销售业绩及同比

	2013年	同比（%）
销售金额（亿元）	450	32.0
销售均价（元/平方米）	12518	5.0
销售面积（万平方米）	360	25.0

数据来源：企业官网，中国房地产决策咨询系统（CRIC）。

表5－136　　2012—2013年财务指标

财务指标	2013年	2012年
净负债率（%）	43.82	32.68
三费费用率（%）	7.24	5.42
总资产周转率（次/年）	0.16	0.34
长短期债务比	1.43	1.71
现金短债比	1.57	2.14
净利润增长率（%）	5.08	14.73
销售毛利率（%）	26.91	32.05
销售净利率（%）	12.95	13.06

数据来源：企业年报。

注：长短期债务比＝长期借款/（短期借款＋一年内到期非流动负债）。

现金短债比＝货币资金/（短期借款＋一年内到期非流动负债）。

表5－137　　2013年重点新增土地储备

城市	宗地名称	属性	成交时间	建筑面积（万平方米）	成交总价（亿元）	楼板价（元/平方米）
北京	京土整储招（门）[2013]005号地块	商住；公建配套	2013/02	16.26	21.3	13101
北京	京土整储招（门）[2013]006号地块	住宅；公建配套	2013/02	17.65	19	10766
佛山	佛山桂城D11街区B宗地块	商住	2013/02	18.66	13.85	7422
北京	京土整储挂（兴）[2013]010号 北京市大兴区孙村组团三期B－07地块	商住；公建配套	2013/02	13.46	12	8917
宁波	甬鄞土告字（2013）02号鄞州区宁波市长丰区块块	住宅	2013/03	14.77	10.67	7220
扬州	站南路西侧京华城西路南侧	住宅	2013/03	35.22	10.41	2956

续表

城　市	宗地名称	属　性	成交时间	建筑面积（万平方米）	成交总价（亿元）	楼板价（元/平方米）
南　京	2013 年第 09NO. 2013G25 号地块	住　宅	2013/06	36.5	28.7	7863
郑　州*	管城区铁军路东、航海东路北地块	住　宅	2013/07	14.3	2.4	1679
昆　明*	西山区永昌街道城中村改造项目	商　住	2013/09	52.73	10.78	2044
佛　山	2013－1113（佛南网（挂）2013－054）	商　住	2013/12	22.78	17.54	7700

数据来源：中国房地产决策咨询系统（CRIC）。
注：郑州、昆明为金地集团 2013 年新进入的城市。

表 5－138　　2013 年重点新开盘项目

项目名称	城　市	项目名称	城　市
金地格林格林	北　京	金地·自在城二期	杭　州
金地天逸	杭　州	金地艺境	大　连
金地自在城	上　海	金地明悦	南　京
金地自在城	南　京	金地名峰	深　圳
金地朗悦一期	北　京	金地艺境	武　汉

数据来源：CRIC。

（三十六）旭辉集团股份有限公司

1. 企业简介

旭辉集团成立于2000年，是一家以内地住宅开发为主营业务的香港上市房地产开发企业（股票代码 00884. HK）。总部设在上海，集房地产开发、建筑施工、商业管理、物业服务于一体，具有“中国房地产开发企业一级资质”。

自成立以来，旭辉以长跑者的稳健姿态步入公众视野：连续 9 年被评为“中国房地产企业百强（30 强）”，“中国房地产开发企业 500 强（31 强）”，并跻身中国上市企业 500 强。

“以战略为引导”，旭辉立足上海布局全国，扎根“长三角”区域、“环渤海湾”区域及“中西部”区域，开发项目覆盖上海、北京、苏州、长沙、重庆、合肥、天津、杭州、武汉、沈阳等 15 个城市，涵盖住宅、商务办公、商业综合体等多种业态。

“以能力为驱动”，旭辉融入人文精神与价值观，开发“经典、舒适、健康、绿色”的时代精品。“宜居、刚需、中档”的“主流产品”，“中高端、树品牌”的“明星产品”，“花园式、销售型商办”的“特色产品”，“新产品、新技术探索”的“概念产品”，形成了旭辉“四大品类、十大系列”的产品体系，为客户提供精准的产品与服务。

2. 发展战略综述

旭辉坚持“可持续、有质量的增长”，将战略导向定位于“快速增长、均衡发展”，力求实现规模与市值同步增长。

旭辉 2014 年的重点战略集中在五个方面：第一是战略聚焦，深耕中国的一二线城市。第二是坚持在宜居、刚需、自住型的住宅市场和销售型的商办物业。第三是高周转、标准化、低成本。第四是轻资产运作、快速区域化。第五就是突破企业内部治理机制。

旭辉从不以追求“快”为第一目标，而是认为高周转已经成为基本能力而非核心竞争力，是在高周转的情况下根据周期节拍、运营节拍来精准运营。

未来，旭辉的目标是在风险可控的情况下用“效率”换“高增长”，力求做到均衡发展，在负债、盈利、质量的平衡上做得最好。

3. 联系方式

地址：上海市通协路288弄3号楼　　邮编：200335

电话：021－60700001　　传真：021－60701555

（三十七）泰禾集团股份有限公司

1. 企业简介

泰禾集团始创于1996年，2010年借壳福建三农成功上市（股票代码000732），成为当年全国范围内唯一实现上市的房地产类企业。泰禾涉足化工、矿业、生物医药等崭新领域，实现多元经营。

在主业房地产领域，泰禾以“为当地创造作品，为时代奉献精品”为理念，打造“高端精品”为己任，品质当先、战略制胜，潜心于代表未来绿色、低碳地产方向的“全面精装”深度研究，创造出一个又一个经典项目。凭借产品优越性，泰禾已迅速成长为地产翘楚，产品覆盖高端别墅、高层公寓、花园洋房、精品住宅、大型城市综合体等多种业态。在北京，首倡中式文化定制精装院落的“运河岸上的院子”与传承欧洲宫廷建筑纯正血统“泰禾红御”开创了中国别墅院落精装的先河，现已成为国宅典范及中国豪宅研究院首家豪宅研究基地，并分别荣膺“共和国国宅”和“中国十大超级豪宅”称号，“运河岸上的院子”荣登2014《亚洲10大超级豪宅》第二名；福州泰禾红树林、泰禾红峪等“泰禾红”系列高端精品项目与其别墅项目南北呼应。2009年，泰禾入选“中国房地产企业品牌价值20强”，是当年度入选排行榜地产企业中唯一来自福建的地产开发商。

2010年，泰禾进军中国高端商业地产，投资过百亿开创商业地产“泰禾模式”，打造城市地标及海西第一城市综合体，实现了从高端住宅地产单一开发模式向高端住宅地产和大型综合体商业地产双轨开发模式的跨越式发展。2013年9月，泰禾广场荣膺2013中国商业地产项目品牌价值TOP10。与此同时，随着项目的快速发展，泰禾集团品牌价值不断提升。2012年4月，泰禾作为福建唯一主营业务为房地产的上市企业入选“博鳌亚洲论坛—亚洲上市企业分项竞争力2011年度发展能力50强”。2012年12月，泰禾集团品牌价值突破82亿元人民币，成为“中国房地产企业品牌价值标杆”。2013年5月，泰禾集团荣膺“沪深上市房地产投资价值10强”。2013年10月，泰禾唯一获评“2013年度房企”（前三年分别为万科、恒大、保利）。2014年3月，泰禾集团跻身“2014中国房地产开发企业50强”，列第32位；同时获评“2013中国房地产卓越100榜”第32位。

2. 财务数据（见表5－139～表5－140）

表5－139　　2011—2013年资产与负债状况

单位：万元

	2013年	2012年	2011年
资产总额	3569537.01	1364851.71	822847.17
负债总额	3060499.38	1134578.7	575252.02
流动负债	1690466.02	533121.77	309991.75

续表

	2013 年	2012 年	2011 年
货币资金	661737.18	273152.14	37176.14
应收账款	44002.81	32925.33	16883.11
其他应收款	3637.52	2822.43	1631.88
本公司所有者股东权益	509037.63	230273.01	247595.16
资产负债率（%）	85.74	83.13	69.91
流动比率	2.04	2.42	2.53
速动比率	0.42	0.58	0.18

表 5－140　　2011—2013 年现金流量状况

单位：万元

	2013 年	2012 年	2011 年
销售商品收到的现金	892330.28	489772.79	271057.25
经营活动现金净流量	－1144127.19	－80246.98	－159327.56
现金净流量	387634.68	206148.41	－43421.10
销售商品收到现金与主营收入比	1.46	1.87	1.03
经营活动现金流量与净利润比	－16.30	－2.74	－4.32
现金净流量与净利润比	5.52	7.05	－1.18
投资活动现金净流量	－34550.91	－95688.75	－24328.40
筹资活动现金净流量	1566312.78	382083.79	140236.69

3. 城市布局（见表 5－141）

表 5－141　　2011—2013 年城市布局

	2013 年	2012 年	2011 年
住　宅	宁德、长乐、永泰、福州、北京、上海	无　锡	福州、宁德
非住宅	石狮、厦门	厦门、泉州	—

4. 土地及在建（见表 5－142）

表 5－142　　2011—2013 年土地及在建

	2013 年	2012 年	2011 年
土地储备（万平方米）	94	52	18
在建规模（万平方米）	295	183	78

5. 销售业绩（见表5－143）

表5－143　　**2011—2013年销售业绩**

	2013年	2012年	2011年
销售面积（万平方米）	131.08	—	—
销售金额（亿元）	168.16	—	—

6. 发展战略综述

自2010年借壳福建三农成功上市以来，泰禾集团驶入加速发展快车道，同时走上了多元化发展之路，在地产、化工、矿业、生物药业、金融证券等方面齐头并进。

在主业地产领域，秉承“为当地创造作品，为时代奉献精品”理念，推行“高品质、高周转”的战略，泰禾近年来已经定位于全国一线房企，除了福建外，还着力深耕以北京为首的环渤海区域、以上海为首的长三角区域，以广州深圳为首的珠三角区域。

在其他产业领域，泰禾实施多元化经营、走超常规发展之路。化工方面，泰禾投资近10亿元在福建三明化工园区建的有机氟项目2014年将全面建成，规模将居福建省首位。矿业方面，泰禾力求将海峡矿业建设成标准、规范的矿山企业，并进一步从战略层面提高萤石战略储备，支持集团氟化工产业长期发展。生物药业方面，泰禾投资旗下的福建汇天生物药业有限公司，计划用2～3年时间实现全国布局，力争打造国内药业新航母。

7. 重点项目介绍

作为泰禾集团院子系产品的开山之作，“运河岸上的院子”，极致研磨中国建筑文化，深入探究国人居住情怀，以自然环境、卓越品质与艺术风范垂范中国。泰禾“精装院落”的成功实践，也开创了中国别墅院落精装的先河。从2002年的“运河岸上的院子”，到2013年的“泰禾·北京院子”，“院子”已经成为泰禾的独有标签。2014年，“运河岸上的院子”启用全新案名“中国院子”，以此统领全国泰禾“院子系”产品开拓前行。

泰禾1号街区，由泰禾集团倾力打造，定位为“东五环独立潮流特区”，总建面16万平米，涵盖开放式商业街区、LOFT空间、低密住宅、企业独栋四大业态。

福州五四北泰禾广场由泰禾集团投资30亿元精心打造，是泰禾集团进军商业地产的首个项目。东二环泰禾广场，泰禾集团将投入超200亿元建设，打造福州名副其实的城市名片和真正的顶级商圈，从而带动东二环成为国贸之于北京的标志性区域。

表5－144　　**2011—2013年重点项目**

项目名称	城　市	开盘日期	建筑面积（万平方米）
运河岸上的院子	北　京	前　期	107800
北京院子	北　京	14－1－25	108502
1号街区	北　京	13－12－28	255390
五四北泰禾广场	福　州	11－10－1	287566
东二环泰禾广场	福　州	12－6－30	约150万

8. 联系方式

地址：福建省福州市湖东路43号奥林匹克大厦3层　　　邮编：350003

电话：0591－83278652　　传真：0591－87581063
邮箱：951250634@ qq. com　　公司主页：www. thaihot. com. cn

（三十八）新世界中国地产有限公司

1. 企业简介

新世界中国地产有限公司为新世界发展有限公司的内地物业旗舰，资产总值约 1178 亿港元。公司自 20 世纪 80 年代初期即活跃于中国房地产市场，并于 1999 年 7 月在香港联交所上市，现为摩根士丹利资本国际（MSCI）中国指数成份股之一。其物业组合包括 38 个主要发展项目，分布于 25 个大城市或主要交通枢纽。

2013 财政年度，新世界中国累计实现销售面积 122.4 万平方米，销售金额 148.4 亿元，同比分别增长 69% 和 63%。

2. 财务数据（见表 5－145～表 5－148）

表 5－145　　2013 年销售业绩及同比

	2013 年	同比（%）
销售金额（亿元）	148.4	69.0
销售均价（元/平方米）	12124.0	4.0
销售面积（万平方米）	122.4	63.0

数据来源：企业官网，中国房地产决策咨询系统（CRIC）。

表 5－146　　2012—2013 年财务指标

财务指标	2013 年	2012 年
净负债率（%）	30.61	29.38
三费费用率（%）	14.31	15.72
总资产周转率（次/年）	0.15	0.14
长短期债务比	5.12	4.14
现金短债比	3.20	2.39
净利润增长率（%）	65.42	－34.54
销售毛利率（%）	41.84	45.03
销售净利率（%）	22.76	17.96

数据来源：企业年报。
注：长短期债务比＝长期借款/（短期借款＋一年内到期非流动负债）。
现金短债比＝货币资金/（短期借款＋一年内到期非流动负债）。

表 5－147　　2013 年重点新增土地储备

城　市	宗地名称	属　性	成交时间	建筑面积（万平方米）	成交总价（亿元）	楼板价（元/平方米）
日　照	2013D－51 号地块	住　宅	2013/12	2.81	1.50	5347

数据来源：中国房地产决策咨询系统（CRIC）。

表 5－148　　2013 年重点新开盘项目

项目名称	城　市	项目名称	城　市
金阳新世界一期－水临境	贵　阳	新塘新世界花园－万象苑	广　州
新城新世界	长　沙	新世界阳光花园二期	济　南
金名都	佛　山	岭南新世界家园－锦云峰	广　州
河畔新世界一期	成　都	新世界恒大华府	武　汉
新世界花园二期 B 区	沈　阳	常青南园	武　汉

数据来源：CRIC。

（三十九）上海世茂股份有限公司

1. 企业简介

世茂股份始终以“缔造精致商业”为己任，致力于商业地产的专业化销售和经营，以客户的需求为导向，“因地制宜、多元开发”，缔造满足不同城市市场需求的商业综合体。主营业务包括商业地产开发、商业地产运营、广场、院线、文化传媒等多个板块，公司目前已成为国内商业地产龙头企业之一。

2013 年，世茂股份土地储备超过 100 万平方米，在建规模 535.9 万平方米。2013 年成功入驻南昌，开发非住宅项目南昌世茂广场。

2. 财务数据（见表 5－149）

表 5－149　　2011—2013 年资产与负债状况

单位：万元

	2013 年	2012 年	2011 年
资产总额	5008770.00	3708448.00	3300655.00
负债总额	3386203.00	2313200.00	2008625.00
流动负债	67.61	62.38	1606557.00
货币资金	273416.00	473374.00	501539.00
应收账款	72906.50	43632.90	29323.00
其他应收款	1115976.30	92204.40	90806.50
本公司所有者股东权益	1622567.00	1395248.00	1292031.00
资产负债率	67.61	62.38	—
流动比率	1.24	1.30	—
速动比率	0.28	0.38	—

3. 销售业绩（见表 5－150）

表 5－150　　2011—2013 年销售业绩

	2013 年	2012 年	2011 年
销售面积（万平方米）	97.93	63.90	34.30
销售金额（亿元）	130.05	85.30	50.70

4. 发展战略综述

持续高速增长的模式：租、售、自营相结合的商业和盈利模式。30% 的物业作为持有资产，70% 用于销售，利用销售资金支撑持有物业开发，世茂股份亦会根据自身发展调整租售比例，最大限度控制投资风险，兼顾投资者长、短期的效益，为商业地产领域的健康发展缔造更多可能。

拓展经营纵深：业态丰富并不断延伸。世茂股份不仅致力于商业地产高端标准的打造，同时将传统产业链延伸，享有业态涵盖 Shopping Mall、院线、文化传媒、儿童事业等，业态种类不断丰富，建立可持续稳定收入的同时，确保业绩增长。

抢驻二、三线城市：打造城市新地标。依据每个城市不同的消费习惯、生活方式、文化积淀，携手近 400 家长期、稳定的优质商业合作伙伴，因地制宜地演绎全新的城市地标，为国内二三线城市带来全新的商业活力，创造城市需要的商业消费场地。

5. 重点项目介绍

上海世茂新体验：利用现有资源开发建设地上 1 层，地下 17 层，落差近 100 米的地质坑五星级酒店，有望成为世界上人工坑内海拔最低的酒店。

厦门世茂海峡大厦：位于演武大桥旁，面向鼓浪屿，集购物、休闲、娱乐、餐饮等于一体的综合性商业体，规划建设两栋高达 250 米的超高层建筑，将成为厦门第一高楼。

青岛世茂云鼎：整个项目由一座 62 层高的超高层建筑及地上 3 层的商业组成，高 248 米。塔楼部分业态包含世茂自持品牌五星级酒店——世茂茂御酒店、海景酒店式公寓和自由灵动 SOHO 空间，是集商务、度假、旅游、休闲、购物于一体的胶南大型综合体项目。

世茂拾贰府：位于青岛东部传统豪宅板块，为稀缺低密的多层豪宅，共 12 栋建筑。

6. 联系方式

地址：上海市银城中路 68 号时代金融中心 43F　　邮编：200120

电话：021－20203388　　传真：20203399

公司主页：www. shimaoco. com

（四十）北京城建投资发展股份有限公司

1. 企业简介

北京城建投资发展股份有限公司是由北京城建集团有限责任公司 1998 年独家发起，向社会公开发行 A 股股票募集的、以房地产为主业的地产商。公司总部设在北京。目前企业业务集中在北京，同时在重庆、合肥、淮安、石家庄、廊坊等城市有开发项目。截至 2013 年底，股份公司总资产达到 363 亿元，归属母公司股东的权益 85. 32 亿元。

2013 年，北京城建依然重点打造为实现项目运作高效化，北京城建不断开展产品系列化研究工作，总结提炼产品的核心价值特征来提升企业品牌价值。未来，北京城建将凭借大股东北京城建集团的品牌和资源优势，继续专注于住宅产品。

2. 财务数据（见表 5－151～表 5－154）

表 5－151　　**2013 年销售业绩及同比**

	2013 年	同比（%）
销售金额（亿元）	138	－15
销售均价（元/平方米）	15333	－13
销售面积（万平方米）	90	－2

数据来源：企业官网，中国房地产决策咨询系统（CRIC）。

表 5－152　　**2012—2013 年财务指标**

财务指标	2013 年	2012 年
净负债率（%）	62.42	16.99
三费费用率（%）	9.30	8.50
总资产周转率（次/年）	0.23	0.26
长短期债务比	4.86	4.25
现金短债比	2.95	5.21
净利润增长率（%）	－0.35	9.61
销售毛利率（%）	40.43	48.32
销售净利率（%）	18.47	21.33

数据来源：企业年报。

注：长短期债务比＝长期借款/（短期借款＋一年内到期非流动负债）。

　　现金短债比＝货币资金/（短期借款＋一年内到期非流动负债）。

表 5－153　　**2013 年重点新增土地储备**

城　市	宗地名称	属　性	成交时间	建筑面积（万平方米）	成交总价（亿元）	楼板价（元/平方米）
北　京	房山区窦店镇地块	住　宅	2013/01	9.14	4.60	5033
北　京	036 号大兴区魏善庄镇地块	共建配套	2013/05	18.42	11.15	6052
北　京	048 号大兴区魏善庄镇地块	共建配套	2013/07	9.10	4.60	5057
北　京	房山新城良乡组团地块	商　住	2013/08	19.43	16.90	8700
北　京	朝阳区东坝南区地块	商　住	2013/11	9.19	21.45	23345
北　京	昌平区北七家镇地块	商　住	2013/11	28.81	15.48	5372

数据来源：中国房地产决策咨询系统（CRIC）。

表 5－154　　**2013 年重点新开盘项目**

项目名称	城　市	项目名称	城　市
北京城建龙樾湾	成　都	城建・世华泊郡	北　京
红木林	北　京	北京城建・海梓府	北　京
京城国际	合　肥	首城汇景湾	北　京
城建・琨廷	北　京		

数据来源：CRIC。

（四十一）仁恒置地集团有限公司

1. 企业简介

仁恒置地集团有限公司在1993年成立，2006年于新加坡交易所上市，是首家在新加坡上市的上海房地产公司。目前集团已在中国五大主要经济区内10个重点高增长城市扎根，分别是长三角的上海、南京和苏州、珠三角的珠海及深圳、中国西部的成都及贵阳、渤海湾的天津与唐山、海南省三亚。

2013年，仁恒置地全国销售额大致为118亿元。该集团同时积极扩展商业地产发展项目，保留了大约50万平方米的可建筑面积用于商业投资类项目开发。其中部分已经竣工并投入使用，南京仁恒辉盛阁酒店式服务公寓、成都仁恒置地广场已经成为所在城市的地标建筑。此类综合性商业项目可为本集团带来稳定的租金收入，提升集团资产价值。

2. 财务数据（见表5－155～表5－158）

表5－155　　2013年销售业绩及同比

	2013年	同比（%）
销售金额（亿元）	118.46	9.00
销售均价（元/平方米）	24679.00	2.00
销售面积（万平方米）	48.00	7.00

数据来源：中国房地产决策咨询系统（CRIC）。

表5－156　　2012—2013年财务指标

财务指标	2013年	2012年
净负债率（%）	36.60	35.68
三费费用率（%）	9.00	7.39
总资产周转率（次/年）	0.19	0.19
长短期债务比	3.82	4.11
现金短债比	1.98	1.39
净利润增长率（%）	－15.00	34.39
销售毛利率（%）	35.00	35.98
销售净利率（%）	19.00	24.25

数据来源：企业年报。

注：长短期债务比＝长期借款/（短期借款＋一年内到期非流动负债）。
现金短债比＝货币资金/（短期借款＋一年内到期非流动负债）。

表5－157　　2013年重点新增土地储备

城　市	宗地名称	属　性	成交时间	建筑面积（万平方米）	成交总价（亿元）	楼板价（元/平方米）
南　充	建邺区 NO. 2013G73	住宅；商办	2013/10	38.63	28.77	7447

数据来源：中国房地产决策咨询系统（CRIC）。

表 5 - 158　　2013 年重点新开盘项目

项目名称	城　市	项目名称	城　市
仁恒河滨花园二期	天　津	仁恒峦山美地	深　圳
仁恒滨海中心	珠　海	仁恒江湾城三期	南　京
仁恒森兰雅苑二期	上　海	仁恒湖滨城	唐　山

数据来源：CRIC。

（四十二）正荣集团

1. 企业简介

正荣集团创立于 1998 年，是一家专注于房地产投资、开发与运营的大型企业集团。经过 16 年稳健发展，集团形成了以大型城市综合体与复合社区开发为主、集商业投资运营、物业管理服务于一体的业务格局，旗下有全资、控股和参股的公司十余家。

目前，正荣集团实行区域聚焦战略，已成功布局海峡西岸经济区、中部经济圈与长三角经济区，业务覆盖上海、福州、南昌、长沙、南京、苏州、莆田等 12 个城市，投资、开发、运营项目近 60 个，房地产开发总面积逾 1800 多万平方米。集团员工 2000 多人，连续 7 年蝉联中国最佳雇主企业，位居中国房地产综合实力 50 强。

集团未来将深耕华东、华南，做大做强长三角区域、进军中部经济圈和环渤海经济圈，积极新增土地投资额和土地储备，进行全国布局，构建主业突出、兼顾多元化产业延伸的全国一流地产企业。

2. 企业发展战略

作为国内房地产开发企业 50 强，正荣在发展的过程中逐步确立了“高端路线，多业态复合式发展”的开发策略，业务已覆盖上海、福州、南昌、长沙、南京、苏州、莆田等 12 个城市，投资、开发、运营项目近 60 个，开发总面积逾 1800 多万平方米，形成了都市商业综合体、大型复合社区、怡居高尚住宅、城市保障住房四大产品系列，打造了如正荣 · 财富中心、正荣 · 润城、正荣 · 御朝阳、正荣 · 御品兰湾、世欧 · 王庄、世欧 · 上江城等众多广受赞誉、成为各个城市高端住宅和顶级商业代表的精品项目。

3. 联系方式

地址：福州市五四路 158 号环球广场 20F 正荣集团

电话：0591 - 87877233　　传真：0591 - 87876833

邮编：335003　　公司主页：http：//www. zhenro. com

（四十三）宝龙地产控股有限公司

1. 企业简介

宝龙地产（HK. 1238）是中国首家商业地产上市企业，专注于开发及经营高质量、大规模、多业态的综合性商业地产项目。公司现有 52 个物业开发项目分布于天津、上海、重庆、福建、江苏、山东、河南、安徽、浙江、吉林等省（市）25 个经济增长迅速的城市，连续多年获评中国房地产 50 强企业、中国商业地产 5 强企业、中国上市房地产企业 10 强企业、中国商业项目品牌价值 5 强、中国商业地产企业品牌价值 5 强等。

主打产品“宝龙城市广场”是集大型购物中心、超市、百货公司、零售店、电影院、美食广场、优质住宅物业及其他休闲设施于一体的城市综合体。根据项目地点及当地市场需求，还设置由国际著名酒店管理公司管理的优质星级酒店及大型室内游乐场，是所在城市的最大型综合商业地产项目之一，满足了当地居民商业及娱乐的需求，提升了物业所在城市的生活环境品质。

宝龙致力优化租户组合，积极引进沃尔玛、家乐福、乐购、大润发、华润、永辉、苏宁、国美、星美、金逸、中影、横店、喜达屋、洲际、百盛、星巴克、必胜客、肯德基、麦当劳等世界500强企业和国内众多的著名品牌商，达成长期战略合作商家关系，借助多业态的互动经营和规模经济效应，维持物业质量及价值，聚集巨大的人流、物流、资金流和信息流。

未来，宝龙将继续把"宝龙商业模式"引进中国发展迅速的城市，满足新兴城市日益频繁的商业活动对优质商业物业的殷切需求，继续选择具备良好发展潜力的城市发展大规模、多业态、综合性商业地产项目。秉承"宝龙与城市共成长"的品牌理念，致力于成为中国快速城市化进程的重要参与者和推动者，让中国更多城市拥有宝龙城市广场，为中国的城市化进程贡献新力量，为城市繁荣创造新价值。

（四十四）融信（福建）投资集团有限公司

1. 企业简介

融信（福建）投资集团有限公司成立于2003年9月，旗下包含地产开发、物业服务、金融产业、旅游酒店、贸易产业、工程建设、景观、教育等多项产业，并入股莆田农村商业银行。其中，地产开发具有国家一级房地产开发资质，目前，在福州、漳州、厦门、上海、杭州已累计取得土地超4000亩，总投资额超1000亿元，进入中国房地产开发企业50强（2014年位列全国37强）。

融信集团用十年时间在福州迅速发展壮大，注册全国首家"和美文化社区"，还先后获得"中国最值得尊敬的房地产品牌企业"、"最具社会责任感企业"、"2010海西十佳城市运营商"、"2011盛世海西地产领袖榜领袖房企"、"中国地产闽商领军企业"、"2011年中国房地产百强企业"、"中国地产金钥匙奖——品牌影响力典范企业"、"2012中国房地产品牌价值华南10强"、"2013中国房地产开发企业50强"、"2013中国房地产开发企业稳健经营10强"、"2013中国房地产开发企业责任地产10强"、"2013中国房地产开发企业品牌价值50强"、"中国最佳雇主"（2011—2013）、"2014中国房地产开发企业50强""2014中国房地产开发企业综合发展50强"等荣誉称号。2013年12月，融信集团还获评"福建省著名商标"、"福州市知名商标"。

2. 城市布局（见表5－159）

表5－159　　2011—2013年城市布局

	2013年	2012年	2011年
住　宅	上海、杭州	平潭、闽侯	厦　门
非住宅	—	—	厦　门

3. 土地及在建（见表5－160）

表5－160　　2011—2013年土地及在建

	2013年	2012年	2011年
土地储备（万平方米）	212.06	48.51	—
在建规模（万平方米）	307.69	272.00	78.00

4. 销售业绩（见表 5 - 161）

表 5 - 161　　2011—2013 年销售业绩

	2013 年	2012 年	2011 年
销售面积（万平方米）	106.94	109.67	43.80
销售金额（亿元）	188.31	131.60	65.78

5. 2013 年企业发展综述

2013 年，融信集团摘得近 20 幅土地，成功将版图拓展到华东区域：半年时间内，融信在上海、杭州等地拿下 10 幅地块，尤其是联手全国房企龙头、世界 500 强企业绿地集团合作开发总地价达 47.21 亿元的“地王”上海徐泾会展中心项目等 7 幅地块，牢固确立了融信深耕华东、打造国内一流高端城市运营商的大战略布局。不仅如此，在漳州，融信与深圳万科强强联手，共同拿下三幅优质地块。截至目前，融信在福州、漳州、厦门、上海、杭州等地已累计取得土地超 4000 亩，总投资额超 1000 亿元。

融信集团在福州、厦门、漳州等地项目持续热销，在国庆期间多盘全面出击，创下 7 天 21 亿的业绩。2013 年仅是福州市场，融信业绩就超百亿元。除此之外，漳州融信·澜园也以 2013 年销售 15 亿连续两年荣获漳州销冠，厦门融信·海上城项目荣获厦门 SOHO 销冠。

2013 年，融信集团决定不动用公共维修基金，由集团投入百万对过去开发并已交房入住的融信·第一城、融信·三味舒屋、融信·宽域、融信·西班牙等社区美化家园；并采纳了融信·澜郡业主对小区楼道装修提出合理化建议，重新设计、重新采购建材，耗资数百万对澜郡楼道在原有“精工奢宅”的标准上进行再升级。

6. 企业发展战略

融信集团始终以海西高端城市运营商为使命，步步围绕“立足海西、布局全国”的企业战略逐步推进、稳健发展。成立至今，融信正迅速实现着规模化、多元化的产业布局。2014 年，是融信集团继往开来、深化全国战略布局的关键一年。除了项目的战略落地，融信还将继续在北上广等一线城市寻求机遇，但绝不会盲目扩张，首先必须先在一座城市做大、做强、做深、做透之后，再一步步迈向下一阶段的发展。目前，已迅速深化的融信战略版图，正以超过 4000 亩的土地储备，超 1000 亿元的投资总额，深度拓展。多年来沉淀的品质、诚信理念可以助力融信在全国市场的大舞台迈得更快、更远，而一线城市的地产开发经验，也将在运营、产品品质等方面给予融信更高层次的提升空间。

7. 重点项目介绍

融信·海上城——世界级海岸地标

2012 年 9 月 27 日，融信集团摘下厦门海沧桥南 227 亩地块，从该区域入手，进军厦门。该项目地处海沧大道与海沧大桥交接处，是海沧大桥引桥第一站，区位优越。融信集团将在该地块投资超 50 亿元，建成厦门地区首屈一指的集甲级 5A 写字楼、超五星级酒店、SOHO、餐饮、会所于一体的大型综合体项目。融信集团还将联手迪拜七星级帆船酒店设计公司阿特金斯建筑设计事务所担纲设计，除此之外，该地块还将打造滨海餐饮以及豪华私人游艇会所。

8. 联系方式

地址：福州市广达路 108 号世茂国际中心 17F　　邮编：350004

电话：0591 - 83810380　　传真：0591 - 83335235

邮箱：181380072@ qq. com　　公司主页：www. rongxingroup. com

（四十五）建发房地产集团有限公司

1. 企业简介

建发房地产集团有限公司系厦门建发集团旗下的专业房地产开发企业。建发集团资产总额超过780亿元、年营业收入超过1000亿元，2013年位列中国企业500强第127名、中国服务业500强第48名，并连续多年位居福建省企业集团100强首位。

作为建发集团的核心组成部分，建发房产是福建省最早与外商合资、合作开发房地产的企业之一。从厦门出发，建发房产精耕福建，目前已逐步拓展至上海、成都、长沙、福州、漳州、泉州、龙岩、南平、三明等城市，成功开发了一系列高品质房地产项目，产品涉及城市核心精品、高端别墅、近郊大盘、商业地产、高端写字楼、城市综合体、大型公建等。建发房产还积极承建城市保障性安居工程、构筑绿色节能建筑，并以房地产开发为核心，在上、下游行业开拓出区域内领先的物业管理和土地一级运营业务，形成了旗下拥有四十余家全资及控股企业的专业房地产开发集团。

建发房产先后被评为福建省著名商标、金融资信AAA级企业等省级企业荣誉，并获得2014中国房地产50强、2014中国房地产开发企业综合发展10强、中国房地产地方公司品牌价值TOP10、中国值得尊敬的房地产品牌企业、中国房地产信息化应用10强、全国“守合同，重信用”企业、中华慈善突出贡献单位奖等多项国家级殊荣。

2. 城市布局（见表5－162）

表5－162　　2011—2013年城市布局

	2011年以前	2012年	2013年
进入城市	厦门、上海、成都、长沙、福州、漳州、龙岩、	南平	泉州、三明

数据来源：企业提供。

3. 联系方式

地址：厦门市思明区环岛东路1699号建发国际大厦37层

电话：0592－2263366　　　传真：0592－2119099

公司主页：http：//www. cndrealty. com

（四十六）禹洲地产股份有限公司

1. 企业简介

禹洲地产成立于1994年，总部位于厦门。2009年11月，禹洲地产在香港联交所成功上市（股票代码：01628. HK）。砥砺耕耘近20余载，禹洲成为集房地产开发建设、商业投资和运营管理、物业管理为一体的多元化、集团化的大型综合性跨国企业，连续九年蝉联中国房地产百强企业（近四年跻身中国房地产50强，位列海西区域首位），并于2014年迈入中国房地产40强。

禹洲地产就注重住宅所承载的人与环境的和谐互融，首个项目就提出了“推窗一片绿，我家在禹洲”绿色产品定位。近20年来，禹洲以高标准为城市打造精品项目的同时，积极践行企业公民的社会责任。禹洲致力于教育、环保公益事业以及各类慈善活动，捐赠总额近亿元，先后荣膺“2009中国广告主长城奖——最热心公益奖”、“2011 中国房地产上市公司社会价值典范”、“2012 中国公益奖—集体奖”等殊荣。

2. 财务数据（见表 5－163～表 5－164）

表 5－163　　2011—2013 年资产与负债状况

单位：万元

	2013 年	2012 年	2011 年
资产总额	2736232.0	2227784.0	1825311.0
负债总额	1989042.0	1618636.0	1259719.0
流动负债	1148317.0	1061739.0	766948.0
货币资金	388363.0	372862.0	195654.0
应收账款	—	—	—
其他应收款	162992.0	78775.0	65328.0
本公司所有者股东权益	736163.0	600068.0	535130.0
资产负债率（%）	73.0	73.0	69.0
流动比率	1.9 倍	1.7 倍	1.8 倍
速动比率	0.5 倍	0.4 倍	0.3 倍

表 5－164　　2011—2013 年现金流量状况

单位：万元

	2013 年	2012 年	2011 年
销售商品收到的现金	804000	614000	416000
经营活动现金净流量	214368	162403	－72633
现金净流量	14217	188059	－133986
销售商品收到现金与主营收入比	1.08 倍	1.58 倍	1.08 倍
经营活动现金流量与净利润比	1.46 倍	2.24 倍	－0.77 倍
现金净流量与净利润比	0.10 倍	2.59 倍	－1.42 倍
投资活动现金净流量	－394778	－157093	－116666
筹资活动现金净流量	194627	182749	55314

3. 城市布局

历经 10 年沉淀，2004 年已成为厦门房地产领军企业的禹洲厚积薄发，迅速启动了全国扩展战略，先后成功布局福州、上海市场，并于 2006 年以造城之势顺利开拓合肥市场。2009 年上市后，禹洲持续深耕以厦门和福州两大核心城市为中心的海西区域，先后进入泉州、龙岩、漳州市场，并于 2010 年成功开拓了环渤海区域，在北京设立了项目公司，并进入天津市场。2013 年，进入蚌埠市场，扩充了在长三角区域的土地储备。

禹洲已基本完成了海西、长三角、环渤海这全国三大区域的布局，并正以“立足海西、建树中国”战略定位为指引，“以核心城市带动区域，以区域覆盖全国”的战术深化公司在三大区域的城市布局。

4. 土地及在建

目前，禹洲在全国拥有逾 40 个处于不同开发阶段的地产项目，在建和持有作未来开发的总建筑面积近

1000 万平方米，项目覆盖的城市包括厦门、福州、泉州、龙岩、漳州、合肥、蚌埠、上海、天津等九个城市，产品覆盖了公寓、别墅、写字楼、酒店、综合商业和大型城市综合体等多种业态，并且每一种业态都拥有城市标杆性的代表作品（见表 5 - 165）。

表 5 - 165　　2011—2013 年土地及在建

	2013 年	2012 年	2011 年
土地储备（万平方米）	853	666	529
在建规模（万平方米）	345	265	231

5. 销售业绩（见表 5 - 166）

表 5 - 166　　2011—2013 年销售业绩

	2013 年	2012 年	2011 年
销售面积（万平方米）	104.00	73.00	48.00
销售金额（亿元）	109.59	65.29	42.96

6. 重点项目介绍（见表 5 - 167）

表 5 - 167　　2013 年重点项目

项目名称	城　市	开盘日期	建筑面积（万平方米）	销售面积（万平方米）	销售均价（元/平方米）
禹洲・尊海	厦　门	2013 年	47.32	9.12	17240
禹洲・中央海岸二期	厦　门	2013 年	66.35	16.20	14070
禹洲・云顶国际	厦　门	2013 年 8 月	51.26	1.74	33786
禹洲・天境三期	合　肥	2013 年	123.03	20.64	6218
禹洲城市广场	泉　州	2013 年	137.03	15.49	5604

7. 联系方式

地址：厦门市湖滨西路 39 号禹洲・华侨海景城 9 号楼 6 层　　邮编：361003

电话：0592 - 3333000　　传真：0592 - 3333112

公司主页：www.xmyuzhou.com.cn

（四十七）上海实业控股有限公司

1. 企业简介

上海实业控股有限公司于 1996 年成立，同年 5 月 30 日在香港联合交易所上市，同时也可在纽约交易市场以美国证券存托凭证第一级计划进行交易。现时上实控股是一家以基建设施、房地产和消费品三个主要核心业务为主的红筹公司，业务遍布国内 35 个城市，致力为股东创造更高价值。

2013 年，公司实现年度净利润 27.02 亿港元。扣除去年年度出售上海青浦区 G 地块权益所得的利润后，上升 17.2%，总收入为 215.68 亿港元，同比增长 11.8%。其中房地产所提供的盈利贡献为 7.38 亿港元，同比下跌 57.5%，占本集团业务净利润的 26.8%。

2. 财务数据（见表 5-168～表 5-169）

表 5-168　　2013 年销售业绩及同比

	2013 年	同比（%）
销售金额（亿元）	71	57
销售均价（元/平方米）	16871	47
销售面积（万平方米）	42	5

数据来源：中国房地产决策咨询系统（CRIC）。

表 5-169　　2012—2013 年财务指标

财务指标	2013 年	2012 年
净负债率（%）	18.26	32.48
三费费用率（%）	18.80	18.45
总资产周转率（次/年）	0.18	0.17
长短期债务比	1.45	2.32
现金短债比	1.81	1.86
净利润增长率（%）	-20.39	4.58
销售毛利率（%）	29.24	28.95
销售净利率（%）	15.97	22.43

数据来源：企业年报。

注：长短期债务比 = 长期借款/（短期借款 + 一年内到期非流动负债）。

现金短债比 = 货币资金/（短期借款 + 一年内到期非流动负债）。

表 5-170　　2013 年重点新开盘项目

项目名称	城　市	项目名称	城　市
洲际亚洲湾	成　都	啤酒城休闲购物中心	青　岛
上实啤酒城改造项目	青　岛		

数据来源：中国房地产决策咨询系统（CRIC）。

（四十八）上海升龙投资集团有限公司

1. 企业简介

上海升龙投资集团有限公司创办于风云变幻的世纪之交，公司总部位于上海市浦东新区太平金融大厦。经过 10 年的努力，升龙集团走遍澳大利亚、中国香港、上海、南京、天津、福州、厦门、郑州、洛阳、武汉、鹤壁…直至海外，以建设城市未来为使命，进行多元化产品开发，物业涵盖超高层写字楼、都市综合体、高档住宅、五星级酒店等，1200 亿投资实力，3000 万平方米开发体量创造了诸多城市地标。

2011 年 9 月 8 日，升龙集团作为发起人之一的广东华兴银行在汕头市正式挂牌营业，同月底广东华兴银行广州市总行正式挂牌营业，升龙集团深谙全球经济发展格局和趋势，提前进入资本市场，以企业实力对话世界资本，让资本运作和商业地产运营完美结合，成就升龙集团未来企业战略重要布局。

2. 企业发展战略

立足上海，布局中国。升龙集团将坚持可持续发展道路，将全国化、多元化、品牌化提升到集团的核心战略层面，持续加强集团核心竞争力。

规模化：发挥上海总部作为集团的人力资源、营销管理、资金管理和设计研发中心的枢纽作用，业务基本涵盖全国重要的二线城市，积极进军一线城市，力争进入中国优秀房地产企业的行列。

多元化：通过产业与资本为双轮驱动的发展模式实现集团的跨越式发展。以房地产开发、商业管理和酒店经营三大业务板块为核心，通过参股一些金融机构，实现集团业务的多元化经营，培育集团可持续的利润增长点。

集团化：通过集团总部与各区域总部之间的资源整合，着重打造并提升集团品牌影响力，全面实施标准化规范管理，致力于成为中国最受尊敬和信赖的企业之一。

3. 联系方式

地址：上海市浦东新区银城中路488号太平金融大厦37层　　邮编：200120

电话：021—61016288　　传真：021—61016288

公司主页：shenglonggroup. com. cn

（四十九）景瑞地产（集团）有限公司

1. 企业简介

景瑞地产（集团）有限公司始创于1993年9月，现已发展成为一家业务涵盖房地产开发、建筑装饰装修、商业运营及物业管理的全国化品牌地产开发集团，具备房地产开发企业国家一级资质，并多次获得“中国房地产开发企业百强”50强、“中国房地产百强运营效率TOP10”等荣誉。

2. 财务数据（见表5－171～5－172）

表5－171　　2012—2013年资产与负债状况

单位：万元

	2013年	2012年
资产总额	1964293. 0	1115577. 0
负债总额	1628860. 0	905424. 0
流动负债	1172187. 0	699690. 0
货币资金	336756. 0	137573. 0
应收账款	5113. 0	1241. 0
其他应收款	79671. 0	41912. 0
本公司所有者股东权益	310177. 0	184663. 0
资产负债率（%）	83. 0	81. 0
流动比率	1. 6	1. 5
速动比率	0. 5	0. 3

表 5－172　　2012—2013 年现金流量状况

单位：万元

	2013 年	2012 年
销售商品收到的现金	694102.0	435433.0
经营活动现金净流量	－189540.0	－32619.0
现金净流量	244445.0	67399.0
销售商品收到现金与主营收入比	1.80	1.10
经营活动现金流量与净利润比	－2.70	－10
现金净流量与净利润比	3.5	2.0
投资活动现金净流量	－21889.0	－7203.0
筹资活动现金净流量	388761.0	6480.0

3. 城市布局

景瑞地产立足上海，随着企业的不断发展与壮大，景瑞地产切实贯彻“深耕长三角，产品价值领先”这一发展战略，从 2005 年始，公司全面布局长三角区域，截至 2014 年 2 月，先后进入苏州、无锡、常州、扬州、南通、泰州、杭州、宁波、绍兴、舟山、台州、湖州等 12 个长三角区域核心城市。同时，企业已进入天津、重庆，策略性布点环渤海、西南区域。2014 年，景瑞 15 城 34 盘联袂开发。

4. 2013 土地及销售业绩

2013 年，集团土地储备 501.5 万平方米，在建规模 267.7 万平方米。全年销售面积 83 万平方米，销售金额 82.6 亿元。

5. 发展战略综述

景瑞地产（集团）有限公司从公司至今，始终秉持“懂你所需筑你所想”这一企业使命，专注目标群体，立意居者感受，专注坚持品质细节。并以客户价值配置资源，追求居住本质，从而营造“安全与隐私、健康与愉悦、便利与丰富”的现代社区。公司立足上海，深耕长三角最具发展潜力的核心城市。此外公司在稳定区域发展同时，通过点式布局，为全国发展奠定基础。

（五十）浙江佳源房地产集团有限公司

1. 企业简介

浙江佳源房地产集团有限公司始创于 1995 年，是一家以房地产开发为核心业务，以规划设计、建筑施工、物业服务、酒店管理、商业管理等为配套产业，同时拥有国家房地产开发、建筑工程施工总承包与物业管理一级资质的集团型企业。

经过 19 年的厚积薄发，佳源集团逐步培育起了独具特色的核心竞争力：即准确的产品定位能力、成熟的多项目管理能力、快速复制的标准化作业和完善的售后服务体系，并凭借自身在区域布局、产品定位、业务创新等方面的突出表现，自 2009 以来已连续四年入围中国房地产百强企业，百强排名逐年稳步上升（2009—2012 年排名分别为 77、71、59 与 51 名），2013 年更是首次荣膺中国房地产开发企业 50 强，排名中国房地产开发企业第 48 位，2014 年蝉联中国房地产开发企业 50 强（排 47 位）。2013 年荣膺地产开发企业品牌价值 50 强，名列第 46 位，品牌价值达 36.44 亿元。

2. 2013 年企业发展综述

2013 年，企业各项经济指标都有所进步。工程方面，新开工面积 353 万平方米，在建面积 600 万平方米；

销售方面，累计实现销售额 118.5 亿；土地储备方面，全年新增土地储备 3874 亩，到 2013 年底集团土地储备总量达 6320 亩。

3. 土地及在建（见表 5－173）

表 5－173　　2011—2013 年土地及在建

	2013 年	2012 年	2011 年
土地储备（万平方米）	258.28	412.02	122.61
在建规模（万平方米）	600	540	244.93

4. 销售业绩（见表 5－174）

表 5－174　　2011—2013 年销售业绩

	2013 年	2012 年	2011 年
销售金额（亿元）	118.5	92.3	47.41

5. 城市布局

截至 2014 年 4 月末，佳源集团已累计开发各类商住办项目 93 个，累计开发面积逾 2000 万平方米，开发区域涵盖了浙江、上海、江苏、安徽、河南、山东、辽宁、湖南、广东、广西、云南、四川、天津等 13 个省（自治区、直辖市）的 43 座城市（统计到县〈县改区〉，不含市辖区与乡镇），开发物业既包括了从公寓到别墅的各类型住宅物业，也包括酒店、社区商业以及新市镇商业综合体等商业物业（见表 5－175）。

表 5－175　　2013 年城市布局

城市	杭州、富阳、嘉兴、桐乡、海盐、海宁、嘉善、平湖、安吉、南浔、长兴、武义、丽水、绍兴、上虞、东阳、台州、上海、扬州、江都、姜堰、泰兴、连云港、宿迁、泗阳、常州、南京、巢湖、庐江、蚌埠、合肥、深圳、灵山、百色、邵阳、新邵、衡阳、成都、大理、洛阳、抚顺、青岛、天津

6. 企业发展战略

以经济效益为中心，全面开展服务满意年活动，实施“大城市，小城镇”的发展战略，抓住营销这条主线，切实解决企业为主体的工作模式，改进集团总部管控的方式，形成竞争机制，为实现 200 亿的目标而奋斗。

7. 重点项目介绍（见表 5－176）

表 5－176　　重点项目

序　号	名　称	所在城市	物业类型	权益比例（%）	规划总建筑面积（万平方米）	累计竣工面积（万平方米）
1	桐乡罗马都市	桐　乡	商　住	100	50	—
2	嘉兴东方都市	嘉　兴	商　住	100	40	—
3	嘉兴罗马都市	嘉　兴	商　住	100	72	52
4	桐琴中心广场	武　义	商　业	100	28	—
5	泰兴新天地	泰　兴	商　业	100	90	35

续表

序　号	名　称	所在城市	物业类型	权益比例（%）	规划总建筑面积（万平方米）	累计竣工面积（万平方米）
6	黄桥佳源中心广场	黄　桥	商　业	100	40	—
7	宿迁公园一号	宿　迁	商　住	100	40	—
8	泗阳罗马都市	泗　阳	商　住	100	30	—
9	合肥巴黎都市	合　肥	商　住	100	177	—
10	蚌埠东方都市	蚌　埠	商　住	78	45	—
11	南京紫金华府	南　京	商　住	100	37	—
12	杭州佳源名城	杭　州	商　住	100	23	—

8. 联系方式

地址：浙江嘉兴中环南路 69 号　　邮编：314050

电话：0573－89977902　　传真：0573－82509855－805

邮箱：sec@ zjjiayuan. com. cn　　公司主页：www. zjjiayuan. com. cn

（五十一）深圳控股有限公司

1. 企业简介

深圳控股有限公司（604. hk）自 1997 起在香港联合交易所有限公司主板上市。此外，公司控股股东是中国深圳市政府。深圳控股是一个领先的深圳房地产发展商，在中国深圳以及华南地区不同城市专注房地产开发、投资与管理。目前，在中国不同城市保持共约 1000 万平方米（建筑面积）的土地储备及在深圳拥有约 60 万平方米（建筑面积）的投资物业。

2013 年，公司把握一线城市活跃的交易市场时机，加快促进项目开发销售，积极落实战略转型，取得理想的经营业绩。截至 2013 年年底，深圳控股实现合同销售收入 90 亿元，增加 47. 1%；合同销售面积 72. 94 万平方米。

2. 财务数据（见表 5－177～表 5－179）

表 5－177　　2013 年销售业绩及同比

	2013 年	同比（%）
销售金额（亿元）	90. 00	47. 00
销售均价（元/平方米）	12350. 00	37. 00
销售面积（万平方米）	72. 95	7. 00

数据来源：企业官网，中国房地产决策咨询系统（CRIC）。

表 5－178　　2012—2013 年财务指标

财务指标	2013 年	2012 年
净负债率（%）	60. 96	77. 10
三费费用率（%）	16. 65	14. 99
总资产周转率（次/年）	0. 15	0. 17
长短期债务比	1. 00	1. 47

续表

财务指标	2013 年	2012 年
现金短债比	0.61	0.95
净利润增长率（%）	21.03	40.95
销售毛利率（%）	36.83	36.00
销售净利率（%）	31.01	25.62

数据来源：企业年报。
注：长短期债务比 = 长期借款/（短期借款 + 一年内到期非流动负债）。
现金短债比 = 货币资金/（短期借款 + 一年内到期非流动负债）。

表 5 -179　　2013 年重点新开盘项目

项目名称	城　市	项目名称	城　市
深业科之谷	深　圳	东莞天安数码城	东　莞
深业华府	常　州	深业・睿城	长　沙
天安数码城	江　阴	鹏基欧景丽苑	东　莞
天御香山花园	深　圳	深业城	佛　山

数据来源：CRIC。

（五十二）大华（集团）有限公司

1. 企业简介

大华集团初创于1988年，是一家以房地产开发为主，集房地产设计、开发工程、销售、物业管理等业务为一体的，兼及投资管理和商业运营等多元化经营的企业集团。是国内第一批拥有房地产开发国家一级资质的房地产开发企业，长期以来跻身中国企业500强，中国房地产50强企业行列。

大华集团经过多年发展，形成了以大华（集团）有限公司为经营投资主体，以40余家控股、参股公司、分公司为骨干，20余家关联企业协作运营的房地产企业集团。

大华集团以专业化的城市运营商作为企业的发展方向，以前瞻的规划、专业的整合能力，不断探索和提升人与环境的和谐，人居配套功能的多样。开发过程中逐步形成了大地块开发的运作能力，包括城中村改造、新农村建设、成片旧区开发等的一、二级联动开发模式，具有成熟的运作经验和诸多优秀的成功案例。

大华集团通过一系列成功项目的开发运作，取得了较好的经济效应和社会效应，收获了一系列荣誉：2002年—2013年连续多年被评为“上海市著名商标”；2003—2012年连续六届荣获“上海市房地产开发企业50强”称号；2004—2009年，连续多年荣膺“中国房地产百强开发企业综合实力TOP10”；2010—2013年，荣列“上海民营企业百强”前15名；2013年荣获“上海市房企（集团）销售20强”、“中国房地产开发企业运营效率10强”。

2. 销售业绩（见表 5 - 180）

表 5 - 180　　**2011—2013 年销售业绩**

	2013 年	2012 年	2011 年
销售面积（万平方米）	77.03	99.66	55.19
销售金额（亿元）	117.50	132.07	81.76

3. 企业发展综述

大华集团坚持以地产开发推动中国城市化进程，在地产开发实践和地产文化的探索中，形成了一套"成长型现代城市规模化社区"的联动开发模式，在城市化开发的同时，打造生态公园、生活配套商业，开发了一系列令人瞩目的超大型社区和居住新镇。并在原地开发建设的同时，解决了当地居民动迁安置问题及就业难题，为政府排忧解难，实现了开发一方，繁荣一方，稳定一方的方针。

目前在上海开发的大华社区、浦东六里现代生活园区（上海锦绣华城）及大场老镇改造社区（大华新界）总计约有 25 万居住人口。在提供舒适便捷的生活的同时传播先进的生活理念，逐步树立起推进中国城市化进程的优秀地产品牌。

大华集团坚持以地产开发推动中国城市化进程，在地产开发实践和地产文化的探索中，形成了一套"成长型现代城市规模化社区"的联动开发模式，在城市化开发的同时，打造生态公园、生活配套商业，开发了一系列令人瞩目的超大型社区和居住新镇。并在原地开发建设的同时，解决了当地居民动迁安置问题及就业难题，为政府排忧解难，实现了开发一方，繁荣一方，稳定一方的方针。

目前在上海开发的大华社区、浦东六里现代生活园区（上海锦绣华城）及大场老镇改造社区（大华新界）总计约有 25 万居住人口。在提供舒适便捷的生活的同时传播先进的生活理念，逐步树立起推进中国城市化进程的优秀地产品牌。

上海大华社区，是大华集团于 1988 年开发的第一个大规模的城市居住社区，其规划面积 3．5 平方公里，位于上海宝山、普陀、闸北三区交汇处。大华集团在大华社区整个规划、开发的全过程中，除土地熟化、一二级联动外，还承担了大量的学校、医院、城市公园、公共交通、商业等城市配套的建设，并且接下了部分市政建设的任务，分担了部分政府职责，良好的解决了开发地居民的交通出行、教育、医疗、购物、休闲等生活机能。让大华社区成为了"中国著名城镇化社区 50 佳之一"的样板社区。

上海浦东锦绣华城社区的诞生和发展，是在浦东开发的大背景下进行的。在规划之初，大华集团就希望从城市的高度，以长远的视野，打造一座富有时代精神、自由丰富的生活之城。在这之前，集团已在浦西成熟开发运营了近 3．5 平方公里大华社区，开发运营大社区的经验和优势给了集团很大的信心，立志将锦绣华城社区在大华社区的基础上进一步升级化运营，打造成为上海浦东的新生活地标。

大华集团在城市化开发进程中，帮政府解决难题，改善当地的居住环境，通过上海大华社区和上海大华锦绣华城两个大型项目的建设，在新农村和旧区改造的项目上积累了丰富宝贵的经验。之后，在武汉青山区、大连高新软件区相继开发了城中村改造项目及新农村改造项目，逐渐形成了自身独特的开发特点。

4. 企业发展战略

大华集团在上海获得了成功开发实践和宝贵经验后，继续以"大华联动开发模式"展开了全国化发展的进程。以各省会级城市为中心通过以往开发过程中形成的大片区旧城改造的能力，陆续在南京、大连、武汉、西安、济南、海口、沈阳、烟台、泰州、马鞍山等城市开发了一大批单盘体量超百万平米的大型居住社区。并以这些城市展开辐射拓展至周边具潜力的计划单列市。至今，大华集团开发的项目涵盖上海的8个区（县）及10多个全国重点城市。

5. 2013年重点项目介绍（见表5－181）

表5－181　　2013年重点项目介绍

项目名称	城市	建筑面积（万平方米）	项目名称	城市	建筑面积（万平方米）
上海中环一号	上海	100	泰州锦绣华城	泰州	50
上海颐和华城	上海	46	西安曲江公园世家	西安	102
上海锦绣华城	上海	300	武汉南湖公园世家	武汉	73
上海梧桐城邦	上海	38	武汉滨江天地	武汉	90
上海朗香花园	上海	23	烟台上海滩花园	烟台	160
大连锦绣华城	大连	150	海口锦绣海岸	海口	200
南京大华锦绣华城	南京	180	—	—	—

6. 联系方式

地址：上海市宝山区华灵路698号　　邮编：200442

电话：021－66340070　　公司主页：www.dahuahome.com

（五十三）雨润（控股）集团有限公司

1. 企业简介

雨润控股集团是一家集食品、物流、商业、旅游、房地产、金融保险和建设等七大产业于一体的民营企业集团，其服务领域囊括广大市民的衣食住行、吃喝娱乐，雨润“生活·家”的文化理念得到彰显。旗下已有雨润食品（1068.HK）、南京中商（600280.SH）两家上市公司。

作为雨润控股集团旗下的雨润地产板块囊括了物流地产、旅游地产、住宅地产、商业地产等不同地产业态。开发项目遍布华东、东北、中西部重点城市，已经形成全国布局、重点突破的发展态势，并积极向海外拓展业务，是以开发高档住宅、城市综合体及旅游地产等高端产品线为主的大型房地产企业集团。

雨润地产坚持多元化、规模化和国际化的企业发展战略，秉持“雨润万物，天精地华”的企业理念，以“创祥瑞和谐之境界，造地产领域之精华”为愿景，坚持高质量、高效率、高品味的市场定位，以开发高档住宅、城市综合体及旅游地产等高端产品为主，不断推出双五星精品住宅，即五星级的品质和五星级的物业服务，建造了多个高端商业楼盘。

2. 城市布局（见表5－182）

表5－182　　2011—2013年城市布局

	2013年	2012年	2011年
新进入城市名称	建湖、南通、泗阳、诸暨、海安、盱眙、扬州、沛县、句容、建湖、杭州、开原、赤峰、扬中、微山等	常州、长春、汝州、如皋、如东、丰县等	千岛湖、淮安、鞍山、沈阳、宿迁、威海

3. 土地及在建（见表5－183）

表5－183　　2011—2013年土地及在建

	2013年	2012年	2011年
期末待开发土地建筑面积（万平方米）	6000	2500	1600
本期竣工产品建筑面积（万平方米）	325	200	150

4. 销售业绩（见表5－184）

表5－184　　2011—2013年销售业绩

	2013年	2012年	2011年
销售面积（万平方米）	216	58	40
销售金额（亿元）	156	40	28

5. 2013年企业发展综述

2013年，雨润控股集团为实现跨越发展战略，进行地产板块业务整合，将原先地产、商业、物流三个板块的房地产开发业务整合到雨润地产集团统一管理，在地产集团框架内分别成立了华东区域、华南区域、苏鲁区域等多个区域级公司，建立了控股集团，地产集团、区域公司、城市公司、项目公司五级管控构架，调整之后，控股集团由原来的业务操作型向战略和财务管控型转变，而地产集团将关注于市场投资、产品研发和业务考核。2013年，由雨润控股营销中心统一管理，优化佣金激励制度，多方招才纳贤，成立多支营销队伍，开展销售大比拼；引进营销信息系统，借力先进的移动终端应用，实现电子开盘和移动销售。

2013年，集团各不同业态的地产项目在建面积1230万平方，项目遍布上海、南京、苏州、黄山、九华山、海南、徐州、西安、青岛、成都等近40个大中型城市。实现销售156亿元，物业租赁收入4.3亿元，酒店和物业公司经营收入3.8亿元，依托雨润地产板块的扩张，雨润控股旗下中央百货与雨润农产品物流2013年实现经营收入320亿元，发展态势良好，前景广阔。

地产板块累计竣工面积约325万平方，其中持有面积近200万方用于物流、商业、酒店、办公、文化娱乐等经营项目；土地储备待开发建筑面积近6000万平方米，为雨润地产持续发展、迈向辉煌提供了有力支撑。2014年，雨润集团地产板块业务预计实现销售300亿元，2015年力争地产销售额突破500亿元。

6. 企业发展战略

雨润以国际化的长远眼光，在区域重点城市突破性发展新型城市商业综合体，提供购物、办公、住宿、餐饮、文化、娱乐、休闲、健身等一站式服务，并且推动与美国梦工厂的合作，极力发展文化产业。目前雨润积极开拓海外市场，加强国际合作，加快国际化步伐，国际影响力与日俱增。雨润集团将持续强化在食品产业发展和市场竞争方面的领先优势，持续加快雨润物流、百货、旅游和地产等各大产业的发展，为顾客、员工、股东实现价值最大化，为社会尽最大的责任。

7. 重点项目介绍

南京星雨华府建筑面积近28万平方米，位于南京河西核心地段，交通便利、商业配套完善。项目由国际顶级设计大师捉刀，小区环境优雅，林木森森、流水潺潺，荣获“中国最佳国际化社区大奖”、“中国最佳园林住宅大奖”和“中国最佳创意户型大奖”等多项荣誉，截至2013年已经实现销售近50亿元。

南京雨润国际广场项目占地约2.1万平米，建筑面积约27万平米，规划南北两座L型塔楼，用全玻璃幕墙雕琢奢华立面，是集白金五星酒店、国际购物中心、国际5A办公、洲际行政公寓等高端业态于一身的新一代城市综合体，以比南京乃至华东当下城市综合体形态超前5年以上的远见规划，成就长三角世界级都市圈的顶级新地标。

铜陵雨润国际广场总投资13.8亿元，建筑高度170米，建成后将成为皖江第一高楼和铜陵市的地标建筑；铜陵星雨华府总建筑面积26万平方米，总投资15亿元，将建成具有五星级建筑品质和五星级管家服务的“双五星城市精品住宅”。

徐州中央国际广场集五星级酒店、甲级写字楼、酒店服务公寓、影院、真冰溜冰场、中餐西餐、精品超市、高档购物中心于一体，提供购物、休闲、办公、住宿、餐饮、文化、娱乐、健身等一站式、体验式服务，是淮海经济区最大的城市综合体项目。

常州雨润国际广场项目总投资达55亿元，总占地面积约17万平米，总建筑面积约120万平米，地上总建筑面积约93万平米，规划一栋逾180米高的办公与酒店塔楼，2栋约170米高豪华住宅，2栋约100米高商住两用SOHO，11栋约100米高精品住宅和规模约50万平米的6层高商业裙楼，是一座集合了大型购物中心、五星级酒店、高品质住宅、高级写字楼、多媒体影城、KTV、电玩城、餐饮等众多现代商业和居住形态于一体的超大型、国际级城市综合体，成为常州的城市新名片。

雨润控股集团在青岛开发的项目主要包括科技金融中心、五星级酒店，还包括一个配套商住服务项目，总投资约60亿元。同时，在哈尔滨、长春、威海等地均有较大规模的开发项目。

在旅游资源日益稀缺的大背景下，雨润控股集团实施“两山一湖一海”战略，在海南、千岛湖、黄山、九华山等国内炙手可热的旅游区开发多个顶级酒店、高尔夫、综合渡假村项目，成为国内房地产开发行业中最具行业价值链整合能力的企业之一。

8. 联系方式

地址：南京市建邺区雨润大街10号　　　邮编：210041

电话：025-52270000　　　传真：025-52270000

公司主页：www.yurun.com

（五十四）农工商房地产（集团）股份有限公司

1. 企业简介

农工商房地产（集团）股份有限公司，前身为上海农口房产联合开发经营总公司。成立于1988年5月，2008年3月整体改制重组为农工商房地产（集团）股份有限公司（以下简称“集团公司”）。注册资本为11.2亿元，集团公司具有房地产开发企业国家一级资质；是中国房地产业协会理事单位、上海市房地产行业协会副会长单位。

公司是以房地产综合开发经营为主业，集房产、设计、施工为一体的国内大型国有房企。目前，集团公司拥有下属企业89家，其中房地产企业80多家，还拥有商业房产经营集团（华都集团）、建筑设计企业（甲级）、建筑施工企业（一级）、珠宝企业（城隍珠宝为中国驰名商标）。目前，集团公司从业人员3000人。

集团公司的房地产开发业务主要精耕上海，深耕长三角，辐射全国。足迹遍布上海、江苏、浙江、安徽、广西、河南、山东、湖南、湖北八省一市，实施了全国性战略发展。集团公司成立26年来，累计开发总量超

2000 万平方米。

集团公司近 10 年来连续位居上海房地产 50 强前列，连续多年进入“中国房地产 50 强企业”行列，连续进入中国房地产开发企业稳健经营 10 强。获上海市“五星级诚信创建企业”称号。“农工商房产”品牌为上海市著名商标。开发的房地产项目曾获得中国土木工程最高奖项—詹天佑土木工程奖；中国建筑工程最高奖—鲁班奖；上海市建筑工程最高奖—白玉兰奖。

2. 城市布局（见表 5－185）

表 5－185　　2011—2013 年销售业绩

	2013 年	2012 年	2011 年
住　宅	上海、镇江、昆山、建湖、宜兴、张家港、扬州、吴江、句容、宁波、杭州、衢州、绍兴、湖州、上虞、南通、南宁、池州、宿州、郑州、溧阳、临沂、菏泽、合肥、长沙、武汉、富阳、金华、舟山	上海、镇江、昆山、建湖、宜兴、张家港、吴江、句容、衢州、上虞、南通、南宁、池州、宿州、郑州、溧阳、临沂、潍坊、菏泽、合肥、长沙	上海、镇江、昆山、建湖、宜兴、张家港、吴江、句容、衢州、上虞、南通、南宁、池州、宿州、郑州
非住宅	上海（嘉定）	—	池　州

3. 土地及在建（见表 5－186）

表 5－186　　2011—2013 年土地及在建

	2013 年	2012 年	2011 年
土地储备（万平方米）	639.60	450.00	—
在建规模（万平方米）	337.39	132.00	166.00

4. 销售业绩（见表 5－187）

表 5－187　　2011—2013 年销售业绩

	2013 年	2012 年	2011 年
销售面积（万平方米）	128	55	47
销售金额（亿元）	120	42	43

5. 2013 年企业发展综述

2013 年，农工商房产提出了“精耕上海、深耕长三角、辐射全国”的战略构想，战略布局形成初具规模的发展新格局，在全国市场占有一席之地。围绕“精品刚需”做文章进一步细化产品线，针对普通型、首次改善型、高端改善型等不同刚需类别而塑造不同的产品；与此同时，在商业地产方面，农工商房产将会依托母公司光明食品集团的支持和资源，综合利用和开发好各种资源。

2013 年，农工商房产销售额突破了 100 亿，正式跨入百亿房企行列。并超额完成了土地储备，为集团后续发展奠定了坚实的基础。

6. 企业发展战略

农工商房产将在未来三年实现“三年经济总量翻两番、员工收入增长50%以上”的战略目标，力争三年后规模和利润都在光明食品集团系统处于领先地位，使企业的经济运营质量平均指数达到行业上市公司的优秀值，使企业的现代化管理建设提高到一个新的水平。

农工商房产将坚持“精耕上海，深耕长三角，辐射全国”的发展目标。在上海，继续进入一些价格低洼但潜力较大的板块，如大虹桥、金山新城等；在江苏，重点布局常住人口多、有产业支撑的城市，如昆山、镇江、溧阳、吴江等；在浙江，进入一些私营经济发达、中高端客群较多的城市，如绍兴、宁波、衢州、上虞等。在全国其他区域，则注重追求规模效应，打造超级大盘，如广西南宁 80 万平方米农房·澜湾九里和河南郑州 100 万平方米索河湾等。

7. 重点项目介绍

农房·恒海国际花园：坐拥淀山湖板块丰富假日旅游配套资源，高尔夫、帆船等度假俱乐部云集。社区内部享有 5 条自然水系、数千株珍稀植被，更有五星级娱乐俱乐部及其他别墅配套，呈现浓郁的森林假日别墅生活方式。

农房·西郊半岛：驱车约 15 分钟即可直达虹桥枢纽、半小时左右到达中山公园。社区规划有多层花园洋房、小高层、高层公寓及高档会所、商业配套；将建成低碳、生态、时尚、豪华的品质社区。

农房·西藏北路项目：地处苏河湾规划核心位置，总建筑面积约 5.9 万平方米，是集办公、住宅及配套商业于一体的综合高端项目。项目紧临轨交 8 号线（12 号线，在建）曲阜路站，与大悦城隔街相望，距人民广场仅 1 公里。

8. 联系方式

地址：上海市长寿路 798 号　　邮编：200060

电话：021－32211122　　传真：021－32211650

公司主页：www.nfgroup.com.cn

（五十五）联发集团有限公司

1. 企业简介

联发集团有限公司成立于 1983 年 10 月，是一家以房地产和物业租赁为核心业务的大型房地产运营商，注册资本 21 亿元人民币，总资产 220 亿元人民币，开发区域已涵盖厦门、桂林、南昌、南宁、重庆、武汉、天津、扬州和鄂州。

31 年来，公司坚守品质筑家的理想，与城市发展同行，根植九城。截至目前，公司开发面积近 900 万平方米，并拥有土地储备超 600 万平方米，同时已形成快速滚动发展与自主运营相结合的合理布局，持有物业面积近 100 万平方米。

公司现位列中国房地产百强企业第 52 位、中国房地产百强企业运营效率 TOP10、中国房地产专业领先品牌价值 TOP10，拥有房地产开发一级资质，并荣获全国“守合同重信用”单位、福建省著名商标。

2. 2013 年企业发展综述

2013 年，面对持续调控的宏观环境和瞬息万变的市场形势，公司积极主动，抢抓机遇，各项经营和品牌影响力再上新台阶，发展势头良好。全年房地产业务业绩再创新高，土地储备持续增加，确保了房地产主业的可持续健康发展。增值服务得到了很高的提升，物业服务专业化、标准化程度和服务质量不断提升，“联客会

"平台以真诚融洽客户关系，得到了广大业主的喜爱。客户满意度进一步提升，客户对联发总体满意度达到了 87%。

3. 企业发展战略

房地产业务：公司坚持高周转率滚动开发，科学系统地规划区域布局。同时，建立完善的运营体系，全面提升运营能力，以加速周转为重点，扩大现金流平台。深耕现有城市，提升在当地市场占有率，并逐步辐射到周边城市。在发展过程中做到区域聚合、有效联动，初步形成全国布局。坚持适度超前、滚动开发的土地储备策略。抓好产品研发，重点提升产品设计和策划水平，推进产品标准化，促进产品的技术进步，全面提升产品品质。加强质量和成本的控制。尝试市场化代建业务，建立代建专业化队伍，充分利用代建项目资源，使之与房地产项目有机结合。

物业租赁业务：公司在集中主要资源做大房地产业务的同时，保持较合理的资源配比，并择机盘活部分物业资产；持有型物业的增加主要是承接房地产开发中的商业配套项目，并实行以战略合作为主的商业运营方式；提升对持有型物业的专业策划和资产整合能力，加大现有持有型物业的出租力度，实现资源共享，提高盈利能力；适时改造现有湖里厂房项目，实现业态调整和产业升级。

增值服务：联发物业以为主业和业主提供优质物业服务为核心，不断优化物业公司组织架构，完善物业服务管理体系，提高服务质量和专业技术水平，不断满足主业全国布局与高端物业的服务需求；联发集团通过加大对物业公司与"联客会"平台等方面的投入和支持力度，促进服务水平的同时，使之真正成为"为主业品牌增值的重要组成部分"。

4. 重点项目介绍

联发·欣悦湾：项目以墅质户型+高层建筑为主。位处厦门集美新城灌口核心区，区域内各种配套完善，周边自然条件优越，是未来集美西部高档社区的集中区域。联发欣悦湾【意墅】：户型面积区间为 140～220 平方米，充分发挥户型南北通透的舒适优势，设计的下沉式庭院使得地下室全明采光，地下一层奢享地面一层的采光通风效果，同时增加了产品的附加值，所有意墅户型均享受到成倍的使用空间。高层产品为 80～120 平方米 2～4 房，户型设计合理实用，注重功能空间的布局。

5. 联系方式

地址：厦门市湖里大道 31 号　　电话：0592－6027576

传真：0592－6021724　　邮编：361006

邮箱：info@xudc.com　　公司主页：www.xudc.com

（五十六）上海中建东孚投资发展有限公司

1. 企业简介

上海中建东孚投资发展有限公司，是中建八局下属专业负责房地产投资开发和物业服务的全资子公司。

公司成立于 2008 年，在中建地产内率先拥有房地产开发壹级资质。主要沿"居住地产、商务地产、保障性住房和城市综合开发"四大业务线进行开发建设，项目遍布全国多个大中城市，主要有上海的青浦保障房、中建公元一号，北京的中建府前观邸，济南的中建锦绣城、中建文化广场、中建凤栖第，青岛的中建尚溪地，西安的中建群贤汇和中建群星汇，泰州的中建锦绣珑湾等。目前已具备年开发百万平米的能力，成为跨区域、多项目、多业态的房地产企业。

中建东孚公司目前有山东和上海两个区域公司，北京和西安两个直属项目公司，下辖昕庭物业、懿启物资公司、合鑫园林公司三个专业公司。公司不断培育并引进高素质复合型人才，凝聚了720人的专业团队，形成了日臻完善的一体化高效管理体系。

公司坚持“绿色节能、品质地产”的产品定位，50%的项目获得绿色建筑设计和运营认证。公司先后获得全国“五一劳动奖状”、全国用户满意企业、全国绿色建筑及节能减排达标竞赛优胜单位金奖、全国保障性安居工程建设劳动奖赛先进单位、上海市“五一劳动奖状”、山东省文明单位等诸多荣誉。

2. 企业发展战略

充分整合优势资源，按“属地、集中、联动”原则进行重点突破，以中建八局二级单位所在地为核心加速区域布局，加快城市综合体、居住地产、商业地产和保障住房四大业务线的开发，坚持“投资—开发—设计—施工”四位一体经营模式，以人为本，加大产品和管理标准化的研究及复制推广，提升专业管理能力和运行效率，全面提升企业品质。

在区域布局上，在目前的基础上向南京、大连、成都等城市进一步拓展，到2018年形成以上海为中心的长三角地区、以济南为中心的环渤海地区、以西安为中心的中西部区域和以广州为中心的南方区域四大区域战略布局。同时，充分依托和调动中建八局主业资源，待运营能力发展成熟之后，可逐步向其他二、三线等机会城市扩张。

3. 重点项目介绍

中建锦绣城项目位于济南西部新城中的西客站片区，紧邻西客站核心区，距离2011年通车的济南高铁西客站1公里。本项目总占地32.56万平方米，最大可建面积108.6万平方米，住宅地块的容积率上限为3，商办地块的容积率上限为4.5~5。项目为片区内大型综合体项目，以高层住宅为主，配建有高档写字楼、酒店、公寓、会所、配套商业等。项目地块内规划幼儿园21班幼托和42班小学，可服务于项目及整个西客站区域客群。

4. 联系方式

地址：上海市浦东新区世纪大道1568号中建大厦26F　　邮编：200122
电话：021－61691804　　传真：021－61691940
公司主页：http：//www.cscecdf.com/

（五十七）上海证大房地产有限公司

1. 企业简介

上海证大房地产有限公司创办于1994年，是证大集团（00755.HK）旗下核心业务板块。

“建筑·艺术·生活”是证大房产始终坚持的差异化品牌战略。除了提供良好的物质空间，证大房产努力使开发的产品能适应消费者精神、文化和审美的需求，拒绝平庸，开拓创新。证大房产追求人文精神，注重社会价值，并赋予每个房地产项目以个性化元素和文化内涵，始终如一地以为消费者提供艺术化的生活空间为己任。

2. 城市布局

在城市综合体开发领域，证大房产在全国一、二线城市的核心地段进行战略布局，并在上海浦东成功开发了以喜玛拉雅中心为代表的优秀城市综合体项目。

在综合商业开发领域，证大房产从上海联洋大拇指广场为代表的优秀社区商业中心项目起步，在二、三线城市进行战略布局，公司未来3~5年以主力产品“证大大拇指广场”进行高速全国性战略扩张，预计开发15

个大拇指广场，布局上海、扬州、青岛、南通、海门、廊坊、济南、烟台、南京，大拇指战略整合了商业、商务等多业态和功能复合型商业中心，是集购物、休闲、餐饮、文化、娱乐等多功能为一体的城市商业文化综合体，经营模式包含可售型物业、持有型物业、商业中心和文化产业。

3. 重点项目介绍

南京高铁南站“证大·喜玛拉雅中心”是规划酒店式公寓、写字楼、商业、酒店于一体的高端综合体文化地标，60万平方米地标级综合体及“高山流水”的创新艺术建筑理念，将带动南京南站区域成为南京的新型城市名片。

（五十八）奥克斯地产

1. 企业简介

成立于2000年的奥克斯地产是中国领先的综合性地产开发企业之一，拥有国家一级开发资质，为中国房地产百强企业、中国商业地产10强企业、成长性10强企业，注册资本达12亿元，总部设于上海。主营业务涉及房地产投资开发、商业运营管理、物业服务等多个板块，开发区域覆盖上海、宁波、天津、成都、长沙、南昌、青岛、金华、文昌等诸多一、二线重点城市，目前已初步形成全国战略布局。

经过10余年的快速发展，奥克斯地产现已拥有600万平方米以上的年开发能力。物业形态涵盖“奥克斯广场系列”城市综合体、“盛世系列”精品住宅、“创研智造系列“总部基地”、“主题公园系列”旅游综合体等。依托中国500强企业奥克斯集团的坚实后盾，秉承“以人为本、诚信立业”的经营宗旨和“筑就生活理想”的开发理念，奥克斯地产在品质品牌的道路上持之以恒，不懈追求，致力于发展成为在国内地产业极具品牌影响力的复合型地产大鳄。

企业宗旨：“以人为本、诚信立业”

企业战略：“稳健治业，和赢未来”

开发理念：“筑就生活理想”

2. 四大核心产品系列（见表5－188）

表5－188　　　　四大核心产品

系　列	产品类型	经典楼盘
奥克斯广场系列	城市综合体	成都奥克斯广场、长沙奥克斯广场、青岛奥克斯广场
盛世系列	精品住宅	宁波盛世天城、天津盛世天下、天津盛世年华、南昌盛世经典
创研智造系列	总部基地	上海创研智造
主题公园系列	旅游综合体	海南·国际现代五项体育主题公园

3. 企业发展战略

坚持多产品、多业态均衡发展。在区域布局和城市选择方面，奥克斯地产坚持在原有项目所在城市深耕外，对新城市进行了综合的考察和布局，如优先选择优先考虑一、二线重点城市为主，同步考虑有发展潜力的三线城市。

（五十九）北京城建投资发展股份有限公司

1. 企业简介

北京城建投资发展股份有限公司是由北京城建集团有限责任公司1998年独家发起，向社会公开发行A股股票募集的、以房地产为主业的地产商。公司总部设在北京。目前企业业务集中在北京，同时在重庆、合肥、淮安、石家庄、廊坊等城市有开发项目。截至2013年底，股份公司总资产达到363亿元，归属母公司股东的权益85.32亿元。

2013年，北京城建依然重点打造为实现项目运作高效化，北京城建不断开展产品系列化研究工作，总结提炼产品的核心价值特征来提升企业品牌价值。未来，北京城建将凭借大股东北京城建集团的品牌和资源优势，继续专注于住宅产品。

2. 财务数据（见表5－189～表5－190）

表5－189　　2013年销售业绩及同比

	2013年	同比（%）
销售金额（亿元）	138	－15
销售均价（元/平方米）	15333	－13
销售面积（万平方米）	90	－2

数据来源：企业官网，中国房地产决策咨询系统（CRIC）。

表5－190　　2012—2013年财务指标

财务指标	2013年	2012年
净负债率（%）	62.42	16.99
三费费用率（%）	9.30	8.50
总资产周转率（次/年）	0.23	0.26
长短期债务比	4.86	4.25
现金短债比	2.95	5.21
净利润增长率（%）	－0.35	9.61
销售毛利率（%）	40.43	48.32
销售净利率（%）	18.47	21.33

数据来源：企业年报。

注：长短期债务比＝长期借款/（短期借款＋一年内到期非流动负债）。
　　现金短债比＝货币资金/（短期借款＋一年内到期非流动负债）。

表5－191　　2013年重点新增土地储备

城　市	宗地名称	属　性	成交时间	建筑面积（万平方米）	成交总价（亿元）	楼板价（元/平方米）
北　京	房山区窦店镇地块	住　宅	2013/01	9.14	4.60	5033
北　京	036号大兴区魏善庄镇地块	共建配套	2013/05	18.42	11.15	6052

续表

城　市	宗地名称	属　性	成交时间	建筑面积（万平方米）	成交总价（亿元）	楼板价（元/平方米）
北　京	048 号大兴区魏善庄镇地块	共建配套	2013/07	9.10	4.60	5057
北　京	房山新城良乡组团地块	商　住	2013/08	19.43	16.90	8700
北　京	朝阳区东坝南区地块	商　住	2013/11	9.19	21.45	23345
北　京	昌平区北七家镇地块	商　住	2013/11	28.81	15.48	5372

数据来源：中国房地产决策咨询系统（CRIC）。

表 5－192　　2013 年重点新开盘项目

项目名称	城　市	项目名称	城　市
北京城建龙樾湾	成　都	城建·世华泊郡	北　京
红木林	北　京	北京城建·海梓府	北　京
京城国际	合　肥	首城汇景湾	北　京
城建·琨廷	北　京		

数据来源：CRIC。

（六十）中骏置业控股有限公司

1. 企业简介

中骏置业控股有限公司成立于 1996 年，2010 年 2 月在香港联合交易所有限公司主板上市（股份代号：1966）。中骏置业主要业务包括投资控股、房地产开发、物业投资及物业管理等。中骏置业以厦门总部为基地，实施“立足海西、拓展环渤海及关注珠三角”的全国化发展战略。于 2013，中骏置业拥有总规划建筑面积合共约 1000 万平方米土地储备，分布在泉州（包括石狮、晋江及南安）、厦门、漳州、龙岩、南昌、深圳、北京、廊坊、唐山、鞍山及临汾等地。

2013 年，中国房地产市场投资环境全面回暖，中骏置业实现合同销售面积 101.77 万平方米，合同销售金额约人民币 108.19 亿元，同比分别大幅增加约 52% 和 80%；平均物业售价约为每平方米人民币 10631 元。2013 年累计合同销售金额已达全年销售目标人民币 75 亿元约 144%。

2. 财务数据（见表 5－193～表 5－196）

表 5－193　　2013 年销售业绩及同比

	2013 年	同比（%）
销售金额（亿元）	108.19	80.00
销售均价（元/平方米）	10631.00	18.00
销售面积（万平方米）	101.77	52.00

数据来源：企业官网，中国房地产决策咨询系统（CRIC）。

表 5－194　　2012—2013 年财务指标

财务指标	2013 年	2012 年
净负债率（%）	62.70	55.30
三费费用率（%）	11.11	12.87
总资产周转率（次/年）	0.28	0.21
长短期债务比	3.03	2.30
现金短债比	1.81	1.48
净利润增长率（%）	30.3	20.74
销售毛利率（%）	28.01	35.33
销售净利率（%）	17.82	24.77

数据来源：企业年报。
注：长短期债务比＝长期借款/（短期借款＋一年内到期非流动负债）。
现金短债比＝货币资金/（短期借款＋一年内到期非流动负债）。

表 5－195　　2013 年重点新增土地储备

城　市	宗地名称	属　性	成交时间	建筑面积（万平方米）	成交总价（亿元）	楼板价（元/平方米）
南　昌*	南昌市住宅地块	住　宅	2013/02	24.32	6.57	2700
晋　江	池店镇南迎宾大道东侧商住地块	商　住	2013/10	13.70	5.26	3836
上　海	虹桥商务区核心区北片区 01、03 号地块	商　业	2013/11	27.90	35.79	12827
上　海	万里社区 W060701 单元 W8－1 地块	住　宅	2013/12	5.63	15.30	27180

数据来源：中国房地产决策咨询系统（CRIC）。
注：南昌为中骏置业 2013 年新进入的城市。

表 5－196　　2013 年重点新开盘项目

项目名称	城　市	项目名称	城　市
中骏天誉	厦　门	中骏四季阳光	泉　州
中骏柏景湾	泉　州	中骏雍景台	泉　州
中骏天峰	泉　州	御泉新城一期	鞍　山
中骏蓝湾半岛	晋　江	中骏天峰	厦　门
中骏四季阳光	漳　州	中骏蓝湾香郡	漳　州

数据来源：CRIC。

（六十一）俊发地产有限责任公司

1. 企业简介

俊发地产有限责任公司创建于1998年，拥有国家一级开发资质。俊发以“品质筑就生活”为理念，致力于成为城市发展的贡献者。在多年的开发建设中，公司建立起标准化、科学化、系统化的质量管理体系。截至2014年，公司以云南昆明主城为核心，开发30余高品质项目，贡献1000万平米建筑典范、3万户高品质幸福人居。“俊发”、“俊园”已成为云南地产界的首席品牌，多年蝉联“中国地产百强企业”、“中国房地产品牌价值TOP10企业”，2013年荣登“中国房地产百强企业成长性TOP10”榜单。2013年，公司销售额达到181亿元，位列“2013中国房地产企业百亿销售榜”第61位。

2. 城市布局

俊发地产以“专注云南、辐射西南、迈向全国市场”为布局战略，成功进驻成都、海南、贵阳、北京、南宁、大理、丽江等多个城市，不断丰富产品线，为不同客群、不同城市提供丰富的全系产品（见表5－197）。

表5－197　城市布局

年　份	1998	2009	2010	2011	2012	2013
已进入城市	昆　明	新加坡	成都、海南、大理	贵　阳	北　京	南宁、西安、丽江

3. 重点项目（见表5－198）

表5－198　2013年重点项目

序　号	所在位置	项目名称
1	昆　明	金尚俊园、七彩俊园、滨江俊园、盛唐城、俊发城、九夏云水、河畔俊园、滇池 one
2	贵　阳	贵阳俊发城、贵阳俊发中心
3	成　都	成都时光俊园、成都星雅俊园
4	大　理	大理滨海俊园
5	海　南	俊发·海南项目

4. 联系方式

地址：昆明市盘龙区北京路987号俊发中心23楼　　邮编：650225

电话：0871－64533333 传真：0871－64514433　　邮箱：zhaoziyu@ junfagroup. com

公司主页：http：//www. ynjunfa. cn

（六十二）福建三盛房地产开发有限公司

1. 企业简介

三盛集团成立于1988年，经过二十多年的快速发展，三盛集团发展成为资产规模300多亿元，年营业额100多亿元，产业涵盖房地产、塑料、化工、金融等领域，发展区域布局国内东南沿海、华东、华北、华中和西南各省份的跨区域、多元化经营的大型集团企业。

三盛地产，中国房地产百强企业。以“成就极致生活”为使命，自成立以来，充分整合集团优势资源，实施长期的房地产品牌运营战略，用实力与信心赢取市场，赢得人心，曾多次被评为“中国最具影响力地产企业”、“中国值得尊敬的房地产品牌企业”等。2014年，三盛地产麾下三十大项目，布局全国东南沿海、华东、华北、华中和西南五大区域。

三盛地产开发业态涵盖住宅、旅游地产、教育地产、养老地产、城市综合体、商业地产等，形成X+住宅+Y的产业地产模式，三盛地产正站在中国一线地产跑道上，布就产业地产恢弘格局，并正加速向全国性主流开发商强势迈进。

三盛拥有物业公司、园林公司、装修公司等企业，与地产业务实现一体化、协同发展的产业链，具有其它房地产企业难以比拟的竞争优势。三盛品牌多次被评为“中国最具影响力地产企业”、“中国值得尊敬的房地产品牌企业”。

2. 运营数据（见表5-199~表5-200）

表5-199　　2011—2013年三盛地产销售业绩

年　份	2013年	同比（%）	2012年	2011年
销售金额（亿元）	98	36	72	52
销售均价（元/平方米）	10511	7	9835	8596
销售面积（万平方米）	93	27	73	60

数据来源：企业官网，CRIC。

表5-200　　2011—2013年三盛地产财务指标

财务指标	2013年	2012年	2011年
资产负债率（%）	64.01	65.01	64.24
净负债率	1.78	1.86	1.80
三费费用率（%）	4.28	4.70	4.84
总资产周转率（%）	46.54	33.32	20.39
存货周转率（%）	35.30	25.91	16.51
净利润增长率（%）	57.12	81.99	98.95
净利润率（%）	22.67	20.59	22.56
销售毛利率（%）	45.03	43.07	45.37

数据来源：企业公开财务报表。

3. 城市布局

截至2013年底，三盛地产发展区域布局国内东南沿海、华东、华北、华中和西南各省份，进入13个城，开发30余大项目，实现跨区域、多元化经营的大型集团企业（见表5-201）。

表5-201　　2001—2013年城市布局

年　份	2001—2007	2008	2009	2010	2011	2012	2013
已进入城市	福州、泉州、漳州、宁德、南安	福州、成都、宁德、漳州	成都、福州、宁德、漳州、泉州	成都、福州、宁德、漳州、泉州	成都、福州、宁德、漳州、泉州	扬州、青岛、成都、福州、宁德、漳州、泉州、抚州	北京、济南、厦门、扬州、青岛、成都、福州、宁德、漳州、泉州、抚州

数据来源：企业官网，CRIC。

4. 土地储备（见表 5 - 202）

表 5 - 202　　2013 年三盛地产重点新增土地储备明细

城　市	宗地名称	属　性	成交时间	建筑面积（万平方米）	成交总价（亿元）
抚　州	抚州市迎宾大道以北、伍塘路以东	商业、住宅、SOHO、酒店	2013	5. 93	1. 00
泉　州	惠安县山霞镇、张坂镇	住　宅	2013	122. 00	2. 50
泉　州	泉州水头	住　宅	2013	40. 60	4. 00
河　北	河北固安牛驼	住　宅	2013	533. 33	6. 89
福　州	福州市仓山区南江滨大道南侧，连江南路西侧	SOHO、酒店、商业	2013	5. 70	28. 72
漳　州	金峰南路以东、江滨路以北	住　宅	2013	7. 22	6. 34
漳　州	瑞京路以南、规划师院西路以东	住　宅	2013	12. 74	6. 88
漳　州	瑞京路以南、三湘江以北	住　宅	2013	3. 61	1. 82
宁　德	宁德市东侨开发区福宁南路西侧、支堤路南侧	住　宅	2013	8. 22	5. 69

数据来源：CRIC。

5. 重点项目（见表 5 - 203）

表 5 - 203　　2013 年重点新开盘项目

项目名称	城　市	开盘日期	建筑面积（万平方米）	销售面积（万平方米）	销售均价（元/平方米）
托斯卡纳	福　州	2013 - 3	66. 12	11. 00	11067. 00
国际公园	福　州	2013 - 6	120. 00	23. 00	13864. 00
国际广场	扬　州	2013 -- 9	23. 00	1. 70	14570. 00
海德公园	宁　德	2013 - 10	34. 49	9. 60	10033. 00
榕　御	漳　州	2013 - 5	27. 00	9. 50	8096. 00
温泉新都城	泉　州	2013 - 3	44. 55	19. 30	6973. 00
四季公园	泉　州	2013 - 1	40. 00	17. 00	8575. 00
翡俪山	成　都	2013 - 10	31. 68	7. 60	6135. 00
都会城	成　都	2013 - 6	60. 00	1. 20	5522. 00

数据来源：CRIC。

6. 联系方式

地址：福州市新权南路 9 号福州香格里拉酒店 5 层　　邮编：350005

电话：0591 - 28323333　　传真：0591 - 28320009

邮箱：mediarelation@ sansheng. com. cn

公司主页：http：//www. sansheng. com. cn

（六十三）富建集团有限公司

1. 企业简介

富建集团有限公司成立于1995年3月，集团产业主要有房地产业、酒店业、建筑业、医疗卫生业、典当投资业、机械制造业等六大产业。其中房地产业、酒店业为集团主产业。目前全集团总注册资本16.6亿元，总产近100亿元。集团位列盐城市房地产业综合实力10强企业第一位，自2002年起连续十一年荣列江苏省房地产业综合实力50强企业前10位。

集团倾力建设企业文化，大力弘扬“诚信至上，务实创新，和合兴企，勇创一流”的企业精神，打造企业核心竞争力，推动企业飞速发展。房地产业每年以近百万平方米规模开发，讲求品质，累计创省级以上优质小区30多个。2012年度全集团主营业务收入过半百亿元。先后荣获“全国房地产杰出贡献百强企业”、“全国房地产五百强企业”、“江苏省房地产综合实力50强企业”、“江苏省质量奖”、“江苏省服务业名牌”；荣获市“优秀企业”、“五星级企业”、“文明单位”；县“五好党委”、“综合先进企业”、“政府财政贡献奖”等荣誉称号。

2. 城市布局（见表5-204）

表5-204　　2011—2013年城市布局

	2013年	2012年	2011年
住　宅	阜宁、滨海、盐城、响水、宿迁、无棣、东台	阜宁、滨海、盐城、响水、宿迁	阜宁、滨海、盐城、响水、宿迁
非住宅	阜宁、盐城、东台	阜宁、盐城	阜宁、盐城

3. 土地及在建（见表5-205）

表5-205　　2011—2013年土地及在建

	2013年	2012年	2011年
土地储备（万平方米）	328.1347	102.6543	37.3035
在建规模（万平方米）	102.7602	32.5067	26.9657

4. 销售业绩（见表5-206）

表5-206　　2011—2013年销售业绩

	2013年	2012年	2011年
销售面积（万平方米）	39.43	32.51	26.97
销售金额（亿元）	31.54	24.38	18.88

5. 2013年企业发展综述

2013年，富建集团深化改革，设立四大产业板块强化市场开拓促发展，成立以考核审批为重点的四大管理中心，强化考核督查，推进管理进步；全面落实“精做存量，慎做增量，科学取舍，持续发展”的战略方针，加大产业转型升级的力度，提高企业运行质量，均收到了较好的效果；加速向高端业态和国际市场进军，强化集团内部协调发展，在上海自贸区注册创立了上海泽越国际贸易有限公司，收购、并购了上海金鹏典当有限公司、上海帝逸融资担保有限公司，在香港注册成立了香港四季置业有限公司，为各企业的发展提供金融支撑、贸易和房地产营销服务，推进了全集团高效发展。

房地产板块业绩再创新高：土地储备高，2013 年集团土地储备高达 328.1347 万平方米；在建规模高，在持续发展的前提下，集团房产在建面积突破百万平方米；销售金额高，2013 年富建集团房地产销售已经达到 31.544 亿元；涵盖城市数量高，2013 年富建集团房产项目涵盖 7 个城市，并积极准备在上海拿地。

酒店板块新添五星级黄山富建大酒店，把娱乐、餐饮、住宿、旅游全面结合。医疗板块方面，盐城市亭湖区人民医院正式建成并对外营业，专业的技术团队，优秀的服务态度，温馨的医疗环境在盐城地区受到一致好评。

6. 企业发展战略

战略方针：“精做存量、慎做增量、科学取舍、持续发展”，厚积薄发、待机而动。

战略主题：“做强做大企业、做优做活产业、做精做细管理、做实做深文化”

战略着力点：“思维大变革、管理大创新、产业大聚合、经济大跨越”为，自我创新、自我管理、自我升华，团结依靠富建全体员工，坚持完善集团管控架构，坚持产业板块整合，坚持人才梯队建设，坚持弘扬企业文化，切实增强集团经济综合实力和市场竞争能力，切实强化管理机制改革创新，切实推进经济增长发展模式。

战略定位：“综合实力跃进全国民企 500 强，房产业跻身全国 400 强。大力实施产业延伸渗透、均衡协调发展战略，大力推进管理型企业集团建设，奋力开启集团转型跨越发展新征程。

战略目标：保持经济平稳增长态势，稳中求进。到 2015 年，集团运营资产总值超 100 亿，净资产增加 15 亿元。在盐城市年税收超 2 亿元，跃进民营企业前三甲。房产业三年新增土地项目 2000 亩，实现销售总额超 200 亿元，进军上海房产市场，创建富建开发模式；酒店业三年经营产值翻一番，创建富建酒店模式，形成自身特色，实现连锁经营和对外输出管理；建筑业实现年总产值超 100 亿元；医疗卫生业三年完成经营产值 10 亿元；金融投资产业经济贡献争进地方行业前二位。酒店业板块施行股份制改造，积极筹备酒店集团上市。

7. 重点项目介绍

阜宁中心，本项目作为阜宁最高建筑，在城市中具有标志性地位，本工程集娱乐、商业、办公、酒店、酒店式公寓综合建筑于一体，有面积大、功能复杂、空间尺度大等特点。在建筑造型上顶部造型独特，具有强烈标志性。中庭空间循环流动，富于变化。在建筑主体体量划分上以硬朗英挺竖向线条为主要元素，突出表达建筑的高度。

都市铭城，小区规划用地面积 56810 平方米，容积率 1.6、建筑密度 21.38%，总建筑面积 148575.28 平方米，地上建筑面积 90890.29 平方米，地下建筑面积 57684.99 平方米。小区绿化率 40.1%，车位 1:1.5。小区主干道宽度为 6 米，次级道路为 4－5 米，小区交通流线遵循“动静结合、人车分流”的设计理念；信息化高品质小区管理系统，全部采用高清彩色可视对讲；完善的社区配套，物业管理、社区用房配套齐全。健身广场、主题广场一应俱全，小区北部地下室配建了人防工程；设置入口主题广场、文化广场、体育健身广场、休闲娱乐广场、儿童欢乐广场。

8. 联系方式

地址：上海市闵行区七莘路1839号财富108广场27－28楼（南楼）　邮编：201101

电话：021－34727778　传真：021－34727775

公司主页：http：//www. fjian. cn/Index. html

（六十四）首创置业

1. 企业简介

首创置业是中国领先的房地产综合营运商。公司于2003年6月19日在香港联合交易所主板上市。首创置业以北京为基地，以系列化、标准化的产品线不断进行异地复制扩张，以发展中高档住宅为主，高档商用物业开发为辅，多种物业类型综合营运的优势突出。在“低密度人文社区”、“多元化复合社区”和" 国际化高档社区" 三条成熟的标准化产品线基础上，首创置业凭借丰富的开发经验、规模化的经营优势、卓越的资源整合能力，以差异化的竞争策略，强化公司在新型住宅产业综合体方面的开发能力，不断推动产品线更新升级，引领行业先风。

截至12月31日，首创置业2013年累计完成销售面积192.3万方，完成销售金额196.1亿元，较去年同期分别上涨11%、47%；与此同时，首创置业销售均价较去年同期上涨44%，达到10197元/平方米。

2. 财务数据（见表5－207～表5－210）

表5－207　**2013年销售业绩及同比**

	2013年	同比（%）
销售金额（亿元）	196.1	47
销售均价（元/平方米）	10197.0	44
销售面积（万平方米）	192.3	11

数据来源：企业官网，中国房地产决策咨询系统（CRIC）。

表5－208　**2012—2013年财务指标**

财务指标	2013年	2012年
净负债率（%）	59.00	60.00
三费费用率（%）	9.00	5.60
总资产周转率（次/年）	0.21	0.22
长短期债务比	1.56	4.33
现金短债比	1.40	2.50
净利润增长率（%）	43.43	13.05
销售毛利率（%）	29.11	32.56
销售净利率（%）	10.83	8.90

数据来源：企业年报。

注：长短期债务比＝长期借款/（短期借款＋一年内到期非流动负债）。

现金短债比＝货币资金/（短期借款＋一年内到期非流动负债）。

表 5－209　　2013 年重点新增土地储备

城　市	宗地名称	属　性	成交时间	建筑面积（万平方米）	成交总价（亿元）	楼板价（元/平方米）
北　京	京土整储招（丰）〔2012〕083 号	商　业	2013/01	14.99	21.8	14543
北　京	京土整储招（丰）〔2012〕085 号	商　业	2013/01	7.00	9.5	13514
北　京	京土整储招（丰）〔2012〕084 号	商　业	2013/01	16.00	19.4	12113
重　庆	渝国土房管告字〔2013〕2 号	住　宅	2013/02	38.79	8.0	2050
天　津	津南（挂）2013－03 号	住　宅;	2013/03	26.73	6.0	2249
天　津	津南（挂）2013－02 号	商　住	2013/03	24.53	5.5	2260
天　津	津南（挂）2013－06 号	住　宅;	2013/10	21.06	10.7	5058
北　京	孙村 B19、B20 地块	住　宅	2013/11	11.00	10.2	9214
上　海	方松街道 SJC10004 单元 2 街区 10－02 号、12－02 号地块	商　住	2013/11	12.00	17.7	14206

数据来源：中国房地产决策咨询系统（CRIC）。

表 5－210　　2013 年重点新开盘项目

项目名称	城　市	项目名称	城　市
洪恩国际社区	重　庆	首创国际城	西　安
新悦都	北　京	国际半岛	天　津
禧瑞都	北　京		

数据来源：CRIC。

（六十五）方兴地产（中国）有限公司

1. 企业简介

方兴地产（中国）有限公司是中国中化集团房地产和酒店业务的旗舰企业，于 2007 年在香港联合交易所正式上市。方兴地产秉承母公司中化集团“创造价值、追求卓越”的核心价值观。

2013 年，方兴地产始终坚持高端定位和精品路线，实施地产开发和物业持有协同发展战略，致力于成为中国领先的高端地产开发商和运营商。公司旗下“金茂”系列高端产品更是大力推动了企业业绩的提高。截至 2013 年年底，方兴地产完成销售金额 145.91 亿元，累计实现销售面积 57.29 万方，同比分别增长 58.6%、90.9%，但销售均价同比去年下降 17.0%，达到 25468 元/平方米。

2. 财务数据（见表 5－211～表 5－214）

表 5－211　　2013 年销售业绩及同比

	2013 年	同比（%）
销售金额（亿元）	145.91	58.60
销售均价（元/平方米）	25468.00	－17.00
销售面积（万平方米）	57.29	90.90

数据来源：企业官网，中国房地产决策咨询系统（CRIC）。

表 5－212　　2012—2013 年财务指标

财务指标	2013 年	2012 年
净负债率（%）	51.80	43.20
三费费用率（%）	15.00	14.00
总资产周转率（次/年）	0.20	0.22
长短期债务比	3.10	2.16
现金短债比	1.50	1.40
净利润增长率（%）	27.80	35.35
销售毛利率（%）	44.40	41.91
销售净利率（%）	11.95	11.25

数据来源：企业年报。
注：长短期债务比＝长期借款/（短期借款＋一年内到期非流动负债）。
现金短债比＝货币资金/（短期借款＋一年内到期非流动负债）。

表 5－213　　2013 年重点新增土地储备

城　市	宗地名称	属　性	成交时间	建筑面积（万平方米）	成交总价（亿元）	楼板价（元/平方米）
北　京	北京经济技术开发区河西区 X85R1 地块	住　宅	2013/02	14.5	17.3	11931
北　京	北京经济技术开发区河西区 X88R1 地块	住　宅	2013/02	15.4	18.0	11688

数据来源：中国房地产决策咨询系统（CRIC）。

表 5－214　　2013 年重点新开盘项目

项目名称	城　市	项目名称	城　市
望京金茂府	北　京	金茂梅溪湖	长　沙
亚奥金茂悦	北　京	金茂湾	青　岛
金茂府	北　京		

数据来源：CRIC。

（六十六）福晟集团有限公司

1. 企业简介

2004 年福晟集团在福州起步，经过 7 年的快速发展，至今已成为以房地产开发为龙头、涉及建筑、金融担保、建材贸易、物业管理、城市运营等行业的大型综合性集团，下属 30 余家子公司，员工 3500 人。福晟集团以现代企业模式运营，科学化管理，谨奉“诚信为本”理念，发挥资金和技术优势，制定正确战略策略，高质量完成每一个开发计划。在激烈的市场竞争中，无论服务、信用、质量方面都赢得了广大客户的好评，已形成“福晟·钱隆”系列品牌，目前已发展成为福州市市区占地面积用开发量大、信誉好的房地产企业。

福晟集团以“团结、高效、廉洁、务实”为发展方针，秉承“团结、学习、和谐、责任”的企业文化，遵循“369 模式”和“五不拍原则”的经营策略，积极打造“中产阶级住房领跑者”。福晟集团以钱隆为核心品牌，以产品品质、围合景观和创新户型“三大法宝”形成钱隆系列产品的竞争优势。

2. 城市布局

截至2013年年底，福晟集团已进入福州、广州、漳州、赣州、长沙、成都、天津、淮安、南宁、清远等10个城市（见表5－215）。成功开发了30多个品质楼盘，总建筑面积达700多万平方米。集团依托在福州的强大优势，将福建省作为企业的根据地，辐射整个泛长三角地区，并积极向全国其他二、三线城市拓展。

表5－215　　2011—2013年城市布局

	2013年	2012年	2011年
住　宅	福州、漳州、长沙、成都、天津、淮安、广州、南宁、赣州、清远	福州、漳州、长沙、成都、天津、淮安、广州、南宁、赣州、清远	福州、漳州、长沙、成都、天津、淮安、广州、南宁、赣州、清远
非住宅	福州、长沙	—	—

3. 2013年企业发展综述

2013年，集团秉承着地产与建筑两翼齐飞的持续发展。

地产方面：新开工住宅项目福晟·钱隆首府（漳浦）、福晟·钱隆城（淮安）等，增加储备福晟·钱隆樽品（福州南通）、福晟·钱隆公馆（漳州）、福晟·钱隆国际（长沙）、福晟·钱隆金融中心（长沙），在继续保持住宅产品的同时，先后开发了福晟大厦、福晟·钱隆国际、福晟·财富中心等商业写字楼项目。

建筑方面：历经七年，福建六建集团已成为福建企业集团100强；福建省施工总承包二十强企业；业务横跨福建、四川、广东、河南、湖南、天津等十八个省。福建六建业务规模逐步扩大，并在2013年实现合同签约量180亿元的佳绩。

2013年集团获得了“2013年度海西品牌房企“、”2013年度海西地产领军企业“等殊荣；旗下三家子公司同时荣获“长沙房地产诚信金牌企业”称号；旗下楼盘漳浦福晟钱隆首府荣获“2014年海西最值得期待楼盘”、淮安福晟·钱隆城荣获淮安市“2014最值得期待楼盘”。

4. 企业发展战略

福晟集团坚持发展地产、建筑两大核心业务板块。紧紧跟随国家城镇化建设步伐，布局“海西”、“长三角”、“珠三角”、“长株潭”、“北部湾”、“环渤海”、“成渝”、“中原”八个国家及区域城市群；坚持“住宅产品为主，适度持有商业”的发展原则，保持住宅产品占比80%以上。坚持“建一项工程，铸一座丰碑”的理念，质量先行，不断筑造建筑精品，打响六建品牌。打造中产阶级住房领跑者，土地储备2000万平方米，房地产累计收入达到2000亿元，自持酒店、写字楼物业300亿元，建筑累计收入2000亿元，建筑累计合同量3000亿元，控股并运营一至二家上市公司，企业总资产达500亿元。打造“中国地产50强”、“中国建筑50强”、“中国民营企业100强”中最具竞争力和活力的企业。

5. 重点项目介绍

“福晟·钱隆大第”为福晟集团于2010年9月竞得位于晋安区福马路南侧，长乐路以西宗地2010－36号地块。项目10分钟直通五一广场——东街口繁华商圈和金融街万达广场商务区，地铁2号线、3号线穿过。项目由7栋纯板式建筑及1栋多功能商务综合楼围合大面积园林而成。目前多功能商务综合楼作为福晟集团总部办公室使用，因其“福建省福州市福马路81号福晟·钱隆大第9号楼福晟集团”的地址，故有“五福之居”的美称。

“福晟·钱隆广场”该项目位于规划中的闽江北岸中央商务中心，南临江滨西大道，东临二环西路、尤溪洲大桥。福晟．钱隆广场总高度250米，所在商务区内的全部规划为超高层用地。钱隆广场作为北江滨中央高端商务区最先开发的项目之一，同时也是福晟集团团结一心重磅打造的首个超高层办公项目，此举是福晟集团筑定福州，谋局海西大经济圈的又一重要举措，牢牢占据福州城市政治、经济双价值核心。

6. 联系方式

地址：福建省福州市晋安区福马路81号钱隆大第9号楼　　邮编：350011

电话：0591－87840811　　传真：0591－87278732

公司主页：www. fushenggroup. com. cn

（六十七）上海城建置业发展有限公司

1. 企业简介

上海城建置业发展有限公司是上海城建集团全资子公司，拥有房产开发一级资质，获评2013中国房地产百强企业、中国住宅产业化杰出贡献企业、上海房地产开发企业50强（综合排名第12位），上海房地产开发企业保障性住房建设10强（排名第2位）、中国房地产企业责任地产10强、“品牌价值TOP10”等诸多荣誉称号。

公司秉承“质量第一，诚信至上”的核心价值观，以“专业化、纵深化、市场化”的发展理念，先后开发建成了古北瑞仕花园、金桥瑞仕花园、悠和家园、瑞和新苑、沪东商业中心、城建国际中心、城建地产大厦、瑞和宜山大厦、瑞和国顺大厦等100多万平方米的优秀住宅和高档写字楼。至今，公司累计开发面积近1250万平方米，在市场上逐步形成了以中档商品房为主的“瑞和”及以高档精装修住宅为主的“瑞仕”两大品牌。

2. 企业发展战略

在产业发展上，将深化投资研究，缓解土地储备不足的压力，逐步退出竞争性辅助业务，形成主业相对突出、以房产开发为主与地产开发为辅的良性产业发展格局。在产品发展上，将凭借已建立的品牌优势，以住宅为主，办公为辅，商业地产、工业地产、资产经营为补充；保障性住宅和商品住宅并重。在地域发展上，以上海为中心，重点开发长三角地区房地产项目；积极向沿海地区和内地省会城市拓展；近期依托市政工程及基础设施建设联动房产开发，远期以走出国门为目标导向，拓展海外市场。在合作发展上，丰富开发模式、创新合作开发模式，为拓展房地产开发市场创造条件。

3. 重点项目介绍

公司在建的楼盘有浦江大型居住社区保障房项目、青浦华新及徐泾北配套商品房项目、嘉定云翔大型居住社区经适房项目、大宁瑞仕花园、安亭瑞仕华庭、无锡渔港瑞仕花园、无锡蠡湖瑞仕花园、上海城建大厦、城建路桥研发中心等，共计开发面积达370多万平方米。

浦江大型居住社区瑞和新城，位于闵行区浦江镇，分为鲁汇小镇和召楼小镇两大块，总建筑面积约215万平方米，其中住宅面积约174万平方米，公建约44万平方米，建成后可导入人口约7.5万人。根据规划，瑞和新城谈家港小镇和召楼小镇的基础教育设施达22万平方米，其他配套公建面积22万平方米，住宅容积率2.0，住宅建筑密度30%，空间更大，舒适度更高。基础教育设施方面具体规划了2所高中、3所初中、3所小学、8所幼儿园，使社区内居民足不出户就能享受到从幼儿园到高中的全部基础教育。

安亭瑞仕华庭，位于上海安亭国际汽车城核心板块，毗邻1200余亩国际级颖奕高尔夫球场和约1150亩开放式汽车博览公园，逾2400亩天然氧吧，是上海仅有的城市绿肺之一。项目以联排别墅为主，采用新古典主义建筑风格，同时轨道交通 11 号线可直达江苏路站。项目自身还拥有着约 2 万平米醇熟商业配套。

太湖瑞仕花园项目，位于无锡市滨湖区蠡溪新城西端，毗邻环太湖公路与渔港路。西北侧为环山河，太湖十八湾及青龙山群山，东侧为花园一路，西南为渔港路。项目总用地面积约为 229400 平方米，总建筑面积约 45 万平方米，综合容积率约 1.3，绿化率不低于 35%。蠡湖瑞仕花园项目，位于无锡市滨湖区，项目总用地面积 74946 平方米，项目由 14 幢高层住宅、16 班幼儿园、社区卫生服务中心及会所组成，总建筑面积约 25 万平方米，容积率约 2.5。

4. 联系方式

地址：徐汇区南丹东路 161 号　　邮编：200030

电话：021 - 64877000　　传真：021 - 64879559

邮箱：service@ sucgfc. com　　公司主页：www. sucgfc. com

（六十八）上置集团有限公司

1. 企业简介

上置集团（简称 SRE）原名上海置业，是一家以房地产开发与经营为主营业务的综合性房地产开发集团公司，创建于 1993 年，于 1999 年在香港联合交易所有限公司主板市场独立上市（HK. 1207）。集团业务范围涉及中高端住宅、酒店、写字楼和商场物业的开发销售和管理等相关业务。

上置集团以上海为重心逐步拓展至具有较大经济增长潜力的省会城市和区域中心城市；其房地产开发的物业组合，以中高档物业为主，逐步加大写字楼、酒店、商场等城市综合体的开发与投资，已形成跨区域发展的、综合性房地产营运企业集团，拥有土地储备逾 400 万平方米。

2. 财务数据（见表 5 - 216 ~ 表 5 - 217）

表 5 - 216　　2011—2013 年资产与负债状况

单位：万元

	2013 年	2012 年	2011 年
资产总额	2621417	2380404	3539185
负债总额	1821847	1588776	2487342
流动负债	720810	892784	1380830
货币资金	222493	164775	204417
应收账款	21534	2362	8265
其他应收款	206992	114263	76633
本公司所有者股东权益	799570	791628	1051843
资产负债率（%）	69	67	70
流动比率（%）	294	201	182
速动比率（%）	71	35	24

表 5－217 **2011—2013 年现金流量状况**

单位：万元

	2013 年	2012 年	2011 年
销售商品收到的现金	272187	235654	366623
经营活动现金净流量	－100906	－198440	－284982
现金净流量	59592	－8221	－220840
销售商品收到现金与主营收入比（%）	88	76	62
经营活动现金流量与净利润比（%）	－328	－792	－822
现金净流量与净利润比（%）	194	－33	－637
投资活动现金净流量	－32799	－11718	－48477
筹资活动现金净流量	190312	201937	112619

3. 销售业绩（见表 5－218）

表 5－218 **2011—2013 年销售业绩**

	2013 年	2012 年	2011 年
销售面积（万平方米）	10.63	14.40	15.22
销售金额（亿元）	21.74	17.42	22.54

4. 发展战略综述

2013 年上置集团新增土地 67.32 万平方米，在建规模 78.1 万平方米。集团将继续稳健增加土地储备，以保持未来持续开发。同时与中国新城镇发展有限公司积极配合参与重要城市的房地产一、二级开发，凭借丰富的经验及雄厚实力，逐步将业务扩展至中国其他高速发展区域。

上置集团正努力将自己打造成为资源升值的平台、创造价值的载体。集团将与客户伙伴共成长，力求持续稳定地为社会、客户、合作伙伴、员工和股东创造价值，共谋繁荣。

5. 重点项目介绍

上置集团以高度的社会责任心，稳定的发展业绩，成功铸就了三大品牌系列：中高端的绿洲系列（绿洲雅宾利，绿洲仕格维，绿洲中环中心，绿洲江南园，绿洲比华利，绿洲长岛花园，绿洲千岛花园，绿洲城市花园，绿洲紫荆花园等）、低密度的香岛系列（香岛花园、香岛庄园、香岛原墅等）和量身定做的顶级天地系列（华府天地等）（见表 5－219）。

表 5－219 **2011—2013 年重点项目**

项目名称	城　市	开盘日期	建筑面积（万平方米）	销售面积（万平方米）	销售均价（元/平方米）
香岛原墅	上　海	2010.50	11.73	10.72	23297.00
绿洲中环中心 6 号楼	上　海	2012.90	3.75	2.93	24855.00
沈阳雅宾利二期	沈　阳	2013.90	12.99	4.88	14904.00

6. 联系方式

地址：上海市金沙江路1628弄10号26楼　　邮编：200333

电话：021－53966200　　传真：021－32513313

邮箱：zhaopin@ mail. sre. com. cn　　公司主页：www. sre. com. cn

（六十九）上海建工房产有限公司

1. 企业简介

上海建工房产有限公司是上海建工集团股份有限公司的核心成员企业，成立于1999年，具有国内最高的一级房地产开发资质，注册资金9亿元，现有职工260人左右，年开发量超过300万平方米。

公司是上海房地产行业中最早通过ISO 9001质量管理体系认证的企业之一，2011年起，进入上海市房地产开发企业前6强，2012年荣获上海市五一劳动奖状、全国住房城乡建设系统先进集体和全国保障性安居工程建设先进单位等荣誉称号，连续10年被评为上海市重点工程立功竞赛优秀公司，一大批楼盘获上海市最高质量奖项“白玉兰”奖、国家最高质量奖项“鲁班奖”以及房地产综合类最高奖项——上海市优秀住宅综合金奖。

2. 企业发展综述

公司以科学发展观为统领，坚定贯彻“全面、协调、可持续”的房地产发展战略；坚持以行业政策和市场需求为导向，坚持以提高房地产盈利能力为中心，坚持以建设创新型房地产开发企业为方向；着力推进房地产开发经营结构转型升级和发展方式转变，着力提升房地产规模能级和效益能级，着力提高房地产核心竞争力，努力建设诚信卓越、更具活力和竞争力的一流房地产开发企业。

公司原以住宅开发为主，主要开发地域在上海。近年来，为适应市场调控和自身发展要求，公司逐步优化了产品结构和地域结构，加大了工业地产和商业地产的开发力度，并进入了徐州、南京、苏州、南昌等外地市场。多年来，成功开发了徐汇·龙兆苑、佳龙花园、上海滩·新昌城、海尚佳园、大唐国际公寓、上海滩·大宁城、浦江颐城、浦江坤庭、徐州汉源国际华城、嘉定工业园、虹桥商务楼、大唐商务楼、文定路创意园区等一大批经典楼盘和工业、商业地产。

根据中央和市政府加大保障性住房建设力度的要求，公司近年来还积极参加保障性住房开发与建设，已先后有宝山顾村海尚菊苑、三门路海尚逸苑、康桥海上康庭、海尚乐苑、曹路海尚东苑、周康航汇福家园等6个项目累计88万平方米保障性住房交付使用，目前在建的保障性住房主要有周康航大型居住社区、浦东航头和宣桥地块保障房以及北翟路公租房等项目，面积约250万平方米左右，待建的松江畲山北地块保障房约70万平方米。

在开发经营规模逐步扩大的同时，公司也注重树立起良好的经营信誉。在上海建工集团“和谐为本，追求卓越”的文化理念引领下，以“宏扬建工品牌，建筑一流房产，创造更多价值”为企业使命，始终坚持“市场为导向、用户是根本”的经营理念，发扬“崇尚科学、勇于创新、善于协作、争创一流”的企业精神，不懈追求“建筑、艺术、生活”的和谐相融，用心规划、精心建设、诚信经营、尽心服务、精益求精地为全社会和广大消费者创造美好和谐的空间，努力实现“放心房、买放心”的品牌境界。

3. 联系方式

地址：上海市东大名路666号　　邮编：200080

电话：021－55886262　　传真：021－35312030

邮箱：sjgfc@ sjgfc. com　　公司主页：http：//www. sjgfc. com

（七十）浙江祥生房地产开发有限公司

1. 企业简介

浙江祥生房地产开发有限公司成立于1995年，是绍兴市首家拥有房地产开发一级资质的企业，业已形成了以浙江为中心，华中、华东区域为重点的全国布局，项目遍及上海、浙江、湖北、江苏、辽宁、福建、江西等地。公司拥有较强的多业态综合开发能力，业态涵盖公寓、别墅、城市综合体、酒店等。公司高品质开发路线已升级为精品战略，并致力于成熟产品的标准化。目前，公司已完成总建筑面积约500万平方米的商住物业开发，在建面积200多万平方米，并有充足的土地储备以保证企业快速发展。

祥生房产荣获“十一五”浙江省房地产品牌30强、“十二五”全国房地产50强企业荣誉、连续多年入选中国房地产百强企业、连续两年获评“浙江省住宅产业10大领军企业”并荣获“促进住宅科技发展进步贡献奖”等。

2. 城市布局（见表5－220）

表5－220　2011—2013年城市布局

	2013年	2012年	2011年
住　宅	江苏姜堰、江苏泰兴、上海、浙江诸暨、江苏扬州、湖北武汉、湖北洪湖、江西抚州、辽宁岫岩、浙江慈溪、浙江舟山、湖北仙桃、福建南平、山东济阳、安徽滁州	江苏姜堰、江苏泰兴、上海、浙江诸暨、江苏扬州、湖北武汉、湖北洪湖、江西抚州、辽宁岫岩、浙江慈溪、浙江舟山、湖北仙桃、福建南平	江苏姜堰、江苏泰兴、上海、浙江诸暨、江苏扬州、湖北武汉、湖北洪湖、江西抚州、辽宁岫岩、浙江慈溪、浙江舟山、湖北仙桃
非住宅	浙江诸暨、浙江普陀山、湖北仙桃	浙江诸暨、浙江普陀山、湖北仙桃	浙江诸暨、浙江普陀山

3. 土地及在建（见表5－221）

表5－221　2011—2013年土地及在建

	2013年	2012年	2011年
土地储备（万平方米）	289.04	335.03	211.31
在建规模（万平方米）	210.45	177.62	141.22

4. 销售业绩（见表5－222）

表5－222　2011—2013年销售业绩

	2013年	2012年	2011年
销售面积（万平方米）	59.35	40.44	38.25
销售金额（亿元）	47.61	30.17	32.70

5. 2013年企业发展综述

2013年，祥生在核心产业房地产领域取得了稳健发展。在房地产产品与管理标准化上祥生开始了积极探索，并首度进入安徽、山东市场，包括祥生·中央华府、祥生·君庭及（南平）祥生·御江湾、（武汉）祥生·君城等一批新兴商住楼盘涌现。

6. 企业发展战略

近期发展战略：未来3至5年内，完善企业信息化管控模式；实现房地产开发为龙头、多业并举的产业格局；加强与政府合作，积极参与保障房建设；加快区域拓展；梳理产品类型，整合标准化产品体系；实现地产品牌于与集团多元品牌的有效嫁接。

中长期发展战略：完善全国市场布局；简历标准化产品体系；完善品牌组合体系；继承综合优势，共享增值；实现向全国大型品牌房地产企业集团的蜕变。

远期目标：在中国房地产业占据领先者地位，做值得社会信赖与尊敬的百年企业。

7. 重点项目介绍

祥生君城：项目位于浙江省诸暨市浦阳江沿岸，建设用地13.48万平方米，总建筑面积近50万平方米。30层建筑引入别墅的空间设计理念，达到超宽、超高、超明的一线江景空中别墅。住区中建有步行街、中心花园、游泳池和超五星级的健身会所。

祥生御江湾：项目位于上海市杨浦区新江湾城，建筑面积约10万平方米。项目临近五角场商圈，紧靠复旦大学，毗邻江湾滨水休闲中心、新江湾城公园。项目以中心湖结合生态湿地景观为主景，对周边环境进行再设计、改造，务求打造一个功能性与景观性完美结合的生态居住场所。

8. 联系方式

地址：浙江省诸暨市苎萝东路195号祥生新世纪广场商务楼14层　　邮编：311800

电话：0575－87016788　　传真：0575－87019559

邮箱：fcoffice@ xsjt. cn　　公司主页：http：//www. xsjt. cn

（七十一）上海城投置地（集团）有限公司

1. 企业简介

上海城投置地（集团）有限公司是上海城投控股股份有限公司的全资企业，注册资本25亿元，具有房地产开发一级资质。

公司主要从事成片土地开发、保障性住房建设、旧城改造和历史风貌建筑保留保护、办公园区开发等。已完成项目开发30多个，竣工面积超过500万平方米。目前重点开发项目包括：新江湾城土地一级开发；新江湾城首府、露香园高端住宅；“湾谷”科技园；松江泗泾、浦东三林、青浦徐泾保障房基地等。

上海城投置地集团秉承“让都市生活更美好”的企业精神，坚持“诚信、责任、专业、创新”的企业信条，正朝着塑造上海乃至中国一流的房地产开发企业而努力。置地集团已先后获得全国房地产开发企业500强（第87位）、责任地产10强（第7位），连续五届上海市房地产开发企业50强（第8位）、保障房建设十强（第1位）、上海市房地产开发诚信承诺先进单位、上海市房地产开发10大著名企业和10大著名企业家、上海市房地产开发关注品牌（商标），连续五届中国房地产百强企业—规模性TOP10、中国服务业企业500强、中国房地产企业200强、上海市场诚信经营先进单位、上海市文明单位、上海市职工最满意企业单位等荣誉称号。

2. 主要项目介绍

新江湾城：位于上海市中心城区的东北部，北临黄浦江，西倚逸仙路高架，南端与上海城市四个副中心之一的江湾五角场接壤，东靠中原小区。总面积约9.45平方公里，6平方公里由城投公司负责土地一级开发，其中1平方公里为复旦大学江湾校区由校方自行建设。2002年，公司根据市政府提出的“绿色生态港，国际智慧城”的建设目标，启动了对新江湾城的总体开发。现已基本完成了5平方公里用地范围内国帆路以南地区的市政、道路、水系、绿化景观等系统的开发建设，同时完成了区内部分学校、文化体育、交通等住区公共配套设施建设。已出让约2/3开发用地给二级开发商，部分居住小区已建成或入住。

保障房：公司目前开发的保障房项目包括松江泗泾、青浦徐泾和浦东三林大型居住社区，其中松江泗泾作为全市最大的保障房基地最具代表性。松江泗泾基地地处松江区泗泾镇、洞泾镇，包括新凯家园一、二、三期以及韵意、洞泾南拓展地块，总占地面积219万平方米，总建筑面积257.5万平方米，目前已建成约180万平方米。基地内从最早的新凯家园一期到目前在建的韵意项目，展现了公司保障房从1.0版到3.0版再到升级版的品质提升过程。

露香园：位于上海市黄浦区人民路以东、以南，河南南路以西，方浜中路以北的515、526号街坊地块。其中，露香园一期项目位于人民路以东、以南，露香园路以西，方浜中路以北，项目一期（高区）基地总面积2.4万平方米，总建筑面积为14.5万平方米。新建9幢建筑单体；一期（低区）基地总面积4.62万平方米，总建筑面积为14.1万平方米。新建多层联排高档住宅和酒店（其中包含7幢保留保护建筑），以及上海市实验小学改扩建。目前高区和低区B1地块已结构封顶，高区于2013年7月开盘销售。项目一期预计2015年初整体完工。

新江湾城首府：位于新江湾城核心区域，总建筑面积15.2万平方米。新建住宅38幢，其中20幢3层联排花园住宅、18幢5层公寓。目前进行精装修工程，已于2013年8月开盘销售，计划2014年7月精装修竣工交付。

“湾谷”科技园：位于新江湾城的西北部，紧邻复旦大学江湾新校区。项目总占地面积约27万平方米，规划总地上建筑面积约66万平方米。首批开发的南块一期工程，地上总建筑面积41万平方米，于2012年3月开工，计划2014年6月竣工并投入使用，主要由多层独立总部办公楼、高层和小高层办公楼组成，并配置了餐饮、会务、银行、商业、邮局等功能以及先进的交通、智能信息等服务功能。目前有5幢建筑已结构封顶，项目于2013年底将基本建成，并完成50%销售面积。

吴淞路办公楼：位于闵行路以南、吴淞路以东、天潼路以北、峨嵋路以西，为一幢高层（地上21层）办公楼和一幢多层（地上5层）办公楼，总建筑面积为6万平方米。项目已竣工，出租率已达到70%，至年底将达到85%。

3. 联系方式

地址：上海市杨浦区清波路58号　　邮编：200438
电话：021－25259168　　传真：021－25259188

（七十二）方圆地产控股有限公司

1. 企业简介

方圆地产正式成立于1997年，现已发展成为以中高端住宅及高端商业物业开发为主业、涵括物业代理、物业管理、建筑设计、园林规划、文化投资、教育发展、城市基础设施建设等产业链的大型企业集团，已连续八年跻身“中国房地产百强企业”，并荣膺“中国华南房地产公司品牌价值TOP10”、“中国房地产最具成长性公司”、“最佳文化传承品牌”等荣誉，同时于2013年获评“广州驰名商标”。

方圆地产已成功打造了白云高尔夫、荷塘月色、东山水恋、江湾水恋、滨江水恋、云山诗意、小城之春、月岛、公园一号、大学时光、十里方圆、明月山溪、白云时光、花语水岸、海南海棠福湾一号、海南金沙滩等一系列项目品牌。

在推动住宅物业迅速发展的同时，方圆逐渐进军酒店、购物中心及商用写字楼业务等业务，并与和 Oakwood、Starwood 等国际知名的酒店管理公司形成战略联盟，合作管理旗下包括方圆奥克伍德豪景酒店公寓、广州大学城雅乐轩酒店、广东鹤山方圆福朋喜来登酒店、三亚土福湾方圆喜来登度假酒店等多家四、五星级的国际品牌酒店，并拥有易达广场、方圆大厦等商业综合体品牌。

2. 城市布局

方圆集团以广东省为大本营，在保证广东地区业务持续增长的同时，现已拓展至长三角、西南部和海南省等其他经济较发达地区。目前业务开发区域已涵盖广东省（广州、珠海、从化、江门、湛江）、江苏省（常州、昆山、苏州）、海南省（临高、陵水、文昌）、四川省等省市，未来还将继续在海南省、长江三角洲、西南部（重庆和成都）等经济迅速发展的地区内慎重挑选的城市进一步拓展业务。

3. 2013 年企业发展综述

2013 年，方圆在全国各地有近 20 个处于不同阶段的在售项目，同时新增土地建筑面积 140 多万平方米，被评为“广东地产前 10 强”、“中国房地产企业百强”。在项目方面，旗下十里方圆项目获佛顺别墅销冠；2013 年全新项目白云时光一经推出，即被抢购一空，被评为“2013 华南畅销名盘”；荔湾大盘花语水岸也大受追捧；同年方圆 E 时光写字楼招租、方圆易达广场动工，方圆的综合商业发展又上新台阶。在公益事业方面，方圆专设“栋梁”公益品牌，捐助粤北、粤西贫困地区学校，旗下方圆公益基金会大力支持中大博物馆建设及捐建天河区第一老人院、鹤山沙坪第六小学等，获得“中国房地产年度社会责任感企业”等多项社会荣誉。

4. 重点项目介绍

十里方圆：项目背靠 5000 亩的鹤山大雁山风景区，总建筑面积约为 294 万平方米，规划入住人口约 5 万人，是鹤山市东部新城重点建设项目之一。项目拥有丰富的配套资源，包括 300 亩原生态运动公园；三大会馆：方圆会馆、国学馆、康体馆；三大教育配套：从幼儿园、小学到中学一条龙名校教育，中学引入国家级示范性高中鹤山一中。另设有 1.3 万平方米休闲商业街，3 万平方米易达广场及方圆・福朋喜来登酒店。

花语水岸：项目总建筑面积 35 万平米，由 19 栋高层洋房组成。整个小区规划为“一心两轴两组团”的规划形式，以中心轴线将项目自然分割为南北两大区域。项目交通便利，地铁五、六号线双汇站坦尾站近在咫尺；学校资源丰富，周围有广州市第一中学、广州市荔湾沙面小学分校、国际幼儿园。

5. 联系方式

地址：广州市天河区体育东路 28 号方圆大厦　　邮编：510620

电话：020－22815222　　公司主页：www. fineland. com. cn

（七十三）五洲国际控股有限公司

1. 企业简介

五洲国际控股有限公司自 2004 年起，在中国无锡开始开发运营大型专业市场和城市综合体项目，是中国前三大专业市场发展运营商，及长三角地区前三大综合体开发运营商。2013 年，五洲国际控股有限公司（股票代码：01369. HK）于香港联交所主板上市。截至 2013 年底，公司拥有雇员 3000 余人，业务已遍布中国华东、华北、东北、西南、华中和中原地区 10 大省/直辖市的 21 个城市，累计已开发项目 34 个，总建筑面积超 1000 万平方米。

五洲国际打造的以“五洲国际”命名的专业市场，是集企业集群采购、商品展示、电子商务、现代物流于一体的第五代专业市场。目前，公司已在全国范围开发运营 18 个专业市场，其中已开业：无锡五洲国际装饰城、无锡五洲国际工业博览城、大理五洲国际商贸城、重庆荣昌五洲五金装饰城、盐城建湖五洲国际商贸城、襄阳五洲国际工业博览城、烟台五洲国际工业博览城、乐陵五洲国际工业博览城等。秉持“责任地产健康商业”的经营理念，公司先后获得“2011中国10大商业地产品牌开发商”、“2011中国商业地产最佳运营商”、“2012中国商业地产领军企业”、“2013中国商业地产品牌价值TOP10”等荣誉。

2. 财务数据（见表5-223~5-224）

表5-223　　2011—2013年资产与负债状况

单位：万元

	2013年	2012年	2011年
资产总额	1542100.0	1043400.0	733100.0
负债总额	1192300.0	911400.0	650800.0
流动负债	829361.0	681800.0	503500.0
货币资金	94125.0	75500.0	51600.0
应收账款	4113.0	1811.0	5655.0
本公司所有者股东权益	286900.0	132000.0	82300.0
资产负债率（%）	77.3	87.3	88.8
流动比率（%）	17.9	6.2	9.6
速动比率（%）	11.8	11.3	11.4

表5-224　　2011—2013年现金流量状况

单位：万元

	2013年	2012年	2011年
销售商品收到的现金	518400	—	—
现金净流量	148300	42200	48100

3. 城市布局（见表5-225）

表5-225　　2011—2013年城市布局

	2013年	2012年	2011年
非住宅	长春，吉林，温州，牡丹江，宜兴、沈阳、保山	江阴、建湖、射阳、烟台、德州、龙口、襄阳	无锡、南通、盐城、淮安、杭州、重庆、大理

4. 土地及在建（见表5-226）

表5-226　　2011—2013年土地及在建

	2013年	2012年	2011年
土地储备（万平方米）	928.52	703.06	573.17
在建规模（万平方米）	180.00	110.00	112.70

5. 销售业绩（见表 5 - 227）

表 5 - 227　　2011—2013 年销售业绩

	2013 年	2012 年	2011 年
销售面积（万平方米）	68.00	25.30	15.80
销售金额（亿元）	51.84	21.23	13.80

6. 发展战略综述

2013 年于香港联交所上市（股票代码：01369. HK），登上国际资本舞台。逐步形成“资本力 + 产品力”的“双轮驱动”增长模式，大力实施精细化运营并持续提升企业品牌价值。截至 2013 年年底，业务已遍布中国华东、华北、东北、西南、华中和中原地区 10 大省/直辖市的 21 个城市，累计已开发项目 34 个，总建筑面积超 1000 万平方米，快速实现了企业的规模扩张。积累出五洲国际突出的核心竞争优势：稳固的客户群、强有力的招商、专业团队运营、高质量的战略合作伙伴。

7. 重点项目介绍

五洲国际在全国开发运营了 16 个以“五洲国际”和“五洲 · 哥伦布”命名的城市/镇综合体项目，其中已开业：无锡崇安五洲 · 哥伦布广场、无锡五洲国际中华美食城、无锡新区五洲 · 哥伦布广场、无锡羊尖五洲国际广场、无锡梅村五洲国际广场、盐城五洲国际广场、淮安盱眙五洲国际广场等（见表 2 - 228）。

表 5 - 228　　重点项目

项目名称	城　市	开盘日期	建筑面积（万平方米）	销售面积（万平方米）	销售均价（元/平方米）
无锡五洲国际装饰城	无　锡	2006.1	42.58	10.61	7563
无锡五洲国际工业博览城	无　锡	2008.7	67.97	23.13	6971
杭州五洲国际广场	杭　州	2013.5	7.67	2.67	26717

8. 联系方式

地址：中国无锡市广益路 287 号（哥伦布广场 B 幢）19F　　邮编：214000

电话：0510 - 65025905　　传真：0510 - 65025902

邮箱：zhuquanfeng@hkwzig.com　　公司主页：http://www.hkwzig.com/

（七十四）苏州圆融发展集团有限公司

1. 企业简介

圆融集团成立于 2005 年，国家房地产开发一级资质，是以商业地产、旅游地产、住宅开发、物业运营管理为四大支柱，尤其是以商业地产投资和运营为第一核心竞争力的专业化、市场化、品牌化的城市综合发展商。集团总部位于苏州，近十年发展，圆融集团已成长为立足苏州，在中国具有领先地位的商业地产主力运营商，连续四年被评比为中国商业地产 TOP10，2014 年入围中国房地产百强。

目前公司资产规模已达 170 个亿，开发和管理的商用物业布局长三角，项目囊括城市综合体、购物中心、特色街区以及写字楼、酒店、高端住宅等多种类型，累计开发及管理的物业建筑面积超 400 万平方米，现已形成“圆融”为核心品牌的产品系列，创造了李公堤、圆融时代广场、圆融星座等作品。其中，李公堤、圆融时代广场都是苏州的新地标。

2. 发展战略

公司未来3~5年以“圆融”系列产品立足苏州，面向长三角进行品质化的规模扩张，聚焦中国华东经济圈和周边高经济辐射力的二、三线核心城市，先区域聚焦，再新城市拓展。圆融系列产品战略整合了商业、旅游、文化、酒店、商务、居住等业态和功能整合，深耕精品项目和特色运营。

3. 重点项目介绍

以李公堤、圆融时代广场为代表的两大商旅文项目现已成功运营，成为苏州10大最美夜景地之一，同时也是金鸡湖国家5A景区的重要功能区之一。李公堤作为中国古典商业街区联盟的发起单位，也是苏州市区首个中国特色商业街。而圆融时代广场拥有世界第一天幕以及中国最大的17万平米单体百货，现已成为中国新兴示范重点商圈。2010年，圆融集团全新力推的国际级生态坡地都市综合体——圆融星座获颁“中国购物中心2010年度规划创新奖”。

4. 联系方式

地址：苏州工业园区万盛街8号圆融大厦　　邮编：215028
电话：0512-66966696　　传真：0512-66966888

（七十五）国贸地产集团有限公司

1. 企业简介

国贸地产集团创立于1987年，系厦门国贸集团三大核心业务之一。国贸地产坚持“建筑从心开始”的品牌理念，尊重每一块土地，不断开拓创新，以人为本打造专业、精细、高品质的建筑产品，一系列以“国贸”命名的精品项目，均成为区域地标。

国贸地产在建及储备项目达数百万方米，涵盖住宅、商业、酒店、高端写字楼、大型综合体、旅游地产等丰富业态。目前，国贸地产持续提升产品优化能力和品牌延展实力，不断深化以海西经济区为主导，辐射中、北部经济区的全国化战略布局，成长为“中国房地产开发企业100强”和“中国值得尊敬的房地产品牌企业”。

2. 城市布局（见表5-229）

表5-229　　2011—2013年城市布局

	2013年	2012年	2011年
住　宅	厦门、合肥、芜湖、南昌、漳州、龙岩	厦门、合肥、芜湖、南昌、漳州	厦门、合肥、芜湖、南昌
非住宅	漳州、龙岩	漳　州	

3. 土地及在建（见表5-230）

表5-230　　2011—2013年土地及在建

	2013年	2012年	2011年
土地储备（万平方米）	229.08	155.19	112.05
在建规模（万平方米）	238.24	219.74	131.17

4. 2013 年企业发展综述

2013 年，国贸地产集团进入稳步扩张期：

发展定位：致力于成为全国一流的“城市精品地产商”，着重优化土地结构及区域拓展。2013 年国贸地产集团在土地储备和区域扩张方面取得了新的突破，优化了国贸地产土地储备结构，完善了深耕省内市场、深化拓展区域的战略方向。

发展能力：跨区域管控模式调整优化，通过绩效考核导向调整，发挥组织能动性；通过标准化建设，提高项目运作效率，保证质量；启动集团性质的信息化建设规划，拟通过业务集成上线，加强进度管理、风险管理、内部控制，促使业务标准化、规范化、流程化，提高工作效率，整合、优化、利用企业核心信息资源；启动人才战略，为企业规模化扩张提供源动力。

除自有项目开发，积极投资运营外，积极探索合作开发经营模式，深化合作项目各项业务管理的流程及制度，推进合作经营模式的成熟。

5. 企业发展战略

发展思路：以标准化完善产品、管理和服务体系，以加快项目开发速度提升运营能力，以销售型和运营型地产相协同构建业态组合，“做强做大销售型地产，培育拓展运营型地产”实现整体规模的快速增长。在业务发展的同时，大力扩展融资渠道，重点考虑自有资金、合作开发、公司债、开发贷款及债券型信托等融资方式进一步拓宽资金来源。

国贸地产未来的运作模式围绕“复合地产开发、高周转率”两个方面展开，通过产品的标准化设计和加强项目运营能力来提高周转率。

国贸地产区域定位：坚持“深耕福建，布局长江；价值发现，适度扩张”的区域发展“十六字方针”。

价值链定位：前后端延伸；前端探索土地获取方式的多样化，后端可探索发展物业持有经营，获取稳定的收益。

6. 重点项目介绍

国贸天琴湾高端产品系，集国贸地产二十余年精品住宅开发经验之大成，引入国际先进居住理念，经无数次的方案优化始得；作为国贸地产最具代表性的作品，其以领先的产品规划和极致优化的空间打造出高端住宅领军品牌，是国贸地产“以优化户型为主的产品创新和开发能力”的最佳体现，同时也是国贸地产规模化、标准化发展的里程碑。2011 年，国贸天琴湾高端产品系在厦门、芜湖、合肥、南昌落地；2013 年，龙岩国贸天琴湾再落子海西。

7. 联系方式

地址：福建省厦门市湖里区泗水道 617 号宝拓大厦　　邮编：361005

电话：0592 - 5769952　　传真：0592 - 5539609

邮箱：penghl@ vip. itg. cn　　公司主页：www. gmdc. cn

（七十六）中锐地产集团

1. 企业简介

中锐地产集团是中锐控股集团成员企业之一，是由 10 余家全资和控股企业机构组成的专业房地产开发企业。开发项目主要集中在长三角地区，包括上海、苏州、无锡、南京、徐州、宣城等地，项目涉及住宅、写字楼和商业设施等多个领域。

中锐地产集团先后开发了中锐龙湾一号、中锐瑞城国际、中锐海尚映象、中锐隽苑、中锐山水映象、中锐尚城国际、中锐姑苏尚城、中锐星尚城等一批具有业内影响力的高品质住宅，以及中锐佳诚大厦、中锐汇金新地、石湖第一街等高端写字楼和商业设施，更历时七年成功打造了占地面积3.5平方公里的融大学城、住宅公寓、社区商业、办公为一体的苏州国际教育园（北区）。为了充分整合资源，强化管理效率，于2006年正式组建为中锐地产集团。集团近年来已获得如“中国房地产百强企业”、“中国房地产最具创新力企业”、“引领中国地产标杆·十大领军品牌企业”、“改革三十年中国最具影响力地产企业”等诸多荣誉。

2. 2013年企业发展综述

2013年，中锐地产集团凭借稳健的发展策略和优异的业绩表现再次跻身中国房地产百强企业行列，并荣获“2013中国房地产开发企业发展潜力10强”称号。

2013上半年，中锐地产在张家港中锐尚城国际二期全新上市以及宣城中锐第一城持续加推并领跑宣城楼市的带动下，中锐龙湾一号准现房热销，中锐隽苑以电商形式打开局面；下半年，中锐姑苏尚城、中锐星尚城分别在苏州、徐州全新亮相，同时带动集团旗下各项目形成“六城联动、感恩盛惠”的营销主题，形成集群效应，有效地推动了各项目的销售，实现了集团2013年市场规模和经营利润的双增长。

2013年中锐地产一直专注对土地市场的研究和评估，并获取适合企业自身发展的优质土地。1月中锐地产获得徐州新城区的国际科教产业园项目并正式命名为“中锐星尚城”，该项目位于徐州新城区，集国际学校、双语学校和国际幼儿园等高端教育品牌，打造以教育、产业开发、国际生活住宅区为一体的综合项目，项目总建筑面积约80万平方米，总投资超过50亿元。11月以15亿竞得位于苏州工业园区的苏园土挂（2013）08地块，规划总建筑面积约25万平方米，将于2014年9月份正式投入市场。

2013年，中锐地产集团正式将世界知名品牌“托马斯小镇”引入上海，延伸发展产业链条，整合国内外优秀文化产业资源和现有传统资源，重点发展儿童主题乐园。未来集团将以上海为中心，积极开拓市场，特别是配套集团主要项目的综合商业开发，建设一站式大型室内儿童主题游乐场，同时匹配零售、餐饮、培训等其他业态，形成以儿童、文化为主题的商业中心，进而成为周边区域的亲子旅游活动中心地。

3. 企业发展战略

中锐地产集团以“为中国快速成长的中产阶级提供高性价比的住宅”为己任，坚持以长三角为主体的业务布局，坚持快速滚动开发的发展战略，力求成为中国房地产业的主流力量。公司奉行专业化发展原则，同时充分利用自身在国际教育社区方面的经验和优势，与政府合作，引进或提供国际化教育资源，打造教育地产模式，丰富住宅产品的配套功能，用实际行动持续为行业开辟出一个崭新的思路和模式。

未来，集团将继续保持较快的增长速度，并注重经营效益与质量的有效提升。集团还将进一步整合各方资源优势，加强成本控制与管理，建立风险预警与防范机制，打造一支具有专业能力强、凝聚力大的团队，更好地服务、指导于各项目的生产经营，为集团可持续发展打下坚实的基础。

4. 重点项目介绍

中锐姑苏尚城：位于苏州平江新城内苏站路北、江干路以东，紧邻万达广场、观前商圈，紧靠姑苏区政府，规划总建筑面积逾25万平方米，包括中高层、高层公寓，及部分配套商业。项目规划为四大组团，整体采用ArtDeco建筑风格。

中锐星尚城：位于徐州新城区科教产业园内，距徐州市委市政府约2公里，是一个集国际学校、双语学校和国际幼儿园等高端教育品牌为一体，涵盖教育产业孵化和现代服务业基地、儿童主题商业、高端商务办公、国际生活社区等高层次、创新型项目为主的80万平方米国际教育生活街区。项目由三部分组成：50万平方米高档住宅区，采用芝加哥建筑风格；10 万平方米国际科教学区，创淮海经济区首个国际学校；20 万平方米文化主题商业，打造徐州首家“一站式合家欢商业 MALL”。

5. 联系方式

地址：上海市长宁区金钟路 767 – 2 号　　邮编：200335

电话：021 – 22192888　　传真：021 – 22192821

邮箱：editor@ chiway. com. cn　　公司主页：http：//www. chiwayland. com

（七十七）重庆泽京房地产开发有限公司

1. 企业简介

泽京集团成立于 2003 年，是一家集房地产开发、物业管理、商业运营以及金融、能源、教育等领域为一体的综合型企业集团公司。

公司秉承“客户意识、坚韧踏实、志存高远、团队协作、高效共赢”的核心价值观，以敏锐务实的发展眼光极力拓展，目前已经发展成为房地产行业中的新锐，旗下项目得到各界人士的一致认可与热捧。泽京集团本着“诚信、敬业、协作、创新”的经营理念，不断夯实基础，开拓创新，取得了良好的市场效益和社会效益。

2. 城市布局

泽京集团在建面积 200 万平方米，累计开发量已达 300 万平方米，战略土地储备量 500 余万平方米，以 13 城 20 地逾 1300 万方海量级开发量的宏大战略规划，立足重庆，辐射西南，迈向全国。

3. 2013 年企业发展综述

2013 年，泽京集团在多项评选中赢得了行业的认同，分别获得了“重庆市著名商标”、“中国房地产开发企业品牌价值西南 10 强”、“中国房地产开发企业成长速度 10 强”、“中国房地产 AAA 级信用品牌企业”等殊荣。

4. 重点项目

泽京集团拥有南川最具代表性的高档小区“泽京・香格里拉花园”、“泽京・香格里拉西苑”；大足宋风宋韵历史文化风情城“泽京・海棠香国”；铜梁高档欧式住宅“泽京・普罗旺斯公馆”、“泽京・普罗旺斯东岸”；铜梁纯正法式小洋楼“铜梁美丽・泽京”；弹子石 CBD 公交枢纽项目“泽京・微 V”、秀山高档住宅小区“秀山美丽・泽京”以及“长寿美丽・泽京”、“梁平美丽・泽京”、“安庆・宜秀蓝湾”等一系列项目。

泽京・海棠香国是泽京集团携手联合国人居署、亚洲人居署及大足政府，斥资 50 亿元打造的集历史文化风情城、滨河商业休闲街、城市中央公园及高尚住宅为一体的 135 万方人文景区生活大城。内设一带（水体景观带）、一城（昌州古城）、一街（香霏古街）、一舍（竹林精舍）、一园（海棠公园）及视线通廊。

5. 联系方式

地址：重庆市渝北区黄山大道中段 70 号两江星界 3 幢 14 楼　　邮编：401121

电话：023 – 63428880　　邮箱：zejinggroup@ zejing. com

（七十八）上海鹏欣房地产（集团）有限公司

1. 企业简介

上海鹏欣房地产（集团）有限公司是上海鹏欣集团旗下的大型房地产开发公司，自 1995 年成立以来，始终致力于高品质房地产及相关领域的投资、开发与管理。目前在中国近20个城市拥有近2000名员工，并建立起一条涵盖基础建设、住宅、商业房产、商用房产、酒店等多种形态的综合性房地产价值链，并连续五年获得上海市房地产开发企业50强称号。

鹏欣地产集团正以上海为基础，在全国开发商业、住宅、旅游地产以及酒店项目，在2011年至2013年多次荣登“中国商业地产10强”和“中国房地产开发企业百强”榜单。创建至今，鹏欣地产集团本着“比期待更精彩”的企业宗旨，先后成功开发了“创世纪花园”、“奥玎豪园”、“城市经典”、“浦江智谷”、“鹏欣·白金湾”、“鹏欣·一品漫城”、等住宅、办公楼盘，累计开发量约500多万平方米。同时，以BOT、BT方式，建设完成了A30北段和上海长途汽车客运总站、南汇体育中心等一大批公共设施项目。

2. 城市布局（见表5－231）

表5－231　　2011—2013年城市布局

	2013年	2012年	2011年
住　宅	呼和浩特、赣州	丹　东	盘　锦
非住宅	呼和浩特、赣州	丹　东	盘　锦

3. 土地及在建（见表5－232）

表5－232　　2011—2013年土地及在建

	2013年	2012年	2011年
土地储备（万平方米）	462	30	25
在建规模（万平方米）	227	50	60

4. 销售业绩（见表5－233）

表5－233　　2011—2013年销售业绩

	2013年	2012年	2011年
销售面积（万平方米）	34	10	12
销售金额（亿元）	61	30	28

5. 企业发展综述

20世纪90年代是中国房地产发展的初期，鹏欣与中国地产共同起步，也是鹏欣投石问路的经验积累阶段。开发作品：欣宇小区、东安花苑、鹏欣家园等。

世纪交替中国房地产开始市场化运作的阶段，也是鹏欣地产厚积薄发，不断创新敢于实践的阶段。开发作品：奥汀豪园、虹口现代公寓、江南山水。

中国房地产品牌化阶段，鹏欣以精细化、舒适化、标准化的开发理念，创造出独有的品牌价值。开发类型：住宅类、酒店类、办公楼类、综合体类。

6. 企业发展战略

鹏欣地产凭借20年累计开发量达500多万平方米的丰富开发经验，打造商业、住宅、写字楼综合开发项目。目前中国第五代城市商业综合体——水游城是鹏欣地产的特色产品线。鹏欣在天津、赣州、蚌埠、武汉、成都相继开发筹建一站式消费体验商圈，并计划在全国各地打造100个水游城。

7. 重点项目介绍

水游城系列——“城市向上生活”

鹏欣集团率先引进欧美国家先进成熟的物业开发理念，在国内首度打造间消费型商业城市综合体，开创了以“水游城”为核心的品牌化路线。已开业的南京水游城集多业态、多功能于一身，为家庭提供体验快乐与满足的 shoppingpark；为都市人群提供购物、餐饮、休闲、娱乐、精品酒店、商旅服务等多功能、一站式消费体验。南京水游城不仅为当地创造了一大批就业岗位，还提供了巨额税收，成为了南京一张典型的城市名片。

水游城产品线：以“水游城”系列为代表的体验式、时间性消费概念的城市商业综合体产品类型。经典个案：南京水游城，天津水游城，盘锦水游城、赣州水游城（在建），蚌埠水游城（在建）。

8. 联系方式

地址：上海虹桥路2188弄虹桥商务别墅25－27号　　邮编：200336

电话：62615599　　传真：62611788

邮箱：land@ peng－xin. com. cn　　公司主页：www. peng－xin. com. cn

（七十九）润地利房地产投资集团有限公司

1. 企业简介

润地利房地产投资集团有限公司是经国家工商行政管理总局核准的房地产综合开发集团企业，注册资金10118万元，通过IS09001：2008版质量管理体系认证，具备国家一级房地产开发资质。润地利集团注册地在江苏省无锡市，在江苏省无锡市、苏州市、常州市、南通市等地分别设有项目公司从事住宅、商业、办公、酒店等各类房地产项目的开发及运营。

润地利集团从1997年组建至今，经过16载的发展，已完成由三次创业到二次核心竞争力打造的飞跃，并形成了“一体两翼”的发展格局，“一体”是指超高层城市综合体；“两翼”是指金融服务平台加产学研基地。润地利集团已发展成为品牌价值达19.18亿元的多元化产业集团，产业实现了由“超高”地产的投资运营到五星级酒店管理、装饰装修、家具制造、综合物业管理以及文化产业的完整链接。

润地利集团着眼于培育自己的核心价值观与核心竞争力，并在超高层地产投资开发过程中，逐渐树立了“以人为本　科技领先　以市场为导向　建造一流产品”的企业宗旨，贯彻了“以人才促发展　以规范求发展以精品塑发展”的企业方针，铸就了“传承、创新、务实、图强”的企业精神，塑造了“人才＋资本＋诚信＝发展”的企业理念。集团核心价值观的内涵及润地利企业文化的辐射力，形成了润地利的凝聚力和影响力的精神磁场。

2. 城市布局（见表5－234）

表5－234　　2011—2013年城市布局

	2013年	2012年	2011年
住　宅	常州、苏州	常　州	常州、南通
非住宅	常州、苏州、南通	常州、南通	南　通

3. 土地及在建（见表5－235）

表5－235　　2011—2013年土地及在建

	2013年	2012年	2011年
土地储备（万平方米）	78.0	55.0	39.0
在建规模（万平方米）	205.5	128.0	91.0

4. 销售业绩（见表5－236）

表5－236　　2011—2013年销售业绩

	2013年	2012年	2011年
销售面积（万平方米）	80.00	20.50	13.50
销售金额（亿元）	63.22	14.00	12.00

5. 发展战略综述

为适应经济社会可持续发展的战略要求和发展趋势，集团提出了以高端写字楼和商业开发为主体的企业定位。同时，基于我国建设用地少、人口多的基本国情，加之10余年的研究和经验积累，研发建造超高层城市综合体，以最小的土地换取最大的空间。目前开发的5栋超高层城市综合体以其美观独特的造型和节能环保的高科技性能成为当地的地标性建筑，同时也成为当地政府促进经济结构转型、拉动内需的高端城市载体。

2011年年底，公司提出了“以百倍的谦逊，做好每一天的工作——为建设智慧润地利而努力奋斗”的战略构想。多年来，我们与北京大学、东南大学、南京大学、南京林业大学和重庆大学等诸多高校进行“产学研”的合作，已进入良性运转阶段，提出了8年（至2020年）的发展目标以及“一体两翼”（一体指超高层城市综合体；两翼是指以“产学研”高新技术产业为基础和以高端金融和商业服务业为依托）的发展规划。根据这一目标的实施，预计到2020年可实现年销售收入1000亿元人民币的宏伟目标。

6. 重点项目介绍

润地利集团旗下已经开发建成的高档商务楼盘有：太湖明珠系列世纪大厦、发展大厦、数码大厦；环球摩天系列无锡·环球258、苏州·环球188、常州·润澳花园大酒店；在建的项目有：南通·环球238、常州·环球308、常州华鹏广场·龙德花园等；筹建项目有：常熟·环球268及常熟龙德花园等。

无锡环球258项目荣获2006年度亚洲最具升值潜力写字楼、2007年全国环保型人居工程、无锡“最吸引眼球楼盘”最佳商务楼盘。2009年，南通环球238项目荣膺“中华建筑金石奖—杰出城市标志”大奖。2010年该项目又获得“2009年度最佳城市地标经典住宅奖”。常州龙德花园项目于2010年荣获“品质宜居金奖”、“2010—2011中国地产100十大最佳人居环境典范楼盘”等荣誉称号。常州·环球308项目在2012中国房地产行业发展（海南）年会上，获得了“2012年亚洲商业地产年度最具投资价值项目”殊荣；在2013年中国房地产500强峰会上荣获了“2013中国房地产开发企业典型项目10强”的称号。

常州龙德花园项目位于常州武进中心城区中部，区位条件优越，东倚降子路，南临长虹路，西靠常武路，北侧为长虹路快速通道。该项目总建设规模为511950平方米，分三期滚动开发建设。其中地上397502平方米，地下 106802 平方米，容积率为 2.88，建筑密度为 27.3%。地上部分住宅 283863 平方米，超高层写字楼 39505 平方米，商业 74134 平方米、配套商业部分 10054 平方米。

7. 联系方式

地址：江苏省无锡市太湖西大道 1890 号太湖明珠·发展大厦 30F　　邮编：214072

电话：0510－85167088　　传真：0510－85167078

邮箱：rdl@ cnrdl. com　　公司主页：www. cnrdl. com

（八十）厦门象屿建设集团有限责任公司

1. 企业简介

厦门象屿建设集团有限责任公司成立 1993 年，是中国 500 强、大型国有企业厦门象屿集团有限公司的全资子公司，系集土地成片开发、房地产开发和基础设施建设为一体的专业化集团企业。公司始终坚持专业化运作，稳健经营、精耕细作，赢得了社会各界的信任和尊重。

从成功开发建设象屿保税区一期开始，依托象屿集团的强势资源，以“上海为中心，拓展长三角市场”为发展核心，业务版图遍布福建、上海、江苏、重庆、湖南等区域，已形成全国战略版图。象屿建设集团以刚需改善类品质住宅开发为核心，同时涉足商业地产，累计开发面积逾 500 万平方米，开发项目均在区域市场以建筑品质、产品创新、销售业绩等屡获专业大奖。

2013 年，象屿建设集团房地产板块以“象屿地产”树立全新品牌形象，同时以“构筑幸福人生”为品牌理念，倡导幸福生活，成就客户成长，成为致力于打造受人尊敬的中国地产品牌企业。

2013 年象屿地产进入中国房地产百强企业、中国华东房地产公司品牌价值 TOP10；2014 年再度获评中国房地产开发企业百强企业、中国房地产开发企业稳健经营 10 强称号。公司在规模扩张、地域拓展、管理优化、品牌建设等方面均迈上了一个新的台阶，形成了可持续发展能力和区域品牌影响力，成为主营业务突出，品牌、业绩、资信良好的房地产集团公司。

2. 运营数据（见表 5－237～表 5－238）

表 5－237　　2011—2013 年销售业绩

年　份	2013 年	同比（%）	2012 年	2011 年	2010 年
销售金额（亿元）	45.52	10.20	40.88	12.57	19.48
销售均价（元/平方米）	14012.00	7.00	13045.00	13149.00	11633.00
销售面积（万平方米）	32.49	4.00	31.33	9.56	16.75

数据来源：企业公开财务报表。

表 5－238　　2009—2013 年财务指标

财务指标	2009 年	2010 年	2011 年	2012 年	2013 年
资产负债率（%）	76.00	89.00	86.00	84.00	79.00
净负债率（%）	67.00	－43.00	23.00	51.00	51.00
三费费用率（%）	9.00	14.00	11.00	14.00	9.00
总资产周转率	0.54	0.24	0.28	0.31	0.38

续表

财务指标	2009 年	2010 年	2011 年	2012 年	2013 年
存货周转率	0.76	0.42	0.38	0.40	0.48
净利润增长率（%）	196.00	50.00	56.00	24.00	22.00
净利润率（%）	19.00	26.00	24.00	6.00	6.00
销售毛利率（%）	34.00	41.00	44.00	24.00	13.00

数据来源：企业公开财务报表。

3. 土地储备（见表 5－239）

表 5－239　　2012—2014 年重点新增土地储备明细

城　市	宗地名称	属　性	成交时间	建筑面积（万平方米）	成交总价（亿元）	楼板价（元/平方米）
上　海	闸北区 470 街坊 6 丘地块	住　宅	2012.12.28	9.10	18.30	20029
江　苏	昆山花桥 24－2 地块	住　宅	2013.12.26	25.20	8.70	3445
江　苏	昆山花桥 15－1 地块	住　宅	2013.8.23	36.56	14.27	3904
上　海	新桥镇 1 号 D 地块	住　宅	2014.3.21	9.30	15.80	16980
上　海	新桥镇 1 号 C－1 地块	住　宅	2014.3.21	8.60	13.45	15589
合　计				88.76	70.52	

4. 重点项目（见表 5－240）

表 5－240　　2013 年重点新开盘项目

项目名称	城　市	开盘日期	建筑面积（万平方米）	销售面积（万平方米）	销售均价（元/平方米）
象屿鼎城	上　海	2012.6.16	8.50	7.70	27954
象屿品城	上　海	2012.12.23	12.07	9.02	22990
象屿两江公元	重　庆	2012.6	41.20	26.00	7000
江南第一城	福　建	2007.8.3	130.00	29.70	6500

5. 发展战略综述

企业战略：象屿地产顺应厦门象屿集团有限公司的愿景与规划，形成与集团公司地位相匹配的发展规模与品牌形象，稳步提升中国地产百强企业地位。专注于以刚需、首改类的住宅产品开发为主。未来，象屿地产以上海为中心，拓展长三角重点城市为核心稳步推进全国化的战略布局，向住宅、商业、办公类等多元化地产开发转型，成为中国一线品牌开发商。

产品定位：形成居住功能丰富、设计创新、满足中青年及未来成长型家庭群体居住需求的产品战略，成为全国居住产品引领者与创新者。

产品系列：①首置型，以象屿品城为代表的高层公寓产品；②改善型，以象屿鼎城为代表的混合型居住社区；③商业类型，以象屿珑庭三四期项目为代表的商业综合体。

6. 联系方式

地址：厦门湖里区象屿路 89 - 99 号国际航运中心 E 栋 8 楼　　邮编：361006

电话：0592 - 6039988　　传真：0592 - 5651668

公司主页：www. xyjianshe. com

（八十一）中粮地产企业股份有限公司

1. 企业简介

中粮地产（集团）股份有限公司是一家全国性、综合性的房地产开发上市企业，总部位于深圳市，属国家核定的以房地产为主业的十六家央企房地产企业之一，控股股东是世界 500 强企业“中粮集团有限公司”，房地产开发业务是中粮集团的三大主营业务之一。中粮地产主要业务范围包括了住宅地产、商业地产、工业地产，项目涉及在北京、上海、深圳、成都、沈阳等 10 个一、二线城市。

2013 年，由于走精品战略、项目偏高端，与市场主流需求不符，企业业绩有所下滑。截至 2013 年年底，中粮地产累计实现销售面积 73. 2 万平方米，销售金额 151. 4 亿元，同比分别下滑 9. 3% 和 6. 1% 。

2. 销售业绩（见表 5 - 241）

表 5 - 241　　2013 年销售业绩

	2013 年	同比（%）
销售金额（亿元）	151	- 6. 14
销售均价（元/平方米）	20683	3. 53
销售面积（万平方米）	73	- 9. 30

数据来源：企业官网，中国房地产决策咨询系统（CRIC）。

3. 财务指标（见表 5 - 242）

表 5 - 242　　2012—2013 年财务指标

财务指标	2013 年	2012 年
净负债率（%）	104. 10	122. 95
三费费用率（%）	12. 21	13. 53
总资产周转率（次/年）	0. 25	0. 22
长短期债务比	0. 72	1. 08
现金短债比	0. 73	0. 99
净利润增长率（%）	36. 34	- 7. 97
销售毛利率（%）	25. 90	24. 90
销售净利率（%）	5. 62	6. 94

数据来源：企业年报。

注：长短期债务比 = 长期借款/（短期借款 + 一年内到期非流动负债）。

现金短债比 = 货币资金/（短期借款 + 一年内到期非流动负债）。

4. 重点新增土地储备

表 5-243　　2013 年重点新增土地储备

城　市	宗地名称	属　性	成交时间	建筑面积（万平方米）	成交总价（亿元）	楼板价（元/平方米）
南　京	江宁区 NO. 2013G34	住　宅	2013/06	31.89	23.40	7338
北　京	京［2013］052 号地	住　宅	2013/07	8.17	23.60	28881
成　都	成华区崔家店路 52 号地块	住　宅	2013/07	18.17	14.39	7920

数据来源：中国房地产决策咨询系统（CRIC）。

5. 重点新开盘项目

表 5-244　　重点新开盘项目

项目名称	城　市	项目名称	城　市
中粮长阳半岛五期	北　京	中粮彩云居	南　京
中粮翡冷翠园	上　海	中粮大道	天　津
天津大悦城	天　津	中粮方圆府	杭　州
中粮·北纬 28 度	长　沙	中粮隆玺世家	沈　阳
中粮南桥半岛	上　海	中粮云涛名苑	杭　州

数据来源：CRIC。

（八十二）上海国际集团投资发展有限公司

1. 企业简介

上海国际集团投资发展有限公司由上海市上投房地产有限公司、上海通达房地产有限公司、上海盛龙投资管理有限公司合并成立，为上海国际集团全资子公司，注册资本金约 20 亿元。其中，上投房产成立于 1991 年，通达房产成立于 1993 年，盛龙公司成立于 2001 年。

公司成立至今累计开发各类房产建筑面积 300 多万平米，项目分布上海、天津、苏州、绍兴等城市，并参与打造了上海第一批涉外写字楼、酒店、公寓项目。公司多次获得“中国房地产诚信企业”、“鲁班奖”、“白玉兰奖”“人居经典大奖”、“环境设计金奖”等各类奖项。2003 年至今，公司连续荣获上海市房屋与土地资源管理局评选的“上海市房地产开发企业 50 强”。2007 年以来连续 5 年被中房指数研究院等评选机构评为“中国房地产百强企业”。2013 年至今，公司连续 2 年荣获中国房地产业协会等评选机构评选的“中国房地产开发企业 100 强”、“中国房地产开发企业稳健经营 10 强”。

2. 土地及在建（见表 5-245）

表 5-245　　2011—2013 年土地及在建

	2013 年	2012 年	2011 年
土地储备（万平方米）	—	15.15	—
在建规模（万平方米）	41.02	52.09	80.69

3. 销售业绩（见表 5 - 246）

表 5 - 246　　**2011—2013 年销售业绩**

	2013 年	2012 年	2011 年
销售面积（万平方米）	10.30	6.94	10.33
销售金额（亿元）	14.42	9.45	15.44

4. 2013 年企业发展综述

2013 年公司围绕“以改革的勇气和创新的精神，实现公司整合优化、业务突破与运营提升”的工作主线，紧紧抓住“战略重组、业务突破、运营提升、体制机制创新、团队建设”五个方面的工作重点。

公司改变了传统的开发模式，积极实践金融地产的商业模式，建立了城市发展投资、特别机会投资和保障房投资三大业务线。利用房地产基金手段，打开外部融资渠道，从根本上解决了公司发展的资金问题。设立上海国际（淮安）科技产业园区基金，参与淮安科技产业园区投资建设。成立上海国际商务园区地产投资基金，收购张江和其他新兴经济增长区域的成熟办公物业。引入战略投资者，开展长宁路项目商业运营管理，保留优质资产。公司与上海美桥资产管理有限公司成立上美公司，对公司长宁路项目商业进行运营，同时积极开拓其他商业项目的运营业务。

参与上海保障房项目建设。在集团支持下，公司积极参与宝山地区的保障房项目建设。

5. 发展战略综述

上投发展战略定位为国内领先的房地产专业投资管理机构。公司在上海国际集团的整体战略布局下，坚持“市场化、专业化、协同化”原则，以美国铁狮门、新加坡凯德集团等为企业对标，以金融地产商业模式，形成以中高端住宅和高端商办综合体开发运营和其他新兴轻资产业务为主的“2 + 1”的业务方向及以上海为核心的“一核多点”区域布局。

公司目前业务包括地产金融投资、开发管理和服务运营三大板块，以贯穿房地产“融、投、建、管、退”全价值链，三大板块间实现良性互动。地产金融投资板块为金融地产全价值链提供融资、投资和资产管理等支持；开发管理板块为全价值链提供建设管理服务、输送开发管理人才等支持；服务运营板块则将为全价值链提供营销策划、租售代理、商业运营等支持。

6. 重点项目介绍

现代园墅项目位于苏州市吴中区石湖风景区，东临友新路高架，北接吴中大道，西依小石湖风景区，南临小石湖路，与一个规划相当有特色的 30 万平米的“石湖公园”紧紧相连。项目占地 28.5 万平方米，总建筑面积约 27 万平方米的低密度纯别墅高档社区，整个社区共 907 户，近 50% 的绿化率。现代园墅将推出的第三期产品，生态环境和社区景观有所升级，产品更具多样性：553 ~ 596 平方米的大独栋别墅、401 ~ 410 平方米的小独栋别墅、340 平方米左右的联排、双拼别墅，200 平方米左右的叠加别墅等五大产品形态。

7. 联系方式

地址：上海市遵义路 100 号 A 栋 22 楼　　邮编：200051

电话：62371888　　传真：62372896

邮箱：zhouhaiping@ sigchina. com　　公司主页：www. sig - fangchan. com

（八十三）越秀地产股份有限公司

1. 企业简介

越秀地产股份有限公司于1992年12月15日在香港联合交易所有限公司上市，是当时第九家在香港上市的中资红筹公司，现为摩根士丹利资本国际（MSCI）中国指数成分股。越秀地产业务由广州大本营拓展到12个城市（包括广州、香港、佛山、中山、江门、烟台、武汉、沈阳、杭州、海口、昆山、青岛），形成了以珠三角为核心，以长三角、环渤海、中部地区为重点的全国性布局。

越秀地产拥有30年的房地产综合开发运营管理经验。截至2013年年底，越秀地产累计实现销售面积115.5万平方米，销售金额146.3亿元，同比分别增长11.6%和19.0%，销售金额创行业新高。

2. 财务数据（见表5－247～表5－250）

表5－247　2013年销售业绩及同比

	2013年	同比（%）
销售金额（亿元）	146	19
销售均价（元/平方米）	12664	7
销售面积（万平方米）	116	12

数据来源：企业官网，中国房地产决策咨询系统（CRIC）。

表5－248　2012—2013年财务指标

财务指标	2013年	2012年
净负债率（%）	61.60	47.00
三费费用率（%）	12.51	22.02
总资产周转率（次/年）	0.19	0.12
长短期债务比	1.86	1.95
现金短债比	1.01	1.36
净利润增长率（%）	13.52	－51.31
销售毛利率（%）	28.89	47.51
销售净利率（%）	20.44	31.51

数据来源：企业年报。
注：长短期债务比＝长期借款/（短期借款＋一年内到期非流动负债）。
现金短债比＝货币资金/（短期借款＋一年内到期非流动负债）。

表5－249　2013年重点新增土地储备

城市	宗地名称	属性	成交时间	建筑面积（万平方米）	成交总价（亿元）	楼板价（元/平方米）
广州	2013挂－0424（海珠区南洲路1026号地块（穗国房挂出告字〔2013〕16、17号）	住宅	2013/05	11.31	24.61	21750
佛山	2013－0606（佛禅网（挂）2013－004）	综合	2013/07	24.12	17.72	7346

续表

城　市	宗地名称	属　性	成交时间	建筑面积（万平方米）	成交总价（亿元）	楼板价（元/平方米）
武　汉	武告字（2013 年）21 号江汉区解放大道、新华路、精武四路、精武东路、江汉北路和精武一路围合的区域地块	商办；公建配套	2013/09	71.41	90.10	12617
广　州	YP－P1－1－1 地块	住　宅	2013/10	66.64	43.50	9181
武　汉	P（2013）130 号地块	商　住	2013/12	71.41	90.10	12617

数据来源：中国房地产决策咨询系统（CRIC）。

表 5－250　　2013 年重点新开盘项目

项目名称	城　市	项目名称	城　市
星汇文华	广　州	星汇云锦	中　山
越秀滨海珺城	广　州	越秀可逸阳光	广　州
岭南山畔	广　州	可逸兰亭	昆　山
越秀可逸江畔	广　州	星汇凤凰	烟　台
星汇文宇	广　州	越秀·逸泉映翠	广　州

数据来源：CRIC。

（八十四）天朗控股

1. 企业简介

天朗控股，2001 年创建于古都西安，是一家以中国城市文化产业投资与运营为主营业务的全国性企业集团，旗下拥有天朗地产集团、天朗文商旅商业发展（集团）有限公司、天朗科技产业公司、天朗农业科技投资公司、天朗酒店管理公司、蔚蓝基金公司等十余家全资子公司。

经过 10 余年的创新，定位于中国城市发展运营商的天朗，凭借“投资及资本融通、开发建设管理、产业综合运营”三大核心优势能力，开创了“城市区域文脉传承与弘扬、实体产业经济导入及业态合理化布局、各项功能服务配套整合”为核心的中国城市文化产业集群运营模式，实现了跨区域、跨行业的产业优化与产业驱动，在改善城市生活环境的同时，拉动区域板块经济价值的全面提升，推动中国城市化进程的可持续健康发展。

天朗控股先后获得“中国房地产开发企业 80 强”，同时荣膺“2013 中国房地产开发企业稳健经营 10 强”、“2013 中国房地产开发企业创新能力 10 强”，企业整体实力一直保持在中国房地产行业的前列“2013 中国房地产责任地产 TOP10”、“2014 中国房地产百强企业”等多个奖项。

2. 城市布局

经过 10 余年的发展，天朗在“拓展环渤海、长三角、西南等中国一线热点经济圈”的战略方针指引下布局全国，其中长春、济南、南京、成都、无锡、昆山等城市项目已进入开发建设阶段，未来还将进驻数十个中国中心重点城市，全面参与中国新型城镇化建设进程（见表 5－251）。

表 5 - 251　　2011—2013 年城市布局

时　间	2011	2012	2013
已进入城市	厦门、西安	昆山、南京、成都、济南、昆明、无锡、长春、北京	—

3. 土地储备（见表 5 - 252）

表 5 - 252　　2013 年重点新增土地储备

序　号	项目名称	规划用途	地块位置	占地面积（万平方米）	规划总建筑面积（万平方米）	2013 年底已开工建筑面积（万平方米）	2013 年底未开工规划建筑面积（万平方米）
1	蔚蓝东庭	住　宅	浐灞三路以南，广运潭西路以西	89844	40. 38	2. 90	37. 48
2	天朗五珑	商　住	高新 CBD 区域，西沣路与西部大道十字向东 300 米（五龙车城东侧）	8. 50	26. 11	9. 05	17. 06
3	成都锦邸	住　宅	成都市武侯区一环路西一段 31 号（一环路内侧），紧邻浣花溪高端住宅区。	1. 31	8. 70	7. 63	1. 07
4	昆山观台	商　业	江苏省昆山市花桥开发区	16. 00	21. 49	13. 80	7. 69
5	蔚蓝香缇	住　宅	山东省济南市槐荫区经十西路与二环西路交汇处，腊山立交桥西南方向。	3. 34	14. 17	14. 17	0. 00

4. 联系方式

地址：西安市莲湖区大庆路 3 号蔚蓝国际 A 座 22 楼　　邮编：710082

电话：029 - 88653831　　公司主页：www. titan21. com

（八十五）合景泰富地产控股有限公司

1. 企业简介

合景泰富地产控股有限公司创立于 1995 年，企业现已发展成为一个以房地产开发为主，集资产经营和物业管理为一体的多元化企业。2007 年 7 月，合景泰富地产在香港联合证券交易所主板上市。此后，集团先后开拓了华南、华东、西南、华北及海南等地的市场。

2013 年，企业根据市场需求，及时调整产品结构和销售策略，降低大户型产品的比重，增加中小户型产品，取得良好销售业绩。截至 2013 年年底，合景泰富累计实现销售面积 163. 0 万平方米，销售金额 118. 2 亿元，同比分别增长 33. 6% 和 26. 8% 。

2. 财务数据（见表 5－253～表 5－256）

表 5－253　　2013 年销售业绩及同比

	2013 年	同比（%）
销售金额（亿元）	163	34
销售均价（元/平方米）	13793	5
销售面积（万平方米）	118	27

数据来源：企业官网，中国房地产决策咨询系统（CRIC）。

表 5－254　　2012—2013 年财务指标

财务指标	2013 年	2012 年
净负债率（%）	56.30	63.50
三费费用率（%）	12.97	9.96
总资产周转率（次/年）	0.17	0.21
长短期债务比	5.82	4.22
现金短债比	3.54	2.08
净利润增长率（%）	22.21	4.58
销售毛利率（%）	36.25	36.54
销售净利率（%）	24.76	19.83

数据来源：企业年报。

注：长短期债务比＝长期借款/（短期借款＋一年内到期非流动负债）。

现金短债比＝货币资金/（短期借款＋一年内到期非流动负债）。

表 5－255　　2013 年重点新增土地储备

城　市	宗地名称	属　性	成交时间	建筑面积（万平方米）	成交总价（亿元）	楼板价（元/平方米）
苏　州	苏地 2012－G－152 号地块	住　宅	2013/01	8.50	1.00	1176
北　京	北京市房山区拱辰街道办事处 05－12－02、05－13－09、05－13－02 等地块	综　合	2013/02	20.00	10.90	5450
北　京	北京市房山区长阳镇 01－08－03、01－11－04 等地块	综　合	2013/02	21.00	16.00	7619
南　宁*	良庆区平乐大道西侧 GC2013－066 号地块	商　住	2013/09	67.65	6.52	964
杭　州*	余政储出（2013）66 号	住　宅	2013/10	4.70	2.75	5848
北　京	海淀区东升乡（清河盒子房厂土地一级开发项目）R2 二类居住用地	住宅；公建配套	2013/11	2.74	5.40	19741
南　宁*	良庆区五象大道南侧、凯旋路东侧 GC2013－082 号地块	商业（商服）；办公	2013/11	7.11	0.67	939
杭　州*	余政储出（2013）75 号	住宅（住区服务设施）	2013/12	5.82	4.66	8004
天　津	津南双港（挂）2013－147 号地块	刚需住宅	2013/12	3.16	1.88	5954

数据来源：中国房地产决策咨询系统（CRIC）。

注：南宁、杭州为合景泰富 2013 年新进入的城市。

表 5－256　　2013 年重点新开盘项目

项目名称	城　市	项目名称	城　市
合景·峰汇国际	苏　州	合景叠翠峰	苏　州
誉山国际	广　州	天　誉	成　都
津南新城一期	天　津	合景领峰	上　海
合景领峰	苏　州	合景泰富富力嘉誉湾	上　海
合景叠翠峰	上　海	合景瑜翠园	苏　州

数据来源：CRIC。

（八十六）花样年控股集团有限公司

1. 企业简介

花样年控股集团有限公司于 1996 年在深圳启动物业开发业务，于 2009 年 11 月 25 日在香港联合交易所主板挂牌上市。2001 年花样年从深圳进入成都，开始逐步实施“花开中国”发展战略，目前业务发展主要聚焦于中国经济发展最活跃的成渝经济区、珠江三角洲、长江三角洲及京津都市圈四大区域。

成立 15 年来，花样年凭借诚信与规范的发展，赢得了社会各界的广泛认可与赞誉，2013 年取得较好的业绩。截至 2013 年年底，花样年累计实现销售面积 129.3 万平方米，销售金额 101.7 亿元，同比分别增长 34.7% 和 27.2%。

2. 财务数据（见表 5－257 ~ 表 5－260）

表 5－257　　2013 年销售业绩及同比

	2013 年	同比（%）
销售金额（亿元）	102	27
销售均价（元/平方米）	7870	－6
销售面积（万平方米）	102	35

数据来源：企业官网，中国房地产决策咨询系统（CRIC）。

表 5－258　　2012—2013 年财务指标

财务指标	2013 年	2012 年
净负债率（%）	104.80	66.40
三费费用率（%）	14.59	10.66
总资产周转率（次/年）	0.26	0.29
长短期债务比	2.41	1.26
现金短债比	1.77	1.43
净利润增长率（%）	9.24	－6.94
销售毛利率（%）	38.38	40.45
销售净利率（%）	16.90	18.07

数据来源：企业年报。

注：长短期债务比＝长期借款/（短期借款＋一年内到期非流动负债）。
现金短债比＝货币资金/（短期借款＋一年内到期非流动负债）。

表 5－259　　2013 年重点新增土地储备

城　市	宗地名称	属　性	成交时间	建筑面积（万平方米）	成交总价（亿元）	楼板价（元/平方米）
成　都	郫县郫筒镇菊松村二、四社（南面临双柏路）	商　住	2013/04	13.33	1.82	1364
天　津	津西陈塘（挂）2013－065 号地块	商　业	2013/08	6.87	2.83	4121

数据来源：中国房地产决策咨询系统（CRIC）。

表 5－260　　2013 年重点新开盘项目

项目名称	城　市	项目名称	城　市
花样年花郡	宁　波	花样年花郡	无　锡
花样年．花样城五期	成　都	花样年太湖天城	苏　州
花样年别样城	苏　州	花样年龙年国际中心	成　都
花样年花郡	天　津	花样年花郡	宁　波
花样年江山	东　莞	花样年·花样城五期	成　都

数据来源：CRIC。

（八十七）苏州伟业集团

1. 企业简介

苏州伟业集团组建于 2005 年，是一家以房地产、建筑业为主营业务，BT、投资、物业经营等领域多元化发展的企业集团，注册地位于国家级的苏州市吴江经济技术开发区内。苏州伟业集团以苏州伟业集团有限公司为母公司，年产值超 60 亿元，目前业务区域涉及江苏、吉林、辽宁和浙江，下属 23 家成员企业，是苏州市吴江区第一家房地产开发一级资质开发企业和建筑施工总承包一级资质企业。

历年来，伟业集团及下属子公司获得了许多的荣誉：全国重合同守信用企业、江苏省重合同守信用企业、全国工商联上规模民营企业排名前 500 位、国家统计局统计直报全国先进单位、银行 AAA 级资信等级、连续 8 年江苏省建筑业最佳企业、连续 8 年“江苏省房地产业综合实力五十强企业”和“苏州市房地产开发企业综合实力 20 强”、江苏省民营企业纳税百强、苏州民营企业百强、苏州市慈善企业、吴江区慈善企业、连续 12 年吴江区纳税大户和吴江区百强企业、连续两年吴江区纳税十强前五名，同时伟业品牌也被评为苏州市服务业名牌称号。

伟业集团规范经营、诚信纳税，积极为国家财政贡献力量，年年进入纳税大户行列。公司在取得较快发展的同时，也不忘尽自己的社会责任，在汶川地震时派遣工程队活跃在救灾第一线，连续多年向慈善总会捐赠善款，每次均超百万元。同时热心其他社会公益事业，向老年协会、文联、见义勇为基金、光彩助学事业、体育事业等公益活动积极捐款赞助，奉献自己的一片爱心。

伟业集团本着建设美好家园的企业使命和尊重员工、尊重客户、追求卓越、回馈社会的经营宗旨，把业主的需要就是伟业的追求立为集团核心价值观，宣扬和气、创新、诚实、奉献的企业文化。

2. 城市布局（见表5－261）

表5－261　　2011—2013年城市布局

	2013年	2012年	2011年
住　宅	锦　州	海　宁	长　春

3. 土地及在建（见表5－262）

表5－262　　2011—2013年土地及在建

	2013年	2012年	2011年
土地储备（万平方米）	114.46	91.57	69.21
在建规模（万平方米）	201.33	168.80	162.49

4. 销售业绩

表5－263　　2011—2013年销售业绩

	2013年	2012年	2011年
销售面积（万平方米）	56.04	55.97	53.31
销售金额（亿元）	61.26	58.11	54.00

5. 企业发展战略

建设美好家园——这是伟业始终坚持的企业使命。过去的十多年伟业集团是苏州城市化进程重要的参与者、设计者和建设者，始终致力于苏州城市的建设发展和人居环境的改善。未来的发展我们将紧紧抓住苏州从率先基本实现现代化向全面建设更高水平乐居苏州跨越的重要机遇，以党的十八大精神为指引，着眼苏州“南部现代新城区、优势产业新板块、开放创新新高地、和谐乐居新家园”的城市定位，继续以奉献更多更好的城市产品为己任，在市场竞争中寻求具有自身特色的道路。

6. 重点项目介绍（见表5－264）

表5－264　　重点项目

项目名称	面　积	类　型	风　格	配　套	地　址
伟业·迎春华府	30万平方米	高层、小高层、多层	简约欧式风格	227省道、规划中环路、双轻轨、花港迎春小学、幼儿园、大型超市等	苏州市吴江区迎春南路与中山北路交界处
伟业·迎春世家	25万平方米	多层洋房、小高层、高层	低密度法式风情社区	227省道、规划中环路、双轻轨、花港迎春小学、幼儿园、好又多超市等	苏州市吴江区迎春南路与中山北路交界处
伟业·迎春乐家	30万平方米	多层、高层	现代简欧风格	27省道、规划中环路、双轻轨、花港迎春小学、幼儿园、好又多超市等	苏州市吴江区迎春南路与中山北路交界处
伟业·迎春丽家	10万平方米	高　层	欧　式	227省道、规划中环路、双轻轨、花港迎春小学、幼儿园、好又多超市等	

续表

项目名称	面　积	类　型	风　格	配　套	地　址
伟业·滨河名墅	15 万平方米	别墅、大平层	英伦乔治亚（新古典主义）	吴江区实验小学、苏州市永鼎医院、农行、工行、青少年活动中心、汉唐国际、大酒店、百润发超级购物广场	吴江市体育路与苏州河路交界处
伟业·金域华府	28 万平方米	别墅、洋房、多层、小高层、高层	现代简约欧式	大润发超级购物广场、吴江农村商业银行总部、苏州市永鼎医院。吴江区体育馆、汉唐国际大酒店	苏州市吴江区花园路与体育路交汇处向东 50 米

7. 联系方式

地址：苏州市吴江经济技术开发区云梨路 1700 号　　　　邮编：215200

电话：0512－63956386　　　　传真：0512－63190098

公司主页：www. weiyegroup. com. cn

（八十八）江苏金洋房地产开发有限公司

1. 企业简介

江苏金洋房地产开发有限公司成立于 2003 年 7 月，总部位于江苏无锡。金洋地产立足江苏，扎根“长三角”，主力开发城市住宅，以“传承经典、心筑梦想”的产品理念，为城市中产阶层提供高性价比的精品公寓、洋房产品。金洋地产自无锡发端，历经 10 年打造了“紫金”、“伴山”、“半岛”产品系列，成为无锡本土地产领军企业，并相继进入徐州、嘉兴、苏州等城市，以逐步实现对长三角城市群的全面覆盖。

2. 2013 年企业发展综述

2013 年金洋地产实现了多项突破：2013 年徐州东郡项目再度实现签约金额第二、回款第一，以两年回款 23 亿、去化率 98% 的销售佳绩领跑徐州市场，为金洋以徐州辐射苏北区域的拓展战略奠定良好基础；2013 年 10 月以 4.5 亿获取浙江省嘉兴市南湖新城 38 号地块，实现跨省发展；2013 年 12 月份签约收购江苏百大实业有限公司 100% 股权，获取无锡两个优质项目，强化了在无锡市场的领先地位。

3. 企业发展战略

战略定位：城市精品住宅发展商和科技综合体运营商。

战略目标：五年内发展成为长三角区域领先的城市住宅发展商和科技综合体运营商，进入中国房地产 50 强，并实现整体上市。

发展策略

区域聚焦：以上海为中心，战略覆盖长三角城市群。

产品模式：满足城市新兴中产阶层对住宅品质和最优性价比的需求，形成“紫金”、“伴山”、“半岛”等城市精品住宅系列，实现精准定位、品牌优化和标准化运营，并通过与科技园区、新兴科技企业、科研院校形成长期战略合作关系共同发展科技综合体业务，满足国家新兴产业发展和区域经济升级需要，实现住宅地产与产业地产的有机结合，确保实现较高的运营效率和项目回报。

地产和金融结合：与金融机构进行广泛合作，组建地产金融业务，充分发挥金融资本化效应，提升地产资本回报。

4. 重点项目介绍

无锡紫金门：位于无锡崇安区核心位置，南依香樟林景观带，北临锡沪路。项目占地12万余平方米，总建筑面积32万平方米，包括高档住宅和社区商业。项目2008年完工交房，荣获联合国全球人居环境最佳设计奖、江苏省建筑工程扬子杯奖等奖项，是无锡崇安区高端品质楼盘代表。

徐州紫金东郡：位于徐州云龙区和平路延长段南侧，毗邻云龙区政府。项目总建筑面积45万方米，项目从建筑规划到景观设计，以“奢华、唯美、田园”三种元素，营造原味英伦品质生活社区。项目2013年完工交房，是徐州2012—2013年度明星楼盘。

无锡紫金伴山：位于无锡滨湖区太湖东北部、惠山脚下，东临蠡溪路，南临规划路，北临大池路，西临青山路。项目总建筑面积近20万平方米，充分利用惠山景观资源，打造山居豪宅。项目一二期2013年完工交房，是无锡山景洋房的代表之作。

5. 联系方式

地址：无锡市中山路333号华光大厦15楼、16楼　　邮编：214001

电话：0510－82733031　　传真：0510－82709292

邮箱：http：//mail. jinyang. cc/　　公司主页：http：//www. jinyang. cc/

（八十九）杭州滨江房产集团股份有限公司

1. 企业简介

杭州滨江房产集团股份有限公司成立于1992年，具有建设部一级开发资质，全国民营企业500强，中国房地产企业50强，长三角房地产领军企业。公司秉承“创造生活，建筑家”的专业理念，形成了“品牌为基础、战略为导向、品质为中心、精干高效为手段”的企业核心竞争力。滨江房产业已成为集房地产开发销售、商业地产置业、酒店旅业三大产业板块的大型集团公司。

在未来的发展中，滨江房产集团将不断提高社会的认可度、行业的影响力、业主的美誉度。滨江房产是一个思维制胜的企业，更是一个执行至上的企业，用最扎实的努力奠定企业深厚的人文底蕴，打造一个企业的百年根基，为千家万户创造安居乐业的理想栖息地并成为消费者心中值得信赖的著名房地产品牌。

2. 财务数据（见表5－265～表5－268）

表5－265　　2013年销售业绩及同比

	2013年	同比（%）
销售金额（亿元）	136.0	23.6
销售均价（元/平方米）	—	—
销售面积（万平方米）	—	—

数据来源：企业官网，中国房地产决策咨询系统（CRIC）。

表5－266　　2012—2013年财务指标

财务指标	2013年	2012年
净负债率（%）	83.00	89.00
三费费用率（%）	4.00	6.00
总资产周转率（次/年）	0.26	0.17

续表

财务指标	2013 年	2012 年
长短期债务比	1.32	3.22
现金短债比	0.52	0.78
净利润增长率（%）	117.00	159.00
销售毛利率（%）	19.00	26.00
销售净利率（%）	14.00	19.00

数据来源：企业年报。

注：长短期债务比 = 长期借款/（短期借款 + 一年内到期非流动负债）。

现金短债比 = 货币资金/（短期借款 + 一年内到期非流动负债）。

表 5 – 267　　2013 年重点新增土地储备

城　市	宗地名称	属　性	成交时间	建筑面积（万平方米）	成交总价（亿元）	楼板价（元/平方米）
杭　州	萧政储出【2013】9 号地块	商　住	2013/06	9.69	9.20	10525
杭　州	萧政储出（2013）15 号	商　住	2013/06	21.85	14.61	14953
杭　州	华家池 59 号地块	商　住	2013/09	18.90	43.80	4312

数据来源：中国房地产决策咨询系统（CRIC）。

表 5 – 268　　2013 年重点新开盘项目

项目名称	城　市	项目名称	城　市
武林壹号	杭　州	滨江·万家星城	杭　州
滨江金色黎明	杭　州	滨江·城市之星	杭　州
滨江凯旋门	杭　州	滨江曙光之城	杭　州
湘湖壹号	杭　州		

数据来源：CRIC。

（九十）中邦置业集团有限公司

1. 企业简介

中邦置业集团有限公司前身为上海联洋置业有限责任公司，成立于 2000 年 11 月，是具有国家一级资质的房地产开发企业。公司以“创新、务实、团队”为企业精神，实行高效、直接的扁平化管理。由中邦置业集团有限公司和多个下属控股公司为核心层，以房地产开发建设为核心业务，按照产业一体化发展的战略，还建立了包括规划设计、施工管理、房产销售、商业管理和物业管理在内的完整产业链。2002 年公司通过 ISO9000 质量体系认证，建立了完善的质量保证体系和规范的运营管理体系，构筑了中邦置业集团的管理新模式。

中邦置业集团以“创新生活”为开发理念，着力打造“现代、时尚、文化”的产品。中邦曾参与开发占地近 2 平方公里的大型社区——“联洋新社区”，“联洋”被评为上海市著名商标，成功塑造了“联洋”品牌形象，并已成功开发了“联洋花园”、“联洋年华”、“中邦风雅颂”、“中邦晶座·城市别墅”、“中邦城市”、“中邦 MOHO”、“珠海中邦艺术酒店”等多个知名项目，深受市场好评。经过 10 年的潜心发展，中邦形成了集投资规划、开发建设、酒店运营、美术馆、商业管理和物业服务为一体的全过程运作能力和系统、高效的多业态综合开发能力，其产品形态涵盖了公寓住宅、别墅、写字楼、商业、主题文化酒店、工业地产等各种类型，开发面积累积超过100万平方米，项目遍布长三角地区和珠三角地区。

中邦置业集团连续三年荣获上海房地产开发企业50强，连续两年荣获CIHAF中国房地产品牌企业和中国房地产开发100强企业。董事长卫平先生曾先后获得中国房地产十大新锐人物、上海房地产十大风云人物、上海地产18年十大企业家等称号。“中邦置业集团”曾荣获“中国房地产文化地产专业领先品牌”，此殊荣代表了“中邦”品牌经过多年建设取得的卓越成效。

2. 企业发展战略

未来3~5年，中邦将深耕上海，以长三角、珠三角为战略核心区域，抓住中国推行城镇化的计划，做大房产规模；抓住中国文化产业化的契机，做实企业品牌，确立海派文化地产强势品牌企业的核心价值；抓住中国进入老龄化的机会，做好产业转型，奠定中邦可持续成长的发展方向。以“大面积、大社区、大开发”的项目为主要产品线，在房产相关配套及衍生产业方面，物业、贸易、酒店及商业项目，作为大社区开发配套产品，在其产品质量及服务品质方面，不断坚持及改善提升。

中邦明确定位为改善型客户需求的营造商，锁定目标客群，专注于改善型需求产品的研究，通过提高配套设施、加强物管服务、提供精装产品等措施，不断改善中邦产品质量和品牌美誉度。

3. 重点项目介绍

中邦艾格美国际公寓：项目位于上海市南京西路商圈，威海路石门路口，地铁三线贯通；生活配套一应俱全，更有中邦豪生酒店专属服务。

启东中邦上海城：是及繁华街区、特色商业、主题餐饮、品牌购物、情景办公以及星级艺术酒店为一体的百万平方大型人文生活特区。

珠海中邦城市美墅：30万平米规模社区，全景通透与对流的海螺形建筑空间理念布局，户户临水的社区活水体系，配置亲水庭院及观景木平台，构成自然和建筑的诗意融合。

重庆南山公馆：项目毗邻抗战时的蒋公馆、宋美龄故居，各国领事馆，历史、文脉深厚。

上海中邦城市：浦东新核心地标，位于康桥核心，秀沿路康沈路口，地铁18号线旁。

中邦艺术酒店：中邦艺术酒店位于珠海情侣中路，成熟的CBD商务酒店核心地带，是目前珠海以艺术风格为主题的最富有特色的正式挂牌五星级酒店。

4. 联系方式

地址：上海市静安区石门一路116号　　邮编：200041

电话：021－58386666　　传真：021－58389000

公司主页：www.zobon.com.cn

（九十一）南京朗诗置业股份有限公司

1. 企业简介

朗诗集团创立于2001年，目前是中国地产百强企业，是中国领先的绿色科技地产开发和运营企业。朗诗集团长期实施绿色科技差异化发展战略，主营业务为住宅地产开发，同时正积极开展绿色养老、绿建科技、绿色金融服务等新业务。截至到2013年12月底，集团总资产为人民币200多亿元。

2013年6月18日，朗诗集团宣布收购香港上市公司——深圳科技63.4%股权，在香港成功上市。这也是继万科、万达、绿地等企业后第10家通过借壳港股上市的内地房地产企业。2013年业绩突破百亿，再攀新高峰，这是朗诗首次跻身百亿俱乐部。过去两年，朗诗的总体销量保持在60～70亿的规模，借助于在资本市场的东风，朗诗在上市之年实现30%的跨越式增长，发展势头可谓迅猛。

2. 财务数据（见表5－269～表5－270）

表5－269　　**2013年销售业绩及同比**

	2013年	同比（%）
销售金额（亿元）	100	43
销售均价（元/平方米）	12393	－5
销售面积（万平方米）	80.69	50

数据来源：企业官网，中国房地产决策咨询系统（CRIC）。

表5－270　　**2013年重点新增土地储备**

宗地名称	属　性	成交时间	建筑面积（万平方米）	成交总价（亿元）	楼板价（元/平方米）
苏园土挂（2012）05、06、07	商　住	2012/05	14.93	3.3	2210
栖霞区NO.2012G31	住　宅	2012/09	12.44	10.8	8682
余政储出【2012】35号	商　住	2012/10	10.26	3.28	3196
东湖新技术开发区地块	住　宅	2012/10	38.87	4.87	1253
浦口区NO.2012G70	住　宅	2012/12	10.17	2.2	2162
苏地2012－G－109号吴中区	住　宅	2012/12	11.31	4.12	3644
江宁区NO.2012G75	住　宅	2012/12	21.23	15.2	7161
余政储出〔2013〕2号	商　住	2013/03	8.82	4.43	5024
奉贤金汇镇09A－01A地块	住　宅	2013/09	16.48	8.45	5127
余政储出（2013）58号	商　住	2013/11	12.29	8.08	6577

数据来源：中国房地产决策咨询系统（CRIC）。

3. 重点项目（见表5－271）

表5－271　　**2013年重点新开盘项目**

项目名称	城　市	项目名称	城　市
朗诗绿色街区	南　京	朗诗国际街区	南　京
朗诗国际街区	杭　州	朗诗未来街区	苏　州
朗诗国际街区	常　州	朗诗绿色街区	苏　州
朗诗未来之家	无　锡	朗诗绿色街区	无　锡
朗诗钟山绿郡	南　京	朗诗国际街区	苏　州

数据来源：CRIC。

(九十二) 上海嘉宝实业 (集团) 股份有限公司

1. 企业沿革

上海嘉宝实业（集团）股份有限公司（简称“嘉宝集团”）是一家由上海市嘉定区国资委相对控股的、以房地产开发和物业租赁经营为核心主业的上市公司，是国家一级房地产资质开发企业。

1990 年 10 月，嘉定当地四家电光源企业通过强强联合，合并组建为“上海嘉宝照明电器公司”，成为国内最大的电光源生产和出口企业。1992 年 4 月，上海嘉宝照明电器公司改制成“上海嘉宝实业股份有限公司”，成为全国首批股份制试点单位之一。同年 12 月 3 日，公司股票在上海证券交易所上市流通，股票交易代码：600622。1994 年 8 月，以股份有限公司为核心，嘉宝集团组建成立，公司更名为“上海嘉宝实业（集团）股份有限公司”。

2000 年，公司通过重大的股权重组，成为上海市嘉定区国资委相对控股的上市公司。此后，公司逐步确立和实施了“一业为主、适度多元、本土做强、逐步向外”的基本战略，加快了产业结构的战略性调整，使房地产开发和物业租赁经营成为公司主导产业。通过持续不懈的努力，公司的内部管理水平不断提升，核心竞争力进一步增强，“品质地产、品位生活”的品牌效应逐步显现，经营业绩呈现出持续、稳定、快速增长的发展态势。公司开发的项目曾先后获得“上海市优秀住宅金奖”、上海市“四高”小区、“长三角特色别墅”、“上海市园林杯优质工程金奖”等荣誉。集团公司总资产近 80 亿元，净资产 26.8 亿元，拥有全资、控股、参股企业二十余家。目前，公司地产开发已跨入了“大体量、多项目、跨区域、多业态”发展新阶段，年开发建筑面积超百万平方米。

2. 财务数据（见表 5－272～表 5－273）

表 5－272　　2009—2013 年销售业绩

年　份	2013 年	2012 年	2011 年	2010 年	2009 年
销售金额（亿元）	22.95	5.30	12.54	8.60	6.72
销售均价（元/平方米）	12118.09	12128.00	5476.00	13354.00	10436.00
销售面积（万平方米）	18.94	4.37	22.40	6.44	6.44

表 5－273　　2009—2013 年财务指标

财务指标	2013 年	2012 年	2011 年	2010 年	2009 年
资产负债率（%）	60.26	64.31	61.75	59.77	49.78
净负债率（%）	－14.20	－6.05	－24.94	－50.85	－81.32
三费费用率（%）	4.91	5.06	4.69	10.69	5.21
总资产周转率（次）	0.25	0.29	0.32	0.18	0.32
存货周转率（次）	0.26	0.39	0.49	0.32	0.52
净利润增长率（%）	19.87	12.52	－21.01	21.06	67.78
净利润率（%）	19.22	14.39	16.62	42.70	28.43
销售毛利率（%）	33.57	25.22	9.45	18.64	24.66

3. 城市布局（见表 5－274）

表 5－274　　2009—2013 年城市布局

年　份	2009 年	2010 年	2011 年	2012 年	2013 年
已进入城市	上　海	上　海	上　海	上海、昆山	上海、昆山

4. 土地储备（见表 5－275）

表 5－275　　2009—2013 年新增土地储备

城　市	宗地名称	属　性	成交时间	规划建筑面积（万平方米）	成交总价（亿元）	楼板价（元/平方米）
昆山花桥	花桥经济开发区薛赵路西侧	商住用地	2013. 12. 30	17. 51	6. 86	3918
上海嘉定	嘉定区南翔镇惠平路以西、翔江公路以北	动迁安置房	2013. 4. 1	18. 09	1. 33	738

5. 重点项目（见表 5－276）

表 5－276　　2013 年开盘项目

项目名称	城　市	开盘日期	建筑面积（万平方米）	销售面积（万平方米）	销售均价（元/平方米）
嘉宝梦之湾	上　海	2013. 3	16. 47	6. 45	14956
盛创企业家园	上　海	2013. 8	10. 68	4. 11	7600

6. 联系方式

地址：上海市嘉定区清河路 55 号 6－7F　　邮编：201800

电话：021－59524888　　传真：021－59536931

公司主页：http：//www. jbjt. com

（九十三）厦门海投房地产有限公司

1. 企业简介

厦门海投房地产有限公司成立于 1997 年 11 月，系厦门海沧投资集团有限公司下属子公司，国有一级房地产资质开发企业，中国城市房地产开发商策略联盟成员。截至 2013 年，公司注册资本金 10 亿元，总资产 95. 8 亿元。拥有全资子公司海投物业公司（一级物业管理资质）、漳州科技开发有限公司，合资公司海融（漳州）房地产有限公司。自成立以来，公司即成为全国最大的台商投资区——厦门海沧台商投资区新城建设的主力军。

海投房产多年来以国有企业的公民责任专注城市运营，缔造人居梦想，争创厦门市房地产龙头企业，坚持以房地产主业为龙头，促进商业、物业管理等相关业务发展，全力打造主营业务突出、经营结构合理、竞争优势明显、集产品与服务为一体的、拥有专业化、规模化经营优势的大型国有房地产开发品牌企业和城市运营商。

2. 2013 企业发展综述

2013 年，海投房产正式迈出战略拓展第一步，联手实力品牌房企融信集团，在漳州市区摘牌取得漳州 2013G05 地块（项目总建筑面积 23. 57 万平米，项目预计总投资 20 亿元）；此外成功摘牌长泰科技创业园项目综合配套区一期205亩用地（该综合配套项目是在长泰马洋溪生态旅游区内规划约1000亩的高档别墅和高层公寓的综合服务体）。

3. 重点项目介绍

2002年打造南中国首个超百万平米滨海社区“未来海岸”，2005年依托未来海岸项目品牌，形成“未来海岸系”战略版图；

2011年，成功打造百万平米城市综合体“天湖城”，建设岛外10万平米的大型综合性商场“阿罗海城市广场”，引进全球500强企业沃尔玛和全国知名百货天虹商场入驻海沧。

海投·香格里墅是中国房地产百强、厦门实力国企海投房产进军长泰的首个山地养生度假项目，坐落于马洋溪畔，距离厦门23公里，20分钟可抵岛内，规划占地面积约1000亩，规划套数1900余套，分三期开发。首期推出房源为168～277平米的类独栋、联排别墅和景观高层。项目以东南亚风格为主，酒店式会所、水岸景观栈道、温泉SPA体验区等配套俱全，享有国家森林公园、高尔夫、漂流、花海、农庄、古镇等生态旅游区资源。

4. 联系方式

地址：福建省厦门市海沧区钟林路8号　　邮编：361026

电话：0592－6891906　　传真：0592－6890963

公司主页：http：//www. htfc. com. cn

（九十四）上海实业城市开发集团有限公司

1. 企业简介

上海实业城市开发集团有限公司（以下简称“上实城开”）（股票代码：0563. HK）由上海实业集团旗舰企业——上海实业控股有限公司（以下简称“上实控股”）（股票代码：0363. HK）控股，在香港联交所主板上市，以中国房地产开发、运营等综合业务为主要投资方向，是上海实业集团旗下最具发展前景的房地产业务整合平台之一。

上实城开前身为中新地产，由上实控股于2010年6月收购其45.02%股份，并完成公司更名及整合。作为中国价值领先的城市核心区域运营商，上实城开以满足城市主流人群高品质居住及商业发展需求为使命，推动城市生活方式革新，推进城市综合发展。目前，公司的开发项目广泛分布于上海、北京、天津、重庆、西安等一、二、三线城市，涵盖有高端居住社区、高档写字楼、购物中心、星级酒店、产权式公寓多种业态。同时，以全球化视野构建战略格局，通过产业经营与资本运作并举提速企业发展，2011年成功收购上海城开（集团）有限公司（以下简称“上海城开”）59%股权。

上实城开已制定三年发展规划，未来在区域布局上将呈现以上海为中心，集沿海、沿江两线，长三角、环渤海、中西部二、三线城市的“一心、两线、三圈”的“弓形”布局。同时，凭借高效的项目运作和一流的经营管理模式，努力跻身地产红筹股前列，成为中国最具影响力和投资价值的城市地产运营商。

2. 财务数据（见表5－277～表5－278）

表5－277　　资产与负债状况

	2013年	2012年	2011年
资产总额（千港元）	53304501.00	53311919.00	54051725.00
负债总额（千港元）	33653682.00	34521916.00	22311582.00
流动负债（千港元）	23100634.00	21941944.00	35080033.00

续表

	2013 年	2012 年	2011 年
货币资金（千港元）	6314391.00	5533970.00	3636708.00
应收账款	—	—	—
其他应收款（千港元）	2505237.00	1384348.00	830921.00
本公司所有者股东权益（千港元）	12618970.00	12162193.00	12275488.00
资产负债率（%）	63.13	64.75	64.90
流动比率	1.89	1.98	1.99
速动比率	0.40	0.33	0.22

表 5－278　　现金流量状况

	2013 年	2012 年	2011 年
销售商品收到的现金（千港元）	8443526	7229878	3980560
经营活动现金净流量（千港元）	885551	1486686	4999337
现金净流量（千港元）	448057	1730036	3638861
销售商品收到现金与主营收入比（%）	87	84	94
经营活动现金流量与净利润比（%）	290	4463	884
现金净流量与净利润比（%）	147	5194	643
投资活动现金净流量（千港元）	1710925	646065	336447
筹资活动现金净流量（千港元）	2148419	402715	1024029

3. 城市布局（见表 5－279）

表 5－279　　2011—2013 年城市布局

	2013 年	2012 年	2011 年
住　宅	北京、上海、天津、重庆、沈阳、长沙、西安、珠海、三河、无锡、昆山、福州	北京、上海、天津、重庆、沈阳、长沙、成都、西安、珠海、三河、无锡、昆山	北京、上海、天津、重庆、沈阳、长沙、成都、西安、珠海、三河、无锡、昆山
非住宅	上海、重庆、无锡、昆山、三河	上海、重庆、无锡、昆山、三河	上海、重庆、无锡、昆山、三河

4. 土地及在建（见表 5－280）

表 5－280　　2011—2013 年土地及在建

	2013 年	2012 年	2011 年
土地储备（万平方米）	905.88	948.92	971.72
在建规模（万平方米）	127.79	218.27	298.60

5. 销售业绩（见表5－281）

表5－281　　2011—2013年销售业绩

	2013年	2012年	2011年
销售面积（万平方米）	39.30	60.80	23.60
销售金额（亿元）	66.09	66.82	27.57

6. 重点项目介绍

万源城：位于上海市闵行区古美板块，东临莲花路，西接合川路，南至顾戴路，北达平南路，距离中环线不足700米。项目总用地面积约94.31万平当米，总建筑面积约130万平当米，其中住宅面积约77万平当米，底下面积近40万平方米，公建配套约10余万平当米，规划导入人口逾2万人。万源城项目建筑形态丰富，产品涵盖：国际公寓、独栋别墅、花园洋房、大平层豪宅、现代商业、总部写字楼、绿地公园，融生活宜居、商业娱乐、文化教育、商务休闲等众多功能于一体。

城开中心：地处徐汇、闵行交界板块，总建筑面积约39万平方米，规划有约10万平方米超甲级写字楼，取得LEED－CS认证证书，约4万平方米五星级酒店及超11万平方米大型商业聚合体，南侧还将同步建设3万平方米城市公园。

浐灞半岛：位于西安浐灞生态区核心区域，盘踞浐、灞两河交汇之处，地铁3号线即将开通。浐灞半岛共规划地块12幅，业态多样，其中包括欧亚经济论坛永久会址—凯宾斯基酒店；相应的配套如社区商业、教育、医疗、购物中心等生活必备设施，正一一落成并陆续投入使用。

滨江地块：坐落于徐汇滨江商业区，面临上海黄浦江，计划作综合商业用途，部分建成物业将分别用于出售及持有作收租之用。项目临近通往浦东的龙耀路隧道，配合已开通的地铁11号线云锦路站，交通日趋完善。

7. 联系方式

地址：上海市徐汇区虹桥路一号港汇中心一座43层　　邮编：200030

电话：021－64472222　　传真：021－64482699

邮箱：fur@Siud.com　　公司主页：www.siud.com

（九十五）上海绿洲投资控股集团有限公司

1. 企业简介

上海绿洲投资控股集团有限公司成立于1988年，是以房地产开发为主业，集建筑施工装潢、实业投资、物业管理、商业贸易、仓储物流、酒店餐饮等产业多元化经营，具有国家房地产开发一级资质，注册资本为5亿元，总资产42.88亿元的大型国有企业。集团现有10家全资子公司、3家控股子公司、8家参股公司。

集团房地产开发量达五百万平方米以上，开发建设的住宅项目曾多次荣获上海市“四高”优秀小区、中国土木工程学会“詹天佑奖优秀住宅小区工程质量奖”等奖项。企业先后荣获中国房地产诚信企业、上海“五星级诚信创建企业”、上海市重点工程实事立功竞赛优秀公司等多种荣誉称号，并连续23年被评为上海市住宅建设实事立功竞赛先进公司。在2011—2012上海房地产开发经营50强研究测评中，进入“上海房地产开发企业50强行列”，综合排名列第24位、品牌管理排名列第7位。在2013中国房地产开发企业500强测评中，集团获“中国房地产开发企业200强”称号，综合排名列第132位。

2. 2013 年企业发展综述

2013 年，绿洲控股集团凭借品牌战略的实施，有力推进了保障房和商品房建设。全年实现销售 22. 34 亿元、销售面积 26. 37 万平方米。绿洲控股集团建设项目主要为商品房、保障房和商务楼项目，产品涵盖高端住宅、别墅、办公楼等多种物业类型。年内建设的 10 个项目，施工总面积 125. 80 万平方米，较去年增加 23. 85%。年内实现一个住宅项目和一个商务楼项目的竣工交付，交付总面积达 25. 3 万平方米。

2013 年是绿洲控股集团的企业文化年。结合企业创立 25 周年，集团对凝聚全体员工 25 年奋斗精神的企业文化进行梳理和提升，确立了以“引领绿色生活，铸就行业典范”为核心的绿洲梦，形成了具有绿洲特色，包括企业文化时代沿革、理念向导、制度支撑、形象塑造的绿洲文化体系。绿洲企业文化体系的形成，构建了推动企业科学发展的精神支柱，为持续提升企业核心竞争力和可持续发展提供了强有力的内在推动力。

3. 企业发展战略

绿洲控股战略发展目标是形成具有特色化、规模化、专业化的上海一流的现代房地产产业集团，最终发展成为长三角乃至全国有相当影响力的综合性房地产投资开发企业。未来 3 ~5 年，将实施以下发展战略：

一主二辅战略。形成以住宅地产及文化商业地产开发为主业，建筑施工及装潢、物业管理为辅业的“一主二辅”的发展格局。充分发挥主营业务的带动作用，做大产业规模，做强企业实力，实现企业发展能级的加速提升文化先行战略。塑造和强化企业文化建设，构建积极、向上、包容、精益的企业文化。把文化因素融入房地产建设的各个环节，不断增加企业房地产项目的文化含量，提高文化品位，赋予产品更高的附加价值，突显文化特色，树立精品意识。

产融结合战略。牢牢抓住集团整合重组后实力倍增的机遇，把做大实业与做活资本有机结合起来，提高资本运作能力，为企业承接重大项目、丰富土地储备提供必要的资金平台。

品牌优先战略。把品牌建设放在推动企业转型提升的突出位置，结合企业产品结构特点，依托统一的企业品牌来创建项目品牌，充分发挥品牌建设对企业产品价值提升的重要作用。

内外互动战略。坚持区内区外两个市场共同发展的方向，充分利用集团作为区内房地产龙头企业的地位优势，进一步拓展业务规模，加大力度拓展区外市场。

4. 重点项目介绍

“绿洲北水湾名邸”位于上海市嘉定区菊园新区，总建筑面积 12 万平米，是一个由高层、小高层住宅和办公楼及集中商业组成的社区。小区容积率 2，绿化率 35%，总户数 546 户。

“绿洲北水湾名邸”建筑立面采用新古典主义风格，设计功能合理，空间舒适，景观丰富，建筑造型优美。整体设计，充分考虑与城市整体的融合共生，小区规划北高南低，错落有致，充分考虑到景观、日照及整体形象，户户均好性极佳，使得每一栋建筑都能享受到东面和南面的河岸景观以及北部公园风情。

“绿洲北水湾名邸”项目在上海市第八届优秀住宅评选中荣获最佳“规划”奖和最佳“房型”奖；在中国房地产 500 强测评中，荣获 2014 中国房地产开发企业典型项目 10 强。

5. 联系方式

地址：上海市嘉定区盘安路 258 号　　邮编：201800

电话：69066666　　传真：69066611

邮箱：LZKG555@ 126. COM　　公司主页：www. shoasisholding. com

（九十六）沿海绿色家园有限公司

1. 企业简介

沿海绿色家园有限公司1990年于中国香港成立，1997年在香港联交所上市。业务主要在深圳、北京、武汉等地开发房地产项目、投资物业及提供物业管理服务。作为全国性的品牌开发商，沿海地产立足香港，花开四方，以良好的跨区域经营能力和完善的结构资本体系成功布局华北、东北、华南、华中、华东和西南六大区域，开发项目遍及北京、上海、深圳、武汉等国内13个重点城市，打造出以“健康住宅”为主题概念的优秀房地产品牌，为加快中国城市化进程、为顾客“缔造健康之家”做出了重要的贡献。

17年来，沿海地产一直秉承着“以人为本，创顾客价值”的经营理念，专注于房地产开发，并致力于成为“中国健康住宅的领跑者”。截至2013年年底，沿海家园累计实现销售面积37.0万平方米，同比增长11.2%，销售金额26.1亿元，同比下降9.3%。

2. 财务数据（见表5-282～表5-283）

表5-282　　2013年销售业绩及同比

	2013年	同比（%）
销售金额（亿元）	26	-9
销售均价（元/平方米）	7054	-19
销售面积（万平方米）	37	11

数据来源：企业官网，中国房地产决策咨询系统（CRIC）。

表5-283　　2012—2013年财务指标

财务指标	2013年	2012年
净负债率（%）	70.00	87.00
三费费用率（%）	31.08	30.15
总资产周转率（次/年）	0.08	0.08
长短期债务比	2.02	4.49
现金短债比	1.02	2.49
净利润增长率（%）	-59.97	60.83
销售毛利率（%）	23.87	16.87
销售净利率（%）	2.24	8.30

数据来源：企业年报。

3. 重点项目（见表5-284）

表5-284　　2013年重点新开盘项目

项目名称	城　市	项目名称	城　市
沿海国际中心	沈　阳	沿海赛洛城（六期）	武　汉
沿海赛洛城一期	重　庆	沿海丽水佳园四期	东　莞
沿海馨庭	佛　山	沿海鉴筑二期	大　连

数据来源：CRIC。

（九十七）厦门明发集团有限公司

1. 企业简介

明发集团有限公司创始于1994年，是一家以城市运营为核心，以商业地产、住宅地产、酒店经营为支柱产业，并涉及工业、商贸、投资等多项领域的大型现代集团企业。在城市规划与建设的进程中，明发始终扮演着城市生活开发的拓荒者与运营者的角色，是全国房地产开发百强企业。集团先后在厦门、南京等地投资开发了明发国际新城、明发海景苑、明丽山庄、明发滨江新城、明发珍珠泉度假村、明发国际工业原料城等著名楼盘，在城市化进程中发挥了重要的作用。

截至2013年年底，明发集团累计实现销售面积73.9万平方米，销售金额57.2亿元，同比分别增长15.0%和21.0%，销售金额创行业新高。

2. 财务数据（见表5－285～表5－288）

表5－285　　2013年销售业绩及同比

	2013年	同比（%）
销售金额（亿元）	57	7
销售均价（元/平方米）	7740	3
销售面积（万平方米）	74	5

数据来源：企业官网，中国房地产决策咨询系统（CRIC）。

表5－286　　2012—2013年财务指标

财务指标	2013年	2012年
净负债率（%）	40.70	40.90
三费费用率（%）	13.06	16.33
总资产周转率（次/年）	0.18	0.13
长短期债务比	0.31	0.27
现金短债比	0.32	0.20
净利润增长率（%）	－21.77	9.53
销售毛利率（%）	37.06	31.84
销售净利率（%）	23.16	47.02

数据来源：企业年报。

表5－287　　2013年重点新增土地储备

城市	宗地名称	属性	成交时间	建筑面积（万平方米）	成交总价（亿元）	楼板价（元/平方米）
沈阳	沈土拍〔2013〕47号于洪区YHKF2013－002于洪区沈北路北1号地块	商住	2013/08	35.23	2.89	821.00
沈阳	沈土拍〔2013〕47号于洪区YHKF2013－003于洪区沈北路北2号地块	商住	2013/08	24.74	2.06	831.00

数据来源：中国房地产决策咨询系统（CRIC）。

表 5 – 288　　2013 年重点新开盘项目

项目名称	城　市	项目名称	城　市
北京明发广场	北　京	明发国际新城	无　锡
明发锦绣华城	沈　阳	明发半岛祥湾	厦　门

数据来源：CRIC。

（九十八）江苏德惠集团

1. 企业简介

江苏德惠集团，创立于 2007 年 8 月，是以房地产开发为主，集建筑施工、物业服务、市政工程、桩基工程、园林绿化、装饰装潢、建筑智能化、建筑消防、钢结构、营销策划于一体的综合性、多元化企业，也是一家拥有现代经营管理模式、追求可持续发展的企业。

2009 年成立江苏德惠置业有限公司（江苏德惠建设集团有限公司前身），2010 年 7 月，成立江苏德惠建设集团，注册资本为 31906 万元。目前，德惠集团下辖江苏德惠建设集团有限公司等十余个独立法人企业及位于南京河西万达广场面积达 1700 多平米的“德惠产品研发中心”。集团总资产逾 16 亿元，现有职工 9500 余人，拥有工程技术、经济管理等专业管理人才 1358 人。

德惠集团一直秉承“立企以德，惠及万家”的发展宗旨，坚持“诚信开发，精工筑家”的发展理念，严格遵循施工现场管理“提前书面交底，现场技术指导，过程跟踪查控，成品及时验评”二十四字方针；重视环节管理，专注细节雕琢；根据省级文明工地标准和要求，进行安全文明施工、现场实测实量常态化管理。严格管理企业连续多年受到省市县各级主管部门的嘉奖，荣获省诚信示范建筑业企业、省安全生产先进单位、市质量管理先进单位、市安全管理先进单位等，集团董事长朱文亮同志荣获“江苏省优秀企业家”称号。

2. 城市布局（见表 5 – 289）

表 5 – 289　　2011—2013 年城市布局

类　别	2013 年	2012 年	2011 年
住　宅	盐城、连云港、苏州、宿迁	盐城、连云港	盐　城
非住宅	盐城、连云港、苏州、宿迁	盐城、连云港	盐　城

3. 土地及在建（见表 5 – 290）

表 5 – 290　　2011—2013 年土地及在建

	2013 年	2012 年	2011 年
土地储备（万平方米）	34.0	9.8	17.3
在建规模（万平方米）	16.5	9.8	8.0

4. 销售业绩（见表 5－291）

表 5－291　　**2011—2013 年销售业绩**

	2013 年	2012 年	2011 年
销售面积（万平方米）	24.11	12.53	6.10
销售金额（亿元）	172000.00	81350.00	35800.00

5. 发展战略综述

德惠集团从当年的小型项目部起家，成长为集房地产开发、建筑施工、物业服务、市政工程、桩基工程、园林绿化、装饰装潢、建筑智能化、建筑消防、钢结构、营销策划于一体的综合性、多元化集团企业。

德惠集团先后承建了法尔胜股份有限公司阜宁金属制品厂、金城时代广场、汉德风电设备（阜宁）有限公司、江苏晋煤双多化工有限公司技改扩能工程、江苏神山风电设备制造有限公司、壹品仕家小区、东方人才公寓、东方花园酒店、连云港"秀逸苏杭"小区、富士康产业园、尚书房小区和尚书房东苑小区等一大批有影响力的工业及民用建筑。其中，法尔胜股份有限公司阜宁金属制品厂工程获得"扬子杯"优质工程奖；壹品仕家小区各期工程均被评为省级文明工地、市优质工程；连云港"秀逸苏杭"小区、德惠·尚书房及东苑所有在建工程均被评为省级文明工地。

近年来，德惠集团不断拓展事业版图，充实产业价值，冲破区域界限，抢抓机遇、攻坚克难，挺进中国沿海城市连云港，以独有的经营理念造福着港城人民，并适时把触角延及省会城市南京、高速发达城市上海、苏州等地。

6. 重点项目介绍（见表 5－292）

表 5－292　　**2013 年重点项目**

项目名称	城　市	开盘日期	建筑面积（万平方米）	销售面积（万平方米）	2013 年销售额（万元）
秀逸苏杭	连云港	住　宅	45.00	11.11	77800
尚书房	盐城阜宁	住　宅	16.00	8.00	41900
尚书房东苑	盐城阜宁	住宅、商业	8.00	4.00	27200
壹品仕家	盐城阜宁	商　业	18.00	1.00	16500

秀逸苏杭项目开发面积 45 万平米的商住小区，坐落于港城新海新区，紧邻淮工，距离新海高中仅 800 米，至市政府 1.5 公里；小区内娱乐配套齐全，拥有羽毛球场、儿童游乐场以及近 6000 平米知名幼儿园，13 万方城市综合体；所建住宅建筑采用异性柱、框架剪力墙结构，增强房屋设防抗震的能力，同时增加空间利用率；多层洋房配有国际一线品牌电梯，可直达地下车库；小区人车分流，地下车库、半地下车库满足业主停车需求；小区智能化设施齐全，配有可视门禁、周界防越、音乐广播、电子红外监控、电子巡更等先进的多重智能安防。

7. 联系方式

地址：江苏南京江东中路 102 号、江苏阜宁香港路 499 号　　邮编：210000　224400

电话：025－86299888　0515－89716889　　传真：025－86299888　0515－89716889
邮箱：root@jsdehui. com　　公司主页：http：//www. jsdehui. com

（九十九）格力地产股份有限公司

1. 企业沿革

格力地产股份有限公司（股票代码600185）根植珠海城市建设，于2004年3月重新起步并获得快速发展。

2009年成功上市，格力地产呈现出强劲的发展势头，并已成为一家集房地产开发、配套经济、营销服务等于一体的大型企业，在珠海、重庆、西安、香港等地拥有10余家下属公司，业务范围遍及房地产业全链条。截至2013年，格力地产先后开发了“格力香樟”、“格力广场“、“格力海岸”等品质楼盘，累计开发面积近700万平方米，并在全国范围内树立了精品工程的标杆形象。

在发展过程中，格力地产及所开发项目曾多次获得“詹天佑奖”、“全国优秀示范小区”、“全球人居环境生态社区”、“广东省房地产企业社会责任示范企业”、“最具改革贡献奖”等大奖，并入选“中国责任地产TOP100”、“2012年度中国房地产卓越100榜”、“2013中国房地产开发企业品牌价值50强”等众多行业内权威榜单。

多年来，格力地产立足珠海、重点布局，“一年一台阶，三年一跨越”，不仅取得丰厚的经营成果和瞩目的业绩，也积累了丰富的技术、管理和开发经验，凝聚了一大批专业人才和精英。在总结多年经验的同时，格力地产着力打造全新的品牌形象，格力地产倡导“专注城市，专筑生活”的企业理念，善用土地，以人为本，潜心研发产品，狠抓工程质量，使建筑与城市共生，与生活兼容。

目前，格力地产立足于房地产主业、特色海洋经济、特色口岸经济三大板块布局的产业发展定位，进入了健康、高速、持续的发展期。未来五年，格力地产以“立足珠海，重点布局”为发展战略，将加大在房地产及相关产业领域的投资和区域重点市场的布局，使格力地产不仅仅是珠海的品牌，更成为中国的品牌。

格力地产的核心理念是“专注城市　专筑生活”，这也是格力地产坚持的“精品战略”的核心价值观。格力公司愿景是成为“品质生活的构建者和领航家”。

2. 联系方式

地址：珠海市石花西路213号　　邮编：519020
电话：0756－8860600　　公司主页：http：//www. greedc. com/

（一百）金地物业管理集团公司

1. 企业概况

金地物业管理集团公司1993年成立于深圳，是金地集团旗下提供物业管理服务、资产和客户资源运营的平台。经过20余年的经营发展，已成为行业领先的社会服务与资产管理整合运营商。金地物业在全国华南、华北、华东、华中、东北、西北、东南区域布点布局，下辖各区域物业公司及楼宇工程、经营管理等多个专业公司，拥有具备自主知识产权的高端物业服务品牌“荣尚荟®”。

截至2013年年底，金地物业管理服务业务遍及全国50余个大中城市，服务客户50余万人，管理高档住宅、写字楼、商业等各种物业形态，连续多年荣获“中国物业服务百强企业综合实力TOP10”、“中国物业服务百强企业服务质量TOP10全国第一名”等百余项殊荣。2013年，金地物业品牌价值14.78亿元，位居全国第二名。2014年，金地物业荣获“2014中国房地产500强首选物业管理公司全国第二名”。

2. 企业发展历程（见表 5－293）

表 5－293

时　间	发展历程
1993 年	金地物业在深圳特区成立
1997 年	通过 ISO9002 质量管理体系国际、国内双重认证；首批获颁深圳市甲级物业管理企业资质证书；金地物业品牌开始全国性拓展；获得全国首批物业管理一级资质；建立全国性跨区域业务布局；金地物业品牌影响力领军全国市场
2009 年	客户满意度达到行业标杆水平，成立金地商务物业公司，金地楼宇工程有限公司，电梯公司等专业公司
2013 年	金地集团整合物业公司业务架构，成立金地物业管理集团公司

3. 高端服务品牌——荣尚荟 LUXGEMS®

“荣尚予尔，荟享人生”，金地物业荟萃丰富的服务经验，创新待客之道，凝聚精彩资源，专为追求高品质商务、居家生活的精英人士量身而制“荣尚荟 LUXGEMS®”服务品牌。

“荣尚荟 LUXGEMS®”是中国首家取得国内、国际双重知识产权注册的高端服务品牌，与享有盛誉的国际机构和组织广泛合作，联合培养私人服务专才——“金燕尾管家”，传承“以客为尊”的服务理念，为客户提供绝对专属的定制式服务。

“荣尚荟 LUXGEMS®”作为金地物业旗下独立运作的专业机构，协同“荣尚荟管家学院”秉承“尊荣嘉尚”的服务之道，打造服务能力提升的驱动力，持续专注于高端服务和新服务产品研发、流程设计、标准化体系建设、专业培训输出和技术服务支持。

4. 管理创新

物业行业面临着挑战与机遇并存的局面，管理面积及物业管理企业增长迅速，法律法制环境正在逐步完善，五年来物业管理企业的格局正在快速发生变化。纵观整个行业，从业人员参差不齐，专业技术和复合型管理人才匮乏。为了解决这一行业困局，金地物业管理集团公司正式推出国内物业行业首个全系列（五层级）人才培养体系：长跑系列计划，从应届毕业生、业务专家、青年骨干、职业经理人到领军人物制订了各具特色的培养方案，致力打造中国物业服务行业第一品牌和中国物业服务行业最佳雇主。

同时，在管理上，为集中资源，高效处理常规、标准化规范作业流程，金地物业在行业内创新提出 SSC（共享服务中心）组织概念，在集团总部人力行政部下设二级管理部门，统一管理处理行政总务、物流采购、信息化、人事薪酬、法律事务、行政用车等事务，解决了机构人员臃肿，重复劳力的问题。

5. 联系方式

地址：深圳市福田区金地五路金地物业大楼　　邮编：518048

电话：0755－83844817　　传真：0755－83844900

邮箱：gpm@gemdale.com　　公司主页：http://pm.gemdale.com/

Ⅵ.保障篇

导　读

2013年，全国城镇保障性安居工程基本建成544万套、新开工666万套，超额完成了年初确定的基本建成470万套、新开工630万套以上的目标任务。

一些地方在保障性安居工程建设和分配方面做出了积极探索，一些创新融资机制逐步得到应用。本篇主要内容采用了住房和城乡建设部住房保障司、北京市住房和城乡建设委员会、常州市住房保障和房产管理局和上海市住房保障和房屋管理局提供的特约撰稿。

一、2013 年全国住房保障建设情况

2013 年是全面贯彻落实党的十八大精神的开局之年，也是推进实施“十二五”规划承上启下的关键一年。国务院多次专题研究部署保障性住房建设和管理工作。国务院各有关部门根据各自职责，完善政策措施，加强协作配合。地方各级政府都把住房保障工作提到重要工作日程，创新机制，加大投入，精心组织，积极推进。

（一）住房保障政策的拟定

国务院印发《国务院关于加快棚户区改造工作的意见》（国发〔2013〕25 号）

——明确了以邓小平理论、“三个代表”重要思想、科学发展观为指导，适应城镇化发展的需要，以改善群众住房条件作为出发点和落脚点，加快推进各类棚户区改造，重点推进资源枯竭型城市及独立工矿棚户区、三线企业集中地区的棚户区改造，稳步实施城中村改造。2013 年至 2017 年改造各类棚户区 1000 万户，使居民住房条件明显改善，基础设施和公共服务设施建设水平不断提高的总体要求。提出了“科学规划，分步实施；政府主导，市场运作；因地制宜，注重实效；完善配套，同步建设”的基本原则。

——全面推进各类棚户区改造。一是城市棚户区改造，2013 年至 2017 年五年改造城市棚户区 800 万户，其中，2013 年改造 232 万户。在加快推进集中成片城市棚户区改造的基础上，各地区要逐步将其他棚户区、城中村改造，统一纳入城市棚户区改造范围，稳步、有序推进。市、县人民政府应结合当地实际，合理界定城市棚户区具体改造范围；二是国有工矿棚户区改造，五年改造国有工矿（含煤矿）棚户区 90 万户，其中，2013 年改造 17 万户。位于城市规划区内的国有工矿棚户区，要统一纳入城市棚户区改造范围。铁路、钢铁、有色、黄金等行业棚户区，要按照属地原则纳入各地棚户区改造规划组织实施；三是国有林区棚户区改造，五年改造国有林区棚户区和国有林场危旧房 30 万户，其中，2013 年改造 18 万户。对国有林区（场）之外的其他林业基层单位符合条件的住房困难职工，纳入当地城镇住房保障体系统筹解决；四是国有垦区危房改造。五年改造国有垦区危房 80 万户，其中，2013 年改造 37 万户。要优化垦区危房改造布局，方便生产生活，促进产业发展和小城镇建设。将华侨农场非归难侨危房改造，统一纳入国有垦区危房改造中央补助支持范围，加快实施改造。

——加大政策支持力度。一是多渠道筹措资金；二是确保建设用地供应；三是落实税费减免政策；四是完善安置补偿政策。

——提高规划建设水平。一是优化规划布局；二是完善配套基础设施建设；三是确保工程质量安全。

——加强组织领导。一是强化地方各级政府责任。要求省级人民政府对本地区棚户区改造工作负总责，按要求抓紧编制 2013 年至 2017 年棚户区改造规划，落实年度建设计划，加强目标责任考核。二是明确各部门职责。住房城乡建设部会同有关部门督促各地尽快编制棚户区改造规划，将任务分解到年度，落实到市、县，明确到具体项目和建设地块；加强协调指导，抓好建设进度、工程质量等工作。财政部、发展改革委会同有关部门研究加大中央资金补助力度。人民银行、银监会研究政策措施，引导银行业金融机构继续加大信贷支持力度。国土资源部负责完善土地供应政策；三是加强监督检查。监察部、住房城乡建设部等有关部门要建立有效的督查制度，定期对地方棚户区改造工作进行全面督促检查；各地区要加强对棚户区改造的监督检查，全面落实工作任务和各项政策措施。

《住房城乡建设部财政部国家发展改革委关于公共租赁住房和廉租住房并轨运行的通知》建保〔2013〕178 号

——调整公共租赁住房年度建设计划。从 2014 年起各地廉租住房（含购改租等方式筹集，下同）建设计划调整并入公共租赁住房年度建设计划。2014 年以前年度已列入廉租住房年度建设计划的在建项目可继续建

设，建成后统一纳入公共租赁住房管理。

——整合公共租赁住房政府资金渠道。廉租住房并入公共租赁住房后，地方政府原用于廉租住房建设的资金来源渠道，调整用于公共租赁住房（含2014年以前在建廉租住房）建设。原用于租赁补贴的资金，继续用于补贴在市场租赁住房的低收入住房保障对象。从2014年起，中央补助公共租赁住房建设资金以及租赁补贴资金继续由财政部安排，国家发展改革委原安排的中央用于新建廉租住房补助投资调整为公共租赁住房配套基础设施建设补助投资，并向西藏及青海、甘肃、四川、云南四省藏区、新疆自治区及新疆建设兵团所辖的南疆三地州等财力困难地区倾斜。

——进一步完善公共租赁住房租金定价机制。要求各地结合本地区经济发展水平、财政承受能力、住房市场租金水平、建设与运营成本、保障对象支付能力等因素，进一步完善公共租赁住房的租金定价机制，动态调整租金。公共租赁住房租金原则上按照适当低于同地段、同类型住房市场租金水平确定。政府投资建设并运营管理的公共租赁住房，各地可根据保障对象的支付能力实行差别化租金，对符合条件的保障对象采取租金减免。社会投资建设并运营管理的公共租赁住房，各地可按规定对符合条件的低收入住房保障对象予以适当补贴。各地可根据保障对象支付能力的变化，动态调整租金减免或补贴额度，直至按照市场价格收取租金。

——健全公共租赁住房分配管理制度。要求各地进一步完善公共租赁住房的申请受理渠道、审核准入程序，提高效率，方便群众。各地可以在综合考虑保障对象的住房困难程度、收入水平、申请顺序、保障需求以及房源等情况的基础上，合理确定轮候排序规则，统一轮候配租。已建成并分配入住的廉租住房统一纳入公共租赁住房管理，其租金水平仍按原有租金标准执行；已建成未入住的廉租住房以及在建的廉租住房项目建成后，要优先解决原廉租住房保障对象住房困难，剩余房源统一按公共租赁住房分配。

——加强组织领导，有序推进并轨运行工作。公共租赁住房和廉租住房并轨运行是完善住房保障制度体系，提高保障性住房资源配置效率的有效措施；是改善住房保障公共服务的重要途径；是维护社会公平正义的具体举措。各地要进一步加强领导，精心组织，完善住房保障机构，充实人员，落实经费，理顺体制机制，扎实有序推进并轨运行工作。各地可根据本通知，结合实际情况，制定具体实施办法。

《住房城乡建设部关于加强住房保障廉政风险防控工作的指导意见》建保〔2013〕153号

——明确了加强住房保障廉政风险防控的总体要求，即："深入贯彻落实科学发展观，按照中央关于反腐倡廉的部署要求，坚持'标本兼治、综合治理、惩防并举、注重预防'的方针，加强制度建设，完善管理流程，规范行政行为，监控权力运行，建立职责清晰、制度健全、风险可控、层级监管的住房保障廉政风险防控机制，形成决策权、执行权、监督权既相互协调又相互制约的运行机制，建设廉洁高效的管理队伍，推进住房保障事业持续健康发展。"

——指导各地对照住房保障主管部门工作职责，梳理业务流程、权力运行程序，围绕房源筹集、准入轮候、分配管理、运营管理、退出管理、投诉处理等6个环节，全面排查住房保障主管部门、内设机构、工作岗位的廉政风险点，确定风险等级，明确风险岗位职责，建立健全廉政风险防控制度措施。通过加强房源筹集管理，严把准入轮候关，规范分配管理，强化运营管理，健全退出制度，严格投诉处理，有效制约权力运行，预防违法违纪行为发生。督促落实工作责任制、建立长效机制、加强队伍建设、实行政务公开、健全监督机制，做好廉政风险防控工作的组织实施。

《住房城乡建设部关于保障性住房实施绿色建筑行动的通知》建办〔2013〕185号

——充分认识保障性住房实施绿色建筑行动的重要性。保障性住房是政府投资或政府主导的项目，在保障性住房中实施绿色建筑行动，将保障性住房建设成为绿色保障性住房，可有效提高保障性住房的安全性、健康性和舒适性，对在全社会推行绿色建筑具有示范效应。

——全面推进，重点突出。要求各地本着经济、适用、环保、安全、节约资源的原则，统一规划，精心组织，分步实施。2014 年起直辖市、计划单列市及省会城市市辖区范围内的保障性住房，同时具备“政府投资、2014 年及以后新立项、集中兴建且规模在 2 万平方米以上、公共租赁住房（含并轨后的廉租住房）”条件的，应当率先实施绿色建筑行动，至少达到绿色建筑一星级标准。直辖市、计划单列市及省会城市，可以根据当地实际，扩大实施绿色建筑行动的范围。其他市、县有序推进。

——完善实施机制。在下达保障性安居工程年度计划时，应当明确提出实施绿色建筑行动的要求，并落实到项目。建设单位在编制项目可行性研究报告时，要有绿色建筑相关内容，并将有关成本纳入投资概预算；规划部门应当就保障性住房建设项目规划、设计方案和指标是否符合绿色建筑相关要求征求同级建设主管部门的意见，如有不同意见，不予办理建设工程规划许可证；在项目设计时，建设单位向施工图设计文件审查机构送审施工图设计文件时，应当包含绿色建筑设计内容。设计、施工、监理等招投标时，要将相关要求列入招标文件，并在项目建设协议、合同中明确。

——明确各方主体责任。建设单位对绿色保障性住房建设负总责。设计单位应当依据国家和地方有关法规和标准，按照《绿色保障性住房技术导则》（试行）进行绿色建筑设计，施工图设计文件应当编制绿色建筑专篇。施工图设计文件审查机构应当就项目是否落实绿色建筑设计相关要求进行审查，并在审查合格书中注明。未经审查或审查不合格的，住房城乡建设主管部门不得颁发施工许可证。施工单位要严格按照经审查合格后的施工图设计文件进行施工。未按规定进行设计、施工的项目，不得组织竣工验收。竣工验收合格的绿色保障性住房可认定为一星级绿色建筑，不再进行专门评价。

——加强宣传指导。要求各地加强对绿色保障性住房的宣传，及时总结省会及计划单列市绿色保障性住房建设的经验。要通过多种方式对保障部门及承担保障性住房项目的设计、施工等单位进行培训。

《住房城乡建设部关于贯彻实施〈住房保障档案管理办法〉的意见》（建办保〔2013〕4 号）

——进一步督促各地按照住房保障对象“一户一档”、住房保障房源“一套一档”的原则，严格执行档案管理规范，突出抓好建档工作。

——提出了住房保障档案管理的总体目标任务，即“从 2013 开始到 2015 年，利用 3 年时间，建立住房保障档案制度健全、管理规范、运行高效、信息安全等管理体制和工作机制，地级以上城市和档案管理基础工作较好的县市，力争用 2 年时间率先完成”。

——明确了住房保障档案管理的具体工作步骤，督促各地结合当地实际，研究制订年度工作计划和进度安排，确保顺利实现总体目标任务。

——指导各地建立健全档案管理制度、提升档案管理能力、保障必要物资条件，不断推进档案管理制度和工作机制建设。

——督促各地落实省级负总责、市县抓落实的工作责任制，加强督查指导，做好住房保障档案管理的组织实施和监督检查工作。

（二）保障性安居工程年度计划及资金安排情况

明确年度计划。十二届全国人大一次会议通过的《政府工作报告》提出，2013 年开工建设城镇保障性住房和棚户区改造住房 630 万套。其中各类棚户区改造 304 万套，2012 年底，住房城乡建设部代表保障性安居工程协调小组与各省、自治区、直辖市及新疆生产建设兵团签订了目标责任书。各地及时将任务落实到市县和具体项目，并逐级签订了目标责任书。

加大投入力度。2013 年中央财政加大保障性安居工程的支持力度，下达补助资金 1729 亿元（不含 249 亿元农村危房改造和游牧民定居工程补助资金）。国家发展改革委出台了《国家发展改革委员会办公厅关于企业债券融资支持棚户区改造有关问题的通知》（发改办财金〔2013〕2050 号），进一步明确了保障性住房建设利用企业债券融资的具体政策。财政部、国家税务总局联合下发了《财政部　国家税务总局关于企业参与政府统一组织的棚户区改造有关企业所得税政策问题的通知》（财税〔2013〕65 号）、《财政部　国家税务总局关于棚户区改造有关税务政策的通知》（财税〔2013〕101 号）。

（三）加强保障性安居工程监督检查

开展专项巡查。年中，结合审计发现的问题，对建设任务进度较慢的 3 个省市进行了重点督查；年底，配合稽查办对 6 个省市 2013 年城镇保障性安居工程项目开工、基本建成及交付使用情况等，采取暗访和明察相结合的方式进行抽查核实。

加强监督检查。

一是组织开展棚户区改造督查。配合国务院办公厅，对棚户区改造任务较重、难度较大的 10 省区进行了督查。通过实地督查，总结地方好的经验做法，发现问题并督促整改，推进各地完善政策措施。

二是组织开展住房保障信息公开抽查。上半年，组织抽查了 31 个省（区、市）及 186 个市县住房保障信息公开情况，通报了抽查结果，督促地方落实责任，主动接受社会监督。下半年，对 62 个地级以上城市和 31 个县住房保障网上信息公开情况进行抽查，重点抽查地级以上城市外来务工人员纳入当地住房保障范围的政策措施和实施情况，县级城市住房保障建设、分配、退出信息公开情况。

三是督促落实整改审计发现的问题。主动跟踪审计进展情况，组织重点督查调研，及时核查审计信息反映的重点问题。根据审计报告和审计问题清单，专题研究部署整改工作，督促各地全面落实问题整改。

（四）保障性安居工程实施情况

土地落实情况较好。国务院要求，各地积极落实保障性住房、棚户区改造住房和中小套型普通商品住房用地供应量不得低于住房用地供应总量的 70%。国土资源部在 2013 年土地供应计划中单独列出了保障性安居工程用地，优先安排，应保尽保。各地采取积极措施落实建设用地。为方便群众生活和就业，一些城市尽量选择在道路沿线和地铁站点周围建设保障性住房。

工程质量总体可控。按照国务院的部署和要求，住房城乡建设部和监察部把保障性住房的工程质量管理纳入对各地督查、约谈和问责的范围。住房城乡建设部印发了加强保障性住房工程质量管理的文件，多次召开会议部署和进行检查。各地有关部门普遍加强了工程质量监管工作，在选址、设计、建材、施工、验收等环节严格把关。从检查情况看，保障性住房工程质量总体可控。

分配和使用管理进一步完善。国务院对保障性住房的分配管理十分重视，要求务必做到过程公开透明、结果公平公正、使用合理有序。各地都公布了住房保障准入标准，建立了申请、审核、轮候、配租配售和公示制度。不少地方还对保障性住房使用管理进行了动态监测。

城镇保障性住房建设进展顺利。2013 年保障性安居工程开工 666 万套，基本建成 544 万套，全面完成年度任务。

（住房和城乡建设部住房保障司提供）

二、2013 年全国保障性住房供地计划与完成情况

（一）2013 年全国住房用地供应计划

表 6－1　　2013 年全国住房用地供应计划

单位：公顷

地区	供地总量			保障性安居工程用地									商品住房用地		保障性安居工程和中小套型商品房用地占比（%）
				保障性住房用地		各类棚户区改造用地				公共租赁房		限价商品房		中小套商品住房	
	合计	存量	增量	廉租房	经济适用房		廉租房	经济适用房	中小套商品住房	划拨	出让				
合　计	**150760.25**	**61486.50**	**89273.76**	**5710.05**	**7961.55**	**18075.87**	**1570.85**	**5482.33**	**10376.29**	**4769.74**	**1048.42**	**3977.48**	**109217.16**	**78210.53**	**79.4**
北京市	1650.00	840.00	810.00	0.00	135.00	445.00	0.00	0.00	445.00	0.00	155.00	65.00	850.00	370.00	70.9
天津市	1785.00	670.00	1115.00	0.00	381.00	0.00	0.00	0.00	0.00	4.00	0.00	30.00	1370.00	959.00	77.0
河北省	5134.55	2248.25	2886.30	156.08	119.65	554.77	28.12	24.87	488.14	183.85	95.29	249.54	3775.35	2587.75	76.9
山西省	3284.27	1033.96	2250.31	175.84	277.31	679.04	73.64	228.13	351.45	233.03	4.70	53.90	1860.46	1102.32	76.9
内蒙古	3594.48	1468.71	2125.76	77.83	120.35	514.67	19.01	142.49	332.58	52.81	23.08	96.12	2709.63	2079.87	82.5
辽宁省	7406.61	4193.06	3213.54	51.07	72.51	443.02	12.13	189.72	241.18	40.69	1.16	39.88	6758.28	5133.73	78.1
吉林省	4616.10	2402.46	2213.63	251.51	52.00	1753.26	78.31	563.32	1038.80	21.24	14.50	20.00	2503.59	1862.08	86.1
黑龙江	4001.88	2443.04	1558.84	93.14	43.43	840.74	43.30	307.45	483.22	51.22	2.60	30.20	2940.56	2296.52	83.9
上海市	1000.00	500.00	500.00	0.00	50.00	300.00	0.00	0.00	300.00	30.00	20.00	0.00	600.00	300.00	70.0
江苏省	12015.86	5936.10	6079.75	99.04	869.48	910.02	102.25	456.94	350.83	138.17	92.50	900.72	9005.94	5854.61	73.8
浙江省	7021.33	2262.81	4758.52	16.65	83.75	2368.88	0.00	800.24	1501.70	65.12	31.24	164.29	4291.39	2593.05	75.8
安徽省	9104.29	3104.73	5999.56	294.33	1454.60	1424.70	60.08	424.18	865.91	379.29	60.47	266.60	5224.30	3183.70	77.6
福建省	2101.43	982.48	1118.95	19.11	37.67	218.02	6.79	86.24	108.53	32.64	23.30	170.62	1600.06	1134.41	77.8
江西省	4410.67	1663.85	2746.81	194.38	87.21	675.78	130.39	365.13	154.07	319.33	72.01	3.00	3058.96	2007.83	76.2
山东省	11001.65	5509.14	5492.51	97.73	210.18	1193.87	20.48	168.16	971.28	91.07	59.13	145.08	9204.61	6733.38	77.5
河南省	14919.71	3508.32	11411.40	441.85	596.42	523.46	13.68	41.39	423.70	400.27	106.79	267.89	12583.03	10270.38	84.5
湖北省	7921.29	3513.48	4407.80	88.17	175.16	669.37	39.56	173.12	416.16	191.65	21.29	58.16	6717.48	4702.64	74.6
湖南省	5188.46	1461.86	3726.60	104.03	15.85	486.79	50.83	73.92	370.08	319.32	21.69	2.80	4237.98	3077.13	77.6
广东省	5270.06	3008.74	2261.32	33.23	265.19	45.54	12.40	6.93	26.21	62.51	8.76	49.24	4805.58	3539.07	76.0
广　西	2346.45	1784.63	561.81	32.33	33.52	34.34	4.93	13.14	16.27	41.88	9.85	30.51	2164.01	1509.42	72.1
海南省	1088.40	256.62	831.77	7.90	86.20	44.51	0.67	6.79	34.16	21.47	1.30	43.16	883.87	696.01	82.7
重庆市	2720.25	667.00	2053.25	22.53	258.21	29.51	0.00	3.86	0.00	0.00	0.00	0.00	2410.00	2372.75	98.6
四川省	6830.09	3590.27	3239.82	176.77	264.02	558.20	62.13	139.30	292.70	109.09	20.62	94.17	5607.22	4076.90	77.6
贵州省	3771.46	1342.88	2428.59	187.10	1.37	570.38	79.00	178.90	303.78	425.36	0.00	0.42	2586.83	1790.98	78.9
云南省	3879.54	1142.51	2737.03	152.78	9.72	155.33	67.50	25.01	58.32	268.22	139.66	18.50	3135.33	2066.97	72.5
西　藏	605.67	390.96	214.71	103.75	23.84	73.68	39.50	24.06	—	87.24	—	—	317.16	277.43	93.4
陕西省	4401.20	1153.32	3247.88	351.97	699.45	288.02	14.75	73.40	189.72	184.54	14.39	751.86	2110.96	1435.26	84.6
甘肃省	2372.20	593.28	1778.92	84.66	163.85	186.74	52.66	65.66	57.91	432.70	11.24	124.41	1368.60	960.05	82.8
青海省	1229.82	384.55	845.28	209.36	84.57	432.51	36.27	302.21	94.03	58.44	0.00	0.00	444.94	269.12	85.7
宁　夏	1189.72	318.14	871.58	64.22	73.52	162.27	16.07	90.00	54.48	79.33	11.00	60.30	739.08	472.97	77.6
新　疆	6542.22	2297.85	4244.36	669.33	1195.83	1398.04	474.81	493.49	356.60	402.27	26.85	241.13	2608.77	1927.69	89.6
新疆兵团	2355.61	813.47	1542.14	1453.35	20.67	95.40	31.61	14.29	49.50	42.98	0.00	0.00	743.20	567.51	92.5

注：不含我国港澳台地区。
资料来源：国土资源部。

为规范住房用地供应、合理引导市场预期、加强房地产市场土地供应调控，国土资源部按照国务院工作部署，组织全国31个省（区、市）及新疆生产建设兵团编制了2013年住房用地供应计划，现予公告：

据各地上报汇总，2013年全国住房用地计划供应15.08万公顷，是过去5年年均实际供应量（9.77万公顷）的1.5倍，其中“三类住房”用地计划占住房用地计划总量的79.4%，符合调控政策要求。

保障性安居工程用地计划供应4.15万公顷，能够充分满足2013年新开工630万套保障性安居工程用地应保尽保的要求。

商品住房用地计划供应10.92万公顷，占住房用地供应计划的72.4%，其中中小套普通商品住房用地计划供应7.82万公顷，占商品住房用地供应计划的71.6%。

70个大中城市住房用地计划供应5.03万公顷，是过去5年年均实际供应量（4.03万公顷）的1.2倍，“三类住房”用地计划占住房用地计划的79.1%。一线城市（北、上、广、深）计划同比增加2.8%。

为做好2013年住房供地计划实施工作，国土资源部要求各级国土资源主管部门采取有效措施，对今年“新开工630万套”保障性安居工程用地实现应保尽保。认真做好房地产市场形势分析，稳步推进商品住房用地供应，对房价较高、上涨较快的地区，适当增加并优先供应中小套型普通商品住房用地。7月，国土资源部将根据市场运行状况，组织各地调整住房用地供应计划并向社会公布（见表6-1）。住房用地供应情况将及时向社会公开。

（二）2013年全国住房用地供应完成情况

2013年，全国住房用地供应13.82万公顷，同比增加24.7%，供应量达历年最高，相当于前五年平均实际供应量（9.64万公顷）的143%，有力保障了用地需求。

全年供地态势符合调控政策导向。分类型看，商品住房用地供应10.37万公顷，同比增加31.1%，相当于前五年平均实际供应量（7.55万公顷）的137%；保障性住房用地供应3.44万公顷，同比增加8.7%，占住房用地供应总量的25%。自去年3月份以来，保障性住房用地占住房用地比例逐月上升，并始终保持在20%以上，中央下达保障性安居工程用地任务顺利完成。

三、全国各省、市、自治区保障性安居工程建设情况

（一）全国各省、市、自治区保障性安居工程建设计划及完成情况（见表6-2）。

表6-2　2013年全国各省、市、自治区保障性安居工程建设计划及完成情况

单位：万套

序号	地区	计划建设任务	实际建设情况	2014年计划任务
1	北京市	16.00	16.20	7.00
2	天津市	9.00	8.00	6.00
3	河北省	22.00	22.50	20.00
4	山西省	18.00	22.66	18.00
5	内蒙古	17.48	17.70	23.40
6	辽宁省	17.30	20.20	31.00
7	吉林省	33.87	37.21	28.46

续表

序号	地区	计划建设任务	实际建设情况	2014 年计划任务
8	黑龙江省	26.00	26.50	15.44
9	上海市	10.50	11.00	5.50
10	江苏省	23.00	26.22	26.00
11	浙江省	15.00	18.21	—
12	安徽省	40.00	41.68	46.00
13	福建省	10.00	15.36	—
14	江西省	33.24	32.46	33.63
15	山东省	23.56	27.90	31.58
16	河南省	40.00	41.90	64.00
17	湖北省	25.60	27.03	45.81
18	湖南省	33.26	36.3	42.51
19	广东省	7.84	8.81	—
20	广西自治区	13.89	15.13	12.00
21	海南省	3.50	4.73	3.50
22	重庆市	—	—	8.30
23	四川省	21.10	21.30	—
24	贵州省	30.68	31.49	40.00
25	云南省	40.32	30.36	17.13
26	西藏自治区	4.30	3.90	6.58
27	陕西省	36.05	36.60	45.50
28	甘肃省	15.50	15.67	18.89
29	青海省	5.53	5.53	11.05
30	宁夏自治区	5.21	5.22	12.05
31	新疆自治区	29.60	29.90	25.96

注：不包含我国港澳台地区。
资料来源：根据各地新闻和公告收集整理 。

（二）全国各省、市、自治区保障性安居工程建设详细情况

1. 北京

2013 年计划建设任务：2013 年北京建设筹集各类保障房 16 万套，竣工 7 万套，继续推进 1000 万平方米老旧小区抗震节能综合整治和简易住宅楼改造工作。

来源：北京日报

2013 年实际完成情况：2013 年北京市建设、收购各类保障房 16.20 万套，竣工 8.50 万套，超额完成今年计划新开工 16 万套、竣工 7 万套的建设任务。

来源：新华网

2. 天津

2013 年计划建设任务：2013 年，天津市保障性安居工程计划建设 9 万套，其中，经济适用住房 7.10 万套，限价商品住房 1.70 万套，公共租赁住房 0.20 万套。

来源：国家发改委地区经济司

2013 年实际完成情况：截至 11 月底，天津开工建设保障房 8 万套，竣工 7.50 万套，尚未达到 2013 年计划建设保障性住房 9 万套的目标。

来源：新华网

3. 河北

2013 年计划建设任务：2013 年全省将开工建设保障房和棚户区改造住房 22 万套，竣工 22 万套，分配入住 18 万套。

来源：河北省住房和城乡建设厅

2013 年实际完成情况：2013 年河北省已开工建设保障房 22.50 万套，竣工 22.40 万套，分配入住 18.20 万套，分别占全年目标任务的 102.3%、102.0%、101.1%，租赁补贴已基本发放到位。

来源：河北省住房和城乡建设厅

4. 山西

2013 年计划建设任务：2013 年，我省计划新开工建设城镇保障性住房 18 万套，基本建成 18 万套，完成投资 340 亿元。

来源：山西晚报

2013 年实际完成情况：截至 10 月底，山西省城镇保障性住房新开工 22.66 万套，基本建成 18.96 万套，完成投资 493.07 亿元，已完成国家下达山西省的 2013 年保障房建设目标。

来源：山西省住房和城乡建设厅

5. 内蒙古

2013 年计划建设任务：2013 年，内蒙古计划新开工各类保障性住房 17.48 万套，基本建成 18 万套。

来源：内蒙古自治区住房和城乡建设厅

2013 年实际完成情况：截至 9 月底，我区累计开工建设各类保障房 17.70 万套、基本建成 16.10 万套，分别完成全年计划目标任务的 101.2%和 89.4%。

来源：内蒙古日报

6. 辽宁

2013 年计划建设任务：2013 年国家下达给辽宁省的保障房任务为 17.30 万套，其中，实物建房 16.60 万套，基本建成 12 万套。

来源：辽宁日报

2013 年实际完成情况：截至今年 11 月底，我省已新增保障房 20.20 万套，完成全年任务的 116.7%，其中实物建房开工 19.60 万套，为全年任务的 118.2%；基本建成 14.85 万套，为全年任务的 124%。

来源：辽宁日报

7. 吉林

2013 年计划建设任务：2013 年全省保障性安居工程计划开工建设 33.87 万套，竣工 33 万套。建设廉租住房 1 万套和公共租赁住房 0.50 万套，发放廉租住房租赁补贴 25 万户。

来源：新华社

2013 年实际完成情况：2013 年，吉林省保障性安居工程实现开工建设 37.21 万套，其中各类棚户区 22.31 万套，国有垦区危房 1.56 万套，农村危房 11.80 万户，廉租住房 1.04 万套，公共租赁住房 0.50 万套，基本建成 31.60 万套，完成总投资 370 亿元。

来源：吉林省住房和城乡建设厅

8. 黑龙江

2013 年计划建设任务：2013 年，黑龙江省将开工建设保障性安居工程 26 万套，结转续建 40 万套，竣工

30 万套，计划投资 500 亿元。

来源：黑龙江省人民政府网站

2013 年实际完成情况：全省保障性安居工程开工 26.50 万套，开工率 101.9%。其中，保障性住房开工 4.05 万套，占开工总量的 15.3%；棚户区改造住房开工 22.45 万套，占开工总量的 84.7%，完成投资 417 亿元。

来源：黑龙江日报

9. 上海

2013 年计划建设任务：2013 年全市保障性住房的总体目标已经确定，保障性住房的新开工和筹措将达 10.50 万套，基本建成 10 万套（户）。

来源：文汇报

2013 年实际完成情况：2013 年，上海新建筹措各类保障性住房和实施旧住房综合改造 11 万套（785 万平方米）；基本建成 10.39 万套（797 万平方米）；新增可供应 10.29 万套（约 783 万平方米）；新增廉租住房租赁补贴家庭 0.60 万户；全面完成了国家和本市下达的各项年度任务目标。

来源：解放日报

10. 江苏

2013 年计划建设任务：确定全年新开工保障性住房 23 万套，基本建成 18 万套，发放廉租住房租赁补贴 4 万户，累计形成 200 万套以上保障能力。新开工保障性住房中，公共租赁住房（含廉租住房）7 万套，经济适用住房 2.70 万套，限价商品住房 5 万套，各类棚户区危旧房改造安置住房 8.30 万套（户）。

来源：江苏省人民政府办公厅

2013 年实际完成情况：2013 年我省保障房实现新开工 26.22 万套，完成年度目标任务 23 万套的 114%；基本建成 23.90 万套，完成年度目标任务的 132%；累计已形成保障 204 万套（间）的住房保障能力。

来源：新华日报

11. 浙江

2013 年计划建设任务：2013 年浙江省将开工建设保障性安居工程（简称“保障房”）15 万套，其中公共租赁住房 4 万套，竣工 9 万套，新增廉租住房货币补贴 3500 户。

来源：浙江日报

2013 年实际完成情况：截至 9 月底，浙江省今年新开工各类保障性安居工程住房共 18.21 万套，历年开工项目竣工 9.45 万套，提前 3 个月完成了国家和省政府下达的保障房建设任务。

来源：浙江省住房和城乡建设厅

12. 安徽

2013 年计划建设任务：2013 年，全省将新增保障性安居工程 40 余万套，其中廉租住房 1.83 万套、公共租赁住房 14.89 万套、各类棚户区改造住房 22.81 万户，新增发放廉租住房租赁补贴 0.61 万户；基本建成 25 万套。

来源：新华社

2013 年实际完成情况：2013 年，安徽共开工各类保障性住房和棚户区改造住房 41.68 万套，基本建成 31.35 万套，分别占年度目标任务的 105.4%、124.2%，全省累计完成保障性安居工程投资 430.38 亿元。

来源：安徽日报

13. 福建

2013 年计划建设任务：2013 年全年保障性安居工程计划开工建设 10 万套，基本建成 8 万套。

来源：福建省住建厅

2013 年实际完成情况：2013 年，福建省完成保障性安居工程开工 15.36 万套，基本建成 11.95 万套，超额完成全年计划任务。

来源：东南网

14. 江西

2013 年计划建设任务：国家下达我省 2013 年保障性安居工程目标任务 33.2428 万套（户），其中：保障性住房和各类棚户区改造实物建设任务 32.2428 万套（户），新增发放廉租住房租赁补贴 1 万户；基本建成 20 万套（户）。

来源：江西省住房和城乡建设厅

2013 年实际完成情况：2013 年，全省保障性安居工程完成投资 396.4 亿元，新开工 32.46 万套，基本建成 24.32 万套，全省城镇保障性住房覆盖率达到 15.5%。

来源：江西省住房和城乡建设厅

15. 山东

2013 年计划建设任务：2013 年山东省将开工建设保障性住房、棚户区改造住房 23.56 万套，基本建成 17 万套保障性住房。

来源：山东省住房和城乡建设厅

2013 年实际完成情况：2013 年山东省开工建设保障性住房 27.90 万套，建成 22.20 万套，分配 18.90 万套，提前完成国家计划。

来源：中国山东网

16. 河南

2013 年计划建设任务：2013 年全省开工建设各类保障性住房和棚户区改造安置住房 40 万套，基本建成 30 万套。其中新增廉租住房 3.7118 万套、新增公共租赁住房 22.0357 万套、建设经济适用住房 1.8604 万套、城市棚户区改造 11.2988 万户、国有工矿棚户区改造 0.6157 万户、林业棚户区改造 0.0787 万户、垦区棚户区改造 0.3989 万户。

来源：河南省人民政府办公厅

2013 年实际完成情况：2013 年，河南省开工建设各类保障性住房 41.90 万套，完成目标任务的 105%，基本建成 32 万套；全年完成农村危房改造 23.30 万户。

来源：人民网

17. 湖北

2013 年计划建设任务：2013 年湖北省将开工建设各类保障性住房 25.60 万套（户），基本建成 18.16 万套（户），分配入住 10.89 万户。

来源：湖北省人民政府网站

2013 年实际完成情况：2013 年全省新开工保障性住房 27.03 万套，基本建成 22.29 万套，分配入住 15.12 万套，分别为年度目标任务的 105.6%、122.8%和 138.8%，完成农村危房改造 11.50 万户。

来源：荆楚网

18. 湖南

2013 年计划建设任务：2013 年的年度目标任务是完成保障性住房和各类棚户区改造开工建设 33.26 万套，基本建成 22 万套，竣工 16.18 万套，新增发放廉租住房租赁补贴 5850 户。

来源：湖南省人民政府

2013 年实际完成情况：截至 12 月底，全省开工建设保障房 36. 30 万套，开工率达到 108. 3%；基本建成 34. 26 万套（含往年结转 12. 08 万套），竣工 20. 85 万套。

来源：湖南日报

19. 广东

2013 年计划建设任务：2013 年全省城镇保障性安居工程建设任务是基本建成 11. 6 万套、新开工 7. 84 万套。

来源：广东省住房和城乡建设厅

2013 年实际完成情况：2013 年，全省新开工建设保障房 88117 套，发放租赁补贴 9138 户，基本建成保障房 138874 套，分别完成任务的 112. 4%、181. 7%和 119. 9%。

来源：广东省政府办公厅

20. 广西

2013 年计划建设任务：2013 年广西保障性住房要开工建设 13. 89 万套，基本建成 10 万套，分配入住 9 万套。

来源：广西日报

2013 年实际完成情况：截至 2013 年 12 月底，广西保障性住房新开工 15. 13 万套，完成开工 13. 89 万套目标任务的 108. 9%。基本建成 12. 90 万套，完成年度基本建成 10 万套目标任务的 129%。新增分配入住 11. 34 万套，完成年度新增分配入住 9 万套目标任务的 126%，全区保障性住房完成投资 208 亿元，约占全年计划总投资 182 亿元的 114%。广西连续 3 年提前、超额完成了国家下达任务。

来源：广西住房城乡建设厅网

21. 海南

2013 年计划建设任务：中央下达海南省 2013 年城镇保障性住房建设计划为开工 3. 50 万套、建成 4. 20 万套。

来源：海南省住房和城乡建设厅

2013 年实际完成情况：截至 11 月底，海南省实际开工城镇保障性住房 4. 73 万套，占中央计划的 134. 6%；建成 4. 44 万套，占中央计划的 105. 4%，均超额完成年度计划任务。

来源：海南省住房和城乡建设厅

22. 重庆

2013 年计划建设任务：主城区城市棚户区 2013 年计划改造 27 万平方米。

来源：重庆市城乡建设委员会

2013 年实际完成情况：截至 2013 年 12 月，主城各区城市棚户区改造共完成房屋改造 30. 87 万平方米、2354 户，占计划改造量的 115%。其中成片拆除类城市棚户区共完成 26. 33 万平方米、1534 户，涉及 11 个片区，原地改扩建及修缮加固类城市棚户区共完成 4. 54 万平方米、820 户，涉及 9 处房屋。

来源：重庆市城乡建设委员会

23. 四川

2013 年计划建设任务：国家下达我省城镇保障性安居工程建设开工任务 21. 10 万套，基本建成 21 万套，竣工 16 万套。

来源：华西都市报

2013 年实际完成情况：截至 10 月底，新开工保障性住房 21. 30 万套，基本建成 23. 10 万套，新开工完成 101%；建成目标超额完成。

来源：人民网

24. 贵州

2013 年计划建设任务：2013 年国家下达我省城镇保障性安居工程建设任务 30.68 万套，基本建成 9 万套，全年城镇保障房建设计划投资 130 亿元。

来源：贵州省住房和城乡建设厅

2013 年实际完成情况：截至 12 月底，已开工 31.49 万套，基本建成 10.22 万套，分别达到年度目标任务的 102.64%和 113.55%，全面完成年度目标任务，完成投资 215.86 亿元。

来源：贵州省住房和城乡建设厅

25. 云南

2013 年计划建设任务：2013 年保障性安居工程计划开工建设 22000 套（户），其中，廉租住房 568 套、公共租赁住房 16089 套、城市棚户区改造 3343 套、新增租赁补贴 3996 户。

来源：云南省人民政府办公厅

2013 年实际完成情况：去年全省城镇保障性安居工程开工建设 30.36 万套，基本建成 23 万套，超额完成了国家下达的年度目标。完成保障性住房分配入住 46.65 万套。

来源：云南省住房和城乡建设厅

26. 西藏

2013 年计划建设任务：2013 年，西藏保障房建设目标为 4.30 万套（户）。

来源：西藏日报

2013 年实际完成情况：2013 年西藏共投入 24 亿元，完成 3.90 万套保障房主体工程建设，占到全年建设任务的九成。

来源：西藏自治区住房和城乡建设厅

27. 陕西

2013 年计划建设任务：2013 年，全省保障性安居工程建设目标任务是 36.05 万套，其中实物新开工建设 33.70 万套，新增租赁补贴 2.35 万套。

来源：中国日报网

2013 年实际完成情况：2013 年，我省共开工建设各类保障性安居工程 36.60 万套，基本建成各类保障性安居工程 32.40 万套，新增发放住房租赁补贴 2.45 万户。

来源：中国建设报

28. 甘肃

2013 年计划建设任务：2013 年，国家下达甘肃省保障性安居工程建设任务为，新建保障性住房 15.50 万套、基本建成 11 万套。

来源：甘肃日报

2013 年实际完成情况：截至 10 月底，全省新开工建设各类保障性住房 15.67 万套、开工率为 100.8%，超额完成国家下达目标任务 0.8 个百分点；基本建成保障性住房 13.42 万套，占基本建成任务 11 万套的 107.8%；完成投资 267.6 亿元，占计划总投资 255.81 亿元的 104.6%。

来源：甘肃省住房和城乡建设厅

29. 青海

2013 年计划建设任务：2013 年，青海省计划新开工建设保障性住房和各类棚户区改造住房 5.53 万套、基本建成 7.15 万套、入住 6.25 万套。

来源：青海日报

2013 年实际完成情况：截至 9 月底，全省新开工 5.53 万套，基本建成 7.15 万套，入住 5.60 万套，分别占年度目标任务的 100%、100% 和 90%。

来源：青海省人民政府网站

30. 宁夏

2013 年计划建设任务：开工建设保障性住房和棚户区改造住房共 52061 套（户），新增发放廉租住房租赁补贴 4970 户，基本建成保障性住房、棚户区改造住房共 55000 套。

来源：宁夏回族自治区住房和城乡建设厅

2013 年实际完成情况：截至 10 月底，宁夏开工建设保障性安居工程 52161 套（户），占全年计划的 100.2%；基本建成 62367 套，占计划的 113.4%；新增发放廉租住房租赁补贴 6604 户，占年度计划的 132.9%；完成投资 40.5 亿元，占年度计划投资的 96.4%。

来源：新华社

31. 新疆

2013 年计划建设任务：2013 年新疆维吾尔自治区将新建各类保障性住房 29.60 万套。

来源：新疆日报

2013 年实际完成情况：截至 11 月底，新疆（楼盘）保障性安居工程新建项目开工 29.90 万套，开工率为全年计划的 101%，累计完成投资 200 亿元以上；基本建成 21.90 万套，为年度计划的 115.3%。截至目前，新疆已经超额完成了 2013 年的保障性住房建设任务。

来源：自治区住房和城乡建设厅

注：未包含我国港澳台地区

四、2013 年保障性安居工程建设配管经验

（一）2013 年北京市住房保障工作情况和经验创新

2013 年年初，北京市政府与国务院签订了 2013 年住房保障工作目标责任书，明确了新开工 16 万套、基本建成 7 万套的目标任务。2013 年全年实际建设筹集各类保障房 16.20 万套，竣工 8.50 万套，公开配租配售 4.70 万套，各项任务指标全部超额完成。总结全年住房保障工作，主要体现了五个创新：

1. 创新建设管理模式，超额完成全年各项任务目标

2013 年是贯彻落实十八大精神、加快改革创新的重要一年，也是完成“十二五”规划承上启下的关键一年。市相关部门加大统筹协调力度，做好服务保障。国土部门创新实行“限地价、竞保障房面积”等供地方式，最大限度盘活存量建设用地，实现“供地与开工”的良性循环，全年共落实保障性安居工程用地 805 公顷，用地落实率达 153%。规划部门创新方案审查方式，简化合并审批环节，着力加强保障房选址布局和功能配套规划，为群众工作生活提供便利。住房城乡建设部门狠抓实质性开工，改革建设工程招投标程序，简化招投标条件，为保障房“当年供地、当年开工”赢得宝贵时间；坚持把保障房质量作为重中之重，实行网格化管理与差别化管理相结合，严格执行保障房工程永久性标牌制度，全面落实参建单位质量终身责任制，全市 5000 余万平米在施工程质量始终保持受控状态。财政部门不断加大投入，通过财政贴息、资本金注入、租金补贴、

财政转移支付等多种方式，千方百计支持保障房建设，2013 年市财政累计拨付保障房资金 48.33 亿元。发展改革部门把配套设施建设作为重点，督促各市政专业公司尽早落实投资计划，确保市政和公共服务设施与住宅同步交用。监察、审计等部门全程跟踪督办，形成监督合力，推动工作顺利开展。

为了让老百姓早日搬进新居，真正兑现政府承诺，各区县政府作为住房保障的第一责任人，全力以赴抓开工、抓竣工、抓配套，积极解决地块落实、房屋征收、工程建设中面临的困难和问题，提升建设品质，提前两个月完成保障房建设任务。顺义区等近远郊区，在实现本区保障家庭“零轮候”的同时，牢固树立“全市一盘棋”的思想，继续加大土地供应，建设保障房用于全市统筹；西城区、海淀区积极破解土地制约难题，采取定向安置住房中转化、市场租金补贴多种方式，加快解决群众住房困难，受到了群众和社会高度肯定。

2. 创新公租房筹集方式，全力推进“以租为主”

自 2009 年起，按照市委郭金龙同志提出的“保障优先、租赁突破”思路，我市坚定不移的推进保障方式向“租售并举、以租为主”转变。现在看，这个思路是完全符合首都社会经济发展实际的。经过连续几年的努力，我市公租房建设管理体系逐渐健全。一是建设分配规模不断加大。按照“三多一统筹”模式，除政府组织建设外，产业园区和社会单位建设公租房积极性日益提高，截至目前，全市已落实公租房项目 17 万套，公开摇号配租 2 万余户，2013 年新开工的公租房已占当年公开配租配售房源的一半以上，配租比例达 35% 以上，“以租为主”的住房保障供应格局初步形成。二是运行管理机制不断完善。按照“市场定价、分档补贴、租补分离”原则，公租房实现了良性运营，同时补贴政策实施效果显著，目前已发放补贴 5400 余户、总计 3400 余万元，有效提高了承租家庭租金负担能力。廉租房与公租房实现并轨分配和运营管理，保障方式更加简洁、清晰。从申请量上看，公租房的保障方式已逐渐获得群众和社会的认可，“先租后买”的住房消费观念日趋合理化。三是建设品质不断提高。完善公租房建设及评价标准，开展住宅产业化集成式装修试点，在空间布局、建设方式、户型面积和建筑设计等方面坚持规划高起点、设计高标准。精巧舒适的户型设计、完善便捷的配套设施、整洁美观的社区环境，受到了国内外专家、学者和保障家庭的一致好评，圆了百姓的安居梦。

3. 创新审核分配方式，实行“四房合一”

一是从 2013 年 4 月 19 日起，全市统一廉租、经适、限价和公租房“四房”申请为“保障房”申请，“四队变一队”，保障房名字减少了，先通过公租房解决中低收入家庭住房需要，保障方式实现了由“以售为主”向“以租为主”的重大转变。二是加快解决备案家庭住房困难。实行按月倒排分配指标措施，出售型保障房具备预售条件的 3 个月内全部实现配售，租赁型保障房竣工前 6 个月全部组织配租。三是积极探索公租房分配新机制，在京原路等 7 个项目实行全市统筹分配，兼顾项目属地区与全市统筹需求，给群众更多的房源选择机会，也促进了职住平衡。四是对老年、重病、重残家庭等优先分配，真正发挥了保障房补好位、托住底的作用，构筑起社会安全网。

4. 创新后期管理机制，打造和谐社区

一是区县整合机构资源，加快落实后期管理职责和人员编制。十六区县已全部成立了副处级住保中心，为后期管理工作开展提供了有效保障。二是出台了公租房后期管理规定，明确管理职责，建立动态监管模式，完善社区物业服务，确保公租房依法合规使用。二是市住建委、市公安局、市教委等 10 个委办局印发公租房社会管理和服务规定，破解公租房家庭子女上学、看病就医、社会保障等难题，使群众住得安心、住得放心。四是建立保障家庭住房动态核查机制，及早发现保障家庭购买其他住房的行为，目前对已经查证属实的 128 户配租公租房家庭作出停发补贴及清退处理决定。

5. 创新棚户区改造政策，取得突破性进展

2013 年以来，郭金龙书记、安顺市长亲自带队，10 余次到棚户区实地调研，深入棚户区居民中间，破解难题，20 余次召开调度会统筹协调，体现了对棚改工作的高度重视。一年来棚改工作取得多项突破：一是专门成立全市棚户区改造和环境整治领导小组及指挥部，王安顺市长担任组长，陈刚副市长担任总指挥，城六区也分别成立了指挥部，党政一把手亲自抓、负总责。二是围绕棚户区改造"钱从哪里来、人往哪里去、旧房如何拆、项目如何批、工作如何抓"五大核心问题，出台 11 个政策文件，为棚改工作提供了有力的制度保障。三是明确了 5 年内实施棚户区改造项目 640 个、居民 30 万户的工作目标，2013 年启动 110 个项目、9 万户居民，其中，庄胜二期、百万庄项目等 51 个项目已开展了搬迁腾退和安置房建设，已完成居民搬迁 4600 余户，其余项目也已有序进行。

（北京市住房和城乡建设委员会提供）

（二）上海市住房保障工作的主要做法和经验总结

近年来，上海按照"保基本、全覆盖、分层次、可持续"的要求，逐步构建并基本形成了廉租住房、共有产权保障住房（即经济适用住房）、公共租赁住房（含单位租赁房）、征收安置住房（即动迁安置房）"四位一体"、租售并举的住房保障体系。上海市委、市政府在大力培育和发展住房市场、鼓励市民通过市场渠道改善居住条件的同时，始终把解决经济困难群体的住房问题作为改善民生的重点，不断创新思路、创新机制，为各地保障性安居工程建设提供了典范。

1. 健全完善建设机制，加大保障性安居工程建设供应力度

为加大保障性住房建设供应力度，我市不断健全完善市区联手、政府引导、企业参与的保障性住房建设机制。其中共有产权保障住房和征收安置住房开发企业通过项目法人招标方式确定，政府明确保障性住房建设和供应要求，按照微利（3%）原则核定建房协议价格，企业自愿投标。公共租赁住房租金回报低、投资回收期长，主要由各区（县）政府组建的公共租赁住房运营机构实施投资建设和运营管理，市、区两级财政给予资本金投入和运营补助，此外市属企业集团也投资建设了一批市级统筹公共租赁住房。

为了发挥市场机制作用，调动各方积极性增加保障性住房用地和房源供应，我市还开展了一系列制度创新：一是规定国有企业可以利用原有的存量工业用地，按照保障性住房不低于经营性项目的建设规模，配套开发建设保障性住房和经营性项目；二是试点利用农村集体建设用地建设租赁住房，建设用地权利人不变、建设用地用途不变、集体土地性质不变；三是实施配建制度，在新出让的商品住宅建设项目中，按照不低于住宅建筑总面积 5% 的比例配建保障性住房，无偿移交政府住房保障机构。

2. 聚焦配套设施完善，努力满足入住居民需求

近几年来，我市在近郊规划了 20 余个大型居住社区，主要建设保障性住房。加快大型居住社区配套建设，是保障性住房按期投入使用和满足居民入住生活的重要保障。按照"同步规划、同步设计、同步建设、同步交付"的要求，市、区各部门不断推进保障性住房基地公共基础设施和社会事业设施的建设。实施规划先行，在编制大型居住社区控详规划的同时，将道路交通、公交、水系、供排水、电力、燃气、通信等各类专项规划同步深化；简化市政配套项目审批手续，提高审批效率，优化管理流程；安排市级资金补贴，专向用于大型居住社区配套设施建设，2013 年特别对大型居住社区内的卫生、文化设施及养老机构，大幅提高原有的市级补贴标准。通过一系列政策和措施，我市不断加快市政道路和公共交通的建设，积极引进优质教育和卫生资源，有序银行、邮政、文体、商业等必备生活业态，努力满足入住居民"开门七件事"等基本生活需要。

3. 坚持安全优质理念，强化工程安全质量监管

广大群众对房屋质量高度关注，因此，我市把抓好保障性工程安全质量作为重要任务，把"确保质量"贯穿于保障性安居工程的全过程。市、区各级部门、各企业集团、建设单位坚持严控建设标准、加强施工管理，进一步加强质量安全监管，开展保障性住房安全质量执法大检查，落实施工人员管理、工程质量验收，做到安全施工、文明施工、科学施工。同时，努力使保障性住房在满足经济性的同时具有相当的居住空间、环境品质，积极推行住宅产业现代化和绿色节能建筑等，打造“规划科学、配套健全、环境良好、工程优质”的保障性安居工程。

4. 实行以信息化手段为依托的居民住房和经济状况核对机制

为提高准入资格审查核对的质量与效率，我市积极探索建立了以信息化手段为依托的居民住房状况和经济状况核对新机制。住房保障申请家庭的住房状况，主要通过全市房地产交易登记系统和公有住房数据库系统进行核查。经济状况主要依托民政部门组建的居民经济状况核对中心，通过民政、人保、税务、房管、公安、交通、证监、银监等部门综合信息比对的方式进行核查；其中，银行存款核查已覆盖全市 51 家中、外资银行；证券信息查询已实现沪深证交所信息全覆盖。依靠信息化核查比对手段，申请家庭住房和经济状况不符合条件的检出率较以往直观式核查有了大幅提高。

5. 建立规范严格、阳光透明的保障性住房分配管理工作机制

我市在共有产权保障住房、廉租住房、公共租赁住房申请审核、分配供应的实际操作中，坚持申请对象如实申报、审核机关据实核查、社会公众参与监督的申请审核机制，实行严格的街道（乡镇）和区（县）“二级审核、二次公示”、市级抽查纠错的工作制度。对通过审核和公示、取得登录资格的对象，实行“公开摇号、轮候选房”，在公证机关和公众见证下，通过计算机程序确定轮候序号，再组织公开集中选房活动，由申请家庭根据轮候序号依次选房，保证保障性住房申请供应的阳光操作，有效杜绝各种暗箱操作空间，避免住房保障资源的不合理流失。

6. 实行共有产权运行机制

“共有产权”机制是上海经济适用住房的特色所在。政府和购房人按照各自投入确定产权份额比例，在销售合同中约定；购房人自住时，承担全部住房的维修和物业管理等费用，政府产权份额对应的住房使用权无偿让渡给购房人；购房人按规定 5 年后上市转让的，政府有优先购买权，购房人和政府按各自的产权份额分配上市转让的总价款。这一制度设计主要有以下几方面优点：①满足了购房人拥有自有住房的基本愿望，购房人可以按本人出资份额享受房屋增值收益，一方面有利于积累经济能力，为将来退出住房保障、进入市场改善住房创造可能；另一方面也有利于制约住房使用养护中不当行为的发展。②政府直接投资压力较小，共有产权保障住房按划拨方式供地，住房销售价格以土地开发成本和建安成本为基础确定，通过开发企业带资建设、销售回笼资金，实施滚动开发，扩大建设供应规模；政府主要是免收土地出让金、税费和投入市政、公建配套费等支出，财政负担可以承受。③政府各种投入形成的房价折扣转化为政府持有的产权份额，一方面压缩了保障对象的获利空间，减少了追逐利益的动力；另一方面避免了国有资产的无序流失，将来房源上市转让时分享的相应收益还可循环用于住房保障。

（上海市住房保障和房屋管理局提供）

（三）常州市保障住房社会化收储的创新之路

2013 年，为破解住房保障工作的困难与问题，我们创新思路，积极发挥政府主导作用，充分调动社会资源，通过收储社会房源用于住房保障，开辟了一条保障房筹集的新渠道。截至到目前已收储房源约 2000 套，约 1500 户公共租赁住房家庭入住了政府收储的房屋。由于实施了新机制，我市在全省率先全面实现市区中低收入住房困难家庭“应保尽保”的目标，并提前三年完成了我市“十二五”住房保障规划所确定的任务。

保障房社会化收储是一项探索性工作，没有现成的做法可以借鉴，因此，我市在实施过程中注重抓好总体制度设计，注重做好政策衔接，注重完善政策措施，使这项工作得以有序推进。

1. 制订了房源收储总体方案

2012 年以来，我市从调查研究入手，对社会房源数量和面积、分布区域、租金价格等方面进行摸底，并在此基础上，制订了总体工作方案。

一是明确收储标准。按照保障基本住房需求、有利于大量筹集房源、使保障家庭居住相对稳定的原则，我市明确社会化收储房源必须在 80 平方米以下，月租金低于 1000 元，租赁期限在 3～5 年。

二是落实收储机构。成立了市保障房社会化收储管理中心（以下简称收储管理中心）。在具体运作方式上，考虑到社会房源分布在市区各个方位，实施机构必须要有一个覆盖整个市区的工作网络，同时还需要有二手房交易方面的经验，最终确定收储管理中心全部采用社会化用工，由我局下属的常州房屋担保置换公司实质性运作。该公司有多年从事房屋中介业务的经验，对二手房交易比较熟悉，而且在市区有 9 个网点，有利于迅速开展房源收储。

三是出台相关政策。我市制定了《常州市市区保障性住房社会化收储管理暂行办法》，详细规范了房源收储工作，并明确了一系列优惠政策：首先，房屋所有人将房屋租给政府，除按市场价计算租金外，在房屋租赁期满后，还可以按每年 1000 元的标准享受房屋整修补贴；其次，房屋日常管理及小修小补由政府负责，房屋所有人可免去出租房屋带来的麻烦；最后，为社会收储房源购买一份房屋财产保险，房屋所有人出租房屋时所产生的税费由政府承担。同时我们还在资金拨付、物业维修、后续管理等方面制定规范性文件，为推动全局层面上的收储工作奠定政策基础。

2. 建立了统筹协调的工作机制

保障房社会化收储工作是一项涉及面广的系统工程，为确保这项工作顺利推进，我市加强组织领导，建立了强有力的组织保障体系：成立了市财政、税务、物价、住房保障、审计、监察等部门组成的市保障房社会化收储工作领导小组，主要负责全市保障房社会化收储的政策制定、协调指导和监督检查。成立了由市房管局内住房保障、计划财务、纪检监察、房产登记等部门组成的保障房收储房源认定小组，主要负责三项工作：

一是制订收储计划。我们在住房困难家庭提出申请时，征询其住房意愿，根据他们提出的区域要求，形成收储计划，以便使收储的房屋能更加符合保障家庭的需要。

二是作出收储决定，对拟收储房源的户型、面积、租金等情况进行审查，严格按标准对房源作出收储决定，做到四个“坚决不收”，即房屋有安全隐患的坚决不收，房屋产权不清的坚决不收，列入近五年城市拆迁改造计划的坚决不收，房屋面积和租金超出标准的坚决不收。同时，我们还定期对拟收储房源进行抽查，实行动态监管。

三是破解各类难题。在保障房收储过程中经常会遇到一些新问题，比如，许多收储的房子中有床、空调等生活设施，有的保障家庭不需要，而房屋所有人也无处摆放，对此，我们把这些家具、电器集中保存起来。诸如此类问题，我们每周召集相关处室和单位，一事一议，共同分析研究，及时拿出对策措施。收储管理中心主要负责社会房源收储、房产管理、租金征收、物业维修等工作。

3. 建立了规范的收储工作流程

我们针对社会房源分布广、收储程序复杂烦琐等特点，着重把握收储的关键环节，在探索中形成了一套可操作的工作流程。

在咨询登记阶段，我们在报纸、电视、网络上公布收储管理中心 9 个服务点的联系电话和地址，认真接待好每一位来电或上门咨询的群众，全面介绍保障房社会化收储政策，对有意向者预约上门勘察。

在物业勘察阶段，收储管理人员不仅对受理申请的房源实地勘察，而且留存现场影像资料，制作现场勘察资料及房屋平面图，为房源筛选提供依据。

在定价审批阶段，建立房屋租赁价格监测体系，及时准确掌握房屋租赁市场价格信息，具体租赁租金综合考虑同区位市场价格、物业状况、装修情况以及配套设施等因素加以确定；然后收储管理中心再提交局保障房收储房源认定小组会审，对房屋作最终的核批。

在收储签约阶段，在收储双方就租金价格、租赁年限等达成一致意见后，双方签订《房屋委托租赁管理合同》，以合同方式明确双方权利与义务。

在物业交付阶段，收储管理人员与房主现场交验房屋及屋内设施，对物业设施逐一清点登记，抄录水电煤气底数，并从物业交付之日起支付房屋租金。交验后的房屋在按规范标准进行整修后，纳入公共租赁住房房源库。

在房源分配阶段，我们严格按照公开房源信息、公开分配过程、公开分配结果的三公开原则，将收储房源配租给公共租赁住房家庭，同时将屋内设施以及水电气底数一并交付给承租家庭。

在后续管理阶段，通过加强日常巡查、实行租金走收制度，查看房屋使用情况（如是否存在转租、空置等现象），了解保障家庭入住后相关诉求，并做好房屋维修等工作。

（常州市住房保障和房产管理局提供）

2014

中国房地产年鉴

Ⅶ.发展篇

导　读

随着中国房地产市场的逐步成熟发展，一些骨干房地产企业开始从传统的住宅开发向商业地产、旅游地产、养老地产拓展；房地产企业的运营方式也由短期产品开发、销售，向长期持有、运营方式转变；房地产企业的融资模式也由以银行贷款为主向资本市场上市融资、信托融资、私募基金、企业债等渠道拓展；开发企业的生存发展模式不再仅仅局限于开发销售环节的增值收益，更向物业管理、社区服务等全产业链要利润，求发展。

本篇包含房地产金融、旅游地产、养老地产和物业管理等章节，反映出这些分类地产在房地产整体产业中的地位日益上升。本篇内容得到中房协金融专委、中房协老年住区委、高通智库、中国物业管理协会、北京市物业管理协会、海通证券研究所等有关研究单位的大力支持。

一、房地产金融

（一）金融相关政策及影响

1. 货币政策

2013 年面对复杂多变的国内外经济金融形势，央行坚持稳中求进的总基调，继续实施稳健货币政策，既不放松也不收紧银根，适时适度进行预调微调。改善和优化融资结构和信贷结构，更有力地支持经济结构调整和转型升级。2013 年金融改革取得阶段性进展，利率市场化改革迈出新步伐，人民币跨境使用进一步扩大。

货币流动性成为市场最为关心的热点问题。在 2013 年年初，受主要发达经济体加码量化宽松政策（QE）影响，外汇流入大幅增加，银行体系流动性较为宽裕，货币信贷扩张压力较大。5、6 月份，市场对美联储退出 QE 预期有所增强，国内经济亦面临一定下行压力，外汇流入有所放缓，加之节日现金投放、税收清缴入库等短期因素叠加，流动性供应暂时有所减少。8、9 月份以后，在美联储延迟退出 QE 以及中国推进改革释放增长潜力效果逐步显现的共同影响下，外汇流入再度显著增多。同时，财政收支变化及库款波动等也加大了流动性管理的复杂性。而另一方面，银行资产扩张及表外诸多金融产品创新又加大了对流动性的需求。金融机构在利润压力、监管套利等因素作用下，利用同业、理财等短借长贷，资产负债结构对利率风险敞口十分灵敏，对货币市场高度依赖，这也是加大市场流动性波动的主要原因。

在流动性影响因素复杂、流向反复变化的环境下，央行加强对银行体系流动性的分析监测，灵活把握公开市场操作的方向、力度和节奏，合理调节流动性水平。上半年，根据银行体系流动性变化，灵活开展公开市场双向操作，保持流动性水平合理适度；下半年以来，针对流动性供求波动有所加大的新情况，综合运用公开市场逆回购操作、短期流动性调节工具（SLO）等手段有效熨平多种因素引起的短期流动性波动。

央行创新流动性管理工具，积极发挥常备借贷便利的流动性供给功能。春节前即开始通过常备借贷便利解决部分商业银行因现金大量投放产生的资金缺口。为进一步加强和改善银行体系流动性管理，2014 年 1 月，央行在北京、江苏、山东、广东、河北、山西、浙江、吉林、河南、深圳开展分支机构常备借贷便利操作试点。央行总行通过常备借贷便利向符合条件的大型商业银行提供了短期流动性支持，试点地区人民银行分支机构向符合条件的中小金融机构提供了短期流动性支持，稳定了市场预期，促进了货币市场平稳运行。

央行继续运用差别准备金动态调整机制加强宏观审慎管理。通过对差别准备金动态调整机制的有关参数进行调整，引导信贷平稳适度增长，增强金融机构抗风险能力。年初时，注意引导农村金融机构充分考虑农时和农业生产经营特点，及时安排春耕备耕贷款资金，切实满足“三农”信贷需求。第三季度以来，适当加大了对有关政策参数的调整力度，以进一步鼓励和引导金融机构增加小微企业、“三农”及中西部欠发达地区的信贷投入。

央行引导金融机构加强对国家重点在建续建项目、现代服务业、科技创新、战略性新兴产业等经济社会发展重要领域的金融支持，加大对民生领域的金融支持和服务。严格实施差别化住房信贷政策。严格控制对“两高一剩”行业的贷款，促进产能过剩矛盾化解。扎实推进扩大信贷资产证券化试点，发挥其盘活存量信贷资产的作用。积极改进完善信贷政策导向效果评估，发挥评估工作的导向力和积极作用。从实施效果看，一是对小微企业和“三农”的信贷支持保持了较强力度；二是服务业贷款增长明显加快；三是部分“两高一剩”限制行业的贷款增速放缓。

央行加快推进利率市场化改革，全面放开贷款利率管制，建立健全市场利率定价自律机制，构建贷款基础利率集中报价和发布机制，推动同业存单发行交易，利率市场化改革迈出新的步伐。

央行继续按主动性、可控性和渐进性原则，进一步完善人民币汇率形成机制，重在坚持以市场供求为基础，参考一揽子货币进行调节，增强人民币汇率弹性，保持人民币汇率在合理均衡水平上的基本稳定。

央行发布了《关于简化跨境人民币业务流程和完善有关政策的通知》，简化了经常项下跨境人民币业务办理流程，对银行卡人民币账户跨境清算业务进行了梳理，明确了境内非金融机构可开展人民币境外放款业务、境外参加行人民币账户之间资金划转等相关内容，调整了境外参加行人民币账户融资期限和限额，切实满足了银行和企业业务办理需求，进一步促进了跨境贸易和投资便利化。

央行推进外汇管理便利化改革，支持实体经济健康发展。一是深入推进贸易领域外汇管理制度改革，提升贸易便利化程度。开展服务贸易外汇管理改革，缩短企业办理服务贸易资金收付时间。二是改进跨境担保管理，优化投融资政策环境。将中资企业“外保内贷”政策试点推广至全国，开展小额外保内贷业务试点，缓解中小企业“融资难、融资贵”问题。三是支持跨境电子商务和互联网金融发展，在5个地区开展跨境电子商务外汇支付业务试点。

央行稳步推进人民币资本项目可兑换业务，提升资金跨境配置效率。一是在前期试点基础上将跨国公司外汇资金集中使用试点范围进一步扩大到广东等7省（市）的32家国有、民营和外资企业。二是加大外债和资本市场管理简政放权，初步建立以登记管理为核心、以统计监测为手段、以主体监管和事后核查为重点的管理框架。三是稳步实施合格境外机构投资者（QFII）、人民币合格境外机构投资者（RQFII）和合格境内机构投资者（QDII）制度，积极探索资本金境外运用渠道，研究扩大境内金融机构对外投资和合格境内有限合伙人制度试点，有序引导资本流出。

展望2014年货币政策的操作趋势，将贯彻落实党的十八大、十八届三中全会和中央经济工作会议精神，坚持稳中求进、改革创新，继续实施稳健的货币政策，坚持“总量稳定、结构优化”的取向，保持政策的连续性和稳定性，增强调控的前瞻性、针对性、协同性，统筹稳增长、调结构、促改革和防风险，适时适度预调微调，继续为结构调整和转型升级创造稳定的货币金融环境。同时，进一步优化金融资源配置，改善和优化融资结构和信贷结构。把货币政策调控与深化改革紧密结合起来，重视从提高资源的配置效率、扩大消费者主权的角度继续深化改革，更充分地发挥市场在资源配置中的决定性作用，针对金融深化和创新发展，进一步完善调控模式，疏通传导机制，提高金融运行效率和服务实体经济的能力。

2. 金融政策

纵观整个2013年的金融改革，呈现IPO新政、利率市场化、加强风控、民营银行兴起、人民币国际化、多层次资本市场等几大热点。

IPO重启和其他行业新政

2013年11月30日，证监会宣布停摆了一年多的IPO将于2014年初正式开闸，与IPO重启一同出台的新政还包括加强信息披露、上市公司分红指引、强化发行人和中介机构责任、新股定价和配售机制改革、借壳上市、老股转让，为A股市场从核准制向注册制过渡做准备。

在成熟资本市场，作为注册制核心环节的信息披露是保护投资者，尤其是中小投资者的基石。加快推进完善信息披露机制是许多A股市场创新的前提条件，如允许做空机制、T+0交易等。

总的来说，IPO的重启对资本市场来说是个重大利好消息，A股市场逐渐回归价值投资的基本取向，进而甚至有可能激活沉寂许久的蓝筹股，业绩良好而股价低迷的房地产公司，如万科、保利等，有望获得重新估值。

利率市场化

7月4日，证监会批准国债期货在中国金融期货交易所上市，标志着自1995年后，国债期货重获新生。众所周知，国债期货是利率市场化的一个重要标志。

7 月 19 日，人民银行下发《关于进一步推进利率市场化改革的通知》，全面放开金融机构贷款利率管制。放开利率管制之后，存贷利差将逐渐缩小，对于银行来说是个巨大的挑战。长期以来，利差收入在国内银行收入中所占比例至少在一半以上，有些甚至高达 70% 以上，在国外这一比例通常在 30% 左右。

利率市场化有利于资源配置的优化，好资质的大企业的资金成本有望降低，而中小企业，如果期待利率市场化能解决自己融资难的问题，可能会落空。因为如果从风险收益角度来看，让市场确定贷款利率，中小企业能拿到贷款利率依旧不会太低。2013 年以来，利率市场化的进程大大加快，央行在这一金融改革基本设施上的力度还是非常足的，预计未来利率市场化的进程将有条不紊地推进。

对于房地产企业而言，利率市场化带来的风险和机遇并存，但就融资方面而言，影响并不大，资质好的大房企原本就能获取充足的银行信贷，而资质不好的中小房企长期以来都是依靠从银行拿到廉价资金的大企业转手而来的二手贷款，也已经形成了自身的发展模式。

加强风控

中国信托规模在 2013 年突破了 10 万亿元，信托的爆炸式增长显示了金融创新的巨大魔力，但信托的增长也带来许多问题，如大量的表外信贷导致央行的货币政策失灵，甚至出现了被国内监管部门视为洪水猛兽的资金池产品。

风险和收益，是金融的正反面，风险控制是任何一个监管机构的头等大事。过去一年，为了控制金融创新产品以及地方债务等带来的风险，相关监管部门出台了一系列政策。

3 月 27 日，银监会下发《关于规范商业银行理财业务投资运作有关问题的通知》。该通知主要针对商业银行把理财资金直接或通过非银行金融机构、资产交易平台等间接投资于“非标准化债权资产”，这一过程中存在规避贷款管理、未及时隔离投资风险等问题。

此外，银监会发布一系列风险控制文件：

1 月 1 日，银监会开始施行《商业银行资本管理办法（试行）》。虽然商业银行有了次级债、减记债等资本筹集工具，但资本充足率标准的逐渐提高，依旧会造成商业银行信贷一定程度上的收缩。

4 月 9 日，银监会下发《关于加强 2013 年地方政府融资平台贷款风险监管的指导意见》。指导意见严格控制新增贷款和贷款投向，坚持贷款强化审批制度，另外要加速缓释存量，逐步缓释存量平台贷款风险。

10 月 11 日，银监会下发《商业银行流动性风险管理办法（试行）》。管理方法参照巴塞尔协议Ⅲ以及国外相关经验，坚持完善存贷比监管，更深远地推动立法机关修订《商业银行法》。

2014 年 1 月 7 日，国务院办公厅向相关部委和各省政府下发《关于加强影子银行业务若干问题的通知》（第 107 号文），该文件厘清了中国影子银行的概念，并明确影子银行监管责任分工，以及如何完善各相关公司股票走势类金融机构的监管问题。107 号文“堪称中国史上最为严格的影子银行监管文件”。

107 号文明确定义中国影子银行主要有三类：一是不持有金融牌照、完全无监管的信用中介机构，包括新型网络金融公司、第三方理财机构等；二是不持有金融牌照，存在监管不足的信用中介机构，包括融资性担保公司、小额贷款公司等；三是机构持有金融牌照，但存在监管不足或规避监管的业务，包括货币市场基金、资产证券化、部分理财业务等。

虽然 107 号文件正面肯定了影子银行产生是金融发展、金融创新的必然结果，是传统银行体系的有益补充，在服务实体经济、丰富居民投资渠道等方面起到了积极作用，但不可否认的是，影子银行确实存在着一定风险，特别是对于房地产行业而言。市场担忧，由于影子银行资金主要流向房地产，特别是中小房地产企业，房地产企业流动性将受到影子银行监管的冲击。对于流动性极度敏感的中国房地产企业，获得资金的渠道本来不多，在多年调控下，银行早已被严格限制对地产企业放贷，开发商几乎不可能从银行、股市等正规渠道获得融资。因此，房企通过信托、基金等第三方或者说影子银行渠道获取资金，在近年来成为越来越普遍的现象，也起到了越来越重要的作用。

民营银行兴起

经过改革开放三十多年的发展，中国的民间资本获得了长足的发展，渴求进入金融领域，消费金融公司仅仅是牛刀小试，民营银行才是民间资本在金融行业的终极形式。众多民营企业巨头纷纷高调表示要入股银行，房地产企业中以万科为例，已经宣布斥资 30 亿港币认购徽商银行 8% 的股份。

10 月 15 日，银监会公布《中国银监会中资商业银行行政许可事项实施办法》，实施办法规定了中资商业银行的设立条件、监管标准、公司治理标准等。实际上，这是为民间资本未来进入银行业设立了框架。

民营银行加入整个中国商业银行生态体系中，带来的是类似“鲶鱼效应”的影响，各大现有银行都会面临不同程度的竞争压力。受到规模上的劣势和资本逐利性的影响，民营银行必然不断追求监管的漏洞，大力推行金融创新，也会加大银行市场的金融创新的力度，带动整个金融体系的氛围。

众多民营企业竞相入股银行，甚至要发起成立民营银行，其中一个重要目的便是借助民营银行解决自身融资困难的问题。于是就会触发一个新的问题，所有者和经营者的冲突问题，民营银行需要建立完善的公司治理机制，杜绝股东干涉公司正常运营。另外，大量的民间游资如果能成功进入利润更高的银行业，房地产行业中的游资将大量出逃，在需求端对房地产行业构成冲击。

另外，商业银行在中国几乎是全牌照的金融巨头，因此，民间资本一旦进入银行业，就意味着整个金融行业对其开放，这对于整个市场经济的建设有着不可估量的影响。

人民币国际化

3 月 1 日，人民银行会同证监会、外管局下发《人民币合格境外机构投资者境内证券投资试点办法》，为人民币 QFII 在中国的投资行为做出了规范。长期来看，此举是人民币国际化的一个步骤。QFII 和 QDII，这两者都是外汇管制下的产物，同时，又是从外汇管制到自由兑换的重要桥梁。

12 月 2 日，人民银行公布《关于金融支持中国（上海）自由贸易试验区建设的意见》，意见总体路线是扩大金融对外开放，着力于推进人民币跨境使用、人民币资本项目可兑换、利率市场化和外汇管理等领域改革试点。这对于未来中国开放资本账户、人民币自由兑换及国际化等改革都是历史性的试验，在自贸区的试点，如果控制得好，有望在可预见的未来推广。

人民币国际化在学者之间的讨论由来已久，各种不同观点阵营中均有著名大牌经济学家压阵，足以说明这一问题在实际操作上的复杂性。当央行在上海自贸区公布政策时，其改革力度超出了大多数市场预期，其中甚至包括了个人资本项目这个以往绝对的禁区。考虑到人民币国际化带来的种种好处，有理由相信，未来的人民币国际化力度会继续加大。

多层次资本市场

建设多层次资本市场，为不同企业提供融资服务，这也是一个老生常谈的话题。在 2013 年，过去一度停滞不前的进度似乎有了一定的提速。

1 月 4 日，证监会公布非上市公众公司监管指引 1 ~ 3 号文，分别对非上市公司的信息披露、申请文件、章程必备条款作出了规定。此举为非上市公众公司的股权公开交易、公司治理作出了规范，有助于“新三板”的升级，避免陷入和“老三板”一样交易活跃度低下的尴尬境地。

1月31日，证监会公布《全国中小企业股份转让系统有限责任公司管理暂行办法》，为中小企业股份转让提供了一个规范化平台。12月14日国务院更新暂行办法为《关于全国中小企业股份转让系统有关问题的决定》，明确全国股份转让系统的性质、功能以及定位，也为中小微企业提供股份公开转让、股权融资、债券融资、并购重组等服务。

2月20日，证监会起草了《私募证券投资基金业务管理暂行办法（征求意见稿）》，其中给出了合格投资者的定义，个人或者家庭金融资产合计不低于200万元人民币、最近3年个人年均收入不低于20万元人民币、最近3年家庭年均收入不低于30万元人民币、公司、企业等机构净资产不低于1000万元人民币的投资者。合格投资者的提出是成熟资本市场的重要标志，有效地提升了整个市场对于风险和收益的关注，为接下来的各项金融改革起到打基础的重要作用。

3月25日，发改委下发《关于进一步做好股权投资企业备案管理工作的通知》，开始规范对股权投资企业的备案监管。

资产证券化、私募股权投资（PE），这是建设多层次融资结构的重要组成部分，对于难以获得银行青睐的中小企业尤为如此。

由于次贷危机的爆发，导致资金池型产品在中国受到了严格的监管，资产证券化的发行规模受到配额的限制，基础资产几乎都是优质信贷。然而，资产证券化对于盘活存量资产，帮助中小企业获得资金具有重大的意义。但总体而言，资产证券化在中国的道路，还很漫长。

就融资期限配置而言，债券是房地产企业债权融资的最佳之选。房地产项目一般期限较长，而银行贷款一般不会超过五年，中小房地产企业能拿到的最长期限开发贷不会超过三年，这样就很容易造成期限错配，从而导致贷款到期之时房地产企业资金链紧张的现象。若采用长期债券作为房地产企业的长期资本来源，则这类现象有望得到改善，银行贷款也能重回短期为主的基本思路，从而降低银行自身的错配风险。

多层次资本市场对于所有资本密集型行业都将是一个全新世代，就美国的发展经验而言，房地产企业有望成为这场盛宴的主要受益者。

综上，整个金融改革是朝着市场化的方向推进的，证监会的政策最为“激进”，IPO的新政，有望逐渐从审批制过渡到注册制，整个A股市场也有望逐渐从投机行为回归到价值投资，这些对于整个资本市场来说是利好。长期低迷的房地产行业股价也有望获得重新估值，创造增发融资的条件。在2014年房地产信贷仍呈现稳健偏紧、影子银行受到规范的背景下，海外证券市场和国内再融资，有可能成为行业资金来源的亮点，而品牌房企将因此收益，行业整合进一步加剧。

（二）房地产融资情况

1. 房地产信贷

近几年除了货币信贷这样一个衡量实体经济所获得的债务性资金的一个指标之外，还有一个非常重要的指标就是社会融资总量。在社会融资规模当中人民币贷款已经从2002年的90%下降到2011年的58%，再降到2013年的51.42%（见图7-1）。

近年来国家一直坚持：继续实施稳健的货币政策；保持货币政策的连续性和稳定性，增强政策的针对性和协调性；进一步优化信贷结构，支持经济发展方式转变和经济结构调整。这三个方面也将成为2014年货币政策的大致取向。由此，2014年可预期实体经济所面临的货币资金条件与2013年相比松紧度不会有特别变化。

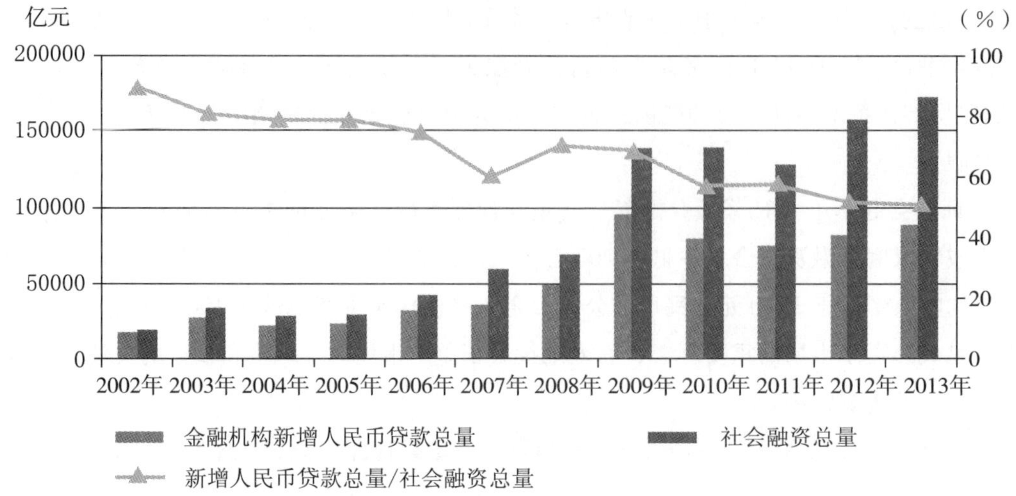

图 7－1　2002—2013 年新增人民币贷款总量与社会融资总量变化

数据来源：中国人民银行、高通智库。

央行数据显示，房地产贷款增速在历时两年的受限制后，2013 年有小幅回升，个人住房贷款在 2013 年实现较高增速。

基于房地产开发贷款和保障房信贷的挤出效应，曾经作为房地产企业最重要的资金来源的银行开发贷，近年来占比不断下滑。

2013 年，主要金融机构（含外资）房地产贷款余额 146100 亿元，同比增长 19.1%（见图 7－2）。全年新增房地产贷款 23400 亿元，占同期各项贷款新增额的 28.1%。

从构成来看，个人购房贷款余额为 98000 亿元，同比增长 21%（见图 7－3）；房地产开发贷款余额 45900 亿元，同比增长 18.82%（见图 7－4）。其中，住房开发贷款余额为 35200 亿元，同比增长 16.3；地产开发贷款余额为 10700 亿元，同比增长 9.8%。

保障房信贷支持力度继续加大。2013 年全国保障性住房开发贷款余额为 7260 亿元，同比增长 26.7%。

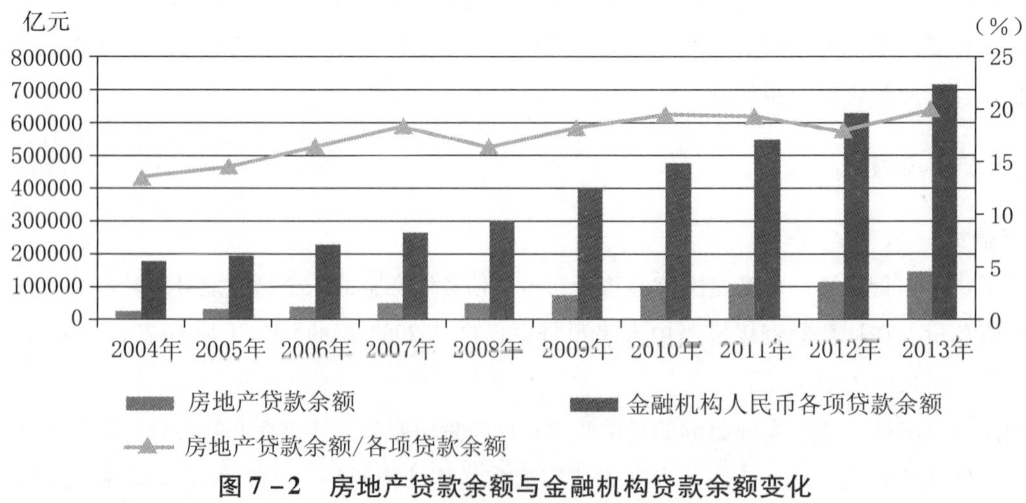

图 7－2　房地产贷款余额与金融机构贷款余额变化

数据来源：中国人民银行、高通智库。

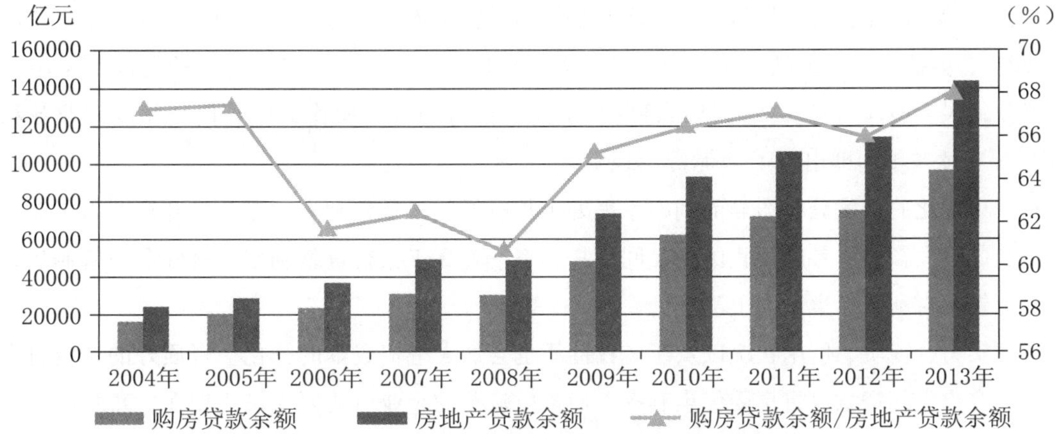

图7-3　购房贷款余额与房地产贷款余额变化

数据来源：中国人民银行、高通智库。

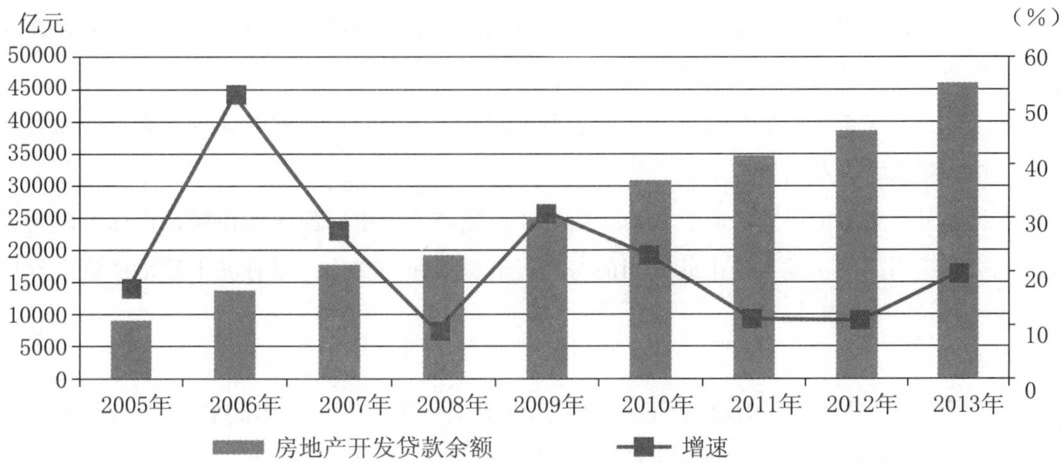

图7-4　2005—2013年房地产开发贷款余额及增速变化

数据来源：中国人民银行、高通智库。

基于房地产贷款风险可能引发的金融风险，银行监管格外关注房地产信贷，目前采取的监管政策和态度，使2014年房地产信贷表现仍将延续稳健格局。

目前房地产信贷监管要点：

严格执行差别化房贷政策，优先支持居民家庭首套真实自住购房需求，坚决抑制投资需求；

加强对房地产开发贷款资金的全程流程，防止部分房企违规从银行套取信贷资金；

严密监测房地产企业资金状况，加强对房企开发贷款资金全封闭管理，确保回流现金用于还贷；

逐个开展项目风险排查，降低房地产开发贷款风险；

重点关注房地产企业集团的风险暴露，探索建立由贷款最大行牵头的信息共享和风险监测合作机制；

进一步加强对房地产信托业务的监管，严格落实房地产信托事前报备制度；

继续做好房地产压力测试工作。

从风险角度研判，整体而言房企负债率仍偏高，相当一部分房企负债率超过60%，部分超过80%。不少房企通过海外市场、房地产私募股权、信托贷款以及民间借贷等高成本方式融资，融资成本高企。由此，2014年房地产开发贷款在监管政策上难以出现放松的可能。

在按揭贷款领域，银监会的数据显示，个人住房按揭贷款平均贷款房价比（LTV）为56%。超过98%的贷款LTV小于80%，能抗击房价下跌二成。80%以上贷款的LTV小于70%。30%左右的贷款LTV小于50%。个人住房按揭贷款的风险整体可控。按揭贷款将取决于商业银行的自主操作，但受信贷额度和业务利益驱动影响，2014年按揭贷款在年初即出现了“等贷”现象。

未来从利率市场化的角度分析，当前利率水平处于相对低位，贷款利率的完全放开短期内可能并不会对企业的财务负担造成较大影响。考虑到我国的民间借贷利率一直高于银行贷款利率，解除利率管制后，民营经济信贷的增加也可能会对利率产生巨大上涨压力。

企业自身的实力、资质、信用状况以及所有权性质也会加大融资成本的分化。资质好的企业将会成为各家银行争夺的重点客户，其贷款也将享受优惠利率；而资质较差的企业可能要支付比现在更高的贷款溢价。

从不同性质的企业来看，基本上所有的国有企业和外资企业都认为利率市场化以后他们的贷款成本将下降，这跟中国的金融体制以及金融机构的贷款偏好息息相关。

调查显示，2/3的民营企业认为他们的贷款利率可能会上升，原因主要有两点：一是他们愿意用更加灵活或略高的贷款利率来获得更多的银行信贷支持；二是金融机构可能在对民营企业的贷款中收取较高利息来弥补其在国有企业和外资企业贷款份额中可能降低的利息收入。

为应对利率市场化，房企应积极从战略、运营、财务管理、风险管理等方面采取措施来增加企业的融资能力，优化资本结构，降低财务和运营成本。

从行业影响看，日本央行的研究经验，人口、信贷和房地产三个指标都达到顶峰，指标可以完美地解释过去日本银行的危机和美国的两次危机。由此，当前房地产信贷指标的变化，将有利于房地产资产价格，尤其是住宅价格的理性回归。

2. 房地产信托

2013年中国信托资产规模为10.91万亿元，突破了10万亿元大关。与上年底的7.47万亿元规模相比，同比增速高达46.05%，增速同比回落9.25%（见图7－5）。

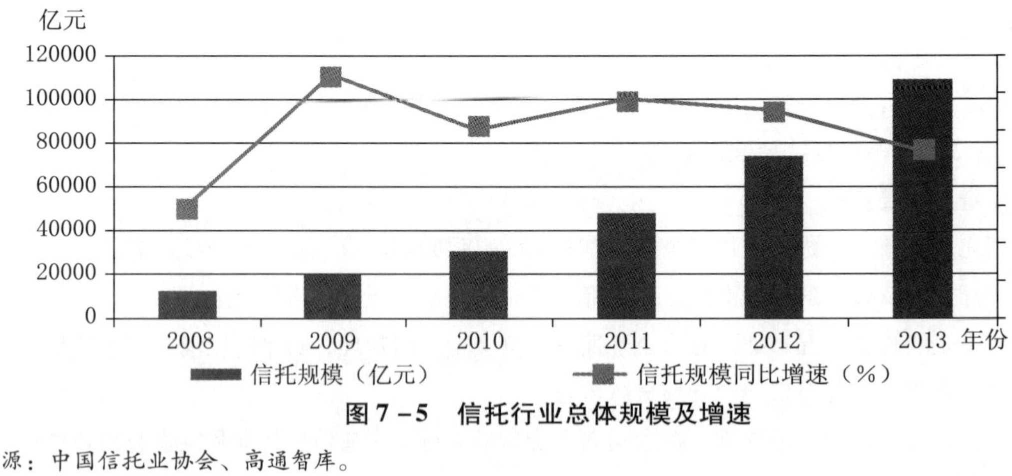

图7－5　信托行业总体规模及增速

数据来源：中国信托业协会、高通智库。

信托公司全行业经营收入总额832.60亿元，全行业实现利润总额568.61亿元，人均利润305.65万元，营业利润率高达68%（见图7－6）。

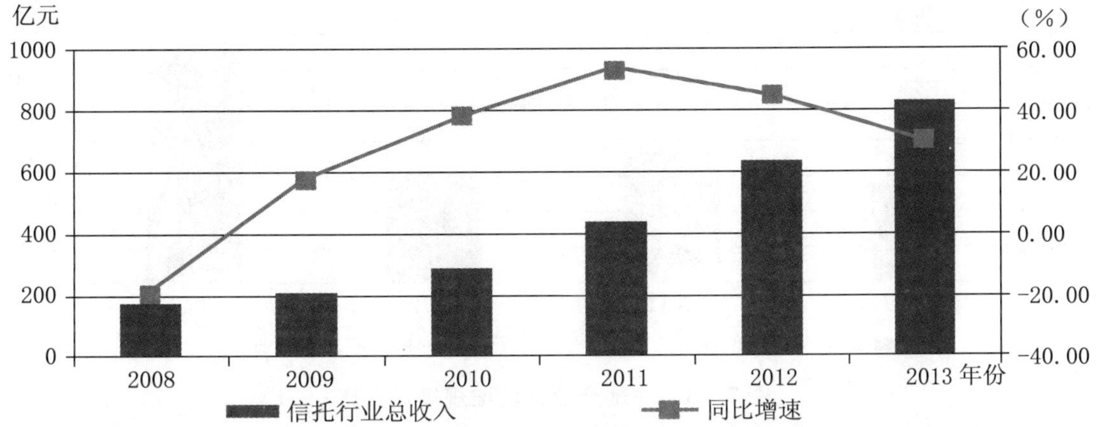

图7-6　信托行业总体收入及增速

数据来源：中国信托业协会、高通智库。

从信托财产来源看，单一资金信托占比继续提高，资金规模达到7.59万亿，占比达到69.6%；集合资金信托规模为2.7万亿元，占比24.9%。

房地产信托相比其他种类在2013年呈现爆发式增长。全年房地产信托新增6848.23亿元，比2012年上涨了116.49%。其中集合资金信托3040.96亿元，同比上涨116.49%，占比不断增长达到44.4%；单一资金房地产信托新增规模3807.27亿元，同比上涨128.43%，占比达到55.6%。

房地产信托成立数量为972款，规模达到3006.07亿元，占全部信托产品比重为34%，平均产品期限1.91年，平均年化收益率为9.52%，同比上涨64.9%（见图7-7）；投向房地产的信托余额为1万亿元，信托余额占比为10%，季度环比继续上升，余额再度创新高（见图7-8）。

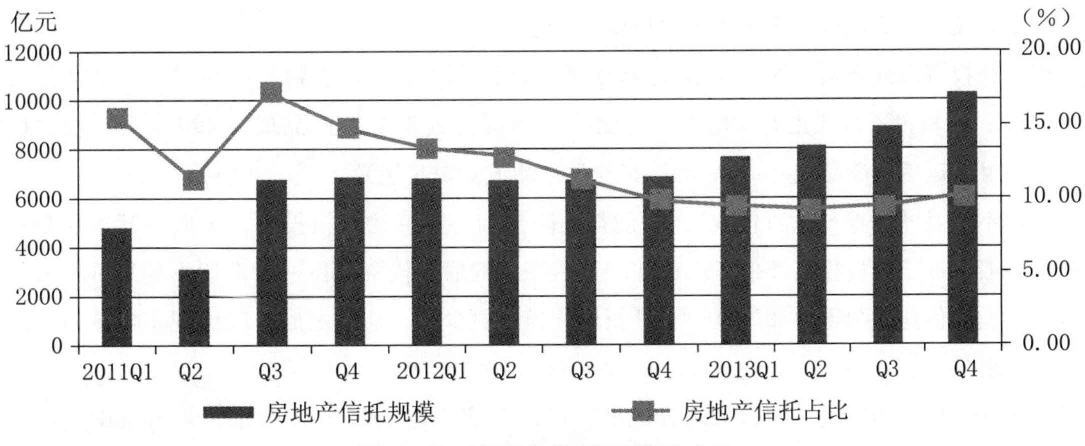

图7-7　房地产信托规模及占比

数据来源：中国信托业协会、高通智库。

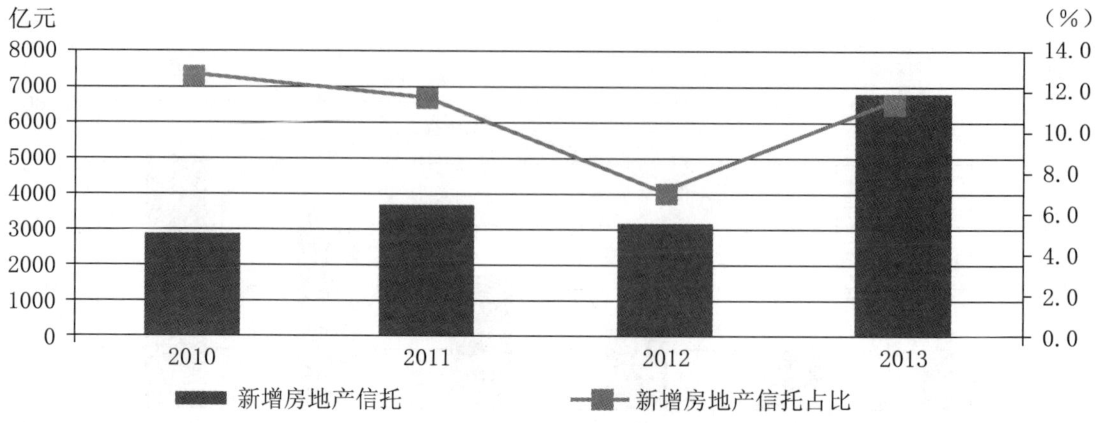

图 7－8　房地产信托新增规模及占比

数据来源：中国信托业协会、高通智库。

从 2010 年 3 季度以来，集合资金信托都是房地产信托的主要形式。自 2012 年二季度，单一资金信托两年来首次超过了集合资金信托，单一资金信托占比 53%，成为房地产信托的主要形式。

这一情况 2013 年依旧延续。但单一资金规模总体呈下降趋势。各个季度单一资金规模占比分别为 65%、53%、52% 及 55.6%。说明集合资金房地产信托的占比在不断的增长。导致这种现象的原因主要有两个：首先市场上资金的流动性不断趋紧，从而影响对单一资金信托的投资；其次是监管层加大对机构投资者的监管力度。

2013 年房地产信托平均预期年收益率达 9.55%，远超整个行业 8.8% 的平均收益率。房地产信托收益率的表现，一方面是因为货币政策放紧，资金利率上升；另一方面是楼市回暖，房价持续上涨，投资者对楼市的风险情绪有所好转。

从 2008 年至今，房地产信托的平均期限基本都是在 1.6 年至 2.2 年之间波动。2013 年 1—11 月房地产信托平均期限为 1.9 年，相比 2013 年上半年 1.83 年期限有所延长。从数据上看，房地产信托产品期限的延长也已经延续几个月了，其中的原因就在于出于兑付风险的考虑。

从房地产信托投资方式来看，2013 年前三季度贷款环比持续上升，贷款类产品成立了 701 亿元，占比从 39% 增加到 41%；股权投资环比也有所增长，占比从 28% 提升到 31%，产品成立 490 亿元；权益投资类产品成立 359 亿元；组合运用类产品成立 78 亿元；其他类产品成立 138 亿元。

股权投资有不少是"假股权、真债权"，一般都是附带回售条款的股权投资，本质上其实还是贷款。贷款类信托的门槛一般都高于股权投资类信托。这些带回售条款的股权投资项目一般都达不到贷款项目的门槛。最近一年，由于房地产信托控制得更加严格，而且新增规模也更少了，筛选之后，就出现了贷款占比增加，权益投资占比下降的现象。

随着前两年狂飙猛进的房地产项目的陆续到期，房地产信托在 2013 年迎来了大规模集中还债的时候。房地产信托的风险也在 2013 年时有显露：开发商不能按期偿还融资资金，从而选择延期兑付、信托公司宣布提起清盘房地产信托项目，甚至还有一些房地产信托计划引入资产管理公司进行接盘，一时间，"保兑付"成为焦点话题。

在经过了 2010—2011 年的井喷发展之后，2012 到 2013 年房地产信托迎来了兑付高潮。2011 年、2012 年、2013 年集合资金房地产信托到期规模分别是 544 亿元、1573 亿元、1974 亿元，房地产信托面临集中兑付压力。从 2012 年的兑付情况来看，虽然有中融信托青岛凯悦中心房地产信托项目、华澳信托"实德事件"等风险事件的发生，但是总体来看，2012 年房地产信托兑付洪峰已经通过。

近两年来，由于受到房地产调控政策影响，房地产信托的增长趋于缓慢，余额占比也在逐年下降，说明房地产信托的风险正在逐渐释放。

进入 2013 年后，房地产信托开始展现温和扩张态势。受益于城镇化进程推进、保增长的经济工作思路，房地产信托的生态环境正在改进。但是由于前期业务发展过程过于激进，2014 年增长预计将稳健。

同时，地产企业再融资的放宽也将对信托公司提出新的挑战。从外部竞争环境来看，银行发放贷款的预期和券商资管、基金专户等同业的加入加剧了竞争，信托公司需要面对收益、风险匹配的矛盾选择，这也对信托公司开拓新的业务模式、加强风险管理能力提出了更高要求。

在转型期，信托业界已然出现分化。资历雄厚的信托公司不断创新业务，其中，地产信托基金化成为一个热点。信托业协会统计显示，截至 2013 年三季度，基金化地产信托产品累计余额已达 157.44 亿元，占全部余额的 0.16%。如，中信信托正在尝试“地产 + 健康”的基金化运作模式——拟推出总额数百亿元、首期数十亿元的健康产业基金，用于云南昆明“嘉丽泽国际健康岛”等项目。中信信托透露，这只基金从前期募资到后期管理，都会由自己的运作团队来做。如果项目运营得好，不排除未来会成为兄弟公司。嘉丽泽项目建设周期 3 ~ 5 年。2014 年一季度首批 10 亿元左右募集资金将全部到位，主要来自保险、外资企业等机构投资者。未来还会有针对普通个人投资者的产品。上海信托成立了一款以有限合伙企业形式发起设立的房地产信托基金产品。不同于中信信托独立发起基金，上海信托采取与万科合资设立管理公司，作为基金的普通合伙人（GP），负责对基金进行投资与管理。上海信托设立集合信托计划，期限 5 年，募集资金用于认购有限合伙企业的有限合伙份额，成为合伙企业的有限合伙人（LP），参与相关房地产项目开发，分享合伙企业的投资收益。

信托公司采用与大型房企或基金公司合作的方式发起信托基金，或许可以提供一种思路。不过在后期基金管理上，信托公司还是应主动管理，如果仅发起基金而不进行投后管理，还是在做通道业务。无论是在业务指向还是在专业人员储备方面，信托都在向专业化资产管理和财富管理转型，以期能够较好地把握项目来源和资金渠道，在大资管时代立于不败之地。

3. 房地产私募基金

我国房地产基金业是一个不具备相对完全统计数字的领域，业内估算 2500 亿 ~ 3000 亿元。在社会融资结构性变化、大资管以及房地产行业变化趋势下，房地产基金具备了良好的发展基础。

目前国内房地产基金大致分为三类，一是由房地产开发商主导发起成立的房地产基金，如复地投资基金、金地稳盛基金、信保基金等；二是带互助性质的独立基金管理人，如中城联盟、高和资本、盛世神州等；三是由金融专业人士发起成立的 PE 投资基金，如鼎晖房地产基金、普凯投资等。

虽然目前房地产私募基金的规模总量仍有限，但增速很快。我们认为，房地产基金的发展应坚持“三个代表”，即始终代表房地产投资模式的先进发展方向，始终代表房地产金融的先进商业模式；始终代表广大房地产投资者的根本利益。

2013 年，更多的房地产私募基金开始谋划新的战略举措——即品牌化、规模化、多元化成为多数房地产基金塑造的方向。部分具有远见的基金机构已经开始重视打造投资品牌，维持良好市场声誉。部分新兴的房地产基金管理机构在急速地扩充管理资金规模和管理团队人数，实现规模效应，更积极地接触大型机构类投资人。值得重视的是，在房地产基金良莠不齐的时代，对品牌的珍惜和重视，尤其具有长远价值。

在投向上，当前住宅地产仍然是房地产基金的主要投资主题，但是商业办公类地产已经成为众多房地产基金管理机构的战略目标。预计，未来房地产私募基金在投资主题、投资区域、投资方式等方面存在更加多元化的趋势。

顺应当前市场的需要，一种股权加债权的夹层型基金悄然兴起。这种基金从土地获取环节介入，与开发商联手拿地、共同成立项目公司，在银行抵押贷款发放之前解决开发商拿地时支付土地款的资金问题，其余资金再以股东借款方式进入。此类基金的投资项目主要是刚需型、改善型住宅以及城市综合体，债权部分在2～3年后即可退出，当项目销售达到80%或一定程度时，开发商再将基金拥有的部分股权回购，由此完成基金股权部分的退出。

有统计显示，房地产直接融资资金总额8年间增长6.5倍，所占比重已经由2004年的30%上升至2012年的40.5%。房地产行业已经进入了直接融资时代，未来要做大房地产就必须关注直接融资方式。

房地产私募基金通过近年发展也出现了一些变化，如投资领域从相对偏向后端到面向全产业链。目前商业地产资产证券化探索正逐渐升温，海外发行是短期内国内部分商业地产REITs的可选途径，无论“探索式”还是“规范型”，基础资产的质量即租金现金流优良程度都是资产证券化成败的关键。在市场上，类似国外私募REITs的金融组织形式已经出现，甚至已对最难的基金“退出”环节给出解决方案。

当前，房地产基金在“募、投、管、退”四个环节中，募资和退出等环节仍需要加强。私募基金的传统操作方式，即GP先募集资金，再找项目投资，通常投资多个项目以分散风险。但是国内房地产私募基金更倾向一种项目基金，主要为地产基金的GP管理人先找到可投资的地产项目，然后再向潜在LP出资人募集资金。LP是否有出资意愿，取决于项目的质量，而非地产基金团队的资产管理能力。由于中国缺乏成熟的LP市场，财富人群虽然逐渐增多，但被LP化的投资人很少，加之很多地产基金刚刚组建，不具备给投资人创利的业绩，因此，融资也成为其发展障碍。

在金融机构渠道、信托渠道、第三方财富管理公司之后，部分地产基金开始注重自建直销团队，指向特定机构和个人募集资金。对于私募房地产基金来说，自建募集团队很有价值，能掌握主动权，且随着客户资源的积累，自有团队也会成为未来房地产金融综合运营商的核心竞争力。

房地产基金的本质应以股权投资为主，而国内房地产基金主流采取与开发商的各种债权合作。基于当前政策对影子银行的规范，未来房地产基金将逐渐增强在股权投资的比重。

国外地产基金的资金来源以养老基金、主权基金为主，这些基金追求安全性，资金成本低，并且有完善的退出机制。根据投资风险的高低，境外私募房地产基金通常被分为四类：核心型，核心增益型，增值型及机会型。4种基金的目标投资回报率各有不同，其中核心型为7%～9%，核心增益性为9%～12%，增值型的投资回报率高至12%～16%，而风险最高的机会型私募房地产投资基金，其目标回报就相应更高，一般大于16%（见表7－1）。

表7－1　　私募房地产基金各类别特征

类　别	特　征	目标 IRR
核心型	风险分散，回报较低 投资于繁华地段的地产如办公楼、商业用房、工业用房、住宅等 有稳定现金流，并占预期回报的绝大比例 轻负债 风险/回报适中	7%～9%
核心增益型	投资的地产类别与核心型相似，其中部分地产需要增值 主要选择处在繁华地段或较为繁华地段的地产项目 负债不超过资产比例的50% 适中或较高的风险/回报	9%～12%

续表

类　别	特　征	目标 IRR
增值型	投资于需要经营改善、翻修、再造的地产项目 负债不超过资产比例的 70% 资产增值是预期回报的重要来源	12% ~16%
机会型	高风险/回报 投资于需要重整的、无管理的、闲置的、新开发或待改造的地产项目 收购地产开发商的全部股权及资产 关注国际新兴市场的地产投资机会 负债占资产比例在 70% 以上	>16%

资料来源：高通智库。

当前国内房地产基金的投资项目主要集中在住宅地产和商业地产，未来基于资产管理的商业地产领域将进一步加强，同时更加多元化的产品投资领域伴随管理能力的增强将逐渐增加（见表 7 -2）。

表 7 -2　　地产基金投资领域

	住宅开发	办公	零售	工业/仓储	服务式公寓/酒店
吸引力	高	较高	较高	中	中
行业基本面	投资机会丰富，国内市场足够广	市场集中在一线和发达二线城市 受新市场供应影响大	核心物业赢利波动性小，抗行业周期性强	行业快速发展中 规模效应明显	被外资类专业管理公司垄断 需要客户网络支撑
资金募集	针对想分享房地产开发利润的富有群体	稳定收益投资者，特别是险资比较青睐		需要了解此行业的投资者	需要了解此行业的投资者
基金投资	需要有低成本、土地储备量大的开发商保证项目源	成熟物业租金回报不高	优质成熟物业较少 开发之外有租赁和孵化风险	优质、合规、成熟项目有限	需要专业的判断和专业管理公司的早起介入
资产管理分工复杂度	开发和销售管理专业化程度高 交由开发商负责	城市化的管理可委托管理公司，收费市场化	专业化管理，有规模效应和品牌认同 借助战略合作伙伴的能力和资源	需要大型或大量的客户基础	资产挂历较难 需要外包给收费较高的专业管理机构
竞争策略	市场容量足够大 专业化和品牌	优质物业和租户管理应对竞争	优质物业和零售管理应对竞争	客户和地域网络、规模优势	服务公寓或酒店品牌优势

资料来源：高通智库。

地产基金的出资人 LP，都希望基金对项目进行严格的监管。但如何创造双方都能接受的监管模式成为首要难题，常规的管住用章和投票权，在实践中已无法满足监管的质量。通过基金监管模式的研究，总结出“34321”的定性与定量结合的监管策略。

“3”是指重点监管三个方面：管住用钱、管住品质、管住风险；

“4”是投资前与开发商签订 4 张表：现金流表、工程进度表、成本预算表、销售进度表；

“3”指三项权：退出前绝对控股权、董事多数席位权以及非司法程序处置权；

“2”指派两个代表进驻项目：工程代表、财务代表；

“1”是指为开发商设置一个专家顾问团队，来把握规划和产品品质。

在退出环节，由于国内金融制度和房地产的政策限制，当前国内基金在退出渠道上，存在先天不足，当前主流方式集中在股权转让、股东回购和管理层收购。

股票回购的退出形式多种多样，针对房地产基金可以采取如下三种形式：

第一种，受资企业回购。指受资企业以自身所有的未分配利润及资本公积部分购买基金公司手中所持有的本企业股份。这类似于一种卖出期权（基金公司）或者买入期权（受资企业）。若回购股份为普通股，则应在合作之初就普通股的卖出期权提出约定股价的方法，在回购时，即按约定的方法进行资产评估、赎回。这种方式不增加受资企业的债务，易于为双方采纳。

第二种，管理层收购。指受资企业的管理层通过融资方式将产业投资基金所持股份收购并持有。公司主要经营者本人可以与基金公司商谈在公司所持股份的出售价格。如果公司没有现金，它也可以通过银行或信托投资公司借钱收购基金手中的股份。收购完成后，公司就 100% 由管理层和其股东所有，但公司欠银行的债务也随之增加。

第三种，员工收购。指受资企业的员工集体将产业投资基金所持股份收购并持有，即房地产企业通过建立员工持股基金来买断房地产基金公司所持股份。

对外股权转让作为地产基金退出的另一种重要手段，有利于基金公司持有的股权迅速变现，而对于其他想进入房地产行业的机构和企业来说也是便捷简单的操作方式。具体操作方式有如下三种：

第一种，卖股换取现金。这种方式直截了当，股权现金交易操作得法，可以获得资本增值。

第二种，以股换股。房地产基金利用所持股份换取某些上市公司股票，其优点在于，在以股换股的情况下，只要股票不变现，所得不用纳税；而上市公司股票通常流动性较好，可随时变现。若是上市公司法人股或国有股，那么可以通过产权交易市场转让。

第三种，股权换资产。房地产基金所持股权可以用来兑换买方的资产（房地产资产），然后通过专业运作转化为现金。因为目前市场上的房地产尾盘或债权房等资产对于一些所有者来说，没有相应的资产管理经验或者并非主业，处理不力；相比之下不如转移给专业的房地产基金来处理。这种方式操作较为繁杂。

4. 资本市场再融资

国内证券市场

2013 年金融改革持续性得到确认，改革进入深水区，11 月 30 日证监会召开临时新闻发布会，公布包括新股发行体制改革及 IPO 重启、优先股获准试点、严格借壳上市审核标准、推动上市公司现金分红等在内的一系列重大改革措施，被市场解读为“政策组合拳”。

受房地产调控政策影响，房地产上市公司再融资及资产重组自 2010 年下半年起就处于暂停状态，截至 2013 年 12 月底，虽然暂停三年的房企再融资没有明确开闸意向，再融资具有政策的合理性，存在放开可能性。

地产再融资放开符合市场化调控导向、有利于增加供给平抑房价，具有政策合理性：目前政策改革的方向仍然是从行政化控制向市场化的管理转变，让企业公平地获得正常融资渠道，本来就是市场化改革的题中之义；短期看，在清理信贷空转、金融降低杠杆的同时，放开资本市场直接融资的通道，维持行业的资金稳定，防范系统性风险，符合让金融支持实体经济的导向；中长期看，放开房地产企业再融资，有利于企业获得更快的发展能力，从而通过增加供给，达到抑制房价过快上涨的效果。

房地产企业再融资仍需多部门审核批准。证监会在 7 月 5 日表示：“将坚决贯彻执行国务院相关文件规定，对存在闲置土地、炒地以及捂盘惜售、哄抬房价等违法违规行为的房地产开发企业，暂停上市、再融资和重大资产重组。”这就意味着，目前房地产企业再融资还需国土部和住建部审批。政策表态没有明确否认，已经上报过股权/债权融资预案的公司、有保障房或一级开发业务的公司可能更早受益。

在股权市场，近期有30多家上市房企发布增发预案，拟募资规模将近千亿元人民币。截至目前，迪马股份，海印股份，招商地产的定增方案已经获得了证监会受理（见表7－3）。

表7－3　　2013年房地产企业增发案例

公司名称	公告日期	募资额（亿元）	募资用途
新湖中宝	2013－8－2	55.00	资金投向上海新湖明珠城三期三标段、四标段项目，上海新湖·青蓝国际项目
海印股份	2013－8－2	8.34	用于建设广州国际商品展贸城旗下的国际汽车展览交易中心项目及补充流动资金
宋都基业	2013－8－6	15.00	用于投入包括南京南郡国际花园项目、杭州东郡国际三期项目以及补充流动资金
北京城建	2013－8－9	39.00	资金投向北京世华龙樾项目、北京海梓府项目、北京上河湾项目、北京平各庄土地一级开发项目以及补充流动资金
三湘股份	2013－8－10	12.00	资金投向三湘海尚名邸、虹桥三湘广场项目，补充流动资金，优化资本结构
金科股份	2013－8－13	31.42	资金投向重庆开州财富中心项目、重庆江津世界城项目，补充流动资金
中茵股份	2013－8－16	17.15	资金投向徐州中茵广场项目
新华联	2013－8－17	21.00	资金投向湖南醴陵市马放塘棚户区改造建设项目、宁夏银川火车站棚户区改造项目、北京平谷区马坊镇B05－01、B05－02居住及社会停车场库项目
荣盛发展	2013－8－20	45.00	资金投向唐山丹瑰苑、蚌埠锦绣香堤、徐州香榭兰庭、南京莉湖春晓等项目
国兴地产	2013－8－26	14.90	募资净额中105000万元用于实施国兴北岸江山东区住宅项目，其余用于补充公司流动资金
大名城	2013－8－26	30.00	资金用于名城永泰东部温泉旅游新区一期项目
银润投资	2013－8－28	11.07	拟通过资产置换及发行股份购买资产的方式实施重大资产重组，置出银润投资除海发大厦一期相关资产及负债以外的全部资产及负债，注入盈利能力强的稀土分离冶炼及综合利用类资产
迪马股份	2013－8－28	41.53	向东银控股购买持有的同原地产75%股权、国展地产100%股权、深圳鑫润51%股权以及东银品筑49%股权
		13.84	主要用于发展标的公司的主营业务及补充公司流动资金
天津松江	2013－8－29	20.00	用于美湖里商业综合体项目、张贵庄南侧A地块项目、补充流动资金
外高桥	2013－8－30	27.00	资金投向自贸区一期建设项目，补充流动资金
华夏幸福	2013－9－2	60.00	用于大厂田各庄新民居建设项目、大厂潮白河英国宫八期、大厂潮白河英国宫十一期、大厂潮白河孔雀城十一期、固安孔雀城剑桥郡三期、香河孔雀城英国宫一期、无锡运河孔雀城一期等项目

续表

公司名称	公告日期	募资额（亿元）	募资用途
金隅股份	2013－9－5	28.00	用于北京金隅国际物流园工程项目和年产 80 万标件家具生产线项目
广宇集团	2013－9－6	10.00	用于舟山·临城 LKa－3－25b 地块项目、杭州·鼎悦府项目，补充流动资金
天保基建	2013－9－6	15.50	用于天保房地产空港商业区住宅项目（一期）、天保金海岸 D06 住宅项目、天保金海岸 D07 住宅项目，补充流动资金。
中弘股份	2013－9－13	30.00	投向海南如意岛旅游度假开发项目（一期）项目
阳光城	2013－9－14	26.00	投入福州阳光凡尔赛宫 B（天御城）项目、太原环球金融中心（阳光城国际广场）项目
招商地产	2013－9－17	16.18	补充流动资金
		48.53	整合蛇口区域内的住宅土地资源
莱茵置业	2013－9－18	10.20	投向余政挂出（2013）7 号地块、余政挂出（2010）128 号地块
中天城投	2013－9－28	30.00	投向贵阳国际金融中心一期商务区项目、贵阳市云岩渔安、安井回迁安置居住区 E 组团（公租房组团）项目，补充流动资金
深天健	2013－10－16	26.00	用于深圳市城市轨道交通 9 号线 BT 项目（9102/9702 标段）、深天健技术中心研发大楼项目，补充流动资金
界龙实业	2013－10－29	5.30	用于收购大股东界龙集团持有的界龙联合 17% 股权和名都置业 40% 股权、扬州御龙湾商业二期项目以及偿还银行贷款
首开股份	2013－11－2	40.00	投入北京通州区宋庄镇 C02/C06 地块商品住房建设项目、太原 CG－0932 地块西区项目、苏州 2011－B40 地块项目、北京通州区于家务乡乡中心 A/C 地块项目
广宇发展	2013－11－13	124.81	鲁能集团将符合条件的房地产资产注入上市公司
		41.61	主要用于本次重大资产重组标的资产涉及的房地产开发项目建设以及补充公司流动资金等
银基发展	2013－11－14	13.20	用于 4 万吨鳞片石墨改扩建项目、1 万吨球形石墨改扩建项目、增资和收购萝北奥星控股权、增资和收购奥星能源 51% 股权、收购丽港稀土 11% 股权、烯碳新材料产业园建设项目、烯碳新材料研究院建设项目，补充流动资金
时代万恒	2013－11－18	4.31	用于增资莱茵海岸
西藏城投	2013－11－20	18.00	用于收购北方集团持有的泉州置业 40.01% 股权项目、泉州置业 C－3－1 地块项目，补充流动资金
华丽家族	2013－11－23	19.00	用于太上湖项目，补充流动资金

资料来源：高通智库整理。

在债券市场，债券在房地产企业有中长期资金需求时，是一种重要的融资渠道。债券分企业债和公司债，企业债只要国家发改委通过即可，且只要有项目，像一般旧改、保障房等涉及民生的项目发改委都不会否掉。而公司债则需要证监会审批，目前大环境下从事商品房开发的企业发债要通过证监会批准很难，证监会对房企融资的开闸有一定条件，涉及保障房的房企融资方案可能率先获得通过，与棚户区、城镇化有关的房企也可能受益。预计未来涉及棚户区改造项目、城镇化概念、参与保障房建设等房企有望优先获得政策倾斜性支持。

2013 年共有 5 家房地产公司在抛出债券再融资计划（见表 7－4），这与内地地产再融资开闸有直接关系。卧龙地产和天房发展的公司债均将募集资金部分用于保障性住房项目，保障性住房项目虽然利润低，但风险也低，同时符合国家的政策导向，有利于企业获得审批。铁岭新城虽然募集用途是补充流动资金及偿还公司债务，但铁岭新城主要业务为铁岭市新城区 22 平方公里土地的一级开发，并不直接涉及商品房建设，也符合国家城镇化的思路。这三个企业的债券募集计划有望获批。

表 7-4　　房地产公司的公司债

名称	募集额（亿元）	方式	募集用途
冠城大通	18	可转债	用于开发南京万盛世纪新城项目
卧龙地产	6	公司债	拟用于公司保障性住房代建项目及城中村改造还建房建设项目
信达地产	28	公司债	用于偿还公司债务，补充公司营运资金
天房发展	17	公司债	用于新景园保障性住房项目，偿还金融机构借款，改善公司债务结构
富　力	60	公司债	补充公司营运资金、取代部分银行借贷及优化公司财务结构
铁岭新城	10	公司债	补充流动资金及偿还公司债务

资料来源：高通智库整理。

在资产证券化领域，自证监会 2013 年 3 月发布《证券公司资产证券化业务管理规定》以来，资产证券化逐渐成为基建和房企趋之若鹜的融资方式（见表 7-5）。目前券商与持有商业物业的开发商都对此种新融资方式抱有极大的热情与期待。按照规定，银行贷款、短期融资券、企业债券、中期票据等传统的融资规模，不能超过公司净资产的 40%，而专项资产管理计划融资规模没有监管限制，只取决于基础资产现金流规模。此外，相比信托融资动辄 12% 以上的高额利息，资管计划利率具有相当大的成本优势。地产和基建领域的信托、银行理财产品在泡沫被迅速吹大后，如今受到严格的管制甚至叫停，那么就需要再重新开辟一个新的融资领域重新吹泡沫，资产证券化将是大势所趋。

从证监会的态度来看，在所有的再融资手段中，资产证券化是目前最容易得到审批的，监管层鼓励资产证券化，且缩短了审批时间，稳定的现金流是低风险的保障，只要项目不错一般都会得到证监会的审批，无论是保障性住房还是商业地产都将受益于这一政策。

表 7-5　　资产证券化

公司	募集时间	利率（%）	募集金额（亿元）	募集用途
华侨城 A	2012-11	5.5~6.0	18.50	为华侨城 A 以欢乐谷未来五年门票作为抵押资产
隧道股份	2013-05	5.51	4.84	以 BOT 项目的应收专营权收入所形成的债权及其从权利作为基础资产
海印股份	2013-06	6.5	16.00	公司拟以旗下经营管理的 15 家商业物业，自专项计划成立之日起未来 5 年租金收益作为基础资产，设优先级和次级资产支持两种证券

资料来源：高通智库整理。

5. 行业并购

2013 年，中国经济经历转型期，在境内 IPO 市场暂停和并购鼓励政策的双重刺激下，国内并购市场异常火爆。从中国企业发展的阶段来看，扩大规模和竞争力提升的需求仍然越来越多，并购重组在 2014 年依然是资本市场发展的趋势。

2013 年，全国前 50 家房企销售额达到了 2 万亿以上。规模企业尤其是前 50 强房企销售额普遍出现飞跃提升。前 50 家房企销售总额达 21355 亿元，千亿房企扩容至 7 家，销售额超 500 亿元房企升至 21 家。千亿房企销售额平均 1324 亿元，较 2012 年同比上涨 13.06%。与此同时，共有 21 家房企超 500 亿元。

从集中度上看，大型房企实现金额、面积集中度双双提升。金额集中度方面，2013 年全年，前 10 企业从 12.76% 上升至 13.27%，增加了 0.51 个百分点（见表 7－6）。面积集中度方面，相比 2012 年，2013 年前 50 企业面积集中度上升最为明显，增长 1.23 个百分点。

表 7－6　　房地产行业集中度

时间	TOP3 销售额（亿元）	集中度（%）	TOP10 销售额（亿元）	集中度（%）
2011	2794.0	4.63	6298.0	10.43
2012	3507.7	6.06	7385.1	12.76
2013	4667.0	5.54	11173.3	13.27

数据来源：中房研协、高通智库整理。

（1）并购情况。2013 年，房地产行业并购数量方面，房地产行业紧随能源及矿业，交易数量行业排名第二，涉及案例 148 起，较 2012 年的 100 起上升 48.0%。总体占比 12.0% 房地产行业在并购金额方面亦在行业间排名第二，完成交易的金额为 142.75 亿美元，同比涨幅达 265.7%，占总交易量的 15.3%，第四季度绿地集团 50 亿美元收购布鲁克林大西洋广场地产项目，对该行业在 2013 年的表现造成很大影响。

（2）并购模式。房地产并购的两种主流操作模式分别为企业股权收购和房地产项目收购。但在具体的并购案例中，也往往是多种并购方式同时操作，包括控股目标企业、参股目标企业、合作开发、土地使用权收购、在建工程收购、整体开发项目收购等。

并购模式之一：战略并购

战略并购是指并购双方（即并购企业和目标企业）以各自核心竞争优势为基础，立足于双方的优势产业，通过优化资源配置的方式，在适度范围内强化主营业务，从而达到产业一体化协同效应和资源互补效应，创造资源整合后实现新增价值的目的。

2006 年万科采用股权收购的模式对南都的并购便是双方出于战略布局考虑的一宗并购案例。相似的战略并购案例在近年也依旧存在。中海并购中海宏洋，远洋收购大连乾豪地产全部股权。在股权收购的同时，完成了对被收购公司旗下项目的并购。

并购模式之二：项目并购

在房地产行业项目并购的案例中，除了对项目的完全收购以外，近年来股权合作也开始被广泛地应用。同时，针对商办物业的收购日见兴起。

在传统项目并购基础上，被并购方分享项目收益更容易普及。例如：绿城与融创合作便是采用了这一“股权合作模式”。2012 年，绿城、融创共同组建高端地产合作平台——上海融创绿城控股有限公司，注册资本 20

亿元，绿城与融创将各持合营公司50%的股权。绿城将公司旗下分布于上海、苏州、无锡、常州及天津区域的9个优质地产项目相应股权注入合营公司。融创将支付33.72亿元人民币作为本次合作的对价，如果项目在运营和发展上还存在资金需求，后期双方将各按50%的比例投入资金。

并购模式之三：产业链并购

在并购贷款、VC/PE的支持下，资产证券化待发的背景下，通过产业链并购提高房地产主业的竞争力，成为行业的新思考。万达在产业链塑造上具有领先思维，并购国际院线、并购国内旅行社为文旅房地产产品线提供支撑。类似思考还包括：万科并购徽商银行、苏宁弘毅联手收购PPTV等。

在行业转型的背景下，围绕复合产品线的产业链并购活跃。2013年，零售业并购活跃，中国传统购物中心零售业并购交易量同比增长至少44%，共计36起，而并购交易总额甚至接近2012年总额的4倍。

6. 海外融资

海外融资规模分析

受国内房地产融资环境的限制，2013年房企转向海外融资，并成效显著，中国房企2013年海外融资跃居世界第一。2012年12月至2013年初，受美国QE3、日本量化宽松政策推出，海外市场迎来低利率环境，渴求资金的中国房地产市场逐渐成为海外资金的追逐的投资标的。

本轮房企海外融资潮由多方原因促成：

一是2013年开发贷款的形势将更为严峻，加上政策收紧可能会带来销售上的压力，开发商的资金面不容乐观，内地资本市场对开发商融资依然处于关闭状态，相对于A股上市的地产公司，H股的企业目前无疑拥有更宽的融资渠道。

二是当前房企高周转模式依赖于“以债养债”，而香港资本市场利率下降，吸引房企展开更低廉成本的融资以替代利息高昂的旧债务。此外，目前国内一年期贷款利率已高达6.06%，与开发商发行海外债券的成本进一步拉近，加上海外债券融得资金使用限制较小，使得这种融资方式更加受到开发商的青睐。

三是香港具有地理、文化与资金等多方面的优势，首先，香港与内地具有高度融合的文化传统。其次，香港历来是世界主要的金融中心（仅次于纽约、伦敦、东京），香港联交所全球排名第8，在香港的资金可以说是来自全球的，很多国际机构投资者将亚洲的总部设在香港，因此，从香港筹资等于是从全世界筹资，一旦成功在港上市，就意味着从此登陆了浩瀚的国际资本市场。

配股及IPO融资总规模达286.33亿元

在资本市场操作方面，2013年全年，总融资规模达到362.72亿港元，折合286.33亿元人民币。其中，IPO融资规模达到了93.26亿港元，折合73.62亿元人民币（见表7－7）；在配售及供股方面，融资规模达到了269.46亿港元，折合212.71亿元人民币。

表7－7　　2013年全年房企IPO融资情况

时　间	房　企	操作方式	金额（亿港元）
1月16日	江苏金轮天地	IPO	7.56
4月19日	毅德地产	IPO	15.81
5月31日	五洲国际	IPO	13.30
7月10日	开元产业	港交所上市	6.75

续表

时　间	房　企	操作方式	金额（亿港元）
7月12日	当代置业	港交所上市	5.45
9月12日	利福地产	挂牌上市	1.35
10月2日	景瑞地产	挂牌上市	13.16
11月28日	时代地产	挂牌上市	15.48
12月20日	龙光地产	挂牌上市	14.40
合　计	93.26亿港元（折合73.62亿元人民币）		

数据来源：高通智库。

据公开资料显示，2014年仍有不少房企在香港排队IPO，包括国瑞地产、力高地产、重庆协信、金山地产等十余家房企（见表7-8）。

表7-8　　2013年全年房企配售及供股操作情况

时　间	房　企	操作方式	金额（亿港元）
1月17日	恒大地产	配　股	43.50
1月22日	融　创	配　股	21.00
1月28日	星狮地产	配　股	6.90
3月28日	瑞安房地产	配　股	36.77~41.37
6月21日	上海证大	配　股	约3.40
7月24日	华侨城亚洲	配股融资	3.84
8月17日	金地商置	配　股	12.73
9月8日	金地商置	配发及认购	7.45
10月16日	旭辉控股	配　售	5000.00
10月28日	东力实业	配　售	19.27
11月14日	旭辉控股	收购股份	4.05
11月28日	侨福企业	配　售	6.00
11月25日	朗诗绿色地产	配　股	7.45
12月15日	万达商业地产	供　股	24.68
12月17日	万达AMC	公开募股	3.32
合　计	269.46亿港元（折合212.71亿元人民币）		

数据来源：高通智库。

此外，最值得关注的是2013年有三家房企借壳上市，分别是万达商业地产、绿地集团、朗诗地产，共计购壳资金规模达到了45.37亿港元，折合人民币约35.82亿元（见表7-9）。

表 7－9　　1—7 月份港资房企配股及 IPO 情况

时　间	房　企	操作方式	金额（亿港元）
4 月 10 日	万达商业地产	借壳上市	6.74
8 月 28 日	绿地集团	借壳上市	30.00
7 月 31 日	朗诗地产	借壳上市	8.63
合　计	三家内地企业借壳上市，总支出金额为 45.37 亿港元		

数据来源：高通智库。

票据及发债融资总规模达 2720.10 亿元

在票据及发债融资方面，2013 年全年共计融资金额 444.29 亿美元（折合 3445.18 亿港元，折合 2720.10 亿元人民币）。共有 81 起融资操作，其中，1 月份有融资案例 21 起，为年内最高月份；其次是 3 月份，有融资案例 11 起；11 月份，有融资案例 9 起。融资高峰期出现在 2013 年 6 月份，总融资规模达到 81 亿美元（折合 628.11 亿港元，495.91 亿元人民币），其次为 1 月份总融资规模达到 79.78 亿美元（折合 618.65 亿港元，488.45 亿元人民币），再次为 5 月份总融资规模达到 67.22 亿美元（折合 521.25 亿港元，411.55 亿元人民币），此外，还有 11 月份总融资规模达到 63.26 亿美元（折合 490.53 亿港元，387.30 亿元人民币）。

对于海外票据及发债融资的期限结构，根据上市公司纰漏信息不完全统计，仍然以 5 年期为主，达到 38 例；其次为 3 年期，为 14 例；再次为 10 年期以上，这是企业债发行在期限上较往年的突破，达到了 8 例（见图 7－9）。

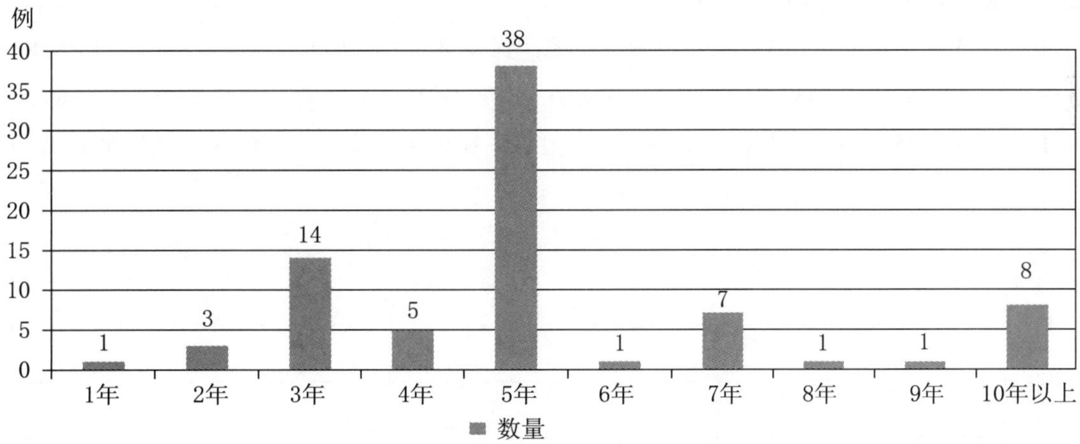

图 7－9　2013 年全年票据及发债融资的房企数量

数据来源：高通智库。

对于海外票据及发债融资的成本结构，根据上市公司纰漏信息不完全统计，融资的利息成本集中在 8%～9%，共计 15 例；其次为 6%～7%，有 10 例；再次为 3%～4%、4%～5% 和 5%～6% 均有 9 例（见图 7－10）；再次为融资利息成本在 10% 以上，总计有 7 例。基于 2012 年以来，全球资本市场出现的超低利率环境，房企融资成本的低于往年较为合理，这也体现出房企搭建海外融资的平台的必要性。

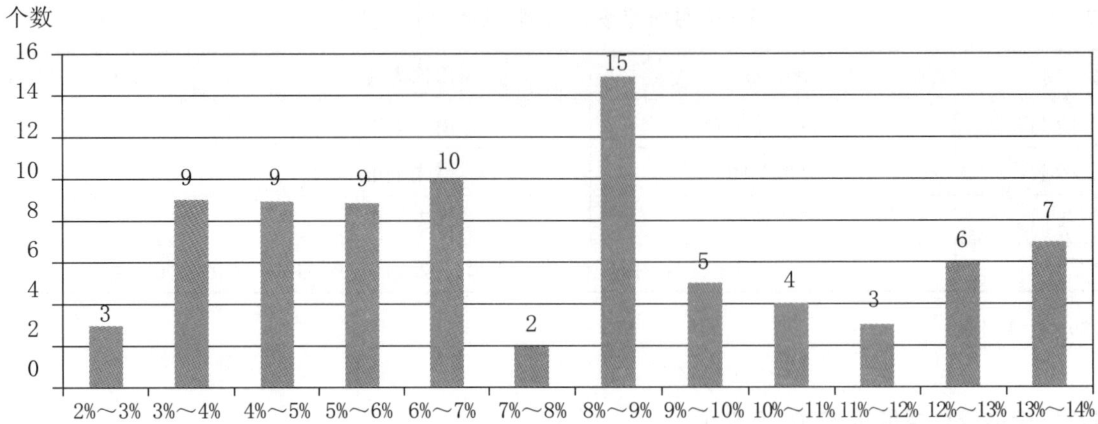

图 7－10　2013 年全年票据及发债融资的成本结构

数据来源：高通智库。

以万科为例，3 月 27 日，万科首次境外发行的 8 亿美元 5 年期定息美元债券，年票息率 2.625%，每 100 元债券发行价 99.397 元，折合年收益率仅 2.755%。另外，11 月 5 日，万科香港公司通过 Bestgain Real Estate Lyra Limited 首次发行 1.4 亿新加坡元 4 年期定息债券，债券票面利率仅 3.275%，也远低于国内贷款利率。

事实上，除了意想不到的低成本外，境外投资者对万科债券的热烈反应亦令万科惊喜。据了解，万科在 3 月 5 日、6 日香港、新加坡和伦敦的路演中，吸引了来自国际资本市场的密切关注，最终获得大量超额认购。万科内部人士透露，万科的海外战略是盘非常庞大的棋局，美元债的成功尝试是推动万科海外战略的关键步骤。

海外银行贷款融资总规模达 1559.82 亿元

在海外银行贷款融资方面，2013 年全年总融资规模达到 1998.75 亿港元，折合人民币约 1559.82 亿元。其中，7 月份贷款规模最高，达到 433.96 亿港元；其次为 5 月份的 289.78 亿港元；再次为 8 月份的 266.25 亿港元；另外是 10 月份的 195.95 亿港元（见图 7－11）。另外，在期限结构方面，以 3 年期短期贷款为主（见图 7－12）。

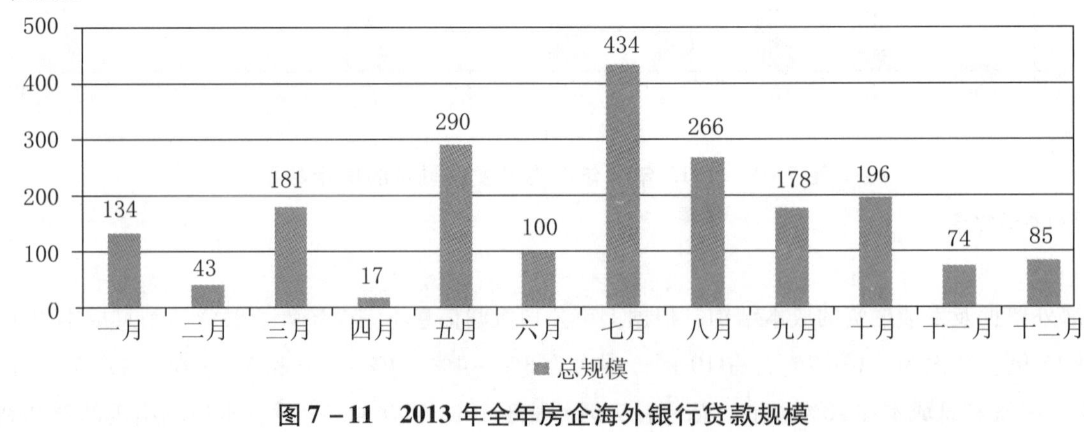

图 7－11　2013 年全年房企海外银行贷款规模

数据来源：高通智库。

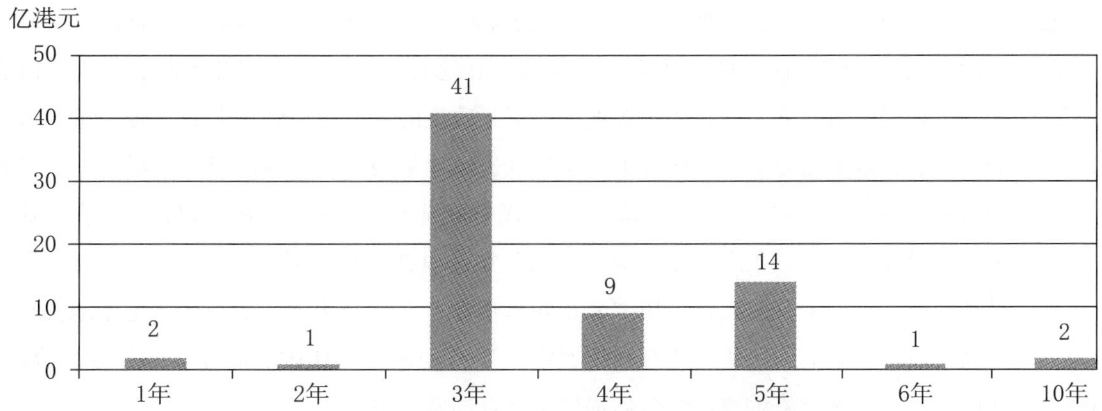

图7－12　2013年全年房企海外银行贷款期限结构

数据来源：高通智库。

进入2014年，随着欧美货币量宽（QE）退出的市预期升温，新兴经济体增长放缓，追求高收益回报的资金加速大规模回流欧美，资金涌入新兴国家的格局似乎已画上句号。全球资金将在各类资产之间重新进行配置，变局也已相当清晰。未来海外融资成本上升也将会是大概率事件，不过，这并不意味着内房企发行美元债窗口的关闭，未来海外融资看点依然存在。

（中国房地产业协会金融专业委员会和高通智库提供）

二、旅游地产

2013年，中国旅游地产不仅延续了前两年的强劲发展势头，而且在更多崭新机会的作用下，发展转型正在各个层面悄然发生。

随着新型城镇化建设和农地改革的开展，乡村旅游、创意农业、特色旅游小镇等旅游地产形态受到了开发企业的追捧，得到快速发展。与此同时，在移动互联网和新媒体技术的影响下，点对点的旅游服务网站逐步兴起，精品小众的主题酒店、特色庄园等新兴旅游地产形态表现抢眼，旅游地产投资领域更加宽泛。

从具体项目的开发来看，随着旅游度假需求的复合化和深度化，旅游地产项目开发也逐步从“地产是核心、旅游为幌子”的地产开发思路向“地产与旅游兼顾，销售与运营并重”的综合体开发思路转变。并由此引起了旅游地产项目有开发策略、产品结构、运营模式和盈利模式等各个领域的变化，如何做实、做亮旅游产品已经成为旅游地产开发的重心。

（一）中国旅游地产发展的政策环境

旅游地产作为一个新兴事物，通常相关产业的政策出台会直接或间接的影响到旅游地产的发展走势。其中关系最为紧密的是房地产政策和旅游政策。

2013年是旅游地产的政策大年，一系列利于旅游地产发展的政策出台。《国民旅游休闲纲要（2012—2013年)》和《中华人民共和国旅游法》的正式颁布，开启了通过长效机制促进旅游相关产业发展的新时期，从根本上保证了旅游地产的健康发展。此外，十八大“关于新型城镇化建设的意见”、《关于加快养老服务业的若干意见》、《关于促进健康服务业发展的若干意见》等相关政策的发布和实施，也为旅游地产提供了新的发展契机。

1. 房地产政策

2013年是房地产调控思路和重心开始转向的一年，呈现出“前紧后稳”的特点，调控重点逐步调整。一季度以“国五条”和各地细则为主，仍延续2011年以来的抑制需求、控制房价的调控思路；二季度以后，调控重心转到加大保障房建设，健全住房供应体系为主上来。在这种新的房地产调控思路引导下，以旅游、养老、文化等以满足国民新兴生活需求为核心的主题地产因得到政策的认可而得到更大的发展空间。

土地政策方面，以推进城镇化为中心，出台了一系列推进土地集约利用、促进产业“退二进三”等利于都市休闲地产发展的政策。在以往“摊大饼式”的城市化进程中形成了大大小小的城中村，同时在工业升级改造的进程中，城市中心区域大量淘汰产业用地和“退二进三”用地也都没有得到很好的开发。对此，国土资源部出台了一系列意见和措施，提出工业用地将采用“先出租后出让”的供应方式，农村闲置宅基地实行自愿有偿退出等措施，以提高土地利用效率。这些措施有利于城市产业结构调整、休闲、商业、办公等综合功能提升，也为以都市文化休闲为核心功能的旅游商业综合体提供了良好的发展机会。

2. 旅游产业政策

《国民旅游休闲纲要（2013—2020年）》和《中华人民共和国旅游法》无疑是2013年旅游业最重要的政策，也是与2009年《国务院关于加快发展旅游业的意见》（国发〔2009〕41号）具有同等意义的里程碑式的旅游产业政策，为旅游地产发展提供更有力的市场保障（见图7－13）。

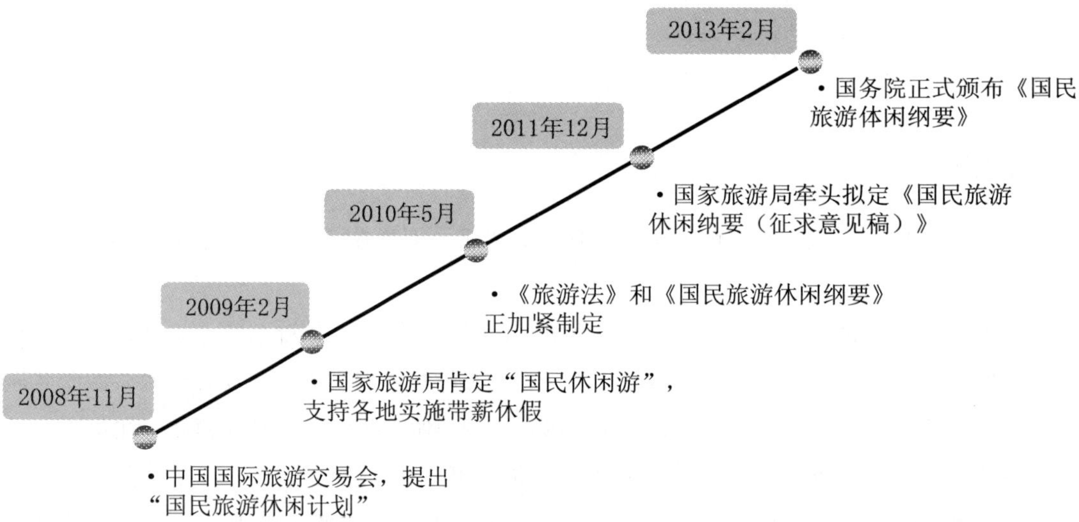

图7－13 《国民旅游休闲纲要》出台进程

《纲要》旨在解决我国进入大众旅游时代后居民强烈的休闲旅游需求与现实产品服务的种种矛盾，如闲暇时间不足，公众服务设施不足，大众旅游的产品不足等等。《纲要》的实施短期来看，将直接促使旅游产业等相关产业有2～3年的爆发式发展，从长期来看有望逐步解决制约我国旅游业长期发展的短板。

从具体内容来看，三个方向的内容将会对旅游地产的发展起到直接的促进作用：

一是明确要将“职工带薪年休假制度基本得到落实”，即强调国民旅游休闲时间的保障。鼓励机关、团体、企事业单位引导职工灵活安排全年休假时间，完善针对民办非企业单位、有雇工的个体工商户等单位的职工的休假保障措施；加强带薪年休假落实情况的监督检查，并加强职工休息权益方面的法律援助。虽然《纲要》提出的有关措施是倡议性质的，需要一定的时间去推行和落实，但在国民旅游需求快速释放、地方政府重视旅游业发展等因素的作用下，这些措施有望得到较好推进。而带新休假制度的全面落地，将为以满足休闲度假需求为主的旅游地产项目开发提供了更稳健的客源市场支撑。

二是加大政策和资金支持，推进旅游基础配套设施建议。一方面，指出推进国民旅游休闲基础设施建设，加强城市休闲公园、休闲街区、环城市游憩带、特色旅游村镇建设，营造居民休闲空间；发展家庭旅馆和面向老年人和青年学生的经济型酒店，支持汽车旅馆、自驾车房车营地、邮轮游艇码头等旅游休闲基础设施建设。另一方面，强调完善国民旅游休闲公共服务，逐步增加旅游休闲公共服务设施建设的资金投入。推进机场、火车站、汽车站、码头、高速公路服务区、商业集中区等公共场所旅游咨询中心建设。旅游基础及配套设施的完善，有助于提高居民出游便利性和服务质量，进而为提升国内旅游业的游客承载量和推动国内旅游行业的长期良性发展奠定坚实基础。而政策和资金方面的支持，又将引导更多企业进入旅游地产项目的投资建设中，将在很大程度上继续推进旅游地产的市场成长。

三是明确鼓励旅游休闲产品开发与活动组织。《纲要》指出："鼓励开展城市周边乡村度假，积极发展自行车旅游、自驾车旅游、体育健身旅游、医疗养生旅游、温泉冰雪旅游、邮轮游艇旅游等旅游休闲产品等等。同时，鼓励社会力量投资建设旅游休闲设施，开发特色旅游休闲线路和优质旅游休闲产品。"这一政策不仅是对旅游产品开发方向的引导，也为在旅游行业中有一定产品积累的实力企业提供了更大的成长空间。

《中华人民共和国旅游法》（以下简称《旅游法》）的颁布和实施，将促进旅游地产市场进一步回归理性（见表7－10）。

表7－10　与旅游地产开发相关的旅游法规一览表

文件名称	发布机构	发布时间	文件属性
风景名胜区规划规范	中华人民共和国建设部	1999年	国家标准
旅游发展规划管理办法	中华人民共和国国家旅游局	2000年	部门规章
国家生态旅游区管理暂行办法	中华人民共和国国家旅游局	2001年	部门规章
国家旅游度假区评定标准	全国旅游标准化技术委员会	2001年	行业标准
旅游规划通则	全国旅游标准化技术委员会	2003年	行业标准
旅游区（点）质量等级的划分与评定	国家质量监督检验检疫总局	2003年	行业标准
旅游资源分类、调查与评价	国家质量监督检验检疫总局	2003年	行业标准
旅游饭店星级的划分及评定	国家质量监督检验检疫总局、国家标准化管理委员会	2010年	行业标准
国民旅游休闲纲要（2013—2020年）	国务院办公厅	2013年	部门规章
中华人民共和国旅游法	全国人大常委会	2013年	国家综合法

2013年10月1日，我国首部旅游法正式实施，这是新一届全国人大常委会通过的第一部法律，也是我国第一部旅游综合法，被旅游业界称为我国旅游业发展史上的一个里程碑。《旅游法》的出台，不仅是对旅游者合法权利的有利保障，更重要的是它对产业各个方面的重大指导意义。

对于旅游地产来说，《旅游法》的指导意义将体现在以下几个方面：

第一，关于旅游规划内容的规定将促使旅游地产项目逐步重视后期运营和服务能力。《旅游法》第十八条指出："旅游发展规划主要包括旅游业发展的总体要求和发展目标、旅游资源保护和利用的要求和措施、旅游产品开发重点、旅游服务质量、旅游文化建设、旅游形象宣传和市场推广、旅游基础设施和公共服务设施的建设需求等内容。”从该条款规定可以看出，旅游规划不仅仅是对旅游资源的规划和利用，还包括旅游服务的提供和旅游文化的培育，这将引导地方政府更关注旅游项目的可持续发展性。对于旅游地产开发企业而言，项目后期综合管理和服务运营的能力将成为未来的核心竞争力。

第二，关于旅游资源的保护规定将促使旅游地产发展加快从资源依托向产品和服务依托转变。《旅游法》第二十一条规定：“对自然资源和文物等人文资源进行旅游利用，必须严格遵守有关法律、法规的规定，符合资源、生态保护和文物安全的要求，尊重和维护当地传统文化和习俗，维护资源的区域整体性、文化代表性和地域特殊性，并考虑军事设施保护的需要。”旅游资源的保护明确被写入国家基本法中，可以预见未来稀缺旅游资源的利用和开发难度再更大、成本将更高。旅游地产开发企业在具体开发过程中，需要更加谨慎的对待传统旅游资源。这将促使旅游地产发生两种变化，一种趋势是资源概念泛化，在法律保护范围以外的资源将越来越受开发商欢迎；另一种趋势是开发模式转变过程加快，旅游地产开发将加快从原本的资源依赖向产品和服务依赖转变。

第三，关于旅游规划衔接的规定将为旅游地产开发提供更有利的政策环境。《旅游法》第二十条指出：“各级人民政府编制土地利用总体规划、城乡规划，应当充分考虑相关旅游项目、设施的空间布局和建设用地要求。规划和建设交通、通信、供水、供电、环保等基础设施和公共服务设施，应当兼顾旅游业发展的需要。”该条款解决了长期以来旅游发展规划与城市规划体系不衔接的问题，为旅游规划落地、旅游项目建设提供了根本保障。在该条款影响下，预计未来旅游用地供地规模将有望得到较大幅度的提升。

第四，关于旅游区域和旅游产业融合的指导将促进旅游地产产品创新。《旅游法》第二十三条明确规定：“国务院和县级以上地方人民政府应当制定并组织实施有利于旅游业持续健康发展的产业政策，推进旅游休闲体系建设，采取措施推动区域旅游合作，鼓励跨区域旅游线路和产品开发，促进旅游与工业、农业、商业、文化、卫生、体育、科教等领域的融合，扶持少数民族地区、革命老区、边远地区和贫困地区旅游业发展。”该条款明确了旅游产业融合的方式和幅度，将对旅游地产新产品、产业态和新模式的发展有着深远的意义。与此同时，该条款还明确提出各级政府要制定产业发展政策，并特别鼓励老、少、边、困地区发展旅游业，这将对旅游地产未来的发展格局产生重在影响，我们相信未来旅游地产“农村路线”和“城镇模式”将更加清晰。

3. 其他相关政策

（1）金融政策：明确支持旅游消费信贷需求。2013 年 4 月 19 日，银监会发布的《关于银行业服务实体经济的指导意见》中明确提到“推进消费信贷业务发展，支持国民家庭首套自住购房、大宗耐用消费品、教育、文化、旅游等消费信贷需求”。该政策一方面可以进一步刺激旅游市场需求的释放，另一方面也为旅游地产物业的销售执行提供了信贷方面的操作空间。

（2）养老服务促进政策：对社会力量进入养老领域的鼓励将直接促进养老型度假地产的发展。2013 年 8 月 16 日，国务院印发《关于加快发展养老服务业的若干意见》，提出了加快发展养老服务业的总体要求、主要任务和政策措施。该意见明确要“创新体制机制，激发社会活力，充分发挥社会力量的主体作用”，“充分发挥市场在资源配置中的基础性作用，逐步使社会力量成为发展养老服务业的主体”，要“在资本金、场地、人员等方面进一步降低社会力量举办养老机构的门槛，简化手续、规范程序、公开信息，行政许可和登记机关要核定其经营和活动范围，为社会力量举办养老机构提供便捷服务”，并在投融资政策、土地供应政策、税费优惠政策，补贴支持政策等方面鼓励社会力量参与，给予种种优惠。这对本来就以养老作为重要市场需求的旅游地产释放了利好消息。

（3）健康服务促进政策：对旅游等多样化健康服务的鼓励将促进健康服务在旅游地产中的广泛应用。2013年9月28日，国务院印发的《关于促进健康服务业发展的若干意见》中明确提到："顺应消费需求和新兴业态发展趋势，支持发展健康体检和咨询、全民体育健身，以及发展健康文化和旅游等多样化健康服务，大力倡导健康生活方式，提高群众预防保健和健身意识，进一步培育健康消费市场。"该政策直接肯定了旅游和度假生活对国民健康的积极意义，在健康服务机构和旅游运营商共同用作下，未来3～5年内，健康产品将成为旅游地产的发展重点之一。

（二）中国旅游地产开发特征

从开发规模来看，2013年中国旅游地产仍然保持着高速发展的强劲势头，截至2013年底，全国已有旅游地产项目5299个，相比2012年底增加了3040①个（见图7－14）。

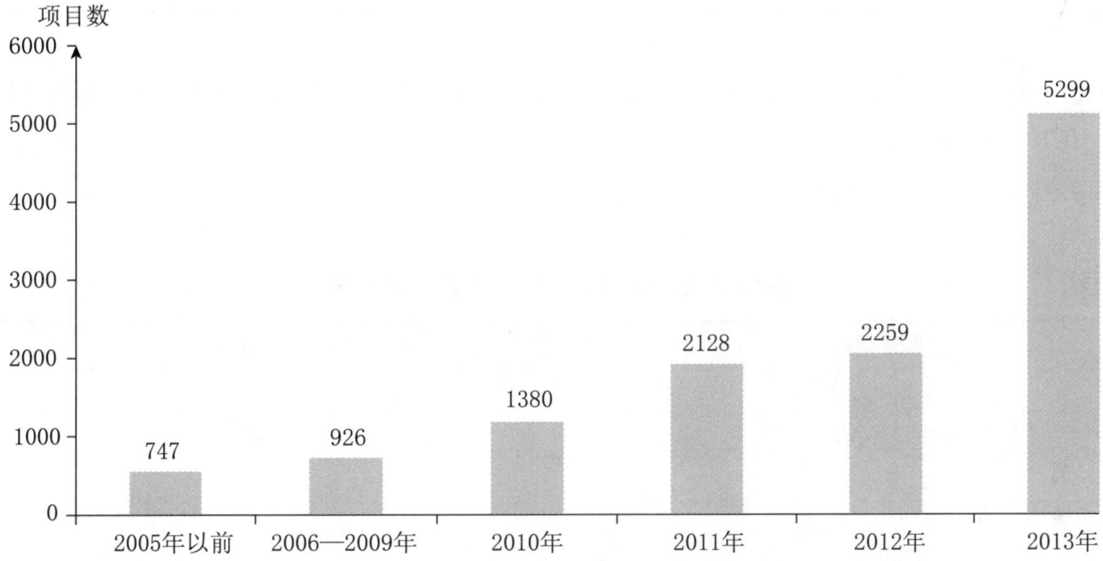

图7－14　我国旅游地产项目累计增长情况

从开发格局来看，2013年旅游地产市场有一个明显特征是项目的区域集中度有所下降。2013年海南省、两广地区（粤、桂）、西南地区（云、贵、川、渝）、长三角地区（江、浙、沪）、环渤海（山东半岛、辽东半岛、京津唐地区）、闽东南6个区域的旅游地产项目数占到全国旅游地产项目总数的73%，同比2012年底下降了10个百分点。除了上述6个传统的旅游地产发展重点区域以外，山西、陕西和华中五省（湖北、湖南、河南、安徽、江西）等区域的也逐步纳入到旅游地产发展的重要版图之内。

从开发主体来看，旅游地产的开发军团也还在继续壮大的过程中。截至2013年年底，全国已有3558个来自不同领域的企业涉足旅游地产开发，相比2012新增了1929家。②当然，在这支庞大的旅游地产开发大军之中房地产企业仍然是主流，从各企业开发的旅游地产项目规模来看，排名前10的均为实力雄厚的房地产开发企业（见表7－11）。

①② 相比2012年，2013年旅游地产项目数量呈现大幅上升的主要原因是2013年统计范围有所扩大。

表 7 – 11　　2013 年旅游地产开发项目规模排名前 10 的企业列表

排　名	开发商	占地面积（万平方米）
1	雅居乐地产	2081. 28
2	中信地产	1797. 78
3	碧桂园地产	1554. 34
4	恒大地产	785. 71
5	万科地产	521. 61
6	万达集团	480. 32
7	绿城地产	424. 34
8	世茂地产	330. 98
9	龙湖地产	265. 60
10	鲁能地产	248. 33

从单体项目体量来看，近 3/4 旅游地产项目的占地面积在 20 万平方米以下，仅 9% 的旅游地产项目占地面积是超过 50 万平方米的，这一方面是受土地资源稀缺，地方政府土地指标有限的影响；另一方面也表明企业在开发旅游地产项目是态度仍然比较谨慎（见表 7 – 12）。

表 7 – 12　　2013 年我国旅游地产项目占地规模情况

项目占地面积	占比（%）
5 万平方米以下	30
5 ~ 10 万平方米	21
10 ~ 20 万平方米	21
20 ~ 50 万平方米	19
50 万平方米以上	9

从项目所依托的核心资源来看，适合度假的自然资源依然是旅游地产开发企业抢夺的重点。在 2013 年的旅游地产项目中有 81% 的项目依托滨海、湖泊、山地和温泉等自然资源，仅有 19% 的项目是以高尔夫等大型旅游项目和古镇等文化旅游资源为依托（见表 7 – 13）。

表 7 – 13　　2013 年我国依托不同资源的旅游地产项目占比情况

核心资源	占比（%）
高尔夫等大型旅游项目	15
古镇等文化旅游资源	4
温　泉	4
山　地	24
滨　海	21
湖　泊	32

（三）中国旅游地产市场需求特征

2013 年，我国居民的旅游地产置业需求依然强劲，但在置业动机、核心资源偏好、物业类型偏好等方面相比 2012 年均发生明显变化。

CRIC 旅游地产于 2013 年 9—11 月在全国重点旅游城市进行了大范围的抽样问卷调研，① 发现：

出行目的：能直接推动旅游地产发展的商务旅游和休闲度假旅游需求已逐步超越传统观光旅游，成为我国民成最主要的出行目的（见表 7－14）。

表 7－14　　2013 年我国居民出行目的调研统计分析

出行目地	占比（%）
会议或者奖励旅游	9
探亲访友	12
休闲度假	14
商务活动	16
观光旅游	29
其　他	20

旅行方式：近半居民在外出旅行时选择与家人同行，这也与目前旅游目的地越来越注重家庭休闲度假产品开发基本相符（见表 7－15）。

表 7－15　　2013 年我国居民的主要旅行方式

主要旅行方式	占比（%）
独自旅行	9
同　事	9
朋　友	32
家　人	47
其　他	3

旅游目的地偏好：调查显示，西南、海南这两个传统旅游目的地凭借其得天独厚的资源优势依然是最受我国居民欢迎的旅游目的地，分别有 47% 和 36% 的受访者表示喜欢去这西南地区和海南休闲度假（见图 7－15）。闽东南是近两年最兴的热点旅游目的地，31% 受访者表示喜欢这里休闲度假。此外，选择两广地区和环渤海地区的受访者也超过 25% 了。

① 调研方法和调研范围详见统计说明。

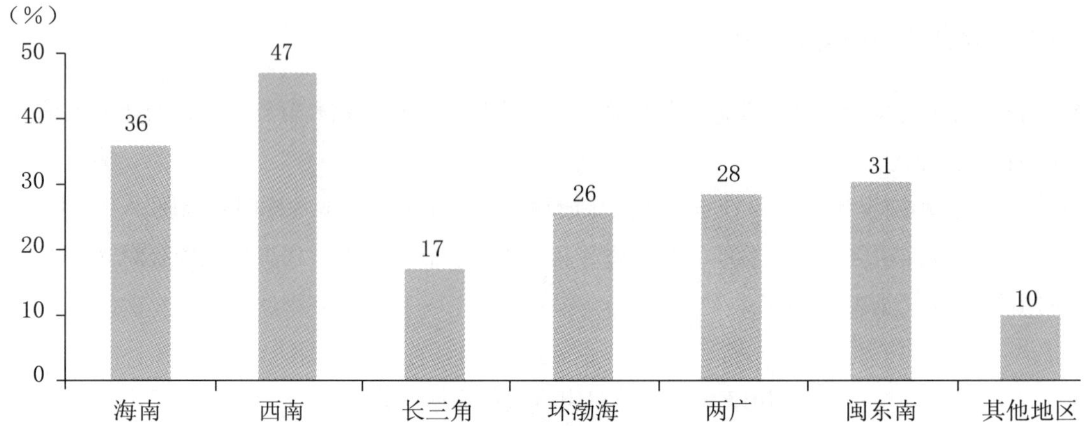

图 7-15　2013 年我国居民旅游目的地偏好情况

旅游地产置业倾向：在随机抽样的受访者中有54%明确表示在未来有旅游地产置业倾向，其中，远期打算购买旅游地产的占36%，两年内有购买旅游地产打算的占12%，近期就有置业倾向的占6%（见表7-16）。而在2012年明确表示有购买旅游地产物业的占比为45%。

表 7-16　　2013 年我国居民旅游地产置业倾向及置业目的

置业倾向	占比（%）	置业目的	占比（%）
近期就有	6	投　资	31
两年内会有	12	养　老	30
远期会有	36	度　假	33
无此打算	46	其　他	6

旅游地产置业目的：对有购买旅游地产物业的受访者作进一步了解，发现度假、投资和养老已成为最主要的置业目的。

表 7-17　　2013 年我国居民旅游地产置业物业类型偏好

置业物业类型	占比（%）
洋　房	16
酒店式公寓	20
普通型公寓	35
别　墅	22
其　他	7

旅游地产置业区域偏好：与旅游目的地偏好一致，受访者都最偏好的旅游地产所在区域是西南和海南区，其占比为21%和20%。其次是两广和环渤海区域，比重分别为17%与14%（见图7-16）。闽东南虽然为受访者最为偏好的旅游目的地之一，但在此购买旅游地产的意愿并不强烈。

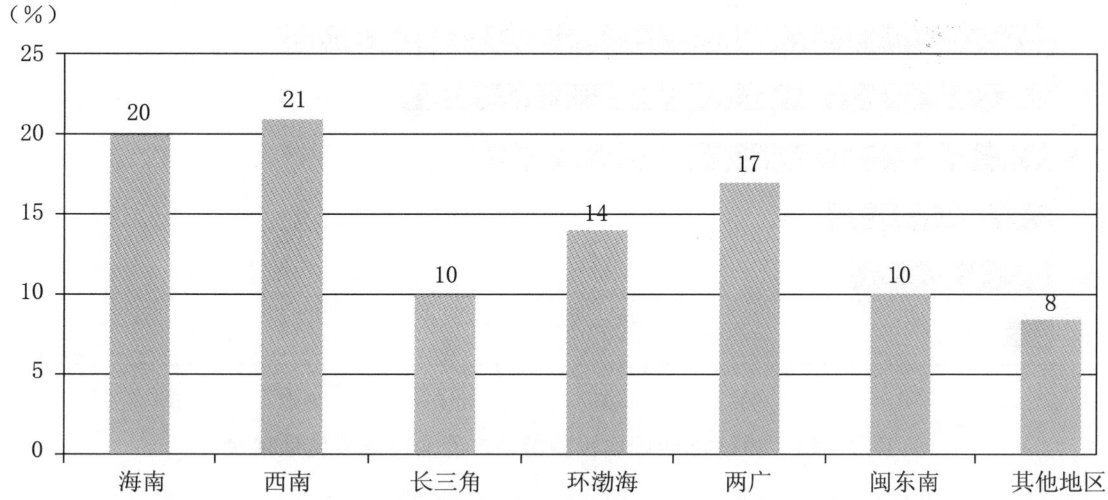

图 7 - 16　2013 年我国居民旅游地产置业区域偏好

核心资源偏好：从资源的偏好来看，海景、湖景、山地和温泉等自然资源仍然是最受市场欢迎的。在有旅游地产购买意愿的受访者中，63% 偏好海景资源、45% 偏好湖景资源、29% 偏好山地资源（见图 7 - 17）。相对于自然景观，偏好高尔夫和主题公园资源的客群占比相对较少。

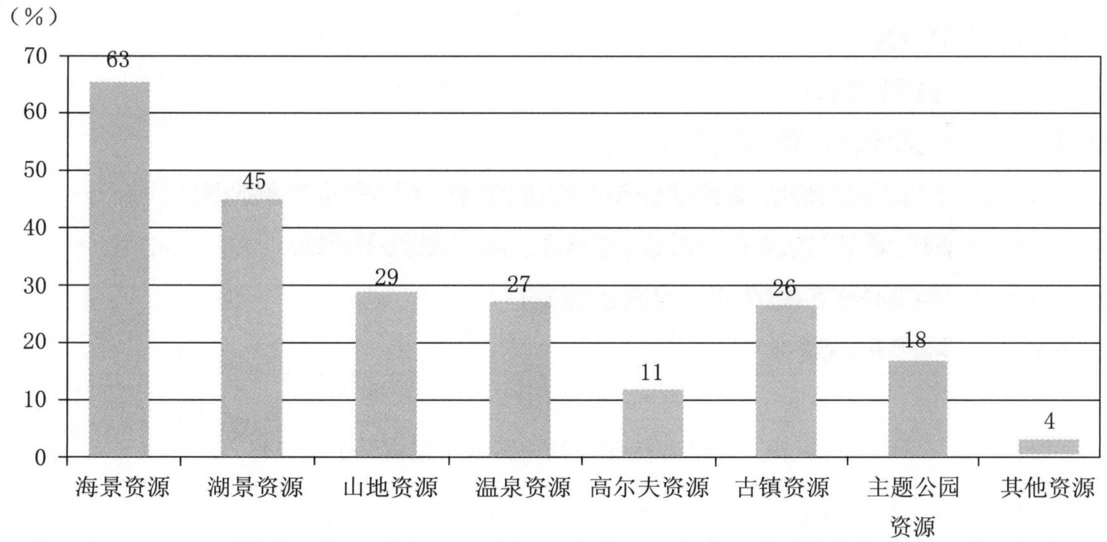

图 7 - 17　2013 年我国居民旅游地产置业景观资源偏好

配套设施敏感性：从受访者关注的配套设施来看，旅游地产置业客户首先关注的是餐饮、购物和医疗等基本配套设施，这与旅游地产多位于自然环境优越的近郊或偏远地区有关，其关注度分别为 63% 、54% 和 45%（见图 7 - 18）。

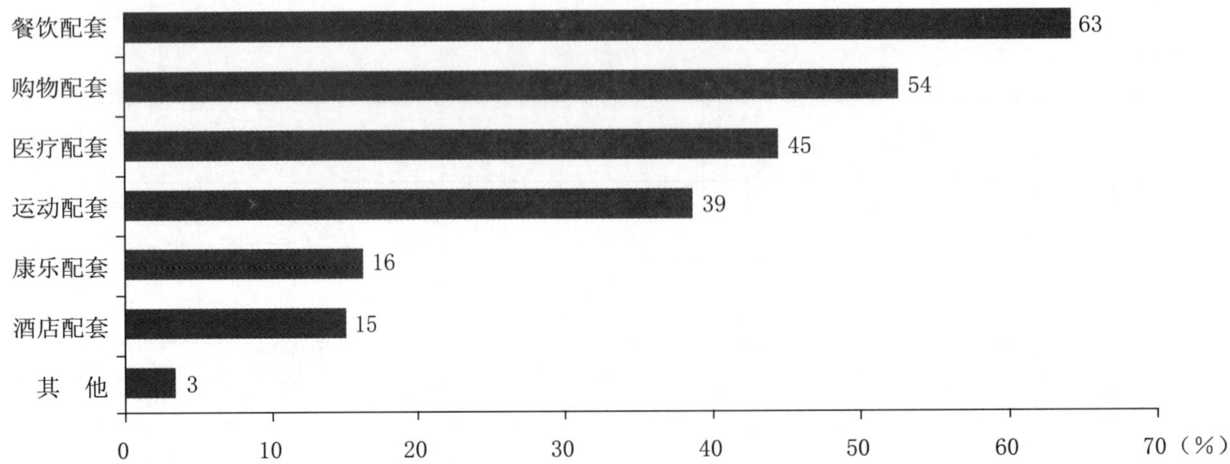

图 7－18　2013 年我国居民旅游地产置业配套设施敏感度

物业类型偏好：在物业类型的选择上，普通型公寓是多数意向置业者的选择，35% 的受访者倾向于购买此类产品，而投资属性较为明显的酒店式公寓的偏好度相比 2012 年有所下降，仅 20% 的客倾向于购买。

面积段偏好：对于面积段的选择，中小户型是最受欢迎的产品。其中最受青睐的面积段是 90～120 平方米，有 30% 的客户会选择该面积段，其次为 70～90 平方米的物业面积，但仅 3% 的客群愿意购买 250 平方米以上的物业（见图 7－19）。

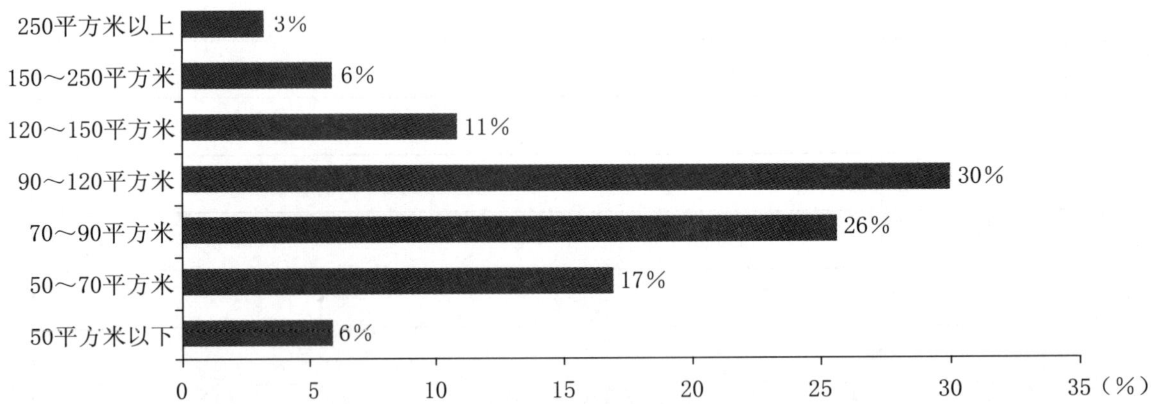

图 7－19　2013 年我国居民旅游地产置业面积段偏好

价格承受能力表现：在置业价格的接受能力上，目前我国居民更青睐低总价的产品，最高总价的接受程度集中 100 万元以下，其中 60 万～100 万元之间的占比为 37%，60 万元以下的占比为 34%。而 500 万元以上豪宅接受比例仅占 3%（见图 7－20）。

信息获取渠道：随着网络技术的发展，网络已经成为旅游地产项目信息传播的主要渠道，40% 的受访者表示主要通过该渠道获取项目信息。此外，另外亲友口碑宣传和报纸广告来也是重要的渠道，分别占到有 21% 和 14% 的受访者主要通过这两个渠道来获取信息（见图 7－21）。

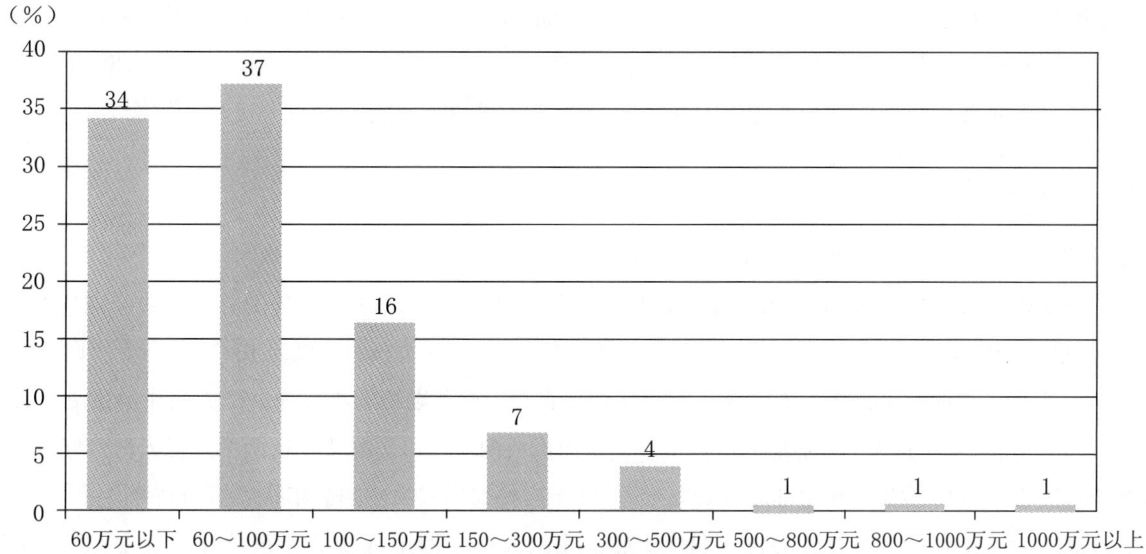

图 7-20　2013 年我国居民旅游地产置业价格承受能力

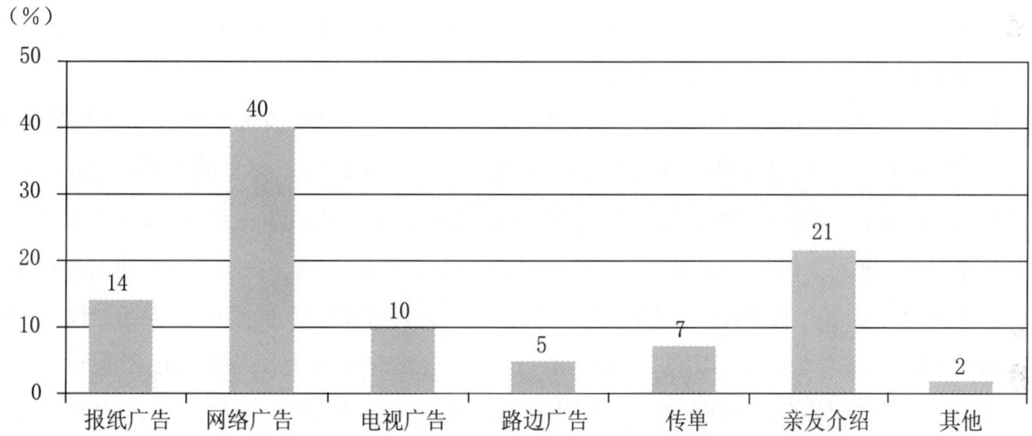

图 7-21　2013 年我国居民旅游地产信息获取渠道

（克而瑞信息集团旅游地产事业部提供）

三、养老地产

（一）养老地产综述

关于养老地产定义，目前业界尚未有统一标准。在一般的宽泛意义上都是指专门为老年人养老需求而开发的有针对性的地产产品。养老地产需求来自于社会老龄化。1965 年，法国成为第一个老龄化的国家，其后英国、美国、日本等一批发达国家都纷纷加入老龄化国家行列。各个国家都开始重视养老服务业尤其是养老地产建设。目前中国步入老年化社会已经是社会趋势。同时由于中国人口基数较大，中国目前已经成为全球老年人口最多国家，养老服务尤其是养老地产的需求相当大。养老地产相对于传统养老院而言，其在规模上更大，在产品以及合作开发的机构上将会有更多专业化的机构参与，同时也会在产品上整合更多针对老年人需求的特殊资源，而且覆盖的人群也更加专业。

养老地产的开发对于传统地产开发商而言，是一个全新方向，有助于为地产企业发掘新客户群和赢利点。但同时对地产企业而言，养老地产开发同样提出更多要求，要求：在医疗、保健等针对老年人需求资源方面具备整合能力；具备寻找长期投资资金能力；对于产品后期的运营和管理能力方面进行开拓的能力。

（二）我国养老市场现状

1. 我国提前进入老年社会，而养老医疗设施不足

我国正加速进入老年化社会，老年人口比重在持续走高。2011 年和 2012 年，我国总人口数分别达 13.47 亿和 13.54 亿人。截至 2011 年底，我国 60 岁以上老年人口约 1.85 亿，占总人口的比例为 13.74%；65 岁以上老年人口约 1.23 亿人，占总人口的比例是 9.14%。此外，从年龄分布看，如果以每五年作为一个人口年龄层划分，则可以发现 40 ~ 44 岁和 20 ~ 24 岁的两个年龄层人口数最多，从而形成两个人口高峰段。这两个高峰人群恰好分别是每隔 20 年即会相续进入 60 ~ 65 岁以上的老年阶段，从而在 40 年后叠加形成中国的老年抚养压力高峰。

新中国成立后，特别是改革开放实行计划生育后，我国人口结构出现日益严重分化。其中，0 ~ 14 岁人口占比从 1978 年的 37.2% 持续下滑至 2012 年的 16.5%，下降了 20.7 个百分点；15 ~ 64 岁人口占比从 1978 年的 57.87% 反而持续上升至 2012 年的 74.1%，上升 16.23 个百分点；65 岁以上人口占比从 1978 年的 4.92% 持续上升至 2012 年的 9.40%，上升了 4.48 个百分点。后两类人群逐渐进入老年阶段后，将进一步推动老年人口比重的上升，并加重老年抚养比和社会的抚养负担。

目前，我国的老年抚养比（65 岁以上老年人口/15 ~ 64 岁人口）已经由 1978 年的 8.51% 持续上升至 2012 年的 12.69%，上升 4.18 个百分点，且近年来有不断加速趋势。这种加速趋势主要是两方面因素造成的：一方面是 15 ~ 64 岁人口占比居高不下，且若干年后这部分人群将逐步进入老年阶段；另一方面，0 ~ 14 岁少儿人口占比持续低迷，这使得若干年后进入工作状态的 15 ~ 64 岁人口将严重补充不足。两者叠加就会加速老年抚养比上升。

从横向看，我国老年抚养比在 2011 年达到 12.27%，不仅远超过低收入国家的老年抚养比 6.35%，也超过中等收入国家和中上收入国家老年抚养比的 9.80% 和 11.54%。目前我国老年抚养比已经超过了全球平均水平 11.71%，但是距离高收入国家的 23.69% 老年抚养比还有一定差距（见图 7 - 22）。经过我们测算，截至 2012 年，我国 65 岁以上老年人口比重要比日本、德国、英国、美国和俄罗斯等主要发达国家要低（见图 7 - 23）。

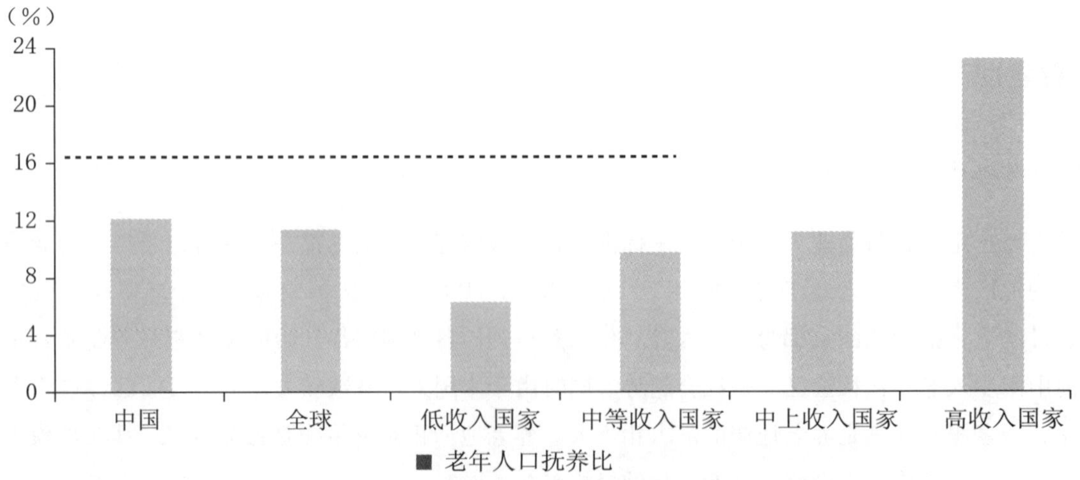

图 7 - 22　我国老年抚养比 2011 年即超过中上收入国家水平

资料来源：Wind 资讯、海通证券研究所。

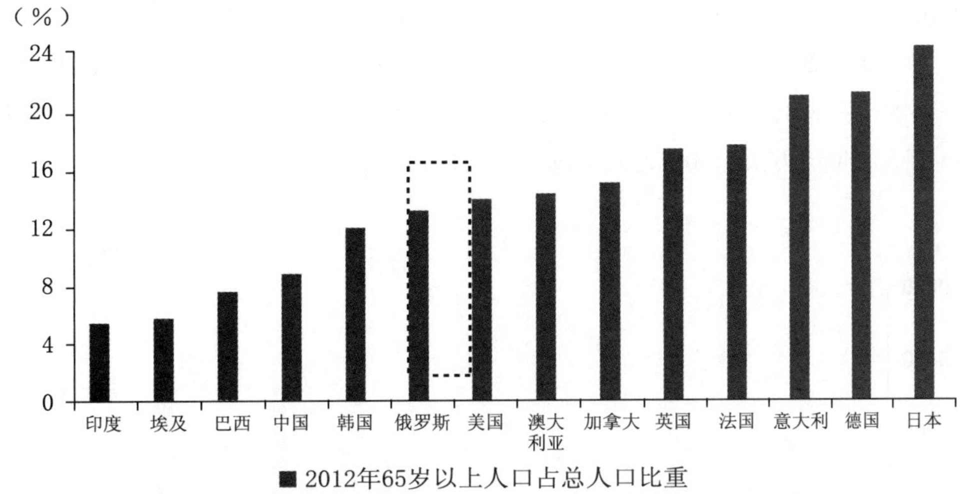

图 7－23　我国 65 岁以上人口占比相对发达国家还有差距

资料来源：Wind 资讯、海通证券研究所。

由上可知，我国老年抚养的压力越来越大。而另一方面，我国老年人卫生机构床位数长期变动不大。长期以来，我国（包括城镇和农村）每千人口卫生机构床位数仍维持在三张左右；而医疗设施相对较好的城市中每千人口卫生机构床位数也仅为四张左右。此外，对老年人护理和照料有重要作用的卫生技术人员和护士人数也保持基本稳定，尽管近年来有小幅上升，但仍维持在每千人口卫生技术人员四人多；而全国每千人口卫生人员数仅为 1.5 人左右。

事实上，相关统计显示，目前我国城乡空巢家庭超过 50%，部分大中城市达 70%；农村留守老人约 4000 万，城乡家庭养老条件明显缺失。这说明未来数年我国急需加强包括老年地产、老年护理、老年疾病医治等相关产业。

2. 我国养老市场份额严重不足，养老地产容量空间巨大

根据联合国人口署统计及预测，我国 65 岁及以上老年人口将上升至 2015 年的 1.52 亿，比重将升至 11%；同时，联合国人口署也给出 2020 年、2025 年、2030 年、2035 年、2040 年、2045 年和 2050 年的我国 65 岁以上人口数分别为 1.93 亿、2.26 亿、2.69 亿、3.34 亿、3.82 亿、4.00 亿和 4.30 亿。换句话说，截至 2050 年我国 65 岁及以上老年人口比重将进一步提升至 30.8%（见图 7－24）。

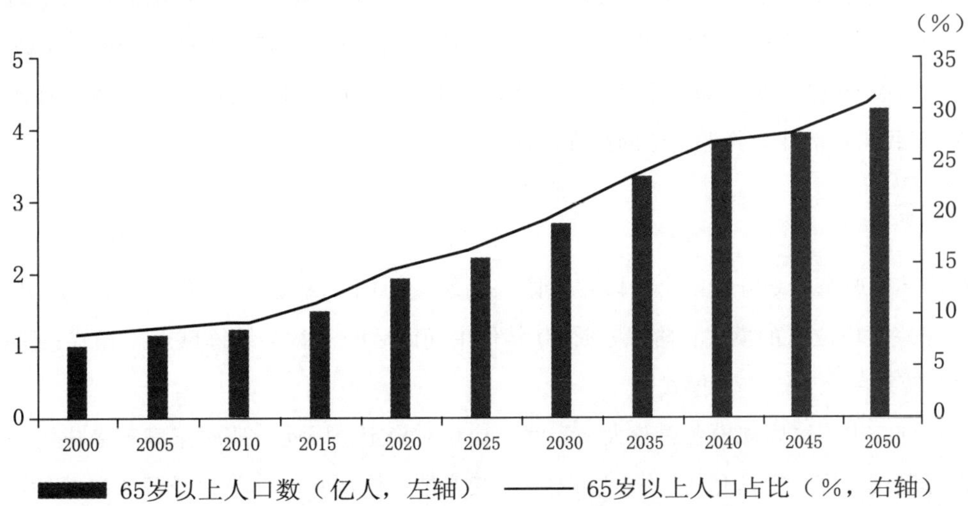

图 7－24　我国未来 40 年老年人口比例的测算

资料来源：联合国人口署、海通证券研究所。

考虑到养老地产主要服务对象为城镇老年人口，主要根据联合国人口署给出的未来四十年我国城镇新增老年人口的数据，即2010—2015年、2015—2020年、2020—2025年、2025—2030年、2030—2035年、2035—2040年、2040—2045年和2045—2050年预计我国城镇新增65岁以上人口数分别为1535万人、2610万人、2385万人、2845万人、4065万人、3485万人、1325万人和1455万人（见图7-25）。

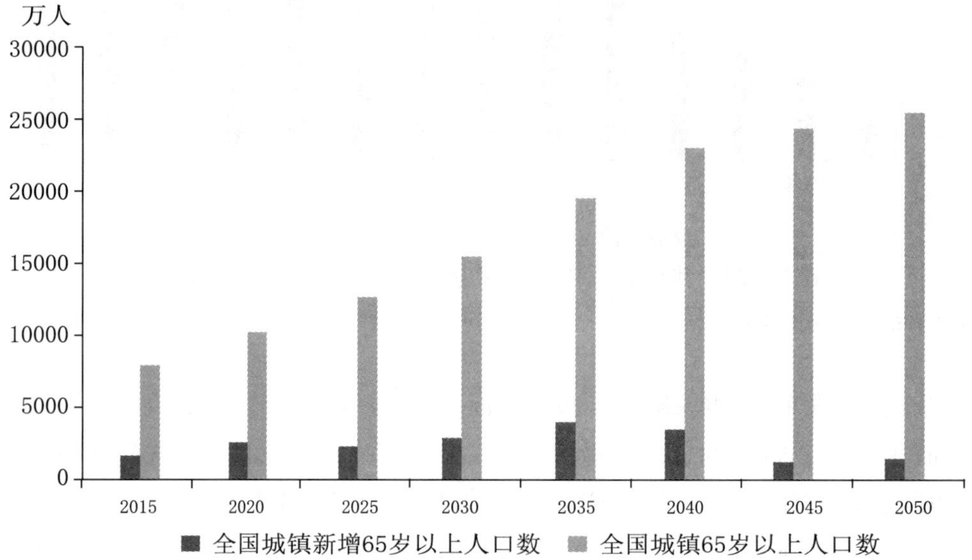

图7-25　我国未来40年城镇65岁以上老年人口的测算

资料来源：联合国人口署、海通证券研究所。

考虑到2011年我国城镇人口约6.91亿人，假设我国城镇老年人口占比等于全国平均水平的9.14%，则可知2011年我国城镇老年人口约6314万人。由此可进一步推算截至2050年我国城镇老年人口将上升至2.60亿人。尽管未来我国老年人口群体庞大，但是我国养老产业却还处于发展的初级阶段，养老产业的发展步伐滞后。

巨大的老年抚养人群为养老地产业带来重大发展机遇。近期国务院发布《关于加快发展养老服务业的若干意见》中要求：2020年底全国社会养老床位数达到每千名老年人35~40张，而目前我国每千名老人的社会养老床位数约为20张（远低于发达国家的40~80个）。我们假设至2050年底全国社会养老床位数维持2020年要求的每千名老年人35~40张不变（即每千名老年人需增加15~20张），以上述2050年底全国老年人口2.60亿计算，则至2050年我国新增社会养老床位的潜在需求约为390~520万张。

（三）养老政策汇总

我国养老保障体制改革可划分为四个阶段：阶段一是解放前的“家庭”模式；阶段二是1984年十二届三中全会以前的“家庭+单位”的模式；阶段三是80年代中期以后的“社会统筹试点”模式；阶段四是1995年3月以后的“社会统筹+个人账户”模式。

阶段一：解放前，中国家庭规模普遍较大，家庭结构相对稳定，因此，那时家庭养老成为一种非正式却是最主要的养老保障制度安排。它具有利于家庭和睦、享受亲情、体现互助、养老经济实惠等特点。但早已不适应社会化大生产的社会现状。

阶段二：新中国成立后至1984年，随着工业化和城市化的发展，城镇工作单位也开始加入养老保障提供者的行列。例如，当时许多企业实行的“劳保”就是这种典型的“家庭 + 单位”的养老保障模式。它具有养老保障性强、密切企业和个人间关系，是一种“从摇篮到墓地”的全方位国家保障的体现。但是随着我国老龄人口比重的增大和家庭规模的急剧缩小，家庭养老问题变得多起来。同时，1984 年 10 月，中共中央十二届三中全会发布《中共中央关于经济体制改革的决定》之后，国有企业独立核算、自负盈亏，新老企业之间养老负担不均衡问题迅速显露。

阶段三：国家开始在一些市、县进行养老保障费用的社会统筹试点，即在统筹区域内的企业之间，按照“以支定收，略有节余”的原则，确定养老金的支出比例，由政府指定的劳动部门负责养老金的统一收缴、发放。1991 年 6 月，在试点基础上国务院发布了《关于企业职工养老保险制度改革的决定》。至此，我国社会统筹体制开始在全国范围内逐步推行，统筹层次大多集中在市、县两级。1993 年党的十四届三中全会通过的《中共中央关于建立社会主义市场经济体制若干问题的决定》，力图建立多层次的社会保障体系，规定城镇职工养老和医疗保险金由单位和个人共同负担，实行社会统筹和个人账户相结合。

阶段四：1995 年 3 月，国务院下发《关于深化企业职工养老保险制度改革的通知》，明确提出了改革方向是实行社会统筹与个人账户相结合，还提出了两个具体实施办法，并允许各地结合本地实际选择试点。1997 年 7 月，国务院发布了《关于建立统一的企业职工基本养老保险制度的决定》，统一方案的要点是：全国统一按职工工资的 11% 建立个人账户，其中个人缴费逐步从 4% 提高到 8%，其余部分由企业缴费划入。《决定》还要求对养老资金的管理实行收支两条线。1998 年 8 月，国务院又发布了《关于实行企业职工基本养老保险省级统筹和行业统筹移交地方管理有关问题的通知》，主要包括：将原来 11 个行业的行业内养老统筹移交给地方（省、直辖市）管理；提高统筹层次，实施省级统筹；养老金的差额缴拨改为全额缴拨，并实施养老金社会化发放。2000 年 12 月，国务院发布了《关于完善城镇社会保障体系的试点方案》。提出完善社会保障体系的总目标是：建立独立于企业事业单位之外、资金来源多元化、保障制度规范化、管理服务社会化的社会保障体系。2003 年 10 月，党的十六届三中全会通过的《中共中央关于完善社会主义市场经济体制若干问题的决定》对于农村养老问题也提出了方向性的要求，即农村养老保障以家庭为主，同社区保障、国家救济相结合，有条件的地方探索建立农村最低生活保障制度。2005 年 12 月，《国务院关于完善企业职工基本养老保险制度的决定》正式发布，明确了在企业职工基本养老保险领域的主要任务。至此，从 1993 年到 2005 年，中国养老保障体系已经初步建成。

目前，我国社会保险包括社会基本养老保险，企业补充养老保险，个人商业养老保险三大层次。截至 2012 年，我国第一层次的基本养老保险覆盖范围已扩大至其他所有制企业职工，惠及 22.4% 人口；截至 2012 年底，作为养老储备的全国社保基金总资产 1.11 万亿元。同时，截至 2013 年 6 月，作为第二层次的补充养老保险，全国企业年金计划受托管理资产总额 2312 亿元。

（四）养老地产的发展前景

1. 当前和今后一个相当长的时间，中国老龄化、高龄化将处于快速发展阶段

随着中国人口红利的消失，与之并行的人口老龄化的浪潮已经袭来。老龄化的趋势影响了各行业的调整，房地产行业也是如此。“十二五”期间，我国养老方针将从“以机构养老为补充”变为“以机构养老为支撑”，将出台相关政策向养老地产倾斜，建立起以“居家为基础，社区为基础，社会为支撑”的养老服务体系的任务很重。

2. 未来养老市场将从“∩型曲线”向“∪型曲线”转移

伴随当前个性化养老局面的不断扩大，未来养老市场将从当前的“∩型曲线”转移为“∪型曲线”。以上变化的主要特征表现为选择同质化养老产品的客户将不断减少，而更多人群将根据自身经济、身体情况选择差异化基础性养老服务。以上养老需求的差异化事实使得未来养老地产市场不断扩大。

3. 积极探索养老地产的开发模式和盈利模式

国务院印发的《加快养老服务若干意见》是指导我们的指导性意见，我们要认真的学习贯彻并探索养老地产的开发模式和盈利模式。只有政府研究出台关于养老地产的设施标准、服务标准和收费标准，养老地产市场管理才能规范。这种标准需要政府和企业共同参与共同制定，收费标准可根据开发、服务和配套的水平划分为不同的等级，以供消费者选择。目前已经有万科、保利、花样年等多家房企研究并参与养老地产开发建设。

4. 可以借鉴发达国家的一些经验

目前我国的养老地产尚处于起步阶段，养老地产项目较少，且开发比较成功的更是凤毛麟角。要发展中国的老年住区和老年住宅或者是养老地产，我们的经验还不足，需要借鉴发达国家的一些经验。把老年居住建筑的规划纳入居住区的规划当中，是老年住宅的发展趋势。老年住宅设计不仅关注老年人的居住环境，同样关注老年人的心理感受。在这方面，日本的老年建筑模式对中国的老年住宅规划设计更具有借鉴意义。

（五）养老地产的风险

1. 兴新市场不稳定，消费客群需要引导

养老地产作为一个新兴的市场自然要面对新兴市场所面临的风险。由于人们对这一产业还不熟悉，可能需要一个适应期，再加上老年人风险意识很强，行事谨慎的特点，养老地产的投资者可能面对着巨大的消费群体却卖不出房子的风险。

2. 政策优惠无监管保障

由于养老地产带有一定的社会福利性质，所以政府的政策扶持对养老地产的发展至关重要，也是养老地产的投资者首要考虑的问题之一。

一般来说，政府会在税收、土地的取得、贷款政策等方面给投资者提供政策上的优惠。在我国，虽然从目前的情况来看，养老地产的投资者确实获得了政府多多少少的支持，但并没有任何机构可以对养老地产开发过程中优惠措施提供监管保障。这种无保障的政策优惠是养老地产投资者面临的重要风险。

3. 开发模式不成熟

对于开发商来说，最熟悉的开发模式是：买地、建房、出售或持有。养老地产的不同在于，赢利更依靠后期的运营。目前传统的养老机构基本属于亏损或者微利状态，大都需要民政部门的补贴才能维持运转。

而当前国家倡导的是“以居家养老为主”的政策，全国有90%以上的老人在家养老，这是一个巨大的产业，开发商在这个产业需要寻求新的模式才能创造更长远的经济效益。

4. 投资额高，收益风险大

养老地产的消费群体的特殊性要求投资者在建造老年社区时，要投入比普通住宅多30%～50%的资金。如养老地产社区的无障碍通道、慢速电梯等方面的成本比普通商品住宅社区高30%～50%。另外，养老地产项目在配套方面的投入很大，如医疗保健中心、老年活动中心等大量的医护及配套设施设备，对企业来说是很大的负担。高额的投资必然会提高养老地产的成本，投资者要获得利益就需要提高房价，这就增加了投资者的销售风险。

（海通证券研究所、中国房地产业协会老年住区委员会等提供）

四、物业管理

（一）行业发展基本情况

1. 政策法规日臻完备

法律层面上，有全国人民代表大会及常委会通过的《物权法》和相关法律；最高人民法院发布的《关于审理建筑物区分所有权纠纷案件具体应用法律若干问题的解释》和《关于审理物业服务纠纷具体应用法律若干问题的解释》；行政法规层面上，有《物业管理条例》；行政规章层面上，有国家发改委、建设部印发的《物业服务收费管理办法》，建设部、财政部印发的《住宅专项维修资金管理办法》，建设部、人事部共同制定的《物业管理师制度暂行规定》，建设部修改发布的《前期物业管理招投标管理暂行办法》、《物业服务企业资质管理办法》、《业主大会和业主委员会指导规则》、《物业承接查验办法》等。

2. 管理规模不断拓展

据对全国31省、自治区、直辖市的不完全统计，到2012年底，物业管理面积约为145.3亿平方米，较国家统计局2008年发布的第二次经济普查数据公报显示的125.46亿平方米增长了约16%（见图7－26）。

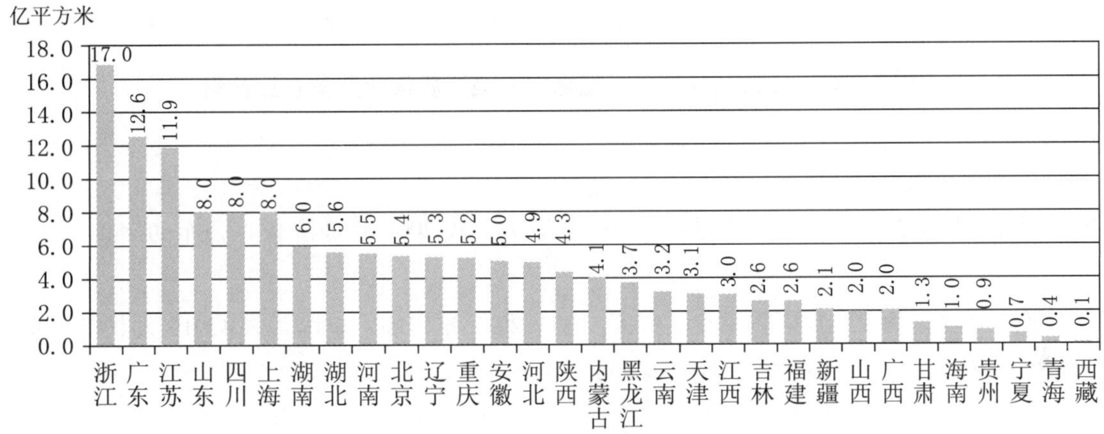

图7－26　各省、自治区、直辖市物业管理面积

3. 企业数量较快增长

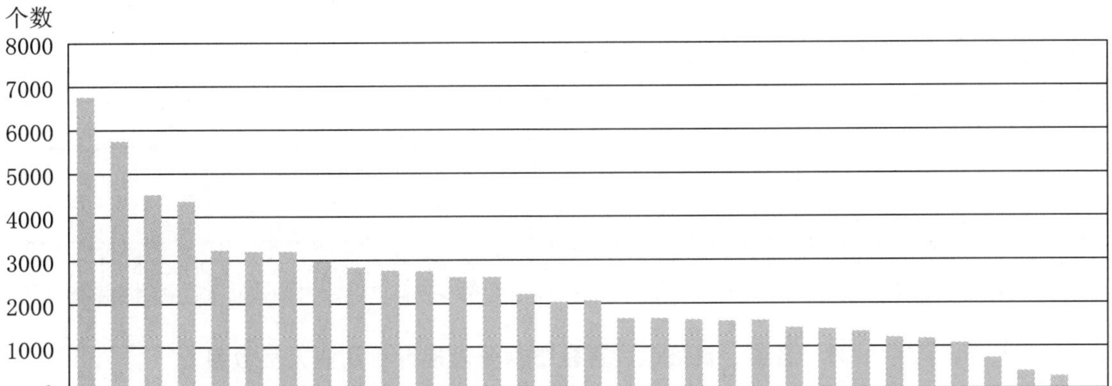

图7－27　各省、自治区、直辖市物业服务企业数量

据不完全统计，物业服务企业约为7.1万余家，较2008年经济普查公布的58406家增长了约23%。广东、江苏、山东位居前三（见图7－27）。

全国一级资质物业服务企业数量1168家。广东、北京、江苏位居前三，分别占19%、10.4%、8.5%（见图7－28）。

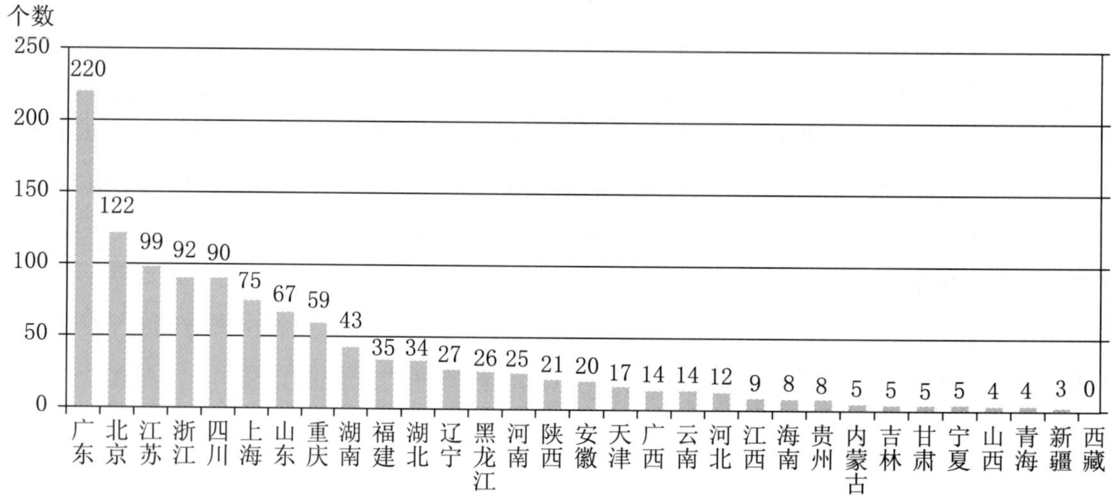

图7－28　各省、自治区、直辖市一级资质物业服务企业数量

4. 从业队伍加速扩大

据不完全统计，物业管理从业人员数量约为612.3万人，较2008年经济普查公布的250.12万人增长了约145%。

2007年国家开始全国物业管理师职业资格考试，截至2012年年底，全国共有43919人获得物业管理师资格。占全国612.3万从业人员的0.7%（见图7－29）。

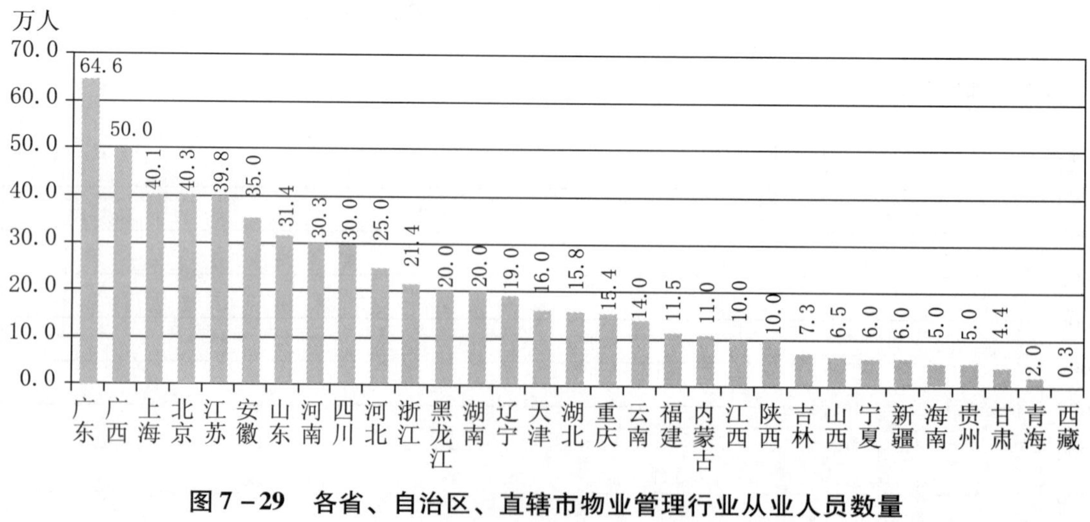

图7－29　各省、自治区、直辖市物业管理行业从业人员数量

（二）行业发展的六大变化

变化一：从物业管理业态的拓展看，由以住宅为主，向写字楼、商业物业、工业厂房、步行街、街道等各类城市综合体的进入，展现出物业管理覆盖的巨大潜能。

从物业管理的开放看，在清洁、绿化、秩序维护、设施设备维护等四项基本服务基础上，纵向延伸至房地产开发前期的规划、设计、设施设备选用顾问等整个链条，横向涵盖消费者居家养老、家政服务、房屋租赁、电子商务等各类个性化需求，不断挖掘出物业服务产品的附加值和边际效益，体现出物业管理丰富的商业价值。

从物业管理对相关产业的带动看，物业管理产业链的拓展带动了装饰维修、电子商务、物流配送、文化健身、居家养老等众多相关产业的发展，发挥出对扩大内需、拉动经济增长的积极作用。

从物业管理在社会管理的作为看，其在奥运、世博、汶川地震、新疆抗暴、冰雪灾害等作用的发挥，证明了物业服务队伍已经成为社会建设的生力军，是重大活动和抢险救灾中的一支可以动用的有生力量。

从物业管理经营模式的转变看，通过尝试改变劳动密集型和简单服务提供者的现状，向依托现代科学技术、现代信息技术、现代企业经营管理方式的转变，正在成就一批走规模化、集约化、专业化经营的技术密集型、服务创新型现代物业服务商，由此改变着传统的物业服务运作模式。

从物业管理在城市管理的地位看，物业管理对公共秩序的维护、社区管理的参与，社会责任的担当，都使其成为城市管理不可或缺的组成部分。

物业管理的全面推进和广泛覆盖，提高了城市管理水平，改善了人居和工作环境，对增加收入、扩大消费、促进经济增长发挥了重要作用，为全面建设小康社会和构建社会主义和谐社会做出了积极贡献。

（三）近两年行业的进步

1. 对《政府工作报告》的贯彻落实，彰显了行业地位

行业上下积极贯彻《政府工作报告》提出的“大力发展物业服务业”，在稳定在管项目、扩大物业管理的覆盖面、创造就业机会、努力维护社区稳定的基础上充分利用物业服务掌握巨大客户资源、管理庞大不动产的优势，开展“一业为主、多种经营”，大力挖掘和充分调动业主的各类服务性消费需求。在对扩大内需、拉动经济增长发挥积极作用的同时，行业的经济效益、社会认知度、业主满意度和在国民经济和社会发展中的低位都得到了不同程度的提高。

2. 政策法规的频频出台，促进了行业的规范发展

从浙江省人民政府办公厅《关于加快发展现代物业服务业若干意见》发布，及相关扶持政策出台，到上海、北京、天津、重庆、四川、山东、湖南、安徽、江西、辽宁、广西、河北、陕西、新疆、成都、郑州、武汉、合肥、南京、福州等省市地方性法规和规范性文件的印发及工作会议的召开，到《江苏省物业管理条例》的修订颁发，各地政策法规的出台和工作推进，极大的振奋了行业士气，对培育市场规范服务、引导行业有序健康发展起到了积极的作用。保利物业牵手保利业主共建“情满和院，善传天下”，首开鸿城实业开展的“精细化管理年”活动，重庆新龙湖物业发布实施的《龙湖物业标准白皮书》，赢得了业主的肯定，推动了业主的满意度不断提升。

3. 部分在管项目管理费的上调，推动了质价相符价格机制由点到面的突破

针对成本快速上涨，服务收费标准调整机制缺失，给行业生存发展带来的极大困难，2012 年以来，中物协引导企业积极审慎地开展在管项目调价，推动了物业服务费随成本上涨适时调整机制由点到面的突破。上海住房保障和房屋管理局、市物价局制发了《关于调整公有住宅售后物业管理费收费标准的通知》，提出用三年时间将执行了16年的售后公房物业服务费收费标准调整到位。江苏条例明确提出价格主管部门应当每三年对物业管理等级标准及相应的基准指导价与浮动幅度适时调整。成都公布了每月每平方米从0.3元到4元不等的五级普通商品住宅物业服务收费市场价格信息，供项目定价参考。

4. 延伸服务的开展，带动了行业向现代服务业的转型升级

一大批品牌企业在做好物业管理基础服务的同时，充分利用物业管理区域内各种资源挖掘边际效益，通过延伸产业链、创新服务内容、拓展业务范围、创造商业价值。在为业主提供生活便利并创造物业增值的同时，企业也在转型升级中获得可观的经济效益。物业管理向现代服务业的转型升级对行业逐步摆脱劳动密集型现状、应对用工难和成本持续上涨、全面提高服务质量具有重要的战略意义。

5. 商业模式的创新，成就了一批逐步做大做强的品牌企业

一批品牌企业在商业模式的创新，互联网技术的应用，延伸服务的拓展，产业附加值的获取等方面做了很多有意的探索，收获了可喜的社会效益和经济效益。万科物业在坚守专业品质的同时，通过“云生活、社区一卡通、安防与停车管理、设施设备远程管理、移动APP智慧之家”五大科技的运用以及社区资源整合与经营性业务拓展，正在由物业管理专家向“房务管家、资产管家、生活管家”升级；绿城物业正逐步实现服务内容向提供全方面生活服务，服务模式向“咨询、全委、代管”并重。服务周期向为建筑产品和业主提供全生命周期服务转型；长城物业借助高速发展的网络技术实现了成本降低和品质提高，通过涵盖社区商务、公寓短租、商业运营、长者服务等领域的1+N多角化战略，实现着物业管理生态圈向社区商业生态圈的延伸。以上述企业为代表的一批优秀企业的成功，正对传统物业理念和实践产生着深刻的革命性影响。

6. 网络技术的运用，带来了物业管理整体水平的提高

上海住房保障局和房屋管理局建立了基于CTI技术支撑，覆盖全市的综合信息服务系统962121呼叫平台，集中受理、派单、处置、回访、督办、统计分析六大功能，对整合行业资源、实现限时保质解决居民房屋报修，完善行业监管起到了快捷聚散功能，使纠结行业多年的行风测评跃升全市前列。深圳主管部门开发推行的电子投票系统，基本解决了业主大会表决难的问题。招商局物业设计研发上线运营的“到家网”数字服务平台，改变了基础物业服务的提供方式，优化了服务流程，丰富了客户体验，并为实现现场服务实时监管、办公联动和减员增效提供了可能。彩生活总部依赖云管理平台实现了对分布在50多个城市、建筑面积达8000万平方米的700多个住宅小区项目从安全、清洁、设备故障维修、关键岗位、业主投诉等方面的远程监控和直接监控，减少了物业管理人员岗位，提升了服务质量和经营绩效。

（四）制约行业发展的主要问题

1. 成本急剧上涨

以广州为例，2010到2013年三年中，职工最低工资标准和社保福利的政策性刚性调升接近50%。今年5月份最底工资标准再次上调至1550元/月，涨幅达19.2%。随着用工成本的持续刚性上涨，物业服务企业经营风险日益加剧，由此也引发降低服务标准和弃管小区等一系列社会问题。

2. 价格调整机制缺失

哈尔滨市一些老旧住宅区至今实行十多年前制定的0.3元/平方米的收费标准；珠海市“多层住宅物业管理费收取指导价格0.35~0.55元/平方米·月”10年没有调整；北京至今仍在执行20世纪90年代末制定的经济适用房物业服务费政府指导价格0.55元/平方米的标准，此间仅以保洁员的月工资为例，已由当年460元上调至按北京市最低工资标准计算的 2500 元，物业服务收费和成本已严重倒挂。

3. 从业队伍人才匮乏

管理规模的扩大和业主要求的提高，使得行业对懂经济、会经营、善管理、知晓法律、具有创新开拓精神的复合型人才需求激增，人才匮乏已成为制约行业发展的突出问题。目前取得物业管理师资格的 43919 人，仅占全国 612.3 万从业人员的 0.7%，全国平均每家物业服务企业仅 0.6 名物业管理师，远远不能够满足行业发展需要。

此外，一线员工流动率不断走高，也是当前企业遇到的难题。江西省有关调查显示，行业平均工资待遇仅为城镇职工平均收入的 57.87%，造成人员流动性年平均离职率在 50% 左右，秩序维护员离职率有的高达 80%。企业留不住有经验的管理人员和熟练操员工，对保持和提升管理服务水平都带来负面效应。

4. 部分企业生存状况堪忧

刚性成本急剧上升，税负居高不下，导致相当数量的物业服务企业陷入生存困境。福建省住建厅开展的“物业管理行业生存状况专项调查”显示，被调查的 293 家企业，有接近 40% 处于亏损状态，收不抵支引发对部分项目的弃管。广东汕头市调查显示，超过 75% 物业服务企业出现经营困难，甚至亏损，直接导致企业对日常服务投入的减少，影响物业服务质量，引发矛盾和纠纷。

5. 服务理念有待端正

服务质量和管理水平一直是影响行业公信力的主要瓶颈。不尊重业主权利，不按合同约定提供质价相符的服务，多收费少服务以及收费不透明、甚至乱收费等问题在行业不同程度地存在。

6. 行业责任边界不清

物业管理涉及政府部门、建设单位、业主、物业服务企业等多方主体，权利义务关系十分复杂，责任交织，边界模糊，成为矛盾和纠纷的多发地。建设单位遗留的质量缺陷，车位不足造成的“停车难”、市政公用设施设备运营管理出现问题、业主私搭乱建等产生的矛盾，致使物业管理行业代人受过的现象较为普遍存在。

此外，部分省市至今没有落实《物业管理条例》关于“物业管理区域内，供水、供电、供气、供热、通讯、有线电视等单位应当向最终用户收取相关费用的”的规定，导致水、电、气、暖等总表和分表的差额部分由物业服务企业承担。如哈尔滨市二次加压供水管理发生的费用约占物业管理成本 6% 左右，加重了企业负担，损害了业主权益。

7. 业主大会制度实施难

由于业主大会召开程序复杂，协调成本过高，业主参与积极性不足，主导部门监督指导乏力，加之建设单位消极抵触，以及部分物业服务企业不主动配合，致使业主大会制度推进总体缓慢。北京市业主大会成立比例仅为 25.94%，有效运行的业主委员会占比更低，直接导致专项维修资金支取使用率仅为 1.38% 等问题难以解决。此外，对业主和业主委员会的行为缺乏制约机制，部分业主权利义务对等及守约意识较为薄弱，不遵守管理约定。有的业委会不能代表大多数业主利益，任意决定业主共同事务，只是业主状告业委会的问题时有发生。

8. 地域发展不平衡

根据本次报告撰写前所做的不完全统计，目前东、中、西部和东北地区物业管理面积的占比分别是 51%、19%、22%、8%，从业人员占比分别是 48%、19%、25%、8%，物业服务企业数量的占比 46%、22%、23%、9%。在全国已通过物业管理师资格考试的总人数中，北京、上海、广东占比分别是 12%、12%、14%，三省市物业管理人数占到全国的37%。行业发展地域差异十分明显，经济欠发达地区和中小城市物业管理推进缓慢，不能适应城镇化发展趋势。

上述分析表明，尽管行业呈现快速发展的局面，但却面临重重困难和问题。7万多家物业服务企业和600多万从业人员，为了群众安居乐业和社会和谐，始终在困境中默默坚守，顽强支持，体现了忍辱负重、勇往直前、团结奋进、开拓创新、无私奉献的行业精神。要促进物业管理行业的健康和可持续发展，必须继续发扬拼搏精神，下决心、下气力妥善解决以上问题。

（五）行业发展方向

党的十八大提出全面建成小康社会的新目标，为行业发展展现了更广阔的发展空间；国务院下发的《服务业发展“十二五”规划》，针对物业管理的内容涵盖“进一步明确物业管理行业的责任边界，健全符合行业特征和市场规律的价格机制，规范物业管理行业的市场秩序。建立和完善旧住宅区推行物业管理的长效机制，探索建立物业管理的保障机制。鼓励物业服务企业开展多种经营，积极开展以物业保值增值为核心的资产管理。继续推进物业管理师制度建设，提升服务规范化、专业化水平。提高旧住宅区物业服务覆盖率，城镇新建居住物业全部实施市场化、专业化的物业管理模式”，对行业发展方向、目标和工作重点提出来明确的规划要求；国家科技部发布的《现代服务业科技发展“十二五”专项规划》，对物业管理向现代化服务业转型形成了十分具体的指导意见。

随着行业发展所依托的社会、经济、法制、市场环境的变化，物业管理正呈现提档升级的多元化发展态势。可以预料，今后几年，法规政策的完善、监管体系的建立、定价机制的转变、税收政策的突破，将为行业发展打造相对宽松的外部环境；市场竞争加剧，将极大推进行业专业化、市场化、规范化进程；城镇化战略的实施，将推动物业管理加速向中西部地区和中小城市及农村推进；在重大活动、事件和抢险抢险救灾中作用的发挥，以及对既有建筑节能减排能工作的开展，将凸显行业的社会责任和专业价值；向现代服务业的转型，将使一大批品牌企业的综合实力近一步提升；商业模式的创新将对改善行业生存状况产生深远影响。

面对新的机遇和挑战，要促进物业管理的又好又快发展，需要全体物业管理人员付出加倍的努力，当前重点抓好以下几项主要工作。

1. 提升行业发展的法制化、规范化水平

要继续完善物业管理立法，对目前推行中困难较大的业主大会制度、专项维修资金的归集、管理和使用制度等进行专题研究，提出妥善解决的意见和措施，改变有法难依的局面。同时，加大学习和宣传贯彻物业法规的力度，规范物业管理各方主体行为，提升物业管理和服务的整体水平，提高业主满意度和行业社会公信力。要整合政府主管部门、街道、社区的力量，加大对物业管理活动的监管及对业主组织的指导，及时化解矛盾和纠纷，建立物业服务企业与业主共生、共长、共赢的和谐氛围和正常秩序。

2. 明确物业管理行业的责任边界

要为物业管理正本清源，摆正企业依据合同“管理物业、服务业主”的市场定位。还物权给业主，还共同管理权给业主大会和业主委员会，还行政管理权给政府主管部门，摆脱一些企业多年来养成的对各类事务大包大揽的传统做法，提倡物业管理的前期介入，严格执行项目承接查验制度，尽量把开发商遗留问题解决在项目接管之前。落实《物业管理条例》关于“物业管理区内，供水、供电、供气、供暖、通讯、有线电视等单位应当向最终用户收取有关费用”的规定，改变行业代人受过的被动局面，并降低企业经营管理风险。

3. 健全符合行业特征和市场规律的价格机制

当前，要坚定不移的推动物业管理市场化进程。在引导业主树立“质价相符”的物业服务收费理念，规范物业服务企业收费行为的同时，抓紧研究和建立物业服务费随成本上涨而适当调整的价格调节机制。要举行业之力，突破部分城市存在的政府指导价扩大化问题。除了对保障房和老旧住宅区的物业费收费，通过科学测算经营成本制定合理的政府指导价外，其他项目均应遵循合理、公开以费用与服务水平相适应的原则，实行市场调节价，以切实改善行业的生存状况，为物业管理可持续发展创造条件。

4. 推动行业向现代服务业的转型升级

鼓励企业以现代科学技术，特别是信息网络技术为主要支撑，从建立新的商业模式、服务方式和管理方法入手，挖掘和整合物业服务平台的商业价值，拓展服务范围，延伸服务链条，满足业主不断增长的各类服务需求；通过技术创新、制度创新和管理创新，提高物业管理的技术含量，重塑企业组织结构，实现流程再造，以改变传统的物业管理运作模式，为行业逐步摆脱劳动密集型现状，应对用工难和成本持续上涨，实现管理水平的经营绩效的跨越式发展，全面提升行业的专业价值与企业综合竞争力和品牌影响力而努力。

5. 提升从业人员的整体素质，建立职业化管理队伍

要以适应行业转型升级，提高现代经营管理水平为核心，造就一批具有战略眼光、市场开拓精神、管理创新能力和社会责任感的物业管理企业家；要通过完善物业管理师考试、注册、继续教育以及执业资格制度建设，培养一支职业涵养高、专业技能强、懂经营、善管理的物业管理职业经理人队伍；要打造一支具有 IT 业精英潜质，经过物业管理行业锤炼，掌握并了解物业服务实践和运营规律，能驾驭和推动行业 IT 服务平台建设的专业技术研发团队；要抓住正在推行的“物业管理项目经理岗位技能培训”和设施设备管理技术培训，培养一批实操能力强的物业管理项目经理和物业承接查验与设施设备管理专业岗位技术人员队伍；要注重企业关键岗位和一线员工的技能培训，建立一支具有良好敬业精神、恪守职业道德、具备熟练专业技能的员工队伍；要鼓励大专院校和置业学校开设物业管理专业教育，推动“校企合作”、“联动办学”，培养符合行业需求的专业人才，加快推进人才的职业化、市场化、专业化的进程，以适应行业的快速发展。

6. 树立标杆企业带动行业创新发展

为挖掘和总结业内具有较强核心竞争力、较高品牌美誉度的物业服务企业做大做强做优的经验，带动更多物业服务企业综合实力和市场竞争力的提高，这次中物协组织开展了物业服务企业数据库收集工作，并以《企业发展情况报告》的形式，分析发布 TOP200 企业信息，旨在通过客观数据的分析，评价企业综合实力，反映企业发展态势，树立优秀企业典型。这次入围的企业在服务质量提高，商业模式创新，社会责任承担，经营绩效改善等方面都走在了行业的前列，形成了行业攻坚克难、创新发展的中坚力量。但从数量看，TOP200 仅占行业 7.1 家企业的 2.8‰，还有大批企业处于低水平运营和生存状况的困境中。进一步促进行业经营理念和服务水平的整体提高，带动更多的物业服务企业综合实力和市场竞争力提高的工作，应提到推动行业进步的重要日程。此外，推进企业的整合、改制、兼并和重组，引导企业在整合社会服务资源、企业自身资源和业主资源的同时，在整合行业资源上寻求突破，由此搭建行业转型升级中企业合作共赢的平台，是当前需要关注和着手解决的重要问题。

（中国物业管理协会提供）

附：

2013 北京市物业管理行业发展情况

（一）北京市物业管理行业现状

1. 北京市物业管理行业产生与管理

1995 年 10 月，《北京市居住小区管理办法》（北京市人民政府令第 21 号）颁布实施，标志着物业管理这一现代房屋管理模式正式进入北京。同期，隶属于北京市房屋土地管理局的物业管理行政管理机构即北京市居住小区管理办公室成立。原隶属于央企、国企、房管系统的后勤服务部门，经历了转制、更名，成为北京市最早的一批物业管理企业，至今仍然承担着大量单位公房、老旧小区的服务保障任务。

随着大量国内具有较强实力和良好品牌的外埠企业及外资企业进入北京的物业管理市场，北京本地企业如雨后春笋般快速成长，物业管理市场逐渐进入飞速发展期。

2003 年 9 月，国务院《物业管理条例》正式实施，北京市为贯彻实施该条例，提出了“1195”的贯彻思路来构建物业管理政策新体系。“1195” 即指出台 1 个实施细则、1 个过渡意见，9 个规范性文件和 5 个示范文本。

2010 年 10 月，《北京市物业管理办法》实施，对行业从立法到实践产生了积极推动作用。

2. 北京市物业服务行业发展规模

目前，物业管理已经成为社区服务的重要组成部分。通过物业管理与社区建设的协调发展，初步形成具有北京特色的社区建设和管理模式，为居民创造良好的居住环境，促进社区和谐氛围与社区精神文明建设。

截至 2013 年年底，全市实施物业管理的项目 6355 个，建筑面积约 5.8 亿平方米。其中，由物业服务企业实施物业管理的项目 6266 个，建筑面积 5.6067 亿平方米；由建设单位按照《北京市物业管理办法》承担前期物业服务责任并实施物业管理的项目 89 个，建筑面积约 2000 万平方米。物业服务企业实施管理的项目中，居住类项目 3700 个，4.1289 亿平米；商住类项目 146 个，1231 万平米；商业类项目 265 个，1215 万平米；写字楼项目 678 个，2773 万平米；行政办公楼项目 600 个，1724 万平米；工业类项目 199 个，2493 万平米；综合类项目 678 个，5342 万平米。

据第二次全国经济普查数据显示，北京市物业服务企业主营业务收入已经达到 255.4 亿元，占全市 GDP 的 2.44%。

截至 2013 年年底，全市共有物业服务企业 2697 家（2647 家）。其中一级企业 127 家、二级企业 350 家、三级企业 2170 家。此外，本市还有外埠在京从事物业管理的物业服务企业 61 家。

附表 7－1　　各等级物业服务企业数量、管理项目、面积情况

企业等级	企业占比（%）	管理项目（个）	项目占比（%）	管理面积占比（%）
一级企业	4.18	1594	25.9	39.2
二级企业	11.1	1698	27.6	27.5
三级企业	84.72	2861	46.5	33.3

物业管理参与维护公共秩序，协助政府发挥安全防范职能，在减少刑事发案率，防止可能发生的火灾、燃气泄漏、爆炸等恶性事故中起到重要作用。

3. 北京市物业服务行业发展瓶颈

整体来看，北京市物业服务企业管理还存在准入门槛低、小散企业过多、难以形成规模效益、人员素质不高等问题。而媒体报道和业主反映的企业服务不规范、乱收费，采取掐电、断水等行为催交物业费、侵害业主权益、阻挠业主大会成立的问题也时常发生在三级小微企业管理的小区。

受公司规模小、管理及人工成本高等因素影响，物业企业面临经营困难，往往采取降低物业服务标准的方式弥补，导致业主对物业服务不满意，拒交、少交、欠交物业费，造成物业企业面临更加困难的经营局面，再次降低物业服务标准，这样一个恶性循环影响和制约了整个行业的健康快速有序发展。

（二）北京市物业管理行业发展特征

1. 小散物业服务企业数量呈下降趋势

2013 年比 2012 年企业总量减少 233 家，主要原因：一是企业申请注销资质；二是通过资质核查淘汰了 161 家没有项目的小劣企业。

附表 7－2　　2012 年、2013 年物业服务企业的变化情况

年　份	2012 年	2013 年	变化情况
企业总数	2919	2697	减少 222 家
一级企业	122	127	增加 5 家
二级企业	324	350	增加 26 家
三级企业	2473	2170	减少 303 家
三级暂定企业	0	50	增加 50 家

从区县分布上，海淀区注册的物业服务企业最多，有 516 家，其他依次为朝阳区 456 家、西城区 297 家、东城区 238 家和丰台区 231 家（见附图 7－1）。

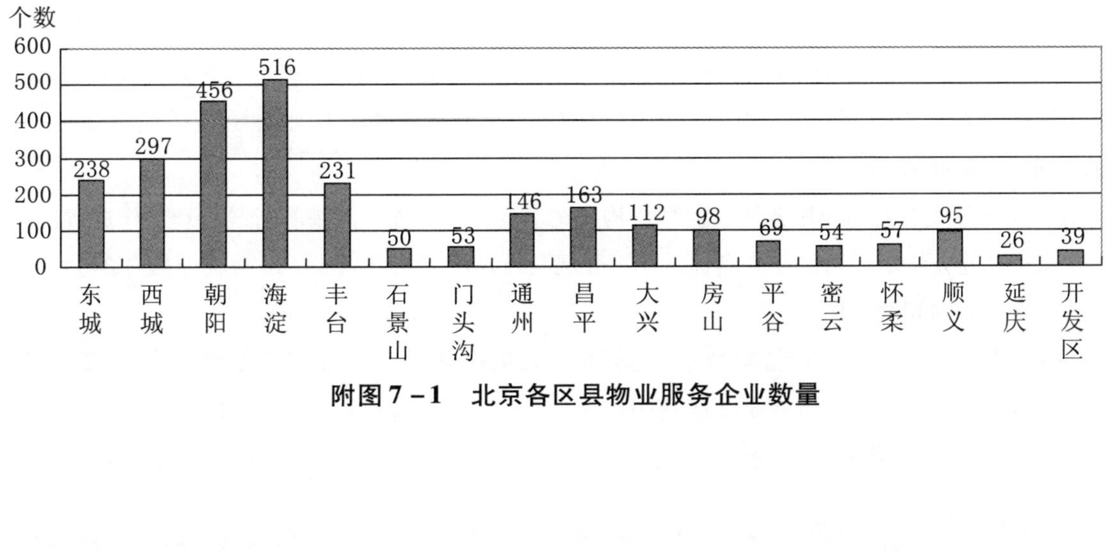

附图 7－1　北京各区县物业服务企业数量

2. 物业管理项目总量逐年增加

截至2013年年底，全市实施管理的项目6266个。与2012年相比，2013年物业管理项目总量增加了103个（见附表7-3）。

附表7-3　　北京各功能区域物业管理项目数量及管理面积

	项目数量		建筑面积	
	（个）	（%）	（万平方米）	（%）
合　计	6266		56067	
首都功能区（东、西城）	1066	17	6000	11
城市功能拓展区（朝、海、丰、石）	3553	57	31890	57
城市发展新区（通、昌、顺、大、房、开发区）	1320	21	16015	28
生态涵养发展区（门、怀、平、密、延）	327	5	2161	4

3. 业委会组建逐渐增长

截至2013年底，全市已组建业主大会1107个，约占物业项目总量的17.67%。其中，住宅物业项目成立业主大会1063个，占住宅项目总量的27.6%（见附表7-4）。

附表7-4　　北京业主委员会和物业管理项目数量、结构、比例

	业委会数量（个）	物业管理项目数量（个）	比例（%）
合　计	1107	6266	17.7
住宅项目	1063	3846	27.6
非住宅项目	44	2420	1.8

2013年，全市新组建业主大会15个，从数据上可以看出，业主大会成立缓慢问题和区县分布比例不均衡问题仍比较突出。

4. 管理队伍不断扩大

2013年，全市有100余家物业服务企业参加了物业管理师执业资格注册培训。全市已上报住建部2014人，首批已有328人通过了物业管理师执业资格初始注册。通过培训考试，2013年975个人员取得了北京市物业项目负责人上岗证书，截至2013年年底，全市共有9829个项目负责人取得了上岗证书。

5. 物业服务评估监理日趋规范

2013年，北京市住建委对物业服务评估监理机构备案、变更、换证、注销等行政管理工作进行梳理，简化办事程序。北京市住建委组织了两次业务培训，积极开展与市司法局、市高法关于将物业服务第三方评估监理引入到市司法鉴定体系的相关工作。

截至2013年12月31日，北京市备案物业服务评估监理机构49家。物业行业专家440人。2013年，物业服务评估监理机构完成199个项目的物业服务费用评估，评估面积为2154.62万平方米，平均物业费5.57元（住宅1580.45万平方米，平均物业费为3.51元）。完成6个项目的承接查验评估，完成6个项目的服务质量评估。

6. 住宅专项维修资金管理工作趋于稳定

截至2013年年底，全市已累计归集商品住宅专项维修资金363.59亿元，归集套数237.7万套，归集幢数22.3万幢。共有1687个小区使用商品住宅专项维修资金7.8亿元，维修工程涉及电梯、屋面防水等6621个项目。共有225个小区分236次将商品住宅专项维修资金划转至业主大会开户银行，累计划转资金22.76亿元，划转套数17.9万套，划转幢数3048幢。

2013年11月28日，北京市《关于简化程序方便应急情况下使用住宅专项维修资金的通知》印发后，截至2013年12月31日，全市已有6个小区应急支取维修资金共337.1万元，其中朝阳区2个小区维修电梯支取33.8万元；通州2个小区维修消防系统、屋面防水应急支取299.3万元；延庆2个小区维修电梯支取4万元。同时，全市已有33家物业服务企业的38个物业项目建立了应急支取维修资金明细台账。

7. 物业管理矛盾纠纷呈下降趋势

2013年媒体报道的物业纠纷由2012年的180起下降为135起，并呈逐月下降趋势，反映的问题基本得到解决。

为总结排查调处经验，集中精力对典型案情进行分析归纳，找出规律，北京市住建委于2013年11月25日首次印发了《关于2013年7至10月物业管理纠纷调处情况的通报》（京建发〔2013〕540号），分析案件数量变化、案件类型、调处中发现的突出问题，提出不同类型纠纷的调解方法，指导区县街乡镇进一步做好物业纠纷矛盾调处工作，根据纠纷发现原因，从源头上完善相关政策和管理。

（三）北京市物业管理行业未来展望

进一步做好行业立法顶层设计，完善制度法规建设，破解行业发展难题，打破政策瓶颈，为解决行业发展难题提供法规依据。

（1）有关部门已草拟了《关于加强业主大会建设的通知》。针对当前业主委员会难以组建、运作不规范、业委会成员素质低等问题，在全面调研和梳理法规的基础上，北京市住建委起草了《关于进一步加强和完善业主组织建设的若干规定（征求意见稿）》，对首次业主大会会议召开工作以及业委会产生、运行的指导和管理提出了操作性的规范措施。对于业主大会成立不起来的，拟由街道或乡镇、居委会、建设单位和业主代表等人员组成物业管理委员会，代行业委会职责。业主不愿意组建业委会的，在征求业主或者使用人意见过半数书面同意后，可指定物业所在地社区居（村）委员会代行业委会的职责。

（2）研究划分各部门职责。经过对各部门职能的梳理，相关部门起草了《相关部门在居住区日常物业管理中的职责》，包括发改、公安、民政、规划等政府部门和水、电、气等专业部门在物业管理活动中的职责。

（3）建立健全调解机制，统一司法审判标准，提高执行效率。①建立多方参与的调解机制，促进纠纷快速解决。②明确主体地位，提高司法执行效率。

（4）大力破解物业项目接撤管难题，强化源头治理，避免新的纠纷发生。行业行政主管部门应认真总结处理接撤管纠纷案例经验，查找规律，研究建立接撤管矛盾纠纷应急处置工作机制，建立与司法机关，发改、规划、公安、工商、税务等单位之间，以及质量、开发、市场、登记等处室之间的联动机制，形成工作合力，力争从源头上遏制接撤管矛盾纠纷的发生。

（北京物业管理行业协会提供）

Ⅷ. 大 事 记

2013年中国房地产大事记

1. 全国国土资源工作会议召开，部署2013年八项重点工作

1月11—12日全国国土资源工作会议在京召开。国土资源部部长、国家土地总督察徐绍史作题为《以十八大精神统领国土资源工作　为全面建成小康社会作出新贡献》的工作报告。会议要求重点做好八大工作加强和改进新增建设用地年度计划管理、加强房地产用地调控、积极推进国土综合开发整治、保障城镇化建设合理用地、加强城镇建设用地调控、做好保障性安居工程用地供应、进一步提升土地督察工作效能、继续探索差别化用地政策等。

2. “国五条“、“国六条”相继出台，房地产调控政策从严

2月20日国务院总理温家宝主持召开国务院常务会议，研究部署继续做好房地产市场调控工作。会议具体明确了五项具体政策措施：一是完善稳定房价工作责任制；二是坚决抑制投机投资性购房；三是增加普通商品住房及用地供应；四是加快保障性安居工程规划建设；五是加强市场监管。3月1日国务院办公厅发布了《关于继续做好房地产市场调控工作的通知》，对“国五条”实施细则进行了公布，并增加了“加快建立和完善引导房地产市场健康发展的长效机制”的内容。业内称之为“国六条”，楼市调控进一步升级。

3. 二手房交易征20%个税，催生三月末班车避税效应

“国六条”明确，对出售自有住房按规定应征收的个人所得税，通过税收征管、房屋登记等历史信息能核实房屋原值的，应依法严格按买入和转让的差额所得的20%计征。新政出台后，各地房产交易中心均被希望避税的交易者挤满，二手商品住宅成交套数全线暴涨、价格坚挺，政策末班车负面效应之强令人始料未及。全年各地二手住房交易按差额计征20%个调税基本未得到实施。

4. 2013中国房地产500强测评成果发布

3月22日由中国房地产研究会、中国房地产业协会、中国房地产测评中心三家单位联合发布《中国房地产开发企业500强测评报告》。前10强分别为万科、恒大、保利、万达、中海、绿地、龙湖、华润置地、世茂和富力。2012年，前10强房地产开发销售总额达7973.66亿元，占500强销售总额32%，较2011年提高4个百分点。

5. 淘宝网首拍国有土地使用权司法途径转让

从3月29日10时起的24小时内，浙江省海宁市人民法院于淘宝网上公开拍卖已经申请破产的浙江宏昌制革有限公司所有的国有工业土地使用权及厂房等，评估价1.587亿元，起拍价1.55亿元。这是全国迄今最大单国有土地网络司法拍卖，也是浙江省首次在企业破产清算程序中运用网络司法拍卖。该地块最终被海宁一投资公司以 1.59 亿元的价格拍得。

6. 2013 年住房用地实际供应量和供地完成率均达历年最高

国土资源部公布的《2013 年全国住房用地供应计划公告》提出，2013 年全国住房用地计划供应 15.08 万公顷，比去年减少 0.85 万公顷。供应计划中，保障性安居工程用地计划供应 4.15 万公顷；商品住房用地计划供应 10.92 万公顷，占住房用地供应计划的 72.4%，其中中小套普通商品住房用地计划供应 7.82 万公顷，占商品住房用地供应计划的 71.6%。

虽然2013 年全国住房用地计划供应较去年略有回落，但实际供应量则达到13.82 亿公顷，供应量达历年最高，同比增加 24.7%（前 5 年年均实际供应量 9.77 万公顷），供地完成率达到 91.6%，远高于 2012 年的 69.6% 和 2011 年的 62.3%。保障性安居工程用地供应 3.44 万公顷，同比增加 8.7%；商品住房用地供应 10.37 万公顷，同比增加 31.1%。

7. 复星 SOHO 抢占“外滩地王”，二审结果仍难定归属

4 月 24 日复星国际与 SOHO 中国关于上海外滩金融中心股权纠纷一案在上海一中院开庭。法院一审宣判被告上海证大、绿城中国和 SOHO 中国三方关于地块的转让协议无效，15 日内外滩项目公司股权恢复至转让前。其后 SOHO 中国上诉至上海高院，9 月 26 日上海高院的二审中，双方庭上争论的焦点集中在交易标的物的认定以及复星的优先购买权。庭上 SOHO 中国表示愿意接受调解，而复星国际则表示不接受。二审法院至今未进行宣判，引发业界诸多猜想。

8. 上市公司百强测评成果发布，万科再次荣登榜首

5 月 23 日中国房地产研究会、中国房地产业协会、中国房地产测评中心三家单位联合主办的“2013 中国房地产上市公司测评成果发布会”，在北京和香港同步举行。万科再次荣登榜首，这也是万科连续六年蝉联榜首，保利与恒大则分列此次综合实力榜的二、三名；中国海外发展、华润置地、龙湖地产、世茂房地产、富力地产、金地集团和融创中国则分列四到十位。

9. 国务院常务会议屡次提及保障房建设规划

6 月 19 日国务院总理李克强主持召开国务院常务会议部署八项措施，其中第四项提及“支持居民家庭首套自住购房、大宗耐用消费品、教育、旅游等信贷需求，支持保障性安居工程建设”。

6 月 26 日召开的国务院常务会议上，研究部署加快棚户区改造，要求做好房地产市场调控，促进房地产市场健康发展。会议决定，“在过去 5 年大规模改造棚户区取得显著成效的基础上，今后 5 年再改造城市和国有工矿、林区、垦区的各类棚户区 1000 万户”，同时抓好其他保障房的建设、分配和管理。

9 月 25 日，李克强再次召开国务院常务会议，部署进一步加大力度推进保障性安居工程建设，确保完成年初确定保障性安居工程建设目标。

中国政府房地产调控重点已由房价转向保障房。

10. 第五届中国房地产科学发展论坛，谋划新型城镇化

7 月 13—14 日中国房地产业协会、中国房地产研究会、国家发改委城市和小城镇改革发展中心在西安召开第五届中国房地产科学发展论坛，主题为“新型城镇化与房地产业转型发展”。中国房地产研究会、中国房地产业协会会长刘志峰发表题为“加快房地产业转型发展　助力新型城镇化”的演讲。本次会议通过对话和研讨，准确把握新型城镇化内涵，探讨新型城镇化推进的改革思路和主要途径，望房地产业在服务新型城镇化建设中把握机遇，加快创新转型提高发展质量。

11. 国土总督察集中约谈九市区负责人

7 月 23 日国家土地总督察办公室通报，2013 年土地督察公开约谈已经结束。派驻地方的 9 个国家土地督察局局长分别对本督察区域内土地违法问题突出的9个地级市（区）人民政府（邯郸市、铁岭市、宁波杭州湾新区、淮南市、安阳市、玉林市、常德市、重庆市涪陵区和西安市所辖相关区县）负责人进行了公开约谈，面对面开展督察、批评和自我批评，提出整改意见和要求。2013年公开约谈呈现四个特点：一是约谈的依据范围更广；二是约谈对象层次高；三是约谈形式有创新，不仅约谈全程公开，而且邀请中央和地方主流媒体参加报道；四是约谈效果较好。

12. 下半年一、二线城市成交火热，“日光盘”现象频出

7月以后，全国一、二线城市楼市又现回暖态势，成交量反弹明显。7月20日，北京中建国际港开盘当天，1462套房源售罄，认购金额37.9亿元，创造了2012年以来全国单日、单一楼盘最高的销售纪录；8月17日，广州萝岗的万科东荟城推出“翠台2期”，仅仅一个上午400多套新推房就被一抢而光；10月19日，上海万科魅力花园首次开盘，看盘现场3小时实现认购1405套房源，创下该区域单盘最新纪录。武汉、长沙、南京等多地的“刚需”盘也频频出现“日光”，购房者压抑已久的刚性需求得到释放。

13. 房地产市场冷热不均，市场差异化问题凸显

尽管一、二线城市楼市和土地市场火爆异常，但从全国房地产市场来看，依然是冷热不均，城市分化明显。今年下半年以来，北上广深等一线城市成交火热，而部分二、三线城市的房地产市场则无人问津，具体表现为：供应量阶段性偏大，市场去化率低，商业地产特别是综合体类产品缺乏市场培育期，价格涨幅没有一、二线城市那么明显，房地产投资风险不断上升等。随着楼市分化的不断加剧，区域市场差异性特征愈发明显。

14. 政治局分析研究下半年经济工作，促进房地产市场平稳健康发展

7月30日中共中央总书记习近平主持中央政治局会议，分析研究上半年经济形势和下半年经济工作。会议要求，要继续实施积极的财政政策和稳健的货币政策，盘活存量、优化增量、着力提高财政资金使用效益，加大金融支持实体经济的力度；积极释放有效需求，推动居民消费升级，保持合理投资增长，积极稳妥推进以人为核心的新型城镇化，促进房地产市场平稳健康发展。

15. 房企融资开闸，上市房企掀起千亿内外融资潮

截至2013年11月，中国房企海外融资总额（包括贷款）累计已突破529.1亿美元，约3228亿元人民币，同比2012年翻了5倍。8月27日，绿地集团借壳盛高置地登陆香港资本市场，盛高置地更名为“绿地香港控股有限公司”。10月23日，中国海外发展有限公司成功发行3档不同年期的美元计价债券，总额达15亿美元，这是内地房企在美元债市场上金额最高的发债个案。

8月2日，新湖中宝率先发布非公开发行股票预案，募资对象是其在上海的两个棚户区项目，共涉及金额55亿元。之后宋都股份推出定增方案拟募资15亿，冠城大通推出了18亿元的可转债融资预案。9月15日，万科股东大会通过112亿元融资方案。2013年，共有45家A股房企公布融资方案，其中，有12家公司已经完成增发，有32家公司公布了增发预案，融资规模近千亿元。房地产开闸融资是2013年房地产调控政策调整的重要体现。

16. 中国（上海）自由贸易试验区获批，带动周边房地产价格上涨

2013年8月22日经国务院正式批准设立中国（上海）自由贸易试验区，9月29日上午10时正式挂牌开张。这是中国政府设立在上海的区域性自由贸易园区，属中国自由贸易区范畴。该试验区总面积为28.78平方公里，范围涵盖上海市外高桥保税区（核心）、外高桥保税物流园区、洋山保税港区和上海浦东机场综合保税区等4个海关特殊监管区域。

（上海）自由贸易试验区获批以后，区域及周边商品房交易量、交易价格、办公楼租金均大幅提升，涨幅远高于全市平均水平。

17. 北京地价记录破 7 万元/平方米

9 月 4 日融创集团以 21 亿元地价款，外加 27.8 万平方米“异地医院楼”建设费的代价竞得北京朝阳区农展馆北路 8 号 0304－622 地块，实际成交价 43.24 亿，折算楼面地价高达 7.3 万元/平方米，创造了北京乃至全国的楼面单价纪录。该地块土地面积 28167.54 平方米，其中建设用地 25209.56 平方米，建筑控制规模 59152 平方米，土地性质为住宅混合公建用地。

18. 习近平总书记发表“加快推进住房保障和供应体系建设”的重要讲话

10 月 29 日，中共中央政治局进行了第十次专题集体学习。中共中央总书记习近平在会上作了关于加快推进住房保障和供应体系建设主题的长篇讲话。这是党和国家主要领导人第一次就房地产问题作出即时、公开的重要指示。习近平总书记提出满足群众基本住房需求、实现全体人民住有所居目标的重要任务，是促进社会公平正义、保证人民群众共享改革发展成果的必然要求，各级党委和政府要加强组织领导，落实各项目标任务和政策措施。

19. 十八届三中全会明确市场在资源配置中起决定性作用

11 月 9—12 日党的十八届三中全会在京召开，会议审议并通过了《中共中央关于全面深化改革若干重大问题的决定》，标志着中国新一轮改革大幕正式开启。“决定”关于房地产的重要论述有“市场在资源配置中起决定性作用”，“消费者自由选择、自主消费”，“凡是能由市场形成价格的都交给市场，政府不进行不当干预”，“市场机制能有效调节的经济活动，一律取消审批”，“地方管理更方便有效的经济社会事项，一律下放地方和基层管理”，“加快房地产税立法并适时推进改革”，“建立城乡统一的建设用地市场”，“农村集体建设用地实行与国有土地同等入市、同权同价”，“健全符合国情的住房保障和供应体系，建立公开规范的住房公积金制度”等。

20. 我国推动不动产统一登记制度的建立

11 月 20 日国务院总理李克强主持召开国务院常务会议，决定整合不动产登记职责、建立不动产统一登记制度。这是国务院机构改革和职能转变方案的重要内容，也是完善社会主义市场经济体制、建设现代市场体系的必然要求，对于保护不动产权利人合法财产权，提高政府治理效率和水平，尤其是方便企业、方便群众，具有重要意义。

21. 两部委通知坚决遏制销售“小产权房”

11 月 22 日国土资源部办公厅、住房城乡建设部办公厅联合发布《关于坚决遏制违法建设、销售“小产权房”的紧急通知》，要求各级国土资源和住房城乡建设主管部门要对在建、在售的“小产权房”坚决叫停，严肃查处，对顶风违法建设、销售，造成恶劣影响的“小产权房”案件，要公开曝光，挂牌督办，严肃查处，坚决拆除一批，教育一片，发挥警示和震慑作用。这是政府主管部门针对长期争议的“小产权房”问题，最新一次的明确表态和政策措施。

22. 房企纷纷加入国际化大军，海外投资风生水起

近几年，越来越多的中国房企加入了海外扩张的大军中。2013 年，这种海外扩张的势头又有了新的进展。绿地集团在六个国家投资了十个以上的项目。碧桂园和富力为代表的广东房企进军马来西亚。SOHO 中国在纽约收购通用大厦 40% 股权。万达成 10 亿英镑计和成 10 亿美元计的投资，分别进入伦敦和纽约房地产市场。中国房地产企业投资海外的主战场是北美、澳洲、西欧和东亚等地区。

23. 央视报道引发房企“拖欠”土地增值税风波

11 月 24 日央视《每周质量报告》栏目公开指责万科、富力、SOHO 中国等 45 家房企 8 年欠交土地增值税超3.8万亿元，引起房地产业界和社会的巨大反响。一批房地产企业否认存在土地增值税“拖逃漏”等行为，反驳央视不实批评；国家税务总局做出回应，称“近日引起社会关注的有关人员对欠税的巨额推算，方法是不正确的，对税收政策和征管方式存在误解误读”；中国房地产业协会联合多家知名房企代表以及众多业内人士和新闻媒体召开新闻发布会，对房企“欠税门”做出正面澄清。

24. 一批重点城市密集出台控房价新措施

从10月中旬起，深圳、北京、上海、广州、武汉、南昌、郑州、西安、沈阳、厦门、长沙、南京、福州、哈尔滨、太原、杭州等一批城市纷纷出台本地区的房地产调控新政，如“深八条”，“京七条”，“沪七条”、“穗六条”等。主要政策内容是，提高二套房首付比例、加大商品房供应力度、提高外籍居民购房门槛、加强限购政策、完善保障性住房体系等方面。这批城市出台新政的背景，一是年度房价控制目标没有完成，需要向老百姓和国务院做出交代；二是中央政府主管层面采取外松内紧的办法，分别约谈这些城市的相关部门负责人，明确督促要求拿出相应控制措施；三是适应房地产政策调控由过去全国“一刀切”调整为“因地制宜、责任下放”。

25. 住建部力推两房并轨

12月6日住房城乡建设部、财政部、国家发展改革委下发《关于公共租赁住房和廉租住房并轨运行的通知》，决定从2014年起，各地公共租赁住房和廉租住房并轨运行，将从统筹建设、统一受理、统一轮候原则和完善租金定价机制等四个方面推进。同时住房和城乡建设部在住房保障制度改革方面，着力推进两项具体工作：一项是在地方实践的基础上，对廉租房和公共租赁住房实行并轨运行；另一项是指导地方有序开展共有产权保障房的探索。

26. 中央经济工作会议确定探索适合国情、符合发展阶段性特征的住房模式

12月10—13日中央经济工作会议在京举行，总结2013年经济工作成果，提出2014年经济工作的总体要求和主要任务。会议对房地产方面的要求是，努力解决好住房问题，探索适合国情、符合发展阶段性特征的住房模式，加大廉租住房、公共租赁住房等保障性住房建设和供给，做好棚户区改造。特大城市要注重调整供地结构，提高住宅用地比例，提高土地容积率。

27. 中央城镇化工作会议提出六大任务

12月12—13日中央城镇化工作会议在京举行。会议提出六大任务：第一，推进农业转业人口市民化；第二，提高城镇建设用地使用效率；第三，建立多元资金保障体制；第四，优化城镇化布局和形态；第五，提高城镇建设水平；第六，加强对城镇化的管理。

28. 保障性安居工程年度目标任务完成

2013年全国计划新开工城镇保障性安居工程630万套，基本建成470万套；实际开工666万套，基本建成544万套，已全面完成年度目标任务，完成投资11200亿元。截至目前，我国“十二五”期间保障性住房开工建设目标已经完成2/3，2014年保障房开工在600万套以上，有望完成“十二五”目标。

29. 全国首宗“农地”入市，1.16亿元底价成交

12月20日全国首宗“农地”深圳宝安区福永街道凤凰社区A217－0315宗地挂牌出让，该地占地面积为1.45万平方米，规划用途为工业用地（新型产业用地），土地使用期30年。深圳市方格精密器件有限公司以1.16亿元的起始价竞得该地。根据《出让合同》，该公司将在5个工作日内付清全部成交价款。其中，70%的成交价款作为政府收益，支付至市国土基金账户，剩余30%的成交价款归原村集体经济组织凤凰社区股份公司收益。原村集体将拍卖所得资金入股方格公司，并持有9.5%的股份。这是继1987年深圳首创国有土地拍卖后的又一次历史性改革破冰之举，对全国推动农村土地流转具有借鉴作用。

30. 北上广深四大一线城市房价同比上涨连续四月均超 20%

国家统计局发布的 12 月份全国 70 大中城市的房价指数显示，当月北上广深四大一线城市新建商品住宅价格同比上涨均超过 20%。这也是四大一线城市连续 4 个月涨幅超 20%，虽然房价同比涨幅持续处于高位，但房价环比涨幅在逐渐趋缓。

31. 2013 年房地产市场持续回暖，各项指标再创新高

国家统计局发布的数据显示，2013 年全年，全国房地产市场实现平稳快速增长，各项指标同比大增，再创历史新高。其中，全国房地产开发投资 86013 亿元，比上年增长 19.8%；住宅开发投资 58951 亿元，比上年增长 19.4%；房屋新开工面积 20.12 亿平方米，比上年增长 13.5%；房屋施工面积 66.56 亿平方米，比上年增长 16.1%；房屋竣工面积 10.14 亿平方米，比上年增长 2%；商品房销售面积 130551 万平方米，比上年增长 17.3%；住宅销售面积 115723 万平方米，比上年增长 17.5%；商品房销售额 81428 亿元，增长 26.3%；住宅销售额 67695 亿元，增长 26.6%；全国商品房成交均价 6237 元/平方米，同比增长 7.7%；商品住宅成交均价 5850 元/平方米，同比增长 7.8%。

企业形象展示

企业形象展示名录

1. 佳兆业集团控股有限公司
2. 格力地产股份有限公司
3. 卓越置业集团有限公司
4. 重庆典雅房地产开发集团有限公司
5. 重庆泽京房地产开发有限公司
6. 宝能集团
7. 金地物业管理集团公司
8. 上海中建东孚投资发展有限公司
9. 大华（集团）有限公司
10. 建发房地产集团有限公司
11. 上海证大房地产有限公司
12. 禹洲地产股份有限公司
13. 融信（福建）投资集团有限公司
14. 上海建工房产有限公司
15. 上置集团有限公司
16. 上海城投置地（集团）有限公司
17. 福建三盛房地产开发有限公司
18. 旭辉控股（集团）有限公司
19. 新城控股集团有限公司
20. 福晟集团有限公司
21. 苏州圆融发展集团有限公司
22. 上海嘉宝实业（集团）股份有限公司
23. 世茂房地产控股有限公司
24. 上海城建置业发展有限公司
25. 中邦置业集团有限公司
26. 国贸地产集团有限公司
27. 上海鹏欣房地产（集团）有限公司
28. 浙江祥生房地产开发有限公司
29. 象屿建设集团有限责任公司
30. 泰禾集团股份有限公司
31. 正荣集团有限公司
32. 五洲国际控股有限公司
33. 上海实业城市开发集团有限公司
34. 江苏中南建设集团股份有限公司
35. 润地利房地产投资集团有限公司
36. 雨润控股集团有限公司
37. 厦门海投房地产有限公司
38. 阳光城集团股份有限公司
39. 富建集团有限公司
40. 景瑞地产（集团）股份有限公司
41. 上海绿洲投资控股集团有限公司
42. 宝龙地产控股有限公司
43. 中锐地产集团
44. 建业住宅集团（中国）有限公司
45. 上海国际集团投资发展有限公司
46. 苏州伟业集团
47. 联发集团有限公司
48. 上海升龙投资集团有限公司
49. 农工商房地产（集团）股份有限公司
50. 融侨集团股份有限公司
51. 宁波奥克斯置业有限公司
52. 江苏金洋房地产开发有限公司
53. 复地（集团）股份有限公司
54. 浙江佳源房地产集团有限公司
55. 江苏德惠建设集团有限公司
56. 绿城房地产集团有限公司
57. 天朗控股集团
58. 华夏幸福基业股份有限公司
59. 龙湖地产有限公司
60. 路劲地产集团有限公司
61. 上海全筑建筑装饰集团股份有限公司

62. 63. 北京特普丽装饰装帧材料有限公司

64. 北京海林节能设备股份有限公司
65. 广东联塑科技实业有限公司（领尚家居）
66. 上海德柏经贸有限公司（德国柏丽厨具）
67. 富思特新材料科技发展股份有限公司
68. 潍坊市宏源防水材料有限公司
69. 广东巴德士化工有限公司

70. 71. 克而瑞信息集团

72. 天普新能源科技有限公司

GREE COAST
格力海岸
世界级海洋生活大城
珠海·格力海岸
世界级海洋生活大城
格力海岸，独占情侣路1.5公里纯南向海岸线
顺山形海势而建，造就珠海唯一100万平米山海半岛大盘
依托独家配套的200泊位私家游艇会，衍伸出前所未有的88海里环岛生活圈
兼得港澳后花园的优越区位，三城一体生活圈尽享国际尖端视野
格力海岸，为都市精英定制的世界级海洋生活
91–178㎡蝶式高层、166–206㎡风帆洋房
现正热销
100万平米 南向半岛海景大盘
珠海情侣路 醉美1.5公里海岸线
三面环海 尽览270°开阔海景
200万平米 原生山脉森林氧吧
200泊位 私家游艇码头
七大顶级 特色精品酒店
18万平米滨海国际 主题商业街区
5000公顷 红树林湿地保护区
格力地产 GREE REAL ESTATE
开发商：珠海格力房产有限公司 | 网址：www.greecoast.com
销售中心：中国珠海情侣北路3333号 | 内地展厅：重庆
0756–3666666
微信扫一扫，立即关

典雅天城西区依山郡

典雅戴斯国际大酒店

领创生活可能
22年 30城 宝能在中国
综合物业开发 · 现代物流 · 文化旅游 · 金融产业
作为卓越的城市运营者，
不仅在于引领多元的生活方式，
更重要的是，
创造生活中的价值可能，
从而激活城市无限的生命力。
宝能集团
以“共融、共创、共享”的本源信念，
成就四大产业布局，
深耕每一个项目潜能，
为城市发展带来全新发展理念，
筑造更多的价值空间。
宝能集团，
领创生活可能。
领创生活可能
宝能集团
BAONENG GROUP

Gemdale 金地物业

服务创新一小步，
市场领先一大步

A little more innovation on service, much more progress in market share

我们与客户的缘分，从初次相见的那刻起，将贯穿人生的始终。金地为客户营造的绝不会是冰冷的建筑，而是温馨美好的生活空间，愉悦居住于此的每个家庭。

Our luck of working with customers started from the first time that we met and will go through the whole life.Gemdale has created a warm and beautiful living space for customers,rather than cold buildings,so that every family living here is happy.

行业领先的社区服务与资产管理整合运营商

金地物业1993年成立于深圳，是金地集团旗下提供物业管理服务、资产和客户资源运营的平台，为全国首批认定的物业管理一级资质企业。经过20年的发展，已成为行业领先的社区服务与资产管理整合运营商。2013年，金地物业管理集团公司成立。

截至2013年，金地物业管理服务业务遍及全国50余个大中城市，服务客户50余万人，管理高档住宅、写字楼、商业等各种物业形态，连续多年荣获“中国物业服务百强企业综合实力TOP10”、”中国物业服务百强企业服务质量TOP10全国第一名“等百余项殊荣。2013年，金地物业品牌价值14.78亿元，位居全国第二名。2014年，金地物业荣获“2014中国房地产500强首选物业管理公司全国第二名”。

An operator of integrating industry-leading community service and asset management.

Gemdale Property was eatablished in Shenzhen in 1993.It is a platform that provides property management services,asset and customer resource operation subordinated to Gemdale Group .It is one of the first national-level qualified property management companies.Through the development of 20 years,it has become an operator of integrating industry-leading community service and asset management.In 2013,Gemdale Property Management Group was established.

Up to 2013,the management service business of Gemdale Property has been positioned in more than 50 cities in China with more than 500,000 customers.It manages high-end residence,office buidings,commerce and other various forms of properties.It has won more than one hundred awards,such as "TOP 10 in Comprehensive Strength of China Property Service TOP 100 Enterprises." " the First Prize in TOP 10 in Service Quality of China Property Service Top 100 Enterprises." In 2013 ,the brand value of Gemdale Property is 1.478 billion Yuan,ranking second in China.

In 2014, Gemdale Property Management Group was ranked Second in the "Top 10 of 500 Real Estate Preferred Property Management Companies" .

http://pm.gemdale.com

金地物业官方
微信公众号

中建地產 CSC LAND GROUP 上海中建东孚投资发展有限公司

上海中建东孚投资发展有限公司（以下简称公司）成立于2008年5月，原名为“上海中建楷昕投资发展有限公司”，2013年3月更为现名。公司是世界500强企业 中国建筑股份有限公司核心地产业务板块旗舰成员，是中国建筑第八工程局有限公司的全资子公司。公司拥有国家建设部颁发的房地产开发一级资质，经营布局遍及上海、北京、济南、青岛、西安、泰州、南京等多个大中城市。公司成立以来，成功开发了一大批项目，形成了山东和以上海为中心的长三角城市群的两大区域市场，已成为跨区域、多项目、多业态的房地产开发企业。

公司在经营过程中，秉承中国建筑精工筑家的专业精神和优良传统，坚持“绿色节能、品质地产”的产品定位，为客户提供绿色科技建筑和高品质的服务。公司践行“品质保障，价值创造”的核心价值观，不断培育并引进高素质复合型人才，凝聚了近800人的专业团队，形成了日臻完善的高效管理体系。公司持续稳定快速增长的经营业绩和主动承担社会责任的央企风范，受到社会各界的高度认可，2013年公司被授予全国五一劳动奖状、全国用户满意工程先进单位等荣誉。

近年来，公司依托“中国建筑”和“中建八局”的品牌、人才、文化、资金、技术、管理等优势，已形成城市综合开发、居住地产、商业地产和保障住房四大业务线和“投资-开发-设计-施工”四位一体经营模式，经营业绩呈跨越式发展态势，年均复合增长率保持在40%以上。今后公司将继续坚持以顾客为驱动、以战略为导向，努力为相关方创造更大价值，致力于成为房地产行业的创新者和领跑者。

合作
让我们拥有更大的天空
建发房产愿意和您一起为土地、资金、营运、
品牌构建最佳资源整合平台
建发房产
打造钻石人生
共赢热线: 0592-2263366-1691

ZENDAI
证大房产
ZENDAI GROUP
港股代码HK.00755-
建筑°艺术°生活°
证大房产，精筑16城，荣耀20载。深耕中国，更布局全球！项目遍及南非、新西兰等世界各地，以全球化品牌实力，建筑艺术生活新时代。
中国·上海
www.zendai.com

ZOBON 中邦
创新生活
INNOVATION
OF LIFE
文化中邦
缘起联洋、深耕上海，布局无锡、启东、珠海、云南、重庆……，中邦始终循着“现代、时尚、文化”的高端营造理念，无论艰难、无论赞誉与批评，只是世人瞩目成就背后的骄傲与荣耀驱动我们为了信念执着前行。
2014年，注定不凡，石门一路116号，国际上海零坐标，亦是中邦置业集团全新坐标。正如《史记》所言“与时迁移，应物变化，立俗施事，无所不宜。”新坐标，新征程，荣归城中央，风云纵横后，一个属于中邦的全新地产时代正在开启！
中邦收藏作品《此处世界彼处世界》
中邦集团总部：中国 上海市 静安区石门一路116号3楼
电话：021-5838 6666
ZOBON 中邦
文化地产领先品牌
CULTURAL PROPERTY LEADING BRANDS
欢迎关注中邦艾格美国际公寓
WWW.ZOBON.COM.CN

象屿地产
XIANGYU REAL ESTATE
构筑幸福人生
2014年象屿地产重点项目
ELITE CITY
象屿品城
IMPERIAL PALACE
鼎城
珑庭
ROYAL MASION
LONGING CENTURY
两江公元
THE NOBLE PRAETORIUM
象屿 两江望府
第1城
中国房地产百强企业 | 中国华东房地产公司品牌价值TOP10
全国客服热线：400 820 1660
象屿地产微信扫一扫

泰禾集團
（股票代码：000732）
乾坤交泰 日月润禾
COURTYARDS BY THE CANAL
运河岸上的院子
北京院子 CATHAY COURTYARD
福州院子 CATHAY COURTYARD
厦门院子 CATHAY COURTYARD
江阴院子 CATHAY COURTYARD
泰禾1号街区 THAIHOT FIRST FASHION BLOCKS
东五环 | 16万平方 | 独立潮流特区
泰禾 拾景園 TEN SCENES PALACE
泰禾长安中心 CHANG AN CENTER
五四北泰禾广场 WU SI BEI THAIHOT PLAZA
东二环泰禾广场 DONG ER HUAN THAIHOT PLAZA
华大泰禾广场 HUA DA THAIHOT PLAZA
石狮泰禾广场 SHI SHI THAIHOT PLAZA
东海泰禾广场 DONG HAI THAIHOT PLAZA
泰禾红峪
紅樹林 MANGROVE
泰禾·红悦 像赫本一样生活
永泰 泰禾红峪
泰禾·红誉 TAIHE RED HONOR 世界籍首席富人区
泰禾·首府
琼林台

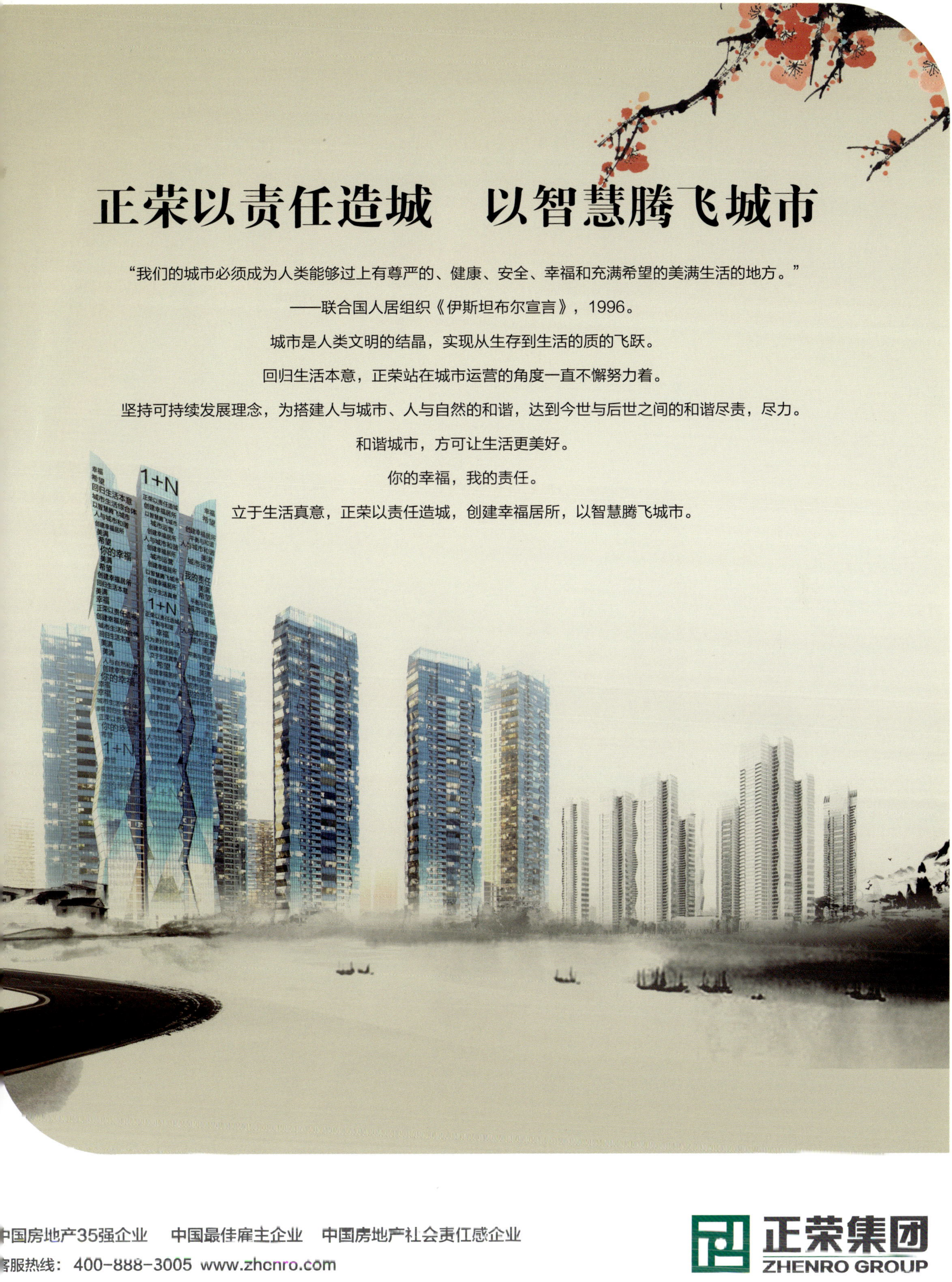
正荣以责任造城　以智慧腾飞城市
“我们的城市必须成为人类能够过上有尊严的、健康、安全、幸福和充满希望的美满生活的地方。”
——联合国人居组织《伊斯坦布尔宣言》，1996。
城市是人类文明的结晶，实现从生存到生活的质的飞跃。
回归生活本意，正荣站在城市运营的角度一直不懈努力着。
坚持可持续发展理念，为搭建人与城市、人与自然的和谐，达到今世与后世之间的和谐尽责，尽力。
和谐城市，方可让生活更美好。
你的幸福，我的责任。
立于生活真意，正荣以责任造城，创建幸福居所，以智慧腾飞城市。
中国房地产35强企业　中国最佳雇主企业　中国房地产社会责任感企业
客服热线：400-888-3005 www.zhenro.com
正荣集团
ZHENRO GROUP

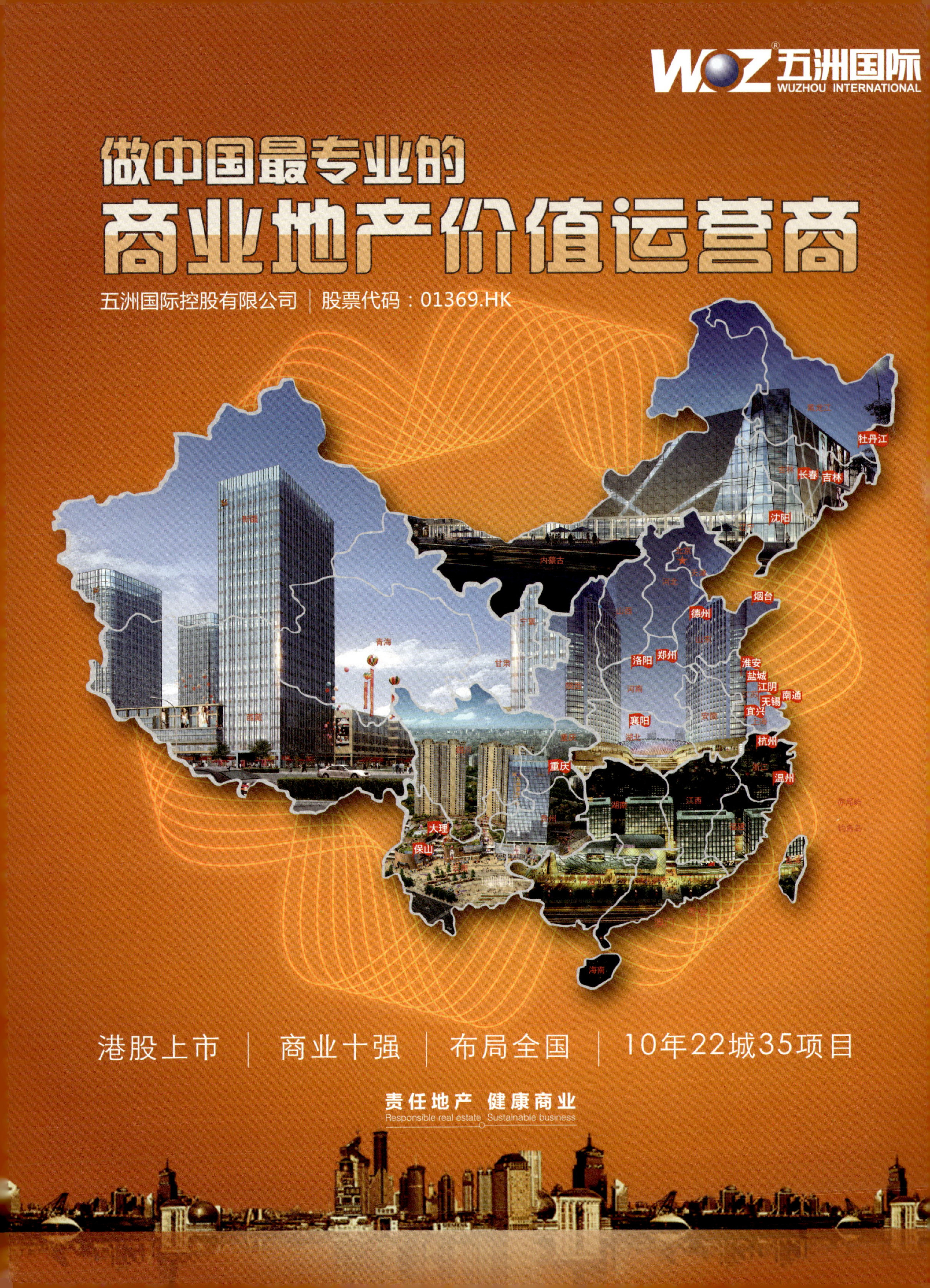
WOZ 五洲国际
WUZHOU INTERNATIONAL
做中国最专业的
商业地产价值运营商
五洲国际控股有限公司 | 股票代码：01369.HK
牡丹江
长春
吉林
沈阳
内蒙古
烟台
德州
青海
洛阳
郑州
淮安
盐城
江阴
南通
无锡
宜兴
襄阳
杭州
重庆
温州
大理
保山
海南
港股上市 | 商业十强 | 布局全国 | 10年22城35项目
责任地产 健康商业
Responsible real estate Sustainable business

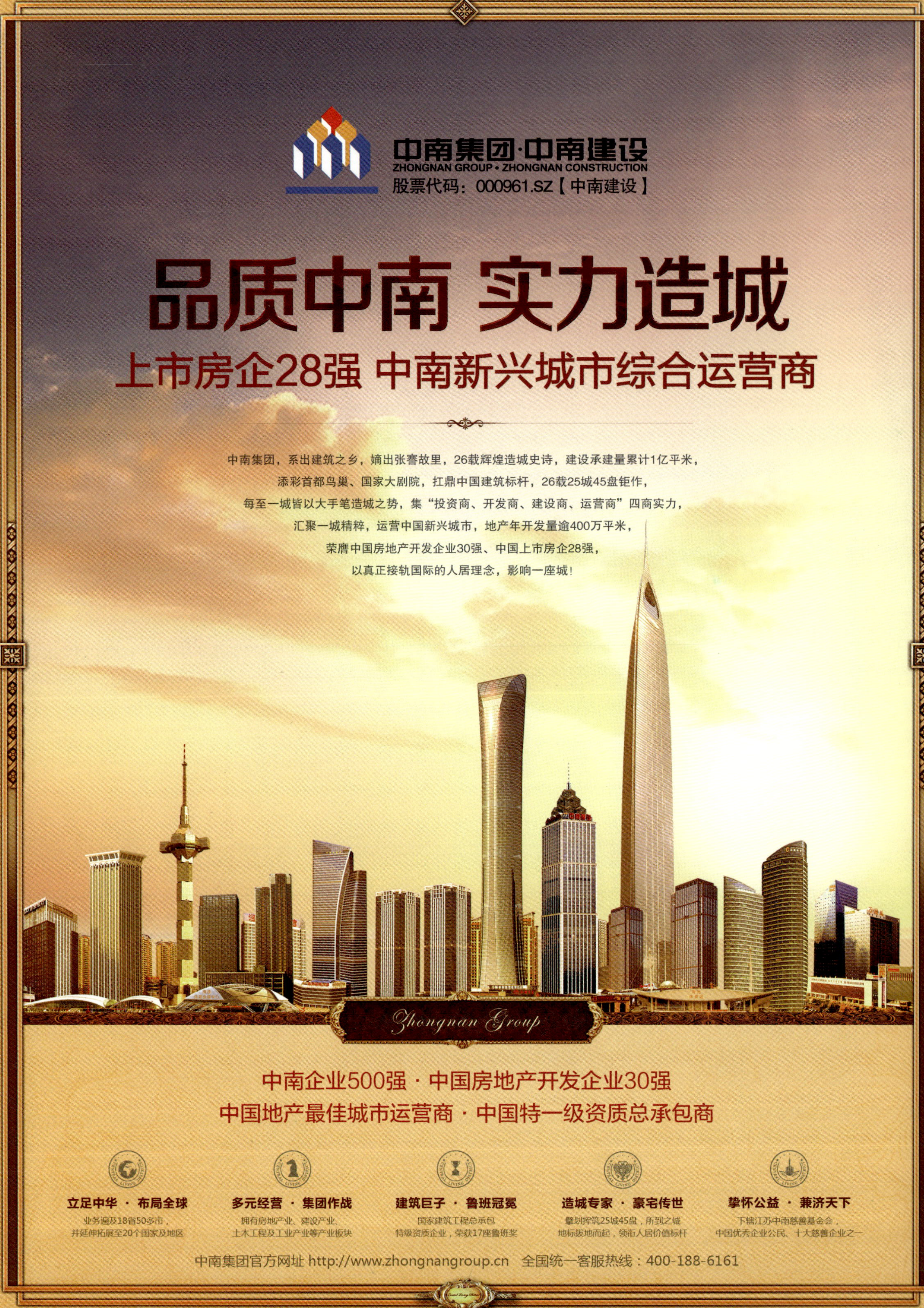
中南集团·中南建设
ZHONGNAN GROUP • ZHONGNAN CONSTRUCTION
股票代码：000961.SZ【中南建设】
品质中南 实力造城
上市房企28强 中南新兴城市综合运营商
中南集团，系出建筑之乡，嫡出张謇故里，26载辉煌造城史诗，建设承建量累计1亿平米，
添彩首都鸟巢、国家大剧院，扛鼎中国建筑标杆，26载25城45盘钜作，
每至一城皆以大手笔造城之势，集“投资商、开发商、建设商、运营商”四商实力，
汇聚一城精粹，运营中国新兴城市，地产年开发量逾400万平米，
荣膺中国房地产开发企业30强、中国上市房企28强，
以真正接轨国际的人居理念，影响一座城！
Zhongnan Group
中南企业500强 · 中国房地产开发企业30强
中国地产最佳城市运营商 · 中国特一级资质总承包商
立足中华 · 布局全球
业务遍及18省50多市，
并延伸拓展至20个国家及地区
多元经营 · 集团作战
拥有房地产业、建设产业、
土木工程及工业产业等产业板块
建筑巨子 · 鲁班冠冕
国家建筑工程总承包
特级资质企业，荣获17座鲁班奖
造城专家 · 豪宅传世
擘划挥筑25城45盘，所到之城
地标拔地而起，领衔人居价值标杆
挚怀公益 · 兼济天下
下辖江苏中南慈善基金会，
中国优秀企业公民、十大慈善企业之一
中南集团官方网址 http://www.zhongnangroup.cn 全国统一客服热线：400-188-6161

常武(2013)房预售证第(102)号
公园里的家 养生·养心·养财
国家一级资质润地利房地产投资集团荣誉出品
中央景观楼王
压轴巨献
IMPERIAL LAND
IMPERIAL LAND
龍德花園
沁 園
220-236m² 一线临水 双景大宅 敬请期待
0519-8100 1888
十年蝉联“江苏省房地产企业50强”
2006年度亚洲地产最具竞争力企业
中国房地产百强企业——润地利集团
50万方奢工名宅 理想城市居住空间
CHANGWU ROAD 常武路
RENMIN ROAD 人民路
NEWWORLD PARK 新天地公园
ROYAL LANDSCAPE ROYAL LIFE
龍德花園
CHANGHONG ROAD VIADUCT 长虹路高架
WUJIN GOVERNMENT 武进区政府
环球308 GLOBAL 308
品鉴中心：中国·常州·武进区长虹路与常武路交汇处
投资商：润地利房地产投资集团有限公司 / 开发商：常州龙德置业有限公司 / 营销代理：中原地产（常州） / 营销策划：北京美辰机构

雨润集团
YURUN GROUP

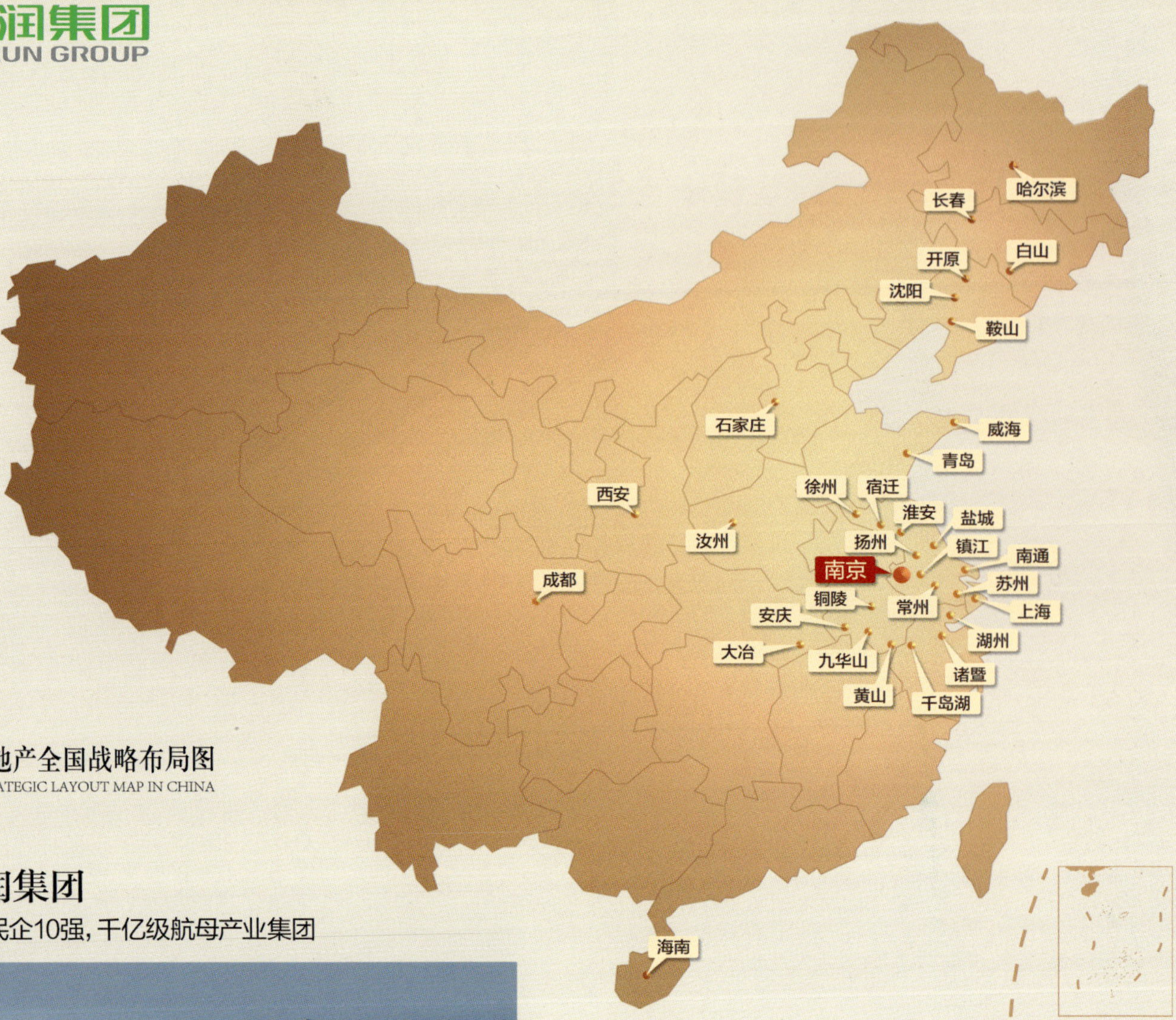

雨润地产全国战略布局图
THE STRATEGIC LAYOUT MAP IN CHINA

雨润集团

中国民企10强，千亿级航母产业集团

雨润集团总部实景图

雨润集团成立于1993年，总部位于江苏南京，是一家集食品、地产、商业、物流、旅游、金融和建筑等七大产业于一体的多元化企业集团，下属子（分）公司300多家，遍布全国30多个省、直辖市和自治区。

目前，集团旗下拥有雨润食品（1068.HK）、中央商场（600280.SH）两家上市公司，综合实力位列中国企业500强第112位，中国民营企业500强第8位。

传承雨润品质，构筑地产精品

中国房企50强，华东地产10强

雨润集团总部实景图

雨润集团自2002年开始涉足房地产开发领域，十余年来，始终坚持高质量、高标准、高品位的战略定性，项目遍布江苏、安徽、上海、河北、山东、浙江、海南、黑龙江等省市，现已成长为以开发高档住宅、城市综合体及旅游地产等高端产品线为主的大型房地产企业集团，更开创性地提出五星级建筑品质和五星级管家服务的“双五星”标准，不断推出高端地产项目，缔造传世精品。

目前，雨润集团联合景观、规划、设计等方面世界顶级大师，在城市新中心缔造三大顶级产品系——城市综合体“雨润国际广场/雨润城”、城市景观豪宅“星雨华府”及超五星级酒店“涵月楼”，现已成为国内房地产开发行业中最具行业价值链整合能力的企业之一，位居“2014年中国房地产开发企业500强”第49位。

效果图

铜陵雨润国际广场 0562-2177777

效果图

西安星雨华府 029-68519888

实景图

南京雨润国际广场 025-68181818

效果图

扬州星雨华府 0514-87106666

效果图

常州雨润城 0519-85858811

实景图

青岛星雨华府 0532-68687777

THE GOOD IS INDISPUTABLE THICK WORLD
上善不争 厚天下
海投房产
中国房地产开发企业区域运营10强
中国房地产开发综合实力50强企业
每一个百年企业，
都有厚重的文化作根基。
16载深耕厦门海沧，
海投房产始终立足服务海沧城市发展建设。
以城市运营商的姿态，
秉承“上善、不争、厚天下”的经营理念，
成功运营了"海投房产"、"未来海岸"、
"绿苑"等省、市著名商标，金融资信AAA。
海投房产

OASIS HOLDING
绿洲控股

苏州伟业集团
建设美好家园
倾心精筑
臻求理想人居
塑形者匠，铸魂者师
伟业集团在建筑之路上孜孜以求，严苛探索，力求赋予每一件产品与众不同的独特内涵。中式或西化，现代或复古，都必然有深刻的文化和人本诉求，充盈其内。所以，伟业集团的产品无一不眼光独到，风姿卓绝，并在宏观构架和微观精琢上双效双优。优秀的建筑师，经时光洗练，总能凸显。
自我超越，品质砥砺
苏州伟业集团组建于2005年，具有房地产开发一级资质。集团本着建设美好家园的企业使命和尊重员工、尊重客户、追求卓越、回馈社会的经营宗旨，把业主的需要就是伟业的追求立为核心价值观，宣扬和气、创新、诚实、奉献的企业文化，推动和见证了苏州房地产行业的迅速发展。
专心为家，铸就经典
伟业集团缔造了一系列经典优质产品：从新都汇到伟业创业园，从伟业大厦到伟业银座，从太湖小区到迎春世家，更有滨河名墅、长春富强天玺和锦州东湖天玺……伟业集团在追求巅峰的漫漫长路上永无止步。
ARISTOCRATIC FAMILY
伟业·迎春世家
伟业·迎春乐家
伟业·迎春丽家
伟业·迎春华府
Yingchun Mansion
伟业银座
THE SILVER BUILDING
城市菁英SOHO时代
伟业·东湖天玺
滨河名墅
恒达广场
一座恒达广场 一个城市中心
HENGDA PLAZA
ONE HENGDA PLAZA ONE CITY CENTER
NEW CITY
新都汇
奥林清华
OUT OF IMAGINATION
Olympic spirit
三区
THIRDDISTRICT
人本主义城市典范
GOLDEN VILLA
金域华府
GOLDEN VILLA
PROSPEROUS
CULLINAN
富强天玺

联发
创造品质生活
www.xudc.com
在沉淀与升华之间，
历练三十一载品质修为
联发集团历经31年的发展，总资产超过210亿，
业已形成区域化经营、全国化发展的良好势头，
在努力践行“创造品质生活”使命的同时，
通过滚动开发和品牌提升相结合的战略，
把产品和服务转化为客户的幸福价值，
以强烈的责任感、持久的稳健性和显著的成长性，
快步迈向中国知名的房地产运营商。

农工商房产®
NGS Real Estate
农工商房产 海派新生活
2014中国房地产开发企业50强
2014中国房地产开发企业稳健经营10强
Since
1988
SHANGHAI
英伦尊邸实景图

AUX 奥克斯地产
筑就生活理想
AUX
宁波唯一一家蝉联2014房地产开发企业100强
同时荣膺2014商业地产综合5强
全国性的综合型地产领军企业
15年，全国8大战略区域，近20座城市，开发足迹遍布上海、
天津、杭州、宁波、成都、长沙、南昌、青岛等一线直辖市及省会重点城市
已成功开发运营及发展10余个城市综合体
年开发能力已突破600万平米
奥克斯地产以"筑就生活理想"的开发理念为己任
坚持多区域、多产品、多业态并行开发战略产品理念
2014，奥克斯地产载誉归来
成为宁波唯一一家跻身房地产百强的品牌房企
四大产品系列
为宁波当地开发商中布局业态最多、最丰富的企业
奥克斯广场系列
城市综合体
盛世系列
精品住宅
创研智造系列
总部基地
主题公园系列
旅游综合体

梦
紫金英郡

复地（集团）股份有限公司

复地(集团)股份有限公司，是中国大型的房地产开发集团，国家一级开发资质、中国驰名商标企业、复星集团的创始成员企业。

联发 | 创造品质生活 www.xudc.com

升龙集团
SHENGLONG GROUP
中国房企50强
升龙集团
中国城市高端运营商
福州环球中心
洛阳升龙城
郑州希尔顿
天津汇金中心
LFC
南京汇金中心
郑州曼哈顿
升龙集团，历经十余载辉煌历程，开发面积超3000万平方米，总投资超1200多亿。业务主要布局澳大利亚及南京、福州、郑州、洛阳、天津等全国重要城市。升龙集团从单一的房地产开发扩展至房地产开发、商业管理、星级酒店经营、文化产业、银行投资等多个战略事业单元，在中国拥有五座希尔顿酒店及十二栋超高层城市地标，成为中国城市高端运营商的典范。升龙集团，致力于成为完美生活的缔造者、企业公民的践行者、城市化进程的推动者。

AUX 奥克斯地产
筑就生活理想
AUX
宁波唯一一家蝉联2014房地产开发企业100强
同时荣膺2014商业地产综合5强
全国性的综合型地产领军企业
15年，全国8大战略区域，近20座城市，开发足迹遍布上海、
天津、杭州、宁波、成都、长沙、南昌、青岛等一线直辖市及省会重点城市
已成功开发运营及发展10余个城市综合体
年开发能力已突破600万平米
奥克斯地产以"筑就生活理想"的开发理念为己任
坚持多区域、多产品、多业态并行开发战略产品理念
2014，奥克斯地产载誉归来
成为宁波唯一一家跻身房地产百强的品牌房企
四大产品系列
为宁波当地开发商中布局业态最多、最丰富的企业
奥克斯广场系列
城市综合体
盛世系列
精品住宅
创研智造系列
总部基地
主题公园系列
旅游综合体

FORTE复地®
以人为蓝图

复地（集团）股份有限公司

复地(集团)股份有限公司，是中国大型的房地产开发集团，国家一级开发资质、中国驰名商标企业、复星集团的创始成员企业。

TIMES PARADISE WALK
龙湖时代天街
重庆龙湖时代天街二期
「西南地区最大文娱体验中心
耀世登场」
TIMES PARADISE WALK
全球招商中 023+ 67966988
15万方宏大规模 / 中央商圈卓越位置 / 龙湖天街十年旗舰之作

路勁地產集團有限公司
RK Properties Holdings Limited
用心筑造品质生活

路劲地产
用心筑造品质生活

路劲地产始终秉承“用心筑造品质生活”的品牌理念，致力于为客户提供优质的住宅产品及生活方式。

作为房地产开发企业，对改善人居环境肩负着不可推卸的责任。这种责任感一旦成为企业的信念与准则，就会萌生强大的力量，去追求一种尽善尽美的表现。这种表现在路劲，体现为国际化视野的规划设计，严苛的工程质量管理体系，以及对居住体验的人性化考量。这样的用心打造，使人们在现代化的居住空间中，能够保持着自我的舒适与享受。这样用心的专注于品质，使路劲在不同城市都赢得了客户的信赖和巨大的市场成功。

trendzône DecorGroup
全築装饰
中国
全装修
系统服务
提供商
国家设计甲级
施工壹级资质
上海全筑建筑装饰集团股份有限公司
全筑装饰集团成立于1998年，是集建筑装饰研发与设计、施工、家具生产、装饰和部品配套以及建筑科技为一体的大型装饰集团。

TOPLI 特普丽墙纸
中国墙纸第一家

原点 让室内空气回归“原点”
“原点”作为海林空气舒适度产品家族的新成员，可有效对于室内空气指标（PM2.5、CO₂、VOC、温度、湿度）进行监测，并通过网络架构实现与空气处理设备的联动，改善空气质量，以满足人们对于舒适环境的需求。
通过海林开发的APP软件平台，用户还可以利用手机或Pad等移动设备连接“原点”，实时监测目标区域的空气质量，方便快捷。
北京海林节能设备股份有限公司
HaiLin Energy Technology Inc.
地址：北京市昌平区回龙观国际信息产业基地发展路9号
总机：010-52816666 / 传真：010-52816677 / 网址：www.hailin.com
HaiLin
PM2.5
室内
35 μg/m³
等级:优
室温 27 ℃
湿度 45 %RH
HaiLin
建筑节能 · 在中国

富思特
FIRST
建筑涂料保温专家
光能自洁涂料
专利
开启建筑自洁模式
北京市著名商标
中国房地产500强开发商首选涂料品牌
19年专注于高性能建筑涂料及保温发展
5大生产基地保证更加快速的产品供应
28项中国建筑涂料行业标准制定者
建筑涂料、保温、地坪
Tel. 4008 119 118
富思特新材料科技发展股份有限公司
官方网址：www.firstpaint.com.cn

宏源
1996-2014
品质铸就未来
宏源
宏源防水
HONGYUAN WATERPROOF
专业防水材料 · 防水技术供应商
国家住宅部品产业化基地
全国防水行业唯一认定企业
· 山东宏源 ·
· 江苏宏源 ·
· 吉林宏源 ·
· 四川宏源 ·
· 广东宏源 ·
请拨打：400-658-3011
请点击：WWW.HONGYUAN.CN

CHINESE ATHLETIC ASSOCIATION
中国田径协会
BADESE®
巴德士漆
中国国家田径队官方赞助商
品质领跑·刷新世界
巴德士真石漆、岩片漆、砂胶漆
广泛应用于国家保障房、安置房建设
南通星月花苑
（使用巴德士岩片漆）
南通炜赋花苑
（使用巴德士岩片漆）
南通星苏花苑
（使用巴德士岩片漆）
江苏南通最大的保障房工程项目使用巴德士岩片漆（建筑面积150万平方米）
中国房地产开发商信赖家居品牌·中国十大外墙涂料品牌
中国十佳建筑涂料品牌·中国环保漆第一品牌
国家高新技术企业·天安门工程、鸟巢选用漆
中国建筑装饰协会厨卫委员会副主任单位·国家863计划合作企业
广东巴德士化工有限公司
商务热线：0760-89733069 18925390777
http://www.badese.com

CRIC2014 房地产决策咨询系统大跨越

2大创新改变

- 由专注于城市市场分析转变以房价为核心的项目营销系统
- 加强对营销类用户的系统服务，实现从数据应用到营销应用的跨越。

04 土地顾问 为全国开发商提供最及时的土地公告信息和成交信息；提供目标城市整体市场统计分析以及地块估价，帮助企业更好地拿地。

网　址 http://fangjia.leju.com

联系电话 021-6086 7673

微博扫一扫
关注新浪微博，
@克而瑞房价
前沿资讯，
洞察房价发展趋势